SK Slavia Praha (CZE)
AC Sparta Praha (CZE)
Brondby IF (DEN)
Barcelona SC (ECU)
alek SC (EGY)

Arsenal FC (ENG)
Aston Villa FC (ENG)
Birmingham City FC (ENG)
Blackburn Rovers FC (ENG)
Chelsea FC (ENG)
Coventry City FC (ENG)

Derby County FC (ENG)
Everton FC (ENG)
Ipswich Town FC (ENG)
Leeds United FC (ENG)
Leicester City FC (ENG)
Liverpool FC (ENG)

Manchester City FC (ENG)
Manchester United FC (ENG)
Middlesbrough FC (ENG)
Newcastle United FC (ENG)
Nottingham Forest FC (ENG)
Sheffield Wednesday FC (ENG)

Southampton FC (ENG)
Sunderland AFC (ENG)
Tottenham Hotspur FC (ENG)
West Ham United FC (ENG)
Wolverhampton W. FC (ENG)
Athletic Bilbao (ESP)

Atlético Madrid (ESP)
FC Barcelona (ESP)
RC Celta Vigo (ESP)
RCD Espanyol Barcelona (ESP)
RCD La Coruña (ESP)
RCD Mallorca (ESP)

Real Madrid CF (ESP)
Real Sociedad (ESP)
Sevilla FC (ESP)
Valencia CF (ESP)
Real Zaragoza CD (ESP)
FC Girondins Bordeaux (FRA)

RC Lens (FRA)
AS Monaco FC (FRA)
FC Nantes Atlantique (FRA)
Olympique Lyonnais (FRA)
Olympique Marseille (FRA)
Paris Saint-Germain FC (FRA)

INFOKART

CLUBS • LÄNDER • VERBÄNDE

FUSSBALL

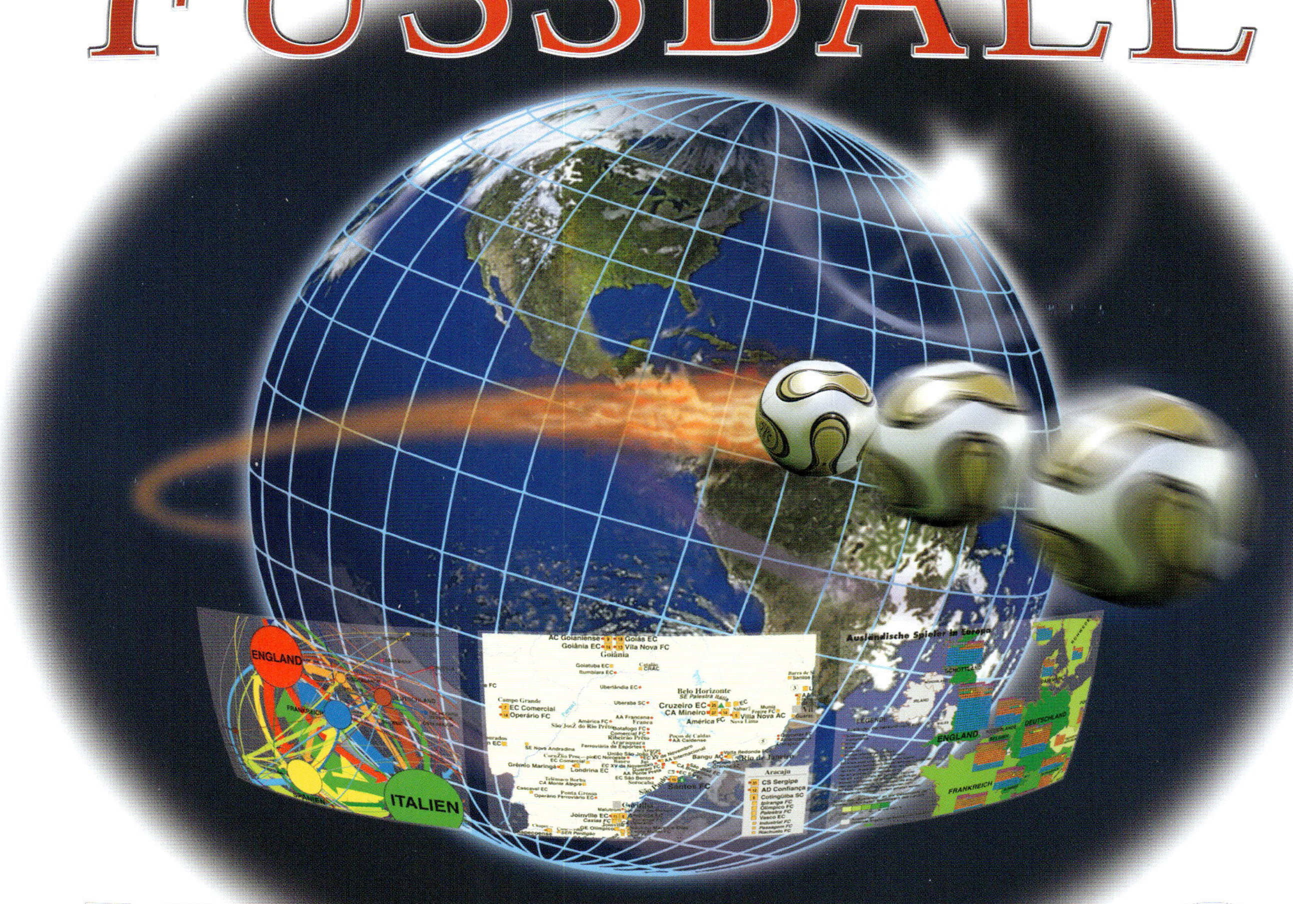

WELTATLAS

KARTEN • GRAFIKEN • TABELLEN

2., aktualisierte Ausgabe

COPRESS SPORT

Zu diesem Buch

(2. aktualisierte Ausgabe)

Dieser Fußball-Weltatlas stellt das erste kartografische Werk dar, welches das weltweite Geschehen auf dem internationalen, nationalen und vor allem auf dem Niveau der Ligaklubs dokumentiert. Die Anzahl der bisher publizierten Werke, die sich mit den Fußballmeisterschaften und -pokalen beschäftigen geht in die Hunderte, die Anzahl der Bücher über Fußball in die Tausende, aber ein tatsächlich kartografisch aufbereitetes Werk wurde in diesem Detailreichtum noch nie verfasst. Die Arbeiten an der Herstellung dieses Buchs dauerten einige Jahre und neueste Daten werden fortwährend integriert.

Fußball gewinnt weltweit stetig an Popularität, zieht auch aus kommerzieller Sicht immer mehr Aufmerksamkeit auf sich, breitet sich in der ganzen Welt aus, bringt neue Spiele und neue Zuschauererlebnisse. Fußball wird somit, wie Sport allgemein, ein Mittel der Annäherung zwischen den Völkern, eine Möglichkeit, die vor allem bei jungen Leuten aus den Entwicklungsländern eine wichtige Freizeitbeschäftigung bedeutet, aber auch Erziehung und Selbstverwirklichung. Es handelt sich also um ein weltweites gesellschaftliches Phänomen, das viele von uns gar nicht bewusst wahrnehmen. Auch daher haben wir uns entschieden, Fußball zu dokumentieren.

Die Grundidee der Arbeit war die Fußballaktivitäten in den geschichtlichen und geographischen Zusammenhängen festzuhalten und sie in einer neuen Formdarzustellen. Die höchste Aufmerksamkeit wurde dabei der Verarbeitung der Regionalkarten gewidmet. Das Hauptziel dieser Karten ist zu zeigen, wo und auf welchem Niveau überall Fußball gespielt wird. Das Zusammentragen der Informationen über alle nationalen Liga- und Pokalwettbewerbe und alle Erstligaklubs war der größte Teil unserer Bemühungen. Im Falle von fußballerisch hoch entwickelten Ländern war es meistens kein Problem, auch trotz der Tatsache, dass die Ligawettbewerbe in vielen Fällen schon ein ganzes Jahrhundert oder noch länger gespielt werden. Komplikationen brachte der häufige Wechsel von Teambezeichnungen, vor allem bei Staaten, die bedeutende politische Änderungen durchgemacht haben, aber auch bei Fusionen, Lizenzentzug etc.

Die genaue Dokumentation der Historie mancher Klubs war oft mit großem Aufwand verbunden. Viel größere Sorgen bereitete uns jedoch der Mangel an Informationen über das Geschehen in manchen Entwicklungsländern oder in den Staaten, die sich von der restlichen Welt isolieren (Laos, Tschad, Eritrea usw.). In vielen davon spielt Fußball, gemessen an den oft existentiellen Problemen, keine besondere Rolle, auch die Informationen darüber sind minimal. Das Sammeln der notwendigen Angaben über alle afrikanischen und asiatischen Länder war auch nicht einfach. In diesem Zusammenhang müssen wir festhalten, dass es ohne Internet, die elektronischen Post und die zahllosen Mitarbeiter aus der ganzen Welt unmöglich gewesen wäre, dieses Werk in einer angemessenen Zeit zu realisieren.

Der Atlas gliedert sich in vier Hauptteile

Der erste Teil beinhaltet thematische Karten der ganzen Welt, die auf dem Vergleich der Regionen und der einzelnen Länder basieren. Sie dokumentieren vor allem die Entwicklung, Verbreitung und die Bedeutung des Fußballs im internationalen Maßstab. Weiterhin sind sie den Bedingungen, unter denen Fußball gespielt wird, wie Stadien, Klima, Wirtschaft, Migrationen, aber auch den Fußballtragödien, gewidmet.

Im zweiten Teil wird die Geschichte aller Fußballmeisterschaften der Nationalteams, das heißt Weltmeisterschaften, sowie der Meisterschaften der einzelnen Kontinenten beziehungsweise Konföderationen dargestellt. Weitere Seiten belegen die Geschichte der Pokalmeisterschaften und die Ergebnisse der beteiligten Klubs. Der meiste Platz ist dem Pokal der Landesmeister, im Falle von Europa also Europapokal der Landesmeister und seinem Nachfolger der Champions League oder der Copa Libertadores, dem wichtigsten Wettbewerb in Südamerika, gewidmet. Zahlreiche dieser Karten sind mit Grafiken ergänzt, die für diejenigen, die gerne Wetten abschließen, sehr nützlich werden können ...

Der dritte und umfangreichste Teil ist den Regionalkarten gewidmet. Dieser Teil bringt die Übersicht aller Länder der Welt und in diesem Rahmen auch sämtlicher Klubs, die einen Ligentitel oder einen Pokalsieg errungen haben und auch Teams, die in der jeweils höchsten Liga spielten oder immer noch spielen. Auf den Karten von Afrika und Asien sind neben den Meistern und den Pokalsiegern auch Klubs abgebildet, die in den letzten Jahren an den wichtigsten Wettbewerben teilgenommen haben oder teilnehmen.

Die Basis der Regionalkarten ist der Ausdruck der Fußballqualität und ihre geographische Verteilung. Der Leser muss kein Fachmann sein, und wenn er die Karten ein wenig studiert, kann er viele Zusammenhänge begreifen, die zwischen der Fußballentwicklung und den natürlichen, wirtschaftlichen, kulturellen und gesellschaftlichen Bedingungen verschiedener Weltregionen und einzelner Länder bestehen.

Ein spezifisches Problem dieser Karten besteht darin, daß man keine klassische kartografische Auswahlmethode oder Generalisierung anwenden kann. Die Karten müssen alle Teams beinhalten, die jemals ein Erfolg verzeichnet haben und in der jeweils höchsten Liga spielten. Weil jedoch die meisten Klubs in großen Städten konzentriert sind, war es unmöglich, alle bei dem verwendeten Maßstab in die Karte so einzutragen, wie das im Falle von traditionellen geographischen Karten üblich ist. Neben vergrößerten Kartenausschnitten verwenden wir daher ein System von grauen Rahmen, die daneben platziert sind und die eine Übersicht über die Klubs der Städte mit einer hohen Konzentration von Teams bieten.

Eine insgesamt höhere Aufmerksamkeit widmen wir den fußballerisch stärker entwickelten Weltstaaten, die in manchen Fällen eine eigene Seite oder Doppelseite haben. Das betrifft vor allem europäische Staaten und Brasilien. Bei anderen Kontinenten haben wir uns bemüht, die traditionelle geografische Weltaufteilung zu respektieren, so daß die Kartendoppelseiten die natürlichen regionalen Einheiten mit mehreren Staaten abbilden: der Nahe Osten, Südafrika, usw. Angesichts der sehr unterschiedlichen Niveaus im Hinblick auf die Entwicklung des Fußballs in den einzelnen Regionen und Ländern, variiert auch die grafische Aufbereitung und der Maßstab der Regionalkarten. Die Fußball-Topografie vieler Kleinstädte, Insel, urbanisierten Regionen und Städte erfassen wir in vergrößerten Ausschnitten.

Der vierte und abschließende Teil beinhaltet einen ausführlichen Tabellenüberblick der bisherigen Meister, Pokalsieger, bzw. der Gewinner anderer wichtiger Wettbewerbe aller Länder der Welt sowie ein detailliertes Register. Dieses Register weist in unserem Falle eine Besonderheit auf. Es ermöglicht dem Leser nicht nur eine schnelle Orientierung bei der Suche nach einer Stadt oder einem Klub (inklusive älterer Bezeichnungen), sondern bringt auch weitere wichtige Informationen: den vollständigen Klubnamen, Erklärung der Abkürzungen, das Gründungsjahr, Entwicklung der Bezeichnung, etwaige Verbindungen, Auflösungen u.ä.

Die wenigen weißen Flecken, die sich mangels zuverlässiger Quellen in diesem Werk noch finden, hoffen wir – auch mit der Hilfe der Leser – nach und nach zu füllen. Wir begrüßen ausdrücklich jede Anmerkung, die zur Verbesserung dieses Buchs führen können.

Die Autoren, im Frühjahr 2007

Anmerkungen und Erläuterungen

Auch wenn alle Karten mit Erklärungen und dazugehörigen Anmerkungen ausgestattet sind, halten wir für wichtig, einige Grundinformationen noch hervorzuheben.

In den regionalen Karten geben wir den Namen der Stadt nur in dem Fall an, wenn dieser nicht im Vereinsnamen beinhaltet ist. Die nicht mehr existierenden Klubs sind in kursiver Schrift. In den Karten geben wir die Klubs unter ihrem aktuellen und dem ursprünglichen Namen an, im Falle einer Auflösung, unter dem historisch letzten Namen.

Besonders betonen möchten wir die Verwendung des korrekten Vereinsnamens, weil sie von den Medien oftmals falsch verwendet werden. Zum Beispiel sind die Bezeichnungen „Glasgow Rangers" oder „Juventus Turin" nicht korrekt. Richtig sollten sie heissen: „Rangers FC" bzw. „Juventus FC", also ohne den Namen der Stadt. Ein weiterer häufiger Fehler ist das Vertauschen der Reihenfolge. Obwohl man oft in der Zeitung über den „FC Liverpool" oder den „FC Valencia" liest, gibt es diese Klubs nicht, es handelt sich in Wirklichkeit um „Liverpool FC" und „Valencia FC".

Alle monetären Angaben sind zum Zweck der besseren Vergleichbarkeit in Euro (€) angegeben. Einerseits auf Grund der Tatsache, dass die Mehrheit der zu Verfügung stehenden Quellen mittlerweile ebenfalls den Euro verwenden, andererseits auch deshalb, weil bei der Umrechnung aus anderen Währungen – vor allem bei etwas älteren Daten – unnötige Ungenauigkeiten entstehen könnten.

Jedes Land ist unter anderem auch mit der Landesflagge und mit dem Logo der Fußballassoziation vorgestellt. Im Falle, dass die regionale Doppelseite eine zu hohe Anzahl von Ländern beinhaltet und es nicht ausreichend Platz für alle Flaggen und Logos gibt, finden Sie diese auf den Seiten 138-142. Auf dem Vor- und Nachsatzblatt sind insgesamt 192 Embleme der berühmtesten Klubs aus der ganzen Welt abgebildet.

Die tschechische Ausgabe dieses Buches erschien erstmals 2000
unter dem Titel „První fotbalový atlas světa" bei Infokart s. r. o., Prag
Copyright © 2000, 2001, 2002, 2007

Hauptautoren: Radovan Jelínek (CZE) und Jiří Tomeš (CZE)

Weitere Autoren: Joe Dodd (IRL), Miloslav Jenšík (CZE), Vlastimil Kaiser (CZE), Pavlos Kapagiannidis (GRE), Václav Levíček (CZE), Jan Marchal (CZE), Chris Moore (USA), László Niszkács (HUN), Carl Rüster (SWE), Zdeněk Spurný (CZE), Karel Stokkermans (NED), Miroslav Střeleček (CZE), Jiří Vais (CZE) und Josef Volařík (CZE).

Unter Mitarbeit von: Javier Aizpurúa (PAN), Juan Pablo Andrés (CHI), Lars Århus (NOR), Tom Bergquist (SWE), Tomáš Bičík (CZE), Josef Bobrowsky (AUT), Luis Paulo Bresciani (BRA), Josi Dagan (ISR), Otakar Dolejš (CZE), Michail Dryomin (RUS), Donal Dunne (IRE), Søren Elbech (DEN), Sim Elman (ENG), Thomas Esamie (AUS), David Festa (CZE), Andre Fontenelle (BRA), Golan Friedman (ISR), Álvaro Gandra (POR), Miron Goihman (MDA), James Goloboy (USA), Osvaldo Gorgazzi (ARG), Glenn Hamlyn (AUS), Hans van Haren (NED), Gerd Heuser (GER), Neil Hnatiuk (CAN), Stanislav Hrabě (CZE), Valerie Hughes (CAN), Arunava Chaudhuri (IND), Praveen Chandran (IND), Mohamed S. Chbaro (LIB), Ye Chen (CHN), Soňa Jelínková (CZE), Aleš Jindrák (CZE), Jiří Kastner (CZE), Marut Ketudat (THA), Ian King (ENG), Lubomír Král (CZE), Fuad Krvavac (BIH), Marek Kučera (CZE), Radka Kvasničková (CZE), Roberto Lahsen (CHI), Seungsoo Lee (KOR), Dave Litterer (USA), Zvonimir Magdić (CRO), Aleš Marek (CZE), Michael Medved (ISR), Andy Mitchell (ENG), Ghaith Nasrawi (IRQ), Steven O'Connor (ENG), Martin Ouředníček (CZE), Majeed Panahi (BHR), Zbyněk Pantůček (CZE), Alcino Pascoal (POR), Jiří Perník (CZE), Stavros Petrakopulos (GRE), Peter Phelon (NZL), Heikki Pietarinen (FIN), Mohammed Qayed (UAE), Petr Regal (CZE), Graeme Riley (ENG), Frank Alexander Ballesteros Riveros (COL), René Iván Rodríguez (HON), Javier Roimiser (ARG), Hans Schöggl (AUT), Joost Schraag (NED), Filip Serafimov (MKD), Radu Siminiceanu (ROM), Erdinç Sivritepe (TUR), Riku Soininen (FIN), Marcela Spurná (CZE), Michal Stein (CZE), Edgar Svoboda (CRO), Jan Štěpánek (CZE), Petr Šupich (CZE), Jorge Teixeira (POR), Bernd Timmermann (GER), Eric Urrutia (SLV), Georgi Vassilev (BUL), Tim Venables (BOL), R. Villadolid (PHI), Steven Webber (NZL), Andre M. Zlotkowski (NZL), Marco Zunino (ITA) und viele weitere.

Ergänzende Informationen, Verbesserungen oder Anmerkungen zum Inhalt des Buches an:
jelinek@atlasfotbalu.cz und info@fussballweltatlas.de

Aus dem Tschechischen von Lothar Martin

Redaktion: Radovan Jelínek, Lothar Martin, Petr Regal, Zdeněk Spurný, Miroslav Střeleček und Jiří Tomeš
Grafische Gestaltung: Radovan Jelínek, Petr Regal, Zdeněk Spurný und Jiří Tomeš
DTP: BESR, Jan Kuranda
Druck: Tiskárna Libertas, a. s.

Besonderen Dank gilt den Internet-Archiven RSSSF (www.rsssf.com) und HQFL (www.hqfl.dk)

Redaktionsschluß: 31. 08. 2006

2., aktualisierte Neuauflage 2007

Die Deutsche Bibliothek – CIP-Einheitsaufnahme
Ein Titeldatensatz für diese Publikation ist bei Der Deutschen Bibliothek erhältlich

Printed in Czech Republic
www.copress.de
ISBN 978-3-7679-0957-1

Inhalt

1. Globalansicht

6–7 Entstehung und Verbreitung des Fußballs
8–9 Stellung des Fußballs innerhalb des Sports
10–11 Fußball und Klima
12–15 Fußballstadien
16–17 Die Schattenseiten des Fußballs
18–19 Fußballmigrationen
20–21 Fußball und Geld

2. Internationale Wettbewerbe

22–23 Internationale Fußballorganisationen
24–25 Weltmeisterschaft – Organisation
26–27 Weltmeisterschaft – Erfolgsbilanz
28–29 Europameisterschaft
30–31 Asien- und Ozeanienmeisterschaft
32–33 Afrikameisterschaft
34–35 CONCACAF-Meisterschaft
36–37 Südamerikanische Meisterschaft
38–39 Olympische Fußballturniere
40–41 Frauenwettbewerbe
42–43 Juniorenwettbewerbe
44–45 Die Europacups – Einleitung
46–47 Die Sieger der Europacups und die Endspielorte
48–49 Europacups – Britische Inseln; Deutschland, Benelux und Dänemark
50–51 Europacups – Südwesteuropa
52–53 Europacups – Mitteleuropa; Balkan
54–55 Europacups – Skandinavien; Die Länder der ehemaligen UdSSR, Türkei, Zypern und Israel
56–57 Asiatische und ozeanische Cups
58–59 Afrikacups
60–61 Cups der CONCACAF-Länder
62–63 Südamerika-Cups
64–65 Interkontinentale Klubpokale

3. Nationale Wettbewerbe

66–67 England und Wales
68–69 Schottland, Nordirland und Irland
70–71 Norwegen, Dänemark, Island und die Färöer Inseln
72–73 Schweden und Finnland
74–75 Beneluxstaaten
76–77 Frankreich und Andorra
78–79 Spanien und Portugal
80–81 Italien, San Marino und Malta
82–83 Die Alpenländer
84–85 Deutschland
86–87 Tschechische Republik und Slowakei
88–89 Polen und Ungarn
90–91 Rumänien und Bulgarien
92–93 Das ehemalige Jugoslawien, Albanien
94–95 Griechenland, Zypern und Israel
96–97 Türkei und Transkaukasien
98–99 Baltikum, Weißrussland, Ukraine und Moldawien
100–101 Russland und die Länder Mittelasiens
102–103 Der Nahe Osten
104–105 Südasien
106–107 Südostasien
108–109 China, Mongolei und Taiwan
110–111 Japan und Korea
112–113 Nordafrika
114–115 Die Sahel-Zone und das Horn von Afrika
116–117 Golf von Guinea
118–119 Zentralafrika
120–121 Südafrika
122–123 Nordamerika
124–125 Mittelamerika
126–127 Antillen
128–129 Der Norden Südamerikas
130–131 Die Andenländer
132–133 Brasilien
134–135 Südliches Südamerika
136–137 Australien und Ozeanien
138–142 Staatsflaggen und die Wappen

4. Anhang

146–171 Sieger der nationalen Fußballwettbewerbe
172–223 Verzeichnis der Klubs, Städte und Länder

Entstehung und Verbreitung des Fußballs

Für das älteste Spiel, das angeblich dem heutigen Fußball sehr ähnlich war, hält man das chinesische „Zuqiu“, dessen Anfänge historische Quellen bis in die Zeit von 2500 vor Christi datieren. Die Verbreitung des Spiels wurde bis in die Herrscherzeit der Chan-Dynastie (206 v. Chr.–220 n. Chr.) registriert. Im alten Griechenland wurde das dem Fußball halbwegs ähnliche Ballspiel „Episkyros“ betrieben, das die Römer übernahmen und „Harpastum“ nannten. Der Ursprung des modernen Fußballs geht bis auf das 12. Jahrhundert zurück, in dem erste Formen des Ballspiels zu entdecken sind. Zweihundert Jahre später waren die Könige Edward II. und III. sogar schon bemüht darum, ein Spiel einzuschränken, das mit seinem aggressiven Gebaren die Arbeit der Geschäftsleute und Handwerker sowie die Ausbildung der jungen Männer im Bogenschießen störte. Im 15. und 16. Jahrhundert übte man in einigen italienischen Regionen eine weitere, dem Fußball ähnliche Unterhaltung mit Namen „Calcio“ aus.

Die wahren Anfänge des modernen Fußballs sind in der ersten Hälfte des 19. Jahrhunderts an den angesehenen englischen Mittelschulen Eton und Harrow zu suchen. An der Entwicklung der Regeln waren gleich drei Schulen beteiligt: Cambridge (1848), Sheffield (1857) und Uppingham (1862). Im Zusammenwirken mit der 1863 gegründeten Englischen Fußballassoziation wurden sie schrittweise vereinheitlicht. Zur definitiven Annahme der Regeln kam es in den Jahren 1882–83 durch die Konstituierung des „Internationalen Rates“, der von den vier britischen Fußballverbänden gebildet wurde. Ziemlich schnell löste sich der Fußball von dem Umfeld, in dem er entstanden ist. Dafür ist er zu einem festen Bestandteil der Freizeitunterhaltung der Arbeiterschichten geworden. Die riesige Entwicklung der Industrie in England in der zweiten Hälfte des 19. Jahrhunderts brachte folglich auch den raschen Aufschwung des neuen Spiels. Zu der Zeit war das britische Kolonialreich das größte der Welt, weshalb sich der offensichtliche Einfluss der Briten auf das weltweite Fußballgeschehen auch gesellschaftlich bemerkbar machte. In den Ländern, die am intensivsten kolonisiert wurden und sich auch zuerst von der britischen Fremdherrschaft befreiten (USA und Kanada), hat sich der Fußball nicht durchgesetzt. Die Amerikaner modifizierten die historisch älteren britischen Sportarten, Rugby und Kricket, zu Football und Baseball. In Britisch-Indien propagierten die Kolonialbeamten und Offiziere das Kricket, während Fußball durchweg nur von den Soldaten auf dem Stützpunkt in Kalkutta gespielt wurde. So breitete sich der Fußball – analog dem Mutterland – hauptsächlich unter den sozial schwachen Schichten aus, auch deshalb, weil er keine besondere Ausstattung erforderte und der breiten Masse zugänglich war.

Ab der zweiten Hälfte des 20. Jahrhunderts hat sich die Situation des Fußballs im Zusammenhang mit der enormen Kommerzialisierung erheblich geändert. Dank Europa und Lateinamerika ist er zum populärsten Sport geworden, er zieht sowohl die meiste Aufmerksamkeit als auch das große Geld an. Ein riesiges Potenzial hat er besonders in Asien und Afrika, wo die Armut und eine schwache Infrastruktur seiner Entwicklung immer noch im Wege stehen.

Britische Inseln - Städte mit Fußballklubs (bis zum Jahr 1870)

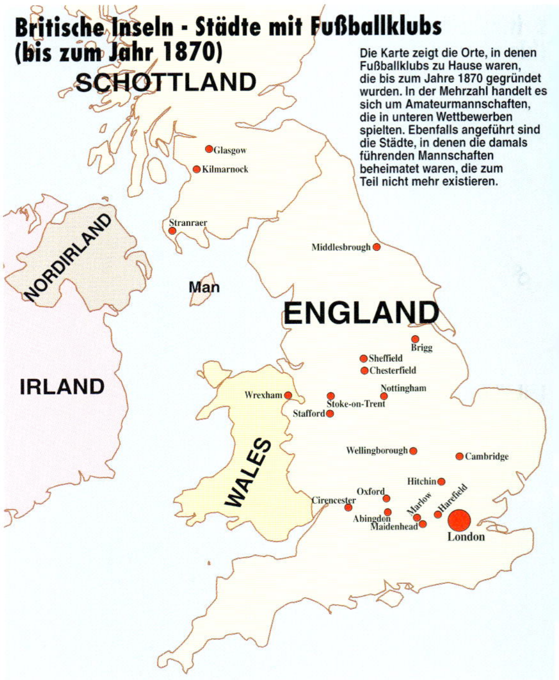

Die Anfänge des Fußballs und seine Verbreitung

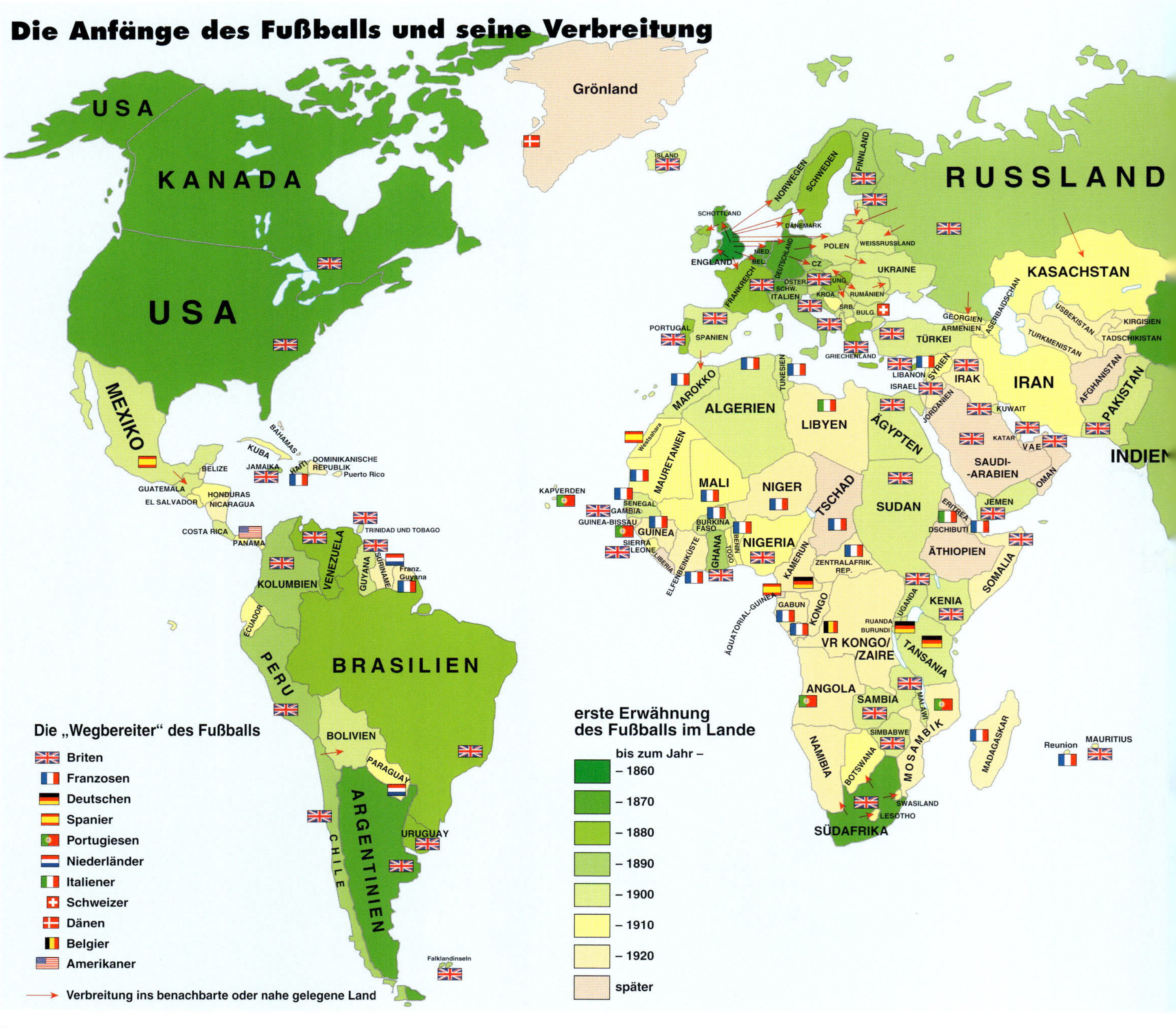

Britische Inseln · Städte mit Fußballklubs (bis zum Jahr 1880)

Die Karte zeigt die Orte, in denen Fußballklubs zu Hause waren, die bis zum Jahre 1880 gegründet wurden. In der Mehrzahl handelt es sich um Amateurmannschaften, die in unteren Wettbewerben spielten. Ebenfalls angeführt sind die Städte, in denen die damals führenden Mannschaften beheimatet waren, die zum Teil nicht mehr existieren.

Entwicklung fußballähnlicher Spiele

2500 v. Chr. erste Regeln des Spiels Zuqiu (China)

1700 v. Chr.

1000 v. Chr.

nachgewiesene Durchführung von Zuqiu in China

600 v. Chr. in Griechenland spielt man Episkyros

200 v. Chr. Entwicklung von Zuqiu während der Chan-Dynastie

in Rom spielt man Harpastum

100 v. Chr.

Fußball eigener Prägung in Irland

0

Belege über ein Spiel in Dalmatien

100

200

300 Ausbreitung der „Fußball"-Spiele im römischen Reich

400

500

Fußball eigener Prägung auf dem Gebiet des heutigen Guatemalas

600

700

800

Fußball eigener Prägung in der Normandie, der Bretagne, der Picardie, Cornwall, Wales, Irland, Schottland und in englischen Städten

900

1000

1100

in Frankreich spielt man La soule

1200

1300

1400 wiederholtes Fußballverbot, ausgerufen von den englischen und schottischen Monarchen (1314, 1349, 1389, 1457, 1491)

1500 trotz weiterer Verbote beträchtliche Verbreitung des Spiels in England

erste Regeln von Calcio (Italien, 1580)

1600 erstmals Fußball in Kolonie Virginia (1609, heute USA)

vorkolumbisches Ballspiel verschwindet mit dem Zerfall der ursprünglichen mexikanischen Kulturen

1700

1800 in Britannien geht das Interesse am Fußball zurück

Anfänge des modernen Fußballs und dessen Meilensteine im 19. Jahrhundert

1814 Fußball wird regelmäßig in Harrow gespielt

1823 Schüler verstoßen beim Rugby gegen die „Regeln" (sie nehmen den Ball in die Hand)

1827 in Harvard beginnen die alljährlichen Wettkämpfe, das unsportliche Verhalten der Spieler beim Fußball in Eton führt bei einem Großteil der Öffentlichkeit zur Ablehnung des Spiels

1845 zum ersten Mal sind Schiedsrichter anwesend (in Eton)

1846 Festlegung der Regeln in Rugby-Schulen

1848 Festlegung der Regeln in der Universität von Cambridge

1855 Gründung des ersten Fußballklubs der Welt – Sheffield FC

1857 die Sheffielder Regeln werden eingeführt

1859 erster „reiner" Fußballklub – Forest FC (Vorgänger der später berühmten The Wanderers)

1862 Festlegung neuer Regeln in der Schule von Uppingham; erster nichtenglischer Klub - Oneida FC (Boston, USA)

1863 Entstehung der Englischen Assoziation – Schaffung verbindlicher Regeln, die das Fußballspiel vom Rugby unterscheiden

1865 der Fußball betritt den afrikanischen Kontinent (Port Elizabeth)

1866 die Abseitsregel entsteht

1867 Gründung von Queen's Park FC und Buenos Aires FC (erste Klubs in Schottland und Argentinien); im Zeitraum 1861-67 entstehen trotz unterschiedlicher Regelauslegung Klubs in ganz England

1870 erstes internationales Länderspiel (England-Schottland)

1871 erster regelmäßiger Wettbewerb (Englischer Pokal); der Rugbyverband wird gegründet

1872 erstmals Fußball in Frankreich; der Eckball wird eingeführt

1875 erstmals Fußball in Brasilien

1876 die Torlatte ersetzt das Band, mit dem bis dahin die Torstangen verbunden worden

1878 die Schiedsrichter benutzen erstmals eine Pfeife; in Sheffield spielt man bei Flutlicht

1882 International Football Association Board (Internationaler Fußball-Regelausschuss) gegründet

1885 erstmalige Legalisierung des Profifußballs (offizielle Gehälter, in England)

1888 Gründung der ersten Liga (in England)

1891 erste Tornetze, Linienrichter und Einführung des Elfmeters (in England)

1893 Gründung der ersten südamerikanischen Assoziation (in Argentinien), Profifußball in Schottland

1896 erste internationale Spiele zwischen Mannschaften der Britischen Inseln und des europäischen Festlands (Amateure)

1898 Gründung des ersten spanischen Klubs (Athletic Bilbao) und der Assoziation in Italien

1900 Gründ. der Assoziationen in Deutschland und Uruguay

Wichtige Begebenheiten – 20. und 21. Jahrhundert

1902 Entstehung der Liga in Mexiko – die erste in Nordamerika

1904 Gründung der FIFA

1908 Englands A-Team spielt erstmals außerhalb der Britischen Inseln (in Österreich, Ungarn und Böhmen); erstes olympisches Fußballturnier (London 1908)

1910 Entstehung der Liga auf den Philippinen – die erste in Asien

1913 die FIFA wird Mitglied des International Football Association Board

1914 erstes Länderspiel Brasiliens (gegen Argentinien)

1916 Gründung der CONMEBOL-Konföderation

1921 Gründung der Assoziation Ägyptens

1923 Einweihung des Wembley-Stadions

1925 Änderung der Abseitsregel (zwei Spieler müssen bei der Ballabgabe noch vor dem Angreifer stehen, zuvor drei)

1927 erste Fußballübertragung im Radio (vom Spiel Arsenal–Sheffield United)

1930 erste Weltmeisterschaft (in Uruguay)

1931 Einführung des Profifußballs in Argentinien

1932 zum ersten Mal Ein- und Auswechslung von Spielern bei einem Länderspiel

1933 erste Nummerierung auf den Trikots (in England)

1934 zweite WM (in Italien)

1937 erste Fußballübertragung im Fernsehen (Preston North End–Sunderland)

1938 dritte WM (in Frankreich)

1941 erste Mittelamerika- und Karibikmeisterschaft

1947 erste Nordamerikameisterschaft

1948 erster großer internationaler Juniorenwettbewerb (in England)

1950 vierte WM (in Brasilien), Einweihung des Maracanã-Stadions

1954 fünfte WM (in der Schweiz), Gründ. von UEFA und AFC

1955 Startschuss zum Europapokal der Landesmeister

1956 erste Asienmeisterschaft

1957 Gründ. der CAF-Konföderation, erste Afrikameisterschaft

1958 sechste WM (in Schweden), erste EM (Qualifikation)

1960 Start der Copa Libertadores und des Europacups der Pokalsieger

1961 Gründung der CONCACAF-Konföderation

1962 siebente WM (in Chile), erste CONCACAF-Meisterschaft

1964 Start des Afrikapokals der Meister

1966 achte WM (in England), Gründ. der OFC-Konföderation

1967 Start des Asienpokals der Meister

1968 Einführung der gelben und roten Karte (Olympiade in Mexiko)

1970 neunte WM (in Mexiko)

1973 erste Ozeanienmeisterschaft

1974 zehnte WM (in der Bundesrepublik Deutschland)

1975 Pelé wechselt zu New York Cosmos

1976 erste Junioren-Weltmeisterschaft

1978 elfte WM (in Argentinien)

1981 Einführung der Drei-Punkte-Regel für einen Sieg (in England)

1982 zwölfte WM (in Spanien); größte Fußballtragödie (Moskau, 340 Tote)

1985 Tragödie in Brüssel (39 Opfer)

1986 dreizehnte WM (in Mexiko)

1990 vierzehnte WM (in Italien)

1991 erste WM der Frauen, Gründung der europäischen Champions League

1994 fünfzehnte WM (in den USA)

1995 sog. „Bosman-Urteil", das die Transfers der Spieler regelt, hält Einzug im Profifußball

1998 sechzehnte WM (in Frankreich), erste Fußball-EXPO (in Singapur)

2000 erste Klub-WM (in Brasilien)

2002 siebzehnte WM (in Japan und Korea)

2006 Australien wechselt von der OFC zur AFC achtzehnte WM (in Deutschland)

Stellung des Fußballs innerhalb des Sports

Der Fußball ist längst zum meistverbreiteten und populärsten Sport der Welt avanciert; in irgendeiner Form wird er von rund einer viertel Milliarde Menschen aller Altersgruppen betrieben. Fortwährend nimmt die Zahl der Länder ab, in denen er (noch) nicht zur Sportart Nummer 1 deklariert ist. Zu ihnen gehören allerdings einige große und kommerziell bedeutende Staaten (USA, Japan, Indien). Als derzeit fußballverrücktester Kontinent gilt Europa, wo Fußball in fast jedem Land auf Platz 1 der Beliebtheitsskala geführt wird. Die statistischen Daten der offiziellen Quellen – nationale Verbände und FIFA – gehen jedoch oft weit auseinander. Zudem unterscheidet sich die Art der Registrierung in den einzelnen Ländern. Daher ist es am objektivsten, mit der Anzahl der registrierten und einer Schätzung der nicht registrierten Fußballer zu arbeiten. Wenn wir die Anzahl der Spieler der Einwohnerzahl gegenüber stellen, können wir Kroatien als das am Fußball interessierteste Land bezeichnen. Hier sind ca. 700 000 Fußballer registriert, was einem Anteil von 160 Spielern auf eintausend Menschen entspricht. Nicht einmal auf die Hälfte dieses Anteils (65 auf 1000) kommt dagegen das „Fußball-Mutterland“ England. Großer Beliebtheit erfreut sich das Spiel in einigen Ländern Asiens (Libanon, Indonesien, Bangladesch). In China, dem bevölkerungsreichsten Land der Erde, sollen einigen Quellen zufolge etwa 20 Millionen Menschen dem runden Leder nachjagen. Die FIFA gibt ihre Zahl mit 7,25 Millionen an, von denen allerdings nur 80 000 Spieler registriert seien! Auf dem amerikanischen Kontinent ragt das kleine Paraguay heraus, während das weitaus dichter bevölkerte Brasilien im relativen Vergleich zurückbleibt. Die Beliebtheit des Fußballs ist hier nicht mehr so groß, wie sie es noch vor fünfzig Jahren war. Auf der anderen Seite wird die Anzahl der aktiven Kicker auf 16 Millionen geschätzt. Interessant sind auch die Angaben über die Entwicklung der Spieleranzahl in verschiedenen Ländern. In England hat sich in den letzten 20 Jahren die Anzahl der registrierten Fußballer verdoppelt, woanders ist jedoch eine Stagnation oder gar ein Rücklauf zu verzeichnen. Das betrifft vor allem die postkommunistischen Staaten, wo die Jugendlichen neue Probleme zu lösen, aber auch ganz neue Möglichkeiten zur Selbstverwirklichung haben. Ähnlich differenziert sieht es auch bei einem Vergleich über die Anzahl der Profis aus. In den mittel- und osteuropäischen Ländern spielen sie oft nur in der 1. Liga. Deshalb bewegt sich ihre Zahl um die Hunderte. Im Falle solcher Fußballnationen wie England, Schottland, Italien, Deutschland oder Argentinien kicken sie auch in unteren Spielklassen und ihre Zahl geht in die Tausende.

Entwicklung der Anzahl der registrierten Fußballspieler und ihres Anteils an der Weltbevölkerung

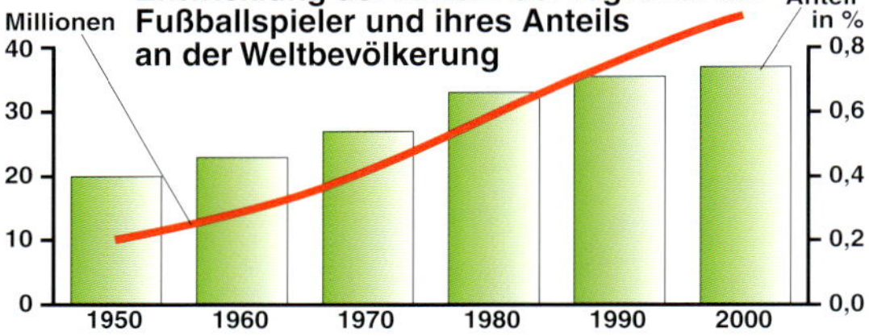

Registrierte Fußballspieler bei den Konföderationen

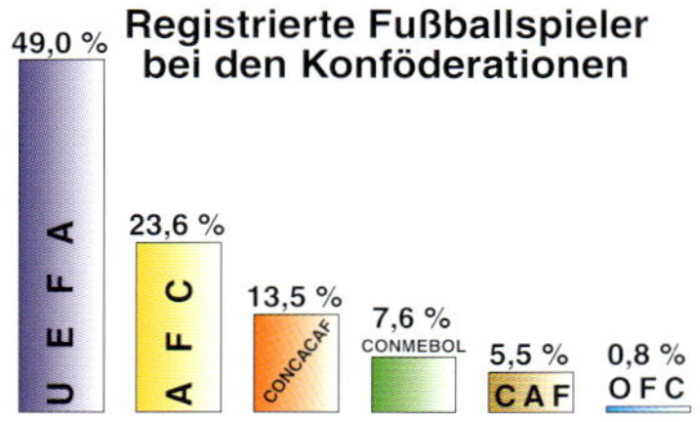

Anzahl der Fußballspieler

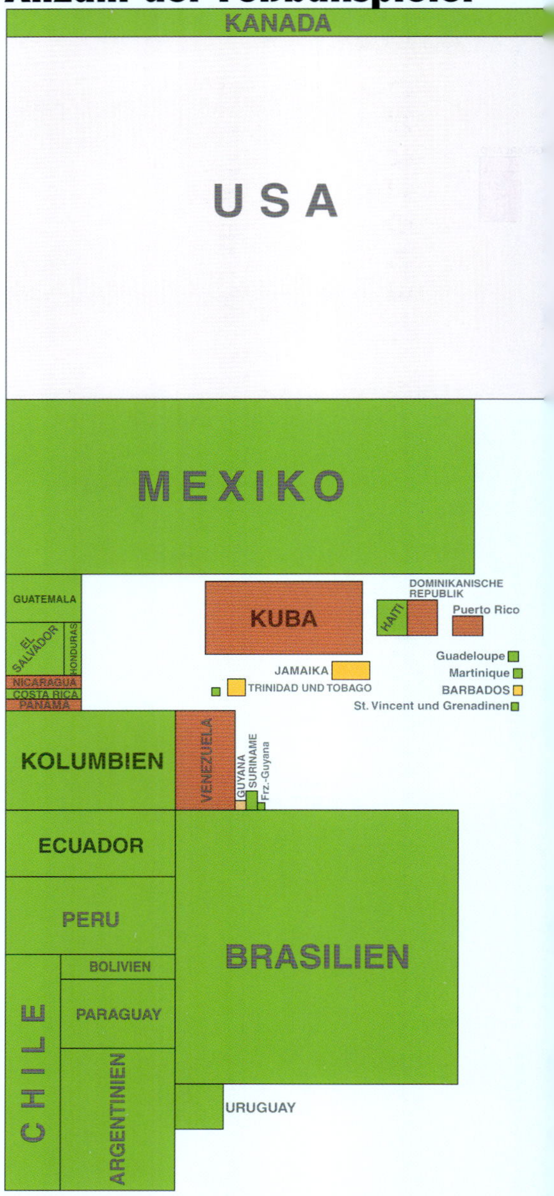

Fußballspieler (ausgewählte Länder)

Land	Anzahl der Fußballspieler insgesamt	Männer	Frauen	Frauen (%)	Nachwuchs bis 17 Jahre (%)	Anzahl der Profis
Deutschland	6 256 169	5 429 382	826 787	13,2	33	1 300
England	3 310 700	3 252 500	58 200	1,8	23	6 000
Frankreich	2 994 423	2 938 426	55 997	1,9	36	1 800
Italien	4 042 887	3 994 103	48 784	1,2	18	3 300
Niederlande	1 260 900	1 195 900	65 000	5,2	36	900
Schottland	184 500	175 000	9 500	5,1	53	3 000
Spanien	2 457 654	2 296 322	161 332	6,6	20	1 400
Argentinien	1 505 467	1 485 467	20 000	1,3	16	2 500
Brasilien	7 033 828	6 997 828	36 000	0,5	17	15 000
Mexiko	7 431 725	5 424 177	2 007 548	27,0	3	15 000
Nigeria	577 660	560 000	17 660	3,1	4	1 400
Japan	3 322 388	3 302 358	20 030	0,6	19	1 100

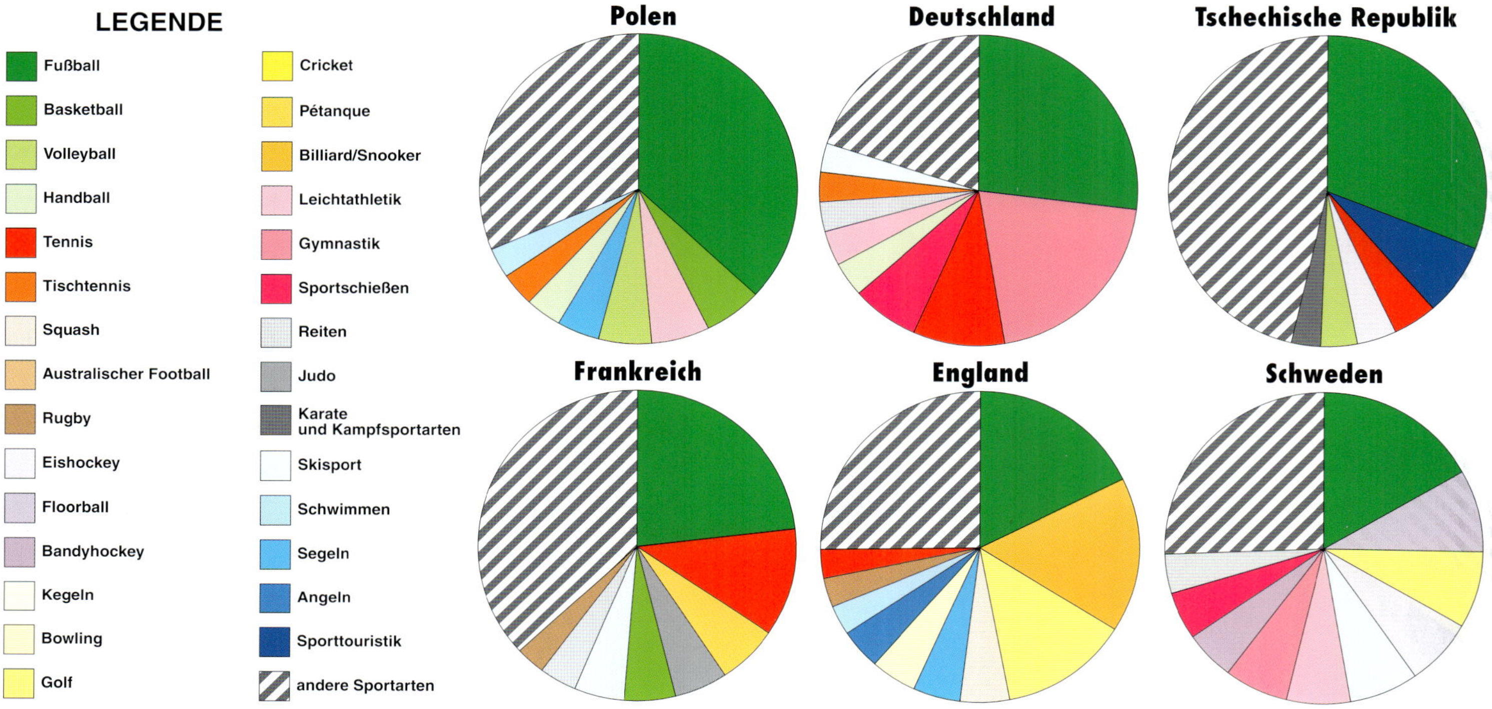

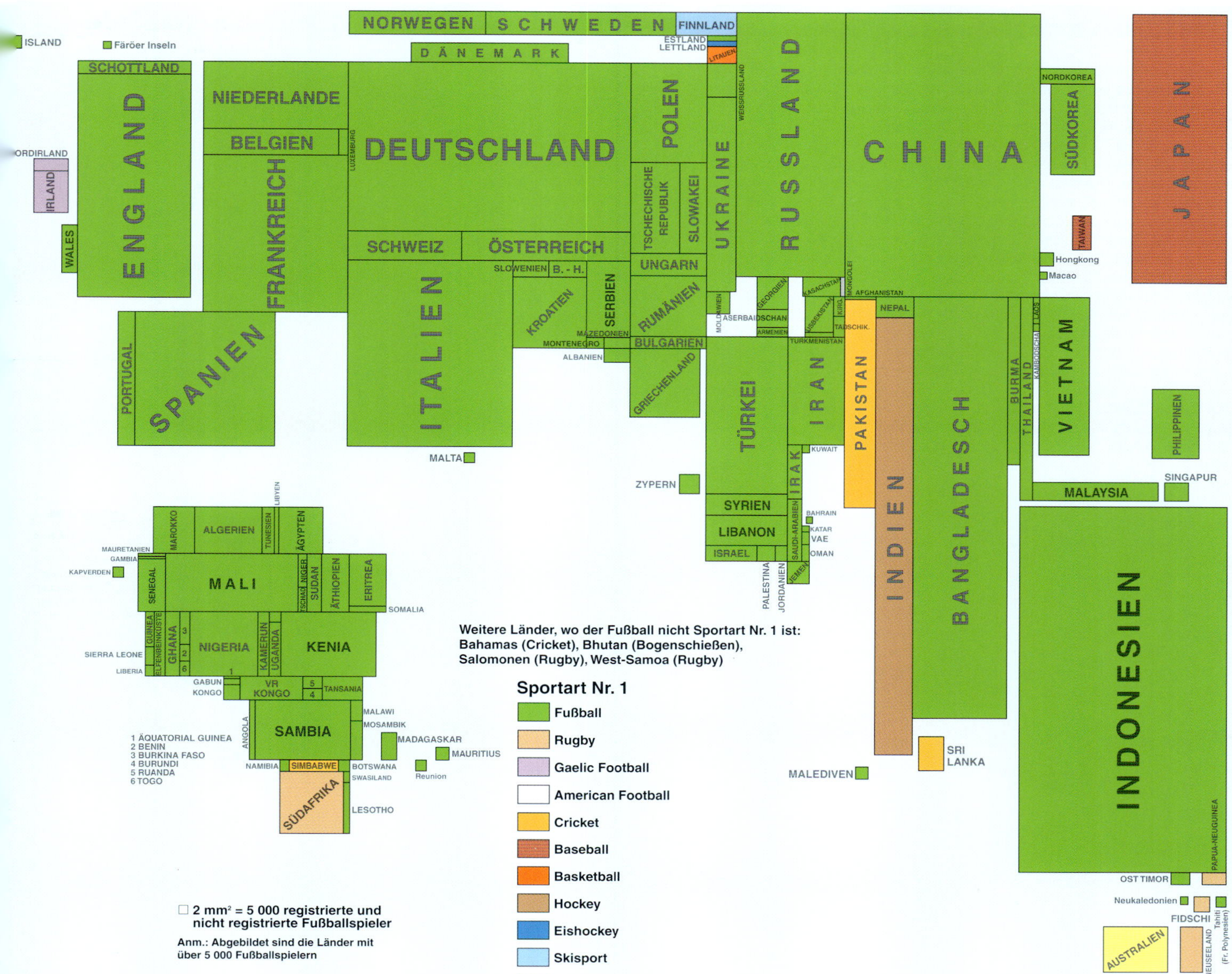

Weitere Länder, wo der Fußball nicht Sportart Nr. 1 ist: Bahamas (Cricket), Bhutan (Bogenschießen), Salomonen (Rugby), West-Samoa (Rugby)

Sportart Nr. 1

- Fußball
- Rugby
- Gaelic Football
- American Football
- Cricket
- Baseball
- Basketball
- Hockey
- Eishockey
- Skisport
- Golf
- Ringen

□ 2 mm² = 5 000 registrierte und nicht registrierte Fußballspieler

Anm.: Abgebildet sind die Länder mit über 5 000 Fußballspielern

Spanien

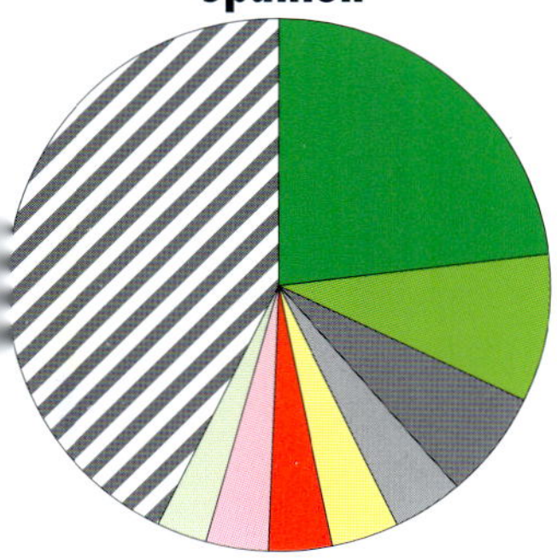

Australien

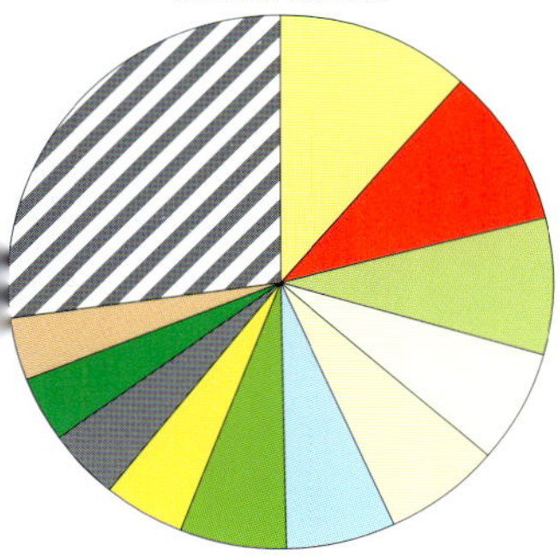

Zahl der Fußballspieler pro 1 000 Einwohner

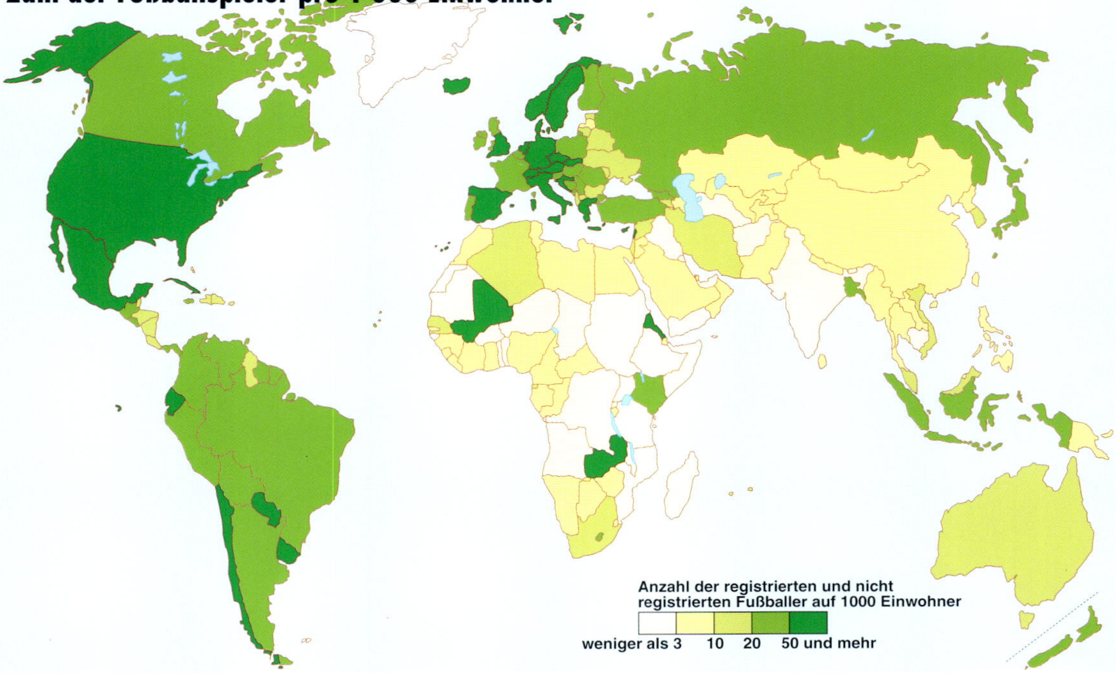

Fußball und Klima

Fußball wird überall auf der Erde gespielt. In allen klimatischen Zonen, im Grunde überall dort, wo man einen Fußballplatz anlegen kann – obwohl reguläre Fußballplätze nur jene mit Rasen sind. Man kann also sagen, dass die globale Verbreitung des Fußballs auf internationalem Niveau durch die unterschiedlichen Möglichkeiten des Anlegens und der Pflege eines Rasenplatzes geographisch eingeschränkt wird.

In der gemäßigten Klimazone und den Zonen des kontinentalen Klimas, also dort, wo es große Differenzen zwischen Sommer und Winter gibt, kann man gewöhnlich nur in der Sommersaison spielen (typisch für Russland, Kanada und Binnenstaaten). In wärmeren Gebieten und Regionen mit ozeanischem Klima, das ausgeglichener ist, kann man das ganze Jahr über Fußball spielen. In den tropischen Gebieten wird der Fußball außer von den Temperaturen am meisten vom Einsetzen der Regenzeit beeinflusst (die Saison spielt sich meistens in der Trockenperiode ab), in den subtropischen Wüstengebieten wiederum von den Extremtemperaturen im Sommer (die Spielzeit fällt in die Winterperiode). Kein Wunder, dass sich die Zivilisation, und mit ihr auch der Fußball, in die klimatisch günstigen Gebiete verlagerte – auf die Britischen Inseln und in den Mittelmeerraum. In diesen beiden Regionen werden die Ligawettbewerbe in einer Herbst-Frühlings-Saison gespielt, also auch in der Winterperiode, die zwar durch niedrigere, jedoch erträgliche Temperaturen und höhere Niederschläge charakterisiert wird. Besonders in Südamerika zieht sich die Fußballsaison über mehr als zehn Monate und in Brasilien sogar über das gesamte Jahr hin.

Noch mehr als das Klima machen den Fußballspielern allerdings extreme Höhenlagen zu schaffen. Dies ist der Hauptgrund, weshalb die bolivianischen Mannschaften zu Hause nur äußerst selten Punkte verlieren, obwohl sie sonst eher zum Durchschnitt zählen. Ähnlich hohe Ansprüche an die Fußballer stellt die Ligameisterschaft in Peru: In Lima und Callau, Städte, die an der Pazifikküste liegen, regnet es praktisch überhaupt nicht, in Iquitos in der Amazonastiefebene herrscht ein Klima wie in einer Waschküche und in den Anden spielen die Kicker in Höhen von 3000 bis 4000 m ü.d.M. Daraus resultiert, dass in den Gebieten mit extremen Klimawerten und großen lokalen Differenzen ein Heimspiel einen entscheidend größeren Vorteil darstellt als in den Regionen mit gleichbleibend günstigen Bedingungen.

Extreme Erscheinungen sind am meisten in Afrika anzutreffen; in Douale (Kamerun) oder in der guinesischen Hauptstadt Conakry können am Tag 50–100 mm Niederschläge fallen (d.h. 50–100 Liter pro m²). Allgemein regnet es im äquatorialen Gebiet, z.B. in Lae (Papua-Neuguinea) fast jeden Tag. Hohe Niederschläge verteilen sich kontinuierlich auf das ganze Jahr. Besonders in diesen Ländern ergeben sich erhebliche Probleme mit der Instandhaltung der Rasenplätze. Die Mehrheit dieser Plätze genügt nicht den Anforderungen bedeutender internationaler Wettbewerbe. Das ist der Grund, weshalb die FIFA in den tropischen, aber auch subpolaren Gebieten die Errichtung von Kunstrasenplätzen gestattet.

Die Temperaturen, und in einigen Fällen auch die Meereshöhe (z.B. bei der WM in Mexiko 1970 und 1986), beeinflussen oft die Spiele einer Weltmeisterschaft, die zu Terminen veranstaltet werden müssen, die vom klimatischen Standpunkt aus nicht die geeignetsten sind. Bei der WM 1994 in den USA bewegten sich die Temperaturen im Durchschnitt zwischen 30 und 35 °C im Schatten, in der Sonne erreichten sie bis zu 50 °C. Die Hitze, in der man gelegentlich auf der Arabischen Halbinsel spielt, beträgt oft bis zu 60 °C. Andererseits spielt man in den Ländern um den Äquator fast das ganze Jahr über unter den gleichen klimatischen Bedingungen. In Quito oder Belém verändert sich die durchschnittliche Temperatur im Laufe eines Jahres nur um maximal ein Grad.

Klima und Spielsaison - Welt

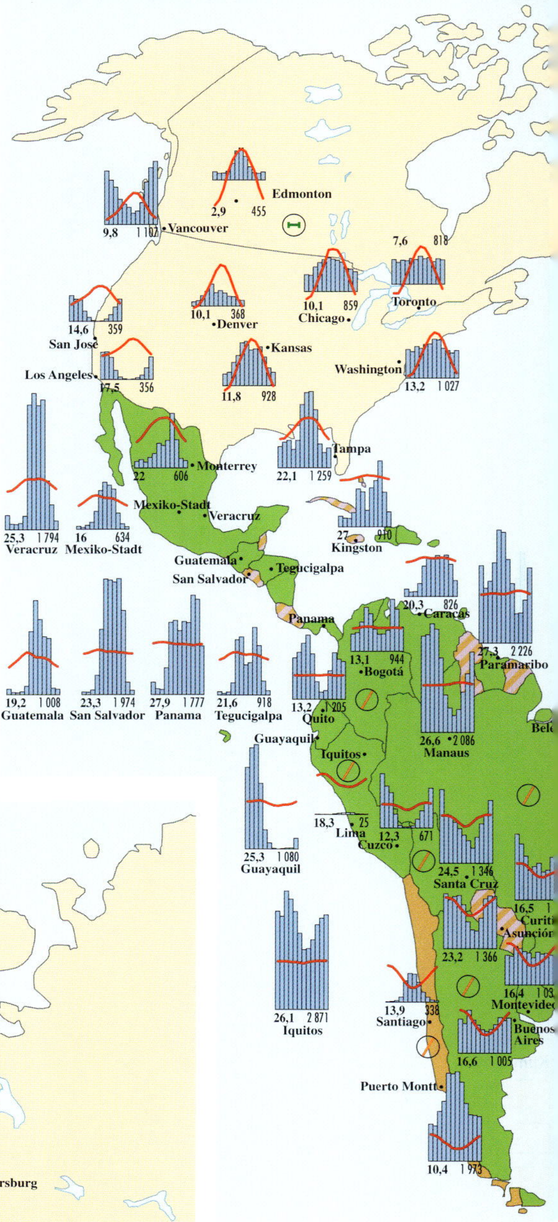

Klima und Spielsaison - Europa

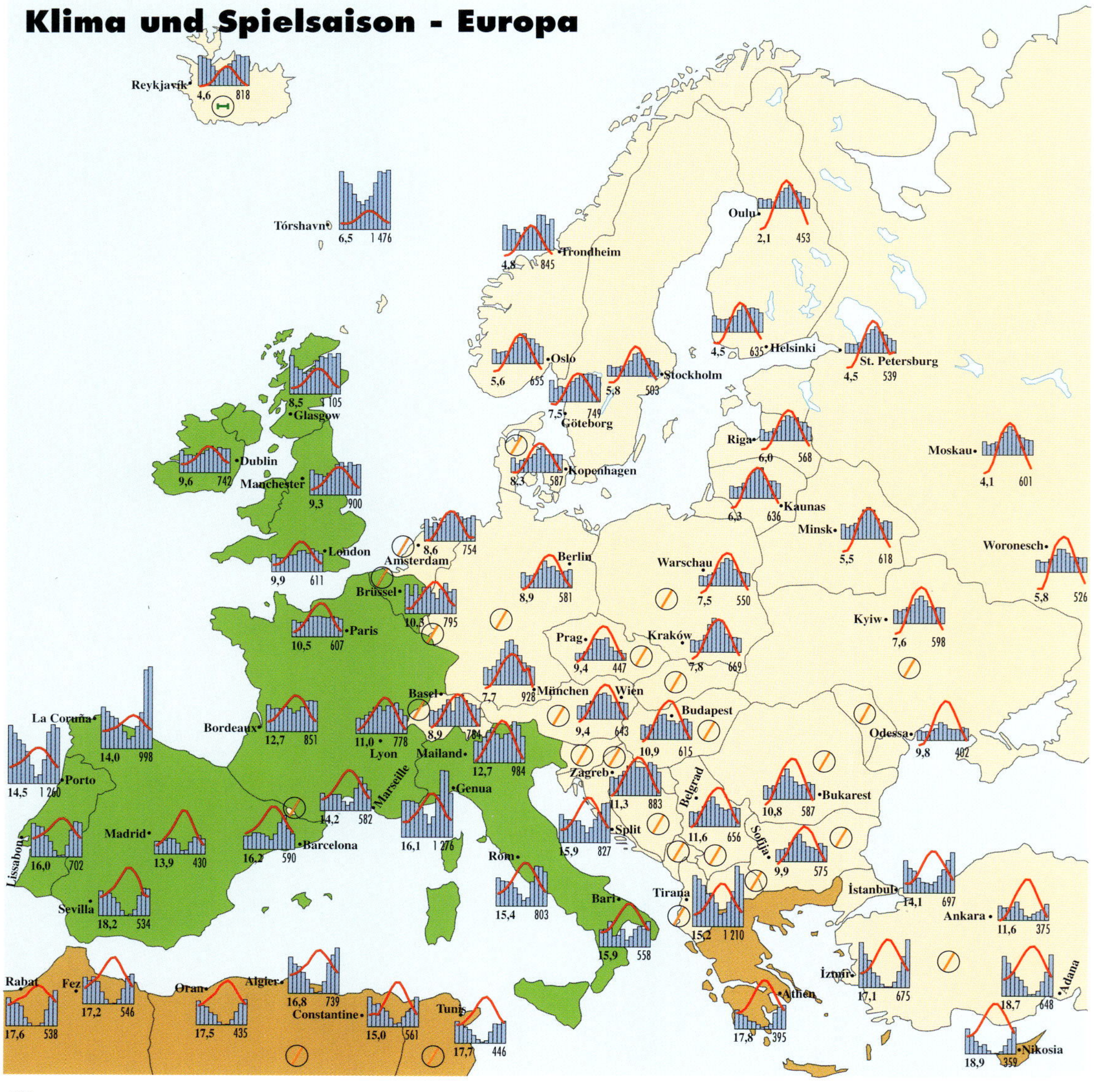

Klimatische Charakteristiken während der Spielsaison in ausgewählten Städten

LEGENDE

max.	maximale durchschnittliche Tagestemperatur
min.	minimale durchschnittliche Tagestemperatur
Sonne	durchschnittliche Stundenzahl mit Sonnenschein pro Tag
Regen	durchschnittliche Anzahl der Tage mit Niederschlägen pro Monat
11	übliche Spielsaison

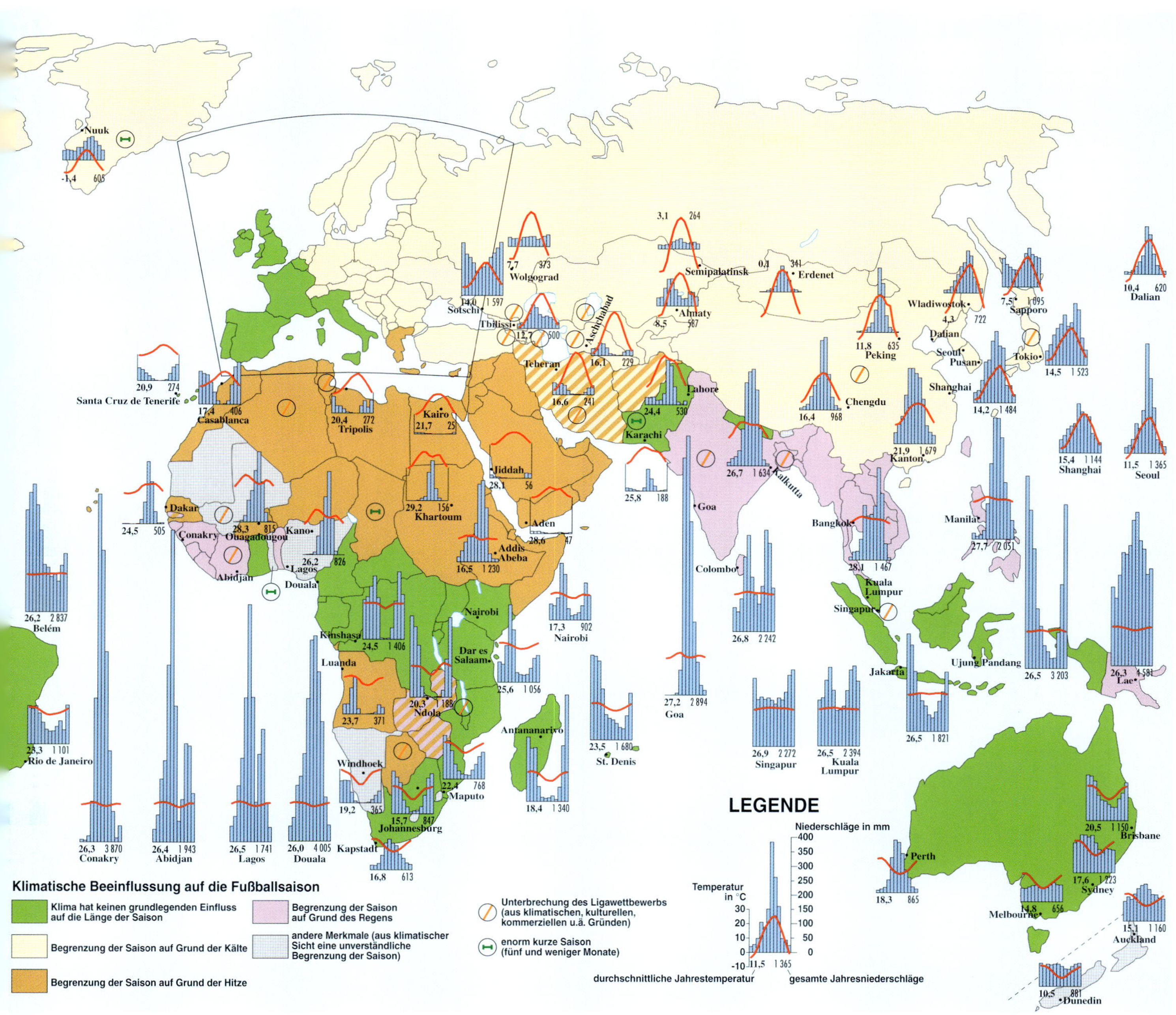

Stadt	Klima-charakteristik	I	II	III	IV	V	VI	VII	VIII	IX	X	XI	XII
Barcelona	max.	13	14	16	18	22	25	27	28	26	22	17	14
	min.	6	7	8	11	14	17	21	21	18	14	10	7
	Sonne	5	6	6	8	8	9	10	9	7	5	5	4
	Regen	4	5	5	6	6	4	3	4	6	7	6	5
London	max.	6	7	10	13	17	20	22	21	19	14	10	7
	min.	2	2	3	5	8	11	13	13	11	8	5	3
	Sonne	2	2	4	6	7	7	7	6	5	3	2	1
	Regen	11	9	8	8	8	8	9	9	9	9	10	9
Moskau	max.	-7	-6	0	9	17	22	24	22	16	8	0	-5
	min.	-14	-13	-8	0	6	11	13	12	7	1	-4	-10
	Sonne	1	2	4	5	8	9	9	7	4	2	2	1
	Regen	8	7	8	7	8	9	11	11	10	9	9	8
Rom	max.	11	13	16	19	23	28	31	31	27	21	16	12
	min.	4	5	7	10	13	17	20	20	17	13	9	5
	Sonne	4	4	5	7	8	10	11	10	7	6	5	4
	Regen	8	9	8	8	7	4	2	2	5	8	10	10
Kairo	max.	20	22	25	29	33	35	36	35	33	31	26	21
	min.	8	9	11	14	17	20	22	22	20	18	14	10
	Sonne	7	8	8	10	11	12	12	12	11	10	8	7
	Regen	1	1	1	0	0	0	0	0	0	0	1	1
Johannesburg	max.	26	25	24	22	19	17	17	20	23	25	25	26
	min.	15	14	13	10	6	4	4	6	9	12	13	14
	Sonne	8	8	7	8	9	9	9	10	9	9	9	9
	Regen	13	9	8	7	3	1	0	1	2	8	11	12

Stadt	Klima-charakteristik	I	II	III	IV	V	VI	VII	VIII	IX	X	XI	XII
Lagos	max.	32	32	33	32	31	29	28	28	28	29	31	32
	min.	22	23	23	23	23	22	21	21	22	22	22	22
	Sonne	6	7	6	6	6	4	3	3	3	5	7	6
	Regen	1	2	6	7	13	21	17	10	13	13	6	2
Buenos Aires	max.	30	29	26	22	18	15	15	16	18	21	25	29
	min.	18	17	15	12	9	6	6	6	8	11	13	16
	Sonne	10	9	8	7	6	5	5	6	6	7	9	9
	Regen	5	5	6	6	4	4	5	6	5	7	7	7
Mexiko-Stadt	max.	19	21	24	25	26	24	23	23	23	21	20	19
	min.	6	6	8	11	12	13	12	12	12	10	8	6
	Sonne	7	8	7	7	7	6	6	7	6	6	6	6
	Regen	2	1	2	6	9	14	19	18	17	8	3	2
Rio de Janeiro	max.	30	30	29	27	26	25	25	25	25	26	26	28
	min.	23	23	23	21	20	18	18	18	18	20	20	22
	Sonne	7	7	7	6	6	6	6	7	5	5	6	6
	Regen	13	11	9	9	6	5	5	4	5	11	10	12
Seoul	max.	0	3	9	17	23	27	29	31	26	20	12	3
	min.	-10	-7	-1	5	11	15	21	22	16	8	1	-5
	Sonne	6	6	7	8	8	7	6	6	7	8	6	5
	Regen	3	3	6	6	7	9	14	10	7	5	5	5
Sydney	max.	26	26	24	22	19	16	16	17	19	22	23	25
	min.	18	18	17	14	11	9	8	9	11	13	16	17
	Sonne	7	7	6	5	5	4	5	6	6	7	7	7
	Regen	7	8	8	7	5	9	5	7	7	9	8	8

Fußballstadien

Als der Fußball seinen Siegeszug antrat und ein für Zuschauer attraktiver Sport wurde, rief das auch die Notwendigkeit hervor, Anlagen für eine größere Anzahl an Besuchern zu bauen. Die ersten Spielfelder entstanden bereits in der ersten Hälfte des 19. Jahrhunderts. Von den noch existierenden Klubs verfügten Mansfield Town (1861) und Sheffield United (1862) als erste über eine Kampfbahn. Als die älteste in der Gegenwart noch genutzte Spielstätte gilt der Recreation Ground in Chesterfield (1866). In den 70er Jahren des 19. Jahrhunderts begann man die ersten Tribünen zu bauen und gegen Ende des Jahrhunderts gab es schon Stadien mit einer Kapazität von über 50 000 Zuschauern. Die Kapazität von 100 000 Besuchern erreichte 1901 als erstes das Crystal Palace in London. Zum größten Stadion Europas stieg bald der Hampden Park in Glasgow mit einem Fassungsvermögen von 134 000 Zuschauern und dem Besucherrekord von fast 150 000 Zuschauern (1934) auf. Die Mehrzahl der Stadien hatten zu jener Zeit mit Ausnahme der Logen für die Prominenz oder der Haupttribüne lediglich Stehplätze. Die ausgewiesene Kapazität konnte so bei attraktiven Begegnungen leicht überschritten werden (in einigen Fällen bis um das Dreifache).

Auch die Entfaltung des Fußballs in Südamerika führte zum Bau von großen Stadien. Zwanzig Jahre nach dem Zweiten Weltkrieg nahm Brasilien den ersten Platz ein, was die Anzahl von über 100 000 Zuschauer fassenden Anlagen betrifft. In den 70er Jahren gab es auf der Welt bereits über zwanzig solcher Stadien, aber in der Gegenwart sind sie eher die Ausnahme. Das größte Stadion der Geschichte war noch unlängst das Maracanã in Rio de Janeiro, das 1950 offiziell eingeweiht wurde mit einer Kapazität von 220 000 Zuschauern. Hier wurde auch die höchste Besucherzahl der Fußballgeschichte registriert: 199 854 Zuschauer beim WM-Finale 1950 zwischen Brasilien und Uruguay. Aufgrund von Modernisierungen und der Tatsache, dass die Besucherzahlen nachließen, wurde das Fassungsvermögen bis heute auf ausschließlich 78 000 Sitzplätze reduziert. Jetzt wird das Azteca in México City mit der Kapazität von 105 000 Sitzplätzen als das größte Fußballstadion der Welt angesehen.

Besonders in Europa wurden die Stadien in den zurückliegenden Jahrzehnten grundlegenden Qualitätsverbesserungen unterzogen. Wesentlicher Impuls für deren Umbau waren die großen Tragödien im Brüsseler Heysel-Stadion und im Hillsborough zu Sheffield. Gemäß einer Verordnung der UEFA dürfen die von ihr organisierten Wettbewerbe seit der Saison 1998/99 nur von einem sitzenden Publikum verfolgt werden. Zur Ausstattung der heutigen modernen Anlagen gehören sowohl eine vollständige Überdachung, ein leistungsstarkes Flutlicht, großflächige digitale Bildschirmwände als auch beheizte Rasenplätze. Die Zukunft gehört Stadien mit veränderlichen Parametern, ausziehbaren Dächern und Spielfeldern (Veltins Arena in Gelsenkirchen).

Eine ausreichende Anzahl von Stadien mit der notwendigen Kapazität und einer entsprechenden Infrastruktur stellt eine wichtige Bedingung für die Veranstaltung großer internationaler Wettbewerbe dar. Über die meisten Fußballstadien verfügt Brasilien, viele davon haben jedoch nicht die geforderte Ausstattung. Die höchste Anzahl an Stadien, die die geforderten Kriterien erfüllen und ein Fassungsvermögen von über 50 000 Plätzen haben, befindet sich in den USA (über 80). Alle wurden freilich in erster Linie für American Football und Baseball gebaut, dennoch können sie auch für Fußball genutzt werden, wie die WM 1994 mit dem größten Besucherschnitt der WM-Geschichte bewiesen hat. In Europa verfügen Deutschland und England über das beste Angebot an großen, modern ausgestatteten und sicheren Stadien.

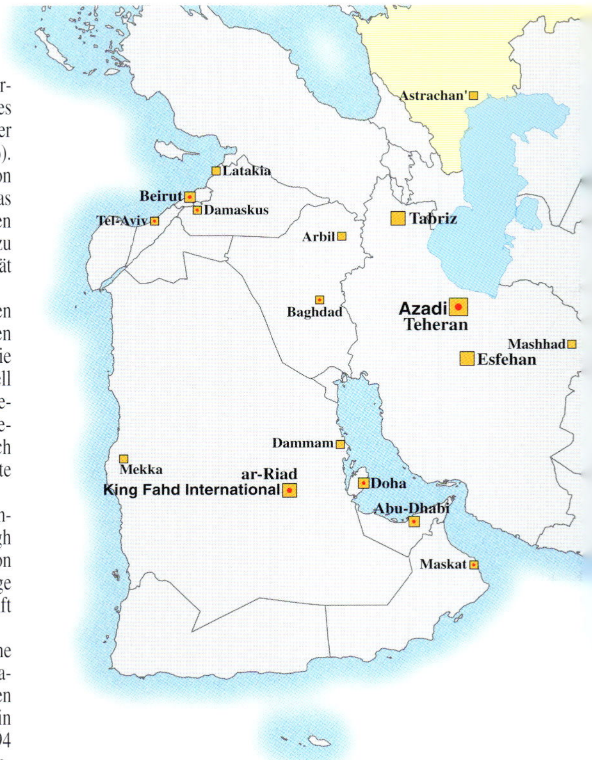

Größte Stadien Asiens

Stadion-name (Land, Stadt)	**Stadion-kapazität**
Rungnado/May Day (PRK, Pjöngjang)	150 000
Saltlake Stadium (IND, Kalkutta)	120 000
Bukit Jalil (MAS, Kuala Lumpur)	100 200
Bung Karno (IDN, Jakarta)	100 000
Jawaharlal Nehru (IND, New Delhi)	100 000
Azadi (IRN, Teheran)	100 000
Guangdong Stadium (CHN, Kanton)	80 012
Shanghai Stadium (CHN, Shanghai)	80 000
Naghsh e Jahan (IRN, Esfehan)	75 000
Yokohoma International (JPN, Yokohoma)	72 370
Workers' Stadium (CHN, Peking)	72 000
Yadegar e Emam (IRN, Tabriz)	71 000
Kim Il-Sung (PRK, Pjöngjang)	70 000
Olympic Stadium (KOR, Seoul)	69 841
Shah Alam Stadium (MAS, Shah Alam)	69 372
Daegu WC Stadium (KOR, Taegu)	68 014
King Fahd International (KAS, Riyadh)	67 000
Rajamangala Stadium (THA, Bangkok)	65 000
Sang-am Stadium (KOR, Seoul)	64 677
Saitama Stadium 2002 (JPN, Saitama)	63 700
Tianhe Stadium (CHN, Kanton)	60 000
Olympic Sports Center (CHN, Nanjing)	60 000
Yizhong Center (CHN, Qingdao)	60 000
Wuhan Stadium (CHN, Wuhan)	60 000
Jawaharlal Nehru St. (IND, Cochin)	60 000
Olympic Sports Centre (CHN, Chonqing)	58 680
Camille Chamoun (LIB, Beirut)	57 600
Olympic Stadium (JPN, Tokyo)	57 363
People's Stadium (CHN, Dalian)	55 000
Stadium of Singapore (SIN, Singapur)	55 000

Größte Stadien Ozeaniens

Stadion-name (Land, Stadt)	**Stadion-kapazität**
Melb. Cricket Ground (AUS, Melbourne)	100 000
Telstra Stadium (AUS, Sydney)	83 500
Telstra Dome (AUS, Melbourne)	56 347
Suncorp Stadium (AUS, Brisbane)	52 579
AAMI Stadium (AUS, Adelaide)	51 515
Sydney Cricket Ground (AUS, Sydney)	44 000
Subiaco Oval (AUS, Perth)	42 922
The Gabba (AUS, Brisbane)	42 000
Aussie Stadium (AUS, Sydney)	41 159
Jade Stadium (NZL, Christchurch)	36 500

LEGENDE

Kapazität des Stadions

- über 80 000
- 60 001–80 000
- 45 001–60 000
- 30 001–45 000

WM-Veranstalter

- schon WM-Veranstalter mit Perspektive
- schon WM-Veranstalter ohne Perspektive
- potenzielle WM-Kandidaten
- noch nie WM-Veranstalter und weiter ohne Perspektive

Nutzung des Stadions

- nur für Fußball
- Fußballstadion mit Leichtathletikbahn
- für andere Sportarten (z.B. Rugby, Football, Cricket, Baseball, Australischer Fußball) und dazu auch für Fußball

weitere Spezifikationen

- Nationalstadion
- **Nou Camp** Stadionname
- Berlin Stadt

Größte Stadien Europas

Stadionname (Land, Stadt)	Gründ. Jahr*	Stadionkapazität	Klub(s)	Auslastung in der Liga (%)
Nou Camp (ESP, Barcelona)	1998	98 600	FC Barcelona	74
Wembley (ENG, London)	2007	90 000	–	–
Giuseppe Meazza (ITA, Mailand)	1990	85 700	AC, Inter	65
Luschniki (RUS, Moskau)	1997	84 745	Spartak, Torpedo	13
Olimpijs'kyj (UKR, Kiew)	1999	83 160	–	–
Olimpico (ITA, Rom)	1990	81 903	Roma, Lazio	41
Atatürk (TUR, Istanbul)	2001	81 653	–	–
Signal Iduna Park (GER, Dortmund)	2006	80 700	Borussia	90
Santiago Bernabéu (ESP, Madrid)	2003	80 353	Real Madrid	89
Stade de France (FRA, Paris)	1998	79 959	–	–
San Paolo (ITA, Neapel)	1989	78 000	SSC Napoli	30
Old Trafford (ENG, Manchester)	2000	76 212	Man. United	90
Millennium St. (WAL, Cardiff)	1999	74 500	–	–
Olympiastadion (GER, Berlin)	2004	74 400	Hertha BSC	63
La Cartuja (ESP, Sevilla)	1999	72 000	–	–
Spiros Louis (GRE, Athen)	1982	71 030	Panath., AEK	23
Delle Alpi (ITA, Turin)	1990	71 012	Juventus	43
Olympiastadion (GER, München)	1972	69 060	–	–
Hrazdan (ARM, Erewan)	1972	69 000	–	–
Allianz Arena (GER, München)	2005	69 000	Bayern, 1860	79
Puskás Ferenc (HUN, Budapest)	1953	68 976	–	–
Estádio da Luz (POR, Lissabon)	2003	65 000	Benfica	66
Izmir Atatürk Stadi (TUR, Izmir)	2005	63 000	–	–
Veltins Arena (GER, Gelsenkirchen)	2001	61 481	Schalke	100
Celtic Park (SCO, Glasgow)	1999	60 832	Celtic	96
Emirates St. (ENG, London)	2006	60 432	Arsenal	99
Lia Manoliu (ROM, Bukarest)	1953	60 120	–	–
Stade Vélodrome (FRA, Marseille)	1998	60 031	Olympique M.	83
San Nicola (ITA, Bari)	1990	58 000	AS Bari	8
AOL Arena (GER, Hamburg)	2000	57 000	HSV	92
Manuel Ruíz de Lopera (ESP, Sevilla)	2001	56 500	Real Betis	68
Gottlieb-Daimler-St. (GER, Stuttgart)	2005	55 875	VfB Stuttgart	69
Boris Paichadze (GEO, Tbilissi)	1976	55 000	Dinamo Tbilissi	2
Montjuïc (ESP, Barcelona)	1989	55 000	Espanyol	41
Mestalla (ESP, Valencia)	1978	55 000	Valencia CF	78
Vicente Calderón (ESP, Madrid)	1980	54 851	Atlético Madrid	71
Borussia Park (GER, M'gladbach)	2004	54 019	Borussia	89
St. James Park (ENG, Newcastle)	2000	52 387	Newcastle Utd.	99
Commerzbank-Arena (GER, Frankfurt)	2005	52 300	Eintracht	80
José Alvalade (POR, Lissabon)	2003	52 000	Sporting	61
Estádio do Dragão (POR, Porto)	2003	52 000	FC Porto	74
LTU Arena (GER, Düsseldorf)	2004	51 500	Fortuna	14
Crvena zvezda (SRB, Belgrad)	1995	51 328	Crvena zvezda	14
Amsterdam ArenA (NED, Amsterdam)	1996	51 324	Ajax	92
De Kuip (NED, Rotterdam)	1994	51 137	Feyenoord	78
Ibrox (SCO, Glasgow)	1997	51 082	Rangers	96
Hampden Park (SCO, Glasgow)	1999	50 670	–	–
F. Şükrü Saracoğlu (TUR, Istanbul)	2005	50 530	Fenerbahçe	82
RheinEnergie St. (GER, Köln)	2004	50 373	1. FC Köln	97
Koning Boudewijn (BEL, Brüssel)	1999	50 024	–	–
Stadium of Light (ENG, Sunderland)	2000	49 000	Sunderland	69
AWD Arena (GER, Hannover)	2005	48 933	Hannover 96	79
Ernst Happel Stadion (AUT, Wien)	1986	48 844	–	–
Fritz-Walter-St. (GER, Kaiserslautern)	2005	48 500	1. FC K'lautern	68
Parc des Princes (FRA, Paris)	1998	48 275	PSG	84
City of M'ster St. (ENG, Manchester)	2002	47 726	Man. City	90
Artemio Franchi (ITA, Florenz)	1990	47 232	Fiorentina	70
easyCredit-Stadion (GER, Nürnberg)	2005	46 780	1. FC Nürnberg	70
Anfield (ENG, Liverpool)	1996	45 362	Liverpool FC	98
R. Sánchez Pizjuán (ESP, Sevilla)	1958	45 000	Sevilla FC	89

* oder Jahr der letzten großen Rekonstruktion

LEGENDE

Kapazität des Stadions

- über 80 000
- 60 001–80 000
- 45 001–60 000
- 30 001–45 000

Nutzung des Stadions

- nur für Fußball
- Fußballstadion mit Leichtathletikbahn
- für andere Sportarten (z.B. Rugby, Football, Cricket, Baseball, Australischer Fußball) und dazu auch für Fußball

weitere Spezifikationen

- Nationalstadion

Maracanã Stadionname

Durban Stadt

WM-Veranstalter

- schon WM-Veranstalter mit Perspektive
- schon WM-Veranstalter ohne Perspektive
- potenzielle WM-Kandidaten
- die Veranstalter der WM 2010
- noch nie WM-Veranstalter und weiter ohne Perspektive

Größte Stadien Afrikas

Stadionname (Land, Stadt)	Stadionkapazität
Borg el Arab (EGY, Alexandria)	80 000
Stade des Martyrs (COD, Kinshasa)	80 000
11 June (LBY, Tripolis)	80 000
FNB Stadium (RSA, Johannesburg)	78 000
Stad al-Qahira al-Dawly (EGY, Kairo)	74 100
St. Mohammed V (MAR, Casablanca)	67 000
Stade 5 Juillet (ALG, Algier)	66 000
Estadio da Cidadela (ANG, Luanda)	60 000
O. A. Osman St. (EGY, Kairo)	60 000
Moi Int. Sports Center (KEN, Nairobi)	60 000
28 March (LBY, Benghazi)	60 000
Estádio da Machava (MOZ, Maputo)	60 000
Abuja Stadium (NGA, Abuja)	60 000
Odi Stadium (RSA, Mabopane)	60 000
Léopold Sédar Senghor (SEN, Dakar)	60 000
Stade 7 Novembre (TUN, Tunis)	60 000
National Sports St. (ZIM, Harare)	60 000
Ellis Park (RSA, Johannesburg)	59 611

Anm.: Im Falle der USA sind die Stadien angeführt, die für Fußballspiele regelmäßig genutzt werden oder in denen ein bedeutendes Fußballspiel stattgefunden hat.

Größte Stadien Nordamerikas

Stadionname (Land, Stadt)	Stadionkapazität
Azteca (MEX, Mexiko-Stadt)	105 000
Rose Bowl (USA, Pasadena)	92 542
LA Memorial Coliseum (USA, Los Angeles)	92 000
Legion Field (USA, Birmingham)	80 601
Pontiac Silverdome (USA, Detroit)	80 311
Giants Stadium (USA, East Rutherford)	80 242
Arrowhead (USA, Kansas City)	79 409
INVESCO Field at Mile High (USA, Denver)	76 125
Dolphin Stadium (USA, Miami Gardens)	75 540
Qualcomm (USA, San Diego)	71 294
Georgia Dome (USA, Atlanta)	71 149
Florida Citrus Bowl (USA, Orlando)	70 188
Gillette Stadium (USA, Boston)	68 756
Cotton Bowl (USA, Dallas)	68 252
Qwest Field (USA, Seattle)	67 000
Raymond James Stadium (USA, Tampa)	65 647
Olympic Stadium (CAN, Montréal)	65 255
Olímpico Universitario (MEX, Mexiko-Stadt)	64 186
Soldier Field (USA, Chicago)	61 500
Toyota Park (USA, Chicago)	60 455
Commonwealth Stadium (CAN, Edmonton)	60 217
BC Place Stadium (CAN, Vancouver)	59 841

Gröβte Stadien Südamerikas

Stadionname (Land, Stadt)	Stadionkapazität
Isidro Romero Carbo (ECU, Guayaquil)	83 835
Teodoro Fernández (PER, Lima)	80 093
Maracanã (BRA, Rio de Janeiro)	78 000
João Castelo (BRA, São Luís)	75 000
Centenario (URU, Montevideo)	73 609
Morumbi (BRA, São Paulo)	73 500
Mineirão (BRA, Belo Horizonte)	72 000
João Havelange (BRA, Uberlândia)	72 000
Universidad San Marcos (PER, Lima)	67 469
Nacional (CHI, Santiago)	66 650
El Monumental (ARG, Buenos Aires)	66 449
Fonte Nova (BRA, Salvador)	66 000
David Arellano (CHI, Santiago)	62 500
Arruda (BRA, Recife)	60 000
Governador A. Silva (BRA, Teresina)	60 000
Metropolitano (COL, Barranquilla)	60 000
Beira-Rio (BRA, Porto Alegre)	58 300
La Bombonera (ARG, Buenos Aires)	57 395
Libertadores de América (ARG, B. Aires)	57 098
Casa Blanca (ECU, Quito)	55 400
Plácido Castelão (BRA, Fortaleza)	55 000
Benedito Teixeira (BRA, S. J. do Rio Preto)	55 000
Mangueirão (BRA, Belém)	54 600
Serra Dourada (BRA, Goiânia)	54 000
Olímpico Monumental (BRA, Porto Alegre)	54 000
Atanasio Girardot (COL, Medellín)	52 872
Ciudad de La Plata (ARG, La Plata)	50 000
José Amalfitani (ARG, Buenos Aires)	49 540

Größte Stadien Südamerikas (Fortsetz.)

Stadionname (Land, Stadt)	Stadionkapazität
Olimpico Córdoba (ARG, Córdoba)	48 878
Juan Domingo Perón (ARG, Buenos Aires)	48 800
El Campín (COL, Bogotá)	48 600
Tomás Adolfo Ducó (ARG, Buenos Aires)	48 314
Governador José Fragelli (BRA, Cuiabá)	47 000
Lanús (ARG, Buenos Aires)	46 519
Pascual Guerrero (COL, Cali)	45 625
Nacional José Diaz (PER, Lima)	45 574

Die Schattenseiten des Fußballs

Der meistverbreitete, meistverfolgte und beliebteste Sport unseres Planeten wird leider, wie jedwede andere menschliche Tätigkeit auch, von Unfällen und Tragödien begleitet, die Verletzungen und Todesopfer nach sich ziehen.

Obwohl das "Fußballrowdytum" von den Nachrichtenmedien erst in den sechziger Jahren als ein ernstes Problem bezeichnet wurde, sind Zuschauerausschreitungen schon aus viel früherer Zeit bekannt. Ihren Ursprung haben sie, wie viele "Fußballneuheiten", auf den Britischen Inseln. Allmählich hat sich der unerwünschte Virus des undisziplinierten Verhaltens der Fans jedoch auch in weiteren Ländern ausgebreitet – insbesondere in den Niederlanden, in Polen, Griechenland und der Türkei, in Südamerika, den Staaten der ehemaligen Sowjetunion und neuerdings auch in Afrika.

Die Klubs, nationale Verbände, Regierungen, Fußball-Konföderationen und die FIFA haben gemeinsam erst nach den Ereignissen in Brüssel (1985) begonnen, in dieser Problematik energischer vorzugehen. Die gefährlichsten Gewalttäter werden seitdem erfasst und strafrechtlich verfolgt. In den Stadien werden Kameras installiert, besonderer Wert wird auf die technische Ausstattung in den Stadien gelegt, die auch eine ausreichende Trennung der Anhängerschaft beider jeweiligen Teams voneinander vorsieht. Man unterschätzt weder die Anzahl noch die Organisation des Ordnungsdienstes und dessen Zusammenarbeit mit der Polizei innerhalb und außerhalb des Stadions. Die persönlichen Kontrollen der Fans vor ihrem Zutritt zu den Tribünen wurden verschärft, der Alkoholverkauf wird mithin verboten. Nach der Tragödie in Hillsborough (1989) wurden in England die Eisenzäune entfernt, die die Zuschauerränge von der Spielfläche trennten. Zudem werden die Stehplätze abgeschafft – Maßnahmen, denen sich weitere Länder nach und nach anschließen. Aus dem Massaker von Guatemala (1996) zog die FIFA folgende Konsequenzen: die die Zuschauer vom Spielfeld trennenden Zäune müssen leicht zerlegbar sein. In den Verkauf dürfen nur Eintrittskarten für nummerierte Sitzplätze gelangen und deren Vertrieb muss besser organisiert werden. Zudem muss die Zuschauerkapazität eines jeden Stadions überprüft werden. Ein Spiel darf nicht angepfiffen werden, bevor nicht alle Probleme im Zuschauerbereich gelöst sind. Nur der ernannte FIFA-Kommissar kann die Erlaubnis zum Anstoß oder zur Fortsetzung des Spiels geben und er hat eine Sicherheitskontrolle inner- und außerhalb des Stadions vor dem Anpfiff des Spiels vorzunehmen.

Übersicht der Anzahl der getöteten Menschen aus dem Umfeld des Fußballs

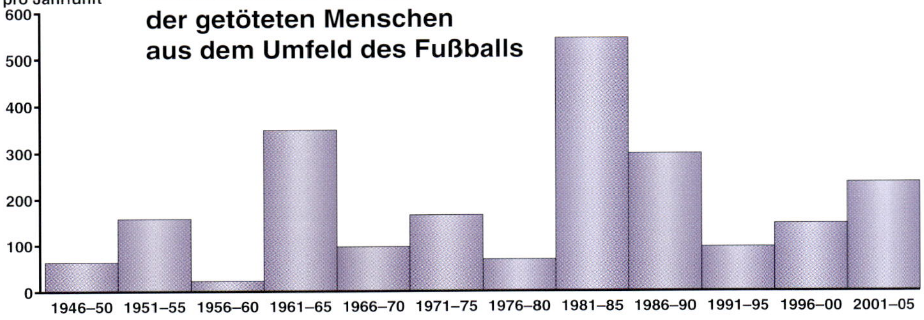

Anteil der Ursachen für den Tod von Menschen im Umfeld des Fußballs

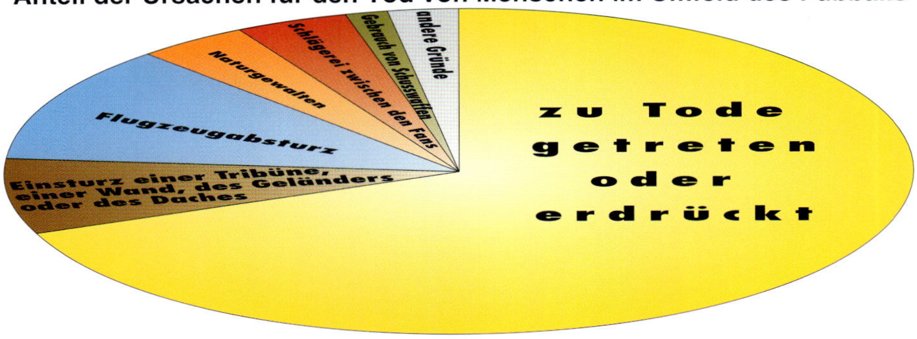

Große Fußballtragödien

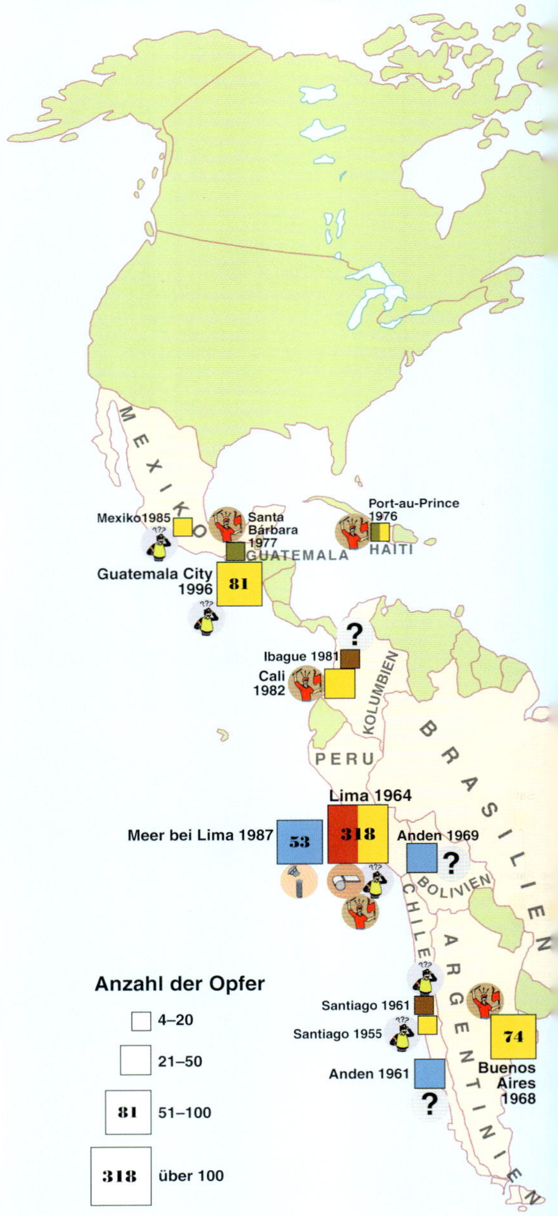

Chronik der schwersten Fußballtragödien

5. 4. 1902, Ibrox Park, Glasgow, Schottland, Spiel Schottland – England (1:1). Beim Einsturz der 12m hohen, aus Holz konstruierten West Stand -Tribüne kommen in dem neuen, 20 000 Zuschauer fassenden Stadion 25 Menschen ums Leben. 517 Personen erleiden schwere Verletzungen. Das Spiel wird für 20 Minuten unterbrochen, dann zu Ende gespielt. Es wurde aber nie in die offizielle Bilanz der beiden Länder aufgenommen.

9. 3. 1946, Burden Park, Bolton, England, Spiel der 6. Runde des Englischen Pokals Bolton Wanderers – Stoke City (0:0). Der Burden Park ist mit 65 000 Besuchern bis auf den letzten Platz gefüllt. Vor den Toren drängen sich noch 20 000 weitere Fans. Viele erzwingen sich den Zutritt. Unter dem Ansturm geben zwei der Metallgeländer nach und eine Wand stürzt ein. Dreißig Leute werden in der folgenden Panik erdrückt und niedergetrampelt, mehr als 500 werden verletzt. Das Spiel wird für eine halbe Stunde unterbrochen, dann ohne Pause zu Ende gespielt. Viele Fans ahnen nichts von den schrecklichen Ereignissen und erfahren erst auf dem Heimweg von der Tragödie.

14. 5. 1949, Berg Superga unweit von Turin, Italien. Bei einem Flugzeugabsturz verliert nicht nur der AC Turin, sondern ganz Italien einen großen Teil seiner Fußballstars. Auf dem Rückflug von einem Spiel bei Benfica Lissabon zerschellt die Maschine am Berg Superga. Alle 18 Spieler, darunter 8 Nationalspieler, 13 Funktionäre, Journalisten und Crew-Mitglieder kommen dabei ums Leben. Ein Juniorenteam des AC Turin bestritt die restlichen Saisonspiele und konnte den nationalen Meistertitel erfolgreich verteidigen – zum fünften Mal in Folge!

6. 2. 1958, Flughafen München, Deutschland. Ein wiederholt erfolgloser Start im Nebel endet mit dem Aufprall des Flugzeuges am Ende der Startbahn. Das Flugzeug fängt Feuer. 23 Passagiere überleben den Unfall nicht – darunter acht „Busby Babies“, wie die Spieler von Manchester United liebevoll genannt werden. Das Team kam gerade aus Belgrad, von einem erfolgreichen Rückspiel im Viertelfinale des Europapokals der Landesmeister gegen Roter Stern (3:3). In den Flammen starben: Roger Byrne, Geoffrey Bent, Eddie Colman, Duncan Edwards, Mark Jones, David Pegg, Tommy Taylor und Liam Whelan (alles Spieler), Walter Crickmer (Sekretär), Tom Curry (Cotrainer), Herbert Whalley (Trainer).

3. 4. 1961, Berg Las Lastimas, Chile. Auf dem Weg zu einem Pokalspiel in Osorno prallt die Maschine des Klubs Green Cross aus der Hauptstadt Santiago gegen den Berg Las Lastimas. 24 Mitglieder des Klubs kommen dabei ums Leben.

24. 5. 1964, Estadio National, Lima, Peru, Olympia-Qualifikationsspiel Peru – Argentinien (0:1), 45 000 Zuschauer. Die Nichtanerkennung eines Tores zugunsten Perus, nur zwei Minuten vor Spielende löst große Unruhen aus. Das Tor hätte nämlich nicht nur den Ausgleich, sondern gleichzeitig die Qualifikation Perus für die Olympischen Spiele in Tokio bedeutet. Zwei peruanische Fans stürmen auf den Platz und attackieren Schiedsrichter Pazos. Ihnen folgen Hunderte weiterer Anhänger. Die nur 40 anwesenden Polizisten können diese Situation nicht mehr unter Kontrolle bekommen und das Tränengas, das sie einsetzen, ruft zusätzliche Panik hervor. Einige Tausend Zuschauer versuchen auf einmal das Stadion zu verlassen, stoßen aber überall auf verschlossene Tore. Obwohl es ihnen schließlich gelingt, die Umzäunung zu durchbrechen, werden Hunderte von Menschen verletzt. Die Unruhen setzen sich auch außerhalb des Stadions fort – drei nahe gelegene Häuser werden niedergebrannt, die aufgebrachte Menge richtet auch in der Stadt große Schäden an. Bei dieser zweitschlimmsten Katastrophe der Fußballgeschichte wurden 318 Fans getötet und über 500 verletzt. Es wurde ein einmonatiger Ausnahmezustand verhängt.

23. 6. 1968, Estadio Monumental, Buenos Aires, Argentinien, Spiel der argentinischen Liga River Plate – Boca Juniors (0:0). Brennende Zeitungen, die feiernde Boca-Fans von der oberen Tribüne werfen, lösen eine gewaltige Panik aus. Die Menschenmenge will den Zuschauerraum verlassen, die Ausgänge sind jedoch zu diesem Zeitpunkt noch versperrt. 74 Zuschauer werden niedergetreten und 150 verletzt.

2. 1. 1971, Ibrox Park, Glasgow, Schottland, Spiel Celtic – Rangers. Das Ausgleichstor der Rangers kurz vor Spielende ruft eine unerwartete Rückkehr der bereits das Stadion verlassenden Fans hervor. Ergebnis dieses starken Ansturms ist, dass das Stahlgeländer einer Treppe nachgibt. Die Folge: 66 Tote und 150 Verletzte.

17. 9. 1971, Türkei, Spiel der 2. türkischen Liga Kayserispor – Siwas. Wegen eines nicht anerkannten Tores entsteht unter den Fans beider Lager eine blutige Rauferei (Pistolen, Messer, Flaschen, Steine). Eine Empore stürzt ein. Viele Leute werden bei der Flucht aus dem Stadion zu Boden getreten. Insgesamt kommen 44 Menschen zu Tode und 600 werden verletzt.

17. 2. 1974, Zamalek, Kairo, Ägypten, Spiel Zamalek – Dukla Prag. Die Mengen der ankommenden Zuschauer durchbrechen das Polizeispalier und stürmen das Stadion. Das Geländer und eine Wand werden niedergerissen. 49 Menschen sterben, 50 weitere werden verletzt.

15. 4. 1979, Nigeria. Bei einer Panik, die infolge eines Ausfalls der Flutlichtanlage entsteht, kommen 24 Fußballfans um, 27 werden verletzt.

8. 2. 1981, Yorgos Karaiskakis, Piräus, Griechenland, Spiel Olympiakos Piräus – AEK (6:0), 40 000 Zuschauer. Verschlossene Tore verursachen gegen Ende des Spiels eine Panik, in deren Folge 24 Fans zu Tode getrampelt und mehr als 100 verletzt werden.

20. 10. 1982, Leninstadion, Moskau, Russland, Rückspiel der 2. Runde des UEFA-Pokals Spartak Moskau – Haarlem (2:0). 340 Menschen werden zu Tode getreten, weil die Masse der Fans wegen eines Tors in der letzten Spielminute auf die Zuschauerränge zurückdrängt. Dieser unglückliche Vorfall wurde von den sowjetischen Behörden lange Zeit geheim gehalten, das offizielle Geständnis dieser größten Fußballkatastrophe erfolgte erst im Juli 1989.

17. 11. 1982, Pascual Guerrero, Cali, Kolumbien. Betrunkene Zuschauer werfen Flaschen und Knallkörper auf die Zuschauer in den unteren Rängen.

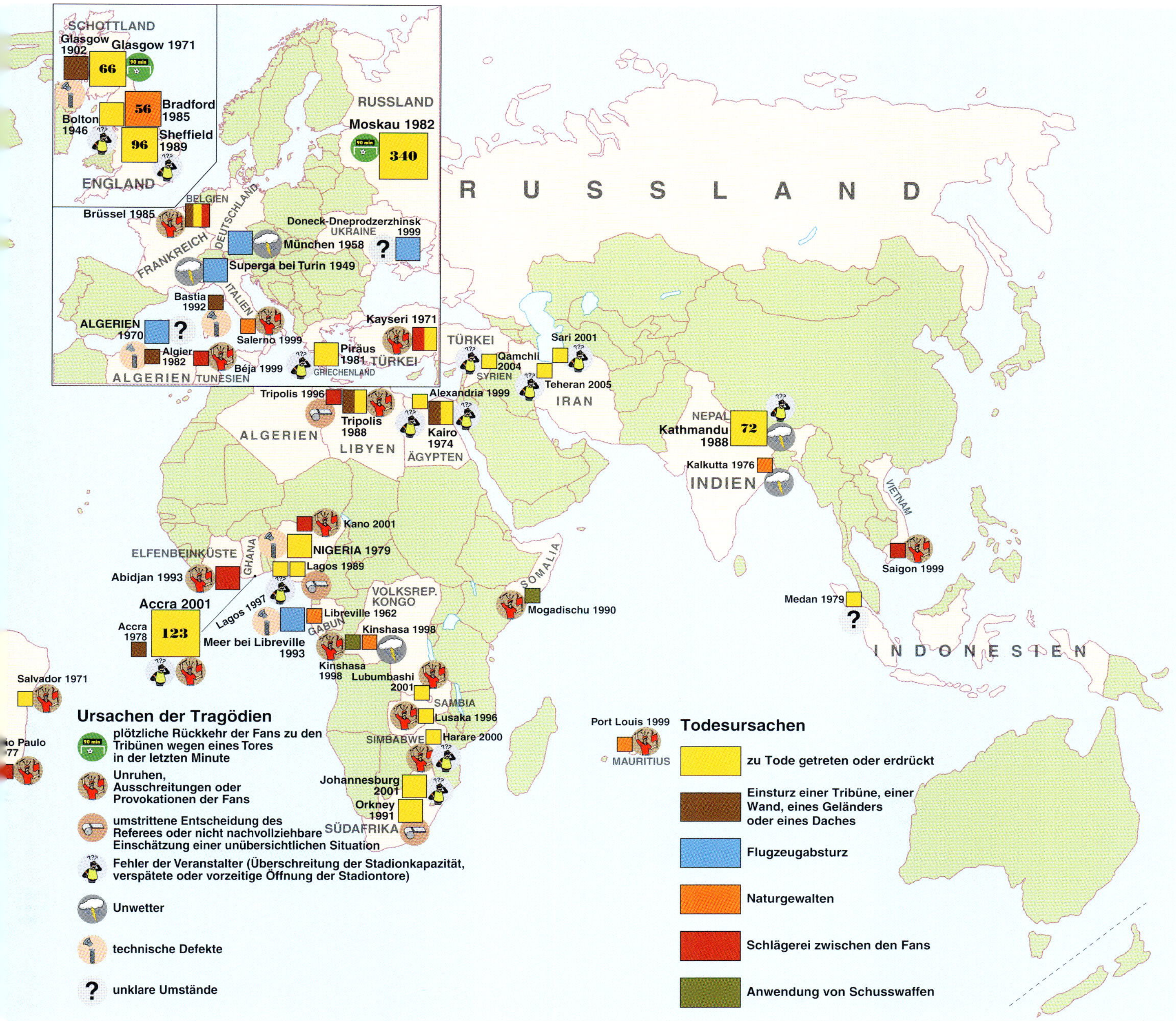

ı der sich ausbreitenden Panik werden 24 Menschen getötet, darunter 12 .inder. Zudem werden 250 Verletzte registriert.

.1. 5. 1985, Valley Parade, Bradford, England, Spiel der 3. Divison der nglischen Liga Bradford City – Lincoln City. Vermutlich wegen einer ?igarettenkippe kommt es kurz vor der Halbzeit zu einem Brand der 77 Jah-e alten Haupttribüne. 56 Zuschauer fallen den Flammen zum Opfer, weitere 11 müssen im Krankenhaus medizinisch versorgt werden.

29. 5. 1985, Heysel, Brüssel, Belgien, Endspiel des Europapokals der .andesmeister Juventus – Liverpool (1:0). Die Angriffe und Aggressio-en der Liverpooler Fans verursachen eine Stunde vor dem Anpfiff im Sek-or von Turin eine riesige Panik. Bei der anschließenden Massenflucht verden viele Fans niedergetrampelt, weitere finden unter den Trümmern ei-er eingestürzten Wand den Tod und einige werden niedergestochen. Insge-amt sterben 39 Zuschauer, davon 31 Italiener, weitere 437 werden verletzt. /or dem Zwischenfall war es zu Provokationen seitens der Turiner Fans ekommen. Aber auch Nachlässigkeiten seitens der Organisatoren sind ine wesentliche Ursache für die Katastrophe: beide Zuschauersektoren varen nur durch einen Drahtzaun getrennt (eine leichte Hürde). Die Fans atten Waffen zur Verfügung (Messer, Stangen, Ketten, Flaschen), das anze Stadion war in einem schlechten Zustand (man konnte Betonteile erausreißen), es waren nur fünfzig Polizisten vor Ort, die Organisation der Ersten Hilfe dauerte zu lange (die ersten Sanitäter sind erst nach 40 Minu-en erschienen). Als Folge dieser Tragödie wurden die englischen Klubs für ünf Jahre von allen europäischen Pokalen ausgeschlossen (Liverpool für Jahre).

). 12. 1987, im Meer, 15 km vor Lima, Peru. Mit einer Tragödie endet die Rückkehr des Klubs Alianza Lima vom Auswärtsspiel der peruanischen Liga n Pucallpa. Das Militärflugzeug stürzt kurz vor der Landung ins Meer (nicht inmal das Fahrgestell war ausgefahren). Der Einzige, der diese Katastrophe berlebt, ist ein Mitglied der Crew. 53 Menschen, darunter 16 Fußballer und 1 Funktionäre, kommen ums Leben.

10. 3. 1988 Tripolis, Libyen, Freundschaftsspiel Libyen – Malta, 65 000 Zuschauer. Kurz vor dem Ende der ersten Halbzeit sticht ein offenbar verwirrter Zuschauer mit einem Messer um sich. In Panik flüchten Hunderte von Fans zu den Ausgängen. Eine Wand bricht zusammen. 30 Leute sterben, weitere 40 werden verletzt.

12. 3. 1988, Dasharath Stadium, Kathmandu, Nepal, Spiel Janakpur (Nepal) – Mukti Jodha (Pakistan), 25 000 Zuschauer. Zweiundsiebzig Zuschauer werden bei einer Panik im nepalesischen Nationalstadion zu Tode getrampelt und weitere 300 verletzt. Dazu kam es, als die Zuschauer eine Zuflucht vor heftigen Hagelfällen suchten, die Mengen jedoch auf versperrte Tore stießen.

15. 4. 1989, Hillsborough, Sheffield, England, Halbfinale des Englischen Pokals Liverpool – Nottingham Forest. Hunderte Zuschauer versuchen durch einen Eingang im Sektor Leppings Lane End einzudringen, um den Beginn des Semifinales des FA Cups nicht zu verpassen. Viele Menschen werden bereits im Tunnel hinter dem Eingang niedergetreten, die meisten kommen jedoch an der Sicherheitssperre, die das Spielfeld vom Zuschauerraum trennt, ums Leben. Insgesamt starben 96 Anhänger von Liverpool (einer davon nach vier Tagen im Koma), weitere 200 wurden verletzt.

13. 1. 1991, E. Oppenheimer Stadium, Orkney (Transvaal), Südafrika, Freundschaftsspiel Kaizer Chiefs – Orlando Pirates, 20 000 Zuschauer. Die Anerkennung eines umstrittenen Tores in der zweiten Hälfte zugunsten von Kaizer Chiefs ruft eine Massenschlägerei auf den überfüllten Rängen hervor. Noch größere Panik bricht aus, als die meisten Zuschauer von dieser Stelle zu flüchten versuchen. Die Bilanz der Panik: 40 tote und 50 verletzte Fans.

28. 4. 1993, das Meer bei Gabun. Bei der Rückkehr der Nationalmannschaft von Sambia vom WM-Qualifikationsspiel in Senegal stürzt das Militärflugzeug nach einer Zwischenlandung in Libreville ins Meer. 30 Menschen finden den Tod, davon 18 Fußballspieler und 5 Funktionäre.

29. 10. 1993, Abidjan, Elfenbeinküste, Semifinale des Meistercups der afrikanischen Länder ASEC Mimosas – Asante Kotoko 3:1. Bei blutigen Kämpfen zwischen den Anhängern beider Klubs während der Anreise zum Spiel kommen mehr als 20 von ihnen ums Leben. Die Klubs beider Länder wurden anschließend von der Afrikanischen Fußballkonföderation für die folgende Saison vom Wettbewerb ausgeschlossen.

16. 10. 1996, Mateo Flores, Guatemala City, Guatemala, WM-Qualifikationsspiel Guatemala – Costa Rica, 60 000 Zuschauer. Wegen gefälschter Eintrittskarten wird die Kapazität des 45 000 Zuschauer fassenden Stadions Mateo deutlich überschritten. Eine halbe Stunde vor Beginn müssen dies 81 Fans mit dem Leben bezahlen (154 Verletzte), als sie an der Absperrung zwischen Spiel- und Zuschauerraum zerquetscht werden. Als Reaktion auf dieses Unglück verfasste die FIFA verbindliche Regeln für die Stadionkapazität und den Spielbeginn.

11. 4. 2001, Ellis Park, Johannesburg, Südafrika, Spiel Kaizer Chiefs – Orlando Pirates. Bei einem Gedränge werden 43 Fußballfans niedergetrampelt, mehr als 100 werden verletzt. Für das südafrikanische Traditionsspiel wurden mehr Eintrittskarten verkauft als es die Kapazität des Stadions zuließ. Gemäß des Polizeiberichtes starben 29 Menschen auf den Tribünen, 14 weitere noch vor dem Stadion. Das Spiel beider Teams wurde schon im Jahre 1991 von schrecklichen Szenen begleitet, auch damals kamen vierzig Zuschauer um.

9. 5. 2001, Accra, Ghana, Spiel Hearts of Oak – Asante Kotoko. Bei der Begegnung der Lokalrivalen werfen wutentbrannte Fans der Gäste Flaschen auf das Spielfeld und demolieren die Sitzplätze. Die Polizei reagiert auf fatale Weise, sie lässt die Stadiontore schließen und beginnt mit Tränengasgranaten in die Masse zu schießen. Bei der Panik werden 123 Zuschauer zu Tode getreten oder gedrückt und einige Hundert werden verletzt. Es dauert über eine Stunde, bis die ersten Krankenwagen zur Stelle sind. Nach der Anzahl der Todesopfer rangiert diese Fußballtragödie auf dem dritten Platz in der Welt.

Fußballmigrationen

Der Fußball der Neuzeit ist längst ein riesiges Business geworden. Diese Tatsache wird belegt durch die Transfersummen, die reiche Klubs bereit sind, für einen Spieler zu zahlen. Die Anfänge der Spielerkäufe und -verkäufe hängen mit der Professionalisierung der nationalen Wettbewerbe zusammen. Die erste Grenze – 1000 Britische Pfund (GBP) – fiel 1905 in England, die 10 000-Pfund-Marke war 1929 erreicht. Diese und ähnliche Summen hatten jedoch vor 50 oder 100 Jahren einen ganz anderen Wert. Auch in Lateinamerika schufen das Profitum und die wachsende Popularität des Fußballs gute Bedingungen, um das Geschäft mit den Spielern anzukurbeln. In Argentinien wurden bereits in den 30er und 40er Jahren Transfers zwischen 20 000 und 40 000 GBP realisiert. Zu einem rapiden Anstieg der Transfersummen kam es nach dem Zweiten Weltkrieg, als auf dem europäischen Fußballmarkt die ersten Spieler aus Südamerika gehandelt wurden. Für Sivori von River Plate zahlte Juventus Turin 1957 fast 100 000 GBP. Vom ersten Transfer im Bereich von 1 Million GBP (Cruyff, 1973) stieg die Topsumme in knapp 20 Jahren auf das Zwölffache (Papin, 1992).

Der teuerste zwischenkontinentale Transfer war der Wechsel von Denílson von São Paulo nach Sevilla, wo Real Betis ihn 1997 für 32 Millionen Euro erwarb. Die bisherige Rekordsumme von 75 Millionen Euro aber zahlte im Sommer 2001 Real Madrid für den von Juventus geholten Franzosen Zinedine Zidane. Auch der Portugiese Luís Figo kostete den „Königlichen" eine ganze Stange Geld; er war mit fast 60 Millionen Euro der bisher zweitteuerste Transfer. Der bislang teuerste Verteidiger wechselte für 44 Millionen Euro zu Manchester United – Rio Ferdinand. Der Transfermarkt wird klar beherrscht von den reichen Klubs aus Italien, Spanien und England, die 95 der 100 teuersten Einkäufe tätigten. In den 1990er Jahren hat die Mehrzahl der teuersten Fußballer auf der Apenninen-Halbinsel Station gemacht. Das Einkaufsfieber erreichte seinen Höhepunkt zum Jahrhundertwechsel, als Teams wie Lazio, Parma oder Inter bei den Spielerverpflichtungen im Sommer mitunter Geldsummen ausgaben, die größer waren als das Jahresbudget des Klubs. Die hohe Verschuldung einer Reihe von Großklubs führte in den nachfolgenden Jahren (2002, 2003) zu einer merklichen Abkühlung des Transfermarktes. Erst als Roman Abramowitsch, der Klubbesitzer von Chelsea, die Bühne betrat, wurde das Tranferkarussell wieder in Schwung gebracht.

Die Anzahl der Fußballer, die aus den Staaten des postkommunistischen Europas, aus Lateinamerika, Afrika und aus anderer Herren Länder wechseln, geht in die Tausende, aber ihr Einstiegspreis ist bis auf wenige Ausnahmen relativ niedrig. Zu ihrer Aufwertung kommt es erst, wenn sie in renommierten Klubs spielen. Durch die komplexe Spielersichtung dieser Klubs werden heute hoffnungsvolle Talente praktisch überall auf der Welt entdeckt. Wegen des großen Konkurrenzkampfes haben die Transfers von sehr jungen Spielern zugenommen. Reiche Klubs gründen ihre eigenen Fußballakademien, und zwar nicht nur in armen Ländern, sondern zum Beispiel auch in den USA.

Die Höhe der Transfersummen schnellte nach oben mit der Annahme des sog. Bosman-Urteils (1995), das im Einklang mit dem EU-Recht auf der Freizügigkeit der Arbeitskräfte besteht. Im Jahr 2003 wurde die Regelung der einheitlichen Wechseltermine getroffen. Seitdem können Profis in den meisten Ländern nur noch im Januar oder im Juli und August wechseln.

Teuerste Transfer

(im Zeitraum von 1990 bis August 2006, einschließl. Vergleich des im Marktumfeld von 8/2006 gültigen Preises mit dem tatsächlichen Kaufpreis – KP, in Mio. €)

Spieler	Jahr	von – nach	Preisvergleich 8/2006	KP
1. Zidane	'01	Juventus–Real Madrid	83,2	74,9
2. Figo	'00	Barcelona–Real Madrid	67,6	59,4
3. Crespo	'00	Parma–Lazio	64,8	57,0
4. Buffon	'01	Parma–Juventus	59,5	53,6
5. Ronaldo	'02	Inter–Real Madrid	56,6	51,9
6. Vieri	'99	Lazio–Inter	55,3	47,7
7. Mendieta	'01	Valencia–Lazio	52,0	46,8
8. Verón	'01	Lazio–Man. United	51,3	46,2
9. Rui Costa	'01	Fiorentina–AC Milan	51,1	46,0
10. Ferdinand	'02	Leeds–Man. United	48,2	44,2
11. Nedvěd	'01	Lazio–Juventus	46,5	41,9
12. Crespo	'02	Lazio–Inter	46,3	42,5
13. Overmars	'00	Arsenal–Barcelona	45,6	40,1
14. Shevchenko	'06	AC Milan–Chelsea	45,0	45,0
15. Zidane	'96	Bordeaux–Juventus	42,3	35,0
16. Rooney	'04	Everton–Man. United	42,2	40,3
17. Batistuta	'00	Fiorentina–AS Roma	41,7	36,6
18. Anelka	'99	Arsenal–Real Madrid	41,2	35,6
19. Thuram	'01	Parma–Juventus	40,0	36,1
20. Denílson	'98	São Paulo FC–Real Betis	37,7	32,2
21. Anelka	'00	Real Madrid–Paris S-G	37,1	32,6
22. Saviola	'01	River Plate–Barcelona	36,5	32,9
23. Drogba	'04	Marseille–Chelsea	36,5	34,8
24. Essien	'05	Lyon–Chelsea	36,4	35,6
25. Amoroso	'99	Udinese–Parma	35,7	30,8
26. Beckham	'03	Man. United–Real Madrid	35,7	33,3
27. Verón	'99	Parma–Lazio	35,2	30,4
28. Cassano	'01	Bari–AS Roma	34,7	31,2
29. van Nistelrooj	'01	PSV–Man. United	34,7	31,2
30. Ferdinand	'00	West Ham–Leeds	33,8	30,0
31. Nakata	'01	AS Roma–Parma	33,3	30,0
32. Nesta	'02	Lazio–AC Milan	33,2	30,5
33. Toldo	'01	Fiorentina–Inter	32,9	29,6
34. Ronaldinho	'03	Paris S-G–Barcelona	32,1	30,0
35. Adriano	'04	Parma–Inter	31,9	30,0
36. Wright-Phillips	'05	Man. City–Chelsea	31,3	30,5
37. Inzaghi	'01	Juventus–AC Milan	31,0	27,9
38. Conceição	'00	La Coruña–Real Madrid	30,9	27,2
39. Ronaldo	'97	Barcelona–Inter	30,9	26,0
40. Vieri	'98	Atlético Madrid–Lazio	30,3	25,9
41. Milošević	'00	Zaragoza–Parma	30,1	26,5
42. Émerson	'04	AS Roma–Juventus	29,3	28,0
43. Stam	'01	Man. United–Lazio	29,2	26,3
44. Amoroso	'01	Parma–Dortmund	28,9	26,0
45. Shevchenko	'99	Dynamo Kyiw–AC Milan	28,8	24,9
46. di Vaio	'02	Parma–Juventus	28,3	26,0
47. Eto'o	'04	Mallorca–Barcelona	28,3	27,0
48. Salas	'01	Lazio–Juventus	27,8	25,0
49. Ramos	'05	Sevilla–Real Madrid	27,6	27,0
50. Montella	'99	Sampdoria–AS Roma	27,6	23,8
51. Fiore	'01	Udinese–Lazio	27,2	24,5
52. Hasselbaink	'00	Atlético Madrid–Chelsea	27,1	23,8
53. Reyes	'04	Sevilla–Arsenal	26,7	25,1
54. Giannichedda	'01	Udinese–Lazio	26,7	24,0
55. Almeyda	'00	Lazio–Parma	26,6	23,4
56. Duff	'03	Blackburn–Chelsea	26,0	24,3
57. Diarra	'06	Lyon–Real Madrid	26,0	26,0
58. Carvalho	'04	FC Porto–Chelsea	26,0	24,8
59. Crespo	'03	Inter–Chelsea	25,7	24,0
60. Émerson	'00	Leverkusen–AS Roma	25,6	22,5
61. Makeléle	'03	Real Madrid–Chelsea	25,4	23,7
62. López	'00	Valencia–Lazio	25,2	22,2
63. Trézéguet	'00	Monaco–Juventus	25,2	22,2
64. Cannavaro	'02	Parma–Inter	25,1	23,0
65. Conceição	'01	Parma–Inter	25,0	22,5
66. Frey	'01	Inter–Parma	25,0	22,5

Anteil der Erstligaspieler nach geografischer Herkunft (2005–2006)

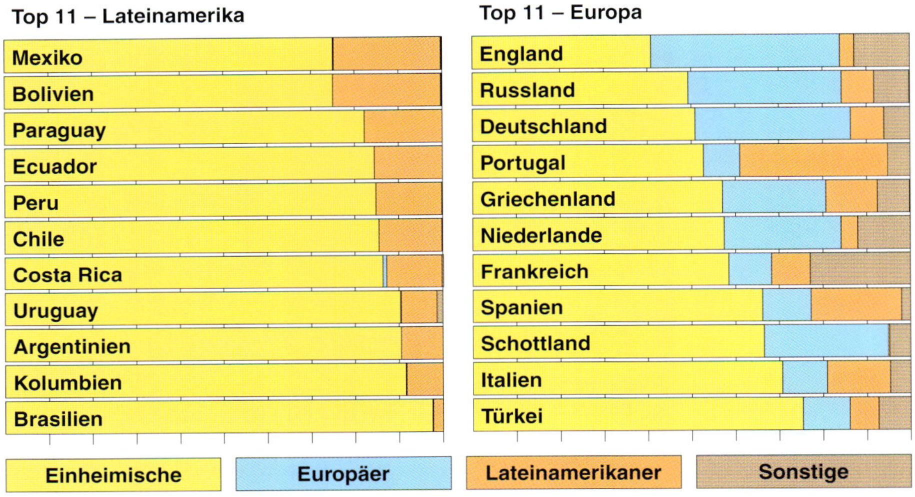

Transfermarkt – Entwicklung der Saisonumsätze 1990/91–2005/06

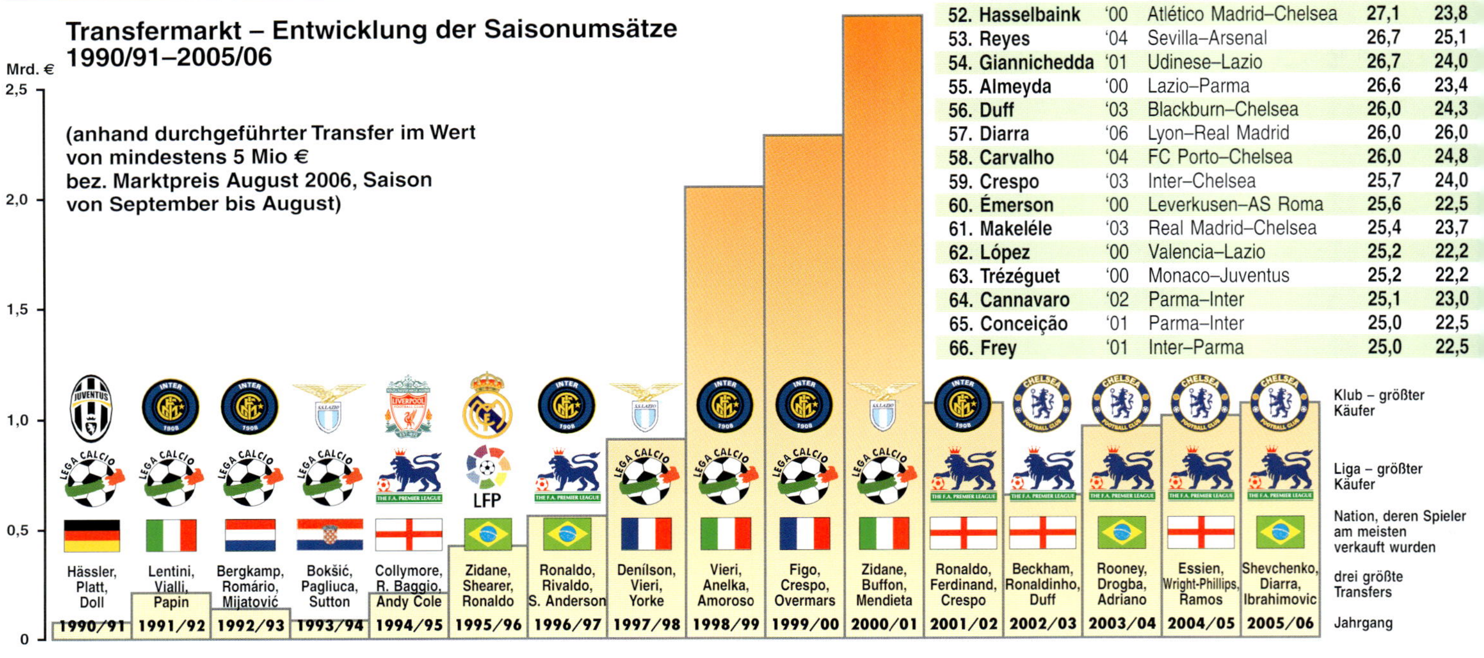

Wichtigste Migrationsströme des Welttransfermarkts (1990–2006)

auf der Basis der realisierten Transfers im Wert von zumindest 5 Millionen € zu den Preisen von August 2006 – in vier Vier-Jahres-Zeiträumen)

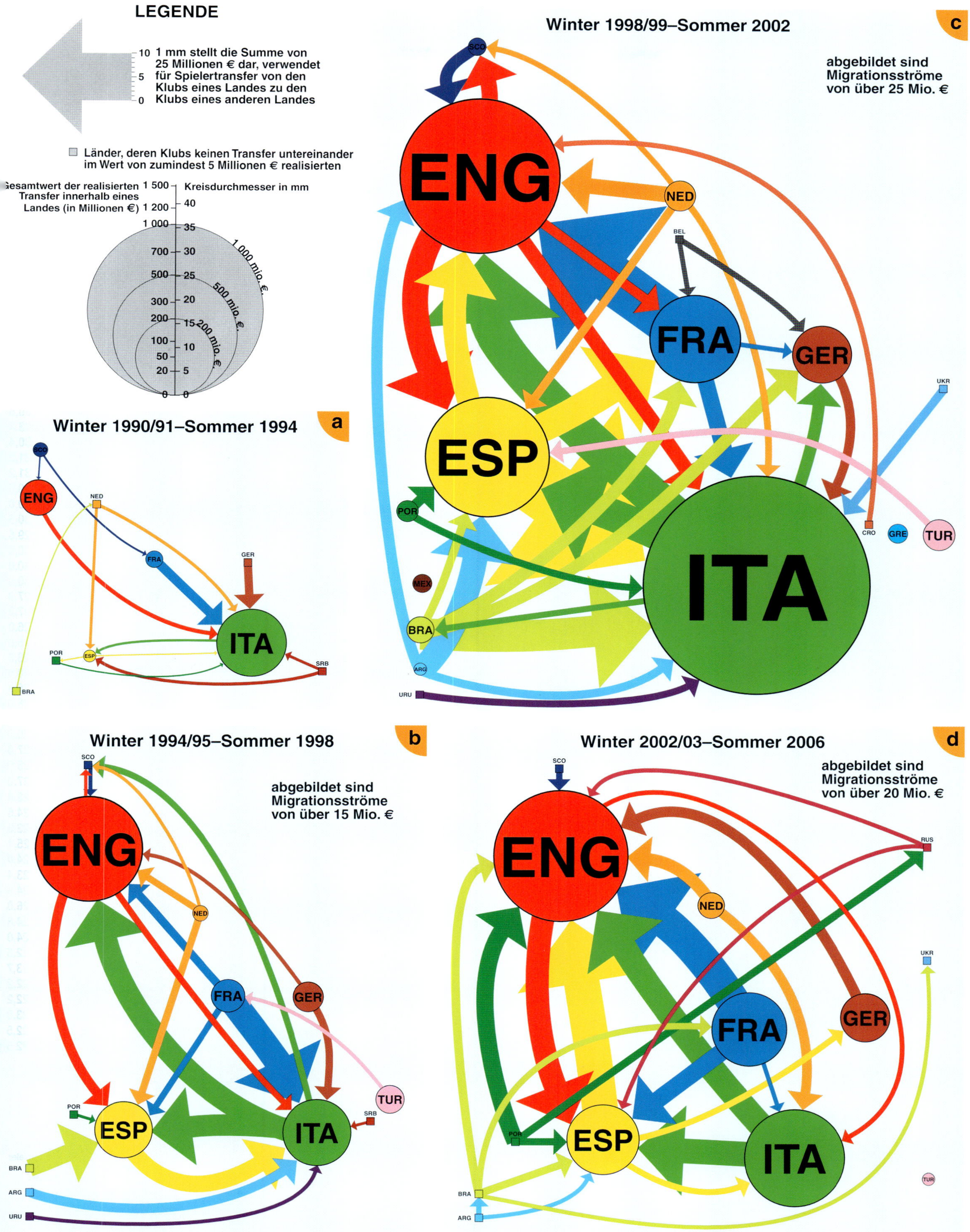

Fußball und Geld

Im weltweiten, besonders aber im europäischen Maßstab gibt es keine Sportart, die sich einer größeren Aufmerksamkeit unter den Zuschauern erfreut als der Fußball. 2006 wurde er via Fernsehübertragung von 30 Milliarden Menschen verfolgt. Man spricht davon, dass im Fußballgeschäft bereits 400 Milliarden Euro pro Jahr umgesetzt werden – eine Summe, die das Bruttoinlandsprodukt der Schweiz übertrifft. Die Einnahmen aller europäischen Erstligaklubs übersteigen inzwischen die Marke von 12 Milliarden Euro. In einem Jahrgang der Champions League werden 750 Millionen Euro verdient.

Als finanzstärkster Ligawettbewerb der Welt wird die englische Premier League angesehen, die jährliche Einnahmen von über zwei Milliarden Euro (im Schnitt über 100 Millionen Euro pro Klub) zu verzeichnen hat. Auf einem um etwa 30 Prozent niedrigeren Niveau bewegen sich die Einnahmen der italienischen Serie A und der deutschen Bundesliga. Mit weiterem Abstand folgen die spanische Primera División und die französische Ligue 1. Auf dem sechsten Platz rangiert der erste außereuropäische Wettbewerb, und zwar die japanische J-League (über 20 Millionen Euro je Klub).

Die Wettbewerbe unterscheiden sich auch dadurch, wie ihre Einnahmen und Ausgaben strukturiert sind. Die Einnahmen sprudeln aus drei Hauptquellen: dem Eintrittskartenverkauf, den Fernsehübertragungsrechten und der Werbung einschließlich des Handels mit Fußballsouvenirs. Den größten Einnahmenanteil aus dem Bereich der Eintrittsgelder erzielen die englische und die spanische Liga (30 %), aus der Fernsehübertragung die französische und die italienische Liga (ca. 50 %), und durch Werbung und Souvenirhandel die deutsche Bundesliga (über 50 %). Die höchsten Gehälter zahlen die englischen Klubs; in der Regel werden rund 60 Prozent aller Einnahmen in die Spielergehälter investiert (in Italien sogar über zwei Drittel, in der Bundesliga dagegen nur etwa 45 Prozent). Einige Klubs haben jedoch in der jüngeren Vergangenheit ihre finanziellen Möglichkeiten und die Entwicklung auf dem Markt (zeitweise Übersättigung des Spielermarktes, Insolvenz von TV-Anstalten) falsch eingeschätzt und sich dadurch überschuldet. So hatte Lazio in der Saison 2002/03 mit einem Jahresetat von 101 Millionen Euro geplant, aber allein für Spielergehälter um vier Millionen Euro mehr ausgegeben! Borussia Dortmund meldete im Jahr 2004 einen Schuldenstand von 118 Millionen Euro; inzwischen konnte er bis auf ein Drittel gesenkt werden. Leeds United sah sich zur gleichen Zeit mit ähnlichen Problemen (ca. 160 Millionen Euro Schulden) konfrontiert. Der Schuldenberg von Leeds ist zwar mittlerweile fast abgetragen, allerdings zu Lasten der sportlichen Seite (Spielerausverkauf, Abstieg aus der Premier League). In einer auf lange Sicht nur schwer lösbaren finanziellen Krise befindet sich jedoch der Fußball in Griechenland, in der Türkei und in einigen südamerikanischen Ländern.

Die Höhe der Klubeinnahmen wird wesentlich von der Zuschauerzahl beeinflusst. Auf den höchsten Besucherzuspruch können gegenwärtig Deutschland (über 40 000 Zuschauer pro Spiel) und England (fast 34 000 Zuschauer pro Spiel) verweisen. Für den Besuch eines Erstligaspiels müssen die Zuschauer in Deutschland im Schnitt 25 bis 30 Euro und die in England rund 45 Euro Eintritt zahlen. In London muss man für eine Eintrittskarte sogar zwischen 60 und 70 Euro hinblättern. Eine bedeutende Rolle spielt auch die Verteilung der Fernsehgelder. Während sie in Deutschland und England relativ einheitlich nach dem Leistungsprinzip erfolgt, gibt es in Italien und Spanien krasse Unterschiede. Giganten wie der FC Barcelona, Real Madrid, Inter und AC Mailand kassieren oft das Zehnfache von dem, was die kleinen und für die Zuschauer weniger attraktiven Klubs erhalten. Unter den Top 40 der reichsten Klubs der Erde kommen allein 15 aus England. Das ist kein Wunder, denn die Spiele der Premier League werden in 204 Länder unseres Planeten übertragen.

Besucherzahlen in Europa

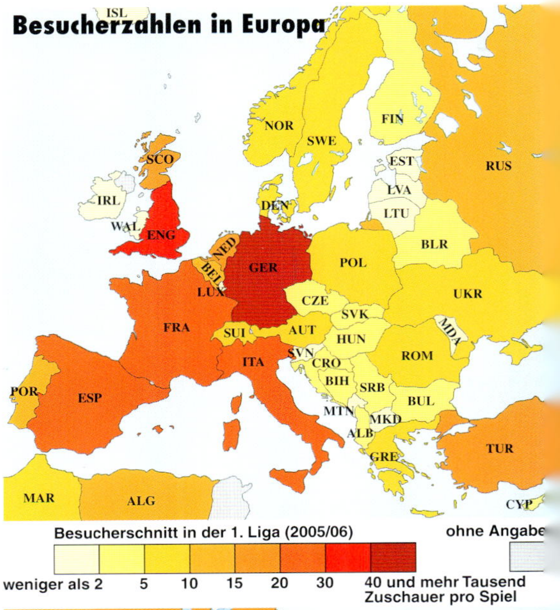

Besucherzahlen in Amerika

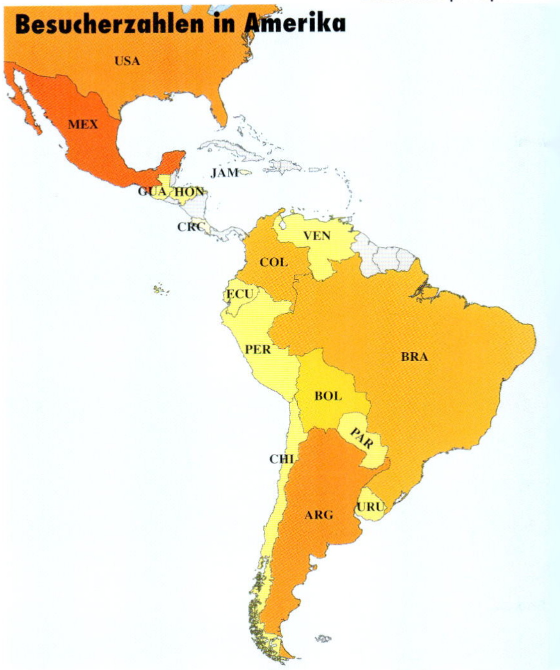

Einkommensstruktur der fünf reichsten Ligen (2003/04)

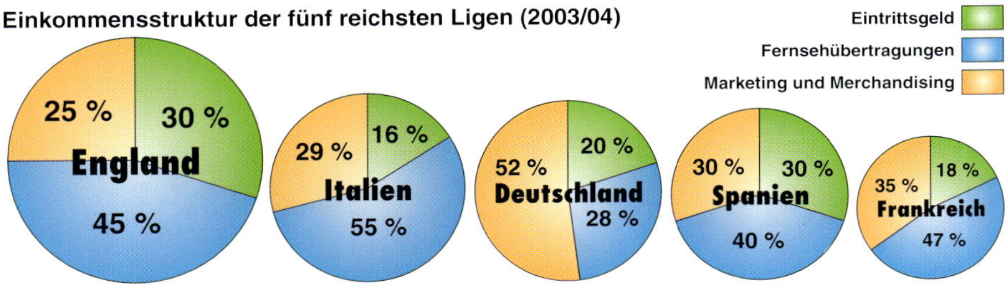

Einkommen und Besucherzahlen der sechzehn reichsten Ligen der Welt

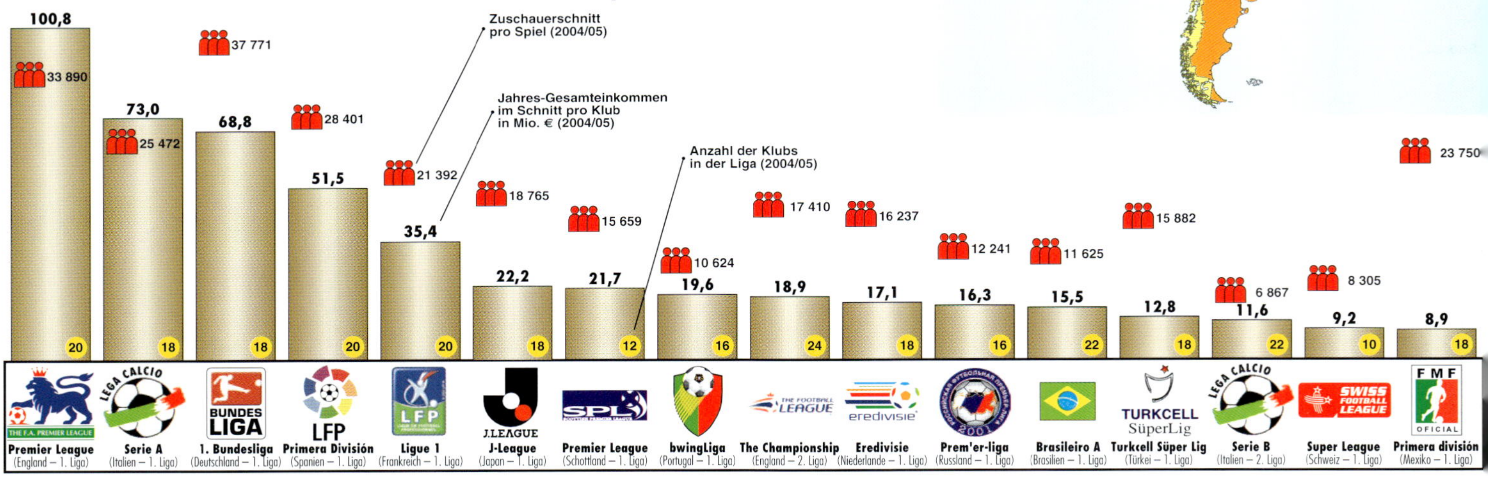

Top Ten der bestbezahlten Fußballer (pro Saison, in Mio. €)

	1998/99		1999/00		2000/01		2001/02		2002/03		2003/04		2004/05		2005/06	
1.	Ronaldo	8,4	del Piero	10,0	Zidane	12,4	Zidane	13,6	Beckham	15,0	Beckham	22,4	Beckham	25,0	Ronaldinho	23,0
2.	Beckham	4,4	Ronaldo	8,4	Batistuta	9,2	Beckham	10,3	Zidane	14,0	Ronaldo	16,5	Ronaldo	19,6	Beckham	18,0
3.	Zidane	4,3	Vieri	6,0	Ronaldo	7,9	Batistuta	10,0	Ronaldo	11,7	Zidane	14,0	Zidane	13,0	Ronaldo	17,4
4.	Vieri	4,1	Beckham	5,5	Raúl	7,8	Nakata	9,5	R. Ferdinand	9,6	Vieri	11,1	Vieri	12,0	Rooney	16,0
5.	Rivaldo	4,1	Batistuta	5,4	del Piero	7,7	Ronaldo	9,2	del Piero	9,6	del Piero	10,1	del Piero	9,5	Zidane	15,0
6.	del Piero	4,0	Shearer	5,3	Rivaldo	7,6	Vieri	8,9	Nakata	9,4	Ronaldinho	10,0	Lampard	9,4	del Piero	11,5
7.	R. Carlos	3,9	Anelka	5,2	Vieri	7,6	Raúl	6,7	Raúl	9,3	Raúl	9,3	Raúl	9,3	Lampard	9,8
8.	Shearer	3,8	McManaman	5,0	Nakata	7,2	Recoba	8,6	Vieri	9,3	Owen	9,1	Henry	9,2	Henry	9,7
9.	Batistuta	3,7	Nakata	4,9	Figo	6,9	Figo	8,5	Owen	8,9	Kahn	8,8	Terry	8,6	Terry	9,7
10.	Effenberg	3,6	Zidane	4,7	Beckham	6,4	Campbell	8,4	R. Keane	8,7	Figo	8,5	Figo	8,5	Raúl	8,7
	insgesamt	**44,3**	**insgesamt**	**60,4**	**insgesamt**	**80,7**	**insgesamt**	**93,7**	**insgesamt**	**105,5**	**insgesamt**	**119,8**	**insgesamt**	**124,1**	**insgesamt**	**138,8**

Die reichsten Fußballklubs der Welt

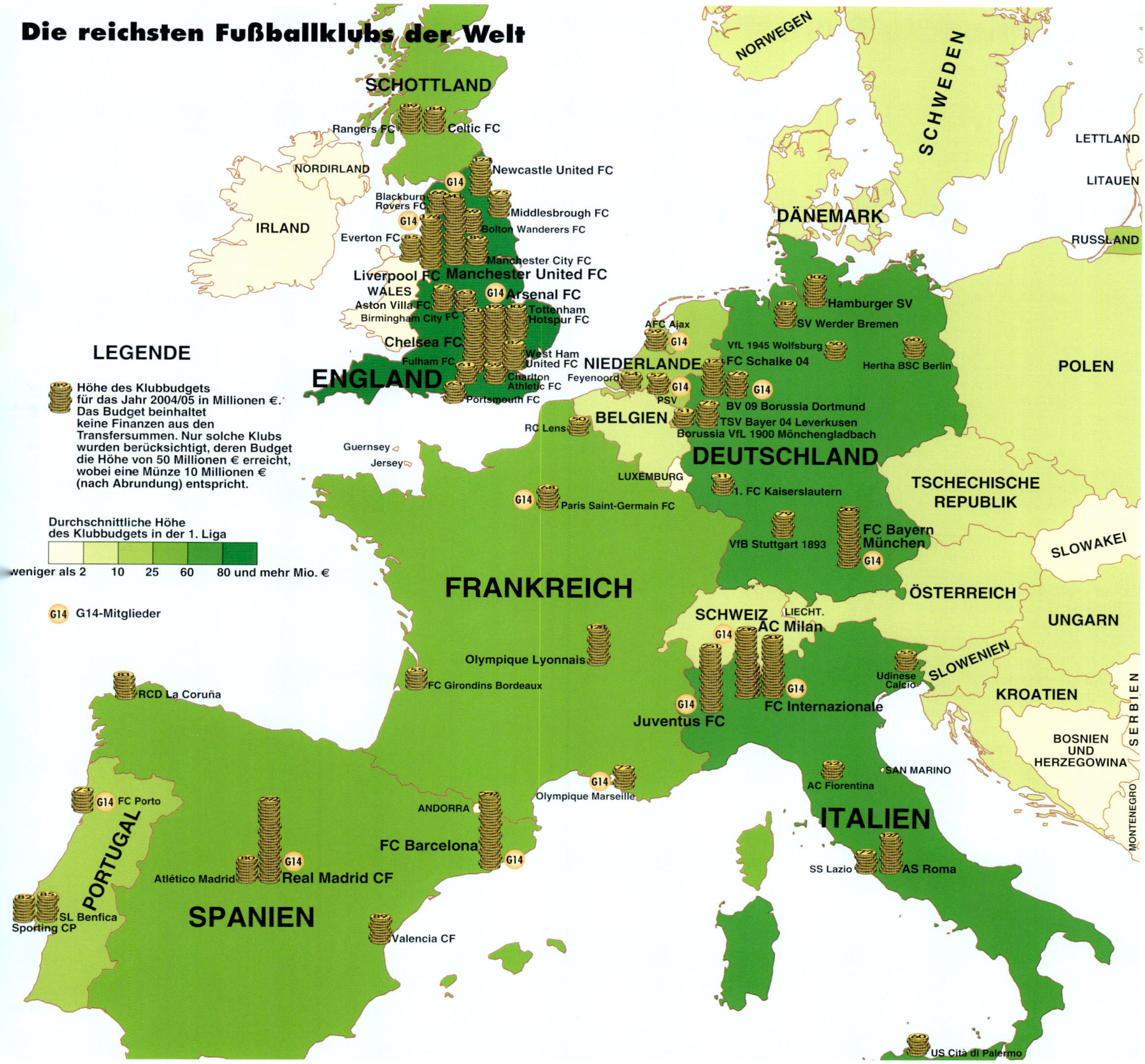

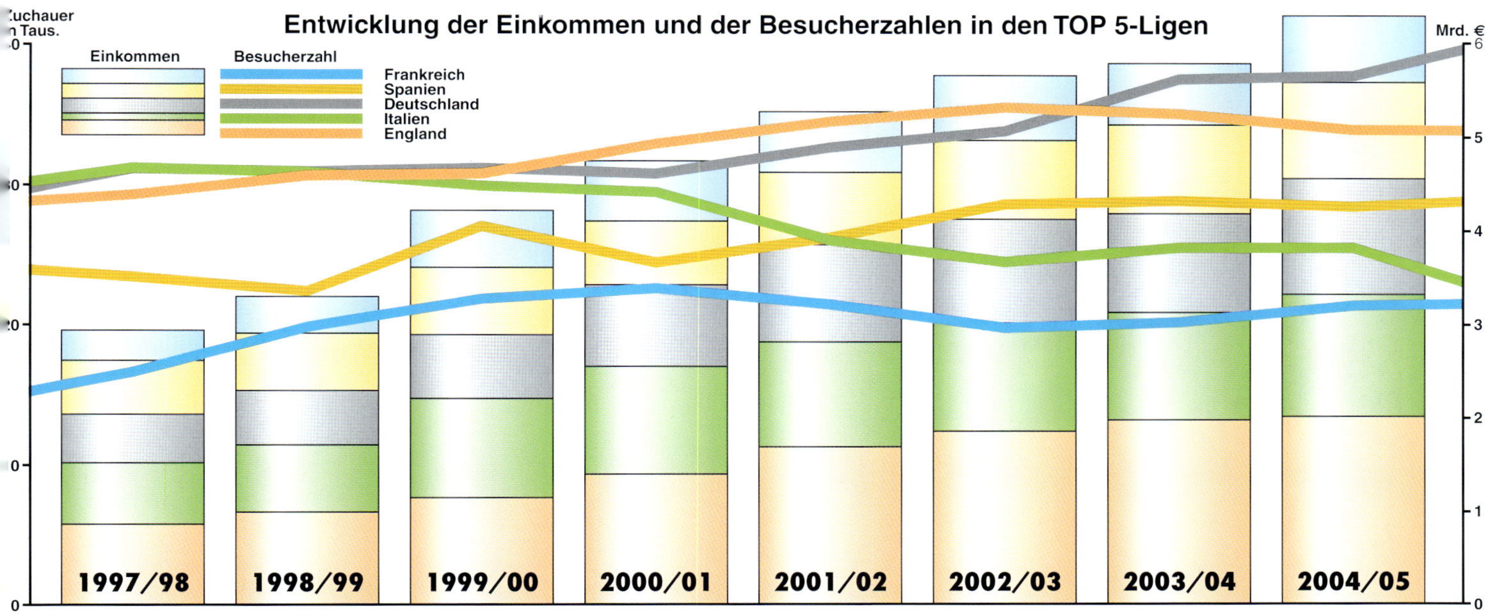

Internationale Fußballorganisationen

Offenbar war es dem Erfolg der olympischen Bewegung an der Wende des 19. zum 20. Jahrhundert zu verdanken, dass die Idee entstand, eine internationale Fußballorganisation zu gründen. Zu dieser Zeit gab es bereits eine Reihe nationaler Assoziationen. Die erste Geige spielte die organisatorisch gefestigte englische Football Association (FA), die bereits vier Jahrzehnte existierte. Um die Gründung eines internationalen Fußballverbands machten sich vor allem die Vertreter Frankreichs, Belgiens und der Niederlande verdient. Sie sprachen auch die Engländer und die übrigen Briten an, trafen aber nicht auf das gebührende Verständnis. Das entmutigte sie jedoch nicht, ihre Pionierarbeit fortzusetzen, und so wurde in Paris in den Tagen vom 21. bis 23. Mai 1904 unter Mitwirkung der nationalen Assoziationen Frankreichs, Belgiens, Dänemarks, der Niederlande, Schwedens, der Schweiz und der Vertreter des spanischen Klubs Madrid FC die **FIFA** gegründet. Neben der Aufteilung der Funktionen – erster Präsident wurde der Franzose Robert Guérin – wurde auch die Satzung über die Rechte und Pflichten der FIFA- Mitgliedsländer festgelegt. Sie sah u. a. vor: die gegenseitige und ausschließliche Anerkennung der nationalen Assoziationen, das Verbot für die Klubs und die Spieler, mehr als einen nationalen Verband zu repräsentieren, die Annahme einheitlicher Regeln nach englischem Vorbild, die Zahlung eines jährlichen Mitgliedsbeitrags in Höhe von 50 Französischen Francs und das Privileg der FIFA, internationale Turniere veranstalten zu dürfen.

Ein Jahr später zollte auch die FA ihren Respekt. Der Beitritt Englands in die FIFA war ein riesiger Fortschritt, sowohl in organisatorischer als auch in sportlicher Hinsicht. Leistungsmäßig bestand nämlich buchstäblich ein himmelweiter Unterschied. Die englischen Amateure fegten 1905 eine französische Auswahl mit 15:0 vom Platz, so dass man sich über die anfängliche Unlust der Engländer bei der Gründung der FIFA nicht zu wundern brauchte. Dem Beispiel des Albions folgten bald die übrigen britischen und viele kontinentale Assoziationen. Daher wurden die Bestrebungen nach Durchführung eines internationalen Turniers immer stärker. Dieser Wunsch erfüllte sich erstmals zur Olympiade im Jahre 1908.

Ein wichtiger Meilenstein in der Geschichte des Weltfußballs war der FIFA-Beitritt außereuropäischer Assoziationen. Noch vor dem 1. Weltkrieg, der natürlich den Aufschwung des Spiels lähmte, vollzogen Südafrika, Argentinien, Chile, Kanada und die USA diesen Schritt. Der zweite FIFA-Präsident, der Engländer D. F. Woolfall (1906–18), wurde 1921 vom Franzosen Jules Rimet abgelöst. Im dazwischen liegenden Nachkriegszeitraum leitete der Niederländer Wilhelm Hirschmann die FIFA. In der Rimet-Ära ist es dann gelungen, im Jahr 1930 den alten Traum von der Ausrichtung der ersten Weltmeisterschaft zu verwirklichen. Der alte Kontinent wurde damals gerade von der Wirtschaftskrise geplagt, daher fand sie in Uruguay statt, was ein beträchtliches Problem darstellte. Die Mehrheit der Europäer wollte nicht die zweimonatige Seereise über den Ozean auf sich nehmen, und so waren nur vier europäische Auswahlteams bei der WM vertreten. Trotzdem war das Turnier ein sportlicher und finanzieller Erfolg, denn eine neue Epoche in der Entwicklung des Fußballs hatte begonnen.

Im Verlauf der rekordlangen Präsidentschaft von Jules Rimet wurden trotz der durch den 2. Weltkrieg erzwungenen Pause noch vier weitere Weltmeisterschaften durchgeführt. Rimet trat 1954 zurück und sein Nachfolger wurde für kurze Zeit der Belgier R. W. Seeldrayers. Nach dessen Tod übernahm der Engländer Arthur Drewry (1955–61) das Zepter. Ihm folgte mit Sir Stanley Rous ein weiterer Vertreter des Fußball-Mutterlandes. In dessen Amtszeit fällt nicht nur der WM-Sieg seiner Landsleute 1966, sondern auch der immense Zuwachs bei der Anzahl der FIFA-Mitglieder, der vor allem auf der fortschreitenden Unabhängigkeit vieler afrikanischer Länder basierte. Zu einer umwälzenden Neuheit, die "die Fußballglobalisierung" beschleunigte, entwickelten sich die Fernsehübertragungen, dank derer im Laufe der Zeit beträchtliche finanzielle Summen in die Kasse der FIFA zu fließen begannen.

Im Jahr 1974 kommen auch die Südamerikaner an die Reihe – der Brasilianer João Havelange wurde an die Spitze der FIFA gewählt, die er in eine riesige Institution umwandelte. Unter seiner Leitung kam es zu einer erheblichen Entwicklung des Fußballs in den Ländern der dritten Welt, Unterstützung fanden auch die Wettbewerbe der Junioren und der Frauen. Erwähnung verdienen ebenso die Erfolge auf dem Gebiet der Diplomatie (z.B. China mit Taiwan in einer Organisation). Die Jahrtausendwende erlebt die FIFA unter der Leitung des Schweizers Joseph S. Blatter (seit 1998). In den Vordergrund seiner Tätigkeit gelangen Themen wie das Fairplay und der Kampf gegen Rassismus. Mit ihren inzwischen 207 Mitgliedern ist die FIFA eine der größten Weltorganisationen der Gegenwart, denn selbst die UNO hat 15 Mitglieder weniger!

FIFA

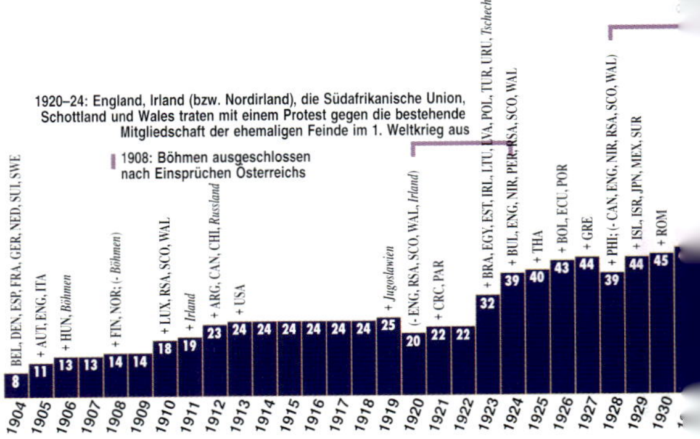

FIFA und die Konföderationen – Europa

FIFA und die Konföderatione

Die Organe der FIFA

der Kongress – das Oberorgan – findet alle zwei Jahre statt, jede Mitgliederassoziation hat eine Wählerstimme; die Änderungen des Statuts, Aufnahme neuer Mitglieder, Beanstandung der Mitgliedschaft oder die Verweisung der Mitglieder muss von der Dreiviertelmehrheit der auf dem Kongress anwesenden Abgeordneten zugelassen sein

IFAB (International Football Association Board) – das internationale Regelkomitee – es entscheidet über jegliche Änderungen der Regeln, einzelne Stimmen haben die Assoziationen Englands, Nordirlands, Schottlands und Wales, der Rest der FIFA verfügt über vier Stimmen

Die Konföderationen

CONMEBOL (Confederación Sudamericana de Fútbol) – – Südamerikanische Fußballkonföderation - gegr. 1916, 10 Mitglieder

UEFA (Union of Européenne de Football Association) – – Europäische Fußballunion - gegr. 1954, 53 Mitglieder

AFC (Asian Football Confederation) – Asiatische Fußballkonföderation - gegr. 1954, 46 Mitglieder

CAF (Conféderation Africaine de Football) – Afrikanische Fußballkonföderation - gegr. 1954, 55 Mitglieder

CONCACAF (Confederación Norte-Centroamericana y del Caribe de Fútbol) – – Die Fußballkonföderation Nordamerikas, Mittelamerikas und der Karibik - gegr. 1961, 40 Mitglieder

OFC (Oceania Football Confederation) – Ozeanische Fußballkonföderation - gegr. 1966, 11 Mitglieder

Entwicklung der Anzahl der FIFA-Mitgliedsländer (1904–2006)

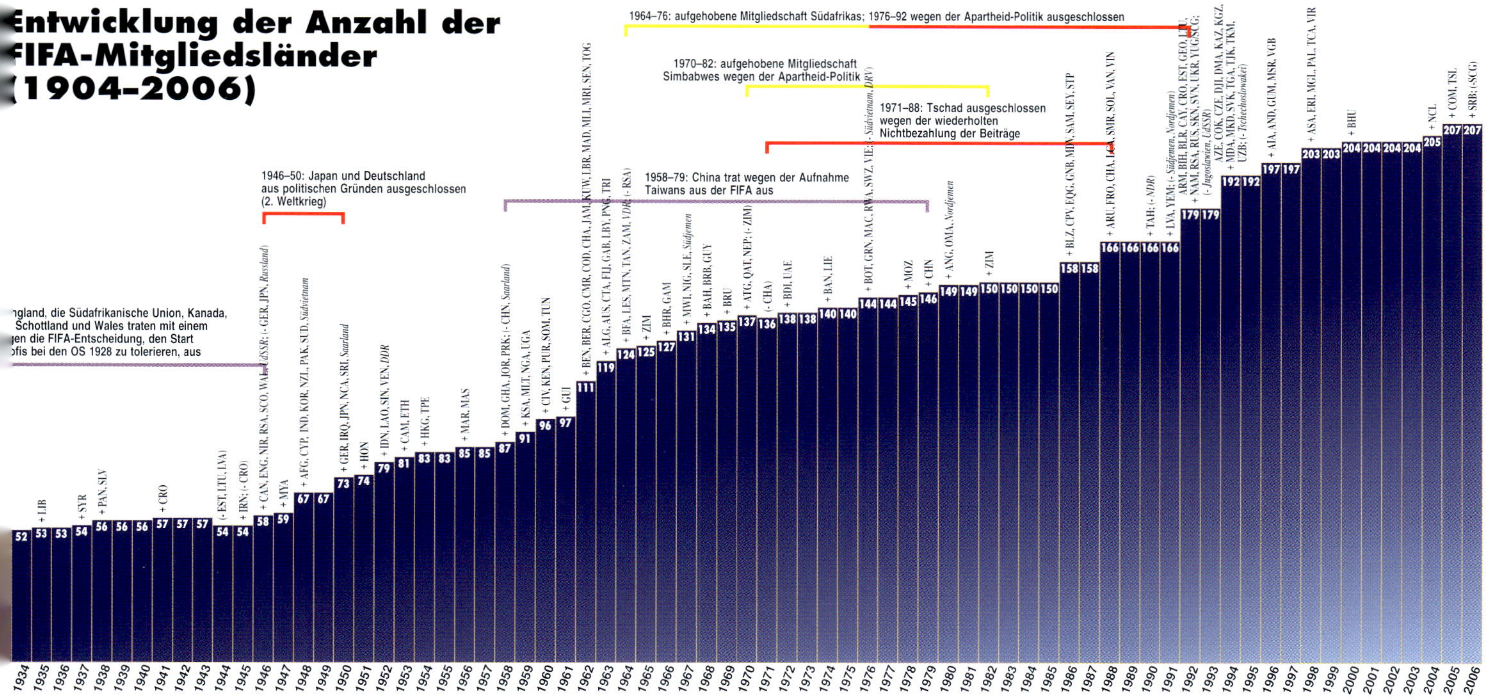

übrige Welt

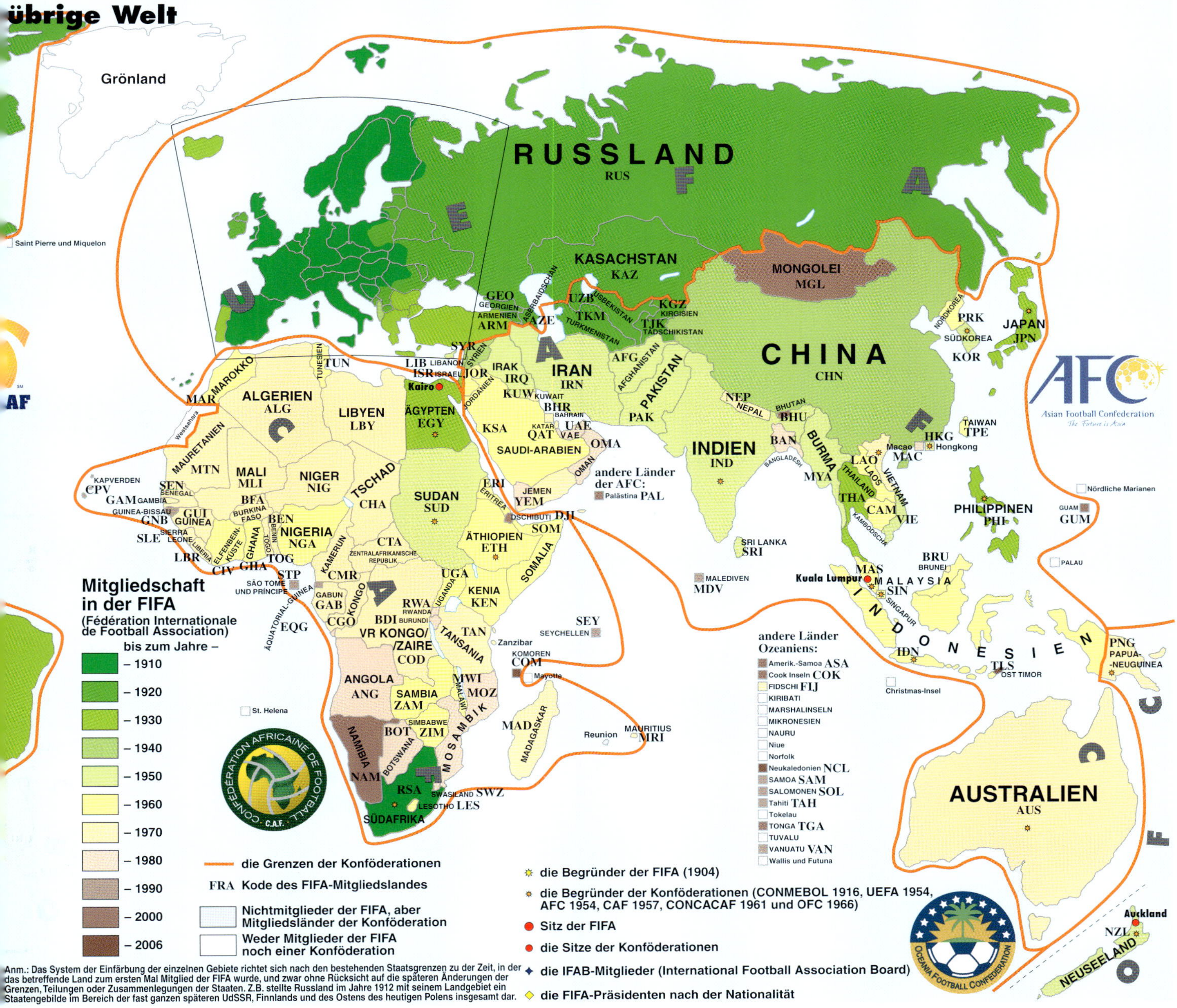

Weltmeisterschaft – Organisation

Die Weltmeisterschaften stellen für alle Fußballspieler und die Millionen Fußballfans die größten Feiertage ihres Lebens dar. Die Austragung einer WM ist eine der anspruchsvollsten sportorganisatorischen Aufgaben überhaupt. Weil ein WM-Turnier nicht zuletzt ein großes Geschäft ist, wachsen auch die Sicherheitsansprüche ständig. Und das nicht nur in technischer Hinsicht (die Stadien müssen komfortabel und sicher sein und eine ausreichende Kapazität haben), sondern auch in Bezug auf die organisatorischen (Transport, Telekommunikation, Unterkunft), sicherheitstechnischen (Überwachung der Fans, Eingriff gegen Randalierer) und wirtschaftlichen Faktoren. Die Meisterschaft soll einen kräftigen Gewinn bringen. Die FIFA legt deshalb in den letzten Jahren größten Wert auf den technischen Entwicklungsstand des Veranstalters sowie auf den ökonomischen Effekt der Veranstaltung. Am besten wurde diese Tendenz durch die 1994 in den USA veranstaltete WM dokumentiert. Der Gastgeber garantierte nicht nur eine perfekte Ausstattung, sondern auch ein riesiges Publikumsinteresse, folglich auch enorme Gewinne. Und das obwohl Soccer (amerikanisch: Fußball) in den USA nur eine Randsportart ist. Die Austragung dieser Weltmeisterschaft gab der Fußballentwicklung in Nordamerika einen starken Impuls. Auch die WM 2006 in Deutschland gehörte mit ihren zwölf Toparenen zu den organisatorisch und sicherheitstechnisch sehr perfekt durchgeführten Titelkämpfen.

Turniere wie das 1930 in Uruguay, als die Veranstalter nur drei Stadien zur Verfügung hatten und über 80 000 Zuschauer das Finalspiel in der Hauptstadt Montevideo verfolgten, gehören einer längst vergangenen Epoche an. Das gesamte Turnier dauerte nur 18 Tage, während die Schiffsreise aus Europa drei Wochen in Anspruch nahm. Die Begegnungen der zweiten WM konnten die Zuschauer 1934 bereits in acht italienischen Städten mitverfolgen. Die Teilnehmer wurden erstmals durch Qualifikationsspiele ermittelt. Für das Endturnier qualifizierten sich 16 Nationalmannschaften. Auch den nächsten Jahrgang 1938 in Frankreich (man kickte bereits in zehn Städten) spielte man noch nach dem K.-o.-System. Bei der ersten Nachkriegsweltmeisterschaft 1950 in Brasilien bildeten die vier Gruppensieger eine Finalgruppe. Die in der kleinen Schweiz 1954 veranstaltete Weltmeisterschaft bedeutete die Rückkehr zum ursprünglichen Modell der vier Gruppen. Aus denen zogen die beiden besten Mannschaften ins Viertelfinale ein, in dem es dann mit dem K.-o.-System weiterging. Zu einer gravierenden Veränderung kam es bei der WM 1974 in Deutschland: Die acht für die zweite Runde qualifizierten Teams bildeten zwei Vierergruppen. Die beiden Gruppensieger bestritten das Finale, die Zweitplatzierten kämpften um Platz drei. Eine Erweiterung des Teilnehmerfeldes erfolgte bei der WM 1982: Die Spiele der 24 Nationen sahen 12 Städte und 17 Stadien – ein neuer Rekord. Auch das Turniersystem wurde geändert: Aus den sechs Vierergruppen kamen jeweils zwei Teams in eine zweite Gruppenphase. Die Sieger der vier Dreiergruppen standen im Halbfinale. Schon bei der WM 1986 gab es eine weitere Neuerung: Aus den sechs Vorrundengruppen erreichten nicht nur die jeweiligen Gruppenersten und -zweiten, sondern auch die vier besten Dritten das Achtelfinale – insgesamt also 16 Teams. Die WM dauerte somit bereits länger als einen Monat. Den Vorstoß in neue Sphären brachte die Weltmeisterschaft 1998 in Frankreich, an der bereits 32 Teams teilnahmen. Der Sieger stand erst nach einem 68 Spiele umfassenden Marathon fest – der ökonomische Effekt war immens. Im Vergleich mit der vorherigen WM sank die durchschnittliche Besucherzahl jedoch deutlich. Während man 1994 in den USA – auch dank der enormen Kapazitäten der Stadien – noch einen Zuschauerschnitt von 74 000 pro Begegnung erreichte, sahen in Frankreich durchschnittlich nur 42 000 Fans ein WM-Spiel. Den absoluten Zuschauerrekord hält das finale Entscheidungsspiel der Weltmeisterschaft 1950 in Brasilien. Nach offiziellen Angaben sahen 199 854 Zuschauer die Begegnung zwischen dem Gastgeber und Uruguay im monströsen Rund des Maracanã-Stadions.

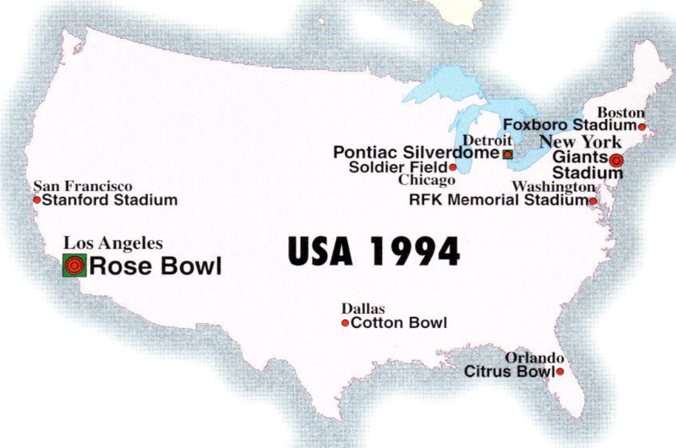

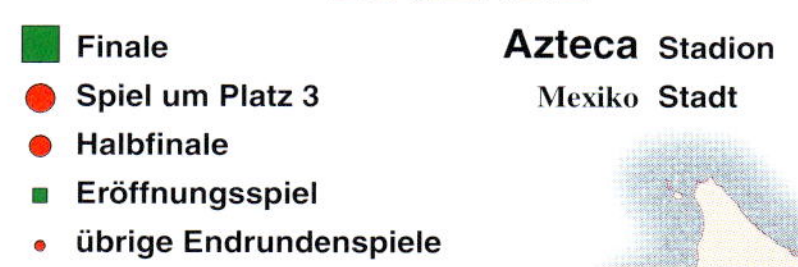

Entwicklung der Teilnehmerzahl bei den Weltmeisterschaften

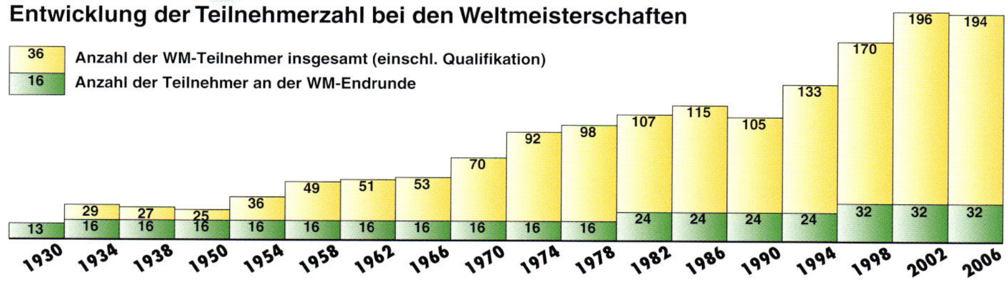

Entwicklung des Besucherschnitts, der erzielten Tore pro Spiel und der Anzahl der Platzverweise bei den WM-Endrunden

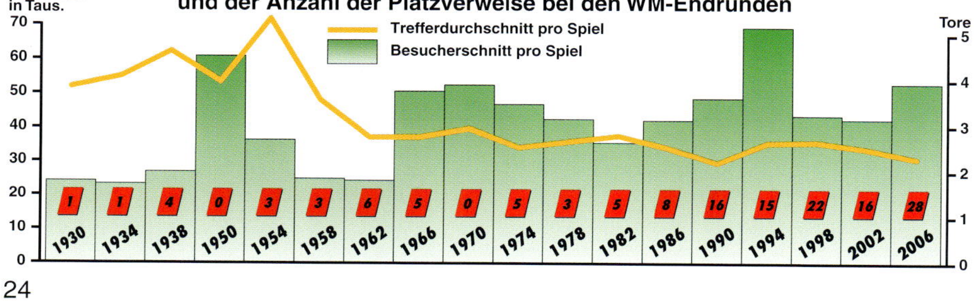

Entwicklung der Dauer und Spielanzahl der WM-Endrunden

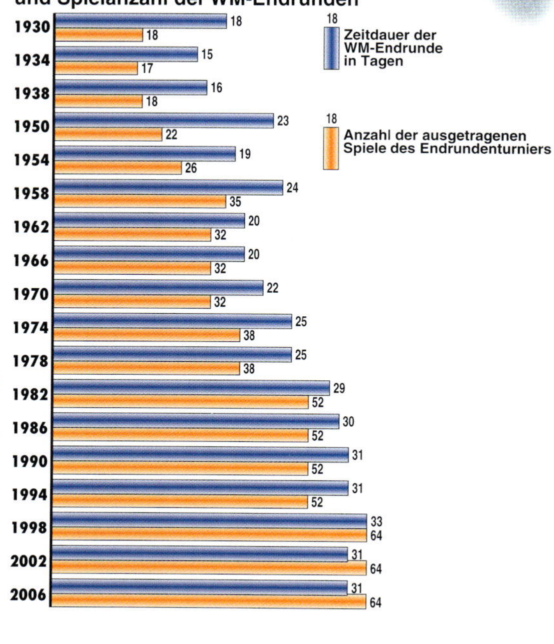

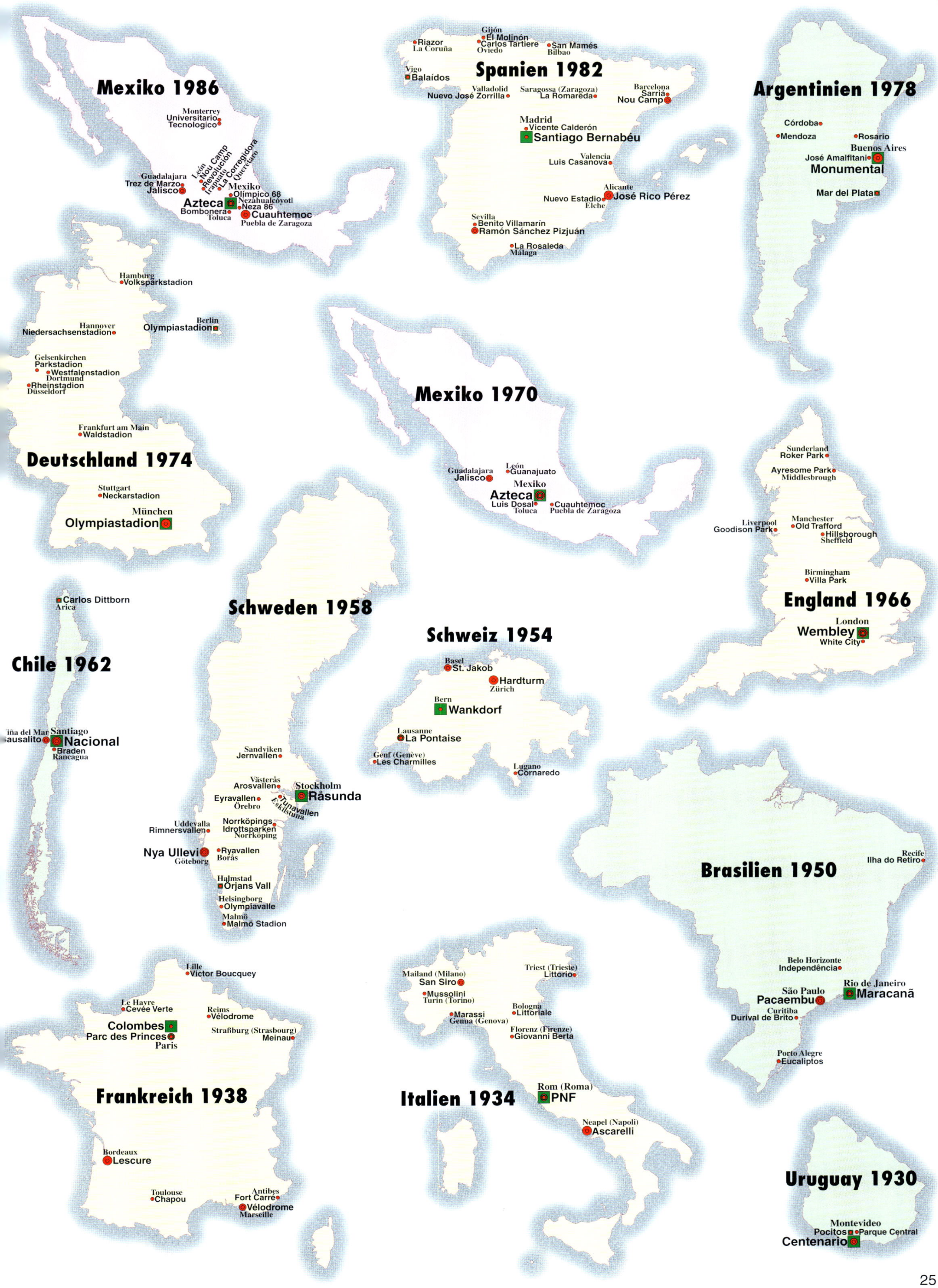
Mexiko 1986
Monterrey
Universitario
Tecnologico
León
Nou Camp
Irapuato
Revolución
La Corregidora
Querétaro
Guadalajara
Trez de Marzo
Jalisco
Mexiko
Olímpico 68
Azteca
Nezahualcóyotl
Neza 86
Bombonera
Toluca
Cuauhtemoc
Puebla de Zaragoza
Spanien 1982
Gijón
El Molinón
Carlos Tartiere
Oviedo
Riazor
La Coruña
San Mamés
Bilbao
Vigo
Balaídos
Valladolid
Nuevo José Zorrilla
Saragossa (Zaragoza)
La Romareda
Barcelona
Sarriá
Nou Camp
Madrid
Vicente Calderón
Santiago Bernabéu
Valencia
Luis Casanova
Alicante
Nuevo Estadio
José Rico Pérez
Elche
Sevilla
Benito Villamarín
Ramón Sánchez Pizjuán
La Rosaleda
Málaga
Argentinien 1978
Córdoba
Mendoza
Rosario
Buenos Aires
José Amalfitani
Monumental
Mar del Plata
Hamburg
Volksparkstadion
Hannover
Niedersachsenstadion
Berlin
Olympiastadion
Gelsenkirchen
Parkstadion
Westfalenstadion
Dortmund
Rheinstadion
Düsseldorf
Frankfurt am Main
Waldstadion
Deutschland 1974
Stuttgart
Neckarstadion
München
Olympiastadion
Mexiko 1970
Guadalajara
Jalisco
León
Guanajuato
Mexiko
Azteca
Luis Dosal
Toluca
Cuauhtemoc
Puebla de Zaragoza
Sunderland
Roker Park
Ayresome Park
Middlesbrough
Liverpool
Goodison Park
Manchester
Old Trafford
Hillsborough
Sheffield
Birmingham
Villa Park
England 1966
London
Wembley
White City
Carlos Dittborn
Arica
Chile 1962
iña del Mar
ausalito
Santiago
Nacional
Braden
Rancagua
Schweden 1958
Sandviken
Jernvallen
Västerås
Arosvallen
Stockholm
Råsunda
Eyravallen
Örebro
Tunavallen
Eskilstuna
Uddevalla
Rimnersvallen
Norrköpings
Idrottsparken
Norrköping
Nya Ullevi
Göteborg
Ryavallen
Borås
Halmstad
Örjans Vall
Helsingborg
Olympiavalle
Malmö
Malmö Stadion
Schweiz 1954
Basel
St. Jakob
Hardturm
Zürich
Bern
Wankdorf
Lausanne
La Pontaise
Genf (Genève)
Les Charmilles
Lugano
Cornaredo
Brasilien 1950
Recife
Ilha do Retiro
Belo Horizonte
Independência
São Paulo
Pacaembu
Rio de Janeiro
Maracanã
Curitiba
Durival de Brito
Porto Alegre
Eucaliptos
Lille
Victor Boucquey
Le Havre
Cevée Verte
Reims
Vélodrome
Colombes
Parc des Princes
Paris
Straßburg (Strasbourg)
Meinau
Frankreich 1938
Bordeaux
Lescure
Toulouse
Chapou
Antibes
Fort Carré
Vélodrome
Marseille
Mailand (Milano)
San Siro
Mussolini
Turin (Torino)
Triest (Trieste)
Littorio
Bologna
Littoriale
Marassi
Genua (Genova)
Florenz (Firenze)
Giovanni Berta
Italien 1934
Rom (Roma)
PNF
Neapel (Napoli)
Ascarelli
Uruguay 1930
Montevideo
Pocitos
Parque Central
Centenario

Weltmeisterschaft – Erfolgsbilanz

Die Ergebnisse der Weltmeisterschaften unterstreichen die Bedeutung des Heimvorteils. Bei den bisherigen achtzehn Turnieren wanderte die WM-Trophäe gleich 16-mal in ein Land des veranstaltenden Kontinents (Nord- und Südamerika zusammengerechnet). In sechs Fällen (33,3 %) konnte sich sogar das Gastgeberland über den Titelgewinn freuen. Diese "Heimregel" wurde nur bei den WM-Turnieren 1958 und 2002 außer Kraft gesetzt, als sich in Schweden und in Japan/Korea jeweils die brasilianische Elf durchsetzte.

Die Ausnahme hingegen ist die Titelverteidigung. Sie gelang bisher nur zwei Ländern, und zwar Italien (1934, 1938) und Brasilien (1958, 1962). Das größte südamerikanische Land kann darüber hinaus mit fünf Trophäen auf die höchste Anzahl an WM-Titeln verweisen. Zur Weltelite gehören ebenso Italien und Deutschland, die vier- bzw. dreimal Weltmeister wurden. Zweimal durften die Fußballer Uruguays und Argentiniens einen Triumph bejubeln. Der Auftakterfolg von Uruguay, das gleichzeitig als Veranstalter der WM-Premiere in die Geschichte einging, wird allerdings durch die Tatsache geschmälert, dass viele erstklassige Nationalteams beim Turnier 1930 fehlten.

Die Geschichte des größten aller Fußballfeste ist ebenso gekennzeichnet von Überraschungen und Sensationen, die Durchschnittsmannschaften oder gar Außenseiter vollbrachten. Dazu zählen die Finalteilnahme Schwedens im Jahre 1958 und die Bronzemedaille der "Tre Kronors" bei der WM 1994 sowie die beiden dritten Plätze von Polen (1974 und 1982). Frenetisch gefeiert wurde auch der vierte Platz der Südkoreaner bei ihrer Heim-WM 2002. Das damals erst sieben Jahre unabhängige Kroatien wiederum feierte 1998 sein WM-Debüt auf dem Bronzerang. Auf der anderen Seite war das Schicksal mehrfach überragenden Teams nicht gewogen. Wie im Falle der Niederlande, die zweimal hintereinander in den Endspielen (1974, 1978) scheiterte. Noch größeres Pech hatte Ungarn im Finale 1954. Gegner Deutschland war bei starkem Regen zum ersten Mal in der Geschichte mit an den Fußballschuhen angeschraubten Stollen aufgelaufen und schlug das favorisierte "Wunderteam" mit 3:2. Dabei hatte Ungarn den gleichen Widersacher im Gruppenspiel noch mit 8:3 bezwungen! Der zweifache WM-Ausrichter Mexiko, der immer den Vorteil der für die Konkurrenz unangenehmen Spielbedingungen (unterschiedliche Seehöhe, hohe Temperatur) auf seiner Seite hatte, kam nie weiter als bis ins Viertelfinale. Was der Heimvorteil umgekehrt bewirken kann, verdeutlichen die Ergebnisse Englands am besten. Außer des 1966 auf der britischen Insel erzielten Titelgewinns gab es für das Mutterland des Fußballs nichts mehr bei einer Weltmeisterschaft zu holen.

Entwicklung der Teilnehmerzahl bei den WM-Endrundenturnieren nach Kontinenten

Kontinent	'30	'34	'38	'50	'54	'58	'62	'66	'70	'74	'78	'82	'86	'90	'94	'98	'02	'06
Europa	4	12	13	6	12	12	10	10	9	9	10	14	14	14	13	15	15	14
Südamerika	7	2	1	5	2	3	5	4	3	4	3	4	4	4	4	5	5	4
Nordamerika	2	1	1	2	1	1	1	1	2	1	1	2	2	2	2	3	3	4
Afrika	0	1	0	0	0	0	0	0	1	1	1	2	2	2	3	5	5	5
Asien	0	0	1	0	1	0	0	1	1	0	1	1	2	2	2	4	4	4
Ozeanien	0	0	0	0	0	0	0	0	0	1	0	1	0	0	0	0	0	1

Vertretung der Kontinente bei den WM-Endrundenturnieren

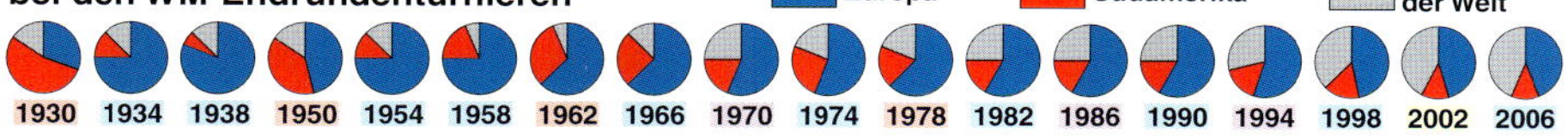

Größte Erfolge – Europa

Größte Erfolge – übrige Welt

REKORDE DER WELTMEISTERSCHAFTEN

Meiste Titel: 5 Brasilien (1958, 1962, 1970, 1994 und 2002); 3 Pelé (1958, 1962 und 1970)
Meiste WM-Teilnahmen: 18 (d.h. jedesmal dabei) Brasilien; 5 António Carbajal (Torwart, Mexiko, 1950–1966) und Lothar Matthäus (Mittelfeld, Deutschland, 1982–98)
Meiste Einsätze: 25 (total 2 058 Minuten) Lothar Matthäus
Höchste Gesamtzahl der erzielten Tore: 201 Brasilien (in 102 Spielen), 15 Ronaldo (Brasilien, 4 im Jahre 1998, 8 im Jahre 2002 und 3 im Jahre 2006)
Höchste Anzahl der erzielten Tore bei einer Meisterschaft: 27 Ungarn (1954, 5 Spiele), 13 Just Fontaine (Frankreich, 1958, 6 Spiele)
Höchste Anzahl der erzielten Tore in einem WM-Spiel: 10 Ungarn (10:1 gegen El Salvador bei der WM 1982), 5 Oleg Salenko (Russland gegen Kamerun bei der WM 1994), 12 insgesamt (Österreich–Schweiz 7:5, WM 1954)
Höchste Anzahl der erzielten Tore im Finale: 3 Geoff Hurst (England, WM 1966)
Jubiläumstore: 1. Lucien Laurent (Frankreich gegen Mexiko, 1930), 100. Schiavio (Italien gegen USA, 1934), 500. Bobby Collins (Schottland gegen Paraguay, 1958), 1000. Rob Rensenbrink (Niederlande gegen Schottland, 1978)
Der jüngste Spieler bei der WM: 17 Jahre und 41 Tage – Norman Whiteside (Nordirland, geboren 7. 5. 1965, gegen Jugoslawien bei der WM 1982)
Der älteste Spieler bei der WM: 42 Jahre und 39 Tage – Roger Milla (Kamerun, geboren 20. 5. 1952, gegen Russland bei der WM 1994, er schoß sogar ein Tor)
Das früheste Tor bei einer WM: in der elften Sekunde – Hakan Sükür (Türkei, gegen Südkorea, 2002)
Höchste Anzahl an Platzverweisen: 9 Brasilien und Argentinien; 2 Rigobert Song (Kamerun, je einmal bei der WM 1994 und 1998) und Zinedine Zidane (Frankreich, 1998 und 2006)
Die am schnellsten gezückte Rote Karte: in der 56. Sekunde – Sergio Batista (Uruguay gegen Schottland, 1986)
Das erfolgreichste Land bei einer Strafstoßentscheidung: Deutschland (4 Siege, keine Niederlage)
Meiste Siege in Folge: 11 Brasilien (2002 und 2006)
Meiste Niederlagen in Folge: 9 Mexiko (1930, 50–58)
Meiste Unentschieden in Folge: 4 Irland (1990)
Meiste Spiele ohne Niederlage in Folge: 13 Brasilien (1958–66)
Meiste Spiele ohne Sieg in Folge: 16 Bulgarien (1962–74 und 86)
Höchster Besuch bei einem Spiel: 199 854 Zuschauer im Maracanã, Rio de Janeiro (Partie Brasilien–Uruguay bei der WM 1950)

WM-Finale
(Spiele um Platz 3)

1930: **Uruguay**–Argentinien 4:2 (3. USA und Jugoslawien)
1934: **Italien**–Tschechoslowakei 2:1 n. V. (Brasilien–Schweden 4:2)
1938: **Italien**–Ungarn 4:2 (Deutschland–Österreich 3:2)
1950: **Uruguay**–Brasilien 2:1 (Schweden–Spanien 3:1)
1954: **Deutschland**–Ungarn 3:2 (Österreich–Uruguay 3:1)
1958: **Brasilien**–Schweden 5:2 (Frankreich–Deutschland 6:3)
1962: **Brasilien**–Tschechoslowakei 3:1 (Chile–Jugoslawien 1:0)
1966: **England**–Deutschland 4:2 n. V. (Portugal–UdSSR 2:1)
1970: **Brasilien**–Italien 4:1 (Deutschland–Uruguay 1:0)
1974: **Deutschland**–Niederlande 2:1 (Polen–Brasilien 1:0)
1978: **Argentinien**–Niederlande 3:1 n. V. (Brasilien–Italien 2:1)
1982: **Italien**–Deutschland 3:1 (Polen–Frankreich 3:2)
1986: **Argentinien**–Deutschland 3:2 (Frankreich–Belgien 4:2 n. V.)
1990: **Deutschland**–Argentinien 1:0 (Italien–England 2:1)
1994: **Brasilien**–Italien 0:0 n. V. (3:2 n. E.) (Schweden–Bulgarien 4:0)
1998: **Frankreich**–Brasilien 3:0 (Kroatien–Niederlande 2:1)
2002: **Brasilien**–Deutschland 2:0 (Türkei-Südkorea 3:2)
2006: **Italien**-Frankreich 1:1 n.V. (5:3 n. E.) (Deutschland-Portugal 3:1)

Punkte bei der WM

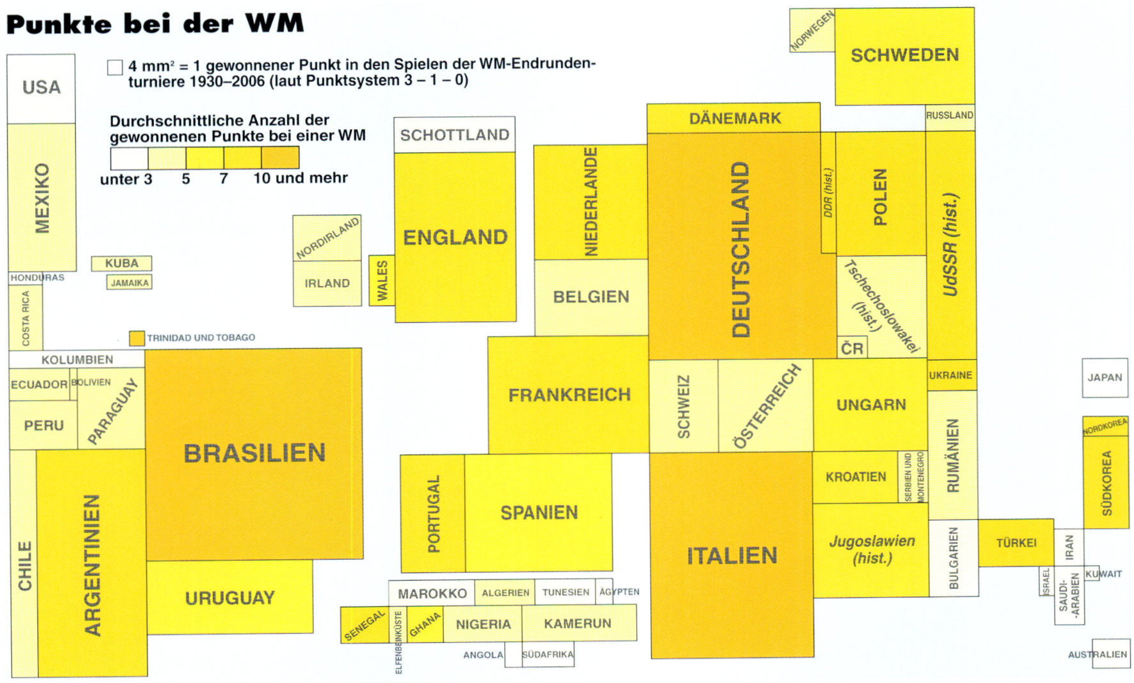

Europameisterschaft

Europa ist der Erdteil, der als letzter begann, eine kontinentale Meisterschaft der Nationalmannschaften zu veranstalten – wenn man einmal vom im Fußball rückständigen Ozeanien absieht. Schon lange sind dem „alten Kontinent" in dieser Hinsicht Süd- und Nordamerika und selbst Afrika und Asien um ein paar Jahre voraus. Zur Ausrichtung des ersten Wettbewerbs, der den Namen „Pokal der europäischen Nationen" erhielt, entschied sich die Europäische Fußball-Union (UEFA) erst im Januar 1958. Für das europäische Championat wurde ein vierjähriger Zyklus festgelegt, der parallel zu den Olympischen Spielen verläuft. Die Siegertrophäe erhielt den Namen Coupe Henri Delaunay (Henri-Delaunay-Pokal), zu Ehren des ehemaligen UEFA-Sekretärs und Protagonisten des Wettbewerbs.

Die ersten zwei Jahrgänge des Wettbewerbs wurden im K.o.-System gespielt, das Halbfinale und Finale in einem ausgewählten Land ausgetragen. Die Qualität der ersten Meisterschaft litt unter der Abwesenheit mehrerer Länder, darunter Deutschland, England, Italien und die Niederlande; die zweite Meisterschaft wurde von Deutschland und Schottland boykottiert. Es war daher kein Wunder, dass im Wettbewerb zunächst die Staaten aus Osteuropa dominierten. Im Halbfinale 1960 standen gleich drei Länder, die hinter dem „Eisernen Vorhang" lagen. Und auch vier Jahre später holten die Teams aus dem Osten mit Silber und Bronze zwei Medaillen. Mit der dritten Auflage des Wettbewerbs, der bereits offiziell als „Europameisterschaft" veranstaltet wurde, führte man 1968 ein neues Spielsystem ein. Seit diesem Titelkampf werden die Teilnehmer Qualifikationsgruppen zugelost, in denen jeder gegen jeden mit Hin- und Rückspiel antritt. Die acht Gruppensieger trafen damals nach Losentscheid im Viertelfinale erneut zweimal (Hin- und Rückspiel) aufeinander. Die Sieger qualifizierten sich für das Endturnier (Halbfinale, Spiel um Platz 3 und Finale). Die Erfolgsära des ehemaligen Ostblocks wurde 1976 mit dem Titelgewinn der Tschechoslowakei gekrönt.

Weitere Änderungen des Spielsystems wurden erst bei der EM 1980 in Italien vorgenommen. Das Endturnier fand erstmals mit acht Ländern statt – den sieben Siegern der Qualifikationsgruppen und der Mannschaft des Gastgeberlandes. Man spielte in zwei Vierergruppen, die Gruppenersten erreichten das Endspiel, die Gruppenzweiten das Spiel um Platz 3. Beim Turnier 1984 in Frankreich wurde das Spiel um den dritten Platz abgeschafft; beide Verlierer des Semifinales erhalten seitdem jeweils die Bronzemedaille. Die neunte Europameisterschaft, die in Schweden ausgetragen wurde, erlebte eine der größten Überraschungen auf internationaler Auswahlebene und in der Fußballgeschichte überhaupt. Ursprünglich hatte sich Jugoslawien für die Endrunde qualifiziert, doch wegen des Balkan-Krieges, der den Zerfall des Staatenbundes nach sich zog, wurde das Land vom Turnier ausgeschlossen. Erst zwei Wochen vor Turnierbeginn rückte mit Dänemark das neuntbeste Team der Qualifikation für die „Jugos" nach. Die vornehmlich aus erfahrenen Akteuren zusammengestellte dänische Mannschaft schockte förmlich die Konkurrenz und fuhr als Europameister wieder nach Hause.

Der Zerfall der Sowjetunion, Jugoslawiens und die Teilung der Tschechoslowakei trugen zur Verdoppelung der Endrundenteilnehmer 1996 in England bei. Der wesentlich wichtigere Grund war jedoch im sehr engen Sieb der Qualifikation zu suchen. Während sich in den 80er Jahren für eine WM immerhin 14 Mannschaften aus Europa qualifizierten, waren es bei der EM, die Heimmannschaft abgezogen, nur ganze sieben! Nicht selten fielen daher Teams wie England, Frankreich, Italien oder die Niederlande ziemlich früh aus dem Rennen, was die kommerzielle Attraktivität und den damit verknüpften Erfolg des Turniers zweifellos reduzierte. Die EM-Endrunde 2000 veranstalteten erstmals zwei Länder – Belgien und die Niederlande. Auch 2008, wenn Österreich und die Schweiz die Gastgeber sind, wird es so sein. Der Grund ist der, dass die Anzahl der Länder, die dank ausreichender Stadienkapazitäten die Europameisterschaft auf angemessenem Niveau allein ausrichten können, sehr begrenzt ist. Umso überraschender war es, mit wie viel Charme und Herz das in Europa eher rückständige Portugal die EM 2004 organisierte. Und der Ausgang dieser Endrunde setzte der „EM der Fans" noch eine sensationelle Krone auf: Nach drei ab dem Viertelfinale erzielten 1:0-Siegen über Titelverteidiger Frankreich, Geheimfavorit Tschechien und Gastgeber Portugal eroberte mit Griechenland nach zwölf Jahren wieder ein Außenseiter die Trophäe.

EM-Finale
(Spiele um Platz 3)

1960: **UdSSR**–Jugoslawien 2:1 n. V.
(Tschechoslowakei–Frankreich 2:0)
1964: **Spanien**–UdSSR 2:1
Ungarn–Dänemark 3:1
1968: **Italien**–Jugoslawien 1:1 und 2:0
(England–UdSSR 2:0)
1972: **Deutschland**–UdSSR 3:0
(Belgien–Ungarn 2:1)
1976: **Tschechoslowakei**–Deutschland 2:2 n. V. (5:3 n. E.)
(Niederlande–Jugoslawien 3:2)
1980: **Deutschland**–Belgien 2:1
(Tschechoslowakei–Italien 1:1 n. V. ; 9:8 n. E.)
1984: **Frankreich**–Spanien 2:0
(3. Portugal und Dänemark)
1988: **Niederlande**–UdSSR 2:0
(3. Deutschland und Italien)
1992: **Dänemark**–Deutschland 2:0
(3. Niederlande und Schweden)
1996: **Deutschland**–Tschechische Republik 2:1 n. V.
(3. England und Frankreich)
2000: **Frankreich**–Italien 2:1 n. V.
(3. Portugal und Niederlande)
2004: **Griechenland**–Portugal 1:0
(3. Tschechische Republik und Niederlande)

REKORDE DER EUROPAMEISTERSCHAFTEN

Meiste Titel: 3 Deutschland (1972, 1980 und 1996)
Meiste Endrundenteilnahmen: 9 Deutschland
Höchste Anzahl der erzielten Tore bei einer Meisterschaft:
14 Frankreich (1984, 5 Spiele), 9 Michel Platini (Frankreich, 1984, 5 Spiele)
Höchste Anzahl der erzielten Tore in einem EM-Spiel:
9 Jugoslawien–Frankreich 5:4 (1960)
Höchster Sieg bei der Endrunde: Niederlande–Jugoslawien 6:1 (2000), Frankreich–Belgien 5:0 (1984), Dänemark–Jugoslawien 5:0 (1984) und Schweden–Bulgarien 5:0 (2004)
Höchste Anzahl der erzielten Tore in einem Qualifikationsspiel:
13 Spanien–Malta 12:1 (1984, gleichzeitig der höchste Sieg)
Meiste Tore im Elfmeterschießen:
17 Tschechoslowakei–Italien (9:8 bei der EM 1980)
Das erfolgreichste Land in der Verlängerung: Frankreich (2 Siege, keine Niederlage)
Das erfolgreichste Land bei einer Strafstoßentscheidung:
Tschechoslowakei/Tschechische Republik (3 Siege, keine Niederlage)
Das erfolgloseste Land bei einer Strafstoßentscheidung:
Niederlande (1 Sieg, 3 Niederlagen)
Meiste Spiele ohne Niederlage in Folge:
10 Frankreich (1996–2004)
Höchster Zuschauerbesuch:
125 000 Zuschauer im Santiago Bernabéu, Madrid, Spanien gegen Ungarn bei der EM 1964.

LEGENDE

- Finale
- Spiel um Platz 3
- Halbfinale
- übrige Spiele
- De Kuip: Stadion
- Madrid: Stadt

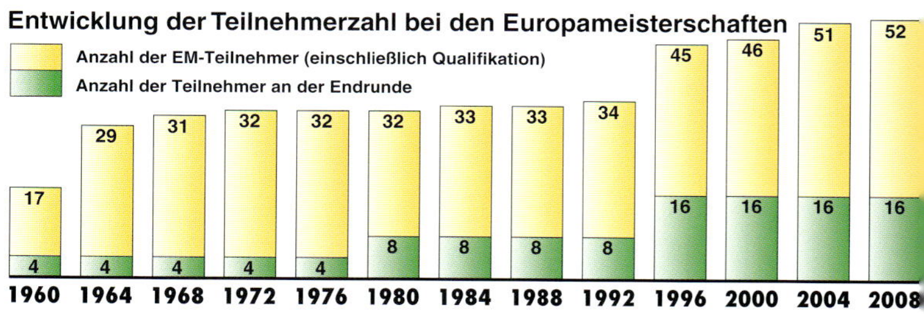

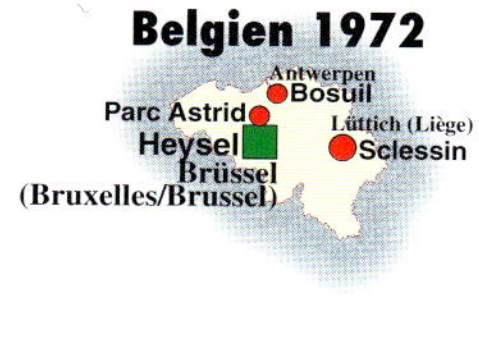

Größte Erfolge bei der EM

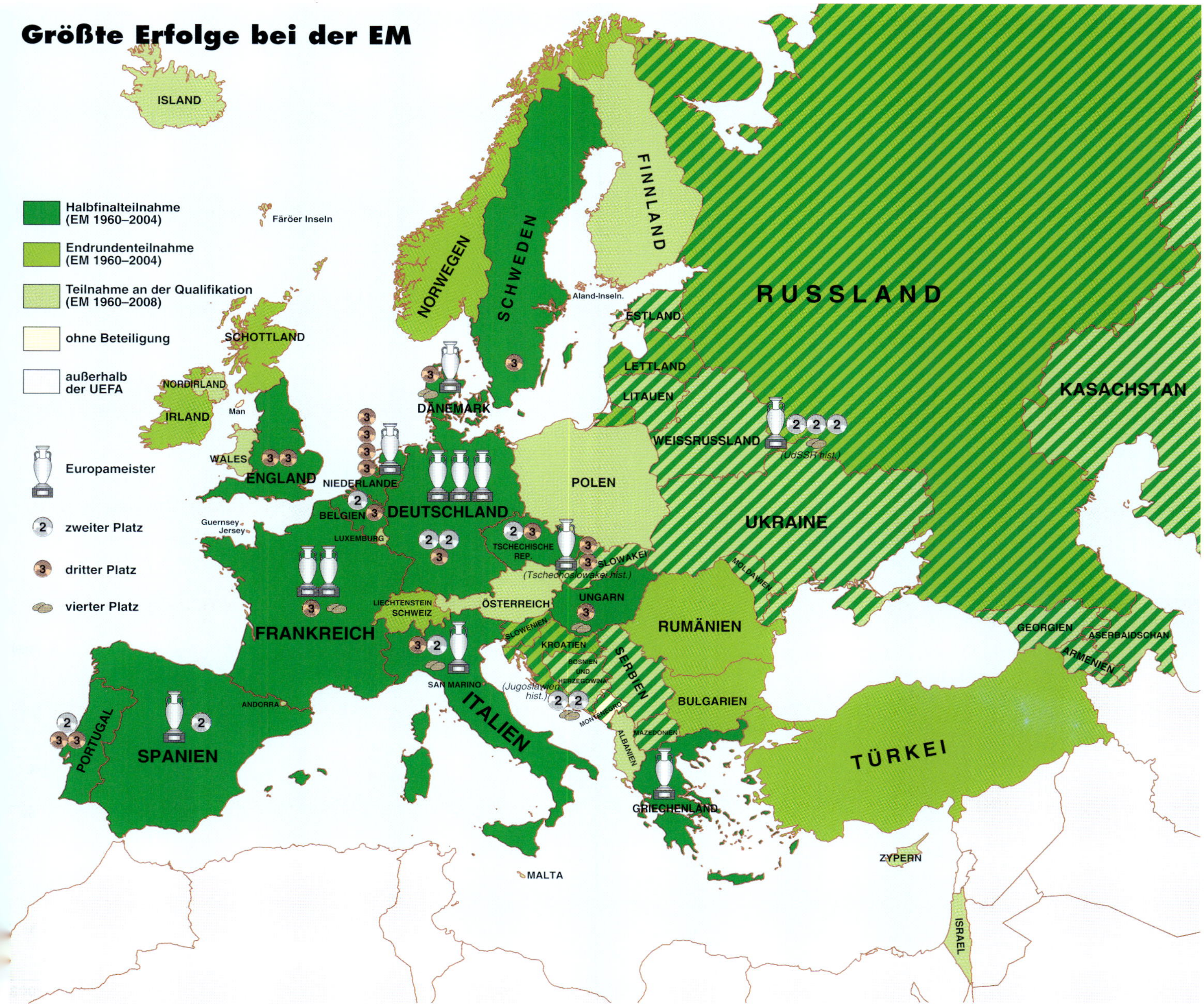

Punkte aus der EM

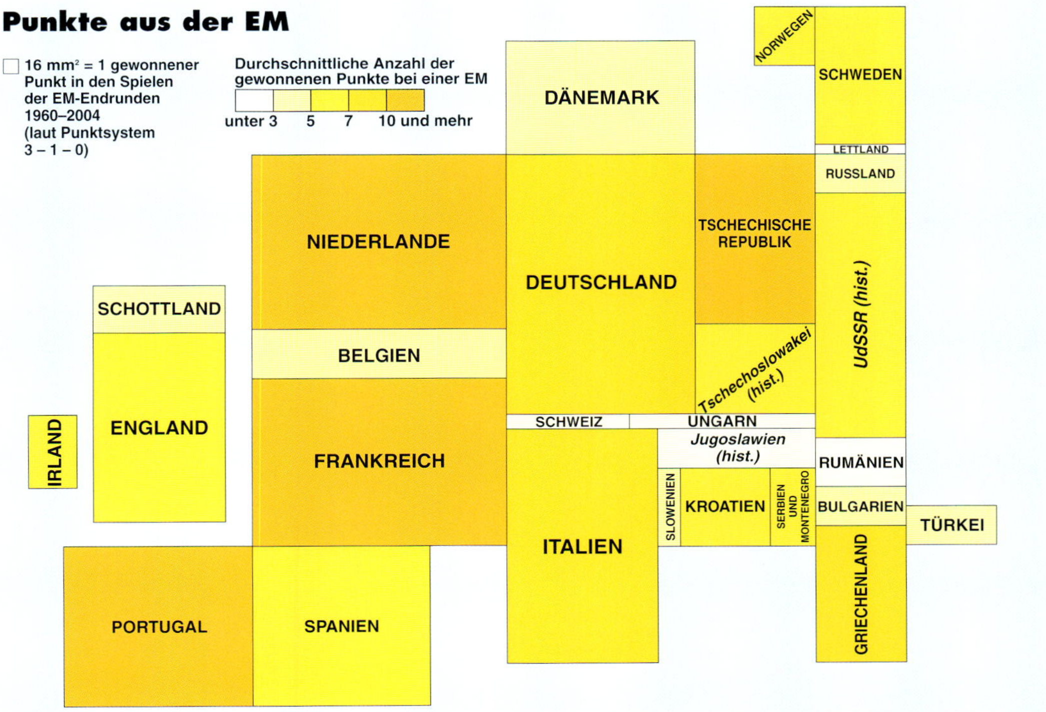

Asien- und Ozeanienmeisterschaft

Im Jahr 1956 war Hongkong Schauplatz der ersten **Asienmeisterschaft,** zu der vier Mannschaften antraten. Seither wird das Turnier regelmäßig alle vier Jahre ausgetragen. Insgesamt haben so im 20. Jahrhundert zwölf Titelkämpfe in Asien stattgefunden, also einer mehr als in Europa. Die ersten vier Asienmeisterschaften wurden in Form eines Ligawettbewerbes veranstaltet – jeder Teilnehmer spielte gegen jeden. Seit der Endrunde 1972 in Thailand wird in Gruppen gespielt und ab dem Halbfinale im Play-off-System. Mit steigendem Interesse der asiatischen Länder an der Aufnahme in die Qualifikation stieg auch die Teilnehmerzahl des Finalturniers. Im Jahre 1976 wurden aus sechs Teams zwei Dreiergruppen gebildet, aus denen die jeweils zwei Besten ins Halbfinale einzogen. 1980 spielte man nach dem gleichen Modus, allerdings in jeder Gruppe bereits mit je fünf Mannschaften. Zur weiteren Erhöhung der Teilnehmerzahl (auf zwölf) kam es beim Endturnier 1996 in den Vereinigten Arabischen Emiraten (VAE). Aus drei Gruppen mit je vier Teams kamen acht Mannschaften weiter, es wurde also erstmals ein Viertelfinale ausgetragen. Beim vorerst letzten Turnier 2004 in China nahmen 16 Vertretungen teil, die vier Vierergruppen zugelost wurden. Ab dem Viertelfinale wurde im K.o.-System gespielt.

Die ersten zwei Asienmeisterschaften gewann Südkorea. Das dritte Turnier wurde wegen des Jom-Kippur-Krieges von den moslemischen Ländern boykottiert: Nur vier Mannschaften nahmen teil, es gewann Veranstalter Israel, das später die Asiatische Fußballkonföderation (AFC) verließ. Die bisher erfolgreichsten Titelsammler sind der Iran und Saudi Arabien (je drei Siege) aus dem Nahen Osten sowie die ostasiatischen Vertreter Japan (3) und Südkorea (2). Unerwartete Teilnehmer am Finale der Asienmeisterschaften waren die im Fußball eher unbedeutenden Länder Indien (1964 nach einem überraschenden Halbfinalsieg gegen Südkorea) und Burma (Myanmar), das dem vor heimischem Publikum spielenden Iran beim Turnier 1968 unterlag.

Insgesamt haben bisher 30 Länder an den Endturnieren teilgenommen. Anfangs tauchten dabei, oft wegen des Rücktritts des Gegners, neben Indien auch die Fußballzwerge Kambodscha (Halbfinale 1972) oder Bangladesch auf. Die Zahl der an der Qualifikation teilnehmenden Länder stieg von anfänglich sechs (1956) bis auf 42 vor der Endrunde 2000 im Libanon. Es gibt damit kein asiatisches Land, das nicht mindestens einmal an der Qualifikation teilgenommen hat. Zudem traten Nationalmannschaften von Ländern an, die bereits von der politischen Landkarte verschwunden sind (Südvietnam, Süd- und Nordjemen). Taiwan wiederum wurde auf Druck von China aus der AFC und von der Teilnahme an den Meisterschaften einstweilen ausgeschlossen. Auch bei der Asienmeisterschaft zeigt sich der Heimvorteil. Bei den dreizehn bisherigen Turnieren gewannen sechsmal die Ausrichterländer. Darüber hinaus holte Saudi Arabien zwei von seinen drei Titeln bei den Turnieren, die die Nachbarländer (Katar und VAE) veranstalteten, also beinahe unter heimischen Bedingungen. In Asien hat die kontinentale Meisterschaft noch nicht dieselbe Popularität wie auf anderen Kontinenten erreicht, aber die Besucherzahlen steigen. Einzelne Gruppenspiele werden zwar manchmal nur von etwa 300 Zuschauern verfolgt, dafür sind die Begegnungen ab der Vorschlussrunde zumeist ausverkauft und die Finalspiele werden häufig vor über 50 000 Menschen ausgetragen. Im Schnitt hat jedoch noch kein Turnier die Marke von 20 000 Zuschauern pro Spiel überschritten.

Das letzte Endturnier wurde 2004 in China veranstaltet. An der Qualifikation nahmen 41 Länder teil. Gegenüber der Qualifikation zur Asienmeisterschaft 2000 fehlten Kambodscha, Kasachstan und die Philippinen. Die Kasachen sind inzwischen von der AFC zur UEFA gewechselt. Demgegenüber war Afghanistan nach 20-jähriger Pause wieder dabei, während Ost-Timor debütierte.

Die jüngste und kleinste „kontinentale" Meisterschaft wird im ausgedehnten **Ozeanien** durchgeführt. Trotz der erheblichen Probleme, die die Veranstaltung eines solchen Turniers unter den Bedingungen Ozeaniens mit sich bringt, fanden bereits sieben Meisterschaften statt. Die Teilnehmerzahl und der Austragungsmodus sind zwar immer wieder unterschiedlich, doch ein unstrittiger Erfolg ist die Tasache, dass die Meisterschaft seit 1998 alle zwei Jahre stattfindet. An einem Endturnier nahmen bisher neun Nationalmannschaften teil, die sechs Staaten und drei abhängige Gebiete repräsentierten. In der Qualifikation stets gescheitert sind hingegen Samoa, Amerikanisch-Samoa und Tonga. Am erfolgreichsten sind die fußballerisch am weitesten entwickelten Länder Ozeaniens – Australien und Neuseeland. Diesen beiden folgt der kleine Südseestaat Tahiti, dessen Nationalmannschaft dreimal im Finale stand. Mit dem Fehlen Australiens wird die Attraktivität und Qualität der nächsten Ozeanienmeisterschaft jedoch einen herben Dämpfer erhalten. Australien hat sich nämlich der AFC angeschlossen.

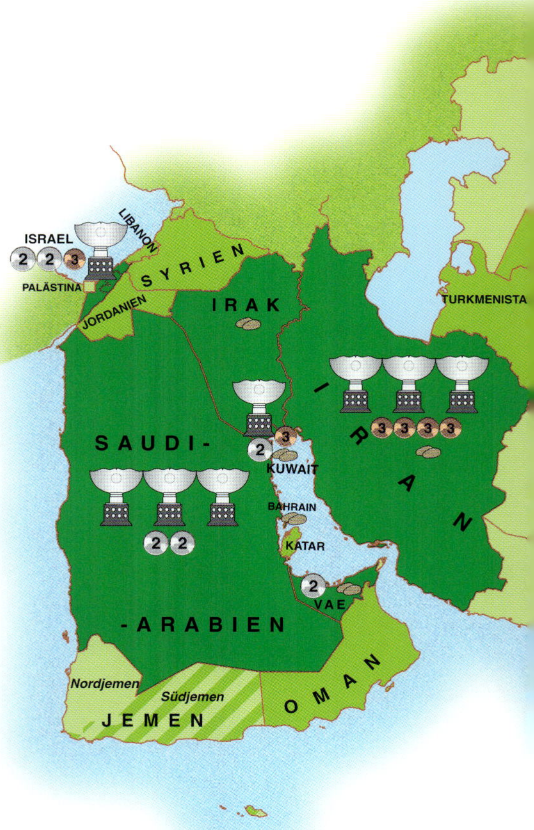

Die Gastgeber des Endrundenturniers der Asienmeisterschaft

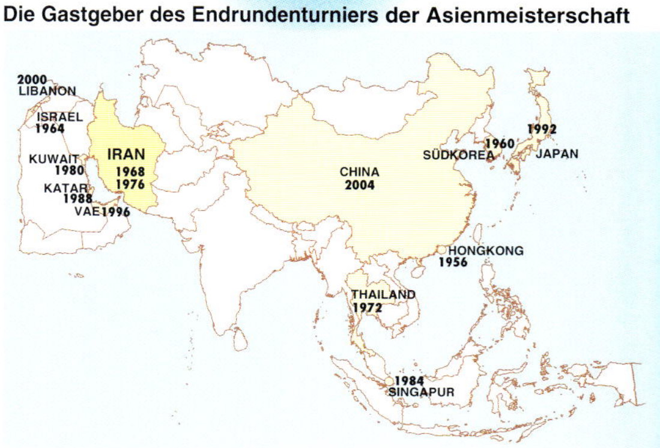

Entwicklung der Teilnehmerzahl an den Asienmeisterschaften

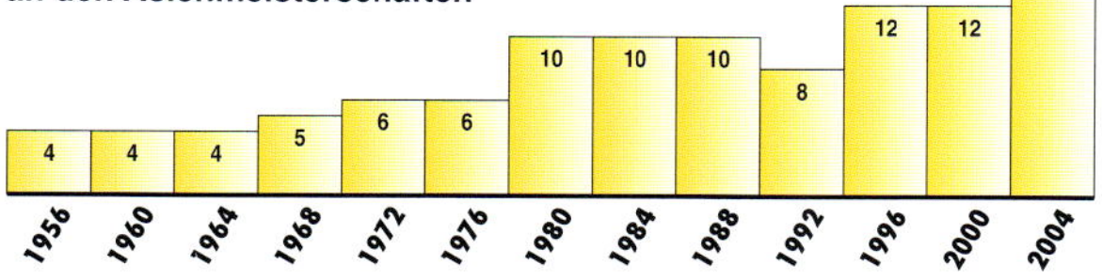

Entwicklung der Teilnehmerzahl an den Ozeanienmeisterschaften

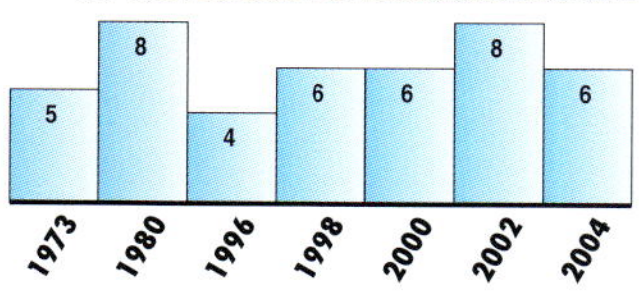

Die Gastgeber des Endrundenturniers der Ozeanienmeisterschaft

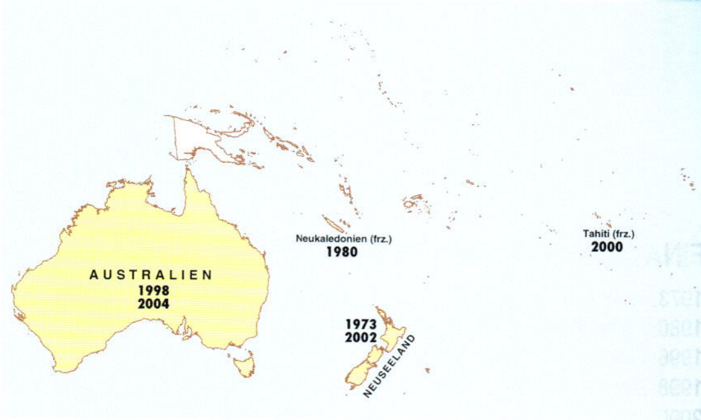

Punkte aus der Asienmeisterschaft

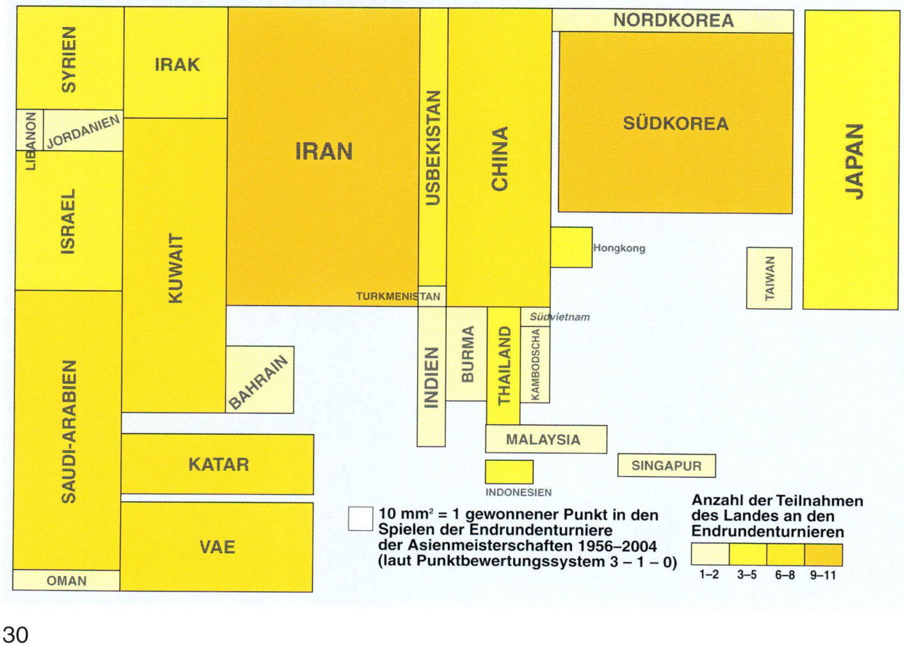

Punkte aus der Ozeanienmeisterschaft

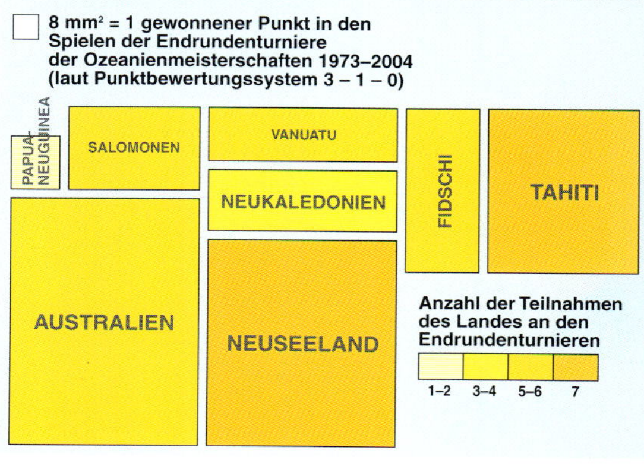

REKORDE DER ASIENMEISTERSCHAFTEN

Höchster Sieg in der Qualifikation: Kuwait–Bhutan 20:0 (2000)
Höchster Sieg beim Endrundenturnier: Iran–Südjemen 8:0 (1976)
Meiste Tore beim Endrundenturnier: Japan–Usbekistan 8:1 (2000)
Längste Strafstoßentscheidung in der Qualifikation:
Nordkorea–Hongkong 11:10 (1976)

LEGENDE

- Asienmeister
- 2 zweiter Platz
- 3 dritter Platz
- vierter Platz
- Teilnahme am Halbfinale (1956–2004)
- Endrundenteilnahme (1956–2004)
- Teilnahme an der Qualifikation (1956–2004)

FINALERGEBNISSE DER ASIENMEISTERSCHAFTEN

1956: 1. Südkorea, 2. Israel
1960: 1. Südkorea, 2. Israel
1964: 1. Israel, 2. Indien
1968: 1. Iran, 2. Burma
1972: Iran–Südkorea 2:1
1976: Iran–Kuwait 1:0
1980: Kuwait–Südkorea 3:0
1984: Saudi-Arabien–China 2:0
1988: Saudi-Arabien–Südkorea 0:0 (4:3 Elfmetersch.)
1992: Japan–Saudi-Arabien 1:0
1996: Saudi-Arabien–VAE 0:0 (4:2 Elfmetersch.)
2000: Japan–Saudi-Arabien 1:0
2004: Japan–China 3:1

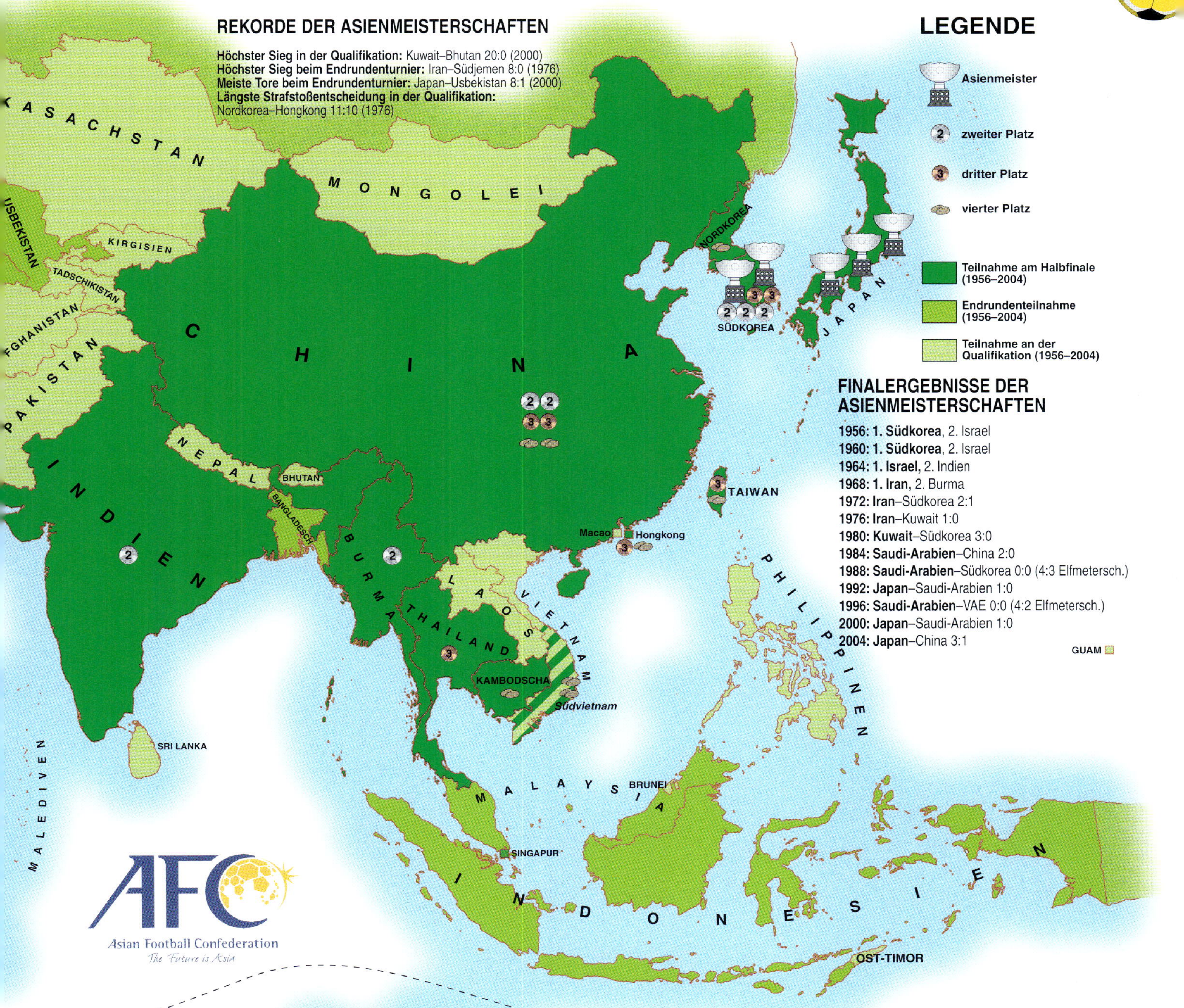

Asian Football Confederation
The Future is Asia

FINALS DER OZEANIENMEISTERSCHAFTEN

1973: Neuseeland–Tahiti 2:0
1980: Australien–Tahiti 4:2
1996: Australien–Tahiti 6:0 und 5:0
1998: Neuseeland–Australien 1:0
2000: Australien–Neuseeland 2:0
2002: Neuseeland–Australien 1:0
2004: Australien–Salomonen 5:1 und 6:0

OCEANIA FOOTBALL CONFEDERATION

REKORDE DER OZEANIEN-MEISTERSCHAFTEN

Höchster Sieg in der Qualifikation:
Tahiti–Amerik.-Samoa 18:0 (2000)
Höchster Sieg beim Endrundenturnier:
Australien–Cook-Inseln 17:0 (2000)

LEGENDE

- 1 Ozeanienmeister
- 2 zweiter Platz
- 3 dritter Platz
- vierter Platz
- Teilnahme am Halbfinale (1973–2004)
- Endrundenteilnahme (1973–2004)
- Teilnahme an der Qualifikation (1998–2004)

Afrikameisterschaft

Die erste Afrikameisterschaft, Pokal der Nationen genannt, fand im Jahre 1957 im Sudan statt. Es wirkten nur drei Mannschaften mit: Ägypten, Äthiopien und die des Veranstalters. Das allerdings war nicht so verwunderlich, da es damals in Afrika nur neun unabhängige Staaten gab. Am zweiten Turnier (1959) nahmen ebenfalls diese drei Mannschaften teil, wobei Ägypten den Titel verteidigte. Den Heimvorteil bei der niedrigen Teilnehmerzahl des Anschlussturniers (vier, mit der Vorrunde sieben) nutzte 1962 Äthiopien zum Gewinn des Pokals der Nationen. Der Fußball des ostafrikanischen Landes versank nach dem Antritt des kommunistischen Regimes in der Mitte der 70er Jahre aber fast in der Bedeutungslosigkeit. In der folgenden Zeit nahm die fußballerische Klasse südlich der Sahara zu und an die afrikanische Spitze drängten die Länder vom Golf von Guinea: Ghana, Kamerun und Nigeria. Die Zahl der teilnehmenden Verbände stieg, daher wurde im Jahr 1968 eine Qualifikation zum Endturnier eingeführt. Seit dieser Zeit findet die Afrikameisterschaft jedes zweite Jahr statt. 1970 gewann die Mannschaft des Sudan auf heimischem Boden. Eine große Überraschung war zwei Jahre später in Kamerun der Titelgewinn des Nationalteams aus dem Kongo (Brazzaville). Kongo war erst über das Los ins Halbfinale gerutscht. Eine weitere Überraschung war 1974 fraglos der Meistertitel von Zaire, das im Halbfinale in Kairo die favorisierte Heimmannschaft Ägypten schlug. Seitdem aber wurde die Trophäe nur noch von den fußballerisch stärksten Ländern Afrikas gewonnen. Die Tabelle der Erfolgreichsten führt Ägypten an, das fünf Titel holte, gefolgt von Ghana und Kamerun mit je vier Titeln. Nach dem Verhältnis von Spielen zu erzielten Punkten steht allerdings auch Südafrika sehr gut da. Nach der Aufhebung des Apartheidsystems nahm das Land zum ersten Mal im Jahre 1996 am Meisterschaftsturnier teil und konnte es vor heimischem Publikum gleich gewinnen.

Während mit der Zeit die Zahl der Teilnehmer stieg, änderte sich auch das System des Wettbewerbs. In den Jahren 1968 bis 1990 nahmen am Endturnier acht Teams teil. Die zwei Besten aus zwei Gruppen trugen das Halbfinale aus (nur im Jahr 1976 ging der Meister aus einer Finalgruppe hervor). Beim Turnier im Jahre 1992, als an der Qualifikation bereits 31 Länder teilgenommen hatten, erhöhte sich die Anzahl der Teilnehmer auf zwölf, sechs Jahre später bereits auf 16. Diese Meisterschaft (1998) fand in Burkina Faso statt, einem Land, von dem vielleicht viele Fußballspieler und Fans niemals gehört haben. Auch der Erfolg von Burkina Faso ist der Beweis für die dynamische Entwicklung und steigende Beliebtheit des Fußballs auf dem afrikanischen Kontinent. Andererseits leidet die Veranstaltung der Meisterwettbewerbe an häufigen Absagen angemeldeter Länder und den nachfolgenden Bestrafungen. Vom Jahrgang 1998 wurde zum Beispiel das favorisierte Nigeria ausgeschlossen, weil das Land es als Titelträger abgelehnt hatte, wegen der angeblich unzureichenden Sicherheitsmaßnahmen am Endrundenturnier in Südafrika teilzunehmen (1996). Im Jahre 2000 organisierten zum ersten Mal zwei Länder – Nigeria und Ghana – die Afrikameisterschaften. An der Qualifikation für das Turnier 2002 in Mali nahm die bisherige Rekordzahl von 48 Mitgliedern der Afrikanischen Fußballkonföderation CAF teil.

Derzeit bestehen die besten afrikanischen Mannschaften zumeist aus Spielern, die vorwiegend bei europäischen Klubs kicken. So setzte sich 2002 das Siegteam von Kamerun ausschließlich aus Fußballern zusammen, die in Europa ihr Geld verdienen. Bis auf einen Spieler traf das auch auf den Senegal zu. Eine Ausnahme bildete 2004 Afrikameister Tunesien, dessen Auswahlspieler zur Hälfte aus einheimischen Klubs kamen. Die Finalisten des letzten Championats (2006), Ägypten und Elfenbeinküste, hatten erneut fast nur „europäische" Spieler im Kader. In der Afrikameisterschaft, die je nach Ausrichterland unter unterschiedlichen klimatischen Bedingungen stattfindet, hat der Heimvorteil eine größere Bedeutung als zum Beispiel in Europa oder Südamerika. Bei den bisherigen 25 Titelkämpfen triumphierten elfmal die Gastgeber. Ghana beispielsweise richtete die Meisterschaft zweimal aus und gewann sie beide Male. Erst mit Nigeria als Mitveranstalter des Turniers schied Ghana vorzeitig (im Viertelfinale) aus.

Mit der steigenden Teilnehmerzahl bei den Abschlussturnieren engt sich wie anderswo in der Welt stark der Kreis der Länder ein, die als Ausrichter in Frage kommen. Über die notwendige Anzahl an Stadien mit einer entsprechenden Kapazität an Zuschauerplätzen verfügen höchstens fünf Staaten, auch wenn die Meisterschaft 1998 im rückständigen Burkina Faso, wo in nur zwei Stadien gespielt wurde, eine Ausnahme der Regel war. Die Besucherzahlen sind eindeutig durch die Spiele der Nationalmannschaft des Veranstalters beeinflusst. Die Begegnungen Ägyptens zu Hause waren meist ausverkauft (rund 100 000 Zuschauer). Ähnlich war es im Falle der Spiele Nigerias, Algeriens und Südafrikas (80–90 000 Zuschauer) vor heimischem Publikum. Wenn sich das Heimteam jedoch nicht bis zum Schluss hielt, sahen das Finale oft auch weniger als 5000 Zuschauer. Die geringste Zahl (1000 Zuschauer) wurde bei der Wiederholung des Finales zwischen Zaire und Sambia bei der Meisterschaft 1974 in Ägypten notiert.

Punkte aus den Afrikameisterschaften

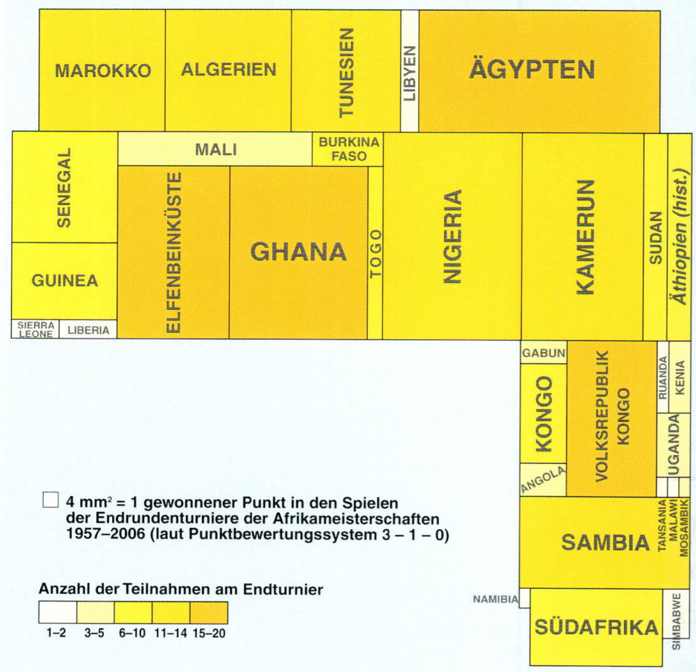

Die Austragungsorte der Afrikameisterschaften

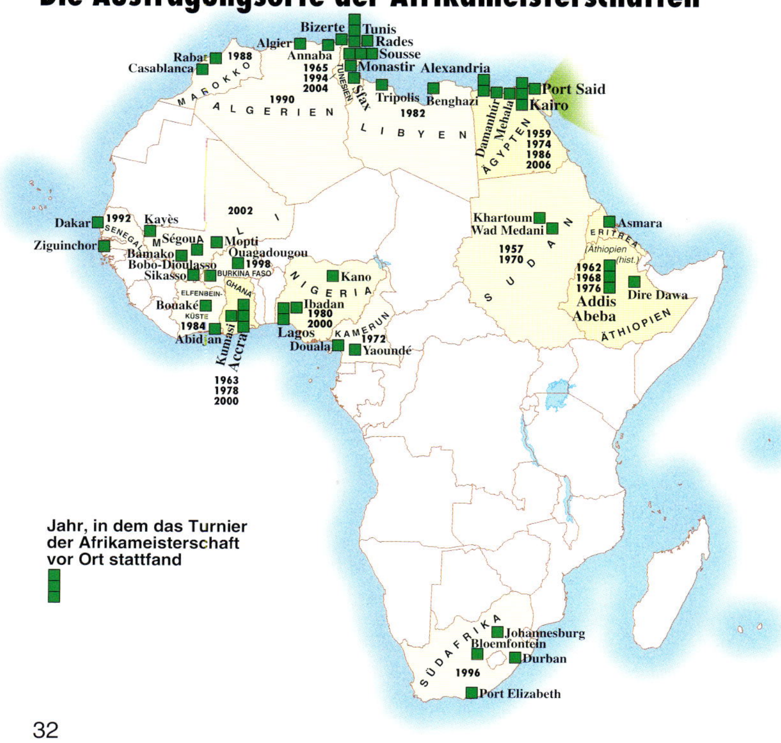

Entwicklung der Teilnehmerzahl an den Afrikameisterschaften

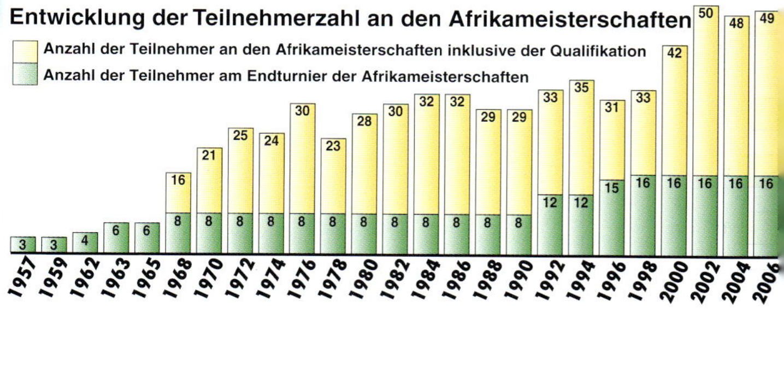

FINALS DER AFRIKAMEISTERSCHAFTEN

1957: Ägypten–Äthiopien 4:0
1959: Ägypten–Sudan 2:1
1962: Äthiopien–Ägypten 4:2 nach Verlängerung
1963: Ghana–Sudan 3:0
1965: Ghana–Tunesien 3:2 nach Verlängerung
1968: Volksrepublik Kongo–Ghana 1:0
1970: Sudan–Ghana 1:0
1972: Kongo–Mali 3:2
1974: Volksrepublik Kongo–Sambia 2:2 und 2:0
1976: Marokko–Guinea 1:1 (im Endrundenturnier)
1978: Ghana–Uganda 2:0
1980: Nigeria–Algerien 3:0
1982: Ghana–Libyen 1:1 (7:6 Elfmetersch.)
1984: Kamerun–Nigeria 3:1
1986: Ägypten–Kamerun 0:0 (5:4 Elfmetersch.)
1988: Kamerun–Nigeria 1:0
1990: Algerien–Nigeria 1:0
1992: Elfenbeinküste–Ghana 0:0 (11:10 Elfmetersch.)
1994: Nigeria–Sambia 2:1
1996: Südafrika–Tunesien 2:0
1998: Ägypten–Südafrika 2:0
2000: Kamerun–Nigeria 2:2 (4:3 Elfmetersch.)
2002: Kamerun–Senegal 0:0 (3:2 Elfmetersch.)
2004: Tunesien–Marokko 2:1
2006: Ägypten–Elfenbeinküste 0:0 (4:2 Elfmetersch.)

REKORDE DER AFRIKAMEISTERSCHAFTEN

Höchster Sieg im Endrundenturnier: Elfenbeinküste–Äthiopien 6:1 (1970)
Meiste Tore in der Qualifikation:
Ghana–Niger 9:1 (1970), Kenia–Dschibuti 9:1 (2000) und Namibia–Benin 8:2 (2002)
Meiste Tore im Endrundenturnier: Ägypten–Nigeria 6:3 (1963)
Längste Strafstoßentscheidung im Endrundenturnier: Elfenbeinküste–Kamerun 12:11 (2006)
Bester Torjäger einer Afrikameisterschaft: 9 – Mulamba Ndaye (Zaire, 1974)

CONCACAF-Meisterschaft

Die Weg zu den Meisterschaften von Nord- und Mittelamerika ist relativ verschlungen. Das erste Turnier mittelamerikanischer und karibischer Staaten fand bereits im Jahre 1941 statt, wobei fünf Teams antraten. Später schuf Mexiko einen Parallel-Wettbewerb der Vertreter „Nordamerikas". Dieser wurde in den Jahren 1947 und 1949 gespielt. An beiden Veranstaltungen nahmen Mexiko, Kuba und die USA teil. Bei den mittelamerikanischen Meisterschaften schwankte die Teilnehmerzahl. Im Jahre 1951 fanden sich wegen einer Kinderlähmungsepidemie nur drei Nationalmannschaften zusammen. Regelmäßig dabei waren die Niederländischen Antillen beziehungsweise ihre Inseln Curaçao und Aruba. Mexiko zog sich in den 50er Jahren ganz von diesem Kräftemessen mit den Fußball-Zwergen zurück ebenso wie die USA. Im Falle der Vereinigten Staaten war der Grund allerdings, dass der Fußball keine große Beliebtheit erlangte. Die bedeutendste Erweiterung erfuhren die mittelamerikanischen Meisterschaften 1961: neun Teams spielen in zwei Gruppen, jeweils die beiden Besten bilden die Finalgruppe.

1963 trugen neun mittelamerikanische Staaten die erste CONCACAF-Meisterschaft aus. Mexiko nahm ebenfalls teil, verlor jedoch überraschend gegen die Niederländischen Antillen und qualifizierte sich nicht für die Finalgruppe. In den Jahren 1965 bis 1981 wurde wegen der niedrigen Teilnehmerzahl (sechs) nur eine Finalgruppe gebildet. Die ersten Meistertitel holten sich Mexiko und Guatemala. In den Jahren 1973 bis 1989 wurde der Wettbewerb zugleich zum Qualifikationsturnier für die Weltmeisterschaft und fand nur noch alle vier Jahre statt. Gleich der erste Sieger, der sich damit für die WM 1974 in Deutschland qualifizierte, hieß überraschend Haiti. Im Jahre 1981 gewann zum ersten Mal Honduras. Zur WM fuhr außerdem die Elf von El Salvador, der zum zweiten Platz zwei Tore in fünf Spielen reichten. Vier Jahre später spielte man das Turnier in drei Vorrundengruppen mit je drei Teams, die Gruppensieger erreichten die Finalrunde. Unerwarteter Erster wurde Kanada, jedoch in Abwesenheit Mexikos (war Ausrichter der WM 1986). Im Rahmen der Qualifikation für die WM 1990 in Italien wurde ein Jahr zuvor nur eine Gruppe mit fünf Teilnehmern gebildet (abermals ohne Mexiko – diesmal wegen der Disqualifikation durch die FIFA). Die USA und Costa Rica fuhren zur Weltmeisterschaft nach Italien. Gemeinsam mit Mexiko ist Costa Rica das erfolgreichste Land der Region, da es besonders in der Anfangszeit dominierte. Beide Staaten haben den Titel bisher zehnmal gewonnen.

Die größte Änderung erfuhr der Wettbewerb im Jahre 1991, als es zur Erneuerung der traditionellen Meisterschaft der ganzen CONCACAF-Zone kam. Seither nennt sich das Turnier Gold Cup. Zum ersten Mal wurde eine Qualifikationsrunde eingeführt, die in zwei Teilzonen gespielt wurde. Die stärkere war die mittelamerikanisch-kontinentale Zone (mit sechs Ländern), die schwächere die karibische Zone, in der 15 Mannschaften (inklusive neun Vertreter der abhängigen Gebiete) antraten. Die meisten Gold-Cup-Trophäen eroberte Mexiko (vier), nur eine weniger die USA. Kanada holte seinen einzigen Titel im Jahr 2000, als die Ahornblätter im Viertelfinale überraschend Mexiko ausschalteten, während die USA am zweitplatzierten Kolumbien scheiterten. Bezeichnend für die Meisterschaft ist die Tatsache, dass an ihr auch Mannschaften teilnehmen, die außerhalb der CONCACAF-Zone liegen. Und zwar aus sportlichen wie auch wirtschaftlichen Beweggründen. 1996 nahm zum Beispiel die U-23-Auswahl Brasiliens teil und drang bis ins Finale vor. Zwei Jahre später wurde sogar die brasilianische Nationalelf eingeladen, die jedoch nur Dritter wurde. Im Jahr 2000 gehörten neben Finalist Kolumbien auch Peru und Südkorea zu den Teilnehmern. Die Asiaten waren ebenso 2002 dabei, als sich auch Ecuador hinzugesellte. Beim bisher letzten Turnier war zudem Südafrika einer der Teilnehmer. Vor allem aus kommerziellen Gründen waren bisher fast ausschließlich die USA Ausrichter des Turniers, nur 1993 und 2003 wurden einige Begegnungen in Mexiko ausgetragen.

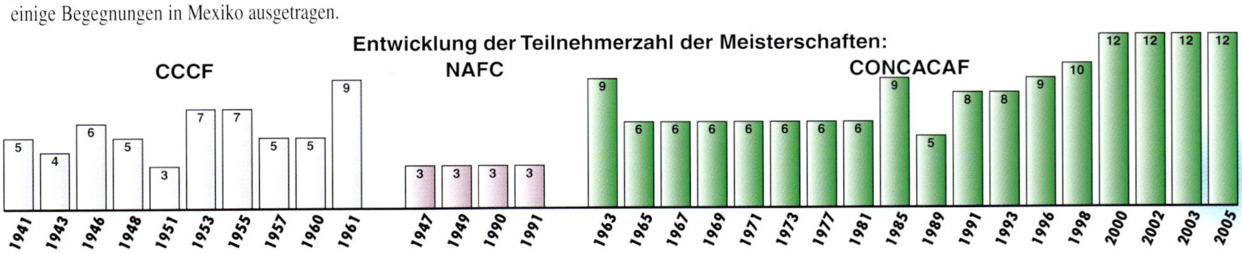

Die Austragungsorte der Meisterschaften der Länder der CONCACAF-Zone

Die WM-Qualifikationsturniere der CONCACAF-Zone in den Jahren 1985 und 1989 wurden nach dem K.-o.-System (Hin- u. Rückspiel) gespielt.

Die Medaillengewinner der Meisterschaften der CONCACAF-Zone

Jahr	Goldmedaille	Silbermedaille	Bronzemedaille
CCCF-Meisterschaft			
1941	**Costa Rica**	El Salvador	Curaçao
1943	**El Salvador**	Costa Rica	Guatemala
1946	**Costa Rica**	Guatemala	El Salvador
1948	**Costa Rica**	Guatemala	Panama
1951	**Panama**	Costa Rica	Nicaragua
1953	**Costa Rica**	Honduras	Niederl. Antillen
1955	**Costa Rica**	Niederl. Antillen	Honduras
1957	**Haiti**	Curaçao	Honduras
1960	**Costa Rica**	Niederl. Antillen	Honduras
1961	**Costa Rica**	El Salvador	Honduras
NAFC-Meisterschaft			
1947	**Mexiko**	Kuba	USA
1949	**Mexiko**	USA	Kuba
1990	**Kanada**	Mexiko	USA
1991	**Mexiko**	USA	Kanada
CONCACAF-Meisterschaft			
1963	**Costa Rica**	El Salvador	Niederl. Antillen
1965	**Mexiko**	Guatemala	Costa Rica
1967	**Guatemala**	Mexiko	Honduras
1969	**Costa Rica**	Guatemala	Niederl. Antillen
1971	**Mexiko**	Haiti	Costa Rica
WM-Qualifikationsturniere			
1973	**Haiti**	Trinidad und Tobago	Mexiko
1977	**Mexiko**	Haiti	El Salvador
1981	**Honduras**	El Salvador	Mexiko
1985	**Kanada**	Honduras	Costa Rica
1989	**Costa Rica**	USA	Trinidad und Tobago
Gold Cup			
1991	**USA**	Honduras	Mexiko
1993	**Mexiko**	USA	Costa Rica
1996	**Mexiko**	Brasilien (bis 23 J.)	USA
1998	**Mexiko**	USA	Brasilien
2000	**Kanada**	Kolumbien	Trinidad und Tobago, Peru
2002	**USA**	Costa Rica	Kanada
2003	**Mexiko**	Brasilien	USA
2005	**USA**	Panama	Honduras und Kolumbien

REKORDE DER CONCACAF--MEISTERSCHAFTEN

Höchster Sieg im Gold Cup:
Mexiko–Martinique 9:0 (1993)
Höchster Besuch innerhalb des Gold Cups:
120 000 Zuschauer im Stadion Azteca, Mexiko-Stadt, Finale 1993 (Mexiko–USA)
Höchster Sieg bei anderen Meisterschaften:
Honduras–Nicaragua 10:0 (CCCF, 1946)
Meiste Tore bei anderen Meisterschaften:
El Salvador–Nicaragua 10:2 (CCCF, 1961)

Südamerikanische Meisterschaft

Die Meisterschaft Südamerikas – oder der Länder, die in der Konföderation CONMEBOL vereinigt sind – ist neben den Olymischen Spielen als kontinentaler Meisterschaft der älteste weltweite Wettbewerb von Nationalteams. Bereits im Jahre 1910 – ein halbes Jahrhundert, bevor Europa seinen ersten Meister kürte – unternahm Argentinien zu Anlass des 100. Jahrestags der Unabhängigkeit und der Staatsgründung den Versuch, eine Südamerikameisterschaft ins Leben zu rufen. An diesem ersten Turnier nahmen aber nur drei Länder teil (neben dem Gastgeber Chile und Uruguay). Ein weitere inoffizielle Meisterschaft fand unter Beteiligung von vier Ländern sechs Jahre später statt. Als erste offiziellen Titelkämpfe der Länder Südamerikas gilt das Turnier im Jahre 1917, obwohl auch da nur vier Länder spielten: Argentinien, Brasilien, Chile und Uruguay. Bis ins Jahr 1927 wurde mit einer Ausnahme (1918) die Meisterschaft im Jahresrhythmus ausgetragen, wobei weiterhin nur vier oder fünf Teams antraten (im Jahr 1925 waren es gar nur drei). Eine längere Pause legten die südamerikanischen Titelkämpfe in der Zeit der Weltwirtschaftskrise (1929–35) ein. Gründe für die Unterbrechung gab es aber auch andere, so vor allen die Reorganisation der nationalen Wettbewerbe und die Planungen zur ersten Fußballweltmeisterschaft, die Uruguay 1930 ausrichtete. In den folgenden Jahren galten viele Turniere nicht als offizielle südamerikanische Titelkämpfe (zum letzten Mal in Ecuador 1959). Die Zahl der teilnehmenden Länder stieg langsam an, 1937 waren es sechs. Der Wettbewerb gewann auch allmählich an Beliebtheit und 1937 sahen bereits 80 000 Zuschauer das Finale zwischen Argentinien und Brasilien in Buenos Aires. In den Jahren 1959 (gespielt wurden zwei Turniere) bis 1987 wurde auf einen Vierjahresrhythmus umgestellt. Erst seitdem wird die Meisterschaft jedes zweite Jahr ausgetragen und der Spielplan hat sich stabilisiert. 1999 fand in Paraguay das 40-jährige Jubiläum statt.

Vom ersten Wettbewerb bis 1967 spielte man im Ligasystem jeder gegen jeden. Kein einziges Mal nahmen allerdings alle zehn Mitgliedsländer des CONMEBOL teil, sondern maximal acht (in den Jahren 1947 und 1949). Nach einer achtjährigen Pause wurde das Turnier 1975 neu aufgenommen und nun Copa America genannt. Das bisherige Wettbewerbsmodell wurde für drei Meisterschaften (1975, 1979 und 1983) auf den Modus mit Hin- und Rückspiel umgestellt. Die neun Teilnehmer wurden dabei in drei Gruppen aufgeteilt. Die Sieger plus der Titelverteidiger bildeten die Halbfinalpaare. Halbfinale und Finale wurden ebenfalls mit Hin- und Rückspiel bestritten. Wenn die beiden Spiele keine Entscheidung brachten, wurde ohne Rücksicht auf das Torverhältnis eine dritte Begegnung angesetzt. Diese Form zog viel Publikum an und hatte auch kommerziellen Erfolg. 1993 wurde dennoch wieder die traditionelle Turnierart eingeführt. Man spielt seitdem in drei oder vier Gruppen, aus denen sich die acht besten Mannschaften für die Play offs qualifizieren. Weil dem CONMEBOL nur zehn Länder angehören, nimmt auch Mexiko regelmäßig an der Meisterschaft teil. Eingeladen wurden ebenso die USA (1993 und 1995), Costa Rica (1997 und 2004), Japan (1999) und Kanada (2001).

Das erfolgreichste Land ist Argentinien, das 15-mal Südamerikameister wurde und auch die meisten Punkte verbuchte. Eine respektable Anzahl Trophäen (14) in seiner Sammlung hat auch das kleine Uruguay (hat darüber hinaus nie zu Hause verloren). Mit großem Abstand folgt Brasilien mit sieben Titeln, das als stärkste Fußballmacht der Welt gilt. Brasilien nahm vor dem Zweiten Weltkrieg allerdings nur selten an den Turnieren teil (insgesamt fehlte es elfmal). Auf der Liste der Sieger sind noch Paraguay und Peru zu finden. Aus der Sicht des Veranstaltungsorts sind für die Kicker die härtesten Meisterschaften jene, die in Bolivien veranstaltet werden. Im Jahre 1997 spielte man dort in fünf Städten, wobei zwei in Höhen über 3500 m liegen, eine weitere – Santa Cruz – hingegen in den Tropen des Tieflandes. Der Einfluss der Meereshöhe zeigte sich am deutlichsten 1963, als Bolivien überraschend Meister wurde. Dabei schlugen die Nationalspieler des Ausrichters im entscheidenden Spiel das favorisierte Brasilien mit 5:4. Bei den vorangegangenen Südamerikameisterschaften war Bolivien aber nur Letzter geworden.

Medaillengewinner der Südamerikameisterschaften

Jahr	Gold	Silber	Bronze
1910	**Argentinien**	Uruguay	Chile
1916	**Uruguay**	Argentinien	Brasilien
1917	**Uruguay**	Argentinien	Brasilien
1919	**Brasilien**	Uruguay	Argentinien
1920	**Uruguay**	Argentinien	Brasilien
1921	**Argentinien**	Brasilien	Uruguay
1922	**Brasilien**	Paraguay	Uruguay
1923	**Uruguay**	Argentinien	Paraguay
1924	**Uruguay**	Argentinien	Paraguay
1925	**Argentinien**	Brasilien	Paraguay
1926	**Uruguay**	Argentinien	Chile
1927	**Argentinien**	Uruguay	Peru
1929	**Argentinien**	Paraguay	Uruguay
1935	**Uruguay**	Argentinien	Peru
1937	**Argentinien**	Brasilien	Uruguay
1939	**Peru**	Uruguay	Paraguay
1941	**Argentinien**	Uruguay	Chile
1942	**Uruguay**	Argentinien	Brasilien
1945	**Argentinien**	Brasilien	Chile
1946	**Argentinien**	Brasilien	Paraguay
1947	**Argentinien**	Paraguay	Uruguay
1949	**Brasilien**	Paraguay	Peru
1953	**Paraguay**	Brasilien	Uruguay
1955	**Argentinien**	Chile	Peru
1956	**Uruguay**	Chile	Argentinien
1957	**Argentinien**	Brasilien	Uruguay
1959-I	**Argentinien**	Brasilien	Paraguay
1959-II	**Uruguay**	Argentinien	Brasilien
1963	**Bolivien**	Paraguay	Argentinien
1967	**Uruguay**	Argentinien	Chile
1975	**Peru**	Kolumbien	Brasilien
1979	**Paraguay**	Chile	Brasilien
1983	**Uruguay**	Brasilien	Paraguay
1987	**Uruguay**	Chile	Kolumbien
1989	**Brasilien**	Uruguay	Argentinien
1991	**Argentinien**	Brasilien	Chile
1993	**Argentinien**	Mexiko	Kolumbien
1995	**Uruguay**	Brasilien	Kolumbien
1997	**Brasilien**	Bolivien	Mexiko
1999	**Brasilien**	Uruguay	Mexiko
2001	**Kolumbien**	Mexiko	Honduras
2004	**Brasilien**	Argentinien	Uruguay

Die Austragungsorte der Südamerikameisterschaften

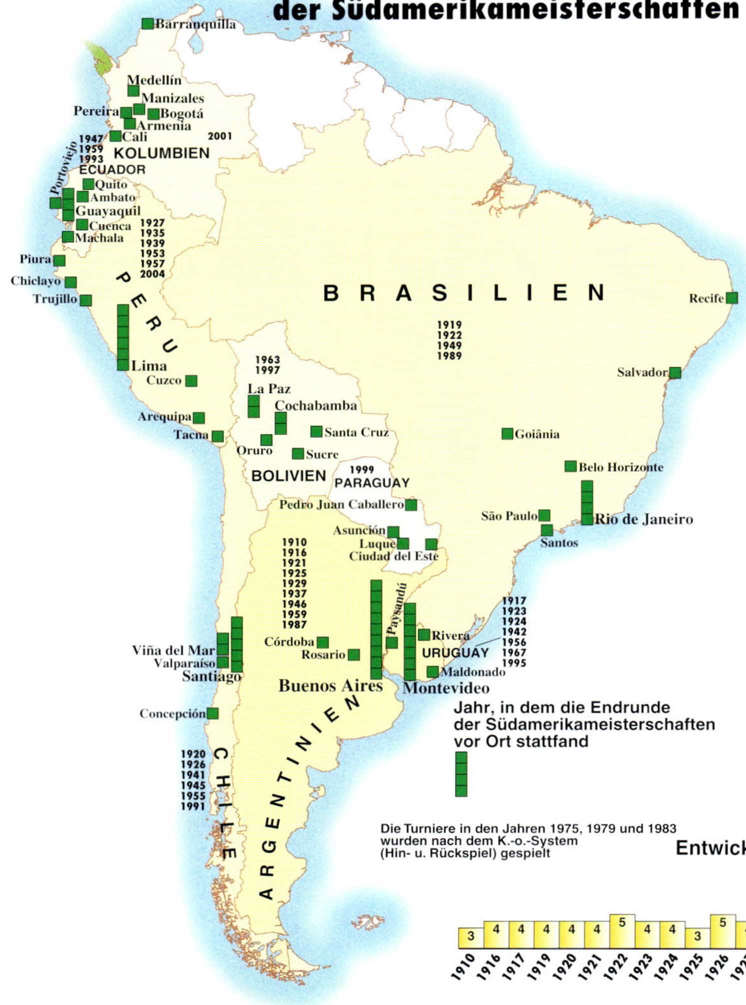

Punkte aus der Südamerikameisterschaft

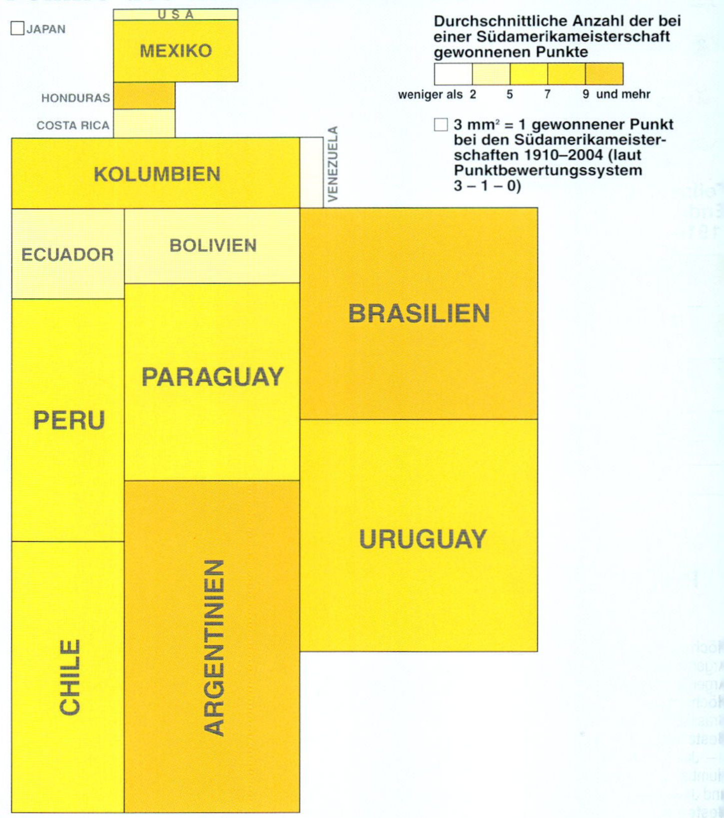

Die Turniere in den Jahren 1975, 1979 und 1983 wurden nach dem K.-o.-System (Hin- u. Rückspiel) gespielt

Entwicklung der Teilnehmerzahl der Südamerikameisterschaften

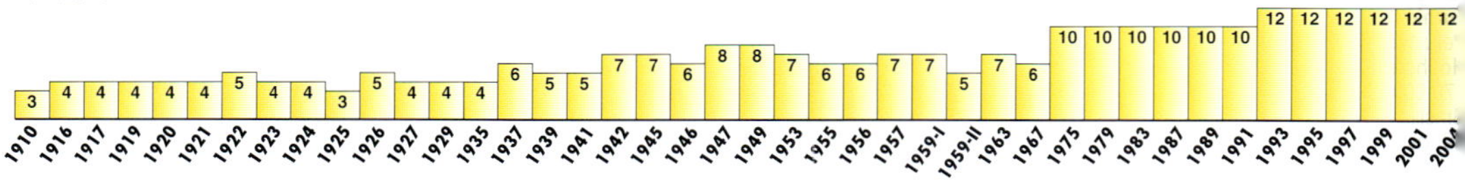

LEGENDE

Südamerikameister

zweiter Platz

dritter Platz

vierter Platz

Teilnahmehäufigkeit bei den Endrunden der Südamerikameisterschaften 1910–2004)

35 und mehr

25–34

15–24

5–14

1–4

Die Teilnehmer anderer Kontinente an der Südamerikameisterschaft

REKORDE DER SÜDAMERIKA-MEISTERSCHAFTEN

löchster Sieg:
rgentinien–Ecuador 12:0 (1942),
rgentinien–Venezuela 11:0 (1975)
löchster Sieg im Finale:
rasilien–Paraguay 7:0 (1949)
leste Torjäger bei einer Meisterschaft:
– Jair Rosa Pinto (Brasilien, 1949),
lumberto Maschio (Argentinien, 1957)
nd Javier Ambrois (Uruguay, 1957)
leste Torjäger (insgesamt):
7 – Norberto "Tucho" Méndez (Argentinien)
nd Tomas Suares da Silva "Zizinho" (Brasilien)
.ängstes Turnier: 39 Tage (Brasilien 1949)
urnier mit dem höchsten Tordurchschnitt:
'eru 1957 (4,8 Tore pro Spiel)
löchster Besuch:
70 000 Zuschauer im Maracanã, Rio de Janeiro,
rasilien 1989 (Brasilien–Uruguay)
.ängstes Spiel: 150 Minuten
0 + Verlängerung 2 x 30) – Brasilien–Uruguay 1:0

Olympische Fußballturniere

Die ersten weltweiten internationalen Wettkämpfe von Fußballnationalteams fanden im Rahmen der Olympischen Spiele statt. Schauwettkämpfe einiger Klubs – aber nicht von Nationalmannschaften – wurden bereits bei den Spielen in Paris (1900) und St. Louis (1904) abgehalten. Das offizielle Fußballturnier wurde erstmals in London (1908) ins Programm genommen, also nur vier Jahre nach der Gründung der FIFA. Die ersten beiden Goldmedaillen gewann England, das die Nation von Großbritannien repräsentierte. Vor dem Zweiten Weltkrieg gewann auch Uruguay zweimal das olympische Fußballfinale. Das Turnier fand danach bei allen Olympiaden mit Ausnahme von Los Angeles 1932 statt. Belgien und die Tschechoslowakei schrieben sich 1920 in die Geschichte ein, als das tschechoslowakische Team im Finale von Antwerpen aus Protest gegen die Schiedsrichterentscheidungen nach 39 Minuten das Spielfeld verließ und disqualifiziert wurde. An den Spielen von 1920 nahm erstmals auch die Nationalmannschaft eines außereuropäischen Landes teil, die allerdings nicht – wie man vermuten könnte – aus Südamerika kam, sondern aus Ägypten. Die ersten Vertreter des amerikanischen Kontinents, Uruguay und die USA, erschienen bei der nachfolgenden Olympiade in Paris. In Berlin (1936) griffen in die Titelkämpfe die ersten Nationalmannschaften aus Asien ein: China und Japan.

Das olympische Fußballturnier fand anfangs keine allzu große Beliebtheit, was die relativ niedrigen Zuschauerzahlen dokumentierten. Dem Finale in Paris 1924 schauten aber bereits 40 000 Menschen zu und dem in Berlin sogar 90 000 Personen. Einen Rekord verzeichnete die Olympiade im Jahre 1956 im „Fußballentwicklungsland“ Australien, wo die entscheidende Begegnung zwischen der Sowjetunion und Jugoslawien 120 000 Schaulustige sahen. Über 100 000 Besucher erlebten auch das Finale der Olympiade 1984 in Los Angeles zwischen Frankreich und Brasilien. Mit der Zeit war die Zahl der Interessenten am olympischen Turnier gestiegen, so dass im Jahre 1956 die erste Qualifikation ausgetragen wurde. Seit dem Jahre 1960 werden die sechzehn Teilnehmer des Turniers in vier Gruppen geteilt, die acht Besten (je zwei pro Gruppe) spielen im K.-o.-System weiter. Eine niedrigere Teilnehmerzahl vermeldeten nur die Spiele 1964 (im letzten Augenblick sagten die Italiener und Nordkoreaner ab) und 1976 (ohne Nigeria, Ghana und Sambia). In der Qualifikation für das Olympische Fußballturnier in Athen 2004 traten insgesamt 161 Länder an (um die Teilnahme an der WM 2006 kämpften 194 Länder).

Beachtenswert ist die Vorherrschaft der Nationalmannschaften aus den ehemaligen sozialistischen Ländern in der Nachkriegsära. Zwischen 1952 und 1988, mit Ausnahme der Spiele in Los Angeles 1984, die die Länder des Ostblocks bis auf Rumänien boykottierten, gewannen ihre Teams alle Goldmedaillen und außer bei zwei Olympiaden (1960 und 1988) auch alle Silbermedaillen. Zur Olympiade waren nur Amateurfußballer zugelassen. Ihre Erfolge ernteten die sozialistischen Länder, weil sie offiziell keine Fußballprofis hatten und daher praktisch mit ihren besten Spielern anreisen konnten. Die Vormachtstellung des sozialistischen Blocks endete mit dem Zusammenbruch des kommunistischen Systems und mit der Professionalisierung der Olympiade. Das erste Turnier unter Mitwirkung professioneller Nachwuchsteams sah Los Angeles im Jahre 1984. Eines der überraschendsten Ergebnisse der Fußballgeschichte kam in Seoul vier Jahre später zustande: Sambia besiegte Italien 4:0. Beginnend mit Barcelona 1992 wurden die Teilnehmerländer von Mannschaften mit Fußballern im Alter bis zu 23 Jahren vertreten. Bei der Olympiade in Atlanta 1996 wurde der Start von drei älteren Spielern zugelassen. Hier kam es auch zu einem weiteren historischen Durchbruch: die Goldmedaille holte erstmals ein Team, das nicht aus Europa oder Südamerika kam. Es war Nigeria, das im Halbfinale die Mannschaft Brasiliens und im Finale dann Argentinien schlug. Auch bei den Spielen 2000 in Sydney triumphierte eine Mannschaft vom schwarzen Kontinent – Kamerun.

Größte Erfolge - Welt

Finalspiele der Olympiaden

1908 (IV.): England–Dänemark 2:0
1912 (V.): England–Dänemark 4:2
1920 (VII.): Belgien–Tschechoslowakei 2:0
1924 (VIII.): Uruguay–Schweiz 3:0
1928 (IX.): Uruguay–Argentinien 2:1
1936 (XI.): Italien–Österreich 2:1
1948 (XIV.): Schweden–Jugoslawien 3:1
1952 (XV.): Ungarn–Jugoslawien 2:0
1956 (XVI.): UdSSR–Jugoslawien 1:0
1960 (XVII.): Jugoslawien–Dänemark 3:1
1964 (XVIII.): Ungarn–Tschechoslowakei 2:1
1968 (XIX.): Ungarn–Bulgarien 4:1
1972 (XX.): Polen–Ungarn 2:1
1976 (XXI.): DDR–Polen 3:1
1980 (XXII.): Tschechoslowakei–DDR 1:0
1984 (XXIII.): Frankreich–Brasilien 2:0
1988 (XXIV.): UdSSR–Brasilien 2:1 nach Verlängerung
1992 (XXV.): Spanien–Polen 3:2
1996 (XXVI.): Nigeria–Argentinien 3:2
2000 (XXVII.): Kamerun–Spanien 2:2 (5:3 Elfmetersch.)
2004 (XXVIII.): Argentinien–Paraguay 1:0

Größte Erfolge - Europa

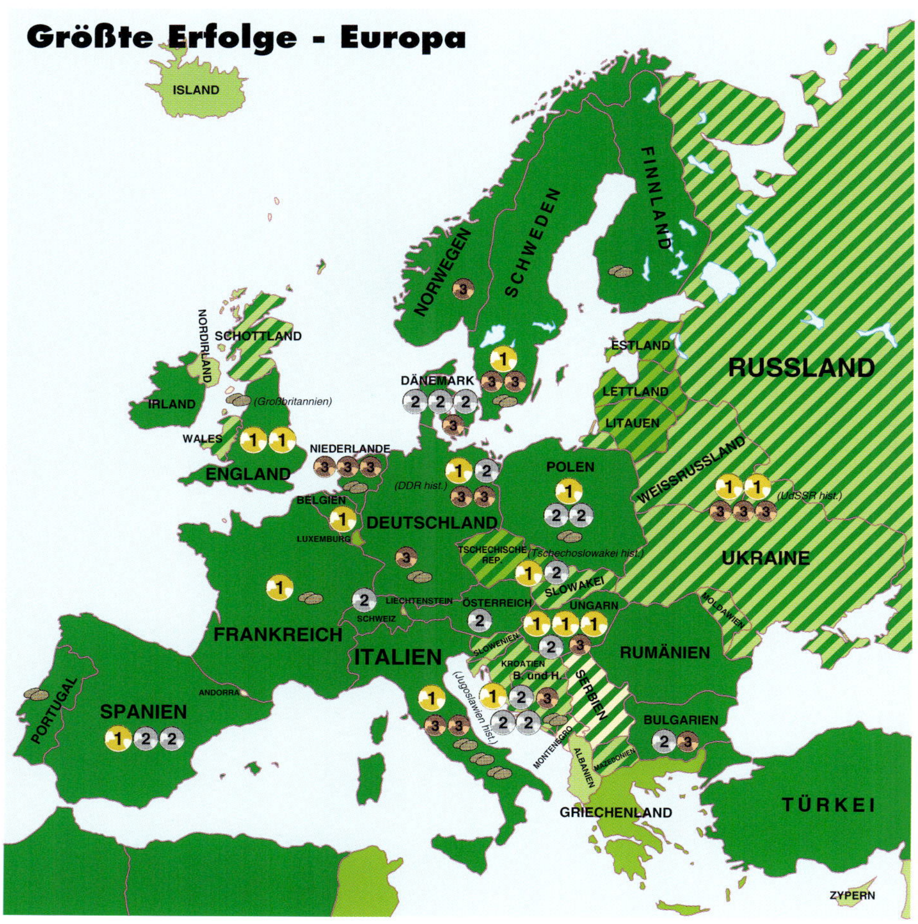

Punkte bei der Olympiade

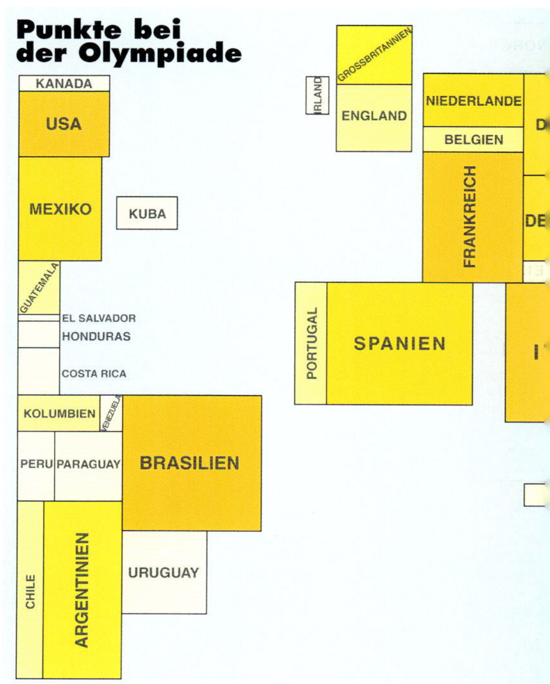

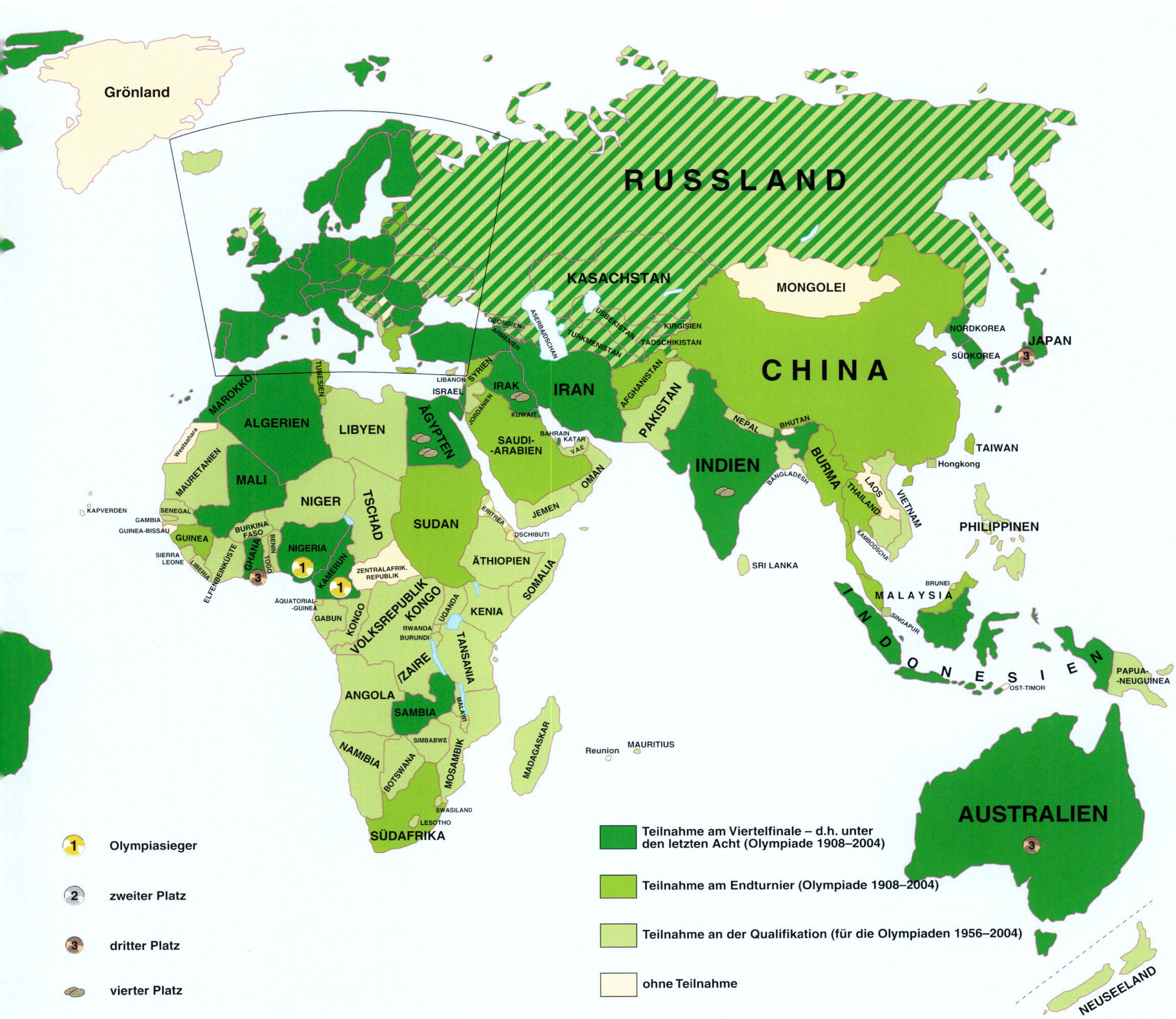

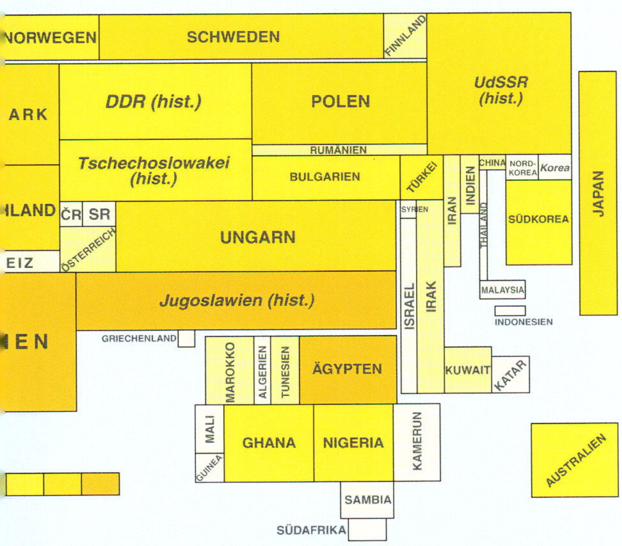

5 mm² = 1 gewonnener Punkt in den Spielen der Olympiaturniere 1908–2004 (laut Punktbewertungssystem 3 – 1 – 0)

Anzahl der Teilnahmen am Turnier

1–2 3–4 5–6 7–9 10 und mehr

Entwicklung der Teilnehmerzahl des Olympischen Fußballturniers

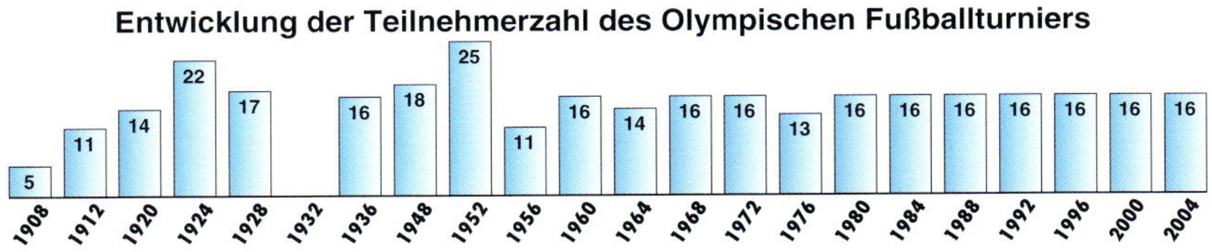

Die Veranstalter der Olympiaden

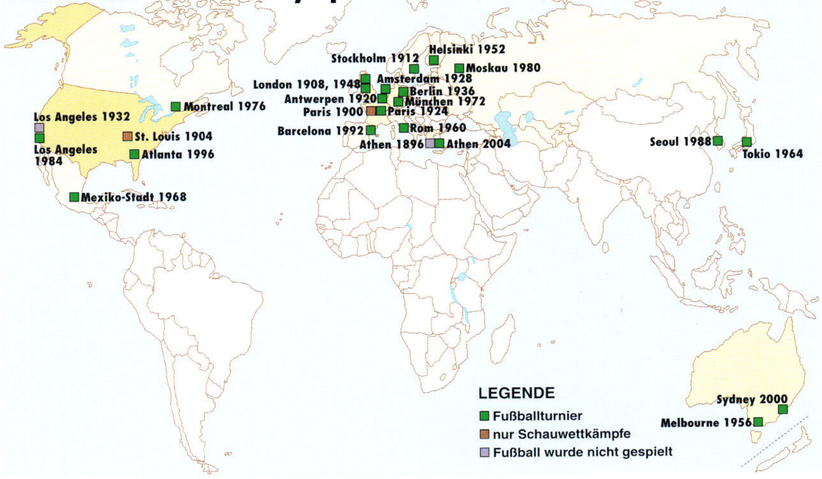

Frauenwettbewerbe

Obwohl der Frauenfußball auch eine lange Geschichte hat, erreichte er nie solch einen Popularitätsgrad wie andere Ballsportarten, die von beiden Geschlechtern betrieben werden (Basketball, Handball, Volleyball). Britische Quellen geben an, dass Frauen eine bestimmte Art von Fußball schon im 16. Jahrhundert spielten. Die Wiege des modernen Frauenfußballs war einmal mehr England. In den 90er Jahren des 19. Jahrhunderts zogen die Spiele der Frauenteams in London und in Preston (wichtigstes Zentrum des auf Textilindustrie orientierten Lancashire) immerhin bis zu 10 000 Besucher an. Die Englische Fußballassoziation vernachlässigte jedoch die Entwicklung des Frauenfußballs, indem sie keine speziellen Regeln für ihn entwickeln wollte, während den Frauen vom „männlichen" Fußball wegen des hohen Verletzungsrisikos abgeraten wurde. Trotzdem hat sich der Fußball unter den Frauen durchgesetzt. Das erste Länderspiel zwischen Frankreich und England im Jahre 1920 verfolgten 10 000 Zuschauer. Die erste inoffizielle Europameisterschaft der Frauen fand allerdings erst 1957 in Westberlin statt. Ein weiterer Impuls für die Entwicklung des Frauenfußballs kam aus den kommunistischen Ländern Osteuropas. Die vom jeweiligen Staat und von den sog. Industriekombinaten unterstützten Mannschaften, allen voran jene aus der Tschechoslowakei, organisierten in der Nachkriegsepoche schon regelmäßige Ligawettbewerbe.

Die offizielle Anerkennung in den westeuropäischen Ländern wurde dem Frauenfußball erst in den 60er Jahren zuteil, als die ersten Fußballverbände sie integrierten. Nur einige Jahre später wurden diese auch in den Ländern Südostasiens (Singapur, Taiwan, Thailand und Südvietnam) gegründet. Auf deren Initiative wurde schon im Jahre 1975 in Hongkong das erste Frauenfußballturnier unter Teilnahme von Teams aus Asien und Ozeanien (Sieger wurde Neuseeland) veranstaltet. Seit 1977 kann man dieses Turnier als Asienmeisterschaft betrachten.

Die erste inoffizielle Weltmeisterschaft fand 1971 in Mexiko statt. Den Finalsieg Dänemarks erlebten 100 000 Zuschauer im Azteken-Stadion von Mexiko City. Das erste offizielle Championat – die Europameisterschaft – wurde von 1982 bis 1984 ausgetragen (im K.-o.-System mit Hin- und Rückspiel), das erste EM-Turnier 1987 in Norwegen. Die Weltmeisterschaftspremiere erfolgte 1991 in den USA. Deren Umsetzung veranlasste die Organisatoren zu vorherigen Qualifikationen – die Meisterschaften der Konföderationen von Afrika, Ozeanien, Südamerika und der CONCACAF-Zone. Insgesamt nahmen an den Qualifikationsspielen bereits über 100 Länder teil. Laut Einschätzung der FIFA spielen derzeit rund 22 Millionen Frauen Fußball. Nahezu in allen Ländern Europas werden Ligakonkurrenzen oder andere Wettbewerbe durchgeführt. Eine enorme Popularität genießt der Frauenfußball in den USA und Kanada. In Japan und China trägt man schon einige Jahre Profiwettbewerbe aus. Erst am Anfang steht der Frauenfußball in Afrika, obwohl hier die ersten Vergleiche schon in den 70er Jahren stattfanden (Südafrika, Obervolta, Angola, Mosambik). Der Frauenfußball hat sogar in einigen muslimischen Ländern (Algerien, Malaysia) Einzug gehalten. Südamerika war im Jahr 2000 Schauplatz der ersten internationalen Konkurrenz für Klubmannschaften. Als Sieger ging Sporting Cristal aus der peruanischen Hauptstadt Lima hervor. Via TV verfolgten eine Milliarde Menschen in 70 Ländern die letzte Weltmeisterschaft, die 2003 in den USA ausgetragen wurde.

Anteil der Frauen an der Gesamtzahl der registrierten Fußballspieler in den jeweiligen Ländern (in %)

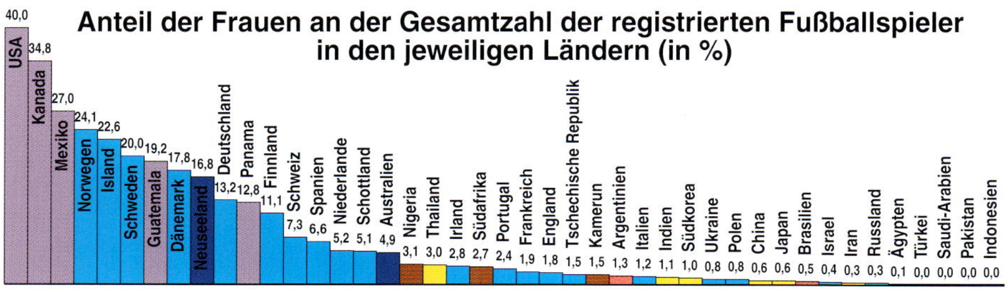

Größte Erfolge - Europa

Größte Erfolge - Welt

FINALSPIELE DER INTERNATIONALEN WETTBEWERBE

Weltmeisterschaft

1991 (in China)	**USA**–Norwegen 2:1
1995 (in Schweden)	**Norwegen**–Deutschland 2:0
1999 (in den USA)	**USA**–China 0:0 (5:4 Elfmetersch.)
2003 (in den USA)	**Deutschland**–Schweden 2:1 n.V.

Olympische Spiele

1996 (in den USA)	**USA**–China 2:1
2000 (in Australien)	**Norwegen**–USA 3:2 (nach Verlängerung)
2004 (in Griechenland)	**USA**–Brasilien 2:1 n.V.

Europameisterschaft

1984 (*Hin- u. Rückspiel*)	**Schweden**–England 1:0 und 0:1 (4:3 Elfmetersch.)
1987 (in Norwegen)	**Norwegen**–Schweden 2:1
1989 (in Deutschland)	**Deutschland**–Norwegen 4:1
1991 (in Dänemark)	**Deutschland**–Norwegen 3:1 (nach Verlängerung)
1993 (in Italien)	**Norwegen**–Italien 1:0
1995 (in Deutschland)	**Deutschland**–Schweden 3:2
1997 (in Norw./Schweden)	**Deutschland**–Italien 2:0
2001 (in Deutschland)	**Deutschland**–Schweden 1:0 (nach Verlängerung)
2005 (in England)	**Deutschland**–Norwegen 3:1

Asienmeisterschaft

1975 (in Hongkong)	**Neuseeland**–Thailand 3:1
1977 (in Taiwan)	**Taiwan**–Thailand 3:1
1979 (in Indien)	**Taiwan**–Indien 2:0
1981 (in Hongkong)	**Taiwan**–Thailand 5:0
1983 (in Thailand)	**Thailand**–Indien 3:0
1986 (in Hongkong)	**China**–Japan 2:0
1989 (in Hongkong)	**China**–Taiwan 1:0
1991 (in Japan)	**China**–Japan 5:0
1993 (in Malaysia)	**China**–Nordkorea 3:0
1995 (in Malaysia)	**China**–Japan 2:0
1997 (in China)	**China**–Nordkorea 2:0
1999 (auf den Philippinen)	**China**–Taiwan 3:0
2001 (in Taiwan)	**Nordkorea**–Japan 2:0
2003 (in Thailand)	**Nordkorea**–China 2:1 n.V.
2006 (in Australien)	**China**–Australien 2:2 (4:2 Elfmetersch.)

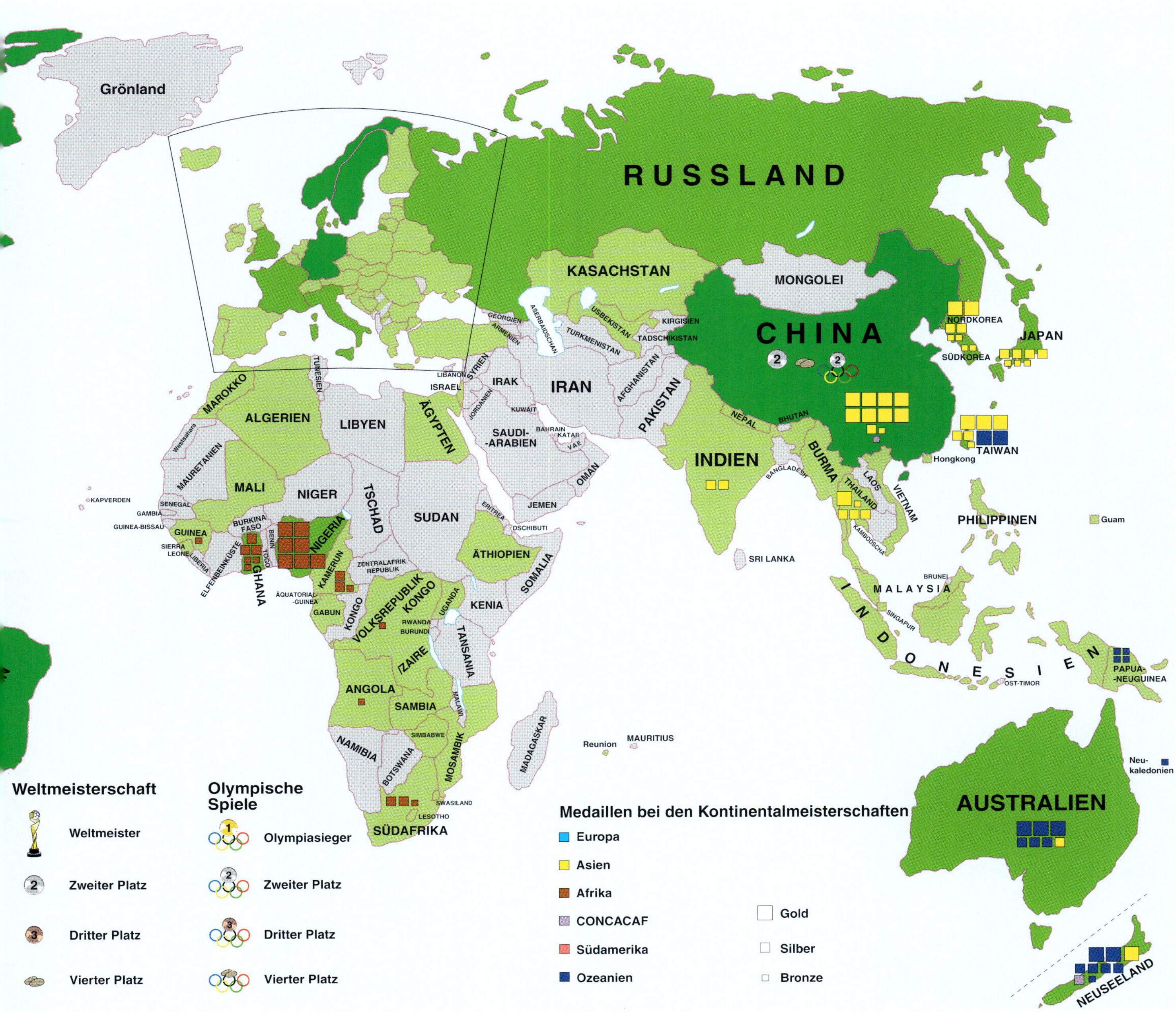

Afrikameisterschaft

1991 (*Hin- u. Rückspiel*)	**Nigeria**–Kamerun 2:0 und 4:0
1995 (*Hin- u. Rückspiel*)	**Nigeria**–Südafrika 4:1 und 7:1
1998 (in Nigeria)	**Nigeria**–Ghana 2:0
2000 (in Südafrika)	**Nigeria**–Südafrika (nicht beendet)
2002 (in Nigeria)	**Nigeria**–Ghana 2:0
2004 (in Südafrika)	**Nigeria**–Kamerun 5:0
2006 (in Nigeria)	**Nigeria**–Ghana 1:0

CONCACAF-Meisterschaft/Gold Cup

1991 (auf Haiti)	**USA**–Kanada 5:1
1993 (in den USA)	**1. USA,** 2. Neuseeland (Turnier)
1994 (in Kanada)	**1. USA,** 2. Kanada (Turnier)
1998 (in Kanada)	**Kanada**–Mexiko 1:0
2000 (in USA)	**USA**–Brasilien 1:0
2002 (in USA und Kanada)	**USA**–Kanada 2:1 n.V.

Südamerika-Meisterschaft

1991 (in Brasilien)	**1. Brasilien,** 2. Chile (Turnier)
1995 (in Brasilien)	**Brasilien**–Argentinien 2:0
1998 (in Argentinien)	**Brasilien**–Argentinien 7:1
2003 (in Peru)	**1. Brasilien**, 2. Argentinien (Turnier)

Ozeanien-Meisterschaft

1983 (auf Neukaledonien)	**Neuseeland**–Australien 3:2 (nach Verlängerung)
1986 (auf Neuseeland)	**Taiwan**–Australien 4:1
1989 (in Australien)	**Taiwan**–Neuseeland 1:0
1991 (in Australien)	**1. Neuseeland,** 2. Australien (Turnier)
1995 (auf Papua-Neuguinea)	**1. Australien,** 2. Neuseeland (Turnier)
1998 (auf Neuseeland)	**Australien**–Neuseeland 3:1
2003 (in Australien)	**1. Australien,** 2. Neuseeland (Turnier)

FRAUENMEISTERSCHAFTEN – REKORDE

Höchster Sieg bei der WM: 8:0 Schweden–Japan (1991) und Norwegen–Nigeria (1995)
Höchste Siege in der WM-Qualifikation: 24:0 Nordkorea–Singapur (2001); 21:0 Japan–Guam (1997), Kanada–Puerto Rico (1998), Neuseeland–West-Samoa (1998) und Australien–Amerik.-Samoa (1998); 19:0 Nordkorea–Guam (2001), Australien–West-Samoa (2003); 17:0 Spanien–Slowenien (1993–95) und Australien–Fidschi (1998); 16:0 Neuseeland–Papua-Neuguinea (1991), China–Philippinen (1997) und Nordkorea–Singapur (2003); 15:0 Brasilien–Bolivien (1995), Brasilien–Peru (1998) und Japan–Philippinen (2003)

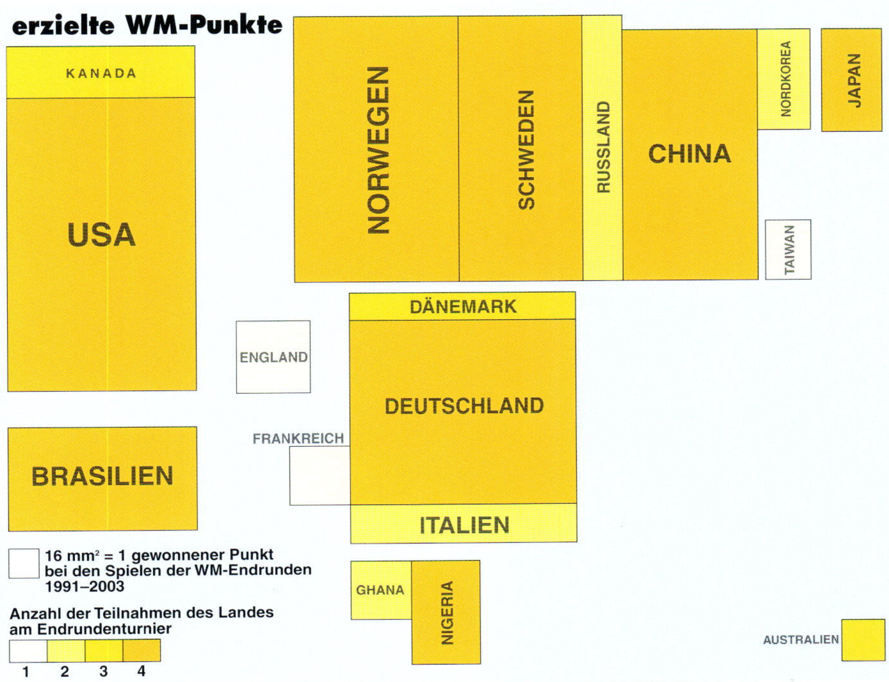

Juniorenwettbewerbe

Die Tradition der Juniorenwettkämpfe ist ebenso lang, wie die des Fußballs selbst. Nationale Junioren- und Jugendwettbewerbe werden praktisch in jedem Land gespielt. Auf die jüngeren Altersgruppen entfällt auch der größte Teil der organisierten Fußballspieler (üblicherweise mehr als zwei Drittel). Die ersten internationalen Meisterschaften entstanden jedoch wesentlich später als die der Senioren.

Die Premiere der Juniorenmeisterschaften (Amateure) der unter 18-Jährigen fand unter Schirmherrschaft der FIFA als Weltmeisterschaft im Jahre 1948 in England statt. Acht europäische Länder nahmen an dieser Junioren-WM teil. Ab dem Jahre 1955 organisierte die UEFA dieses Turnier, das bis 1981 als offizielle Europameisterschaft galt. Das erfolgreichste Team dieser Epoche war England (acht Titel), während die durch den Staat gut organisierten und unterstützten Teams der ehemaligen kommunistischen Länder insgesamt 15 von 31 Titeln holten. Bis zum Jahr 1984 wurde die Meisterschaft jedes Jahr veranstaltet, im Zeitraum 1986–92 im Zweijahresrhythmus und ab dem Jahr 1993 wieder jedes Jahr. In den letzten fünf Jahren triumphierten die Spanier gleich dreimal.

Die erste wirkliche Weltmeisterschaft (für Spieler, die jünger als 19 Jahre sind) fand jedoch im Jahre 1977 in Tunesien statt. An dieser Veranstaltung nahmen 16 Teams teil. Seitdem wird sie jedes zweite Jahr veranstaltet, ab 1981 allerdings als U-20-WM – also für Spieler, die jünger als 20 Jahre sind. Die erfolgreichsten Länder sind Brasilien und Argentinien, die jeweils vier Titel gewannen. Weil bei jungen Fußballern jedes Altersjahr eine große Rolle spielt und es eine riesige Basis an jungen Talenten gibt, wurde eine weitere Meisterschaft für noch jüngere Spieler eingeführt. In den Jahren 1985–89 wurde die Weltmeisterschaft für die Kategorie bis 16 Jahre (U-16) veranstaltet und ab 1991 als U-17-WM fortgesetzt. Diese Kategorie beherrschen seit längerem die spielerisch starken Teams aus Brasilien, Ghana und Nigeria.

In Europa werden Wettbewerbe für mehrere Alterskategorien organisiert. Eine relativ kurze Geschichte hatte das Turnier für die älteste Kategorie (bis 23 Jahre), das jedoch wenig Sinn hatte, da sich die meisten guten Fußballer im Alter zwischen 20 und 23 Jahren bereits bei den Senioren durchsetzen. An diese Tradition knüpfte ab 1978 die Meisterschaft der Spieler bis 21 Jahre an, in der die Kicker aus Italien mit fünf Titeln dominieren. Der U-21-Wettbewerb ist gleichzeitig jedes vierte Jahr die Qualifikation für das olympische Turnier. Von 1980–2001 wurde die Europameisterschaft für U-16-Mannschaften ausgetragen, die danach von der U-17-EM abgelöst wurde.

Auch Südamerika folgte dem europäischen Beispiel. Die erste U-21-Meisterschaft fand im Jahre 1954 statt. Die weiteren Turniere wurden nur unregelmäßig gespielt (bis 1995 jedes zweite Jahr). Von 22 Titeln gewannen die Brasilianer acht und die Uruguayer sieben. Nach und nach kamen alle Kontinente bzw. Konföderationen hinzu: Asien (1959), CONCACAF (1962), Ozeanien (1974) und im Jahre 1979 auch Afrika. In Asien kann das alljährlich stattfindende U-19-Turnier auf die längste Tradition zurückblicken (34 Titel, insgesamt neunmal wurde der Titel geteilt); zu den erfolgreichsten Teilnehmern gehören neben einer traditionsreichen Fußballnation wie Südkorea (11) auch Burma (7) und Israel (6, bis 1972). Afrika veranstaltet ein U-21-Turnier (Nigeria holte fünf der zwölf Titel), die CONCACAF eine U-20-Meisterschaft (10 von 15 Titeln gewann Mexiko; ab dem Jahr 1998 wird sie nur noch als Qualifikation für die WM gespielt) und in Ozeanien dient das U-20-Turnier ebenfalls als Qualifikation für die WM (12 von 15 Titeln gewann Australien). Nur in Südamerika haben drei Juniorenwettbewerbe eine längere Tradition. Seit 1985 wird z.B. die U-16/17-Meisterschaft ausgespielt (sieben von zwölf Siegen für Brasilien).

REKORDE INTERNATIONALER JUNIORENMEISTERSCHAFTEN

Höchste Besucherzahl: 127 000 Zuschauer im Estadio da Luz, Lissabon, Portugal, Finale der WM U-20 1991, Portugal–Brasilien 0:0 (4:2 Elfmetersch.) **Höchster Sieg bei der WM U-20:** Brasilien–Belgien 10:0 (1997), **U-17:** Spanien–Neuseeland 13:0 (1997); **Europameisterschaft U-21:** Österreich–Liechtenstein 10:0 (1992) und Russland–Luxemburg 10:0 (2001), **U-18:** Israel–San Marino 14:0 (1998), **U-17:** Kroatien–Andorra 11:0 (2001); **Asienmeisterschaft U-20:** Südkorea–Guam 17:0 (2002) und China–Guam 17:0 (2006), **U-19:** Thailand–Macao 18:0 (1996), **U-17:** Japan–Macau 26:0 (2005), **U-16:** Burma–Guam 26:0 (2000); **Afrikameisterschaft U-21:** Mali–Mauretanien 9:1 (2002), **U-17:** Mali–Seychellen 8:0 (2002), **U-16:** Sambia–Mauritius 9:0 (1989); **CONCACAF-Meisterschaft U-20:** Mexiko–Puerto Rico 16:0 (1974), **U-17:** Antigua und Barbuda–Britische Jungferninseln 27:0 (1999); **Südamerikameisterschaft U-19:** Brasilien–Venezuela 10:2 (1997), **U-17:** Uruguay–Bolivien 14:0 (1991), **U-16:** Brasilien–Venezuela 7:0 (1985); **Ozeanienmeisterschaft U-20:** Salomonen–Amerik.-Samoa 23:0 (1999), **U-17:** Australien–Tonga 26:0 (2005)

Größte Erfolge – Europa

Größte Erfolge – Welt

WELTMEISTERSCHAFT – FINALSPIELE

Bis zu 20 Jahren (U-20)	
1977 (in Tunesien)	**UdSSR**–Mexiko 2:2 (7:6 Elfmetersch.)
1979 (in Japan)	**Argentinien**–UdSSR 3:1
1981 (in Australien)	**Deutschland**–Katar 4:0
1983 (in Mexiko)	**Brasilien**–Argentinien 1:0
1985 (in der UdSSR)	**Brasilien**–Spanien 1:0
1987 (in Chile)	**Jugoslawien**–Deutschland 1:1 (5:4 Elfmetersch.)
1989 (in Saudi-Arabien)	**Portugal**–Nigeria 2:0
1991 (in Portugal)	**Portugal**–Brasilien 0:0 (4:2 Elfmetersch.)
1993 (in Australien)	**Brasilien**–Ghana 2:1
1995 (in Katar)	**Argentinien**–Brasilien 2:0
1997 (in Malaysia)	**Argentinien**–Uruguay 2:1
1999 (in Nigeria)	**Spanien**–Japan 4:0
2001 (in Argentinien)	**Argentinien**–Ghana 3:0
2003 (in VAE)	**Brasilien**–Spanien 1:0
2005 (in den Niederlanden)	**Argentinien**–Nigeria 2:1
Bis zu 16 Jahren (U-16)	
1985 (in China)	**Nigeria**–Deutschland 2:0
1987 (in Kanada)	**UdSSR**–Nigeria 1:1 (3:1 Elfmetersch.)
1989 (in Schottland)	**Saudi-Arabien**–Schottland 2:2 (5:4 Elfmetersch.)
Bis zu 17 Jahren (U-17)	
1991 (in Italien)	**Ghana**–Spanien 1:0
1993 (in Japan)	**Nigeria**–Ghana 2:1
1995 (in Ecuador)	**Ghana**–Brasilien 3:2
1997 (in Ägypten)	**Brasilien**–Ghana 2:1
1999 (in Neuseeland)	**Brasilien**–Australien 0:0 (8:7 Elfmetersch.)
2001 (in Trinidad und Tobago)	**Frankreich**–Nigeria 3:0
2003 (in Finnland)	**Brasilien**–Spanien 1:0
2005 (in Peru)	**Mexiko**–Brasilien 3:0
Bis zu 18 Jahren (U-18, FIFA)	
1948 (in England)	**England**–Niederlande 3:2
1949 (in den Niederlanden)	**Frankreich**–Niederlande 4:1
1950 (in Österreich)	**Österreich**–Frankreich 3:2
1951 (in Frankreich)	**Jugoslawien**–Österreich 3:2
1952 (in Spanien)	**Spanien**–Belgien 0:0 (besseres Ergebnis vom Halbf.)
1953 (in Belgien)	**Ungarn**–Jugoslawien 2:0
1954 (in Deutschland)	**Spanien**–Deutschland 2:2 (Halbf. zugunsten Spaniens

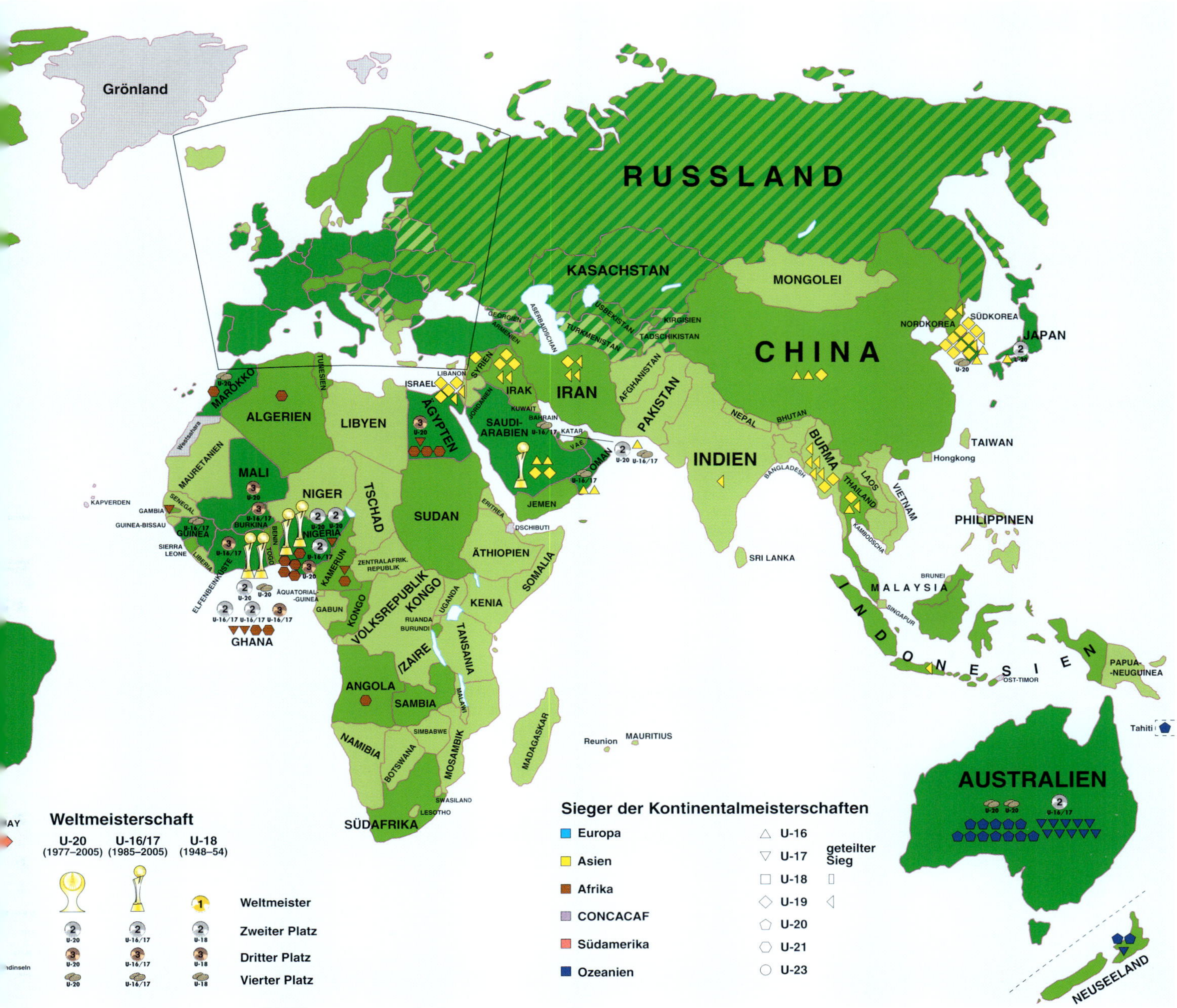

Punkte bei der WM U-20 und U-16/17

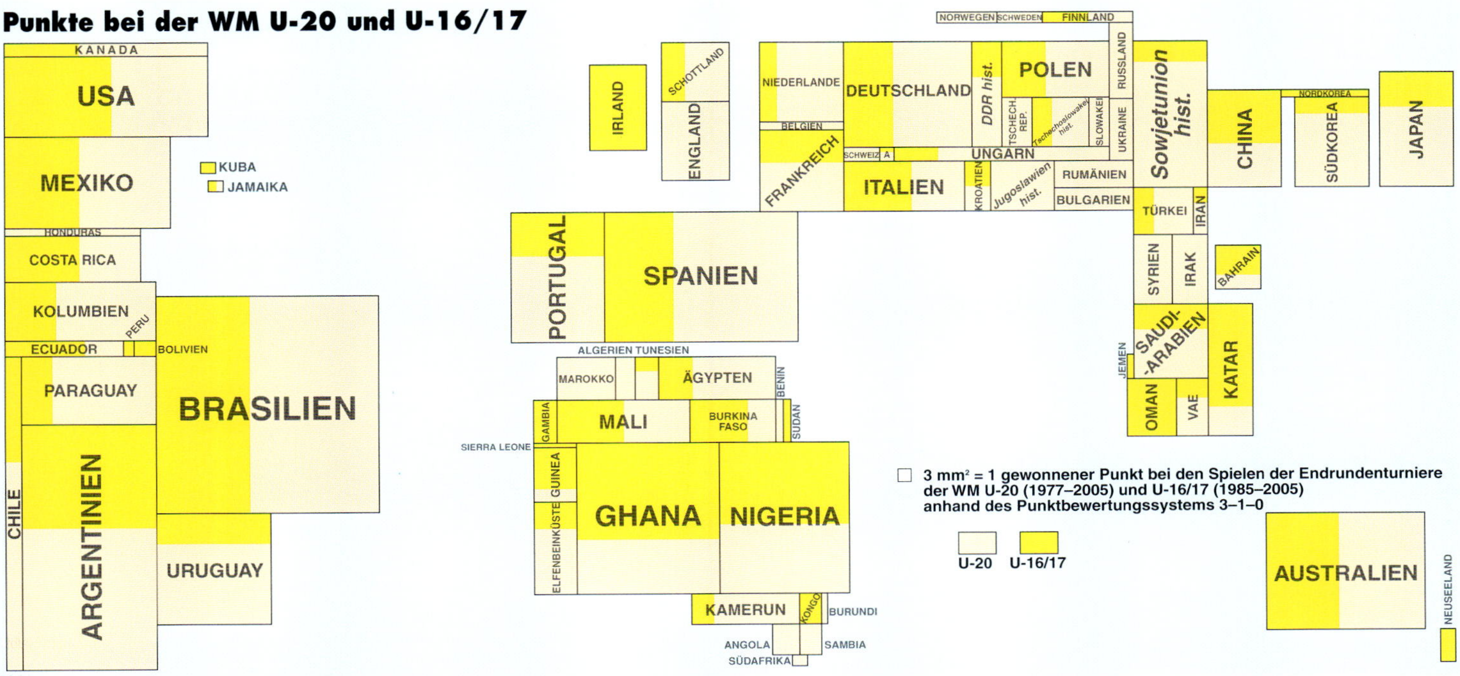

Die Europacups – Einleitung

Die nationalen europäischen Ligen ermitteln Jahr für Jahr die besten Klubs der jeweiligen Länder, aber sie sagen wenig über deren tatsächliche Qualität aus. Das zu ergründen, dazu dienen die Europokalwettbewerbe, in denen die Spitzenteams aus jedem Land des Kontinents aufeinander treffen.

Angestachelt durch die Behauptung der Engländer, dass die Wolverhampton Wanderers zur europäischen Nummer 1 erklärt werden müssen, da sie in Freundschaftsspielen sowohl Honvéd (Budapest) als auch Spartak Moskau geschlagen hatten, kam der französische Journalist Gabriel Hanot 1955 auf die Idee, die Gründung eines europäischen Klubwettbewerbs anzuregen. Die Konkurrenz, die die wirklich beste Mannschaft des Kontinents ermitteln sollte, erhielt den Namen **Europapokal der Landesmeister** und wurde in der Saison 1955/56 gestartet. Es wurde festgelegt, dass in diesem Wettbewerb ausschließlich die nationalen Titelträger startberechtigt sind und dass im K.-o.-System (mit Hin- und Rückspiel) gespielt wird. Die ersten fünf Jahre kannten nur einen Sieger: Real Madrid. Doch als der Cup (EC I) an Prestige gewann, setzten sich mit zunehmender Zeit weitere Topteams aus Südeuropa sowie ab Mitte der 60er Jahre auch aus Großbritannien, den Niederlanden und Deutschland durch. Die europäische Klubmeisterschaft erlebte jedoch auch traurige Kapitel. Allen voran die Tragödie beim 85er Finale zwischen Juventus und Liverpool, als nahezu 40 Menschen im Brüsseler Heysel-Stadion zu Tode kamen und in dessen Folge die englischen Klubs fünf Jahre für alle Europacups gesperrt wurden. Seit 1992 wird der Wettbewerb unter dem Namen **Champions League** und nach einem völlig anderen Modus ausgetragen. Dieser umfasst ein ausgeklügeltes Qualifikationsnetz in den Vorrunden, aus denen die 16 besten Teams in die Hauptrunde aufsteigen und den 16 gesetzten Teams zugelost werden. Die eiserne Regel, dass nur der jeweilige Landesmeister antreten darf, gilt längst nicht mehr. Anhand eines aus den vorherigen Jahrgängen geprägten Erfolgskoeffizienten können bis zu vier Klubs eines Landes pro Saison an der Champions League teilnehmen. Ab der Saison 1999/2000 spielen 32 Klubs aus 14 bis 18 Ländern eine Gruppenrunde aus, nach der der Cupgewinner im K.-o.-System ermittelt wird.

Der **Europacup der Pokalsieger** (EC II) entstand 1960, und wie der Name verrät, war er den Mannschaften vorbehalten, die in ihren Ländern den nationalen Pokal erobert hatten. Der Spielmodus war derselbe wie im EC I. In der Auftaktsaison nahmen nur die Vertreter aus zehn Ländern teil, aber schon bald wurde auch dieser Cup europaweit geschätzt. Weil es nicht auszuschließen war, dass in einigen Staaten der Pokalsieger gleichzeitig der Landesmeister ist, durfte in dem Fall der Unterlegene des nationalen Pokalfinales in den EC II nachrücken. Nutznießer dieser Regelung waren nicht selten Vereine aus den zweiten oder dritten Ligen (!), die auf einmal europäische Rasenplätze beackern durften. 1999 wurde der Wettbewerb eingestellt, da er im Schatten der Champions League an Bedeutung und Qualität verloren hatte. Zwischen dem Sieger des EC I (später Champions League) und dem Gewinner des EC II (später des UEFA-Pokals) findet seit 1972 jedes Jahr (außer 1974, 1981, 1985) das Duell um den so genannten europäischen Supercup statt.

Europas Klubwettbewerb Nummer drei war bis zum Wegfall des EC II der **UEFA-Pokal**. Er ist das „Auffangbecken" für alle Klubs, die am Saisonende in den Nationalligen unmittelbar hinter den Teams rangieren, die sich für die Champions League (früher EC I) qualifiziert haben. Die Anzahl der Vertreter der einzelnen Länder wird durch einen Koeffizient bestimmt, der anhand der Ergebnisse der fünf vorangegangenen Europacup-Saisons (mit Ausnahme der abgelaufenen) ermittelt wird. Im UEFA-Pokal starten neuerdings auch die Klubs, die in der dritten Vorrunde zur Champions League den Kürzeren zogen oder nach deren Gruppenphase auf dem jeweils 3. Platz landeten. Derzeit nehmen an diesem Cup, der nach dem Vorbild der Champions League als eine Kombination von K.-o.-System und Gruppenspielen ausgetragen wird, etwa 140 Mannschaften teil. Seit 1998 wird das Finale nicht mehr mit Hin- und Rückspiel, sondern in einer Partie auf neutralem Boden entschieden. Der EC III begann von 1956–58 als Pokal der Messestädte. Ab der Saison 1966/67 wurde er als Messepokal geführt. Die Bezeichnung UEFA-Pokal trägt er seit 1972, als die Qualifikation anhand der Ligaplatzierung festgeschrieben wurde.

Wahrscheinlichkeit des Weiterkommens auf der Basis des Hinspiel-Ergebnisses (Europapokale 1955/56–2005/06)

Ergebnis des Hinspiels (zu Hause)	Erfolgsbilanz	Wahrscheinlichkeit des Weiterkommens
4:0	166:0	100,0 %
5:1	69:1	98,6 %
3:0	350:24	93,6 %
4:1	109:17	86,5 %
5:2	16:3	84,2 %
2:0	438:115	79,2 %
3:1	206:68	75,2 %
4:2	41:18	69,5 %
1:0	425:329	56,4 %
2:1	203:236	46,2 %
3:2	63:83	43,2 %
0:0	161:365	30,6 %
1:1	119:430	21,7 %
2:2	36:174	17,1 %
0:1	36:375	8,8 %
1:2	11:240	4,4 %
2:3	2:72	2,7 %
0:2	4:228	1,7 %
1:3	3:143	2,1 %
2:4	1:26	3,7 %
0:3	0:111	0,0 %

Erfolgsbilanz bei: Hinspiel auswärts/Rückspiel daheim

Erfolgsbilanz	Wahrscheinlichkeit des Weiterkommens
3378:2755	55,1 %

Finale der Champions League (Europapokal der Landesmeister)

1955/56 **Real Madrid** (ESP)–Stade de Reims (FRA) 4:3
1956/57 **Real Madrid** (ESP)–AC Fiorentina (ITA) 2:0
1957/58 **Real Madrid** (ESP)–AC Milan (ITA) 3:2 nach Verl.
1958/59 **Real Madrid** (ESP)–Stade de Reims (FRA) 2:0
1959/60 **Real Madrid** (ESP)–Eintracht Frankfurt (GER) 7:3
1960/61 **Benfica** (POR)–FC Barcelona (ESP) 3:2
1961/62 **Benfica** (POR)–Real Madrid (ESP) 5:3
1962/63 **AC Milan** (ITA)–Benfica (POR) 2:1
1963/64 **FC Internazionale** (ITA)–Real Madrid (ESP) 3:1
1964/65 **FC Internazionale** (ITA)–Benfica (POR) 1:0
1965/66 **Real Madrid** (ESP)–Partizan Beograd (SRB) 2:1
1966/67 **Celtic FC** (SCO)–FC Internazionale (ITA) 2:1
1967/68 **Manchester United** (ENG)–Benfica (POR) 4:1 nach Verl.
1968/69 **AC Milan** (ITA)–Ajax (NED) 4:1
1969/70 **Feyenoord** (NED)–Celtic FC (SCO) 2:1 nach Verl.
1970/71 **Ajax** (NED)–Panathinaikos (GRE) 2:0
1971/72 **Ajax** (NED)–FC Internazionale (ITA) 2:0
1972/73 **Ajax** (NED)–Juventus FC (ITA) 1:0
1973/74 **Bayern München** (GER)–Atlético Madrid (ESP) 1:1 und 4:0
1974/75 **Bayern München** (GER)–Leeds United (ENG) 2:0
1975/76 **Bayern München** (GER)–AS Saint-Etienne (FRA) 1:0
1976/77 **Liverpool FC** (ENG)–Borussia Mönchengladbach (GER) 3:1
1977/78 **Liverpool FC** (ENG)–Club Brugge (BEL) 1:0
1978/79 **Nottingham Forest** (ENG)–Malmö FF (SWE) 1:0
1979/80 **Nottingham Forest** (ENG)–Hamburger SV (GER) 1:0
1980/81 **Liverpool FC** (ENG)–Real Madrid (ESP) 1:0
1981/82 **Aston Villa** (ENG)–Bayern München (GER) 1:0
1982/83 **Hamburger SV** (GER)–Juventus FC (ITA) 1:0
1983/84 **Liverpool FC** (ENG)–AS Roma (ITA) 1:1 (4:2 Elfmetersch.)
1984/85 **Juventus FC** (ITA)–Liverpool FC (ENG) 1:0
1985/86 **Steaua Bucureşti** (ROM)–FC Barcelona (ESP) 0:0 (2:0 Elfmetersch.)
1986/87 **FC Porto** (POR)–Bayern München (GER) 2:1
1987/88 **PSV** (NED)–Benfica (POR) 0:0 (6:5 Elfmetersch.)
1988/89 **AC Milan** (ITA)–Steaua Bucureşti (ROM) 4:0
1989/90 **AC Milan** (ITA)–Benfica (POR) 1:0
1990/91 **Crvena zvezda Beograd** (SRB)–Ol. Marseille (FRA) 0:0 (5:3 Elfmetersch.)
1991/92 **FC Barcelona** (ESP)–UC Sampdoria (ITA) 1:0
1992/93 **Olympique Marseille** (FRA)–AC Milan (ITA) 1:0
1993/94 **AC Milan** (ITA)–FC Barcelona (ESP) 4:0
1994/95 **Ajax** (NED)–AC Milan (ITA) 1:0
1995/96 **Juventus FC** (ITA)–Ajax (NED) 1:1 (4:2 Elfmetersch.)
1996/97 **Borussia Dortmund** (GER)–Juventus FC (ITA) 3:1
1997/98 **Real Madrid** (ESP)–Juventus FC (ITA) 1:0
1998/99 **Manchester United** (ENG)–Bayern München (GER) 2:1
1999/00 **Real Madrid** (ESP)–Valencia CF (ESP) 3:0
2000/01 **Bayern München** (GER)–Valencia CF (ESP) 1:1 (5:4 Elfmetersch.)
2001/02 **Real Madrid** (ESP)–Bayer Leverkusen (GER) 2:1
2002/03 **AC Milan** (ITA)–Juventus FC (ITA) 0:0 (3:2 Elfm.ch.)
2003/04 **FC Porto** (POR)–AS Monaco (FRA) 3:0
2004/05 **Liverpool FC** (ENG)–AC Milan (ITA) 3:3 (3:2 Elfm.ch.)
2005/06 **FC Barcelona** (ESP)–Arsenal FC (ENG) 2:1

Finale des Europacups der Pokalsieger

1960/61 Rangers FC (SCO)–**AC Fiorentina** (ITA) 0:2 und 1:2
1961/62 **Atlético Madrid** (ESP)–AC Fiorentina (ITA) 1:1 und 3:0
1962/63 **Tottenham Hotspur** (ENG)–Atlético Madrid (ESP) 5:1
1963/64 **Sporting** (POR)–MTK FC (HUN) 3:3 und 1:0
1964/65 **West Ham United** (ENG)–München 1860 (GER) 2:0
1965/66 **Borussia Dortmund** (GER)–Liverpool FC (ENG) 2:1 nach Verl.
1966/67 **Bayern München** (GER)–Rangers FC (SCO) 1:0 nach Verl.
1967/68 **AC Milan** (ITA)–Hamburger SV (GER) 2:0
1968/69 **Slovan Bratislava** (SVK)–FC Barcelona (ESP) 3:2
1969/70 **Manchester City** (ENG)–Górnik Zabrze (POL) 2:1
1970/71 **Chelsea FC** (ENG)–Real Madrid (ESP) 1:1 und 2:1
1971/72 **Rangers FC** (SCO)–Dinamo Moskva (RUS) 3:2
1972/73 **AC Milan** (ITA)–Leeds United (ENG) 1:0
1973/74 **1. FC Magdeburg** (DDR)–AC Milan (ITA) 2:0
1974/75 **Dynamo Kyiw** (UKR)–Ferencvárosi TC (HUN) 3:0
1975/76 **RSC Anderlecht** (BEL)–West Ham United (ENG) 4:2
1976/77 **Hamburger SV** (GER)–RSC Anderlecht (BEL) 2:0
1977/78 **RSC Anderlecht** (BEL)–Austria Wien (AUT) 4:0
1978/79 **FC Barcelona** (ESP)–Fortuna Düsseldorf (GER) 4:3 nach Verl.
1979/80 **Valencia CF** (ESP)–Arsenal FC (ENG) 0:0 (5:4 Elfmetersch.)
1980/81 **Dinamo Tbilissi** (GEO)–Carl Zeiss Jena (DDR) 2:1
1981/82 **FC Barcelona** (ESP)–Standard Liège (BEL) 2:1
1982/83 **Aberdeen FC** (SCO)–Real Madrid (ESP) 2:1
1983/84 **Juventus FC** (ITA)–FC Porto (POR) 2:1
1984/85 **Everton FC** (ENG)–Rapid Wien (AUT) 3:1
1985/86 **Dynamo Kyiw** (UKR)–Atlético Madrid (ESP) 3:0
1986/87 **Ajax** (NED)–VfB Leipzig (DDR) 1:0
1987/88 **KV Mechelen** (BEL)–Ajax (NED) 1:0
1988/89 **FC Barcelona** (ESP)–UC Sampdoria (ITA) 2:0
1989/90 **UC Sampdoria** (ITA)–RSC Anderlecht (BEL) 2:0 nach Verl.
1990/91 **Manchester United** (ENG)–FC Barcelona (ESP) 2:1
1991/92 **Werder Bremen** (GER)–AS Monaco (FRA) 2:0
1992/93 **Parma AC** (ITA)–Royal Antwerp (BEL) 3:1
1993/94 **Arsenal FC** (ENG)–Parma AC (ITA) 1:0
1994/95 **Real Zaragoza** (ESP)–Arsenal FC (ENG) 2:1 nach Verl.
1995/96 **Paris Saint-Germain** (FRA)–Rapid Wien (AUT) 1:0
1996/97 **FC Barcelona** (ESP)–Paris Saint-Germain (FRA) 1:0
1997/98 **Chelsea FC** (ENG)–VfB Stuttgart (GER) 1:0
1998/99 **SS Lazio** (ITA)–RCD Mallorca (ESP) 2:1

Finale des UEFA-Pokals (des Messepokals/Pokals der Messestädte)

1956/58 London XI (ENG)–**FC Barcelona** (ESP) 2:2 und 0:6
1958/60 Birmingham City (ENG)–**FC Barcelona** (ESP) 0:0 und 1:4
1960/61 Birmingham City (ENG)–**AS Roma** (ITA) 2:2 und 0:2
1961/62 **Valencia CF** (ESP)–FC Barcelona (ESP) 6:2 und 1:1
1962/63 Dinamo Zagreb (CRO)–**Valencia CF** (ESP) 1:2 und 0:2
1963/64 **Real Zaragoza** (ESP)–Valencia CF (ESP) 2:1
1964/65 **Ferencvárosi TC** (HUN)–Juventus FC (ITA) 1:0
1965/66 **FC Barcelona** (ESP)–Real Zaragoza (ESP) 0:1 und 4:2 nach Verl.
1966/67 **Dinamo Zagreb** (CRO)–Leeds United (ENG) 2:0 und 0:0
1967/68 **Leeds United** (ENG)–Ferencvárosi TC (HUN) 1:0 und 0:0
1968/69 **Newcastle United** (ENG)–Újpest (HUN) 3:0 und 3:2
1969/70 RSC Anderlecht (BEL)–**Arsenal FC** (ENG) 3:1 und 0:3
1970/71 Juventus FC (ITA)–**Leeds United** (ENG) 2:2 und 1:1
1971/72 Wolverhampton W. (ENG)–**Tottenham Hotspur** (ENG) 1:2 und 1:1
1972/73 **Liverpool FC** (ENG)–Borussia M'gladbach (GER) 3:0 und 0:2
1973/74 Tottenham Hotspur (ENG)–**Feyenoord** (NED) 2:2 und 0:2
1974/75 **Borussia Mönchengladbach** (GER)–FC Twente (NED) 0:0 und 5:1
1975/76 **Liverpool FC** (ENG)–Club Brugge (BEL) 3:2 und 1:1
1976/77 **Juventus FC** (ITA)–Athletic Bilbao (ESP) 1:0 und 1:2
1977/78 SC Bastia (FRA)–**PSV** (NED) 0:0 und 0:3
1978/79 CZ Beograd (SRB)–**Borussia M'gladbach** (GER) 1:1 und 0:1
1979/80 Borussia M'gladbach (GER)–**Eintracht Frankfurt** (GER) 3:2 und 0:1
1980/81 **Ipswich Town** (ENG)–AZ (NED) 3:0 und 2:4
1981/82 **IFK Göteborg** (SWE)–Hamburger SV (GER) 1:0 und 3:0
1982/83 **RSC Anderlecht** (BEL)–Benfica (POR) 1:0 und 1:1
1983/84 RSC Anderlecht (BEL)–**Tottenham H.** (ENG) 1:1 und 1:1 (3:4 Elfmetersch.)
1984/85 Videoton Fehérvár (HUN)–**Real Madrid** (ESP) 0:3 und 1:0
1985/86 **Real Madrid** (ESP)–1. FC Köln (GER) 5:1 und 0:2
1986/87 **IFK Göteborg** (SWE)–Dundee United (SCO) 1:0 und 1:1
1987/88 Espanyol B. (ESP)–**Bayer Leverkusen** (GER) 3:0 und 0:3 (2:3 Elfmetersch.
1988/89 **SSC Napoli** (ITA)–VfB Stuttgart (GER) 2:1 und 3:3
1989/90 **Juventus FC** (ITA)–AC Fiorentina (ITA) 3:1 und 0:0
1990/91 **FC Internazionale** (ITA)–AS Roma (ITA) 2:0 und 0:1
1991/92 Torino Calcio (ITA)–**Ajax** (NED) 2:2 und 0:0
1992/93 Borussia Dortmund (GER)–**Juventus FC** (ITA) 1:3 und 0:3
1993/94 Austria Salzburg (AUT)–**FC Internazionale** (ITA) 0:1 und 0:1
1994/95 **Parma AC** (ITA)–Juventus FC (ITA) 1:0 und 1:1
1995/96 **Bayern München** (GER)–Girondins Bordeaux (FRA) 2:0 und 3:1
1996/97 **FC Schalke 04** (GER)–FC Internazionale (ITA) 1:0 und 0:1 (4:1 Elfmetersch.)
1997/98 **FC Internazionale** (ITA)–SS Lazio (ITA) 3:0
1998/99 **Parma AC** (ITA)–Olympique Marseille (FRA) 3:0
1999/00 **Galatasaray SK** (TUR)–Arsenal FC (ENG) 0:0 (4:1 Elfmetersch.)
2000/01 **Liverpool FC** (ENG)–CD Alavés (ESP) 5:4 nach Verl.
2001/02 **Feyenoord** (NED)–Borussia Dortmund (GER) 3:2
2002/03 **FC Porto** (POR)–Celtic FC (SCO) 3:2 nach Verl.
2003/04 **Valencia CF** (ESP)–Ol. Marseille (FRA) 2:0
2004/05 **CSKA Moskva** (RUS)–Sporting (POR) 3:1
2005/06 **Sevilla FC** (ESP)–Middlesbrough FC (ENG) 4:0

Finale des Supercups

1972 Rangers FC (SCO)–**Ajax** (NED) 1:3 und 2:3
1973 AC Milan (ITA)–**Ajax** (NED) 1:0 und 0:6
1974 *nicht ausgetragen*
1975 Bayern München (GER)–**Dynamo Kyiw** (UKR) 0:1 und 0:2
1976 Bayern München (GER)–**RSC Anderlecht** (BEL) 2:1 und 1:4
1977 Hamburger SV (GER)–**Liverpool FC** (ENG) 1:1 und 0:6
1978 **RSC Anderlecht** (BEL)–Liverpool FC (ENG) 3:1 und 1:2
1979 **Nottingham Forest** (ENG)–FC Barcelona (ESP) 1:0 und 1:1
1980 Nottingham Forest (ENG)–**Valencia CF** (ESP) 2:1 und 0:1
1981 *nicht ausgetragen*
1982 FC Barcelona (ESP)–**Aston Villa** (ENG) 1:0 und 0:3
1983 Hamburger SV (GER)–**Aberdeen FC** (SCO) 0:0 und 0:2
1984 **Juventus FC** (ITA)–Liverpool FC (ENG) 2:0
1985 *nicht ausgetragen*
1986 **Steaua Bucureşti** (ROM)–Dynamo Kyiw (UKR) 1:0
1987 Ajax (NED)–**FC Porto** (POR) 0:1 und 0:1
1988 **KV Mechelen** (BEL)–PSV (NED) 3:0 und 0:1
1989 FC Barcelona (ESP)–**AC Milan** (ITA) 1:1 und 0:1
1990 UC Sampdoria (ITA)–**AC Milan** (ITA) 1:1 und 0:2
1991 **Manchester United** (ENG)–Crvena zvezda Beograd (SRB) 1:0
1992 Werder Bremen (GER)–**FC Barcelona** (ESP) 1:1 und 1:2
1993 **Parma AC** (ITA)–AC Milan (ITA) 0:1 und 2:0 nach Verl.
1994 Arsenal FC (ENG)–**AC Milan** (ITA) 0:0 und 0:2
1995 Real Zaragoza (ESP)–**Ajax** (NED) 1:1 und 0:4
1996 Paris Saint-Germain (FRA)–**Juventus FC** (ITA) 1:6 und 1:3
1997 **FC Barcelona** (ESP)–Borussia Dortmund (GER) 2:0 und 1:1
1998 **Chelsea FC** (ENG)–Real Madrid (ESP) 1:0
1999 **SS Lazio** (ITA)–Manchester United (ENG) 1:0
2000 **Galatasaray SK** (TUR)–Real Madrid (ESP) 2:1 nach Verl.
2001 **Liverpool FC** (ENG)–Bayern München (GER) 3:2
2002 **Real Madrid** (ESP)–Feyenoord (NED) 3:1
2003 **AC Milan** (ITA)–FC Porto (POR) 1:0
2004 **Valencia CF** (ESP)–FC Porto (POR) 2:1
2005 **Liverpool FC** (ENG)–CSKA Moskva (RUS) 3:1 nach Verl.
2006 **Sevilla FC** (ESP)–FC Barcelona (ESP) 3:0

Teilnahme der Länder an den europäischen Pokalwettbewerben (1955/1956–2005/2006)

- Nichtteilnahme an den Europacups wegen der Nichtmitgliedschaft in der UEFA
- Nichtteilnahme an den Europacups wegen plötzlichem Rückzug, freiwilligem Verzicht oder wegen der Nichtqualifikation (z.B. im Rahmen der ehem. UdSSR)
- Ausschluss des Landes aus den Europapokalwettbewerben
- 5 Anzahl der Vertreter des Landes in der jeweiligen Saison
- in allen Pokalen vertreten, die in der jeweiligen Saison gespielt wurden
- Teilnahme nur im Europapokal der Landesmeister (seit der Saison 1992/93 Champions League)
- Teilnahme nur im Europacup der Pokalsieger
- Teilnahme nur im UEFA-Pokal (Messepokal/Pokal der Messestädte) oder in der Qualifikation für die Champions League (seit der Saison 1994/95)

Land	1955/56	1956/57	1957/58	1958/59	1959/60	1960/61	1961/62	1962/63	1963/64	1964/65	1965/66	1966/67	1967/68	1968/69	1969/70	1970/71	1971/72	1972/73	1973/74	1974/75	1975/76	1976/77	1977/78	1978/79	1979/80	1980/81
Albanien								1	1	1	1			1	1	2	2	1						1	1	2
Andorra																										
Belgien	1	1	1	2	2	2	2	2	3	5	5	5	5	6	5	5	5	4	5	4	4	5	4	5	4	6
Bulgarien		1	1	1	1	1	2	2	3	2	3	3	3	2	4	4	4	4	4	4	4	4	4	5	4	4
Dänemark	1	2	2	2	2	2	3	4	3	4	3	4	3	3	4	4	3	4	4	4	4	4	4	4	4	3
England		3	3	3	3	3	5	3	5	4	6	5	5	7	6	8	7	6	6	6	6	6	6	7	7	6
Färöer Inseln																										
Finnland				1		1	1	1	2	2	2	2	2	1	2	3	3	2	3	3	3	3	3	2	3	3
Frankreich	1	1	1	2	2	2	4	3	3	5	5	5	4	6	5	5	5	5	4	4	4	4	4	4	4	4
Griechenland					1	1	3	1	3	3	4	3	3	4	4	4	3	4	4	4	4	4	4	4	4	4
Irland			1	1	1	1	2	3	3	3	3	3	3	3	3	3	3	3	3	3	3	3	3	3	3	3
Island										1	2	2	2	2	3	3	3	3	3	3	3	3	3	3	3	3
Israel																										
Italien	1	2	2	3	3	4	5	4	5	7	6	5	5	6	7	6	6	6	6	5	6	6	6	6	6	4
Liechtenstein																										
Luxemburg		1	1	1	1	1	2	3	3	3	3	3	3	2	3	3	3	3	3	3	3	3	3	3	3	3
Malta							2	2	2	2	2	2	2	3	3	3	3	3	3	3	3	3	3	3	3	3
Niederlande	1	1	1	1	1	1	2	3	3	3	3	4	4	5	4	5	5	4	4	5	4	4	4	4	4	6
Nordirland			1	1	1		2	3	3	2	3	2	3	3	4	3	3		3	3	3	3	3	3	3	3
Norwegen						1	1	1	2	3	3	3	3	3	4	3	3	4	4	4	4	4	4	4	4	3
Österreich	1	1	1	1	1	2	2	3	3	4	3	3	3	4	4	4	4	4	4	5	4	4	4	4	4	4
Polen	1	1	1	1	1	1	1	2	2	2	1	2	2	1	4	4	4	4	4	4	4	4	5	4	4	4
Portugal	1	1	1	1	1	1	4	5	4	5	5	5	5	6	6	5	5	5	4	4	4	4	4	4	4	4
Rumänien		1	1	1	1	1	2	3	3	3	3	3	4	4	4	4	4	4	4	4	4	5	4	4	4	4
San Marino																										
Schottland	1	1	1	1	1	3	4	5	4	5	5	5	5	6	5	5	4	5	4	4	4	4	4	4	4	4
Schweden	1	1	1	1	1	1	1	1	1	3	3	3	2	3	3	3	4	4	4	4	5	4	4	4	4	4
Schweiz	1	3	3	3	3	4	4	3	4	4	4	4	4	5	4	4	4	4	4	4	4	4	5	4	4	4
Spanien	1	3	3	3	3	3	5	6	5	7	6	7	6	6	6	6	6	5	5	5	5	5	5	5	6	6
Türkei		1		1	1	1	1	2	2	3	3	3	3	3	3	3	3	3	4	4	4	4	4	3	4	3
Ungarn	1	1	1	2	2	2	3	3	3	3	3	3	3	1	4	4	4	4	4	4	4	5	4	4	4	4
Wales							1	1	1	1	1	1	1	1	1	1	1	1	1	1	1	1	1	1	1	1
Zypern									2	1	2	2	2	2	2	2	3	3	3		3	3	3	3	3	3
DDR hist.		1	2	2	2	3	3	3	3	3	3	3	4	2	4	3	4	4	4	4	4	4	4	5	4	5
Deutschland	1	2	2	3	3	4	5	5	4	6	6	6	7	6	6	6	6	6	6	6	7	7	7	6	7	7
Saarland	1																									
Slowakei		1			1		1	1	1			1	1	2	2	2	2	2	3	1	3	1	2	1	1	
Tschechische Rep.			1	1		2	2	2	2	3	3	3	2	1	3	2	2	2	1	3	1	3	2	3	4	4
Bosnien-Herzegowina													1			1	1	1	1	1	1		1			1
Kroatien		1	1	3	2	2	1	1	2	2	2	1	2	1	2	2	2	1	1	1	1	2	2	2	3	1
Mazedonien							1																			
Montenegro																										
Serbien	1	1	1	1	2	2	3	4	2	3	2	3	2	4	3	2	2	3	2	2	2	2	1	2	1	3
Slowenien												1		1		1										
Armenien																		1		1	1					
Aserbaidschan																										
Estland																										
Georgien																		1	1			1	1	1	1	1
Kasachstan																										
Lettland																										
Litauen																										
Moldawien																										
Russland												2	1		1	1	3	1	1	2	2	1	2	1	1	2
Ukraine											1		1		1	1		1	2	1	2	2	1	2	2	2
Weißrussland																										

Land	1981/82	1982/83	1983/84	1984/85	1985/86	1986/87	1987/88	1988/89	1989/90	1990/91	1991/92	1992/93	1993/94	1994/95	1995/96	1996/97	1997/98	1998/99	1999/00	2000/01	2001/02	2002/03	2003/04	2004/05	2005/06
Albanien	2	2	1	1	2	3	3	2	3	3	3		2	2	3	3		3	3	3	3	3	3	3	3
Andorra																	1	1	1	1	1	1	1	1	1
Belgien	6	5	5	5	5	5	5	6	5	5	5	5	5	5	5	7	5	4	4	5	4	4	4	4	4
Bulgarien	4	4	4	4	3	4	4	4	3	3	4	4	4	4	4	3	3	3	3	3	3	3	3	4	4
Dänemark	3	3	4	4	3	3	3	3	3	4	4	4	4	4	4	5	4	4	4	4	4	4	5	3	4
England	7	7	6	7						2	4	4	4	6	6	5	7	8	7	6	7	9	8	7	7
Färöer Inseln												2	2	3	2	3	3	3	3	3	3	3	3	3	3
Finnland	3	3	3	3	3	3	3	4	4	4	4	3	3	3	3	4	3	4	3	3	4	3	3	3	3
Frankreich	5	5	5	5	5	5	4	4	5	4	5	5	5	6	8	9	11	8	7	6	8	6	8	7	8
Griechenland	4	4	4	3	4	4	4	4	4	4	4	4	4	4	4	4	4	5	6	6	4	6	6	6	6
Irland	3	3	3	3	3	3	3	3	3	3	3	3	3	3	3	3	3	3	3	3	3	3	3	3	3
Island	3	3	3	3	3	3	3	3	3	3	3	3	3	3	3	3	3	3	3	3	3	3	3	3	3
Israel												2	2	3	4	4	3	3	3	3	3	3	4	4	4
Italien	4	5	4	4	6	6	6	6	7	8	6	6	7	7	6	7	7	9	8	8	7	7	8	7	7
Liechtenstein												1	1	1	1	1	1	1	1	1	1	1	1	1	1
Luxemburg	3	3	3	3	3	3	3	3	3	3	3	3	3	3	3	3	3	3	3	3	3	3	3	3	3
Malta	3	3	3	3	3	3	3	3	3	3	3	3	3	3	3	3	3	3	3	3	3	3	3	3	3
Niederlande	5	5	6	4	5	4	5	4	5	4	5	5	5	5	4	4	6	7	6	6	6	6	5	6	6
Nordirland	3	3	3	3	3	3	3	3	3	3	3	3	3	3	3	3	3	3	3	3	3	3	3	3	3
Norwegen	3	3	3	3	3	3	3	3	3	3	3	3	3	3	4	4	5	5	5	4	4	5	4	4	5
Österreich	4	4	4	4	4	4	5	5	5	4	4	5	4	4	5	5	4	5	4	4	4	4	4	4	4
Polen	4	4	3	4	4	4	4	4	4	4	3	4	2	4	4	4	3	5	4	4	4	4	4	4	4
Portugal	4	4	4	4	5	5	6	5	5	5	5	5	5	5	5	5	6	6	6	4	4	4	4	6	6
Rumänien	4	4	3	4	4	4	5	4	4	5	4	5	5	5	4	4	4	4	3	3	4	3	3	3	3
San Marino																				1	1	1	1	1	1
Schottland	4	4	5	5	5	5	5	5	5	4	4	5	5	4	4	4	4	4	4	4	4	4	4	4	4
Schweden	4	4	4	4	4	4	4	5	4	4	4	4	4	4	4	6	6	4	3	5	3	4	3	4	3
Schweiz	4	4	4	4	4	4	4	4	4	4	4	4	4	4	4	4	4	4	4	4	4	4	4	4	4
Spanien	5	7	5	6	6	5	5	5	6	6	6	6	6	5	6	5	7	10	7	9	7	8	8	8	7
Türkei	3	3	3	3	3	3	3	3	3	3	3	4	4	4	4	4	6	6	4	4	4	6	6	4	4
Ungarn	4	4	4	4	4	4	4	4	4	4	4	3	4	4	3	3	4	4	4	3	3	3	3	3	3
Wales	1	1	1	1	1	1	1	1	1	1	1	1	2	2	3	3	3	3	3	3	3	3	3	3	3
Zypern	3	3	3	3	3	3	3	3	3	3	3	3	3	3	3	3	3	3	3	3	3	3	3	3	3
DDR hist.	5	5	5	4	4	5	4	4	4	4	4														
Deutschland	6	6	6	6	6	6	6	7	6	6	6	7	6	6	7	7	11	7	7	8	7	7	7	7	8
Saarland																									
Slowakei		1	1	2		1	1	2	2	1	1	1	3	3	3	3	3	3	4	3	4	3	3	3	3
Tschechische Rep.	4	3	4	3	5	4	3	2	2	3	3	3	3	3	3	3	4	4	4	4	6	5	4	4	4
Bosnien-Herzegowina	1	1		1	1	1	1	2										2		3	3	3	3	3	3
Kroatien	1	2	2	2	1	2	1	1		1	2		2	2	2	4	3	4	4	4	4	4	4	3	3
Mazedonien					1		1							1	2	3	3	3	3	3	3	3	3	3	3
Montenegro																									1
Serbien	2	1	3	2	2	2	2	2	4	2	2				2	4	3	4	3	3	3	3	3	4	3
Slowenien												3	3	3	3	3	3	3	3	3	3	3	3	3	3
Armenien														1	2	3	3	3	3	3	3	3	3	4	3
Aserbaidschan														1	2	3	3	3	3	3	3			3	3
Estland												1	2	2	2	3	3	3	4	3	3	3	3	3	3
Georgien	1	1					1						1	1	3	3	3	3	3	3	3	3	3	3	3
Kasachstan																						3	3		1
Lettland												1	2	2	3	3	3	3	3	3	3	3	3	4	3
Litauen								1	1			1	2	2	2	3	3	3	3	3	3	3	3	3	3
Moldawien													1	2	2	3	3	3	3	3	3	3	3	3	3
Russland	4	3	1	2	2	2	3	2	3	2	4	4	5	5	5	9	7	4	4	6	6	4	4	4	4
Ukraine	1	1	2	1	3	2	1	2	2	3	1	3	3	3	3	3	4	3	4	4	4	4	4	5	4
Weißrussland			1	1		1	1	1					2	2	2	3	3	2	3	3	4	3	3	3	3

Entwicklung der Teilnehmerzahl in den europäischen Pokalen (1955/1956–2005/2006)

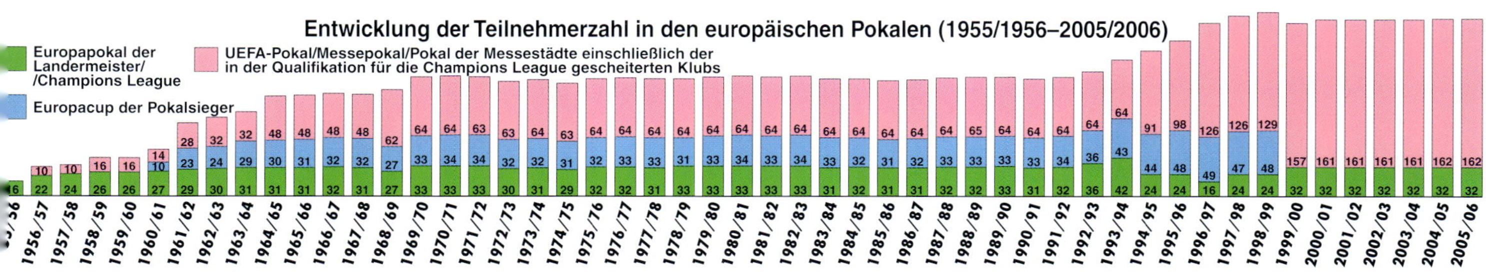

Rekorde und Kuriositäten der Europacups

Land, dessen Vertreter alle drei Pokale in einer Saison gewannen:
Italien 1989/90 (AC Milan – Europapokal der Landesmeister, Sampdoria – Europacup der Pokalsieger, Juventus – UEFA-Pokal)

Stadt, deren Vertreter zwei Pokale in einer Saison gewannen:
Mailand 1993/94 (AC Milan – Europapokal der Meister, FC Internazionale – UEFA-Pokal)

Meiste Europacup-Teilnahmen in Folge:
50 – FC Barcelona (1956/58–2006/07)

Höchste Anzahl an Europacupsiegen in Folge: 5 – Real Madrid (Europapokal der Landesmeister 1956–60)

Meiste Europacupspiele ohne Niederlage in Folge: 20 – Juventus FC (1969/70–1971/72)

Meiste Europacup-Heimspiele ohne Niederlage in Folge:
56 – Manchester United (1956/57–1995/96)

Klub, der mit einem zweistelligen Spielergebnis gewann und verlor:
RSC Anderlecht (10:1 gegen FC Haka in der 1. Runde des Europapokals der Meister 1966/67 und 0:10 gegen Manchester United in der 1. Runde des Europapokals der Meister 1956/57)

Höchster Sieg und die meisten Tore in einem Europacupspiel:
16:1 (Sporting CP–APOEL in der 2. Runde des Europacups der Pokalsieger 1963/64)

Höchster Sieg ohne Gegentor: 14:0 (Ajax–Red Boys Differdange im UEFA-Pokal 1984/85)

Höchster Erfolg (in der Summe beider Spiele einer Runde):
21:0 (Chelsea FC–Jeunesse Hautcharage 8:0 und 13:0 in der 1. Runde des Europacups der Pokalsieger 1971/72; Feyenoord–US Rumelange 9:0 und 12:0 in der 1. Runde UEFA-Pokals 1972/73)

Überraschendstes Weiterkommen nach einem Debakel im Hinspiel (zu Hause):
FC Metz (gegen FC Barcelona 2:4, das Rückspiel wurde auswärts 4:1 gewonnen, 1. Runde des Europacups der Pokalsieger 1984/85)

Überraschendstes Weiterkommen nach einem Debakel im Hinspiel (auswärts):
Real Madrid (gegen Borussia Mönchengladbach 1:5, das Heimrückspiel endete 4:0, 3. Runde des UEFA-Pokals 1985/86)

Die Sieger der Europacups und die Endspielorte

UEFA Champions League | UEFA Cup | UEFA Cup Winners' Cup

LEGENDE

Die Gewinner der Europacups

- Europapokal der Landesmeister (1955/56-91/92) und Champions League (1992/93-2005/06)
- Europacup der Pokalsieger (1960/61-98/99)
- UEFA-Pokal (1971/72-2005/06), Pokal der Messestädte (1956/58-65/66) und Messepokal (1966/67-70/71)

Die Endspielorte (auf neutralem Boden)

- '78 Europapokal der Landesmeister (1955/56-91/92) und Champions League (1992/93-2005/06)
- '83 Europacup der Pokalsieger (1960/61-98/99)
- '98 UEFA-Pokal (1971/72-2005/06), Pokal der Messestädte (1956/58-65/66) und Messepokal (1966/67-70/71)
- '86 Supercup (1986, 1998-2006)

Die Finalbilanzen der zehn erfolgreichsten Länder

Land	Siege	Niederlagen	Erfolgsquote
Spanien	28	22	56 %
England	28	16	64 %
Italien	27	26	51 %
Deutschland	16	18	47 %
Niederlande	11	5	69 %
Portugal	6	8	43 %
Belgien	4	8	33 %
Schottland	3	5	38 %
Frankreich	2	11	15 %
Schweden	2	1	67 %

Die beiderseitige Finalbilanz der Klubs der "Großen Vier"

England–Italien 4:3
England–Spanien 5:6
England–Deutschland 7:2
Italien–Spanien 4:6
Italien–Deutschland 3:3
Spanien–Deutschland 4:3

Finalduelle zweier Klubs aus einem Land

5 Italien
4 Spanien
1 England
1 Deutschland

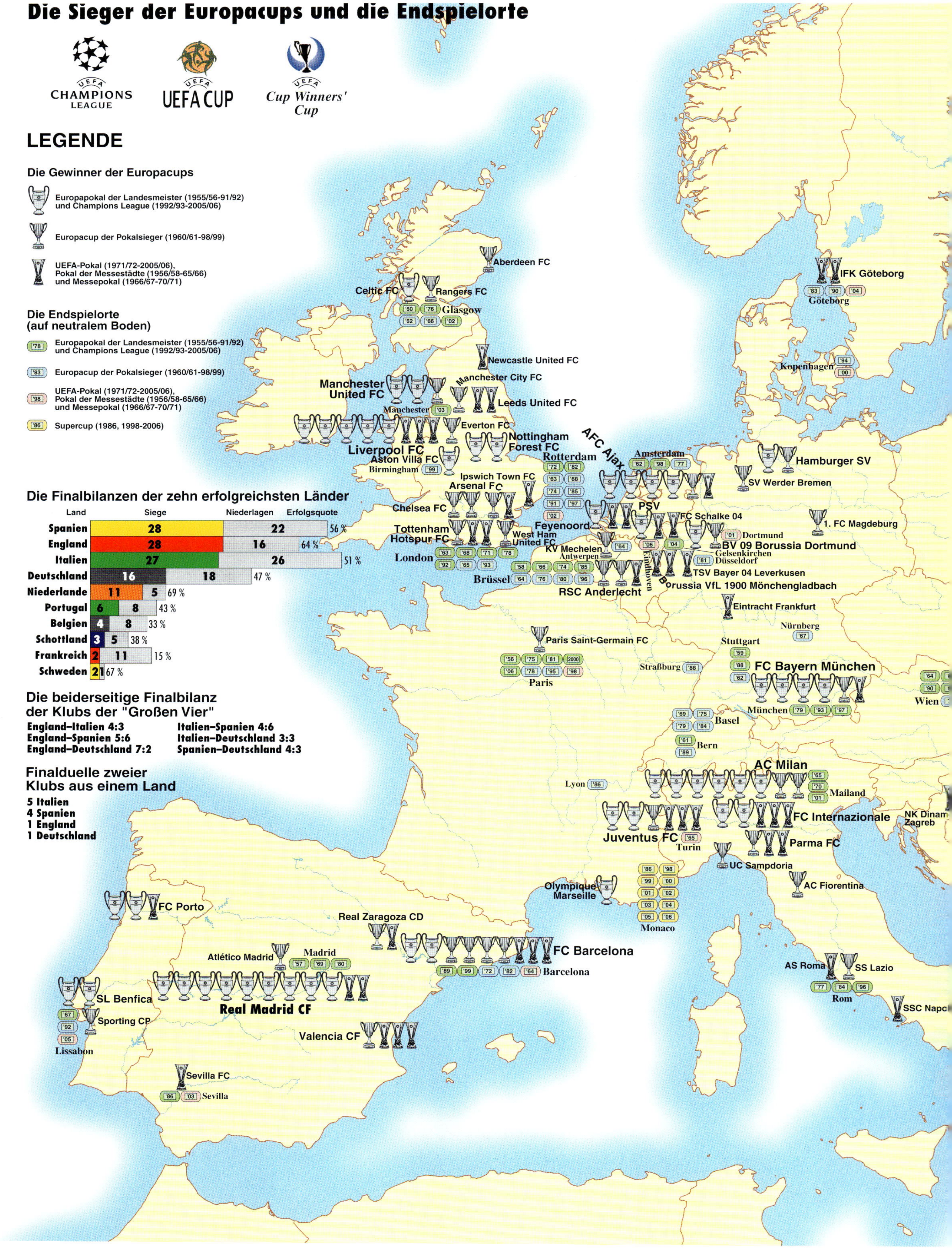

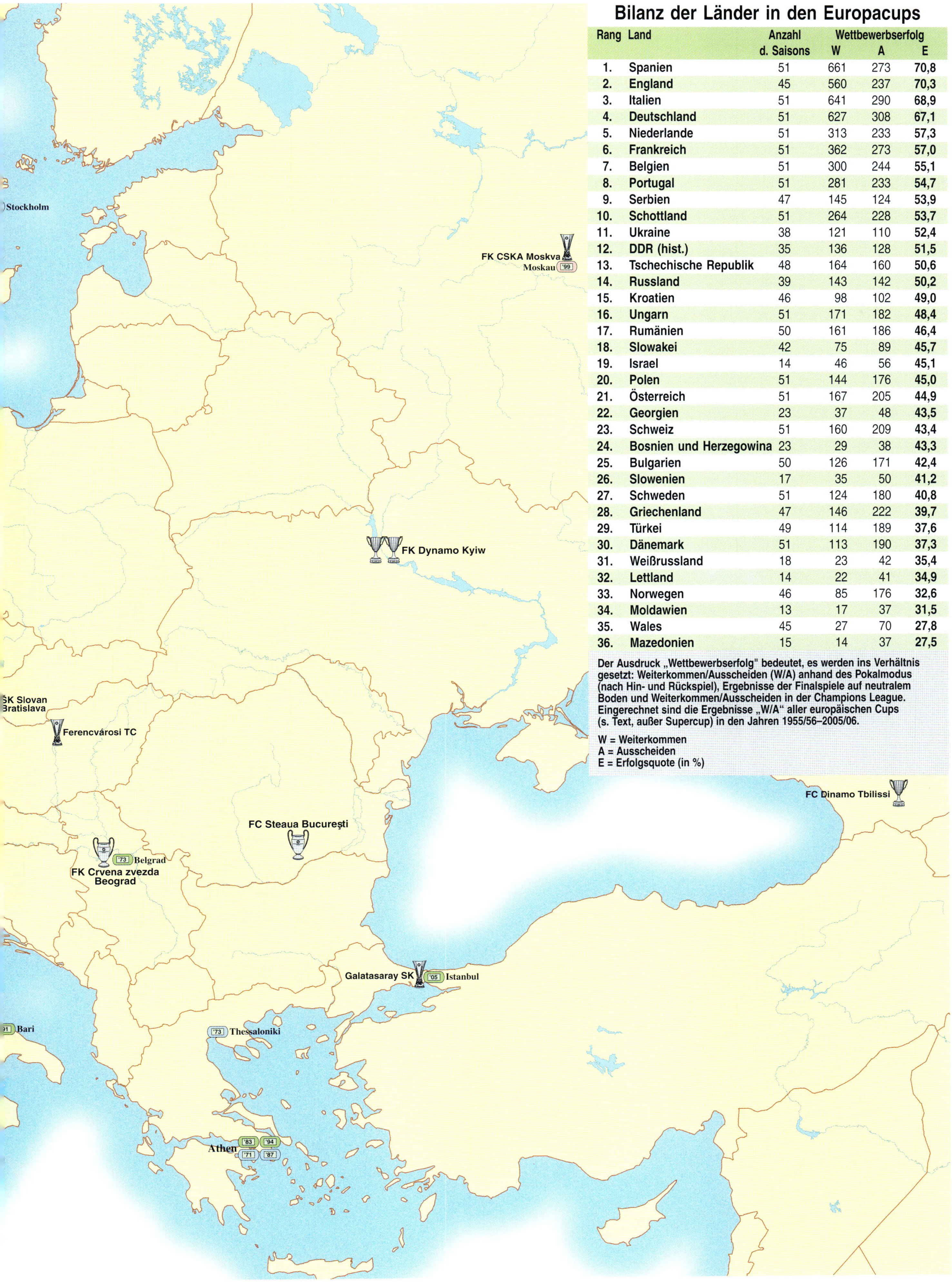

Bilanz der Länder in den Europacups

Rang	Land	Anzahl d. Saisons	Wettbewerbserfolg W	A	E
1.	Spanien	51	661	273	**70,8**
2.	England	45	560	237	**70,3**
3.	Italien	51	641	290	**68,9**
4.	Deutschland	51	627	308	**67,1**
5.	Niederlande	51	313	233	**57,3**
6.	Frankreich	51	362	273	**57,0**
7.	Belgien	51	300	244	**55,1**
8.	Portugal	51	281	233	**54,7**
9.	Serbien	47	145	124	**53,9**
10.	Schottland	51	264	228	**53,7**
11.	Ukraine	38	121	110	**52,4**
12.	DDR (hist.)	35	136	128	**51,5**
13.	Tschechische Republik	48	164	160	**50,6**
14.	Russland	39	143	142	**50,2**
15.	Kroatien	46	98	102	**49,0**
16.	Ungarn	51	171	182	**48,4**
17.	Rumänien	50	161	186	**46,4**
18.	Slowakei	42	75	89	**45,7**
19.	Israel	14	46	56	**45,1**
20.	Polen	51	144	176	**45,0**
21.	Österreich	51	167	205	**44,9**
22.	Georgien	23	37	48	**43,5**
23.	Schweiz	51	160	209	**43,4**
24.	Bosnien und Herzegowina	23	29	38	**43,3**
25.	Bulgarien	50	126	171	**42,4**
26.	Slowenien	17	35	50	**41,2**
27.	Schweden	51	124	180	**40,8**
28.	Griechenland	47	146	222	**39,7**
29.	Türkei	49	114	189	**37,6**
30.	Dänemark	51	113	190	**37,3**
31.	Weißrussland	18	23	42	**35,4**
32.	Lettland	14	22	41	**34,9**
33.	Norwegen	46	85	176	**32,6**
34.	Moldawien	13	17	37	**31,5**
35.	Wales	45	27	70	**27,8**
36.	Mazedonien	15	14	37	**27,5**

Der Ausdruck „Wettbewerbserfolg" bedeutet, es werden ins Verhältnis gesetzt: Weiterkommen/Ausscheiden (W/A) anhand des Pokalmodus (nach Hin- und Rückspiel), Ergebnisse der Finalspiele auf neutralem Boden und Weiterkommen/Ausscheiden in der Champions League. Eingerechnet sind die Ergebnisse „W/A" aller europäischen Cups (s. Text, außer Supercup) in den Jahren 1955/56–2005/06.

W = Weiterkommen
A = Ausscheiden
E = Erfolgsquote (in %)

Europacups
Britische Inseln

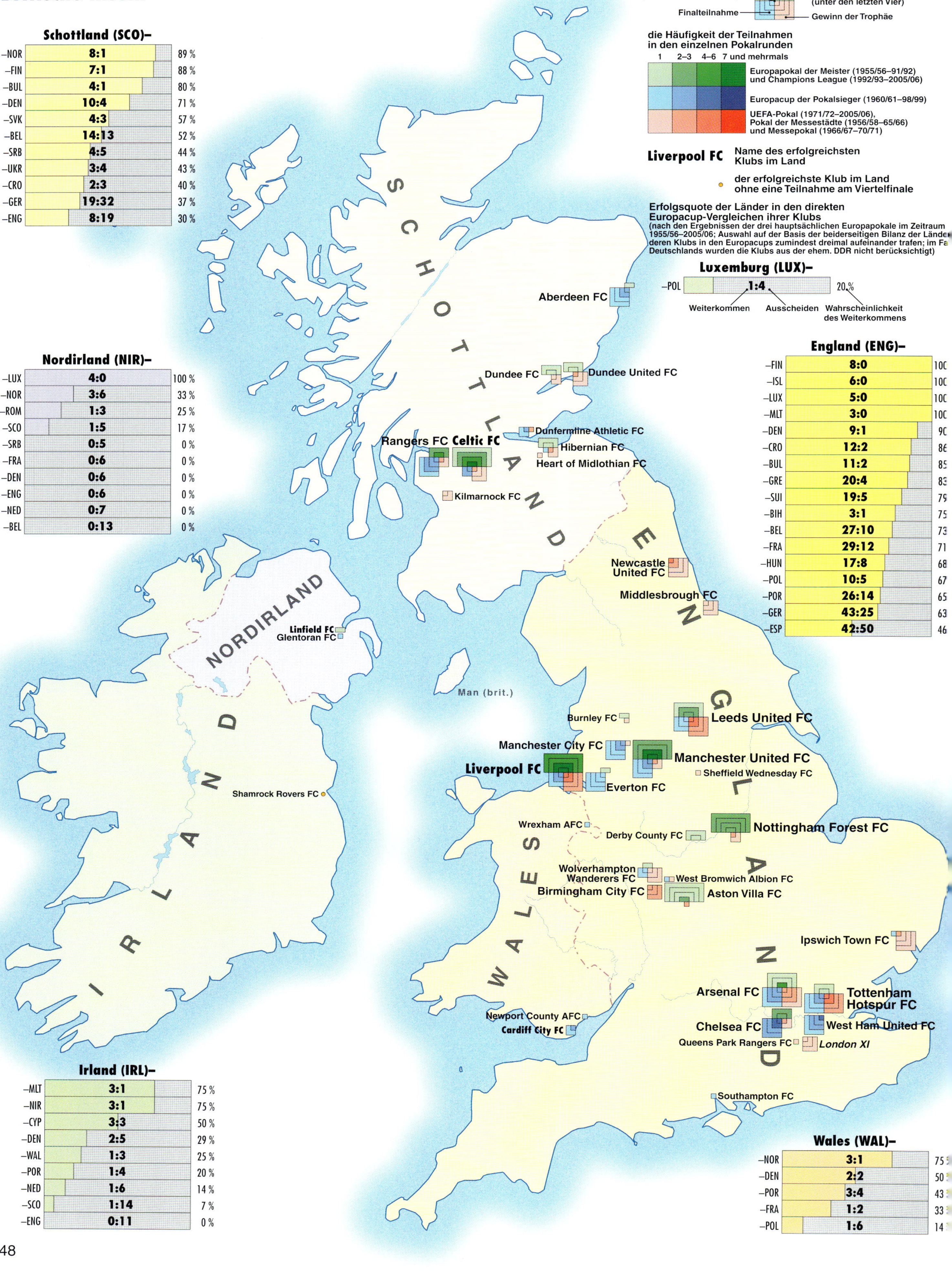

LEGENDE

- Teilnahme am Viertelfinale (unter den letzten Acht)
- Teilnahme am Halbfinale (unter den letzten Vier)
- Finalteilnahme
- Gewinn der Trophäe

die Häufigkeit der Teilnahmen in den einzelnen Pokalrunden

1 | 2–3 | 4–6 | 7 und mehrmals

- Europapokal der Meister (1955/56–91/92) und Champions League (1992/93–2005/06)
- Europacup der Pokalsieger (1960/61–98/99)
- UEFA-Pokal (1971/72–2005/06), Pokal der Messestädte (1956/58–65/66) und Messepokal (1966/67–70/71)

Liverpool FC Name des erfolgreichsten Klubs im Land

der erfolgreichste Klub im Land ohne eine Teilnahme am Viertelfinale

Erfolgsquote der Länder in den direkten Europacup-Vergleichen ihrer Klubs
(nach den Ergebnissen der drei hauptsächlichen Europapokale im Zeitraum 1955/56–2005/06; Auswahl auf der Basis der beiderseitigen Bilanz der Länder, deren Klubs in den Europacups zumindest dreimal aufeinander trafen; im Fall Deutschlands wurden die Klubs aus der ehem. DDR nicht berücksichtigt)

Luxemburg (LUX)–

–POL	1:4	20 %

Weiterkommen – Ausscheiden – Wahrscheinlichkeit des Weiterkommens

Schottland (SCO)–

–NOR	8:1	89 %
–FIN	7:1	88 %
–BUL	4:1	80 %
–DEN	10:4	71 %
–SVK	4:3	57 %
–BEL	14:13	52 %
–SRB	4:5	44 %
–UKR	3:4	43 %
–CRO	2:3	40 %
–GER	19:32	37 %
–ENG	8:19	30 %

Nordirland (NIR)–

–LUX	4:0	100 %
–NOR	3:6	33 %
–ROM	1:3	25 %
–SCO	1:5	17 %
–SRB	0:5	0 %
–FRA	0:6	0 %
–DEN	0:6	0 %
–ENG	0:6	0 %
–NED	0:7	0 %
–BEL	0:13	0 %

England (ENG)–

–FIN	8:0	100
–ISL	6:0	100
–LUX	5:0	100
–MLT	3:0	100
–DEN	9:1	90
–CRO	12:2	86
–BUL	11:2	85
–GRE	20:4	83
–SUI	19:5	79
–BIH	3:1	75
–BEL	27:10	73
–FRA	29:12	71
–HUN	17:8	68
–POL	10:5	67
–POR	26:14	65
–GER	43:25	63
–ESP	42:50	46

Irland (IRL)–

–MLT	3:1	75 %
–NIR	3:1	75 %
–CYP	3:3	50 %
–DEN	2:5	29 %
–WAL	1:3	25 %
–POR	1:4	20 %
–NED	1:6	14 %
–SCO	1:14	7 %
–ENG	0:11	0 %

Wales (WAL)–

–NOR	3:1	75
–DEN	2:2	50
–POR	3:4	43
–FRA	1:2	33
–POL	1:6	14

Europacups

Deutschland, Benelux und Dänemark

Deutschland (GER)–

–CYP	14:0	100 %
–IRL	11:0	100 %
–ISL	10:0	100 %
–LUX	7:0	100 %
–FIN	6:0	100 %
–NIR	4:0	100 %
–SVK	11:1	92 %
–SWE	19:2	90 %
–TUR	18:2	90 %
–NOR	15:2	88 %
–AUT	20:3	87 %
–RUS	18:4	82 %
–BUL	18:5	78 %
–POR	26:10	72 %
–FRA	33:16	67 %
–ITA	34:51	40 %

Niederlande (NED)–

–SWE	9:0	100 %
–FIN	4:0	100 %
–CRO	5:1	83 %
–GRE	13:5	72 %
–BUL	6:3	67 %
–ROM	6:4	60 %
–AUT	10:7	59 %
–SCO	11:10	52 %
–GER	24:31	44 %
–ESP	16:22	42 %
–FRA	13:20	39 %
–POR	9:14	39 %
–ENG	13:32	29 %

Dänemark (DEN)–

–LUX	4:0	100 %
–FIN	6:1	86 %
–SUI	6:5	55 %
–GER	6:21	22 %
–FRA	3:11	21 %
–UKR	1:6	14 %
–NED	1:11	8 %
–BEL	0:8	0 %

Belgien (BEL)–

–CYP	13:0	100 %
–NOR	13:2	87 %
–ROM	13:4	76 %
–CZE	9:5	64 %
–POL	6:4	60 %
–NED	10:10	50 %
–SUI	6:7	46 %
–FRA	11:17	39 %
–GER	17:30	36 %

Luxemburg (LUX)–

–POL	1:4	20 %
–SWE	1:6	14 %
–NED	0:7	0 %
–BEL	0:7	0 %

Europacups
Südwesteuropa

Spanien (ESP)–

–CYP	9:0	100 %
–IRL	8:0	100 %
–ISL	6:0	100 %
–DEN	22:1	96 %
–POL	15:1	94 %
–CRO	12:1	92 %
–SWE	9:1	90 %
–TUR	27:4	87 %
–SUI	22:4	85 %
–CZE	23:6	79 %
–UKR	11:3	79 %
–SCO	25:10	71 %
–BEL	28:15	65 %
–POR	26:15	63 %
–FRA	29:20	59 %
–GER	46:33	58 %

Portugal (POR)–

–POL	7:0	100 %
–DEN	11:1	92 %
–BUL	5:1	83 %
–ROM	11:3	79 %
–AUT	7:2	78 %
–CRO	6:2	75 %
–SUI	9:4	69 %
–BEL	16:12	57 %
–RUS	5:6	45 %
–SCO	7:16	30 %

Frankreich (FRA)–

–NOR	12:0	100 %
–LUX	7:0	100 %
–FIN	10:1	91 %
–POL	12:2	86 %
–UKR	11:2	85 %
–HUN	9:2	82 %
–GRE	21:6	78 %
–SWE	8:3	73 %
–CRO	5:2	71 %
–SUI	12:6	67 %
–AUT	10:5	67 %
–SCO	17:11	61 %
–TUR	9:9	50 %
–POR	16:21	43 %

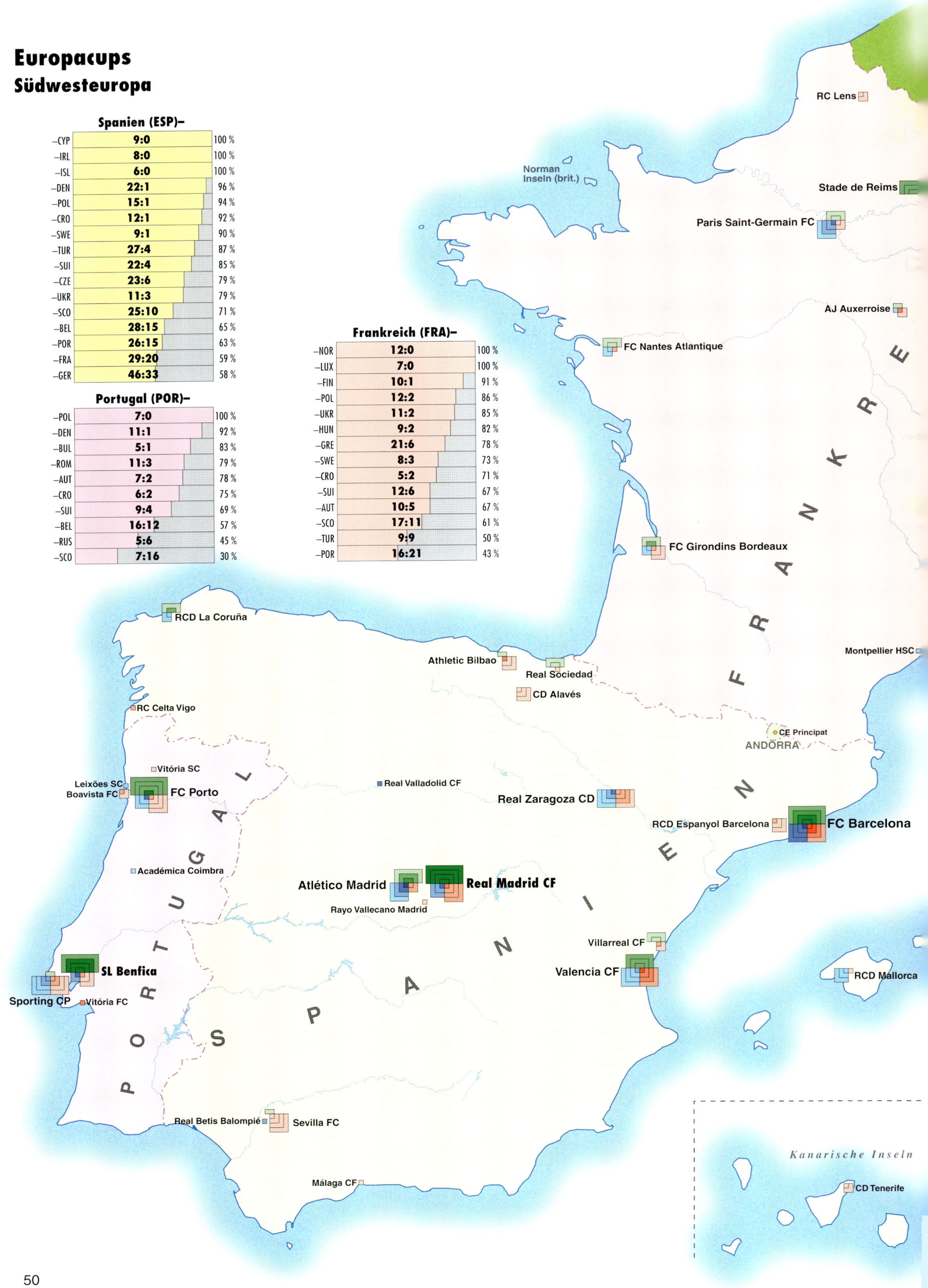

LEGENDE

Teilnahme am Viertelfinale (unter den letzten Acht)
Teilnahme am Halbfinale (unter den letzten Vier)
Finalteilnahme
Gewinn der Trophäe

die Häufigkeit der Teilnahmen in den einzelnen Pokalrunden
1 | 2–3 | 4–6 | und mehrmals

Europapokal der Meister (1955/56–91/92) und Champions League (1992/93–2005/06)
Europacup der Pokalsieger (1960/61–98/99)
UEFA-Pokal (1971/72–2005/06), Pokal der Messestädte (1956/58–65/66) und Messepokal (1966/67–70/71)

Juventus FC Name des erfolgreichsten Klubs im Land

der erfolgreichste Klub im Land ohne eine Teilnahme am Viertelfinale

Erfolgsquote der Länder in den direkten Europacup-Vergleichen ihrer Klubs
(nach den Ergebnissen der drei hauptsächlichen Europapokale im Zeitraum 1955/56–2005/06; Auswahl auf der Basis der beiderseitigen Bilanz der Länder, deren Klubs in den Europacups zumindest dreimal aufeinander trafen; im Falle Deutschlands wurden die Klubs aus der ehem. DDR nicht berücksichtigt)

Österreich (AUT)–

–SRB 2:4 33 %

Weiterkommen | Ausscheiden | Wahrscheinlichkeit des Weiterkommens

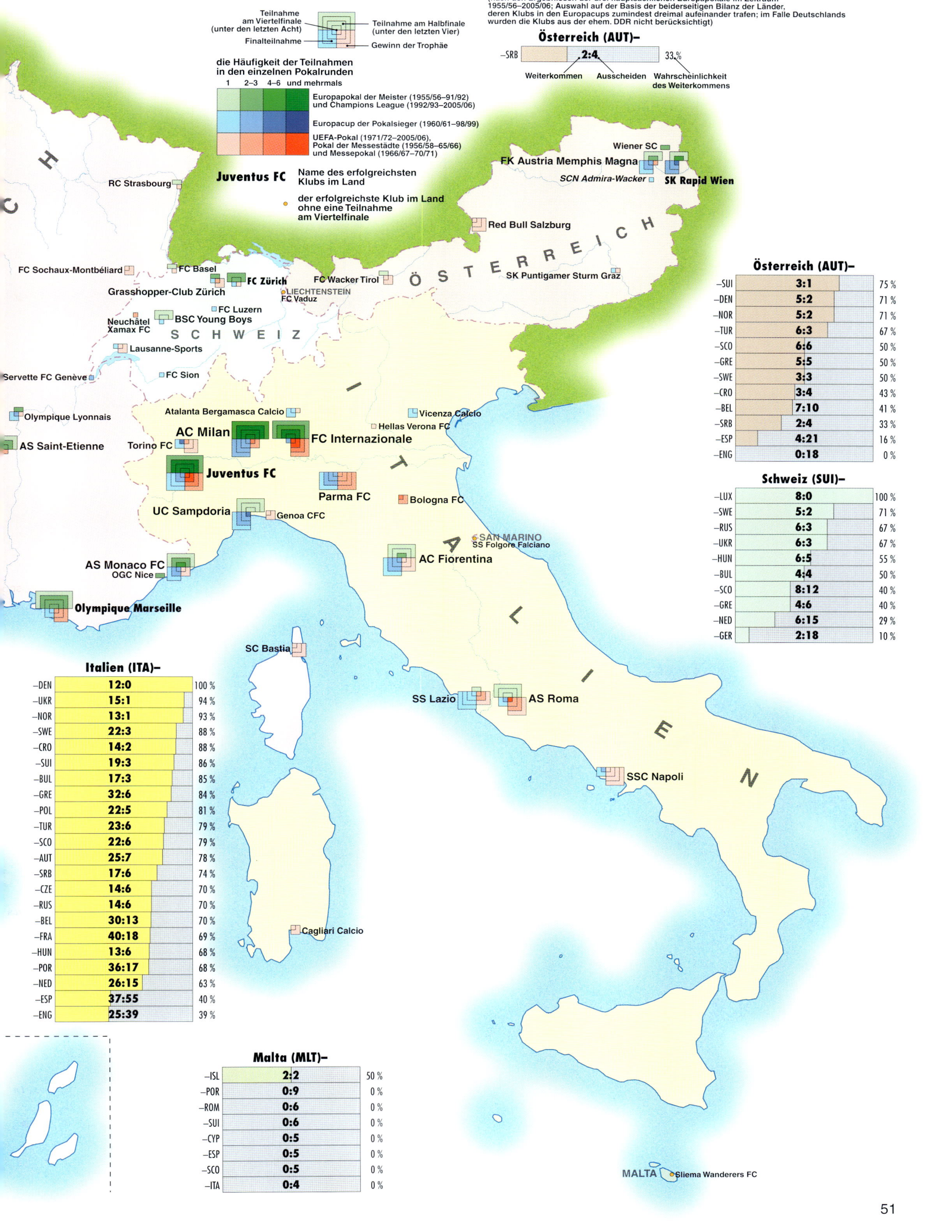

Österreich (AUT)–

–SUI	3:1	75 %
–DEN	5:2	71 %
–NOR	5:2	71 %
–TUR	6:3	67 %
–SCO	6:6	50 %
–GRE	5:5	50 %
–SWE	3:3	50 %
–CRO	3:4	43 %
–BEL	7:10	41 %
–SRB	2:4	33 %
–ESP	4:21	16 %
–ENG	0:18	0 %

Schweiz (SUI)–

–LUX	8:0	100 %
–SWE	5:2	71 %
–RUS	6:3	67 %
–UKR	6:3	67 %
–HUN	6:5	55 %
–BUL	4:4	50 %
–SCO	8:12	40 %
–GRE	4:6	40 %
–NED	6:15	29 %
–GER	2:18	10 %

Italien (ITA)–

–DEN	12:0	100 %
–UKR	15:1	94 %
–NOR	13:1	93 %
–SWE	22:3	88 %
–CRO	14:2	88 %
–SUI	19:3	86 %
–BUL	17:3	85 %
–GRE	32:6	84 %
–POL	22:5	81 %
–TUR	23:6	79 %
–SCO	22:6	79 %
–AUT	25:7	78 %
–SRB	17:6	74 %
–CZE	14:6	70 %
–RUS	14:6	70 %
–BEL	30:13	70 %
–FRA	40:18	69 %
–HUN	13:6	68 %
–POR	36:17	68 %
–NED	26:15	63 %
–ESP	37:55	40 %
–ENG	25:39	39 %

Malta (MLT)–

–ISL	2:2	50 %
–POR	0:9	0 %
–ROM	0:6	0 %
–SUI	0:6	0 %
–CYP	0:5	0 %
–ESP	0:5	0 %
–SCO	0:5	0 %
–ITA	0:4	0 %

Europacups
Mitteleuropa

Polen (POL)–

–FIN	5:1	83 %
–ISL	5:1	83 %
–TUR	7:4	64 %
–HUN	5:3	63 %
–AUT	6:4	60 %
–GRE	6:6	50 %
–SWE	6:6	50 %
–SCO	4:5	44 %
–CZE	3:4	43 %
–ROM	2:3	40 %
–RUS	2:4	33 %
–GER	5:18	22 %
–NED	2:12	14 %

Tschechische Rep. (CZE)–

–NOR	4:0	100 %
–DEN	9:1	90 %
–SCO	10:5	67 %
–SUI	7:4	64 %
–FRA	9:6	60 %
–HUN	7:5	58 %
–NED	5:4	56 %
–AUT	6:5	55 %
–BUL	3:4	43 %
–CRO	2:3	40 %
–GRE	3:5	38 %
–POR	3:5	38 %
–GER	8:20	29 %
–ENG	3:15	17 %

Slowakei (SVK)–

–MLT	5:0	100 %
–FIN	4:1	80 %
–AUT	3:5	38 %
–SUI	3:5	38 %
–ESP	2:5	29 %
–HUN	1:3	25 %
–ITA	1:6	14 %
–ENG	0:10	0 %

Ungarn (HUN)–

–ISL	6:0	100
–TUR	8:3	73
–SRB	6:3	67
–GRE	7:7	50
–RUS	2:2	50
–NED	6:7	46
–BEL	5:6	45
–SCO	6:8	43
–AUT	5:7	42
–POR	6:10	38
–ESP	5:16	24
–GER	4:15	21
–DEN	0:4	0

Slowenien (SVN)–

–DEN	2:4	33 %
–GRE	1:4	20 %
–NED	0:4	0 %

Mazedonien (MKD)–

–HUN	1:2	33 %

Kroatien (CRO)–

–ROM	6:2	75 %
–HUN	9:4	69 %
–BUL	3:2	60 %
–BEL	7:5	58 %
–GRE	3:3	50 %
–SRB	2:2	50 %
–GER	4:6	40 %
–RUS	0:4	0 %

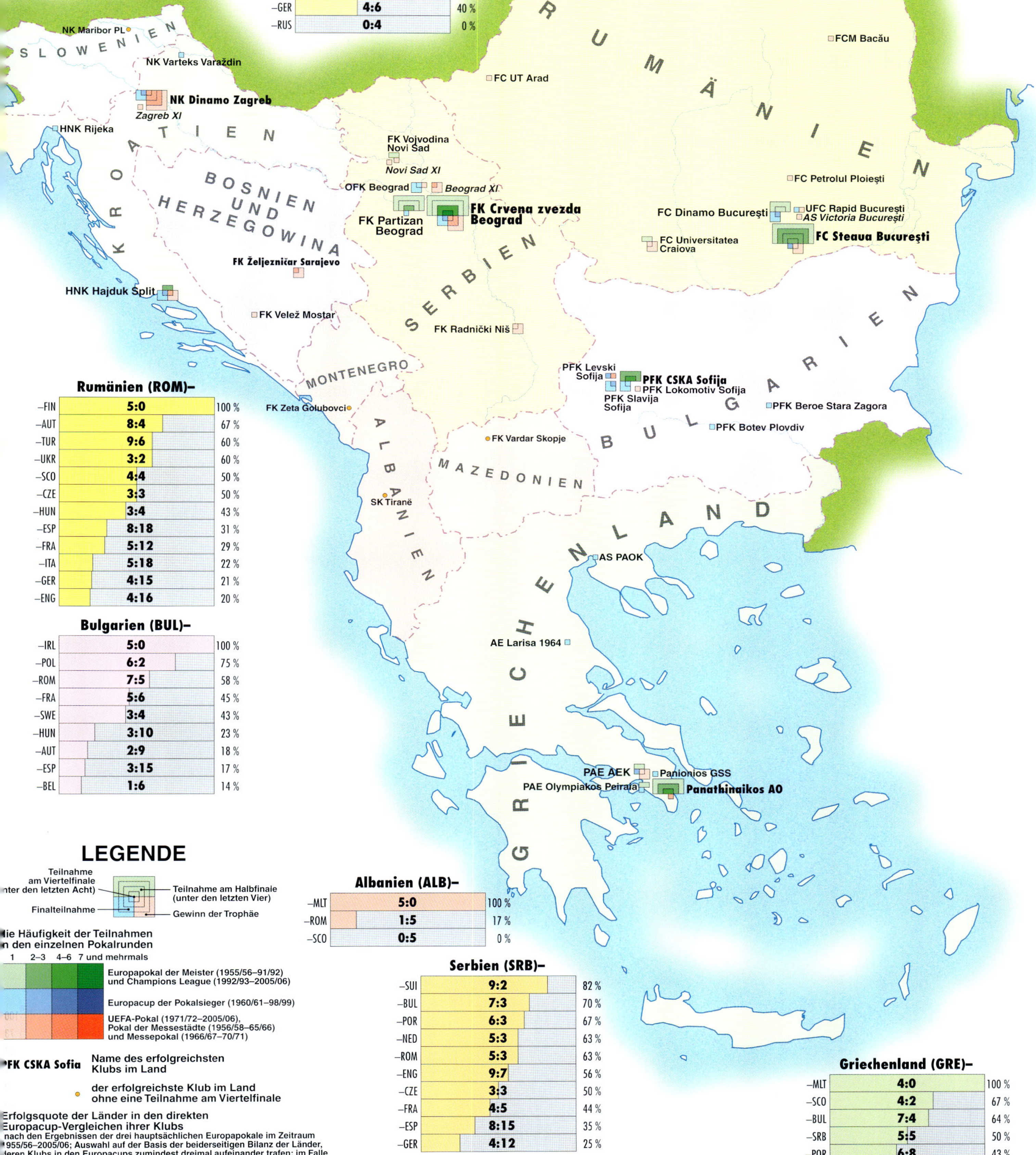

Rumänien (ROM)–

–FIN	5:0	100 %
–AUT	8:4	67 %
–TUR	9:6	60 %
–UKR	3:2	60 %
–SCO	4:4	50 %
–CZE	3:3	50 %
–HUN	3:4	43 %
–ESP	8:18	31 %
–FRA	5:12	29 %
–ITA	5:18	22 %
–GER	4:15	21 %
–ENG	4:16	20 %

Bulgarien (BUL)–

–IRL	5:0	100 %
–POL	6:2	75 %
–ROM	7:5	58 %
–FRA	5:6	45 %
–SWE	3:4	43 %
–HUN	3:10	23 %
–AUT	2:9	18 %
–ESP	3:15	17 %
–BEL	1:6	14 %

LEGENDE

Teilnahme am Viertelfinale (unter den letzten Acht)
Teilnahme am Halbfinale (unter den letzten Vier)
Finalteilnahme
Gewinn der Trophäe

Die Häufigkeit der Teilnahmen an den einzelnen Pokalrunden
1 | 2–3 | 4–6 | 7 und mehrmals

Europapokal der Meister (1955/56–91/92) und Champions League (1992/93–2005/06)
Europacup der Pokalsieger (1960/61–98/99)
UEFA-Pokal (1971/72–2005/06), Pokal der Messestädte (1956/58–65/66) und Messepokal (1966/67–70/71)

FK CSKA Sofia Name des erfolgreichsten Klubs im Land

der erfolgreichste Klub im Land ohne eine Teilnahme am Viertelfinale

Erfolgsquote der Länder in den direkten Europacup-Vergleichen ihrer Klubs
nach den Ergebnissen der drei hauptsächlichen Europapokale im Zeitraum 1955/56–2005/06; Auswahl auf der Basis der beiderseitigen Bilanz der Länder, deren Klubs in den Europacups zumindest dreimal aufeinander trafen; im Falle Deutschlands wurden die Klubs aus der ehem. DDR nicht berücksichtigt)

Mazedonien (MKD)–

–HUN	1:2	33 %

Weiterkommen – Ausscheiden – Wahrscheinlichkeit des Weiterkommens

Albanien (ALB)–

–MLT	5:0	100 %
–ROM	1:5	17 %
–SCO	0:5	0 %

Serbien (SRB)–

–SUI	9:2	82 %
–BUL	7:3	70 %
–POR	6:3	67 %
–NED	5:3	63 %
–ROM	5:3	63 %
–ENG	9:7	56 %
–CZE	3:3	50 %
–FRA	4:5	44 %
–ESP	8:15	35 %
–GER	4:12	25 %

Bosnien und Herzegowina (BIH)–

–BUL	2:4	33 %
–HUN	1:2	33 %
–BEL	1:4	20 %

Griechenland (GRE)–

–MLT	4:0	100 %
–SCO	4:2	67 %
–BUL	7:4	64 %
–SRB	5:5	50 %
–POR	6:8	43 %
–BEL	4:7	36 %
–ROM	3:8	27 %
–GER	3:16	16 %
–ESP	4:31	11 %

Europacups
Skandinavien

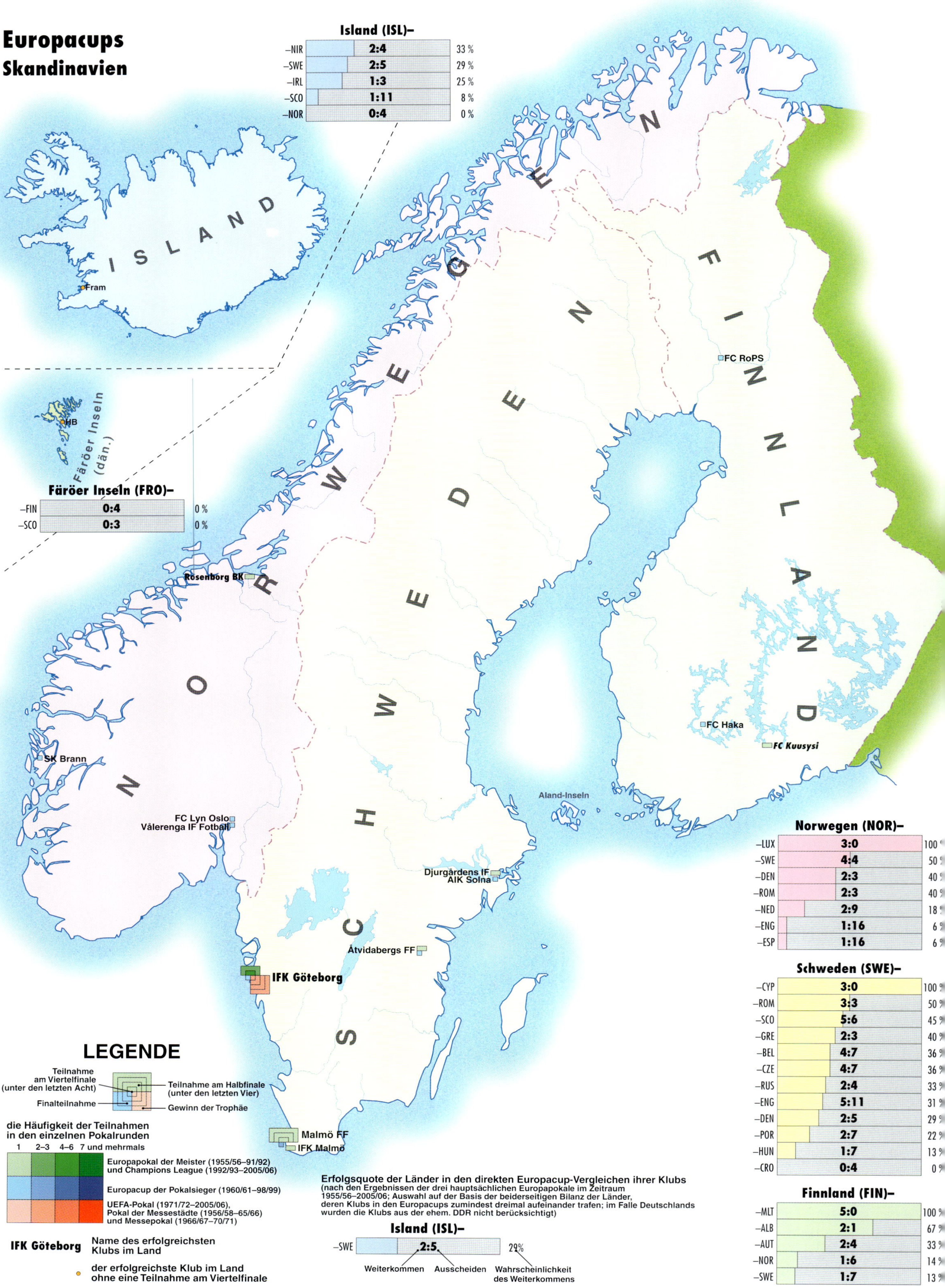

Island (ISL)–

–NIR	2:4	33 %
–SWE	2:5	29 %
–IRL	1:3	25 %
–SCO	1:11	8 %
–NOR	0:4	0 %

Färöer Inseln (FRO)–

–FIN	0:4	0 %
–SCO	0:3	0 %

Norwegen (NOR)–

–LUX	3:0	100 %
–SWE	4:4	50 %
–DEN	2:3	40 %
–ROM	2:3	40 %
–NED	2:9	18 %
–ENG	1:16	6 %
–ESP	1:16	6 %

Schweden (SWE)–

–CYP	3:0	100 %
–ROM	3:3	50 %
–SCO	5:6	45 %
–GRE	2:3	40 %
–BEL	4:7	36 %
–CZE	4:7	36 %
–RUS	2:4	33 %
–ENG	5:11	31 %
–DEN	2:5	29 %
–POR	2:7	22 %
–HUN	1:7	13 %
–CRO	0:4	0 %

Finnland (FIN)–

–MLT	5:0	100 %
–ALB	2:1	67 %
–AUT	2:4	33 %
–NOR	1:6	14 %
–SWE	1:7	13 %

Erfolgsquote der Länder in den direkten Europacup-Vergleichen ihrer Klubs
(nach den Ergebnissen der drei hauptsächlichen Europapokale im Zeitraum 1955/56–2005/06; Auswahl auf der Basis der beiderseitigen Bilanz der Länder, deren Klubs in den Europacups zumindest dreimal aufeinander trafen; im Falle Deutschlands wurden die Klubs aus der ehem. DDR nicht berücksichtigt)

Island (ISL)–

–SWE	2:5	29%

Weiterkommen – Ausscheiden – Wahrscheinlichkeit des Weiterkommens

Europapcups
Die Länder der ehemaligen UdSSR, Türkei, Zypern und Israel

Estland (EST)

FIN	0:4	0 %

Lettland (LVA)

WAL	4:1	80 %
SVN	1:2	33 %
POL	1:5	17 %

Litauen (LTU)

SVN	1:2	33 %

Weißrussland (BLR)

ROM	1:3	25 %

Moldawien (MDA)

CZE	0:4	0 %

Armenien (ARM)

CYP	2:2	50 %

Aserbaidschan (AZE)

POL	0:3	0 %

Ukraine (UKR)

CZE	7:0	100 %
TUR	5:1	83 %
AUT	7:3	70 %
GRE	4:2	67 %
NED	6:5	55 %
POL	2:2	50 %
GER	6:13	32 %
BEL	2:6	25 %
ENG	2:8	20 %

Israel (ISR)

AUT	3:3	50 %
MDA	1:2	33 %
NOR	1:3	25 %
POR	0:4	0 %

Türkei (TUR)

SVK	4:0	100 %
SCO	4:1	80 %
BUL	4:3	57 %
SUI	4:3	57 %
CZE	4:6	40 %
BEL	2:4	33 %
NOR	2:4	33 %
ENG	6:13	32 %
NED	1:11	8 %

Zypern (CYP)

FIN	2:1	67 %
GRE	3:7	30 %
BUL	2:5	29 %
CZE	1:4	20 %
ROM	1:9	10 %

Russland (RUS)

TUR	7:1	88 %
SRB	5:1	83 %
GRE	4:2	67 %
NED	6:4	60 %
ENG	6:7	46 %
BEL	5:7	42 %
CZE	2:3	40 %
AUT	5:9	36 %
FRA	6:18	25 %
ESP	6:19	24 %

Georgien (GEO)

BUL	2:1	67 %
ITA	2:1	67 %
ENG	2:2	50 %
SRB	2:3	40 %
NED	1:3	25 %
GER	0:4	0 %

Asiatische und ozeanische Cups

Der **Asienpokal der Meister** hat von allen kontinentalen Pokalen die problematischste Geschichte. Seine Anfänge wurden nicht nur von den traditionellen Problemen im Zusammenhang mit dem Transport und der Finanzierung beeinflusst, sondern auch durch die Politik, bzw. durch die Verhältnisse der Länder, deren Vertreter sich für den Wettbewerb qualifizierten. Die Entstehung des Pokals reicht zurück bis in das Jahr 1967. In der ersten, kurzen Periode (1967–71) dominierten die Klubs aus Israel. Ihre Erfolge wurden jedoch durch das schwache Niveau des Fußballs in der Mehrheit der übrigen asiatischen Länder und die niedrige Teilnehmerzahl beeinflusst. Im ersten Jahrgang bestritt der Sieger Maccabi Tel Aviv eine einzige Begegnung und zwar das Finale. Nach dem Krieg im Jahre 1967 weigerten sich die arabischen Klubs gegen die israelischen anzutreten. Dies war der Hauptgrund dafür, dass Israel die Asiatische Fußballkonföderation (AFC) verließ. Ein weiterer Grund für die dreizehnjährige Unterbrechung waren die Finanzierungsschwierigkeiten, die man bei der Sicherstellung des Spielbetriebs mit seinen aufwendigen Reisen hatte. Zur Erneuerung des Wettbewerbs kam es erst im Jahre 1985. Die meisten Titel (sieben, inklusive der Saison 2006) gewannen die südkoreanischen Mannschaften.

Auf Grund der großen Distanzen und der verschiedenen Bedingungen wird der Wettbewerb in zwei großen Zonen organisiert: West- und Ostasien. In diesem Rahmen entstanden in der Vergangenheit weitere Regionalgruppen (zumeist acht). Deren Aufteilung berücksichtigt neben der geografischen auch eine qualitative Gliederung: der Nahe Osten (jetzt gehören auch die Länder des ehemaligen sowjetischen Mittelasiens dazu), der indische Subkontinent, Südostasien, Ostasien. Bezüglich der fußballerischen Klasse ist der asiatische Kontinent ebenso eindeutig geteilt: Die in diesem Pokal erfolgreichen Teams kommen nur aus zwei Regionen. Die eine ist der Nahe Osten, die zweite sind die Länder Japan und Korea.

In der Saison 2001/02 wurde der Wettbewerb nach europäischem Vorbild in **Champions League** umbenannt. Zu wirklich großen Veränderungen in den asiatischen Klubkonkurrenzen kam es ein Jahr später. Die Länder wurden je nach ihrer Leistungsstärke in drei Gruppen unterteilt. Danach können seit der Saison 2002/03 nur die Vereine aus den 14 „reifen" Ländern in der Champions League starten. Nach Einschätzung der AFC sind das Bahrain (ab 2005 durch Syrien ersetzt), China, Indonesien, Irak, Iran, Japan, Katar, Korea, Kuwait, Saudi-Arabien, Thailand, Usbekistan, VAE und Vietnam. Die zweite Gruppe spielt um den **AFC-Pokal** und wird aus ursprünglich 14 Entwicklungsländern gebildet. Im Grunde genommen handelt es sich hierbei um die zweite asiatische Liga, die nach einem ähnlichen System wie die Champions League (Vorqualifikation, regionale Gruppenphase, Play offs) ausgetragen wird. Die bisherigen drei Cupsieger kommen aus Syrien (1) und aus Jordanien (2). Die Klubs der dritten Gruppe aus den so genannten Anfängerländern spielen um den **Präsidenten-Pokal.** Dieser Wettbewerb verlief bisher chaotisch, da viele Begegnungen nicht ausgetragen wurden. Er kennt jedoch bereits zwei Gewinner: je eine Mannschaft aus Tadschikistan und Kirgisien.

Von 1990/91 bis 2001/02 wurde der **Asiencup der Pokalsieger** ausgespielt, dessen Finale in den ersten vier Jahrgängen in zwei Begegnungen absolviert wurde. Später trug man nur ein Endspiel in einer im voraus bestimmten Stadt (nicht unbedingt in einem neutralen Land) aus. Auch bei diesem Cup wurden die geografischen Distanzen berücksichtigt, denn in den ersten Runden spielten nur die Mannschaften einer Region gegeneinander. Der Pokal wurde von keinem Klub außerhalb der genannten Fußballregionen errungen, nur ein einziges Team (South China aus Hongkong) kämpfte sich bis ins Finale. Als eine Überraschung kann man auch den Sieg der Mannschaft Muharraq bezeichnen, die im ersten Wettbewerbsjahr das kleine Emirat Bahrain repräsentierte. Die Sieger beider Pokale spielten um den **Supercup** (1995–2002).

Der kontinentale Klubwettbewerb Ozeaniens ist der jüngste der Welt. Einen ersten Versuch stellte ein Turnier im Jahre 1987 dar, an dem nur die Meisterteams der beiden fußballerisch entwickeltsten Länder der Region teilnahmen – Australien und Neuseeland. Siegreich war die australische Mannschaft Adelaide City. Der erste wirkliche **Ozeanienpokal der Meister** fand erst im Jahre 1999 auf der exotischen Inselgruppe Fidschi statt und wurde vom australischen Team Süd-Melbourne gewonnen. Der zweite Jahrgang wurde erst im Januar 2001 in Port Moresby (Papua-Neuguinea) ausgetragen und erneut stellte Australien den Sieger. Eine längere Pause rief die Tatsache hervor, dass der FIFA-Pokal (sog. Klub-WM) nicht ausgespielt wurde und daher auch keine Notwendigkeit bestand, den besten Klub des Erdteils zu ermitteln. Der Sieger des Ozeanien Cups 2005, der auf Tahiti stattfand, war ein weiteres Mal ein australischer Verein. Ein Jahr später in Auckland triumphierten die gastgebenden Neuseeländer. Bei diesem Turnier fehlte jedoch der Vertreter Australiens, da sich das größte Land Ozeaniens dazu entschloss, die OFC zu verlassen. Ab dem Jahr 2007 gehen die australischen Teams in den besser besetzten asiatischen Konkurrenzen an den Start.

LEGENDE

Finalteilnahme — Gewinn der Trophäe — Halbfinalteilnahme (bzw. unter den letzten Vier)

Teilnahmehäufigkeit in den abschließenden Runden der Cups

1 | 2–3 | 4 und mehr

Asienpokal der Meister (1967–2006)

Asiencup der Pokalsieger (1991–2002)

Esteghlal erfolgreichster Pokalvertreter des Landes

REKORDE DER ASIENPOKALE

Höchster Sieg (Asienpokal der Meister): Suwon Samsung Bluewings (Südkorea)–Saunders SC (Sri Lanka) 18:0

Höchster Sieg (Asiencup der Pokalsieger): Suwon Samsung Bluewings (Südkorea)–PSM (Indonesien) 12:0 (Viertelfinale 1997/98)

Überraschendster Aufstieg nach einem Debakel im Auswärts-Hinspiel (Asienpokal der Meister): Elimaj Semipalatinsk (Kasachstan)–Perspolis (Iran) 3:0 und 0:5 (2. Runde 1996/97)

Überraschendster Aufstieg nach einem Debakel im Auswärts-Hinspiel (Asiencup der Pokalsieger): Nisa Aschchabad (Turkmenistan)–Pachtakor Taschkent (Usbekistan) 5:0 und 0:6 (2. Runde 1998/99)

Gegenseitige Finalbilanz unter den "Großen Vier" in den Asienpokalen (1967–2006)

Japan–Saudi-Arabien 4:3
Japan–Südkorea 0:2
Japan–Iran 2:0
Saudi-Arabien–Südkorea 6:3
Saudi-Arabien–Iran 1:1
Südkorea–Iran 0:0

Finalbilanz der Länder in den Asienpokalen (1967–2006)

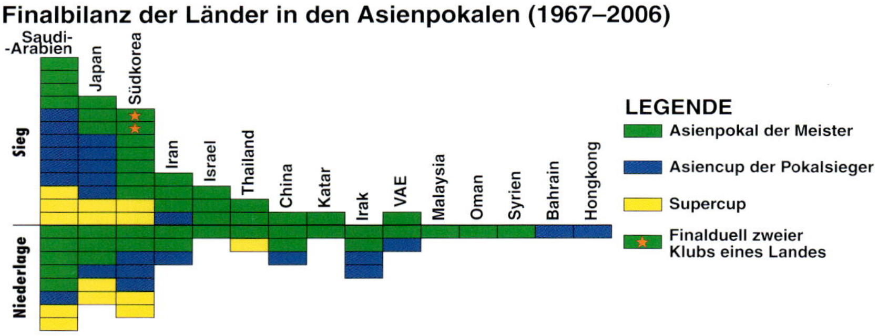

Champions League (Asienpokal der Meister)

1967	**Hapoel Tel Aviv** (Israel)–Selangor FA (Malaysia) 2:1
1968	**Maccabi Tel Aviv** (Israel)–Yangzee (Südkorea) 1:0
1969	*nicht ausgetragen*
1970	**Esteghlal** (Iran)–Hapoel Tel Aviv (Israel) 2:1
1971	**Maccabi Tel Aviv** (Israel), al-Shorta (Irak) *ist ausgestiegen*
1972-85	*nicht ausgetragen*
1985/86	**Busan I'Park** (Südkorea)–al-Ahli (Saudi-Arabien) 3:1
1986	**JEF United Chiba** (Japan)–al-Hilal (Saudi-Arabien) 4:3
1987/88	**Tokyo Verdy 1969** (Japan), al-Hilal (Saudi-Arabien) *ist ausgestiegen*
1988/89	al-Karkh (Irak)–**al-Sadd** (Katar) 3:2 und 0:1
1989/90	Yokohama Marinos (Japan)–**Liaoning Fushun** (China) 1:2 und 1:1
1990/91	**Esteghlal** (Iran)–Liaoning Fushun (China) 2:1
1991	**al-Hilal** (Saudi-Arabien)–Esteghlal (Iran) 1:1 (4:3 Elfmetersch.)
1992/93	**Paas** (Iran)–al-Shabab (Saudi-Arabien) 1:0
1993/94	**Thai Farmers Bank** (Thailand)–Omani Club (Oman) 2:1
1994/95	**Thai Farmers Bank** (Thailand)–al-Arabi (Katar) 1:0
1995/96	**Seongnam Ilhwa Chunma** (Südkorea)–al-Nasr (Saudi-Arabien) 1:0 nach Verl.
1996/97	**Pohang Steelers** (Südkorea)–Seongnam Ilhwa Chunma (Südkorea) 2:1 nach Verl.
1997/98	**Pohang Steelers** (Südkorea)–Dalian Shide (China) 0:0 (6:5 Elfmetersch.)
1998/99	**Jubilo Iwata** (Japan)–Esteghlal (Iran) 2:1
1999/00	**al-Hilal** (Saudi-Arabien)–Jubilo Iwata (Japan) 3:2 nach Verl.
2000/01	**Suwon Samsung Bluewings** (Südkorea)–Jubilo Iwata (Japan) 1:0
2001/02	**Suwon Samsung Bluewings** (Südkorea)–Anyang LG Cheetahs (Südkorea) 0:0 (4:2 Elfmetersch.)
2002/03	**al-Ain** (VAE)–BEC Tero-Sassana FC (Thailand) 2:0 und 0:1
2004	**al-Ittihad** (Saudi-Arabien)–Seongnam Ilhwa Chunma (Südkorea) 1:3 und 5:0
2005	al-Ain (VAE)–**al-Ittihad** (Saudi-Arabien) 1:1 und 2:4
2006	**Chonbuk Hyundai Motors** (Südkorea)–al-Karama (Syrien) 2:0 und 1:2

Asiencup der Pokalsieger

1990/91	Perspolis (Iran)–**Muharraq** (Bahrain) 0:0 und 0:1
1991/92	al-Nasr (Saudi-Arabien)–**Yokohama Marinos** (Japan) 1:1 und 0:5
1992/93	**Yokohama Marinos** (Japan)–Perspolis (Iran) 1:1 und 1:0
1993/94	South China (Hongkong)–**al-Qadisiya** (Saudi-Arabien) 2:4 und 0:2
1994/95	**Yokohama Flügels** (Japan)–al-Sha'ab (VAE) 2:1 nach Verl.
1995	**Bellmare Hiratsuka** (Japan)–al-Talaba (Irak) 2:1
1996	**al-Hilal** (Saudi-Arabien)–Nagoya Grampus Eight (Japan) 3:1
1997/98	**al-Nasr** (Saudi-Arabien)–Suwon Samsung Bluewings (Südkorea) 1:0
1998/99	**al-Ittihad** (Saudi-Arabien)–Chun-Nam Dragons (Südkorea) 3:2 nach Verl.
1999/00	**Shimizu S-Pulse** (Japan)–al-Zawra (Irak) 1:0
2000/01	**al-Shabab** (Saudi-Arabien)–Dalian Shide (China) 4:2
2001/02	**al-Hilal** (Saudi-Arabien)–Chonbuk Hyundai Motors (Südkorea) 2:1 nach Verl.

Supercup

1995	Thai Farmers Bank (Thailand)–**Yokohama Flügels** (Japan) 1:1 und 2:3
1996	**Seongnam Ilhwa Chunma** (Südkorea)–Bellmare Hiratsuka (Japan) 5:3 und 1:0
1997	**al-Hilal** (Saudi-Arabien)–Pohang Steelers (Südkorea) 1:0 und 1:1
1998	Pohang Steelers (Südkorea)–**al-Nasr** (Saudi-Arabien) 1:1 und 0:0
1999	**Jubilo Iwata** (Japan)–al-Ittihad (Saudi-Arabien) 1:0 und 1:2
2000	Shimizu S-Pulse (Japan)–**al-Hilal** (Saudi-Arabien) 1:2 und 1:1
2001	**Suwon Samsung Bluewings** (Südkorea)–al-Shabab (Saudi-Arabien) 2:2 und 2:1
2002	**Suwon Samsung Bluewings** (Südkorea)–al-Hilal (Saudi-Arabien) 1:0 und 0:1 (4:2 Elfmetersch.)

Ozeanienpokal der Meister

1999	**South Melbourne SC** (Australien)–Nadi (Fidschi) 5:1
2001	**Wollongong City Wolves** (Australien)–Tafea FC (Vanuatu) 1:0
2005	**Sydney FC** (Australien)–AS Magenta (Neukaledonien) 2:0
2006	**Auckland City FC** (Neuseeland)–AS Pirae (Fr. Polynesien) 3:1

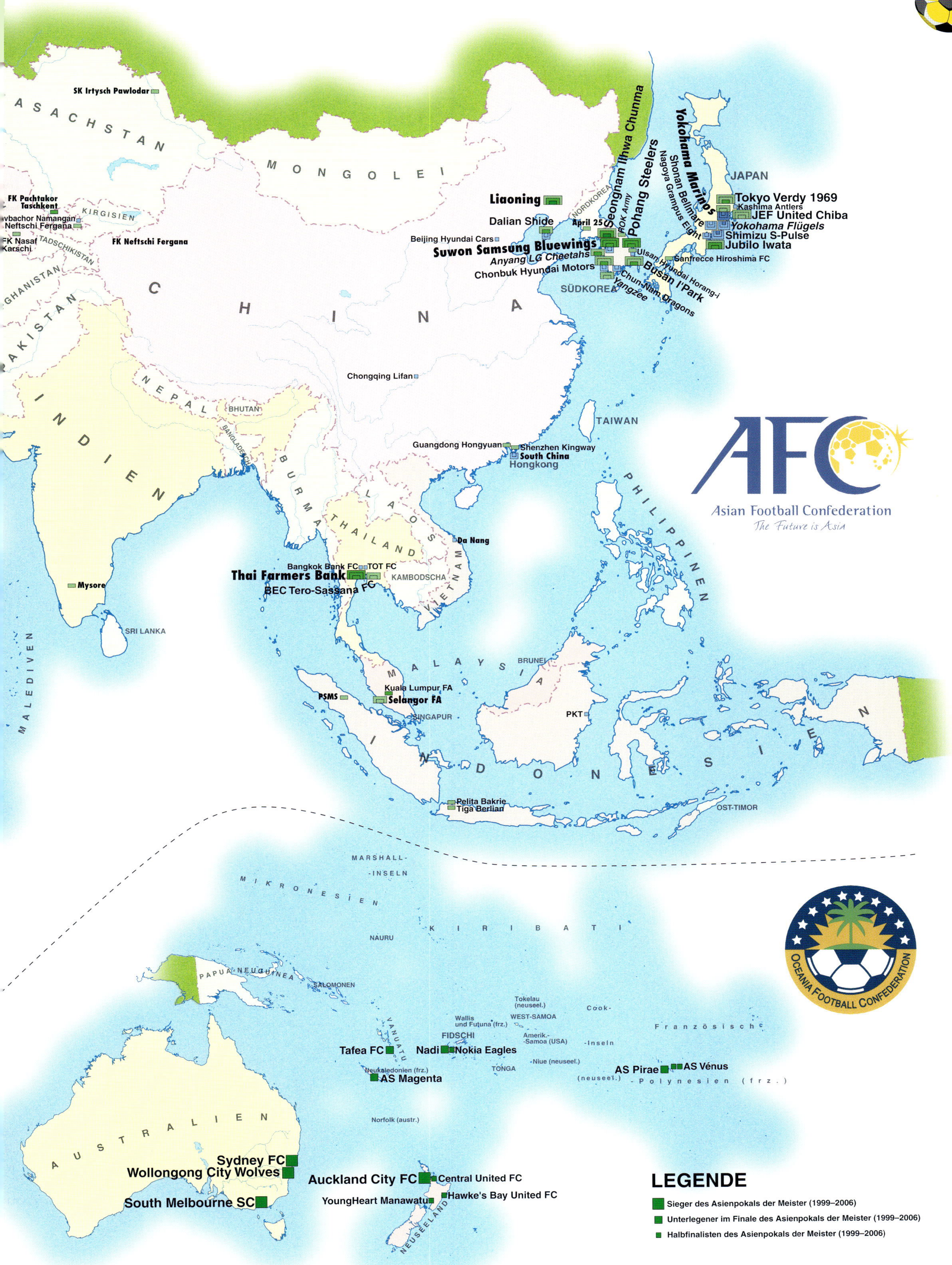
SK Irtysch Pawlodar
ASACHSTAN
MONGOLEI
FK Pachtakor Taschkent
Neftschi Fergana
KIRGISIEN
FK Nasaf Karschi
TADSCHIKISTAN
FK Neftschi Fergana
CHINA
PAKISTAN
NEPAL
BHUTAN
BANGLADESCH
INDIEN
BURMA
LAOS
THAILAND
KAMBODSCHA
VIETNAM
Liaoning
Dalian Shide
Beijing Hyundai Cars
Suwon Samsung Bluewings
Anyang LG Cheetahs
Chonbuk Hyundai Motors
April 25
NORDKOREA
ROK Army
Seongnam Ilhwa Chunma
Pohang Steelers
Ulsan Hyundai Horang-i
Busan I'Park
Chun-Nam Dragons
Yangzee
SÜDKOREA
Yokohama Marinos
Shonan Bellmare
Nagoya Grampus Eight
JAPAN
Tokyo Verdy 1969
Kashima Antlers
JEF United Chiba
Yokohama Flügels
Shimizu S-Pulse
Jubilo Iwata
Sanfrecce Hiroshima FC
Chongqing Lifan
TAIWAN
Guangdong Hongyuan
Shenzhen Kingway
South China
Hongkong
Asian Football Confederation
The Future is Asia
PHILIPPINEN
Da Nang
Bangkok Bank FC
TOT FC
Thai Farmers Bank
BEC Tero-Sassana FC
Mysore
SRI LANKA
MALEDIVEN
MALAYSIA
BRUNEI
Kuala Lumpur FA
PSMS
Selangor FA
SINGAPUR
PKT
INDONESIEN
Pelita Bakrie
Tiga Berlian
OST-TIMOR
MARSHALL-INSELN
MIKRONESIEN
NAURU
KIRIBATI
OCEANIA FOOTBALL CONFEDERATION
PAPUA-NEUGUINEA
SALOMONEN
Tokelau (neuseel.)
WEST-SAMOA
Cook-Inseln (neuseel.)
Wallis und Futuna (frz.)
FIDSCHI
Amerik.-Samoa (USA)
Französisch-Polynesien (frz.)
VANUATU
Tafea FC
Nadi
Nokia Eagles
Niue (neuseel.)
TONGA
AS Pirae
AS Vénus
Neukaledonien (frz.)
AS Magenta
Norfolk (austr.)
AUSTRALIEN
Sydney FC
Wollongong City Wolves
South Melbourne SC
Auckland City FC
Central United FC
YoungHeart Manawatu
Hawke's Bay United FC
NEUSEELAND
LEGENDE
Sieger des Asienpokals der Meister (1999–2006)
Unterlegener im Finale des Asienpokals der Meister (1999–2006)
Halbfinalisten des Asienpokals der Meister (1999–2006)

Afrikacups

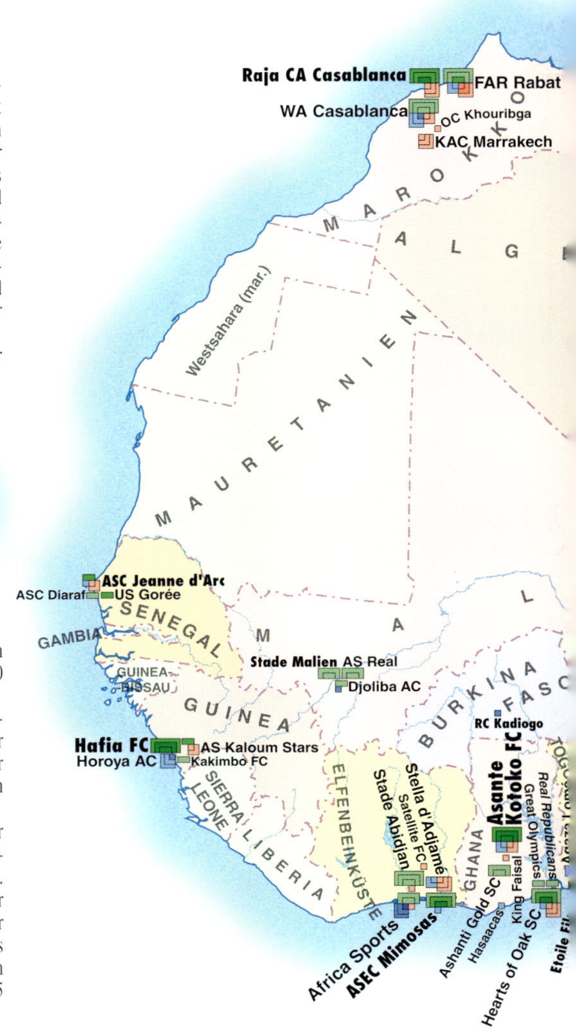

Der **Afrikapokal der Meister** entstand im Jahre 1964 auf Initiative Ghanas. Die Meister der Mitgliedsländer der Afrikanischen Fußballkonföderation (CAF) wurden aufgefordert, am alljährlichen Wettbewerb um die Kwame-Nkrumah-Trophäe (benannt nach dem ehemaligen ghanaischen Staatspräsidenten) teilzunehmen. Der Einladung gefolgt waren 14 Mannschaften, von denen sich letztlich Oryx Douala aus Kamerun durchsetzte. Der erste Afrikacup-Gewinner war ermittelt, doch noch bemerkenswerter war, dass der Wettbewerb – im Unterschied zur Afrikameisterschaft der Nationalmannschaften – anfangs von den Teams aus Schwarzafrika dominiert wurde. Die meisten Cupsiege in den 60er und 70er Jahren verbuchten der Hafia FC aus Guinea und Canon Yaoundé aus Kamerun (je 3) sowie Engelbert Lubumbashi (später TP Mazembe) aus Zaire mit zwei Erfolgen. Erst 1984 leiteten die Klubs aus dem arabischen Norden Afrikas ihre elf Saisons währende Siegesserie ein. Zu Beginn der 80er Jahre nahmen bereits alle damaligen CAF-Mitglieder am Afrikacup der Meister teil, aber noch nie waren die Vertreter aller afrikanischen Länder innerhalb eines Jahrganges im Wettbewerb vertreten. Ab dem Jahr 2004 wurde der Cup nach europäischem Vorbild in Champions League umbenannt, wobei der Austragungsmodus (Vorqualifikation, Gruppenphase, Play offs) schon seit dem Jahr 1997 praktiziert wurde. An der Champions League nehmen je zwei Vertreter aus den zwölf erfolgreichsten Ländern teil.

Charakteristisch für Afrika ist zum einen die große geografische Ausdehnung des Kontinents, zum anderen aber auch die große Anzahl an Teams, die bisher die Trophäe gewannen oder bis ins Finale vordrangen. Der inzwischen 42 Jahre lang ausgetragene Meistercup (Champions League) kennt 24 verschiedene Sieger und weitere 19 Finalisten. Dieser Fakt wird primär beeinflusst durch die örtlich differenzierten Gegebenheiten, von denen vor allem das Klima einschließlich der anstrengenden Anreise der Gäste den Heimmannschaften einen nicht zu unterschätzenden Vorteil bietet. Hinzu kommt, dass die Qualität der Stadien sehr unterschiedlich ist. Deswegen ist es kein Wunder, dass sich die Ergebnisse zweier als gleichwertig eingestufter Vereine im Heim- und Auswärtsspiel oft diametral voneinander unterscheiden. So erzielen auch einzelne Teams aus Ländern Erfolge, die ansonsten auf internationalem Parkett weniger in Erscheinung treten. Dagegen können Kamerun, Ägypten, Algerien und Marokko auf je drei Klubs verweisen, die den Pokal schon erobert haben; Ghana, Tunesien, Zaire und die Elfenbeinküste stellen derer je zwei. Die erfolgreichsten Vereine sind die ägyptischen Topklubs Zamalek SC und al-Ahli mit je fünf Cupsiegen. Einige Endspiele wurden von weniger als 10 000, mithin sogar nur 5000 Zuschauern verfolgt. Andererseits wurden Begegnungen der Vorschlussrunden in den Stadien der führenden afrikanischen Fußballländer (Ägypten, Algerien, Nigeria, Kamerun) mehrfach von bis zu 100 000 Menschen besucht.

Der **Afrikacup der Pokalsieger** wurde von 1975–2003 gespielt und auch in seinem Fall haben sich zu Beginn die Mannschaften aus der Region des Golfs von Guinea durchgesetzt. Analog zum Meistercup stellten sich auch bei ihm in den 80er Jahren die Erfolge der nordafrikanischen Teams ein. Die meisten Trophäen, nämlich acht, gingen an die ägyptischen Klubs (vier gewann al-Ahli, davon sogar drei in Folge, drei holte Mokawloon). Vier Pokalsiege erkämpfte Tunesien, je drei verbuchten Kamerun und Nigeria.

Im Jahr 1992 wurde der **CAF-Pokal,** eine Kopie des europäischen UEFA-Pokals, eingeführt. An ihm nahmen die zweit- oder nächstplatzierten Mannschaften der nationalen Ligen teil. Im Rahmen der Reorganisation der afrikanischen Wettbewerbe wurde er 2004 de facto mit der Konkurrenz der Pokalsieger zusammengeschlossen und zum **Confederation Cup** umbenannt. Genauso wie in der Champions League können an ihm je zwei Mannschaften aus den besten zwölf Ländern teilnehmen. Zur spielerischen Qualität des Cups tragen auch die Unterlegenen des Achtelfinales in der Champions League bei, die später hinzustoßen. Von den bisherigen 15 Cupsiegern kommen sechs aus Tunesien (allein vier Trophäen holte ES Sahel), drei aus Marokko und zwei aus Nigeria. Der Sieger des Confederation Cups ersetzte den Gewinner des Pokalsiegerwettbewerbs im Kampf um den **Supercup,** der seit 1992 ausgetragen wird. Der Gegner war stets der Titelträger des Meistercups, und seit 2005 ist es der Gewinner der Champions League.

Champions League (Afrikapokal der Meister)

1964 **Oryx Douala** (Kamerun)–Stade Malien (Mali) 2:1
1965 *nicht ausgetragen*
1966 AS Real Bamako (Mali)–**Stade Abidjan** (Elfenbeinküste) 3:1 und 1:4
1967 Asante Kotoko FC (Ghana)–**TP Mazembe** (VR Kongo/Zaire) 1:1 und 2:2
(Asante hat ein drittes Spiel abgelehnt, der Titel wurde an TP Mazembe vergeben)
1968 **TP Mazembe** (VR Kongo/Zaire)–Etoile Filante (Togo) 5:0 und 1:4
1969 TP Mazembe (VR Kongo/Zaire)–**Ismaily SC** (Ägypten) 2:2 und 1:3
1970 **Asante Kotoko FC** (Ghana)–TP Mazembe (VR Kongo/Zaire) 1:1 und 2:1
1971 Asante Kotoko FC (Ghana)–**Canon Yaoundé** (Kamerun) 3:0, 0:2 und 0:1
1972 **Hafia FC** (Guinea)–Simba SC (Tansania) 4:2 und 2:3
1973 Asante Kotoko FC (Ghana)–**AS Vita Club** (VR Kongo/Zaire) 4:2 und 0:3
1974 **CARA** (Kongo)–Ghazl Mahalla (Ägypten) 4:2 und 2:1
1975 **Hafia FC** (Guinea)–Enugu Rangers (Nigeria) 1:0 und 2:1
1976 Hafia FC (Guinea)–**MC Alger** (Algerien) 3:0 und 0:3 (1:4 Elfmetersch.)
1977 Hearts of Oak SC (Ghana)–**Hafia FC** (Guinea) 0:1 und 2:3
1978 Hafia FC (Guinea)–**Canon Yaoundé** (Kamerun) 0:0 und 0:2
1979 Hearts of Oak SC (Ghana)–**Union Douala** (Kamerun) 1:0 und 0:1 (3:5 Elfmetersch.)
1980 **Canon Yaoundé** (Kamerun)–AS Dragons (VR Kongo/Zaire) 2:2 und 3:0
1981 **JS Kabylie** (Algerien)–AS Vita Club (VR Kongo/Zaire) 4:0 und 1:0
1982 **al-Ahli SC** (Ägypten)–Asante Kotoko FC (Ghana) 3:0 und 1:1
1983 al-Ahli SC (Ägypten)–**Asante Kotoko FC** (Ghana) 0:0 und 0:1
1984 **Zamalek SC** (Ägypten)–3SC Shooting Stars (Nigeria) 2:0 und 0:0
1985 **FAR Rabat** (Marokko)–AS Dragons (VR Kongo/Zaire) 5:2 und 1:1
1986 **Zamalek SC** (Ägypten)–Africa Sports (Elfenbeinküste) 2:0 und 0:2 (4:2 Elfmetersch.)
1987 al-Hilal (Sudan)–**al-Ahli SC** (Ägypten) 0:0 und 0:2
1988 Iwuanyanwu Nationale (Nigeria)–**ES Sétif** (Algerien) 1:0 und 0:4
1989 **Raja CA Casablanca** (Marokko)–MC Oran (Algerien) 1:0 und 0:1 (4:2 Elfmetersch.)
1990 **JS Kabylie** (Algerien)–Nkana FC (Sambia) 1:0 und 0:1 (5:3 Elfmetersch.)
1991 **Club Africain** (Tunesien)–Villa SC (Uganda) 6:2 und 1:1
1992 **WA Casablanca** (Marokko)–al-Hilal (Sudan) 2:0 und 0:0
1993 Asante Kotoko FC (Ghana)–**Zamalek SC** (Ägypten) 0:0 und 0:0 (6:7 Elfmetersch.)
1994 Zamalek SC (Ägypten)–**Espérance Tunis** (Tunesien) 0:0 und 1:3
1995 **Orlando Pirates** (Südafrika)–ASEC Mimosas (Elfenbeinküste) 2:2 und 1:0
1996 3SC Shooting Stars (Nigeria)–**Zamalek SC** (Ägypten) 2:1 und 1:2 (4:5 Elfmetersch.)
1997 Goldfields SC (Ghana)–**Raja CA Casablanca** (Marokko) 1:0 und 0:1 (4:5 Elfmetersch.)
1998 Dynamos (Simbabwe)–**ASEC Mimosas** (Elfenbeinküste) 0:0 und 2:4
1999 **Raja CA Casablanca** (Marokko)–Espérance Tunis (Tunesien) 0:0 und 0:0 (4:3 Elfmetersch.)
2000 Espérance Tunis (Tunesien)–**Hearts of Oak SC** (Ghana) 1:2 und 1:3
2001 Mamelodi Sundowns (Südafrika)–**al-Ahli SC** (Ägypten) 1:1 und 0:3
2002 Raja CA Casablanca (Marokko)–**Zamalek SC** (Ägypten) 0:0 und 0:1
2003 **Enyimba FC** (Nigeria)–Ismaily SC (Ägypten) 2:0 und 0:1
2004 ES Sahel (Tunesien)–**Enyimba FC** (Nigeria) 2:1 und 1:2 (3:5 Elfmetersch.)
2005 ES Sahel (Tunesien)–**al-Ahli SC** (Ägypten) 0:0 und 0:3
2006 **al-Ahli SC** (Ägypten)–CS Sfaxien (Tunesien) 1:1 und 1:0

Afrikacup der Pokalsieger

1975 Stella Abidjan (Elfenbeinküste)–**Tonnerre Yaoundé** (Kamerun) 0:1 und 1:4
1976 **3SC Shooting Stars** (Nigeria)–Tonnerre Yaoundé (Kamerun) 4:1 und 0:1
1977 **Enugu Rangers** (Nigeria)–Canon Yaoundé (Kamerun) 4:1 und 1:1
1978 MA Hussein Dey (Algerien)–**Horoya AC** (Guinea) 1:3 und 1:2
1979 GOR Mahia (Kenia)–**Canon Yaoundé** (Kamerun) 0:2 und 0:6
1980 Africa Sports (Elfenbeinküste)–**TP Mazembe** (VR Kongo/Zaire) 1:3 und 0:1
1981 **Union Douala** (Kamerun)–Stationery Stores (Nigeria) 0:0 und 2:1
1982 Power Dynamos (Sambia)–**Mokawloon al-Arab** (Ägypten) 0:2 und 0:2
1983 Agaza Lomé (Togo)–**Mokawloon al-Arab** (Ägypten) 0:1 und 0:0
1984 **al-Ahli SC** (Ägypten)–Canon Yaoundé (Kamerun) 1:0 und 0:1 (4:2 Elfmetersch.)
1985 **al-Ahli SC** (Ägypten)–Leventis United (Nigeria) 2:0 und 0:1
1986 **al-Ahli SC** (Ägypten)–AS Sogara (Gabun) 3:0 und 0:2
1987 Espérance Tunis (Tunesien)–**GOR Mahia** (Kenia) 2:2 und 1:1
1988 Ranchers Bees (Nigeria)–**CA Bizertin** (Tunesien) 0:0 und 0:1
1989 **al-Merreikh SC** (Sudan)–Bendel United (Nigeria) 1:0 und 0:0
1990 **BCC Lions of Gboko** (Nigeria)–Club Africain (Tunesien) 3:0 und 1:1
1991 BCC Lions of Gboko (Nigeria)–**Power Dynamos** (Sambia) 3:2 und 1:3
1992 **Africa Sports** (Elfenbeinküste)–Vital'O SC (Burundi) 1:1 und 4:0
1993 Africa Sports (Elfenbeinküste)–**al-Ahli SC** (Ägypten) 1:1 und 0:1
1994 **DC Motema Pembe** (VR Kongo/Zaire)–Tusker FC (Kenia) 2:2 und 3:0
1995 Julius Berger (Nigeria)–**JS Kabylie** (Algerien) 1:1 und 1:2
1996 AC Sodigraf (VR Kongo/Zaire)–**Mokawloon al-Arab** (Ägypten) 0:0 und 0:4
1997 **ES Sahel** (Tunesien)–FAR Rabat (Marokko) 2:0 und 0:1
1998 **Espérance Tunis** (Tunesien)–Primeiro de Agosto (Angola) 3:1 und 1:1
1999 **Africa Sports** (Elfenbeinküste)–Club Africain (Tunesien) 1:0 und 1:1
2000 **Zamalek SC** (Ägypten)–Canon Yaoundé (Kamerun) 4:1 und 0:2
2001 Inter Luanda (Angola)–**Kaizer Chiefs** (Südafrika) 1:1 und 0:1
2002 **WA Casablanca** (Marokko)–Asante Kotoko FC (Ghana) 1:0 und 1:2
2003 Julius Berger (Nigeria)–**ES Sahel** (Tunesien) 2:0 und 0:3

Confederation Cup (CAF-Pokal)

1992 Villa SC (Uganda)–**3SC Shooting Stars** (Nigeria) 0:0 und 0:3
1993 **Stella Abidjan** (Elfenbeinküste)–Simba SC (Tansania) 0:0 und 2:0
1994 Primeiro de Maio (Angola)–**Bendel Insurance** (Nigeria) 1:0 und 0:3
1995 AS Kaloum Stars (Guinea)–**ES Sahel** (Tunesien) 0:0 und 0:2
1996 ES Sahel (Tunesien)–**KAC Marrakech** (Marokko) 3:1 und 0:2
1997 Petro Atlético Luanda (Angola)–**Espérance Tunis** (Tunesien) 1:0 und 0:2
1998 ASC Jeanne d'Arc (Senegal)–**CS Sfaxien** (Tunesien) 0:1 und 3:0
1999 **ES Sahel** (Tunesien)–WA Casablanca (Marokko) 1:0 und 1:2
2000 Ismaily SC (Ägypten)–**JS Kabylie** (Algerien) 1:1 und 00
2001 ES Sahel (Tunesien)–**JS Kabylie** (Algerien) 2:1 und 0:1
2002 **JS Kabylie** (Algerien)–Tonnerre Yaoundé (Kamerun) 4:0 und 0:1
2003 **Raja CA Casablanca** (Marokko)–Cotonsport Garoua (Kamerun) 2:0 und 0:0
2004 **Hearts of Oak SC** (Ghana)–Asante Kotoko FC (Ghana) 1:1 und 1:1 (8:7 Elfmetersch.)
2005 Dolphins FC (Nigeria)–**FAR Rabat** (Marokko) 1:0 und 0:3
2006 FAR Rabat (Marokko)–**ES Sahel** (Tunesien) 1:1 und 0:0

Supercup

1992 **Africa Sports** (Elfenbeinküste)–WA Casablanca (Marokko) 2:2 (5:3 Elfmetersch.)
1993 **Zamalek SC** (Ägypten)–al-Ahli SC (Ägypten) 1:0
1994 **Espérance Tunis** (Tunesien)–DC Motema Pembe (VR Kongo/Zaire) 3:0
1995 **Orlando Pirates** (Südafrika)–JS Kabylie (Algerien) 1:0
1996 **Zamalek SC** (Ägypten)–Mokawloon al-Arab (Ägypten) 0:0 (4:2 Elfmetersch.)
1997 **ES Sahel** (Tunesien)–Raja CA Casablanca (Marokko) 2:2 (4:2 Elfmetersch.)
1998 **ASEC Mimosas** (Elfenbeinküste)–Espérance Tunis (Tunesien) 3:1 nach Verl.
1999 **Raja CA Casablanca** (Marokko)–Africa Sports (Elfenbeinküste) 2:0
2000 **Hearts of Oak SC** (Ghana)–Zamalek SC (Ägypten) 2:0
2001 **al-Ahli SC** (Ägypten)–Kaizer Chiefs (Südafrika) 4:1
2002 **Zamalek SC** (Ägypten)–WA Casablanca (Marokko) 3:1
2003 **Enyimba FC** (Nigeria)–ES Sahel (Tunesien) 1:0
2004 **Enyimba FC** (Nigeria)–Hearts of Oak SC (Ghana) 2:0 nach Verl.
2005 **al-Ahli SC** (Ägypten)–FAR Rabat (Marokko) 0:0 (4:2 Elfmetersch.)

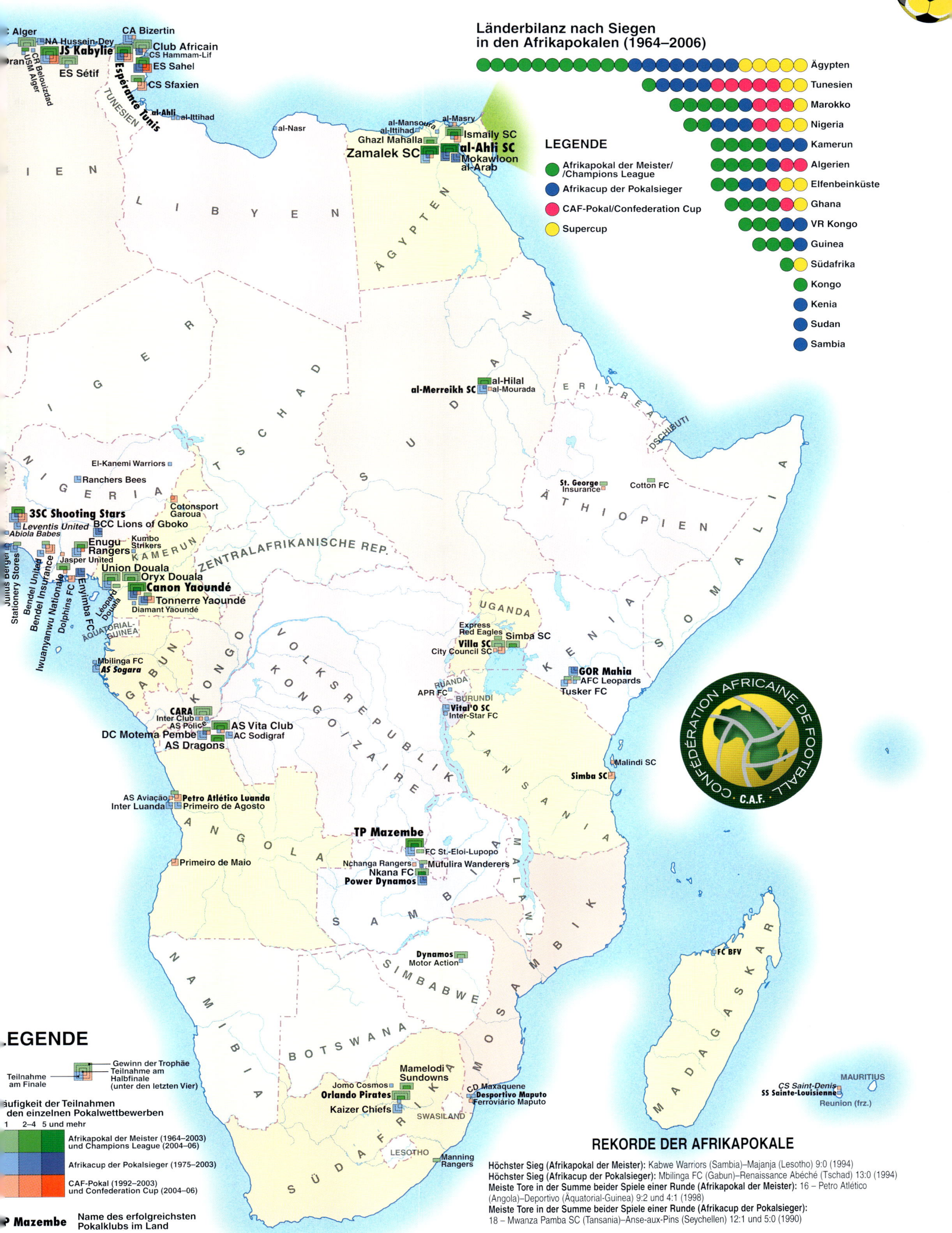

REKORDE DER AFRIKAPOKALE

Höchster Sieg (Afrikapokal der Meister): Kabwe Warriors (Sambia)–Majanja (Lesotho) 9:0 (1994)
Höchster Sieg (Afrikacup der Pokalsieger): Mbilinga FC (Gabun)–Renaissance Abéché (Tschad) 13:0 (1994)
Meiste Tore in der Summe beider Spiele einer Runde (Afrikapokal der Meister): 16 – Petro Atlético (Angola)–Deportivo (Äquatorial-Guinea) 9:2 und 4:1 (1998)
Meiste Tore in der Summe beider Spiele einer Runde (Afrikacup der Pokalsieger): 18 – Mwanza Pamba SC (Tansania)–Anse-aux-Pins (Seychellen) 12:1 und 5:0 (1990)

Cups der CONCACAF-Länder

Ähnlich wie die Meisterschaft der Nationalteams hat auch der bedeutendste Klubwettbewerb der CONCACAF-Mitglieder eine komplizierte Geschichte. Seine Premiere feierte er 1962, nach einem zweiten Jahrgang wurde er jedoch für fünf Jahre unterbrochen. Seither wird er regelmäßig ausgespielt, obwohl man ihn oftmals nicht als vollständig bezeichnen kann. Insgesamt fünf Teams gewannen in den 60er und 70er Jahren den Titel aufgrund des Nichtantretens der Finalgegner. Im Jahre 1978 teilten sich gar drei Mannschaften den Titel. Seit Beginn der siebziger Jahre wurde er als Cup der Meister und der zweitplatzierten Mannschaften einiger nationaler Ligen veranstaltet. Der **CONCACAF Cup** erfuhr im Laufe der Zeit sehr viele organisatorische Änderungen. Am häufigsten spielte man nach dem klassischen Play-off-System, bei dem sich im Halbfinale die Vertreter der kontinentalen und karibischen Qualifikationszone trafen. In den Jahren von 1993 bis 1996 war der Höhepunkt des Wettbewerbes das aus vier Teams gebildete Finalturnier. Ende der 90er Jahre wurden die Finalrundenspiele (ab dem Viertelfinale) besonders aus kommerziellen Gründen in den USA ausgetragen.

Der Pokalwettbewerb Mittel- und Nordamerikas wird eindeutig von den mexikanischen Klubs (mit Cruz Azul und CF América an der Spitze) dominiert. Sie eroberten mehr als die Hälfte aller Titel (22 von 43). Mit großem Abstand folgen Costa Rica mit sechs Trophäen und El Salvador mit drei. Aus der karibischen Inselregion konnten sich nur Klubs aus drei Ländern durchsetzen und den Titel erringen: Trinidad und Tobago, Haiti und Suriname (im ganzen sechs Titel, davon drei durch den Rückzug gegnerischer Teams). Interessant sind besonders zehn Finalteilnahmen zweier Vertreter Surinames (Robinhood und Transvaal). Zweimal hat auch der kubanische Klub Pinal del Rio das Finale erreicht. Seit den achtziger Jahren nahmen an diesem Cup auch die Meister der USA teil, davon haben zwei den Wettbewerb sogar gewonnen (DC United und Los Angeles Galaxy).

Aus organisatorischen Gründen und wegen der unterschiedlichen Klasse teilte sich der Wettbewerb in drei Regionalzonen auf: Nord (USA, Mexiko, zeitweise auch Kanada); Zentral, wo die Klubs der übrigen mittelamerikanischen Länder (Nord- und Zentral-Zone schlossen sich oft zusammen) gegeneinander spielen; die Karibik-Zone mit vielen Inselstaaten und abhängigen Gebieten. In dieser Zone kämpfen auch die Teams der drei Länder Südamerikas – Guyana, Suriname und Französisch-Guyana – um das Weiterkommen. Die zwei Meister Mexikos (je einer der Winter- und der Sommersaison) sowie die beiden Finalisten der USA qualifizieren sich in der Regel direkt für das Viertelfinale oder das Finalturnier. Ähnlich wie in Europa oder nach dem Auswahlprinzip des südamerikanischen Pokals der Befreier hängt die Anzahl der Teilnehmer vom fußballerischen Niveau der einzelnen CONCACAF-Mitgliedsstaaten ab. Die hierbei am meisten entwickelten Länder können manchmal bis zu vier Vertreter in den Wettbewerb entsenden, die schwächeren Mitglieder nur einen.

Den klassischen Cup der Pokalsieger gibt es in dieser Region nicht. Einen Ersatz, genauer den zweitwichtigsten Cup der Konföderation, stellte die **Recopa** dar, die von 1991–98 als Wettbewerb der zweit- bzw. nächstplatzierten Klubs der mittelamerikanischen Festlandstaaten, mit Ausnahme Mexikos, gespielt wurde. Es fanden aber nur vier Jahrgänge statt. 1992 spielte man überhaupt nicht, auch in den Jahren 1996 und 1998 kam es zu einer Absage des Turniers.

Im Jahr 2001 wurde mit dem **FC Giants' Cup** jedoch ein weiteres Turnier ausgetragen. Das unorthodoxe Prinzip der Teilnehmerauswahl schauten sich die Veranstalter offensichtlich von den Brasilianern (vom Wettbewerb Copa do Brasil) ab, denn am Cup nahmen die Klubs mit der höchsten durchschnittlichen Besucherzahl in den heimischen Ligen teil. In jenem Jahr war er der bedeutendste Wettbewerb des Kontinents, da der traditionelle CONCACAF Cup nicht beendet wurde. Der Sieger der Konkurrenz hatte die Zusage, beim FIFA-Pokal (sog. Klub-WM) für Nord- und Mittelamerika zu starten. Aber dieser Pokal fand letzten Endes gar nicht statt...

Finalbilanz der Länder im CONCACAF Cup

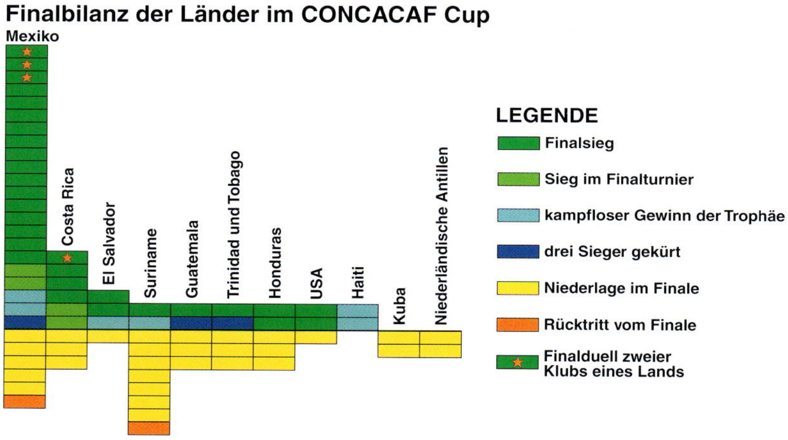

CONCACAF Cup

1962 CSD Comunicaciones FC (Guatemala)–**CD Guadalajara** (Mexiko) 0:1 und 0:5
1963 **RC Haïtien** (Haiti)–CD Guadalajara (Mexiko) *kampflos*
1964 *Turnier wurde abgesagt*
1965 *Turnier wurde abgesagt*
1966 *nicht ausgetragen*
1967 **Alianza FC** (El Salvador)–Jong Colombia (Niederländische Antillen) 1:2 und 3:0 und 5:3
1968 **CD Toluca** (Mexiko) *kampflos, Sv Transvaal (Suriname) und Aurora FC (Guatemala) ausgeschlossen*
1969 CSD Comunicaciones FC (Guatemala)–**CD Cruz Azul** (Mexiko) 0:0 und 0:1
1970 **CD Cruz Azul** (Mexiko) *kampflos, SV Transvaal (Suriname) und CD Saprissa (Costa Rica) ausgestiegen*
1971 **CD Cruz Azul** (Mexiko)–LD Alajuelense (Costa Rica) 5:1
1972 Robinhood (Suriname)–**CD Olimpia** (Honduras) 0:0 und 0:2
1973 **SV Transvaal** (Suriname) *kampflos, die Teams aus den Zonen Nord und Zentral stiegen aus*
1974 **CSD Municipal** (Guatemala)–SV Transvaal (Suriname) 2:1 und 2:1
1975 SV Transvaal (Suriname)–**Necaxa** (Mexiko) 0:3 und 1:2
1976 **CD Águila** (El Salvador)–Robinhood (Suriname) *kampflos*
1977 Robinhood (Suriname)–**CF América** (Mexiko) 0:1 und 0:0
1978 **Universidad de Guadalajara** (Mexiko) – Zone Nord, **CSD Comunicaciones FC** (Guatemala) – Zone Zentral und **Defence Force** (Trinidad und Tobago) – Zone Karibik *wurden zum gemeinsamen Sieger erklärt*
1979 Jong Colombia (Niederländische Antillen)–**CD FAS** (El Salvador) 0:1 und 0:8
1980 **UNAM "Los Pumas"** (Mexiko) *Sieger des Finalturniers*
1981 **SV Transvaal** (Suriname)–CD Atlético Marte (El Salvador) 1:0 und 1:1
1982 Robinhood (Suriname)–**UNAM "Los Pumas"** (Mexiko) 0:0 und 1:2
1983 Robinhood (Suriname)–**CD Atlante** (Mexiko) 1:1 und 0:5
1984 **Violette AC** (Haiti) *zum Sieger erklärt (Turniere in den anderen Regionen wurden nicht ausgetragen)*
1985 **Defence Force** (Trinidad und Tobago)–CD Olimpia (Honduras) 2:0 und 0:1
1986 **LD Alajuelense** (Costa Rica)–SV Transvaal (Suriname) 4:1 und 1:1
1987 Defence Force (Trinidad und Tobago)–**CF América** (Mexiko) 1:1 und 0:2
1988 **CD Olimpia** (Honduras)–Defence Force (Trinidad und Tobago) 2:0 und 2:0
1989 **UNAM "Los Pumas"** (Mexiko)–FC Pinar del Río (Kuba) 1:1 und 3:1
1990 FC Pinar del Río (Kuba)–**CF América** (Mexiko) 2:2 und 0:6
1991 **CF Puebla** (Mexiko)–Police FC (Trinidad und Tobago) 3:1 und 1:1
1992 **CF América** (Mexiko)–LD Alajuelense (Costa Rica) 1:0
1993 **CD Saprissa** (Costa Rica) *Sieger des Finalturniers*
1994 **CS Cartaginés** (Costa Rica)–CD Atlante (Mexiko) 3:2
1995 **CD Saprissa** (Costa Rica) *Sieger des Finalturniers*
1996 **CD Cruz Azul** (Mexiko) *Sieger des Finalturniers*
1997 **CD Cruz Azul** (Mexiko)–Los Angeles Galaxy (USA) 5:3
1998 **DC United** (USA)–CD Toluca (Mexiko) 1:0
1999 **Necaxa** (Mexiko)–LD Alajuelense (Costa Rica) 2:1
2000 **Los Angeles Galaxy** (USA)–CD Olimpia (Honduras) 3:2
2001 *Turnier wurde abgesagt*
2002 **Atlético Pachuca** (Mexiko)–Atlético Morelia (Mexiko) 1:0
2003 Atlético Morelia (Mexiko)–**CD Toluca** (Mexiko) 3:3 und 1:2
2004 CD Saprissa (Costa Rica)–**LD Alajuelense** (Costa Rica) 1:1 und 0:4
2005 **CD Saprissa** (Costa Rica)–UNAM "Los Pumas" (Mexiko) 2:0 und 1:2
2006 CD Toluca (Mexiko)–**CF América** (Mexiko) 0:0 und 1:2

FC Giants' Cup

2001 **CF América** (Mexiko)–DC United (USA) 2:0

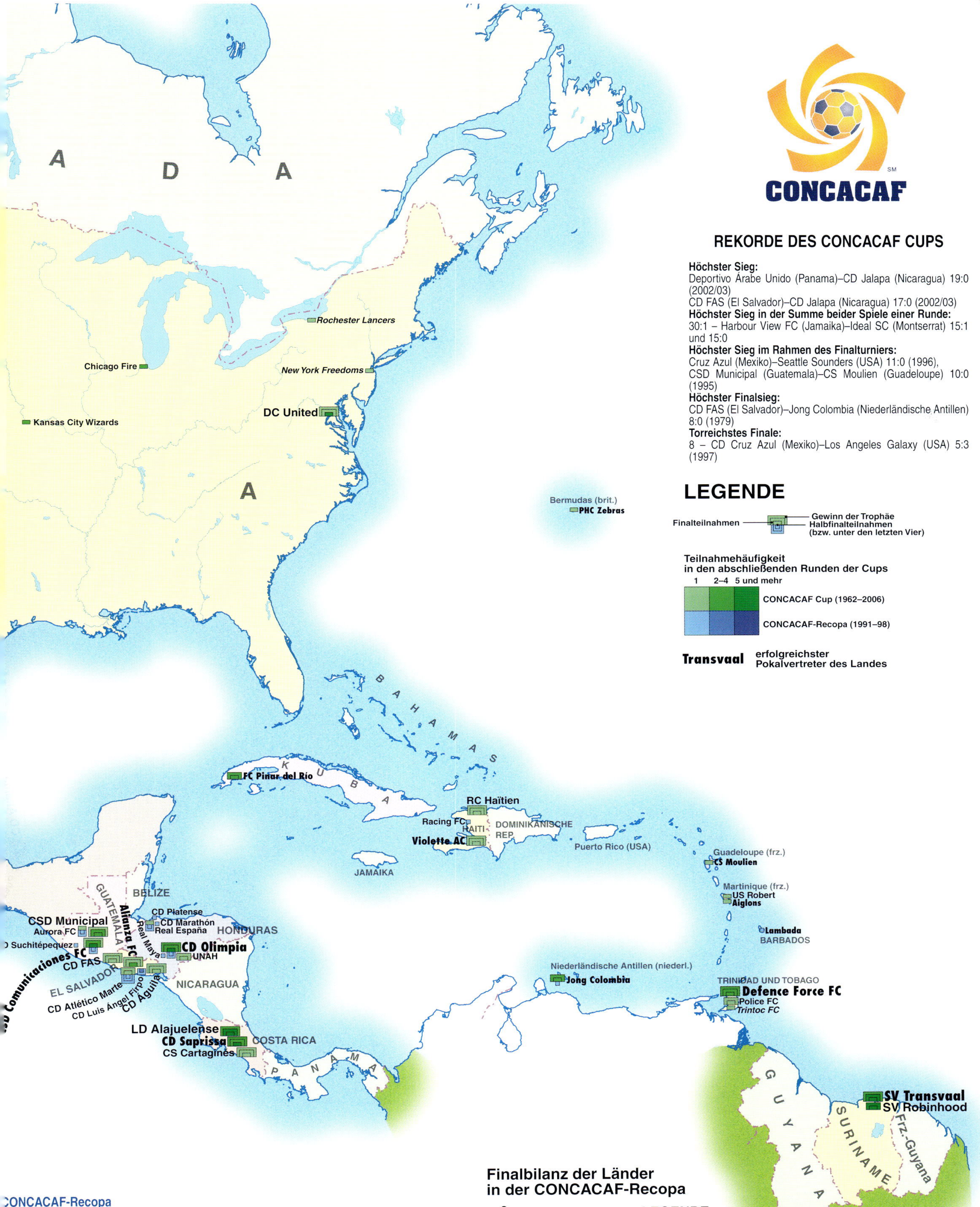

CONCACAF

REKORDE DES CONCACAF CUPS

Höchster Sieg:
Deportivo Árabe Unido (Panama)–CD Jalapa (Nicaragua) 19:0 (2002/03)
CD FAS (El Salvador)–CD Jalapa (Nicaragua) 17:0 (2002/03)
Höchster Sieg in der Summe beider Spiele einer Runde:
30:1 – Harbour View FC (Jamaika)–Ideal SC (Montserrat) 15:1 und 15:0
Höchster Sieg im Rahmen des Finalturniers:
Cruz Azul (Mexiko)–Seattle Sounders (USA) 11:0 (1996),
CSD Municipal (Guatemala)–CS Moulien (Guadeloupe) 10:0 (1995)
Höchster Finalsieg:
CD FAS (El Salvador)–Jong Colombia (Niederländische Antillen) 8:0 (1979)
Torreichstes Finale:
8 – CD Cruz Azul (Mexiko)–Los Angeles Galaxy (USA) 5:3 (1997)

LEGENDE

Finalteilnahmen – Gewinn der Trophäe – Halbfinalteilnahmen (bzw. unter den letzten Vier)

Teilnahmehäufigkeit in den abschließenden Runden der Cups
1 | 2–4 | 5 und mehr
CONCACAF Cup (1962–2006)
CONCACAF-Recopa (1991–98)

Transvaal erfolgreichster Pokalvertreter des Landes

CONCACAF-Recopa

991 **CD Atlético Marte** (El Salvador) *Sieger des Finalturniers*
992 *nicht ausgetragen*
993 **CF Monterrey** (Mexiko) *Sieger des Finalturniers*
994 **Rayos del Necaxa** (Mexiko)–Aurora FC (Guatemala) 3:0
995 **UAG "Los Tecos"** (Mexiko)–CD Luís Angel Firpo (El Salvador) 2:1
996 *Turnier wurde abgesagt*
997 *Finale* CD Olimpia (Honduras)–Rayos del Necaxa (Mexiko) *wurde nicht ausgetragen*
998 *Turnier wurde abgesagt*

Finalbilanz der Länder in der CONCACAF-Recopa

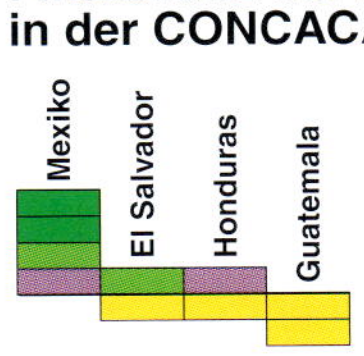

LEGENDE
Finalsieg
Sieg im Finalturnier
Niederlage im Finale
Finale wurde nicht ausgespielt

Südamerika-Cups

Die Tradition der südamerikanischen Pokalwettbewerbe (nach den Europacups die zweitältesten kontinentalen Klubkonkurrenzen der Welt) geht bis auf das Jahr 1960 zurück. Unter dem Einfluss des Erfolgs des Europapokals der Landesmeister wurde der Südamerika-Pokal der Meister (Copa de Campeones) zunächst nach dem gleichen Modus (K.-o.-System mit Hin- und Rückspiel) ausgetragen. Im Auftaktjahr nahmen sieben Klubs teil, schon 1962 ging man zu Gruppenspielen über, denen die Halbfinals und das Finale folgten. Zwei Jahre später war mit Venezuela auch das zehnte und letzte Mitglied der CONMEBOL-Konföderation im Wettbewerb vertreten. Auf Initiative von Uruguay, wo die nationale Liga in der Regel von Peñarol oder Nacional gewonnen wird, gingen seit 1966 die jeweils zwei besten Mannschaften jedes Landes ins Rennen. Diese Innovation war auch mit der Umbenennung des Wettbewerbs in **Pokal der Befreier (Copa Libertadores)** verbunden. Im darauffolgenden Jahr gingen bereits 19 Klubs in drei Gruppen an den Start: die zwei Besten aus jeder und der Titelverteidiger bildeten zwei Halbfinalgruppen, deren Sieger die Endspiele bestritten. Im Jahre 1968 wurde erstmals in fünf Gruppen zu je vier Klubs gespielt – ein System, das von 1971–99 konstant zum Tragen kam. In jeder Gruppe trafen stets die beiden Vertreter von je zwei Staaten aufeinander. Die Zusammensetzung der Gruppen wurde jedoch ständig geändert, sodass sich im Laufe des Wettbewerbs die Topvereine auch mehrfach gegenüber standen.

In der Zwischenzeit hatte sich das Kräfteverhältnis ebenso häufig geändert. Im Jahr 1977 stieg mit Portuguesa zum ersten Mal ein venezolanischer Klub in die Semifinalrunde auf und bezwang obendrein Internacional aus Porto Alegre mit 3:0. In den 80er Jahren war die Konkurrenz ziemlich ausgeglichen, auch wenn Außenseitern nie der ganze große Wurf gelang. Erwähnenswert ist jedoch die Teilnahme von Deportes Cobreola aus dem chilenischen Kupferzentrum Calama in zwei aufeinanderfolgenden Finals (1981, 1982). 1990 erreichte Barcelona aus Ecuador überraschend das Finale. Von 1971 bis 1987 kamen nur die Sieger der fünf Vorrundengruppen eine Runde weiter. Zusammen mit dem Pokalverteidiger spielten sie das Halbfinale in zwei Dreiergruppen aus. Die nächste Änderung gab es in der Saison 1988: aus den fünf Gruppen erreichten die je zwei besten Mannschaften die Ausscheidungsrunde, aus der der spätere Sieger hervorging. Ein Jahr später war es wieder anders: aus jeder Vierergruppe stiegen drei Teams in das Achtelfinale auf, zu dem sich der Cupverteidiger gesellte. Dieser Modus blieb bis 1999 bestehen. Die Bemühungen um eine Steigerung des Niveaus der Copa Libertadores führten letztlich zur Teilnahme der mexikanischen Klubs (seit 1998). Eine grundlegende Reform des Wettbewerbs erfolgte im Jahr 2000. Die überlebte Regelung „ein Land – zwei Klubs" wurde durch eine leistungsbezogene Aufgliederung des Teilnehmerfeldes ersetzt. Seitdem sind die stärksten Nationen wie Brasilien und Argentinien mit vier Klubs im Cup vertreten, allen übrigen Ländern stehen jetzt jeweils drei Plätze zur Verfügung. Im Gegensatz zur europäischen Champions League hat der Pokalverteidiger ein automatisches Startrecht. Nach einer Vorqualifikation wird das Starterfeld in acht Vierergruppen geteilt. Die besten Zwei aus jeder Gruppe nehmen dann an den Play-offs teil.

Die erfolgreichsten Vereine der Copa Libertadores kommen aus jenen zwei Städten, die auch als die Wiege des südamerikanischen Fußballs angesehen werden – Buenos Aires (7x Independiente, 5x Boca Juniors) und Montevideo (5x Peñarol). Die Mannschaften beider Städte errangen mehr als die Hälfte aller Pokalsiege. In der „Länderwertung" führt Argentinien (20 Trophäen) mit einigem Vorsprung auf Brasilien (13) und Uruguay (8). Venezuela und Bolivien hingegen haben noch nie das Pokalfinale erreicht. Bemerkenswert sind die relativ schwachen Ergebnisse der brasilianischen Klubs. Die Brasilianer maßen dem Pokal der Befreier besonders in der ersten Phase keinen allzu großen Wert bei, auch weil das Programm der einheimischen Saison ziemlich vollbepackt war. An drei Jahrgängen (1966, 1969, 1970) nahmen sie überhaupt nicht teil. Eine gewisse Rolle spielte auch das geringe Prestige des Pokals, der vor allem anfangs unter vielen Unzulänglichkeiten litt (der defensive Stil und die unsaubere Spielweise einiger Klubs waren dem Niveau des Wettbewerbs abträglich). Die brasilianischen Mannschaften begannen erst in den 90er Jahren zu dominieren, als sie sechs Titel gewannen. 2005 und 2006 gab es dann sogar ein rein brasilianisches Finale.

In Südamerika gab es nie einen Cup der Pokalsieger wie auf anderen Kontinenten, wo dieser quasi die Nummer zwei unter den Klubwettbewerben darstellt. Es wurden jedoch andere Pokale ausgetragen. Der bedeutendste unter ihnen war der **Supercup** (Supercopa João Havelange, 1988–97), in dem ehemalige Sieger des Pokals der Befreier die Klingen kreuzten. Parallel dazu eingeführt wurde die **Recopa**, ein Pokal, der zur gleichen Zeit zwischen dem Gewinner der Copa Libertadores und des Supercups ausgespielt wurde. Ihre Duelle fanden zumeist in Japan statt. Die **Copa Conmebol** (1992–99), vom System her mit dem UEFA-Pokal vergleichbar, hatte ihre Bedeutung wegen der Aufwertung des Pokals der Befreier verloren und ist ebenfalls eingegangen. Die Copa Mercosur (ab 1998) war lediglich den Klubs der fußballmäßig stärksten Länder der gleichnamigen Wirtschaftsunion vorbehalten. Eine Kopie davon war die im nördlichen Teil Südamerikas ausgetragene Copa Merconorte. Beide Wettbewerbe wurden im Jahr 2001 eingestellt und durch die **Copa Sudoamericana** ersetzt. Jetzt fordert ihr Sieger den Gewinner der Copa Libertadores zur Recopa heraus.

Finalbilanz der Copa Libertadores (1960–2006)

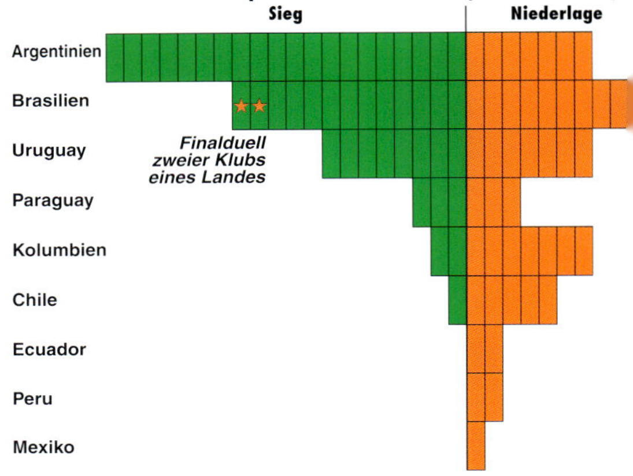

Bilanz der Finalduelle der Klubs der "Großen Drei" in der Copa Libertadores (1960–2006)

Argentinien–Brasilien 7:3
Argentinien–Uruguay 5:3
Brasilien–Uruguay 2:2

Finalbilanz der weiteren drei Pokale (1988–2005)

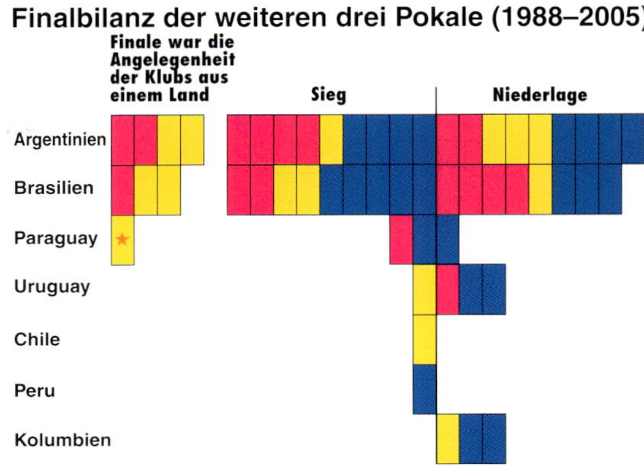

LEGENDE

- Supercopa Libertadores
- Recopa
- Copa Conmebol
- automatischer Sieger der Recopa

Copa Libertadores

1960 **CA Peñarol** (Uruguay)–Olimpia (Paraguay) 1:0 und 1:1
1961 **CA Peñarol** (Uruguay)–SE Palmeiras (Brasilien) 1:0 und 1:1
1962 CA Peñarol (Uruguay)–**Santos FC** (Brasilien) 1:2, 3:2 und 0:3
1963 **Santos FC** (Brasilien)–CA Boca Juniors (Argentinien) 3:2 und 2:1
1964 Nacional (Uruguay)–**CA Independiente** (Argentinien) 0:0 und 0:1
1965 **CA Independiente** (Argentinien)–CA Peñarol (Uruguay) 1:0, 1:3 und 4:1
1966 **CA Peñarol** (Uruguay)–CA River Plate (Argentinien) 2:0, 2:3 und 4:2 nach Verl.
1967 **Racing Club** (Argentinien)–Nacional (Uruguay) 0:0, 0:0 und 2:1
1968 **Estudiantes La Plata** (Argentinien)–SE Palmeiras (Brasilien) 2:1, 1:3 und 2:0
1969 Nacional (Uruguay)–**Estudiantes La Plata** (Argentinien) 0:1 und 0:2
1970 **Estudiantes La Plata** (Argentinien)–CA Peñarol (Uruguay) 1:0 und 0:0
1971 Estudiantes La Plata (Argentinien)–**Nacional** (Uruguay) 1:0, 0:1 und 0:2
1972 Universitario de Deportes (Peru)–**CA Independiente** (Argentinien) 0:0 und 1:2
1973 **CA Independiente** (Argentinien)–Deportivo Colo Colo (Chile) 1:1, 0:0 und 2:1 nach Verl.
1974 São Paulo FC (Brasilien)–**CA Independiente** (Argentinien) 2:1, 0:2 und 0:1
1975 Unión Española (Chile)–**CA Independiente** (Argentinien) 1:0, 1:3 und 0:2
1976 **Cruzeiro EC** (Brasilien)–CA River Plate (Argentinien) 4:1, 1:2 und 3:2
1977 **CA Boca Juniors** (Argentinien)–Cruzeiro EC (Brasilien) 1:0, 0:1 und 0:0 (5:4 Elfmetersch.)
1978 Deportivo Cali (Kolumbien)–**CA Boca Juniors** (Argentinien) 0:0 und 0:4
1979 **Olimpia** (Paraguay)–CA Boca Juniors (Argentinien) 2:0 und 0:0
1980 SC Internacional (Brasilien)–**Nacional** (Uruguay) 0:0 und 0:1
1981 **CR Flamengo** (Brasilien)–Deportes Cobreloa (Chile) 2:1, 0:1 und 2:0
1982 **CA Peñarol** (Uruguay)–Deportes Cobreloa (Chile) 0:0 und 1:0
1983 CA Peñarol (Uruguay)–**Grêmio Porto Alegrense** (Brasilien) 1:1 und 1:2
1984 Grêmio Porto Alegrense (Brasilien)–**CA Independiente** (Argentinien) 0:1 und 0:0
1985 **Argentinos Juniors** (Argentinien)–América (Kolumbien) 1:0, 0:1 und 1:1 (5:4 Elfmetersch.)
1986 América (Kolumbien)–**CA River Plate** (Argentinien) 1:2 und 0:1
1987 América (Kolumbien)–**CA Peñarol** (Uruguay) 2:0, 1:2 und 0:1 nach Verl.
1988 CA Newell's Old Boys (Argentinien)–**Nacional** (Uruguay) 1:0 und 0:3
1989 Olimpia (Paraguay)–**Atlético Nacional** (Kolumbien) 2:0 und 0:2 (4:5 Elfmetersch.)
1990 **Olimpia** (Paraguay)–Barcelona SC (Ecuador) 2:0 und 1:1
1991 Olimpia (Paraguay)–**Deportivo Colo Colo** (Chile) 0:0 und 0:3
1992 CA Newell's Old Boys (Argentinien)–**São Paulo FC** (Brasilien) 1:0 und 0:1 (2:3 Elfmetersch.)
1993 **São Paulo FC** (Brasilien)–CD Universidad Católica (Chile) 5:1 und 0:2
1994 **CA Vélez Sarsfield** (Argentinien)–São Paulo FC (Brasilien) 1:0 und 0:1 (5:3 Elfmetersch.)
1995 **Grêmio Porto Alegrense** (Brasilien)–Atlético Nacional (Kolumbien) 3:1 und 1:1
1996 América (Kolumbien)–**CA River Plate** (Argentinien) 1:0 und 0:2
1997 Sporting Cristal (Peru)–**Cruzeiro EC** (Brasilien) 0:0 und 0:1
1998 **CR Vasco da Gama** (Brasilien)–Barcelona SC (Ecuador) 2:0 und 2:1
1999 Deportivo Cali (Kolumbien)–**SE Palmeiras** (Brasilien) 1:0 und 1:2 (3:4 Elfmetersch.)
2000 **CA Boca Juniors** (Argentinien)–SE Palmeiras (Brasilien) 2:2 und 0:0 (4:2 Elfmetersch.)
2001 CD Cruz Azul (Mexiko)–**CA Boca Juniors** (Argentinien) 0:1 und 1:0 (1:3 Elfmetersch.)
2002 **Olimpia** (Paraguay)–AD São Caetano (Brasilien) 0:1 und 2:1 (4:2 Elfmetersch.)
2003 **CA Boca Juniors** (Argentinien)–Santos FC (Brasilien) 2:0 und 3:1
2004 CA Boca Juniors (Argentinien)–**Once Caldas** (Kolumbien) 0:0 und 1:1 (0:2 Elfmetersch.)
2005 CA Paranaense (Brasilien)–**São Paulo FC** (Brasilien) 1:1 und 0:4
2006 São Paulo FC (Brasilien)–**SC Internacional** (Brasilien) 1:2 und 2:2

Supercopa Libertadores (Supercopa João Havelange)

1988 **Racing Club** (Argentinien)–Cruzeiro EC (Brasilien) 2:1 und 1:1
1989 **CA Boca Juniors** (Argentinien)–CA Independiente (Argentinien) 0:0 und 0:0 (5:3 Elfmetersch.)
1990 Nacional (Uruguay)–**Olimpia** (Paraguay) 0:3 und 3:3
1991 CA River Plate (Argentinien)–**Cruzeiro EC** (Brasilien) 2:0 und 0:3
1992 **Cruzeiro EC** (Brasilien)–Racing Club (Argentinien) 4:0 und 0:1
1993 CR Flamengo (Brasilien)–**São Paulo FC** (Brasilien) 2:2 und 2:2 (3:5 Elfmetersch.)
1994 CA Boca Juniors (Argentinien)–**CA Independiente** (Argentinien) 1:1 und 0:1
1995 **CA Independiente** (Argentinien)–CR Flamengo (Brasilien) 2:0 und 0:1
1996 Cruzeiro EC (Brasilien)–**CA Vélez Sarsfield** (Argentinien) 0:1 und 0:2
1997 São Paulo FC (Brasilien)–**CA River Plate** (Argentinien) 0:0 und 1:2

Recopa

1988 **Nacional** (Uruguay)–Racing Club (Argentinien) 1:0 und 0:0
1989 **CA Boca Juniors** (Argentinien)–Atlético Nacional (Kolumbien) 1:0 *(in Miami, USA)*
1990 **Olimpia** (Paraguay) - *Sieger der Copa Libertadores und der Supercopa*
1991 **Deportivo Colo Colo** (Chile)–Cruzeiro EC (Brasilien) 0:0 (5:4 Elfmetersch.); *(in Kobe, Japan)*
1992 **São Paulo FC** (Brasilien)–Cruzeiro EC (Brasilien) 0:0 und 0:0 (4:2 Elfmetersch.)
1993 **São Paulo FC** (Brasilien)–Botafogo FR (Brasilien) 3:1 *(1994 in Kobe, Japan)*
1994 **CA Independiente** (Argentinien)–CA Vélez Sarsfield (Argentinien) 1:0 *(1995 in Tokio, Japan)*
1995 **Grêmio Porto Alegrense** (Brasilien)–CA Independiente (Argentinien) 4:1 *(1996 in Kobe, Japan)*
1996 **CA Vélez Sarsfield** (Argentinien)–CA River Plate (Argentinien) 1:1 (4:2 Elfmetersch.) *(1997 in Tokio, Japan)*
1997 **Cruzeiro EC** (Brasilien)–CA River Plate (Argentinien) 2:0 und 3:0 *(im Jahre 1999)*
1998–01 *nicht ausgetragen*
2002 **Olimpia** (Paraguay)–CA San Lorenzo Almagro (Argentinien) 2:0
2003 CA Boca Juniors (Argentinien)–**Unión Cienciano** (Peru) 1:1 (2:4 Elfmetersch.)
2004 **CA Boca Juniors** (Argentinien)–Once Caldas (Kolumbien) 3:1 und 1:2
2005 **CA Boca Juniors** (Argentinien)–São Paulo FC (Brasilien) 2:1 und 2:2

Copa Conmebol

1992 **CA Mineiro** (Brasilien)–Olimpia (Paraguay) 2:0 und 0:1
1993 CA Peñarol (Uruguay)–**Botafogo FR** (Brasilien) 1:1 und 2:2 (1:3 Elfmetersch.)
1994 **São Paulo FC** (Brasilien)–CA Peñarol (Uruguay) 6:1 und 0:3
1995 CA Mineiro (Brasilien)–**CA Rosario Central** (Argentinien) 4:0 und 0:4 (3:4 Elfmetersch.)
1996 **CA Lanús** (Argentinien)–Independiente Santa Fé (Kolumbien) 2:0 und 0:1
1997 CA Lanús (Argentinien)–**CA Mineiro** (Brasilien) 1:4 und 1:1
1998 **Santos FC** (Brasilien)–CA Rosario Central (Argentinien) 1:0 und 0:0
1999 CSA (Brasilien)–**Talleres** (Argentinien) 4:2 und 0:3

Rekorde der Copa Libertadores

eiste Teilnahmen im ettbewerb insgesamt:
7 – Peñarol (inklusive der Saison 2006)
eiste Teilnahmen im ettbewerb in Folge:
5 – Peñarol (1965–79)
öchster Sieg: River Plate–Jniversitario de Deportes 9:0 (1970), eñarol–The Strongest 9:0 (1971)
eiste Tore in einem Spiel:
3 – Peñarol–Valencia (Acarigua) 11:2 970)
öchster Sieg in der Summe beider piele einer Runde:
eportivo Everest–Peñarol 0:5 und 1:9
eiste Tore bei einer trafstoßentscheidung:
1 – Newell's Old Boys–América (Cali) 1:10 (Halbfinale 1992)
ängste Serie ohne Niederlage:
7 Spiele – Sporting Cristal (1962–69)
öchster Besuch:
14 000 Zuschauer im Maracanã, io de Janeiro, 1981 (bei der egegnung Flamengo–Cobreloa)
öchste Torausbeute n einer Saison:
7 – Daniel Onega (River Plate, 1966)

LEGENDE

Teilnahme am Finale
Gewinn der Trophäe
Teilnahme am Halbfinale (unter den letzten Vier)

eilnahmehäufigkeit in den abschließenden unden der Copa Libertadores (1960–2006)
1 | 2–3 | 4–6 | 7 und mehr

CA Peñarol erfolgreichster Pokalvertreter des Landes

erfolgreichster Klub des Landes ohne eine Halbfinalteilnahme

KURIOSITÄTEN DER COPA LIBERTADORES

Die Schlägerei zwischen den Spielern von Bocas Juniors und Sporting Cristal im Jahre 1971 wurde mit der Festnahme aller Akteure beendet.

Im Jahre 1990 wurde der kolumbische Klub Atlético Nacional (Medellín) gesperrt, nachdem sechs aufgebrachte Akteure im Spiel des Klubs gegen Vasco da Gama den Schiedsrichter gefährdet hatten (zudem gab es Todesdrohungen vonseiten der Drogenmafia). Die Folge war ein Spielverbot für die gesamte Saison in Kolumbien. Die Spiele der kolumbianischen Mannschaften wurden deswegen in Venezuela und in den USA (Miami) ausgetragen.

Zwei Mannschaften aus Brasilien nahmen an der Copa Libertadores teil, obwohl sie nicht in der 1. Liga ihres Landes spielten. Sie hatten sich dank des Sieges im Brasilianischen Pokal (Copa do Brazil) für den kontinentalen Cup qualifiziert. Es handelte sich um die zweitklassigen Teams Criciúma EC (1992) und EC Juventude (2000).

River Plate, der berühmteste argentinische Klub, stand in den Jahrgängen 1966, 1976, 1986 und 1996 jeweils im Finale der Copa Libertadores, also in den Jahren, die auf der Ziffer sechs enden.

Der argentinische Verteidiger Francisco Sá ist der erfolgreichste Spieler des Wettbewerbs. Mit CA Independiente (4x) und Boca Juniors (2x) gewann er die Trophäe insgesamt sechsmals. Demgegenüber konnte der kolumbianische Stürmer Anthony De Avila nie einen Cupsieg auskosten, obwohl er insgesamt fünfmal in einem Endspiel stand (4x mit América und 1x mit Barcelona SC).

Nur einer der Klubs, die mehrmals das Finale erreichten, hat es noch nie verloren: Independiente (7x). Der argentinische Gigant hat bei seinen sieben Siegen jedoch nie das begehrte „Double" (Cupsieg und Landesmeisterschaft) gewonnen.

Interkontinentale Klubpokale

Die gesamteuropäischen Fußballwettbewerbe sind mit der Zeit logischerweise über die Grenzen des Kontinents hinaus publik geworden und es stellte sich die Frage, ob der europäische Klubchampion besser sei, als die Meister der südamerikanischen Ligen, der zweiten Fußballhochburg unseres Planeten. Dieser Frage nahm sich 1958, der damalige Generalsekretär der UEFA Henri Delaunay an, und aus seiner der südamerikanischen Fußball-Konföderation CONMEBOL unterbreiteten Idee entstand schon bald der Pokal der Befreier – die Copa Libertadores. Der erste Sieger wurde im Jahre 1960 gekürt, und sofort wurde in Montevideo ein Spiel um den sog. **Interkontinentalen Pokal** organisiert. Der Gegner von Uruguays Meister Peñarol war kein geringerer als Real Madrid, der Inhaber des Europapokals der Landesmeister. Das zeitlich und finanziell aufwendige System mit Hin- und Rückspielen beim Vergleich Europa – Südamerika wurde bis 1979 fortgesetzt. Aber im Unterschied zur gängigen Praxis war bei gleichen Spielausgängen (je ein Sieg bzw. zwei Remis) das Torverhältnis nicht entscheidend für den Gesamterfolg. So kam es viermal zu einer dritten Partie auf dem Platz des Rückspiel-Gastgebers. Schon zu jener Zeit weigerten sich einige Cupgewinner nach Übersee zu reisen, die europäischen wurden durch den EC-I-Finalisten vertreten. In den Jahren 1975 und 1978 wurde auf das Duell gänzlich verzichtet. Seit 1980 wird es unter dem Zusatztitel Toyota Cup ausgetragen, der Sieger wird durch ein einziges Spiel in Tokio ermittelt.

Im Januar 2000 wurde in Brasilien erstmals der **FIFA-Pokal** ausgetragen, dessen Besonderheit darin bestand, dass auch die Vertreter Afrikas, Asiens, Ozeaniens und der CONCACAF-Zone um die Ehre der besten Klubmannschaft der Welt spielen durften. Das Veranstalterland und Europa stellten jeweils zwei Teams. Im Jahr 2005, als der Wettbewerb zum zweiten Male stattfand, wurde der FIFA-Pokal bereits durch den Toyota Cup ersetzt. **Copa Interamericana** ist seit 1968 der Name für das Kräftemessen zwischen ausgesuchten Mannschaften aus Südamerika und Teams aus Mittel- und Nordamerika. Das Jahr 1986 war gleichbedeutend mit dem Beginn der Duelle um den **Afroasiatischen Pokal,** bei dem ebenfalls in zwei Spielen die Meister der beiden benachbarten Kontinente gegeneinander antreten. Beide Konkurrenzen sind inzwischen Vergangenheit. Sie wurden letztmals 1998 ausgetragen.

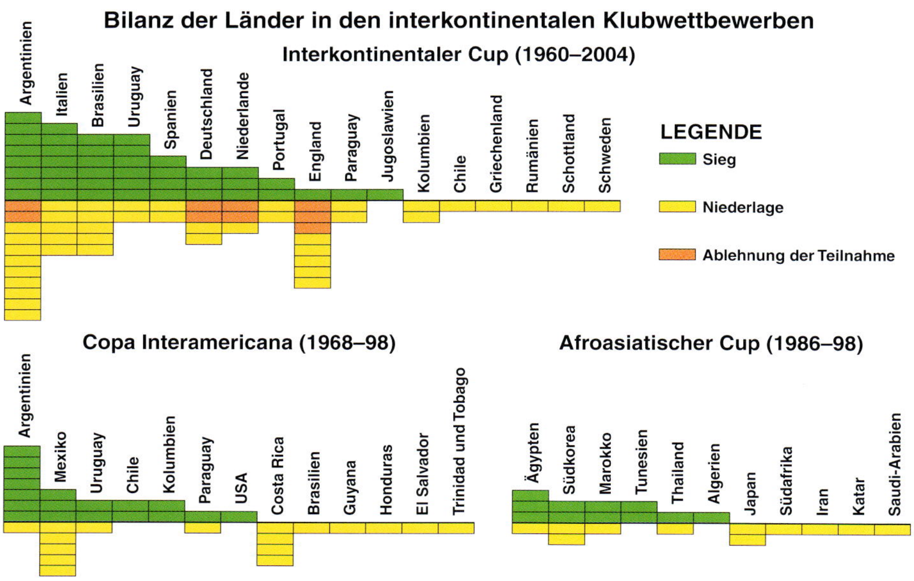

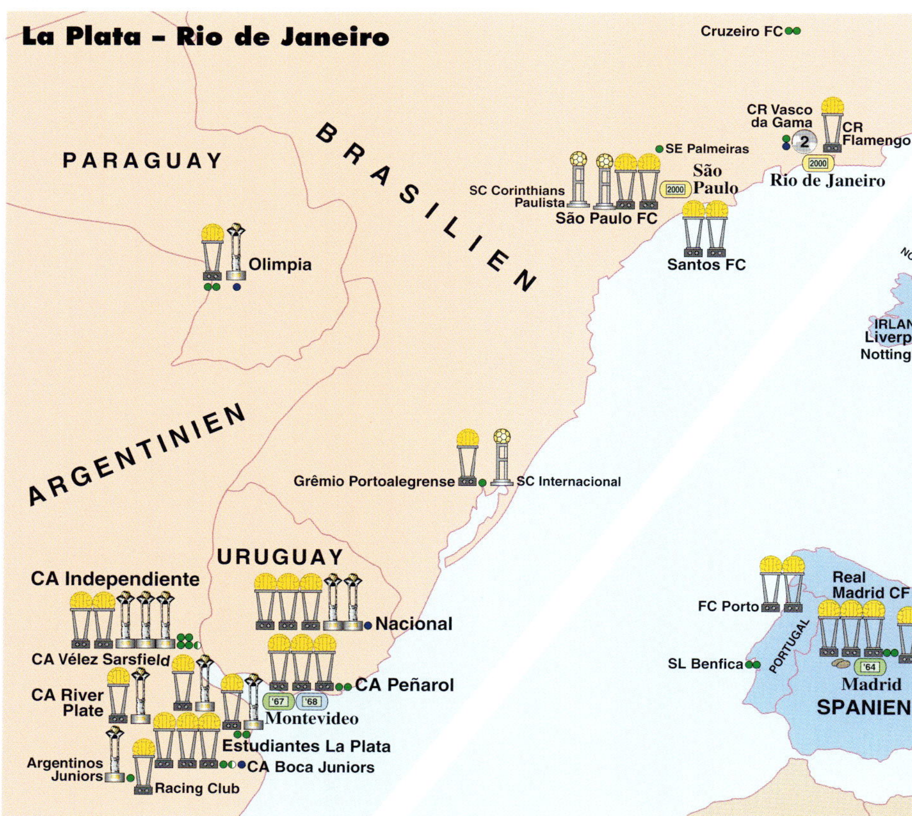

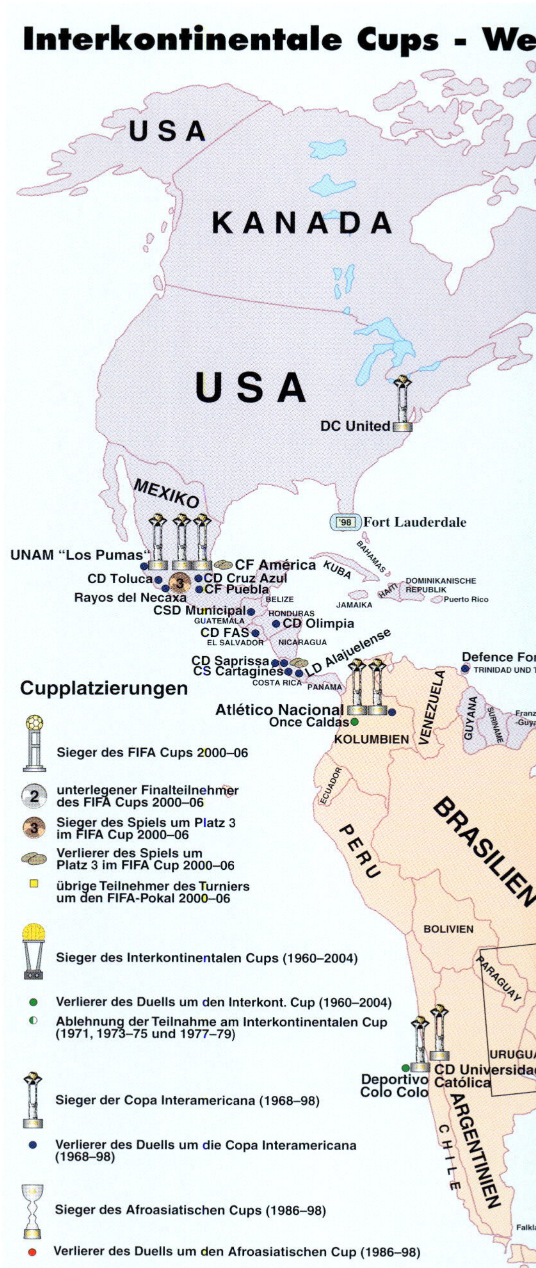

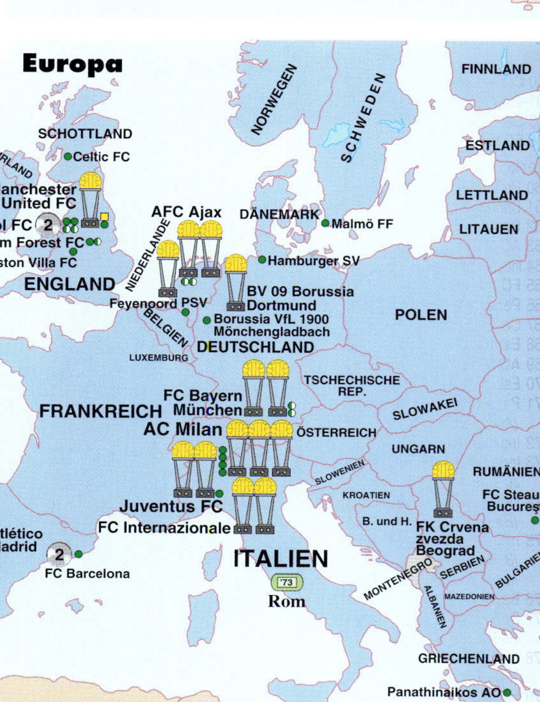

FA Cup

)0 **Corinthians** (BRA)–Vasco da Gama (BRA) 0:0 (4:3 Elfmetersch.)
)1–2004 nicht ausgetragen
)5 **São Paulo FC** (BRA)–Liverpool FC (ENG) 1:0
)6 **SC Internacional** (BRA)–FC Barcelona (ESP) 1:0

terkontinentaler Cup

60 Peñarol (URU)–**Real Madrid** (ESP) 0:0 und 1:5
61 Benfica (POR)–**Peñarol** (URU) 1:0, 0:5 und 1:2
62 **Santos FC** (BRA)–Benfica (POR) 3:2 und 5:2
63 AC Milan (ITA)–**Santos FC** (BRA) 4:2, 2:4 und 0:1
64 Independiente (ARG)–**FC Internazionale** (ITA) 1:0, 0:2 und 0:1 nach Verl.
65 **FC Internazionale** (ITA)–Independiente (ARG) 3:0 und 0:0
66 **Peñarol** (URU)–Real Madrid (ESP) 2:0 und 2:0
67 Celtic FC (SCO)–**Racing Club** (ARG) 1:0, 1:2 und 0:1
68 **Estudiantes La Plata** (ARG)–Manchester Utd. (ENG) 1:0 und 1:1
69 **AC Milan** (ITA)–Estudiantes La Plata (ARG) 3:0 und 1:2
70 Estudiantes La Plata (ARG)–**Feyenoord** (NED) 2:2 und 0:1
71 Panathinaikos (GRE)–**Nacional** (URU) 1:1 und 1:2
(Ajax lehnte es ab zu spielen)
72 Independiente (ARG)–**Ajax** (NED) 1:1 und 0:3
73 **Independiente** (ARG)–Juventus FC (ITA) 1:0 *(Ajax lehnte es ab zu spielen)*
74 Independiente (ARG)–**Atlético Madrid** (ESP) 1:0 und 0:2
(Bayern München lehnte es ab zu spielen)
75 *nicht ausgetragen*
(Bayern München und Independiente kamen beim Termin des Treffens nicht überein)
76 **Bayern München** (GER)–Cruzeiro (BRA) 2:0 und 0:0
77 **Boca Juniors** (ARG)–Borussia M'gladbach (GER) 2:2 und 3:0
(Liverpool FC lehnte es ab zu spielen)
78 *nicht ausgetragen*
(Liverpool FC und Boca Juniors lehnten es ab zu spielen)
79 Malmö FF (SWE)–**Olimpia** (PAR) 0:1 und 1:2
(Nottingham Forest lehnte es ab zu spielen)
1980 **Nacional** (URU)–Nottingham Forest (ENG) 1:0
1981 **Flamengo** (BRA)–Liverpool FC (ENG) 3:0
1982 **Peñarol** (URU)–Aston Villa (ENG) 2:0
1983 **Grêmio** (BRA)–Hamburger SV (GER) 2:1 nach Verl.
1984 **Independiente** (ARG)–Liverpool FC (ENG) 1:0
1985 **Juventus FC** (ITA)–Argentinos Juniors (ARG) 2:2 (4:2 Elfm.sch.)
1986 **River Plate** (ARG)–Steaua Bucureşti (ROM) 1:0
1987 **FC Porto** (POR)–Peñarol (URU) 2:1 nach Verl.
1988 **Nacional** (URU)–PSV (NED) 2:2 (7:6 Elfmetersch.)
1989 **AC Milan** (ITA)–Atlético Nacional (COL) 1:0 nach Verl.
1990 **AC Milan** (ITA)–Olimpia (PAR) 3:0
1991 **Crvena zvezda Beograd** (YUG)–Colo Colo (CHI) 3:0
1992 **São Paulo FC** (BRA)–Barcelona (ESP) 2:1
1993 **São Paulo FC** (BRA)–AC Milan (ITA) 3:2
1994 **Vélez Sarsfield** (ARG)–AC Milan (ITA) 2:0
1995 **Ajax** (NED)–Grêmio (BRA) 0:0 (4:3 Elfmetersch.)
1996 **Juventus FC** (ITA)–River Plate (ARG) 1:0
1997 **Borussia Dortmund** (GER)–Cruzeiro (BRA) 2:0
1998 **Real Madrid** (ESP)–Vasco da Gama (BRA) 2:1
1999 **Manchester United** (ENG)–Palmeiras (BRA) 1:0
2000 **Boca Juniors** (ARG)–Real Madrid (ESP) 2:1
2001 **Bayern München** (GER)–Boca Juniors (ARG) 1:0 nach Verl.
2002 **Real Madrid** (ESP)–Olimpia (PAR) 2:0
2003 **Boca Juniors** (ARG)–AC Milan (ITA) 1:1 (3:1 Elfmetersch.)
2004 **FC Porto** (POR)–Once Caldas (COL) 0:0 (8:7 Elfmetersch.)

Copa Interamericana

1968 Toluca (MEX)–**Estudiantes La Plata** (ARG) 1:2, 2:1 und 0:3
1969–70 *nicht ausgetragen*
1971 Cruz Azul (MEX)–**Nacional** (URU) 1:1 und 1:2
1972–73 *nicht ausgetragen*
1974 Municipal (GUA)–**Independiente** (ARG) 0:1 und 1:0 (2:4 Elfm.sch.)
1975 *nicht ausgetragen*
1976 **Independiente** (ARG)–R. del Necaxa (MEX) 2:2 u. 0:0 (4:2 Elfm.sch.)
1977 Boca Juniors (ARG)–**América** (MEX) 3:0, 0:1 und 1:2
1978 *nicht ausgetragen*
1979 CD FAS (SLV)–**Olimpia** (PAR) 3:3 und 0:5
1980 **UNAM** (MEX)–Nacional (URU) 3:1, 1:3 und 2:1
1981–1984 *nicht ausgetragen*
1985 **Argentinos Juniors** (ARG)–Defence Force (TRI) 1:0
1986 LD Alajuelense (CRC)–**River Plate** (ARG) 0:0 und 0:3
1987 *nicht ausgetragen*
1988 CD Olimpia (HON)–**Nacional** (URU) 1:1 und 0:4
1989 **Atlético Nacional** (COL)–UNAM (MEX) 2:0 und 4:1
1990 Olimpia (PAR)–**América** (MEX) 1:1 und 1:2
1991 Puebla (MEX)–**Colo Colo** (CHI) 1:4 und 1:3
1992 *nicht ausgetragen*
1993 Saprissa (CRC)–**Universidad Católica** (CHI) 3:1 und 1:5 nach Verl.
1994 Cartaginés (CRC)–**Vélez Sarsfield** (ARG) 0:0 und 0:2
1995 Saprissa (CRC)–**Atlético Nacional** (COL) 2:3
1996 *nicht ausgetragen*
1997 *nicht ausgetragen*
1998 **DC United** (USA)–Vasco da Gama (BRA) 0:1 und 2:0
1999 *nicht ausgetragen*

Afroasiatischer Cup

1986 **Pusan Icons** (KOR)–FAR Rabat (MAR) 2:0
1987 **Zamalek** (EGY)–JEF United Ichihara (JPN) 2:0
1988 Tokyo Verdy 1969 (JPN)–**al-Ahli** (EGY) 1:3 und 1:0
1989 **ES Sétif** (ALG)–al-Sad (QAT) 2:0 und 3:1
1990 *nicht ausgetragen*
1991 nicht ausgetragen
1992 **Club Africain** (TUN)–al-Hilal (KSA) 2:1 und 2:2
1993 Paas (IRN)–**WA Casablanca** (MAR) 0:0 und 0:2
1994 Zamalek (EGY)–**Thai Farmers Bank** (THA) 2:1 und 0:1
1995 Thai Farmers Bank (THA)–**Espérance Tunis** (TUN) 1:1 und 0:3
1996 Orlando Pirates (JAR)–**Songnam Ilhwa Chunma** (KOR) 0:0 und 0:5
1997 Pohang Steelers (KOR)–**Zamalek** (EGY) 2:1 und 0:1
1998 Pohang Steelers (KOR)–**Raja Casablanca** (MAR) 2:2 und 0:1
1999 *abgesetzt und schließlich abgesagt*

England und Wales

England wird zu Recht als die Wiege des Fußballs bezeichnet. Quellen geben an, dass schon im 13. Jahrhundert ähnliche Ballspiele im Land betrieben wurden. Zur Entstehung und Entwicklung des Fußballs kam es allerdings erst mit dem Aufschwung des Sportgeschehens, das durch die Industrialisierung, Urbanisierung und durch die Handelsexpansion von England, der stärksten Wirtschaftsmacht der Welt im 19. Jahrhundert, angeregt wurde. Die Initiatoren des Fußballspiels waren Studenten bzw. angesehene Gymnasiasten, von denen es schnell ins Arbeitermilieu übersprang. Die Anfänge des modernen Fußballs gehen bis auf die Jahre 1846–48 zurück, als die ersten Regeln kodifiziert wurden, welche dieses Spiel vom Rugby unterschieden. In den 60er Jahren entstanden die ersten Klubs und auch die ersten Fußballverbände der Grafschaften. Als der älteste Klub Englands und einer der Wegbereiter des Fußballs gilt Sheffield FC, der im Jahre 1855 gegründet wurde. Weitere Traditionsvereine des englischen Fußballs sind Notts County (1862), Stoke City (1863), Nottingham Forest (1865), Chesterfield (1866) und Sheffield Wednesday (1867).

Mit zunehmender Anzahl der Klubs wuchs auch die Popularität des Spiels unter den Zuschauern. Die Freundschafts- und Nachbarschaftsspiele konnten wegen ihrer Unverbindlichkeit jedoch das Interesse bald nicht mehr befriedigen. Die Bedingungen zur Schaffung eines regelrechten Wettbewerbes waren herangereift. Schon im Jahre 1863 entstand die erste Fußballassoziation der Welt – The Football Association. Ihre Aktivität aber war in dieser Hinsicht gering. Zum wichtigsten Meilenstein wurde so das Treffen der Vertreter von acht bedeutenden Klubs. Sie einigten sich auf die Gründung des bis heute sehr populären FA Cups (The Football Association Challenge Cup). Am ersten Jahrgang (1872) nahmen 15 Teams teil, gegenwärtig starten jedes Jahr 600–700 Teams im Kampf um die begehrte Trophäe. Das Pokalsystem sicherte den Fußballfans jedoch nur wenige Spiele zu, und so entstand die Idee von einer ganzjährigen Konkurrenz. Das Gründungstreffen der Liga fand in London statt, aber die Darsteller der Liga waren die Klubs aus dem industrialisierten Zentral- und Nordengland, die die damalige Spitze verkörperten. Der erste Jahrgang der Football League wurde 1888/89 mit 12 Mannschaften ausgespielt. Im Jahre 1892 wurde die 2. Division gegründet und 1920 die dritte. Ihre beiden regionalen Staffeln (Nord und Süd) wurden 1958 zur 3. und 4. Division umgewandelt. Seit der Saison 1992/93 wird die oberste Spielklasse FA Premier League genannt. Seit 1908 treffen die Sieger der 1. Liga und des FA Cups im populären FA Community Shield (bis 2001 Charity Shield) aufeinander, dessen finanzieller Erlös karitativen Zwecken zugute kommt. In England wird seit 1960 auch der sog. Ligapokal gespielt. Daran können nur die 92 Klubs der vier Profiligen teilnehmen und der Sieger, falls er aus der Premier League kommt, erhält das Recht, am UEFA-Pokal teilzunehmen.

In England hat sich der Fußball als Sport und Unterhaltung der einfachen Arbeiterschichten verbreitet und daher sind die erfolgreichen Vereine in den Industriegebieten Zentralenglands konzentriert: in Lancashire, Liverpool, Manchester und West Midlands. Außerhalb dieser Gebiete haben sich nur zwei Fußballregionen herausgeschält – der industrielle Nordosten (Newcastle) und London.

Auch in **Wales** reichen die Wurzeln des Fußballs bis tief ins 19. Jahrhundert. Die Fußballassoziation von Wales, die drittälteste auf der Welt, entstand schon im Jahre 1876. Das Fußballspiel entfaltete sich zuerst im Norden – in dem an das industrielle Zentralengland angrenzendem Gebiet. In der hiesigen Stadt Ruabon entstand auch der erste Klub des Landes: The Druids. Der erste Wettbewerb war der Pokal, der 1877 ins Leben gerufen wurde. Am Pokal nahmen regelmäßig auch englische "Grenzklubs" teil. Die Liga wurde erst 25 Jahre später gegründet. Zur Zeit ihrer Entstehung (1902) spielten schon einige walisische Klubs in englischen Wettbewerben. Diese Klubs weigerten sich, in Wales zu kicken, oder sie entsandten Reserveteams. Daher wurde die Meisterschaft auch lange Zeit nicht respektiert. Erst 1992 gründete die Assoziation ihren offiziellen Ligawettbewerb, der von der UEFA anerkannt wurde. Nach wie vor nicht dabei sind die Vereine Cardiff City, Swansea City und Wrexham, die mit weiteren vier Teams in den englischen Ligen spielen.

England

Wales

London und Umgebung

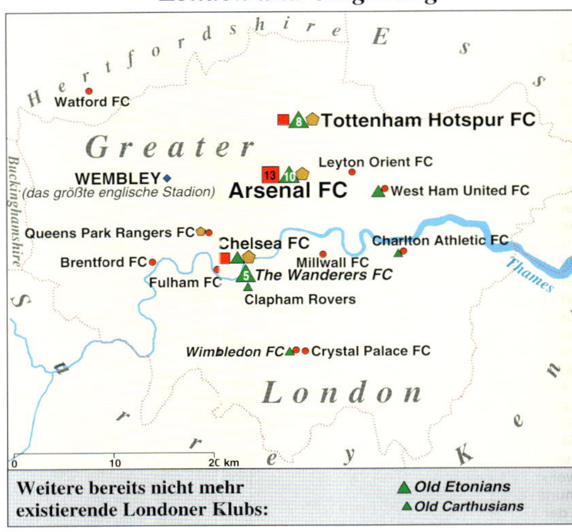

Teuerste walisische Fußballspieler auf dem Transfermarkt

John Hartson	1999	West Ham United	→	Wimbledon FC	10 700 000 €
Craig Bellamy	2000	Norwich City	→	Coventry City	10 700 000 €

Teuerste englische Fußballspieler auf dem Transfermarkt

Rio Ferdinand	2002 Leeds United FC	→	Manchester United FC	44 200 000
Wayne Rooney	2004 Everton FC	→	Manchester United FC	40 300 000
David Beckham	2003 Manchester United FC	→	Real Madrid CF	33 300 000
S. Wright-Phillips	2005 Manchester City FC	→	Chelsea FC	30 500 000

Berühmte englische und walisische Klubs

Klub-name	Gründ. Jahr	Jahr Profi	Name des Stadions	Durchsch. Eintr. Preis (€)	Besucherschn. (Sais. 2005/06)	Stadion-kapazität	Größter Besuch	Spielfeld Dim. (m)	Spitznamen	Budget in Mio. € (Saison 2004/05)
Arsenal	1886	1891	Emirates Stadium	68	38 184	60 432	73 295	105 x 68	Gunners – Die Kanoniere	164
Aston Villa	1874	1885	Villa Park	44	34 112	42 553	76 588	105 x 66	The Villans – Die Schufte	74
Birmingham City	1875	1885	St Andrew's	36	27 392	30 009	67 341	105 x 69	Blues – Die Blauen	61
Blackburn Rovers	1875	1880	Ewood Park	44	21 015	31 367	61 783	105 x 69	Rovers – Die Landstreicher	59
Bolton Wanderers	1874	1880	Reebok Stadium	44	25 455	28 723	69 912	104 x 68	The Trotters – Die Traber	76
Charlton Athletic	1905	1920	The Valley	44	26 196	27 111	75 031	102 x 67	Addicks (von Haddocks) – Die Dorsche	58
Chelsea	1905	1905	Stamford Bridge	88	41 902	42 360	82 905	103 x 67	The Blues – Die Blauen	213
Coventry City	1883	1893	Ricoh Arena	32	21 180	32 500	51 455	105 x 68	Sky Blues – Die Himmelblauen	12
Derby County	1884	1884	Pride Park Stadium	40	24 166	33 597	41 826	101 x 66	The Rams – Die Widder	26
Everton	1878	1885	Goodison Park	46	36 860	40 569	78 299	102 x 71	The Toffees – Die Karamellen	86
Fulham	1879	1898	Craven Cottage	53	20 606	24 550	49 335	100 x 68	Cottagers – Die Hütter	56
Ipswich Town	1878	1936	Portman Road	48	24 253	30 311	38 010	102 x 64	Blues – Die Blauen	25
Leeds United	1919	1920	Elland Road	46	22 355	40 296	59 892	105 x 65	United – Die Vereinten	44
Leicester City	1884	1884	Walkers Stadium	36	22 234	32 500	47 298	101 x 69	Foxes – Die Füchse	32
Liverpool	1892	1892	Anfield	49	44 236	45 362	61 905	101 x 69	Reds – Die Roten	175
Manchester City	1887	1887	City of Manchester St.	45	42 856	47 726	84 569	107 x 71	Blues – Die Blauen	87
Manchester United	1878	1885	Old Trafford	46	68 765	76 212	76 962	105 x 68	Red Devils – Die roten Teufel	228
Middlesbrough	1876	1889	Cellnet Riverside St.	41	28 463	35 049	34 000	105 x 69	The Boro (von Middlesboro)	74
Newcastle United	1881	1889	St James' Park	54	52 032	52 387	68 386	105 x 68	Magpies – Die Elstern	124
Nottingham Forest	1865	1889	City Ground	35	20 257	30 602	49 946	105 x 71	Reds – Die Roten	17
Portsmouth	1898	1898	Fratton Park	49	19 840	20 288	51 385	105 x 67	Pompey (gleichnamiges Stadtviertel)	51
Preston North End	1881	1885	Deepdale	34	14 619	22 225	42 684	101 x 70	The Lilywhites – Die weißen Lilien	11
Queens Park Rangers	1885	1898	Loftus Road	40	13 441	19 148	35 353	102 x 66	Rangers – Die Reiter	18
Sheffield United	1889	1889	Bramall Lane	37	23 650	33 000	68 287	102 x 66	The Blades – Die Klingen	19
Sheffield Wednesday	1867	1887	Hillsborough	32	24 853	39 859	72 841	105 x 65	The Owls – Die Eulen	14
Southampton	1885	1894	St Mary's Stadium	37	23 614	32 689	31 004	102 x 68	The Saints – Die Heiligen	64
Sunderland	1879	1886	The Stadium of Light	36	33 904	49 000	75 118	105 x 69	Black Cats – Die schwarzen Katzen	36
Tottenham Hotspur	1882	1895	White Hart Lane	61	36 074	36 240	75 038	101 x 67	Spurs – Die Sporen	101
West Bromwich Albion	1879	1885	The Hawthorns	37	25 404	28 003	64 815	105 x 68	Throstles – Die Drosseln	52
West Ham United	1895	1900	Boleyn Ground	67	33 743	35 647	42 322	102 x 66	The Hammers – Die Hämmer	45
Wolverhampton Wand.	1877	1888	Molineux Ground	38	23 624	28 525	61 315	106 x 68	Wolves – Die Wölfe	34
Cardiff City	1899	1910	Ninian Park	32	11 720	22 008	61 566	101 x 64	Bluebirds – Die blauen Vögel	12

LEGENDE

2–4 / 5 und mehr	Siege in der 1. Englischen Liga (1889–2006)
*	Begründer der englischen Liga (gegr. 1888/89)
•	übrige Teilnehmer der 1. Englischen Liga (1889–2006)
▲	Siege im Englischen Pokal (1872–2006)
⬟	Siege im englischen Liga-Pokal (1961–2006)
■	Siege in der 1. Walisischen Liga (1993–2006)
•	übrige Teilnehmer der 1. Walisischen Liga (1993–2006)
▲	Siege im Walisischen Pokal (1878–2006)
◆	übrige Klubs oder Stadien *(Besonderheit)*
Peterborough ○	Städte über 100 000 Einwohner ohne einen Erstligaklub
Everton FC	Name des Fußballklubs *(Besonderheit)*
Cardiff City FC	erfolgreichster Klub des Landes
Old Etonians	bereits nicht mehr existierender Klub
Liverpool	Stadt
East Anglia	Region

Englische Rekorde

Höchster Sieg in einen Spiel – Englischer Pokal: Preston North End–Hyde 26:0 (1887); **– Ligapokal:** West Ham U.–Bury 10:0 (1983) und Liverpool–Fulham 10:0 (1986); **– 1. Liga:** Nottingham Forest–Leicester Fosse 12:0 (1909)
Der beste Torschütze der 1. Liga: Dixie Dean (Everton, 1927/28) 60 Tore in 39 Spielen
Die meisten Erstligaspiele mit einem erzielten Tor in Folge: John Aldridge (Liverpool, 1987/88) 10
Der jüngste Spieler der 1. Liga: Derek Foster (Sunderland, 1964) 15 Jahre und 185 Tage
Der älteste Spieler der 1. Liga: Sir Stanley Matthews (Stoke, 1965) 50 Jahre und 5 Tage
Die längste Karriere: Stanley Matthews (1932–65) 32 Jahre und 10 Monate
Die meisten Ligaeinsätze: Peter Shilton (1966–97) 1 005
Der schnellste Aufstieg aus der 4. in die 1. Liga: Swansea City (1978–81) in 3 Saisons und Wimbledon (1983–86) in 3 Saisons
Die meisten Spiele ohne Niederlage in Folge in der 1. Liga: Nottingham Forest (in den Saisons 1977/78 und 1978/79) 42 Spiele
Die meisten Spiele ohne Heimniederlage in Folge (Liga und Pokale): Liverpool (Januar 1978–Januar 1981) 85 Spiele
Ununterbrochene Präsenz der Stadt in der 1. Liga: Liverpool (die ganze Zeit seit 1888 - Everton oder FC)
Der längste Wettkampf im Englischen Pokal: Alvechurch–Oxford City (1:0, 4. Runde 1971/72) 6 Spiele - 11 Stunden
Höchste Besucherzahl: Bolton Wanderers–West Ham United Finale des Englischen Pokals in Wembley, 1923) 126 047 Zuschauer

Ausländer in Premier League

Saison 2005/06)
48 – Franzosen
41 – Iren
30 – Niederländer
27 – Schotten
26 – Waliser
24 – Spanier
22 – Australier und Dänen
20 – Portugiesen
19 – Senegalesen
Insgesamt 327 Spieler

THE F.A. PREMIER LEAGUE

Die Entwicklung der Fernsehgelder Höhe der Einnahmen durch Übertragung von Erstligaspielen lt. Verträgen mit den Fernsehgesellschaften (Mil. € in den Preisen Juni 2006)

BSkyB – British Sky Broadcasting
BBC – British Broadcasting Corporation
ITV – Independent Television
Selanta – Irische Fernsehstation

41 BBC ITV
17 BBC ITV
15 BBC 4 ITV
143 ITV BBC BSkyB
485 BSkyB BBC
1 325 BSkyB BBC
2 134 BSkyB ITV
1 689 BSkyB BBC
2 721 BSkyB Selanta ITV
1979–80, 1980–81, 1981–82, 1982–83, 1983–84, 1984–85, 1985–86, 1986–87, 1987–88, 1988–89, 1989–90, 1990–91, 1991–92, 1992–93, 1993–94, 1994–95, 1995–96, 1996–97, 1997–98, 1998–99, 1999–00, 2000–01, 2001–02, 2002–03, 2003–04, 2004–05, 2005–06, 2006–07, 2007–08, 2008–09, 2009–10, 2010–11

Entwicklung der Besucherzahl, erzielte Tore, Teilnehmerzahl der 1. Englischen Liga und wichtige Begebenheiten

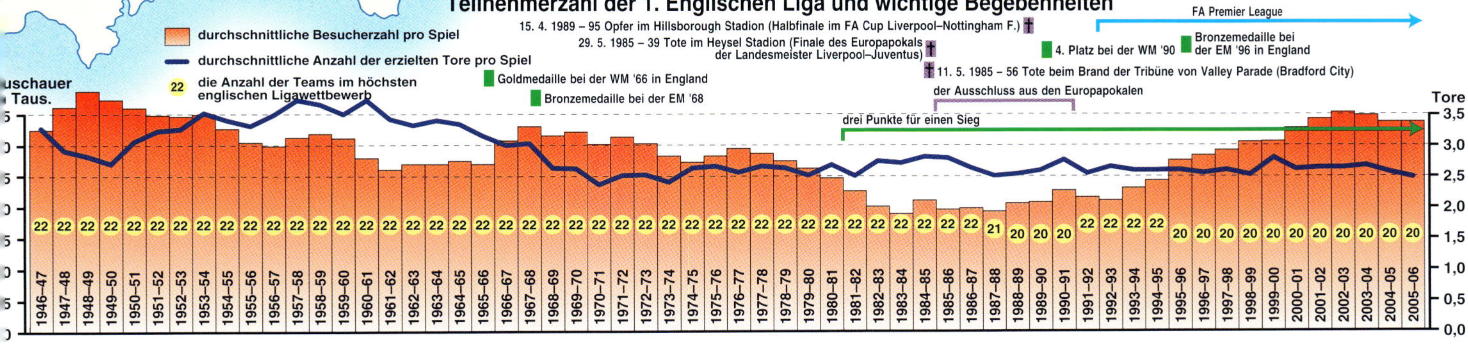

Schottland, Nordirland und Irland

Der Beweggrund zur Gründung einer eigenen Fußballorganisation war für die stolzen Schotten der zehnjährige Vorsprung der englischen Rivalen sowie insbesondere die Tatsache, dass die bereits bestehenden schottischen Klubs in den englischen Wettbewerben spielten. Die Schottische Fußballassoziation entstand 1873, sechs Jahre nach der Gründung des ältesten schottischen Klubs Queen's Park aus Glasgow. Danach nahm das Fußballgeschehen in **Schottland** an Dynamik zu und schon 1874 fand die erste Austragung des Schottischen Pokals statt. Mit der Entstehung einheimischer Wettbewerbe ging auch das Verbot für die schottischen Klubs einher, an den Konkurrenzen in England teilzunehmen. An der Wiege der Schottischen Liga standen im Jahre 1890 die Präsidenten folgender elf Klubs: Abercorn, Cambuslang, Celtic, Cowlairs, Dumbarton, Hearts, Rangers, Renton, St Mirren, Third Lanark und Vale of Leven. Gleich in der ersten Saison kam es zu einer kuriosen Situation – in der Abschlusstabelle hatten zwei Teams ein und dieselbe Bilanz, und so wurden zum ersten und bisher letzten Mal zwei Meister in einem britischen Klubwettbewerb ausgerufen. In der ersten Periode wurde der schottische Fußball vom Queen's Park FC aus Glasgow beherrscht, der bis zum Jahr 1893 zehn Pokaltrophäen gewann. Bis heute behielt der Klub seinen Amateurstatus, obwohl er in Profikonkurrenzen an den Start geht. In Glasgow gehört ihm der Hampden Park, das Stadion, in dem die schottische Auswahl ihre Spiele austrägt. Bis in die Gegenwart überdauerte auch die Anballung der besten Vereine im Industriegebiet des zentralen Schottischen Tieflands (Lowlands) mit dem Zentrum Glasgow und der Region um die Bucht Firth of Forth. Mehr als 80 % der Meistertitel gewannen die beiden Erzrivalen aus Glasgow – Rangers und Celtic. Lediglich acht Siege entfallen auf zwei Vertreter der Hauptstadt Edinburgh, vier gingen nach Aberdeen und zwei nach Dundee. Damit gehört die Schottische Liga, die seit der Saison 1975/76 mit nur zehn oder zwölf Teams auskommt, zu den eintönigsten der Welt. Eine Besonderheit der hiesigen Wettbewerbe ist die Teilnahme des englischen Klubs Berwick Rangers, der Schottland auf Grund der besseren Verkehrsanbindung den Vorzug gab.

Ins benachbarte **Irland** gelangte der Fußball just aus Schottland. Der erste Vergleich fand bereits 1878 zwischen dem Caledonian FC und den Gästen des Glasgower Queen's Park FC statt. Zwei Jahre später wurde der Irische Fußballverband (IFA) gegründet. Der Verband kaufte für 55 Pfund, 18 Shillings und 6 Pennys jene Trophäe, um die seit 1880 im ältesten irischen Pokalwettbewerb gestritten wird. Zehn Jahre darauf formierten sich acht Klubs aus der Provinz Ulster (jetzt größtenteils Nordirland) zu einer Liga. Bis auf einen kamen alle aus Belfast. Im Zusammenhang mit dem Widerstand gegen die Engländer und der Entstehung der selbständigen **Republik Irland** im Jahre 1921 verließen die Vereine Bohemians und Shelbourne die gemeinsame Inselliga und gründeten mit weiteren Klubs aus Dublin und vom Süden der Insel im nachfolgenden Jahr einen eigenen Ligawettbewerb. Die Anfänge des Fußballs auf dem Gebiet des heutigen Irlands gehen jedoch auf die gleiche Epoche wie in Ulster zurück. Die Hauptstadt Dublin verschrieb sich dem Fußball schon zu Zeiten, als der nordirische Caledonian FC die schottischen Teams in Freundschaftsspielen forderte. Zum neuen irischen Verband meldeten sich einige (katholische) Klubs aus Belfast und Londonderry. Diese Situation änderte sich jedoch bald. Die anderen britischen Verbände wollten die neue irische Fußballorganisation nämlich nur unter der Bedingung anerkennen, wenn ihr keine Vertreter Nordirlands angehören und Ordnung herrschen wird. Die irischen Klubs begrüßten die eigene Liga auch deshalb, weil sie sich im ursprünglich gesamtirischen Wettbewerb gegen die Rivalen aus dem Norden nur sehr schwer durchsetzen konnten. Der Ligamodus ist in den letzten Jahren geradezu untypisch, indem zehn oder zwölf Klubs drei oder vier Runden gegeneinander ausspielen. Außerdem wird die Saison seit dem Jahr 2003 nach dem skandinavischen System (Frühling-Herbst) ausgetragen, obwohl das hiesige Wetter nicht so rauh ist.

Die Glaubenskonflikte zwischen den Katholiken und Protestanten in **Nordirland** beeinflussten auch den hiesigen Fußball negativ. So nahm die Gewalt bei den traditionellen Belfaster Derbys Linfield–Celtic von Jahr zu Jahr zu, bis letztlich das katholische Celtic aus der Liga austrat und sich auflöste. Die Situation spitzte sich soweit zu, dass 1972 Derry City (spielt jetzt in Irland) die nordirische Liga verließ und die Klubs aus Ulster sogar von der Teilnahme an den Eurocups zurücktreten mussten. Während der über hundertjährigen Existenz der Liga eroberten die Mannschaften aus Belfast fast 90 % aller Titel.

Schottland

Nordirland

Irland

Schottische Ligarekorde

Meiste Liga-Teilnahmen: alle 111 Saisons – Aberdeen, Celtic und Rangers (inkl. Saison 2006/07)
Meiste Tore in einer Saison: 52 – Willie McFadyen (Motherwell, 1931/32)
Meiste Tore insgesamt: 410 – Jimmy McGrory (Celtic und Clydebank, 1922–38)
Höchster Sieg: 36:0 (Arbroath–Bon Accord, 12. 9. 1885. Die Gäste waren in Wirklichke die Spieler des Kricketklubs Orion CC, sie nahmen nur die Einladung zum Spiel der ersten Runde des Schottischen Pokals anstatt der Fußballspieler des Orion FC wahr. Trotzdem entschieden sie sich zum Fußballspiel anzutreten und haben sich so unauslöschlich, wenn auch nicht allzu berühmt, in die Geschichte eingeschrieben. Der Schiedsrichter hat zudem mindestens sechs weitere Tore nicht anerkannt...)
Längstes Spiel: 142 Minuten (Hibernian–Motherwell, 29. 3. 1947, Halbfinale des Schottischen Pokals)
Meiste Erstligaspiele in Folge mit mindestens einem Tor pro Spiel: 10 Marco Negri (Rangers, 23 Tore, 1997/98)
Meiste Erstligaeinsätze: 626 – Bobby Ferrier (Motherwell, 1918–37)
Höchster Besuch: 147 365 Zuschauer (Aberdeen–Celtic, 26. 4. 1937, Finale des Schottischen Pokals)

Ausländer in der schottischen Liga

(Saison 2005/06)

22 – Engländer
13 – Franzosen
9 – Iren
9 – Nordiren
6 – Litauer
insgesamt 116 Spieler

Teuerste schottische Fußballspieler auf dem Transfermarkt

Barry Ferguson	2003	Rangers FC	→	Blackburn Rovers FC	10 700 000 €
Duncan Ferguson	1998	Everton FC	→	Newcastle United FC	10 000 000 €
Christian Dailly	1998	Derby County FC	→	Blackburn Rovers FC	7 700 000 €
Donald Hutchinson	2002	Sunderland AFC	→	West Ham United FC	7 500 000 €
Barry Ferguson	2005	Blackburn Rovers FC	→	Rangers FC	7 000 000 €

Teuerste irische und nordirische Fußballspieler auf dem Transfermark

Damien Duff (IRE)	2003	Blackburn Rovers FC	→	Chelsea FC	24 300 000
Robbie Keane (IRE)	2000	Coventry City FC	→	FC Internazionale	21 400 000
Robbie Keane (IRE)	2001	FC Internazionale	→	Leeds United FC	18 100 000
Robbie Keane (IRE)	2002	Leeds United FC	→	Tottenham Hotspur FC	11 000 000
Neil Lennon (NIR)	2000	Leicester City FC	→	Celtic FC	9 400 000

Berühmte schottische Klubs

Klub-name	Gründ. Jahr	Stadion-name	Durchs. Preis für Sitzplatz (€)	Stadion-kapazität	Besucherschn. (Saison 2005/06)	Höchster Besuch	Spielfeld Dim. (m)	Spitzname	Budget 2004/05 (in Mio. €)
Aberdeen	1903	Pittodrie Stadium	29	22 199	12 728	45 061	100 x 66	The Dons – nach dem gleichnamigen Fluss	10,6
Celtic	1888	Celtic Park	39	60 832	58 150	92 000	105 x 68	The Bhoys – Die harten Jungs	90,1
Dundee	1893	Dens Park	17	11 856	3 797	43 024	101 x 66	The Dark Blues – Die Dunkelblauen	5,1
Dundee United	1909	Tannadice Park	30	14 209	8 198	28 000	100 x 66	The Terrors – Die Bedroher	7,8
Heart of Midlothian	1874	Tynecastle Park	36	17 420	16 767	53 396	100 x 64	Hearts – Die Herzen	10,9
Hibernian	1875	Easter Road Stadium	30	17 500	13 567	65 860	102 x 68	Hibees – von Hibernians	7,2
Kilmarnock	1869	Rugby Park	28	18 128	7 071	35 995	104 x 66	Killie – von Kilmarnock	9,4
Motherwell	1886	Fir Park	29	13 742	6 250	35 632	101 x 69	The Well – von Motherwell	5,8
Queen's Park	1867	Hampden Park	13	52 500	506	95 772	105 x 69	The Spiders – Die Eigenbrötler	0,7
Rangers	1873	Ibrox Stadium	34	51 082	49 245	118 567	105 x 74	The Gers – von Rangers	79,7

Entwicklung der Besucherzahl, erzielte Tore, Teilnehmerzahl der 1. Schottischen Liga und wichtige Begebenheiten

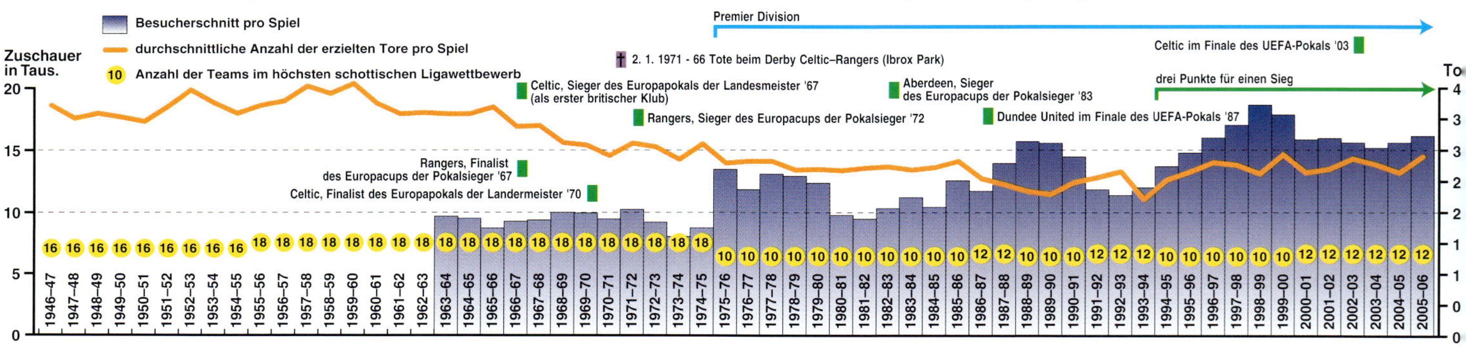

LEGENDE
2–4
5 und mehr
Siege in der 1. Liga – Schottland (1891–2006) und Nordirland (1891–2006, bis zur Saison 1920/21 Gesamtirland)
Begründer der schottischen und der gesamtirischen Liga – (gegr. 1890/91)
übrige Teilnehmer der 1. Liga – Schottland und Nordirland (1891–2006, bis zur Saison 1920/21 Gesamtirland)
Siege im Pokal – Schottland (1874–2006) und Nordirland (1881–2006, bis zur Saison 1920/21 Gesamtirland)
Siege im Liga-Pokal – Schottland (1947–2006) und Irland (1974–2006)
Siege in der 1. irischen Liga (1922–2006)
übrige Teilnehmer der 1. irischen Liga
Siege im Irischen Pokal (1922–2006)
weitere Klubs oder Stadien (Besonderheit)
Newtownabbey
Städte über 50 000 Einwohner ohne einen Erstligaklub
undee United FC
Name des Fußballklubs (Besonderheit)
Linfield FC
erfolgreichster Klub des Landes
Cork Athletic FC
bereits nicht mehr existierender Klub
Londonderry
Stadt
lster (Uladh)
Region
Belfast und Umgebung
Moyola Park FC
Crusaders FC
Cliftonville FC
Glentoran FC
Belfast
Dundela FC
Linfield FC
Lisburn Distillery FC
bereits nicht mehr bestehende Belfaster Klubs:
Celtic FC & AC
Queen's Island FC
Ulster SC (der älteste irische Klub, gegr. 1878)
Gordon Highlanders
Willowfield FC
Alton United FC
Clarence FC
Belfast United FC
KOSB
Lancashire Fusiliers
Ligoneil FC
Milford FC
Milltown FC
North Staffordshire
Old Park FC
YMCA
eircom League
SCHOTTLAND
Edinburgh
Leith Athletic FC
Hibernian FC
St Bernard's FC
Heart of Midlothian FC
Inverness Caledonian Thistle FC
Loch Ness
Aberdeen FC
Arbroath FC
Dundee United FC
Dundee FC
Perth
St Johnstone FC
Stirling Albion FC
Alloa Athletic FC
Cowdenbeath FC
East Fife FC
Raith Rovers FC
Kirkcaldy
Dunfermline Athletic FC
Falkirk FC
Vale of Leven FC
Renton FC
Greenock Morton FC
Port Glasgow Athletic FC
Livingston FC
East Stirlingshire FC
Glasgow und Umgebung
Kilmarnock FC
Ayr United FC
Berwick Rangers FC (englischer Klub, der in den schottischen Wettbewerben spielt)
Dumfries
Queen of the South FC
ENGLAND
SPL SCOTTISH PREMIER LEAGUE
NORDIRLAND
Londonderry
Coleraine FC
Derry City FC (nordirischer Klub, der seit 1985 in den irischen Wettbewerben spielt)
Derry Olympic FC
Limavady United FC
Derry St Columb's Court
Institute FC
Drumahoe
Ballymena United FC
Larne FC
Ballyclare Comrades FC
Carrick Rangers FC
Carrickfergus
Barn FC
Ballybofey
Finn Harps FC
Omagh Town FC
Dungannon Swifts FC
Belfast
Lurgan
Bangor FC
Ards FC
Newtownards
Glenavon FC
Loughgall FC
Portadown FC
Armagh City FC
Monaghan/Muineachán
Monaghan United FC
Newry City FC
Dundalk FC
Dundalk/Dún Dealgan
Sligo/Sligeach
Sligo Rovers FC
Connaught (Connacht)
Longford/An Longfort
Longford Town FC
Drogheda/Droichead Átha
Drogheda United FC
Athlone/Baile Átha Luain
Athlone Town AFC
Galway/Gaillimh
Galway United FC
Leinster (Laighean)
Dublin/Baile Átha Cliath
Dún Laoghaire
Bray Wanderers AFC
Bray Unknowns FC
Transport FC
Bray/Bré
Limerick/Luimneach
Limerick AFC
Thurles/Durlas
Thurles Town FC
Kilkenny/Cill Chainnigh
Kilkenny City AFC
Munster (Mumhan)
Waterford United FC
Waterford/Port Láirge
Cork United
Cork Athletic FC
Cork City FC
Cork Hibernians FC
Cork Bohemians FC
Cork Alberts
Cobh/An Cobh
Cobh Ramblers FC
Cork Celtic FC
Cork/Corcaigh
IRLAND
0 50 100 km
Dublin/Baile Átha Cliath
Dublin City FC
Midland Athletic FC
Pioneers FC
Drumcondra FC
Shelbourne FC
Brooklyn FC
Bohemian FC
Olympia FC
St Patrick's Athletic AFC
Dolphin AFC
Tritonville FC
St James's Gate AFC
Frankfort FC
Jacobs FC
Rathmines Athletic FC
CIÉ-Transport FC
Brideville FC
Shamrock Rovers FC
YMCA
Dublin United FC
Shelbourne United FC
UCD AFC
Glasgow und Umgebung
Dumbarton
Dumbarton FC
Clydebank FC (II)
Cumbernauld
Airdrieonians FC
Clyde FC
Clydebank
Clydebank FC (I)
Partick Thistle FC
Cowlairs FC
Paisley
Abercorn FC
Glasgow
Coatbridge
Albion Rovers FC
St Mirren FC
Rangers FC
Celtic FC
Queen's Park FC (der älteste schottische Klub, gegr. im J. 1867)
Third Lanark FC
Cambuslang FC
Cambuslang
Motherwell
Motherwell FC
Hamilton
Hamilton Academical FC

Norwegen, Dänemark, Island und die Färöer Inseln

Im Vergleich mit den anderen skandinavischen Ländern hat der Fußball in **Norwegen** eine längere Geschichte und eine breitere Basis. Die Gründung des ersten Studententeams Christiana Fotballklubb fällt in das Jahr 1885, fünf Jahre später aber existiert es nicht mehr. Zum Aufschwung des Fußballs kommt es im letzten Jahrzehnt des 19. Jahrhunderts, als die Klubs Odds BK in Skien (1894), Gjøvik (1895) sowie Grane Nordstrand (1893) und der FK Lyn (1896) in Oslo entstehen. Die norwegischen Verfechter des Spiels begannen 1902 mit der organisierten Tätigkeit, indem sie den Nationalverband gründeten, der sechs Jahre später in die FIFA aufgenommen wurde. Die Sieger des Norwegischen Pokals (seit 1902), des ersten offiziellen Wettbewerbs hierzulande, galten für lange Zeit als die Champions des Landes. Die Amateurliga wird seit der Saison 1937/38 gespielt, mit Ausnahme der Kriegspause von 1940 bis 1947. Ab 1963 gingen die Norweger zur Spielzeit Frühling–Herbst über und verzichteten auf die Play-offs. Erst in den letzten 15 Jahren, im Zusammenhang mit der massenhaften Abwanderung der besten Spieler ins Ausland, machte man sich daran, das Niveau der Liga durch die Schaffung professioneller Bedingungen zu retten. Man ist dabei auf einem guten Weg, was am besten durch die Tatsache belegt wird, dass die norwegischen Klubs im Durchschnitt über größere Finanzmittel als die Vereine aus dem benachbarten Schweden verfügen. Hinzu kommt, dass die Ligen bis hin zur untersten Klasse zu den am besten organisierten Wettbewerben der Welt gehören. Die absolute Mehrheit der Klubs ist in den Hafenstädten südlich des 64. Breitengrades zu Hause.

Auf die Zimbrische Halbinsel (Jütland) und die anliegenden Inseln, die das heutige **Dänemark** bilden, schwappte der Fußball aus dem nahen England über. Die Briten standen im Jahre 1878 auch hinter der Gründung des ersten Klubs im Lande – KB Kopenhagen. In der Hauptstadt stießen nach und nach immer weitere Vereine hinzu, doch bald schlossen sich auch andere Städte wie zum Beispiel Århus an. Es handelte sich oft um allgemeine Sportklubs, in denen auch Kricket oder Turnen betrieben wurde. Einige brüsteten sich in ihren Namen mit dem Gründungsdatum (B 1893 oder B 1901). Der Dänische Fußballverband existiert bereits seit 1889. Er ist der fünftälteste der Welt (älter sind nur die vier britischen Verbände) und gehört zu den Gründern der FIFA (1904). Die Geschichte der Liga wird seit 1913 geschrieben. In den ersten fünfzehn Jahren waren in ihr jedoch ausschließlich Kopenhagener Mannschaften vertreten. Um die Pokaltrophäe wird erst seit 1954 gekämpft. Im Laufe der Zeit ging man von der Spielsaison Frühling–Herbst zum klassischen mitteleuropäischen Modell Herbst–Frühling mit der Winterpause über. Dänemark hielt stets am Amateurstatus fest. Schon zu Beginn des 20. Jahrhunderts galt hier der Grundsatz: Wenn irgendein Spieler in die Welt, aber besonders nach England hinauszog mit dem Ziel, sich durch Fußball seine Brötchen zu verdienen, musste er bei seiner Rückkehr die professionellen Gewohnheiten aufgeben, oder besser gesagt, sich davon freikaufen. Wenn er dazu nicht bereit war, konnte er keinen organisierten Sport betreiben. Diese Regelung verursachte den Weggang Hunderter der besten Spieler ins Ausland und das kleine Dänemark avancierte so zum größten europäischen "Fußball-Exporteur". Ende der siebziger Jahre hörte man auf, den Legionären mit Sanktionen für ihre Profikarriere zu drohen. Gegenwärtig nimmt die erste dänische Profiliga die führende Position unter den nordeuropäischen Fußballwettbewerben ein.

Die Insel der Vulkane und Eisberge **Island** lernte das Fußballspiel bereits im Jahre 1895 dank eines schottischen Druckers und Buchhändlers kennen, der in Reykjavík lebte. Im Jahre 1912 kam ein lokaler Wettbewerb in Gang, den die örtlichen Sportfreunde stolz "die Liga" nannten. Sie wurde nur aus drei Klubs gebildet. Darunter war der 1899 gegründete, älteste Verein des Landes – KR (Reykjavík), der auch erster Champion wurde und bis heute die erfolgreichste Mannschaft ist. Anfangs war der Titel nur eine Sache von KR und drei weiteren Teams aus der Hauptstadt: Fram, Valur und Víkingur. Seit 1951 kommt ihr größter Gegner aus dem nahegelegenen Akranes. Bis auf Akureyri im Norden kommen alle Spitzenklubs aus Städten, die in der günstigeren Lage im Südwesten der Insel liegen. Wegen des rauhen Klimas beginnt die Liga im Mai und endet im September. Die Assoziation wurde im Jahre 1929 gegründet, aber erst siebzehn Jahre später trat Island zum ersten Länderspiel (0:3 gegen Dänemark) an. Der nationale Pokal wird seit 1960 ausgespielt.

Auf den **Färöer Inseln**, die im Lauf des Golfstroms liegen und für ihre zahlreichen Niederschläge, Winde und Nebel bekannt sind, wird der Ligawettbewerb seit 1942 ausgetragen. Der Pokal hielt 1955 Einzug, aber der Fußballverband wurde erst 1979 gegründet. Dabei war der älteste Klub Tvøroyrar Bóltfelag (TB) auf dänische Initiative hin bereits Ende des 19. Jahrhunderts (1892) entstanden. Die Gewinner der Liga wechseln oft einander ab, der Wettbewerb kann nur im Rhythmus Frühling–Herbst gespielt werden. Der FIFA schlossen sich die Färöer erst 1988 an.

Norwegen — *Dänemark*

Island — *Färöer Inseln (dän.)*

LEGENDE

1 · 2–4 · 5 und mehr — Siege in der 1. Liga – Norwegen (1938–2006), Dänemark (1913–2006), Färöer Inseln (1942–2006) und Island (1912–2006)

Liga-Begründer – Norwegen (gegr. 1937/38), Dänemark (gegr. 1913) und Island (gegr. 1912)

übrige Teilnehmer der 1. Liga – Norwegen (1938–2006), Dänemark (1927–2006), Färöer Inseln (1979–2006) und Island (1912–2006)

Siege im Landespokal – Norwegen (1902–2006), Dänemark (1955–2006), Färöer Inseln (1955–2006) und Island (1960–2006)

Siege im isländischen Liga-Pokal (1996–2006)

ÍBV — Name des Fußballklubs *(Besonderheit)*

Rosenborg BK — erfolgreichster Klub des Landes

B 1901 — bereits nicht mehr existierender Klub

Tórshavn — Stadt

Teuerste norwegische, dänische und isländische Fußballspieler auf dem Transfermarkt

Tore André Flo (NOR)	2000	Chelsea FC	➔	Rangers FC	20 000 000 €
Jesper Grønkjær (DEN)	2000	AFC Ajax	➔	Chelsea FC	13 000 000 €
Eidur Gudhjonsen (ICE)	2006	Chelsea FC	➔	FC Barcelona	11 900 000 €
Martin Laursen (DEN)	2001	Hellas Verona FC	➔	AC Milan	10 700 000 €
Tore André Flo (NOR)	2002	Rangers FC	➔	Sunderland AFC	10 600 000
Daniel Agger (DEN)	2006	Brøndby IF	➔	Liverpool FC	8 500 000
John Carew (NOR)	2000	Rosenborg BK	➔	Valencia CF	8 300 000
Christian Poulsen (DEN)	2002	FC København	➔	FC Schalke 04	7 700 000

Berühmte norwegische Klubs

Klubname	Gründ. Jahr	Stadionname	Stadionkapazität	Besucherschn. (Saison 2006)
Brann	1908	Brann Stadion	18 500	16 691
Fredrikstad	1903	Fredrikstad	10 500	8 099
Lillestrøm	1917	Åråsen Stadion	12 250	8 616
Lyn Oslo	1896	Ullevaal Stadion	25 572	7 059
Rosenborg	1917	Lerkendal	21 166	19 481
Start	1905	Kristiansand Stadion	14 400	7 677
Vålerenga	1913	Ullevaal Stadion	25 572	13 871
Viking	1899	Viking Stadion	16 300	13 913

Berühmte dänische Klubs

Klubname	Gründ. Jahr	Stadionname	Stadionkapazität	Besucherschn. (Saison 2005/06)
AaB	1885	Aalborg Stadion	16 000	6 823
AB	1889	Gladsaxe Stadion	13 200	1 010
AGF	1880	NRGi Park	20 200	7 323
Brøndby	1964	Brøndby Stadion	29 000	16 136
Esbjerg	1924	Esbjerg Idrætspark	14 500	6 902
FC København	1992	Parken	42 305	21 552
OB	1893	Fionia Park	15 761	8 195
Vejle	1891	Vejle Stadion	15 000	2 559

Entwicklung der Besucherzahl, erzielte Tore, Teilnehmerzahl der 1. Norwegischen Liga und wichtige Begebenheiten

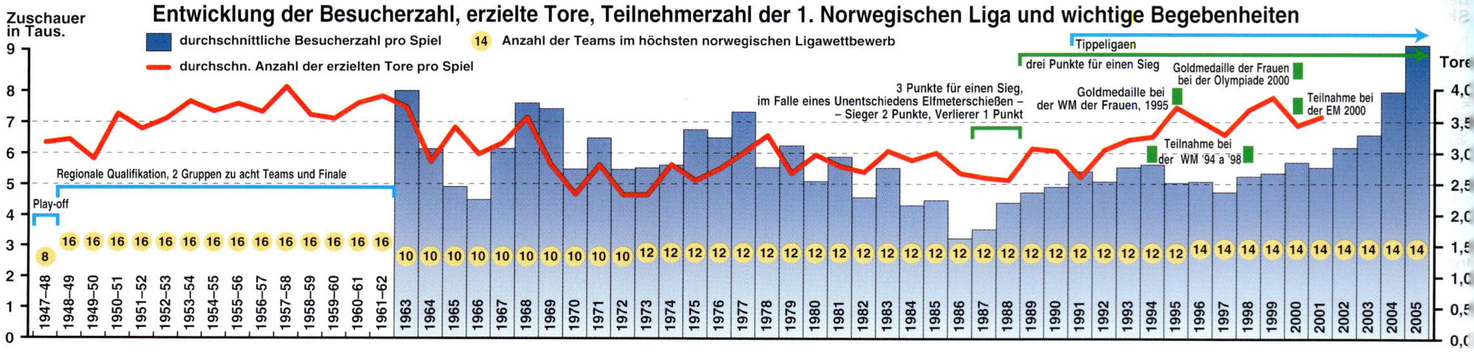

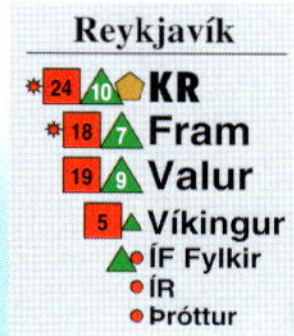

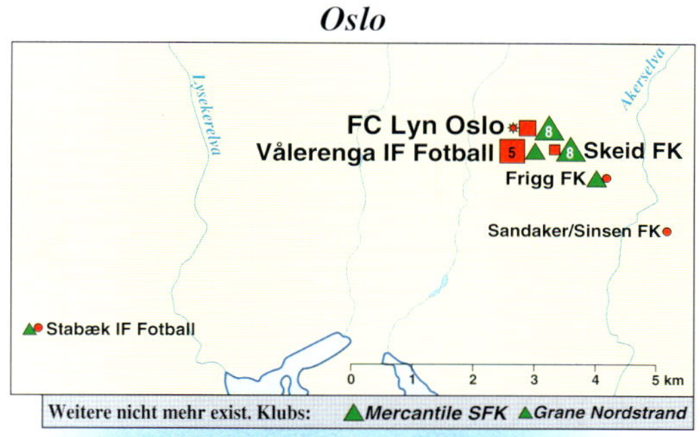

TIPPELIGAEN

Ausländer in der norwegischen Liga

(Saison 2005)

18 – Schweden
10 – Dänen
7 – Finnen und Isländer
6 – Kanadier und Nigerianer
insgesamt 106 Spieler

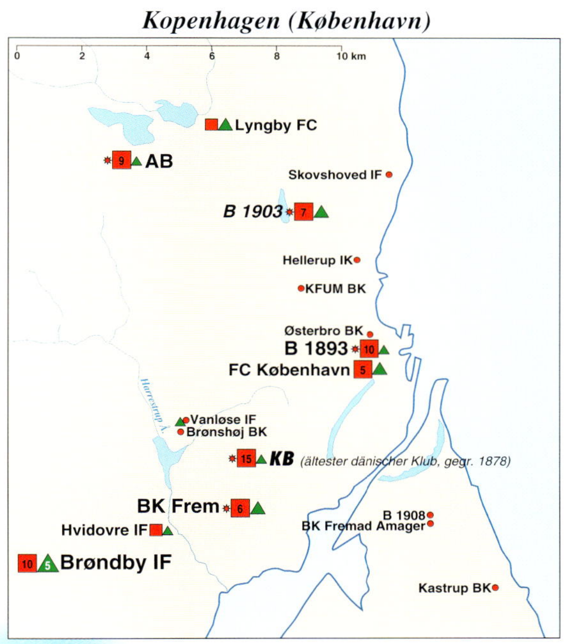

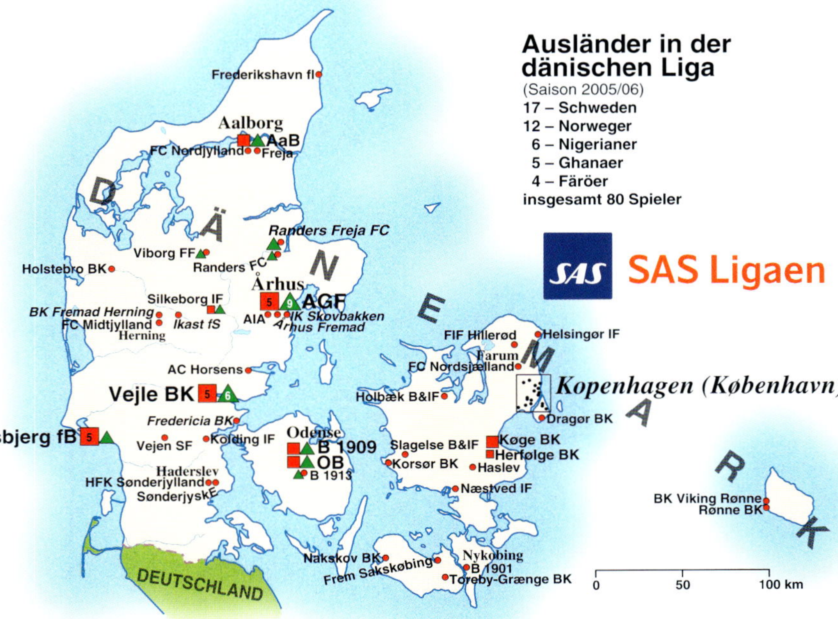

Ausländer in der dänischen Liga

(Saison 2005/06)

17 – Schweden
12 – Norweger
6 – Nigerianer
5 – Ghanaer
4 – Färöer
insgesamt 80 Spieler

SAS Ligaen

Schweden und Finnland

Schweden, mit nicht ganz neun Millionen Einwohner das bevölkerungsreichste skandinavische Land, wird heute bereits als eine feste Fußballgröße gehandelt. Die Angaben zu den Anfängen des Fußballs im Land gehen zum Teil auseinander, aber man weiß, dass die Briten dem Ball schon in den 70er Jahren des 19. Jahrhunderts in Stockholm und Göteborg nachjagten. Der älteste schwedische Klub ist aller Wahrscheinlichkeit nach der 1887 von Schotten in Göteborg gegründete Örgryte IS. Hier erblickte in den Jahren 1895/96 auch der Schwedische Sport- und Athletikverband das Licht der Welt, der für die Entstehung des ersten Fußballwettbewerbs sorgte. Örgryte IS gab vor dem 1. Weltkrieg im schwedischen Fußball den Ton an und holte bis zum Jahr 1928 insgesamt 13 Titel. Diese Ausbeute ist umso höher zu bewerten, wenn man zu Rate zieht, dass bis zur Saison 1924/25 nach dem pokaltypischen K.-o.-System gespielt wurde. In der Zeit um den 1. Weltkrieg schafften zwei Vereine aus der Hauptstadt den Durchbruch – Djurgården und AIK Stockholm. Im Jahre 1902 wurde eine inoffizielle Schwedische Fußball-Assoziation gegründet, wodurch die Monopolstellung des Göteborger Verbandes angetastet wurde. Zwei Jahre später ging aus ihr die Schwedische Fußball-Föderation hervor, die zugleich Gründungsmitglied der FIFA wurde.

Im Zeitraum von 1924/25 bis 1957/58 wurde die Ligasaison nach dem eurokontinentalen System (Herbst–Frühling) ausgetragen, bevor man zum nordischen System (Frühling–Herbst) überging. Es kam ebenso zu einer Veränderung des Kräfteverhältnisses – mehr und mehr begannen sich Klubs außerhalb Stockholms und Göteborgs durchzusetzen. In den 40er Jahren, als auch der Schwedische Pokal anlief, und in den 50er Jahren sammelte der IFK Norrköping die meisten Titel. Mit Malmö FF drang zudem ein Team aus dem Süden in den Kreis der erfolgreichsten Mannschaften vor. Seit 1936 war dieses Team 64 Jahre ununterbrochen in der höchsten Spielklasse vertreten, ehe es 1999 erstmals absteigen musste. Die überwiegende Dauer des letzten Vierteljahrhunderts überragte der IFK Göteborg die Liga und den skandinavischen Fußball obendrein. In dieser Zeit spielte der IFK auch in Europa eine gute Rolle, die er durch den zweimaligen Gewinn des UEFA-Pokals unterstrich. Alle erfolgreichen schwedischen Klubs kommen aus Städten südlich von Stockholm – bis auf einen: Brynäs IF aus Gävle, der die Liga in der Auftaktsaison 1924/25 gewann. Die kompletten zwei Drittel des nördlichen Landesteils waren in der Liga bisher lediglich durch fünf Mannschaften aus vier Hafenstädten vertreten.

In **Finnland** ist der Fußball bei weitem kein Nationalsport, aber allmählich tritt er aus dem Schatten des Eishockeys, Skilaufs und der Leichtathletik heraus. Der Fußballverband wurde im Jahre 1907 gegründet und gleich im Jahr darauf wurde eine Ligakonkurrenz angepfiffen. An dieser Liga nahmen fast ausschließlich Vereine aus Helsinki und Umgebung sowie aus Turku (Åbo), dem Zentrum der schwedischen Minderheit, teil. Die Hauptstadt lernte den Fußball schon um 1890 dank eingewanderter englischer Geschäftsleute kennen. Die Klubs aus den erwähnten Orten bestimmten das Geschehen bis in die 40er Jahre. In den 30er Jahren waren in der höchsten Spielklasse auch Mannschaften aus der Viipuri/Vyborg vertreten, einer Stadt, die später von der Sowjetunion okkupiert wurde. Nach dem 2. Weltkrieg fanden auch die Teams aus dem Seengebiet nördlich des 61. Breitengrades (Lahti, Valkeakoski, Kuopio) und aus den Küstenstädten entlang des Bottnischen Meerbusens (Vaasa, Kokkola, Oulu) den Anschluss. Im Jahr 2005 erlebt die Liga eine Premiere: Erstmals dabei ist ein Team von den Ålandinseln - ein autonomes Gebiet in Finnland mit einer schwedisch sprechenden Bevölkerung. Die Liga wird wegen der langen und rauhen Winter vom Frühjahr bis zum Herbst ausgetragen. Bis 1929 und im Zeitraum von 1940–47 wurde zudem ein Play off gespielt. In ihrer Chronik fehlen der Liga nur zwei nicht gespielte Jahrgänge, was belegt, dass sie auch während der beiden Weltkriege kaum unterbrochen wurde. Den Pokalwettbewerb hingegen gibt es erst seit 1955. Das Charakteristische am finnischen Fußball war immer der Amateurstatus. Eine ganze Reihe von Spielern geht bis heute ihren „zivilen" Berufen nach. Historisch gesehen gehört der finnische Fußball zum schwächsten in Europa, denn die Nationalmannschaft qualifizierte sich nie für eine WM oder EM.

Schweden

Finnland

Stockholm

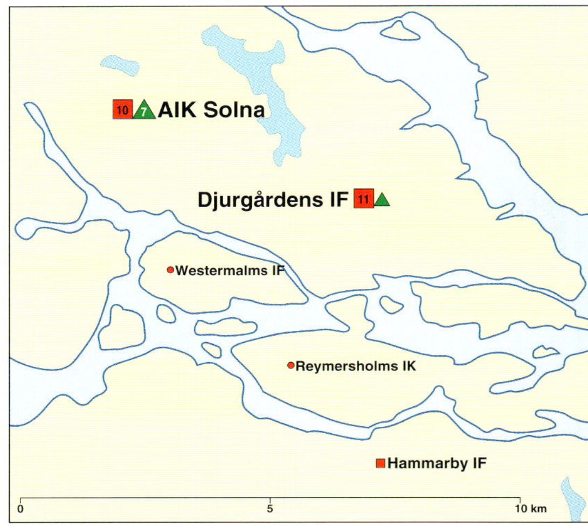

Göteborg

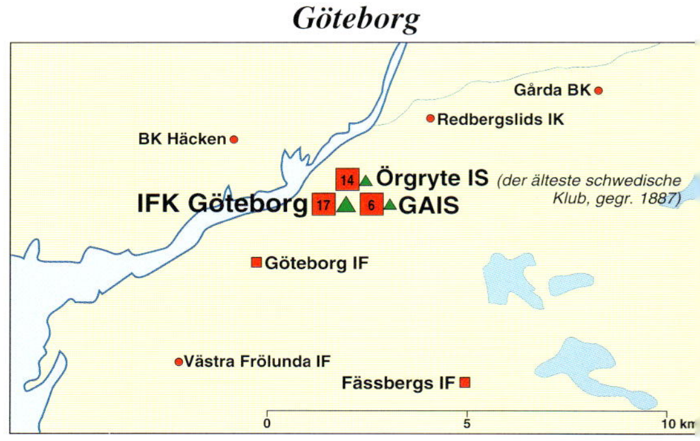

Berühmte finnische Klubs

Klubname	Stadtname	Gründ. Jahr	Name des Stadions	Stadionkapazität Total	Sitzplätze	Besucherschn. (Saison 2006)
FC Haka	Valkeakoski	1932	Tehtaan kenttä	6 400	3 544	2 010
FC Inter	Turku	1993	Veritas Stadion	9 000	6 428	2 684
HJK	Helsinki	1907	Finnair Stadium	10 770	10 770	5 580
KuPS	Kuopio	1923	Magnum Areena	5 000	2 700	2 359
MyPa	Anjalankoski	1947	Anjalankosken Stadion	4 067	2 900	1 662
Tampere Utd.	Tampere	1998	Ratina Stadion	16 850	16 850	3 944
TPS	Turku	1922	Veritas Stadion	9 000	6 428	3 571
VPS	Vaasa	1924	Hietalahti	4 300	3 625	2 483

Berühmte schwedische Klubs

Klubname	Gründ. Jahr	Name des Stadions	Gründ. Jahr	Stadion-kapazität	Besucherschn. (Saison 2006)	Höchster Besuch	Spielfeld Dim. (m)	Spitzname	Durchschn. Preis für Sitzplatz (€)
AIK Solna	1891	Råsunda Stadion	1937	36 800	31 434	40 699	105 x 68	Gnaget – die Nagetiere	20
Djurgårdens IF	1891	Stockholms Stadion	1912	14 417	13 358	22 108	108 x 65	Järnkaminerna – der Eisenofen	17
Halmstads BK	1914	Örjans vall	1922	15 500	6 003	19 783	105 x 68	gibt es nicht	20
Hammarby IF	1897	Söderstadion	1966	16 187	11 793	15 626	105 x 65	Bajen (von der örtlichen Aussprache: Hamarbaj)	22
Helsingborgs IF	1907	Olympia	1898	16 802	12 415	26 154	105 x 68	gibt es nicht	20
IFK Göteborg	1904	Gamla Ullevi	1916	16 500	10 258	31 604	105 x 67	Änglarna – die Engel	18
IFK Norrköping	1897	Norrköpings Idrottspark	1903	19 414	4 645	32 234	105 x 68	Peking	13
Malmö FF	1910	Malmö Stadion	1958	27 500	13 665	29 328	105 x 65	Deljusblå – die Hellblauen	20
Örgryte IS	1887	Gamla Ullevi	1916	16 500	4 996	31 597	105 x 67	gibt es nicht	19
Östers IF	1930	Värendsvallen	1966	15 000	5 364	26 404	107 x 65	gibt es nicht	14

Entwicklung der Besucherzahl, erzielte Tore, Teilnehmerzahl der 1. Schwedischen Liga und wichtige Begebenheiten

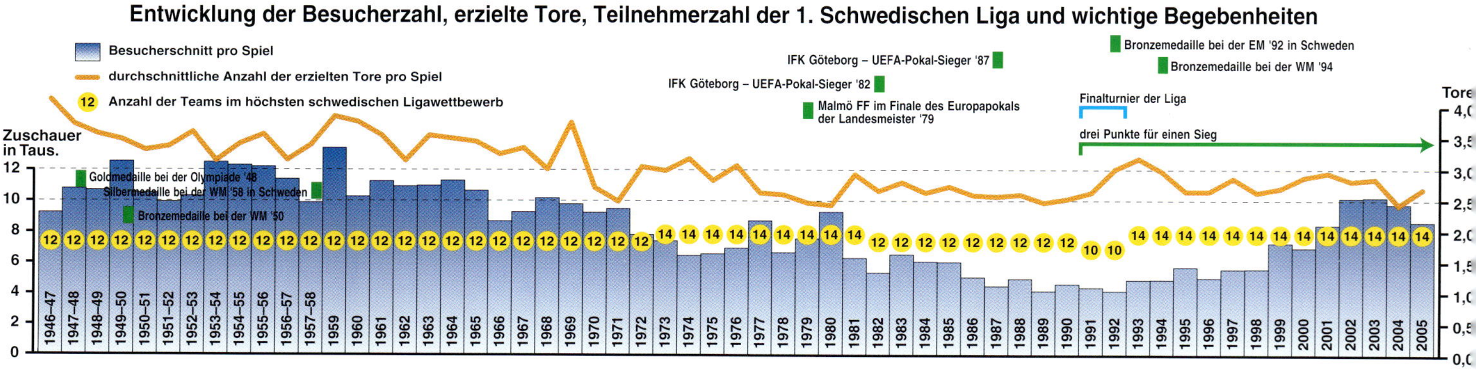

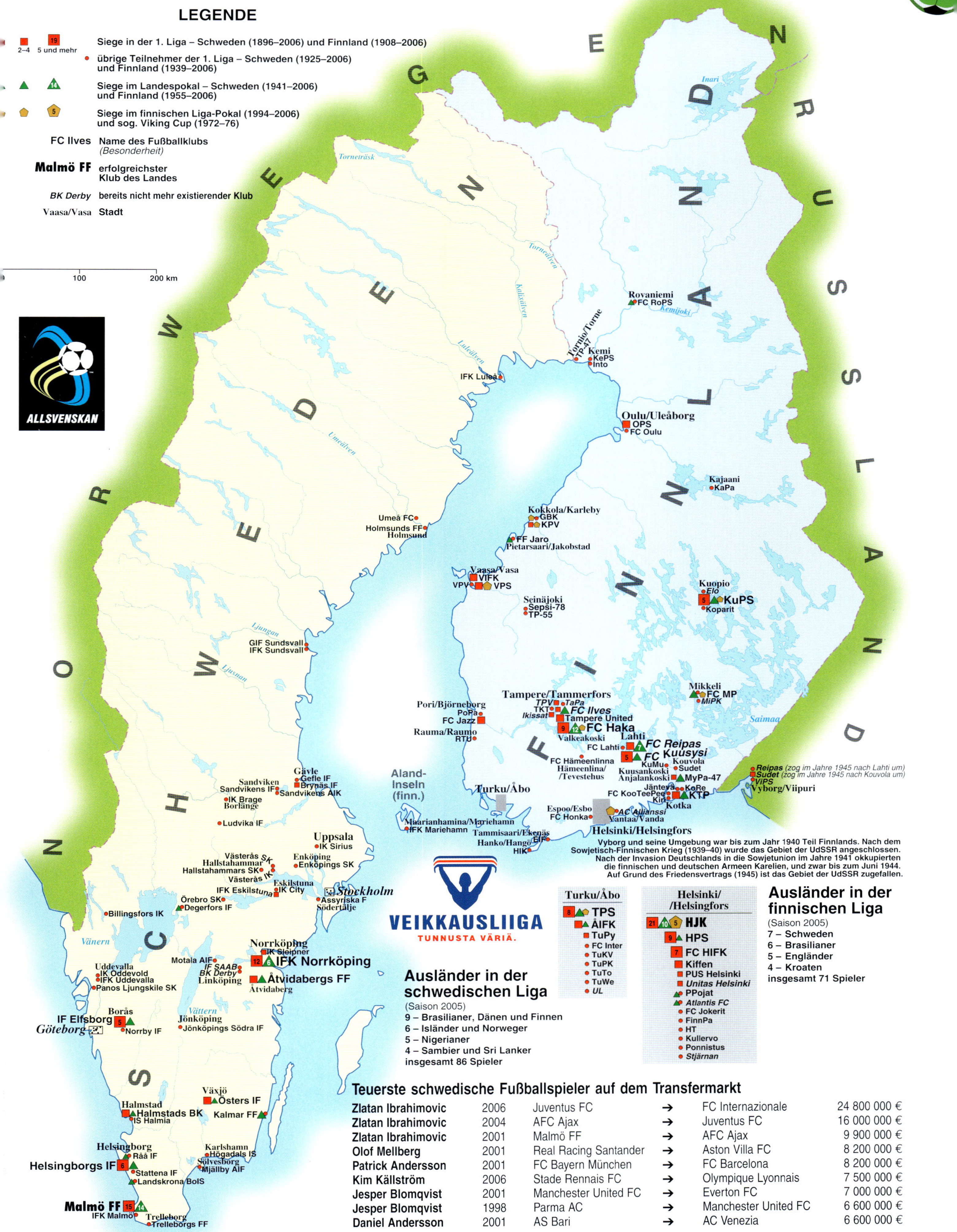

Turku/Åbo
- TPS
- ÅIFK
- TuPy
- FC Inter
- TuKV
- TuPK
- TuTo
- TuWe
- *UL*

Helsinki/ /Helsingfors
- HJK
- HPS
- FC HIFK
- Kiffen
- PUS Helsinki
- *Unitas Helsinki*
- PPojat
- *Atlantis FC*
- FC Jokerit
- FinnPa
- HT
- Kullervo
- Ponnistus
- *Stjärnan*

Ausländer in der schwedischen Liga

(Saison 2005)
9 – Brasilianer, Dänen und Finnen
6 – Isländer und Norweger
5 – Nigerianer
4 – Sambier und Sri Lanker
insgesamt 86 Spieler

Ausländer in der finnischen Liga

(Saison 2005)
7 – Schweden
6 – Brasilianer
5 – Engländer
4 – Kroaten
insgesamt 71 Spieler

Teuerste schwedische Fußballspieler auf dem Transfermarkt

Zlatan Ibrahimovic	2006	Juventus FC	→	FC Internazionale	24 800 000 €
Zlatan Ibrahimovic	2004	AFC Ajax	→	Juventus FC	16 000 000 €
Zlatan Ibrahimovic	2001	Malmö FF	→	AFC Ajax	9 900 000 €
Olof Mellberg	2001	Real Racing Santander	→	Aston Villa FC	8 200 000 €
Patrick Andersson	2001	FC Bayern München	→	FC Barcelona	8 200 000 €
Kim Källström	2006	Stade Rennais FC	→	Olympique Lyonnais	7 500 000 €
Jesper Blomqvist	2001	Manchester United FC	→	Everton FC	7 000 000 €
Jesper Blomqvist	1998	Parma AC	→	Manchester United FC	6 600 000 €
Daniel Andersson	2001	AS Bari	→	AC Venezia	6 600 000 €

Beneluxstaaten

Dank seiner günstigen Lage stellte vor allem die historische Niederlande in den Beziehungen zu den drei europäischen Großmächten – Britannien, Frankreich und Deutschland – einen der bedeutendsten Brennpunkte bei den Ereignissen und Prozessen dar, die sich in Europa abspielten. Die Niederlande präsentierten sich als See- und Handelsmacht, heute wiederum sind in den Beneluxstaaten die wichtigsten Institutionen des Kontinents mit der Europäischen Union an der Spitze konzentriert. Das vorwiegend ebene Terrain bietet zusammen mit dem feucht-milden Klima geeignete Bedingungen für den Fußball. Es ist deshalb kein Wunder, dass Belgien und die Niederlande zu den Gründern der FIFA (1904) gehören.

In **Belgien** spielte man an den englischen Schulen bereits zu Beginn der 60er Jahre des 19. Jahrhunderts Fußball. Der älteste belgische Klub Cercle des Régates de Bruxelles wurde im Jahre 1878 gegründet. Erst 17 Jahre später entstand die erste Allsportliche Assoziation. Unmittelbar danach begann man um den ersten Meistertitel zu spielen. Neben der schwedischen Liga gilt die belgische Liga als der älteste Wettbewerb auf dem europäischen Festland, sie wird seit 1895 gespielt. Der Belgische Pokal wird regelmäßig seit 1912 ausgetragen. In jenem Jahr wurde der ehemalige Sportverband in einen reinen Fußballverband umgewandelt. Acht Jahre später verlieh König Albert dem Fußballverband den Titel "königlich". Der lange Jahre anhaltende Amateurstatus stand einem rapiden Leistungsanstieg des belgischen Fußballs im Wege. Nach dem Zweiten Weltkrieg gelangte der RSC Anderlecht ganz nach oben auf das Siegerpodest der Liga und dominiert seither den Wettbewerb, in dem er fast die Hälfte aller Titel gewann. Einen riesigen Aufschwung nahm der hiesige Fußball nach Einführung des Profi-Reglements im Jahre 1972. Bald folgten die ersten Triumphe in den europäischen Pokalwettbewerben ebenso wie vordere Platzierungen der Nationalmannschaft bei der EM. Das Land ist nicht nur sprachlich und administrativ (Föderation) geteilt, sondern auch was die Fußballerfolge anbelangt. Wesentlich häufiger setzen sich die Mannschaften aus dem wirtschaftlich reichen Flandern durch. Im ursprünglich industriellen und heute wirtschaftlich schwachen Wallonien wurden Titel nur von den Mannschaften aus Lüttich gewonnen.

In den **Niederlanden** wurde der Fußball bereits 1865 von englischen Textilarbeitern eingeführt. Die erste Mannschaft des Tulpenlands, Haarlem FC, entstand 14 Jahre später. Im Jahre 1889 wurde in Den Haag die Nationale Assoziation gegründet, nach der Dänischen die zweitälteste in Kontinentaleuropa. Drei Jahre vor dem Ende des 19. Jahrhunderts hat man begonnen, die Liga zu spielen. Der Pokal folgte ihr nur ein Jahr später. Im Jahre 1929 wurde dem Fußballverband der Titel "königlich" zuerkannt. Zu Beginn des 20. Jahrhunderts gehörten die Niederländer zu den besten Europäern im Fußball, aber seit den dreißiger Jahren sank ihre Leistungsstärke. Die Halbprofessionalisierung im Jahre 1954 und die vollständige Professionalisierung zwei Jahre später durchbrachen diesen Negativtrend, obwohl sich Erfolge nur allmählich einstellten. Besonders Ajax, Feyenoord und der PSV arbeiteten sich mit der Zeit in die europäische Elite vor. Auch die Nationalmannschaft verzeichnete seit den 70er Jahren eine Reihe von Erfolgen. Die fußballerische Qualität konzentriert sich auf zwei holländische Provinzen, die Vormachtstellung ihrer Zentren (Amsterdam und Rotterdam) wird nur durch das Zentrum des Elektronikriesen Philips in Eindhoven mit seinem dortigen PSV erschüttert. Der Sitz des Internationalen Gerichtshofs (Den Haag) stellte nur zu Beginn des 20. Jahrhunderts ein Fußballzentrum des Landes dar.

Luxemburg – das kleinste, aber in der Pro-Kopf-Rechnung je Einwohner reichste Land der Beneluxstaaten, gehörte immer zu den "angenehmen" Fußballgegnern. Obwohl die nationalen Vertreter auf Klub- und Auswahlebene mit einem nicht erlahmenden Willen an allen Wettbewerben teilnahmen, erzielten sie nur in Ausnahmefällen ein Erfolgserlebnis. Die Luxemburger Sportföderation wurde im Jahre 1908 gegründet. Die Liga wurde zwei Jahre später aus der Taufe gehoben, der Pokal erst im Jahr 1922. Der selbständige Fußballverband entstand weitere acht Jahre darauf. Das Fußballgeschehen ist in der Hauptstadt und in der Stahlregion entlang der Grenze zu Frankreich konzentriert.

Belgien

Niederlande

Luxemburg

südwestliches Luxemburg

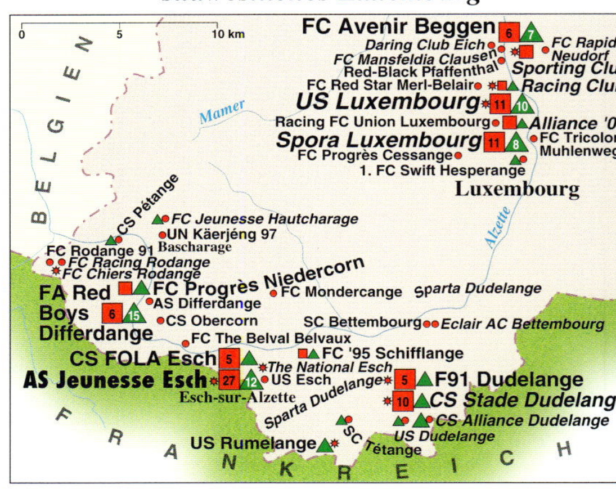

Teuerste niederländische Fußballspieler auf dem Transfermarkt

Marc Overmars	2000	Arsenal FC	→	FC Barcelona	40 100 000 €
Ruud van Nistelrooj	2001	PSV	→	Manchester Utd.	31 200 000 €
Jaap Stam	2001	Manchester Utd.	→	SS Lazio	26 300 000 €
Jimmy Floyd Hasselbaink	2000	Atlético Madrid	→	Chelsea FC	23 800 000 €
Clarence Seedorf	1999	Real Madrid CF	→	FC Internazionale	21 500 000 €
Roy Makaay	2003	RCD La Coruña	→	Bayern München	18 800 000 €
Jimmy Floyd Hasselbaink	1999	Leeds United FC	→	Atlético Madrid	18 200 000 €
Arjen Robben	2004	PSV	→	Chelsea FC	18 000 000 €
Patrick Kluivert	1998	AC Milan	→	FC Barcelona	17 800 000 €

Der teuerste belgische Fußballspieler auf dem Transfermarkt

Daniël van Buyten	2001	R Standard Liège	→	Olympique Marseille	18 000 000 €

Berühmte niederländische Klubs

Klub-name	Gründ. Jahr	Name des Stadions	Stadion-kapazität	Besucherschn. (Saison 2005/06)
Ajax	1900	Amsterdam ArenA	51 324	47 281
AZ	1967	DSB Stadion	17 023	8 426
Feyenoord	1908	De Kuip	51 137	39 824
NAC Breda	1912	Rat Verlegh Stadion	17 064	14 525
PSV	1913	Philips Stadion	35 100	33 082
Roda	1962	Parkstad Limburg St.	19 979	13 006
Sparta	1888	Het Kasteel	11 026	8 954
Twente	1965	Arke Stadion	13 250	13 101
Utrecht	1970	Galgenwaard	24 500	19 546
Willem II	1896	Willem II-Stadion	14 700	12 123

Berühmte belgische Klubs

Klub-name	Gründ. Jahr	Name des Stadions	Stadion-kapazität	Besucherschn. (Saison 2005/06)
Anderlecht	1908	Constant Vanden Stock	26 361	24 095
Beveren	1934	Freethiel	11 500	4 338
Club Brugge	1891	Jan Breydel Stadion	30 000	25 329
Genk	1988	Fenix Stadion	24 604	21 968
Gent	1900	Jules Ottenstadion	12 919	8 228
Germinal Beerschot	1921	Olympisch Stadion	12 771	7 511
Lierse	1906	Herman Vanderpoorten	14 538	7 358
Mechelen	1904	Achter de Kazerne	14 145	6 297
Royal Antwerp	1880	Bosuilstadion	16 649	4 081
Standard Liège	1898	Stade M. Dufrasne	29 200	23 263

Entwicklung der Besucherzahl, erzielte Tore, Teilnehmerzahl der 1. Niederländischen Liga und wichtige Begebenheiten

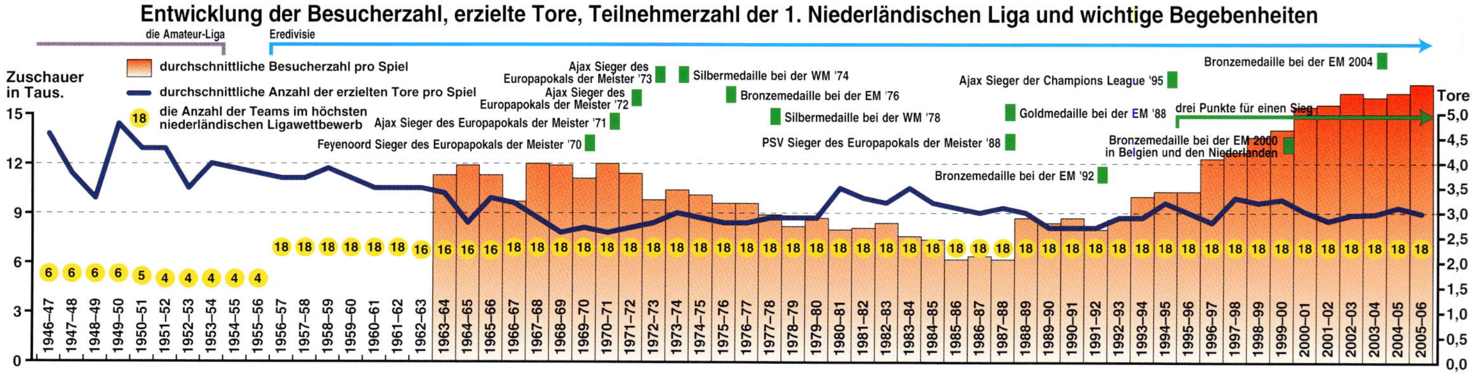

LEGENDE

1 / 2–4 / 5 und mehr (14) – Siege in der 1. Liga – Belgien (1896–2006), Niederlande (1898–2006) und Luxemburg (1910–2006)

* Begründer der 1. Liga – Belgische (gegr. 1895/96), Niederländische (gegr. 1897/98) und Luxemburger Liga (gegr. 1909/10)

● übrige Teilnehmer der 1. Liga – Belgien (1896–2006), Niederlande (1957–2006) und Luxemburg (1910–2006)

▲ ▲ (8) Siege im Landespokal – Belgien (1912–2006), Niederlande (1899–2006) und Luxemburg (1922–2006)

⬟ Siege im belgischen Liga-Pokal (1998–2000)

◆ weitere Klubs oder Stadien *(Besonderheit)*

Namur ○ Städte über 100 000 Einwohner ohne einen Erstligaklub

KSK Beveren – Name des Fußballklubs *(Besonderheit)*

AFC Ajax – erfolgreichster Klub des Landes

US Dudelange – bereits nicht mehr existierender Klub

Brugge – Stadt

Wallonie – Region

Ausländer in der niederländischen Liga

(Saison 2005/06)

41 – Belgier
15 – Marokkaner
10 – Schweden
9 – Brasilianer
8 – Ghanaer
7 – Finnen
5 – Dänen, Franzosen, Serben und Ungarn
5 – Amerikaner und Australier
insgesamt 204 Spieler

Ausländer in der belgischen Liga

(Saison 2005/2006)

44 – Franzosen
24 – von der Elfenbeinküste
21 – Brasilianer und Serben
17 – Kroaten
13 – Nigerianer
6 – Bosnier, Guineer, Kameruner und Niederländer
insgesamt 252 Spieler

Frankreich und Andorra

Obwohl manche Franzosen das Spiel "la soule" für den Vorgänger des Fußballs halten, das schon im 12. Jahrhundert im Land gespielt wurde, besteht kein Streit darüber, dass der erste und bis heute bestehende Fußballklub in **Frankreich** Le Havre Athletic Club im Jahre 1872 von britischen Studenten gegründet wurde. Im Zusammenhang mit der späteren Verbreitung des Spiels ist bemerkenswert, dass die Franzosen, die zu fast allen neuen englischen Wörtern ein Äquivalent bildeten, den Terminus "Fußball" ausnahmsweise nicht ins Französische übersetzten. Im Jahre 1879 entstand der erste Pariser Klub – Paris Football Club, drei Jahre später folgte der Racing Club de France und im Jahre 1883 Stade Français. Die angegebenen Vereine gaben jedoch am Anfang eindeutig dem populäreren Rugby den Vorzug. Erst im Jahr 1891 waren es erneut die Briten, die für die Entstehung von reinen Fußballklubs sorgten: White Rovers FC (nur aus Schotten zusammengesetzt) und Gordon FC, bald in Standard AC umbenannt. Zur gleichen Zeit erblickte auch das erste nur aus Einheimischen gebildete Team mit dem hochtrabenden Namen Club français (Französischer Klub) das Licht der Welt. Die Landesmeisterschaft erlebte im Jahre 1894 unter Teilnahme von sechs Pariser Klubs ihre Premiere. Von Paris aus verbreitete sich das Spiel zuerst in die nähere Umgebung (AC Cambrai), dann fand es sowohl Zugang zum industriellen Norden (RC Roubaix, US Tourcoing) als auch in die Hafenstädte (US Lycée du Havre). Nur einige Jahre später (1899) wurde in Marseille, der Einwanderermetropole, der berühmte Klub Olympique gegründet. Nach einem etwas wirren Zeitraum, der durch die Entstehung und Auflösung von verschiedenen Verbänden und Vereinigungen geprägt war, wurde am 7. 4. 1919 die Französische Fußball-Föderation (Fédération Française de Football – FFF) gegründet. Zu deren ersten Präsidenten wurde Jules Rimet gewählt, der 33 Jahre lang auch an der Spitze der FIFA stand und als einer der Mitbegründer für die Weltmeisterschaft gilt.

Die Amateurliga wurde 1926 unter Teilnahme von elf Klubs gestartet, aber sie zerfiel frühzeitig aus Mangel an Zuschauerinteresse. Der nächste Wettbewerb mit acht Mannschaften und dem Namen "Coupe Sochaux" wurde 1930 aus der Taufe gehoben. Erst danach nahm die FFF auch die Profis in ihre Gunst auf und erschuf die bis heute bestehende Liga "Championat de France". Den historisch ersten Sieg trug 1933 Olympique Lillois davon. Heute zählt die oberste Profiliga (Ligue 1) 20 Klubs. Weitere 20 kämpfen in der zweiten Profiliga (Ligue 2) und ebenso in der drittklassigen Amateurliga (National). Schon im Jahre 1917 stritten 48 Teilnehmer erstmals um den Französischen Pokal (Coupe de France), den Pott holte der Pariser Klub Olympique de Pantin. Hervorzuheben ist der Einzug des Provinzklubs Calais Racing Union FC (4. Liga!) in das Pokalfinale 2000.

Die qualitativ besten Teams sind heute vor allem in den industriellen Ballungsgebieten anzutreffen. Eine Ausnahme bilden die Provence und die Côte d'Azur, die als Tourismuszentren, bevorzugtes Wohngebiet der reichen Schichten, aber auch als die Regionen der Einwanderer aus den ehemaligen französischen Kolonien bekannt sind. Der Fußball ist im dörflichen Süden und in der Landesmitte weniger entwickelt, unter anderem deshalb, weil hier andere Sportarten (Rugby und Petanque) größere Popularität genießen.

Es hat sich gezeigt, dass die Verquickung verschiedener Einflüsse (vornehmlich das vorhandene Potenzial technischer Fußballer, die aus den verschiedensten Ecken des früher ausgedehnten französischen Kolonialreiches stammen, und das ausgeklügelte System der Fußballschulen für Jugendliche) Frankreich zur größten Fußballgroßmacht der Gegenwart aufsteigen ließ.

Das Fürstentum der Pyrenäen **Andorra** wurde 1996, nur zwei Jahre nach der Gründung des lokalen Fußballverbands, das jüngste Mitglied der UEFA. Die erste Liga- und Pokalsaison wurde 1995/96 ausgespielt. Zuvor nahmen die andorranischen Klubs am Spielbetrieb in unteren spanischen Ligen teil, an dem der FC Andorra auch weiterhin mitwirkt.

Frankreich

Andorra

Paris

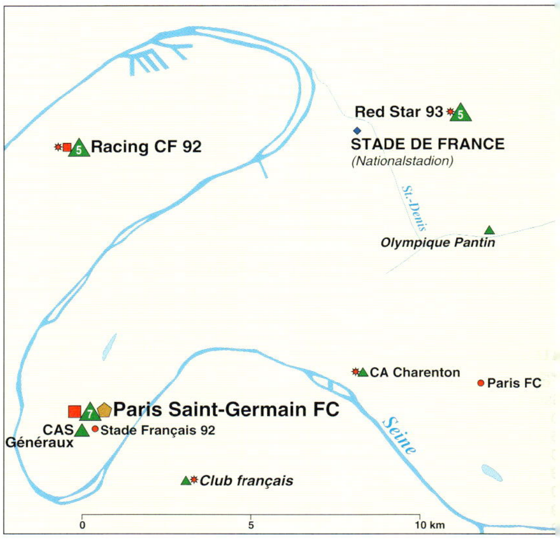

Berühmte französische Klubs

Klub-name	Gründ. Jahr	Name des Stadions	Stadion-kapazität	Besucherschn. (Saison 2005/06)	Budget in Mio. € (Saison 2006/2007)
Auxerre	1905	Abbé-Deschamps	22 000	10 669	28
Girondins Bordeaux	1881	Stade Chaban Delmas	34 088	24 247	55
Lille	1944	Stadium Lille Métropole	18 185	13 221	36
Metz	1932	Saint-Symphorien	26 661	16 040	22
Monaco	1924	Stade Louis II	18 523	11 065	50
Montpellier	1974	La Mosson	32 500	5 892	10
Nantes Atlantique	1943	La Beaujoire-Fonteneau	38 149	29 450	48
Olympique Lyon	1950	Municipal de Gerland	44 044	38 465	110
Olympique Marseille	1899	Stade Vélodrome	60 031	49 625	75
Paris Saint-Germain	1970	Parc des Princes	48 275	40 486	70
Racing Lens	1906	Félix-Bollaert	41 233	34 184	54
Racing Strasbourg	1906	Meinau	29 000	19 024	28
Saint-Etienne	1933	Geoffroy-Guichard	36 616	29 627	42
Sochaux-Montbéliard	1928	Auguste-Bonal	20 000	14 257	40
Stade Rennais	1901	Route-de-Lorient	31 127	25 001	38
Toulouse	1937	Stadium municipal	35 500	18 909	34

LEGENDE

- 1 / 2–4 / 5 und mehr: Siege in der 1. Liga – Frankreich (1933–2006) und Andorra (1996–2006)
- Begründer der Französischen Liga – (gegr. 1932/33)
- übrige Teilnehmer der 1. Liga – Frankreich (1933–2006) und Andorra (1996–2006)
- Siege im Landespokal – Frankreich (1918–2006) und Andorra (1991–2006)
- Siege im französischen Liga-Pokal (1953–65 der sog. Coupe Charles Drago und 1982–2006)
- weitere Klubs oder Stadien *(Besonderheit)*
- Amiens ○ Städte über 100 000 Einwohner ohne einen Erstligaklub
- **RC Lens** Name des Fußballklubs *(Besonderheit)*
- **CE Principat** erfolgreichster Klub des Landes
- *SR Colmar* bereits nicht mehr existierender Klub
- Ajaccio Stadt
- *Bretagne* Region

Teuerste französische Fußballspieler auf dem Transfermarkt

Zinedine Zidane	2001	Juventus FC	➔	Real Madrid CF	74 900 000 €
Lilian Thuram	2001	Parma AC	➔	Juventus FC	36 100 000 €
Nicolas Anelka	1999	Arsenal FC	➔	Real Madrid CF	35 600 000 €
Zinedine Zidane	1996	FC Girondins Bordeaux	➔	Juventus FC	35 000 000 €
Nicolas Anelka	2000	Real Madrid CF	➔	Paris Saint-Germain FC	32 600 000 €
Claude Makeléle	2003	Real Madrid CF	➔	Chelsea FC	23 700 000 €
Sébastien Frey	2001	FC Internazionale	➔	Parma AC	22 500 000 €
David Trézéguet	2000	AS Monaco	➔	Juventus FC	22 200 000 €
Sylvain Wiltord	2000	FC Girondins Bordeaux	➔	Arsenal FC	21 400 000 €
Djibril Cissé	2004	AJ Auxerroise	➔	Liverpool FC	21 000 000 €
Nicolas Anelka	2002	Paris Saint-Germain FC	➔	Manchester City FC	20 200 000 €
Patrick Vieira	2005	Arsenal FC	➔	Juventus FC	20 000 000 €
Louis Saha	2004	Fulham FC	➔	Manchester United FC	18 500 000 €
Steve Marlet	2001	Olympique Lyonnais	➔	Fulham FC	18 300 000 €

Entwicklung der Besucherzahl, erzielte Tore, Teilnehmerzahl der 1. Französischen Liga und wichtige Begebenheiten

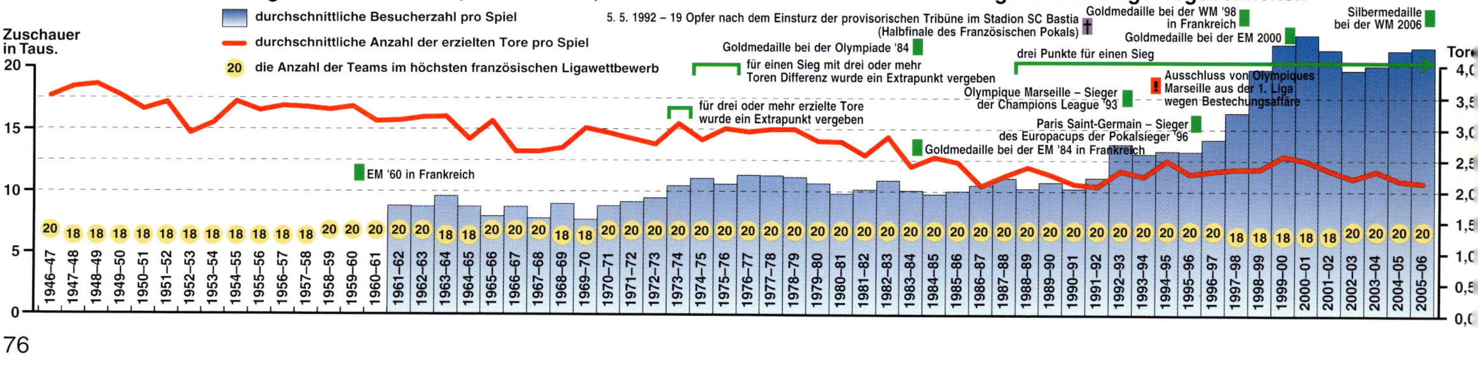

MONACO (2 km², 30 000 Einwohner), liegt an der Côte d'Azur unweit der französisch-italienischen Grenze und stellt im Grunde ein selbstständiges Staatengebilde dar. Ein eigener Fußballverband wurde jedoch erst im Jahr 2000 gegründet. Der einzige Fußballklub, der auf dem Gebiet des Fürstentums angesiedelt ist, der AS Monaco, spielt regelmäßig in den französischen Wettbewerben, und besonders in den letzten Jahren gehört er zu den besten Mannschaften der 1. Liga.

FEDERATION MONEGASQUE DE FOOTBALL
FMF 2006

Monaco

…usländer in der
…ranzösischen Liga
…aison 2005/06)
…) – Brasilianer
…5 – Senegalesen
…) – von der Elfenbeinküste
…3 – Kameruner
…) – Malier und Marokkaner
…9 – Argentinier, Schweizer und Tunesier
…8 – Guineer
…sgesamt 229 Spieler

LFP – LIGUE DE FOOTBALL PROFESSIONNEL

Andorra

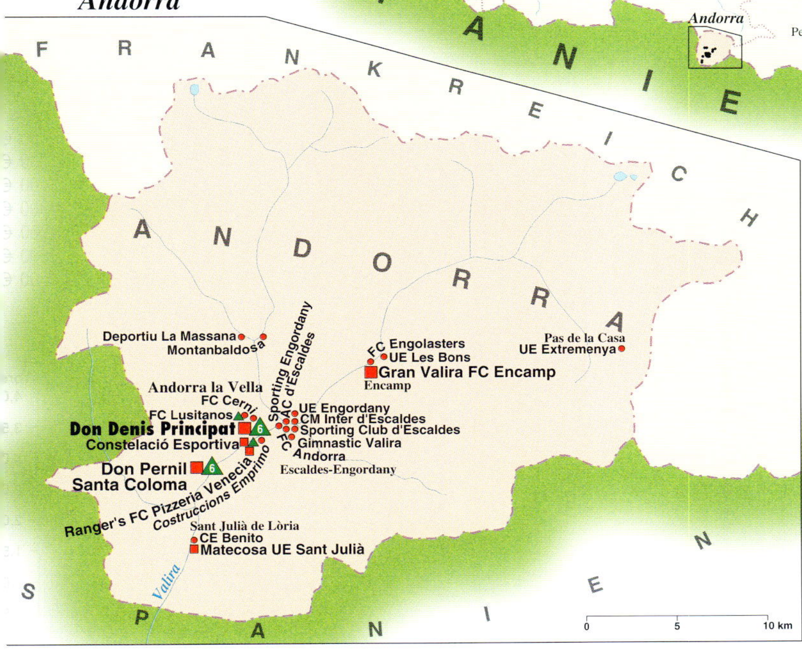

Französische Ligarekorde

Die meisten erzielten Tore in einer Saison:
102 – Lille (1948/49) in 34 Spielen,
118 – RC Paris (1959/60) in 38 Spielen
Die wenigsten erhaltenen Tore in einer Saison:
21 – Olympique Marseille (1991/92) in 38 Spielen
Die besten Torschützen der 1. Liga in einer Saison:
35 Tore – G. Andersson (Olympique Marseille, 1952/53) in 34 Spielen
44 Tore – J. Skoblar (1970/71) in 38 Spielen
Die meisten Tore in einem Spiel:
7 – Jean Nicolas (Rouen, 1. 5. 1938 gegen Valenciennes)
Die meisten Tore in der 1. Liga insgesamt:
299 – Delio Onnis (1972–86)
Die meisten Erstligaspiele mit erzieltem Tor in Folge:
11 – Eugène Nio-Léa (Saint-Etienne, 2.–12. Runde 1956/57, 16 Tore)
Die meisten Ligaeinsätze:
602 – Jean-Luc Ettori (AS Monaco, 1975–94)
Die meisten Minuten ohne Gegentor (Torwart):
1 176 – Gaétan Huard (Bordeaux 1992/93)
Die längste Teilnahme in der 1. Liga:
57 Saisons – Sochaux-Montbéliard (2 064 Spiele, inklusive Saison 2005/06)
Die meisten Spiele ohne Niederlage in einer Saison der 1. Liga:
32 – Nantes (1994/95)
Die meisten Spiele ohne Heimniederlage in Folge:
92 – Nantes (15. April 1976–7. April 1981)

Spanien und Portugal

Spanien

Portugal

Auf der Iberischen Halbinsel hielt der Fußball dank der Geschäftsaktivitäten britischer Firmen und über die wichtigsten spanischen Häfen in den 90er Jahren des 19. Jahrhunderts Einzug – nach europäischen Verhältnissen also ziemlich spät. Erstes wichtiges Zentrum war Bilbao, der England nächstgelegene Industriehafen in **Spanien.** Der dortige Klub Athletic gehört heute neben den beiden Giganten Real Madrid und FC Barcelona zu den drei Mannschaften, die an allen Jahrgängen der spanischen Liga teilnahmen. Das Spiel verbreitete sich nicht nur unter den Studenten und in den Häfen, sondern ähnlich wie in England auch in weiteren Industriezentren (Huelva, Irún, Gijón, Sevilla, La Coruña, Valencia). Interessant ist, dass es, die Hauptstadt ausgenommen, im Landesinneren, in Kastilien – dem Herzen des Landes – nie die entsprechende Qualität erreicht hat. Dank der Vertreter von Real (damals Madrid FC) gehörte Spanien zwar zu den Gründungsmitgliedern der FIFA, die gesamtstaatliche Fußballassoziation (Real Federación Española de Fútbol) entstand aber erst im Jahre 1913 durch die Vereinung einiger Regionalverbände. Schon früher, im Jahre 1902, begann der erste regelmäßige Wettbewerb – der Spanische Pokal. Die zunächst aus zehn Klubs bestehende Liga feierte ihre Premiere erst 1928/29. Darüber hinaus wurde sie bald vom Bürgerkrieg (1936–39) unterbrochen. Von Anfang an handelte es sich um einen professionellen Wettbewerb. Schon in den 20er Jahren bezahlte Real Madrid für die Verpflichtung des später zur Legende gewordenen Torwarts Zamora die Summe von 2000 Pfund (im sehr reichen und fußballerisch weiter entwickelten England lag der damalige Transferrekord bei etwa zehntausend Pfund). Im Laufe der Zeit wurde die spanische Liga zu einer der stärksten und attraktivsten der Welt. In einer anhand der Anzahl der Trophäen aus den europäischen Pokalen erstellten Rangliste führen Real Madrid und der FC Barcelona. Die traditionelle Spaltung Spaniens und seine politischen Probleme machen sich auch im Sport, und besonders im Fußball bemerkbar. Zentralismus und Monarchie werden von dem „weißen Ballett" repräsentiert, dessen Name (Real) ihm im Jahre 1920 vom Fußballenthusiasten König Alfonso XIII. verliehen wurde. Barcelona, das katalanische Zentrum, das nach der Selbständigkeit strebt, war auch das Widerstandszentrum gegen das faschistische Regime Diktator Francos und stellt den unversöhnlichen Gegner des Hauptstadtklubs dar. Das Spannungsdreieck komplettieren die Teams aus der baskischen Region. Erwähnenswert ist vor allem eine wahrhaftige Rarität: Athletic Bilbao hatte, mit Ausnahme einiger englischer Spieler in der Anfangszeit des Vereins, nie Spieler anderer Nationalitäten in seinen Reihen – für das Team spielten ausschließlich die heimischen Basken. Zu den bedeutenden „Fußballstädten" gehören noch Valencia, das baskische San Sebastián, Sevilla (Zentrum Andalusiens) und La Coruña (Galicien).

Mit Rücksicht auf seine geografische Lage und die Seegeschichte betrachtete sich **Portugal** seit jeher als einen Umsteigebahnhof für nach Europa reisende Südamerikaner. Den ersten Klub gründeten jedoch die Studenten der englischen Universität in der altertümlichen Stadt Coimbra. Im Jahre 1876 trug er den Namen Associação Académica de Coimbra (ein reiner Fußballverein wurde erst im Jahre 1911 gebildet). Die Teams, die in der zweiten Hälfte des 20. Jahrhunderts das Land auf dem gesamten Planeten berühmt machten, kamen erst viel später zur Welt: 1904 – Benfica, 1906 – Sporting und der FC Porto. Bereits seit ihrer Gründung stellen sie in Portugal die so genannte Santa Trindade (die Heilige Dreieinigkeit) dar, denn sie stiegen noch nie aus der ersten Liga ab und gewannen bis auf zwei Ausnahmen – Os Belenenses (1946) und Boavista (2001) – alle bisherigen Meistertitel. Der Fußballverband existiert seit 1914, Mitglied der FIFA wurde er aber erst im Jahre 1926. Um den Nationalpokal spielen die Portugiesen seit 1922, die Ligameisterschaft und damit auch die Vorherrschaft der genannten „Dreieinigkeit" begann mit dem Jahrgang 1934/35. Die hohe Siedlungsdichte im Norden veranlasste die Existenz einer Vielzahl an Erstligaklubs, die aus relativ kleinen Städten in der Umgebung Portos stammen (Braga, Guimarães, Póvoa de Varzim). Das zweite Fußballzentrum stellt die Hauptstadt Lissabon mit ihrem Hinterland (Setúbal, Estoril) dar. Ein Rieseneereignis für das ansonsten kleine Portugal war die Ausrichtung der EM 2004.

Lissabon und Umgebung

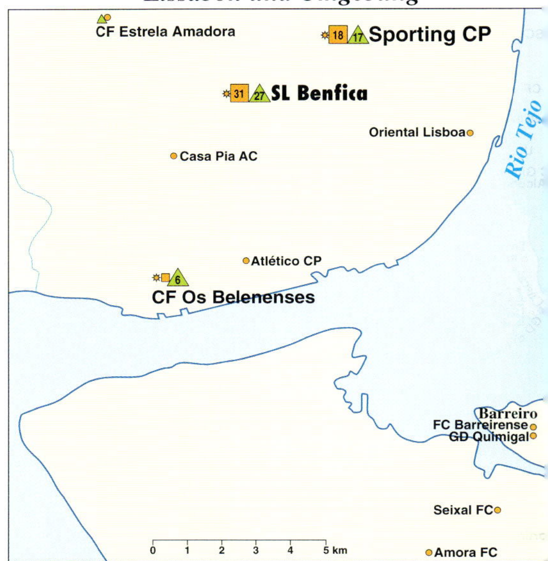

LEGENDE

- 1 / 2–4 / 5 und mehr: Siege in der 1. Spanischen Liga (1929–2006)
- Begründer der spanischen Liga (gegr. 1928/29)
- übrige Teilnehmer der 1. Spanischen Liga (1929–200
- Siege im Spanischen Landespokal (1902–2006)
- Siege im spanischen Liga-Pokal (1983–86)
- Siege in der 1. Portugiesischen Liga (1935–2006)
- Begründer der portugiesischen Liga (gegr. 1934/35)
- übrige Teilnehmer der 1. Portugiesis. Liga (1935–20(
- Siege im Portugiesischen Landespokal (1922–2006)
- weitere Klubs oder Stadien *(Besonderheit)*
- Algeciras: Städte über 100 000 Einwohner ohne einen Erstligaklub
- Académica Coimbra: Name des Fußballklubs *(Besonderheit)*
- **SL Benfica**: erfolgreichster Klub des Landes
- *CD Europa*: bereits nicht mehr existierender Klub
- Sevilla: Stadt
- *La Rioja*: Region

Teuerste spanische und portugiesische Fußballspieler auf dem Transfermarkt

Luís Figo (POR)	2000	FC Barcelona	→	Real Madrid CF	59 400 000 €
Gaizka Mendieta (ESP)	2001	Valencia CF	→	SS Lazio	46 800 000 €
Rui Costa (POR)	2001	AC Fiorentina	→	AC Milan	46 000 000 €
Sergio Ramos (ESP)	2005	Sevilla FC	→	Real Madrid CF	27 000 000 €
José Antonio Reyes (ESP)	2004	Sevilla FC	→	Arsenal FC	25 100 000 €
Ricardo Carvalho (POR)	2004	FC Porto	→	Chelsea FC	24 800 000 €
Joaquín Sánchez (ESP)	2006	Real Betis Balompié	→	Valencia CF	24 000 000 €

Berühmte portugiesische Klubs

Klubname	Gründ. Jahr	Stadionname	Stadionkapazität	Besucherschn. (Sais. 2005/06)	Anzahl der Mitgl. (2006)	Spitzname
Académica Coimbra	1911	Municipal	30 000	9 865	30 154	Mancha Negra – Der schwarze Fleck
Benfica	1904	Estádio da Luz	65 000	43 057	95 300	Águias – Die Adler
Boavista	1903	Do Bessa	30 000	4 694	25 000	Os Axadrezados – Die Schachspieler
Os Belenenses	1919	Do Restelo	40 000	5 365	24 500	Belenenses – Die Bethlehemer
Porto	1906	Estádio do Dragão	52 000	38 679	75 000	Dragões – Die Drachen
Sporting	1906	José Alvalade	52 000	31 640	88 800	Leões – Die Löwen
Vitória FC	1910	Do Bonfim	19 000	3 835	14 000	gibt es nicht
Vitória SC	1922	Afonso Henriques	30 000	15 979	11 000	gibt es nicht

Berühmte spanische Klubs

Klubname	Gründ. Jahr	Stadionname	Stadionkapazität	Besucherschn. (Sais. 2005/06)	Anzahl der Mitglieder (2006)	Anzahl der "Fanklubs" (2006)	Spielfeld Dim. (m)	Spitzname	Budget 2005/2006 (in Mio. €)
Alavés	1921	Mendizorroza	19 950	13 691	13 000	10	107 x 72	Minidepor – Kleines Deportivo	17
Athletic Bilbao	1898	San Mamés	40 000	36 895	35 000	370	103 x 68	Leones de San Mamés – Die Löwen aus S. M.	40
Atlético Madrid	1903	Vicente Calderón	54 851	38 684	40 000	612	105 x 70	Colchoneros – Die Matratzenhersteller	80
Barcelona	1899	Nou Camp/Camp Nou	98 600	73 225	140 000	1 638	105 x 72	Barça	259
Celta Vigo	1923	Balaídos	31 800	16 947	15 500	87	105 x 68	Célticos – Die Kelten	30
Deportivo La Coruña	1906	Riazor	34 611	19 105	27 000	216	105 x 68	Superdepor – Großes Deportivo	83
Espanyol Barcelona	1900	Montjuïc	55 000	22 337	28 800	150	105 x 67	Pericos – Die Zwergpapageien	38
Mallorca	1916	Ono Estadio	23 142	15 847	17 000	55	107 x 69	Balear	33
Real Betis Balompié	1907	Manuel Ruíz de Lopera	56 500	38 421	40 000	267	107 x 64	Béticos	35
Real Madrid	1902	Santiago Bernabéu	80 000	71 544	80 353	1 800	106 x 66	Merengues – „Küsschen" (auch: Die Königlichen)	292
Real Sociedad	1909	Anoeta	32 000	22 524	25 000	147	105 x 70	Donostia – Die Basken	37
Real Valladolid	1928	Nuevo José Zorilla	26 512	7 986	10 000	40	105 x 68	Pucela – laut der Region	6
Real Zaragoza	1932	La Romareda	34 596	28 158	31 000	100	107 x 68	Aragonés – laut der Provinz	35
Sevilla	1905	Ramón Sánchez Pizjuán	45 000	40 247	40 000	204	105 x 70	Calé – Der andalusische Zigeuner oder Fatzke	45
Valencia	1919	Mestalla	55 000	43 105	45 000	850	105 x 70	Che FC – che (= hör mal, so)	89
Villarreal	1923	El Madrigal	23 000	18 487	17 500	25	105 x 68	El Submarino Amarillo – Das gelbe Unterseeboot	30

Spanische Ligarekorde

Meiste Teilnahmen in der Liga:
76 – Real Madrid, FC Barcelona, Athletic Bilbao (ununterbrochen inklusive Saison 2006/07)

Spieler mit den meisten Ligatiteln:
12 – Francisco Gento (Real Madrid)

Meiste Tore in einem Spiel:
7 – Ladislao Kubala, Barcelona, 1951/52 gegen Sporting Gijón; Bata, Athletic Bilbao, 1930/31 gegen FC Barcelona

Meiste Tore in einer Saison:
38 – Zarra, Athletic Bilbao, 1950/51 und Hugo Sánchez, Real Madrid, 1989/90

Meiste Tore insgesamt:
251 – Zarra, Athletic Bilbao, 1940–55

Meiste Ligaeinsätze:
622 – Zubizarreta (Athletic Bilbao, FC Barcelona, Valencia CF 1981/82–1997/98)

Höchster Sieg:
12:1 – Athletic Bilbao–FC Barcelona, 1930/31

Ausländer in der spanischen Liga

(Saison 2005/06)

47 – Argentinier
39 – Brasilianer
15 – Uruguayer
14 – Franzosen
10 – Italiener und Portugiesen
5 – Niederländer und Serben
insgesamt 184 Spieler

LFP

Ausländer in der portugiesischen Liga

Saison 2005/06)

56 – Brasilianer
13 – Franzosen
12 – Argentinier
8 – Senegalesen
6 – Spanier
5 – Serben
4 – Kameruner
insgesamt 239 Spieler

Porto und Umgebung

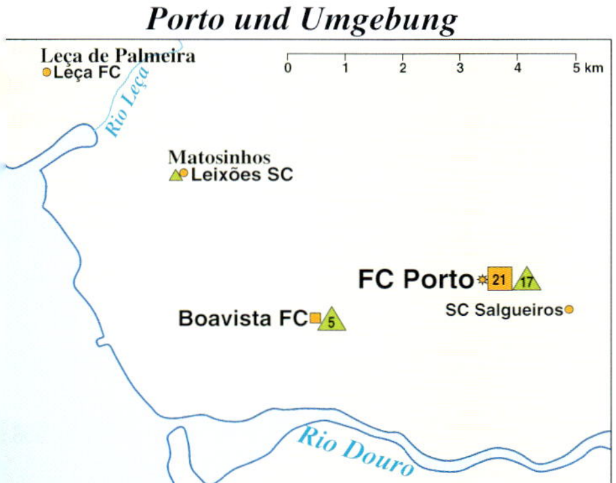

Die Klubs außerhalb des Landgebiets Spaniens und Portugals

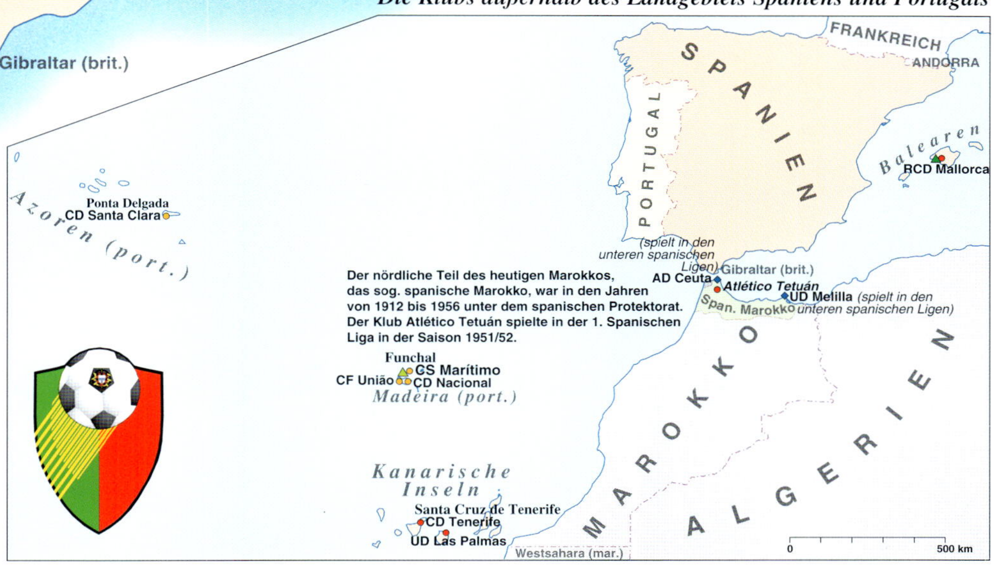

Weiterer bereits nicht mehr exist. Klub: *Académico FC*

Entwicklung der Besucherzahl, erzielte Tore, Teilnehmerzahl der 1. Spanischen Liga und wichtige Begebenheiten

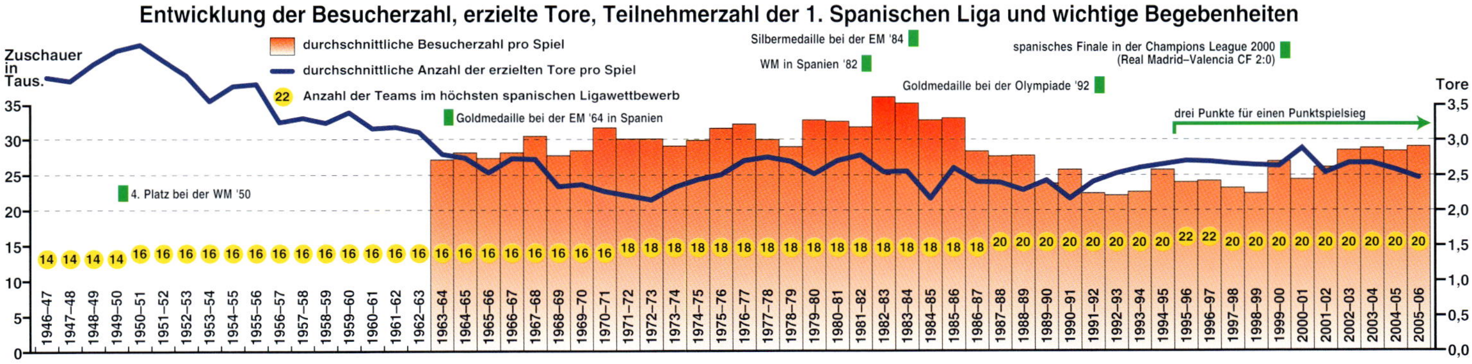

Italien, San Marino und Malta

Über **Italien** wird häufig gesagt, dass es das gelobte Land des Fußballs sei. Trotzdem ist hier fast nirgends den englischen, heute schon ausreichend internationalisierten Namen dieses Sports zu begegnen. Nicht Fußball, sondern Calcio, heißt das Spiel, das jeden Tag das Interesse von Millionen von Sportfreunden auf der Apenninenhalbinsel weckt. So wie die Italiener sich mit Hilfe des Papstes nach und nach den Katholizismus aneigneten, so bemächtigten sie sich auch des Fußballs. Die Engländer erfanden ihn zwar in der zweiten Hälfte des 19. Jahrhunderts, seine etwas wildere Form existierte aber schon im mittelalterlichen Florenz und wurde später auch in anderen italienischen Städten gespielt.

Die Geschichte des modernen Fußballs mit all seinen Regeln ist aber natürlich mit den Britischen Inseln verbunden, was die Italiener auch nicht bestreiten. Die ersten Klubs bekannten sich durch ihre Namen stolz zu ihren englischen Gründern (es handelte sich meistens um Studenten, Geschäftsleute und Ingenieure). Der älteste bis heute bestehende Klub entstand im Jahre 1893 in Genua unter dem Namen Genoa Cricket and Football Club (Genoa ist die englische Bezeichnung der berühmten Hafenstadt). In der italienischen Geschichte gab es eine Epoche, in der alles „Nichtitalienische" ausgemerzt werden sollte. Die faschistische Diktatur von Benito Mussolini (1922–1945) knüpfte durch ihr Programm an die Ära des die Welt beherrschenden römischen Reichs an und die englischen Bezeichnungen der Fußballklubs passten den Ideologen nicht ins Konzept. Die Klubs aus Genua und Mailand wurden italienisiert, die Abkürzungen Football Club bzw. Sporting Club verschwanden. Auch Inter Milano musste auf seine „unzureichende patriotische" Bezeichnung verzichten und den Namen Ambrosiana annehmen. Sobald es jedoch möglich war, kehrte man wieder zur Normalität zurück. In den siebziger und achtziger Jahren erscheint dann, im Zusammenhang mit der Umwandlung der Klubs in Aktiengesellschaften, in den Namen vieler Klubs jenes magische Wörtchen „Calcio". Wir treffen also nicht mehr AC Torino, sondern Torino Calcio an. Ähnlich ist es im Falle von Cagliari (früher US) oder Vicenza (früher Lanerossi).

Am 26. März 1898 wurde der Italienische Fußballverband gegründet und an einem einzigen Tag, am 8. Mai 1898, wurde die erste italienische Meisterschaft ausgespielt. Vier Klubs nahmen teil, davon drei aus Turin (Internazionale di Torino, FC Torinese, Ginnastica di Torino), das Wasser grub ihnen aber der gastierende Genoa CFC ab. Die Liga nahm immer mehr Mannschaften auf, anfangs war sie aber eine Domäne des hoch entwickelten Nordens – der Städte Turin, Mailand und Genua. Erst seit dem Jahre 1913 traten ihr auch die Klubs aus der Mitte und dem Süden des Landes bei, vorwiegend aus Rom und Neapel. Der so hoffnungsvoll angelaufene Wettbewerb wurde jedoch wegen des 1. Weltkriegs unterbrochen. Danach wurde die Liga in zwei Gruppen (Lega Nord und Lega Sud) geteilt, erst in der Saison 1929/30 kehrte man zu dem traditionellen System zurück. Achtzehn Klubs aus ganz Italien bildeten die so genannte Serie A (die Ligen darunter erhielten die Bezeichnungen Serie B, Serie C1 und Serie C2). Der italienische Pokal (Coppa Italia) findet regelmäßig seit 1922 statt. Im Jahr 2006 wurde der hiesige Klubfußball durch einen Bestechungsskandal erschüttert, in dem Spielausgänge manipuliert wurden. Aufgrund der Enthüllungen wurden Juventus Turin die letzten zwei Titel aberkannt und der nationale Rekordmeister musste zwangsweise erstmals in seiner Geschichte absteigen.

In **San Marino** werden die Fußballwettbewerbe seit dem Jahre 1937 ausgespielt. Damals wurde der Titan-Pokal geboren, der nach dem hiesigen Berg benannt ist. Die einheimische Liga nahm in der Saison 1985/86 ihren Spielbetrieb auf. Heute sind die 15 Klubs in zwei Gruppen aufgeteilt, die sechs Besten spielen in einem Play-off um den Titel.

Malta gründete bereits im Jahr 1900, damals noch britische Kolonie, seinen Fußballverband. Die Liga, heute halbprofessionell, wurde 10 Jahre später eingerichtet und Maltas Pokal im Jahre 1935 ins Leben gerufen. Alle Begegnungen der höchsten Spielklasse werden in nur drei mit Rasenplätzen ausgestatteten Stadien ausgetragen. Dafür gibt es gleich mehrere Ursachen: Das sehr trockene Klima erschwert die Raseninstandhaltung und die einzelnen Klubs sind nur einige Kilometer oder noch kürzer voneinander entfernt. Durchschnittlich kommen weniger als 1000 Zuschauer zu einem Ligaspiel.

Italien

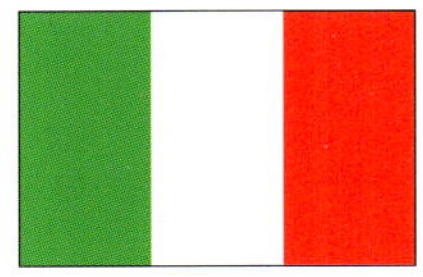

San Marino

Malta

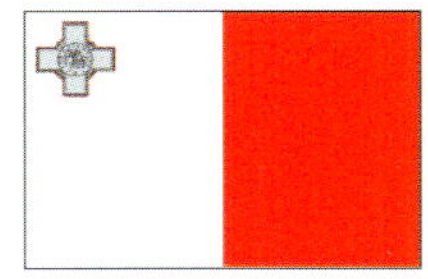

LEGENDE

1 · 2–4 · 5 und mehr — Siege in der 1. Liga – Italien (1898–2006), San Marino (1986–2006) und Malta (1910–2006)

Liga-Begründer – Italien (gegr. 1898) und Malta (gegr. 1909/10)

übrige Teilnehmer der 1. Liga – Italien (1930–2006; Finalrundenteilnehmer 1898–1929), San Marino (1986–2006) und Malta (1910–2006)

Siege im Landespokal – Italien (1922–2006), San Marino (1937–2006) und Malta (1935–2006)

Rimini — Städte über 100 000 Einwohner ohne einen Erstligaklub

SP Libertas — Name des Fußballklubs

Juventus FC — erfolgreichster Klub des Landes

Senglea Stars — bereits nicht mehr existierender Klub

Salerno — Stadt

Toscana — Region

Berühmte italienische Klubs

Klubname	Gründ. Jahr	Name des Stadions	Stadionkapazität	Besucherschn. (Sais. 2005/06)	Jahreskarten (Sais. 2005/06)	Spielfeld Dim. (m)	Spitzname	Durchs. Preis für Sitzplatz (€)
Atalanta	1904	Atleti Azzurri d'Italia	26 200	10 126	5 798	105 x 66	Orobici – nach der Region	35
Bari	1908	San Nicola	58 000	4 848	3 094	105 x 68	Galletti – die Hähnchen	25
Bologna	1909	Renato Dall' Ara	39 444	10 919	7 061	105 x 68	Felsinei – nach der alten römischen Stadtbenennung	30
Brescia	1911	Mario Rigamonti	27 547	4 491	2 264	105 x 68	Rondinelle – die Schwalben	30
Cagliari	1920	Sant' Elia	23 486	10 475	4 969	105 x 67	Isolani – Inselvolk	30
Fiorentina	1926	Artemio Franchi	47 232	33 044	22 689	105 x 68	Viola – die Veilchen	40
Genoa	1893	Luigi Ferraris	36 536	17 577	13 311	105 x 68	Rossoblu – die Rot-Blauen	24
Internazionale	1908	Giuseppe Meazza	85 700	51 371	41 737	105 x 68	Nerazzurri – die Schwarz-Blauen	38
Juventus	1897	Grande Torino	27 128	30 469	23 073	105 x 70	Vecchia Signora – die alte Dame	35
Lazio	1900	Olimpico	81 903	27 872	18 607	105 x 67	Laziali – die Lazianer (nach der Provinz)	36
Livorno	1915	Armando Picchi	19 238	12 489	8 971	107 x 68	Labronici – die Labroner (nach der Provinz)	28
Milan	1899	Giuseppe Meazza	85 700	59 993	50 397	105 x 68	Diavoli – die Teufel	36
Napoli	1926	San Paolo	78 000	23 728	17 623	105 x 68	Partenopei – nach der griechischen Stadtbenennung	28
Palermo	1898	Renzo Barbera	37 460	27 924	24 870	105 x 68	Rosanero – die Rosa-Schwarzen	28
Parma	1913	Ennio Tardini	28 783	14 372	9 307	105 x 68	Parmigiani – die Parmaner	30
Roma	1927	Olimpico	81 903	39 726	25 118	105 x 67	Lupi – die Wölfe	38
Sampdoria	1946	Luigi Ferraris	36 536	22 688	19 165	105 x 68	Blucerchiati – nach dem Dressdesign	36
Torino	1906	Grande Torino	27 128	24 995	19 256	105 x 70	Granata – die Granaten	38
Udinese	1896	Friuli	41 652	16 447	14 691	105 x 68	Friulani – die Friauler (nach der Provinz)	38
Verona	1903	Marc' Antonio Bentegodi	39 211	8 606	5 706	105 x 68	Scaligeri – nach dem alten herzoglichen Geschlecht	20

Entwicklung der Besucherzahl, erzielte Tore, Teilnehmerzahl der 1. Italienischen Liga und wichtige Begebenheiten

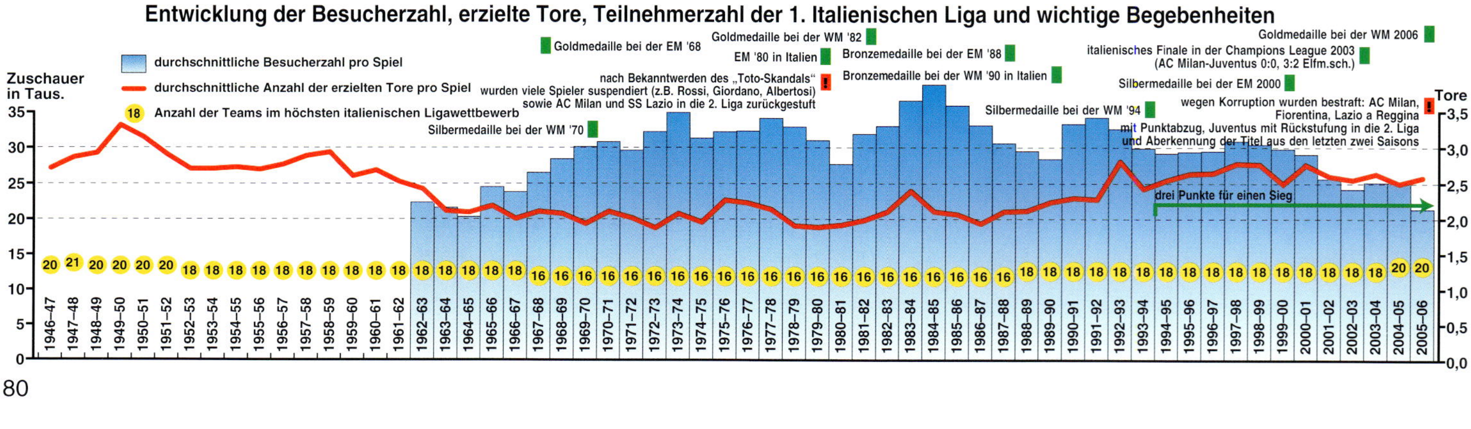

Ausländer in der Serie A

Saison 2005/06

6 – Brasilianer
1 – Argentinier
0 – Franzosen und Uruguayer
5 – Kolumbianer, Kroaten, Nigerianer, Portugiesen und Serben
4 – Ghanaer, Chilenen und Rumänen
Insgesamt 164 Spieler

Italienische Ligarekorde

Meiste Tore in einer Saison:
35 – Gunnar Nordahl (AC Milan, 1949/50)

Meiste Tore insgesamt:
290 – Silvio Piola (Pro Vercelli, Lazio, AC Torino, Juventus und Novara, 1929–54)

Höchster Sieg:
10:0 (AC Torino–UC Alessandria, 1947/48)

Meiste Ligaeinsätze:
592 – Paolo Maldini (AC Milan, 1985–26. 11. 2006)

Längste Serie ohne Niederlage in Folge:
58 Spiele – Milan AC (1991/92–1992/93)

Höchste Besucherzahl:
82 798 Zuschauer
(Milan AC–Juventus, 1995)

Teuerste italienische Fußballspieler auf dem Transfermarkt

Gianluigi Buffon	2001	Parma	→	Juventus	53 600 000 €
Christian Vieri	1999	Lazio	→	Internazionale	47 700 000 €
Antonio Cassano	2001	Bari	→	Roma	31 200 000 €
Alessandro Nesta	2002	Lazio	→	Milan	30 500 000 €
Francesco Toldo	2001	Fiorentina	→	Internazionale	29 600 000 €
Filippo Inzaghi	2001	Juventus	→	Milan	27 900 000 €
Marco di Vaio	2002	Parma	→	Juventus	26 000 000 €
Christian Vieri	1998	Atlético Madrid	→	Lazio	25 900 000 €
Stefano Fiore	2001	Udinese Calcio	→	Lazio	24 500 000 €
Giuliano Giannichedda	2001	Udinese Calcio	→	Lazio	24 000 000 €

San Marino

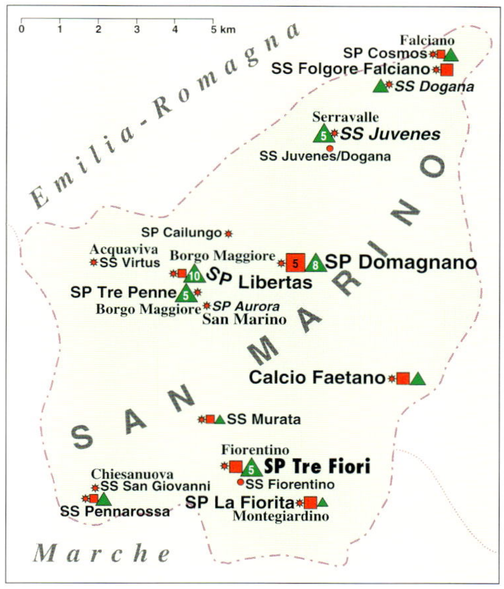

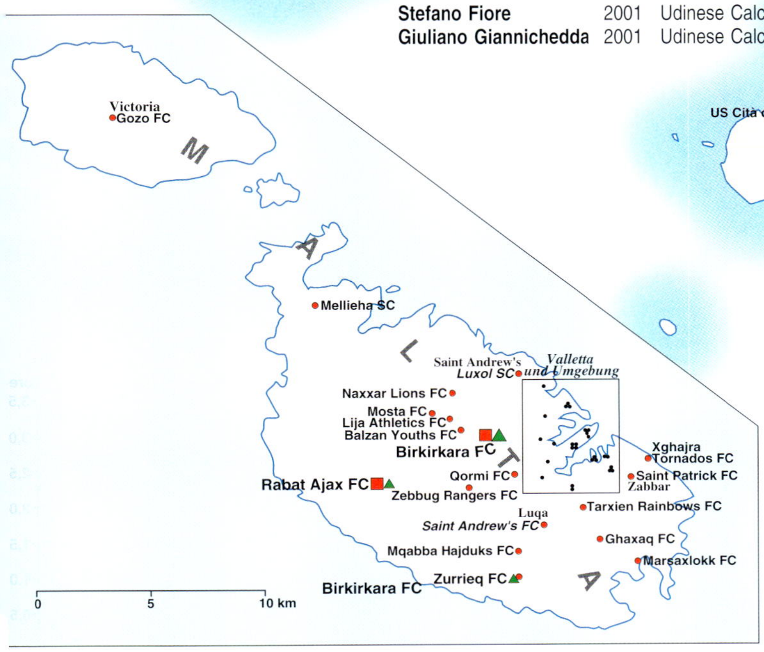

Valletta und Umgebung

Die Alpenländer

In Wien, der Hauptstadt der Donaumonarchie, gastierten bis zum Ersten Weltkrieg jede Menge britische Diplomaten, Geschäftsleute und Studenten, die sich hier als erste Werber des Fußballs hervortaten. Die Engländer gründeten zudem im Jahre 1894 den Vienna Cricket and Football Club (kurz: Cricketer), worauf die gebürtigen Wiener mit der Gründung eines eigenen Klubs reagierten – First Vienna. Das Duell dieser beiden Vereine am 15. November 1894 war zugleich das erste offizielle Fußballspiel auf dem Gebiet von **Österreich**. Im Jahre 1902 trafen erneut in Wien die Österreicher und Ungarn aufeinander. Der Vergleich, bei dem sich die Hausherren mit 5:0 durchsetzten, gilt bis heute als erste offiziell anerkannte Begegnung zweier nichtbritischer Teams in der Welt. Drei Jahre darauf wurde der Fußballverband gegründet und Österreich schloss sich nach Deutschland als zweites Land den sieben Gründungsmitgliedern der FIFA an. Der Österreichische Fußball-Bund (ÖFB) in seiner heutigen Gestalt war jedoch erst 1926 entstanden. Die erste Meisterschaft (1911/12) wurde von Rapid gewonnen, den Pokal gingen die Österreicher sieben Jahre später (1918/19) an. Die Liga, bei der es sich um die älteste Profi-Meisterschaft auf dem europäischen Festland handelt, war lange Zeit eine ausschließliche Angelegenheit der Donaumetropole. Klubs aus weiteren Städten stießen erst 1949 hinzu. Die Hauptstadtteams beherrschten die Liga volle 70 Jahre, wobei die Traditionsvereine Rapid und Austria nahezu 60 Prozent aller Titel gewannen. Den einzigen Erfolg eines anderen Klubs verbuchte 1965 der LASK aus Linz. Erst in den 70er Jahren rüttelte Wacker Innsbruck häufiger an der Vormachtstellung der Wiener Klubs, in den letzten Jahren drückten auch die Mannschaften aus Salzburg und Graz der Ligaszene ihren Stempel auf. In der Saison 1974/75 wurde die Liga erstmals seit längerem mit nur zehn Teilnehmern ausgetragen. Ein Modell, zu dem man nach einigen Änderungen 1993/94 zurückkehrte. Als ein Negativbeispiel für die voranschreitende Kommerzialisierung im Fußball wird die Umbenennung des traditionsreichen SV Austria in Red Bull Salzburg nach der Übernahme von Red Bull (2005) gesehen.

Die stets stabile und nie durch Kriege heimgesuchte **Schweiz** setzte sich in fußballerischen Belangen vor allem auf dem Feld der Diplomatie durch. Sie wurde zum Hauptsitz der zwei mächtigsten Fußballorganisationen (FIFA und UEFA) der Welt. 1954 richtete die Schweiz sogar die Weltmeisterschaft aus; ein organisatorischer Erfolg, während sportlich die benachbarten Österreicher mit Platz 3 zu überzeugen wussten. Die Schweizer wurden mit dem Fußball sehr frühzeitig bekannt gemacht, und zwar durch britische Studenten um das Jahr 1855 herum. Das Gründungsjahr 1879 führt der älteste Klub des Landes, der FC St. Gallen, in seinen Annalen. Junge Engländer trugen 1886 und 1890 zur Entstehung der zwei populärsten Vereine bei – Grasshoppers Zürich und Servette Genf. Der Schweizer Fußballverband wurde im Jahre 1895 gegründet und nur zwei Jahre später erlebte der erste regelmäßige Wettbewerb seine Premiere. Dessen Sieger wurde in den Duellen jener drei Teams ermittelt, die aus den regionalen Gruppen aufstiegen. Seit 1926 wird der Kampf um die Pokaltrophäe ausgefochten. Auf regionaler Basis wurde der Ligawettbewerb bis zum Jahr 1932 gespielt, den nationalen Status erwarb er sich im Jahr darauf. Der gegenwärtige Modus gehört zu den kompliziertesten in der Welt: die zwölf Erstligisten tragen zuerst eine Hin- und Rückrunde aus, danach spielen die ersten Acht nach gleichem Schema um den Titel und die letzten Vier eine Relegation mit den ersten Vier der 2. Liga um den Auf- und Abstieg. Der eifrigste Titelsammler sind die Grasshoppers aus Zürich, doch nicht selten setzen sich auch andere Klubs aus allen Teilen der viersprachigen Föderation (Genf, Basel, Bern, Lausanne, Sion) durch.

Das winzige **Liechtenstein** hat keine eigene Liga. Seine sieben registrierten Klubs nehmen am Spielbetrieb in unteren Schweizer Ligen teil. Seit 1946 gibt es jedoch den Liechtensteiner Pokal, dessen Gewinner in den 90er Jahren das Startrecht für den Europacup der Pokalsieger bzw. den UEFA Cup erhielt. Der Landesverband wurde 1933 gegründet, Mitglied der FIFA und UEFA ist man seit 1974.

Österreich

Schweiz

Liechtenstein

Teuerste österreichische und schweizerische Fußballspieler auf dem Transfermarkt

Patrick Müller (SUI)	2000	Grasshoppers Club Zürich	→	Olympique Lyonnais	8 000 000 €
David Sesa (SUI)	2000	US Lecce	→	SSC Napoli	7 000 000 €
Ciriaco Sforza (SUI)	2000	1. FC Kaiserslautern	→	FC Bayern München	6 400 000 €
Mario Haas (AUT)	1999	SK Sturm Graz	→	RC Strasbourg	5 400 000 €
Stéphane Henchoz (SUI)	1999	Blackburn Rovers FC	→	Liverpool FC	5 400 000 €

LEGENDE

- 1 / 2–4 / 5 und mehr (Quadrate): Siege in der 1. Liga – Österreich (1912–2006) und Schweiz (1898–2006)
- Begründer der Liga – Österreichische (gegr. 1911/12) und Schweizer Liga (gegr. 1897/98)
- übrige Teilnehmer der 1. Liga – Österreich (1912–2007) und Schweiz (1898–2007)
- (Dreiecke): Siege im Pokal – Österreich (1919–2006), Schweiz (1926–2006) und Liechtenstein (1946–2006)
- weitere Klubs oder Stadien *(Besonderheit)*
- Villach: Städte über 50 000 Einwohner ohne einen Erstligaklub
- FC Balzers: Name des Fußballklubs
- **SK Rapid Wien**: erfolgreichster Klub des Landes
- *Anglo-American FC*: bereits nicht mehr existierender Klub
- Basel: Stadt
- *Burgenland*: Region

Ausländer in der Schweizer Liga
(Saison 2005/2006)
- 26 – Brasilianer
- 10 – Franzosen
- 8 – Italiener
- 7 – Argentinier und Senegalesen
- 6 – Kroaten und Deutsche
- 5 – Australier, Kameruner und Portugiesen

insgesamt 136 Spieler

Ausländer in der österreichischen Liga
(Saison 2005/06)
- 12 – Kroaten
- 11 – Tschechen
- 10 – Slowaken
- 9 – Polen
- 6 – Ungarn
- 5 – Bosnier
- 4 – Deutsche

insgesamt 95 Spieler

Wien

bereits nicht mehr existierende Wiener Klubs:

- *FC Hakoah Wien*
- *Favoritner SC*
- *Reichsbahn SG Wien*
- *SC Amateure-Fiat*
- *SC Libertas Wien*
- *SC Rasenspieler Hochstädt*

Liechtenstein

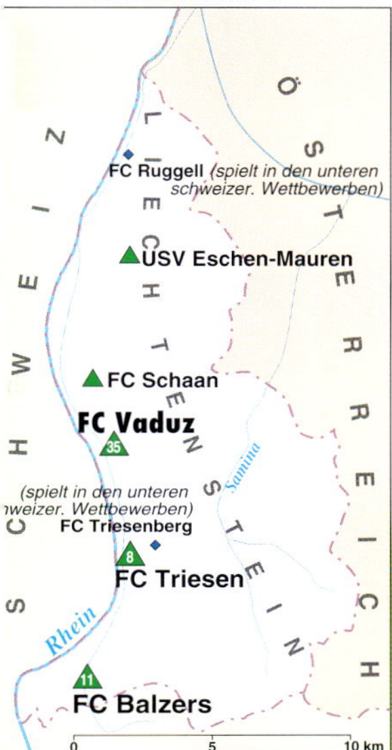

Berühmte österreichische und schweizerische Klubs

Klubname	Gründ. Jahr	Name des Stadions	Stadionkapazität	Besucherschn. (Saison 2005/06)
FC Wacker Tirol (AUT)	1913	Tivoli Neu	17 200	5 023
First Vienna (AUT)	1894	Casino-Stadion Hohe Warte	6 000	1 610
FK Austria Magna (AUT)	1911	Franz-Horr-Stadion	11 400	7 357
Grazer AK (AUT)	1902	UPC-Arena	15 322	7 372
LASK Linz (AUT)	1908	Stadion der Stadt Linz	20 097	3 889
Red Bull Salzburg (AUT)	1933	EM-St. Wals-Siezenheim	18 473	13 683
SK Rapid Wien (AUT)	1899	Gerhard Hanappi-Stadion	17 500	12 398
Sturm Graz (AUT)	1909	UPC-Arena	15 322	8 330
SV Ried (AUT)	1912	Fill Metallbau Stadion	7 600	5 068
Wiener SC (AUT)	1907	Sportplatz Dornbach	8 700	1 487
BSC Young Boys (SUI)	1898	Wankdorf	32 000	14 139
FC Aarau (SUI)	1902	Stadion Brügglifeld	9 249	4 656
FC Basel (SUI)	1893	St. Jakob-Park	31 500	21 806
FC Sankt Gallen (SUI)	1879	Espenmoos	13 000	8 589
FC Sion (SUI)	1909	Tourbillon	19 526	8 174
FC Zürich	1896	Hardturm	17 666	10 008
Grasshopper-Club Zürich (SUI)	1886	Hardturm	17 666	6 139
Lausanne-Sports (SUI)	1896	Stade Olympique	15 800	4 502
Neuchâtel Xamax FC (SUI)	1970	La Maladière	13 300	2 967
Servette Genève (SUI)	1890	Stade de Genève Lancy	30 084	2 850

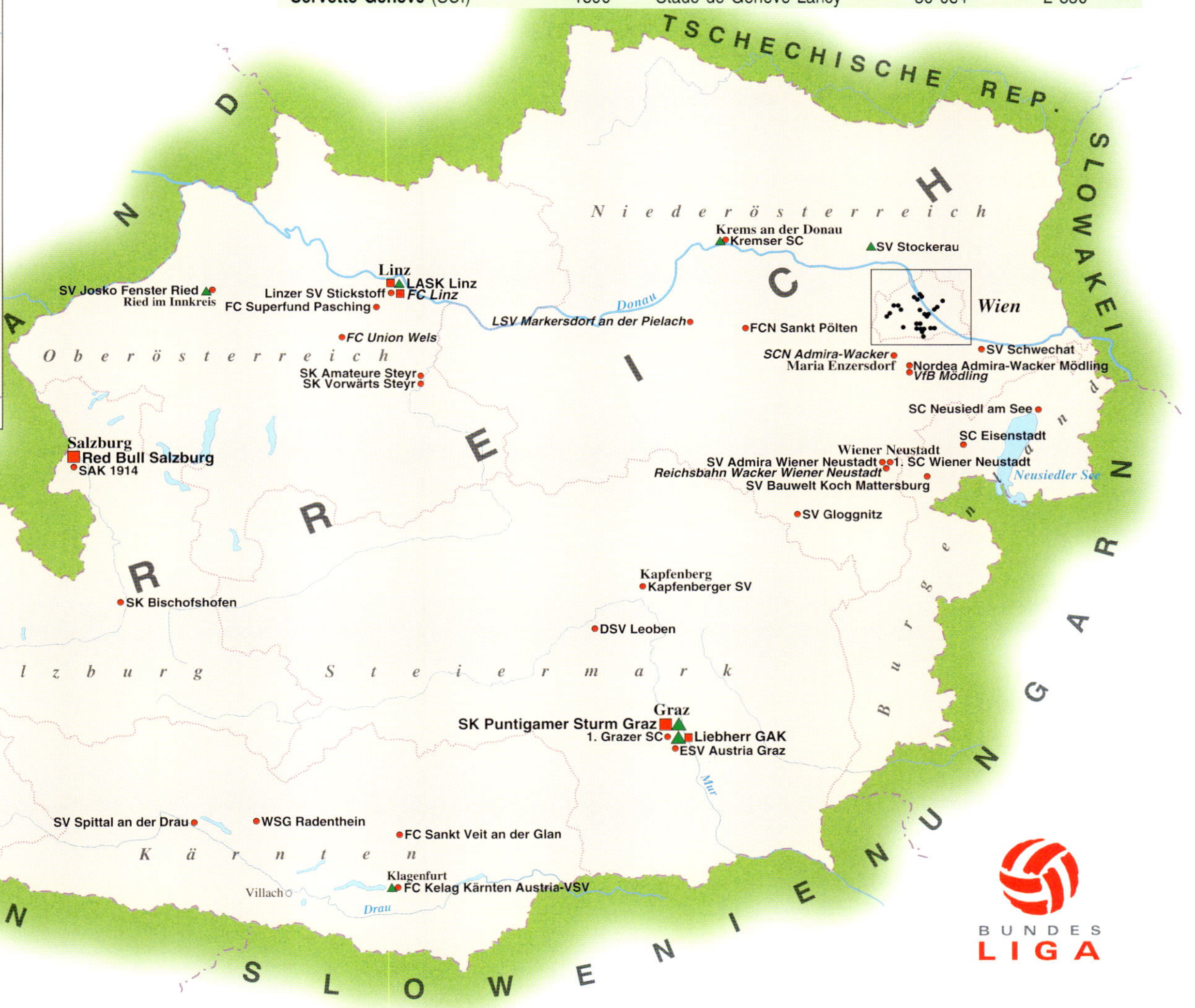

BUNDES LIGA

Entwicklung der Besucherzahl, erzielte Tore, Teilnehmerzahl der 1. Österreichischen Liga und wichtige Begebenheiten

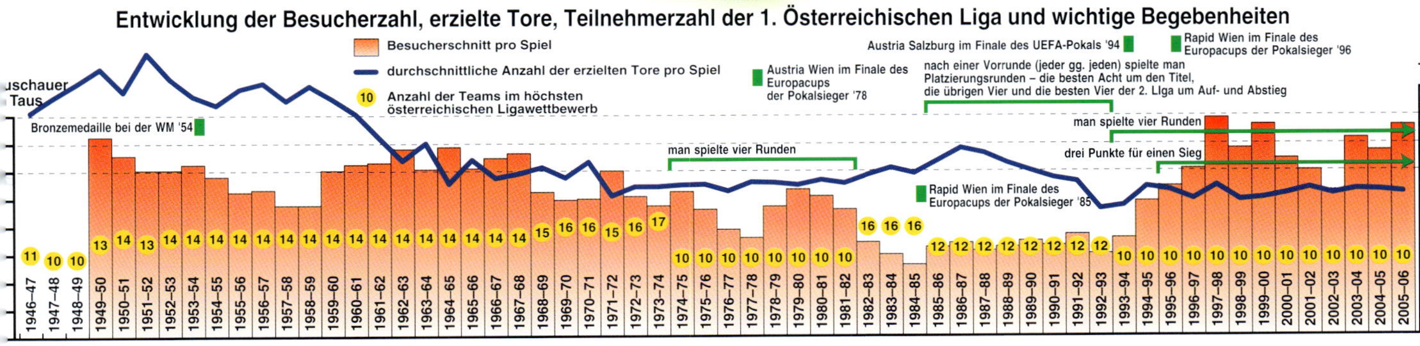

Deutschland

Auch wenn einige Quellen darin divergieren, wo in **Deutschland** der erste Fußballklub zum Leben erwachte, eines steht fest: die Eingangstore, durch welche das Spiel das Land betreten hatte, waren die großen Häfen an der Nordseeküste, wo die Fußballprotagonisten aus dem Albion mit ihren Schiffen landeten. Für den ältesten Klub hält man den Bremer FC, der angeblich schon im Jahre 1880 existierte. Neben Bremen entstanden Vereine bald auch in Hannover (ARBV, 1886) und in Hamburg (Hamburger FC und Germania, 1887). Im Jahre 1885 entdeckte der Fußball Berlin, in München wurde er 1889 zum ersten Mal vom Londoner Orion Club gezeigt. Der bedeutendste Wegbereiter war Dr. Franz Hueppe, der als Pädagoge den Kongress in Leipzig organisierte, auf dem im Jahre 1900 der Deutsche Fußball-Bund gegründet wurde. Recht bald folgte ein regelmäßiger Wettbewerb – erster deutscher Meister wurde 1903 der VfB Leipzig. Den Titel erkämpfte der VfB in einem Ausscheidungsturnier, dessen System danach lange Zeit Bestandteil des deutschen Fußballs war. Ab 1935 spielte man auch um den Deutschen Pokal, den ersten gewann der 1. FC Nürnberg. In die „Turnier"-Liga griffen vor und während des Zweiten Weltkrieges eine Reihe von Klubs aus den früheren deutschen bzw. okkupierten Gebieten ein – aus Schlesien, Ostpreußen, Polen, Österreich, Luxemburg, dem Elsass, den Sudeten und dem Protektorat Böhmen und Mähren. 1945 wurden nach einer Entscheidung der Siegermächte alle deutschen Sportorganisationen und Klubs aufgelöst. Die schrittweise Erneuerung ging bereits isoliert voneinander in zwei deutschen Staaten vor sich. Erster Meister Westdeutschlands wurde 1948 der 1. FC Nürnberg. Wieder spielte man nur in Regionalligen, deren Sieger in einem Finalturnier aufeinander trafen. Eine Kuriosität der Jahre 1950–56 stellte das selbständige Saarland dar, das aufgrund dieses Status damals sogar der FIFA und der UEFA angehörte.

Einen grundlegenden Umbruch in der Geschichte des westdeutschen Fußballs gab es in der Saison 1963/64, als die Bundesliga und damit das klassische Ligasystem eingeführt wurde. Die Deutschen übernahmen es als Letzte in Europa. Als erster Gewinner der Bundesliga, die mehr und mehr zu einer der anerkanntesten Ligen der Welt aufstieg, wurde der 1. FC Köln gefeiert. Wenngleich die größte Anzahl der bisherigen Bundesligavereine aus dem industriellen Ruhrgebiet kommt, so liegt bei der Anzahl der Siegertrophäen das durch den FC Bayern München bestens vertretene Bayern vorn. In der 1. und 2. Bundesliga spielen je 18 Teams, die Regionalliga als dritthöchste Spielklasse ist derzeit zweigeteilt in die Staffeln Nord und Süd.

In der ehemaligen sowjetischen Besatzungszone in Ostdeutschland ist die SG Planitz (heute FSV Zwickau) zum ersten Meister der **DDR** gekürt worden. Es war schon erstaunlich, dass im Osten sofort mit der Auftaktsaison 1949/50 in einer Liga um den Titel gespielt und zugleich ein Pokalwettbewerb ausgetragen wurde. In der so genannten Oberliga setzte sich überwiegend der BFC Dynamo aus Ostberlin durch, aber auch die Teams aus Dresden, Magdeburg und Jena waren sehr erfolgreich. Nach der Wiedervereinigung des Landes wurden die hiesigen Klubs in die gesamtdeutschen Wettbewerbe integriert. Die viel höhere Qualität der Bundesliga im Vergleich zur Oberliga wird durch die Tatsache dokumentiert, dass ab der Saison 1991/92 immer nur eine oder zwei Mannschaften (2005/06: keine) aus den neuen Bundesländern in ersterer gespielt haben.

Rheinland und Ruhrgebiet

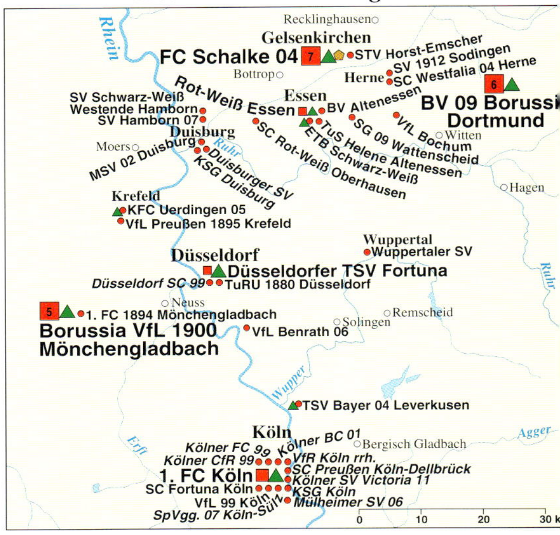

Teuerste deutsche Fußballspieler auf dem Transfermarkt

Oliver Bierhoff	1998	Udinese Calcio	→	AC Milan	13 000 000 €
Jörg Heinrich	1998	Borussia Dortmund	→	AC Fiorentina	12 700 000 €
Dietmar Hamann	1999	Newcastle United FC	→	Liverpool FC	12 200 000 €
Lukas Podolski	2006	1. FC Köln	→	FC Bayern München	10 000 000 €
Torsten Frings	2004	Borussia Dortmund	→	FC Bayern München	9 300 000 €
Christian Ziege	2000	Middlesbrough FC	→	Liverpool FC	9 100 000 €
Christian Ziege	2001	Liverpool FC	→	Tottenham Hotspur FC	9 000 000 €
Sebastian Deisler	2002	Hertha BSC Berlin	→	FC Bayern München	9 000 000 €
Robert Huth	2006	Chelsea FC	→	Middlesbrough FC	8 900 000 €
Stefan Effenberg	1998	Borussia Mönchengladbach	→	FC Bayern München	8 500 000 €

Berühmte deutsche Klubs

Klub-name	Gründ. Jahr	Stadion-name	Stadion-kapazität	Besucherschn. (Saison 2005/06)	Anzahl der Mitglieder	Durchs. Preis für Sitzplatz (€)
Bayer Leverkusen	1904	BayArena	22 500	22 176	6 000	26
Bayern München	1900	Allianz-Arena	69 000	67 641	116 000	31
Borussia Dortmund	1909	Signal Iduna Park	80 700	72 627	24 900	26
Borussia M'gladbach	1900	St. im Borussia Park	54 019	47 834	33 700	24
Eintracht Frankfurt	1899	Commerzbank-Arena	52 300	41 863	10 100	29
Hamburger SV	1887	AOL-Arena	57 000	52 629	42 000	30
Hertha BSC Berlin	1892	Olympiastadion	74 400	46 703	13 803	26
1. FC Kaiserslautern	1900	Fritz-Walter-Stadion	48 500	33 044	10 829	16
Karlsruher SC	1894	Wildparkstadion	33 211	17 184	2 900	18
1. FC Köln	1948	RheinEnergie St.	50 373	48 941	30 300	25
1. FC Nürnberg	1900	easyCredit-Stadion	46 780	32 606	5 000	29
Schalke 04	1904	Veltins Arena	61 481	61 299	57 053	25
TSV München 1860	1899	Allianz-Arena	69 000	41 932	20 725	21
VfB Stuttgart	1893	Gottlieb-Daimler-St.	55 875	38 824	30 960	30
VfB Wolfsburg	1945	Volkswagenarena	30 122	22 002	5 300	25
Werder Bremen	1899	Weserstadion	42 500	39 534	23 500	27

"der Osten" vor dem Jahre 1945

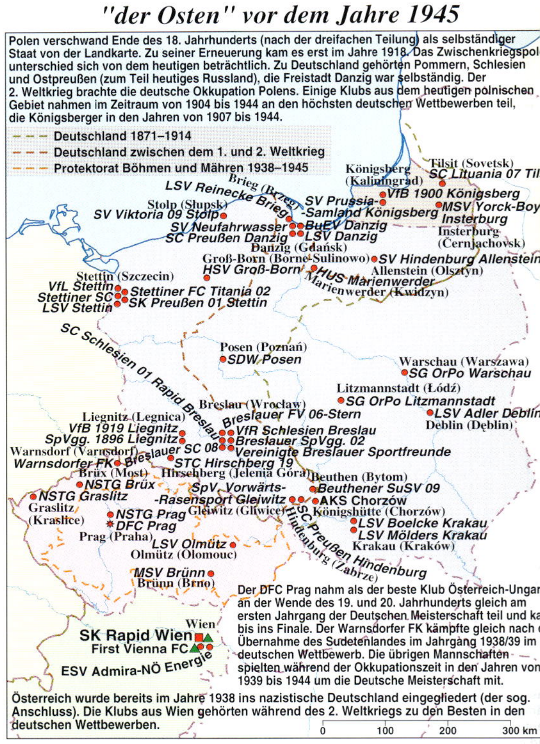

Entwicklung der Besucherzahl, erzielte Tore, Teilnehmerzahl der deutschen Ligen und wichtige Begebenheiten

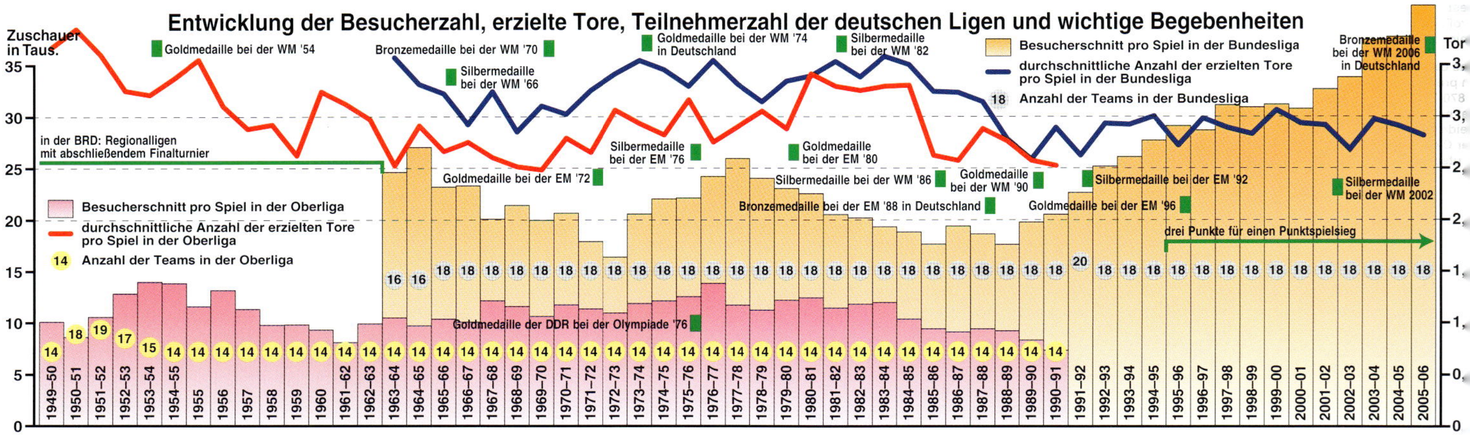

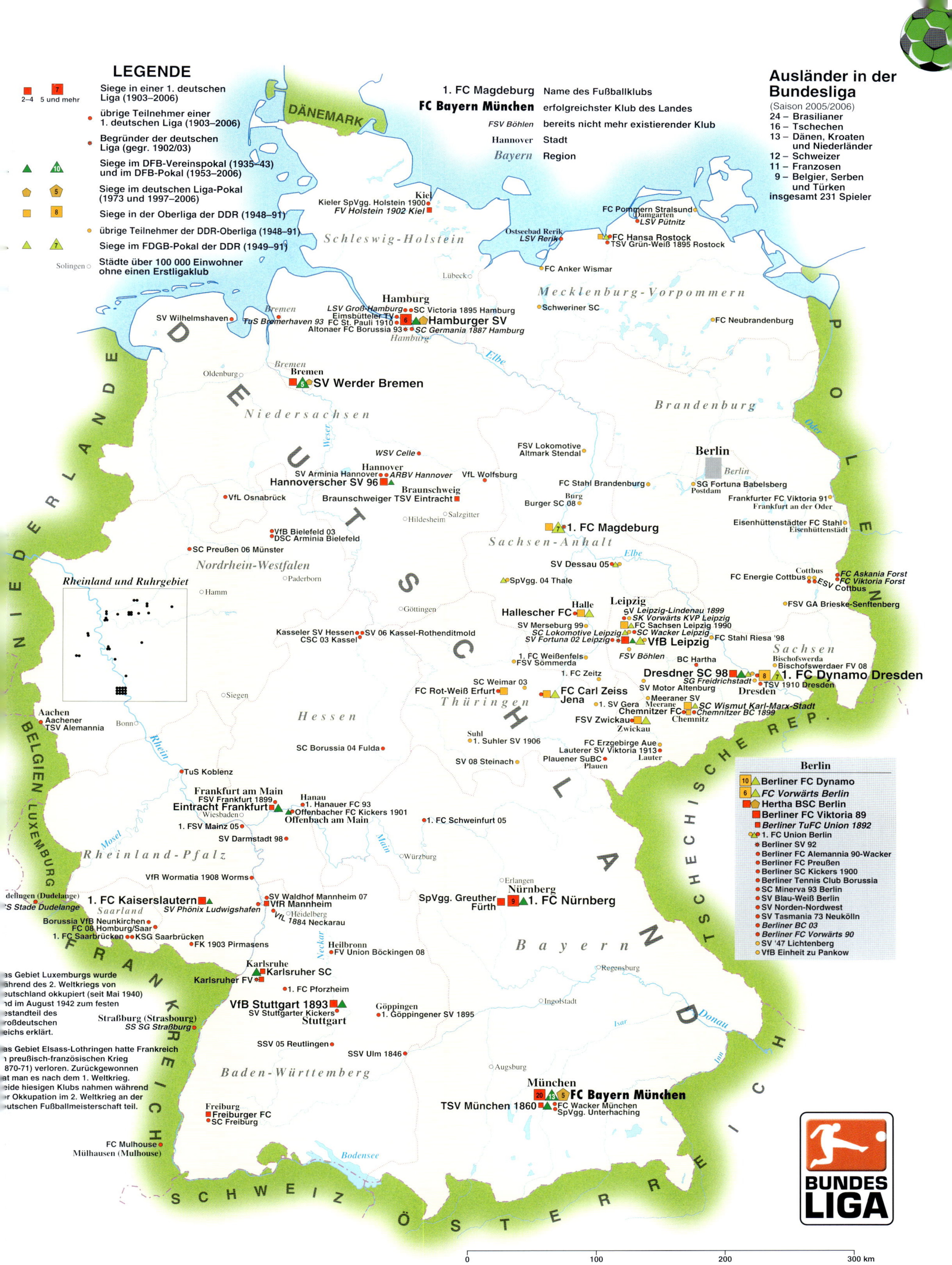

LEGENDE
2–4
5 und mehr
Siege in einer 1. deutschen Liga (1903–2006)
übrige Teilnehmer einer 1. deutschen Liga (1903–2006)
Begründer der deutschen Liga (gegr. 1902/03)
Siege im DFB-Vereinspokal (1935–43) und im DFB-Pokal (1953–2006)
Siege im deutschen Liga-Pokal (1973 und 1997–2006)
Siege in der Oberliga der DDR (1948–91)
übrige Teilnehmer der DDR-Oberliga (1948–91)
Siege im FDGB-Pokal der DDR (1949–91)
Solingen
Städte über 100 000 Einwohner ohne einen Erstligaklub
1. FC Magdeburg Name des Fußballklubs
FC Bayern München erfolgreichster Klub des Landes
FSV Böhlen bereits nicht mehr existierender Klub
Hannover Stadt
Bayern Region
Ausländer in der Bundesliga
(Saison 2005/2006)
24 – Brasilianer
16 – Tschechen
13 – Dänen, Kroaten und Niederländer
12 – Schweizer
11 – Franzosen
9 – Belgier, Serben und Türken
insgesamt 231 Spieler
DÄNEMARK
Kiel
Kieler SpVgg. Holstein 1900
FV Holstein 1902 Kiel
Schleswig-Holstein
Ostseebad Rerik
LSV Rerik
FC Pommern Stralsund
Damgarten
LSV Pütnitz
FC Hansa Rostock
TSV Grün-Weiß 1895 Rostock
FC Anker Wismar
Lübeck
Mecklenburg-Vorpommern
Schweriner SC
FC Neubrandenburg
Hamburg
LSV Groß-Hamburg
SC Victoria 1895 Hamburg
Eimsbütteler TV
FC St. Pauli 1910
Hamburger SV
Altonaer FC Borussia 93
SC Germania 1887 Hamburg
Bremen
TuS Bremerhaven 93
SV Wilhelmshaven
Oldenburg
Bremen
SV Werder Bremen
Elbe
Niedersachsen
Brandenburg
Weser
WSV Celle
Hannover
SV Arminia Hannover
ARBV Hannover
Hannoverscher SV 96
VfL Wolfsburg
Braunschweig
Braunschweiger TSV Eintracht
VfL Osnabrück
FSV Lokomotive Altmark Stendal
Berlin
SG Fortuna Babelsberg
Postdam
FC Stahl Brandenburg
Burg
Burger SC 08
Frankfurter FC Viktoria 91
Frankfurt an der Oder
Oder
Hildesheim
Salzgitter
VfB Bielefeld 03
DSC Arminia Bielefeld
1. FC Magdeburg
Eisenhüttenstädter FC Stahl
Eisenhüttenstadt
Sachsen-Anhalt
SC Preußen 06 Münster
Nordrhein-Westfalen
SV Dessau 05
Elbe
Cottbus
FC Energie Cottbus
ESV Cottbus
FC Askania Forst
FC Viktoria Forst
Rheinland und Ruhrgebiet
Paderborn
Hamm
SpVgg. 04 Thale
FSV GA Brieske-Senftenberg
Göttingen
Halle
Hallescher FC
Leipzig
SV Leipzig-Lindenau 1899
SK Vorwärts KVP Leipzig
FC Sachsen Leipzig 1990
SC Lokomotive Leipzig
SC Wacker Leipzig
SV Fortuna 02 Leipzig
VfB Leipzig
SV Merseburg 99
FC Stahl Riesa '98
Kasseler SV Hessen
SV 06 Kassel-Rothenditmold
CSC 03 Kassel
1. FC Weißenfels
FSV Sömmerda
FSV Böhlen
BC Hartha
Sachsen
Bischofswerda
Bischofswerdaer FV 08
1. FC Zeitz
Dresdner SC 98
SG Freidrichstadt
1. FC Dynamo Dresden
TSV 1910 Dresden
Dresden
SC Weimar 03
FC Rot-Weiß Erfurt
FC Carl Zeiss Jena
SV Motor Altenburg
Meeraner SV
Meerane
1. SV Gera
Chemnitzer FC
SC Wismut Karl-Marx-Stadt
Chemnitzer BC 1899
Chemnitz
Thüringen
Siegen
FSV Zwickau
Zwickau
Aachen
Aachener TSV Alemannia
Bonn
Hessen
Suhl
1. Suhler SV 1906
FC Erzgebirge Aue
Lauterer SV Viktoria 1913
Lauter
Plauener SuBC
Plauen
SC Borussia 04 Fulda
SV 08 Steinach
Rhein
TuS Koblenz
Frankfurt am Main
FSV Frankfurt 1899
Eintracht Frankfurt
Wiesbaden
Hanau
1. Hanauer FC 93
Offenbacher FC Kickers 1901
Offenbach am Main
1. FC Schweinfurt 05
1. FSV Mainz 05
SV Darmstadt 98
Mosel
Main
Würzburg
Rheinland-Pfalz
VfR Wormatia 1908 Worms
Erlangen
Nürnberg
SpVgg. Greuther Fürth
1. FC Nürnberg
dellingen (Dudelange)
'S Stade Dudelange
1. FC Kaiserslautern
SV Waldhof Mannheim 07
VfR Mannheim
SV Phönix Ludwigshafen
Heidelberg
VfL 1884 Neckarau
Saarland
Borussia VfB Neunkirchen
FC 08 Homburg/Saar
1. FC Saarbrücken
KSG Saarbrücken
FK 1903 Pirmasens
Heilbronn
FV Union Böckingen 08
Neckar
Bayern
Karlsruhe
Karlsruher FV
Karlsruher SC
Regensburg
1. FC Pforzheim
Ingolstadt
VfB Stuttgart 1893
SV Stuttgarter Kickers
Stuttgart
Göppingen
1. Göppingener SV 1895
Straßburg (Strasbourg)
SS SG Straßburg
Donau
Isar
SSV 05 Reutlingen
SSV Ulm 1846
Inn
Augsburg
Baden-Württemberg
München
FC Bayern München
TSV München 1860
FC Wacker München
SpVgg. Unterhaching
Freiburg
Freiburger FC
SC Freiburg
FC Mulhouse
Mülhausen (Mulhouse)
Bodensee
SCHWEIZ
ÖSTERREICH
TSCHECHISCHE REP.
POLEN
NIEDERLANDE
BELGIEN
LUXEMBURG
FRANKREICH
DEUTSCHLAND
as Gebiet Luxemburgs wurde ährend des 2. Weltkriegs von eutschland okkupiert (seit Mai 1940) nd im August 1942 zum festen estandteil des roßdeutschen eichs erklärt.
as Gebiet Elsass-Lothringen hatte Frankreich n preußisch-französischen Krieg 870-71) verloren. Zurückgewonnen at man es nach dem 1. Weltkrieg. eide hiesigen Klubs nahmen während r Okkupation im 2. Weltkrieg an der utschen Fußballmeisterschaft teil.
Berlin
Berliner FC Dynamo
FC Vorwärts Berlin
Hertha BSC Berlin
Berliner FC Viktoria 89
Berliner TuFC Union 1892
1. FC Union Berlin
Berliner SV 92
Berliner FC Alemannia 90-Wacker
Berliner FC Preußen
Berliner SC Kickers 1900
Berliner Tennis Club Borussia
SC Minerva 93 Berlin
SV Blau-Weiß Berlin
SV Norden-Nordwest
SV Tasmania 73 Neukölln
Berliner BC 03
Berliner FC Vorwärts 90
SV '47 Lichtenberg
VfB Einheit zu Pankow
BUNDESLIGA
0
100
200
300 km

Tschechische Republik und Slowakei

Die Anfänge des Fußballs in den tschechischen Ländern sind nicht eindeutig belegt. Als sicher gilt, dass der Fußball zum ersten Mal im Jahre 1887 in Böhmen auftauchte sowie die Tatsache, dass dahinter erneut die Engländer steckten. Er wurde verbreitet durch Intellektuelle, die Kontakte zu den Britischen Inseln hatten, und durch deren britische Kollegen, die in Böhmen wirkten. Unter ihnen war auch ein junger Vertreter des fürstlichen Geschlechts Thurn und Taxis, der sich von seinem Studium in England einen Fußball mitgebracht hatte.

Das nachweislich erste Fußballspiel ist auf den 15. August 1892 datiert, als die Ruderer des Böhmischen Athletic Clubs in Roudnice den örtlichen Sokolverein mit 1:0 bezwangen. Im selben Jahr machte sich die Sokolorganisation auch um die erste tschechische Übersetzung der Fußballregeln verdient. Da wurden in Prag bereits etliche Fußballduelle ausgetragen. Der erste Klub, der sie organisierte, war der deutsche RRC Regatta, aber schon Mitte der 90er Jahre musste er sich immer öfter der Konkurrenz der Mannschaften aus den böhmischen Mittelschulen erwehren. Ein bedeutendes Jahr für die tschechische Fußballgeschichte war 1893, denn in jenes Jahr fällt das Gründungsdatum der beiden berühmtesten tschechischen Klubs und zugleich größten Rivalen: SK Slavia Prag und AC Sparta Prag. Am 29. März 1896 standen sie sich erstmals bei der Auftaktmeisterschaft Böhmens gegenüber. Auf dem Platz gewann Sparta 1:0, aber Schiedsrichter Josef Rössler-Ořovský, der Wegbereiter des tschechischen Sports, erkannte das Tor nach dem Spiel (!) wieder ab. Deshalb ging das 0:0 als Ergebnis in die Geschichte ein.

Nach Entstehung der **Tschechoslowakei** (1918) begann man sieben Jahre später, einen Ligawettbewerb auszuspielen. In der ersten Phase handelte es sich lediglich um die umbenannte Meisterschaft des Mittelböhmischen Gaus, genauer gesagt der Hauptstadt Prag. Im Herbst 1925 stieg mit dem SK Kladno der erste Klub außerhalb Prags in die Konkurrenz ein. Ab 1929 waren die Sudeten dank der Deutschen aus Teplitz mit ihrem ersten Verein, dem Teplitzer FK, in der höchsten Spielklasse präsent. Vier Jahre darauf begrüßte die Liga mit dem SK Židenice (heute 1. FC Brno) ebenso ihren ersten mährischen Vertreter. Und nur weitere zwei Jahre später waren auch die Slowaken durch den 1. ČsŠK Bratislava (heute Slovan) mit von der Partie. Für das Jahr 1938 war der Start eines nationalen Pokalwettbewerbs der Tschechoslowakei vorgesehen, aber die Mobilisierung, das Münchener Abkommen und nicht zuletzt die nazistische Okkupation von Böhmen und Mähren sowie die Bildung des slowakischen Staats verzögerten die Realisierung dieses Vorhabens um viele Jahre. Bis zum Jahr 1944 wurden die tschechischen und slowakischen Wettbewerbe separat ausgetragen. Dadurch entstand der Tschechische Pokal, den 1940 der SK Olomouc ASO als Erster in Empfang nehmen konnte. Nach Kriegsende und der Erneuerung der Tschechoslowakei begann man 1945 sogleich wieder in einer gemeinsamen Liga zu spielen. Der Tschechoslowakische Pokal hingegen musste bis zum Jahr 1960 auf seinen ersten Besitzer – Dukla Prag – warten. Nach der 1993 erfolgten Teilung des Landes in zwei selbständige Staaten wurden der tschechische und slowakische Fußball abermals voneinander getrennt.

In der Vorkriegszeit sowie in der Ära der sozialistischen Industrialisierung waren die Erstligaklubs in den Großstädten und in den industriellen Zentren (insbesondere in der Slowakei) konzentriert. Die Jahrtausendwende förderte jedoch ein sehr ungewöhnliches Phänomen zu Tage. Die **Tschechische Republik** hatte nämlich in ihrer 1. Liga gleich einige „Dorfklubs" bzw. Mannschaften aus ziemlich kleinen Städten zu bieten: Blšany (900 Einwohner), Drnovice (2 200) oder Lázně Bohdaneč (3 000). Es handelte sich allesamt um Teams, die von reichen, aber auch kontroversen Unternehmern finanzkräftig unterstützt wurden. Der Modus der Liga blieb stabil; bisher änderte sich weder die Anzahl der Teilnehmer (16) noch die Anzahl der Ab- bzw. Aufsteiger (jeweils zwei). Die tschechische Meisterschaft war bis 2001 ausschließlich die Sache der beiden Prager „S"-Teams, Sparta und Slavia, wobei Sparta dominierte. Zuletzt mischten aber auch Liberec (2002, 2006) und Ostrava (2004) mit.

Die ersten Fußballschritte in der **Slowakei** kamen auf Inspiration aus Budapest und Wien zustande. Im ersten Duell zweier Teams aus der heutigen Slowakei, dem damaligen ungarischen Oberland, trafen am 22. Mai 1899 im Rahmen eines Turnfestes in Prešov der Eperjesi TVE (Prešov) und Pozsónyi TE (Bratislava) aufeinander. Beginnend mit dem Jahr 1906 werden regelmäßige Wettbewerbe im heutigen Bratislava, in Banská Bystrica, Prešov, Zvolen und weiteren Städten organisiert. Im Jahre 1909 stieß der Kassai AC (Košice) bis ins Finale der Ungarnmeisterschaft (hier unterlag er dem berühmten Budapester Verein Ferencvárosi TC mit 0:11) vor. Seit der Gründung der Tschechoslowakei tragen tschechische Spieler ausgiebig zur Entwicklung des Fußballs in der Slowakei bei. Mit ihrer Hilfe entsteht eine ganze Reihe von Klubs, darunter auch der 1. ČsŠK Bratislava. In der Zeit des Zweiten Weltkriegs pflegte der slowakische Fußball eine, wenn auch beschränkte Möglichkeit des internationalen Kontakts. Dank der dabei gewonnenen Erfahrungen kann man den vormals großen Vorsprung des tschechischen Fußballs bedeutend verringern. 1969 eroberte Slovan Bratislava sogar die Trophäe im europäischen Cup der Pokalsieger, was einem tschechischen Vertreter noch nie gelang. Nach der Teilung der Tschechoslowakei im Jahr 1993 nahm die höchste slowakische Liga im Gegensatz zu ihrem tschechischen Pendant häufig Veränderungen vor. In Turbulenzen gerieten sogar Mannschaften wie Slovan Bratislava und der 1. FC Košice, die mehrere Meistertitel gewannen, aber zwischenzeitlich auch in die 2. Liga abstiegen.

ČESKOMORAVSKÝ FOTBALOVÝ SVAZ

Tschechische Republik

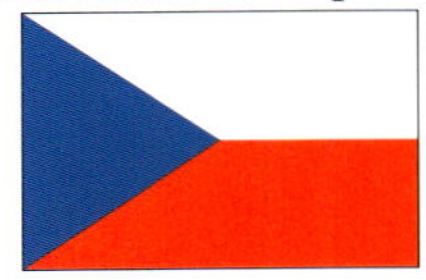

SLOVENSKÝ FUTBALOVÝ ZVÄZ

Slowakei

Prag (Praha)

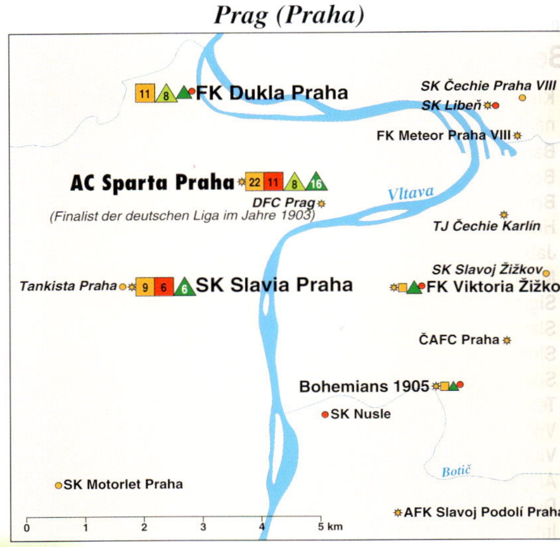

GAMBRINUS LIGA

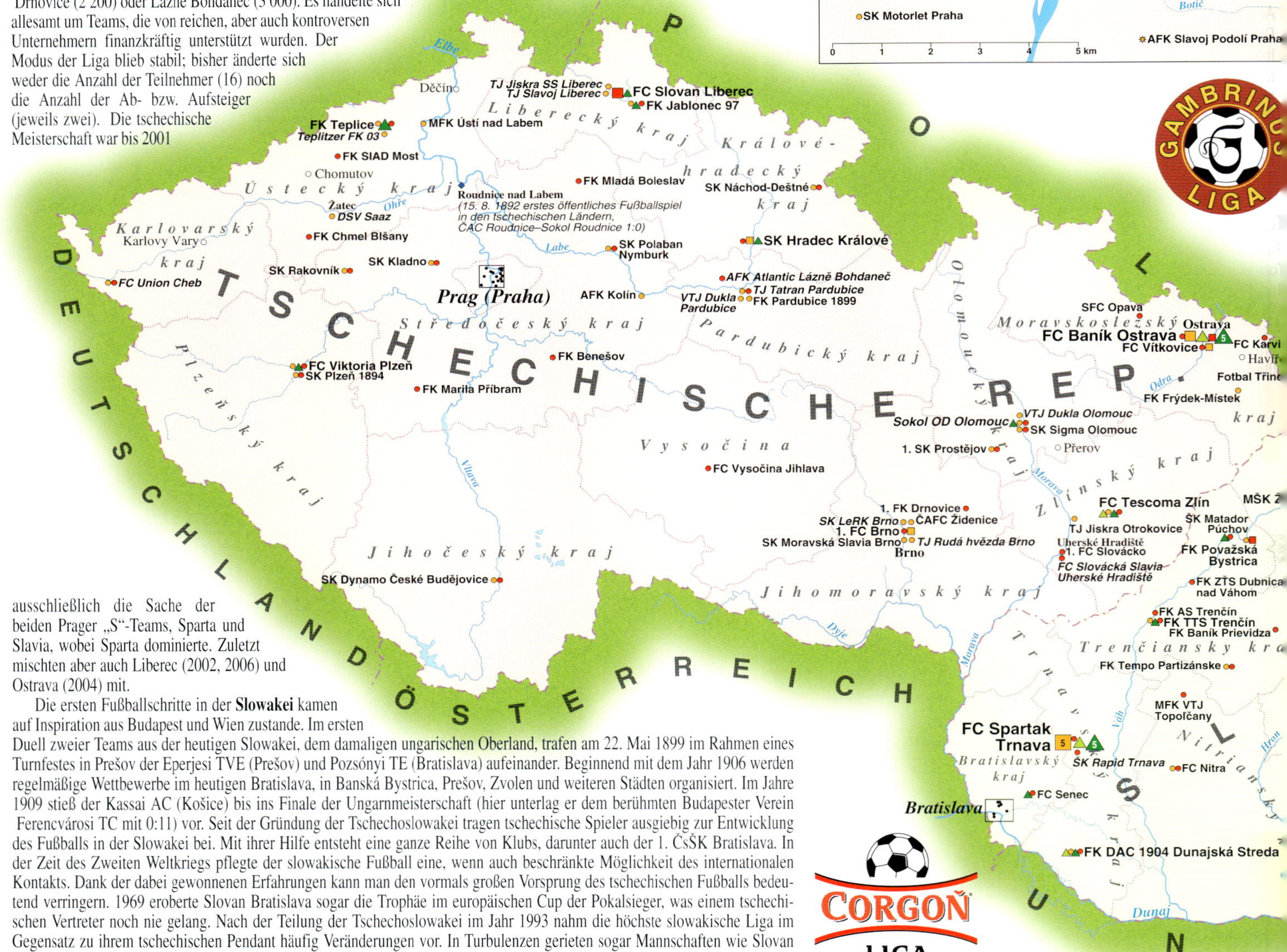

CORGOŇ LIGA

Entwicklung der Besucherzahl, erzielte Tore, Teilnehmerzahl der 1. Tschechoslowakischen, Tschechischen und Slowakischen Liga und wichtige Begebenheiten

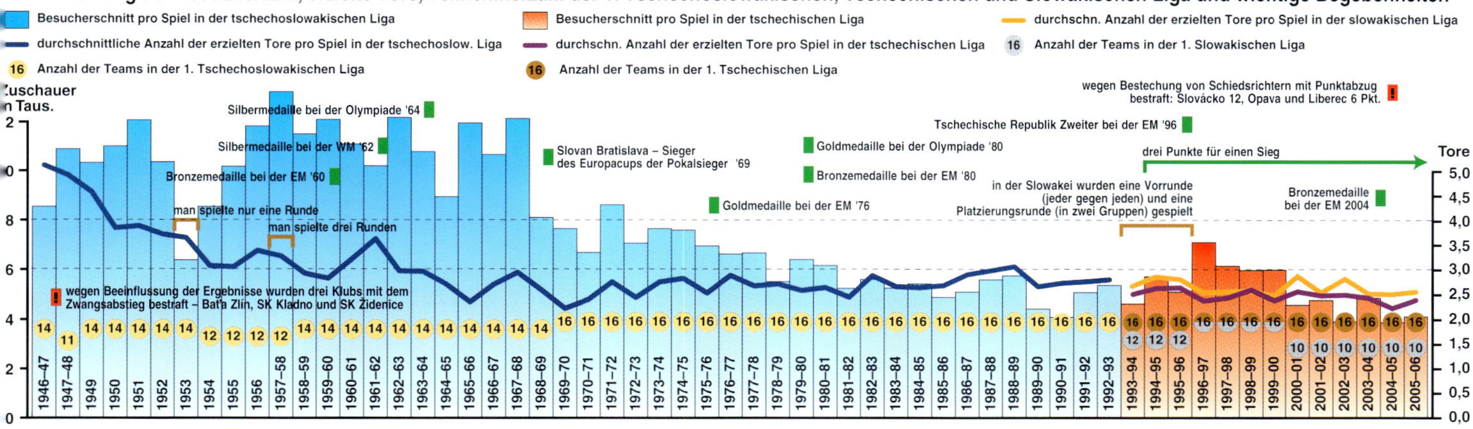

Berühmte tschechische und slowakische Klubs

Klub-name	Gründ. Jahr	Name des Stadions	Stadionkapazität Total	Sitzplätze	Besucherschn. (Sais. 2005/06)	Budget 2006/07 (in Mio. €)
Baník Ostrava (CZE)	1922	Bazaly	17 372	17 372	4 650	2,5
Bohemians 1905 (CZE)	1905	Ďolíček	9 000	3 800	4 664	0,7
Brno (CZE)	1913	Městský stadion	8 065	8 065	2 783	2,9
Hradec Králové (CZE)	1905	Všesportovní stadion	25 000	17 000	2 336	0,6
Jablonec 97 (CZE)	1945	Střelnice	6 246	6 246	2 947	1,8
Mladá Boleslav (CZE)	1919	Městský stadion	5 000	5 000	5 000	4,4
Sigma Olomouc (CZE)	1919	Andrův stadion	12 072	12 072	4 507	2,4
Slavia Praha (CZE)	1892	Evžena Rošického	19 032	19 032	3 836	3,6
Slovan Liberec (CZE)	1958	U Nisy	9 900	9 900	5 582	3,3
Sparta Praha (CZE)	1893	Toyota arena	20 558	20 558	7 211	14,5
Teplice (CZE)	1945	Na Stínadlech	18 221	18 221	5 132	2,5
Viktoria Plzeň (CZE)	1911	Štruncovy sady	7 475	7 475	4 118	1,8
Viktoria Žižkov (CZE)	1903	FK Viktoria	4 600	4 600	753	1,5
Artmedia Bratislava (SVK)	1898	Petržalka	9 000	5 500	3 615	1,7
Dukla B. Bystrica (SVK)	1965	SNP Na Štiavničkách	9 881	7 380	2 260	1,2
Inter Bratislava (SVK)	1962	Na Pasienkoch	13 000	13 000	1 175	0,9
MFK Košice (SVK)	1951	V Čermeli	9 200	9 200	3 354	2,0
Nitra (SVK)	1909	Pod Zoborom	8 000	3 200	2 164	1,2
Ružomberok (SVK)	1906	MFK Ružomberok	4 817	4 817	3 442	1,1
Slovan Bratislava (SVK)	1919	Tehelné pole	30 000	30 000	1 992	1,9
Spartak Trnava (SVK)	1923	Antona Malatinského	18 448	18 448	9 219	1,0
Žilina (SVK)	1908	Pod Dubňom	6 591	6 591	2 807	1,6

Teuerste tschechische Fußballspieler auf dem Transfermarkt

Pavel Nedvěd	2001	SS Lazio	→	Juventus FC	41 900 000 €
Tomáš Rosický	2001	AC Sparta Praha	→	Borussia Dortmund	15 000 000 €
Jan Koller	2001	RSC Anderlecht	→	Borussia Dortmund	11 700 000 €
Jiří Jarošík	2005	CSKA Moskva	→	Chelsea FC	11 500 000 €
Petr Čech	2004	Stade Rennais FC	→	Chelsea FC	10 400 000 €
Tomáš Rosický	2006	Borussia Dortmund	→	Arsenal FC	10 000 000 €
Milan Baroš	2005	Liverpool FC	→	Aston Villa FC	9 500 000 €

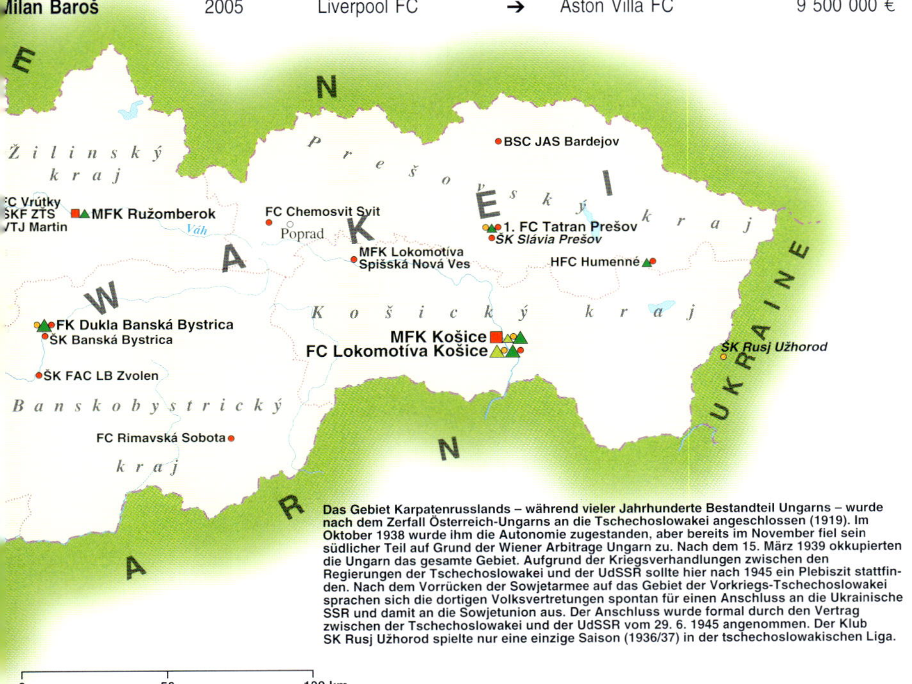

Das Gebiet Karpatenrusslands – während vieler Jahrhunderte Bestandteil Ungarns – wurde nach dem Zerfall Österreich-Ungarns an die Tschechoslowakei angeschlossen (1919). Im Oktober 1938 wurde ihm die Autonomie zugestanden, aber bereits im November fiel sein südlicher Teil auf Grund der Wiener Arbitrage Ungarn zu. Nach dem 15. März 1939 okkupierten die Ungarn das gesamte Gebiet. Aufgrund der Kriegsverhandlungen zwischen den Regierungen der Tschechoslowakei und der UdSSR sollte hier nach 1945 ein Plebiszit stattfinden. Nach dem Vorrücken der Sowjetarmee auf das Gebiet der Vorkriegs-Tschechoslowakei sprachen sich die dortigen Volksvertretungen spontan für einen Anschluss an die Ukrainische SSR und damit an die Sowjetunion aus. Der Anschluss wurde formal durch den Vertrag zwischen der Tschechoslowakei und der UdSSR vom 29. 6. 1945 angenommen. Der Klub SK Rusj Užhorod spielte nur eine einzige Saison (1936/37) in der tschechoslowakischen Liga.

Ausländer in der tschechischen Liga

(Saison 2005/06)
35 – Slowaken
5 – Brasilianer
4 – Ungarn
3 – Franzosen
insgesamt 60 Spieler

Ausländer in der slowakischen Liga

(Saison 2005/06)
22 – Tschechen
2 – Senegalesen und Serben
insgesamt 30 Spieler

Tschechische und tschechoslow. Ligarekorde

Meiste Teilnahmen in der 1. Liga:
Sparta Praha (immer außer der Saison 1975/76)
Meiste Ligaeinsätze:
435 – Jaroslav Šilhavý (Škoda Plzeň, RH Cheb, Slavia Praha, Drnovice und Viktoria Žižkov; 1979–98)
Meiste Tore (insgesamt):
447 – Josef Bican (Slavia Praha und Vítkovice; 1937–55)
Meiste Ligaeinsätze in Folge:
280 – Rostislav Václavíček (Brno; 1972–82)
Ältester Ligaspieler:
Josef Bican (Slavia Praha, 1955) 42 Jahre, 1 Monat und 6 Tage
Ältester Ligatorschütze:
Josef Bican (Slavia Praha, 1955) 41 Jahre, 10 Monate und 27 Tage
Meiste Siege in Folge:
23 – Slavia Praha (28. 4. 1929–9. 11. 1930)
Höchster Sieg:
15:1 (Slavia Praha–České Budějovice, 26. 6. 1948)
Höchster Besuch:
50 000 Zuschauer (Sparta Praha–Slavia Praha 2:2, 4. 9. 1965)

LEGENDE

1 | 2–4 | 5 und mehr — Siege in der 1. Tschechoslowakischen Liga (1919, 1922, 1925–93)
Begründer der tschechoslow. Liga – (gegr. 1925)
übrige Teilnehmer der 1. Tschechoslow. Liga (1925–93)
Siege im Tschechoslowakischen Pokal (1961–93)
Siege in der 1. Liga – Tschechien (1912–13, 1940–44 und 1994–2006) und Slowakei (1939–44 und 1994–2006)
übrige Teilnehmer der 1. Liga – Tschechien (1940–44, 1994–2006) und Slowakei (1939–44, 1994–2006)
Siege im Landespokal – Tschechische Republik (1940–44 und 1970–2006)
Weitere Klubs oder Stadien *(Besonderheit)*
Poprad ○ Städte über 50 000 Einwohner ohne einen Erstligaklub
1. FC Tatran Prešov — Name des Fußballklubs
AC Sparta Praha — erfolgreichster Klub des Landes
FC Union Cheb — bereits nicht mehr existierender Klub
Děčín — Stadt
Ústecký kraj — Region

Bratislava

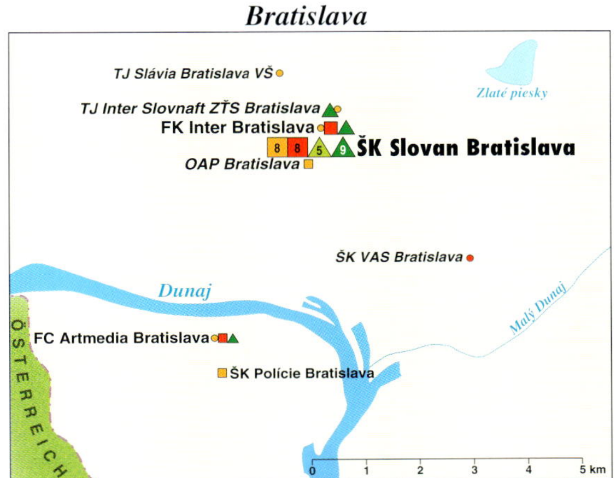

bereits nicht mehr existierende Klubs aus Bratislava:
DSK Pressburg *ŠK ASO Bratislava*

Polen und Ungarn

In **Polen** – bis zum Ende des Ersten Weltkriegs unter den drei benachbarten Großmächten Deutschland, Russland und Österreich-Ungarn aufgeteilt – haben englische Ingenieure das Fußballspiel zum ersten Male um das Jahr 1890 vorgeführt, und zwar in der Textilstadt Łódź (Litzmannstadt). Die ersten Klubs entstanden im Zeitraum von 1896–98 in Liegnitz (Legnica), Breslau (Wrocław) und Danzig (Gdańsk). Das Spiel fiel besonders im damaligen Galizien auf fruchtbaren Boden, wo sich die Sokolvereine analog dem tschechischen Vorbild um dessen Entwicklung verdient machten. Auf dem II. Turnfest der galizischen Sokolvereine, das in Lemberg (Lwow, heutige Ukraine) zum Jahrestag der Schlacht bei Grunwald veranstaltet wurde, kam es 1894 zum ersten Fußballvergleich, bei dem die Gastgeber eine Mannschaft aus Krakau (Kraków) mit 1:0 bezwangen. Der erste Klub wurde jedoch erst 1903 in Lemberg gegründet – KS Slawa. Nach der Grundfarbe des Trikots wurde er wenig später in KS Czarni (Die Schwarzen) umbenannt. Aus der gleichen Stadt kam auch die berühmteste Mannschaft der Zwischenkriegszeit – KS Pogoń. Als eine ernsthafte Konkurrenz schälten sich jedoch bald die Krakauer Klubs Wisła und Cracovia heraus. Der älteste Warschauer Klub WKS wurde 1911 gegründet. Im selben Jahr nahm in Lemberg der Polnische Fußballverband (Polski Zwiazek Piłky Nożnej) seine Arbeit auf, zunächst als autonomer Bestandteil des österreichischen Verbands. 1919, kurz nach der Erneuerung des polnischen Staats, übertrug der PZPN seinen Wirkungskreis auch auf das zuvor von Russland und Deutschland okkupierte Gebiet. Zwei Jahre später wurde die erste Republikmeisterschaft ausgetragen und von Cracovia Kraków gewonnen. Weitere vier Jahre darauf wurde der Verband in die FIFA aufgenommen. Der qualitativ beste Fußball wurde vorerst im Oberschlesischen Becken gespielt, allen voran durch Ruch Chorzów. Der Zweite Weltkrieg fügte dem Land schwere Wunden zu, von denen sich auch der Sport nur langsam erholte. Die Liga wurde jedoch schon 1946 wiederbelebt, wobei mit Polonia Warschau zum ersten Mal eine Mannschaft aus der Hauptstadt den Meistertitel holte. Ab 1951 nimmt auch der Pokalwettbewerb feste Züge an, vor dem Krieg wurde nur ein einziger Jahrgang (1926) durchgeführt. Nach und nach begannen sich nun die Teams aus weiteren Großstädten (Kraków, Poznań, Łódź) und insbesondere die Klubs aus dem Industrieballungsraum Oberschlesisches Becken (Zabrze, Chorzów, Bytom, Katowice, Sosnowiec) in Szene zu setzen. Außer ihnen wurden nur noch zwei Ligagewinner aus den Zentren der Stahl- und Kupferindustrie notiert – Stal Mielec und Zagłębie Lubin.

Obwohl eine Gruppe englischer Studenten bereits im Jahre 1879 den Fußballsport in Budapest vorstellte, für seinen wirklichen Bahnbrecher hält man in **Ungarn** Károly Löwenrosen, der vorher lange Zeit auf den Britischen Inseln lebte. Im Mai 1897 kam es im Stadion Millenáris vor den Augen von rund 100 Zuschauern zum ersten öffentlichen Spiel in Ungarn zwischen einem A- und einem B-Team des Klubs BTC. Im Jahre 1901, als man den Ungarischen Fußballverband gründete, wurde der BTC zugleich erster Landesmeister. Der Ferencvárosi TC aus Budapest, der berühmteste Verein der ungarischen Fußballgeschichte, entstand im Jahre 1899. Dem Lokalrivalen MTK, der bereits 1888 die Fußballbühne betrat, gehört ein anderes „Monopol": er gewann 1910 den Auftaktjahrgang des Nationalpokals. Nach dem Ersten Weltkrieg begann der ungarische Fußball rasch aufzublühen. Noch entscheidender für seine Entwicklung war jedoch die Einführung des Profitums (1926). Ab den dreißiger Jahren zählt man Ungarn zu den Großmächten des Fußballs. Trotz des Ende der 40er Jahre durch die Kommunisten offiziell aufgehobenen Professionalismus war man weiter erfolgreich. Den Höhepunkt erlebte Ungarn in den 50er Jahren: zwei historische Siege „der ungarischen Ballzauberer" über die Engländer und den Einzug ins WM-Finale 1954, wo der Titel buchstäblich zum Greifen nahe lag. Ein solides Niveau hielten die Magyaren ungefähr bis Mitte der 70er Jahre, danach aber ging es stetig bergab. Die Krise dauert bis heute an und der ungarische Fußball ist sowohl auf nationaler als auch auf Klubebene allenfalls nur noch Durchschnitt in Europa. Mehr als 90 % der Meisterschaften errangen die Vereine aus Budapest. Diese außergewöhnliche Dominanz der Metropole ist ein Erbe der Vergangenheit, als Budapest das Zentrum Ungarns – Bestandteil eines der größten Reiche des damaligen Europas – darstellte. Erstligafußball spielten auch die Teams aller anderen Großstädte (Debrecen, Győr, Miskolc, Nyíregyháza, Pécs, Szeged, Székesfehérvár), den Titel holten jedoch nur die Mannschaften aus Győr, Vác und Dunaújváros.

Polen | **Ungarn**

LEGENDE

- 1 / 2–4 / 5 und mehr: Siege in der 1. Polnischen Liga (1921–2006)
- Begründer der polnischen Liga (gegr. 1921)
- übrige Teilnehmer der 1. Polnischen Liga (1921–2006)
- Siege im Polnischen Pokal (1926–2006)
- Siege in der 1. Ungarischen Liga (1901–2006)
- Begründer der ungarischen Liga (gegr. 1906)
- übrige Teilnehmer der 1. Ungarischen Liga (1901–2006)
- Siege im Ungarischen Pokal (1910–2006)
- Weitere Klubs oder Stadien *(Besonderheit)*
- Kalisz: Städte über 100 000 Einwohner ohne einen Erstligaklub
- Győri ETO FC: Name des Fußballklubs
- **KS Górnik Zabrze**: erfolgreichster Klub des Landes
- *Testvériség SE*: bereits nicht mehr existierender Klub
- Łódź: Stadt
- *Opolskie*: Region

Budapest

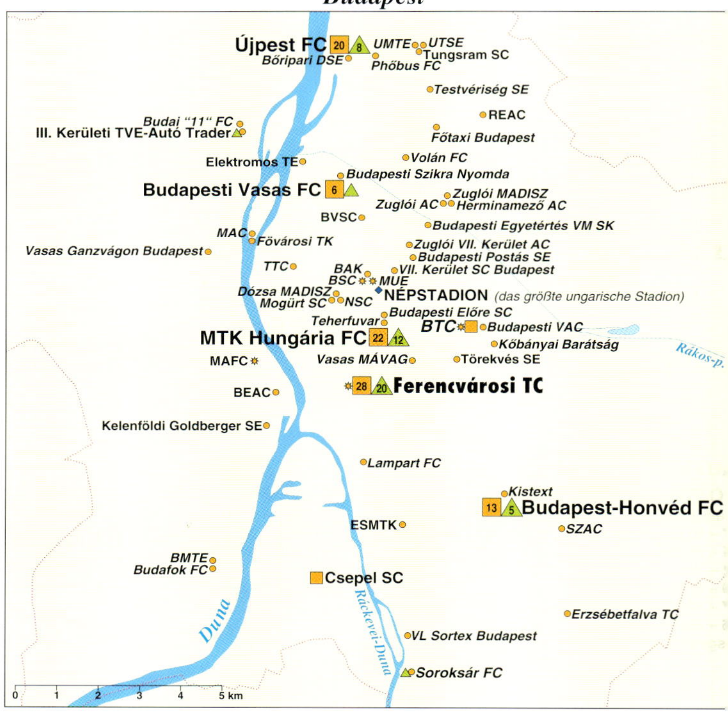

Berühmte polnische und ungarische Klubs

Klub-name	Gründ. Jahr	Name des Stadions	Stadion-kapazität	Besucherschn. (Saison 2005/06)
Amica Wronki (POL)	1992	Amica	5 300	2 227
Cracovia (POL)	1906	Cracovia	6 500	4 033
Górnik Zabrze (POL)	1948	Ernesta Pohla	17 000	5 735
Legia Warszawa (POL)	1916	Wojska Polskiego	13 278	8 867
Lech Poznań (POL)	1922	Miejski	17 000	8 500
Polonia Warszawa (POL)	1912	Polonia	7 000	2 467
Ruch Chorzów (POL)	1920	Ruch	13 000	3 559
Widzew Łódź (POL)	1910	Widzew	10 000	6 588
Wisła Kraków (POL)	1906	Wisła	20 732	10 467
Zagłębie Lubin (POL)	1946	Górniczy Ośrodek Sportu	7 300	3 513
Budapest-Honvéd (HUN)	1909	József Bozsik	13 500	1 707
Budapesti Vasas (HUN)	1911	Rudolf Illovsky	18 000	1 740
Debreceni VSC (HUN)	1902	Oláh Gábor út	10 200	7 300
FC Fehérvár (HUN)	1941	Sóstói	20 000	4 067
FC Sopron (HUN)	1923	Városi	5 300	2 847
Ferencvárosi TC (HUN)	1899	Üllői út	18 100	3 040
Győri ETO (HUN)	1904	ETO	27 000	1 793
MTK Hungária (HUN)	1888	Hidegkuti Nándor	12 700	1 223
Újpest (HUN)	1885	Szusza Ferenc	13 500	5 133
Zalaegerszegi TE (HUN)	1920	ZTE Arena	12 500	3 033

Entwicklung der Besucherzahl, erzielte Tore, Teilnehmerzahl der 1. Ungarischen Liga und wichtige Begebenheiten

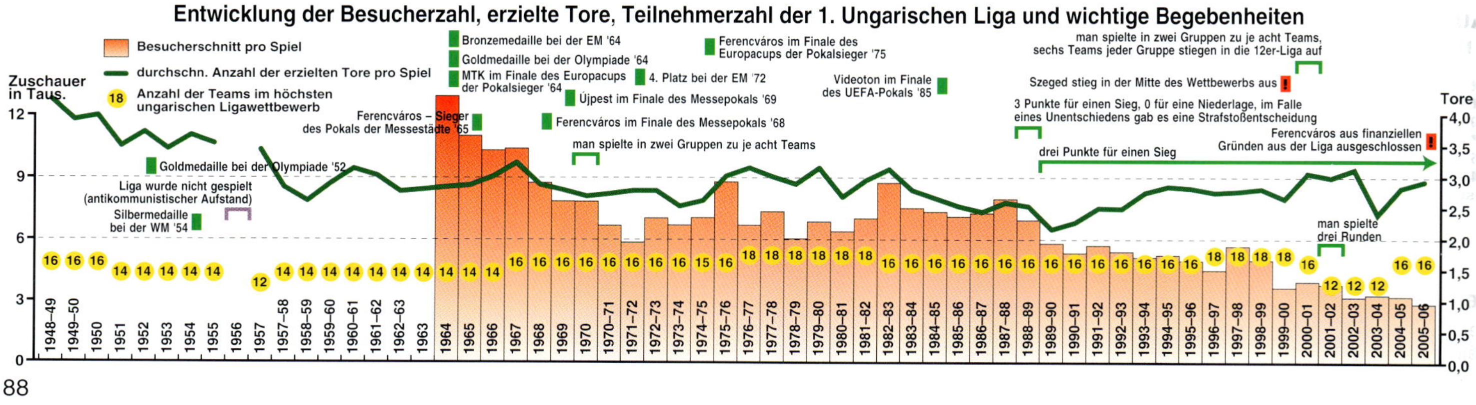

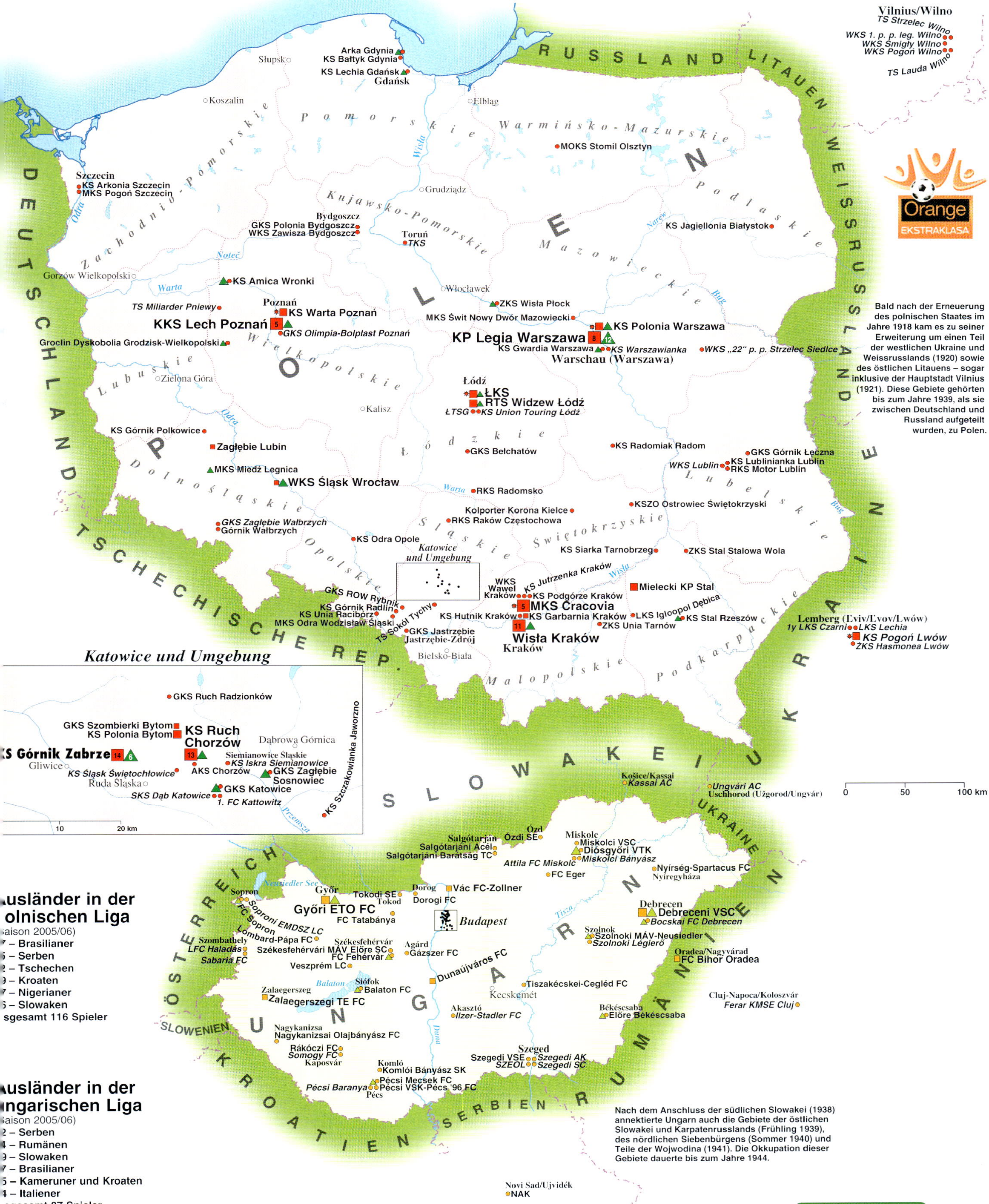

Bald nach der Erneuerung des polnischen Staates im Jahre 1918 kam es zu seiner Erweiterung um einen Teil der westlichen Ukraine und Weissrusslands (1920) sowie des östlichen Litauens – sogar inklusive der Hauptstadt Vilnius (1921). Diese Gebiete gehörten bis zum Jahre 1939, als sie zwischen Deutschland und Russland aufgeteilt wurden, zu Polen.

usländer in der olnischen Liga
aison 2005/06)
- – Brasilianer
- – Serben
- – Tschechen
- – Kroaten
- – Nigerianer
- – Slowaken

sgesamt 116 Spieler

usländer in der ngarischen Liga
aison 2005/06)
- – Serben
- – Rumänen
- – Slowaken
- – Brasilianer
- – Kameruner und Kroaten
- – Italiener

sgesamt 87 Spieler

Nach dem Anschluss der südlichen Slowakei (1938) annektierte Ungarn auch die Gebiete der östlichen Slowakei und Karpatenrusslands (Frühling 1939), des nördlichen Siebenbürgens (Sommer 1940) und der Wojwodina (1941). Die Okkupation dieser Gebiete dauerte bis zum Jahre 1944.

euerster polnischer und ungarischer Fußballspieler auf dem Transfermarkt

erzy Dudek (POL)	2001	Feyenoord	➔	Liverpool FC	7 700 000 €
ajos Détari (HUN)	1988	Eintracht Frankfurt	➔	Olympiakos Peiraia	7 200 000 €

Rumänien und Bulgarien

Dem komplizierten historischen Werdegang in **Rumänien** entsprachen auch die zwei anfangs selbständigen Strömungen der Fußballentwicklung. Das Spiel fand zuerst in Siebenbürgen und im Banat Anklang, zwei Gebieten, die bis zum Ersten Weltkrieg ein Teil von Ungarn waren. Der Fußball wurde hier von Budapest und anderen ungarischen Städten aus verbreitet. Als dessen Propagandist entpuppte sich im Jahr 1890 Dr. Iuliu Wiener, der sich nach seiner Rückkehr vom Studium in England in seiner Geburtsstadt Arad niederließ. Hier wurde mit dem RSF Arad (1899) auch der erste Fußballklub auf dem Gebiet des heutigen Rumäniens gegründet. Zu wichtigen Zentren wurden bald Cluj (ungarisch Kolozsvár) in Transsylvanien und Timişoara im Banat. Im sog. "Kleinen" Rumänien – wie damals der selbständige rumänische Staat bezeichnet wurde, der durch die Zusammenführung des Moldawischen und des Walachischen Fürstentums entstand – waren englische Techniker, die auf den Dieselfeldern bei Ploieşti arbeiteten, die ersten Vorreiter des Fußballs. Das neue Spiel wurde aus Bukarest von Prinz Karl nachhaltig unterstützt. Der erste wahrhaftig rumänische Klub war 1904 der Bukarester FC Olimpia, der sechs Jahre später auch die erste Meisterschaft des rumänischen Königreiches gewann. Im Herbst 1909 wurde die Sportassoziation ASAR gegründet, die bald in einen reinen Fußballverband umgewandelt wurde. Der erste Jahrgang einer nationalen Konkurrenz im "Großen" Rumänien, das im Ergebnis des Ersten Weltkrieges entstanden war, wurde in der Saison 1919/20 vollzogen. Bis zur Saison 1931/32 hatte der Wettbewerb den Charakter von Ausscheidungsturnieren. Im Jahre 1930, als Rumänien Mitglied der FIFA wurde, untermauerte auch Prinz Karl seine Sympathie zum Fußball, indem er der rumänischen Auswahl die Teilnahme an der ersten Weltmeisterschaft in Uruguay ermöglichte. Der erste Gewinner des Rumänischen Pokals war 1934 der FC Ripensia Timişoara. Eine vorübergehende Änderung in der Organisation des Wettbewerbes brachte der Zweite Weltkrieg. In dessen Verlauf wurde Oradea (Nagyvárad AC) Meister der ungarischen Liga. Mit Beginn der Nachkriegszeit übernahmen der Armeeklub Steaua Bukarest (1986 sensationeller Gewinner des Europapokals der Landesmeister) und der Polizeiverein Dinamo Bukarest das Zepter. Als traditionelle Fußballzentren stießen auch Craiova und Ploieşti hinzu. Im Fußball zurückgeblieben sind nach wie vor die Regionen Moldawien und Dobrudscha. Eine traurige Begleiterscheinung der rumänischen (und bulgarischen) Liga sind die ständigen Skandale in Form von gekauften Ergebnissen und seltsamen Zuwächsen in der Trefferbilanz der besten Torschützen. Gerade aufgrund dieser Praktiken in beiden Balkanstaaten wurde der Wettbewerb um den "Goldenen Fußballschuh" für den besten europäischen Ligatorschützen in den 90er Jahren reorganisiert.

Die Anfänge des Fußballs in **Bulgarien** zum Ende des 19. Jahrhunderts sind mit dem hiesigen Wirken von Lehrern aus der Schweiz verbunden. Zu den Propagandisten des Spiels gehörten auch Studenten, die von ihren Studien in Wien und Istanbul zurückkehrten. An die Tätigkeit der Studentenmannschaften knüpften die fest organisierten Klubs erst ab 1909 (ein Jahr nach der endgültigen Unabhängigkeit des Landes) an. Als erster entstand ein Verein, der als Klub Nr. "13" bezeichnet wurde, es folgten der FC Sofija (Sofia) und ein Jahr später Atletik. 1910 wurden Botev Sofija und Razvitije Sofija gegründet, durch deren Zusammenschluss Slavija Sofija entstand. Slavija konnte sich bald den ersten inoffiziellen Meistertitel Bulgariens (1913) zuschreiben lassen. Der dazugehörige Wettbewerb wurde nach dem Ersten Weltkrieg erneuert und unter dem Namen Sofioter Liga (1921) ausgetragen. Zwei Jahre später entstand die Bulgarische Fußballföderation, die 1924 sogleich Mitglied der FIFA wurde. Damals startete man auch den ersten Versuch, eine nationale Meisterschaft zu organisieren, die allerdings nicht beendet wurde. Im darauffolgenden Jahr war Vladislav Varna erster Sieger der Konkurrenz, die im Play-off-System gespielt wurde. Der Ausscheidungsmodus der Liga galt bis zum Jahr 1937. Danach wurde er für die Zeit von 1938–40 durch das klassische Ligamodell ersetzt. In den Jahren 1941–48 wurde wieder auf das Pokalsystem zurückgegriffen, ehe sich definitiv die traditionelle Liga durchsetzte. Der Bulgarische Pokal feierte erst 1938 seine Premiere, ging aber binnen vier Jahren wieder ein. Gleich nach dem Zweiten Weltkrieg begann man den sog. Pokal der Sowjetischen Armee auszutragen, der erst 1991 abgeschafft wurde. Zur Wiedereinführung des Bulgarischen Pokals kam es im Jahr 1981. Die Meisterschaft wurde vor allem in den 80er Jahren von häufigen Skandalen begleitet, die letztlich sogar in eine vorübergehende Auflösung der renommierten Sofioter Klubs Levski und CSKA mündeten, die sich in Vitoscha bzw. Sredets umbenennen mussten. Beide sind mit Abstand die erfolgreichsten Vereine des Landes. Wie überhaupt die Teams aus Sofija im Durchschnitt fünf von sechs Titeln gewinnen. Plovdiv, Varna und Lovetsch stellen da nur Fußballzentren zweiter Klasse dar.

Rumänien | **Bulgarien**

LEGENDE

1 · 2–4 · 5 und mehr

- 14 Siege in der 1. Rumänischen Liga (1910–2006)
- übrige Teilnehmer der 1. Rumänischen Liga (1922–20
- 7 Siege im Rumänischen Pokal (1934–2006)
- 20 Siege in der 1. Bulgarischen Liga (1925–2006)
- Begründer der bulgarischen Liga (gegr. 1925)
- übrige Teilnehmer der 1. Bulgarischen Liga (1925–20
- 8 Siege im Bulgarischen Pokal (1938–42, 1981–2006)
- 13 Siege im Pokal der Sowjetarmee (1946–91)
- Botoşani ○ Städte über 100 000 Einwohner ohne einen Erstligaklub
- FK Sliven – Name des Fußballklubs
- **PFK CSKA Sofija** – erfolgreichster Klub des Landes
- *CS Colţea Braşov* – bereits nicht mehr existierender Klub
- Sibiu – Stadt

Sofija

- 30 10 13 **PFK CSKA Sofija**
- 24 12 16 PFK Levski Sofija
- 7 6 PFK Slavija Sofija
- FK Lokomotiv Sofija
- *FD Spartak Sofija*
- *AS Sofija*
- *SK Sofija*
- *FD Schipka Sofija*
- PFK Septemvri Sofija
- FK Akademik Sofija
- *Botev Sofija*
- *DSO Tscherveno zname Sofija*
- *FD Strojitel Sofija*
- *Sportist Sofija*
- *VVS Sofija*
- *Zavod 12 Sofija*

Bukarest (Bucureşti)

- 23 21 **FC Steaua Bucureşti**
- 17 12 FC Dinamo Bucureşt
- 12 UFC Rapid Bucureşti
- 8 *ASC Venus Bucureşti*
- *CA Colentina Bucureşti*
- *Olimpia-Rhein Bucureşti*
- *Flacăra Bucureşti*
- *Româno-Americană Bucureşt*
- *Unirea Tricolor MAI Bucureşti*
- FC Naţional Bucureşti
- Carmen Bucureşti
- CF Sportul Studenţesc Bucureşt
- CS Faur Bucureşti
- FC Rocar Fulgerul Bragadiru
- *AS Victoria Bucureşti*
- *CS Ciocanul Bucureşti*
- *CS Tricolor Bucureşti*
- *Viitorul Bucureşti*

Teuerste rumänische und bulgarische Fußballspieler auf dem Transfermarkt

Adrian Mutu (ROM)	2003	Parma AC	→	Chelsea FC	22 600 000 €
Christian Chivu (ROM)	2003	AFC Ajax	→	AS Roma	18 000 000 €
Dimitar Berbatov (BUL)	2006	Bayer Leverkusen	→	Tottenham Hotspur	16 000 000 €
Valerij Bojinov (BUL)	2005	US Lecce	→	AC Fiorentina	13 000 000 €
Gheorghe Hagi (ROM)	1997	FC Barcelona	→	Galatasaray SK	12 000 000 €
Cosmin Contra (ROM)	2001	CD Alavés	→	AC Milan	11 000 000 €

Berühmte rumänische Klubs

Klubname	Gründ. Jahr	Name des Stadions	Stadionkapazität	Besucherschn. (Saison 2005/06)
Arges Piteşti	1953	Nicolae Dobrin	16 500	3 173
CFR Cluj	1907	CFR	8 000	5 080
Dinamo Bucureşti	1948	Dinamo	16 000	5 200
Naţional Bucureşti	1944	Cotroceni	14 542	2 006
Petrolul Ploieşti	1952	Astra	12 000	1 833
Politehnica Timişoara	1921	Dan Păltinişanu	33 000	15 233
Rapid Bucureşti	1923	Valentin Stănescu	19 100	7 633
Steaua Bucureşti	1947	Ghencea	28 000	8 600
Universitatea Craiova	1948	Ion Oblemenco	28 000	5 066
UT Arad	1945	UTA	12 500	1 150

Berühmte bulgarische Klubs

Klubname	Gründ. Jahr	Name des Stadions	Stadionkapazität	Besucherschn. (Saison 2005/06)
Beroe Stara Zagora	1916	Beroe	22 300	3 636
Botev Plovdiv	1912	Hristo Botev	22 000	5 964
CSKA Sofija	1948	Bălgarska Armija	22 015	3 725
Levski Sofija	1914	Georgi Asparuhov	29 980	6 228
Liteks Lovetsch	1921	Lovetsch	7 000	1 693
Lokomotiv Plovdiv	1936	Lokomotiv	13 500	4 250
Lokomotiv Sofija	1929	Lokomotiv	22 000	1 196
Nafteks Burgas	1932	Nafteks	18 037	2 464
Slavija Sofija	1910	Slavija	25 556	1 050
Tscherno more Varna	1945	Titscha	12 000	4 429

Entwicklung der Besucherzahl, erzielte Tore, Teilnehmerzahl der 1. Rumänischen Liga und wichtige Begebenheiten

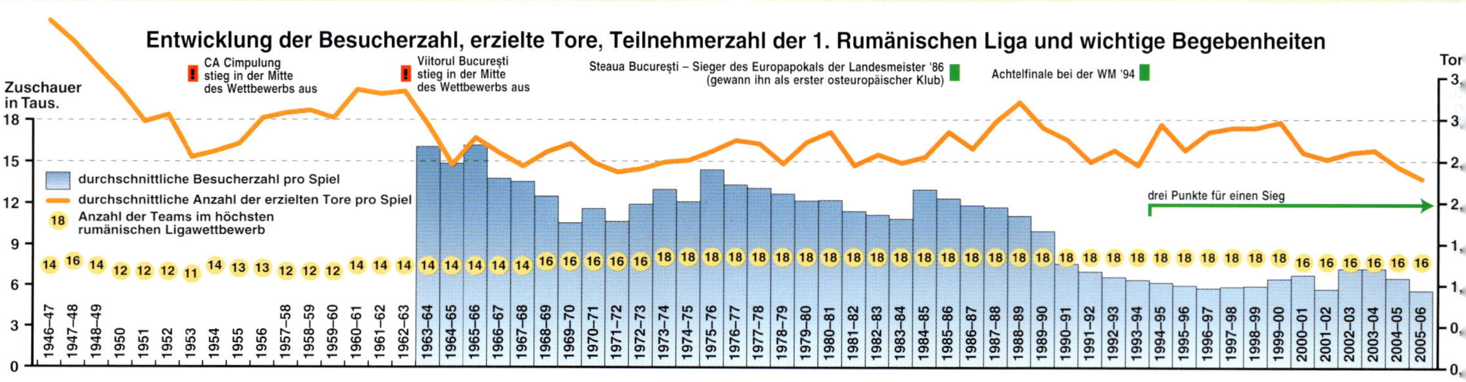

Ausländer in der rumänischen Liga

(Saison 2005/06)
12 – Serben
6 – Bosnier
4 – Australier
3 – Argentinier, Brasilianer und Moldawier
insgesamt 55 Spieler

Die Gebiete Bessarabien und Nordbukowina gehörten im Zeitraum zwischen den beiden Weltkriegen zu Rumänien. Die Klubs aus Tscherniwtsi spielten in der Zeit von 1922 bis 1938 in der rumänischen Liga und die Klubs aus Chişinău von 1924 und 1930 in der moldawischen Liga.

Das Gebiet Mazedoniens und Ostgriechenlands wurde während des 2. Weltkriegs (1941–44) von Bulgarien besetzt.

Ausländer in der bulgarischen Liga

(Saison 2005/2006)
17 – Guineer
14 – Brasilianer
10 – Mazedonier
8 – Kroaten und Nigerianer
6 – Portugiesen
insgesamt 93 Spieler

Entwicklung der Besucherzahl, erzielte Tore, Teilnehmerzahl der 1. Bulgarischen Liga und wichtige Begebenheiten

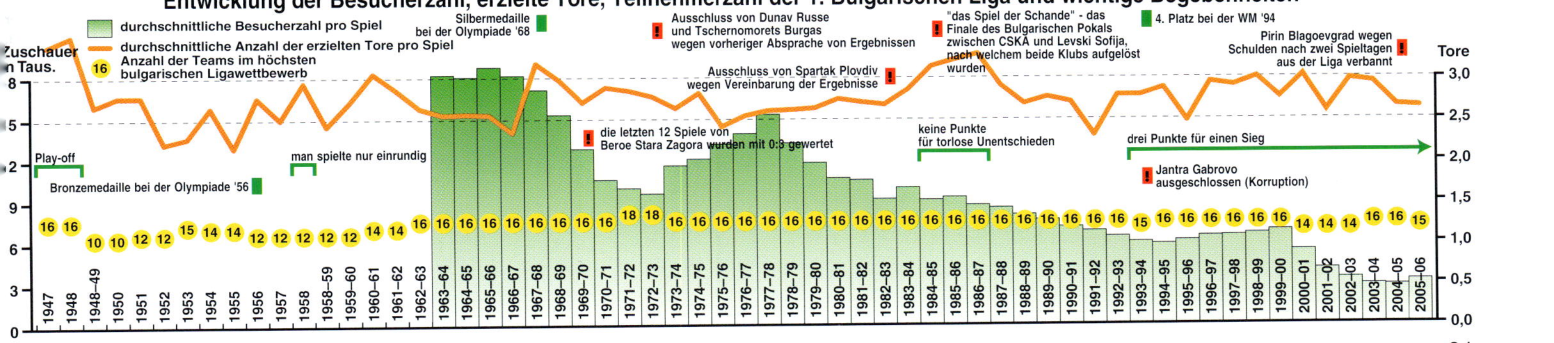

Das ehemalige Jugoslawien, Albanien

Das Königreich der Serben, Kroaten und Slowenen, das spätere erste **Jugoslawien** und bis 1991 die Sozialistische Föderative Republik Jugoslawien, hat seit 1923 eine funktionierende Klubmeisterschaft vorzuweisen. Das selbständige **Serbien** hatte den Fußball zuvor von den Ungarn abgeschaut, die in einer zahlenmäßig starken Volksgruppe den nördlichen Landesteil – die Region Vojvodina – bewohnten. Hier wurde im Jahre 1901 der Klub HAD Bačka (Subotica) gegründet. In den folgenden Jahren schlug der Fußball auch in Belgrad und weiteren größeren Städten seine Wurzeln. Zuerst wurde die Liga im Pokalmodus gespielt, das klassische Punktsystem wurde später lediglich während des Zweiten Weltkriegs unterbrochen. Die Liga, in der bis 2006 auch montenegrinische Teams vertreten waren, wird jetzt nur noch von serbischen Vereinen gebildet, unter denen die Belgrader Klubs Roter Stern und Partizan das Zepter schwingen. Nach der Eigenstaatlichkeit von **Montenegro** im Mai 2006 wurde dort im Herbst eine eigene Liga mit zwölf Klubs eingeführt.

Das heutige **Kroatien**, das fußballverrückteste Land des ehemaligen Jugoslawiens, kam um das Jahr 1880 erstmals mit der Lederkugel in Berührung, dank der englischen Besitzer einer Leder verarbeitenden Firma in Županja. Die Entstehung des ältesten, rein kroatischen Vereins PNIŠK (Prvi nogometni i športski klub) fällt in das Jahr 1903. Einige Monate später nahm in Zagreb der HAŠK (Hrvatski akademski športski klub) seine Tätigkeit auf. Das Jahr 1911 ist in die Geschichte von Hajduk Split eingemeißelt – in jenem Jahr wurde der Klub von dalmatinischen Studenten in Prag gegründet. Bereits 1912 gab es erste Ansätze für eine eigene Meisterschaft, ein offizielles Statut hatte die Liga aber erst von 1941–44 während des Ustascha-Mariottenregimes und danach erst wieder seit dem Frühjahr 1992. Bis auf eine Ausnahme machten Dinamo Zagreb und Hajduk Split alle Titel unter sich aus.

Slowenien trägt seit 1991, dem Jahr der Unabhängigkeitserklärung des Landes, einen eigenständigen Punktekampf aus. Die Liga begann mit 21 Klubs. Danach sank die Anzahl der Teilnehmer auf zehn bis zwölf Klubs. In den 90er Jahren dominieren die großen Vereine aus Ljubljana und Maribor, deren Hegemonie nur ein einziges Mal vom Team aus Nová Gorica erschüttert wird. Fußball ist jedoch ein traditioneller Sport in Slowenien. Die ersten Erwähnungen über das von anderen Landesteilen Österreich-Ungarns abgeschaute Spiel stammen bereits aus dem Jahre 1899. Der älteste Klub Ilirija (gegründet 1911) war 1923 bei der ersten Saison der jugoslawischen Liga mit von der Partie.

Etwas langsamer – von Serbien und Bulgarien aus – verbreitete sich der Fußball in **Mazedonien**. Die erste Mannschaft, die an der jugoslawischen Liga teilnahm, war Gradanski Skopje in den 30er und 40er Jahren. Nach dem Zweiten Weltkrieg spielte mit Vardar ein weiterer Verein aus der mazedonischen Metropole regelmäßig in der höchsten Spielklasse. 1961 gewann Vardar sogar den Jugoslawischen Pokal und avancierte danach in der eigenständigen Liga zum erfolgreichsten Klub. Nicht weniger als dreimal konnte jedoch auch das Team Sileks aus dem kleinen Städtchen Kratovo den Titel erkämpfen.

Kompliziert ist die Entwicklung des Sport- und Fußballgeschehens in **Bosnien und Herzegowina**. In der Saison 1993/94 wurde ein Wettbewerb im vorwiegend von Kroaten bewohnten Landesteil (Herceg-Bosna) ins Leben gerufen. Mit dem Kriegsende im Jahre 1995 wurde die Liga der moslemischen Volksgruppe (die einzige von der UEFA anerkannte) gestartet, ebenso wie die des serbischen Landesteils. Drei Jahre später fand das erste Play-off zwischen den Vereinen des moslemischen und des kroatischen Landesteils statt und seit der Saison 2000/01 spielen sie in der gemeinsamen Föderationsliga. Ab der Saison 2002/03 kann man diese Liga als vollständig bezeichnen, denn seitdem sind auch die Teams des serbischen Landesteils in ihr vertreten.

Albanien hatte bis zu Beginn des 20. Jahrhunderts mit der türkischen Vorherrschaft zu kämpfen. Der Unterdrücker duldete bis dahin nur ungern das Spiel, das in Tirana von Ausländern gepflegt wurde. Die Entstehung des Verbandes und der Beginn der Ligakonkurrenz gehen bis ins Jahr 1930 zurück. Der gesamte Spielbetrieb wird vom Krieg unterbrochen. In den folgenden Jahren bewirkt der stalinistische Diktator Enver Hoxha die Isolation des Landes von der Außenwelt. Bis in die jüngste Zeit hinein machen die Teams aus Tirana die Titelvergabe unter sich aus, aber inzwischen setzen sich auch Klubs aus anderen Städten (Skadar, Elbasani) durch.

Teuerste Fußballspieler der Länder des ehemaligen Jugoslawiens auf dem Transfermarkt

Savo Milošević (SRB)	2000	Real Zaragoza	→	Parma AC	26 500 000 €
Darko Kovačević (SRB)	1999	Real Sociedad	→	Juventus FC	18 500 000 €
Elvir Baljić (BIH)	1999	Fenerbahçe SK	→	Real Madrid CF	15 200 000 €
Darko Kovačević (SRB)	2001	Juventus FC	→	SS Lazio	15 000 000 €
Predrag Mijatović (SRB)	1996	Valencia CF	→	Real Madrid CF	14 000 000 €

Berühmte Klubs der Länder des ehemaligen Jugoslawiens, Albanien

Klubname (Staat)	Gründ. Jahr	Stadionname	Stadionkapazität	Besucherschn. (03/04, 05/06)	Spitzname
SK Tiranë (ALB)	1920	Selman Stërmasi	15 000	2 700	*gibt es nicht*
FK Sarajevo (BIH)	1946	Koševo	38 600	2 864	Bordobijeli – Die Weinrot-Weißen
Dinamo Zagreb (CRO)	1945	Maksimir	39 000	11 156	Modri – Die Dunkelblauen
Hajduk Split (CRO)	1911	Poljud	34 301	5 194	Majstor s mora – Der Meister vom Meer
HNK Rijeka (CRO)	1946	Kantrida	10 300	4 188	*gibt es nicht*
Vardar Skopje (MKD)	1947	Gradski	18 104	800	Crveno-crni – Die Rot-Schwarzen
Budućnost Podgorica (MTN)	1925	Pod Goricom	17 000	3 600	Ðetići – Jungen, Kinder
ND Gorica (SVN)	1947	Športni Park	3 066	792	*gibt es nicht*
NK Maribor PL (SVN)	1960	Ljudski Vrt	10 030	2 156	Ljubičice – Die Violen
Crvena zvezda Beograd (SRB)	1945	Crvena zvezda	51 328	7 000	Crvenobeli – Die Rot-Weißen
Partizan Beograd (SRB)	1945	Partizan	32 710	5 200	Crnobeli – Die Schwarz-Weißen
Vojvodina Novi Sad (SRB)	1914	Vojvodina	15 745	1 600	Lale – Die Tulpen

Entwicklung der Besucherzahl, erzielte Tore, Teilnehmerzahl der 1. Jugoslawischen Liga und wichtige Begebenheiten

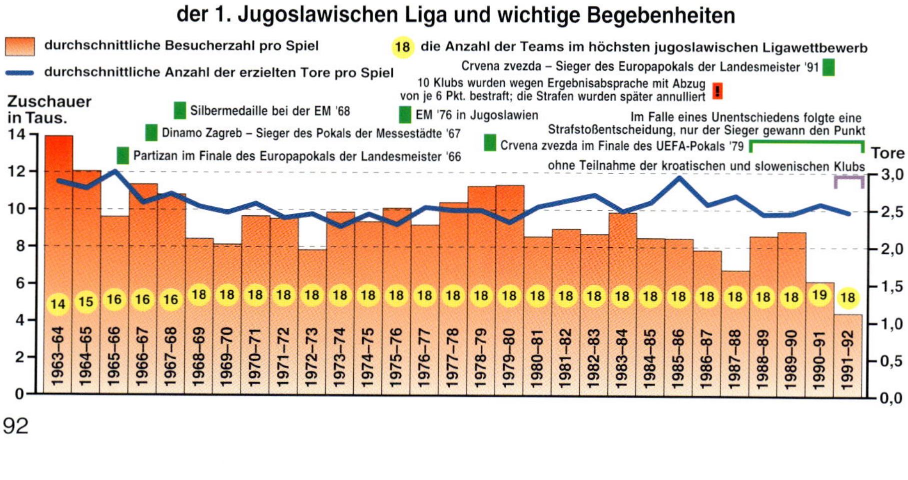

Belgrad (Beograd)

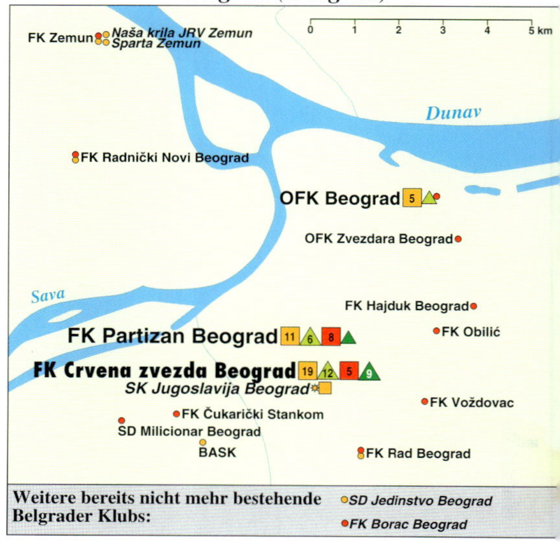

Die Stadt Terst (heute in Italien) und die benachbarte Halbinsel Istrien wurden im Jahre 1945 von den britischen, amerikanischen und jugoslawischen Einheiten besetzt. Sowohl das besiegte Italien als auch Jugoslawien machten dieses Gebiet für sich geltend. Zwei Jahre nach dem Krieg wurde der sog. Freistaat Terst unter internationale Aufsicht gestellt. Im Jahre 1954 wurde nach dem Vertrag zwischen Jugoslawien und Italien das Gebiet zwischen beiden Staaten aufgeteilt. Der Klub Ponzijana Trst spielte in der jugoslawischen Liga in den Saisons 1946/47 und 1948/49.

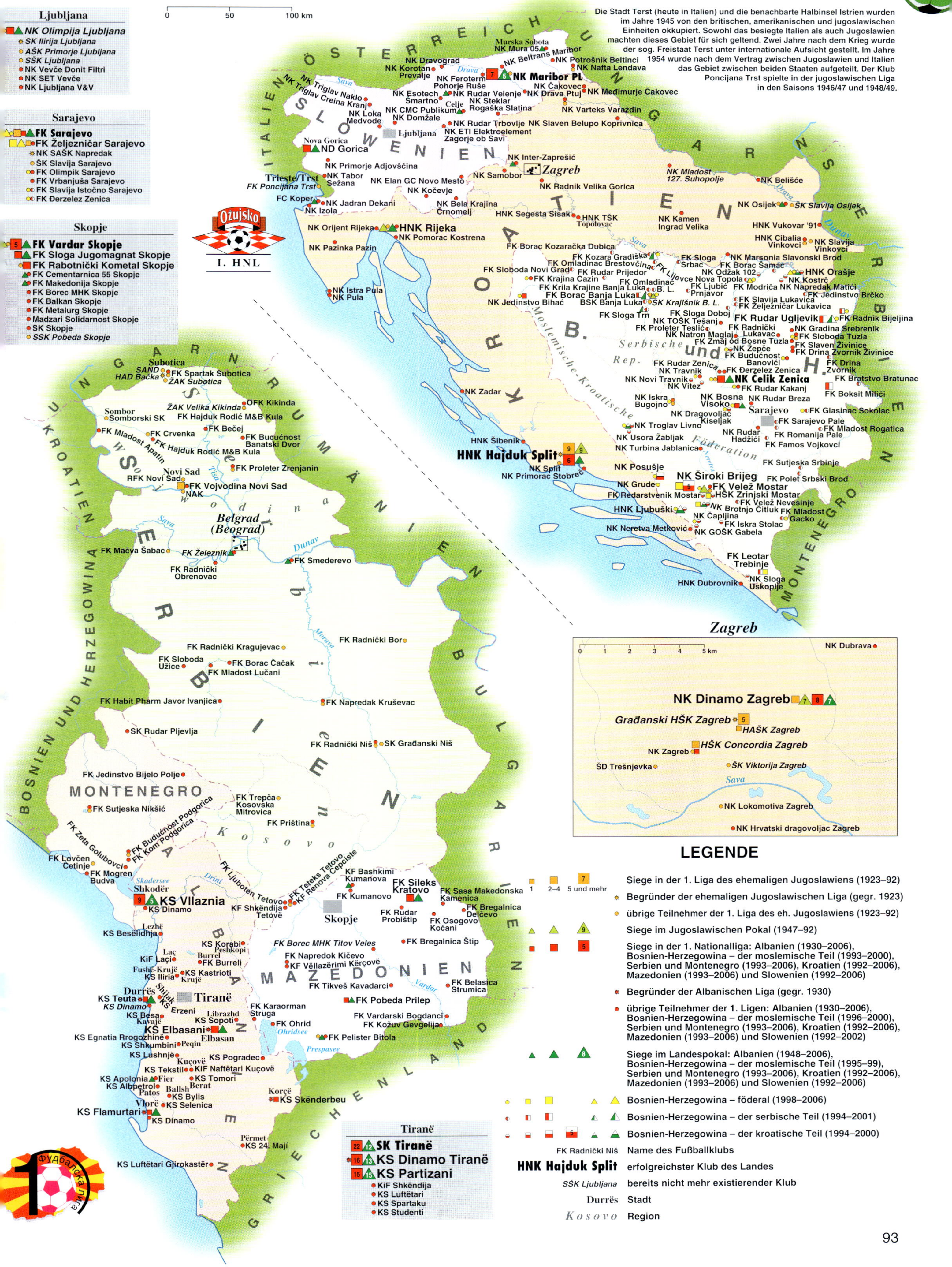

Griechenland, Zypern und Israel

Die bewaffneten Konflikte (die sog. Balkankriege) zu Beginn des 20. Jahrhunderts hatten zur Folge, dass **Griechenland** erst mit erheblicher Verspätung mit dem organisierten Fußball begann. Der selbständige Fußballverband entstand im Jahre 1926, die Liga startete mit der Saison 1927/28. Sie knüpfte an die Wettbewerbe der Städte Athen, Piräus und Thessaloniki an, deren Sieger in einem Miniturnier um den griechischen Titel kämpften. Dieses Turniersystem änderte sich innerhalb der Liga immer wieder. Zur Finalrunde traten drei, später aber auch zwölf Mannschaften an. Es handelte sich um einen der problematischsten Wettbewerbe in Europa; vier Saisons wurden aus finanziellen Gründen nicht ausgetragen, der 2. Weltkrieg verursachte eine weitere fünfjährige Pause. Ab der Saison 1953/54 nahmen mit den Klubs Niki Volos und Panachaiki Patra erstmals auch Vertreter vom Lande am Ligabetrieb teil. Die wirklich erste gesamtgriechische Meisterschaft begann im Herbst 1959, seit der Saison 1979/80 wird der Titelträger in einer Profiliga ermittelt. Den Meistertitel errang bis heute nur ein einziger Klub, der nicht aus dem Athener Ballungsraum oder aus Thessaloniki kommt – der Verein aus Larissa (1988), der seither eine gestiegene Popularität genießt. Im Jahre 1932 gewann AEK (Athen) den Auftaktjahrgang des griechischen Pokals. Genauso wie die Liga, hatte auch der Pokal mit einigen „Geburtswehen" zu kämpfen. Während der ersten 15 Jahre spielte man nämlich lediglich vier Konkurrenzen aus. Außer den Teams aus den Fußballhochburgen Athen und Thessaloniki brachten bisher nur Larissa, Kastoria und OFI von der Insel Kreta den Pokal in ihren Besitz. Auf internationaler Ebene können sich die Griechen einer Großtat rühmen: 2004 wurden sie völlig überraschend Europameister. 1971 stand Panathinaikos zudem im Finale des Europapokals der Landesmeister.

Auf **Zypern** stellten britische Soldaten und Seemänner bereits in den 70er Jahren des 19. Jahrhunderts das Spiel vor. Der Verband wurde im Jahre 1934 gegründet. Die Liga und der Pokal kürten ein Jahr später ihren ersten Sieger. In beiden Fällen war es der AC Trast, einer der ältesten zypriotischen Klubs, der im Jahre 1896 gegründet wurde. Die besten Vereine sind nahezu ausnahmslos im griechischen Teil des Landes konzentriert. Aus der türkischen Region gewann nur ein Klub den Meistertitel – der Çetinkaya TSC (1951). Manche Teams zog es nach der Spaltung der Insel im Jahre 1974 vom Norden in den Süden bzw. in die umgekehrte Richtung. Oft aber behielten sie die ursprünglichen Namen (z.B. fand Anorthosis Famagusta in Larnaka eine neue Heimstätte). Zuvor, in den Spielzeiten 1968/69–1973/74, startete der zypriotische Meister in der griechischen Liga. Im nördlichen Teil der Insel, der sog. Türkischen Republik Nordzypern, spielt man eigene Wettbewerbe aus, die aber von der UEFA nicht anerkannt werden.

Den Fußball brachten britische Soldaten während des 1. Weltkriegs nach Palästina, also in das heutige **Israel**. Das Interesse an dem Spiel stieg dank der Juden, die aus fußballentwickelteren Ländern in die Heimat zurückkehrten. Der nationale Verband wurde im Jahre 1928 gegründet, seitdem wird auch der Pokalwettbewerb ausgespielt. Die Liga startete vier Jahre später. Die zahlreichen Streitigkeiten zwischen Israel und seinen arabischen Nachbarn beeinflussten das Schicksal des Landes auch in sportlicher Hinsicht. Nach dem Gewinn vieler kontinentaler Trophäen wurde Israel deswegen 1976 aus der Asiatischen Fußball-Konföderation (AFC) ausgeschlossen. Danach wurde es zunächst ein assoziiertes Mitglied der Konföderation Ozeaniens (OFC). Schließlich fand Israel 1991 einen Platz unter dem Dach der UEFA. Mehr als die Hälfte aller israelischen Klubs führt das Wort Hapoel (Arbeiter) in seinem Namen und fast ein Drittel heißt Maccabi (Kampfgeist). Die Palästinenser, obwohl sie keinen eigenen Staat haben, spielen ihre Liga sowohl im Gaza-Streifen als auch im Westjordanland aus. Ihre Assoziation gehört zur AFC.

Griechenland

Zypern

Israel

Palästina

Teuerste griechische, zypriotische und israelische Fußballer auf dem Transfermarkt

Michalis Konstantinou (CYP)	2001	GS Iraklis Thessaloniki	→	AO Panathinaikos	11 500 000 €
Haim Revivo (ISR)	2000	RC Celta Vigo	→	Fenerbahçe SK	10 000 000 €
Giorgios Seitaridis (GRE)	2005	FC Porto	→	Dinamo Moskva	10 000 000 €
Nikolaos Machlas (GRE)	1999	Vitesse	→	AFC Ajax	8 700 000 €

Berühmte zypriotische und israelische Klubs

Klub-name	Gründ. Jahr	Stadion-name	Stadion-kapazität	Besucherschn. (Saison 2005/06)
AEL (CYP)	1932	Tsirion	13 152	3 743
Anorthosis Famagusta (CYP)	1911	A. Papadopoulos	9 300	5 296
APOEL (CYP)	1926	Neo GSP	23 400	7 460
Omonia (CYP)	1948	Neo GSP	23 400	8 557
Beitar Jerusalem (ISR)	1939	Teddi	21 600	15 917
Hapoel Tel Aviv (ISR)	1927	Bloomfield	15 473	9 314
Maccabi Haifa (ISR)	1919	Kiryat Eli'ezer	14 002	7 500
Macabi Tel Aviv (ISR)	1906	Bloomfield	15 473	8 667

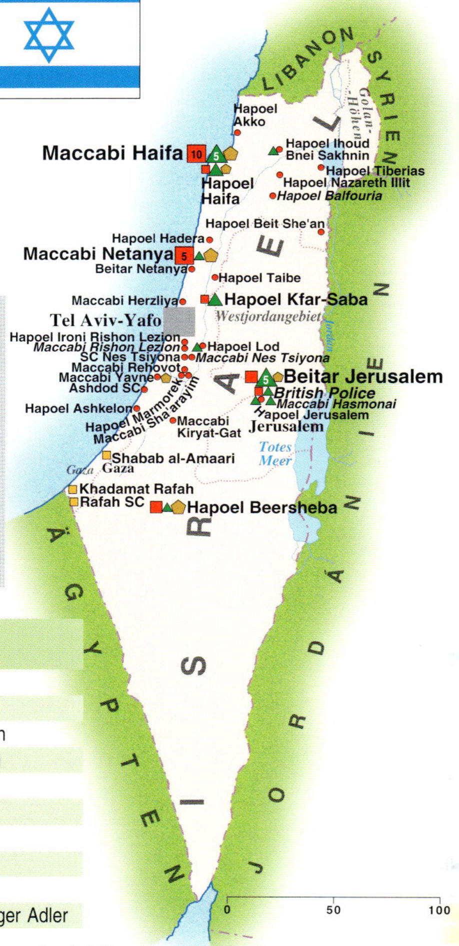

Berühmte griechische Klubs

Klub-name	Gründ. Jahr	Stadion-name	Stadion-kapazität	Besucherschn. (Saison 2005/06)	Höchster Besuch	Spitzname
AEK	1924	Olimpiako "Spiros Louis"	71 030	15 589	33 494	Enosites – Die Alliierten
Aris	1914	Kleanthis Vikelidis	23 220	2 425	27 000	Kitrini – Die Gelben
Ethnikos Peiraia	1925	Georgios Kamaras	14 200	1 230	41 020	Kyanolefki – Die Blauweißen
Iraklis Thessaloniki	1908	Kaftantzoglio	27 770	4 330	45 530	Gyreos – Die Altertümlichen
Larisa	1964	Alkazar	13 108	6 999	17 150	Vissini – Die Violetten
OFI	1925	Pankritio	26 240	4 715	12 391	OFIS (von OFI)
Olympiakos	1925	Georgios Karaiskakis	33 334	21 068	74 452	Thrilos – Die Legendären
Panathinaikos	1908	Olimpiako "Spiros Louis"	71 030	16 908	74 493	Trifili – Dreiblatt
Panionios	1890	Nea Smyrnis	11 700	2 185	20 950	Kyanerythri – Die Blauroten
PAOK	1926	Tumba	28 701	3 902	45 000	Dikefalos aetos – Zweiköpfiger Adler

Entwicklung der Besucherzahl, erzielte Tore, Teilnehmerzahl der 1. Griechischen Liga und wichtige Begebenheiten

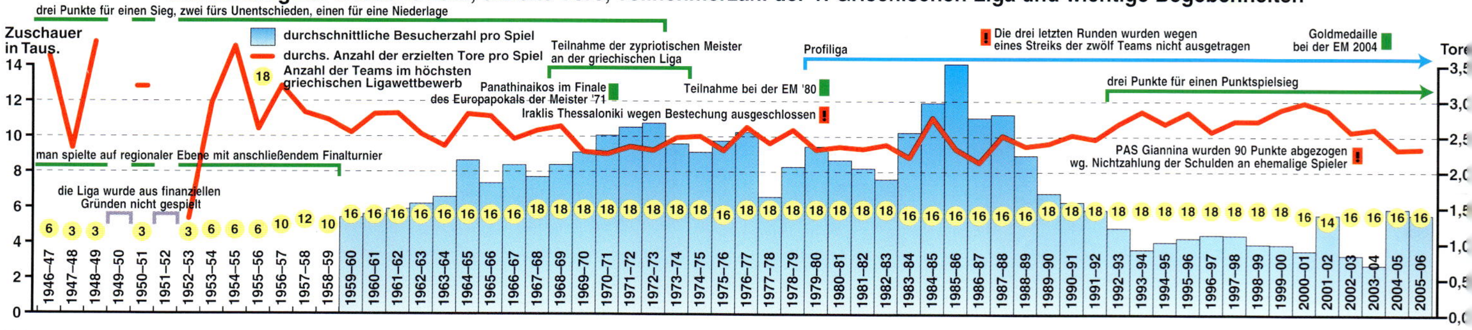

Ausländer in der griechischen Liga

(Saison 2005/06)
27 – Brasilianer
17 – Serben
14 – Argentinier
10 – Zyprioten
8 – Bulgaren und Franzosen
insgesamt 189 Spieler

LEGENDE

1 / 2–4 / 5 und mehr (11)	Siege in der 1. Liga – Griechenland (1928–2006) und Palästina – Gaza (1996–98)
	übrige Teilnehmer der 1. Griechischen Liga (1928–2006)
(15)	Siege im Landespokal – Griechenland (1932–2006)
(6)	Siege in der 1. Liga – Zypern (1935–2006) und Israel (1932–2006)
	Begründer der Zypriotischen Liga (gegr. 1934/35)
	übrige Teilnehmer der 1. Liga – – Zypern (1935–2006) und Israel (1950–2006)
(8)	Siege im Landespokal – Zypern (1935–2006) und Israel (1928–2006)
	Siege im Israelischen Liga-Pokal (1983–2006)
(5)	Siege in der 1. Nordzypern-Liga (1956–2006)
	übrige Teilnehmer der 1. Nordzypern-Liga (1956–2006)
(5)	Siege im nordzypriotischen Liga-Pokal (1956–2006)
Chania	Städte über 50 000 Einwohner ohne einen Erstligaklub
AO Kavala	Name des Fußballklubs
APOEL	erfolgreichster Klub des Landes
Pezoporikos OL	bereits nicht mehr existierender Klub
Drama	Stadt
Thessalia	Region

KTFF/CTFA 1955

Nordzypern

Im Jahre 1974 kam es auf Zypern zu einem Militärputsch und die Türkei okkupierte den nördlichen Teil der Insel. Seither wird das Land durch die sog. Attila-Linie in einen griechischen und türkischen Abschnitt geteilt. Die türkische Armee blieb auch nach der Erneuerung der rechtmäßigen zypriotischen Herrschaft in der Region und später – im Jahre 1983 – wurde die sog. Türkische Republik Nordzypern ausgerufen, deren Unabhängigkeit nur von der Türkei anerkannt wird. Fast alle bedeutenden Fußballklubs sind nach 1974 aus dem von den Türken kontrollierten Gebiet in den Süden umgezogen, damit sie in der zypriotischen Liga spielen konnten.

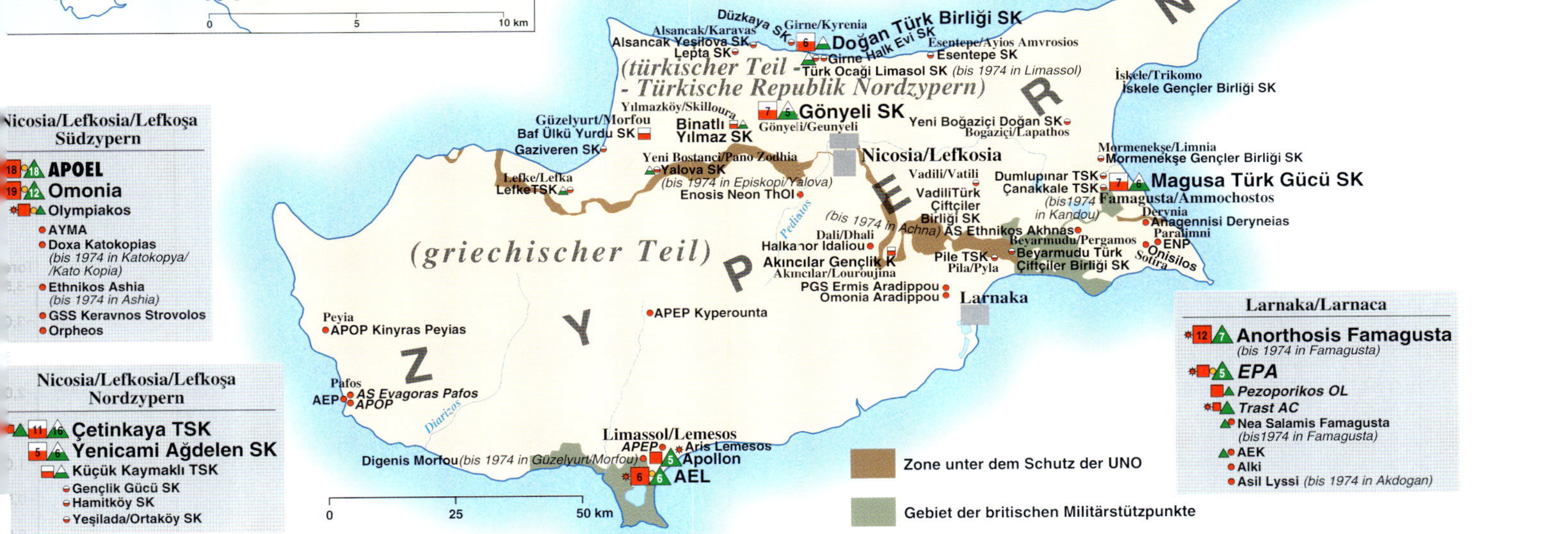

Türkei und Transkaukasien

Auf dem Gebiet der heutigen **Türkei** jagten die Briten bereits in den Jahren 1895–96 dem Lederball nach, und zwar in Smyrna, das damals überwiegend griechisch war. Die Bürokratie des Osmanischen Reiches stand dem neuen Sport eher ablehnend gegenüber und sah in den Ausländern potenzielle Feinde. Als Mittelschüler aus dem Istanbuler Viertel Galatasaray im Jahre 1899 einen Verein ins Leben rufen wollten, wurde ihnen ein resolutes Verbot erteilt. Die jungen Bahnbrecher gaben jedoch nicht auf und gründeten 1905 den Klub Galatasaray, der heute in ganz Europa bekannt ist. Zwei Jahre später erwuchs ihm im asiatischen Teil der Stadt ein Gegner namens Fenerbahçe und die Duelle beider Vereine bildeten die Basis für die sogenannte Sonntagsliga der Amateure. Im Zeitraum von 1908 bis 1912 entstanden in Istanbul und Smyrna weitere Vereine, deren Entwicklung jedoch durch den Balkankrieg (1912) jäh gestoppt wurde. Der 1. Weltkrieg bedeutete den Untergang des Osmanischen Reiches, die Entstehung der Türkei und nicht zuletzt die Gründung ihrer Fußballföderation, die 1923 in der neuen Hauptstadt Ankara erfolgte. In dem Wettbewerb aber, der bis 1958 Jahr für Jahr als Ausscheidungsturnier gespielt wurde, blieben die Mannschaften aus der Weltstadt Istanbul unter sich. Erst seit der Saison 1959 wird die Liga als nationale Konkurrenz ausgetragen. Die Vormachtstellung der Istanbuler Klubs wurde jedoch nicht angetastet. Einzig Trabzonspor, das Team aus der gleichnamigen Schwarzmeerstadt, drang in die Phalanx des Trios Galatasaray, Fenerbahçe und Besiktas ein und schnappte ihm seit 1976 insgesamt sechsmal die Meisterkrone vor der Nase weg. Der Pokal, um den seit 1963 gespielt wird, gelangte hingegen auch schon in den Besitz von Mannschaften aus Izmir, Ankara und den Industriestädten des westlichen Landesteils. Von den wenigen Vertretern der ausgedehnten, aber armen Region Zentral- und Ostanatoliens hat sich bisher keiner besonders hervorgetan. Der türkische Fußball, in dem 1951 die Profiära eingeläutet wurde, wird vielmehr sportlich wie finanziell von den genannten Istanbuler Großklubs eindeutig beherrscht. Deren Wirtschaftskraft ist heute schon so groß, dass sie – wie schon bewiesen – in der Lage sind, eine ganze Reihe von großen Spielerpersönlichkeiten aus den besten westeuropäischen Ligen an die Ufer des Bosporus zu locken. Von den Stars des ärmeren Balkans ganz zu schweigen.

Der größten Popularität im derzeit instabilen Gebiet von Transkaukasien erfreut sich der Fußball in **Georgien**. Wichtigster Grund dafür ist der FC Dinamo Tbilissi, der in den Zeiten der ehemaligen UdSSR leistungsmäßig voll und ganz mit den russischen Klubs mithalten konnte und der die hiesige Region auch über die Landesgrenzen hinaus europaweit bekannt machte. Als Beleg seiner Erfolge stehen der zweimalige Gewinn der sowjetischen Meisterschaft (1964, 1978) und der Sieg im Europacup der Pokalsieger (1981) zu Buche. Dinamo holte sich ebenso die Mehrzahl der Titel in der höchsten georgischen Liga, die ab der Saison 1990 gespielt wird. Neben den Teams aus Tbilissi können lediglich die Mannschaften aus Kutaissi und aus der Hafenstadt Batumi eine bessere Qualität aufweisen.

In der Fußballgeschichte der ehemaligen UdSSR hat auch **Armenien** einen festen Platz. Nicht zuletzt deshalb, weil es Ararat Erewan 1973 gelang, die beiden wertvollsten sowjetischen Trophäen (Meisterschaft und Pokal) gleich im Double zu erobern. Die unabhängige Fußballorganisation Armeniens und ein eigener Ligawettbewerb wurden 1992 ins Leben gerufen. Die größten Kontrahenten der Vereine aus der Hauptstadt Erewan sind die Teams aus Gjumri (ehemals Leninakan, 1988 vom Erdbeben schwer zerstört).

Aserbaidschan, das wegen der Region Berg-Karabach in einem langwierigen Konflikt mit Armenien steht, wurde in der 1. Liga der ehemaligen Sowjetunion mehrere Saisons vom Klub Neftschi Baku und kurzzeitig auch von Kiapaz Ganja vertreten. Diesem Duo gelang es außerdem, die Mehrzahl der Meistertitel in der 1992 gestarteten selbständigen Liga auf sich zu vereinen. Ein unversöhnlicher und im heutigen Europa noch nicht erlebter Streit zwischen der Mehrheit der Klubs und dem Präsidenten des Fußballverbandes hatte die Annullierung der Ligasaison 2001/02, die komplette Absage der Saison 2002/03 sowie die ruhende Mitgliedschaft in der UEFA und der FIFA zur Folge.

Türkei

Georgien

İstanbul

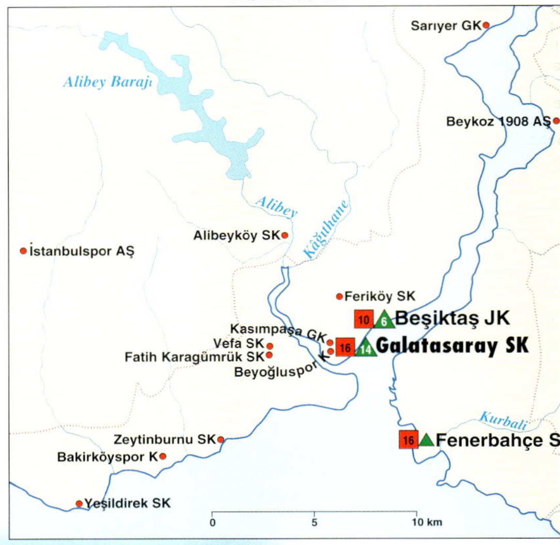

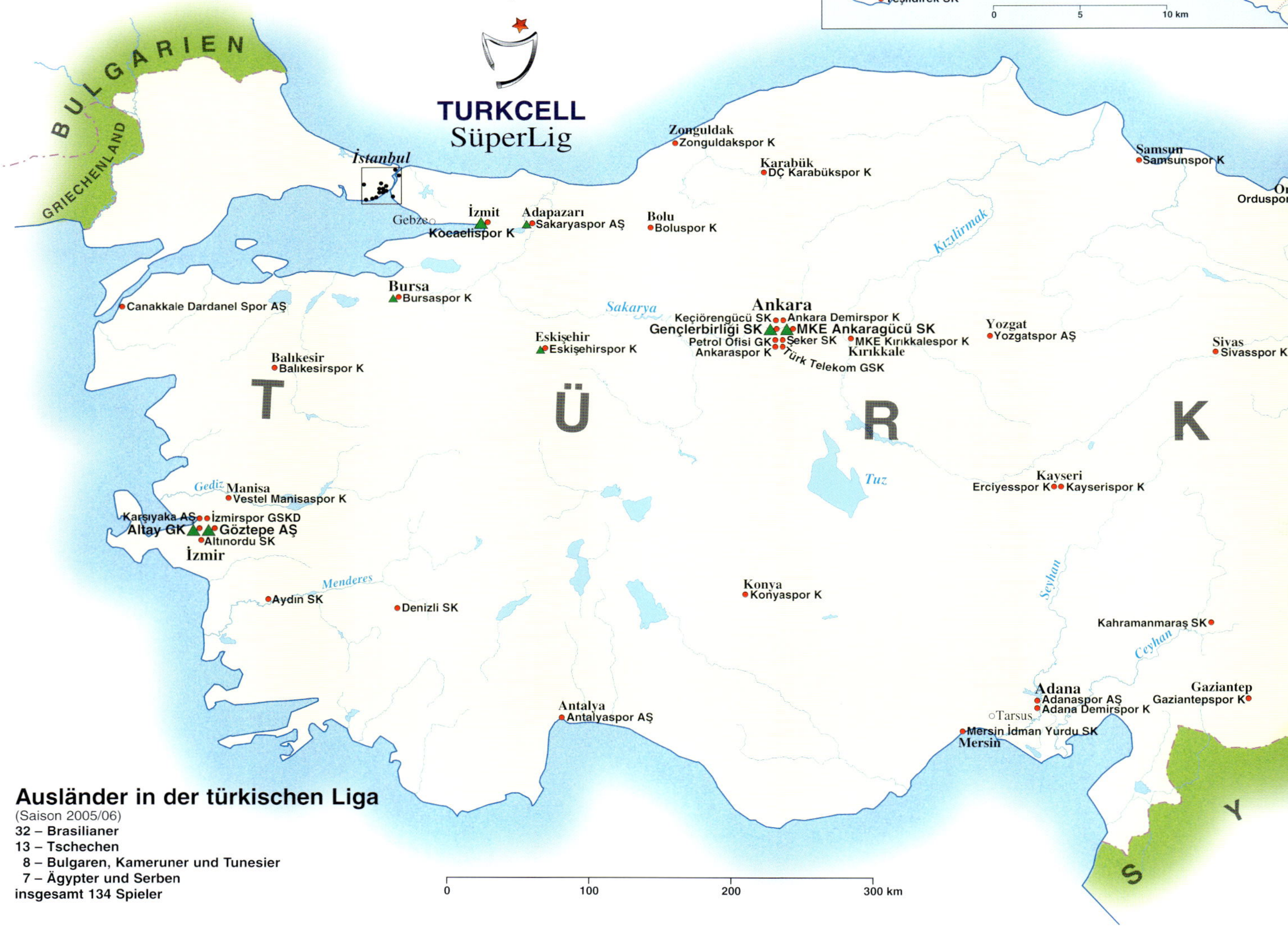

Ausländer in der türkischen Liga
(Saison 2005/06)
32 – Brasilianer
13 – Tschechen
8 – Bulgaren, Kameruner und Tunesier
7 – Ägypter und Serben
insgesamt 134 Spieler

Armenien

Aserbaidschan

ürkische Ligarekorde

eiste Teilnahmen in der Liga:
Fenerbahçe, Galatasaray und Beşiktaş
h. ununterbrochen inklusive Saison 2006/07)
e meisten Tore in einer Saison:
– Tanju Çolak (Galatasaray, 1987/88)
e meisten Tore in einem Spiel:
- Tanju Çolak (Fenerbahçe, 1992/93, gegen Karşıyaka)
ɔchster Sieg in einem Spiel:
:0 (Beşiktaş–Adana Demirspor, 1989/90)

Berühmte transkaukasische und türkische Klubs

Klub-name (Staat)	Stadt-name	Gründ. Jahr	Name des Stadions	Stadionkapazität Total	Sitzplatze	Besucherschn. (2003/04–05/06)
Ararat Erewan (ARM)	Erewan	1946	Kotajk	5 500	5 500	325
Pjunik Erewan (ARM)	Erewan	1992	Hanrapetakan	14 968	14 968	650
Schirak Gjumri (ARM)	Gjumri	1934	Gjumri	3 020	3 020	488
FK Baku (AZE)	Baku	1997	Tofig Bachramov	29 858	29 858	577
Neftschi Baku (AZE)	Baku	1937	Tofig Bachramov	29 858	29 858	1 487
PFK Ganja (AZE)	Ganja	1960	Schehar	9 300	8 000	1 054
Dinamo Tbilissi (GEO)	Tbilissi	1925	Boris Paichadze	55 000	55 000	1 220
Sioni Bolnissi (GEO)	Bolnissi	1936	Tamaz Stephania	3 000	3 000	833
Torpedo Kutaïssi (GEO)	Kutaïssi	1959	Givi Kiladze	19 400	19 400	3 000
WIT Georgia Tbilissi (GEO)	Tbilissi	1968	Shevardeni	3 000	3 000	833
Beşiktaş (TUR)	Istanbul	1903	BJK İnönü	32 750	32 750	28 091
Bursaspor (TUR)	Bursa	1963	Bursa Atatürk	19 700	19 700	16 850
Fenerbahçe (TUR)	Istanbul	1907	F. Şükrü Saraçoğlu	52 530	52 530	41 636
Galatasaray (TUR)	Istanbul	1905	Ali Sami Yen	26 000	26 000	24 193
Gençlerbirliği (TUR)	Ankara	1923	19 Mayıs Stadı	21 250	21 250	18 583
Konyaspor (TUR)	Konya	1981	Konya Atatürk	19 500	12 000	16 300
MKE Ankaragücü (TUR)	Ankara	1910	19 Mayıs Stadı	21 250	21 250	18 091
Trabzonspor (TUR)	Trabzon	1967	Hüseyin Avni Aker	29 500	21 700	19 333

Teuerste georgische und türkische Fußballspieler auf dem Transfermarkt

Kakhi Kaladze (GEO)	2001	Dynamo Kyiw	→	AC Milan	15 000 000 €
Fatih Tekke (TUR)	2006	Trabzonspor K	→	Zenit Sankt Peterburg	10 000 000 €
Alpay Özalan (TUR)	2000	Fenerbahçe SK	→	Aston Villa FC	9 000 000 €
Georgi Kinkladze (GEO)	1998	Manchester City FC	→	AFC Ajax	8 100 000 €

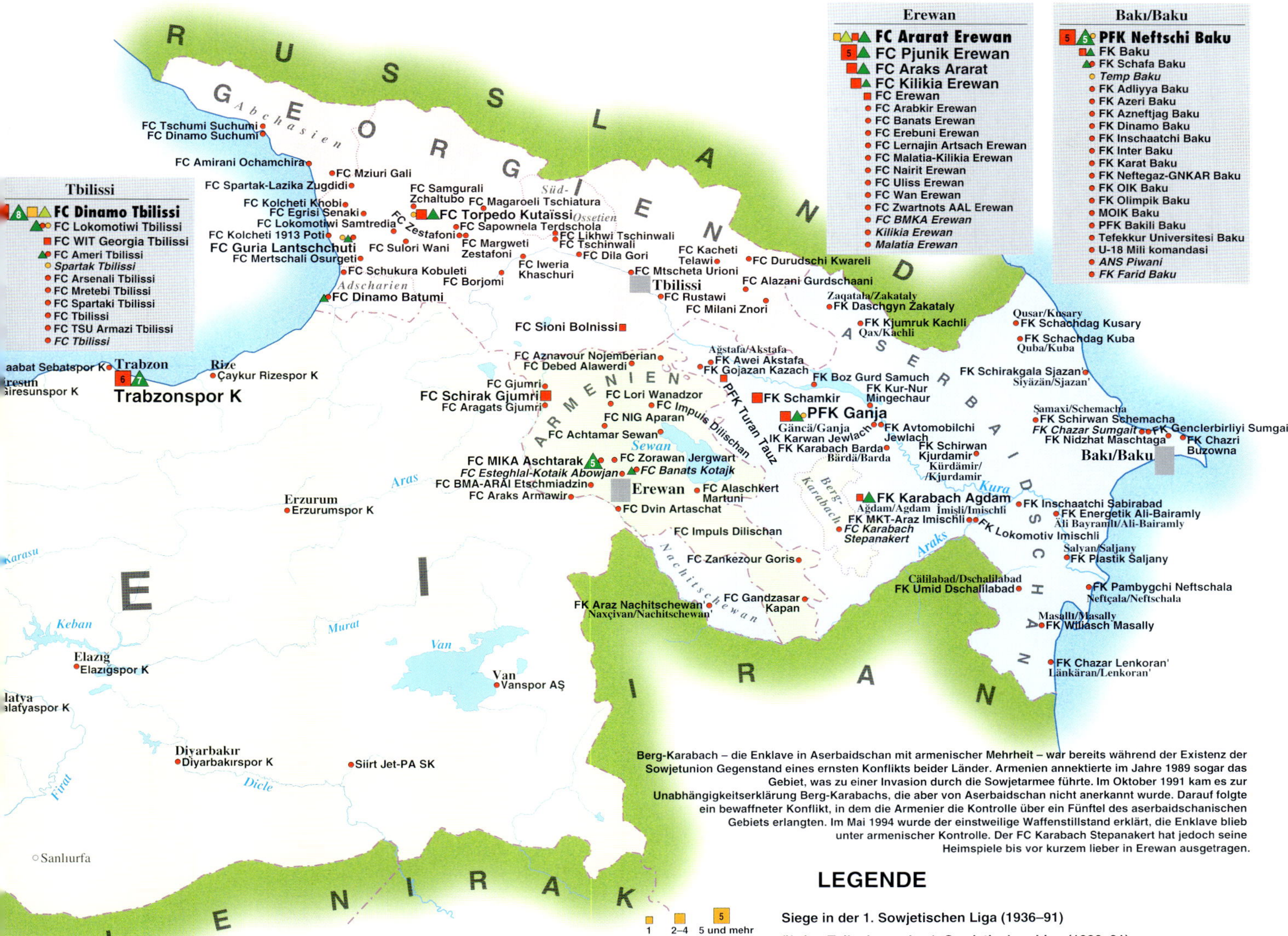

Berg-Karabach – die Enklave in Aserbaidschan mit armenischer Mehrheit – war bereits während der Existenz der Sowjetunion Gegenstand eines ernsten Konflikts beider Länder. Armenien annektierte im Jahre 1989 sogar das Gebiet, was zu einer Invasion durch die Sowjetarmee führte. Im Oktober 1991 kam es zur Unabhängigkeitserklärung Berg-Karabachs, die aber von Aserbaidschan nicht anerkannt wurde. Darauf folgte ein bewaffneter Konflikt, in dem die Armenier die Kontrolle über ein Fünftel des aserbaidschanischen Gebiets erlangten. Im Mai 1994 wurde der einstweilige Waffenstillstand erklärt, die Enklave blieb unter armenischer Kontrolle. Der FC Karabach Stepanakert hat jedoch seine Heimspiele bis vor kurzem lieber in Erewan ausgetragen.

LEGENDE

Gebze	Städte über 200 000 Einwohner ohne einen Erstligaklub
FC Schirak Gjumri	Name des Fußballklubs
FC Dinamo Tbilissi	erfolgreichster Klub des Landes
Adalet SK	bereits nicht mehr existierender Klub
Trabzon	Stadt
Nachitschewan	Region

1 / 2–4 / 5 und mehr	Siege in der 1. Sowjetischen Liga (1936–91)
●	übrige Teilnehmer der 1. Sowjetischen Liga (1936–91)
▲	Siege im Sowjetischen Pokal (1936–92)
■	Siege in der 1. Liga - Türkei (1959–2006), Armenien (1992–2006), Aserbaidschan (1992–2006) und Georgien (1990–2006)
●	übrige Teilnehmer der 1. Liga - Türkei (1959-2006), Armenien (1992–2006), Aserbaidschan (1992–2006) und Georgien (1990–2006)
▲	Siege im Landespokal - Türkei (1963–2006), Armenien (1922–2006), Aserbaidschan (1993–2006) und Georgien (1990–2006)

Baltikum, Weißrussland, Ukraine und Moldawien

In **Estland** traf der erste Lederball mit einem englischen Frachtschiff ein und das Spiel der Seeleute inspirierte sogleich die örtlichen Studenten. Im Jahre 1908 wurde der erste Klub Meteor Tallinn gegründet. Der Fußballverband entstand 1921, nahezu zeitgleich zum Ligawettbewerb, der auch nach der sowjetischen Okkupation (1940) und der deutschen Besetzung (1941) fortgesetzt wurde. Nach dem Zweiten Weltkrieg war mit Sport Tallinn nur ein einziger estnischer Vertreter in der obersten Spielklasse der UdSSR vertreten. Auch nach der Erneuerung der Unabhängigkeit (1991) beherrschten die Klubs aus der Hauptstadt und aus dem nahen Maardu die estnische Liga. Zaristische Offiziere waren im Jahre 1908 die Vorkämpfer des Spiels auf dem Gebiet von **Litauen**. Die ersten Mannschaften wurden zwei Jahre später in Wilna (Vilnius) und Kaunas von russischen Studenten gebildet. Parallel zur Eigenstaatlichkeit entstand 1919 mit dem LSS Kaunas der erste rein litauische Klub. Die Liga erlebte 1921 ihre Premiere. Nach dem gewaltsamen Anschluss an die Sowjetunion (1940) wurden während des Krieges noch zwei Jahrgänge (1942, 1943) ausgetragen. An der sowjetischen Meisterschaft nahm einzig Shalgiris Vilnius teil. In der litauischen Liga gab in den letzten Jahren der FBK Kaunas den Ton an. Die besten Fußballer von **Lettland** sind bis heute in Riga konzentriert. Bereits in den Jahren 1910–16 trug man in der Hauptstadt die Rigaer Liga aus, in der ein Verein britischer Herkunft (British FC bzw. Britannia) dominierte. Die erste nationale Meisterschaft wurde 1922 von Kaiserwald Riga gewonnen. In den Spielbetrieb der sowjetischen Liga griff kurzzeitig auch Daugava Riga ein. In der lettischen Liga ist seit 1991 der FK Skonto Riga das absolut herausragende Team.

Eine gute Tradition hat der Fußball auch in **Weißrussland**, wo Studenten schon im Jahre 1910 den Klub PGFK Gomel' gründeten. Als erster weißrussischer Vertreter spielte Dinamo Minsk in der höchsten Spielklasse der UdSSR, der die Hauptstädter von 1945 bis zum Zerfall des Staatenbundes ununterbrochen angehörten. Das gleiche Team ist auch in der sehr ausgeglichenen weißrussischen Liga bislang am erfolgreichsten. Auf dem Gebiet der heutigen **Ukraine** bekam man Fußball bereits im Jahre 1894 zu sehen, als die Stadtauswahl von Lemberg auf die aus Krakau traf. Einige Klubs des jetzigen Territoriums nahmen in der Vergangenheit an den Wettbewerben verschiedener Staaten teil – in Uschhorod präsentierte sich die tschechoslowakische, aber auch die ungarische Liga; die Teams aus Tschernіwtsi spielten in Rumänien. Zum Stolz des Landes avancierte nach dem Zweiten Weltkrieg der Klub von Dynamo Kiew, der die Trophäen der UdSSR und der Ukraine gleich reihenweise abräumte, und der sich auch in den Europapokal-Wettbewerben Respekt erwarb. Letzteres kann inzwischen auch Schachtar Donezk von sich behaupten. Um die sowjetische Meisterschaft spielten früher mit Erfolg auch einige Mannschaften, die in den 90er Jahren in die selbständige ukrainische Liga wechselten – z.B. die Teams aus Dnipropetrovsk, Woroschilowgrad (jetzt Luhansk), Donezk und Odessa. Der beste Klub im heutigen **Moldawien** ist Sheriff Tiraspol, der seit 2001 alle Titel gewann. Er löste die zuvor ähnlich dominante Mannschaft von Zimbru Chişinău an der Spitze ab.

Entwicklung der Besucherzahl, erzielte Tore, Teilnehmerzahl der 1. Liga der UdSSR (Sowjetliga) und wichtige Begebenheiten

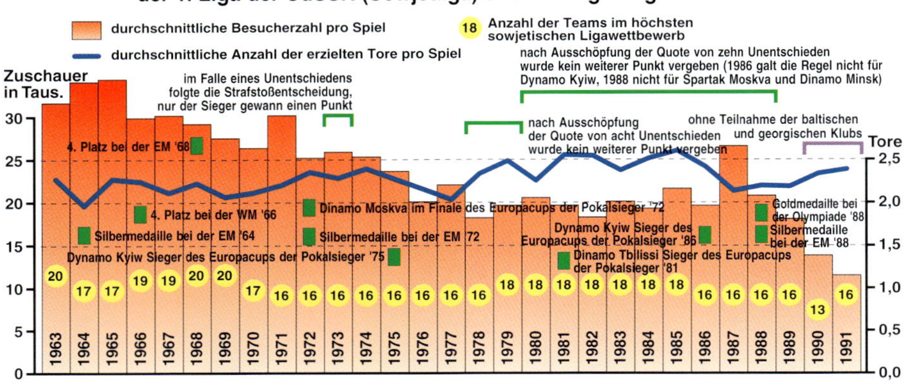

Teuerste ukrainische Fußballspieler auf dem Transfermarkt

Andrij Shevchenko	2006	AC Milan	➔	Chelsea FC	45 000 000 €
Andrij Shevchenko	1999	FK Dynamo Kyiw	➔	AC Milan	24 900 000 €
Serhij Rebrov	2000	FK Dynamo Kyiw	➔	Tottenham Hotspur FC	18 300 000 €

Der teuerste weißrussische Fußballspieler auf dem Transfermarkt

Aliksandr Hleb	2005	VfB Stuttgart 1893	➔	Arsenal FC	14 500 000

Berühmte ukrainische und weißrussische Klubs

Klubname	Gründ. Jahr	Name des Stadions	Stadionkapazität	Besucherschn. (Sais. 2005/06)
Dnipro Dnipropetrows'k (UKR)	1936	Meteor	24 381	6 960
Dynamo Kyiw (UKR)	1927	Dynamo	16 888	7 913
FK Metalurh Donez'k (UKR)	1995	Metalurh	10 000	5 113
FK Zorja Luhans'k (UKR)	1938	Awanhard	22 179	13 294
Karpaty L'wiw (UKR)	1963	Ukraina	28 051	7 612
Krywbas Krywij Rih (UKR)	1959	Metalurh	29 782	7 880
Metalist Charkiw (UKR)	1944	OSK Metalist	29 957	11 080
Schachtar Donez'k (UKR)	1936	RSK Olimpijskyj	25 093	18 667
Tawrija Simferopol' (UKR)	1958	Lokomotyw	19 978	8 680
Tschornomoretz' Odesa (UKR)	1958	Morsk. parahodstwa	34 362	11 100
BATE Barysau (BLR)	1973	Horodskoj	5 540	3 246
Dynama Minsk (BLR)	1927	Dynama	41 024	1 945
FK Homel' (BLR)	1959	Centraľhyj	10 600	5 969
Schakhtsjor Salihorsk (BLR)	1963	Stroiteľ	303	2 431

Berühmte baltische und moldawische Klubs

Klubname	Gründ. Jahr	Name des Stadions	Stadionkapazität	Besucherschn. (Saison 2005/06)
Flora Tallinn (EST)	1990	A. Le Coq Arena	8 700	204
Levadia Tallinn II (EST)	1998	Kadrioru	4 750	254
TVMK Tallinn (EST)	1980	Kadrioru	4 750	128
FK Riga (LVA)	1999	Latvijas Universitates	5 000	425
FK Ventspils (LVA)	1997	Ventspils	3 044	920
Metalurgs Liepaja (LVA)	1996	Daugava Liepaja	5 000	1 275
Skonto Riga (LVA)	1991	Skonto	8 200	715
Ekranas Panevežys (LTU)	1962	Aukštaitijos	10 000	960
FBK Kaunas (LTU)	1991	Dariaus & Gireno	8 476	801
Suduva Marijampole (LTU)	1968	Suduva	4 000	1 074
Žalgiris Vilnius (LTU)	1947	Žalgiris	15 030	696
Sheriff Tiraspol (MDA)	1996	BS Arena	13 460	2 200
Tiligul-Tiras Tiraspol (MDA)	1961	Municipal	9 030	1 300
Zimbru Chişinău (MDA)	1947	Zimbru	10 500	1 200

Ausländer in der estnischen Liga
(Saison 2005)
9 – Russen
7 – Litauer
4 – Ukrainer
3 – Letten
insgesamt 26 Spieler

Ausländer in der lettischen Liga
(Saison 2005)
15 – Russen
9 – Georgier
6 – Ukrainer
5 – Kameruner und Litauer
insgesamt 57 Spieler

Ausländer in der litauischen Liga
(Saison 2005)
10 – Georgier
2 – Brasilianer
1 – Weißrusse
insgesamt 37 Spieler

Ausländer in der weißrussischen Liga
(Saison 2005)
24 – Ukrainer
23 – Russen
4 – Georgier und Moldawier
3 – Armenier und Litauer
insgesamt 70 Spieler

Ausländer in der ukrainischen Liga
(Saison 2005/06)
26 – Serben
16 – Rumänen
15 – Russen
14 – Brasilianer und Weißrussen
insgesamt 172 Spieler

Ausländer in der moldawischen Liga
(Saison 2005/06)
21 – Rumänen
11 – Ukrainer
5 – Burkiner und Georgier
4 – Nigerianer und Weißrusse
insgesamt 41 Spieler

LEGENDE
1
2–4
5 und mehr
Siege in der 1. Sowjetischen Liga (1936–91)
übrige Teilnehmer der 1. Sowjetischen Liga (1936–91)
Siege im Sowjetischen Pokal (1936–92)
Siege in der 1. Liga – Ukraine (1992–2006), Weißrussland (1992–2006), Moldawien (1992–2006), Litauen (1922–43 und 1991–2006), Lettland (1922–43 und 1991–2006) und Estland (1921–43 und 1992–2006)
übrige Teilnehmer der 1. Liga – Ukraine (1992–2006), Weißrussland (1992–2006), Moldawien (1992–2006), Litauen (1991–2006), Lettland (1991–2006) und Estland (1992–2006)
Siege im Landespokal – Ukraine (1992–2006), Weißrussland (1992–2006), Moldawien (1992–2006), Litauen (1990–2006), Lettland (1937–43 und 1992–2006) und Estland (1938–43 und 1993–2006)
weitere Klubs oder Stadien (Besonderheit)
Nikopol'
Städte über 100 000 Einwohner ohne einen Erstligaklub
FBK Kaunas
Name des Fußballklubs
FK Dynamo Kyiw
erfolgreichster Klub des Landes
Baltika Narva
bereits nicht mehr existierender Klub
Riwne/Rowno
Stadt
Tallinn
Vs Sport Tallinn
FC Flora Tallinn
JK Estonia Tallinn
Tallinna JK
FC Norma Tallinn
FC Lantana Tallinn
FC TVMK Tallinn
JK Kalev Tallinn
JK Tallinna Sedam
FC Levadia Tallinn (I)
FC Ajax Lasnamäe
JK Dünamo Tallinn
JK Vall Tallinn
Tempo Tallinn
Dvigatel Tallinn
Eesti Fosforiit Tallinn
Kaunas
FBK Kaunas
ŠSSK Kóvas Kaunas
FK Inkaras Kaunas
LFLS Kaunas
LGSF Kaunas
MSK Kaunas
Tauras Kaunas
FK Kareda Kaunas
FK Kauno Jegeriai Kaunas
Ranga-Politechnika Kaunas
SK Banga Kaunas
Vilija Kaunas
Vilnius
FK Žalgiris Vilnius
ALK Neris Vilnius
FC Vilnius
FK Ardena Vilnius
FK Geležinis-Vilkas Vilnius
FK Polonija Vilnius
FK Vetra Vilnius
FK Panerys Vilnius
JR Alsa Vilnius
Minsk
FK Dynama Minsk
FK MTZ-RIPO Minsk
FK Dynama-93 Minsk
FK Ataka Minsk
FK Daryda Minski rajon
FK Lakamatju Minsk
FK Swjazda VA BGU Minsk
FK Tarpeda-MAZ Minsk
Riga
FK Skonto Riga
Rigas FK
ASK Riga
SV Kaiserwald Riga
FK Riga
FC Olimpija Riga
LU/Daugava Riga
Rigas Vilki
Celtnieks Riga
Dizelists Riga
Eck-1 Riga
FC Ranto-Miks Riga
FK Auda Riga
FK Olimps Riga
Gemma Riga
Kvadrats Riga
PFK/Daugava Riga
RKB-Arma Riga
Skonto/Metals Riga
Strautmala Riga
APgaismestehnika Riga
Audums Riga
FC DAG Riga
FK Jurnieks Riga
FK Policijas Riga
FK Universitate Riga
Pardaugava NSS Riga
Chişinău
FC Zimbru Chişinău
FC Constructorul-93 Chişinău
CS Steaua Chişinău
FC Agro Chişinău
FC Dacia Chişinău
FC Haiduc-Sporting-USM
FC MHM-93 Chişinău
FC Moldova-Gaz Chişinău
FC Politehnica Chişinău
FC Stimold Chişinău
FC Torentul Chişinău
FC Unisport-Auto Chişinău
ESTLAND
LETTLAND
LITAUEN
WEISSRUSSLAND
UKRAINE
MOLDAWIEN
RUSSLAND
POLEN
SLOWAKEI
UNGARN
RUMÄNIEN
Tallinn
FC Levadia Tallinn (II)
FC Maardu
JK Trans Narva
Baltika Narva
FC Lootus Alutaguse
JHK Keemik Kohtla-Järve
JK Eesti Põlevkivi Jõhvi
Sillamäe JK
Lelle SK
Tschudskoje Os.
JK Vaprus Pärnu
FC Levadia Pärnu
Pärnu JK
JK Tulevik Viljandi
FC Kuressaare
Tartu JPK
JK Maag Tartu
Tartu PSR
JK Tammeka Tartu
Olümpia Tartu
FC Warrior Valga
FK Ventspils
FC Gauja Valmiera
Venta Kuldiga
Riga
Betons Vangazi
FK Jurmala
FC Starts Broceni
FK Metalurgs Liepaja
FK Liepaja
RAF Jelgava
Fales Jekabpils
Rezekne
RSK Dižvanagi
FK Rezekne
FC Ditton Daugavpils
Dilar Ilukste
FC Dinaburg Daugavpils
FC Kimiks Daugavpils
Zibens/Zemessardze Daugavpils
FK Lokomotiv Daugavpils
FK Mažeikiai
FC DAG Liepaja
Mastis Telšiai
FKK Šiauliai
FK Tauras Šiauliai
FK Kareda Šiauliai
FK Sakalas Šiauliai
Minija Kretinga
FK Banga Gargždai
Klaipedos SS
FK Atlantas-2 Klaipeda
FK Ekranas Panevežys
Interas-AE Visaginas
FK Nevežis Kedainiai
FK Vienybe Ukmerge
FK Šilute
FK Tauras Taurage
Kaunas
Vilnius
Njemen (Nemunas)
FK Vetra Rudiškes
FK Suduva Marijampole
FK Dainava Alytus
FK Naftan Nawapolack
Nawapolack/Nowopolock
FK Dwina-KIM Witsebsk
FK Lakamatju Witsebsk
FK Lakamatju-96 Witsebsk
Witsebsk/Witebsk
Orscha
FK Maladzechna
Maladzechna/Molodechno
FK BATE Barysau
FK Tarpeda Schodyna
Schodyna/Schodino
Minsk
FK Dnepr-Transmasch Mahiljou
FK Tarpeda-Kadzina Mahiljou
FK Transmasch Mahiljou
Mahiljou/Mogilew
FK Lida
FK Neman Hrodna
Hrodna/Grodno
Baranawichy/Baranawichi
FK Swislatsch-Kroulja Asipowitschy
FK Staryja Darohi
Staryja Darohi/Staryje Dorogi
FK Belschyna Babrujsk
FK Babrujsk
Babrujsk/Bobrujsk
FK Kamunalnik Slonim
FK Schakhtsjor Salihorsk
Salihorsk/Soligorsk
Homel/Gomel
FK Homel
FK Wedrych-97 Rechytsa
Rechytsa/Rechitsa
Bug
Pinsk
FK Dynama Brest
FK Slawia Mazyr
Mazyr/Mozyr'
Dnepr
Tschernihiw/Tschernigow
Sumy
Kyiw/Kiew
FK Obolon' Kyiw
FK Arsenal Kyiv
FK Dynamo Kyiw
Lokomotiw Kiew
FK Borysfen Boryspil'
Boryspil'/Borispol'
Luz'k/Luzk
FK Volyn' Luz'k
Riwne/Rowno
FK Weres Riwne
Schepetiwka/Schepetowka
FK Temp Schepetiwka
Schytomyr/Schitomir
Lemberg (L'wiw/L'wow)
FK Karpaty Lwiw
Ternopil'/Ternopol'
FK Nywa Ternopil'
Bila Tserkwa/Belaja Tserkow'
Chmelnyts'kyj/Chmelnitskij
Tscherkasy/Tscherkassy
Winnytsja/Winnitsa
FK Winnytsja
Ochtyrka/Achtyrka
FK Naftowyk Ochtyrka
Charkiw/Char'kow
Selmasch Char'kow
FK Arsenal Charkiw
FK Metalist Charkiw
Spartak Char'kow
FK Worskla Poltawa
(ŠK Rusj Uschhorod spielte früher in der tschechoslowakischen Liga und Ungvár AC in der ungarischen Liga)
Uschhorod/Uzgorod
OSK Zakarpattja Uschhorod
Iwano-Frankiws'k/Iwano-Frankowsk
FK Prykarpattja Iwano-Frankiws'k
Kam'janets-Podil's'kyj/Kamenets-Podol'skij
Krementschuk/Krementschug
FK Kremin' Krementschuk
Oleksandrija/Aleksandrija
FK Oleksandrija
Kirowohrad/Kirowograd
FK Zirka Kirowohrad
Dnipropetrows'k/Dnepropetrowsk
FK Dnipro Dnipropetrows'k
Sewerodonez'k/Sewerodonezk
Lysychans'k/Lisichansk
Luhans'k/Lugansk
FK Zorja Luhans'k
FK Stal'Alchews'k
Pawlohrad/Pawlograd
Horliwka/Gorlowka
Jenakiewe/Jenakjewo
Makiiwka/Makejewka
FK Bukowyna Tscherniwtsi
Tscherniwtsi/Tschernowtsy
Prut
FC Ciuhur Ocniţa
FC Nistru Otaci
FC Nistru-Unisport Otaci
FC Progresul Briceni
FC Happy End Camenca
FC Moldova Boroseni
FC Roma Bălţi
FC Olimpia Bălţi
Dnestr
Krywij Rih/Kriwoj Rog
FK Krywbas Krywij Rih
Saporischja/Zaporosch'je
FK Torpedo Zaporischja
FK Metalurh Zaporischja
FK Metalurh Donez'k
FK Schachtar Donez'k
Donez'k/Donezk
Nikopol'
FC Cristalul Făleşti
FC Ulim-Codru Călăraşi
FC Energhetic Dubăsari
FC Attila Ungheni
FC Spumante Cricova
FC Speranta Nisporeni
FC Universul Ciuciuleni
Chişinău
FC Tiraspol
FC Tiligul-Tiras Tiraspol
FC Dinamo Bender
Tighina
FC Hînceşti
FC Sinteza Căuşeni
FC Sheriff Tiraspol
FC Nistru Cioburciu
FC Constructorul Leova
FC Constructorul-93 Cioburciu
FC Bugeac Comrat
FC Locomotiva Basarabeasca
Mykolaiw/Nikolajew
SK Mykolaiw
Dinamo Odessa
FK Tschornomoretz' Odessa
SK Odessa
Odesa/Odessa
Cherson
Melitopol'
Mariupol'
FK Illichiwetz' Mariupol'
Berdjans'k/Berdjansk
CSA Victoria Cahul
FC Tricon Cahul
Dunărea
Kerch/Kerch'
Jewpatorija
Simferopol'
FK Tawrija Simferopol'
Sewastopol'
ЧЕМПІОНАТ УКРАЇНИ 2006/2007
ПФЛ
0
100
200
300
400
500 km

Russland und die Länder Mittelasiens

Auf dem Territorium von **Russland** wurde bereits in den 80er Jahren des 19. Jahrhunderts Fußball gespielt. Dennoch dauerte es weitere sieben Jahrzehnte, bevor er massenhaft Verbreitung fand. Seiner schnelleren Entwicklung standen sowohl die ungünstigen sozialpolitischen Bedingungen einschließlich blutiger Kriege, als auch die riesigen Entfernungen und das barsche, regional sehr unterschiedliche Klima im Wege. Der offenkundig erste Klub wurde von den englischen Managern Harry und Clement Charnock gegründet, die in den Baumwollspinnereien in Orechovo unweit von Moskau arbeiteten. Der Schwerpunkt der Anfänge des russischen Fußballs lag jedoch in Sankt Petersburg. Wieder waren es keine anderen als die Engländer, die kurz vor Ende der 80er und in den 90er Jahren des 19. Jahrhunderts an der Wiege der ersten hiesigen Klubs (Peterburg FC, Newski Club, Newka, Victoria) standen. Als erstes öffentliches Fußballspiel bezeichnen historische Quellen die Partie vom 13. Oktober 1898 zwischen den Mannschaften Peterburskij kruschok sportsmenov (Petersburger Sportkreis) und Kruschok ljubitelej sporta (Kreis der Sportliebhaber). Das erstgenannte Team wurde ausschließlich von Russen gebildet.

Schon zu Beginn des 20. Jahrhunderts spielte man in einigen russischen Großstädten lokale Ligen und Pokalwettbewerbe aus. Dem Allrussischen Fußballverband, der im Jahre 1912 entstand, gelang es zwar, sofort die erste gesamtstaatliche Meisterschaft zu organisieren, aber die Liga war kaum zwei Jahre alt, als sie schon wieder zerfiel. Der Erste Weltkrieg, die direkt folgende Revolution und der Bürgerkrieg schränkten die Fußballaktivitäten im ganzen Land erheblich ein. Die Meisterschaft der **UdSSR** fand von 1922–35 nur unregelmäßig statt, wobei die Teilnehmer keine Klubs, sondern Auswahlmannschaften der großen Städte waren. Auch die offizielle sowjetische Liga und der Pokalwettbewerb, die im Jahre 1936 eine neue Ära des hiesigen Fußballs einleiteten, hatten anfangs wenig Glück – sie wurden bald durch den Zweiten Weltkrieg unterbrochen. Der russische bzw. sowjetische Fußball erlangte dank der Haltung des Staates, der mit Nachdruck einen organisierten Massencharakter des Sports verfolgte, relativ schlüssige Wettbewerbsstrukturen. Als ebenso vorteilhaft erwies sich der Aufbau der Klubs, die ähnlich wie in Deutschland mehrere Sportarten unter ihrem Dach vereinten. Nach 1945 erreichte der russische Fußball schon ein mit anderen europäischen Ländern vergleichbares Niveau.

In der sowjetischen Liga, die ihre Spiele aus klimatischen Gründen immer vom Frühjahr zum Herbst austrägt, dominierten lange die Moskauer Klubs. Ihre Vormachtstellung, die sich in einer ununterbrochenen Titelserie seit Einführung der Liga (1936) ausdrückte, wurde erst 1961 durch Dynamo Kiew gestoppt. Das ziemlich gute Niveau des Erstligafußballs und die beschränkten Möglichkeiten der Freizeitgestaltung zogen regelmäßig viele Fans in die Stadien. Der Besucherschnitt lag oft bei 20 000 Zuschauern und Mitte der 60er Jahre sogar bei 35 000 Zuschauern pro Spiel – eine Zahl, die damals in keiner anderen Liga der Welt erreicht wurde! Der Zerfall der UdSSR bedeutete auch das Ende der sowjetischen Wettbewerbe. Die letzte Saison wurde 1991 gespielt, als bereits die Klubs aus Georgien und aus dem Baltikum fehlten.

Nach dem Abgang der starken Gegner aus der Ukraine und Georgien beherrschte zunächst Spartak Moskau die russische Liga. Inzwischen haben die Lokalrivalen Lokomotive und CSKA das Zepter übernommen. In der noch jungen Geschichte der höchsten russischen Spielklasse kam es zum Bruch mit einer Tradition. Zum ersten Mal gingen in ihr nämlich auch Klubs aus dem Fernen Osten auf Punktejagd. In der sowjetischen Liga hingegen war nie eine Mannschaft aus dem asiatischen Teil Russlands präsent gewesen. Nunmehr spielen in der russischen Oberliga 16 Teams und in der zweithöchsten Spielklasse, der 1. Liga, 22 Teams. Die drittklassige 2. Liga ist aufgrund der weiten Ausdehnung des größten Landes der Erde regional organisiert – sie ist in sog. Zonen (West, Ost, Mitte, Süd und Ural-Wolgagebiet) unterteilt.

Obwohl der Fußball in allen postsowjetischen Ländern Mittelasiens die Sportart Nr. 1 darstellt, fristet er im Vergleich mit der hochentwickelten Welt weiterhin nur ein Aschenputtel-Dasein. In der höchsten sowjetischen Liga gaben ab den 60er Jahren nur drei mittelasiatische Klubs ihre Visitenkarte ab: Kajrat Alma-Ata (Kasachstan, 21 Jahre), Pamir Duschanbe (Tadschikistan, 1989–91) und Pachtakor Taschkent (Usbekistan, 22 Jahre). Der letztgenannte Klub ging hauptsächlich wegen des tragischen Flugzeugunglücks im Jahr 1979, bei dem alle Spieler der ersten Mannschaft ums Leben kamen, in die Geschichte ein. Mit Hilfe administrativer Eingriffe wurde er danach vor dem Abstieg bewahrt. Die Ligawettbewerbe aller fünf selbständigen Staaten werden seit 1992 ausgetragen. In **Kasachstan**, das 2002 den AFC verließ und der UEFA beitrat, spielen 900 Profis Fußball. Die besten Teams kommen aus der ehemaligen Hauptstadt Almaty, der heutigen Metropole Astana und aus Pawlodar. In **Usbekistan,** gemeinsam mit Kasachstan das fußballerisch stärkste Land Mittelasiens, „regiert" Pachtakor Taschkent – in den vergangenen fünf Jahren gewann der Klub stets das Double. In den Erstligakonkurrenzen von **Kirgisien, Turkmenistan** und **Tadschikistan** dominierten bis zum Beginn des neuen Jahrhunderts die jeweiligen Hauptstadtteams, derzeit aber spielen „Provinzvereine" die erste Geige.

Russland — *Kasachstan*

Usbekistan — *Turkmenistan*

Kirgisien — *Tadschikistan*

Berühmte russische, kasachische und usbekische Klubs

Klubname	Gründ. Jahr	Stadionname	Stadionkapazität	Besucherschnitt (Saison 2006)	Höchster Besuch (Saison 2006)
CSKA Moskva (RUS)	1923	Dinamo	37 684	10 913	32 000
Dinamo Moskva (RUS)	1923	Dinamo	37 684	8 067	20 000
Lokomotiw Moskva (RUS)	1923	Lokomotiw	30 979	13 066	28 023
Spartak Moskva (RUS)	1922	Luschniki	84 745	17 215	45 000
Torpedo Moskva (RUS)	1924	Luschniki	84 745	5 333	15 000
Rubin Kazan' (RUS)	1958	Centraľnyj	22 500	13 727	26 000
Zenit Sankt Peterburg (RUS)	1931	Petrowskij	21 838	21 954	45 000
Kryl'ja Sowjetow Samara (RUS)	1943	Metallurg	35 330	16 980	27 000
Irtysch Pawlodar (KAZ)	1965	Centraľnyj	15 000	4 840	9 500
Karjat Almaty (KAZ)	1954	Ortalyk	26 250	2 187	6 500
Neftschi Fergana (UZB)	1962	Fergana	20 000	12 067	17 000
Pachtakor Taschkent (UZB)	1956	Pachtakor	54 000	4 357	12 000

Ferganer Kessel und Umgebung

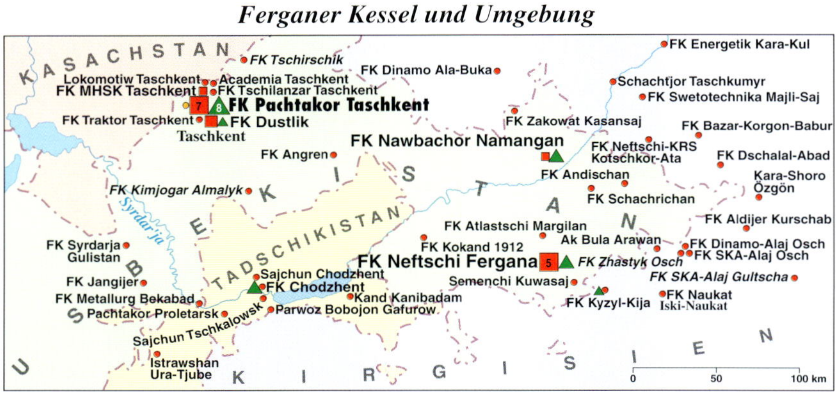

LEGENDE

- 1 / 2–4 / 5 und mehr (11): Siege in der 1. Sowjetischen Liga (1936–91)
- übrige Teilnehmer der 1. Sowjetischen Liga (1936–9
- (6): Siege im Sowjetischen Pokal (1936–92)
- (6): Siege in der 1. Liga – Russland (1992–2006), Kasachstan (1992–2006), Usbekistan (1992–2006), Turkmenistan (1992–2006), Kirgisien (1992–2006) und Tadschikistan (1992–2006)
- übrige Teilnehmer der 1. Liga – Russland (1992–200 Kasachstan (1992–2006), Usbekistan (1992–2004), Turkmenistan (1992–2002), Kirgisien (1992–2002) und Tadschikistan (1992–2001)
- (5): Siege im Landespokal – Russland (1993–2006), Kasachstan (1992–2006), Usbekistan (1993–2006), Turkmenistan (1993–2006), Kirgisien (1992–2006) und Tadschikistan (1992–2006)
- weitere Klubs oder Stadien *(Besonderheit)*
- Tscheljabinsk: Städte über 1 000 000 Einwohner ohne einen Erstligaklub
- Dostyk Almaty: Name des Fußballklubs *(Besonderheit)*
- **FK Spartak Moskva**: erfolgreichster Klub des Landes
- *Metallurg Moskva*: bereits nicht mehr existierender Klub
- Astana: Stadt
- *A l t a i*: Region

Bischkek

- 8 **FK SKA-Schoro Bischkek**
- Erkin Farm Bischkek
- *Alga-RIIF Bischkek*
- Metallurg Kadamdzhaj
- RUOR Gwardia Bischkek
- Dinamo-Manas-SKIF Bischkek
- Ekolog Bischkek
- Schumkar-Dastan Bischkek
- *Alga Bischkek*
- *Instrumentaľtschik Bischkek*
- *Rotor Bischkek*
- *Selmaschewets Bischkek*
- *SK Poljot Bischkek*

Moskau (Moskva)

- 12 10 9 **FK Spartak Moskva**
- 11 6 FK Dinamo Moskva
- 7 5 PFK CSKA Moskva
- 6 FK Torpedo Moskva
- FK Lokomotiw Moskva
- FK Moskva
- FK Presnja Moskva
- Kryl'ja Sowetow Moskva
- *Burewestnik Moskva*
- *Metallurg Moskva*
- *Pischkewik Moskva*
- *Stalinets Moskva*
- *VMS Moskva*
- *VVS Moskva*

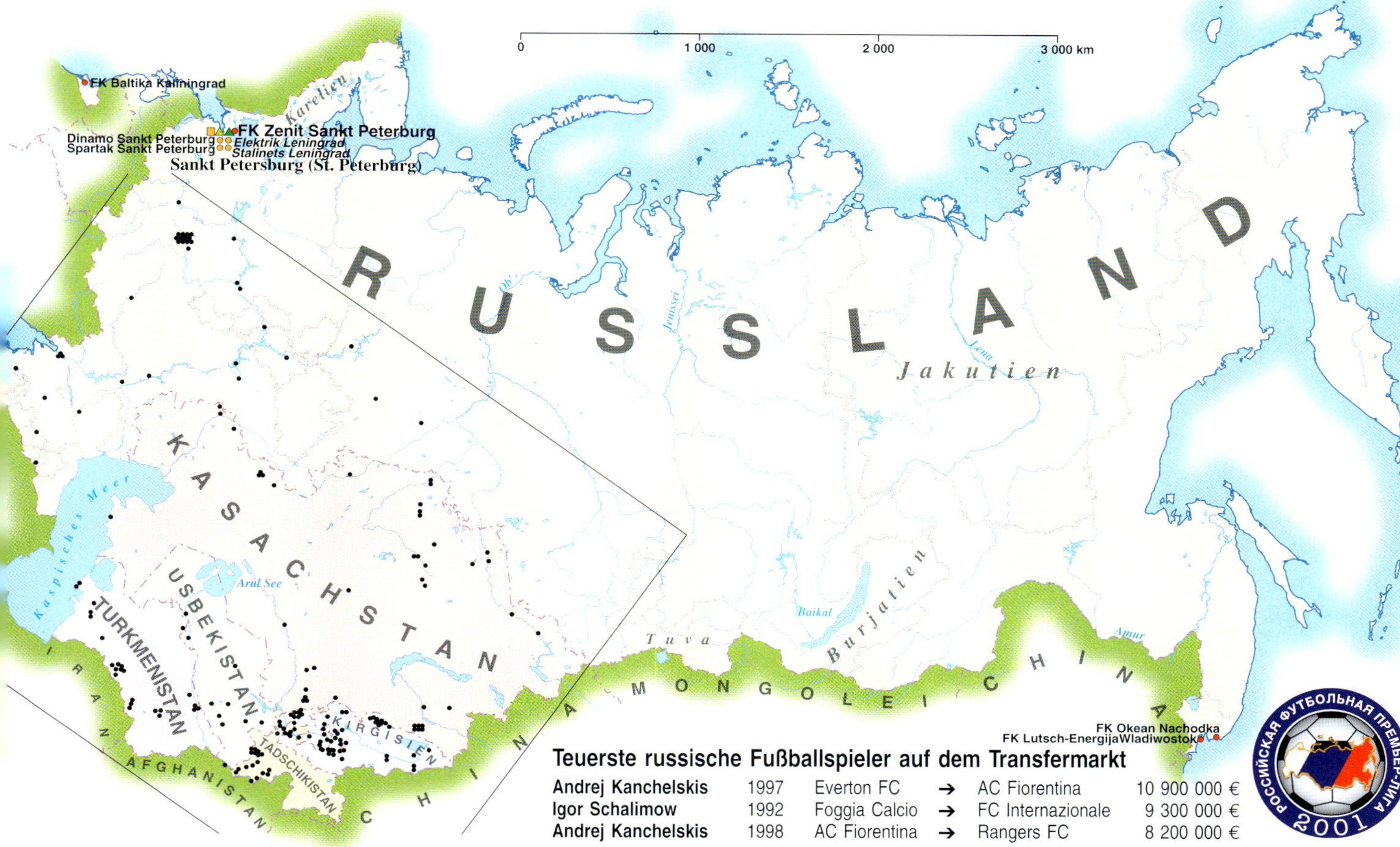

Teuerste russische Fußballspieler auf dem Transfermarkt

Andrej Kanchelskis	1997	Everton FC	→	AC Fiorentina	10 900 000 €
Igor Schalimow	1992	Foggia Calcio	→	FC Internazionale	9 300 000 €
Andrej Kanchelskis	1998	AC Fiorentina	→	Rangers FC	8 200 000 €

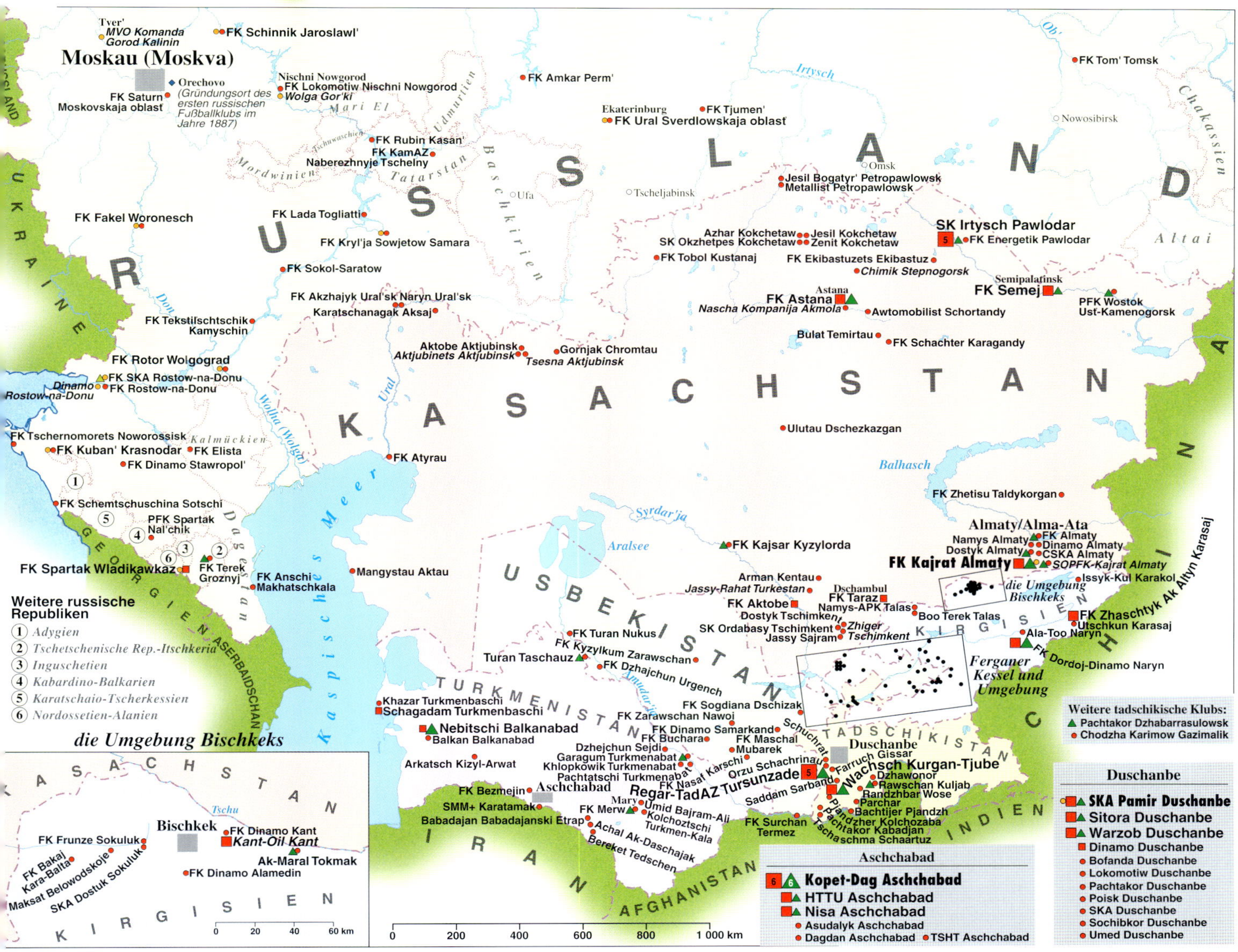

Der Nahe Osten

Die Verbreitung des Fußballs im Nahen Osten und der moslemischen Welt stieß lange auf den Widerstand der konservativen islamischen Geistlichkeit, die sich gegen die Modernisierung und den Einfluss der westlichen Konsumgesellschaft wehrte. Als die geistlichen Autoritäten entschieden, dass die Mehrzahl der Sportarten nicht im Widerspruch zum Koran stehe, kam es zu einer riesigen Entwicklung, wobei der Fußball an vorderster Stelle stand. Am erfolgreichsten verlief sie in den reichen Erdölstaaten, die sich die Dienste der besten Trainer der Welt zunutze machen.

Auf der Insel **Bahrain** förderten die Beschäftigten der britischen Erdöl-Förderfirmen nach dem 2. Weltkrieg auch den Fußball zu Tage. Das Zwergland kann sich in fußballerischer Hinsicht durchaus eines guten Standards rühmen (ca. 5000 Spieler kicken in 44 Klubs).

Den Fußball in den **Irak** führten die britischen Soldaten während ihres Mandats über einen Teil des ehemaligen Osmanischen Reiches (1920–32) ein. Die Entwicklung der Ölgewinnung nach dem 2. Weltkrieg beschleunigte seine weitere Verbreitung. Der erste Wettbewerb wurde 1948 unter Teilnahme von Teams aus Bagdad, Basra, Kirkuk und Mosul ausgetragen. Die Nationalliga wird seit der Saison 1973/74 gespielt, sie wird gebildet von den Mannschaften der einzelnen Distrikte, staatlicher und militärischer Institutionen und industrieller Firmen. Besonders in den 70er und 80er Jahren hat sich der Irak auch international in Szene gesetzt (Teilnahme an der WM 1986). Die stärksten Klubs sind traditionsgemäß in der Fünf-Millionen-Metropole Bagdad konzentriert.

Im verhältnismäßig isolierten Persien, seit dem Jahre 1935 als **Iran** geführt, hat sich Fußball seit Anfang des 20. Jahrhunderts verbreitet mit Hilfe der Studenten, die aus Europa zurückkehrten. Der persische Fußballverband entstand im Jahre 1920. Die ersten Fußballkontakte wurden mit den sowjetischen Ländern Transkaukasiens aufgenommen. Kurz nach dem Krieg trat der Iran der FIFA bei und Ende der 60er/Anfang der 70er Jahre stellten sich die ersten Erfolge der Klubs und der Nationalmannschaft auf internationaler Bühne ein. Ein ständiger Ligawettbewerb wird seit der Saison 1959/60 gespielt (seit 1989/90 unter dem Namen Azadegan). Die besten Klubs sind in den Großstädten zu Hause, unter denen die 12-Millionen-Metropole Teheran klar die erste Geige spielt. Die Mehrzahl der Titel wurde von den Hauptstadtteams gewonnen und zu den Derbys der größten Rivalen Esteghlal und Pirouzi (ehemals Perspolis) kommen in der Regel 80–100 000 Zuschauer.

Nach **Jemen** gelangte der Fußball Ende des 19. Jahrhunderts durch die Briten, die in Aden einen strategischen Marinestützpunkt unterhielten. Zu der Armut kam hinzu, dass dessen Entfaltung vor allem durch den langanhaltenden inneren Konflikt und die Teilung des Landes gebremst wurde. Ein gemeinsamer Wettbewerb wird ab der Saison 1990/91 ausgetragen. Die Mehrzahl der Titel ging dabei an die beiden „Hauptstädte" Sana und Aden.

Eines der fußballerisch weniger entwickelten arabischen Länder ist **Jordanien**. Im alten Palästina führten die Briten den Fußball im Rahmen ihres Mandats nach dem 1. Weltkrieg ein. Die Liga wird seit 1944 gespielt, aber international traten die Klubs des unabhängigen Jordaniens (1946) erst in den 80er Jahren in Erscheinung. Die günstigeren Naturgegebenheiten im Nordwesten des Landes bewirkten die Konzentration der Bevölkerung und somit auch des Fußballs in der Hauptstadt Amman und deren Umgebung. Im Trikot des zweiterfolgreichsten Vereins des Landes al-Wahdat spielen vorwiegend Spieler aus den Reihen der palästinensischen Flüchtlinge bzw. deren Nachkommen.

Der Fußball hielt in der Monarchie **Katar** bereits zu Beginn des britischen Protektorats (1916–71) Einzug, aber seine Entfaltung kam erst mit der Unabhängigkeit und dem FIFA-Beitritt (1970) in Gang. Der Erdölreichtum ermöglichte es, ausländische Spitzentrainer zu verpflichten. Dank der staatlichen Unterstützung ist Katar im Nachwuchsbereich oft erfolgreich. Der höchsten Spielklasse gehören zehn Klubs an, von denen die Mehrzahl in der Hauptstadt Doha beheimatet ist.

In das Gebiet von **Kuwait** brachten die britischen Soldaten den Fußball bereits in den 90er Jahren des 19. Jahrhunderts. Von der örtlichen Bevölkerung wurde er jedoch nicht angenommen. Erst nach der Erlangung der Selbständigkeit des Landes im Jahre 1961 kam es zu einem vehementen Aufschwung des Fußballs auf nationaler Basis. Die Kuwaiter qualifizierten sich sogar für die WM-Endrunde 1982 in Spanien. Die meisten der Ligaklubs kommen aus dem Ballungsraum der gleichnamigen Hauptstadt, die übrigen aus dem Zentrum der Erdölgewinnung und -verarbeitung Ahmadi.

Im **Libanon** jagten die Studenten der Amerikanischen Universität in Beirut schon im Jahre 1908 dem runden Leder nach, aber richtig verbreitet wurde der Fußball erst nach dem 1. Weltkrieg von den französischen Soldaten innerhalb der örtlichen christlichen Kommunität. Die ersten Vereine entstanden in den 20er Jahren. Eine komplizierte Geschichte hat der Ligawettbewerb, der mit Unterbrechungen (u.a. durch den Bürgerkrieg, 1975–90) seit der Saison 1933/34 gespielt wird. Einige Mannschaften spiegeln den unterschiedlichen Ursprung der Bewohner des ethnisch und religiös geteilten Landes wider (die Klubs der Armenier, der Nachkommen französischer Siedler, Palästinenser u.a.). Das größte Zentrum ist das religiös geteilte Beirut.

Zwischen den Kriegen brachten die Briten den Fußball auch in den Staat **Oman**. Als Folge der späteren Erdölförderung machte dessen Entwicklung in den 80er Jahren ziemliche Fortschritte. Im Ballungsraum der Hauptstadt Maskat sind die besten Klubs konzentriert, aber inzwischen ist das Spiel fast überall im Land auf Akzeptanz gestoßen.

In **Saudi-Arabien**, einem der konservativsten Länder des Islams, fand der Fußball erst nach dem 2. Weltkrieg Verbreitung. Der erste Pokalwettbewerb datiert aus der Saison 1956/57, aber die internationale Bühne betrat das Land erst in den 70er Jahren. Auch die Entstehung der Liga (ab 1975/76) fällt in diesen Zeitraum. Der auf dem Erdöl basierende Wirtschaftsboom und der Ausbau der das Wüstenland besser verbindenden Verkehrswege ermöglichten die Entfaltung des Fußballs auch außerhalb der Metropole Riad, der Stadt Jiddah und des Gebiets der Ölgewinnung im Persischen Golf. In den 90er Jahren stiegen z.B. die Mannschaften aus den zentral gelegenen Oasen Unayzah und Buraydah in die Liga auf. Bisher haben jedoch die Klubs aus der Metropole, aus Jiddah und Ad-Dammam die Meisterschaft unter sich ausgemacht.

Syrien verhalf das französische Völkerbundsmandat zum ersten Kontakt mit dem Fußball. Im Jahre 1936 wurde der Verband gegründet, aber die lokalen Wettbewerbe der Großstädte begannen erst nach dem Krieg. Der Syrische Pokal folgte ab der Saison 1959/60 (den ersten Jahrgang gewann der ägyptische Klub al-Ahli), die Liga weitere sieben Jahre später. Außerhalb der Hauptstadt Damaskus heben sich Aleppo (Halab), Homs und die Hafenstadt Latakia als Ligazentren hervor.

An der ehemaligen Piratenküste, seit 1971 die **Vereinigten Arabischen Emirate** (VAE), landeten die Vertreter aus dem Mutterland des Fußballs ebenfalls. Der Verband wurde im Jahr 1971 gegründet, die Liga und der Pokalwettbewerb folgten einige Jahre später. Das Land hat nur einige hundert Spieler, schaffte es aber bereits, sich für die WM (Italien 1990) zu qualifizieren. Das föderative System des Landes setzt voraus, dass jedes Emirat wenigstens mit einer Mannschaft in der Liga vertreten ist. Sowohl bei der Anzahl der Vertreter als auch der gewonnenen Meistertitel hat Dubai klar die Nase vorn.

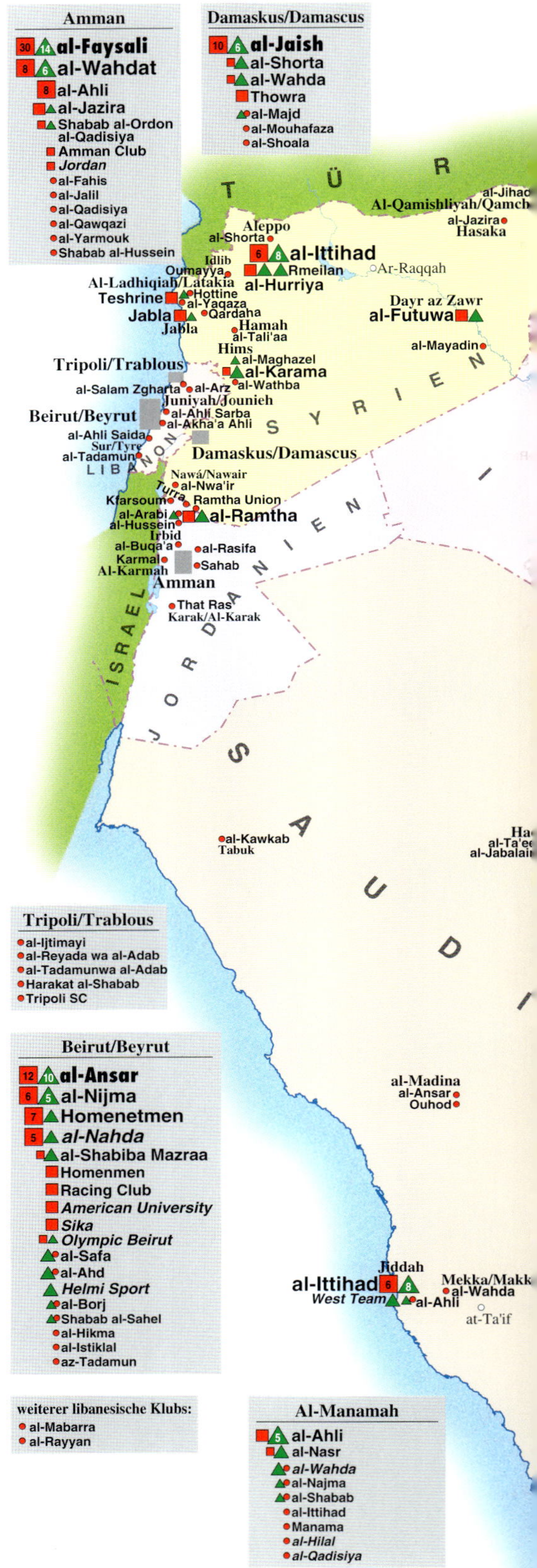

LEGENDE

1 · 2–4 · 5 und mehr	Siege in der 1. Liga – Bahrain (1957–2006), Irak (1974–2006), Iran (1960–2006), Jemen (1991–2006), Jordanien (1944–2006), Katar (1964–2006), Kuwait (1962–2006), Libanon (1934–2006), Oman (1977–2006), Saudi-Arabien (1976–2006), Syrien (1967–2006) und VAE (1974–2006)
	übrige Teilnehmer der 1. Liga – Bahrain (1995–2006), Irak (1996–2006), Iran (1996–2006), Jemen (1997–2006), Jordanien (1995–2006), Katar (1992–2006), Kuwait (1984–2006), Libanon (1992–2006), Oman (1996–2006), Saudi-Arabien (1984–2006), Syrien (1988–2006) und VAE (1992–2006)
10	Siege im Landespokal – Bahrain (1952–2006), Irak (1976–2003), Iran (1976–2006), Jemen (1996–2006), Jordanien (1980–2006), Katar (1973–2006), Kuwait (1962–2006), Libanon (1938–2006), Oman (1972–2006), Saudi-Arabien (1957–2006), Syrien (1960–2006) und VAE (1975–2006)
	Siege in der 1. Liga – Südjemen (1984–1990) und Nordjemen (1979–1990)
Hamadan	Städte über 250 000 Einwohner ohne einen Erstligaklub
al-Ahli	Name des Fußballklubs
American University	bereits nicht mehr existierender Klub
al-Arabi	erfolgreichster Klub des Landes
Ahvaz	Stadt

der Nordteil Bahrains

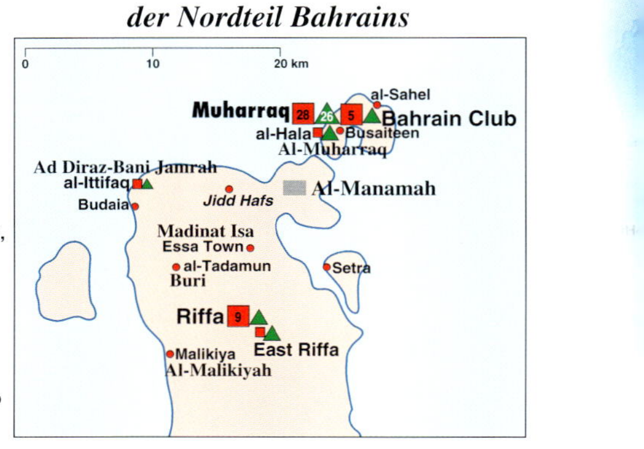

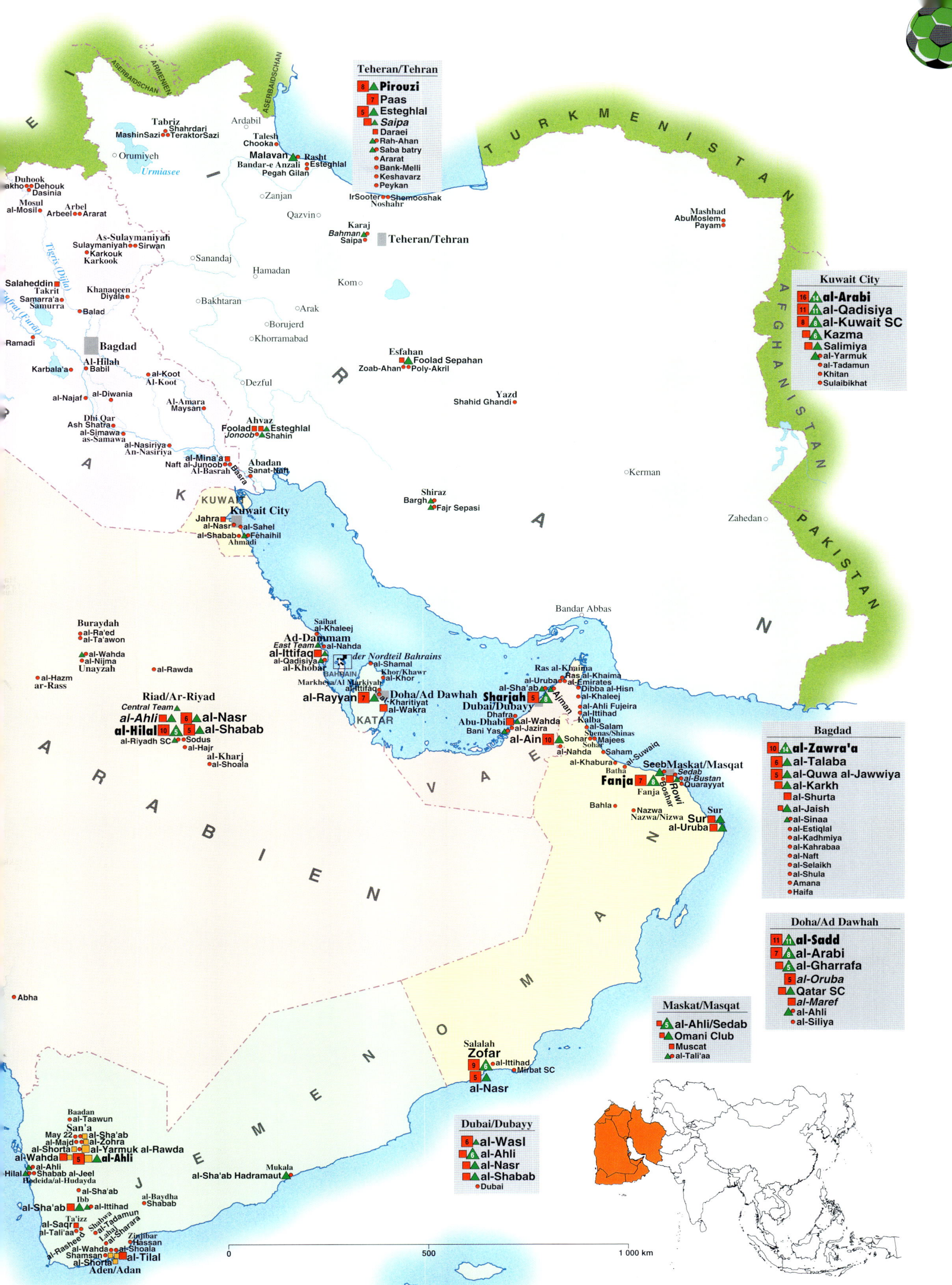
Teheran/Tehran
8 Pirouzi
7 Paas
5 Esteghlal
Saipa
Daraei
Rah-Ahan
Saba batry
Ararat
Bank-Melli
Keshavarz
Peykan
Kuwait City
16 14 al-Arabi
11 11 al-Qadisiya
8 8 al-Kuwait SC
6 Kazma
Salimiya
al-Yarmuk
al-Tadamun
Khitan
Sulaibikhat
Bagdad
10 14 al-Zawra'a
6 al-Talaba
5 al-Quwa al-Jawwiya
al-Karkh
al-Shurta
al-Jaish
al-Sinaa
al-Estiqlal
al-Kadhmiya
al-Kahrabaa
al-Naft
al-Selaikh
al-Shula
Amana
Haifa
Doha/Ad Dawhah
11 11 al-Sadd
7 8 al-Arabi
5 al-Gharrafa
5 al-Oruba
Qatar SC
al-Maref
al-Ahli
al-Siliya
Maskat/Masqat
5 al-Ahli/Sedab
Omani Club
Muscat
al-Tali'aa
Dubai/Dubayy
6 al-Wasl
6 al-Ahli
al-Nasr
al-Shabab
Dubai
TURKMENISTAN
AFGHANISTAN
PAKISTAN
IRAN
IRAK
KUWAIT
KATAR
BAHRAIN
VAE
ARABIEN
OMAN
JEMEN
ASERBAIDSCHAN
ARMENIEN
Tabriz
Shahrdari
MashinSazi
TeraktorSazi
Ardabil
Orumiyeh
Urmiasee
Talesh
Chooka
Malavan
Rasht
Bandar-e Anzali
Esteghlal
Pegah Gilan
Zanjan
IrSooter
Shemooshak
Noshahr
Qazvin
Karaj
Bahman
Saipa
Teheran/Tehran
Mashhad
AbuMoslem
Payam
Duhook
Dehouk
Dasinia
Mosul
al-Mosil
Arbel
Arbeel
Ararat
As-Sulaymaniyah
Sulaymaniyah
Sirwan
Karkouk
Sanandaj
Hamadan
Kom
Salaheddin
Takrit
Samarra'a
Samurra
Khanaqeen
Diyala
Balad
Bakhtaran
Arak
Borujerd
Khorramabad
Tigris (Dijla)
Eufrat (Furat)
Ramadi
Bagdad
Al-Hilah
Babil
Karbala'a
al-Koot
Al-Koot
Dezful
al-Najaf
al-Diwania
Esfahan
Foolad Sepahan
Zoab-Ahan
Poly-Akril
Yazd
Shahid Ghandi
Al-Amara
Maysan
Dhi Qar
Ash Shatra
al-Simawa
as-Samawa
Ahvaz
Foolad
Esteghlal
Jonoob
Shahin
al-Nasiriya
An-Nasiriya
al-Mina'a
Naft al-Junoob
Al-Basrah
Basra
Abadan
Sanat-Naft
Kerman
Shiraz
Bargh
Fajr Sepasi
Kuwait City
Jahra
al-Nasr
al-Sahel
al-Shabab
Fehaihil
Ahmadi
Zahedan
Bandar Abbas
Buraydah
al-Ra'ed
al-Ta'awon
al-Wahda
al-Nijma
Unayzah
al-Rawda
al-Hazm
ar-Rass
Saihat
al-Khaleej
Ad-Dammam
East Team
al-Nahda
al-Ittifaq
al-Qadisiya
al-Khobar
der Nordteil Bahrains
al-Shamal
al-Khor
Khor/Khawr
Markheya/Al Markiyah
al-Ittifaq
Doha/Ad Dawhah
al-Rayyan
al-Kharitiyat
al-Wakra
Ras al-Khaima
Ras al-Khaima
al-Emirates
al-Sha'ab
al-Uruba
Sharjah
Ajman
Dibba al-Hisn
al-Khaleej
al-Ahli Fujeira
al-Ittihad
Kalba
Dubai/Dubayy
Dhafra
Abu-Dhabi
al-Wahda
Bani Yas
al-Jazira
al-Ain
Sohar
al-Salam
Shenas/Shinas
Majees
Sohar
al-Nahda
Saham
al-Suwaiq
al-Khabura
Riad/Ar-Riyad
Central Team
al-Ahli
al-Nasr
al-Hilal
al-Shabab
al-Riyadh SC
Sodus
al-Hajr
al-Kharj
al-Shoala
Seeb
Maskat/Masqat
Sedab
al-Bustan
Quarayyat
Batha
Fanja
Fanja
Boshar
Rowi
Bahla
Nazwa
Nazwa/Nizwa
Sur
Sur
al-Uruba
Abha
Salalah
Zofar
al-Ittihad
Mirbat SC
al-Nasr
Baadan
al-Taawun
San'a
May 22
al-Sha'ab
al-Majd
al-Zohra
al-Shorta
al-Yarmuk
al-Rawda
al-Wahda
al-Ahli
al-Ahli
Hilal
Shabab al-Jeel
Hodeida/al-Hudayda
al-Sha'ab
Ibb
al-Sha'ab
al-Ittihad
al-Baydha
Shabab
Mukala
al-Sha'ab Hadramaut
Ta'izz
al-Saqr
al-Tali'aa
Shabwa
al-Tadamun
Lahaj
al-Sharara
Zinjibar
Hassan
al-Rasheed
al-Wahda
al-Shoala
Shamsan
al-Tilal
al-Shorta
Aden/Adan
0
500
1 000 km

Südasien

Obwohl nahezu das gesamte Gebiet Südasiens lange unter britischem Einfluss stand, erreichte der Fußball hier nie eine solche Ausbreitung wie in Europa oder anderswo. Im Mutterland England war er nämlich der Sport der einfachen Arbeiterschichten. Da in dessen ehemaligen Kolonien aber die Beamten und Offiziere unter den Briten überwogen, wurde ihnen zuliebe mehr Cricket, Feldhockey und Golf gespielt. Der Fußball im ehemaligen Britisch-Indien hat zwar die längste Tradition auf dem asiatischen Kontinent, aber dessen Vorkämpfer waren eher die Soldaten, nach deren Abzug das Spiel wieder in Vergessenheit geriet.

In **Afghanistan** entstand die erste Fußballorganisation im Jahre 1922, die Liga mit der Hauptstadt Kabul als Zentrum existiert seit den 30er Jahren. 1948 wurde das Land ein FIFA-Mitglied, in den 50er Jahren war es auch international ziemlich aktiv. Die militärische Intervention der UdSSR (1979) und der über 20 Jahre andauernde Bürgerkrieg aber haben die Entwicklung des Fußballs gestoppt. Nach dem militärischen Eingreifen der USA (2001) beginnen sich allmählich Klubs und Wettbewerbe zu erneuern.

Nach **Indien,** bis 1947 Teil des ehemaligen Britisch-Indiens, brachten die britischen Kolonisten den Fußball mit; ab 1883 wurde er insbesondere unter den Studenten der britischen Mittelschulen betrieben. Die Indische Assoziation, in der vorwiegend Soldatenteams vereinigt waren, entstand im Jahre 1888 in Kalkutta. Das erste bedeutende Turnier fand fünf Jahre später statt, die regionale Kalkutta-Liga wird seit 1898 gespielt. Der 1897 gestartete Durand Cup gehört zu den ältesten Pokalwettbewerben der Welt. Die Auftaktsieger waren allesamt britische Militärklubs. Ein weiterer bedeutender Regionalwettbewerb entstand im Jahre 1902 in Bombay. Zur nationalen Meisterschaft wurde die Santosh Trophy deklariert, die als Turnier der Bundesstaaten seit 1941 ausgetragen wird. Die Ligakonkurrenz des föderalen Verbandes (gegr. 1937) wurde erst in der Saison 1996/97 eingeführt. Auch hier geben die Teams aus Kalkutta klar den Ton an. Zu den Duellen der Erzrivalen Mohun Bagan und Mohammedan kommen bis zu 100 000 Zuschauer ins Salt Lake Stadion (Yuba Bharati Krirangan). Zweites Fußballzentrum ist der Zwergstaat Goa, eine ehemalige portugiesische Kolonie.

In **Pakistan** ging es nur langsam voran in Sachen Fußball. Nach der Teilung Britisch-Indiens und der damit verbundenen Entstehung des Staates (1947) begann man ab 1948 einen Ligawettbewerb zu spielen. Seit kurzem gibt es die Bestrebung, das Spiel unter der Jugend zu fördern, nicht zuletzt deshalb, weil das Land der weltweit größte Hersteller von Fußbällen ist und zu dieser Arbeit oft Kinder herangezogen werden. Symptomatisch für das Land ist die Konzentration des Fußballs in den Zentren der historischen Regionen. In jeder der vier Provinzen – Punjab, Sind, Karatschi und Belutschistan – unterscheiden sich die Klubs anhand ihrer Farben (die Grünen, Roten und Blauen). Führende Zentren sind Karatschi im Süden und Lahore im Norden des Landes. Die Meisterschaft wird als Klubturnier ausgetragen, bei dem die Vertreter aller Provinzen und zahlreicher staatlicher Institutionen an den Start gehen.

Nach dem Zerfall von Britisch-Indien trug man im Jahre 1948 im ehemaligen Ostpakistan eine der vier Provinzmeisterschaften aus, die auch als Dhakaer Liga bezeichnet wurde. Nach dem Bürgerkrieg mit Westpakistan, aus dem 1972 das selbständige **Bangladesch** (Staat der Bengalen mit vorwiegend moslemischer Konfession) hervorging, wurde das Land bereits 1974 Mitglied der FIFA. Als oberster Wettbewerb wurde weiterhin die Dhakaer Liga geführt. Neben ihr werden Turniere unter den Vertretern der einzelnen Distrikte veranstaltet. Erst in der Saison 2000 wurde eine gesamtstaatliche Liga eingeführt, der außer den besten Vereinen der Dhakaer Liga auch die siegreichen Repräsentanten der Regionalwettbewerbe angehören. In den vergangenen Jahren hat sich der Fußball als Sport stürmisch entwickelt. Nach Schätzungen der FIFA wird er hierzulande von über fünf Millionen Menschen gespielt.

Das Königreich **Nepal** öffnete sich der Welt erst im Jahre 1950, und gleich ein Jahr später entstand der Fußballverband. Das Spiel entfaltete sich vor allem im Talkessel von Kathmandu, wo der größte Teil der Bevölkerung des vorwiegend mit Bergdörfern besiedelten Landes lebt. Der Hauptwettbewerb ist die Liga der Märtyrer. Sie hat eine 50-jährige Tradition und wird nur von Klubs aus dem Ballungsraum der Hauptstadt bestritten.

Auf Ceylon, der ehemals britischen Kolonie, fand der Fußball zwischen den Weltkriegen seine Verbreitung. Es wurden jede Menge Pokal- und Regionalwettbewerbe ausgetragen. Im heutigen **Sri Lanka** ist der Fußball nur in dem von den buddhistischen Singhalesen bewohnten Hauptteil des Landes organisiert. Die meisten Klubs sind in der Hauptstadt Colombo und deren Umgebung zu Hause. Die bewaffneten Bestrebungen der hinduistischen Tamilen zur Bildung eines eigenen Staats machten eine Entwicklung des Fußballs im übrigen Teil der Insel unmöglich. Eine oberste Spielklasse gibt es seit 1911, die Sieger der Konkurrenz sind jedoch mehrheitlich unbekannt. Auch deshalb, weil Cricket als populärster Sport über allem thront.

Einen Fußball-Zwerg stellen die Inseln der **Malediven** dar, die sich im Indischen Ozean in einer Länge von fast 2000 km erstrecken. Die Mehrzahl der Klubs kommt aus der Hauptstadt Male. Den nationalen Wettbewerb spielt man hier bereits seit 50 Jahren.

Lehrer haben das Fußballspiel auch in das exotische Königreich **Bhutan** gebracht, und zwar in den 50er Jahren des 20. Jahrhunderts. Als es schon unterzugehen drohte, haben es buddhistische Mönche in den 90er Jahren wiederbelebt. Eine eigene Liga gibt es schon seit 20 Jahren. Im Jahr 2000 wurde das Land in die FIFA aufgenommen, und daher nimmt nun auch eine Nationalmannschaft an internationalen Wettbewerben teil.

LEGENDE

1 | 2–4 | 5 und mehr
Siege in der 1. Liga – Afghanistan (1995), Indien (1997–2006), Nepal (1955–2006), Bhutan (1986–20
Bangladesch (2000–2006), Sri Lanka (1911–2006) und Malediven (1983–2006)

Begründer der Indischen Liga (gegr. 1996/97)

übrige Teilnehmer der 1. Liga – Indien (1997–2006
Bangladesch (2000–06), Sri Lanka (1998–2006)

Siege in der 1. Pakistanischen Liga (1948–2005)

übrige Teilnehmer der 1. Pakistan. Liga (1999–200

Siege in der Liga von Dhaka (1948–2005) und Kalkutta (1898–2006)

übrige Teilnehmer der Dhakaer Liga (1992–2005)

Siege im Landespokal – Pakistan (1979–2005) Indien (1977–2006), Bangladesch (1980–2005), Sri Lanka (1948–2006) und Malediven (1988–2006)

Siege in der Santosh Trophy (1942–2006)

Patna – Städte über 1 000 000 Einwohner ohne einen Erstligaklub

Pakistan Army – Name des Fußballklubs

PIA – erfolgreichster Klub des Landes

Royal Artillery – bereits nicht mehr existierender Klub

Lumbini – Stadt

Sikkim – Region

Afghanistan

Pakistan

Indien

Malediven

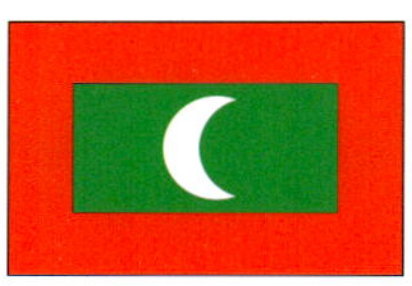

Sri Lanka

Nepal

Bhutan

Bangladesch

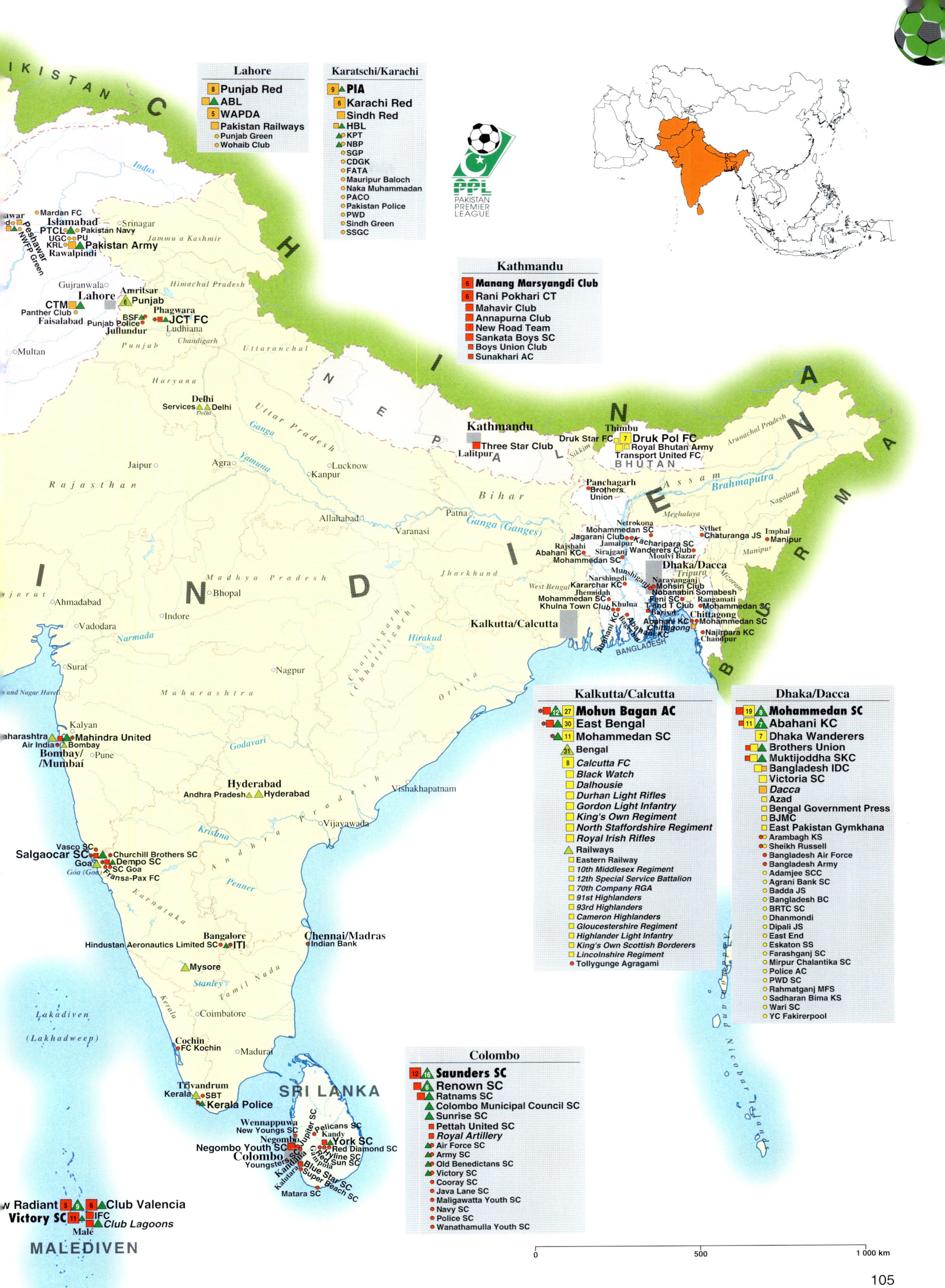
Lahore
8 Punjab Red
ABL
5 WAPDA
Pakistan Railways
Punjab Green
Wohaib Club
Karatschi/Karachi
9 PIA
6 Karachi Red
Sindh Red
HBL
KPT
NBP
SGP
CDGK
FATA
Mauripur Baloch
Naka Muhammadan
PACO
Pakistan Police
PWD
Sindh Green
SSGC
PPL
PAKISTAN PREMIER LEAGUE
Kathmandu
6 Manang Marsyangdi Club
6 Rani Pokhari CT
Mahavir Club
Annapurna Club
New Road Team
Sankata Boys SC
Boys Union Club
Sunakhari AC
Kalkutta/Calcutta
12 27 Mohun Bagan AC
30 East Bengal
11 Mohammedan SC
31 Bengal
8 Calcutta FC
Black Watch
Dalhousie
Durhan Light Rifles
Gordon Light Infantry
King's Own Regiment
North Staffordshire Regiment
Royal Irish Rifles
Railways
Eastern Railway
10th Middlesex Regiment
12th Special Service Battalion
70th Company RGA
91st Highlanders
93rd Highlanders
Cameron Highlanders
Gloucestershire Regiment
Highlander Light Infantry
King's Own Scottish Borderers
Lincolnshire Regiment
Tollygunge Agragami
Dhaka/Dacca
19 8 Mohammedan SC
11 7 Abahani KC
7 Dhaka Wanderers
Brothers Union
Muktijoddha SKC
Bangladesh IDC
Victoria SC
Dacca
Azad
Bengal Government Press
BJMC
East Pakistan Gymkhana
Arambagh KS
Sheikh Russell
Bangladesh Air Force
Bangladesh Army
Adamjee SCC
Agrani Bank SC
Badda JS
Bangladesh BC
BRTC SC
Dhanmondi
Dipali JS
East End
Eskaton SS
Farashganj SC
Mirpur Chalantika SC
Police AC
PWD SC
Rahmatganj MFS
Sadharan Bima KS
Wari SC
YC Fakirerpool
Colombo
12 16 Saunders SC
6 Renown SC
Ratnams SC
Colombo Municipal Council SC
Sunrise SC
Pettah United SC
Royal Artillery
Air Force SC
Army SC
Old Benedictans SC
Victory SC
Cooray SC
Java Lane SC
Maligawatta Youth SC
Navy SC
Police SC
Wanathamulla Youth SC
PAKISTAN
CHINA
INDIEN
NEPAL
BHUTAN
BANGLADESH
BURMA
SRI LANKA
MALEDIVEN
Islamabad
PTCL
Pakistan Navy
UGC
PU
KRL
Pakistan Army
Rawalpindi
Mardan FC
Peshawar
NWFP Green
Srinagar
Jammu u. Kashmir
Gujranwala
Lahore
CTM
Panther Club
Faisalabad
Multan
Amritsar
6 Punjab
Phagwara
BSF
JCT FC
Punjab Police
Jullundur
Ludhiana
Chandigarh
Himachal Pradesh
Punjab
Haryana
Uttaranchal
Delhi
Services
Delhi
Uttar Pradesh
Ganga
Yamuna
Jaipur
Agra
Lucknow
Kanpur
Rajasthan
Allahabad
Varanasi
Patna
Bihar
Ganga (Ganges)
Kathmandu
Three Star Club
Lalitpur
Thimbu
Druk Star FC
7 Druk Pol FC
Royal Bhutan Army
Transport United FC
Sikkim
Arunachal Pradesh
Assam
Brahmaputra
Nagaland
Meghalaya
Panchagarh
Brothers Union
Netrokona
Mohammedan SC
Jagarani Club
Jamalpur
Kacharipara SC
Rajshahi
Abahani KC
Sirajganj
Wanderers Club
Moulvi Bazar
Mohammedan SC
Sylhet
Chaturanga JS
Imphal
Manipur
Manipur
Dhaka/Dacca
Tripura
Mizoram
Narshingdi
Munshiganj
Narayanganj
Mohsin Club
Nobanabin Somabesh
West Bengal
Kararchar KC
Jhenaidah
Mohammedan SC
Khulna Town Club
Khulna
Feni SC
T and T Club
Barisal
Rangamati
Mohammedan SC
Chittagong
Abahani KC
Mohammedan SC
Chittagong
Najirpara KC
Chandpur
Kalkutta/Calcutta
Jharkhand
Madhya Pradesh
Bhopal
Ahmadabad
Indore
Vadodara
Narmada
Hirakud
Chhattisgarh
Surat
Nagpur
Dadra and Nagar Haveli
Maharashtra
Orissa
Kalyan
Maharashtra
Mahindra United
Air India
Bombay
Bombay/ /Mumbai
Pune
Godavari
Hyderabad
Andhra Pradesh
Hyderabad
Vishakhapatnam
Andhra Pradesh
Vijayawada
Krishna
Vasco SC
Salgaocar SC
Churchill Brothers SC
Goa
Dempo SC
SC Goa
Goa (Goa)
Fransa-Pax FC
Penner
Karnataka
Bangalore
Hindustan Aeronautics Limited SC
ITI
Chennai/Madras
Indian Bank
Mysore
Stanley
Tamil Nadu
Kerala
Coimbatore
Lakadiven
(Lakhadweep)
Cochin
FC Kochin
Madurai
Trivandrum
Kerala
SBT
Kerala Police
Wennappuwa
New Youngs SC
Negombo
Negombo Youth SC
Colombo
Youngsters SC
Jupiter SC
Pelicans SC
Kandy
York SC
Red Diamond SC
Skyline SC
Red Sun SC
Blue Star SC
Super Beach SC
Matara SC
Kalutara
Kandana
Gampola
New Radiant
Club Valencia
Victory SC
IFC
Club Lagoons
Malé
Andamanen und Nicobar Islands
0
500
1 000 km

Südostasien

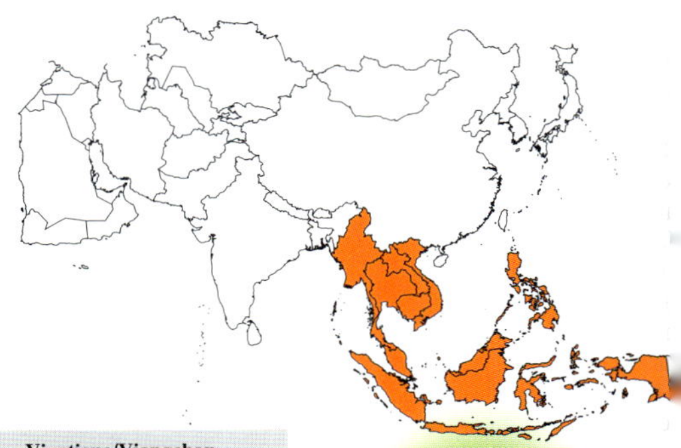

Die Wiege des Fußballs in Südostasien stellte der britische Militärstützpunkt in dem strategisch gut situiertem **Singapur** dar, wo auch im Jahre 1892 die erste Fußballorganisation (und der Pokal) auf dem asiatischen Kontinent entstanden sind. Singapur war lange das wichtigste Zentrum des Fußballs in ganz Malaysien. Die Liga dieses Stadtstaats, der heute bereits über drei Millionen Einwohner hat und zu den am meisten entwickelten der Welt gehört, wurde im Jahre 1904 gegründet. Aber erst seit 1996 kann man sie als vollwertig bezeichnen, denn bis dahin spielte die Nationalmannschaft Singapurs in den Klubwettbewerben des benachbarten Malaysias. In den letzten Jahren wird die 1. Liga von zehn bis zwölf Profiklubs gebildet.

Der Fußballverband des an Erdöl und Gas reichen Sultanats **Brunei** entstand im Jahre 1959, lange vor dem Erreichen der Unabhängigkeit (1984). Ein echter Ligawettbewerb wurde jedoch erst 2002 eingeführt. Das einzige Team, das vollständig aus Profis gebildet wird – die Nationalmannschaft Bruneis – nimmt regelmäßig an den Klubwettbewerben im benachbarten Malaysia teil.

Die Entwicklung des Fußballs auf den Inseln von **Indonesien** sicherten die niederländischen Kolonisten. Unter der Schirmherrschaft von Niederländisch-Ostindien spielten die indonesischen Fußballer sogar bei der Weltmeisterschaft 1938 in Frankreich mit (sie durften wegen dem Rückzug ihrer Gegner teilnehmen). Auf der ausgedehnten Inselgruppe breitete sich der Fußball in den Nachkriegsjahren bis in jede Ecke aus, den regelmäßigen Amateurwettbewerb gibt es jedoch bereits seit dem Jahre 1931. Seit dem Jahrgang 1979/80 wurde ein neuer Wettbewerb mit der Beteiligung halbprofessioneller Mannschaften gegründet, in der Saison 1994/95 kam es zu ihrem Zusammenschluss. Die erste indonesische Liga stellt den größten professionellen Fußballwettbewerb der Welt dar, obwohl die Anzahl der Teilnehmer in den letzten Jahren von dreiunddreißig auf gegenwärtig achtundzwanzig reduziert wurde. Wegen der großen Distanzen und des notwendigen Flugverkehrs wird die Meisterschaft auf der Grundlage von zwei (früher drei und fünf) regionalen Gruppen organisiert: Der westlichen, in der die Klubs aus Sumatra und dem westlichen Teil Javas spielen, und der östlichen, in der die Teams aus dem restlichen Java, des weiteren aus Bali, Kalimantan, Sulawesi und dem West-Irian auf Neuguinea starten. In der Liga dominieren im Allgemeinen die Mannschaften aus Java, wo sich fast 60 Prozent der Population und deswegen auch die Mehrheit der organisierten Fußballspieler des mit 220 Millionen Einwohnern viertgrößten Landes der Erde konzentrieren. Mit einem Schnitt von rund 12 000 Zuschauern pro Spiel ist die Liga unter den Top 20 der Welt.

In Malaysien, heute **Malaysia**, breitete sich der Fußball zu Beginn des 20. Jahrhunderts von Singapur her aus, das bis zum Jahre 1957 dessen Bestandteil war. Die Föderation gehört zu den aktivsten in Asien und ist auch der Veranstalter des ältesten zwischenstaatlichen Turniers auf dem Kontinent – Merdeka genannt – das bereits seit dem Jahre 1957 stattfindet. Die Profi-Liga wird aber erst seit 1992 ausgespielt. Ihre Organisation kopiert den föderativen Aufbau des Landes, die Teilnehmer der höchsten Liga sind solche Klubs, die die Hauptstädte der einzelnen Staaten vertreten. Die Anzahl der Ligavertreter hat sich in den zurückliegenden Jahren auf lediglich acht Mannschaften stabilisiert. Die längste Tradition hat der Pokal Malaysias, abgesehen von Singapur der älteste regelmäßige Fußballwettbewerb in Südostasien – er wird seit 1921 ausgetragen. Auf Grund des wirtschaftlichen Booms hat der malaysische Fußball in den 90er Jahren einen riesigen Entwicklungsschub erfahren, was die Errichtung großer moderner Stadien und das Anwachsen der Besucherzahlen bei den Ligaspielen (gegenwärtig über 10 000 pro Partie) dokumentieren. Die Öl- und Erdgasgewinnung hilft auch auf Borneo der Entwicklung des Fußballs. Zu den Spitzenklubs der heutigen Liga zählen die Vertreter der Staaten Sarawak und Sabah, früher nur wegen der undurchdringlichen Urwälder, den wilden Dajaken und dem Piraten Sandokan bekannt.

Zu den fußballmäßig weniger entwickelten Ländern gehören die **Philippinen**, obwohl der einheimische Verband bereits im Jahre 1907 von den Spaniern gegründet wurde und der erste Fußballwettbewerb in Manila nur vier Jahre später gespielt wurde. Unter dem immer stärkeren Einfluss der USA, die hier Militärstützpunkte hatten, entwickelten sich vornehmlich Baseball und Basketball; Fußball ist allmählich untergegangen und der Wettbewerb verschwand im Jahre 1936. Die heutige Konkurrenz des Landes, das sich auf mehr als 7000 Inseln (ca. 1000 davon sind bewohnt) erstreckt, beginnt mit einer regionalen Qualifikation. Das Endrundenturnier bestreiten acht Mannschaften, die in zwei Gruppen spielen. Der Meister wird im Play off ermittelt.

Nach **Burma (Myanmar)** führten britische Soldaten den Fußball an der Wende des 19. zum 20. Jahrhundert ein. Eine nationale Liga gibt es seit 1947. Außerdem wird noch ein Pokalwettbewerb der Vertreter der Bundesstaaten des Vielvölkerstaats ausgetragen. In der Liga spielten bisher nur die Mannschaften aus der Hauptstadt, welche die bedeutendsten staatlichen Institutionen und militärischen Abteilungen repräsentieren. Die in Turnierform gespielte gesamtstaatliche Meisterschaft unter Mitwirkung der Vertreter der Regionalzonen (Staaten) bzw. ihrer Verwaltungsstellen, wird seit dem Jahre 1952 veranstaltet. Die Angaben über das Fußballgeschehen in diesem Staat, der sich in den letzten Jahren wieder bemüht, aus der internationalen Isolation zu entkommen, sind unzureichend.

Im Lande der Khmer, namentlich **Kambodscha**, waren französische Siedler die ersten, die Fußball spielten. Sie wirkten ebenfalls an der Gründung der Fußballföderation im Jahre 1933 mit. Vor dem Ära des Genozidregimes Pol-Pots (1975) hatte man hier eine Liga und der hiesige Fußball hat zudem eines der größten Stadien der Welt zur Verfügung (mit einer Kapazität von 170 000 Zuschauern). Die fußballerischen Aktivitäten wurden erst im Jahre 1982 wieder aufgenommen. In der Liga spielen die Teams der verschiedenen Ministerien und der Armee. Wegen der lange unbeständigen politischen Situation konzentriert sich das Fußballleben besonders in der Hauptstadt Phnom Penh.

Auch nach **Laos** kam der Fußball mit der französischen Besiedlung Indochinas an der Wende vom 19. zum 20. Jahrhundert. Er begann sich jedoch erst nach dem 2. Weltkrieg auf der Basis der Regionalwettbewerbe zu entwickeln. Die internationalen

Berühmte Klubs aus Südostasien

Klub-name (Land)	**Stadt**	**Stadion-name**	**Stadion-kapazität**
Brunei Darus Salam (Brunei)	Bandar Seri Begawan	Sultan Hassal Bolkiah	30 000
NIAC Mitra Surabaya (Indonesien)	Surabaya	Gelora 10 Nopember	30 000
Pelita Bakrie (Indonesien)	Jakarta	Sanggraha Pelita	20 000
Persebaya Surabaya (Indonesien)	Surabaya	Gelora 10 Nopember	30 000
Persib Maung (Indonesien)	Bandung	Siliwangi	20 000
Persik (Indonesien)	Kediri	Brawijaya	10 000
PSIS Semarang (Indonesien)	Semarang	Jatidiri	21 000
PSM (Indonesien)	Ujung Pandang	Mattoangin	30 000
Kuala Lumpur FA (Malaysia)	Kuala Lumpur	KLFA St.	18 000
Pahang FA (Malaysia)	Kuanton	Darulmakmur St.	40 000
Perak FA (Malaysia)	Ipoh	DBI St.	40 000
Sarawak FA (Malaysia)	Kuching	Sarawak State St.	40 000
Selangor FA (Malaysia)	Shah Alam	Shah Alam St.	69 372
Geylang United FC (Singapur)	Bedok	Bedok St.	4 000
Singapore Armed Forces FC (Singapur)	Jurong	Choa Chu Kang St.	4 000
Tampines Rovers FC (Singapur)	Tampines	Tampines St.	4 500
Bangkok Bank/Thana-Khan-Bank (Thailand)	Bangkok	Bangna	2 000
Royal Thai Air Force/Thar-Harn-Arkard (Thailand)	Bangkok	Thupatemee	20 000
Thai Farmers Bank/Thai Kat-Si-Korn (Thailand)	Bangkok	Hockey St.	25 000
The Công (Vietnam)	Ha Nôi	Ha Nôi	18 000

›ontakte des Landes waren bis in die 80er Jahre nur minimal. In dem provinziellen und stark bewaldeten Land ›ielt man Fußball nur in den größeren Städten, die allesamt am Fluss Mekong liegen. Das Fußballzentrum von ›aos ist die Hauptstadt Vientiane.

Obwohl **Thailand** (ehemals Siam) niemals kolonisiert wurde, kam der Fußball an der Wende vom 19. zum ›. Jahrhundert durch britische Geschäftsleute und Techniker ins Land. Auch der Verband Siams entstand für ›e asiatischen Verhältnisse recht früh – bereits im Jahre 1916. Trotzdem hat das Nationalteam in den internatio›alen Wettbewerben bisher keinen bedeutenden Erfolg erzielt. Die Liga besteht seit den 60er Jahren. Das 65 ›illionen Einwohner zählende Land stellt ein weltweites Unikat dar, es hat wahrscheinlich die größte Kon›ntration von Ligaklubs aus der Hauptstadt. Aus Bangkok kommen nicht nur alle Meister, sondern bis auf die ›aison 2004/05 spielten in der Liga ausschließlich Klubs aus der Achtmillionenstadt. Eine Reihe von Teams ›ird von der Wirtschaft unterstützt bzw. von staatlichen (besonders militärischen) Institutionen. Einen bedeu›nden Erfolg auf dem internationalen Feld erzielte die Mannschaft Thai Farmers Bank, die zweimal nachein›nder den Asienpokal der Meister gewonnen hat. Zu einer sehr kuriosen Situation kam es in der Saison 1999: ›e ersten vier Teams hatten die gleiche Punktezahl, das Team auf dem fünften Platz nur einen weniger.

In **Vietnam**, dem wichtigsten Bestandteil des ehemaligen Indochinas, verbreitete sich der Fußball, wegen der ›anzösischen Siedler, bereits vor dem Ersten Weltkrieg. Im Jahre 1923 wurde in Saigon der Fußballverband Ko›inchinas gegründet. Großes Interesse an dem Spiel herrschte vor allem im Süden des Landes, wo folglich auch ›e Qualität höher war. Vietnam wurde 1952, noch während der Kolonialzeit, Mitglied der FIFA. In den Jahren ›954–1975 wurde das Land in Nord- und Südvietnam geteilt und durch die Kriege schwer geschunden. Der ›meinsame Ligabetrieb wurde erst einige Jahre nach der Vereinigung des Landes im Jahre 1980 wieder ›ufgenommen. Die meisten Erstligateams der letzten Jahre kommen aus dem Mekongdelta, aus der Region ›r größten Metropole Ho-Chi-Minh-Stadt (Saigon) und aus der Landeshauptstadt Hanoi.

Ost-Timor (Timor-Leste), die ehemalige portugiesische Kolonie, die 1975-99 von Indonesien okkupiert ›ar, feierte erst im Jahr 2003 ihre internationale Premiere. Zwei Jahre später wurde das Land in die FIFA auf›enommen. Über eine hiesige Liga gibt es nur bruchstückhafte Informationen.

Singapur

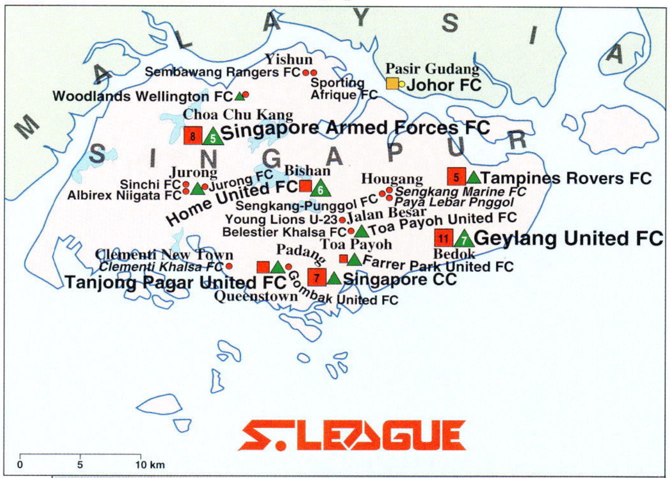

weitere singapurische Klubs:

Singapore	Royal Engineers
Singapore Chinese FA	1st Battalion South Staffs
Tiger SA	IRC
Malay FA	Kota Raja Club
2nd Battalion Middlesex Regiment	Star Soccerites SC
2nd Duke of Wellington's Regiment	1st Battalion Manchester Regiment
3rd Battalion Middlesex Regiment	Malayan Command
Darul Afiah FC	Fathul Karib FC
Marine Department SC	AAA
Royal Air Force	Harlequins
1st Battalion Sherwood Foresters	HMS "Pegasus"
2nd Battalion West Kents	RAF Seletar
Royal Artillery	Singapore Engineers
Royal Navy	The Royal Regiment
12th Company Royal Artillery	Wiltshire Regiment
1st Battalion KOYLI	1st Battalion the Rifle Brigade
Rovers SC	1st BKOR Lancaster Regiment
	2nd Battalion 10th Lincoln Regiment
	5th Northumberland Fusiliers

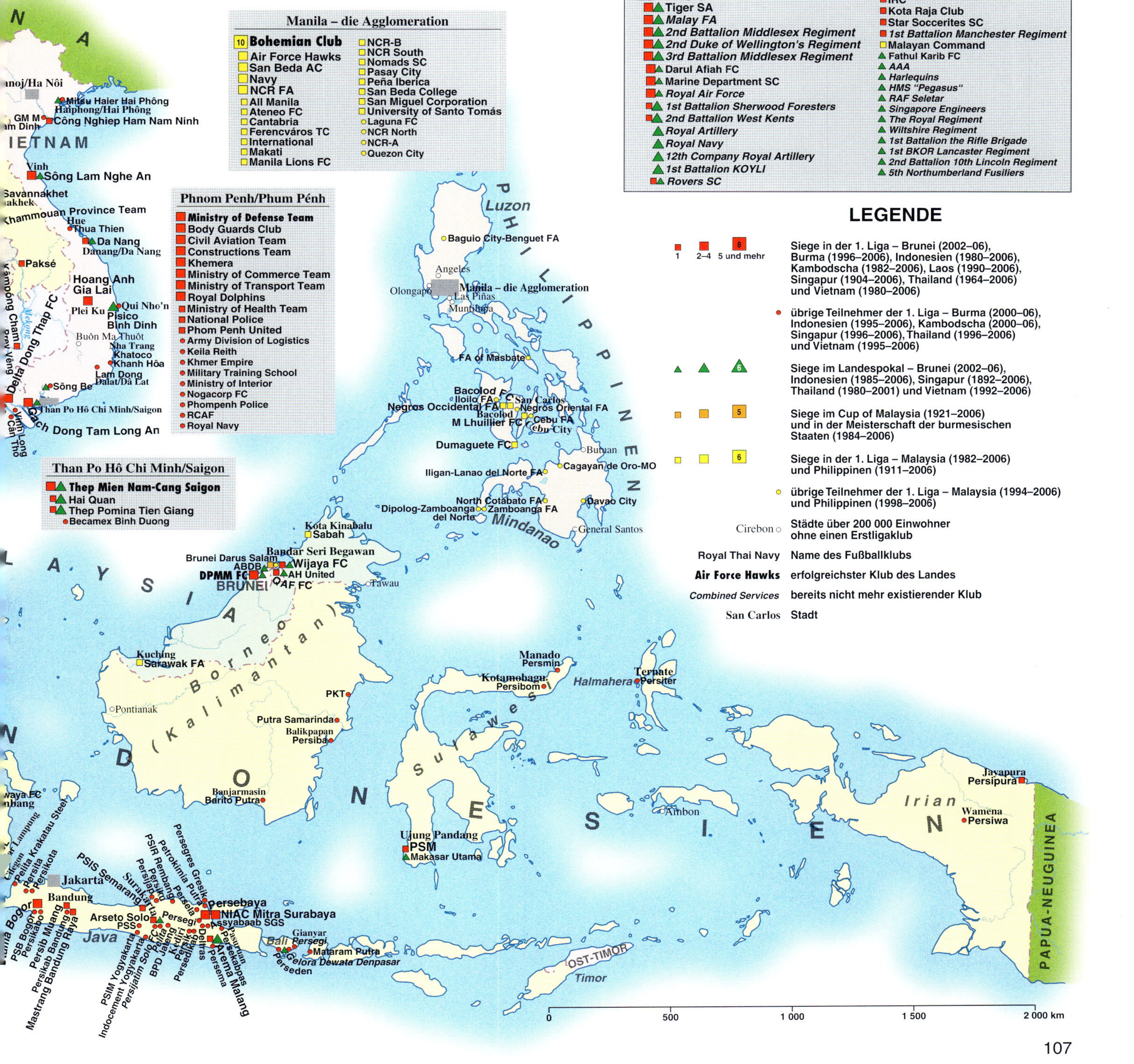

China, Mongolei und Taiwan

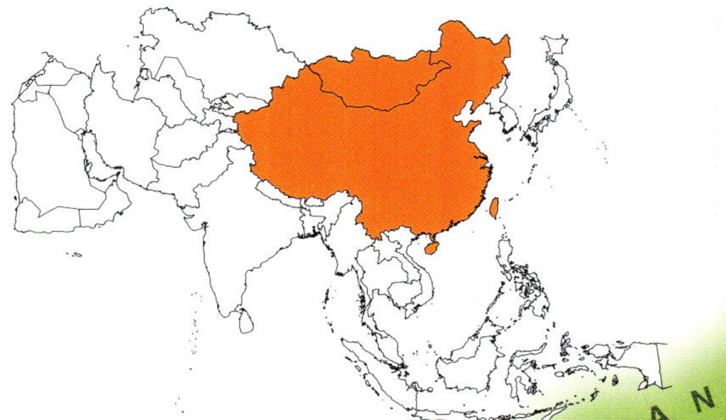

Die historischen Quellen geben an, dass die Urheimat des Fußballs **China** ist. Ihnen zufolge habe man hier bereits 2500 Jahre vor Christus das chinesische „Zuqiu“ gespielt, das dem heutigen Fußball angeblich sehr ähnlich war. Es überlebte jedoch nicht. Den neuzeitlichen „englischen“ Fußball verbreiteten die Briten in China über die Hafenstädte und Geschäftszentren wie Shanghai, Ningbo, Hongkong, Kanton und Amoy (Xiamen) bereits in den 60er Jahren des 19. Jahrhunderts. Die Revolution, bei der im Jahre 1912 der Kaiser gestürzt wurde, legte auch den Grundstein für die Bildung des ersten Nationalteams. Im Jahre 1924 kam es in Nanking, der damaligen Hauptstadt, zur Gründung der ersten Sportorganisation, die auch den Fußball beschirmte. In die FIFA wurde China 1931 aufgenommen. Die japanische Okkupation, die Kriegsereignisse und die nachfolgende Isolation des Landes unter Kommunistenführer Mao Tse-tung (bis 1976) verursachten den Niedergang des Spiels, das sich nicht als Sport der Massen durchsetzte.

Ein regelrechter Wettbewerb bildete sich erst nach dem Sieg der Kommunisten und der Entstehung der Chinesischen Volksrepublik (1949) heraus. Die ihn zunächst bestreitenden Teams waren die Vertreter ausgedehnter Regionen, oft größer als die gegenwärtigen chinesischen Provinzen, und der wichtigsten staatlichen Institutionen. Der Ligagewinner der Jahre 1951 und 1954, der Klub North East China (Nordost-China), war zum Beispiel eine Mannschaft, die drei Provinzen gemeinsam vertrat. Dank der um 1980 von Deng Xiaoping eingeleiteten wirtschaftlichen Öffnung des Landes ging es auch im Fußball bergauf. 1993 erhielt die 1. Liga sogar den Profistatus. Die Mehrzahl der Klubs wird von privaten Firmen unterstützt; folglich kommt es, ähnlich wie in anderen Ländern, beim Wechsel des Hauptsponsors oft zur Änderung des Vereinsnamens. Das Fußballgeschehen hat sich dabei in den 90er Jahren immer mehr in die Hauptstadt Peking sowie in das bedeutendste Wirtschaftsgebiet des Landes, die im Nordosten gelegene Mandschurei verlagert. Als die erfolgreichste Mannschaft dieser Zeit erwies sich Liaoning – das Team aus der gleichnamigen Provinz, die mit ihren Millionenstädten Shenyang und Fushun zugleich das Eisenhüttenzentrum Chinas darstellt. Neben der Mandschurei ist vor allem die ökonomisch starke Küstenregion am Ostchinesischen Meer in der höchsten Spielklasse vertreten. Das übrige Inland hingegen ist nur mit bis zu vier Städten im Oberhaus präsent. Angesichts einer Einwohnerzahl von über 1,2 Milliarden Menschen ist die Liga mit ihren 12 bis 15 Teilnehmern jedoch nicht sehr repräsentativ. Dafür sind die Zuschauerzahlen recht ordentlich: Bei 15 000 Besuchern pro Spiel liegt der Schnitt in der 1. Liga, und die 2. Liga gehört mit einem Schnitt von 10 000 zu den meistbesuchten ihrer Spielklasse in der Welt. Mehrere Chinesen kommen inzwischen in führenden europäischen Ligen zum Einsatz. 2002 nahm China erstmals an einer WM-Endrunde teil.

Hongkong war einer der ersten Orte in Asien, der durch britische Missionare, Soldaten, See- oder Kaufleute mit dem Fußball vertraut gemacht wurde. Das war in den 70er Jahren des 19. Jahrhunderts. Anfangs wurde er jedoch nur von den Briten gespielt. Zu Beginn des 20. Jahrhunderts wurde er dann auch von den chinesischen Studenten an den britischen Schulen angenommen. Der Fußballverband entstand im Jahre 1914, aber der FIFA gehört er erst seit 1954 an. Eine Liga, in der regelmäßig sieben bis zehn Teams spielen, gibt es seit 1945. In den letzten Jahren nehmen auch einige Klubs aus den angrenzenden Regionen Chinas am Punktspielbetrieb teil. Hongkong war das erste asiatische Land, in dem das Profitum eingeführt wurde. Auf der zum Kleinstaat gehörenden Halbinsel Kowloon sind die erfolgreichsten Klubs des Landes konzentriert.

In **Macau** lernte man das Fußballspiel Anfang des 20. Jahrhunderts durch die Portugiesen kennen. Der Fußballverband entstand im Jahre 1939, in die FIFA wurde er 1976 aufgenommen. Die kulturellen Unterschiede zwischen den einheimischen Chinesen und den portugiesischen Kolonisten standen einer größeren Entfaltung des Spiels stets im Wege. Am Spielbetrieb der 1. Liga nehmen derzeit acht oder zehn Klubs teil.

Obwohl auch auf der Insel **Taiwan** nahezu seit Beginn des 20. Jahrhunderts Fußball gespielt wird (der Fußballverband existiert seit 1936), gehört das Spiel hier nicht zu den beliebtesten Sportarten. Auch wenn seine Popularität besonders in den letzten Jahren beständig zugenommen hat. Die Abtrennung vom kommunistischen China und die Unterstützung vonseiten der USA schlägt sich auch im Sportleben der Insel nieder. Der amerikanische Einfluss zeigt sich vor allem im hierzulande sehr verbreiteten Base- und Basketball. Die Entwicklung des Fußballs dagegen wurde durch den zeitweiligen Ausschluss des Landes aus der Asiatischen Fußballkonföderation (1976–89) gebremst. Die Mehrzahl der Ligaklubs kommt aus der Hauptstadt Taipei.

In die **Mongolei** gelangte der Fußball über die Sowjetunion, doch er erreichte nicht die Beliebtheit der traditionellen mongolischen Sportarten (Pferderennen, Ringkampf). Der Fußballverband wurde im Jahre 1959 gegründet, aber Mitglied der FIFA wurde das Land erst 1998. Das Fußballgeschehen spielt sich hauptsächlich in drei Städten ab. Neben der Hauptstadt Ulan Bator sind es die Bergbaustadt Erdenet und das Energiezentrum Darchan.

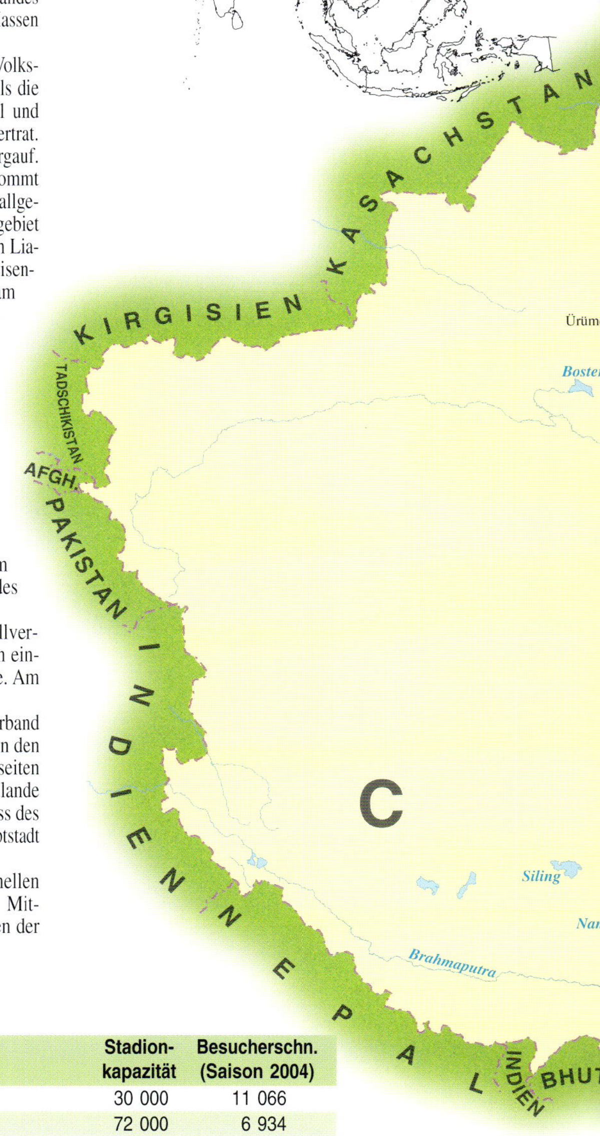

Berühmte chinesische Klubs

Klubname	Stadt	Gründ. Jahr	Stadionname	Stadionkapazität	Besucherschn. (Saison 2004)
Army August 1st Xiangtan	Shijiazhuang	1952	City Spots Centre	30 000	11 066
Beijing Hyundai Cars	Peking (Beijing)	1992	Workers' Stadium	72 000	6 934
Chongqing Lifan	Chongqing	1994	Da Tianwan Stadium	32 000	15 466
Dalian Shide	Lü-ta/Dalian	1994	Jinzhou Stadium	31 000	20 229
Guangdong Hongyuan	Kanton (Guangzhou)	1992	Dongguang County Stadium	9 000	1 914
Liaoning	Fushun	1953	Leifeng Stadium	33 000	10 171
Shangdong Luneng Taishan	Jinan	1998	Shangdong Stadium	43 700	15 200
Shanghai Shenhua SVA	Shanghai	1993	Hongkou Stadium	35 000	11 046
Shenzhen Kingway	Shenzhen	1993	Shenzhen Stadium	33 000	10 857
Sichuan Guancheng	Chengdu	1993	Sichuan Province Sports Center	50 000	14 266
Tianjin Teda	Tianjin	1993	Teda Football Stadium	36 000	7 771
South China	Hongkong	1910	Hong Kong Stadium	40 000	2 685

Ausländer in der chinesischen Liga

(Saison 2004)
5 – Serben
4 – Brasilianer und Rumäne
3 – Kroaten und Nigerianer
2 – Bosnier und Ungarn
insgesamt 36 Spieler

China

Mongolei

Taiwan

Macau (chin.)

Hongkong (chin.)

itere mongolische Klubs:
Mon-Uran
Idsskh
Argamag
Dinozavr
Hurmastyn Ezed
Ordiin Od
Sonor
Tasyn Suudal
Zamin Uud
Ulanbator (Ulaanbaatar)
Erchim
Khuch
Delger
Altar
ITI Bank-Bars
Khasin Khultood
Khoromkhon
Khudulmur
Business Bank
Kharaastsai
Khotol
Mazalaj
Selenge Press
UFJ
Ulaanbaatar United
Ulaanbaatar University
Zamchin
R U S S L A N D
M O N G O L E I
C H I N A
Chövsgöl
Darchan
Selenge "CBB"
Darchan
Erdenet
Khangard
Erdenet "Ninj"
Bajangol
Ulanbator (Ulaanbaatar)
Baganoor
Hulun Nur
Yichun
Amur
Ussuri
Qiqihar
North East China
(spielte in Habrin, Jilin und Shenyang)
Harbin
Chanka
Jixi
Changchun
Cahngchun Yatai
Jilin Aodong
(spielte in Yanji, Changchun und Jilin)
Jilin
(spielte in Habrin, Jilin und Shenyang)
North East China
Jilin Aodong
(spielte in Yanji, Changchun und Jilin)
Jilin Aodong
Yanji
(spielte in Habrin, Jilin und Shenyang)
Fushun
North East China
Liaoning
Shenyang Jinde
Shenyang
Benxi
Jinzhou
Anshan
NORDKOREA
Hohhot
Peking (Beijing)
Baotou
Beijing Hyundai Cars
Beijing Youth
Datong
Tangshan
Beijing PCI
China B
Tianjin Teda
Tianjin
Lü-ta/Dalian
Dalian Shide
Huang He
Shijiazhuang
Army August 1st Zhenbang
(auf chinesisch Ba Yi Zhenbang)
Taiyuan
Qinghai
Jinan
Zibo
Shangdong Luneng Taishan
Qingdao
Qingdao Zhongneng
Handan
CSL
中国足球协会超级联赛
Lanzhou
Zhengzhou
Luoyang
Zaozhuang
Xi'an
Harbin Guoli
Xi'an Chanba
Huainan
Nanjing
Jiangsu Shuntian
Hefei
Wuxi
Shanghai Shenhua SVA
Shanghai United
Shanghai International
Shanghai
Yangtze
Wuhan
Wuhan Guanggu
Hangzhou
Ningbo
Chengdu
Sichuan Guancheng
Chang Jiang
Chongqing
Chongqing Lifan
Nanchang
weitere taiwanische Klubs:
Flying Camel
Army
Fubon Financial
Lu Kuang
Taiwan PEC
Wei Dan
Changsha
INDIEN
BURMA
Guiyang
Fuzhou
Taibei
Taipei Bank
Ta Tung
San Chung
Taipei PEC
Ilan Youth
Xiamen
Xiamen Lanshi
Ming Chuan University
Kunming
Yunnan Hongta
Xi Jiang
Kanton (Guangzhou)
Guangdong Hongyuan
Guangzhou Xiangxue Pharmaceutical
Guangzhou Songri
Sunray Cave
TAIWAN
Zhaoqing
Xiangxue Pharmaceutical
Fengshan
Taipower
Nancheng Real Estate
Foshan Fosidi
Foshan
Shenzhen Kingway
Shenzhen
China Steel
Kao-siung
/Gaoxiong
Nanning
Mekong
Dongguan
VIETNAM
LAOS
Hongkong
Macau
0
500
1 000 km
LEGENDE
2–4
5 und mehr
Siege in der 1. Liga – China (1951–2006), Macau (1973–2006), Taiwan (1985–2006) und Mongolei (1985–2006)
übrige Teilnehmer der 1. Liga – China (1922–2006), Macau (2000–2006), Taiwan (1997-2006) und Mongolei (1996–2006)
2–4
5 und mehr
Siege in der 1. Liga – Hongkong (1946–2006)
übrige Teilnehmer der 1. Liga – Hongkong (1989–2007)
Siege im Landespokal – China (1984–2005), Hongkong (1975–2006) und Mongolei (1997–2001)
Wuxi
Städte über 1 000 000 Einwohner ohne einen Erstligaklub
Instant-Dict FC
Name des Fußballklubs
South China
erfolgreichster Klub des Landes
Beijing Youth
bereits nicht mehr existierender Klub
Darchan
Stadt
Macau
GD Lam Pak
Hap Kuan
Monte Carlo
Polícia
GD Artilheiros
WA Seng
Leng Ngan
Autoridade Monetária
Barra
Bombeiros
CD Serviços Alfândega
Heng Tai
Hoi Fan
Ip U
Kei Lun
Kin Chong
Kuan Tai
Macau U-18
Tim Iec
Vá Luen
Hongkong
South China
Seiko
Happy Valley
Eastern FC
Xiangxue Sun Hei
Instant-Dict FC
Kitchee
Kowloon Motor Bus Co.
Rangers FC
Yuen Long
Bulova
Jardines
Royal Air Force
Sing Tao
Lai Sun Double Flower FC
Ernest Borel
British Forces
Citizen
Fire Services
Five-one-seven
Fukien
Hong Kong 08
Hong Kong FC
Lanwa Red Bull
New Fair Kui Tan
Sai Kung's Friends
Tsuen Wan
Wofoo Tai Po
Frankwell
Mansion
Martini
Michelotti
Orient & Yee Hope Union
Po Chai Pills
Police
Sea Bee
Tin Tin
Voicelink

Japan und Korea

Das isolierte **Japan** kam relativ früh mit dem Fußball in Kontakt, und zwar bereits im Jahre 1873 dank des Engagements eines englischen Lehrers, der mit weiteren Landsleuten an der Marineakademie in Tokio lehrte. Das erste internationale Turnier im Lande – die Spiele des Fernen Ostens – fand 1917 statt. Im Jahre 1921 wurde der Fußballverband gegründet, der sich acht Jahre später der FIFA anschloss. In der Anfangsperiode hatte der Fußball aber nur an den Mittelschulen und Universitäten eine breite Basis.

Der Wettbewerb mit der längsten Tradition ist der Kaiserpokal, der seit 1921 gespielt wird. In den ersten Jahren der Konkurrenz dominierten die Universitätsteams aus Tokio, Kobe und Osaka. Schon vor dem 2. Weltkrieg erzielte der japanische Fußball einen internationalen Erfolg, als das (jedoch vorwiegend von Koreanern gebildete) Nationalteam bei der Olympiade 1936 in Berlin die Schweden bezwang. Die nächsten Erfolge zeitigten die Amateurfußballspieler bei der Olympiade 1964 in Tokio, als sie sich gegen Argentinien behaupteten, und bei der Olympiade 1968 in Mexiko, wo sie die Bronzemedaille gewannen. Ein dauerhafter Ligawettbewerb wird seit 1965 ausgetragen. Die Japan Soccer League gilt zugleich als die erste nationale Sportliga in Japan. Mit der Entstehung der 2. Liga (1972) wurde auch die Relegation um den Auf- und Abstieg eingeführt. Faktisch alle Klubs waren anfangs gleichzusetzen mit Werksteams; die Fußballspieler waren Angestellte der Industrieunternehmen, viele arbeiteten sogar vormittags. Die nationale Spitze wurde in dieser Zeit geprägt durch Vereine, deren Namen japanische Weltfirmen wie Nissan, Toyota, Mitsubishi, Yamaha, Mazda, u. a. zierten. Zwei Mannschaften eroberten in den 80er Jahren sogar die wertvollste asiatische Pokaltrophäe.

Die Profiliga (J-League) wurde 1992 etabliert. Mit der Schaffung neuer Geschäfts- und Sponsorabkommen wurde die Mehrzahl der Klubs umbenannt. Der Wettbewerb wurde 1993 mit zehn Teams begonnen. Die Teilnehmerzahl nahm jedoch ständig zu, und da zunächst niemand absteigen musste, waren es 1998 schon 18 Teams. In der Saison 1999 mussten erstmals zwei Klubs in den sauren Apfel des Abstiegs beißen. Der Fußball hat in den letzten Jahren an Popularität gewonnen und Japan hat sich in punkto Anzahl der Fußballer und internationaler Kluberfolge zu einer asiatischen Großmacht entwickelt. Insgesamt holten japanische Klubs (einschließlich der Saison 2005/06) 3x den Asienpokal der Landesmeister und 4x den Asiencup der Pokalsieger.

Bis auf einige Ausnahmen (Consadole Sapporo aus dem Wintersportzentrum auf der Insel Hokkaido und drei Teams von der Insel Kyushu) sind alle Ligaklubs auf der größten Insel Honshu ansässig. Die besten von ihnen sind im Ballungsraum der Hauptstadt Tokio zu finden. Das Verblüffende dabei: bis zur Saison 2000 war kein Klub direkt aus der 11-Millionen-Metropole darunter. Alle hiesigen Ligavereine kommen aus der Vorstadt oder den Nachbarstädten, die aber mit Tokio schon soweit zusammengewachsen sind, dass sie eine Agglomeration von 30 Millionen Einwohnern bilden: Kawasaki, Yokohama, Urawa, Kashiwa, Ichihara, beziehungsweise Hiratsuka. Als fußballerisch stärkste Region Japans erachtet man gegenwärtig jedoch die Präfektur Shizuoka mit den zwei Vertretern Jubilo Iwata und Shimizu S-Pulse.

Die Anfänge des Fußballs in **Korea** gehen bis auf das Jahr 1882 zurück, als er von der Besatzung eines britischen Kriegsschiffs über Pusan ins Land eingeführt wurde. Es dauerte jedoch lange, bis sich der Fußball in diesem Land, das im Großteil der ersten Hälfte des 20. Jahrhunderts von Japan okkupiert war, wirklich verwurzeln und entfalten konnte. Nach der Spaltung des Landes (1948) und dem anschließenden Koreanischen Krieg wurden nämlich durch die Amerikaner in **Südkorea** Baseball und weitere nordamerikanische Sportarten salonfähig gemacht, während der Fußball trotz der südkoreanischen WM-Teilnahme 1954 nur eine Nebenrolle spielte. Ein ständiger Ligawettbewerb wird erst seit 1983 gespielt, wobei zuerst nur zwei Profiklubs und drei Werksteams (Daewoo, Lucky Goldstar und POSCO) teilnahmen. Dennoch qualifizierte sich das Land schon für die WM 1986 und fehlte seither bei keiner Weltmeisterschaft. 1989 wurde die Liga professionalisiert. Von 1997 bis 2002 wurde die Konkurrenz ohne Auf- und Abstieg mit zehn ständigen Teams ausgetragen. Gegenwärtig hat die Liga 14 Teilnehmer, ihr Zuschauerschnitt liegt bei knapp 10 000 Besuchern pro Spiel. Südkorea gehört zu den wenigen Ländern, in denen die Mannschaften aus der Haupt- bzw. größten Stadt nicht den Ton angeben, und das, obwohl Seoul mit über 11 Millionen Einwohnern etwa ein Viertel der Bevölkerung des Landes vereint. Ansonsten sind alle Millionenstädte in der 1. Liga vertreten. Mit Platz vier erzielte Südkorea einen historischen Erfolg bei der WM 2002, die das Land gemeinsam mit Japan ausrichtete. Auch auf Klubebene ist Südkorea die stärkste asiatische Nation, denn in der Saison 2005/06 wurde der Asienpokal der Landesmeister schon zum siebten Mal von einem südkoreanischen Vertreter gewonnen.

Der Einmarsch der Sowjetarmee 1945 in den nördlichen Teil Koreas führte neben dem Abbruch der Kontakte zwischen Pjöngjang und Seoul nach der Teilung auch zur Entstehung des Fußballverbandes der KDVR, dem heutigen **Nordkorea.** Unter den Bedingungen des kollektiven Drills ging es rasch voran im Mannschaftssport. Seinen historischen Erfolg feierte der nordkoreanische Fußball bei der WM 1966 in England mit dem sensationellen Sieg über Favorit Italien und dem Einzug ins Viertelfinale. Über die Klubwettbewerbe des Landes, das sich von der übrigen Welt beständig isoliert, ist sehr wenig bekannt. Die nordkoreanischen Teams nehmen an den internationalen Konkurrenzen nur unregelmäßig teil. Oft treten sie aus politischen Gründen zurück. Die gegenwärtigen wirtschaftlichen Schwierigkeiten und die internationale Isolation erfassten auch den Sport, so dass nordkoreanische Vereine in den zurückliegenden 15 Jahren nicht an asiatischen Pokalwettbewerben teilgenommen haben. Trotz des Mangels an relevanten Informationen ist offenkundig, dass die Hauptstadt Pjöngjang das wichtigste Zentrum des Fußballs ist. Unter anderem auch deshalb, weil sie über drei große Arenen verfügt. Das moderne Stadion Rungnado (1. Mai) dürfte mit einer Kapazität von 150 000 Zuschauern das größte der Welt sein.

Berühmte japanische und südkoreanische Klubs

Klub-name	Stadt	Gründ. Jahr	Stadion-name	Stadion-kapazität	Besucherschn. (Saison 2004)	Bedeutung des Klubnames
Cerezo Osaka	Osaka	1957	Nagai St.	50 000	14 372	die blühende Kirsche - Sakura (sp.)
Gamba Osaka	Osaka	1980	Expo '70 Commemorative St.	21 000	11 488	der Fuss (it.)
JEF United Chiba	Ichihara	1946	Ichihara St.	16 933	10 152	Name der Firma bzw. des Sponsors
Jubilo Iwata	Iwata	1972	Yamaha St.	16 893	18 163	Heil, hurra (lat.)
Kashima Antlers	Kashima	1947	Kashima Soccer St.	39 026	24 702	die Hirsche (engl.)
Nagoya Grampus Eight	Nagoya	1939	Nagoya Mizuho Athletics St.	27 000	15 342	eine Delphinart und das Stadtsymbol
Sanfrecce Hiroshima FC	Hiroshima	1938	Hiroshima Big Arch	50 000	9 000	drei Pfeile (jap. und it.)
Tokyo Verdy 1969	Kawasaki	1969	Ajinomoto St.	50 000	16 099	die Grünen (port.)
Urawa Red Diamonds	Urawa	1951	Saitama St.	63 700	27 337	Logo von Mitsubishi
Yokohama Flügels Marinos	Yokohama	1999	Nissan St.	72 370	27 616	die Flügel (dt.) und die Seemänner (sp.)
Busan I'Park	Busan	1979	Busan Asiad St.	53 864	2 753	die Ikonen (engl.)
Chun-Nam Dragons	Gwangyang	1994	Gwangyang Football St.	14 920	7 746	die Drachen (engl.)
Pohang Steelers	Pohang	1973	Steelyard	20 242	7 231	die Stahlwerker
Seongnam Ilhwa Chunma	Seongnam	1989	Seongnam 2 St.	16 000	7 482	der Pegasus
Suwon Samsung Bluewings	Suwon	1995	Suwon World Cup St.	43 923	11 864	die blauen Flügel (engl.)
Ulsan Hyundai Horang-i	Ulsan	1983	Ulsan Munsu St.	44 466	7 932	die Tiger

Entwicklung der Besucherzahl, erzielte Tore, Teilnehmerzahl der 1. Japanischen Liga und wichtige Begebenheiten

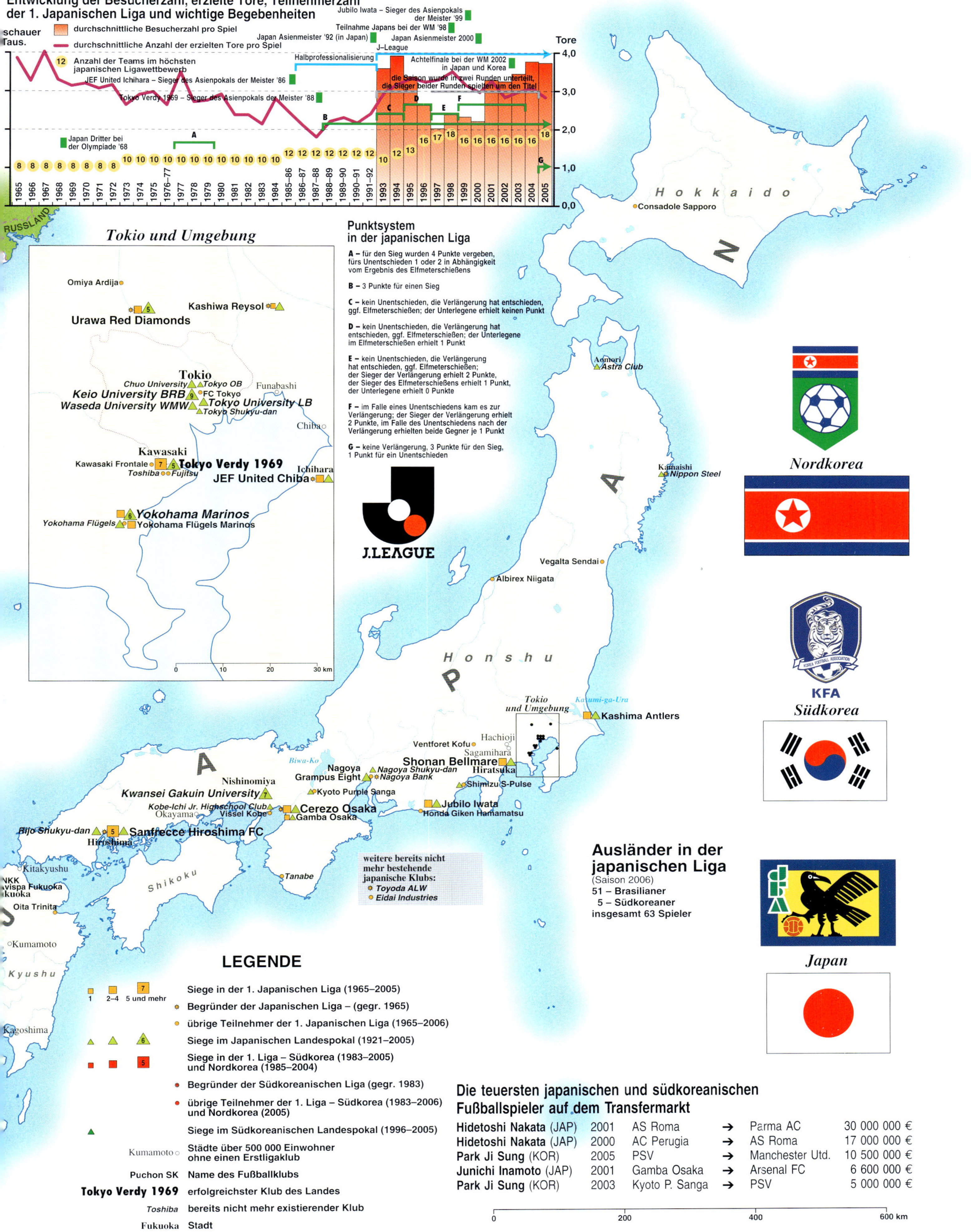

Punktsystem in der japanischen Liga

A – für den Sieg wurden 4 Punkte vergeben, fürs Unentschieden 1 oder 2 in Abhängigkeit vom Ergebnis des Elfmeterschießens

B – 3 Punkte für einen Sieg

C – kein Unentschieden, die Verlängerung hat entschieden, ggf. Elfmeterschießen; der Unterlegene erhielt keinen Punkt

D – kein Unentschieden, die Verlängerung hat entschieden, ggf. Elfmeterschießen; der Unterlegene im Elfmeterschießen erhielt 1 Punkt

E – kein Unentschieden, die Verlängerung hat entschieden, ggf. Elfmeterschießen; der Sieger der Verlängerung erhielt 2 Punkte, der Sieger des Elfmeterschießens erhielt 1 Punkt, der Unterlegene erhielt 0 Punkte

F – im Falle eines Unentschiedens kam es zur Verlängerung; der Sieger der Verlängerung erhielt 2 Punkte, im Falle des Unentschiedens nach der Verlängerung erhielten beide Gegner je 1 Punkt

G – keine Verlängerung, 3 Punkte für den Sieg, 1 Punkt für ein Unentschieden

J.LEAGUE

weitere bereits nicht mehr bestehende japanische Klubs:
Toyoda ALW
Eidai Industries

Ausländer in der japanischen Liga

(Saison 2006)
51 – Brasilianer
5 – Südkoreaner
insgesamt 63 Spieler

LEGENDE

1 – 2–4 – 5 und mehr: Siege in der 1. Japanischen Liga (1965–2005)
Begründer der Japanischen Liga – (gegr. 1965)
übrige Teilnehmer der 1. Japanischen Liga (1965–2006)
Siege im Japanischen Landespokal (1921–2005)
Siege in der 1. Liga – Südkorea (1983–2005) und Nordkorea (1985–2004)
Begründer der Südkoreanischen Liga (gegr. 1983)
übrige Teilnehmer der 1. Liga – Südkorea (1983–2006) und Nordkorea (2005)
Siege im Südkoreanischen Landespokal (1996–2005)
Kumamoto – Städte über 500 000 Einwohner ohne einen Erstligaklub
Puchon SK – Name des Fußballklubs
Tokyo Verdy 1969 – erfolgreichster Klub des Landes
Toshiba – bereits nicht mehr existierender Klub
Fukuoka – Stadt

Die teuersten japanischen und südkoreanischen Fußballspieler auf dem Transfermarkt

Hidetoshi Nakata (JAP)	2001	AS Roma	→	Parma AC	30 000 000 €
Hidetoshi Nakata (JAP)	2000	AC Perugia	→	AS Roma	17 000 000 €
Park Ji Sung (KOR)	2005	PSV	→	Manchester Utd.	10 500 000 €
Junichi Inamoto (JAP)	2001	Gamba Osaka	→	Arsenal FC	6 600 000 €
Park Ji Sung (KOR)	2003	Kyoto P. Sanga	→	PSV	5 000 000 €

Nordafrika

Auch wenn der Fußball nach Nordafrika später als ins südliche Afrika kam, dank der engen Kontakte zu Europa hat er hier schneller Fuß gefasst und bald ein gutes Niveau erreicht. In den Maghrebländern (Marokko bis Tunesien) wurde er von den Franzosen verbreitet, in Libyen von den Italienern und im strategisch gelegenen Ägypten von den Briten. Die örtliche Lage der Klubs wird von den natürlichen Bedingungen bestimmt. Die meisten sind in den großen Städten an der Küste oder wie in Ägypten entlang der Flüsse (Nildelta) angesiedelt. Obwohl auch immer mehr Vereine aus kleineren Städten in den höchsten Ligen vertreten sind, ein Erstligateam aus der Sahara ist gegenwärtig nicht darunter.

In **Algerien** wurde das Fußballspiel in den 90er Jahren des 19. Jahrhunderts von den Franzosen vorgestellt. Das erste Zentrum war Algier, wo man schon 1918 begann, einen Ligawettbewerb auszuspielen. Weitere regionale Wettbewerbe entstanden in zwei anderen Großstädten – Oran (1920) und Constantine (1922). Sie wurden erst durch den Befreiungskrieg gegen die französische Kolonialverwaltung in den 50er Jahren beendet. Die nationale Liga nahm nach der Erringung der Unabhängigkeit im Jahre 1962 den Spielbetrieb auf. Zum zweiten bedeutenden Zentrum des algerischen Fußballs entwickelte sich die Berberhochburg Tizi-Ouzou.

Nach **Marokko** gelangte der Fußball an der Wende des 19./20. Jahrhunderts, als er von den spanischen Enklaven Ceuta und Ifni und durch die französischen Soldaten von Tanger und Casablanca aus verbreitet wurde. Mit der Basis in Tanger entstand 1916 zugleich die älteste Ligakonkurrenz auf dem schwarzen Kontinent. In der Liga dominieren die Vereine aus der größten Stadt Casablanca, die mehr als drei Fünftel aller Titel gewannen. Weitere Zentren stellen das hauptstädtische Ballungsgebiet Rabat-Salé, Marrakech und Fès dar. Erwähnenswert ist die Ligateilnahme des Klubs JS Massira aus der okkupierten Westsahara.

In **Tunesien** wurde der Fußball von den französischen Kolonisten ebenfalls zur Jahrhundertwende eingeführt. Die Liga existiert seit 1921, der Pokal startete ein Jahr später. Die Mehrheit der erfolgreichsten Klubs kommt aus der Hauptstadt Tunis und deren Umgebung. Die traditionellen Rivalen Espérance Tunis und Club Africain holten über zwei Fünftel, alle Hauptstadtteams zusammen zwei Drittel der Meistertitel. Weitere namhafte Zentren sind Sfax und Sousse.

Italienische Soldaten und Arbeiter waren es, die **Libyen** kurz nach der Okkupation des Landes im Jahre 1912 mit dem Fußball vertraut machten. Zu dessen Ausbreitung aber kam es wegen des Widerstands des islamischen Königsregimes zunächst nicht. Der Fußballverband wurde erst im Jahre 1963 gegründet und seitdem wird auch der regelmäßige Ligawettbewerb gespielt. Ihren großen Einfluss machen jedoch ebenso die Söhne des Staatsoberhaupts Ghaddafi geltend. Die besten Teams konzentrieren sich auf die zwei größten Städte – die Metropole Tripolis und Benghazi. Ihre Vereine haben bis auf drei Ausnahmen alle Meistertitel und Pokale gewonnen. Die harten Wüstenbedingungen machen eine Entfaltung des Spiels außerhalb des schmalen Küstenstreifens nahezu unmöglich. In die höchste Liga ist in der Vergangenheit nur eine Saharastadt aufgestiegen – die Oase Sabhah.

In den ägyptischen Häfen fingen die Briten Ende des 19. Jahrhunderts an Fußball zu spielen. Der erste im Jahre 1903 in Kairo gegründete Klub war ein britischer. Noch vor dem 1. Weltkrieg entstanden die ersten rein arabischen Teams einschließlich des berühmtesten – al-Ahli. Die ältesten Wettbewerbe (1916) wurden im Pokalmodus ausgetragen. **Ägypten** war der erste Staat Afrikas, der in die FIFA (1923) aufgenommen wurde, sowie das erste Land des Kontinents, das an einer WM-Endrunde (1934) teilnahm. In der Saison 1948/49 feierte die Liga ihre Premiere. Die Fußballcreme des Landes ist in der 15-Millionen-Metropole Kairo zu Hause. Nach dem Zweiten Weltkrieg begannen sich aber auch Mannschaften außerhalb von Kairo und Alexandria durchzusetzen. Die Mehrzahl der Erstligaklubs trifft man jedoch nach wie vor im Nildelta (Mahalla) und am Suezkanal (Al-Ismailiya, Port Said) an. Mit klarer Überlegenheit wird die ägyptische Liga beherrscht von zwei Traditionsvereinen – al-Ahli und Zamalek. Im Durchschnitt verbuchen sie sechs von sieben Titeln auf ihrem Konto.

Der teuerste Fußballspieler Nordafrikas auf dem Transfermarkt

Mustafa Hadji (MAR)	2001	Coventry City FC	→	Aston Villa FC	7 400 000 €

Berühmte Klubs Nordafrikas

Klub-name (Staat)	Stadt	Gründ. Jahr	Stadion-name	Stadion-kapazität	Spitzname
JS Kabylie (ALG)	Tizi-Ouzou	1946	Stade 1er Novembre	20 000	Kanarienvögel
USM Alger (ALG)	Alger	1937	Omar Hammadi Stadium	15 000	*gibt es nicht*
al-Ahli (EGY)	Kairo	1907	Stad al-Qahira al-Dawly	74 100	Die roten Ritter
Ismaily SC (EGY)	al-Ismal'iliyah	1924	Ismailia Stad	16 600	Ägyptische Samba
Zamalek (EGY)	Al-Jizah	1911	Zamalek	20 000	Die weißen Ritter
al-Ahli (LBY)	Tripolis	1920	11 June	80 000	*gibt es nicht*
al-Ittihad (LBY)	Tripolis	1944	11 June	80 000	Teeha
Raja CA Casablanca (MAR)	Casablanca	1949	Stade Mohammed V	67 000	Grüne Teufel
WA Casablanca (MAR)	Casablanca	1937	Stade Larbi Ben M'Barek	20 000	Die Roten
CS Sfaxien (TUN)	Sfax	1928	Stade Taïeb-Mhiri	22 000	*gibt es nicht*
Espérance Tunis (TUN)	Tunis	1919	El Menzah	45 000	Taraji
ES Sahel (TUN)	Sousse	1925	Olympique	28 000	*gibt es nicht*

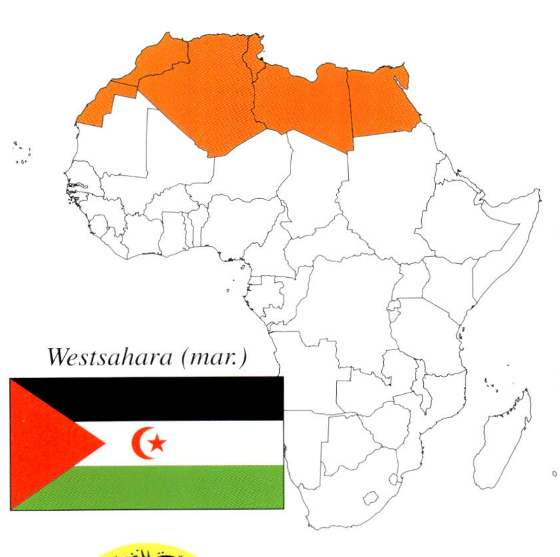

Marokko

Algerien

Tunesien

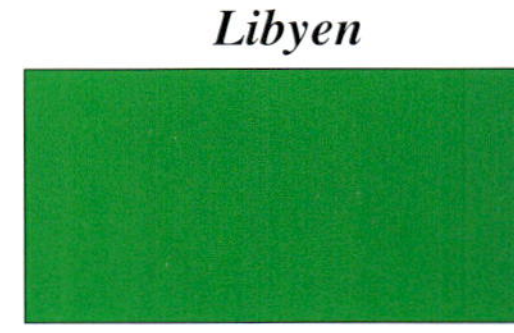
Libyen

Ägypten

Nildelta

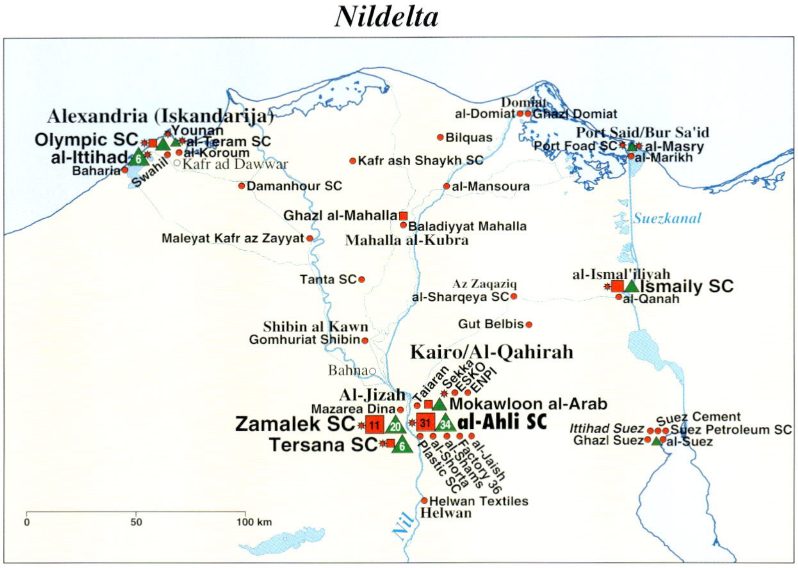

LEGENDE

1 | 2–4 | 5 und mehr — Siege in der 1. Liga – Algerien (1963–2006), Ägypten (1949–2006), Libyen (1964–2006), Marokko (1916–2006) und Tunesien (1921–20

Begründer der Ägyptischen Liga (gegr. 1948/49)

übrige Teilnehmer der 1. Liga – Algerien (1984–2006), Ägypten (1949–2006), Libyen (1990–2006), Marokko (1988–2006) und Tunesien (1987–2006)

Siege im Landespokal – Algerien (1963–2006), Ägypten (1922–200 Libyen (1975–2006), Marokko (1957–2006) und Tunesien (1922–200

weitere Klubs oder Stadien *(Besonderheit)*

Biskra ○ Städte über 100 000 Einwohner ohne einen Erstligaklub

ES Sahel Name des Fußballklubs

al-Ahli SC erfolgreichster Klub des Landes

Auxiliary Forces bereits nicht mehr existierender Klub

Benghazi Stadt

Algier (Alger/El-Jaza'ir)
6 5 CR Belouizdad
6 5 MC Alger
5 7 USM Alger
USM El Harrach
NA Hussein-Dey
RC Kouba
DNC Alger
OMR El Annasser
Paradou AC
Rabat
8 FAR Rabat
Stade Marocaine
FUS Rabat
US Touarga
Crédit Agricole
Casablanca/Dar Al-Bayda
10 WA Casablanca
8 Raja CA Casablanca
14 US Marocaine
7 IS Olympique Marocaine
US Athlétique
Olympique Casablanca
ADM Casablanca
CA Casablanca
EJS Casablanca
Racing Avant-Garde
CLAS Casablanca
MCAM
IS Casablanca
IT Casablanca
RAC Casablanca
Rachad Bernoussi
TS Ittihad Ryadi
Auxiliary Forces
AD Ceuta (spielt in den niedrigeren spanischen Wettbewerben)
IR Tanger
MA Tétouan
UD Melilla (spielt in den niedrigeren spanischen Wettbewerben)
HA Nador
MC Oujda
USM Oujda
Kénitra AC
US Sidi Kacem
Rabat
SC Chabab Mohammedia
Casablanca/Dar Al-Bayda
DH El-Jadida
RS Settat
OC Khouribga
AS Salé
US Mohammedia
FA Ben Slimane
Iz Khémisset
Fez/Fès
MAS Fès
WA Fès
US Fès
COD Meknès
Raja Beni Mellal
OC Safi
KAC Marrakech
Hassania US Agadir
Béchar
JS Massira
El-Aaiún
MC Oran
ASM Oran
WA Tlemcen
SA Mohammedia
ES Mostaganem
WA Mostaganem
RC Relizane
USM Sidi-bel-Abbès
GC Mascara
MC Saïda
JSM Tiaret
ASO Chlef
WA Boufarik
USM Blida
RB Hadjout
Algier (Alger/El-Jaza'ir)
JS Bordj Menaïel
13 JS Kabylie
Tizi-Ouzou
ES Sour el Ghozlane
CA Bordj Bou Arréridj
6 ES Sétif
CA Batna
US Biskra
Entente Collo
JSM Béjaïa
JSM Skikda
USM Annaba
ESM Guelma
MO Constantine
CS Constantine
AS Aïn-M'Lila
USM Aïn Beïda
US Chaouia
Oum el Bouaghi
US Tébessa
Ghardaïa
MC Ouargla
Olympique Béja
Patrie FC
US Ferryville
Bizerte/Banzart
CA Bizertin
Tunis
AS Marsa
EO Goulette et Kram
CS Hammam-Lif
ES Beni Khalled
Jendouba Sport
Grombalia Sports
Olympique Kef
JS Kairouanaise
Sousse
8 7 ES Sahel
Stade Soussien
US Monastirienne
Monastir/Munastir
AS Kasserine
7 CS Sfaxien
OC Kerkenah
El-Gawafel
Gafsa
Sfax Railways FC
Sfax
Gabès
AS Gabesien
CS Gabesien
AS Djerba
ES Zarzis
CO Médenine
TUNESIEN
MAROKKO
ALGERIEN
Westsahara (mar.)
MAURETANIEN
MALI
NIGER
LIBYEN
Tunis
21 11 Espérance Tunis
11 11 Club Africain
6 Stade Tunisien
5 US Tunisienne
Racing Club
Sporting Club
Stade Gauloise
Italia
Avant Garde
Savoia La Goulette
CO Transports
Olympique Tunis
AS Oued-Ellil
CS Cheminots
Tripolis (Tarabulus al-Gharb)
10 10 al-Ahli
13 5 al-Ittihad
al-Medina
al-Mahalla
al-Shaat
al-Wahda
Libya FC
al-Yarmuk
Ittihad Askeria
Tirsana
al-Shorta
weitere libysche Klubs:
al-Charara
al-Magd
Zuwarah
al-Jazira
al-Wiffak
Sabratha
al-Mustakbel
Jmil
Surman
Rafik
al-Olympi
Az Zawiyah
Tripolis (Tarabulus al-Gharb)
al-Dhahra
Tarhunah
Miswata
al-Swehli
al-Bashier
al-Ittihad
Tawurgha
al-Antilak
Surt
al-Uruba
al-Akhdar
Al Bayda
Marj
al-Morouj
Darnah
al-Akhar
al-Afriki
Darnes
al-Ahli
al-Nasr
al-Hilal
al-Tahaddy
al-Jadida
al-Najma
al-Hyad
Benghazi
al-Wiffak
Ajdabiyah
Tobruq
al-Soukour
Sabha
(used to play in Libyan 1st league)
Nildelta
Goldy
Al Fayyum
Bani Suwaif
al-Minya SC
Asyut Cement
Sohag/Sawhaj
Sohag Sekka
Sohag
Qina
Aluminium
Naj Hammadi
Al Uqsur
Nil
Assuan/Aswan
Aswan SC
TUNESIEN
ALGERIEN
LIBYEN
ÄGYPTEN
ISRAEL
JORDANIEN
SAUDI-ARABIEN
NIGER
TSCHAD
SUDAN
0
200
400
600
800
1 000 km

Die Sahel-Zone und das Horn von Afrika

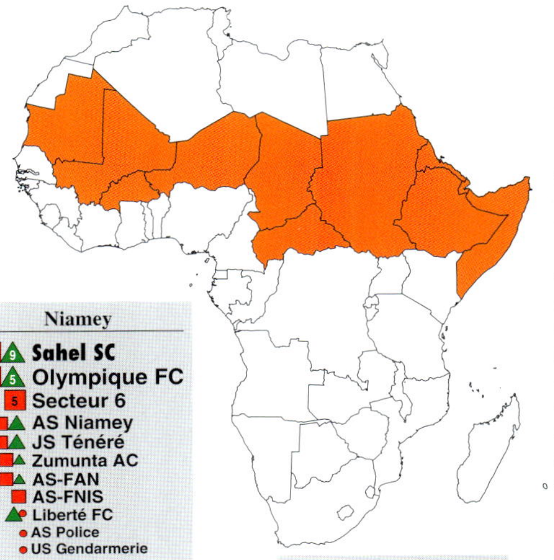

Die Bedingungen für die Entwicklung des Sports und Fußballs in dem Gebiet, das von Süden her die Sahara – die größte Wüste der Welt – säumt, sind nicht sehr gut. Nicht nur wegen des Wassermangels und des harten Klimas mit durchschnittlichen Temperaturen von über 35 Grad Celsius, sondern auch vor allem, weil alle Länder dieses Streifens zu den Ärmsten der Welt gehören. Oft sind sie von schwerwiegenden Dürren betroffen, die Hungersnot und viele Opfer verursachen. Mit Ausnahme Burkinas hatten zudem alle Länder der Region in den letzten Jahrzehnten unter schwerwiegenden und langwierigen Unruhen zu leiden.

Das Gebiet von **Mauretanien**, sowie das gesamte Französisch-Westafrika, lernte den Fußball durch die französischen Siedler und die Soldaten der Fremdenlegion kennen. Die Liga wird seit dem Jahre 1976 ausgetragen und vorwiegend von den Klubs aus der Hauptstadt Nouakchott gebildet – von hier kommen auch alle Meister. Das andere Zentrum ist Nouadhibou – eine Hafenstadt im Norden, das dritte ist Rosso, ein Handelszentrum an der Grenze zum Senegal.

Geschäftsleute aus Dakar brachten den Fußball nach **Mali** (den ehemaligen französischen Sudan), wo er sich aber nur im westlichen Teil des Landes ausbreitete. Timbuktu, das bekannte Karawanenzentrum der Tuareg am Rande der Sahara, war den europäischen Neuerungen nicht geneigt. Die Hälfte der Erstligaklubs kommt aus der Hauptstadt. Erst in den letzten Jahren nimmt die Anzahl der Teilnehmer zu und allmählich füllen die Mannschaften aus dem moslemischen Osten die Fußballkarte des Landes. Das Stadion in Bamako wurde nach Sálif Keita benannt, dem berühmtesten Fußballer Malis in den 70er Jahren.

In Ouagadougou, dem Zentrum von **Burkina Faso** (früher Obervolta), tauchte der Fußball, dank der französischen Siedler, bereits im Jahre 1896 auf. Entwickeln konnte er sich in diesem armen Land aber erst nach der Unabhängigkeit (1960). In den vergangenen Jahren nahm er hierzulande einen raschen Aufschwung. 1998 war Burkina Faso Gastgeber der Afrikameisterschaft. Der Fußball hat sich besonders in den beiden größten Städten – Ouagadougou und Bobo-Dioulasso – entwickelt. In den letzten Jahren setzten sich aber auch andere Klubs durch. In der höchsten Spielklasse waren seit den 90er Jahren Klubs aus bisher neun Städten vertreten.

Niger ist derzeit ein sowohl wirtschaftlich als auch fußballerisch rückständiges Land. Der Ligawettbewerb fand erstmals im Jahr 1966 statt. Die Ansiedlung der Städte, und somit auch die Bildung von Fußballklubs, wird von den Naturbedingungen nachhaltig beeinflusst. Das größte Ballungszentrum ist die am Fluss Niger gelegene Hauptstadt Niamey, dazu kommen die Städte Zinder und Maradi nahe der Grenze zu Nigeria. In der höchsten Liga sind auch zwei Städte aus der Wüste Sahara vertreten: Agadez, eher bekannt durch die Rallye Paris-Dakar, und Arlit, das Zentrum des Uranbergbaues.

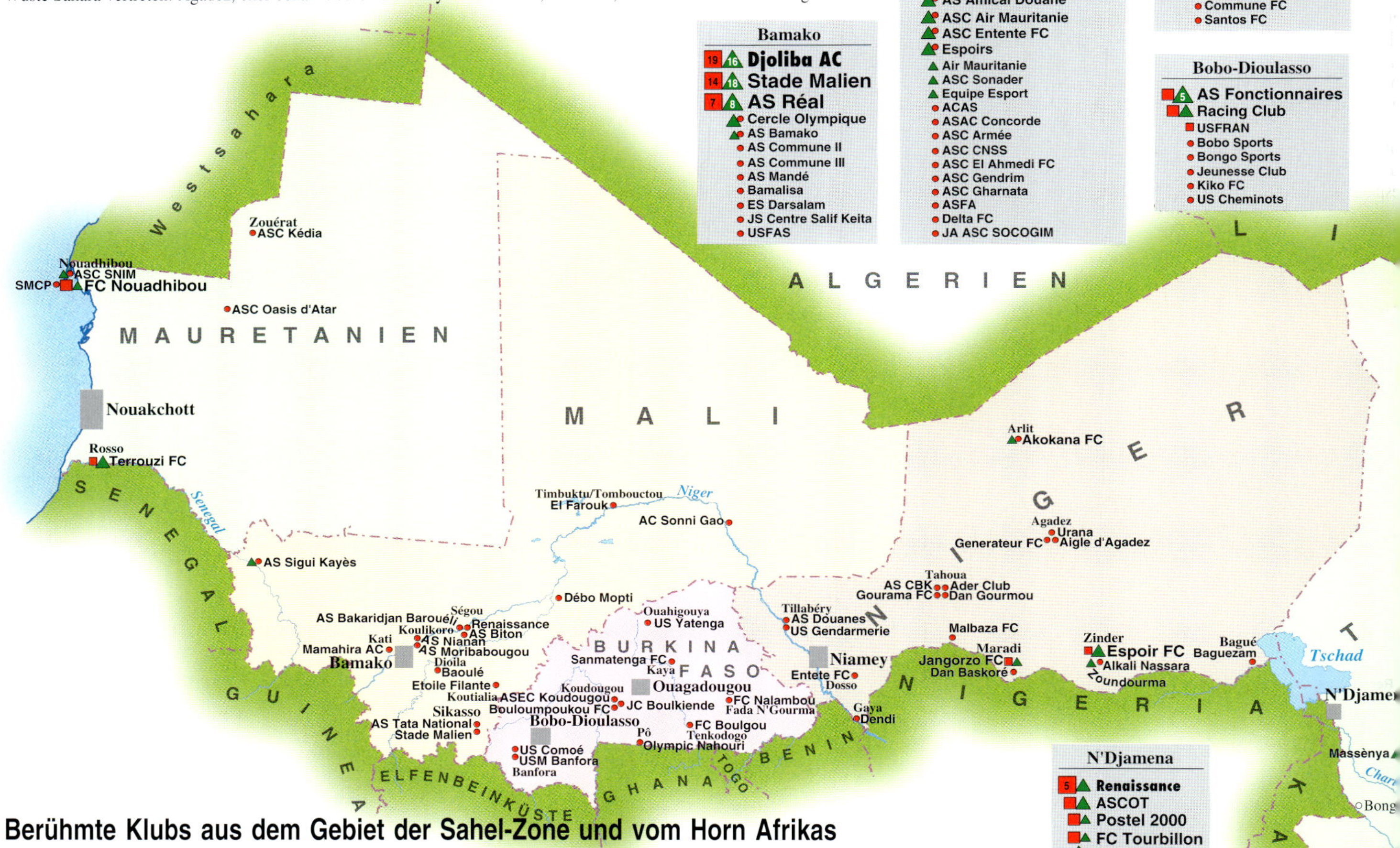

Berühmte Klubs aus dem Gebiet der Sahel-Zone und vom Horn Afrikas

Klubname (Land)	Stadt	Gründ. Jahr	Stadionname	Stadionkapazität
AS Fonctionnaires (Burkina Faso)	Bobo-Dioulasso	1935	Celui	15 000
ASFA Yennega (Burkina Faso)	Ouagadougou	1947	Camp Militaire	5 000
Etoile Filante (Burkina Faso)	Ouagadougou	1955	Stade du 4-Août	40 000
Renaissance Abéché (Tschad)	Abéché	1961	Concorde	25 000
Red Sea (Eritrea)	Asmara	1945	Ras Asula	15 000
Defence (Äthiopien)	Addis Abeba	1943	Army	7 000
St. George (Äthiopien)	Addis Abeba	1936	Saba	20 000
Djoliba AC (Mali)	Bamako	1960	Mamadou Konate	10 000
Stade Malien (Mali)	Bamako	1960	Stade 26 mars	50 000
Olympique FC (Niger)	Niamey	1967	Général Seyni Kountché	30 000
Horsed FC (Somalia)	Mogadishu	1967	Cons/Mogadiscio St.	35 000
AS Tempête Mocaf (Zentralafr. Rep.)	Bangui	1961	Barthelémy Boganda	35 000
al-Hilal (Sudan)	Omdurman	1930	al-Hilal	40 000
al-Merreikh SC (Sudan)	Omdurman	1927	al-Merreikh	45 000

Nur ein Minimum an Informationen gibt es über den Fußball im **Tschad**. Das Land wurde in der Vergangenheit we-
:n nicht geleisteter Beitragszahlungen aus der FIFA ausgeschlossen. Die Entwicklung des Fußballs, sowie der Wirt-
haft, wurde lange durch einen verschleppten Bürgerkrieg behindert. Erst in den letzten Jahren nehmen die stärksten
ereine des Tschads an den afrikanischen Wettbewerben teil. Das Leben konzentriert sich auf die Hauptstadt N'Djamena.
'eitere Zentren stellen die Halbwüstenstädte Abéché im Osten und Moundou im Savannengebiet des Südens dar.
Französische Kolonisten führten den Fußball in das isolierte Land in der Mitte Afrikas, in die spätere **Zentralafrika-
ische Republik,** ein. Wegen der dortigen natürlichen Bedingungen konnte die Besiedlung nur über die Flüsse, die
den Kongo münden, vonstatten gehen. Lediglich in der Hauptstadt Bangui gibt es eine Fußball-Infrastruktur. Die Klubs
r Hauptstadt gewannen nicht nur alle Titel, sondern sie stellen auch sämtliche Erstligateams.
Der **Sudan** gehörte dank dem Wirken der englischen Kolonisten (seit 1898) zu den Wegbereitern des Fußballs auf dem
rikanischen Kontinent. Die ersten Klubs entstanden in Khartoum und dem benachbarten Omdurman nach dem Ersten
'eltkrieg. Der erste Wettbewerb wurde von den Briten im Jahre 1936 aufgezogen. Die Khartoum-Liga startete 1951, aber
e Nationalliga wird erst seit der Saison 1962 gespielt. Das Land hat mit einem langfristigen Konflikt zwischen dem
ominanten arabisch-islamischen Norden und dem schwarzen Süden zu kämpfen, in dem Christentum und örtliche
eligionen überwiegen. Dort finden immer noch zahlreiche Kämpfe statt und große Hungersnöte suchen die Menschen
eim. Das Fußballleben beschränkt sich deswegen auf den moslemischen Teil. Das wichtigste Zentrum stellt die Agglo-
eration der Städte Khartoum, Omdurman und Nordkhartoum am Zusammenfluß des Weißen und Blauen Nils dar. Die
auptstadt des Fußballs ist Omdurman, das fast alle Ligatitel gewann. Zu neuen Fußballzentren sind Bur Sudan, der Ha-
n am Roten Meer, Atbarah, der wichtige Eisenbahn-Knotenpunkt im Norden, und das Gebiet der Baumwollproduktion
it dem Zentrum Wad Medani am Blauen Nil geworden.
Italienische Kaufleute brachten den Fußball im Jahre 1924 nach **Äthiopien.** Um seine weitere Entwicklung kümmer-
n sich die Einwanderer (Griechen, Armenier und Inder). Der erste Wettbewerb wurde in der Zeit der italienischen
kkupation durch die Rassentrennung beeinflusst. Der erste Klub äthiopischen Ursprungs wurde Saint George, gegründet
1 Jahre 1936. Die Ligameisterschaft wird seit der Saison 1944 ausgespielt und gilt als die älteste der Sahel-Zone. Ab
itte der 70er bis Anfang der 90er Jahre unterbrach ein bewaffneter Konflikt im Zusammenhang mit der Errichtung
nes marxistischen Regimes sämtliche internationalen Aktivitäten des Landes. Die Naturbedingungen bestimmen die
edlungsweise, die Entwicklung der Städte und somit auch das Entstehen der Klubs, von denen sich die Mehrheit in den
imatisch günstigen Höhenlagen befindet. Das größte Zentrum stellt Addis Abeba dar, das die anderen Städte in der An-
hl der Einwohner um das Zehnfache überragt. Die Teams der Metropole gewannen 80 Prozent aller Titel.
Eritrea lernte den Fußball durch italienische Geschäftsleute, die späteren Okkupanten, kennen. In der Nachkriegs-
it verzeichnete vor allem der berühmteste Klub Eritreas „Red Sea" (Rotes Meer) Erfolge in der äthiopischen Liga. Im
hre 1993, als das Land nach 30-jährigem Kampf von der Regierung in Addis Abeba die Unabhängigkeit erhielt, begann
an auch die Geschichte des Fußballs neu zu schreiben. Aufgrund der Naturgegebenheiten und der Infrastruktur
onzentrieren sich alle erstklassigen Teams in der Hauptstadt Asmara. Zu Beginn des neuen Milleniums schlossen sich
r Liga auch Teams, die nicht aus der Metropole stammen, an. Die Liga wurde auf zehn Teilnehmer erweitert.
Britische und italienische Kolonialisten brachten den Fußball auch in das östlichste Gebiet Afrikas – nämlich nach
omalia. Bereits in der Vergangenheit teilten sie sich das Land in das Britische Somalia (Somaliland) im Norden und das
alienische Somalia mit dem Zentrum in Mogadishu. Der regelmäßige Ligawettbewerb wird seit dem Jahre 1967
espielt. Alle erfolgreichen Klubs kommen aus der Hauptstadt.

LEGENDE

1 / 2–4 / 5 und mehr / 18 — Siege in der 1. Liga: Äthiopien (1994–2006), Burkina Faso (1965–2006), Dschibuti (1987–2006), Eritrea (1995–2006), Mali (1965–2006), Mauretanien (1976–2006), Niger (1966–2006), Somalia (1967–2006), Sudan (1962–2006), Tschad (1989–2006) und Zentralafrikanische Republik (1968–2005)

• übrige Teilnehmer der 1. Liga: Äthiopien (1995–2006), Burkina Faso (1990–2006), Dschibuti (1994–2002), Eritrea (1996–2001), Mali (1992–2006), Mauretanien (1992–2006), Niger (1991–2006), Sudan (1995–2006), Tschad (1994–99) und Zentralafrikanische Republik (1993–99)

7 — Siege im Landespokal: Äthiopien (1994–2006), Burkina Faso (1975–2006), Dschibuti (1988–2006), Eritrea (1997–2006), Mali (1961–2006), Mauretanien (1976–2006), Niger (1974–2006), Somalia (1977–2002), Sudan (1963–2006), Tschad (1973–2004) und Zentralafrikanische Republik (1974–2005)

7 — Siege in der 1. Äthiopischen Liga (1944–93)

7 — Siege im Äthiopischen Landespokal (1945–93)

Bahir Dar○ — Städte über 100 000 Einwohner ohne einen Erstligaklub

Muger Cement — Name des Fußballklubs *(Besonderheit)*

Etoile Filante — erfolgreichster Klub des Landes

Silures — bereits nicht mehr existierender Klub

Koulikoro — Stadt

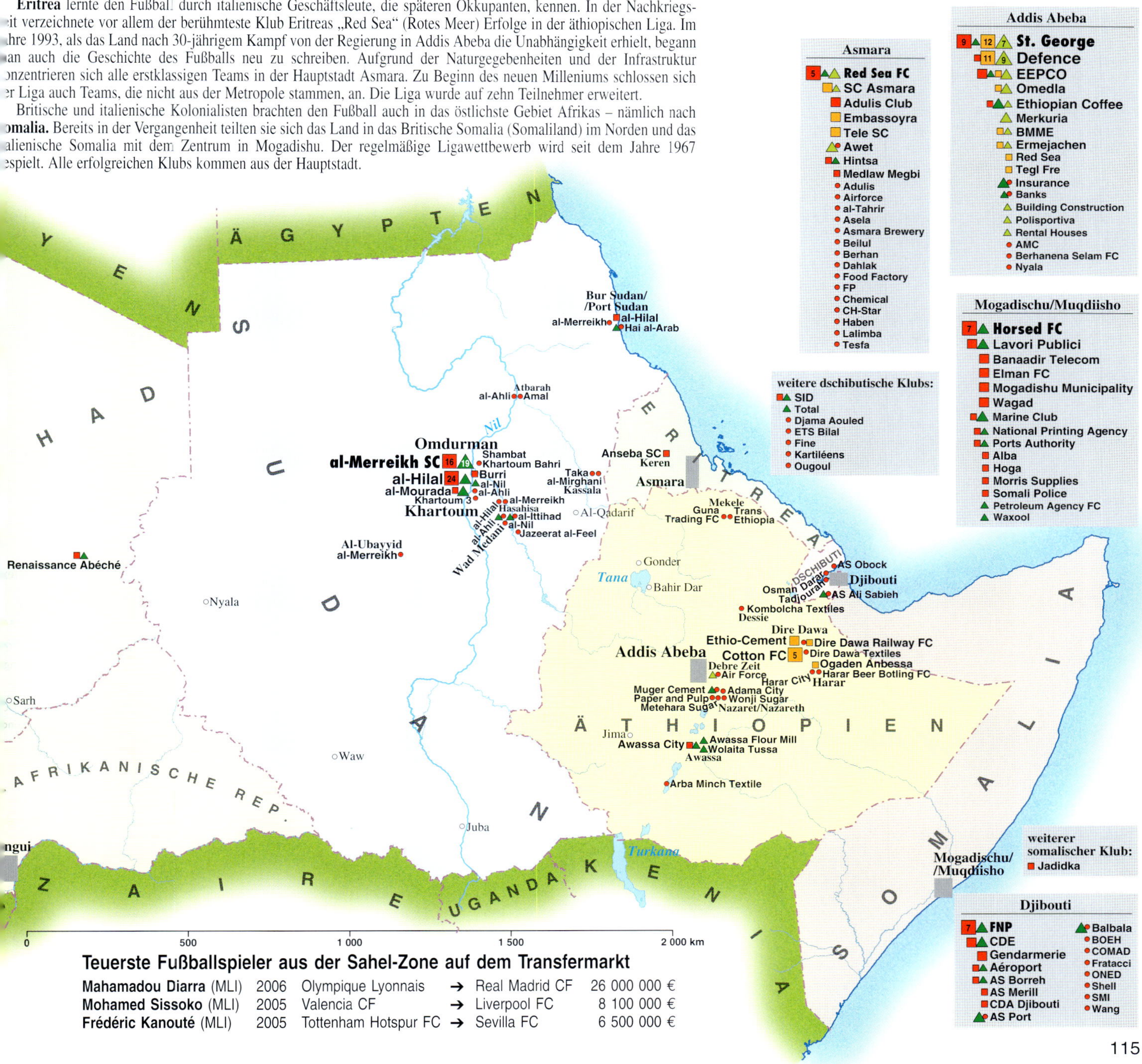

Teuerste Fußballspieler aus der Sahel-Zone auf dem Transfermarkt

Mahamadou Diarra (MLI)	2006	Olympique Lyonnais	→	Real Madrid CF	26 000 000 €
Mohamed Sissoko (MLI)	2005	Valencia CF	→	Liverpool FC	8 100 000 €
Frédéric Kanouté (MLI)	2005	Tottenham Hotspur FC	→	Sevilla FC	6 500 000 €

Golf von Guinea

In den Staaten, die am Golf von Guinea liegen, machten sich die Franzosen und die Briten um die Entwicklung des Fußballs verdient. Trotz der nicht besonders günstigen klimatischen Bedingungen (hohe Niederschläge und Luftfeuchtigkeit) ist diese Region gegenwärtig die wichtigste auf dem schwarzen Kontinent.

Im ehemaligen Dahome, jetzt **Benin**, wurde der Fußball von den Kolonisten aus Frankreich verbreitet. Der nationale Verband enstand jedoch erst 1968. Ein Jahr später begann der Ligabetrieb, doch international blieb man im Fußball erfolglos – auch aus politischen Gründen. Das rege Leben spielt sich insbesondere in den zwei großen Küstenstädten Porto Novo und Cotonou ab, wo in etwa je zehn Klubs zu Hause und fast alle Titel gelandet sind. Erst seit den 90er Jahren sind in der Liga auch Teams aus dem Landesinneren vertreten.

Auf dem Territorium der **Elfenbeinküste** (offizieller Name: Côte d'Ivoire) hielt der Fußball aus zwei Richtungen Einzug: von der von den Engländern kolonisierten Goldküste Ghanas und auf direktem Wege durch französische Geschäftsleute. Die Entwicklung setzte erst nach dem Zweiten Weltkrieg ein und schon bald nach der Unabhängigkeit des Landes wurde Abidjan zu einem Fußballzentrum Afrikas. Der Ligawettbewerb wird seit 1960 gespielt. Die absolute Mehrheit der Titel (90 %) gewannen die Hauptstadtklubs, unter denen der ASEC Mimosas und Africa Sports das Zepter schwingen. Weitere Zentren stellen Gagnoa, Bouaké, Man und Daloa dar. 2006 gab das Land sein Debüt bei einer WM-Endrunde.

Gambia machte mit dem Fußball bereits zu Beginn des 20. Jahrhunderts über die britischen Kolonisten Bekanntschaft. Die Ligamannschaften sind in Banjul und Umgebung konzentriert.

Nach **Ghana** brachten die Engländer den Fußball um das Jahr 1880. Damit war Ghana das zweite Land Afrikas, wo das Spiel Fuß fasste. Der 1911 gegründete Verein Hearts of Oak aus der Hauptstadt Accra ist der älteste Klub im zentralen Afrika. Die erfolgreichsten Teams des Landes kommen jedoch nicht aus der Metropole (der Stadtwettbewerb von Accra entstand im Jahre 1922), sondern aus Kumasi, allen voran der 1926 gegründete Verein Ashanti United (benannt nach dem Stamm der Ashanti), der später in Asante Kotoko umbenannt wurde. Ein weiteres Fußballzentrum ist die vereinte Hafenstadt Sekondi-Takoradi. Die Liga wird seit 1955 gespielt. Im Jahr 1993 erhielt sie den Profistatus. Bei seiner ersten Teilnahme an einer WM-Endrunde (2006) kam Ghana gleich ins Achtelfinale.

In **Guinea** begannen die französischen Siedler den Fußball nach dem Ersten Weltkrieg zu propagieren. In den 40er Jahren fanden die ersten lokalen Turniere statt, zur richtigen Entfaltung kam es aber erst nach dem Erlangen der Unabhängigkeit im Jahre 1959. Der qualitativ beste Fußball wurde lange Zeit mit der Hauptstadt Conakry verknüpft, insbesondere aber mit dem Hafia FC, der bemerkenswerte Erfolge in den Afrikapokalen erzielte. Andere Städte, vor allem die Zentren der Mineralgewinnung, haben inzwischen aufgeholt.

Die spätere Republik **Guinea-Bissau** lernte das Fußballspiel mit Hilfe der portugiesischen Kolonisten kennen. Die Entwicklung wurde jahrelang von der Armut und den naturwidrigen Gegebenheiten gehemmt. Heutzutage wiederum wird sie von ethnischen Kriegen beeinträchtigt. Dennoch hat sich der Fußball in dem kleinen Land ziemlich verstreut; bisher waren schon mehr als zehn Ortschaften in der höchsten Spielklasse vertreten.

Die Anfänge des Fußballs in **Kamerun** werden mit den vor dem Ersten Weltkrieg im Gebiet von Buéa siedelnden deutschen Kolonisten in Verbindung gebracht. Die Franzosen haben ihn hierzulande zwischen den Kriegen verbreitet. Der Pokal wird seit 1956 gespielt, die Liga startete fünf Jahre später. Zum weiteren Aufschwung trugen der Sieg von Oryx Douala zum Auftakt des Afrikacups der Meister (1964), der Viertelfinaleinzug der Nationalauswahl bei der WM-Endrunde 1990 und der Olympiasieg 2000 in Sydney kräftig bei. Die geografische Verteilung der Ligaklubs wird stark von den Naturgegebenheiten beeinflusst. Die Mehrzahl ist im üppigen Gefilde der Adamaoua-Hochebene beheimatet. Auf die besten Mannschaften des Landes trifft man jedoch nach wie vor in den beiden größten Städten – die Hafenstadt Douala und die Hauptstadt Jaunde (Yaoundé). Ihre Vertreter gehören zu den erfolgreichsten afrikanischen Teams. In der 1. Liga gaben bisher Klubs aus nahezu 30 Städten des Landes ihre Visitenkarte ab.

Auf die dem Grünen Vorgebirge (Kap Verde) vorgelagerten Inseln, die späteren **Kapverden**, gelangte der Fußball durch portugiesische Siedler. Wassermangel und die Realität, dass sich das Land aus neun bergigen Vulkaninseln zusammensetzt, erschwert die Entwicklung des Fußballs. Jede dieser Inseln hat einen eigenen Wettbewerb, seit 1960 spielen ihre Vertreter in einem Turnier die Landesmeisterschaft aus.

Liberia ist aufgrund seiner Verbundenheit zu den USA, dank derer das Land bereits 1847 die Unabhängigkeit erlangte, im Vergleich mit den anderen Ländern der Region fußballerisch zurückgeblieben. Die Erschließung des Spiels kam erst in den 70er Jahren in Gang, woran der damalige Präsident großen Anteil hatte. Wegen der vielen Stammeskonflikte ist das Fußballgeschehen langfristig in der Hauptstadt Monrovia konzentriert.

In **Nigeria** waren es britische Missionare, die den Fußball Anfang des letzten Jahrhunderts bekannt machten. Sein Aufschwung begann nach dem Einzug der britischen Truppen während des Zweiten Weltkriegs. 1945 entstand der London unterstellte Fußballverband. Der selbständige Nationalverband wurde 1959, kurz vor der Unabhängigkeit, gegründet. Das Land besitzt ein riesiges Reservoir an Talenten und erstklassigen Spielern, die sich in ganz Europa durchgesetzt haben. Die Auswahlmannschaft, Super Eagles genannt, errang ihren bisher größten Triumph mit dem Olympiasieg 1996. Fußballhochburgen sind die beiden größten Städte im Südwesten des Landes - Lagos und Ibadan. Die zweite Fußballregion stellt das Nigerdelta um die Ostregion Biafra mit den Zentren Enugu, Owerri und dem Erdölhafen Port Harcourt dar. Im zurückliegenden Vierteljahrhundert erreichte der Fußball auch das Bergland von Jos und den muslimischen Norden mit den Zentren Kaduna und Kano.

Im **Senegal** schlug der Fußball zwischen beiden Weltkriegen seine Wurzeln. Ein Verdienst der Franzosen, die 1945 auch an der Wiege der bedeutendsten regionalen Fußballorganisation standen – die Liga Französisch-Westafrikas. Deren oberstes Organ hatte seinen Sitz in Dakar. Mit Beginn der Unabhängigkeit (1960) ging es auch im Fußball voran. Größtes Zentrum wurde die Hauptstadt Dakar. Ab den 80er Jahren breitete sich der Fußball in derem Hinterland sowie in weiteren Regionen und Städten aus: St. Louis und Louga im Norden und in die isolierte separatistische Region Casamance mit dem Zentrum Ziguinchor im Süden. Gleich bei ihrer WM-Turnier-Premiere (2002) gelang den Senegalesen eine dicke Überraschung: Im Eröffnungsspiel schlugen sie Titelverteidiger Frankreich und drangen dann bis ins Viertelfinale vor.

In das Land mit dem spanischen Namen **Sierra Leone** führten die Briten den Fußball ein. Der Entwicklung dienlich war auch die Gewinnung von Diamanten und Eisenerz im Landesinneren, aber der hier tobende langjährige ethnische Konflikt verlagerte das Fußballgeschehen in die Hauptstadt Freetown. Die Metropole stellt nicht nur sämtliche bisherige Meister, sondern auch nahezu alle Ligateilnehmer.

Aufgrund des Interessenskonflikts der kolonialen Großmächte in der Region ist nicht verbrieft, wer im Zeitraum des Ersten Weltkrieges den Fußball nach **Togo** brachte. Seine Entfaltung und Organisation wird aber den Franzosen angerechnet. Von der Hauptstadt Lomé aus fand er im ganzen Land Verbreitung. Im Jahr 2006 feierte das kleine Land seine WM-Taufe.

Bissau

- 12 6 **SC Bissau**
- 8 SB Benfica
- 6 UDIB
- FC Portos
- FC Mavegro
- Ajuda Sport
- Estrela Negra Bissau

Banjul

- 18 16 **Wallidan**
- 7 Real Banjul
- 5 Ports Authority
- Starlight/Gunners FC
- Banjul Hawks FC
- Augustians
- Arrance
- Armed Forces
- Dingareh
- Mass Sosseh
- Flamenins FC
- GAMTEL FC
- Joggifans
- Kaira Silo FC
- Peat Marwick

Dakar

- 9 10 **ASC Diaraf**
- 10 6 ASC Jeanne d'Arc
- 6 AS Douanes
- US Gorée
- Port Autonome
- ASF Police
- *Foyer France*
- ASFA
- US Ouakam
- ASC Yeggo
- AS Cambérène
- ASC HLM
- ASC Niayès-Pikine
- ASC Xam-Xam
- Dakar Université Club
- Dial Diop SC
- Entente Sotrac-Ouakam
- Guédiawaye FC
- SIDEC

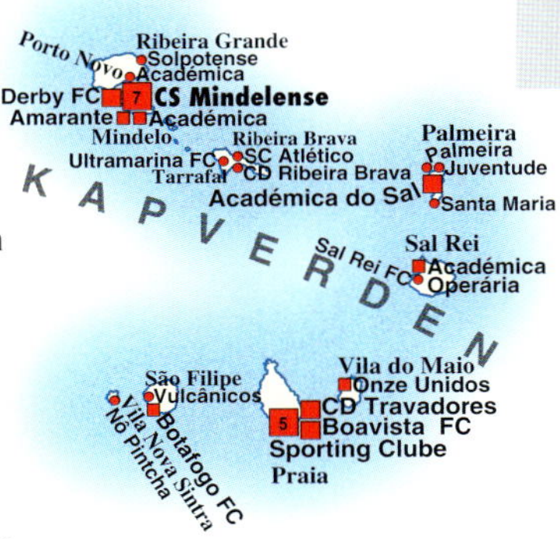

Freetown

- 11 **Mighty Blackpool FC**
- 9 East End Lions
- Real Republicans
- Kallon FC
- Ports Authority FC
- Old Edwardians
- Freetown United
- Easton Rangers FC
- Goderich United
- Golf Leopards
- Mount Aureol
- Regent Olympic FC
- Wellington People FC
- Young Professionals

LEGENDE

1 · 2–4 · 5 und mehr — Siege in der 1. Liga: Benin (1969–2006), Elfenbeinküste (1960–2006), Gambia (1965–2006), Ghana (1955–2005), Guinea (1965–2006), Guinea-Bissau (1975–2006), Kamerun (1961–2006), Kapverden (1975–2006), Liberia (1965–2006), Nigeria (1967–2006), Senegal (1960–2006), Sierra Leone (1967–2006), São Tomé und Príncipe (1977–2006) und Togo (1961–2006)

Liga-Begründer – Ghanaische (gegr. 1957) und Kamerunische Liga (gegr. 1961)

übrige Teilnehmer der 1. Liga: Benin (1995–2003), Elfenbeinküste (1991–2006), Gambia (1995–2003), Ghana (1982–2005), Guinea (1995–2006), Guinea-Bissau (1995–2003), Kamerun (1990–2004), Kapverden (1998–2001), Liberia (1992–2001), Nigeria (1991–2006), Senegal (1991–2006), Sierra Leone (1996–2001) und Togo (1995–2005)

6 — Siege im Landespokal: Benin (1974–2006), Elfenbeinküste (1960–2006), Gambia (1974–2006), Ghana (1958–2000), Guinea (1975–2006), Guinea-Bissau (1977–2006), Kamerun (1956–2006), Liberia (1974–2006), Nigeria (1945–2006), Senegal (1961–2006), Sierra Leone (1973–2006), São Tomé und Príncipe (1981–2003) und Togo (1974–2006)

Akure○ — Städte über 100 000 Einwohner ohne einen Erstligaklub

Atlético Malabo — Name des Fußballklubs *(Besonderheit)*

Canon Yaoundé — erfolgreichster Klub des Landes

Real Republicans — bereits nicht mehr existierender Klub

Accra — Stadt

Teuerste Fußballspieler aus dem Gebiet des Golfs von Guinea auf dem Transfermarkt

Mickaël Essien (GHA)	2005	Olympique Lyonnais	→	Chelsea FC	35 600 000 €
Didier Drogba (CIV)	2004	Olympique Marseille	→	Chelsea FC	34 800 000 €
Samuel Eto'o (CMR)	2004	RCD Mallorca	→	FC Barcelona	27 000 000 €
Jon Obi Mikel (NGA)	2006	Manchester United FC	→	Chelsea FC	17 500 000 €
Augustine "Jay Jay" Okocha (NGA)	1998	Fenerbahçe SK	→	Paris Saint-Germain FC	17 000 000 €
El-Hadji Diouf (SEN)	2002	RC Lens	→	Liverpool FC	15 500 000 €
Obafemi Martins (NGA)	2006	FC Internazionale	→	Newcastle United FC	15 000 000 €
Mohamed Kallon (SLE)	2001	Vicenza Calcio	→	FC Internazionale	13 000 000 €
Didier Zokora (CIV)	2006	AS Saint-Etienne	→	Tottenham Hotspur FC	12 400 000 €
Taribo West (NGA)	1997	AJ Auxerroise	→	FC Internazionale	12 000 000 €

Lomé
Etoile Filante
Dynamic Togolais
Agaza Lomé
ASKO Kara
AS Douanes
AC Modèle
ASFOSA
Lomé 1
Entente II
AS Togo-Port
Edan
AC Merlan
FC La Semeuse
Togo Telecom FC
weiterer Klub aus Togo:
Dumas
Cotonou
Requins de l'Atlantique
ASFAP
AS Cotonou
Toffa FC
Energie Sport FC
Locomotive
ASACO
ASPAC
Cheminots
Soleil FC
Porto-Novo
Dragons de l'Ouémé
Mogas 90
AS Porto-Novo
Etoile sportive
Postel Sport FC
UNB FC
Entente Force Armée
weitere beninische Klubs:
Domarou
Donjo FC
NIGERIA
BURKINA FASO
TOGO
BENIN
GHANA
KAMERUN
TSCHAD
ZENTRALAFRIKANISCHE REP.
ÄQUATORIAL-GUINEA
GABUN
KONGO
Tschadsee
Niger
Benue
Katsina United
Zamfara United FC
Kano Pillars
Racca Rovers
Jigawa Golden Stars
Yobe Desert Stars
El-Kanemi Warriors
Kaduna United
Ranchers Bees
Gombe United
Wikki Tourists
Plateau United
Mighty Jets
Niger Tornadoes
Police
Highlanders
Kwara Stars FC
Kwara United
Nasarawa United FC
Lobi Stars FC
BCC Lions of Gboko
3SC Shooting Stars
Leventis United
Sunshine Stars
Obanta United FD
Delta United
New Nigeria Bank
Bendel United
Bendel Insurance
Enugu Rangers
Delta United
Jasper United
Udoji United FC
Gabros International
Heartland FC
Enyimba FC
Dolphins FC
Sharks FC
Ocean Boys FC
Port Harcourt
Lagos
Cotonou
Porto-Novo
Lomé
AC Semassi
Doumbé FC
Cotonsport Garoua
Espérance Guider
Université de Ngaoundéré
Girondins Ngaoundéré
Kumbo Strikers
Free Boys Bamenda
PWD Bamenda
Racing Bafoussam
Stade Bandjoun
Panthère Bangangté
Unisport Bafang
Aigle Nkongsamba
Canon Yaoundé
Tonnerre Yaoundé
Fogabe Yaoundé
Cintra Yaoundé
Olympique Mvolyé
Diamant Yaoundé
Prévoyance Yaoundé
Union Yaoundé
Djerem Bertoua
Renaissance Ngoumou
Etoile Abong-Mbang
US Abong-Mbang
Eperviér Ebolowa
Douala
Océan Kribi
Colombe Sangmélima
São Tomé
Vitória FC
Sporting Praia Cruz
6 de Setembro
Inter FC do Bom-Bom
Andorinhas SC
Aliança Nacional
SÃO TOME UND PRÍNCIPE
GD Sundy
GD Os Operários
Bairros Unidos FC
Caixão Grande
Desportivo Guadelupe
Santana FC
Douala
Oryx Douala
Union Douala
Caïman Douala
Léopard Douala
Dynamo Douala
Dragon Douala
Vent Lolanne
Avenir Douala
Kadji Sport Academy
Ports FC Douala
Unité Douala
Lagos
Stationery Stores
Julius Berger
Lagos Railways
NEPA
GO Union Bank
Lagos PAN Bank
ACB Lagos FC
Nigerdock
NITEL United
VIP
Abidjan
ASEC Mimosas
Africa Sports
Stade Abidjan
Stella d'Adjamé
SOA
Jeunesse
AS Ouamé
AUC
EFYM
ES Bingerville
Lazer
Satellite FC
Tema
GHAPOHA Readers
Afienya United
Real Sportive
State Traders
Roadmasters
Accra
Hearts of Oak SC
Great Olympics
Real Republicans
Boye Sowahs Zebi
Liberty Professionals
Manchester United
Standfast
Zaytuna
MAURETANIEN
SENEGAL
GAMBIA
MALI
GUINEA
GUINEA-BISSAU
SIERRA LEONE
LIBERIA
ELFENBEINKÜSTE
BURKINA FASO
GHANA
TOGO
SC Linguère
Espoir St. Louis
ASEC Ndiambour
ASC SONACOS
Bafata SC
CF Os Balantas Mansôa
Fello Star
CO Kakandé Boké
AS Ashanti Golden Boys
weitere liberianische Klubs:
LISCR FC
Barcelona
Dekontee Star
Mande Jala
MSG Kalum
Olympic FC
Umoja
Monrovia
Mighty Barolle
Invincible Eleven
LPRC-Oilers
Saint Joseph's Warriors
NPA-Anchors
Cedar United
Junior Professionals
Bame
Black Stars
BUSA
Coca-Cola Marines
Defence Invaders
EU Liberia United
Exodus
FDA-Foresters
Fulani FC
LEC
LPMC-Planters
Mark Professionals
Sparrow
St. Anthony
YASA
Young Eagles
Conakry
Hafia FC
AS Kaloum Stars
Horoya AC
Satellite FC
Kakimbo FC
ASFAG
Gbessia AC
Etoile Guinée
Atlético de Coléah
Baraka SSG
Freetown
Monrovia
Abidjan
Accra
Kumasi
Asante Kotoko FC
Ashanti Gold SC
Sekondi Hasaacas
Eleven Wise FC
ASC Gagnoa
Lakota FC
ASC Bouaké
Alliance Bouaké
Sacraboutou Sports Bondoukou
0
500
1 000 km

Zentralafrika

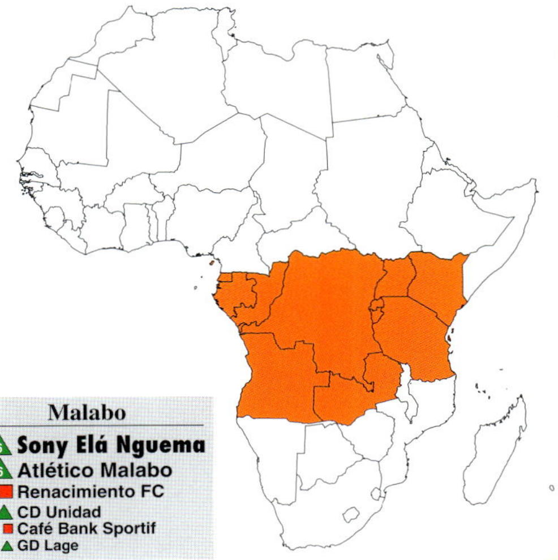

Portugiesische Siedler brachten den Fußball nach **Angola**. Der erste Fußballverband in Luanda wurde im Jahre 1922 gegründet. Die Entwicklung des Fußballs behinderten lange Jahre der Krieg gegen die Kolonisten und der spätere Bürgerkrieg (1976–2002). Ein regelmäßiger Wettbewerb wurde im Jahr 1979 gestartet. Die Mehrheit der Klubs konzentriert sich im Ballungsraum der Hauptstadt, die sich während des Bürgerkriegs erheblich ausdehnte. Die beiden erfolgreichsten Mannschaften Luandas teilen sich fast alle Meistertitel. Dank des wiedererlangten Friedens und der reichen Bodenschätze (Erdöl, Gold, Diamanten) erlebt das Land in den letzten Jahren einen wirtschaftlichen Boom. Auch der Fußball erblüht wieder, wovon die Teilnahme an der WM-Endrunde 2006 nachhaltig zeugt.

Die Spanier brachten den Fußball in das kleine Land am Golf von Guinea (die ehemalige Kolonie Rio Muni), das sich heute **Äquatorial-Guinea** nennt. Die Ligameisterschaft wird seit dem Jahre 1979 ausgespielt. Hier dominieren die Klubs aus der Stadt Malabo von der Vulkaninsel Bioko, die einen kleinen Teil der Republik bildet. Weitere Klubs liegen auf dem Festland verstreut.

Französische Siedler brachten den Fußball in der Zwischenkriegszeit auch in das äquatoriale **Gabun**. Die Fußballföderation wurde zwei Jahre nach dem Erhalt der Unabhängigkeit (1960) gegründet. Der Pokal wird bereits seit dem Jahre 1961 ausgespielt und der Ligawettbewerb seit der Saison 1968. Wegen der dichten Regenwälder, die den größten Teil des Landes bedecken, sind die Klubs vor allem in der Hauptstadt Libreville sowie in Port-Gentil, dem Zentrum der Erdölaufbereitung, beheimatet.

In das damalige französische **Kongo**-Brazzaville gelangte der Fußball dank der belgischen und französischen Siedler und aufgrund seiner Entfaltung in der Metropole des ehemaligen Belgisch-Kongos, Léopoldville (Kinshasa), die am linken Ufer des Kongo-Stroms liegt. Auch deswegen finden wir die Mehrheit der Ligaklubs in der Hauptstadt Brazzaville. Den ersten Wettbewerb spielte man bereits im Jahre 1931, aber bis zur Befreiung des Landes fehlen die entsprechenden Informationen. Der regelmäßige Ligawettbewerb wird seit 1966 ausgetragen. Im Zusammenhang mit der Ölgewinnung entstand das zweite Zentrum des Ligafußballs in der Hafenstadt Pointe-Noire. Erst in den letzten Jahren konnte das dritte Zentrum Loubomo, das an der die beiden Großstädte verbindenden Bahnlinie liegt, auch fußballerisch aufschließen.

Auf dem Gebiet Belgisch-Kongos, das während der Regierungszeit des Diktators Mobutu in **Zaire** umbenannt wurde (seit dem Jahre 1998 **Volksrepublik Kongo**), waren es belgische Siedler, die zu Beginn des 20. Jahrhunderts den Fußball verbreiteten. Die erste Fußballorganisation entstand im Jahre 1919. Ein regelmäßiger Ligawettbewerb wurde im Jahre 1958 aufgenommen. Er wird beherrscht von den Klubs aus der Achtmillionen-Metropole Kinshasa (60 Prozent der Titel). Ihre Gegner sind die Teams aus dem Diamantengebiet Kasai und der kupfererzreichen separatistischen Provinz Katanga/Shaba. Alle bedeutenden Erstligamannschaften kommen aus Städten, die entlang der Eisenbahnlinie von Kinshasa nach Lubumbashi, dem Zentrum des Kupfererzstreifens an der Grenze zu Sambia, liegen. Um den Titel spielen die besten Teams der Regionalwettbewerbe – sieben Gruppen plus Division d'Honneur, die die Mannschaften aus der Hauptstadt vereinigt – nach dem Play-off-Modus. Anfang der 90er Jahre wurde eine einheitliche Staatsliga gegründet. Später jedoch wurde aufgrund zahlreicher Unruhen das Regionalsystem wiederhergestellt.

Im Südteil der ehemaligen Kolonie Ruanda-Urundi, dem heutigen **Burundi,** wurde der Fußball entweder bereits am Ende des 19. Jahrhunderts von den Deutschen oder aber von den Belgiern eingeführt, die die Kolonie während des Ersten Weltkriegs erhielten. Der Fußballverband wurde im Jahre 1948 gegründet, aber aufgrund der ständigen ethnischen Kämpfe entwickelte sich der Fußball nicht einmal nach dem Erreichen der Unabhängigkeit (1962). Auch deswegen konzentriert sich das Geschehen zumeist auf die Hauptstadt Bujumbura.

Die Geschichte von **Ruanda,** und somit auch die Entfaltung des Fußballs, hängt mit der Entwicklung der ehemaligen Kolonie Ruanda-Urundi zusammen. Trotz der zahlreichen ethnischen Unruhen im Land, das die höchste Bevölkerungsdichte Afrikas aufweist, wird die Ligameisterschaft seit dem Jahr 1980 regelmäßig ausgespielt. Die günstigeren klimatischen Bedingungen des Hochplateaus förderten die Verbreitung des Fußballs im ganzen Land, auch deshalb gibt es in der Liga rund zehn Vertreter kleinerer Städte.

In **Uganda** verbreiteten den Fußball die Briten zusammen mit dem Tee- und Kaffeeanbau bereits an der Wende vom 19. zum 20. Jahrhundert. Im Jahre 1915 wurde der erste Fußballklub (Nsambya) des Landes gegründet und sechs Jahre darauf auch der Fußballverband. Der FIFA trat das Land im Jahre 1959 bei. Das ganze Land, also auch das Fußballleben, wurde von der Gewaltherrschaft des Diktators Idi Amin und den langandauernden bewaffneten Konflikten gezeichnet. Auch deswegen konzentrierte sich das Fußballgeschehen lange Zeit im dem Landstreifen um den Victoriasee (Ukerewe) und entlang der Eisenbahn, die die Hauptstadt Kampala mit Nairobi und dem Hafen Mombasa in Kenia verbindet.

In **Kenia** ging die Verbreitung des Fußballs durch britische Siedler am Ende des 19. Jahrhundert Hand in Hand mit der Entwicklung der Plantagenwirtschaft. Die ersten Klubs und Organisationen entstanden in den 20er Jahren des 20. Jahrhunderts. 1932 wurde der Fußballverband gegründet, der sich bald dem Londoner Verband anschloss. Mitglied der FIFA aber wurde Kenia erst im Jahre 1960, als das Land die Autonomie erlangte. Drei Jahre später wurde die Liga gestartet. Sie ist eine der größten afrikanischen Ligen überhaupt, in der mehr als 20 Klubs um den Titel kämpfen. Die Mehrheit der Teams kommt aus den Städten, die in den klimatisch günstigeren Lagen der Ostafrikanischen Hochebene (1500–2000 Meter ü.d.M.) liegen – neben der Hauptstadt Nairobi besonders in der Nähe des Victoriasees (Ukerewe). Außerhalb dieses Gebiets gibt es nur noch ein bedeutendes Fußballzentrum – die Hafenstadt Mombasa, das Tor zum Landesinneren.

In das Gebiet des ehemaligen Deutsch-Ostafrikas führten die deutschen und später die britischen Siedler den Fußball ein. In einem der ärmsten Länder der Welt setzte sich das Spiel aber nur langsam durch. Zunächst eroberte der Fußball die Insel Sansibar, die durch die Produktion von Vanille und Zimt berühmt ist. Der Fußballverband Tanganjikas entstand im Jahre 1930, der FIFA hat sich das Land erst 34 Jahre später (drei Jahre nach seiner Unabhängigkeit) angeschlossen. Das flächenmäßig große und einwohnerstarke Tanganjika (rund eine Million Quadratkilometer und fast 40 Millionen Einwohner) konkurrierte stets mit dem kleinen Sansibar (eine Million Einwohner). Um die Titel im vereinigten **Tansania** kämpften die jeweils drei besten Teams der zwei selbständigen Wettbewerbe bis zum Jahr 2002. Zwei Jahre später wurde **Sansibar** eigenständiges CAF-Mitglied. Daher nehmen die Mannschaften der Insel seit 2005 an den afrikanischen Klubwettbewerben teil.

Nach **Sambia**, der ehemaligen britischen Kolonie Nordrhodesien, brachten den Fußball britische Eisenbahn- und Bergwerkstechniker sowie Siedler aus Südafrika. Der Verband entstand in Lusaka bereits im Jahre 1929, aber erst nach dem 2. Weltkrieg breitete sich der Fußball in der Bergwerksregion im Norden des Landes aus, woher auch die Mehrzahl der Landesmeister kommt. Mit dem Erreichen der Unabhängigkeit im Jahre 1964 wurde Sambia FIFA-Mitglied. Der Pokal wird seit 1961 und der Ligawettbewerb seit 1962 ausgetragen.

LEGENDE

■ 1 ■ 2–4 ■ 5 und mehr — Siege in der 1. Liga: Angola (1979–2006), Äquatorial-Guinea (1979–2006), Burundi (1972–2006), Gabun (1968–2006), Kenia (1963–2006), Kongo (1931–2006), Ruanda (1980–2006), Sambia (1962–2006), Tansania (1965–2006), Uganda (1966–2006) und VR Kongo/Zaire (1958–2006)

● übrige Teilnehmer der 1. Liga: Angola (1986–2006), Burundi (1997–2001), Gabun (1990–2006), Kenia (1984–2002), Kongo (1994–2004), Ruanda (1996–2001), Sambia (1993–2004), Tansania (1996–2006), Uganda (1992–2004) und VR Kongo/Zaire (1998–2006)

▲ ▲ ▲ Siege im Landespokal: Angola (1980–2006), Äquatorial-Guinea (1978–2004), Burundi (1982–2003), Gabun (1975–2006), Kenia (1956–2005), Kongo (1974–2006), Ruanda (1978–2006), Sambia (1962–2006), Tansania (1974–2002), Uganda (1971–2006) und VR Kongo/Zaire (1961–2006)

Likasi ○ Städte über 100 000 Einwohner ohne einen Erstligaklub

CARA Name des Fußballklubs — *Luo Union* bereits nicht mehr existierender Klub

GOR Mahia erfolgreichster Klub des Landes — Benguela Stadt

Libreville
7 FC 105
US Mbila Ndzambi
Vantour Mangoungou
Aigle Royal
Olympique sportif
Anges ABC
AS Police
AS Solidarité
JAC
Zalang COC
Téléstars FC
Ndzimba FC
AS Douanes
AS Scolaire
Cercle Mbéri
CSB
CS Stade d'Akébé
FC 104
Jeunesse sportive
Locomotive FC
Missiles FC
Sogéa FC
TP Akwembé
Nairobi
12 10 GOR Mahia
12 7 AFC Leopards
7 Tusker FC
Luo Union
Mathare United
Utalii
Kenya Pipeline
World Hope
AFC Kamili
Benham
Black Mamba
Canons
Coca Cola Freemark
Hakati Sport
Kahawa United
KCB
Kenya Grain Growers
Kimbo FC
Magareza Prisons Club
Maziwa
Red Berets
Reli
Re-Union
Utawala
Viatu Sportif
Kampala
16 7 Villa SC
7 8 City Council SC
6 9 Express Red Eagles
Prisons FC
URA SC
Bitumastic
UCB
Nsambya FC
Gangama United
Bell Breweries
Chicago FC
Chicago FC
Kampala United FC
Lyantonde/URA
Maji FC
Miracle FC
Natete
Posta
Spear Motors FC
State House FC
Tower Of Praise TV
Uganda Airlines
UTODA
Villa International
Wandegeya
Military Police
Nordosten des Victoriasees
Victoriasee (Ukerewe)
weiterer ugandischer Klub:
Green Valley
USD
weiterer sambischer Klub:
Circuit Chiefs
weitere kenianische Klubs:
Baruti
Silver Stars
ZENTRALAFRIKANISCHE REP.
SUDAN
ÄTHIOPIEN
SOMALIA
KENIA
UGANDA
VR KONGO/ZAIRE
RUANDA
BURUNDI
TANSANIA
SAMBIA
MALAWI
MOSAMBIK
ANGOLA
SIMBABWE
BOTSWANA
Nairobi
Kigali
Bujumbura
Lusaka
Dar-es-Salaam
Mombasa
Pemba
Forodha
Jamhuri
Kipanga
Sansibar
Malindi SC
KMKM
Miembeni SC
Polisi
Small Simba
Jeshi
Maendelo
Mafunzo
Mlandege
16 Simba SC
14 Yanga
Bujumbura
10 12 Vital'O SC
6 Inter FC
Prince Louis FC
Inter-Star FC
Fantastique
Sports Dynamic
Atletico Olympique FC
Muzinga FC
Maniema FC
Elite FC
Africa Sport
Chanic
FC Arabica
FC Barcelone
Renaissance
Rumuri
Union Sporting
Lusaka
6 Green Buffaloes
Zanaco FC
City of Lusaka
Red Arrows
Lusaka Celtic
City Snipers
Lusaka City Council
Lusaka Dynamos
Lusaka Tigers
National Assembly
Nkwazi Sports
Profound Warriors
Young Arrows
Zamtel
Ndola
Lifebuoy Strikers
Ndola United
Zesco United
Vitafoam United
Forest Rangers
Indeni
Ndola Wanderers
Railway Express
Kinshasa
11 11 DC Motema Pembe
11 9 AS Vita Club
5 AS Dragons
AS Kalamu
US Bilombe
AC Sodigraf
SC Inter
SC Utexafrica
Kigali
7 5 APR FC
5 Panthères Noirs
Kiyovu Sports
APR FC
Rwanda FC
Citadins
Eclair Sports
Miroplast
Nyamirambo
Simba FC
Stir FC
Terminus FC
Zebres FC
Kitwe-Nkana
11 5 Nkana FC
5 7 Power Dynamos
Kitwe United
Mutendo Stars
Nkhwiza
5 8 Rayon Sports
9 10 Mufulira Wanderers
5 5 Kabwe Warriors
7 FC St.-Eloi-Lupopo
8 5 TP Mazembe
Lubumbashi
500
1 000 km

Südafrika

Es war das Gebiet der heutigen **Republik Südafrika**, wo man als erstes Fußball auf dem schwarzen Kontinent spielte. Das Spiel wurde von den Briten in den 60er Jahren des 19. Jahrhunderts eingeführt. Unter den niederländischen Siedlern (Buren) fand es schnell Verbreitung. Der erste Klub entstand 1879 in der Provinz Natal (Pietermaritzburg); ein weiteres Zentrum war Kapstadt, wo 1891 die erste Stadtmeisterschaft ausgetragen wurde. Nach den Burenkriegen wurde die Region Johannesburg–Pretoria der neue Mittelpunkt des Fußballs. Die Profiliga startete 1959, aber während der Apartheid war sie nur den Weißen vorbehalten. Der Beginn der neuzeitlichen Fußballgeschichte in Südafrika ist mit der Gründung der Schwarzen-Liga (NSPL) im Jahr 1971 verbunden. Ein Höhepunkt der letzten Jahre ist das ewige Duell der Erzrivalen und beiden größten Klubs – Kaizer Chiefs und Orlando Pirates. Ein Riesenereignis und eine Prüfung zugleich wird 2010 die Ausrichtung der WM, denn sie wurde erstmals dem schwarzen Kontinent übertragen.

Im Königtum **Lesotho** spielt man Fußball seit Anfang des 20. Jahrhunderts. Im Jahre 1932 entstand im ehemaligen Basutoland der erste Verband, die Liga gibt es seit 1970. Aufgrund der überwiegenden Weidelandschaft des Bergstaats kicken auch Dorfklubs in der Liga, doch die Mehrzahl der Titel entfällt auf die Teams der Hauptstadt Maseru. Auch **Swasiland** hat den Fußball durch das benachbarte Südafrika kennen gelernt. Die Liga wird regelmäßig seit 1980 gespielt; sie wird beherrscht von den Highlanders aus der Hauptstadt Mbabane.

Fußball wurde in der ehemaligen deutschen Kolonie Südwestafrika jahrelang nur von den Weißen gespielt. Die nationale Ligakonkurrenz entstand jedoch bereits vor der Unabhängigkeit und Entstehung von **Namibia** (1990). Im Gegensatz zum „Normalfall" kam es nicht zur Konzentration der Kräfte in der Metropole. Während der 90er Jahre haben vielmehr Vereine aus zehn Städtchen ihre Visitenkarte in der Liga abgegeben, einschließlich der Klubs aus der ehemaligen Südafrika-Enklave Walvis Bay.

In **Botswana** war es ähnlich – erst mit der Unabhängigkeit (1966) kam der Fußball zum Tragen. Die Liga wird seit 1968 gespielt. Die meisten Klubs sind im Ballungsraum von Gaborone angesiedelt. Ein weiteres Zentrum ist Selebi-Phikwe.

Nach **Simbabwe** brachten die Briten den Fußball in den 90er Jahren des 19. Jahrhunderts aus Südafrika mit. Doch lange Zeit wurde er im ehemaligen Süd-Rhodesien (1923–80) nur von den weißen Siedlern gespielt. Im Jahre 1965 wurde der Fußballverband gegründet; der Liga- und der Pokalwettbewerb, in denen nach und nach die Teams der Schwarzen die Oberhand gewannen, werden seit 1962 ausgetragen. Den wirklichen Zugang zur internationalen Bühne erhält das Land erst mit der Unabhängigkeit (1980). Wichtigstes Fußballzentrum wird die Hauptstadt Harare, ein weiteres Bulawayo.

In **Malawi**, der ehemaligen Kolonie Njassaland, zeigten die Briten den Reiz des Fußballs auf. Über Jahre verhinderten die Bande zum rassistischen Rhodesien, dass das Spiel im Land angenommen wurde. Nach der Unabhängigkeit (1964) wurde der Verband gegründet, aber die Liga lief erst 1986 an. Die besten Klubs kommen aus den zwei größten Städten – Lilongwe und Blantyre.

Nach **Mosambik** gelangte der Fußball nach dem 1. Weltkrieg durch die Portugiesen. Die erste Assoziation entstand im Jahre 1923; ihr gehörten die Klubs des Verwaltungszentrums Lourenço Marques und dessen Umgebung an. Zu weiteren Zentren entwickelten sich Nampula im Norden und Quelimane nahe der Sambesimündung. Der Bürgerkrieg beschleunigte den Zulauf der besten Kicker in der Hauptstadt Maputo, deren Teams fast alle Titel gewannen.

Auf der Insel **Madagaskar** wurde der Fußball in der Zwischenkriegszeit von den Franzosen verbreitet. 1961 entstand der madagassische Verband, während sein Vorgänger noch unter den Pariser Verband fiel (ab 1947). Die meisten Klubs kommen aus der Metropole Antananarivo, aus Mahajanga im Nordwesten und aus Toliara (Tuléar) im Dürregebiet des Südwestens.

Die zweitälteste Liga im Süden Afrikas wird auf der Insel **Mauritius** seit dem Jahre 1935 ausgetragen. Die Insel stand im 19. Jahrhundert unter der Wirtschaftshoheit der Briten, die auch den Fußball einführten. Viele der Klubs, die auf ethnischer und religiöser Basis (Kreolen, Tamilen, indische Hindus, Muslime) entstanden, wurden nach den blutigen Zusammenstößen der Fans im Jahre 1999 reorganisiert. Die meisten Teams kommen aus der Hauptstadt Port Louis, aus Beau Bassin-Rose Hill und Curepipe.

Auf der exotischen Inselgruppe der **Seychellen**, die geografisch zu Mittelafrika gehören, ist Fußball eine noch junge Sportart. Die Liga startete erst 1979. Die Mehrzahl der Klubs ist auf der größten Insel Mahé und in der Hauptstadt Victoria zu Hause. Alle Erstligaspiele werden im größten Stadion der Insel ausgetragen.

Eine Liga entstand auch auf der Inselgruppe der **Komoren**, ebenso auf der Insel Mayotte, die sich den Komoren nicht anschließen wollte und weiter abhängiges Gebiet von Frankreich bleibt. Über diese Wettbewerbe gibt es wenig Informationen.

Reunion, die Insel im Indischen Ozean, lernte den Fußball durch die Franzosen kennen. Die Liga wird seit 1950 gespielt. Auf der kleinen und bergigen Vulkaninsel hat fast jedes Städtchen (ca. 15) einen Ligaklub.

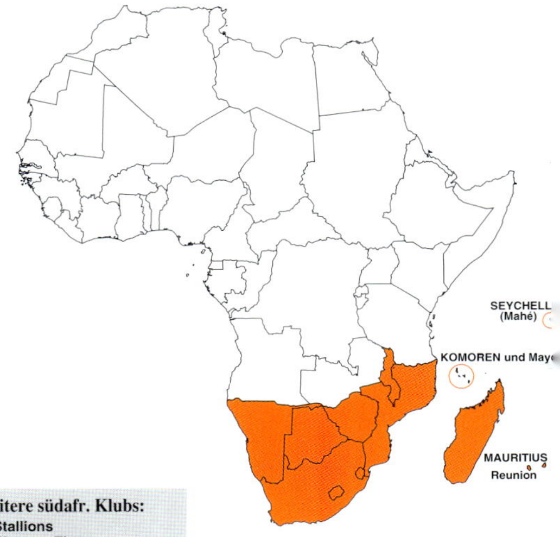

weitere südafr. Klubs:
- Stallions
- Western Tigers

Johannesburg – Pretoria

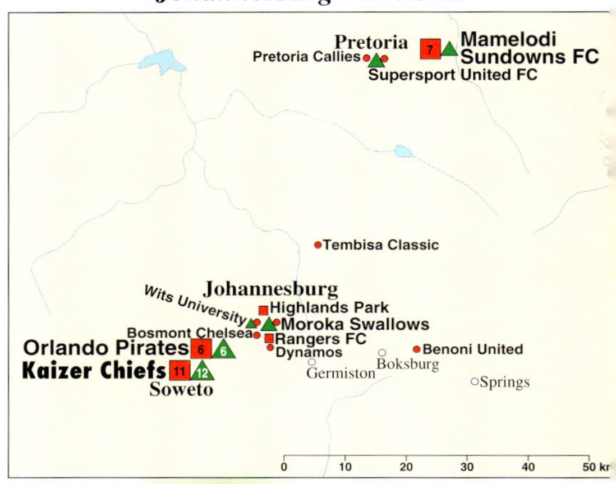

Teuerste Fußballspieler aus Südafrika auf dem Transfermarkt

Benni McCarthy (SAF)	1999	AFC Ajax	➔	RC Celta Vigo	6 200 000 €
Benjani Mwaruwari (ZIM)	2006	AJ Auxerroise	➔	Portsmouth FC	6 000 000 €

Swasiland

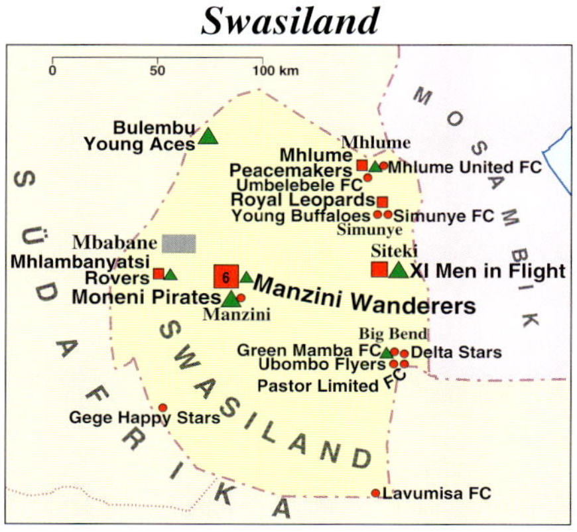

Lesotho

weitere lesothische Klubs:
- Chelsea FC
- Maradona Juniors
- Uba Stars

Maseru
- Matlama FC
- RLDF
- Arsenal FC
- LPF
- Maseru United
- Likhopo
- LPS
- Maseru Rovers
- LMPS
- Maseru Brothers
- Maseru FC
- Lerotholi Polytechnic
- Ambassadors FC
- LCS
- Lifefo
- Manonyane FC
- Maseru Pirates
- Mphatlalatsane
- School Boys
- Swallows FC

weitere swasiländische Klubs:
- Hub Sundowns
- Callies
- Illovo FC
- Nkomanzi Sundowns
- Usushwana Rhinos

Mbabane
- Mbabane Highlanders
- Denver Sundowns
- Mbabane Swallows
- C & M Eagles
- Mbabane Dribbling Wizards
- Midas Mbabane City

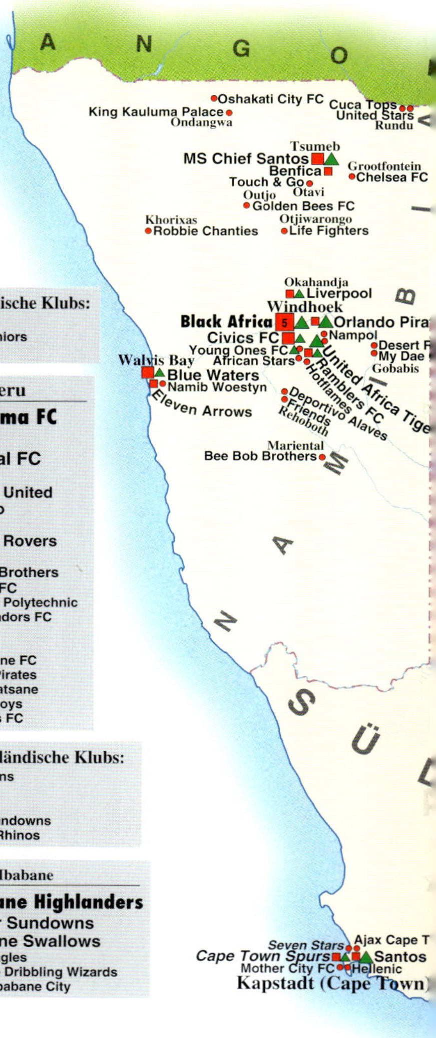

Berühmte Klubs aus Südafrika

Klubname	Gründ. Jahr	Stadionname	Stadionkapazität	Besucherschn. (Saison 2004)	Spitzname
Bush Bucks	1957	ABSA Stadium	10 000	1 120	Imbabala – Die Ziegenböcke
Kaizer Chiefs	1970	FNB Stadium	78 000	14 520	Amakhosi – Die Häuptlinge
Mamelodi Sundowns	1970	Super Stadium	25 000	3 622	The Brazilians – Die Brasilianer
Manning Rangers	1932	Chatsworth Stadium	25 000	1 981	The Mighty Maulers – Die mächtigen Schläger
Moroka Swallows	1947	Germiston Stadium	18 000	5 818	The Beautiful Birds – Die schönen Vögel
Orlando Pirates	1937	Ellis Park	59 611	14 162	The Buccaneers – Die Piraten
Santos	1982	Athlone Stadium	30 000	3 151	The People's Team – Das Volksteam
Wits University	1922	Bidvest Stadium	10 000	4 932	The Students – Die Studenten

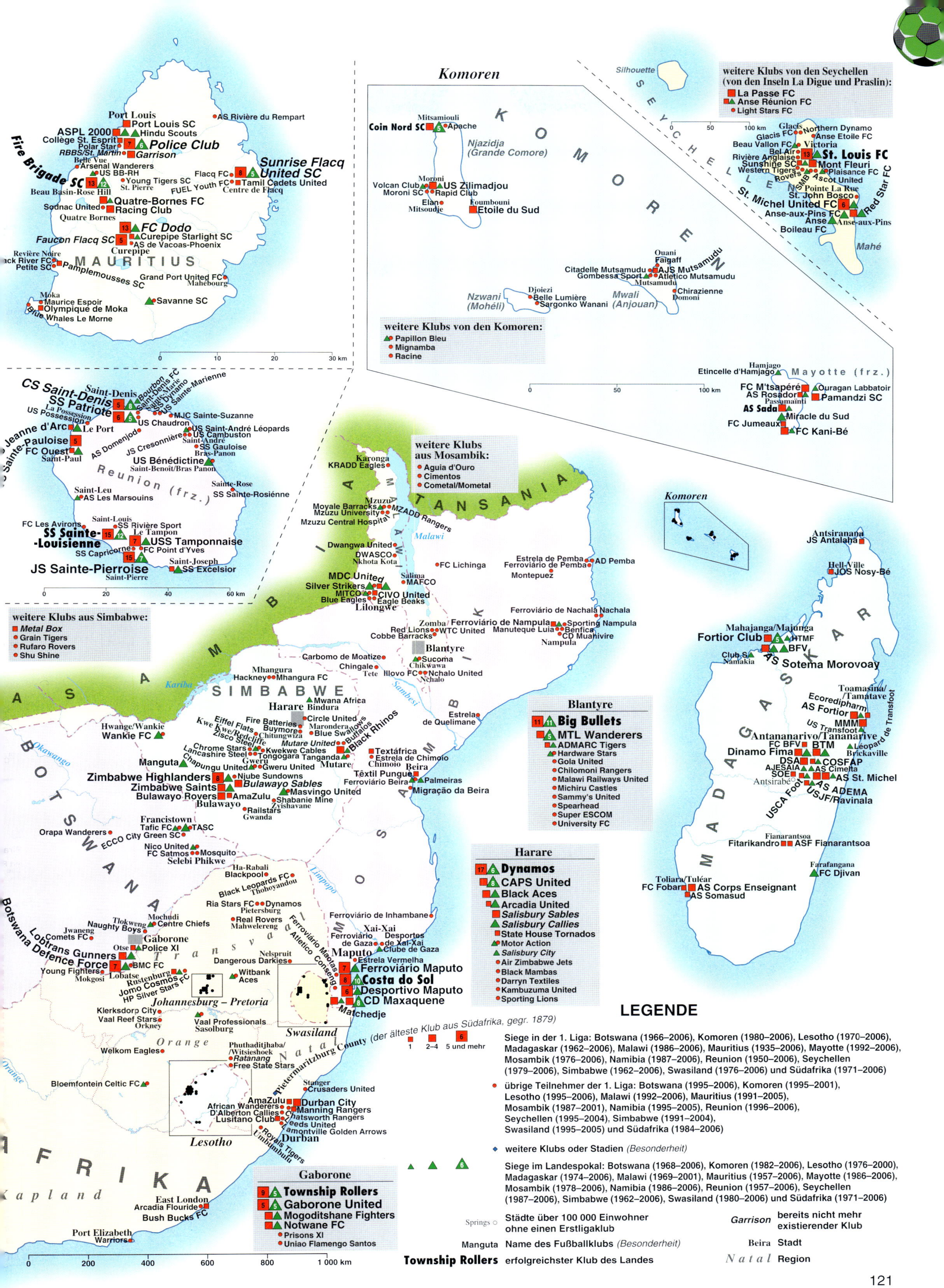

LEGENDE

1 · 2–4 · 5 und mehr: Siege in der 1. Liga: Botswana (1966–2006), Komoren (1980–2006), Lesotho (1970–2006), Madagaskar (1962–2006), Malawi (1987–2006), Mauritius (1935–2006), Mayotte (1992–2006), Mosambik (1976–2006), Namibia (1987–2006), Reunion (1950–2006), Seychellen (1979–2006), Simbabwe (1962–2006), Swasiland (1976–2006) und Südafrika (1971–2006)

übrige Teilnehmer der 1. Liga: Botswana (1995–2006), Komoren (1995–2001), Lesotho (1995–2006), Malawi (1992–2006), Mauritius (1991–2005), Mosambik (1987–2001), Namibia (1995–2005), Reunion (1996–2006), Seychellen (1995–2004), Simbabwe (1991–2004), Swasiland (1995–2005) und Südafrika (1984–2006)

weitere Klubs oder Stadien *(Besonderheit)*

Siege im Landespokal: Botswana (1968–2006), Komoren (1982–2006), Lesotho (1976–2000), Madagaskar (1974–2006), Malawi (1969–2001), Mauritius (1957–2006), Mayotte (1986–2006), Mosambik (1978–2006), Namibia (1986–2006), Reunion (1957–2006), Seychellen (1987–2006), Simbabwe (1962–2006), Swasiland (1980–2006) und Südafrika (1971–2006)

Springs: Städte über 100 000 Einwohner ohne einen Erstligaklub

Garrison: bereits nicht mehr existierender Klub

Manguta: Name des Fußballklubs *(Besonderheit)*

Beira: Stadt

Township Rollers: erfolgreichster Klub des Landes

Natal: Region

Nordamerika

Der Fußball europäischer Prägung, den die Amerikaner als "soccer" bezeichnen, hat in den **USA** erst nach dem Zweiten Weltkrieg fester Fuß gefasst. Die Weltmacht aus Übersee hält jedoch einen "Rekord" – bereits im Jahre 1862 existierte in Boston der Oneida FC, der als erster Fußballklub außerhalb Englands in die Geschichte einging. Das Spiel hatte zunächst mehr Ähnlichkeit mit dem Rugby, die wahren Verfechter des "soccers" mussten bis zum Jahre 1884 warten, bis The American Football Association in New York gegründet wurde. Dem Klubfußball fehlt ein klassisches, einheitliches Spielsystem. Je nachdem, ob der Fußball in den USA gerade aufblühte oder ein kärgliches Dasein fristete, entstanden immer wieder neue Ligen, aber als wirklich erstklassige Konkurrenzen kann man nur drei Wettbewerbe ansehen. Ganz am Anfang war es die ASL (American Soccer League), die von 1922 bis 1933 gespielt wurde. Ihre Qualität wird durch den dritten Platz der USA bei der WM 1930 bestätigt. Nach mehr als drei "stillen" Jahrzehnten wurden 1967 die NPSL (National Professional Soccer League) und die USA (United Soccer Association) gegründet, die sich ein Jahr später zur NASL (North American Soccer League) vereinigten. In den 70er Jahren konnten sich die NASL-Klubs den Einkauf von Stars anderer Kontinente leisten (für New York Cosmos spielten z.B. Pelé und Beckenbauer). Nach und nach aber sank das Interesse wieder und für die NASL fiel 1984 der Vorhang. Eine Wiederbelebung erfolgte erst nach der in den USA veranstalteten WM 1994. Zwei Jahre später entstand die MLS (Major League Soccer), die 2007 mit dem Briten David Beckham einen neuen Superstar verpflichtet hat.

In **Kanada**, wo fast alles vom Eishockey überlagert wird, hat sich der Fußball in letzter Zeit beachtlich ausgedehnt. Der vereinigte Fußballverband entstand bereits im Jahre 1912, damals noch als Bestandteil der englischen Assoziation. Der erste Wettbewerb von nationaler Bedeutung war der zur gleichen Zeit gegründete Challenge Cup. Von 1961–66 gab es für fünf Jahre eine Profiliga. Neun kanadische Klubs nahmen später an der benachbarten amerikanischen NASL teil, Toronto Croatia und Vancouver Whitecaps konnten den Wettbewerb sogar gewinnen. Danach wurden noch zwei eigene Erstligawettbewerbe registriert: die CPSL (1983) und die CSL (1987–92).

Zu den Kuriositäten des Weltfußballs zählt der Ligawettbewerb, der seit 1971 auf der größten Insel der Welt, auf **Grönland** gespielt wird. Das von Dänemark verwaltete Gebiet obliegt weder der FIFA noch einer Konföderation. Einen einheimischen Titelkampf gibt es auch auf den **Bermudas** (britische Kolonie). Auf den unabhängigen **Bahamas** ist der Fußball noch wenig verbreitet. Demgegenüber entwickelt sich auf den Inseln **Turks und Caicos** (brit.) sowie **Saint-Pierre und Miquelon** (fr.) so etwas wie eine fußballerische Aktivität.

Klubs der Major League Soccer

Klub-name	Gründ. Jahr	Name des Stadions	Gründ Jahr	Stadion-kapazität	Zuschauerschnitt (2006) Regular S.	Play-off
Chicago Fire	1997	Toyota Park	2006	60 455	14 088	10 217
Chivas USA	2004	The Home Depot Center	2003	27 000	19 840	15 110
Colorado Rapids	1995	INVESCO Field at Mile High	2001	76 125	12 056	4 176
Columbus Crew	1994	Columbus Crew Stadium	1999	22 555	13 294	–
DC United	1995	RFK Stadium	1961	56 692	18 215	20 504
FC Dallas	1995	Pizza Hut Park	2005	21 193	14 982	–
Houston Dynamo	2005	Robertson Stadium	1941	32 000	18 935	20 274
Kansas City Wizards	1995	Arrowhead Stadium	1972	79 409	11 083	–
Los Angeles Galaxy	1995	The Home Depot Center	2003	27 000	20 814	–
New England Revolution	1995	Gillette Stadium	2002	68 756	11 786	9 372
Real Salt Lake	2005	Rice-Eccles Stadium	1927	45 017	16 366	–
Red Bull New York	1995	Giants Stadium	1976	80 242	14 570	8 630

LEGENDE

1 2–4 5 und mehr

- Siege in der ASL (1922–33)
- übrige Teilnehmer der ASL (1922–33)
- Siege in der NPSL (1967), USA (1967) und NASL (1968–84)
- übrige Teilnehmer der NPSL (1967), USA (1967) und NASL (1968–84)
- Siege in der MLS (1996–2006)
- übrige MLS-Teilnehmer (1996–2006)
- Siege im Lewis Cup (1925–30)
- Siege im US Open Cup (1996–2006)
- Siege in der 1. Liga: Kanada – CPSL (1983) und CS (1987–92), Grönland (1971–2005), Saint-Pierre und Miquelon (1964–2005), Bermudas (1964–2006), Tur und Caicos (1999–2006) und Bahamas (1992–2004)
- übrige Teilnehmer der 1. Liga: Kanada – CPSL (198 und CSL (1987–92), Bermudas (1966–2006)

Sacramento – Städte über 1 000 000 Einwohner ohne einen Erstligaklu

Montreal Impact – Name des Fußballklubs

Somerset CC – erfolgreichster Klub des Landes

Boston Bears – bereits nicht mehr existierender Klub

Denver – Stadt

Texas – Region

Nordosten

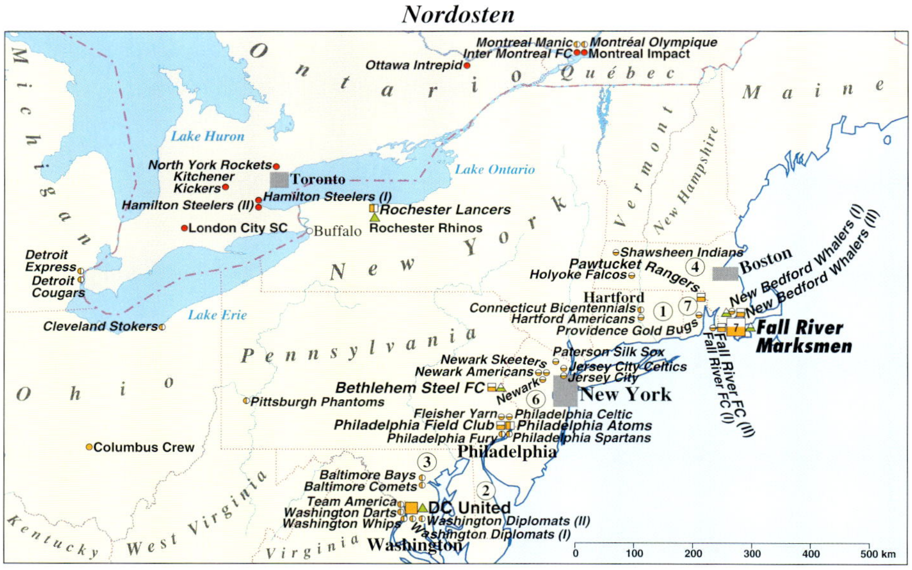

Toronto

- Toronto Croatia
- Toronto Blizzard (II)
- Mississauga Croatia SC
- Toronto National
- Toronto City
- Toronto Falcons

Boston

- Boston Wonder Workers
- New England Revolution
- Boston Beacons
- Boston Minutemen
- New England Tea Men
- Boston
- Boston Bears

New York

- 5 New York Cosmos
- New York Nationals
- New York Giants
- New York Red Bulls
- New York Generals
- New York Skyliners
- Brooklyn Hakoah
- Brooklyn Wanderers (II)
- Hakoah All-Stars
- Harrison SC
- Indiana Flooring
- New York Americans
- New York Brookhattan
- New York Field Club
- New York SC
- New York Yankees
- Prague
- Queens Bohemians
- Todd Shipyards

Entwicklung der Besucherzahl, erzielte Tore, Teilnehmerzahl der 1. US-amerikanischen Liga und wichtige Begebenheiten

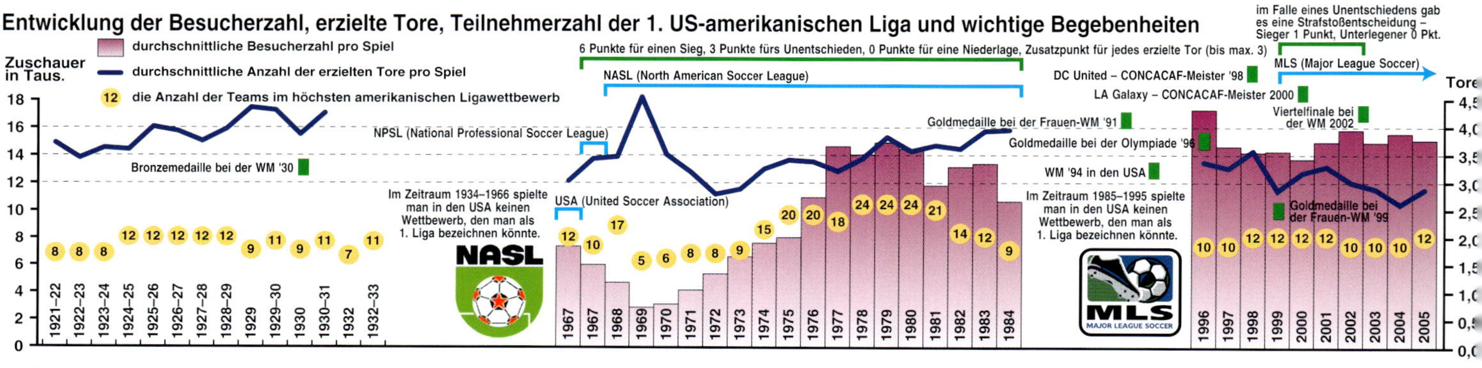

Ausländer in der MLS
(Saison 2006)
6 – Kanadier
5 – Mexikaner
4 – Brasilianer
3 – Argentinier und Jamaikaner
insgesamt 54 Spieler
Bermudas
0 5 10 km
St George's CC Colts
St David's Islanders
Somerset CC Trojans
Sandys
North Village
Vasco CC Rams
Volcanoes
Devonshire
Devonshire Colts SC
Boulevard CC Blazers
Devonshire RC Cougars
Wolves SC
Somerset Bridge RC Eagles
Dandy Town Hornets
Young Men SC
Ireland Rangers FC
Hotels International FC
Hamilton
Hamilton Parish
PHC Zebras
Warwick
Southampton Rangers SC
Grönland (dän.)
Qaanaaq/Thule
T-41
Uummannaq
FC Malamuk
Ilulissat/Jakobshavn
N-48
Kugssak
CIF-70
Qasigiannguit/Christianshåb
Sisimut/Holsteinsborg
SAK
Maniitsoq/Sukkertoppen
Aqissiaq
Kagssagssuk
GSS
Nuuk IL
B-67
Nuuk/Godthåb
Qaqortoq/Julianehåb
K-1933
USA
KANADA
Yukon
Northwest Territories
Great Bear L.
Mackenzie
Great Slave L.
British Columbia
Alberta
Saskatchewan
Manitoba
Nunavut
Ontario
Québec
Newfoundland
Nelson
Lake Winnipeg
Fraser
Edmonton Drillers
Edmonton Brickmen
Edmonton Eagles
Calgary Strikers
Calgary Mustangs
Calgary Boomers
Calgary Kickers
Vancouver Royals
Vancouver Royal Canadians
Vancouver Whitecaps
Vancouver 86ers
Victoria Vistas
Seattle Sounders
Winnipeg Fury
Saint-Pierre
AS Miquelonnaise
ASIA
AS Saint Pierraise
St.-Pierre und Miquelon (frz.)
New Brunswick
Halifax
Nova Scotia Clippers
Nova Scotia
L. Superior
L. Huron
L. Ontario
L. Michigan
L. Erie
St. Lawrence R.
Maine
New York
Pennsylvania
Ohio
West Virginia
Nordosten
Übrige Staaten der USA
1 Connecticut
2 Delaware
3 Maryland
4 Massachusetts
5 New Hampshire
6 New Jersey
7 Rhode Island
8 Vermont
Bermudas (brit.)
Washington
Portland Timbers
Columbia
Oregon
Montana
Idaho
Wyoming
North Dakota
South Dakota
Minnesota
Minneapolis
Minnesota Kicks
Minnesota Strikers
Wisconsin
Michigan
Milwaukee
Missouri
Iowa
Nebraska
Chicago Sting
Chicago Fire
Chicago Mustangs
Chicago Spurs
Illinois
Indiana
Indianapolis
Cincinnati
Nevada
Salt Lake City
Real Salt Lake
Utah
Sacramento
Golden Bay Earthquakes
San Francisco Gales
Oakland Stompers
Oakland Clippers
San Jose Earthquakes (II)
San Jose Earthquakes (I)
Denver
Colorado Rapids
Colorado Caribous
Denver Dynamos
Colorado
Kansas
Kansas City Spurs
Kansas City Wizards
St. Louis Stars
Missouri
Kentucky
Virginia
Norfolk
North Carolina
Charlotte
South Carolina
Tennessee
Memphis Rogues
California
Las Vegas Quicksilver
Los Angeles Galaxy
Los Angeles Toros
Los Angeles Wolves
Los Angeles Aztecs
Chivas USA
California Surf
Anaheim
San Diego Toros
San Diego Sockers
Arizona
Phoenix
New Mexico
Arkansas
Tulsa
Roughnecks
Oklahoma
Arkansas
Mississippi
Alabama
Georgia
Atlanta Apollos
Atlanta Chiefs (II)
FC Dallas
Dallas Tornado
Texas
Rio Grande
Louisiana
Houston Hurricane
Houston Stars
Houston Dynamo
San Antonio Thunder
New Orleans
Florida
Jacksonville Tea Men
Orlando
Tampa Bay Rowdies
Tampa Bay Mutiny
Fort Lauderdale Strikers
Miami Fusion FC
Miami Toros
MEXIKO
Freeport RFC
Abacom United FC
Marsh Town
Nassau
United FC
Bears FC
Cavalier FC
BAHAMAS
Turks und Caicos (brit.)
Turks und Caicos
KPMG United FC
Beaches FC
Caribbean All Stars
Cost Right FC
Masters
SWA Sharks FC
Tropic All Stars
0 1 000 2 000 km
teuerste Fußballspieler Nordamerikas auf dem Transfermarkt
Tomasz Radzinski (CAN) 2001 RSC Anderlecht → Everton FC 7 500 000 €
Claudio Reyna (USA) 2001 Rangers FC → Sunderland AFC 6 500 000 €

Mittelamerika

Mit Ausnahme Mexikos hat das Gebiet Mittelamerikas im Weltmaßstab keine fußballerischen Meriten vorzuweisen. Immer öfter tauchen jedoch Beweise dafür auf, dass die Einheimischen schon vor Jahrhunderten ein ähnliches Spiel pflegten. Man kann das aus zahlreichen archäologischen Funden schließen, unter denen die Wissenschaftler deutlich aus natürlichen Materialien geformte Bälle erkennen. Eine genauere Beschreibung des Spiels ist leider nicht überliefert.

Der heutige mittelamerikanische Fußball wird vor allem durch **Mexiko** verkörpert. Das Land der Azteken ist die dominante Erscheinung in der Konföderation CONCACAF. Das Spiel mit dem runden Leder hatte hier bereits zu Ende des 19. Jahrhunderts Fuß gefasst. Es wurde von britischen, spanischen und französischen Unternehmern "importiert", die in der Hauptstadt Ciudad de México und deren Umgebung ihre Geschäfte machten. Sehr bald gelangte der Fußball auch in die Städte Toluca, Orizaba, Guadalajara, Veracruz oder Pachuca. Erster Champion des Ligawettbewerbs, der in Bezug auf sein Gründungsdatum (1902/03) zu den ältesten der westlichen Hemisphäre gehört, wurde das Team Orizaba Charleston. Letztlich drängten auch die Vereine América, España und Reforma aus Mexiko-Stadt ins allgemeine Bewusstsein vor. Der Verband entstand im Jahre 1927, der FIFA schloss er sich zwei Jahre später an. Die mexikanische Profiliga wurde in der Saison 1943/44 eingeführt. Ab der Saison 1996/97 gingen die Mexikaner zum südamerikanischen Modell Apertura – Clausura über, bei dem in jedem Jahrgang zwei Meister gekürt werden. Die Konkurrenz ist mit mehr als 20 000 Zuschauern pro Spiel die bestbesuchte Liga in ganz Amerika. Dafür wurde der Pokalwettbewerb, der 1907 aus der Taufe gehoben wurde, 90 Jahre später wegen nachlassenden Interesses abgeschafft. Die meisten der heutigen Spitzenklubs kommen aus der Hauptstadt sowie aus Guadalajara, Toluca, León und Pachuca. Außerhalb Zentralmexikos gibt es nur wenige gute Mannschaften, einzig die Zentren Monterrey und Torreón im Norden können noch mithalten. Die Mehrzahl der Teams spielt unter den erschwerten Bedingungen des Hochgebirgsplateaus in Höhen von 2000 m ü.d.M. Die Ausnahme bilden die Hafenstädte Veracruz und Tampico sowie die Binnenstadt Monterrey. Mexiko ist das einzige außereuropäische Land, das zweimal WM-Gastgeber war.

Im kleinen **Belize** (ehemals Britisch-Honduras) kann man eine Ligakonkurrenz seit den 90er Jahren des vergangenen Jahrhunderts festhalten. Das Gros der Meistertitel ging seitdem an das Team Juventus aus dem Städtchen Orange Walk. Ein eigener Fußballverband entstand erst 1980, sechs Jahre später trat er der FIFA bei. **Guatemala** führte den Ligawettbewerb bereits im Jahre 1919 ein, als auch die Fußballassoziation gegründet wurde, die sich 1946 der FIFA anschloss. Die erfolgreichsten Klubs – Comunicaciones und Municipal – kommen aus der Hauptstadt Guatemala City. Seit der Saison 1999/2000 wird auch hierzulande nach dem System Apertura – Clausura gespielt. Alle bedeutenderen Fußballstädte sind ähnlich wie in Mexiko in den höheren Gebirgslagen der vulkanischen Zone angesiedelt. Obwohl der Fußballverband von **Honduras** bereits seit 1935 existiert und im Jahr 1946 der FIFA beigetreten ist, wird die eigene Liga erst ab der Saison 1965/66 gespielt. Die Meistertitel machten bisher die Klubs aus der Hauptstadt Tegucigalpa und aus drei weiteren Städten unter sich aus. In **El Salvador** wurde die Klubmeisterschaft mit der Saison 1926/27 gestartet, also noch vor Gründung der Assoziation (1935) und der Aufnahme in die FIFA (1938). Bei der Anzahl der Titel wurden die Teams aus der Hauptstadt San Salvador vom Klub CD FAS aus dem nahe der guatemaltekischen Grenze gelegenen Santa Ana übertroffen. Noch früher begann man auf dem Gebiet von **Costa Rica** um Ligapunkte zu kämpfen, und zwar seit der Saison 1920/21, als sich der hiesige Verband sogleich dem Weltverband anschloss. Das populärste Team des Landes ist CD Saprissa, das aus der Vergangenheit auch Erfolge in den kontinentalen Pokalwettbewerben zu verzeichnen hat. Es dominieren die Vereine aus der Hauptstadt San José, doch auch die Klubs aus den Städten Heredia und Alajuela setzten sich wiederholt durch. Im ärmsten Land des mittelamerikanischen Festlands, in **Nicaragua**, sind alle bedeutenden Städte und somit auch die Klubs in der vulkanischen Zone im Westen des Landes konzentriert. Die nationale Liga ging erst 1984/85 in ihre erste Saison. Für guten, erfolgreichen Fußball steht vor allem der FC Diriangén aus der Kleinstadt Diriamba. In der unweit entfernten Hauptstadt Managua wurde bereits im Jahre 1931 die Fußballassoziation gegründet, die 1950 Mitglied der FIFA geworden ist. In **Panama** wurde die Ligakonkurrenz erst 1988 eingeführt. Das Land war zuvor eher vom Baseball-Virus "infiziert", der von den Amerikanern aus der Panamakanalzone verbreitet wurde. Dabei hatte sich der Fußball hier schon viel früher etabliert, was das Gründungsdatum der Föderation (1937) und der FIFA-Beitritt (1938) belegen. Die Fußballhochburgen des Landes befinden sich in den Städten entlang des Panamakanals.

Mexiko

Belize

Guatemala

Teuerste Fußballspieler Mittelamerikas auf dem Transfermarkt

Paulo Wanchope (CRC)	2000	West Ham United	➔	Manchester City FC	6 000 000 €
Rafael Márquez Álvarez (MEX)	1999	Atlas Guadalajara	➔	AS Monaco	5 900 000 €

El Salvador

Honduras

Nicaragua

Costa Rica

Panama

Berühmte Klubs Mittelamerikas

Klubname (Land)	Gründ. Jahr	Stadionname	Stadionkapazität	Besucherschn. (Sais. 2003/04)
Alajuelense (CRC)	1919	Alejandro Morera Soto	17 895	4 150
Saprissa (CRC)	1935	Ricardo Saprissa Aymá	23 112	6 721
Municipal (GUA)	1936	Mateo Flores	29 000	6 850
Olimpia (HON)	1926	Nacional	35 000	6 285
América (MEX)	1916	Azteca	105 000	60 800
Atlante (MEX)	1916	Azteca	105 000	13 400
Cruz Azul (MEX)	1927	Azul	39 000	21 600
Guadalajara (MEX)	1906	Jalisco	56 713	31 250
Monterrey (MEX)	1945	Tecnológico	42 485	31 250
Pachuca (MEX)	1900	Hidalgo	30 000	16 300
Toluca (MEX)	1917	Nemesio Díez	27 000	13 300
UNAM (MEX)	1954	Olímpico Universitario	64 186	45 000

Zentrales Costa Rica

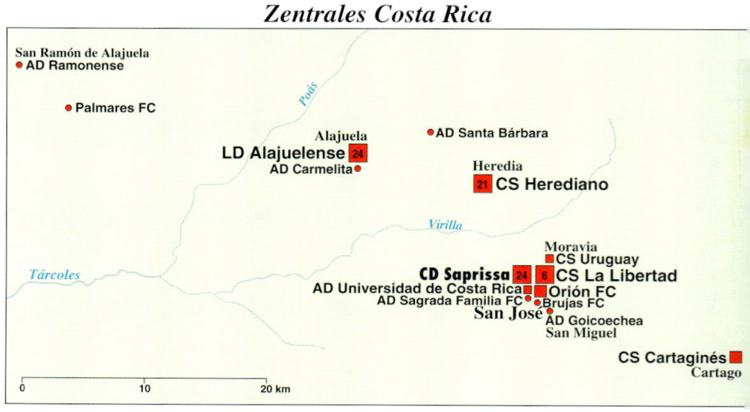

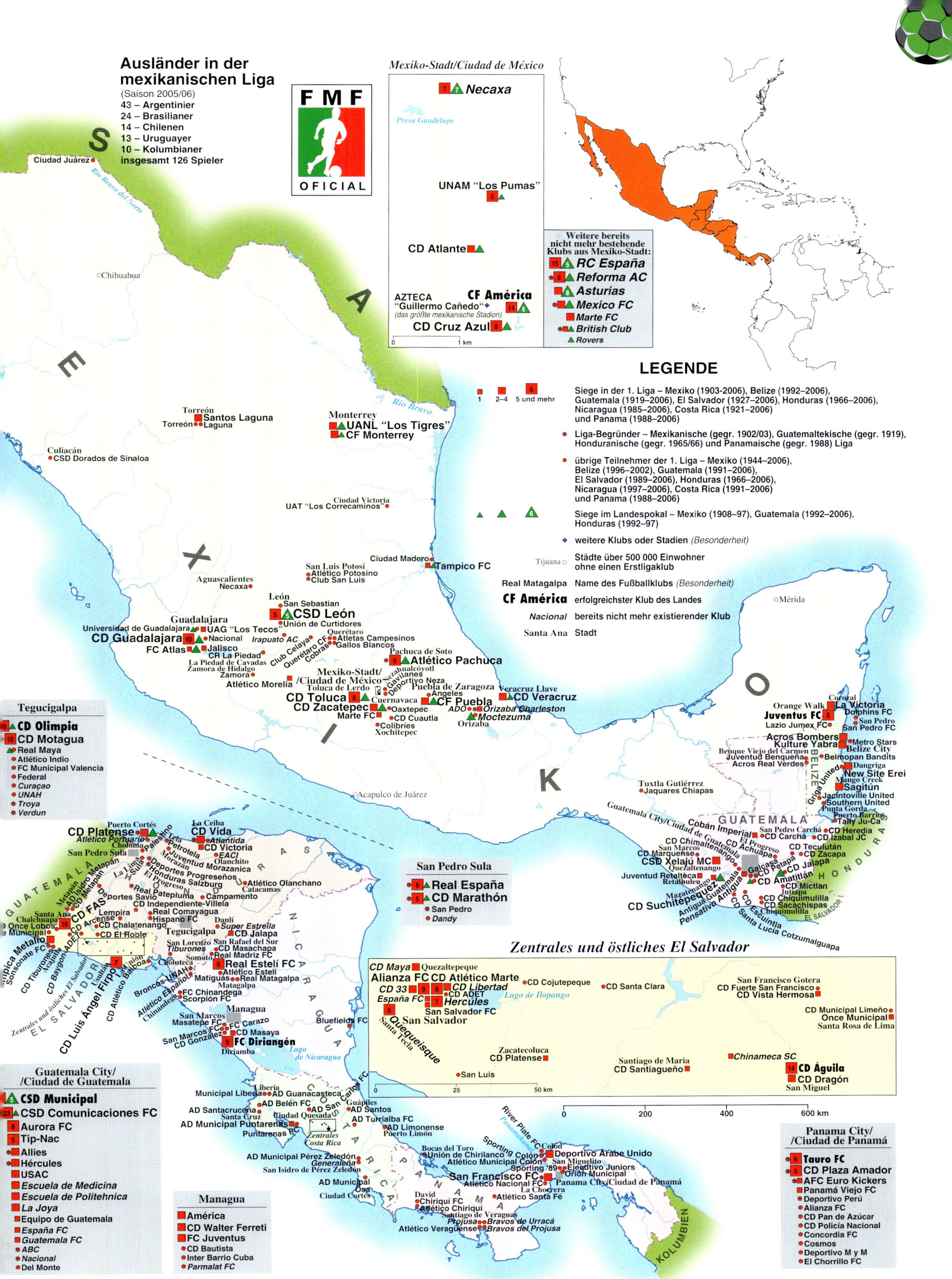

Ausländer in der mexikanischen Liga
(Saison 2005/06)
43 – Argentinier
24 – Brasilianer
14 – Chilenen
13 – Uruguayer
10 – Kolumbianer
insgesamt 126 Spieler
FMF OFICIAL
Mexiko-Stadt/Ciudad de México
Necaxa
Presa Guadelupe
UNAM "Los Pumas"
CD Atlante
AZTECA "Guillermo Cañedo" (das größte mexikanische Stadion)
CF América
CD Cruz Azul
Weitere bereits nicht mehr bestehende Klubs aus Mexiko-Stadt:
RC España
Reforma AC
Asturias
Mexico FC
Marte FC
British Club
Rovers
LEGENDE
1 2–4 5 und mehr
Siege in der 1. Liga – Mexiko (1903-2006), Belize (1992–2006), Guatemala (1919–2006), El Salvador (1927–2006), Honduras (1966–2006), Nicaragua (1985–2006), Costa Rica (1921–2006) und Panama (1988–2006)
Liga-Begründer – Mexikanische (gegr. 1902/03), Guatemaltekische (gegr. 1919), Honduranische (gegr. 1965/66) und Panamaische (gegr. 1988) Liga
übrige Teilnehmer der 1. Liga – Mexiko (1944–2006), Belize (1996–2002), Guatemala (1991–2006), El Salvador (1989–2006), Honduras (1966–2006), Nicaragua (1997–2006), Costa Rica (1991–2006) und Panama (1988–2006)
Siege im Landespokal – Mexiko (1908–97), Guatemala (1992–2006), Honduras (1992–97)
weitere Klubs oder Stadien (Besonderheit)
Tijuana Städte über 500 000 Einwohner ohne einen Erstligaklub
Real Matagalpa Name des Fußballklubs (Besonderheit)
CF América erfolgreichster Klub des Landes
Nacional bereits nicht mehr existierender Klub
Santa Ana Stadt
MEXIKO
Ciudad Juárez
Rio Bravo del Norte
Chihuahua
Torreón Santos Laguna
Laguna
Culiacán CSD Dorados de Sinaloa
Monterrey UANL "Los Tigres"
CF Monterrey
Rio Bravo
Ciudad Victoria UAT "Los Correcaminos"
Ciudad Madero
Tampico FC
San Luis Potosí Atlético Potosino
Club San Luis
Aguascalientes Necaxa
León San Sebastian
CSD León
Unión de Curtidores
Guadalajara
Universidad de Guadalajara
UAG "Los Tecos"
CD Guadalajara
Nacional
FC Atlas
Jalisco
Irapuato AC
Querétaro
Atletas Campesinos
Gallos Blancos
CR La Piedad
La Piedad de Cavadas
Zamora de Hidalgo
Zamora
Atlético Morelia
Pachuca de Soto
Atlético Pachuca
Mexiko-Stadt/Ciudad de México
Toluca de Lerdo
CD Toluca
CD Zacatepec
Marte FC
Cuernavaca
Oaxtepec
CD Cuautla
Colibríes
Xochitepec
Puebla de Zaragoza
Ángeles
CF Puebla
ADO
Orizaba
Orizaba Charleston
Moctezuma
Veracruz Llave
CD Veracruz
Acapulco de Juárez
Mérida
Tuxtla Gutiérrez
Jaquares Chiapas
Orange Walk
Juventus FC
Lazio Jumex FC
Corozal
La Victoria
Dolphins FC
San Pedro
San Pedro FC
Acros Bombers
Kulture Yabra
Metro Stars
Belize City
Benque Viejo del Carmen
Juventud Benquena
Belmopan Bandits
Acros Real Verdes
Dangriga
New Site Erei
Mango Creek
Sagitún
Jacintoville United
Southern United
Punta Gorda
Puerto Barrios
Tally Ju-Ca
BELIZE
GUATEMALA
Cobán Imperial
San Pedro Carchá
CD Carcha
CD Heredia
CD Izabal JC
CD Chimaltenango
CD Marquense
San Marcos
CSD Xelajú MC
Quezaltenango
Juventud Retalteca
Retalhuleu
CD Suchitepéquez
Mazatenango
Antigua Guatemala
Pensativo Antigua
CD Tecolután
CD Zacapa
CD Jalapa
CD Amatitlán
CD Mictlan
Jutiapa
CD Chiquimulilla
CD Sacachispas
Chiquimulilla
Santa Lucía Cotzumalguapa
CD Escuintla
HONDURAS
EL SALVADOR
Tegucigalpa
CD Olimpia
CD Motagua
Real Maya
Atlético Indio
FC Municipal Valencia
Federal
Curaçao
UNAH
Troya
Verdun
San Pedro Sula
Real España
CD Marathón
San Pedro
Dandy
CD Platense
Puerto Cortés
Atlético Portuario
La Ceiba
CD Vida
Atlántida
CD Victoria
EACI
Olanchito
Real Juventud
Morazanica
Deportes Progreseños
El Progreso
Real Pateplumа
Atlético Olanchano
Catacamas
Campamento
Deportes Savio
CD Independiente-Villela
Lempira
Real Comayagua
Hispano FC
Danlí
Super Estrella
CD Jalapa
Tiburones
CD Masachapa
San Rafael del Sur
Real Madriz FC
Somoto
Real Estelí FC
Atlético Estelí
Choluteca
Matiguás
Real Matagalpa
Matagalpa
Bronco-UNAH
Atlético Español
FC Chinandega
Chinandega
Scorpion FC
Managua
San Marcos
Masatepe FC
FC Carazo
CD Masaya
Bluefields FC
San Marcos
CD Gonzalez
FC Diriangén
Diriamba
Lago de Nicaragua
NICARAGUA
CD Chalatenango
CD El Roble
CD Arcense
CD FAS
Santa Ana
Chalchuapa
Once Lobos
Municipal
Metapán
Isidro Metapan
CD Metapan
Sonsonate FC
Atlético Metalio
Juventud Tiburones
Acajutla
CD Baygón
CD Luis Angel Firpo
Usulután
Atlético Balboa
La Unión
Zentrales und östliches El Salvador
Guatemala City/Ciudad de Guatemala
CSD Municipal
CSD Comunicaciones FC
Aurora FC
Tip-Nac
Allies
Hércules
USAC
Escuela de Medicina
Escuela de Politehnica
La Joya
Equipo de Guatemala
España FC
Guatemala FC
ABC
Nacional
Del Monte
Managua
América
CD Walter Ferreti
FC Juventus
CD Bautista
Inter Barrio Cuba
Parmalat FC
Zentrales und östliches El Salvador
CD Maya
Quezaltepeque
Alianza FC
CD Atlético Marte
CD Cojutepeque
CD Santa Clara
San Francisco Gotera
CD Fuerte San Francisco
CD Vista Hermosa
CD 33
CD Libertad
CD ADET
España FC
Hercules
Lago de Ilopango
San Salvador FC
San Salvador
Santa Tecla
Quequeisque
CD Municipal Limeño
Once Municipal
Santa Rosa de Lima
Zacatecoluca
CD Platense
Santiago de Maria
CD Santiagueño
Chinameca SC
CD Águila
CD Dragón
San Miguel
San Luis
0 25 50 km
0 200 400 600 km
Liberia
Municipal Liberia
AD Guanacasteca
AD Belén FC
AD San Carlos FC
AD Santacruceña
Santa Cruz
Ciudad Quesada
AD Municipal Puntarenas FC
Puntarenas
Guápiles
AD Santos
AD Turrialba FC
AD Limonense
Puerto Limón
Zentrales Costa Rica
COSTA RICA
AD Municipal Pérez Zeledón
Generaleña
San Isidro de Pérez Zeledón
AD Municipal Osa
Ciudad Cortés
Bocas del Toro
Unión de Chirilanco
Atlético Municipal Colón
Sporting Colón
Colón
Deportivo Árabe Unido
San Miguelito
Sporting '89
Ejecutivo Juniors
Orión Municipal
San Francisco FC
Atlético Nacional FC
Panama City/Ciudad de Panamá
La Chorrera
Atlético Santa Fé
River Plate FC
David
Chiriquí FC
Atlético Chiriquí
Santiago de Veraguas
Projusa
Bravos de Urracá
Atlético Veraguense
Bravos del Projusa
PANAMA
KOLUMBIEN
Panama City/Ciudad de Panamá
Tauro FC
CD Plaza Amador
AFC Euro Kickers
Panamá Viejo FC
Deportivo Perú
Alianza FC
CD Pan de Azúcar
CD Policía Nacional
Concordia FC
Cosmos
Deportivo M y M
El Chorrillo FC

Antillen

Auf den Inseln im Karibischen Meer, das durch die Großen Antillen im Norden und die Kleinen Antillen im Osten begrenzt wird, wurde Fußball nie als Sportart Nr. 1 angesehen. Eine ungleich höhere Popularität genießt hier die Leichtathletik. Vielerorts wird auch Cricket gespielt, das früher wie heute beliebte Unterhaltungsspiel der britischen Kolonisten, oder auch Baseball, was wiederum auf den Einfluss der Amerikaner zurückzuführen ist.

Die herausragende Stellung der genannten Sportarten wird vor allem auf **Kuba** sichtbar. Die größte Karibikinsel ist zudem zu einer Großmacht im Boxen aufgestiegen. Erste Bedeutung im Fußball hat das Jahr 1924 – es wurde die hiesige Fußballassoziation gegründet, die acht Jahre später der FIFA beitrat. Die bis heute existierende Liga nahm 1912 den Spielbetrieb auf. Erwähnenswert ist dabei die Tatsache, dass sie von 1949 zehn Jahre lang bis zur kommunistischen Revolution (Dezember 1958) mit fünf Teilnehmern unter einem Profistatut ausgetragen wurde. Den größten Erfolg auf internationaler Ebene erzielten die Kubaner mit dem Erreichen des Viertelfinals bei der WM 1938.

Nicht etwa unter dem Einfluss von Rum, sondern durch britische Siedler wurde der Fußball in den 90er Jahren des 19. Jahrhunderts auf **Jamaika** verbreitet. Die Briten gründeten im Jahre 1910 in der Hauptstadt Kingston auch die Assoziation und sie legten den Grundstein für die spätere Überlegenheit der lokalen Klubs. Zur zweiten Hochburg des Landes entwickelte sich Montego Bay im Norden der Insel. Jamaika machte vor allem 1998 von sich reden, als der Inselstaat seine WM-Endrunden-Premiere feierte und dabei sogar das favorisierte Japan schlug.

Der erfolgreichste Fußball in der Karibik wurde in den zurückliegenden Jahren auf **Haiti** gespielt, was sich auch in zwei Titelgewinnen bei der CONCACAF-Meisterschaft niederschlägt. Das Spiel war schon zu Beginn des 20. Jahrhunderts von den Franzosen übernommen worden, so dass weder die schnelle Entstehung der Fußballföderation (1904) noch deren Aufnahme in die FIFA (1933) überraschend kam. Die den östlichen, größeren Teil der Insel einnehmende **Dominikanische Republik** ist dem Fußballfieber weit weniger verfallen. Die ersten fußballerischen Aktivitäten begannen im Jahre 1953 mit der Gründung des Verbandes, der fünf Jahre später in die FIFA integriert wurde. Ein eigener Ligawettbewerb wird erst ab den 60er Jahren gespielt.

Auf der östlichsten Insel der Großen Antillen, dem amerikanischen **Puerto Rico**, hat man sich den Fußball Ende des 19. Jahrhunderts von den spanischen Kolonisten abgeschaut. Der gegenwärtig beste Klub ist Académicos de Quintana. Der Fußball steht auf der Insel im tiefen Schatten des Basketballs, in dem die Puerto-Ricaner schon einige Achtungszeichen in der Welt gesetzt haben.

Nur ein Minimum an Informationen gibt es über Fußball und Ligawettbewerbe der Kleinen Antillen und der übrigen Inseln der Karibik. Fußball wird ebenfalls auf den **Kaimaninseln** (eine Assoziation gibt es seit 1966), den **Amerikanischen Jungferninseln,** den **Britischen Jungferninseln** (1968) sowie den weiteren britischen Kolonien **Anguilla** (1996) und **Montserrat** (1996) gespielt. FIFA-Mitglieder sind auch **Barbados** (der Landesverband entstand schon 1910), **Grenada** (1924), **Antigua und Barbuda** (1928), die selbständige niederländische Kolonie **Aruba** (1932), **Dominica** (1970), **Saint Lucia** (1979), **St. Vincent und Grenadinen** (1979), **St. Christoph und Nevis** (1991) sowie die französischen Kolonien **Guadeloupe** und **Martinique**. Nicht zu vergessen die **Niederländischen Antillen** (1921), die neben Haiti und Jamaika die fußballerisch stärkste Nation in der Karibik abgeben und die derzeit von den Inseln Curaçao und Bonaire gebildet werden. Die Insel Curaçao veranstaltete seinerzeit die Meisterschaft der CCCF (Vorläufer der heutigen CONCACAF-Konföderation) für Mittelamerika und die Karibik.

Havanna (La Habana)

- 8 ***FC Real Iberia***
- 8 *DC Gallego*
- 7 *Juventud Asturiana*
- 6 Ciudad de La Habana
- 5 Granjeros
- 5 *Hispano América*
- Azucareros
- Industriales
- La Habana
- *Deportivo Puentes Grandes*
- *Rovers AC*
- Cerro FC
- *Casino Español*
- *CD Hatuey*
- *Deportivo Español*
- *Fortuna*
- *Olimpia*
- Provincia de La Habana

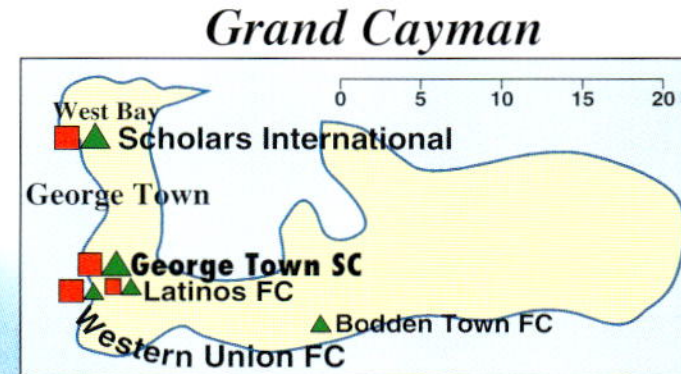

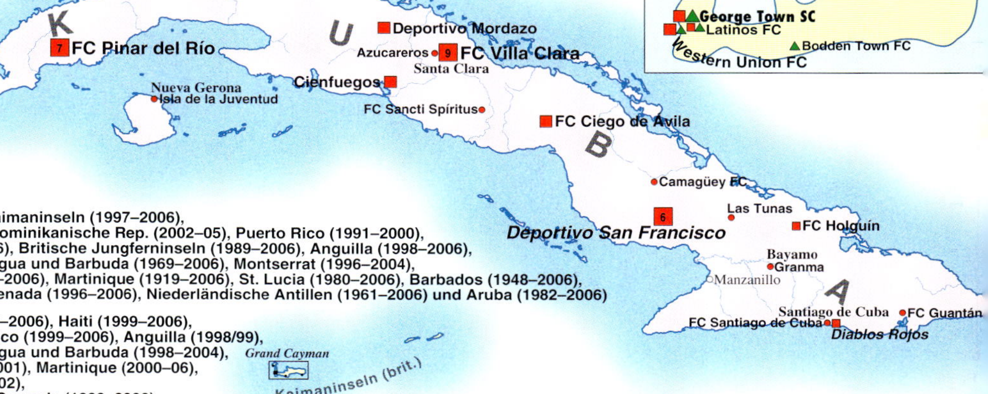

LEGENDE

1 / 2–4 / 5 und mehr	Siege in der 1. Liga: Kuba (1912–2006), Kaimaninseln (1997–2006), Jamaika (1974–2006), Haiti (1938–2006), Dominikanische Rep. (2002–05), Puerto Rico (1991–2000), Amerikanische Jungferninseln (1998–2006), Britische Jungferninseln (1989–2006), Anguilla (1998–2006), St. Christoph und Nevis (1980–2006), Antigua und Barbuda (1969–2006), Montserrat (1996–2004), Guadeloupe (1984–2006), Dominica (1970–2006), Martinique (1919–2006), St. Lucia (1980–2006), Barbados (1948–2006), St. Vincent und Grenadinen (1996–99), Grenada (1996–2006), Niederländische Antillen (1961–2006) und Aruba (1982–2006)
●	übrige Teilnehmer der 1. Liga: Kuba (1997–2006), Haiti (1999–2006), Dominikanische Rep. (2002–05), Puerto Rico (1999–2006), Anguilla (1998/99), St. Christoph und Nevis (1999–2000), Antigua und Barbuda (1998–2004), Guadeloupe (2000–06), Dominica (1997–2001), Martinique (2000–06), St. Lucia (1999–2000), Barbados (1998–2002), St. Vincent und Grenadinen (1998–2000), Grenada (1999–2000), Niederländische Antillen (1997–2000) und Aruba (1998–2001)
▲	Siege im Landespokal: Kaimaninseln (1998–2006), Jamaika (1991–2006), Guadeloupe (1999–2006), Dominica (1970–2005), Martinique (1953–2006), St. Lucia (1998–2006), Barbados (1948–2006) und Grenada (1998–99)
Mayagüez ○	Städte über 100 000 Einwohner und die Hauptstädte ohne einen Erstligaklub
Seba United FC	Name des Fußballklubs *(Besonderheit)*
Diablos Rojos	bereits nicht mehr existierender Klub
DCP Harlem Bombers	erfolgreichster Klub des Landes
Santo Domingo	Stadt

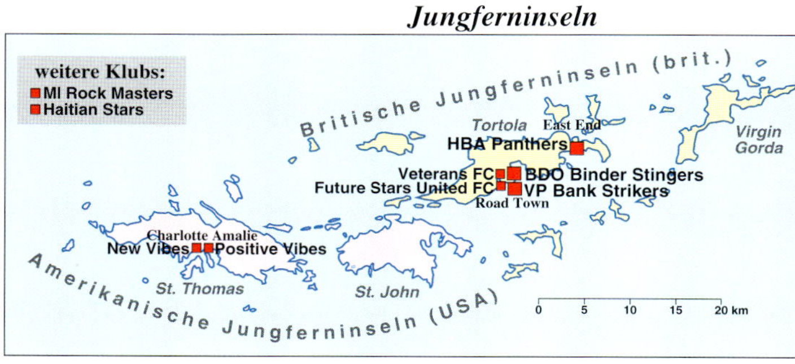

weitere Klubs:

- 6 **Rangers**
- Hiarouns
- Beverly Hills Strikers
- Bombers
- Hairoun
- Old Madrid
- Spice United SC
- Valencia
- VG Ball Stars
- VG Kickers United
- *Interfada*

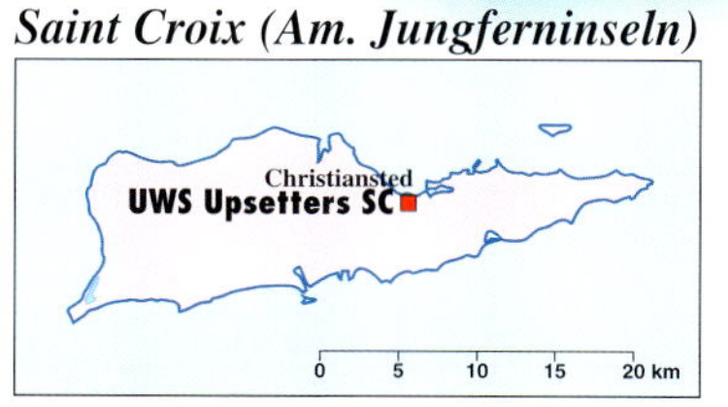

Kingston

- 5 **Santos FC**
- Tivoli Gardens FC
- Waterhouse FC
- Boys' Town FC
- Arnett Gardens FC
- Cavalier FC
- Jamaica Defence For
- Olympic Gardens FC

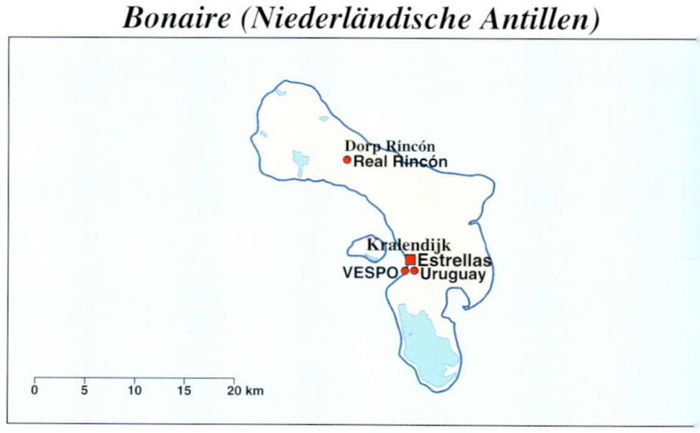

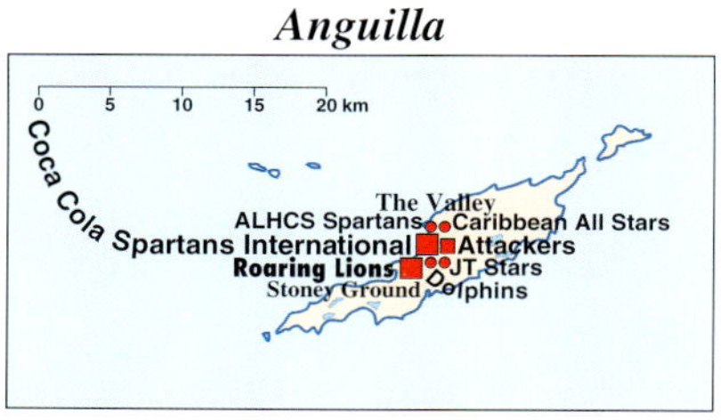

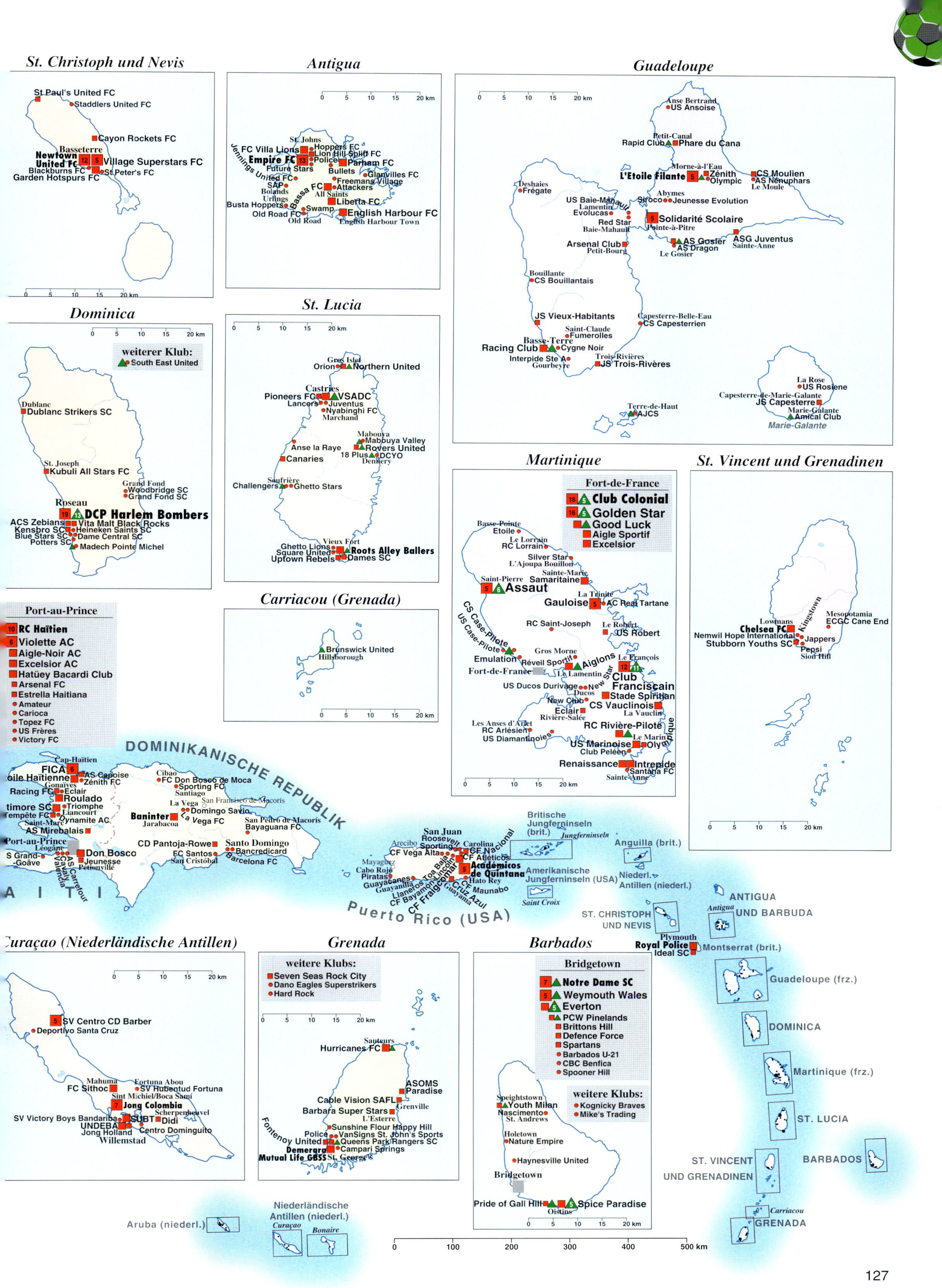
St. Christoph und Nevis
St Paul's United FC
Staddlers United FC
Cayon Rockets FC
Basseterre
Newtown United FC
12
5
Village Superstars FC
Blackburns FC
St Peter's FC
Garden Hotspurs FC
0 5 10 15 20 km
Antigua
St. Johns
FC Villa Lions
Hoppers FC
Lion Hill Spliff FC
Empire FC
13
Police
Parham FC
Future Stars
Bullets
Jennings United FC
Glanvilles FC
SAP
Freemans Village
Bolands
Attackers
Urlings
Bassa FC
All Saints
Busta Hoppers
Liberta FC
Swamp
Old Road FC
English Harbour FC
Old Road
English Harbour Town
0 5 10 15 20 km
Guadeloupe
Anse Bertrand
US Ansoise
Petit-Canal
Rapid Club
Phare du Cana
Morne-à-l'Eau
L'Etoile Filante
5
Zénith
Olympic
CS Moulien
AS Nénuphars
Le Moule
Deshaies
Frégate
US Baie-Mahault
Lamentin
Evolucas
Abymes
Siroco
Jeunesse Evolution
Red Star
Baie-Mahault
Solidarité Scolaire
Pointe-à-Pitre
Arsenal Club
Petit-Bourg
AS Gosier
AS Dragon
Le Gosier
ASG Juventus
Sainte-Anne
Bouillante
CS Bouillantais
JS Vieux-Habitants
Capesterre-Belle-Eau
CS Capesterrien
Saint-Claude
Fumerolles
Basse-Terre
Racing Club
Cygne Noir
Interpide Ste A
Gourbeyre
Trois-Rivières
JS Trois-Rivères
La Rose
US Rosiene
Capesterre-de-Marie-Galante
JS Capesterre
Marie-Galante
Amical Club
Marie-Galante
Terre-de-Haut
AJCS
0 5 10 15 20 km
Dominica
0 5 10 15 20 km
weiterer Klub:
South East United
Dublanc
Dublanc Strikers SC
St. Joseph
Kubuli All Stars FC
Grand Fond
Woodbridge SC
Grand Fond SC
Roseau
19
13
DCP Harlem Bombers
ACS Zebians
Vita Malt Black Rocks
Kensbro SC
Heineken Saints SC
Blue Stars SC
Dame Central SC
Potters SC
Madech Pointe Michel
St. Lucia
0 5 10 15 20 km
Gros Islet
Orion
Northern United
Castries
Pioneers FC
VSADC
Lancers
Juventus
Nyabinghi FC
Marchand
Mabouya
Mabbuya Valley
Rovers United
Anse la Raye
18 Plus
DCYO
Canaries
Dennery
Soufrière
Challengers
Ghetto Stars
Vieux Fort
Ghetto Lions
Roots Alley Ballers
Square United
Uptown Rebels
Dames SC
Martinique
Fort-de-France
18
5
Club Colonial
16
5
Golden Star
Good Luck
Aigle Sportif
Excelsior
Basse-Pointe
Etoile
Le Lorrain
RC Lorrain
Silver Star
L'Ajoupa Bouillon
Sainte-Marie
Saint-Pierre
Samaritaine
5
6
Assaut
La Trinité
Gauloise
5
AC Real Tartane
CS Case-Pilote
US Case-Pilote
RC Saint-Joseph
Le Robert
US Robert
Gros Morne
Emulation
Réveil Sportif
Aiglons
Le François
Fort-de-France
Le Lamentin
12
11
New Star
Club Franciscain
US Ducos Durivage
Ducos
Stade Spiritian
New Club
CS Vauclinois
Eclair
Le Vauclin
Rivière-Salée
Les Anses d'Arlet
RC Rivière-Pilote
RC Arlésien
Le Marin
US Diamantinoise
US Marinoise
Olympique
Club Peléen
Renaissance
Intrépide
Santana FC
Sainte-Anne
0 5 10 15 20 km
St. Vincent und Grenadinen
Lowmans
Kingstown
Mesopotamia
ECGC Cane End
Chelsea FC
Nemwil Hope International
Jappers
Stubborn Youths SC
Pepsi
Sion Hill
0 5 10 15 20 km
Carriacou (Grenada)
Brunswick United
Hillsborough
0 5 10 15 20 km
Port-au-Prince
10
RC Haïtien
6
Violette AC
Aigle-Noir AC
Excelsior AC
Hatüey Bacardi Club
Arsenal FC
Estrella Haitiana
Amateur
Carioca
Topez FC
US Frères
Victory FC
DOMINIKANISCHE REPUBLIK
Cap-Haïtien
FICA
6
AS Capoise
Zénith FC
Gonaïves
Racing FC
Eclair
Roulado
Triomphe
Liancourt
Dynamite AC
Saint-Marc
AS Mirebalais
Port-au-Prince
Léogâne
Don Bosco
Jeunesse
Pétionville
AS Carrefour
HAITI
Cibao
FC Don Bosco de Moca
Sporting FC
Santiago
La Vega
San Francisco de Macoris
Domingo Savio
Baninter
Jarabacoa
La Vega FC
San Pedro de Macoris
Bayaguana FC
CD Pantoja-Rowe
Santo Domingo
Bancredicard
FC Santos
San Cristóbal
Barcelona FC
San Juan
Roosevelt
Carolina
Sporting
CF Nacional
Arecibo
CF Vega Alta
CF Atléticos
5
Académicos de Quintana
Mayagüez
Cabo Rojo
Piratas
Hato Rey
Guayacanes
Toa Baja
Guayanilla
Llaneros
CF Bayamón
Lincoln
CF Fraigcomar
Cruz Azul
Maunabo
Guayama
Puerto Rico (USA)
Britische Jungferninseln (brit.)
Jungferninseln
Amerikanische Jungferninseln (USA)
Saint Croix
Anguilla (brit.)
Niederl. Antillen (niederl.)
ANTIGUA UND BARBUDA
Antigua
ST. CHRISTOPH UND NEVIS
Plymouth
Royal Police
Ideal SC
Montserrat (brit.)
Guadeloupe (frz.)
DOMINICA
Martinique (frz.)
ST. LUCIA
ST. VINCENT UND GRENADINEN
BARBADOS
Carriacou
GRENADA
Curaçao (Niederländische Antillen)
0 5 10 15 20 km
5
SV Centro CD Barber
Deportivo Santa Cruz
Mahuma
Fortuna Abou
FC Sithoc
SV Hubentud Fortuna
Sint Michiel/Boca Sami
7
Jong Colombia
Scherpenheuvel
SV Victory Boys Bandariba
SUBT
Didi
UNDEBA
Jong Holland
Centro Dominguito
Willemstad
Grenada
weitere Klubs:
Seven Seas Rock City
Dano Eagles Superstrikers
Hard Rock
0 5 10 15 20 km
Sauteurs
Hurricanes FC
ASOMS Paradise
Cable Vision SAFL
Grenville
Barbara Super Stars
L'Esterre
Fontenoy United
Sunshine Flour Happy Hill
Police
VanSigns St. John's Sports
Queens Park Rangers SC
Demerara
Campari Springs
Mutual Life GBSS
St. George's
Barbados
Bridgetown
7
Notre Dame SC
5
Weymouth Wales
5
Everton
PCW Pinelands
Brittons Hill
Defence Force
Spartans
Barbados U-21
CBC Benfica
Spooner Hill
weitere Klubs:
Kognicky Braves
Mike's Trading
Speightstown
Youth Milan
Nascimento
St. Andrews
Holetown
Nature Empire
Haynesville United
Bridgetown
Pride of Gall Hill
5
Spice Paradise
Oistins
0 5 10 15 20 km
Aruba (niederl.)
Niederländische Antillen (niederl.)
Curaçao
Bonaire
0 100 200 300 400 500 km

Der Norden Südamerikas

Die Region wird durch zwei Staatengruppen gebildet. Während Kolumbien zu den reiferen Fußballnationen zählt, ist Venezuela in dieser Hinsicht das schwächste Land in Südamerika. Die übrigen Vertreter des Kontinents (Guyana, Surinam und Französisch-Guyana) gehören von ihrer Geschichte und Qualität her eher zur karibischen Region und fallen unter die CONCACAF-Zone.

Der erste Fußball in **Kolumbien** rollte in Barranquilla, der Hafenstadt am karibischen Meer, wo das Spiel zu Beginn des 20. Jahrhunderts von englischen und anderen europäischen Seeleuten verbreitet wurde. In dieser Stadt wurde 1924 auch der erste organisierte Wettbewerb ins Leben gerufen. Nach Entstehung der nationalen Kolumbianischen Fußballassoziation im Jahre 1936 wurden regionale Wettbewerbe in weiteren Großstädten wie Medellín, Cali, Bogotá, Bucaramanga, Manizales, Cúcuta, Pasto und Quibdó aus der Taufe gehoben. Das Jahr 1948 steht für den Beginn der professionellen Ära, einem wahren Aufschwung des Fußballs und den ersten Erfolgen auf internationaler Bühne. Im Laufe der Zeit begann sich im einflussreichen Dunstkreis des Drogenhandels das erfolgreiche Fußballgeschehen auf die drei größten Städte – Bogotá, Medellín und Cali – zu konzentrieren. Von den im Zeitraum 1948–2006 vergebenen 63 Titeln entfielen nur zwölf auf andere Städte. Ähnlich wie in den anderen Andenstaaten spielen die Fußballer unter sehr unterschiedlichen klimatischen Bedingungen. An der karibischen Küste (Barranquilla) herrschen vorwiegend Trockenheit und tropische Temperaturen. In den Kordilleren wiederum müssen die Spieler in großen Höhen antreten, in der Hauptstadt Bogotá in über 2500 m über dem Meeresspiegel. An der von zahlreichen Niederschlägen geprägten Pazifikküste sowie in den Urwäldern im Osten sind keine Spitzenteams zu Hause. Die Entfaltung des Fußballs wird zudem eingeschränkt durch die Aktivitäten der ultralinken Partisanengruppen (Guerilla), die über zwei Drittel des Landes kontrollieren. Die Spieler der Copa Mustang (höchste kolumbianische Liga) sind offenkundig die am stärksten ausgelasteten Fußballer der Welt. Während der langen Saison, die fast elf Monate dauert, absolvieren die erfolgreichsten Klubs um die 50 Spiele. Mit einem Schnitt von 8000 Zuschauern pro Spiel rangiert die kolumbianische Liga hinter der argentinischen und der brasilianischen auf Platz drei in Südamerika. Die Anzahl der Erstligisten stieg schrittweise von ursprünglich zehn auf gegenwärtig 18 Klubs an. 1991 wurde auch die 2. Liga professionalisiert und seit 1993 steigt die letztplatzierte Mannschaft aus der ersten Division ab.

Venezuela ist fußballerisch das schwächste Land der südamerikanischen Konföderation CONMEBOL, obwohl es dank seiner Erdölvorräte zu den reichsten Staaten auf dem Kontinent gehört. Fußball ist letztlich auch nicht die Sportart Nummer eins im Land, sondern Baseball, was auf den starken Einfluss der USA zurückzuführen ist. Sportgeschichte und Tradition werden mehr vom karibischen Raum beeinflusst, so dass sich der Fußball hierzulande erst spät entfaltete. Stärker als anderswo wird er zudem von den großen Volksgruppen der ehemaligen Einwanderer geprägt. Dies kann man auch an den Namen einiger Vereine erkennen: Portuguesa, Deportivo Italchacao, Deportivo Galícia, UD Canarias. Wie in den meisten Andenländern hat sich der Ligafußball von der Küste und der Hauptstadt Caracas aus fast über das ganze Land verbreitet. Daher wird er unter den unterschiedlichsten natürlichen Bedingungen gespielt: an der heißen Küste von Maracaibo (Zentrum der Erdölgewinnung), in den feuchten Tropen des Orinoco-Flusses und des wilden Berglands von Guayana sowie in den Hochgebirgslagen der Anden (Mérida). In der höchsten Liga waren bereits über 20 Städte vertreten. Auf die Landesmetropole entfällt jedoch nahezu die Hälfte aller bisherigen Erstligisten.

In **Guyana** (früher Britisch-Guyana) wurde der Fußball im Jahre 1902 von den Briten eingeführt. Im Verwaltungszentrum Georgetown gründeten sie im selben Jahr die erste Fußballassoziation. Die erste Meisterschaft wurde 1990 ausgetragen, als der Titelträger in einem Turnier der Sieger der regionalen Konkurrenzen ermittelt wurde. Nur in der Saison 2000/01 gab es eine echte Nationalliga, seitdem aber wurde kein Titelkampf mehr ausgespielt. Die dichten Regenwälder im Inland beschränkten die Besiedlung und somit auch die Entwicklung des Fußballs, der nur an der Küste und entlang der Flüsse gespielt wird.

In **Suriname**, der ehemaligen Kolonie Niederländisch-Guayana, wurde der Fußball von den niederländischen Siedlern verbreitet und auf ein solides Niveau gebracht. 1920 wurde die Fußballassoziation gegründet und in der Saison 1923/24 die erste Meisterschaft ausgetragen. Vor dem Zweiten Weltkrieg entstanden außerdem drei Pokalwettbewerbe. Wegen der schier undurchdringlichen Urwälder ist das Fußballgeschehen an der Küste, insbesondere aber in der Hauptstadt Paramaribo und deren Umgebung konzentriert. Suriname ist überdies für die Niederlande zu einem reichen Arsenal an guten Fußballern geworden.

Auf den Inseln **Trinidad und Tobago** wurde der Fußball um die vorletzte Jahrhundertwende von britischen Kaufleuten eingeführt. Die bereits im Jahre 1906 gegründete Fußballassoziation Trinidads gilt als der zweitälteste Verband in der karibischen Region. Die Mehrzahl der Klubs kommt aus dem Ballungsgebiet der Hauptstadt Port of Spain, weitere sind entlang der windstillen Westküste beheimatet. Trinidads Fußball feierte seinen größten Triumph mit der überraschenden Teilnahme am WM-Endrundenturnier 2006.

Die französischen Kolonisten brachten den Fußball auch nach **Französisch-Guyana**, obwohl ihnen das Land zunächst mehr als Gefängnis für Schwerverbrecher diente. 1934 wurde der Fußballverband gegründet. Ein Ligawettbewerb wird seit der Saison 1976/77 gespielt. In diesem sind neben Teams aus Cayenne, dem 70 000 Einwohner zählenden Verwaltungszentrum des französischen Departements, nur noch Mannschaften einiger Küstenstädtchen vertreten.

Ausländer in der kolumbianischen Liga
(Saison 2005)
17 – Argentinier
15 – Uruguayer
7 – Brasilianer
6 – Chilenen und Panamaer
insgesamt 65 Spieler

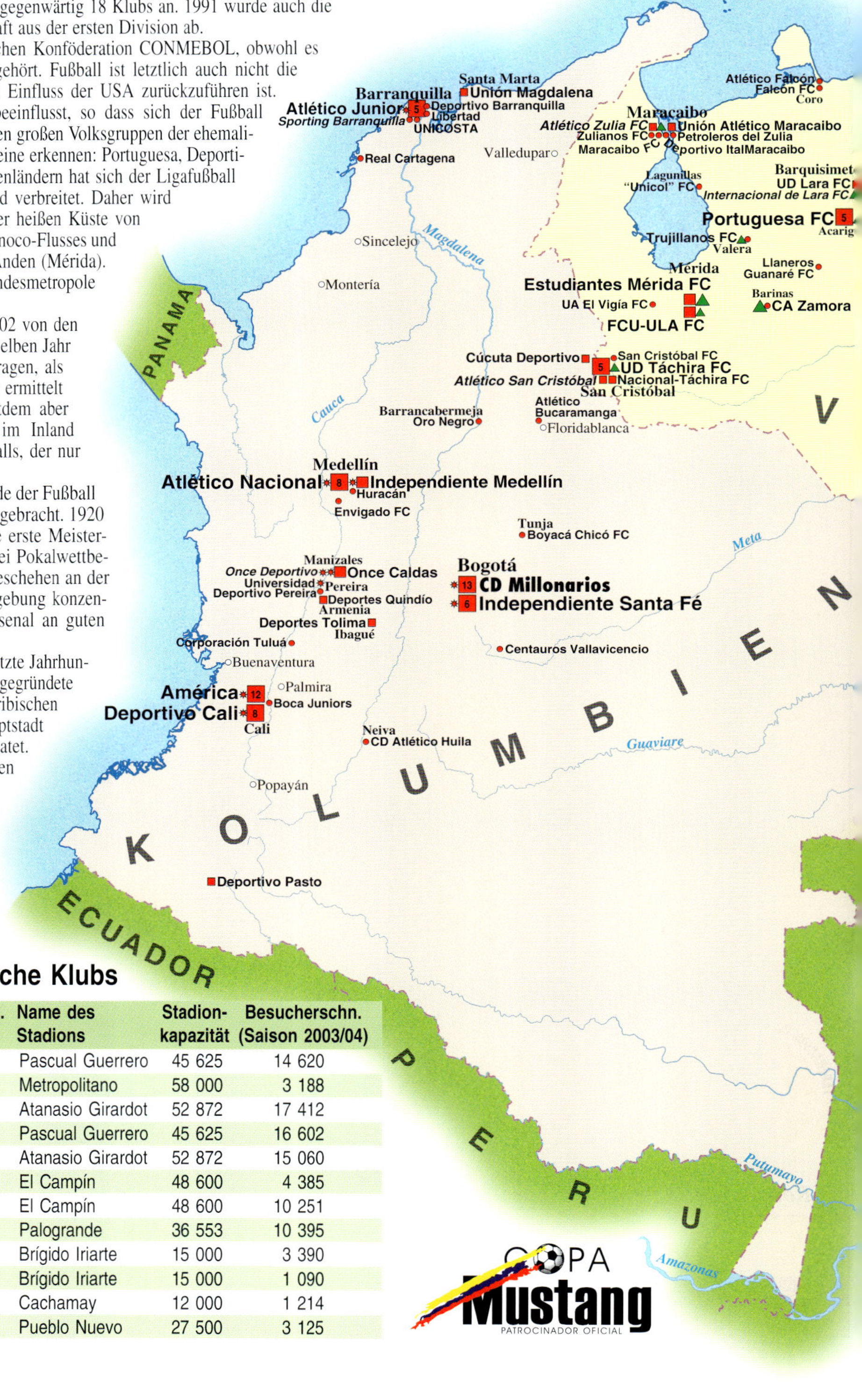

Berühmte kolumbianische und venezolanische Klubs

Klub-name	Stadt-name	Gründ. Jahr	Höhe ü.d.M. (m)	Name des Stadions	Stadion-kapazität	Besucherschn. (Saison 2003/04)
América (COL)	Cali	1918	962	Pascual Guerrero	45 625	14 620
Atlético Junior (COL)	Barranquilla	1924	14	Metropolitano	58 000	3 188
Atlético Nacional (COL)	Medellín	1936	1 487	Atanasio Girardot	52 872	17 412
Deportivo Cali (COL)	Cali	1943	962	Pascual Guerrero	45 625	16 602
Independiente Medellín (COL)	Medellín	1913	1 487	Atanasio Girardot	52 872	15 060
Independiente Santa Fé (COL)	Bogotá	1941	2 556	El Campín	48 600	4 385
Millonarios (COL)	Bogotá	1938	2 556	El Campín	48 600	10 251
Once Caldas (COL)	Manizales	1948	2 150	Palogrande	36 553	10 395
Caracas FC (VEN)	Caracas	1967	1 035	Brígido Iriarte	15 000	3 390
Deportivo Italchacao (VEN)	Caracas	1948	1 035	Brígido Iriarte	15 000	1 090
Mineros de Guayana (VEN)	Puerto Ordaz	1978	30	Cachamay	12 000	1 214
Unión Deportivo Táchira (VEN)	San Cristóbal	1975	800	Pueblo Nuevo	27 500	3 125

COPA Mustang
PATROCINADOR OFICIAL

LEGENDE

■ 2–4 ■6 5 und mehr — Siege in der 1. Liga: Kolumbien (1948–2006), Venezuela (1921–2006), Guyana (1990–2001), Suriname (1924–2006), Französisch-Guyana (1977–2006) und Trinidad und Tobago (1974–2006)

✱ Begründer der kolumbianischen Liga (gegr. 1948)

● übrige Teilnehmer der 1. Liga: Kolumbien (1948–2006), Venezuela (1957–2006), Guyana (1999–2001), Suriname (1996–2006), Frz.-Guyana (1997–2001) und Trinidad und Tobago (1997–2006)

▲ ▲5 Siege im Landespokal: Venezuela (1959–2001), Suriname (1993–2006) und Trinidad und Tobago (1974–2006)

▲ Sieg im Guyanischen Pokal (1991–2006)

Palmira○ Städte über 200 000 Einwohner ohne einen Erstligaklub

Topp XX Name des Fußballklubs *(Besonderheit)*

SV Robinhood erfolgreichster Klub des Landes

Venzóleo bereits nicht mehr existierender Klub

Bogotá Stadt

Trinidad und Tobago

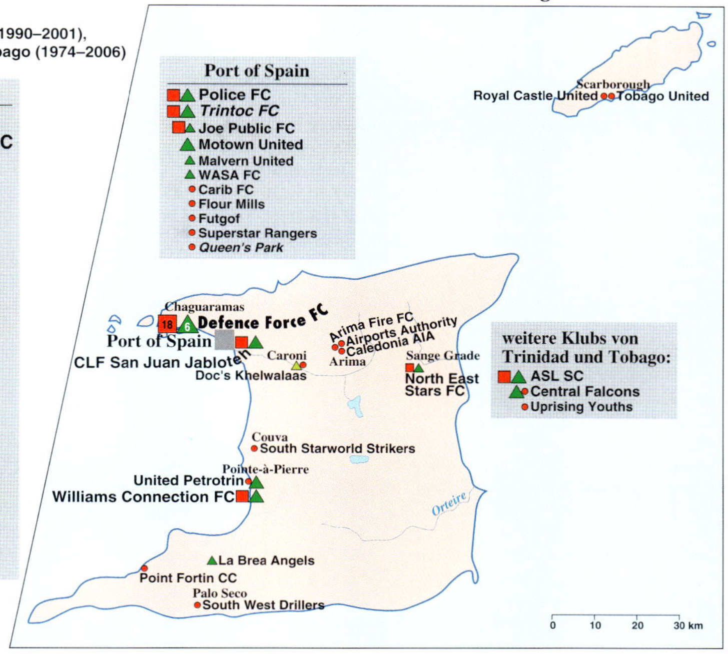

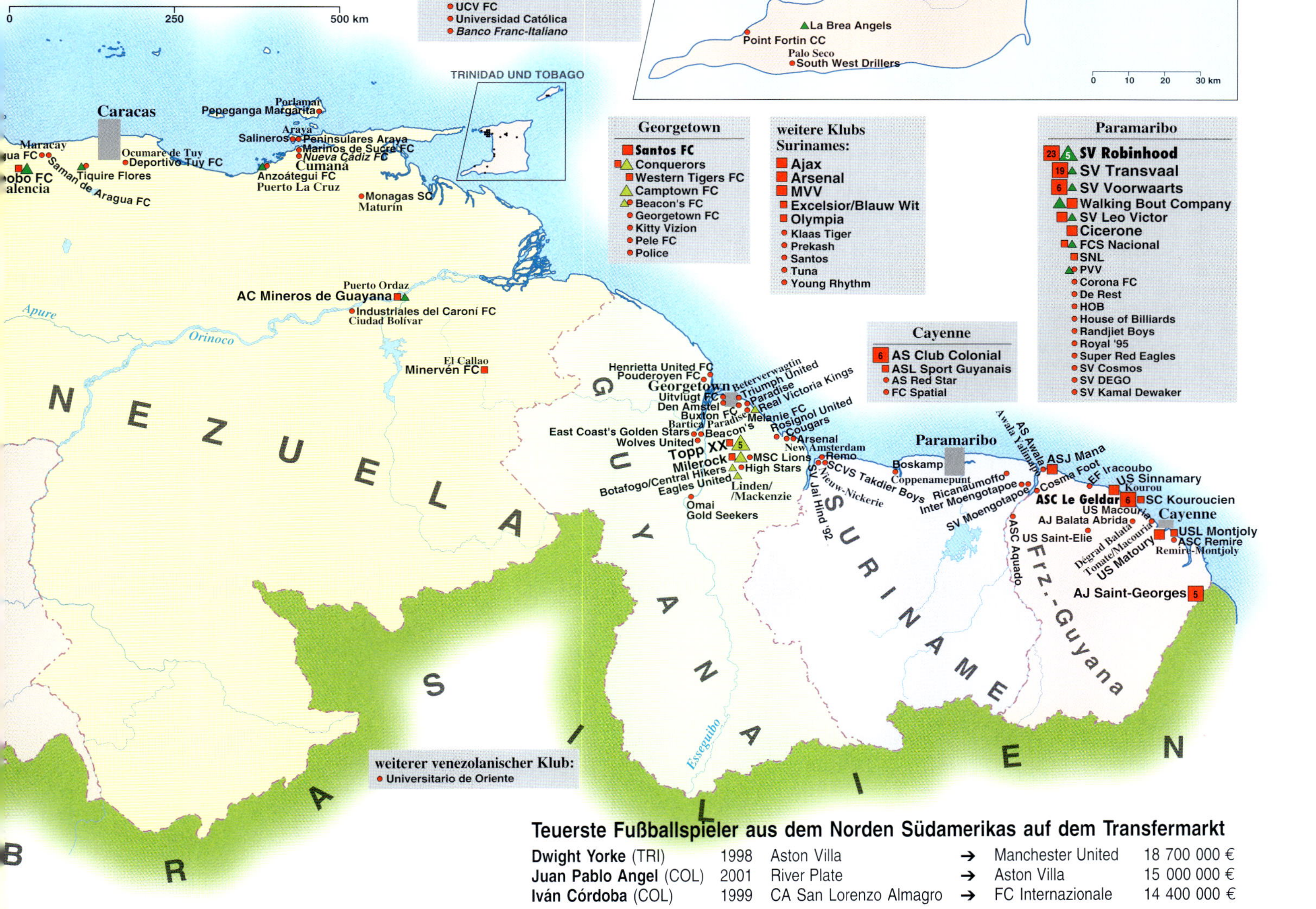

Teuerste Fußballspieler aus dem Norden Südamerikas auf dem Transfermarkt

Dwight Yorke (TRI)	1998	Aston Villa	→	Manchester United	18 700 000 €
Juan Pablo Angel (COL)	2001	River Plate	→	Aston Villa	15 000 000 €
Iván Córdoba (COL)	1999	CA San Lorenzo Almagro	→	FC Internazionale	14 400 000 €

Kolumbien *Venezuela* *Guyana* *Suriname* *Trinidad und Tobago*

Die Andenländer

Spezifische natürliche Bedingungen charakterisieren das Leben und somit auch den Fußball in den Andenländern, zu denen eigentlich noch Kolumbien gehört. Für die Klubs aus niedriger gelegenen Regionen stellt die erhebliche Gebirgshöhe der übrigen Spielorte das größte Problem dar. Der Einfluss der Europäer war in diesem Gebiet nicht so stark wie im Fall der La Plata-Staaten und Chile. Unter den Fußballspielern findet man daher auch viel mehr Indianer und Mischlinge.

Über Chile gelangte der Fußball in den 90er Jahren des 19. Jahrhunderts nach **Bolivien**. Der erste Klub wurde im Jahre 1896 in der Bergarbeiterstadt Oruro gegründet. Die Hauptstadt La Paz erlebte 1908 die Gründung des berühmtesten bolivianischen Vereins The Strongest. Ein regelmäßiger Ligawettbewerb wird seit 1914 ausgetragen. Von 1914 bis 1953 setzte sich die Liga nur aus Teams der Hauptstadt zusammen. Von 1954 bis 1957 wurde die sog. Torneo Integrado ausgespielt, an der auch die Teams zweier weiterer Städte – Cochabamba und das Erdölzentrum Santa Cruz – teilnahmen. Im Zeitraum von 1958 bis 1976 existierten zwei Wettbewerbe: La Paz und Nacional. Die ersten Profiklubs entstanden bereits 1950 im ärmsten Land des Kontinents, das Vollprofi-Statut besitzt, die Liga jedoch erst seit der Saison 1977. Die Liga wurde zunächst in Gruppen mit anschließendem Play-off gespielt, ab 1998 ging man auf das klassische Spielsystem des Kontinents (Apertura–Clausura) über, wonach die Saison zweigeteilt (Frühjahr–Herbst) ist. Die bolivianische Liga stellt hinsichtlich ihrer Bedingungen ein sehr anspruchsvolles Unternehmen dar. Größte Befürchtungen hegen alle Klubs Südamerikas, wenn sie in La Paz in einer Höhe von mehr als 3600 m ü.d.M. antreten müssen. Das erfordert eine vorherige Akklimatisierung oder die Straffung des Aufenthalts auf ein Minimum, nämlich das Spiel selbst. Der Sauerstoffmangel plagt die Fußballer in der gesamten Region des Hochplateaus Altiplano, d.h. auch in weiteren ursprünglichen Bergbaustädten wie Oruro und besonders Potosí (über 4000 m ü.d.M.). Geografisch gesehen wird das zweite große Fußballgebiet von den am Rande des Amazonas liegenden feuchten Tropen mit den Zentren Santa Cruz und Trinidad in der Provinz Beni sowie der an den Ausläufern der Anden gelegenen Stadt Cochabamba gebildet.

In **Peru** begann sich der Fußball dank britischer Geschäftsleute am Ende des 19. Jahrhunderts von der Hafenstadt Callao aus zu verbreiten. Der erste bedeutende Klub Ciclista Lima wurde 1896 in der benachbarten Hauptstadt gegründet. In Lima entstand 1912 auch der erste regelmäßige Wettbewerb des Landes. Zehn Jahre später wurde die Fußballföderation gegründet und ab 1926 wurde die Ligakonkurrenz unter Teilnahme der Klubs beider Städte ausgetragen. 1901 war das Entstehungsjahr eines der berühmtesten Klubs – Alianza Lima, in dem vor allem indianische Mischlinge (Mestizen) aus den Armenvierteln vereinigt sind. Zu dessen größtem Rivalen steigt später der Hochschulklub Universitario de Deportes auf. Im Jahr 1951 wurde die erste Liga professionalisiert. Erst seit der Saison 1966 sind in der nationalen Liga, Descentralizado genannt, auch regionale Klubs vertreten. Bis zur Gegenwart zählen wir schon mehr als 40 Städte, die einen (Ex-)Erstligisten beherbergen. Auch im peruanischen Fußball dominieren die Hauptstadtvereine, die 90 % aller Titel gewannen. Nirgendwo auf der Welt finden die Fußballspieler so unterschiedliche und komplizierte Bedingungen wie in Peru vor. Sie spielen sowohl unter den öden Bedingungen an der Küste (in Lima dazu bei ständigem Smog) als auch in den feuchten Tropen des Amazonas (Iquitos) und darüber hinaus noch in den Hochgebirgslagen der Anden. Die Spiele im Stadion des bekannten Klubs Cienciano aus Cuzco, der Stadt der Inkas, die sich in einer Höhe von 3300 m ü.d.M. befindet, werden am meisten gefürchtet. Noch höher gelegen (über 3800 m ü.d.M.) sind die Plätze der Klubs aus den Städten nahe des Titicacasees. Nur die wirklich widerstandsfähigsten Fußballer können auf dem Spielfeld des Teams Unión Minas aus Cerro de Pasco spielen, das mit einer Gebirgshöhe von 4340 m das am höchsten gelegene Stadion eines Erstligaklubs in der Welt darstellt. Die Gastmannschaften begrenzen ihren Aufenthalt in solch einer Höhe nur auf die Zeit des Spiels. Neben den Teams aus Lima erfreut sich der FBC Melgar aus der Stadt Arequipa, die am Fuße der Vulkane Misti und Coropuna liegt, einer sehr großen Popularität.

Die ersten Fußballspiele auf dem Gebiet von **Ecuador** wurden in der Hafenstadt Guayaquil von Seeleuten mit durchweg britischer Herkunft organisiert. Der erste Klub entstand hier im Jahre 1908, von den gegenwärtigen Erstligisten ist der CD Olmedo aus Riobamba (1919) der älteste Verein. Ein regelmäßiger Wettbewerb wurde 1922 eingeführt, drei Jahre darauf kam es in Guayaquil zur Gründung der Fußballassoziation. Erst später schlossen sich die Klubs aus der Hauptstadt Quito der Liga an. Vor dem Zweiten Weltkrieg nahmen bereits Vertreter mehrerer Provinzen an der nationalen Meisterschaft teil. Die Mehrzahl der Titel teilen sich die Teams aus den beiden größten Städten: Barcelona und EMELEC aus Guayaquil sowie Nacional und LDU aus Quito. Ähnlich wie in den anderen Andenstaaten stellt der Ligawettbewerb hohe Anforderungen aufgrund der natürlichen Bedingungen. Einerseits spielt man in den feuchten Tropen von Guayaquil, andererseits unter den Hochgebirgsbedingungen von Quito. Besonders in den 90er Jahren des 20. Jahrhunderts weitete sich die erste Liga auf weitere Städte an der Küste und im Binnenland aus und gewann so eine noch größere Vielfalt.

Der teuerste peruanische Fußballspieler auf dem Transfermarkt

Claudio Pizarro (PER)	2001	SV Werder Bremen	→ FC Bayern München	8 500 000 €

Berühmte peruanische, bolivianische und ecuadorianische Klubs

Klub-name	Gründ. Jahr	Höhe ü.d.M. (m)	Stadion-name	Stadion-kapazität	Besucherschn. (Sais. 2003/04)
Aurora (BOL)	1935	2 570	Félix Capriles	32 000	8 765
Blooming (BOL)	1946	437	Tahuichi Aguilera	35 000	4 625
Bolívar (BOL)	1925	3 636	Libertador Simón Bolivar	25 000	4 125
Jorge Wilstermann (BOL)	1949	2 570	Félix Capriles	32 000	7 200
Oriente Petrolero (BOL)	1955	437	Tahuichi Aguilera	35 000	6 100
Real Potosí (BOL)	1941	4 070	Mario M. V. Guzmán	18 000	8 125
San José (BOL)	1942	3 704	Jesús Bermúdez	28 000	7 000
The Strongest (BOL)	1908	3 636	Rafael Mendoza Castellón	15 000	5 300
Barcelona SC (ECU)	1925	4	Isidro Romero Cabro	83 835	7 920
Deportivo Cuenca (ECU)	1971	2 550	Alejandro Serrano Aguilar	22 000	2 025
Deportivo Olmedo (ECU)	1919	2 754	Olímpico de Riobamba	20 000	4 388
Deportivo Quito (ECU)	1940	2 811	Olímpico Atahualpa	40 422	3 030
El Nacional (ECU)	1964	2 811	Olímpico Atahualpa	40 422	3 870
EMELEC (ECU)	1929	4	George Capwell	28 000	8 100
LDU Quito (ECU)	1930	2 811	La Casa Blanca	55 400	5 730
Alianza Lima (PER)	1901	137	Alejandro Villanueva	35 000	6 133
Coronel Bolognesi (PER)	1929	552	Jorge Basadre	25 000	2 952
Deportivo Wanka (PER)	1999	3 271	Huancayo	15 000	5 065
FBC Melgar (PER)	1915	2 524	Mariano Melgar	20 000	2 307
Sport Boys (PER)	1927	13	Miguel Grau	15 000	5 702
Sporting Cristal (PER)	1922	137	San Martín de Porres	18 000	2 862
Unión Cienciano (PER)	1901	3 248	Garcilaso de la Vega	42 056	4 208
Unión Huaral (PER)	1947	150	Julio Lores Colan	10 000	4 500
Universitario (PER)	1924	137	Monumental "U"	80 093	12 680

Ausländer in der peruanischen Lig

(Saison 2005)
30 – Argentinier
16 – Kolumbianer
12 – Uruguayer
4 – Paraguayer
insgesamt 66 Spieler

Ausländer in der bolivianischen Lig

(Saison 2005)
57 – Argentinier
19 – Brasilianer
18 – Paraguayer
9 – Kolumbianer
insgesamt 108 Spieler

Das Spielsystem der peruanischen Liga

Die in der Regel zwölf Mannschaften der Primera División spielen nach dem System Apertura (der einleitende Teil) – Clausura (der abschließende Teil). Die Sieger jedes Teils steigen in den Cup der Befreier auf und tragen zwei Duelle um den Titel aus. Der dritte Teilnehmer an der Copa Libertador ist das nächste Team mit der höchsten Gesamtpunktzahl aus beiden Teilen. Zum Aufstieg in die Di sión dient die Qualifikation, Copa Perú. In den letzten Jahren haben rund 50 Meister und Vizemeist aus den Wettbewerben der einzelnen Verwaltungseinheiten (Departements) des Landes in der Eta Regional um die Qualifikation zur Endrunde der Copa Perú gespielt. Die qualifizierten Teams treffe in der Etapa Nacional aufeinander – Play off, dessen Sieger in die Primera Division aufsteigt.

Ecuador

Peru

Bolivien

Ausländer in der ecuadorianischen Liga
(Saison 2005)
24 - Argentinier
12 - Kolumbianer
7 - Paraguayer
4 - Uruguayer
insgesamt 58 Spieler

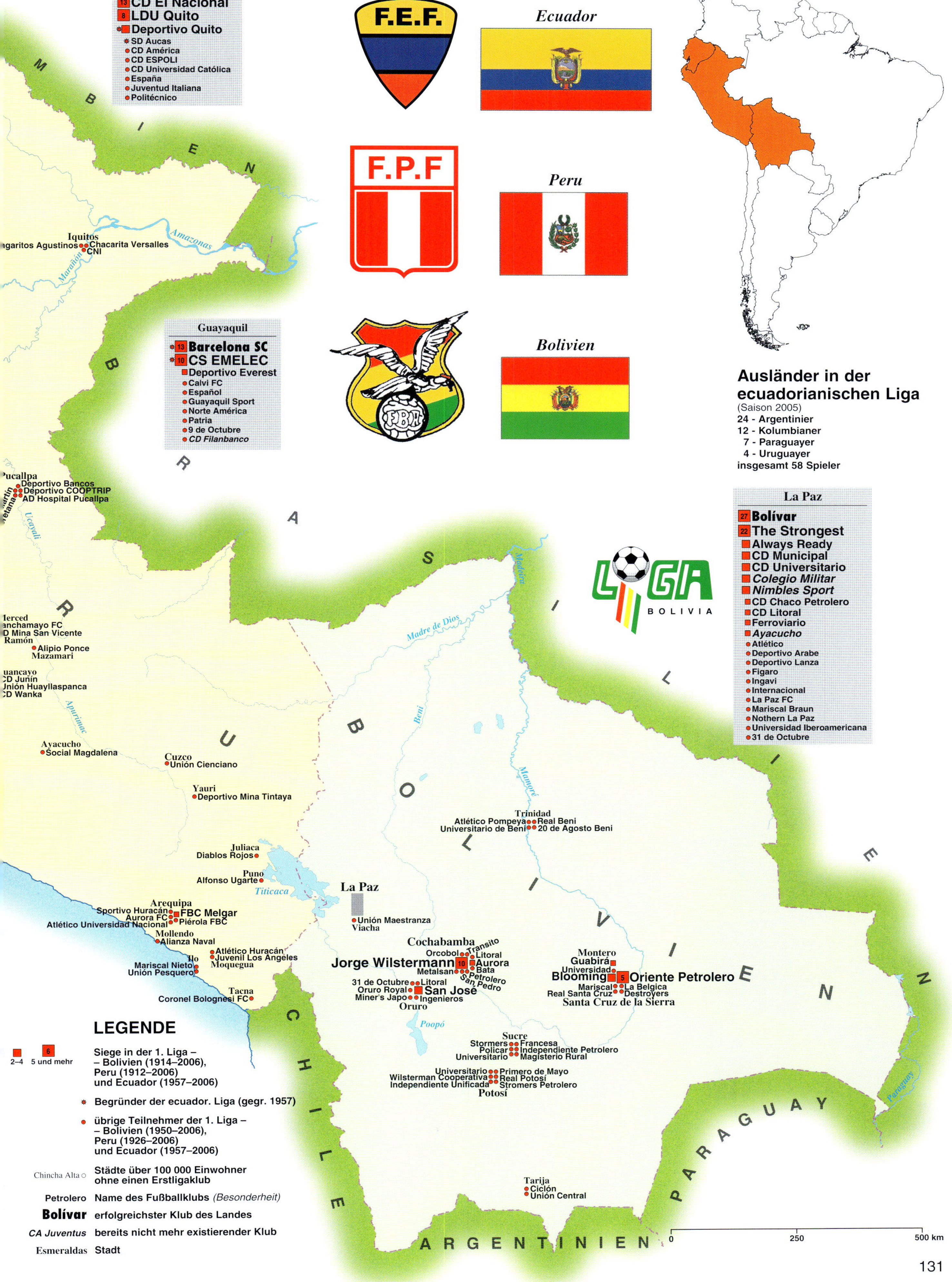

LEGENDE

2–4 / 6 5 und mehr — Siege in der 1. Liga – Bolivien (1914–2006), Peru (1912–2006) und Ecuador (1957–2006)

* Begründer der ecuador. Liga (gegr. 1957)

● übrige Teilnehmer der 1. Liga – Bolivien (1950–2006), Peru (1926–2006) und Ecuador (1957–2006)

Chincha Alta ○ — Städte über 100 000 Einwohner ohne einen Erstligaklub

Petrolero — Name des Fußballklubs *(Besonderheit)*

Bolívar — erfolgreichster Klub des Landes

CA Juventus — bereits nicht mehr existierender Klub

Esmeraldas — Stadt

Brasilien

Brasilien ist ein fußballgesegnetes Land, wo mit genialer Technik und Spielwitz begnadete Fußballer gedeihen, wo Fußball nicht nur der Nationalsport schlechthin ist, sondern auch das gesellschaftliche Geschehen bestimmt. Man nimmt an, dass der Brite Charles Miller das Spiel nach Brasilien brachte. Der ehemalige Kicker von St. Mary's (heute Southampton) organisierte schon im Jahre 1894 die ersten Fußballbegegnungen in São Paulo. Das Spiel begann sich im Land zu verbreiten, als es an der Wende des 19. zum 20. Jahrhundert zu den Einwanderungswellen der vorwiegend portugiesischen und italienischen Immigranten kam. Der erste organisierte Klub war Mackenzie College (1898, São Paulo). Zwei Jahre später wurden der SC Rio Grande (im Süden) und AA Ponte Preta (unweit von São Paulo) gegründet – es sind die ältesten Vereine, die bis heute in den obersten Ligen spielen. Als der populärste Klub im Land gilt der SC Corinthians Paulista. Laut Umfrage zählen 37 % der Einwohner der 20-Millionenmetropole São Paulo zu dessen Fans. Das höchste Fußballorgan des Landes Confederação Brasileira do Futebol (CBF) wurde 1916 gegründet, ein Jahr später trat Brasilien der FIFA bei.

Fußballwettbewerbe wurden lange Zeit nur im Rahmen der einzelnen Bundesstaaten organisiert. Die bedeutendsten entstanden bereits vor dem 1. Weltkrieg bzw. bis zu dessen Ende: São Paulo (1902), Rio de Janeiro (1906), Pará (1913), Paraná und Pernambuco (1915), Minas Gerais (1916). Erst die Entstehung der südamerikanischen Copa Libertadores bewegte die Brasilianer zur Gründung des ersten nationalen Pokalwettbewerbs – Taça do Brasil. Er wurde von 1959–68 gespielt. Zur Gründung einer Nationalliga mit dem Namen Brasileirão kam es erst 1971. Die Anzahl der Ligateilnehmer, die Qualifikation zur Liga und der Modus des Titelkampfes haben sich seither mehrmals geändert. Derzeit spielen 20 Teams in der 1. Liga, während es vor fünf Jahren noch 28 waren. Auch das System wurde vereinfacht: Brasilien ging zum europäischen Modell über, bei dem alle Vertretungen je zweimal (Hin- und Rückspiel) aufeinander treffen. 1989 wurde der Pokalwettbewerb als Copa do Brasil wieder eingeführt. Von 1989–95 nahmen 32 Klubs teil, und zwar die 27 Meister der einzelnen Bundesstaaten und die fünf Mannschaften mit dem höchsten Zuschauerschnitt in diesen Wettbewerben. In der Saison 1996 wurde das Starterfeld um die acht Klubs mit den höchsten Besucherzahlen in der Brasileirão aufgestockt. Seit 1997 nominiert der Landesverband CBF weitere Mannschaften. Gegenwärtig sind es 64 Teams, die im Pokal an den Start gehen. Sie werden vom CBF anhand einer Rangliste ausgesucht, und auch die Bundesstaaten sprechen bei der Nominierung ein Wörtchen mit. Der Cupsieger qualifiziert sich für die Copa Libertadores und nimmt dadurch in der darauffolgenden Saison nicht an der Copa do Brasil teil.

Fußball wird zwar in allen 27 Bundesstaaten gespielt, aber dessen Verbreitung ist klar abgegrenzt durch die natürlichen Gegebenheiten im Inland und die Bevölkerungskonzentration in den Städten an der Küste. Das Land kann man in drei große Fußballregionen unterteilen: den hauptsächlich von europäischen Einwanderern besiedelten reichen Süden, die wirtschaftlich wichtigsten Gebiete um die Städte São Paulo, Rio de Janeiro und Belo Horizonte sowie den durchweg negriden, armen Nordosten. Die Teams der zwei größten Städte – São Paulo und Rio de Janeiro – gewannen mehr als zwei Drittel aller Titel. Mit ihnen mithalten können lediglich die Vereine aus Porto Alegre. In den ausgedehnten Regenwäldern der Amazonastiefebene (Selvas) hat der Fußball nur in den Verwaltungszentren Fuß gefasst. Mit Ausnahme des Klubs EC Bahia aus der Stadt Salvador hat keine Mannschaft aus dem Landesinneren, dem Norden oder Nordosten in den nationalen Wettbewerben herausragende Erfolge erreicht. Brasilien ist neben Argentinien der größte Exporteur von erstklassigen Fußballern in der Welt.

Teuerste brasilianische Fußballspieler auf dem Transfermarkt

Ronaldo	2002	FC Internazionale	➔	Real Madrid CF	51 900 000 €
Denílson	1998	São Paulo FC	➔	Real Betis Balompié	32 200 000 €
Márcio Amoroso	1999	Udinese Calcio	➔	Parma AC	30 800 000 €
Ronaldinho	2003	Paris Saint-Germain FC	➔	FC Barcelona	30 000 000 €
Adriano	2004	Parma AC	➔	FC Internazionale	30 000 000 €
Émerson	2004	AS Roma	➔	Juventus FC	28 000 000 €
Flavio Conceição	2000	RCD La Coruña	➔	Real Madrid CF	27 200 000 €
Ronaldo	1997	FC Barcelona	➔	FC Internazionale	26 000 000 €
Márcio Amoroso	2001	Parma AC	➔	BV 09 Borussia Dortmund	26 000 000 €
Émerson	2000	TSV Bayer 04 Leverkusen	➔	AS Roma	22 500 000 €
Robinho	2005	Santos FC	➔	Real Madrid CF	22 000 000 €

Berühmte brasilianische Klubs

Klubname (Bundesstaat)	Gründ. Jahr	Stadionname	Stadionkapazität	Besucherschnitt (2003)	Klubmaskottchen
EC Bahia (BA)	1931	Fonte Nova	66 000	16 569	Super-Homem – Supermann
EC Vitória (BA)	1901	Barradão	36 000	10 213	Leão – ein Löwe
Ceará SC (CE)	1914	Castelão	55 000	11 066	Vovô – Väterchen
Goiás EC (GO)	1943	Serra Dourada	54 000	11 129	Periquito – ein Zwergpapagei
C Atlético Mineiro (MG)	1908	Mineirão	72 000	16 690	Galo – ein Hahn
Cruzeiro EC (MG)	1921	Mineirão	72 000	19 279	Raposa – ein Fuchs
Paysandu SC (PA)	1914	Mangueirão	54 600	16 339	Bicho-papão – brasilianisches Fabelwesen
Santa Cruz FC (PE)	1914	Arruda	60 000	11 503	Cobra Coral – eine Kugelschlange
Sport C Recife (PE)	1905	Ilha do Retiro	45 500	12 910	Leão – ein Löwe
C Atlético Paranaense (PR)	1924	Arena da Baixada	32 000	17 483	Cartolinha – eine Kappe
Coritiba FC (PR)	1909	Couto Pereira	37 000	12 821	Vovô – Väterchen
Paraná Clube (PR)	1989	Durival de Britto	20 000	6 124	Gralha-azul – blaue Krähe
Botafogo FR (RJ)	1904	Caio Martins	12 000	1 831	Manequinho – ein pissender Junge
CR Flamengo (RJ)	1911	Maracanã	78 000	14 964	Urubu – ein Vogel
CR Vasco da Gama (RJ)	1915	São Januário	27 000	4 372	Português – ein Portugiese
Fluminense FC (RJ)	1902	Maracanã	78 000	7 744	Cartola – ein Hut (ein Funktionär)
EC Juventude (RS)	1913	Alfredo Jaconi	25 000	6 023	Papagaio – ein Papagei
Grêmio Porto Alegrense (RS)	1903	Olímpico Monumental	54 000	15 118	Mosqueteiro – ein Musketier
SC Internacional (RS)	1909	Beira-Rio	58 300	11 910	Saci – einbeiniger schwarzer Junge
Criciúma EC (SC)	1948	Heriberto Hülse	28 750	9 088	Tigre – ein Tiger
Figueirense FC (SC)	1921	Orlando Scarpelli	20 000	11 588	Figueirinha (nach dem Gründungsort)
AA Ponte Preta (SP)	1900	Moisés Lucarelli	19 700	4 190	Macaca – ein Affe
AD São Caetano (SP)	1989	Anacleto Campanella	22 700	2 596	Azulão – blauer Vogel
Guarani FC (SP)	1911	Brinco de Ouro	31 644	4 045	Índio (Bugre) – ein Indianer
Santos FC (SP)	1912	Vila Belmiro	20 000	5 932	Baleia – ein Wal
São Paulo FC (SP)	1935	Morumbi	73 500	9 961	São Paulo, o santo – St. Paul
SC Corinthians Paulista (SP)	1910	Pacaembu	37 500	10 077	Mosqueteiro – ein Musketier
SE Palmeiras (SP)	1914	Palestra Itália	32 000	11 066	Periquito – ein Zwergpapagei

Ausländer in der brasilianischen Liga
(Saison 2005)
8– Argentinier
4– Kolumbianer und Paraguayer
2– Chilenen
insgesamt 21 Spieler

Rio de Janeiro

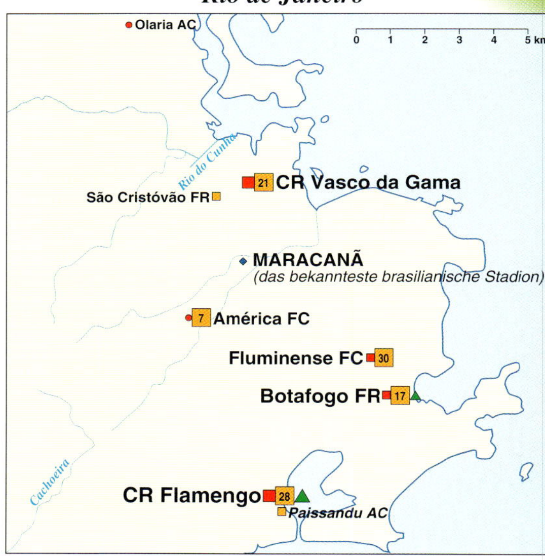

LEGENDE

1, 2–4, 5 und mehr	Siege in der Nationalliga – Brasileirão (1971–2006)
●	übrige Brasileirão-Teilnehmer (1971–2006)
▲	Siege im brasilianischen Pokal – Taça Brasil (1959–68) und Copa do Brasil 1989–2006)
■ 36	Siege in der ersten Staatsliga – Acre (1947–2006), Alagoas (1927–2006), Amapá (1944–2006), Amazonas (1914–2006), Bahia (1905–2006), Ceará (1920–2006), Distrito Federal (1959–2006), Espírito Santo (1917–2006), Goiás (1944–2006), Maranhão (1918–2006), Mato Grosso (1943–2006), Mato Grosso do Sul (1979–2006), Minas Gerais (1916–2006), Pará (1913–2006), Paraíba (1917–2006), Paraná (1915–2006), Pernambuco (1915–2006), Piauí (1918–2006), Rio de Janeiro (1906–2006), Rio Grande do Norte (1920–2006), Rio Grande do Sul (1919–2006), Rondônia (1945–2006), Roraima (1995–2006), Santa Catarina (1924–2006), São Paulo (1902–2006), Sergipe (1918–2006) und Tocantins (1993–2006)
◆	weitere Klubs oder Stadien *(Besonderheit)*
EC Comercial	Name des Fußballklubs *(Besonderheit)*
SE Palmeiras	erfolgreichster Klub im Land
SE Palestra Itália	bereits nicht mehr existierender Klub
Porto Alegre	Stadt
Paraná	Bundesstaat

Übrige brasilianische Bundesstaaten
1 Alagoas
2 Distrito Federal
3 Espírito Santo
4 Paraíba
5 Rio de Janeiro
6 Rio Grande do Norte
7 Santa Catarina
8 Sergipe
Manaus
39 Nacional FC
16 Atlético Rio Negro
6 Nacional Fast Club
6 São Raimundo EC
5 América FC
Auto EC
Cruzeiro do Sul FC
Manaus AC
Olímpico Manaus
Sul América EC
UE Portuguesa
AA Rodoviária
Manaus SC
Santos FC
Teresina
26 Ríver AC
16 EC Flamengo
11 SE Tiradentes
5 Piauí EC
7 Botafogo EC
6 Militar FC
5 Artístico FC
Teresinense FC
Auto EC
Palmeiras FC
Fortaleza
35 Ceará SC
34 Fortaleza EC
9 Ferroviário AC
América FC
Maguari EC
AE Tiradentes
Calouros do Ar FC
Gentilândia AC
Orion FC
Tramways SC
Macapá
17 EC Macapá
10 Amapá Clube
8 Ypiranga
5 Independente EC
5 SER São José
Juventus EC
Trem Desportivo
Aliança Macapá
Guarany AC
Santos FC
CEA Macapá
Rio Branco
23 Rio Branco FC
12 Independência FC
13 AC Juventus
6 Atlético Acreano
AD Vasco da Gama
América FC
GA Sampaio
São Luís
29 Sampaio Correa FC
23 Moto Clube
13 Maranhão AC
6 SC Luso Brasileiro
FAC São Luís
Fênix FC
Ferroviário EC
SE Tupan
SC Sírio
Vasco da Gama FC
Vitória do Mar FC
Salvador
45 EC Bahia
20 EC Vitória
10 EC Ypiranga
7 Botafogo SC
Galícia EC
Fluminense FC
Natação e Regatas
AD Leônico
AD Guarany
AA Bahia
Atlético FC
Bahiano de Tênis
Internacional Cricket
SC Bahia
SC Internacional
SC República
SC Santos Dumont
João Pessoa
26 Botafogo FC
9 EC Cabo Branco
6 Auto EC
5 Palmeiras SC
América FC
Ástrea
Colégio Pio X
Estrela do Mar EC
Felipéia EC
Pytaguares FC
Red Cross FC
Recife
35 SC Recife
24 Santa Cruz FC
20 Náutico Capibaribe
6 América FC
Torre SC
Tramways SC
EC Flamengo
Aracaju
32 CS Sergipe
15 AD Confiança
6 Cotingüiba SC
Ipiranga FC
Olímpico FC
Palestra FC
Vasco EC
Industrial FC
Passagem FC
Riachuelo FC
Brasília und Umgebung
10 SE Gama
8 Brasília EC
5 Taguatinga EC
Botafogo Sobradinho FC
Brasiliense FC
Defelê FC
GE Brasiliense
Rabello FC
CEUB EC
CR Guará
AA Serviço Gráfico
CA Colombo
Centro de Fubebol Zico
Coenge FC
Flamengo Tiradentes
AA Guanabara
AE Cruzeiro do Sul
Pederneiras FC
Pioneira FC
Curitiba
32 Coritiba FC
21 CA Paranaense
7 Paraná Clube
6 CA Ferroviário
7 Britânia SC
EC Pinheiros
Palestra Itália FC
Colorado EC
América FC
Internacional FC
Florianópolis
14 Figueirense FC
13 Avaí FC
CA Catarinense
Externato FC
Paula Ramos EC
Vitória
33 Rio Branco AC
16 AD Ferroviária
9 Vitória FC
6 América FC
6 Santo Antonio FC
AA Valeriodoce
Americano FC
Caxias FC
Floriano FC
São Paulo
21 SE Palmeiras
Portuguesa de Desportos
25 SC Corinthians Paulista
CA Juventus
22 São Paulo FC
AD São Caetano
Weitere bereits nicht mehr bestehende Klubs aus São Paulo:
11 CA Paulistano
AA Palmeiras
AA São Bento
São Paulo AC
SC Americano
SC Germânia
SC Internacional
Manaus
Macapá
Belém
Paysandu SC 38
42 Remo
Tuna Luso Brasileira 11
São Luís
Fortaleza
Teresina
Natal
28 ABC FC
5 Alecrim FC
J. Pessoa
Recife
Aracaju
Salvador
Brasília
Goiânia
AC Goianiense 9
21 Goiás EC
Goiânia EC 14
15 Vila Nova FC
Cuiabá
Belo Horizonte
Cruzeiro EC 34
CA Mineiro 37
Vitória
Rio de Janeiro
Santos FC 16
Curitiba
Florianópolis
Porto Alegre
Grêmio Porto Alegrense 34
SC Internacional 37

Südliches Südamerika

In Südamerika hielt der Fußball zuerst in **Argentinien** Einzug. Im Land der Gauchos wurde er von englischen Seeleuten und Eisenbahnbauern verbreitet. Bereits im Jahre 1867 wurde der Buenos Aires FC gegründet – der erste Fußballklub außerhalb der britischen Inseln und der USA. Die ältesten Klubs, die noch in der höchsten Liga spielen, sind Gimnasia y Esgrima La Plata (1887) und Rosario Central (1889). In die ersten Jahre des 20. Jahrhunderts fällt die Entstehung der "großen Fünf" aus Buenos Aires: River Plate (gegründet von den Engländern), Racing Club (Franzosen und "Porteños" – die Nachfahren der in Argentinien geborenen Europäer), Boca Juniors, Independiente und San Lorenzo. Es sind jene Klubs, die im argentinischen Fußball bis in die Gegenwart hinein den Ton angeben. Der Ligawettbewerb geht bis ins Jahr 1891 zurück, als ihn fünf Teams zu spielen begannen. Anfangs dominierten die Studentenvereine englischer Herkunft – Lomas AC und Alumni. Zur Zeit des Ersten Weltkriegs hatte die Liga schon 20 Teilnehmer und die rein lateinamerikanischen Klubs begannen das Zepter zu übernehmen. Die mit 36 Mannschaften höchste Anzahl erreichte sie in den 20er Jahren, als Profiliga besteht sie seit 1932. Von 1967 bis 1984 trug man zwei Ligakonkurrenzen aus: Metropolitano und Nacional. In ersterer waren die Teams aus dem 12 Millionen Einwohner zählenden Ballungsraum der Hauptstadt Buenos Aires und deren näherer Umgebung (La Plata, Rosario und Santa Fé) vereint. Die Nacional war den anderen Klubs vorbehalten, die diese Konkurrenz in vier und letztlich in acht regionalen Gruppen ausspielten. In diesem Zeitraum hat sich auch die Fußballkarte des Landes nachhaltig gefüllt. Die Hälfte der Erstligaklubs kommt jedoch aus dem Einzugsgebiet der Metropole, die von den Erfolgen her auch weiterhin das Sagen hat.

Britische Seeleute waren es auch, die den Fußball nach **Chile** brachten und dank derer in der Hafenstadt Valparaíso 1892 der erste Klub im Lande gegründet wurde: die Santiago Wanderers. Bald folgten ihm die Vereine aus der Hauptstadt Santiago de Chile. Eine Profiliga existiert seit 1933. Anfangs waren in ihr nur die Klubs aus den Regionen Santiago und Valparaíso vertreten, in den 50er Jahren schlossen sich weitere Mannschaften aus Zentralchile (Rancagua, La Serena) an. Erst in der Saison 1950 wurde die Dominanz der Hauptstadtteams durchbrochen, als Deportiva Everton aus dem Badekurort Viña del Mar Meister wurde. Mehr in Szene setzten sich später die reichen Klubs Cobreloa (5 Titel) und Cobresal, gesponsert von den Kupfererz-Gesellschaften, die den wichtigsten chilenischen Exportartikel im Norden des Landes abbauen. In den 90er Jahren sind in der Liga schon Vereine aus allen Teilen des nahezu 3000 km langen Küstenstreifens, der von der Wüstenstadt Arica an der Grenze zu Peru bis zum regnerischen Puerto Montt im südlichen Patagonien reicht, vertreten.

Auch in **Uruguay** wurde der Fußball von den Briten eingeführt, die hier allesamt am Bau der ersten Eisenbahn arbeiteten. Den ersten Klub formierten britische Studenten im Jahre 1882, der älteste und nach wie vor existierende einheimische Verein Peñarol wurde im Jahre 1891 (als CURCC) gegründet. Gerade dieser Eisenbahnerklub war es, der die Auftaktsaison der Liga im Jahre 1900 gewann. Obwohl von der Bevölkerung her mit knapp 3,5 Millionen Einwohnern ein kleines Land, stellte Uruguay in den 20er und 30er Jahren eine Fußballgroßmacht dar. Die nationale Klasse ist weiterhin in der Hauptstadt konzentriert, alle Ligagewinner kommen aus Montevideo. Mehr als vier Fünftel der Titel gehen auf das Konto von Peñarol und Nacional – zwei Klubs, die lange Zeit südamerikanische Spitze waren. Die oberste Profiliga wurde bis zur Saison 1998 nur von den Teams aus der Landesmetropole gebildet. Neben ihr gab es bis 2003 einen Wettbewerb für Mannschaften aus dem Inland. Mit der Aufstockung der 1. Liga verlor er jedoch seinen Sinn.

In **Paraguay** zeichnete der Niederländer William Paats, ein Sportlehrer an der Mittelschule in Asunción, für die ersten Fußballschritte verantwortlich. Im Jahre 1902 gründen seine Schüler den später berühmtesten Klub Olimpia, ein Jahr darauf entsteht Guaraní und 1912 Cerro Porteño. Die Duelle zwischen diesen Vereinen werden als "alte Klassiker" bezeichnet. Die schlechten Bedingungen auf dem Lande trieben die Einwohner in die Hauptstadt. Auch deshalb kommen fast alle Ligaklubs aus Asunción und Umgebung. Auf die zwei erfolgreichsten Klubs – Olimpia und Cerro Porteño – entfallen mehr als zwei Drittel der Titel.

Chile

Argentinien

Paraguay

Uruguay

Berühmte chilenische, uruguayische und paraguayische Klubs

Klub-name	Stadt-name	Gründ. Jahr	Stadion-name	Stadion-kapazität	Besucherschn. (Saison 2003)
Cobreloa (CHI)	Calama	1977	Municipal de Calama	20 180	3 566
Colo Colo (CHI)	Santiago	1925	Monumental David Arellano	62 500	13 000
Unión Española (CHI)	Santiago	1897	Santa Laura	25 000	4 349
Universidad Católica (CHI)	Santiago	1935	San Carlos de Apoquindo	20 000	6 195
Universidad de Chile (CHI)	Santiago	1928	Nacional	66 650	10 500
Defensor Sporting (URU)	Montevideo	1913	Luis Franzini	18 000	6 242
Montevideo Wanderers (URU)	Montevideo	1902	Parque Alfredo Victor Viera	12 000	7 369
Nacional (URU)	Montevideo	1899	Parque Central	20 000	10 605
Peñarol (URU)	Montevideo	1891	Centenario	73 609	14 248
Cerro Porteño (PAR)	Asunción	1912	General Pablo Rojas	25 000	5 022
Libertad (PAR)	Asunción	1905	Dr. Nicolás Léoz	10 000	5 641
Olimpia (PAR)	Asunción	1902	Manuel Ferreira	20 000	4 487

Berühmte argentinische Klubs

Klub-name	Stadt-name	Gründ. Jahr	Stadion-name	Stadion-kapazität	Besucherschn. (Sais. 2003/2004)	Spitzname
Argentinos Juniors	Buenos Aires	1904	Diego Armando Maradona	24 800	3 940	Los Bichos – Die Wanzen
Boca Juniors	Buenos Aires	1905	A. J. Armando "La Bombonera"	57 395	49 440	Los Faineros – Die Arbeitstiere, Los Bosteros – Die Stinkenden
Estudiantes La Plata	La Plata	1905	Jorge Luis Hirschi	22 000	17 751	Los Pincharrates – Die Rattenfänger
Gimnasia y Esgrima	La Plata	1887	Juan Carlos Zerillo	33 500	16 214	Los Triperos – Die Zerstörer
Independiente	Buenos Aires	1905	Libertadores de América	57 098	21 000	Los Diablos Rojos – Die roten Teufel
Newell's Old Boys	Rosario	1903	El Coloso del Parque	38 095	16 200	Los Leprosos – Die Lebrakranken
Quilmes	Buenos Aires	1887	Dr. José Luis Meiszner	33 000	12 000	El Cervecero – Die Bierbrauer
Racing Club	Buenos Aires	1903	Juan Domingo Perón	48 800	18 253	La Académia – Die Akademie
River Plate	Buenos Aires	1901	A. V. Liberti "El Monumental"	66 449	35 945	Los Millonarios – Die Millionäre
Rosario Central	Rosario	1889	Gigante de Arroyito	41 654	31 651	Los Canallas – Die Lumpen/Die Schufte
San Lorenzo Almagro	Buenos Aires	1908	P. Bidegain "El Nuevo Gasómetro"	43 494	17 901	Los Cuervos – Die Raben
Vélez Sarsfield	Buenos Aires	1910	José Amalfitani	49 540	22 388	Los Fortineros – Die Festungsverteidiger

Teuerste argentinische und chilenische Fußballspieler auf dem Transfermarkt

Hernán Crespo (ARG)	2000	Parma AC	→ SS Lazio	57 000 000 €
Juan Sebastián Verón (ARG)	2001	SS Lazio	→ Manchester Utd.	46 200 000 €
Hernán Crespo (ARG)	2002	SS Lazio	→ Internazionale	42 500 000 €
Gabriel Batistuta (ARG	2000	AC Fiorentina	→ AS Roma	36 600 000 €
Javier Saviola (ARG)	2001	CA River Plate	→ FC Barcelona	32 900 000 €
Juan Sebastián Verón (ARG)	1999	Parma AC	→ SS Lazio	30 400 000 €
Marcelo Salas (CHI)	2001	SS Lazio	→ Juventus FC	25 000 000 €
Hernán Crespo (ARG)	2003	Internazionale	→ Chelsea FC	24 000 000 €
Matías Jesus Almeyda (ARG)	2000	SS Lazio	→ Parma AC	23 400 000 €
Walter Adrian Samuel (ARG)	2004	AS Roma	→ Real Madrid CF	22 600 000 €
Claudio López (ARG)	2000	Valencia CF	→ SS Lazio	22 200 000 €
Matías Jesus Almeyda (ARG)	2002	Parma AC	→ Internazionale	22 100 000 €
Juan Sebastián Verón (ARG)	2003	Manchester Utd.	→ Chelsea FC	21 500 000 €
Pablo Aimar (ARG)	2001	CA River Plate	→ Valencia CF	21 400 000 €

LEGENDE

2–4 / 45 5 und mehr — Siege in der 1. Liga – Argentinien (1891–2006), Chile (1933–2000), Uruguay (1900–2006) und Paraguay (1906–2006)

* Begründer der chilenischen Liga – (gegr. 1933)

● übrige Teilnehmer der 1. Liga – – Argentinien (1931–2006), Chile (1933–2006), Uruguay (1932–2006) und Paraguay (1983–2006)

Siege in der Metropolitano (1967–84)

11 Siege im Landespokal – Chile (1958–2000) und Uruguay (1934–90)

Concordia ○ Städte über 100 000 Einwohner ohne einen Erstligaklub

CA Huracán Name des Fußballklubs *(Besonderheit)*

A River Plate erfolgreichster Klub des Landes

Alumni AC bereits nicht mehr existierender Klub

Villa Elisa Stadt

...pielsystem ...er argentinischen Liga

...gentinien kürt zwei Meister pro Jahr – die Sieger der ...ertura und der Clausura. Interessant ist das ...stem, das über den Abstieg aus der höchsten ...elklasse entscheidet. Dazu wird eine Tabelle ...rangezogen, in der die Ergebnisse der vorangegangenen ...i Saisons zusammengefasst sind. Die Mannschaften ...rden in der Reihenfolge geführt, die nach dem ...hnitt ihrer pro Spiel erzielten Punkte ermittelt wurde. ...e zwei letzten Teams dieser Tabelle steigen ab, die ...nnschaften auf den beiden Rängen davor müssen ...e Relegation mit Hin- und Rückspiel gegen zwei ...stiegsanwärter aus der 2. Liga bestreiten. Die beiden ...eger nehmen die verbleibenden Plätze im ...erhaus ein.

...usländer in der ...hilenischen Liga

...aison 2005)
...– Argentinier
...– Uruguayer
...– Paraguayer
...– Brasilianer
...sgesamt 89 Spieler

...usländer in der ...rgentinischen Liga

...aison 2004/05)
...– Uruguayer
...– Kolumbianer
...– Paraguayer
...– Chilenen
...sgesamt 65 Spieler

Spielsystem der uruguayischen Liga

In Uruguay wird ebenfalls nach dem Modell Apertura - Clausura gespielt. Die Sieger der beiden Teile bestreiten ein Play-off-Duell über zwei oder drei Spiele, um den zweiten Teilnehmer am Finale der Meisterschaft zu ermitteln. Finalgegner ist das Team, das in der Addition von Apertura und Clausura die meisten Punkte holte. Anhand der aus beiden Teilen gebildeten Gesamttabelle werden auch die drei Absteiger in die 2. Liga bestimmt. Sie werden durch drei Aufsteiger aus dem Unterhaus ersetzt.

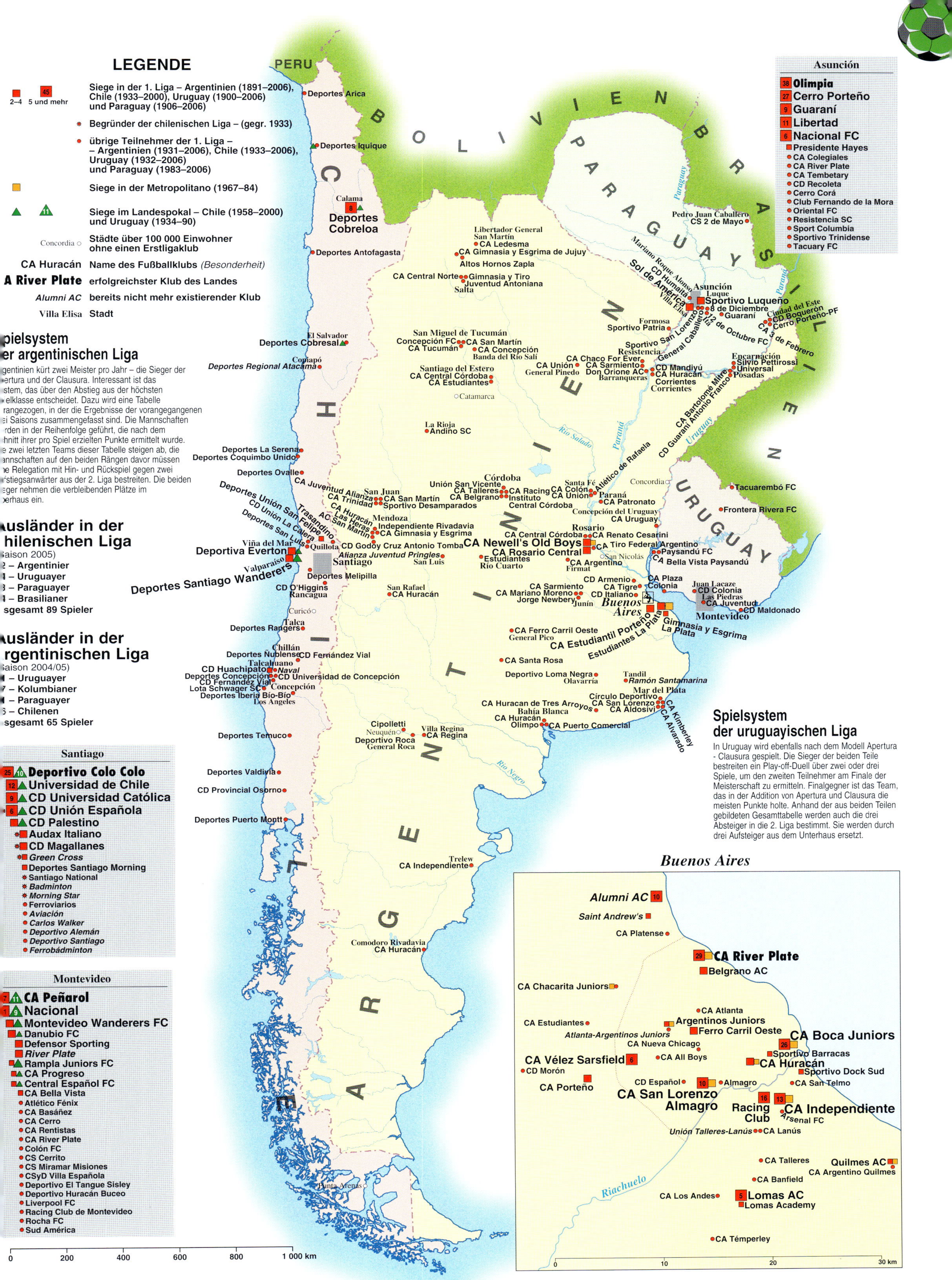

Australien und Ozeanien

Im gesamten Gebiet von Ozeanien, das neben Australien von 13 Inselstaaten (davon sind zwölf FIFA-Mitglieder) gebildet wird, ist der Fußball mit Ausnahme von Französisch-Polynesien und Neukaledonien nirgendwo die Sportart Nr. 1. Als typisch britisches Element setzten sich hier vor allem Rugby und Cricket durch. Die Entwicklung des Fußballs wurde auch durch die großen Entfernungen und den damit verbundenen Mangel an internationalen Kontakten erschwert.

Von britischen Bergleuten wurde der Fußball um das Jahr 1870 nach **Australien** gebracht. 1881 gab es im Bundesstaat Neusüdwales – der Wiege des australischen Fußballs – schon mindestens fünf Klubs. Der erste regelmäßige Turnierwettbewerb entstand im Jahre 1885. An der Entwicklung des Fußballs im Lande beteiligten sich die Klubs mehrerer Nationalitäten, die sich aus den Einwanderern rekrutierten. Unter ihnen dominierten die Mannschaften, die sich mit den südslawischen Nationen bzw. dem Balkan identifizierten: kroatische, serbische, mazedonische, griechische, aber auch italienische, holländische und ungarische Klubs. Die australische Fußballassoziation wurde im Jahre 1921 gegründet, aber sie übte ihre Tätigkeit ausschließlich innerhalb des Bundesstaats Neusüdwales aus. Der föderale Fußballverband entstand erst 1961. Zwei Jahre später trat er der FIFA bei. Erst im Jahre 1977 wurden die fünf Regionalwettbewerbe zu einer nationalen Liga vereint. Wichtigste Fußballzentren sind Sydney und Melbourne. In den letzten Jahren ist die Popularitätskurve des Fußballs weiter gestiegen, was der Schnitt von über 12 000 Zuschauern pro Spiel belegt. Die Attraktivität der Liga hat sich erhöht, weil in den Teams eine Reihe von Ausländern spielt. Die besten australischen Kicker haben den Sprung in die starken Klubs Westeuropas geschafft. Zudem haben sie 2006 zum zweiten Male nach 32 Jahren an einer WM-Endrunde teilgenommen und dabei sogar das Achtelfinale erreicht. Im gleichen Jahr trat Australien aus der Ozeanischen Fußballkonföderation (OFC) aus und der Asiatischen Konföderation (AFC) bei.

Nach **Neuseeland** gelangte der Fußball in den 80er Jahren des 19. Jahrhunderts. Von den Rugbyspielern wurde er jedoch sogleich aufs Nebengleis geschoben. Von Anfang an konzentrierte sich das Fußballgeschehen auf vier Zentren: Dunedin und Christchurch auf der Südinsel, Auckland und Wellington auf der Nordinsel. Die ersten Jahrgänge eines regelmäßigen Wettbewerbs wurden von drei Klubs bestritten, von denen der älteste Verein North Shore (1886) bis heute in der höchsten Spielklasse des Landes vertreten ist. Die beiden anderen – Otago (Dunedin) und Cantebury – haben sich bereits aufgelöst. Die erste Fußballassoziation entstand im Jahre 1889, der nationale Verband zwei Jahre darauf in der Hauptstadt Wellington. 1923 wurde der Landespokal, der Chatham Cup, aus der Taufe gehoben. Der Ligawettbewerb begann 1925, doch als Profikonkurrenz von acht Teams wird er erst seit 1970 geführt. Seinen bisher größten Erfolg verbuchte der neuseeländische Fußball mit dem Erreichen der WM-Endrunde 1982.

Bereits zu Ende des 19. Jahrhunderts spielten britische Soldaten Fußball in Port Moresby in Neuguinea. Die Briten und Australier, die den östlichen Teil der Insel verwalteten, verbreiteten den Fußball während des Zweiten Weltkriegs (Militärstützpunkt Rabaul) auch auf weiteren Inseln. Die Eingeborenen begannen ihn erst in den 50er Jahren zu spielen. Im Jahre 1962 wurde der Fußballverband gegründet, das unabhängige **Papua-Neuguinea** entstand jedoch erst 1975. Die Entwicklung des Fußballs wird erheblich von den klimatischen Bedingungen und den schlechten Verkehrsverbindungen beeinträchtigt. Die meisten Klubs sind im Hochland angesiedelt und in einigen regionalen Wettbewerben konzentriert. Deren Sieger spielen in einem Turnier um den Titel. Alle Landesmeister kommen aus der Hauptstadt Port Moresby und der im Norden gelegenen Industriestadt Lae. In den ausgedehnten Gefilden Ozeaniens hat sich der Fußball lediglich auf der Inselgruppe **Tahiti**, dem Zentrum Französisch-Polynesiens, so richtig entfaltet. Schon in den 40er Jahren wurden hier die ersten Wettbewerbe durchgeführt. Mit Ausnahme von **Neukaledonien** (ein Pokalwettbewerb wird seit 1954 ausgetragen), der **Cook-Inseln** (Liga seit 1971) und **Fidschi** (Pokal seit 1938) steckt der Fußball auf den übrigen Inseln noch in den Kinderschuhen.

Berühmte australische und neuseeländische Klubs

Klub-name	Gründ. Jahr	Name des Stadions	Stadion-kapazität	Besucher-schn. ('06)
Adelaide United	2003	Hindmarsh St.	16 500	14 698
CC Mariners	2004	Bluetongue St.	20 119	9 544
Melbourne Victory	2004	Telstra Dome	56 347	28 945
Newcastle Jets	1952	E. Australia St.	26 000	8 430
Perth Glory	1995	M. Equity St.	18 450	7 731
Queensland Roar	1957	Suncorp St.	52 500	14 757
South Melbourne	1959	Bob Jane St.	14 000	3 800
Sydney FC	2004	Aussie St.	41 159	14 757
NZ Knights	1999	N. Harbour St.	25 000	3 013
Team Wellington	2004	Newtown Park	4 000	1 000

Teuerste australische Fußballspieler auf dem Transfermarkt

Marco Bresciano	2002	Empoli	→	Parma AC	20 000 000 €
Mark Viduka	2000	Celtic FC	→	Leeds United FC	9 600 000 €

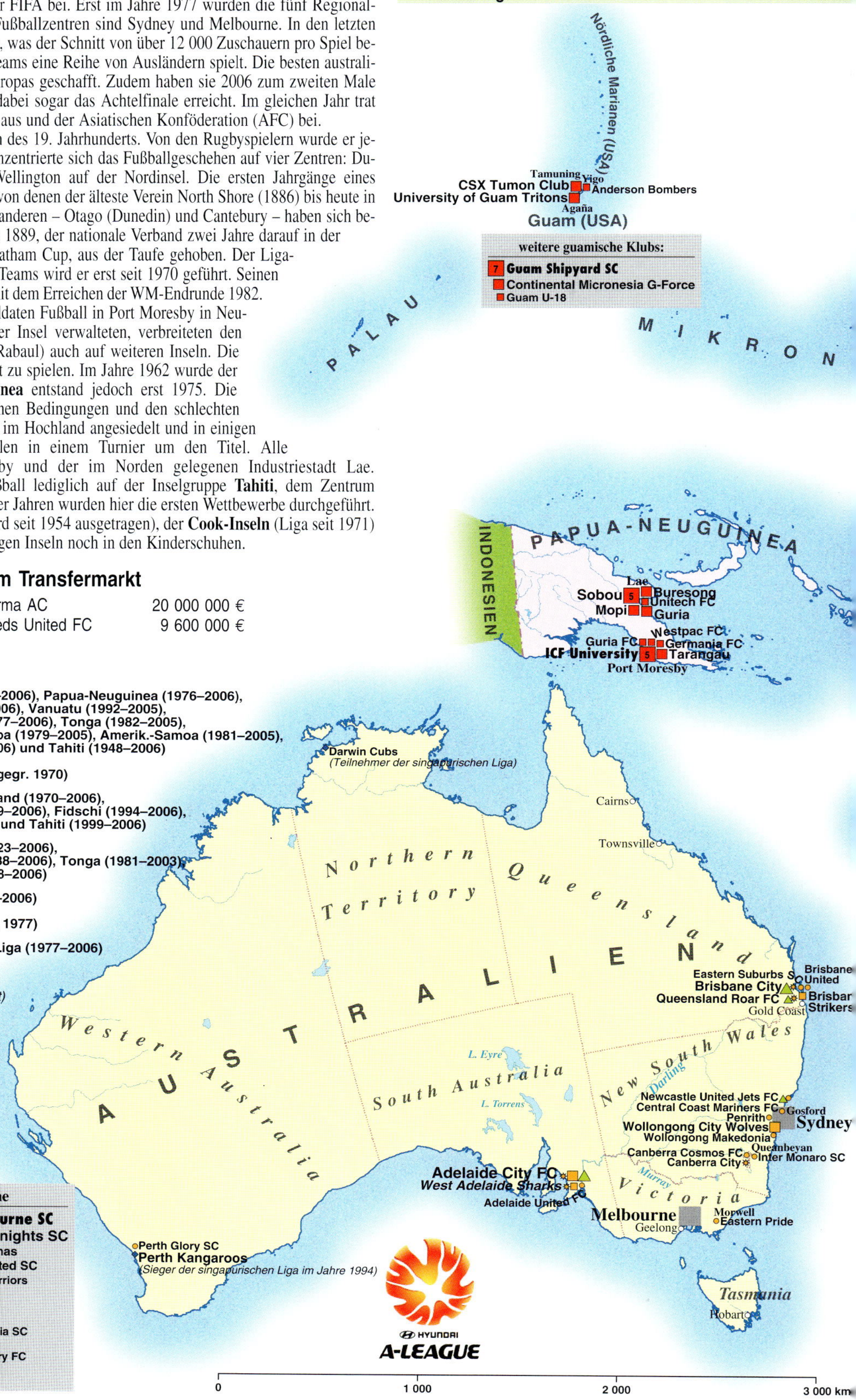

LEGENDE

1 / 2–4 / 19 5 und mehr	Siege in der 1. Liga – Neuseeland (1970–2006), Papua-Neuguinea (1976–2006), Salomonen (1984–2004), Guam (1990–2006), Vanuatu (1992–2005), Neukaledonien (1950–2006), Fidschi (1977–2006), Tonga (1982–2005), Wallis und Futuna (1996–98), West-Samoa (1979–2005), Amerik.-Samoa (1981–2005), Niue (1985–2005), Cook-Inseln (1971–2006) und Tahiti (1948–2006)
	Begründer der Neuseeländischen Liga (gegr. 1970)
	übrige Teilnehmer der 1. Liga – Neuseeland (1970–2006), Mikronesien (1999), Neukaledonien (1999–2006), Fidschi (1994–2006), Tonga (1999), West-Samoa (1999–2001), und Tahiti (1999–2006)
18	Siege im Landespokal – Neuseeland (1923–2006), Neukaledonien (1954–2006), Fidschi (1938–2006), Tonga (1981–2003), Cook-Inseln (1978–2006) und Tahiti (1938–2006)
	Siege in der 1. Australischen Liga (1977–2006)
	Begründer der Australischen Liga (gegr. 1977)
	übrige Teilnehmer der 1. Australischen Liga (1977–2006)
	Siege im Australischen Pokal (1977–97)
	weitere Klubs oder Stadien *(Besonderheit)*
Hobart	Städte über 100 000 Einwohner und die Hauptstädte ohne einen Erstligaklub
Brisbane City	Name des Fußballklubs
AS Central Sport	erfolgreichster Klub des Landes
Hutt Valley United	bereits nicht mehr existierender Klub
Honiara	Stadt
Victoria	Region

Sydney

- **Marconi-Fairfield Stallions FC**
- **Sydney City Hakoah**
- **Sydney Olympic FC**
- **APIA Leichhardt**
- Parramatta Power SC
- St. George FC
- Sydney FC
- Sydney Croatia SC
- Western Suburbs
- Blacktown City
- Canterbury Marrickville
- Carlton SC
- Melita
- Northern Spirit FC
- Sydney United FC

Melbourne

- **South Melbourne SC**
- **Melbourne Knights SC**
- Brunswick Pumas
- Heidelberg United SC
- Collingwood Warriors
- Footscray
- Mooroolbark
- Green Gully
- Melbourne Croatia SC
- Melbourne JUST
- Melbourne Victory FC
- Preston
- Sunshine GC

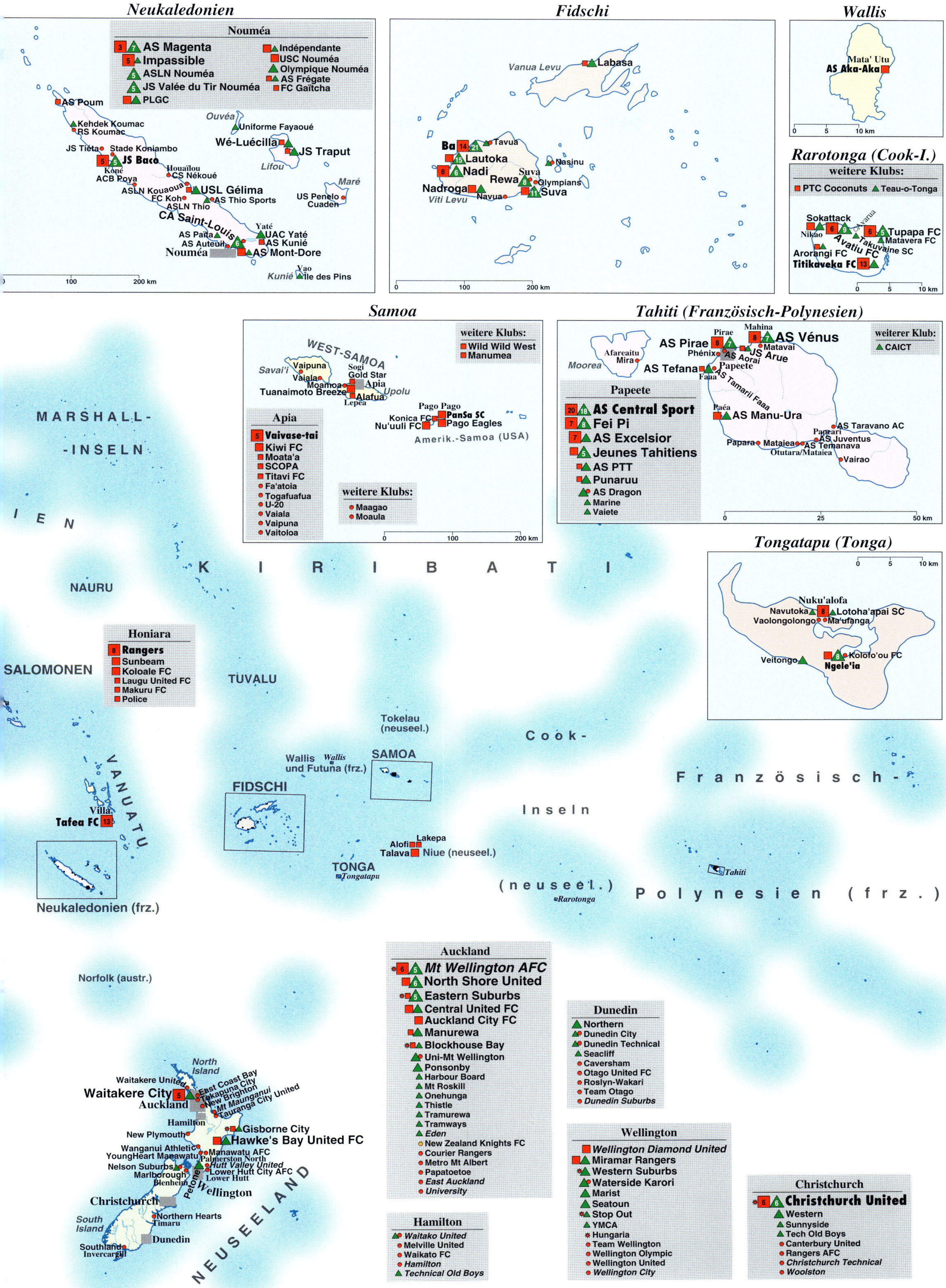
Neukaledonien
Nouméa
3 AS Magenta
5 Impassible
5 ASLN Nouméa
5 JS Valée du Tir Nouméa
PLGC
Indépendante
USC Nouméa
Olympique Nouméa
AS Frégate
FC Gaïtcha
AS Poum
Kehdek Koumac
RS Koumac
JS Tiéta
Stade Koniambo
5 JS Baco
Koné
ACB Poya
Houaïlou
CS Nékoué
ASLN Kouaoua
FC Koh
ASLN Thio
USL Gélima
AS Thio Sports
CA Saint-Louis
AS Païta
AS Auteuil
Nouméa
6
Yaté
UAC Yaté
AS Kunié
AS Mont-Dore
Ouvéa
Uniforme Fayaoué
Wé-Luécilla
JS Traput
Lifou
Maré
US Penelo
Cuaden
Vao
Kunié
Ile des Pins
100
200 km
Fidschi
Vanua Levu
Labasa
Ba 14 21
Tavua
15 Lautoka
8 6 Nadi
Rewa
Suva
Nasinu
6 Olympians
11 Suva
Nadroga
Navua
Viti Levu
0
100
200 km
Wallis
Mata' Utu
AS Aka-Aka
0
5
10 km
Rarotonga (Cook-I.)
weitere Klubs:
PTC Coconuts
Teau-o-Tonga
Sokattack
Nikao
6 9
6 5 Tupapa FC
Matavera FC
Avatiu FC
Takuvaine SC
Arorangi FC
Titikaveka FC 13
0
5
10 km
Samoa
WEST-SAMOA
weitere Klubs:
Wild Wild West
Manumea
Savai'i
Vaipuna
Vaiala
Sogi
Gold Star
Apia
Upolu
Moamoa
Tuanaimoto Breeze
Alafua
Lepea
Apia
5 Vaivase-tai
Kiwi FC
Moata'a
SCOPA
Titavi FC
Fa'atoia
Togafuafua
U-20
Vaiala
Vaipuna
Vaitoloa
Pago Pago
Konica FC
PanSa SC
Nu'uuli FC
Pago Eagles
Amerik.-Samoa (USA)
weitere Klubs:
Maagao
Moaula
0
100
200 km
Tahiti (Französisch-Polynesien)
Mahina
Pirae
AS Pirae 8 7
8 7 AS Vénus
Matavai
JS Arue
AS Aorai
Phénix
Papeete
AS Tefana
Faaa
AS Tamarii Faaa
Afareaitu
Mira
Moorea
weiterer Klub:
CAICT
Papeete
20 18 AS Central Sport
7 6 Fei Pi
7 AS Excelsior
5 Jeunes Tahitiens
AS PTT
Punaruu
AS Dragon
Marine
Vaiete
Paéa
AS Manu-Ura
AS Taravano AC
Papeari
AS Juventus
AS Temanava
Papara
Mataiea
Otutara/Mataiea
Vairao
0
25
50 km
Tongatapu (Tonga)
0
5
10 km
Nuku'alofa
Navutoka
8 Lotoha'apai SC
Vaolongolongo
Ma'ufanga
Veitongo
8 Kolofo'ou FC
Ngele'ia
MARSHALL-
-INSELN
NAURU
K I R I B A T I
Honiara
8 Rangers
Sunbeam
Koloale FC
Laugu United FC
Makuru FC
Police
SALOMONEN
TUVALU
Tokelau
(neuseel.)
Wallis
Wallis
und Futuna (frz.)
SAMOA
FIDSCHI
VANUATU
Villa
Tafea FC 13
Neukaledonien (frz.)
Lakepa
Alofi
Talava
Niue (neuseel.)
TONGA
Tongatapu
Cook-
Inseln
(neuseel.)
Rarotonga
Französisch-
Polynesien (frz.)
Tahiti
Norfolk (austr.)
North
Island
Waitakere United
Waitakere City 5
Auckland
East Coast Bay
Takapuna City
New Brighton
Mt Maunganui
Tauranga City United
Hamilton
Gisborne City
New Plymouth
Hawke's Bay United FC
Wanganui Athletic
YoungHeart Manawatu
Manawatu AFC
Palmerston North
Nelson Suburbs
Hutt Valley United
Marlborough
Lower Hutt City AFC
Blenheim
Lower Hutt
Petone
Wellington
Christchurch
South
Island
Northern Hearts
Timaru
Dunedin
Southland
Invercargill
NEUSEELAND
Auckland
6 5 Mt Wellington AFC
6 North Shore United
5 Eastern Suburbs
Central United FC
Auckland City FC
Manurewa
Blockhouse Bay
Uni-Mt Wellington
Ponsonby
Harbour Board
Mt Roskill
Onehunga
Thistle
Tramurewa
Tramways
Eden
New Zealand Knights FC
Courier Rangers
Metro Mt Albert
Papatoetoe
East Auckland
University
Hamilton
Waitako United
Melville United
Waikato FC
Hamilton
Technical Old Boys
Dunedin
Northern
Dunedin City
Dunedin Technical
Seacliff
Caversham
Otago United FC
Roslyn-Wakari
Team Otago
Dunedin Suburbs
Wellington
Wellington Diamond United
Miramar Rangers
Western Suburbs
Waterside Karori
Marist
Seatoun
Stop Out
YMCA
Hungaria
Team Wellington
Wellington Olympic
Wellington United
Wellington City
Christchurch
6 6 Christchurch United
Western
Sunnyside
Tech Old Boys
Canterbury United
Rangers AFC
Christchurch Technical
Woolston

Aland-Inseln (fin.)

Amerik. Jungferninseln (USA)

Amerik.-Samoa (USA)

Angola

Anguilla (brit.)

Antigua und Barbuda

Äquatorial-Guinea

Aruba (niederl.)

Äthiopien

Australien

Bahamas

Bahrain

Barbados

Benin

Bermudas (brit.)

Botswana

Brit. Jungferninseln (brit.)

Brunei

Burkina Faso

Burma

Burundi

Cook Inseln (neuseel.)

Dominica

Dominikanische Rep.

Symbol ist nicht vorhande

Dschibuti

Elfenbeinküste

Eritrea

Falklandinseln (brit.)

Fidschi

Gabun

Gambia

Ghana

Gibraltar (brit.)

Grenada

Grönland (dän.)

Guadeloupe (frz.)

Guam (USA)

Guernsey (brit.)

Guinea

Guinea-Bissau

Haiti

Indonesien

Irak

Iran

Jamaika

Jemen

Jersey (brit.)

Jordanien

Kaimaninseln (brit.)

Kambodscha

Kamerun | *Kanada* | *Kapverden* | *Katar* | *Kenia*

Kiribati | *Komoren* | *Kongo* | *Kuba* | *Kuwait*

Laos | *Lesotho* | *Libanon* | *Liberia* | *Madagaskar*

Malawi | *Malaysia* | *Mali* | *Man (brit.)* | *Marshallinseln*

Martinique (frz.) | *Mauretanien* | *Mauritius* | *Mikronesien* | *Montserrat (brit.)*

Mosambik | *Namibia* | *Nauru* | *Neukaledonien (frz.)* | *Neuseeland*

ederl. Antillen (niederl.) | *Niger* | *Nigeria* | *Oman* | *Ost-Timor*

Palau | *Papua-Neuguinea* | *Philippinen* | *Puerto Rico (USA)* | *Reunion (frz.)*

Rwanda | *Salomonen* | *Sambia* | *Samoa* | *São Tomé und Príncipe*

Saudi-Arabien | *Senegal* | *Seychellen* | *Sierra Leone* | *Simbabwe*

Singapur

Somalia

St. Christoph und Nevis

St. Lucia

St.-Pierre und Miquelon (fr.

St. Vincent und Grenadinen

Südafrika

Sudan

Swasiland

Syrien

Tahiti/Frz. Polynesien (frz.)

Tansania

Thailand

Togo

Tonga

Tschad

Tuvalu

Uganda

USA

VAE

Vanuatu

Vietnam

VR Kongo

Wallis und Futuna (frz.)

Zentralafrikanische Rep

Das Fußball-Schwergewicht

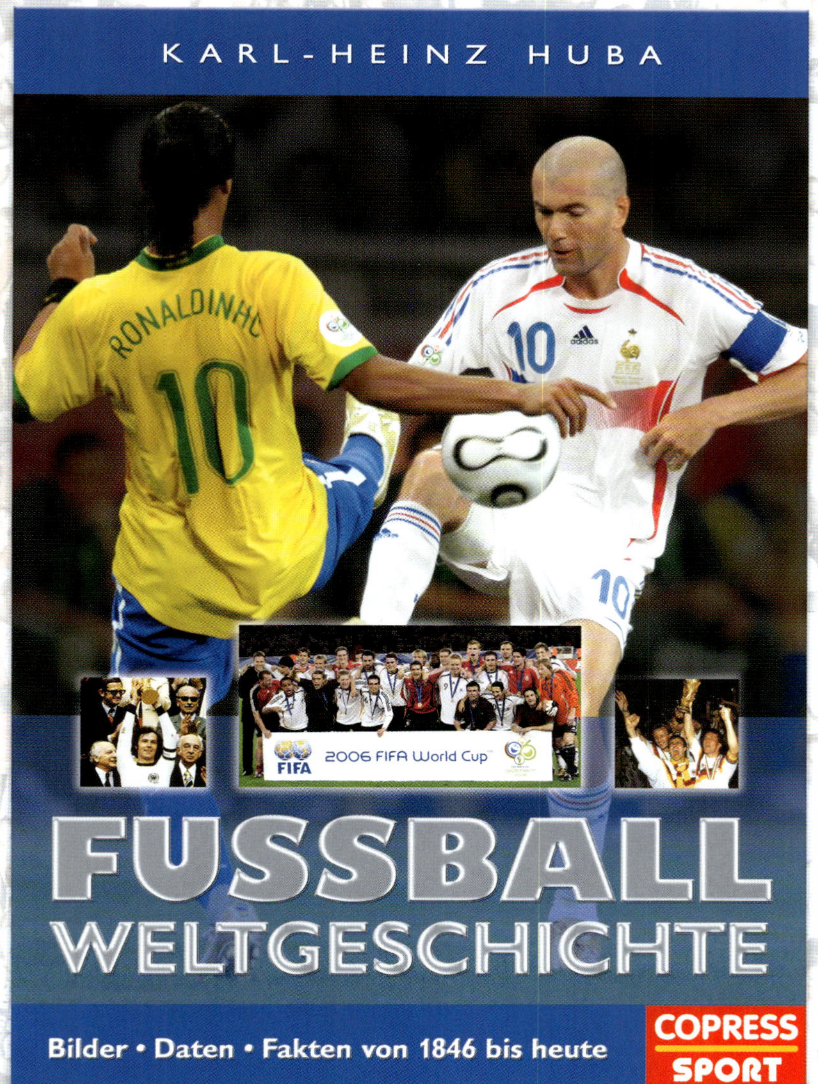

Karl-Heinz Huba

Fußball Weltgeschichte

von 1846 bis heute:
Bilder, Daten, Fakten

632 Seiten
ca. 700 Abbildungen
Format: 21,5 x 30,0 cm
Fester Einband

17., aktualisierte und erweiterte Neuauflage

€ 29,80 [D]

€ 30,60 [A] · SFR 52,10

ISBN 978-3-7679-0958-8

- Ca. 632 Seiten mit rund 700 großartigen Fotos
- Großformat in solider Hardcover-Verarbeitung
- Alle Welt- und Europameisterschaften
- Die besten Spieler und die erfolgreichsten Fußball-Nationen
- Umfassende statistische Dokumentation

»Huba lässt in seinem Kompendium nichts aus, was es über die Welt des Fußballs zu berichten und zu zeigen gibt.«

Autor

Karl-Heinz Huba gehört seit Jahrzehnten zu den angesehensten deutschen Sportjournalisten. Von seinen zahlreichen Buchpublikationen erschienen zuletzt bei Copress die zwei Erfolgstitel »Fußball-Weltgeschichte« und »Sternstunden des Fußballs«.

Die großen Duelle der Stadtrivalen

Omar Gisler

Fußball-Derbys

Die 75 fußballverrücktesten Städte der Welt

272 Seiten
ca. 130 Abbildungen
Format: 17,0 x 24,5 cm
Fester Einband mit Schutzumschlag

€ 19,90 [D]

€ 20,50 [A] · SFR 34,90

ISBN 978-3-7679-0883-3

9 783767 908833 >

Das erste nachweisbare und so bezeichnete Fußball-Derby fand in Nottingham statt: Nottingham Forest gegen Notts County. Heute gibt es auf dem ganzen Erdball ungezählte Städte, in denen die Bewohner »ihrem« Derby entgegen fiebern. In dem vorliegenden Buch werden über 75 solcher Stadtrivalitäten vorgestellt: Die Liste reicht von A wie Asunción bis Z wie Zürich, von Leipzig bis Lima, von Reykjavik bis Rosario.

Mit vielen Farbfotos, Daten und Fakten zu über 190 Clubs und einen Überblick über diejenigen Spieler, die in ihrer Laufbahn für zwei Vereine aus der selben Stadt gespielt und somit das Derby aus verschiedenen Blickwinkeln erlebt haben.

Autor

Omar Gisler ist Journalist bei einer bedeutenden Schweizer Nachrichtenagentur. Für den vorliegenden Band hat er mehrere Jahre lang recherchiert. Zuletzt erschien von Omar Gisler bei Copress der Erfolgstitel »Top-Clubs«.

Sieger der nationalen Fußballwettbewerbe

Die Klubs sind mit ihrem aktuellen Namen oder dem zuletzt benutzten Namen (bei bereits nicht mehr existierenden Klubs) angegeben. In der eckigen Klammer ist der vorherige Name eingefügt. Zwei verschiedene Klubs mit gleichem Namen unterscheidet der Name der Stadt in der runden Klammer.

Afghanistan-Liga
1995 Karlappan

Ägypten-Liga
1948/49 al-Ahli SC
1949/50 al-Ahli SC
1950/51 al-Ahli SC
1951/52 *wurde nicht ausgetragen*
1952/53 al-Ahli SC
1953/54 al-Ahli SC
1954/55 *Wettbewerb wurde nicht beendet*
1955/56 al-Ahli SC
1956/57 al-Ahli SC
1957/58 al-Ahli SC
1958/59 al-Ahli SC
1959/60 Zamalek SC
1960/61 al-Ahli SC
1961/62 al-Ahli SC
1962/63 Tersana SC
1963/64 Zamalek SC
1964/65 Zamalek SC
1965/66 Olympic SC
1966/67 Ismaily SC
1968-70 *wurde nicht ausgetragen*
1970/71 *Wettbewerb wurde nicht beendet*
1971/72 *wurde nicht ausgetragen*
1972/73 Ghazl al-Mahalla
1973/74 *Wettbewerb wurde nicht beendet*
1974/75 al-Ahli SC
1975/76 al-Ahli SC
1976/77 al-Ahli SC
1977/78 Zamalek SC
1978/79 al-Ahli SC
1979/80 al-Ahli SC
1980/81 al-Ahli SC
1981/82 al-Ahli SC
1982/83 Mokawloon al-Arab
1983/84 Zamalek SC
1984/85 al-Ahli SC
1985/86 al-Ahli SC
1986/87 al-Ahli SC
1987/88 Zamalek SC
1988/89 al-Ahli SC
1989/90 *Wettbewerb wurde nicht beendet*
1990/91 Ismaily SC
1991/92 Zamalek SC
1992/93 Zamalek SC
1993/94 al-Ahli SC
1994/95 al-Ahli SC
1995/96 al-Ahli SC
1996/97 al-Ahli SC
1997/98 al-Ahli SC
1998/99 al-Ahli SC
1999/00 al-Ahli SC
2000/01 Zamalek SC
2001/02 Ismaily SC
2002/03 Zamalek SC
2003/04 Zamalek SC
2004/05 al-Ahli SC
2005/06 al-Ahli SC

Ägypten-Pokal
1921/22 Zamalek SC
1922/23 Tersana SC
1923/24 al-Ahli SC
1924/25 al-Ahli SC
1925/26 al-Ittihad
1926/27 al-Ahli SC
1927/28 al-Ahli SC
1928/29 Tersana SC
1929/30 al-Ahli SC
1930/31 al-Ahli SC
1931/32 Zamalek SC
1932/33 Olympic SC
1933/34 Olympic SC
1934/35 Zamalek SC
1935/36 al-Ittihad
1936/37 al-Ahli SC
1937/38 Zamalek SC
1938/39 al-Teram SC
1939/40 al-Ahli SC
1940/41 Zamalek SC
1941/42 al-Ahli SC
1942/43 al-Ahli SC und Zamalek SC
1943/44 Zamalek SC
1944/45 al-Ahli SC
1945/46 al-Ahli SC
1946/47 al-Ahli SC
1947/48 al-Ittihad
1948/49 al-Ahli SC
1949/50 al-Ahli SC
1950/51 al-Ahli SC
1951/52 Zamalek SC
1952/53 al-Ahli SC
1953/54 Tersana SC
1954/55 Zamalek SC
1955/56 al-Ahli SC
1956/57 Zamalek SC
1957/58 al-Ahli SC und Zamalek SC
1958/59 Zamalek SC
1959/60 Zamalek SC
1960/61 al-Ahli SC
1961/62 Zamalek SC
1962/63 al-Ittihad
1963/64 al-Suez
1964/65 Tersana SC
1965/66 al-Ahli SC
1966/67 Tersana SC
1968-72 *wurde nicht ausgetragen*
1972/73 al-Ittihad
1973/74 *wurde nicht ausgetragen*
1974/75 Zamalek SC
1975/76 al-Ittihad
1976/77 Zamalek SC
1977/78 al-Ahli SC
1978/79 Zamalek SC
1979/80 *wurde nicht ausgetragen*
1980/81 al-Ahli SC
1981/82 *wurde nicht ausgetragen*
1982/83 al-Ahli SC
1983/84 al-Ahli SC
1984/85 al-Ahli SC
1985/86 Tersana SC
1986/87 *wurde nicht ausgetragen*
1987/88 Zamalek SC
1988/89 al-Ahli SC
1989/90 Mokawloon al-Arab
1990/91 al-Ahli SC
1991/92 al-Ahli SC
1992/93 al-Ahli SC
1993/94 *wurde nicht ausgetragen*
1994/95 Mokawloon al-Arab
1995/96 al-Ahli SC
1996/97 Ismaily SC
1997/98 al-Masry
1998/99 Zamalek SC
1999/00 Ismaily SC
2000/01 al-Ahli SC
2001/02 Zamalek SC
2002/03 al-Ahli SC
2003/04 Mokawloon al-Arab
2004/05 ENPPI
2005/06 al-Ahli SC

Albanien-Liga
1930 SK Tiranë
1931 SK Tiranë
1932 SK Tiranë
1933 KS Skënderbeu
1934 SK Tiranë
1935 *wurde nicht ausgetragen*
1936 SK Tiranë
1937 SK Tiranë
1938-44 *wurde nicht ausgetragen*
1945 KS Vllaznia
1946 KS Vllaznia
1947 KS Partizani
1948 KS Partizani
1949 KS Partizani
1950 KS Dinamo Tiranë
1951 KS Dinamo Tiranë
1952 KS Dinamo Tiranë
1953 KS Dinamo Tiranë
1954 KS Partizani
1955 KS Dinamo Tiranë
1956 KS Dinamo Tiranë
1957 KS Partizani
1958 KS Partizani
1959 KS Partizani
1960 KS Dinamo Tiranë
1961 KS Partizani
1962 *wurde nicht ausgetragen*
1962/63 KS Partizani
1963/64 KS Partizani
1964/65 SK Tiranë [KS 17. Nëntori]
1965/66 SK Tiranë [KS 17. Nëntori]
1966/67 KS Dinamo Tiranë
1967/68 SK Tiranë [KS 17. Nëntori]
1968/69 *wurde nicht ausgetragen*
1969/70 SK Tiranë [KS 17. Nëntori]
1970/71 KS Partizani
1971/72 KS Vllaznia
1972/73 KS Dinamo Tiranë
1973/74 KS Vllaznia
1974/75 KS Dinamo Tiranë
1975/76 KS Dinamo Tiranë
1976/77 KS Dinamo Tiranë
1977/78 KS Vllaznia
1978/79 KS Partizani
1979/80 KS Dinamo Tiranë
1980/81 KS Partizani
1981/82 SK Tiranë [KS 17. Nëntori]
1982/83 KS Vllaznia
1983/84 KS Elbasani [KS Labinoti]
1984/85 SK Tiranë [KS 17. Nëntori]
1985/86 KS Dinamo Tiranë
1986/87 KS Partizani
1987/88 SK Tiranë [KS 17. Nëntori]
1988/89 SK Tiranë [KS 17. Nëntori]
1989/90 KS Dinamo Tiranë
1990/91 KS Flamurtari
1991/92 KS Vllaznia
1992/93 KS Partizani
1993/94 KS Teuta
1994/95 SK Tiranë
1995/96 SK Tiranë
1996/97 SK Tiranë
1997/98 KS Vllaznia
1998/99 SK Tiranë
1999/00 SK Tiranë
2000/01 KS Vllaznia
2001/02 KS Dinamo Tiranë
2002/03 SK Tiranë
2003/04 SK Tiranë
2004/05 SK Tiranë
2005/06 KS Elbasani

Albanien-Pokal
1948 KS Partizani
1949 KS Partizani
1950 KS Dinamo Tiranë
1951 KS Dinamo Tiranë
1952 KS Dinamo Tiranë
1953 KS Dinamo Tiranë
1954 KS Dinamo Tiranë
1955 *wurde nicht ausgetragen*
1956 *wurde nicht ausgetragen*
1957 KS Partizani
1958 KS Partizani
1959 *wurde nicht ausgetragen*
1960 KS Dinamo Tiranë
1961 KS Partizani
1962 *wurde nicht ausgetragen*
1962/63 SK Tiranë [KS 17. Nëntori]
1963/64 KS Partizani
1964/65 KS Vllaznia
1965/66 KS Partizani
1966/67 *wurde nicht ausgetragen*
1967/68 KS Partizani
1968/69 *wurde nicht ausgetragen*
1969/70 KS Partizani
1970/71 KS Dinamo Tiranë
1971/72 KS Skënderbeu
1972/73 KS Partizani
1973/74 KS Dinamo Tiranë
1974/75 KS Elbasani [KS Labinoti]
1975/76 SK Tiranë [KS 17. Nëntori]
1976/77 SK Tiranë [KS 17. Nëntori]
1977/78 KS Dinamo Tiranë
1978/79 KS Vllaznia
1979/80 KS Partizani
1980/81 KS Vllaznia
1981/82 KS Dinamo Tiranë
1982/83 SK Tiranë [KS 17. Nëntori]
1983/84 SK Tiranë [KS 17. Nëntori]
1984/85 KS Flamurtari
1985/86 SK Tiranë [KS 17. Nëntori]
1986/87 KS Vllaznia
1987/88 KS Flamurtari
1988/89 KS Dinamo Tiranë
1989/90 KS Dinamo Tiranë
1990/91 KS Partizani
1991/92 KS Elbasani
1992/93 KS Partizani
1993/94 SK Tiranë
1994/95 KS Teuta
1995/96 SK Tiranë
1996/97 KS Partizani
1997/98 KS Apolonia
1998/99 SK Tiranë
1999/00 KS Teuta
2000/01 SK Tiranë
2001/02 SK Tiranë
2002/03 KS Dinamo Tiranë
2003/04 KS Partizani
2004/05 KS Teuta
2005/06 SK Tiranë

Algerien-Liga
1962/63 USM Alger
1963/64 USM Annaba
1964/65 CR Belouizdad [CR Belcourt]
1965/66 CR Belouizdad [CR Belcourt]
1966/67 NA Hussein-Dey
1967/68 ES Sétif [EP Sétif]
1968/69 CR Belouizdad [CR Belcourt]
1969/70 CR Belouizdad [CR Belcourt]
1970/71 MC Oran
1971/72 MC Alger
1972/73 JS Kabylie
1973/74 JS Kabylie
1974/75 MC Alger
1975/76 MC Alger
1976/77 JS Kabylie [JS Kawkabi]
1977/78 MC Alger [MP Alger]
1978/79 MC Alger [MP Alger]
1979/80 JS Kabylie [JE Tizi-Ouzou]
1980/81 RC Kouba [RS Kouba]
1981/82 JS Kabylie [JE Tizi-Ouzou]
1982/83 JS Kabylie [JE Tizi-Ouzou]
1983/84 GC Mascara
1984/85 JS Kabylie [JE Tizi-Ouzou]
1985/86 JS Kabylie [JE Tizi-Ouzou]
1986/87 ES Sétif [EP Sétif]
1987/88 MC Oran [MP Oran]
1988/89 JS Kabylie [JE Tizi-Ouzou]
1989/90 JS Kabylie [JE Tizi-Ouzou]
1990/91 MO Constatntine
1991/92 MC Oran
1992/93 MC Oran
1993/94 US Chaouia
1994/95 JS Kabylie
1995/96 USM Alger
1996/97 CS Constantine
1997/98 USM El Harrach
1998/99 MC Alger
1999/00 CR Belouizdad
2000/01 CR Belouizdad
2001/02 USM Alger
2002/03 USM Alger
2003/04 JS Kabylie
2004/05 USM Alger
2005/06 JS Kabylie

Algerien-Pokal
1962/63 ES Sétif
1963/64 ES Sétif
1964/65 MC Saida
1965/66 CR Belouizdad [CR Belcourt]
1966/67 ES Sétif
1967/68 ES Sétif
1968/69 CR Belouizdad [CR Belcourt]
1969/70 CR Belouizdad [CR Belcourt]
1970/71 MC Alger
1971/72 USM Annaba [HAMR Annaba]
1972/73 MC Alger
1973/74 USM El Harrach
1974/75 MC Oran
1975/76 MC Alger
1976/77 JS Kabylie [JS Kawkabi]
1977/78 CR Belouizdad [CR Belcourt]
1978/79 NA Hussein-Dey
1979/80 ES Sétif [EP Sétif]
1980/81 USM Alger [USK Alger]
1981/82 DNC Alger
1982/83 MC Alger [MP Alger]
1983/84 MC Oran [MP Oran]
1984/85 MC Oran [MP Oran]
1985/86 JS Kabylie [JE Tizi-Ouzou]
1986/87 USM El Harrach
1987/88 USM Alger
1988/89 ES Sétif
1989/90 *wurde nicht ausgetragen*
1990/91 USM Sidi-bel-Abbès
1991/92 JS Kabylie
1992/93 *wurde nicht ausgetragen*
1993/94 JS Kabylie
1994/95 CR Belouizdad
1995/96 MC Oran
1996/97 USM Alger
1997/98 WA Tlemcen
1998/99 USM Alger
1999/00 MC Ouargla
2000/01 USM Alger
2001/02 WA Tlemcen
2002/03 USM Alger
2003/04 USM Alger
2004/05 ASO Chlef
2005/06 MC Alger

Amerikanische Jungferninseln - Liga
1997/98 MI Rock Masters
1998/99 *wurde nicht ausgetragen*
1999/00 UWS Upsetters SC
2000/01 *wurde nicht ausgetragen*
2001/02 Haitian Stars
2003-04 *wurde nicht ausgetragen*
2004/05 Positive Vibes
2005/06 New Vibes

Amerikanisch-Samoa-Liga
1980/81 Pago Eagles
1981/82 Pago Eagles
1982/83 Nu'uuli FC
1984-91 *Sieger unbekannt*
1991/92 Nu'uli FC
1993-96 *Sieger unbekannt*
1996/97 Pago Eagles
1997/98 *Sieger unbekannt*
1998/99 Konica FC
1999/00 PanSa SC und Wild Wild West
2000/01 PanSa SC
2001/02 PanSa SC
2002/03 Manumea
2003/04 *Sieger unbekannt*
2004/05 PanSa SC

Andorra-Liga
1994-95 *Sieger unbekannt*
1995/96 Gran Valira FC Encamp [FC Encamp Dicoansa]
1996/97 Don Denis Principat [CE Principat]
1997/98 Don Denis Principat [CE Principat]
1998/99 Don Denis Principat [CE Principat]
1999/00 Constelació Esportiva
2000/01 Don Pernil Santa Coloma [FC Santa Coloma]
2001/02 Gran Valira FC Encamp [FC Encamp Dicoansa]
2002/03 Don Pernil Santa Coloma
2003/04 Don Pernil Santa Coloma
2004/05 Matecosa UE Sant Julià
2005/06 Ranger's FC Pizzeria Venecia

Andorra-Pokal
1990/91 Don Pernil Santa Coloma [FC Santa Coloma]
1992-93 *Sieger unbekannt*
1993/94 Don Denis Principat [CE Principat]
1994/95 Don Denis Principat [CE Principat]
1995/96 Don Denis Principat [CE Principat]
1996/97 Don Denis Principat [CE Principat]
1997/98 Don Denis Principat [CE Principat]
1998/99 Don Denis Principat [CE Principat]
1999/00 Constelació Esportiva
2000/01 Don Pernil Santa Coloma [FC Santa Coloma]
2001/02 FC Lusitanos
2002/03 Don Pernil Santa Coloma
2003/04 Don Pernil Santa Coloma
2004/05 Don Pernil Santa Coloma
2005/06 Don Pernil Santa Coloma

Angola-Liga
1979 Primeiro de Agosto
1980 Primeiro de Agosto
1981 Primeiro de Agosto
1982 Petro Atlético Luanda
1983 Primeiro de Maio
1984 Petro Atlético Luanda
1985 Primeiro de Maio
1986 Petro Atlético Luanda
1987 Petro Atlético Luanda
1988 Petro Atlético Luanda
1989 Petro Atlético Luanda
1990 Petro Atlético Luanda
1991 Primeiro de Agosto
1992 Primeiro de Agosto
1993 Petro Atlético Luanda
1994 Petro Atlético Luanda
1995 Petro Atlético Luanda
1996 Primeiro de Agosto
1997 Petro Atlético Luanda
1998 Primeiro de Agosto
1999 Primeiro de Agosto
2000 Petro Atlético Luanda
2001 Petro Atlético Luanda
2002 AS Aviação
2003 AS Aviação
2004 AS Aviação
2005 Sagrada Esperança
2006 Primeiro de Agosto

Angola-Pokal
1980 Nacional
1981 AS Aviação [Desportivo TAAG]
1982 Primeiro de Maio
1983 Primeiro de Maio
1984 Primeiro de Agosto
1985 Ferroviário Huíla
1986 Inter Luanda
1987 Petro Atlético Luanda
1988 Sagrada Esperança
1989 Ferroviário Huíla
1990 Primeiro de Agosto
1991 Primeiro de Agosto
1992 Petro Atlético Luanda
1993 Petro Atlético Luanda
1994 Petro Atlético Luanda
1995 AS Aviação
1996 Progresso Sambizanga
1997 Petro Atlético Luanda
1998 Petro Atlético Luanda
1999 Sagrada Esperança
2000 Petro Atlético Luanda
2001 Atlético Petróleos do Namibe [CD Sonangol]
2002 Petro Atlético Luanda
2003 Inter Luanda
2004 Atlético Petróleos do Namibe [CD Sonangol]
2005 AS Aviação
2006 Primeiro de Agosto

Anguilla-Liga
1997/98 Coca Cola Spartans International
1998/99 Attackers
1999/00 *wurde nicht ausgetragen*
2000/01 Roaring Lions
2001/02 Roaring Lions
2002/03 Roaring Lions
2004 Coca Cola Spartans International
2005/06 Roaring Lions

Antigua und Barbuda-Liga
1968/69 Empire FC
1969/70 Empire FC
1970/71 Empire FC
1971/72 Empire FC
1972/73 Empire FC
1973/74 Empire FC
1975-78 *Sieger unbekannt*
1978/79 Empire FC
1980-83 *Sieger unbekannt*
1983/84 Villa Lions FC
1984/85 Liberta FC
1985/86 Villa Lions FC
1986/87 Liberta FC
1987/88 Empire FC
1988/89 *Sieger unbekannt*
1989/90 Parham FC [J & J Construction]
1990/91 *Sieger unbekannt*
1991/92 Empire FC
1992/93 *Sieger unbekannt*
1993/94 Lion Hill Spliff FC
1994/95 English Harbour FC
1995/96 English Harbour FC
1996/97 English Harbour FC
1997/98 Empire FC
1998/99 Empire FC
1999/00 Empire FC
2000/01 Empire FC
2001/02 Parham FC
2002/03 Parham FC
2003/04 Bassa FC
2004/05 Bassa FC
2005/06 SAP

Äquatorial-Guinea-Liga
1979 Real Rebola
1980 Deportivo
1981 Atlético Malabo
1982 Atlético Malabo
1983 Dragons
1984 Sony Ela Nguema [CD Ela Nguema]
1985 Sony Ela Nguema [CD Ela Nguema]
1986 Sony Ela Nguema [CD Ela Nguema]
1987 Sony Ela Nguema [CD Ela Nguema]
1988 Sony Ela Nguema [CD Ela Nguema]
1989 Sony Ela Nguema [CD Ela Nguema]
1990 Sony Ela Nguema [CD Ela Nguema]
1991 Sony Ela Nguema [CD Ela Nguema]
1992 FC Aconangui
1993-95 *Sieger unbekannt*
1996 Café Bank Sportif
1997 Deportivo
1998 Sony Ela Nguema
1999 FC Aconangui
2000 Sony Ela Nguema
2001 FC Aconangui
2002 Sony Ela Nguema
2003 Atlético Malabo
2004 Renacimiento FC
2005 Renacimiento FC
2006 Renacimiento FC

Äquatorial-Guinea-Pokal
1978 Deportivo
1979 FC Aconangui
1980 Sony Ela Nguema [CD Ela Nguema]
1981 Sony Ela Nguema [CD Ela Nguema]
1982 Sony Ela Nguema [CD Ela Nguema]
1983 Sony Ela Nguema [CD Ela Nguema]
1984 GD Lage
1985 Atlético Malabo
1986 Juvenil Reyes
1987 Atlético Malabo
1988 Atlético Malabo
1989 Union Vesper
1990 Atlético Malabo
1991 Atlético Malabo
1992 Sony Ela Nguema [CD Ela Nguema]
1993-95 *Sieger unbekannt*
1996 FC Aconangui
1997 Union Vesper
1998 Union Vesper
1999 CD Unidad
2000 CD Unidad
2001 Atlético Malabo
2002 FC Aconangui
2003 *Sieger unbekannt*
2004 Sony Ela Nguema

Argentinien-Amateurliga
1891 Saint Andrew's
1892 *wurde nicht ausgetragen*
1893 Lomas AC
1894 Lomas AC
1895 Lomas AC
1896 Lomas Academy
1897 Lomas AC
1898 Lomas AC
1899 Belgrano AC
1900 Alumni AC [English High School]
1901 Alumni AC [Alumni Football Team]
1902 Alumni AC [Alumni Football Team]
1903 Alumni AC [Alumni Football Team]
1904 Belgrano AC
1905 Alumni AC [Alumni Football Team]
1906 Alumni AC
1907 Alumni AC
1908 Belgrano AC
1909 Alumni AC
1910 Alumni AC
1911 Alumni AC
1912 Quilmes AC und CA Porteño
1913 Racing Club und Estudiantes La Plata
1914 Racing Club und CA Porteño
1915 Racing Club
1916 Racing Club
1917 Racing Club
1918 Racing Club
1919 CA Boca Juniors und Racing Club
1920 CA Boca Juniors und CA River Plate
1921 CA Huracán (BA) und Racing Club
1922 CA Huracán (BA) und CA Independiente (BA)
1923 CA Boca Juniors und CA San Lorenzo Almagro
1924 CA Boca Juniors und CA San Lorenzo Almagro
1925 CA Huracán (BA) und Racing Club
1926 CA Boca Juniors und CA Independiente (BA)
1927 CA San Lorenzo Almagro
1928 CA Huracán (BA)
1929 Gimnasia y Esgrima
1930 CA Boca Juniors
1931 CA Estudiantil Porteño
1932 Sportivo Barracas
1933 Sportivo Dock Sud
1934 CA Estudiantil Porteño

Argentinien-Profiliga
1931 CA Boca Juniors
1932 CA River Plate
1933 CA San Lorenzo Almagro
1934 CA Boca Juniors
1935 CA Boca Juniors
1936 CA River Plate
1937 CA River Plate
1938 CA Independiente (BA)
1939 CA Independiente (BA)
1940 CA Boca Juniors
1941 CA River Plate
1942 CA River Plate
1943 CA Boca Juniors
1944 CA Boca Juniors
1945 CA River Plate
1946 CA San Lorenzo Almagro
1947 CA River Plate
1948 CA Independiente (BA)
1949 Racing Club
1950 Racing Club
1951 Racing Club
1952 CA River Plate
1953 CA River Plate
1954 CA Boca Juniors
1955 CA River Plate
1956 CA River Plate
1957 CA River Plate
1958 Racing Club
1959 CA San Lorenzo Almagro
1960 CA Independiente (BA)
1961 Racing Club
1962 CA Boca Juniors
1963 CA Independiente (BA)
1964 CA Boca Juniors
1965 CA Boca Juniors
1966 Racing Club
1967 CA Independiente (BA)
1968 CA Vélez Sarsfield
1969 CA Boca Juniors
1970 CA Boca Juniors
1971 CA Rosario Central
1972 CA San Lorenzo Almagro
1973 CA Rosario Central
1974 CA San Lorenzo Almagro
1975 CA River Plate
1976 CA Boca Juniors
1977 CA Independiente (BA)
1978 CA Independiente (BA)
1979 CA River Plate
1980 CA Rosario Central
1981 CA River Plate
1982 Ferro Carril Oeste
1983 Estudiantes La Plata
1984 Ferro Carril Oeste
1985 Argentinos Juniors
1985/86 CA River Plate
1986/87 CA Rosario Central
1987/88 CA Newell's Old Boys
1988/89 CA Independiente (BA)
1989/90 CA River Plate
1990/91 CA Newell's Old Boys
1991/92 CA River Plate und CA Newell's Old Boys
1992/93 CA Boca Juniors und CA Vélez Sarsfield
1993/94 CA River Plate und CA Independiente (BA)

1994/95 CA River Plate und CA San Lorenzo Almagro
1995/96 CA Vélez Sarsfield und CA Vélez Sarsfield
1996/97 CA River Plate und CA River Plate
1997/98 CA River Plate und CA Vélez Sarsfield
1998/99 CA Boca Juniors und CA Boca Juniors
1999/00 CA River Plate und CA River Plate
2000/01 CA Boca Juniors und CA San Lorenzo Almagro
2001/02 Racing Club und CA River Plate
2002/03 CA Independiente (BA) und CA River Plate
2003/04 CA Boca Juniors und CA River Plate
2004/05 CA Newell's Old Boys und CA Vélez Sarsfield
2005/06 CA Boca Juniors und CA Boca Juniors

Argentinien-Metropolitano
1967 Estudiantes La Plata
1968 CA San Lorenzo Almagro
1969 CA Chacarita Juniors
1970 CA Independiente (BA)
1971 CA Independiente (BA)
1972 CA San Lorenzo Almagro
1973 CA Huracán (BA)
1974 CA Newell's Old Boys
1975 CA River Plate
1976 CA Boca Juniors
1977 CA River Plate
1978 Quilmes AC
1979 CA River Plate
1980 CA River Plate
1981 CA Boca Juniors
1982 Estudiantes La Plata
1983 CA Independiente (BA)
1984 Argentinos Juniors

Armenien-Liga
1992 FC Schirak Gjumri und FC Kilikija Erewan [Homenetmen Erewan]
1993 FC Ararat Erewan
1994 FC Schirak Gjumri
1995/96 FC Kilikija Erewan [FC Pjunik Erewan]
1996/97 FC Kilikija Erewan [FC Pjunik Erewan]
1997 FC Erewan
1998 FC Araks Ararat [FC Tsement Ararat]
1999 FC Araks Ararat [FC Tsement Ararat]
2000 FC Araks Ararat
2001 FC Pjunik Erewan
2002 FC Pjunik Erewan
2003 FC Pjunik Erewan
2004 FC Pjunik Erewan
2005 FC Pjunik Erewan
2006 FC Pjunik Erewan

Armenien-Pokal
1992 FC Banants Kotaik
1993 FC Ararat Erewan
1994 FC Ararat Erewan
1995 FC Ararat Erewan
1996 FC Kilikija Erewan [FC Pjunik Erewan]
1997 FC Ararat Erewan
1998 FC Araks Ararat [FC Tsement Ararat]
1999 FC Araks Ararat [FC Tsement Ararat]
2000 FC MIKA Aschtarak
2001 FC MIKA Aschtarak
2002 FC Pjunik Erewan
2003 FC MIKA Aschtarak
2004 FC Pjunik Erewan
2005 FC MIKA Aschtarak
2006 FC MIKA Aschtarak

Aruba-Liga
1982 SV Dakota
1983 SV Dakota
1984 SV San Luis Deportivo
1985 SV Estrella
1986 SV RCA
1987 SV RCA
1988 SV Estrella
1989 SV Estrella
1990 SV Estrella
1991 SV RCA
1992 SV Estrella
1993 SV Riverplate Modiki
1994 SV RCA
1995 SV Dakota
1996 SV Estrella
1997 SV Riverplate Modiki
1998 SV Estrella
1999 SV Estrella
2000 SV Deportivo Nacional
2001 SV Deportivo Nacional
2002 SV RCA
2003 SV Deportivo Nacional
2004/05 SV Britannia
2006 SV Estrella

Aserbaidschan-Liga
1992 PFK Neftschi Baku [FK Neftschi Baku]
1993 FK Karabach Agdam
1993/94 PFK Turan Tauz [FK Turan Tauz]
1994/95 PFK Ganja [FK Kiapaz Ganja]
1995/96 PFK Neftschi Baku [FK Neftschi Baku]
1996/97 PFK Neftschi Baku [FK Neftschi Baku]
1997/98 PFK Ganja [FK Kiapaz Ganja]
1998/99 PFK Ganja [FK Kiapaz Ganja]
1999/00 FK Schamkir
2000/01 FK Schamkir
2001/02 *wettbewerb wurde annulliert*
2002/03 *wurde nicht ausgetragen*
2003/04 PFK Neftschi Baku
2004/05 PFK Neftschi Baku
2005/06 FK Baku

Aserbaidschan-Pokal
1992/93 FK Karabach Agdam
1993/94 PFK Ganja [FK Kiapaz Ganja]
1994/95 PFK Neftschi Baku [FK Neftschi Baku]
1995/96 PFK Neftschi Baku [FK Neftschi Baku]
1996/97 PFK Ganja [FK Kiapaz Ganja]
1997/98 PFK Ganja [FK Kiapaz Ganja]
1998/99 PFK Neftschi Baku [FK Neftschi Baku]
1999/00 PFK Ganja [FK Kiapaz Ganja]
2000/01 FK Schafa Baku
2001/02 PFK Neftschi Baku
2002/03 *wurde nicht ausgetragen*
2003/04 PFK Neftschi Baku
2004/05 FK Baku
2005/06 FK Karabach Agdam

Äthiopien-Liga
1944 BMME
1945-47 *wurde nicht ausgetragen*
1948 Red Sea
1949 Defence [Army]
1950 St. George
1951 Defence [Army]
1952 Defence [Army]
1953 Defence [Army]
1954 Defence [Mechal]
1955 SC Asmara [Hamassien]
1956 Defence [Mechal]
1957 SC Asmara [Hamassien]
1958 Embassoyra [Akale Guzay]
1959 Tele SC
1960 Cotton FC
1961 Ethio-Cement
1962 Cotton FC
1963 Cotton FC
1964 Ethio-Cement
1965 Cotton FC
1966 St. George
1967 St. George
1968 St. George
1969 Tele SC
1970 Tele SC
1971 St. George
1972 SC Asmara
1973 SC Asmara
1974 Embassoyra
1975 St. George
1976 Defence [Mechal]
1977 Dire Dawa Railway FC
1978 Ogaden Anbessa
1979 Omedla
1980 Tegl Fre
1981 Ermejachen
1982 Defence [Mechal]
1983 Cotton FC
1984 Defence [Mechal]
1985 St. George [Brewery]
1986 St. George [Brewery]
1987 St. George [Brewery]
1988 Defence [Mechal]
1989 Defence [Mechal]
1990 St. George [Brewery]
1991 St. George
1992 St. George
1993 EEPCO [EELPA]
1994 St. George
1995 St. George
1996 St. George
1997 Ethiopian Coffee
1998 EEPCO [EELPA]
1999 St. George
2000 St. George
2001 EEPCO
2002 St. George
2003 St. George
2004 Awassa City
2005 St. George
2006 St. George

Äthiopien-Pokal
1945 BMME
1946 Defence [Army]
1947 Polisportiva
1948 Mekuria [Body Guard]
1949 Defence [Army]
1950 Defence [Army]
1951 Defence [Army]
1952 St. George
1953 St. George
1954 Defence [Army]
1955 Defence [Mechal]
1956 Defence [Mechal]
1957 St. George
1958 Mekuria
1959 Omedla
1960 Nib
1961-69 *wurde nicht ausgetragen*
1970 SC Asmara
1971 EEPCO [Electric Sports]
1972 EEPCO [Electric Sports]
1973 St. George
1974 St. George
1975 Defence [Mechal]
1976 EEPCO [Electric Sports]
1977 St. George
1978 Omedla
1979 Defence [Mechal]
1980 Red Sea
1981 Red Sea
1982 Ermejachen
1983 *Sieger unbekannt*
1984 Awet
1985 Awet
1986 Building Construction
1987 Awet
1988 Ethiopian Coffee [Bunna Gebeya]
1989 *wurde nicht ausgetragen*
1990 Rental Houses
1991-92 *wurde nicht ausgetragen*
1993 St. George
1994 Muger Cement
1995 Insurance
1996 Awassa Flour Mill
1997 Wolaita Tussa
1998 Ethiopian Coffee
1999 St. George
2000 Ethiopian Coffee
2001 EEPCO
2002 Insurance
2003 Ethiopian Coffee
2004 Banks
2005 Awassa City
2006 Defence

Australien-Liga
1977 Sydney City Hakoah
1978 West Adelaide Sharks [West Adelaide Hellas]
1979 Marconi-Fairfield Stallions FC [Marconi-Fairfield FC]
1980 Sydney City Hakoah
1981 Sydney City Hakoah
1982 Sydney City Hakoah
1983 St. George FC [Budapest St. George FC]
1984 South Melbourne SC
1985 Brunswick Pumas [Brunswick Juventus]
1986 Adelaide City FC
1987 APIA Leichhardt
1988 Marconi-Fairfield Stallions FC [Marconi-Fairfield FC]
1989 Marconi-Fairfield Stallions FC [Marconi-Fairfield FC]
1989/90 Sydney Olympic FC
1990/91 South Melbourne SC
1991/92 Adelaide City FC
1992/93 Marconi-Fairfield Stallions FC [Marconi-Fairfield FC]
1993/94 Adelaide City FC
1994/95 Melbourne Knights SC
1995/96 Melbourne Knights SC
1996/97 Brisbane Strikers FC
1997/98 South Melbourne SC
1998/99 South Melbourne SC
1999/00 Wollongong City Wolves
2000/01 Wollongong City Wolves
2001/02 Sydney Olympic FC [Olympic Sharks]
2002/03 Perth Glory SC
2003/04 Perth Glory SC
2004/05 *wurde nicht ausgetragen*
2005/06 Sydney FC

Australien-Pokal
1977 Brisbane City
1978 Brisbane City
1979 Adelaide City FC
1980 Marconi-Fairfield Stallions FC [Marconi-Fairfield FC]
1981 Queensland Roar FC [Brisbane Lions SC]
1982 APIA Leichhardt
1983 Sydney Olympic FC
1984 Newcastle United Jets FC [Newcastle United FC]
1985 Sydney Olympic FC
1986 Sydney City Hakoah
1987 Sydney Croatia SC
1988 APIA Leichhardt
1989 Adelaide City FC
1989/90 South Melbourne SC
1990/91 Parramatta Power SC [Parramatta Eagles SC]
1991/92 Adelaide City FC
1992/93 Heidelberg United SC
1993/94 Parramatta Power SC [Parramatta Eagles SC]
1994/95 Melbourne Knights SC
1995/96 South Melbourne SC
1996/97 Collingwood Warriors

Bahamas-Liga
1991/92 United FC [Britam United FC]
1992/93 United FC [Britam United FC]
1993/94 United FC [Britam United FC]
1994/95 United FC [Britam United FC]
1995/96 Freeport RFC
1996/97 Cavalier FC
1997/98 Cavalier FC
1998/99 Cavalier FC
1999/00 Abacom United FC
2000/01 Cavalier FC
2001/02 *wurde nicht ausgetragen*
2002/03 Bears FC
2003/04 *wurde nicht ausgetragen*

Bahrain-Liga
1956/57 Muharraq
1957/58 Muharraq
1958/59 al-Nasr
1959/60 Muharraq
1960/61 Muharraq
1961/62 Muharraq
1962/63 Muharraq
1963/64 Muharraq
1964/65 Muharraq
1965/66 Muharraq
1966/67 Muharraq
1967/68 Bahrain Club
1968/69 al-Ahli
1969/70 Muharraq
1970/71 Muharraq
1971/72 al-Ahli
1972/73 Muharraq
1973/74 Muharraq
1974/75 al-Ittifaq [al-Arabi]
1975/76 Muharraq
1976/77 al-Ahli
1977/78 Bahrain Club
1978/79 al-Hala
1979/80 Muharraq
1980/81 Bahrain Club
1981/82 Riffa [West Riffa]
1982/83 Muharraq
1983/84 Muharraq
1984/85 Bahrain Club
1985/86 Muharraq
1986/87 Riffa [West Riffa]
1987/88 Muharraq
1988/89 Bahrain Club
1989/90 Riffa [West Riffa]
1990/91 Muharraq
1991/92 Muharraq
1992/93 Riffa [West Riffa]
1993/94 East Riffa
1994/95 Muharraq
1995/96 al-Ahli
1996/97 Riffa [West Riffa]
1997/98 Riffa [West Riffa]
1998/99 Muharraq
1999/00 Riffa [West Riffa]
2000/01 Muharraq
2001/02 Muharraq
2002/03 Riffa
2003/04 Muharraq
2004/05 Riffa
2005/06 Muharraq

Bahrain-Pokal
1952 Muharraq
1953 Muharraq
1954 Muharraq
1955-57 *Sieger unbekannt*
1958 Muharraq
1959 Muharraq
1960 al-Nasr
1961 Muharraq
1962 Muharraq
1963 Muharraq
1964 Muharraq
1965 *wurde nicht ausgetragen*
1966 Muharraq
1967 Muharraq
1968 al-Nasr
1969 al-Ittifaq [al-Arabi]
1970 Bahrain Club
1971 Bahrain Club
1972 Muharraq
1973 Riffa [West Riffa]
1974 Muharraq
1975 Muharraq
1976 al-Hala
1977 al-Nasr
1978 Muharraq
1979 Muharraq
1980 al-Hala
1981 al-Hala
1982 al-Ahli
1983 Muharraq
1984 Muharraq
1985 Riffa [West Riffa]
1986 Riffa [West Riffa]
1987 al-Ahli
1988 al-Wahda
1989 Muharraq
1990 Muharraq
1991 al-Ahli
1992 al-Wahda
1993 Muharraq
1994 al-Wahda
1995 Muharraq
1996 Muharraq
1997 Muharraq
1998 Riffa [West Riffa]
1999 East Riffa
2000 East Riffa
2001 al-Ahli
2002 Muharraq
2003 al-Ahli
2004 al-Shabab
2005 Muharraq
2006 al-Najma

Bangladesh-Liga von Dacca
1948 Victoria SC
1949 East Pakistan Gymkhana
1950 Dhaka Wanderers
1951 Dhaka Wanderers
1952 Bengal Government Press
1953 Dhaka Wanderers
1954 Dhaka Wanderers
1955 Dhaka Wanderers
1956 Dhaka Wanderers
1957 Mohammedan SC
1958 Azad
1959 Mohammedan SC
1960 Dhaka Wanderers
1961 Mohammedan SC
1962 Victoria SC
1963 Mohammedan SC
1964 Victoria SC
1965 Mohammedan SC
1966 Mohammedan SC
1967 Bangladesh IDC [East Pakistan IDC]
1968 Bangladesh IDC [East Pakistan IDC]
1969 Mohammedan SC
1970 Bangladesh IDC [East Pakistan IDC]
1971-72 *wurde nicht ausgetragen*
1973 Bangladesh IDC
1974 Abahani KC
1975 Mohammedan SC
1976 Mohammedan SC
1977 Abahani KC
1978 Mohammedan SC
1979 BJMC
1980 Mohammedan SC
1981 Abahani KC
1982 Mohammedan SC
1983 Abahani KC
1984 Abahani KC
1985 Abahani KC
1986 Mohammedan SC
1987 Mohammedan SC
1988/89 Mohammedan SC
1989/90 Abahani KC
1991 *wurde nicht ausgetragen*
1991/92 Abahani KC
1993 Mohammedan SC
1994 Abahani KC
1995 Abahani KC
1996 Mohammedan SC
1997/98 Muktijoddha SKC
1999 Mohammedan SC
2000 Muktijoddha SKC
2001 Abahani KC
2002 Mohammedan SC
2003/04 Brothers Union
2004/05 Brothers Union

Bangladesh-Liga
2000 Abahani KC
2001/02 Mohammedan SC
(Dacca)
2003 Muktijoddha SKC
2004 Brothers Union (Dacca)
2005/06 Mohammedan SC (Dacca)

Bangladesh-Pokal
1980 Mohammedan SC und Brothers Union
1981 Mohammedan SC
1982 Mohammedan SC und Abahani KC
1983 Mohammedan SC
1984 *wettbewerb wurde annulliert*
1985 Abahani KC
1986 Abahani KC
1987 Mohammedan SC
1988 Abahani KC
1989 Mohammedan SC
1990 *wurde nicht ausgetragen*
1991 Brothers Union
1992-93 *wurde nicht ausgetragen*
1994 Muktijoddha SKC
1995 Mohammedan SC
1996 *wurde nicht ausgetragen*
1997 Abahani KC
1998 *wurde nicht ausgetragen*
1999 Abahani KC
2000 Abahani KC
2001 Muktijoddha SKC
2002 Mohammedan SC
2003 Muktijoddha SKC
2004 *wurde nicht ausgetragen*
2005 Brothers Union

Barbados-Liga
1947/48 Spartans
1949-59 *Sieger unbekannt*
1960 Everton
1961 *Sieger unbekannt*
1962 Everton
1963-65 *Sieger unbekannt*
1966 Everton
1967 Weymouth Wales [New South Wales]
1968 *Sieger unbekannt*
1969 Weymouth Wales [New South Wales]
1970 Weymouth Wales [New South Wales]
1971-83 *Sieger unbekannt*
1984 Weymouth Wales
1985 *Sieger unbekannt*
1986 Weymouth Wales
1987 Everton
1988-89 *Sieger unbekannt*
1990 Brittons Hill
1991 *Sieger unbekannt*
1992 PCW Pinelands
1993 Pride of Gall Hill
1994 *Sieger unbekannt*
1995 Defence Force
1996 Spice Paradise
1997 Notre Dame SC
1998 Notre Dame SC
1999 Notre Dame SC
2000 Notre Dame SC
2001 Spice Paradise
2002 Notre Dame SC
2003 Spice Paradise
2004 Notre Dame SC
2005 Notre Dame SC
2006 Youth Milan

Barbados-Pokal
1947/48 Everton
1949-59 *Sieger unbekannt*
1960 Everton
1961 *Sieger unbekannt*
1962 Everton
1963-65 *Sieger unbekannt*
1966 *Wettbewerb wurde nicht beendet*
1967 Weymouth Wales [New South Wales]
1968 *Sieger unbekannt*
1969 Weymouth Wales [New South Wales]
1970 Weymouth Wales [New South Wales]
1971-85 *Sieger unbekannt*
1986 Everton
1987-88 *Sieger unbekannt*
1989 PCW Pinelands
1990 Everton
1991-92 *Sieger unbekannt*
1993 Pride of Gall Hill
1994 *Sieger unbekannt*
1995 Pride of Gall Hill
1996 Spice Paradise
1997 Notre Dame SC
1998 Pride of Gall Hill [Bayer Pride]
1999 Spice Paradise
2000 Spice Paradise
2001 Notre Dame SC
2002 Youth Milan
2003 Spice Paradise
2004 Notre Dame SC
2005 Spice Paradise
2006 Pride of Gall Hill

Belgien-Liga
1895/96 RTFC Liégeois [FC Liégeois]
1896/97 R Racing CB [Racing CB]
1897/98 RTFC Liégeois [FC Liégeois]
1898/99 RTFC Liégeois [FC Liégeois]
1899/00 R Racing CB [Racing CB]
1900/01 R Racing CB [Racing CB]
1901/02 R Racing CB [Racing CB]
1902/03 R Racing CB [Racing CB]
1903/04 R Union Saint-Gilloise [Union Saint-Gilloise]
1904/05 R Union Saint-Gilloise [Union Saint-Gilloise]
1905/06 R Union Saint-Gilloise [Union Saint-Gilloise]
1906/07 R Union Saint-Gilloise [Union Saint-Gilloise]
1907/08 R Racing CB [Racing CB]
1908/09 R Union Saint-Gilloise [Union Saint-Gilloise]
1909/10 R Union Saint-Gilloise [Union Saint-Gilloise]
1910/11 Cercle Brugge KSV [CS Brugeois]
1911/12 R Daring CB [Daring CB]
1912/13 R Union Saint-Gilloise [Union Saint-Gilloise]
1913/14 R Daring CB [Daring CB]
1915-19 *wurde nicht ausgetragen*
1919/20 Club Brugge KV [RFC Brugeois]
1920/21 R Daring CB [Daring CBSR]
1921/22 K Beerschot VAV [Beerschot AC]
1922/23 R Union Saint-Gilloise [Union R Saint-Gilloise]
1923/24 K Beerschot VAV [Beerschot AC]
1924/25 K Beerschot VAV [Beerschot AC]
1925/26 K Beerschot VAV [Beerschot AC]
1926/27 Cercle Brugge KSV [RCS Brugeois]
1927/28 K Beerschot VAV [R Beerschot AC]
1928/29 R Antwerp FC
1929/30 Cercle Brugge KSV [RCS Brugeois]
1930/31 R Antwerp FC
1931/32 K Lierse SK [K Liersche SK]
1932/33 R Union Saint-Gilloise [Union R Saint-Gilloise]
1933/34 R Union Saint-Gilloise [Union R Saint-Gilloise]
1934/35 R Union Saint-Gilloise [Union R Saint-Gilloise]
1935/36 R Daring CB [Daring CBSR]
1936/37 R Daring CB [Daring CBSR]
1937/38 K Beerschot VAV [R Beerschot AC]
1938/39 K Beerschot VAV [R Beerschot AC]
1940-41 *wurde nicht ausgetragen*
1941/42 K Lierse SK [K Liersche SK]
1942/43 KV Mechelen [RFC Malinois]
1943/44 R Antwerp FC
1944/45 *wurde nicht ausgetragen*
1945/46 KV Mechelen [RFC Malinois]
1946/47 RSC Anderlecht [RSC Anderlechtois]
1947/48 KV Mechelen [RFC Malinois]
1948/49 RSC Anderlecht [RSC Anderlechtois]
1949/50 RSC Anderlecht [RSC Anderlechtois]
1950/51 RSC Anderlecht [RSC Anderlechtois]
1951/52 RTFC Liégeois [RFC Liégeois]
1952/53 RTFC Liégeois [RFC Liégeois]
1953/54 RSC Anderlecht [RSC Anderlechtois]
1954/55 RSC Anderlecht [RSC Anderlechtois]
1955/56 RSC Anderlecht [RSC Anderlechtois]
1956/57 R Antwerp FC
1957/58 R Standard Liège [R Standard Club Liégeois]
1958/59 RSC Anderlecht [RSC Anderlechtois]
1959/60 K Lierse SK [K Liersche SK]
1960/61 R Standard Liège [R Standard Club Liégeois]
1961/62 RSC Anderlecht [RSC Anderlechtois]
1962/63 R Standard Liège [R Standard Club Liégeois]
1963/64 RSC Anderlecht [RSC Anderlechtois]
1964/65 RSC Anderlecht [RSC Anderlechtois]
1965/66 RSC Anderlecht [RSC Anderlechtois]
1966/67 RSC Anderlecht [RSC Anderlechtois]
1967/68 RSC Anderlecht [RSC Anderlechtois]
1968/69 R Standard Liège [R Standard Club Liégeois]
1969/70 R Standard Liège [R Standard Club Liégeois]
1970/71 R Standard Liège [R Standard Club Liégeois]
1971/72 RSC Anderlecht [RSC Anderlechtois]
1972/73 Club Brugge KV
1973/74 RSC Anderlecht [RSC Anderlechtois]
1974/75 RWD Molenbeek
1975/76 Club Brugge KV
1976/77 Club Brugge KV
1977/78 Club Brugge KV
1978/79 KSK Beveren [SK Beveren]
1979/80 Club Brugge KV
1980/81 RSC Anderlecht [RSC Anderlechtois]
1981/82 R Standard Liège [R Standard Club Liégeois]
1982/83 R Standard Liège [R Standard Club Liégeois]
1983/84 KSK Beveren [SK Beveren]
1984/85 RSC Anderlecht
1985/86 RSC Anderlecht
1986/87 RSC Anderlecht
1987/88 Club Brugge KV
1988/89 KV Mechelen
1989/90 Club Brugge KV
1990/91 RSC Anderlecht
1991/92 Club Brugge KV
1992/93 RSC Anderlecht
1993/94 RSC Anderlecht
1994/95 RSC Anderlecht
1995/96 Club Brugge KV
1996/97 K Lierse SK
1997/98 Club Brugge KV
1998/99 KRC Genk
1999/00 RSC Anderlecht
2000/01 RSC Anderlecht
2001/02 KRC Genk
2002/03 Club Brugge KV
2003/04 RSC Anderlecht
2004/05 Club Brugge KV
2005/06 RSC Anderlecht

Belgien-Pokal
1911/12 R Racing CB [Racing CB]
1912/13 R Union Saint-Gilloise [Union Saint-Gilloise]
1913/14 R Union Saint-Gilloise [Union Saint-Gilloise]

1915-26 *wurde nicht ausgetragen*
1926/27 Cercle Brugge KSV [RCS Brugeois]
1928-53 *wurde nicht ausgetragen*
1953/54 R Standard Liège [R Standard Club Liégeois]
1954/55 R Antwerp FC
1955/56 RRC Tournaisien
1957-63 *wurde nicht ausgetragen*
1963/64 KAA Gent [ARA La Gantoise]
1964/65 RSC Anderlecht [RSC Anderlechtois]
1965/66 R Standard Liège [R Standard Club Liégeois]
1966/67 R Standard Liège [R Standard Club Liégeois]
1967/68 Club Brugge KV [RFC Brugeois]
1968/69 K Lierse SK
1969/70 Club Brugge KV [RFC Brugeois]
1970/71 K Beerschot VAV
1971/72 RSC Anderlecht [RSC Anderlechtois]
1972/73 RSC Anderlecht [RSC Anderlechtois]
1973/74 KSV Waregem
1974/75 RSC Anderlecht [RSC Anderlechtois]
1975/76 RSC Anderlecht [RSC Anderlechtois]
1976/77 Club Brugge KV
1977/78 KSK Beveren [SK Beveren-Waas]
1978/79 K Beerschot VAV
1979/80 KSV Waterschei THOR
1980/81 R Standard Liège [R Standard Club Liégeois]
1981/82 KSV Waterschei THOR
1982/83 KSK Beveren [SK Beveren]
1983/84 KAA Gent
1984/85 Cercle Brugge KSV [KSV Cercle Brugge]
1985/86 Club Brugge KV
1986/87 KV Mechelen
1987/88 RSC Anderlecht
1988/89 RSC Anderlecht
1989/90 RTFC Liégeois [RFC Liège]
1990/91 Club Brugge KV
1991/92 R Antwerp FC
1992/93 R Standard Liège [R Standard Club Liégeois]
1993/94 RSC Anderlecht
1994/95 Club Brugge KV
1995/96 Club Brugge KV
1996/97 KFC Germinal Ekeren
1997/98 KRC Genk
1998/99 K Lierse SK
1999/00 KRC Genk
2000/01 KVC Westerlo
2001/02 Club Brugge KV
2002/03 RAA Louviéroise
2003/04 Club Brugge KV
2004/05 KFC Germinal Beerschot
2005/06 SV Zulte Waregem

Belgien-Liga-Pokal
1997/98 KFC Lommelse SK
1998/99 K Sint-Truidense VV
1999/00 RSC Anderlecht

Belize-Liga
1991/92 La Victoria
1992/93 Acros Bombers [Acros Carib]
1993/94 La Victoria
1994/95 Acros Bombers [Acros Crystal]
1995/96 Juventus FC [Juventus Caribbean]
1996/97 Juventus FC [Juventus Caribbean]
1997/98 Juventus FC [Juventus Caribbean]
1998/99 Juventus FC [Juventus Pepsi]
1999/00 Sagitún
2000/01 Kulture Yabra
2001/02 Kulture Yabra
2002/03 Sagitún
2003 Kulture Yabra
2004 Sagitún
2005 Juventus FC
2005/06 New Site Erei
2006 New Site Erei

Benin-Liga
1969 ASFAP [FAD]
1970 AS Porto-Novo
1971 AS Cotonou
1972 AS Porto-Novo
1973 AS Porto-Novo
1974 Etoile sportive
1975-77 *wurde nicht ausgetragen*
1978 Dragons de l'Ouémé
1979 Dragons de l'Ouémé
1980 Buffles de Borgou
1981 ASFAP [Adjidjas]
1982 Dragons de l'Ouémé
1983 Dragons de l'Ouémé
1984 Lions de l'Atakora
1985 Requins de l'Atlantique
1986 Dragons de l'Ouémé
1987 Requins de l'Atlantique
1988 *wurde nicht ausgetragen*
1989 Dragons de l'Ouémé
1990 Requins de l'Atlantique
1991 Postel Sport FC
1992 Buffles de Borgou
1993 Dragons de l'Ouémé
1994 Dragons de l'Ouémé
1995 Toffa FC
1996 Mogas 90
1997 Mogas 90
1998 Dragons de l'Ouémé
1999 Dragons de l'Ouémé
2000-01 *wurde nicht ausgetragen*
2002 Dragons de l'Ouémé
2003 Dragons de l'Ouémé
2004 *wettbewerb wurde annulliert*
2005 *wurde nicht ausgetragen*
2006 Mogas 90

Benin-Pokal
1974 Etoile sportive
1975-77 *wurde nicht ausgetragen*
1978 Requins de l'Atlantique
1979 Buffles de Borgou
1980 *wurde nicht ausgetragen*
1981 Requins de l'Atlantique
1982 Buffles de Borgou
1983 Requins de l'Atlantique
1984 Dragons de l'Ouémé
1985 Dragons de l'Ouémé
1986 Dragons de l'Ouémé
1987 *wurde nicht ausgetragen*
1988 Requins de l'Atlantique
1989 Requins de l'Atlantique
1990 Dragons de l'Ouémé
1991 Mogas 90
1992 Mogas 90
1993 Locomotive
1994 Mogas 90
1995 Mogas 90
1996 UNB FC
1997 Energie Sport FC
1998 Mogas 90
1999 Mogas 90
2000 Mogas 90
2001 Buffles de Borgou
2002 JS Pobé
2003 Mogas 90
2004 Mogas 90
2005 *wurde nicht ausgetragen*
2006 Dragons de l'Ouémé

Bermudas-Liga
1963/64 Young Men SC
1964/65 Young Men SC
1965/66 Young Men SC
1966/67 Somerset CC Trojans
1967/68 Somerset CC Trojans
1968/69 Somerset CC Trojans
1969/70 Somerset CC Trojans
1970/71 PHC Zebras
1971/72 Devonshire Colts SC
1972/73 Devonshire Colts SC
1973/74 North Village CC Rams
1974/75 Hotels International FC
1975/76 North Village CC Rams
1976/77 PHC Zebras
1977/78 North Village CC Rams
1978/79 North Village CC Rams
1979/80 Hotels International FC
1980/81 Southampton Rangers SC
1981/82 Somerset CC Trojans
1982/83 Somerset CC Trojans
1983/84 Somerset CC Trojans
1984/85 PHC Zebras
1985/86 PHC Zebras
1986/87 Somerset CC Trojans
1987/88 Dandy Town Hornets
1988/89 PHC Zebras
1989/90 PHC Zebras
1990/91 Boulevard CC Blazers
1991/92 PHC Zebras
1992/93 Somerset CC Trojans
1993/94 Dandy Town Hornets
1994/95 Boulevard CC Blazers
1995/96 Vasco Volcanoes [Vasco da Gama FC]
1996/97 Devonshire Colts SC
1997/98 Vasco Volcanoes
1998/99 Vasco Volcanoes
1999/00 PHC Zebras
2000/01 Dandy Town Hornets
2001/02 North Village CC Rams
2002/03 North Village CC Rams
2003/04 Dandy Town Hornets
2004/05 Devonshire RC Cougars
2005/06 North Village CC Rams

Bhutan-Liga
1986 Royal Bhutan Army
1987-95 *Sieger unbekannt*
1996 Druk Pol FC
1997 Druk Pol FC
1998 Druk Pol FC
1999 Druk Pol FC
2000 Druk Pol FC
2001 Druk Pol FC
2002 Druk Star FC
2003 Druk Pol FC
2004 Transport United FC
2005 Transport United FC

Bolivien-Liga
1914 The Strongest
1915 Colegio Militar
1916 The Strongest
1917 The Strongest
1918-21 *wurde nicht ausgetragen*
1922 The Strongest
1923 The Strongest
1924 The Strongest
1925 The Strongest
1926 *wurde nicht ausgetragen*
1927 Nimbles Sport
1928 Colegio Militar
1929 CD Universitario
1930 The Strongest
1931 Nimbles Sport
1932 Bolívar
1933-34 *wurde nicht ausgetragen*
1935 The Strongest
1936 Ayacucho
1937 Bolívar
1938 The Strongest
1939 Bolívar
1940 Bolívar
1941 Bolívar
1942 Bolívar
1943 The Strongest
1944 Ferroviario
1945 The Strongest
1946 The Strongest
1947-49 *wurde nicht ausgetragen*
1950 Bolívar
1951 Always Ready
1952 The Strongest
1953 Bolívar
1954 CD Litoral
1955 San José
1956 Bolívar
1957 Always Ready
1958 Jorge Wilstermann
1959 Jorge Wilstermann
1960 Jorge Wilstermann
1961 CD Municipal
1962 *wurde nicht ausgetragen*
1963 Aurora
1964 The Strongest
1965 CD Municipal
1966 Bolívar
1967 Jorge Wilstermann
1968 Bolívar
1969 CD Universitario
1970 CD Chaco Petrolero
1971 Oriente Petrolero
1972 Jorge Wilstermann
1973 Jorge Wilstermann
1974 The Strongest
1975 Guabirá
1976 Bolívar
1977 The Strongest
1978 Bolívar
1979 Oriente Petrolero
1980 Jorge Wilstermann
1981 Jorge Wilstermann
1982 Bolívar
1983 Bolívar
1984 Blooming
1985 Bolívar
1986/87 The Strongest
1987 Bolívar
1988 Bolívar
1989 The Strongest
1990 Oriente Petrolero
1991 Bolívar
1992 Bolívar
1993 The Strongest
1994 Bolívar
1995 San José
1996 Bolívar
1997 Bolívar
1998 Blooming
1999 Blooming
2000 Jorge Wilstermann
2001 Oriente Petrolero
2002 Bolívar
2003 The Strongest und The Strongest
2004 Bolívar und Oriente Petrolero
2005 Bolívar und Blooming
2006 Bolívar und Jorge Wilstermann

Bosnien und Herzegowina-Liga
1997/98 FK Željezničar Sarajevo
1998/99 *wurde nicht ausgetragen*
1999/00 NK Brotnjo Čitluk
2000/01 FK Željezničar Sarajevo
2001/02 FK Željezničar Sarajevo
2002/03 FK Leotar Trebinje
2003/04 NK Široki Brijeg
2004/05 HŠK Zrinjski Mostar
2005/06 NK Široki Brijeg

Bosnien und Herzegowina-Pokal
1997/98 FK Sarajevo
1998/99 *wurde nicht ausgetragen*
1999/00 FK Željezničar Sarajevo
2000/01 FK Željezničar Sarajevo
2001/02 FK Sarajevo
2002/03 FK Željezničar Sarajevo
2003/04 FK Modriča
2004/05 FK Sarajevo
2005/06 HNK Orašje

Bosnien und Herzegowina (kroatischer Teil)-Liga
1993/94 NK Široki Brijeg [Mladost Dubint Široki Brijeg]
1994/95 NK Široki Brijeg [Mladost Dubint Široki Brijeg]
1995/96 NK Široki Brijeg [Mladost Široki Brijeg]
1996/97 NK Široki Brijeg
1997/98 NK Široki Brijeg
1998/99 NK Posušje
1999/00 NK Posušje

Bosnien und Herzegowina (kroatischer Teil)-Pokal
1994/95 HNK Ljubuški
1995/96 HNK Ljubuški
1996/97 NK Troglav Livno
1997/98 HNK Orašje
1998/99 NK Brotnjo Čitluk

Bosnien und Herzegowina (moslemischer Teil)-Liga
1995/96 NK Čelik Zenica
1996/97 NK Čelik Zenica
1997/98 NK Bosna Visoko
1998/99 FK Sarajevo
1999/00 NK Jedinstvo Bihać

Bosnien und Herzegowina (moslemischer Teil)-Pokal
1994/95 NK Čelik Zenica
1995/96 NK Čelik Zenica
1996/97 FK Sarajevo
1997/98 FK Sarajevo
1998/99 NK Bosna Visoko

Bosnien und Herzegowina (serbischer Teil)-Liga
1995/96 FK Boksit Milići
1996/97 FK Rudar Ugljevik
1997/98 FK Rudar Ugljevik
1998/99 FK Radnik Bijeljina
1999/00 FK Boksit Milići
2000/01 FK Borac Banja Luka
2001/02 FK Leotar Trebinje

Bosnien und Herzegowina (serbischer Teil)-Pokal
1993/94 FK Kozara Gradiška
1994/95 FK Borac Banja Luka
1995/96 FK Borac Banja Luka
1996/97 FK Sloga Trn
1997/98 FK Rudar Ugljevik
1998/99 FK Rudar Ugljevik
1999/00 FK Kozara Gradiška
2000/01 FK Kozara Gradiška

Botswana-Liga
1966 *Sieger unbekannt*
1967 Gaborone United
1968 *Sieger unbekannt*
1969 Gaborone United
1970 Gaborone United
1971-77 *Sieger unbekannt*
1978 Notwane FC [Notwane PG]
1979 Township Rollers
1980 Township Rollers
1981 Botswana Defence Force
1982 Township Rollers
1983 Township Rollers
1984 Township Rollers
1985 Township Rollers
1986 Gaborone United
1987 Township Rollers
1988 Botswana Defence Force
1989 Botswana Defence Force
1990 Gaborone United
1991 Botswana Defence Force
1992 Lobtrans Gunners [Lobatse CS Gunners]
1993 Lobtrans Gunners [Lobatse CS Gunners]
1994 Lobtrans Gunners [Extension Gunners CS]
1995 Township Rollers
1996 Notwane FC [Notwane PG]
1997 Botswana Defence Force
1998 Notwane FC [Notwane PG]
1999 Mogoditshane Fighters
2000 Mogoditshane Fighters
2001 Mogoditshane Fighters
2002 Botswana Defence Force
2003 Mogoditshane Fighters
2004 Botswana Defence Force
2005 Township Rollers
2006 Police XI

Botswana-Pokal
1968 Gaborone United
1969 *Sieger unbekannt*
1970 Gaborone United
1971-77 *Sieger unbekannt*
1978 Notwane FC [Notwane PG]
1979 Township Rollers
1980-82 *Sieger unbekannt*
1983 Police XI
1984 Gaborone United
1985 Gaborone United
1986 Nico United
1987 *Sieger unbekannt*
1988 Lobtrans Gunners [Lobatse CS Gunners]
1989 Botswana Defence Force
1990 Gaborone United
1991 TASC und Centre Chiefs
1992 Lobtrans Gunners [Lobatse CS Gunners]
1993 Township Rollers
1994 Township Rollers
1995 Notwane FC [Notwane PG]
1996 Township Rollers
1997 Notwane FC [Notwane PG]
1998 Botswana Defence Force
1999 Mogoditshane Fighters
2000 Mogoditshane Fighters
2001 TASC
2002 Tafic FC
2003 Mogoditshane Fighters
2004 Botswana Defence Force
2005 Township Rollers
2006 Notwane FC

Brasilien-Liga
1971 CA Mineiro
1972 SE Palmeiras
1973 SE Palmeiras
1974 CR Vasco da Gama
1975 SC Internacional
1976 SC Internacional
1977 São Paulo FC
1978 Guarani FC
1979 SC Internacional
1980 CR Flamengo
1981 Grêmio Porto Alegrense
1982 CR Flamengo
1983 CR Flamengo
1984 Fluminense FC
1985 Coritiba FC
1986 São Paulo FC
1987 SC Recife
1988 EC Bahia
1989 CR Vasco da Gama
1990 SC Corinthians Paulista
1991 São Paulo FC
1992 CR Flamengo
1993 SE Palmeiras
1994 SE Palmeiras
1995 Botafogo FR
1996 Grêmio Porto Alegrense
1997 CR Vasco da Gama
1998 SC Corinthians Paulista
1999 SC Corinthians Paulista
2000 CR Vasco da Gama
2001 CA Paranaense
2002 Santos FC
2003 Cruzeiro EC
2004 Santos FC
2005 SC Corinthians Paulista
2006 São Paulo FC

Brasilien-Pokal
1959 EC Bahia
1960 SE Palmeiras
1961 Santos FC
1962 Santos FC
1963 Santos FC
1964 Santos FC
1965 Santos FC
1966 Cruzeiro EC
1967 SE Palmeiras
1968 Botafogo FR
1969-88 *wurde nicht ausgetragen*
1989 Grêmio Porto Alegrense
1990 CR Flamengo
1991 Criciúma EC
1992 SC Internacional
1993 Cruzeiro EC
1994 Grêmio Porto Alegrense
1995 SC Corinthians Paulista
1996 Cruzeiro EC
1997 Grêmio Porto Alegrense
1998 SE Palmeiras
1999 EC Juventude
2000 Cruzeiro EC
2001 Grêmio Porto Alegrense
2002 SC Corinthians Paulista
2003 Cruzeiro EC
2004 EC Santo André
2005 Paulista FC
2006 CR Flamengo

Brasilien-Liga des Bundesstaats Acre
1947 Rio Branco FC
1948 América FC
1949 América FC
1950 Rio Branco FC
1951 Rio Branco FC
1952 Atlético Acreano
1953 Atlético Acreano
1954 Independência FC
1955 Rio Branco FC
1956 Rio Branco FC
1957 Rio Branco FC
1958 Independência FC
1959 Independência FC
1960 Independência FC
1961 Rio Branco FC
1962 Rio Branco FC und Atlético Acreano
1963 Independência FC
1964 Rio Branco FC
1965 AD Vasco da Gama
1966 AC Juventus
1967 GA Sampaio
1968 Atlético Acreano
1969 AC Juventus
1970 Independência FC
1971 Rio Branco FC
1972 Independência FC
1973 Rio Branco FC
1974 Independência FC
1975 AC Juventus
1976 AC Juventus
1977 Rio Branco FC
1978 AC Juventus
1979 Rio Branco FC
1980 AC Juventus
1981 AC Juventus
1982 AC Juventus
1983 Rio Branco FC
1984 AC Juventus
1985 Independência FC
1986 Rio Branco FC
1987 Atlético Acreano
1988 Independência FC
1989 AC Juventus
1990 AC Juventus
1991 Atlético Acreano
1992 Rio Branco FC
1993 Independência FC
1994 Rio Branco FC
1995 AC Juventus
1996 AC Juventus
1997 Rio Branco FC
1998 Independência FC
1999 AD Vasco da Gama
2000 Rio Branco FC
2001 AD Vasco da Gama
2002 Rio Branco FC
2003 Rio Branco FC
2004 Rio Branco FC
2005 Rio Branco FC
2006 ADESG

Brasilien-Liga des Bundesstaats Alagoas
1927 CRB
1928 CSA
1929 CSA
1930 CRB
1931-32 *wurde nicht ausgetragen*
1933 CSA
1934 *wurde nicht ausgetragen*
1935 CSA
1936 CSA
1937 CRB
1938 CRB
1939 CRB
1940 CRB
1941 CSA
1942 CSA
1943 *wurde nicht ausgetragen*
1944 CSA
1945 Santa Cruz FC
1946 EC Barroso
1947 EC Alexandria
1948 Santa Cruz FC
1949 CSA
1950 CRB
1951 CRB
1952 CSA
1953 Ferroviário AC
1954 Ferroviário AC
1955 CSA
1956 CSA
1957 CSA
1958 CSA
1959 CS Capelense
1960 CSA
1961 CSA
1962 CS Capelense
1963 CSA
1964 CRB
1965 CSA
1966 CSA
1967 CSA
1968 CSA
1969 CRB
1970 CRB
1971 CSA
1972 CRB
1973 CRB
1974 CSA
1975 CSA
1976 CRB
1977 CRB
1978 CRB
1979 CRB
1980 CSA
1981 CSA
1982 CSA
1983 CRB
1984 CSA
1985 CSA
1986 CRB
1987 CRB
1988 CSA
1989 CS Capelense
1990 CSA
1991 CSA
1992 CRB
1993 CRB
1994 CSA
1995 CRB
1996 CSA
1997 CSA
1998 CSA
1999 CSA
2000 ASA
2001 ASA
2002 CRB
2003 ASA
2004 SC Corinthians Alagoano
2005 ASA
2006 AA Coruripe

Brasilien-Liga des Bundesstaats Amapá
1944 EC Macapá
1945 Amapá Clube
1946 EC Macapá
1947 EC Macapá
1948 EC Macapá
1949 *wurde nicht ausgetragen*
1950 Amapá Clube
1951 Amapá Clube
1952 Trem Desportivo
1953 Amapá Clube
1954 EC Macapá
1955 EC Macapá
1956 EC Macapá
1957 EC Macapá
1958 EC Macapá
1959 EC Macapá
1960 Santana EC
1961 Santana EC
1962 Santana EC
1963 CEA Macapá
1964 Juventus EC
1965 Santana EC
1966 Juventus EC
1967 Juventus EC
1968 Santana EC
1969 EC Macapá
1970 SER São José
1971 SER São José
1972 Santana EC
1973 Amapá Clube
1974 EC Macapá
1975 Amapá Clube
1976 Ypiranga
1977 Guarany AC
1978 EC Macapá
1979 Amapá Clube
1980 EC Macapá
1981 EC Macapá
1982 Independente EC
1983 Independente EC
1984 Trem Desportivo
1985 Santana EC
1986 EC Macapá
1987 Amapá Clube
1988 Amapá Clube
1989 Independente EC
1990 Amapá Clube
1991 EC Macapá
1992 Ypiranga
1993 SER São José
1994 Ypiranga
1995 Independente EC
1996 *wurde nicht ausgetragen*
1997 Ypiranga
1998 Aliança Macapá
1999 Ypiranga
2000 Santos FC
2001 Independente EC
2002 Ypiranga
2003 Ypiranga
2004 Ypiranga
2005 SER São José
2006 SER São José

Brasilien-Liga des Bundesstaats Amazonas
1914 Manaus AC
1915 Manaus AC
1916 Nacional FC
1917 Nacional FC
1918 Nacional FC
1919 Nacional FC
1920 Nacional FC
1921 Atlético Rio Negro
1922 Nacional FC
1923 Nacional FC
1924-26 *wurde nicht ausgetragen*
1927 Atlético Rio Negro
1928 Cruzeiro do Sul FC
1929 Manaus SC
1930 Cruzeiro do Sul FC
1931 Atlético Rio Negro
1932 Atlético Rio Negro
1933 Nacional FC
1934 UE Portuguesa
1935 UE Portuguesa
1936 Nacional FC
1937 Nacional FC
1938 Atlético Rio Negro
1939 Nacional FC
1940 Atlético Rio Negro
1941 Nacional FC
1942 Nacional FC
1943 Atlético Rio Negro
1944 Olímpico Manaus
1945 Nacional FC
1946 Nacional FC
1947 Olímpico Manaus
1948 Nacional Fast Club
1949 Nacional Fast Club
1950 Nacional FC
1951 América FC
1952 América FC
1953 América FC
1954 América FC
1955 Nacional Fast Club
1956 Auto EC
1957 Nacional FC
1958 Santos FC
1959 Auto EC
1960 Nacional Fast Club
1961 São Raimundo EC
1962 Atlético Rio Negro
1963 Nacional FC
1964 Nacional FC
1965 Atlético Rio Negro
1966 Olímpico Manaus
1967 Olímpico Manaus
1968 Nacional FC
1969 Nacional FC
1970 Nacional Fast Club
1971 Nacional Fast Club
1972 Nacional FC
1973 AA Rodoviária
1974 Nacional FC
1975 Atlético Rio Negro
1976 Nacional FC
1977 Nacional FC
1978 Nacional FC
1979 Nacional FC
1980 Nacional FC
1981 Nacional FC
1982 Atlético Rio Negro
1983 Nacional FC
1984 Nacional FC
1985 Nacional FC
1986 Nacional FC
1987 Atlético Rio Negro
1988 Atlético Rio Negro
1989 Atlético Rio Negro

1990 Atlético Rio Negro
1991 Nacional FC
1992 Sul América EC
1993 Sul América EC
1994 América FC
1995 Nacional FC
1996 Nacional FC
1997 São Raimundo EC
1998 São Raimundo EC
1999 São Raimundo EC
2000 Nacional FC
2001 Atlético Rio Negro
2002 Nacional FC
2003 Nacional FC
2004 São Raimundo EC
2005 Grêmio Atlético Coariense
2006 São Raimundo EC

Brasilien-Liga des Bundesstaats Bahia

1905 Internacional Cricket
1906 Natação e Regatas
1907 Natação e Regatas
1908 EC Vitória [SC Victoria]
1909 EC Vitória [SC Victoria]
1910 SC Santos Dumont
1911 SC Bahia
1912 Atlético FC
1913 Fluminense FC (Salvador)
1914 SC Internacional
1915 Fluminense FC (Salvador)
1916 SC República
1917 EC Ypiranga [SC Ypiranga]
1918 EC Ypiranga [SC Ypiranga]
1919 Botafogo SC
1920 EC Ypiranga [SC Ypiranga]
1921 EC Ypiranga [SC Ypiranga]
1922 Botafogo SC
1923 Botafogo SC
1924 AA Bahia
1925 EC Ypiranga [SC Ypiranga]
1926 Botafogo SC
1927 Bahiano de Tênis
1928 EC Ypiranga [SC Ypiranga]
1929 EC Ypiranga [SC Ypiranga]
1930 Botafogo SC
1931 EC Bahia
1932 EC Ypiranga [SC Ypiranga]
1933 EC Bahia
1934 EC Bahia
1935 Botafogo SC
1936 EC Bahia
1937 EC Bahia
1938 EC Bahia und Botafogo SC
1939 EC Ypiranga [SC Ypiranga]
1940 EC Bahia
1941 Galícia EC
1942 Galícia EC
1943 Galícia EC
1944 EC Bahia
1945 EC Bahia
1946 AD Guarany
1947 EC Bahia
1948 EC Bahia
1949 EC Bahia
1950 EC Bahia
1951 EC Ypiranga [SC Ypiranga]
1952 EC Bahia
1953 EC Vitória
1954 EC Bahia
1955 EC Vitória
1956 EC Bahia
1957 EC Vitória
1958 EC Bahia
1959 EC Bahia
1960 EC Bahia
1961 EC Bahia
1962 EC Bahia
1963 Fluminense FC (Feira de Santana)
1964 EC Bahia
1965 EC Vitória
1966 AD Leônico
1967 EC Bahia
1968 Galícia EC
1969 Fluminense FC (Feira de Santana)
1970 EC Bahia
1971 EC Bahia
1972 EC Vitória
1973 EC Bahia
1974 EC Bahia
1975 EC Bahia
1976 EC Bahia
1977 EC Bahia
1978 EC Bahia
1979 EC Bahia
1980 EC Vitória
1981 EC Bahia
1982 EC Bahia
1983 EC Bahia
1984 EC Bahia
1985 EC Vitória
1986 EC Bahia
1987 EC Bahia
1988 EC Bahia
1989 EC Vitória
1990 EC Vitória
1991 EC Bahia
1992 EC Vitória
1993 EC Bahia
1994 EC Bahia
1995 EC Vitória
1996 EC Vitória
1997 EC Vitória
1998 EC Bahia
1999 EC Bahia
2000 EC Vitória
2001 EC Bahia
2002 Palmeiras do Nordeste
2003 EC Vitória
2004 EC Vitória
2005 EC Vitória
2006 EC Vitória
2007 Colo-Colo de Futebol e Regatas

Brasilien-Liga des Bundesstaats Ceará

1920 Fortaleza EC
1921 Fortaleza EC
1922 Ceará SC
1923 Fortaleza EC
1924 Fortaleza EC
1925 Ceará SC
1926 Fortaleza EC
1927 Fortaleza EC
1928 Fortaleza EC
1929 Maguari EC
1930 Orion FC
1931 Ceará SC
1932 Ceará SC
1933 Ceará SC
1934 Fortaleza EC
1935 América FC
1936 Maguari EC
1937 Fortaleza EC
1938 Fortaleza EC
1939 Ceará SC
1940 Tramways SC
1941 Ceará SC
1942 Ceará SC
1943 Maguari EC
1944 Maguari EC
1945 Ferroviário AC
1946 Fortaleza EC
1947 Fortaleza EC
1948 Ceará SC
1949 Fortaleza EC
1950 Ferroviário AC
1951 Ceará SC
1952 Ferroviário AC
1953 Fortaleza EC
1954 Fortaleza EC
1955 Calouros do Ar FC
1956 Gentilândia AC
1957 Ceará SC
1958 Ceará SC
1959 Fortaleza EC
1960 Fortaleza EC
1961 Ceará SC
1962 Ceará SC
1963 Ceará SC
1964 Fortaleza EC
1965 Fortaleza EC
1966 América FC
1967 Fortaleza EC
1968 Ferroviário AC
1969 Fortaleza EC
1970 Ferroviário AC
1971 Ceará SC
1972 Ceará SC
1973 Fortaleza EC
1974 Fortaleza EC
1975 Ceará SC
1976 Ceará SC
1977 Ceará SC
1978 Ceará SC
1979 Ferroviário AC
1980 Ceará SC
1981 Ceará SC
1982 Fortaleza EC
1983 Fortaleza EC
1984 Ceará SC
1985 Fortaleza EC
1986 Ceará SC
1987 Fortaleza EC
1988 Ferroviário AC
1989 Ceará SC
1990 Ceará SC
1991 Fortaleza EC
1992 Fortaleza EC, Ceará SC, AE Tiradentes und Icasa EC
1993 Ceará SC
1994 Ferroviário AC
1995 Ferroviário AC
1996 Ceará SC
1997 Ceará SC
1998 Ceará SC
1999 Ceará SC
2000 Fortaleza EC
2001 Fortaleza EC
2002 Ceará SC
2003 Fortaleza EC
2004 Fortaleza EC
2005 Fortaleza EC
2006 Ceará SC

Brasilien-Liga des Bundesstaats Distrito Federal

1959 GE Brasiliense
1960 Defelê FC
1961 Defelê FC
1962 Defelê FC
1963 AE Cruzeiro do Sul
1964 AA Guanabara
1965 Pederneiras FC
1966 Rabello FC
1967 Rabello FC
1968 Defelê FC
1969 Coenge FC
1970 GE Brasiliense
1971 CA Colombo
1972 AA Serviço Gráfico
1973 Ceub EC
1974 Pioneira FC
1975 *wurde nicht ausgetragen*
1976 Brasília EC
1977 Brasília EC
1978 Brasília EC
1979 SE Gama
1980 Brasília EC
1981 Taguatinga EC
1982 Brasília EC
1983 Brasília EC
1984 Brasília EC
1985 Botafogo Sobradinho FC
1986 Botafogo Sobradinho FC
1987 Brasília EC
1988 Flamengo Tiradentes [Grêmio Tiradentes]
1989 Taguatinga EC
1990 SE Gama
1991 Taguatinga EC
1992 Taguatinga EC
1993 Taguatinga EC
1994 SE Gama
1995 SE Gama
1996 CR Guará
1997 SE Gama
1998 SE Gama
1999 SE Gama
2000 SE Gama
2001 SE Gama
2002 Centro de Futebol Zico
2003 SE Gama
2004 Brasiliense FC
2005 Brasiliense FC
2006 Brasiliense FC

Brasilien-Liga des Bundesstaats Espírito Santo

1917 América FC
1918 Rio Branco AC
1919 Rio Branco AC
1920 Vitória FC
1921 Rio Branco AC
1922 América FC
1923 América FC
1924 Rio Branco AC
1925 América FC
1926 Floriano FC
1927 América FC
1928 América FC
1929 Rio Branco AC
1930 Rio Branco AC
1931 Santo Antonio FC
1932 Vitória FC
1933 Vitória FC
1934 Rio Branco AC
1935 Rio Branco AC
1936 Rio Branco AC
1937 Rio Branco AC
1938 Rio Branco AC
1939 Rio Branco AC
1940 Americano FC
1941 Rio Branco AC
1942 Rio Branco AC
1943 Caxias FC
1944 Vitória FC
1945 Rio Branco AC
1946 Rio Branco AC
1947 Rio Branco AC
1948 AA Valeriodoce
1949 Rio Branco AC
1950 Vitória FC
1951 Rio Branco AC
1952 Vitória FC
1953 Santo Antonio FC
1954 Santo Antonio FC
1955 Santo Antonio FC
1956 Vitória FC
1957 Rio Branco AC
1958 Rio Branco AC
1959 Rio Branco AC
1960 Santo Antonio FC
1961 Santo Antonio FC
1962 AD Ferroviária
1963 Santos FC
1964 Rio Branco AC
1965 Rio Branco AC
1966 AD Ferroviária
1967 AD Ferroviária
1968 Rio Branco AC
1969 Rio Branco AC
1970 Rio Branco AC
1971 *Wettbewerb wurde nicht beendet*
1972 AD Ferroviária
1973 Rio Branco AC
1974 AD Ferroviária
1975 Rio Branco AC
1976 Vitória FC
1977 AD Ferroviária
1978 Rio Branco AC
1979 AD Ferroviária
1980 AD Ferroviária
1981 AD Ferroviária
1982 Rio Branco AC
1983 Rio Branco AC
1984 AD Ferroviária
1985 Rio Branco AC
1986 AD Ferroviária
1987 Guarapari EC
1988 Ibiraçu EC
1989 AD Ferroviária
1990 AA Colatina
1991 Muniz Freire FC
1992 AD Ferroviária
1993 Linhares EC
1994 AD Ferroviária
1995 Linhares EC
1996 AD Ferroviária
1997 Linhares EC
1998 Linhares EC
1999 GE Serra
2000 AD Ferroviária
2001 Alegrense FC
2002 Alegrense FC
2003 SD Serra FC
2004 SD Serra FC
2005 SD Serra FC
2006 Vitória FC

Brasilien-Liga des Bundesstaats Goiás

1944 AC Goianiense
1945 Goiânia EC
1946 Goiânia EC
1947 AC Goianiense
1948 Goiânia EC
1949 AC Goianiense
1950 Goiânia EC
1951 Goiânia EC
1952 Goiânia EC
1953 Goiânia EC
1954 Goiânia EC
1955 AC Goianiense
1956 Goiânia EC
1957 AC Goianiense
1958 Goiânia EC
1959 Goiânia EC
1960 Goiânia EC
1961 Vila Nova FC
1962 Vila Nova FC
1963 Vila Nova FC
1964 AC Goianiense
1965 Anápolis FC
1966 Goiás EC
1967 CRAC
1968 Goiânia EC
1969 Vila Nova FC
1970 AC Goianiense
1971 Goiás EC
1972 Goiás EC
1973 Vila Nova FC
1974 Goiânia EC
1975 Goiás EC
1976 Goiás EC
1977 Vila Nova FC
1978 Vila Nova FC
1979 Vila Nova FC
1980 Vila Nova FC
1981 Goiás EC
1982 Vila Nova FC
1983 Goiás EC
1984 Vila Nova FC
1985 AC Goianiense
1986 Goiás EC
1987 Goiás EC
1988 AC Goianiense
1989 Goiás EC
1990 Goiás EC
1991 Goiás EC
1992 Goiatuba EC
1993 Vila Nova FC
1994 Goiás EC
1995 Vila Nova FC
1996 Goiás EC
1997 Goiás EC
1998 Goiás EC
1999 Goiás EC
2000 Goiás EC
2001 Vila Nova FC
2002 Goiás EC
2003 Goiás EC
2004 CRAC
2005 Vila Nova FC
2006 Goiás EC

Brasilien-Liga des Bundesstaats Maranhão

1918 Fênix FC
1919 SC Luso Brasileiro
1920 SC Luso Brasileiro
1921 FAC São Luís
1922 Fênix FC
1923 FAC São Luís
1924 SC Luso Brasileiro
1925 SC Luso Brasileiro
1926 SC Luso Brasileiro
1927 SC Luso Brasileiro
1928 Vasco da Gama FC
1929 *wurde nicht ausgetragen*
1930 Sampaio Correa FC
1931 SC Sírio
1932 SE Tupan
1933 Sampaio Correa FC
1934 Sampaio Correa FC
1935 SE Tupan
1936 *wurde nicht ausgetragen*
1937 Maranhão AC
1938 SE Tupan
1939 Maranhão AC
1940 Sampaio Correa FC
1941 Maranhão AC
1942 Sampaio Correa FC
1943 Maranhão AC
1944 Moto Clube
1945 Moto Clube
1946 Moto Clube
1947 Moto Clube
1948 Moto Clube
1949 Moto Clube
1950 Moto Clube
1951 Maranhão AC
1952 Vitória do Mar FC
1953 Sampaio Correa FC
1954 Sampaio Correa FC
1955 Moto Clube
1956 Sampaio Correa FC
1957 Ferroviário EC
1958 Ferroviário EC
1959 Moto Clube
1960 Moto Clube
1961 Sampaio Correa FC
1962 Sampaio Correa FC
1963 Maranhão AC
1964 Sampaio Correa FC
1965 Sampaio Correa FC
1966 Moto Clube
1967 Moto Clube
1968 Moto Clube
1969 Maranhão AC
1970 Maranhão AC
1971 Ferroviário EC
1972 Sampaio Correa FC
1973 Ferroviário EC
1974 Moto Clube
1975 Sampaio Correa FC
1976 Sampaio Correa FC
1977 Moto Clube
1978 Sampaio Correa FC
1979 Maranhão AC
1980 Sampaio Correa FC
1981 Moto Clube
1982 Moto Clube
1983 Moto Clube
1984 Sampaio Correa FC
1985 Sampaio Correa FC
1986 Sampaio Correa FC
1987 Sampaio Correa FC
1988 Sampaio Correa FC
1989 Moto Clube
1990 Sampaio Correa FC
1991 Sampaio Correa FC
1992 Sampaio Correa FC
1993 Maranhão AC
1994 Maranhão AC
1995 Maranhão AC
1996 Bacabal EC
1997 Sampaio Correa FC
1998 Sampaio Correa FC
1999 Maranhão AC
2000 Moto Clube
2001 Moto Clube
2002 Sampaio Correa FC
2003 Sampaio Correa FC
2004 Moto Clube
2005 Sociedade Imperatriz de Desportos
2006 Moto Clube

Brasilien-Liga des Bundesstaats Mato Grosso

1943 Mixto EC
1944 Americano FC
1945 Mixto EC
1946 CA Matogrossense
1947 Mixto EC
1948 Mixto EC
1949 Mixto EC
1950 CA Matogrossense
1951 Mixto EC
1952 Mixto EC
1953 Mixto EC
1954 Mixto EC
1955 CA Matogrossense
1956 CA Matogrossense
1957 CA Matogrossense
1958 CE Dom Bosco
1959 Mixto EC
1960 CE Dom Bosco
1961 Mixto EC
1962 Mixto EC
1963 CE Dom Bosco
1964 EC Operário
1965 Mixto EC
1966 CE Dom Bosco
1967 EC Operário
1968 EC Operário
1969 Mixto EC
1970 Mixto EC
1971 CE Dom Bosco
1972 EC Operário
1973 EC Operário
1974 Operário FC
1975 EC Comercial
1976 Operário FC
1977 Operário FC
1978 Operário FC
1979 Mixto EC
1980 Mixto EC
1981 Mixto EC
1982 Mixto EC
1983 EC Operário
1984 Mixto EC
1985 EC Operário
1986 EC Operário
1987 EC Operário
1988 Mixto EC
1989 Mixto EC
1990 Sinop FC
1991 CE Dom Bosco
1992 Sorriso EC
1993 Sorriso EC
1994 EC Operário
1995 EC Operário
1996 Mixto EC
1997 EC Operário
1998 Sinop FC
1999 Sinop FC
2000 SER Juventude
2001 SER Juventude
2002 EC Operário
2003 Cuiabá EC
2004 Cuiabá EC
2005 SE Vila Aurora
2006 EC Operário

Brasilien-Liga des Bundesstaats Minas Gerais

1916 América FC
1917 América FC
1918 América FC
1919 América FC
1920 América FC
1921 América FC
1922 América FC
1923 América FC
1924 América FC
1925 América FC
1926 CA Mineiro und Cruzeiro EC [SE Palestra Itália]
1927 CA Mineiro
1928 Cruzeiro EC [SE Palestra Itália]
1929 Cruzeiro EC [SE Palestra Itália]
1930 Cruzeiro EC [SE Palestra Itália]
1931 CA Mineiro
1932 CA Mineiro und Villa Nova AC
1933 Villa Nova AC
1934 Villa Nova AC
1935 Villa Nova AC
1936 CA Mineiro
1937 EC Siderúrgica
1938 CA Mineiro
1939 CA Mineiro
1940 Cruzeiro EC [SE Palestra Itália]
1941 CA Mineiro
1942 CA Mineiro
1943 Cruzeiro EC
1944 Cruzeiro EC
1945 Cruzeiro EC
1946 CA Mineiro
1947 CA Mineiro
1948 América FC
1949 CA Mineiro
1950 CA Mineiro
1951 Villa Nova AC
1952 CA Mineiro
1953 CA Mineiro
1954 CA Mineiro
1955 CA Mineiro
1956 CA Mineiro und Cruzeiro EC
1957 América FC
1958 CA Mineiro
1959 Cruzeiro EC
1960 Cruzeiro EC
1961 Cruzeiro EC
1962 CA Mineiro
1963 CA Mineiro
1964 EC Siderúrgica
1965 Cruzeiro EC
1966 Cruzeiro EC
1967 Cruzeiro EC
1968 Cruzeiro EC
1969 Cruzeiro EC
1970 CA Mineiro
1971 América FC
1972 Cruzeiro EC
1973 Cruzeiro EC
1974 Cruzeiro EC
1975 Cruzeiro EC
1976 CA Mineiro
1977 Cruzeiro EC
1978 CA Mineiro
1979 CA Mineiro
1980 CA Mineiro
1981 CA Mineiro
1982 CA Mineiro
1983 CA Mineiro
1984 Cruzeiro EC
1985 CA Mineiro
1986 CA Mineiro
1987 Cruzeiro EC
1988 CA Mineiro
1989 CA Mineiro
1990 Cruzeiro EC
1991 CA Mineiro
1992 Cruzeiro EC
1993 América FC
1994 Cruzeiro EC
1995 CA Mineiro
1996 Cruzeiro EC
1997 Cruzeiro EC
1998 Cruzeiro EC
1999 CA Mineiro
2000 CA Mineiro
2001 América FC
2002 Cruzeiro EC und AA Caldense
2003 Cruzeiro EC
2004 Cruzeiro EC
2005 Ipatinga FC
2006 Cruzeiro EC

Brasilien-Liga des Bundesstaats Pará

1913 Remo
1914 Remo
1915 Remo
1916 Remo
1917 Remo
1918 Remo
1919 Remo
1920 Paysandu SC
1921 Paysandu SC
1922 Paysandu SC
1923 Paysandu SC
1924 Remo
1925 Remo
1926 Remo
1927 Paysandu SC
1928 Paysandu SC
1929 Paysandu SC
1930 Remo
1931 Paysandu SC
1932 Remo
1933 Remo
1934 Paysandu SC
1935 *wurde nicht ausgetragen*
1936 Remo
1937 Tuna Luso Brasileira
1938 Tuna Luso Brasileira
1939 Tuna Luso Brasileira
1940 Remo
1941 Tuna Luso Brasileira
1942 Paysandu SC
1943 Paysandu SC
1944 Paysandu SC
1945 Paysandu SC
1946 *wurde nicht ausgetragen*
1947 Paysandu SC
1948 Tuna Luso Brasileira
1949 Remo
1950 Remo
1951 Tuna Luso Brasileira
1952 Remo
1953 Remo
1954 Remo
1955 Tuna Luso Brasileira
1956 Paysandu SC
1957 Paysandu SC
1958 Tuna Luso Brasileira
1959 Paysandu SC
1960 Remo
1961 Paysandu SC
1962 Paysandu SC
1963 Paysandu SC
1964 Remo
1965 Paysandu SC
1966 Paysandu SC
1967 Paysandu SC
1968 Remo
1969 Paysandu SC
1970 Tuna Luso Brasileira
1971 Remo
1972 Paysandu SC
1973 Remo
1974 Remo
1975 Remo
1976 Paysandu SC
1977 Remo
1978 Remo
1979 Remo
1980 Paysandu SC
1981 Paysandu SC
1982 Paysandu SC
1983 Tuna Luso Brasileira
1984 Paysandu SC
1985 Paysandu SC
1986 Remo
1987 Paysandu SC
1988 Tuna Luso Brasileira
1989 Remo
1990 Remo
1991 Remo
1992 Paysandu SC
1993 Remo
1994 Remo
1995 Remo
1996 Remo
1997 Remo
1998 Paysandu SC
1999 Remo
2000 Paysandu SC
2001 Paysandu SC
2002 Paysandu SC
2003 Remo
2004 Remo
2005 Paysandu SC
2006 Paysandu SC

Brasilien-Liga des Bundesstaats Paraíba

1917 Colégio Pio X
1918 EC Cabo Branco
1919 Palmeiras SC
1920 EC Cabo Branco
1921 Palmeiras SC
1922 Pytaguares FC
1923 América FC
1924 EC Cabo Branco
1925 América FC
1926 EC Cabo Branco
1927 EC Cabo Branco
1928 Palmeiras SC
1929 EC Cabo Branco
1930 *wurde nicht ausgetragen*
1931 EC Cabo Branco
1932 EC Cabo Branco
1933 Palmeiras SC
1934 EC Cabo Branco
1935 Palmeiras SC
1936 Botafogo FC
1937 Botafogo FC
1938 Botafogo FC
1939 Auto EC
1940 Treze FC
1941 Treze FC
1942 Ástrea
1943 Ástrea
1944 Botafogo FC
1945 Botafogo FC
1946 Felipéia EC
1947 Botafogo FC
1948 Botafogo FC
1949 Botafogo FC
1950 Treze FC
1951 *wurde nicht ausgetragen*
1952 Red Cross FC
1953 Botafogo FC
1954 Botafogo FC
1955 Botafogo FC
1956 Auto EC
1957 Botafogo FC
1958 Auto EC
1959 Estrela do Mar EC
1960 Campinense
1961 Campinense
1962 Campinense
1963 Campinense
1964 Campinense
1965 Campinense
1966 Treze FC
1967 Campinense
1968 Botafogo FC
1969 Botafogo FC
1970 Botafogo FC

1971 Campinense
1972 Campinense
1973 Campinense
1974 Campinense
1975 Botafogo FC und Treze FC
1976 Botafogo FC
1977 Botafogo FC
1978 Botafogo FC
1979 Botafogo FC
1980 Campinense
1981 Treze FC
1982 Treze FC
1983 Treze FC
1984 Botafogo FC
1985 *wurde nicht ausgetragen*
1986 Botafogo FC
1987 Auto EC
1988 Botafogo FC
1989 Treze FC
1990 Auto EC
1991 Campinense
1992 Auto EC
1993 Campinense
1994 Souza EC
1995 Santa Cruz Recreativo EC
1996 Santa Cruz Recreativo EC
1997 Confiança EC
1998 Botafogo FC
1999 Botafogo FC
2000 Treze FC
2001 Treze FC
2002 Cajazeirense
2003 Botafogo FC
2004 Campinense
2005 Treze FC
2006 Treze FC

Brasilien-Liga des Bundesstaats Paraná

1915 Internacional FC
1916 Coritiba FC
1917 América FC
1918 Britânia SC
1919 Britânia SC
1920 Britânia SC
1921 Britânia SC
1922 Britânia SC
1923 Britânia SC
1924 Palestra Itália FC
1925 CA Paranaense
1926 Palestra Itália FC
1927 Coritiba FC
1928 Britânia SC
1929 CA Paranaense
1930 CA Paranaense
1931 Coritiba FC
1932 Palestra Itália FC
1933 Coritiba FC
1934 CA Paranaense
1935 Coritiba FC
1936 CA Paranaense
1937 CA Ferroviário
1938 CA Ferroviário
1939 Coritiba FC
1940 CA Paranaense
1941 Coritiba FC
1942 Coritiba FC
1943 CA Paranaense
1944 CA Ferroviário
1945 CA Paranaense
1946 Coritiba FC
1947 Coritiba FC
1948 CA Ferroviário
1949 CA Paranaense
1950 CA Ferroviário
1951 Coritiba FC
1952 Coritiba FC
1953 CA Ferroviário
1954 Coritiba FC
1955 CA Monte Alegre
1956 Coritiba FC
1957 Coritiba FC
1958 CA Paranaense
1959 Coritiba FC
1960 Coritiba FC
1961 EC Comercial
1962 Londrina EC [Londrina Regatas]
1963 Grêmio Maringá
1964 Grêmio Maringá
1965 CA Ferroviário
1966 CA Ferroviário
1967 EC Pinheiros [Savóia Água Verde]
1968 Coritiba FC
1969 Coritiba FC
1970 CA Paranaense
1971 Coritiba FC
1972 Coritiba FC
1973 Coritiba FC
1974 Coritiba FC
1975 Coritiba FC
1976 Coritiba FC
1977 Grêmio Maringá
1978 Coritiba FC
1979 Coritiba FC
1980 Colorado EC und Cascavel EC
1981 Londrina EC
1982 CA Paranaense
1983 CA Paranaense
1984 EC Pinheiros
1985 CA Paranaense
1986 Coritiba FC
1987 EC Pinheiros
1988 CA Paranaense
1989 Coritiba FC
1990 CA Paranaense
1991 Paraná Clube
1992 Londrina EC
1993 Paraná Clube
1994 Paraná Clube
1995 Paraná Clube
1996 Paraná Clube
1997 Paraná Clube
1998 CA Paranaense
1999 Coritiba FC
2000 CA Paranaense
2001 CA Paranaense
2002 Iraty SC CA Paranaense
2003 Coritiba FC
2004 Coritiba FC
2005 CA Paranaense
2006 Paraná Clube

Brasilien-Liga des Bundesstaats Pernambuco

1915 EC Flamengo
1916 SC Recife
1917 SC Recife
1918 América FC
1919 América FC
1920 SC Recife
1921 América FC
1922 América FC
1923 SC Recife
1924 SC Recife
1925 SC Recife
1926 Torre SC
1927 América FC
1928 SC Recife
1929 Torre SC
1930 Torre SC
1931 Santa Cruz FC
1932 Santa Cruz FC
1933 Santa Cruz FC
1934 Náutico Capibaribe
1935 Santa Cruz FC
1936 Tramways SC
1937 Tramways SC
1938 SC Recife
1939 Náutico Capibaribe
1940 Santa Cruz FC
1941 SC Recife
1942 SC Recife
1943 SC Recife
1944 América FC
1945 Náutico Capibaribe
1946 Santa Cruz FC
1947 Santa Cruz FC
1948 SC Recife
1949 SC Recife
1950 Náutico Capibaribe
1951 Náutico Capibaribe
1952 Náutico Capibaribe
1953 SC Recife
1954 Náutico Capibaribe
1955 SC Recife
1956 SC Recife
1957 Santa Cruz FC
1958 SC Recife
1959 Santa Cruz FC
1960 Náutico Capibaribe
1961 SC Recife
1962 SC Recife
1963 Náutico Capibaribe
1964 Náutico Capibaribe
1965 Náutico Capibaribe
1966 Náutico Capibaribe
1967 Náutico Capibaribe
1968 Náutico Capibaribe
1969 Santa Cruz FC
1970 Santa Cruz FC
1971 Santa Cruz FC
1972 Santa Cruz FC
1973 Santa Cruz FC
1974 Náutico Capibaribe
1975 SC Recife
1976 Santa Cruz FC
1977 SC Recife
1978 Santa Cruz FC
1979 Santa Cruz FC
1980 SC Recife
1981 SC Recife
1982 SC Recife
1983 Santa Cruz FC
1984 Náutico Capibaribe
1985 Náutico Capibaribe
1986 Santa Cruz FC
1987 Santa Cruz FC
1988 SC Recife
1989 Náutico Capibaribe
1990 Santa Cruz FC
1991 SC Recife
1992 SC Recife
1993 Santa Cruz FC
1994 SC Recife
1995 Santa Cruz FC
1996 SC Recife
1997 SC Recife
1998 SC Recife
1999 SC Recife
2000 SC Recife
2001 Náutico Capibaribe
2002 Náutico Capibaribe
2003 SC Recife
2004 Náutico Capibaribe
2005 Santa Cruz FC
2006 SC Recife

Brasilien-Liga des Bundesstaats Piauí

1918 Palmeiras FC
1919 Teresinense FC
1920 Artístico FC
1921 Militar FC
1922 Teresinense FC
1923 Artístico FC
1924 SE Tiradentes
1925 SE Tiradentes
1926 SE Tiradentes
1927 SE Tiradentes
1928 SE Tiradentes
1929 Artístico FC
1930 Artístico FC
1931 Militar FC
1932 Militar FC
1933 Artístico FC
1934 SE Tiradentes
1935 Militar FC
1936 Militar FC
1937 Militar FC
1938 Botafogo EC
1939 EC Flamengo
1940 Botafogo EC
1941 Botafogo EC
1942 EC Flamengo
1943 Botafogo EC
1944 EC Flamengo
1945 EC Flamengo
1946 EC Flamengo
1947 Botafogo EC
1948 River AC
1949 Botafogo EC
1950 River AC
1951 River AC
1952 River AC
1953 River AC
1954 River AC
1955 River AC
1956 River AC
1957 Botafogo EC
1958 River AC
1959 River AC
1960 River AC
1961 River AC
1962 River AC
1963 River AC
1964 EC Flamengo
1965 EC Flamengo
1966 Piauí EC
1967 Piauí EC
1968 Piauí EC
1969 Piauí EC
1970 EC Flamengo
1971 EC Flamengo
1972 SE Tiradentes
1973 River AC
1974 SE Tiradentes
1975 River AC und SE Tiradentes
1976 EC Flamengo
1977 River AC
1978 River AC
1979 EC Flamengo
1980 River AC
1981 River AC
1982 SE Tiradentes
1983 Auto EC
1984 EC Flamengo
1985 Piauí EC
1986 EC Flamengo
1987 EC Flamengo
1988 EC Flamengo
1989 River AC
1990 SE Tiradentes
1991 SE Picos
1992 IV de Julho EC
1993 IV de Julho EC
1994 SE Picos
1995 AA Corisabbá
1996 River AC
1997 SE Picos
1998 SE Picos
1999 River AC
2000 River AC
2001 River AC
2002 River AC
2003 EC Flamengo
2004 Parnahyba SC
2005 Parnahyba SC
2006 Parnahyba SC

Brasilien-Liga des Bundesstaats Rio de Janeiro

1906 Fluminense FC
1907 Fluminense FC und Botafogo FR
1908 Fluminense FC
1909 Fluminense FC
1910 Botafogo FR [Botafogo FC]
1911 Fluminense FC
1912 Paysandu AC
1913 América FC
1914 CR Flamengo
1915 CR Flamengo
1916 América FC
1917 Fluminense FC
1918 Fluminense FC
1919 Fluminense FC
1920 CR Flamengo
1921 CR Flamengo
1922 América FC
1923 CR Vasco da Gama
1924 CR Vasco da Gama und Fluminense FC
1925 CR Flamengo
1926 São Cristóvão FR [São Cristóvão AC]
1927 CR Flamengo
1928 América FC
1929 CR Vasco da Gama
1930 Botafogo FR [Botafogo FC]
1931 América FC
1932 Botafogo FR [Botafogo FC]
1933 Botafogo FR und Bangu AC [Botafogo FC]
1934 Botafogo FR und CR Vasco da Gama [Botafogo FC]
1935 Botafogo FR und América FC [Botafogo FC]
1936 Fluminense FC
1937 Fluminense FC
1938 Fluminense FC
1939 CR Flamengo
1940 Fluminense FC
1941 Fluminense FC
1942 CR Flamengo
1943 CR Flamengo
1944 CR Flamengo
1945 CR Vasco da Gama
1946 Fluminense FC
1947 CR Vasco da Gama
1948 Botafogo FR
1949 CR Vasco da Gama
1950 CR Vasco da Gama
1951 Fluminense FC
1952 CR Vasco da Gama
1953 CR Flamengo
1954 CR Flamengo
1955 CR Flamengo
1956 CR Vasco da Gama
1957 Botafogo FR
1958 CR Vasco da Gama
1959 Fluminense FC
1960 América FC
1961 Botafogo FR
1962 Botafogo FR
1963 CR Flamengo
1964 Fluminense FC
1965 CR Flamengo
1966 Bangu AC
1967 Botafogo FR
1968 Botafogo FR
1969 Fluminense FC
1970 CR Vasco da Gama
1971 Fluminense FC
1972 CR Flamengo
1973 Fluminense FC
1974 CR Flamengo
1975 Fluminense FC
1976 Fluminense FC
1977 CR Vasco da Gama
1978 CR Flamengo
1979 CR Flamengo und CR Flamengo
1980 Fluminense FC
1981 CR Flamengo
1982 CR Vasco da Gama
1983 Fluminense FC
1984 Fluminense FC
1985 Fluminense FC
1986 CR Flamengo
1987 CR Vasco da Gama
1988 CR Vasco da Gama
1989 Botafogo FR
1990 Botafogo FR
1991 CR Flamengo
1992 CR Vasco da Gama
1993 CR Vasco da Gama
1994 CR Vasco da Gama
1995 Fluminense FC
1996 CR Flamengo
1997 Botafogo FR
1998 CR Vasco da Gama
1999 CR Flamengo
2000 CR Flamengo
2001 CR Flamengo
2002 Fluminense FC
2003 CR Vasco da Gama
2004 CR Flamengo
2005 Fluminense FC
2006 Botafogo FR

Brasilien-Liga des Bundesstaats Rio Grande do Norte

1920 ABC FC
1921 ABC FC
1922 América FC
1923 ABC FC
1924 América FC
1925 ABC FC
1926 ABC FC
1927 América FC
1928 ABC FC
1929 ABC FC
1930 América FC
1931 América FC
1932 ABC FC
1933 ABC FC
1934 ABC FC
1935 ABC FC
1936 ABC FC
1937 ABC FC
1938 ABC FC
1939 ABC FC
1940 ABC FC
1941 ABC FC
1942 *wurde nicht ausgetragen*
1943 Santa Cruz FC
1944 ABC FC
1945 ABC FC
1946 América FC
1947 ABC FC
1948 América FC
1949 América FC
1950 ABC FC
1951 *wurde nicht ausgetragen*
1952 América FC
1953 ABC FC
1954 ABC FC
1955 ABC FC
1956 América FC
1957 América FC
1958 ABC FC
1959 ABC FC
1960 ABC FC
1961 ABC FC
1962 ABC FC
1963 América FC
1964 Alecrim FC
1965 ABC FC
1966 ABC FC
1967 Alecrim FC
1968 Alecrim FC
1969 América FC
1970 ABC FC
1971 ABC FC
1972 ABC FC
1973 ABC FC
1974 América FC
1975 América FC
1976 ABC FC
1977 América FC
1978 ABC FC
1979 América FC
1980 América FC
1981 América FC
1982 América FC
1983 ABC FC
1984 ABC FC
1985 Alecrim FC
1986 Alecrim FC
1987 América FC
1988 América FC
1989 América FC
1990 ABC FC
1991 América FC
1992 América FC
1993 ABC FC
1994 ABC FC
1995 ABC FC
1996 América FC
1997 ABC FC
1998 ABC FC
1999 ABC FC
2000 ABC FC
2001 AC Corintians
2002 América FC
2003 América FC
2004 ACD Potiguar
2005 ABC FC
2006 ACEC Baraúnas

Brasilien-Liga des Bundesstaats Rio Grande do Sul

1919 GE Brasil
1920 Guarany FC
1921 Grêmio Porto Alegrense
1922 Grêmio Porto Alegrense
1923-24 *wurde nicht ausgetragen*
1925 GE Bagé
1926 Grêmio Porto Alegrense
1927 SC Internacional
1928 SC Americano
1929 EC Cruzeiro
1930 EC Pelotas
1931 Grêmio Porto Alegrense
1932 Grêmio Porto Alegrense
1933 SC São Paulo
1934 SC Internacional
1935 GA Farroupilha
1936 SC Rio Grande
1937 Grêmio Santanense
1938 Guarany FC
1939 FC Riograndense
1940 SC Internacional
1941 SC Internacional
1942 SC Internacional
1943 SC Internacional
1944 SC Internacional
1945 SC Internacional
1946 Grêmio Porto Alegrense
1947 SC Internacional
1948 SC Internacional
1949 Grêmio Porto Alegrense
1950 SC Internacional
1951 SC Internacional
1952 SC Internacional
1953 SC Internacional
1954 SC Renner
1955 SC Internacional
1956 Grêmio Porto Alegrense
1957 Grêmio Porto Alegrense
1958 Grêmio Porto Alegrense
1959 Grêmio Porto Alegrense
1960 Grêmio Porto Alegrense
1961 SC Internacional
1962 Grêmio Porto Alegrense
1963 Grêmio Porto Alegrense
1964 Grêmio Porto Alegrense
1965 Grêmio Porto Alegrense
1966 Grêmio Porto Alegrense
1967 Grêmio Porto Alegrense
1968 Grêmio Porto Alegrense
1969 SC Internacional
1970 SC Internacional
1971 SC Internacional
1972 SC Internacional
1973 SC Internacional
1974 SC Internacional
1975 SC Internacional
1976 SC Internacional
1977 Grêmio Porto Alegrense
1978 SC Internacional
1979 Grêmio Porto Alegrense
1980 Grêmio Porto Alegrense
1981 SC Internacional
1982 SC Internacional
1983 SC Internacional
1984 SC Internacional
1985 Grêmio Porto Alegrense
1986 Grêmio Porto Alegrense
1987 Grêmio Porto Alegrense
1988 Grêmio Porto Alegrense
1989 Grêmio Porto Alegrense
1990 Grêmio Porto Alegrense
1991 SC Internacional
1992 SC Internacional
1993 Grêmio Porto Alegrense
1994 SC Internacional
1995 Grêmio Porto Alegrense
1996 Grêmio Porto Alegrense
1997 SC Internacional
1998 EC Juventude
1999 Grêmio Porto Alegrense
2000 SER Caxias
2001 Grêmio Porto Alegrense
2002 SC Internacional
2003 SC Internacional
2004 SC Internacional
2005 SC Internacional
2006 Grêmio Porto Alegrense

Brasilien-Liga des Bundesstaats Rondônia

1945 Ypiranga EC
1946 Ferroviário AC
1947 Ferroviário AC
1948 Ferroviário AC
1949 Ferroviário AC
1950 Ferroviário AC
1951 Ferroviário AC
1952 Ferroviário AC
1953 Ypiranga EC
1954 Moto Clube
1955 Ferroviário AC
1956 CR Flamengo
1957 Ferroviário AC
1958 Ferroviário AC
1959 Ypiranga EC
1960 CR Flamengo
1961 CR Flamengo
1962 CR Flamengo
1963 Ferroviário AC
1964 Ypiranga EC
1965 CR Flamengo
1966 CR Flamengo
1967 CR Flamengo
1968 Moto Clube
1969 Moto Clube
1970 Ferroviário AC
1971 Moto Clube
1972 Moto Clube
1973 São Domingos EC
1974 Botafogo FC
1975 Moto Clube
1976 Moto Clube
1977 Moto Clube
1978 Ferroviário AC
1979 Ferroviário AC
1980 Moto Clube
1981 Moto Clube
1982 CR Flamengo
1983 CR Flamengo
1984 Ypiranga EC
1985 CR Flamengo
1986 Ferroviário AC
1987 Ferroviário AC
1988 *wurde nicht ausgetragen*
1989 Ferroviário AC
1990 *wurde nicht ausgetragen*
1991 Ji Paraná FC
1992 Ji Paraná FC
1993 SE Ariquemes
1994 SE Ariquemes
1995 Ji Paraná FC
1996 Ji Paraná FC
1997 Ji Paraná FC
1998 Ji Paraná FC
1999 Ji Paraná FC
2000 Guajará EC
2001 Ji Paraná FC
2002 CF Amazônia
2003 SEU Cacoalense
2004 SEU Cacoalense
2005 Vilhena EC
2006 SC Ulbra Ji-Paraná

Brasilien-Liga des Bundesstaats Roraima

1995 Atlético Roraima
1996 Baré EC
1997 Baré EC
1998 Atlético Roraima
1999 Baré EC
2000 Atlético Rio Negro
2001 Atlético Roraima
2002 Atlético Roraima
2003 Atlético Roraima
2004 São Raimundo EC
2005 São Raimundo EC
2006 Baré EC

Brasilien-Liga des Bundesstaats Santa Catarina

1924 Avaí FC
1925 Externato FC
1926 Avaí FC
1927 Avaí FC
1928 Avaí FC
1929 Caxias FC
1930 Avaí FC
1931 Lauro Muller FC
1932 Figueirense FC
1933 *wurde nicht ausgetragen*
1934 CA Catarinense
1935 Figueirense FC
1936 Figueirense FC
1937 Figueirense FC
1938 CIP FC
1939 Figueirense FC
1940 Ypiranga FC
1941 Figueirense FC
1942 Avaí FC
1943 Avaí FC
1944 Avaí FC
1945 Avaí FC
1946 *wurde nicht ausgetragen*
1947 América FC
1948 América FC
1949 GE Olímpico
1950 CA Carlos Renaux
1951 América FC
1952 América FC
1953 CA Carlos Renaux
1954 Caxias FC
1955 Caxias FC
1956 CA Operário
1957 Hercílio Luz FC
1958 Hercílio Luz FC
1959 Paula Ramos EC
1960 EC Metropol
1961 EC Metropol
1962 EC Metropol
1963 Náutico Marcílio Dias
1964 GE Olímpico
1965 EC Internacional
1966 SER Perdigão
1967 EC Metropol
1968 Criciúma EC [Comerciário EC]
1969 EC Metropol
1970 EC Ferroviário
1971 América FC
1972 Figueirense FC
1973 Avaí FC
1974 Figueirense FC
1975 Avaí FC
1976 Joinville EC
1977 Chapecoense
1978 Joinville EC
1979 Joinville EC
1980 Joinville EC
1981 Joinville EC
1982 Joinville EC
1983 Joinville EC
1984 Joinville EC
1985 Joinville EC
1986 Criciúma EC
1987 Joinville EC
1988 Avaí FC
1989 Criciúma EC
1990 Criciúma EC
1991 Criciúma EC
1992 Brusque FC
1993 Criciúma EC
1994 Figueirense FC
1995 Criciúma EC
1996 Chapecoense
1997 Avaí FC
1998 Criciúma EC
1999 Figueirense FC
2000 Joinville EC
2001 Joinville EC
2002 Figueirense FC
2003 Figueirense FC
2004 Figueirense FC
2005 Criciúma EC
2006 Figueirense FC

Brasilien-Liga des Bundesstaats São Paulo

1902 São Paulo AC
1903 São Paulo AC
1904 São Paulo AC
1905 CA Paulistano
1906 SC Germânia
1907 SC Internacional
1908 CA Paulistano
1909 AA Palmeiras
1910 AA Palmeiras
1911 São Paulo AC
1912 SC Americano
1913 SC Americano und CA Paulistano
1914 SC Corinthians Paulista und AA São Bento
1915 SC Germânia und AA Palmeiras
1916 SC Corinthians Paulista und CA Paulistano
1917 CA Paulistano
1918 CA Paulistano
1919 CA Paulistano
1920 SE Palmeiras [Palestra Itália]
1921 CA Paulistano
1922 SC Corinthians Paulista
1923 SC Corinthians Paulista
1924 SC Corinthians Paulista
1925 AA São Bento
1926 CA Paulistano und SE Palmeiras [Palestra Itália]
1927 CA Paulistano und SE Palmeiras [Palestra Itália]
1928 SC Internacional und SC Corinthians Paulista
1929 CA Paulistano und SC Corinthians Paulista
1930 SC Corinthians Paulista
1931 São Paulo FC
1932 SE Palmeiras [Palestra Itália]
1933 SE Palmeiras [Palestra Itália]
1934 SE Palmeiras [Palestra Itália]
1935 Santos FC und Portuguesa de Desportos
1936 Portuguesa de Desportos und SE Palmeiras [Palestra Itália]
1937 SC Corinthians Paulista
1938 SC Corinthians Paulista
1939 SC Corinthians Paulista
1940 SE Palmeiras [Palestra Itália]
1941 SC Corinthians Paulista
1942 SE Palmeiras
1943 São Paulo FC
1944 SE Palmeiras
1945 São Paulo FC
1946 São Paulo FC
1947 SE Palmeiras
1948 São Paulo FC

1949 São Paulo FC
1950 SE Palmeiras
1951 SC Corinthians Paulista
1952 SC Corinthians Paulista
1953 São Paulo FC
1954 SC Corinthians Paulista
1955 Santos FC
1956 Santos FC
1957 São Paulo FC
1958 Santos FC
1959 SE Palmeiras
1960 Santos FC
1961 Santos FC
1962 Santos FC
1963 SE Palmeiras
1964 Santos FC
1965 Santos FC
1966 SE Palmeiras
1967 Santos FC
1968 Santos FC
1969 Santos FC
1970 São Paulo FC
1971 São Paulo FC
1972 SE Palmeiras
1973 Santos FC und Portuguesa de Desportos
1974 SE Palmeiras
1975 São Paulo FC
1976 SE Palmeiras
1977 SC Corinthians Paulista
1978 Santos FC
1979 SC Corinthians Paulista
1980 São Paulo FC
1981 São Paulo FC
1982 SC Corinthians Paulista
1983 SC Corinthians Paulista
1984 Santos FC
1985 São Paulo FC
1986 AA Internacional
1987 São Paulo FC
1988 SC Corinthians Paulista
1989 São Paulo FC
1990 CA Bragantino
1991 São Paulo FC
1992 São Paulo FC
1993 SE Palmeiras
1994 SE Palmeiras
1995 SC Corinthians Paulista
1996 SE Palmeiras
1997 SC Corinthians Paulista
1998 São Paulo FC
1999 SC Corinthians Paulista
2000 São Paulo FC
2001 SC Corinthians Paulista
2002 Ituano FC und São Paulo FC
2003 SC Corinthians Paulista
2004 AD São Caetano
2005 São Paulo FC
2006 Santos FC

Brasilien-Liga des Bundesstaats Sergipe
1918 Cotingüiba SC
1919 *wurde nicht ausgetragen*
1920 Cotingüiba SC
1921 Industrial FC
1922 CS Sergipe
1923 Cotingüiba SC
1924 CS Sergipe
1925-26 *wurde nicht ausgetragen*
1927 CS Sergipe
1928 CS Sergipe
1929 CS Sergipe
1930-31 *wurde nicht ausgetragen*
1932 CS Sergipe
1933 CS Sergipe
1934 Palestra FC
1935 Palestra FC
1936 Cotingüiba SC
1937 CS Sergipe
1938 *wurde nicht ausgetragen*
1939 Ipiranga FC
1940 CS Sergipe
1941 Riachuelo FC
1942 Cotingüiba SC
1943 CS Sergipe
1944 Vasco EC
1945 Ipiranga FC
1946 Olímpico FC
1947 Olímpico FC
1948 Vasco EC
1949 Palestra FC
1950 Passagem FC
1951 AD Confiança
1952 Cotingüiba SC
1953 Vasco EC
1954 AD Confiança
1955 CS Sergipe
1956 EC Santa Cruz
1957 EC Santa Cruz
1958 EC Santa Cruz
1959 EC Santa Cruz
1960 EC Santa Cruz
1961 CS Sergipe
1962 AD Confiança
1963 AD Confiança
1964 CS Sergipe
1965 AD Confiança
1966 América FC
1967 CS Sergipe
1968 AD Confiança
1969 AO Itabaiana
1970 CS Sergipe
1971 CS Sergipe
1972 CS Sergipe
1973 AO Itabaiana
1974 CS Sergipe
1975 CS Sergipe
1976 AD Confiança
1977 AD Confiança
1978 AO Itabaiana
1979 AO Itabaiana
1980 AO Itabaiana
1981 AO Itabaiana
1982 AO Itabaiana und CS Sergipe
1983 AD Confiança
1984 CS Sergipe
1985 CS Sergipe
1986 AD Confiança
1987 Vasco EC
1988 AD Confiança
1989 CS Sergipe
1990 AD Confiança
1991 CS Sergipe
1992 CS Sergipe
1993 CS Sergipe
1994 CS Sergipe
1995 CS Sergipe
1996 CS Sergipe
1997 AO Itabaiana
1998 Olímpico Lagartense
1999 CS Sergipe
2000 CS Sergipe
2001 AD Confiança
2002 AD Confiança
2003 CS Sergipe
2004 AD Confiança
2005 AO Itabaiana
2006 Olímpico Pirambu FC

Brasilien-Liga des Bundesstaats Tocantins
1993 Tocantinópolis EC
1994 UA Araguainense
1995 Intercap EC
1996 Gurupi EC
1997 Gurupi EC
1998 AA Alvorada
1999 Interporto FC
2000 Palmas FR
2001 Palmas FR
2002 Tocantinópolis EC
2003 Palmas FR
2004 Palmas FR
2005 Colinas EC
2006 Araguaína FR

Britisch-Jungferninseln-Liga von Tortola
1989 VP Bank Strikers
1990 VP Bank Strikers
1991 Bombers
1992 VG Ball Stars
1993 Hiarouns
1994 Hiarouns
1995 Intefada
1996 BDO Binder Stingers [Black Lions]
1997/98 BDO Binder Stingers
1998/99 Veterans FC
1999/00 HBA Panthers
2000/01 HBA Panthers
2001 Future Stars United FC
2002 HBA Panthers
2003 Old Madrid
2004 Valencia
2005 *wettbewerb wurde annulliert*
2006 *wurde nicht ausgetragen*

Britisch-Jungferninseln-Liga von Virgin Gorda
1996 Spice United SC
1997 Beverly Hills Strikers
1998 VG Kickers United
1999 *wurde nicht ausgetragen*
2000 Rangers
2001 Rangers
2002/03 Rangers
2003/04 Rangers
2004/05 Rangers
2005 Hairoun
2006 Rangers

Brunei-Liga
2002 DPMM FC
2003 Wijaya FC
2004 DPMM FC
2005/06 QAF FC

Brunei-Pokal
2002 Wijaya FC
2003 ABDB
2004 DPMM FC
2005/06 AH United

Bulgarien-Liga
1925 SK Vladislav Varna
1926 SK Vladislav Varna
1927 *wurde nicht ausgetragen*
1928 PFK Slavija Sofija [SK Slavija Sofija]
1929 PFK Botev Plovdiv [SK Botev Plovdiv]
1930 PFK Slavija Sofija [SK Slavija Sofija]
1931 AS Sofija
1932 PFK Spartak Varna [Schiptschenski Sokol Varna]
1933 PFK Levski Sofija [SK Levski Sofija]
1934 SK Vladislav Varna
1935 SK Sofija
1936 PFK Slavija Sofija [SK Slavija Sofija]
1937 PFK Levski Sofija [SK Levski Sofija]
1937/38 Titscha Varna
1938/39 PFK Slavija Sofija [SK Slavija Sofija]
1939/40 PFK Lokomotiv Sofija [ŽSK Sofija]
1941 PFK Slavija Sofija [SK Slavija Sofija]
1942 PFK Levski Sofija [SK Levski Sofija]
1943 PFK Slavija Sofija [SK Slavija Sofija]
1944 *wurde nicht ausgetragen*
1945 PFK Lokomotiv Sofija [SK Lokomotiv Sofija]
1946 PFK Levski Sofija [SK Levski Sofija]
1947 PFK Levski Sofija [SK Levski Sofija]
1948 PFK CSKA Sofija [FD Septemvrijsko Sofija]
1948/49 PFK Levski Sofija [SK Levski Sofija]
1950 PFK Levski Sofija [Dinamo Sofija]
1951 PFK CSKA Sofija [CDNA Sofija]
1952 PFK CSKA Sofija [CDNA Sofija]
1953 PFK Levski Sofija [Dinamo Sofija]
1954 PFK CSKA Sofija [CDNA Sofija]
1955 PFK CSKA Sofija [CDNA Sofija]
1956 PFK CSKA Sofija [CDNA Sofija]
1957 PFK CSKA Sofija [CDNA Sofija]
1958 PFK CSKA Sofija [CDNA Sofija]
1958/59 PFK CSKA Sofija [CDNA Sofija]
1959/60 PFK CSKA Sofija [CDNA Sofija]
1960/61 PFK CSKA Sofija [CDNA Sofija]
1961/62 PFK CSKA Sofija [CDNA Sofija]
1962/63 FK Spartak Plovdiv [DFS Spartak Plovdiv]
1963/64 PFK Lokomotiv Sofija [FD Lokomotiv Sofija]
1964/65 PFK Levski Sofija [FD Levski Sofija]
1965/66 PFK CSKA Sofija [CSKA Tscherveno zname Sofija]
1966/67 PFK Botev Plovdiv [ASK Botev Plovdiv]
1967/68 PFK Levski Sofija [FD Levski Sofija]
1968/69 PFK CSKA Sofija [CSKA Septemvrijsko zname Sofija]
1969/70 PFK Levski Sofija [DFS Levski-Spartak Sofija]
1970/71 PFK CSKA Sofija [CSKA Septemvrijsko zname Sofija]
1971/72 PFK CSKA Sofija [CSKA Septemvrijsko zname Sofija]
1972/73 PFK CSKA Sofija [CSKA Septemvrijsko zname Sofija]
1973/74 PFK Levski Sofija [DFS Levski-Spartak Sofija]
1974/75 PFK CSKA Sofija [CSKA Septemvrijsko zname Sofija]
1975/76 PFK CSKA Sofija [CSKA Septemvrijsko zname Sofija]
1976/77 PFK Levski Sofija [DFS Levski-Spartak Sofija]
1977/78 PFK Levski Sofija [DFS Lokomotiv Sofija]
1978/79 PFK Levski Sofija [DFS Levski-Spartak Sofija]
1979/80 PFK CSKA Sofija [CSKA Septemvrijsko zname Sofija]
1980/81 PFK CSKA Sofija [CSKA Septemvrijsko zname Sofija]
1981/82 PFK CSKA Sofija [CSKA Septemvrijsko zname Sofija]
1982/83 PFK CSKA Sofija [CSKA Septemvrijsko zname Sofija]
1983/84 PFK Levski Sofija [DFS Levski-Spartak Sofija]
1984/85 PFK Levski Sofija [DFS Levski-Spartak Sofija]
1985/86 PFK Beroe Stara Zagora [DFS Stara Zagora]
1986/87 PFK CSKA Sofija [CFKA Sredec Sofija]
1987/88 PFK Levski Sofija [FK Vitoša Sofija]
1988/89 PFK CSKA Sofija [CFKA Sredec Sofija]
1989/90 PFK CSKA Sofija [CFKA Sofija]
1990/91 FK Etăr Veliko Tărnovo
1991/92 PFK CSKA Sofija [FK CSKA Sofija]
1992/93 PFK Levski Sofija [FK Levski-14 Sofija]
1993/94 PFK Levski Sofija [Levski-1914 Sofija]
1994/95 PFK Levski Sofija [Levski-1914 Sofija]
1995/96 PFK Slavija Sofija [FK Slavija Sofija]
1996/97 PFK CSKA Sofija [FK CSKA Sofija]
1997/98 PFK Liteks Lovetsch [FK Liteks Lovetsch]
1998/99 PFK Liteks Lovetsch
1999/00 PFK Levski Sofija
2000/01 PFK Levski Sofija
2001/02 PFK Levski Sofija
2002/03 PFK CSKA Sofija
2003/04 PFK Lokomotiv Plovdiv
2004/05 PFK CSKA Sofija
2005/06 PFK Levski Sofija

Bulgarien-Pokal
1937/38 FD Spartak Sofija [FK '13 Sofija]
1938/39 FD Schipka Sofija
1939/40 FD Spartak Sofija [FK '13 Sofija]
1941 AS Sofija
1942 PFK Levski Sofija [SK Levski Sofija]
1943-79 *wurde nicht ausgetragen*
1980/81 PFK CSKA Sofija [CSKA Septemvrijsko zname Sofija]
1981/82 PFK Levski Sofija [DFS Levski-Spartak Sofija]
1982/83 PFK CSKA Sofija [CSKA Septemvrijsko zname Sofija]
1983/84 PFK Levski Sofija [DFS Levski-Spartak Sofija]
1984/85 PFK CSKA Sofija [CSKA Septemvrijsko zname Sofija]
1985/86 PFK Levski Sofija [FK Vitoscha Sofija]
1986/87 PFK CSKA Sofija [CFKA Sredec Sofija]
1987/88 PFK CSKA Sofija [CFKA Sredec Sofija]
1988/89 PFK CSKA Sofija [CFKA Sredec Sofija]
1989/90 PFK Sliven [FK Sliven]
1990/91 PFK Levski Sofija [FK Levski-14 Sofija]
1991/92 PFK Levski Sofija [FK Levski-14 Sofija]
1992/93 PFK CSKA Sofija [FK CSKA Sofija]
1993/94 PFK Levski Sofija [Levski-1914 Sofija]
1994/95 PFK Lokomotiv Sofija [FK Lokomotiv Sofija]
1995/96 PFK Slavija Sofija [FK Slavija Sofija]
1996/97 PFK CSKA Sofija [FK CSKA Sofija]
1997/98 PFK Levski Sofija [Levski-1914 Sofija]
1998/99 PFK CSKA Sofija
1999/00 PFK CSKA Sofija
2000/01 PFK Liteks Lovetsch [PFK Lovetsch]
2001/02 PFK Levski Sofija
2002/03 PFK Levski Sofija
2003/04 PFK Liteks Lovetsch
2004/05 PFK Levski Sofija
2005/06 PFK CSKA Sofija

Bulgarien-Sowjetarmee Pokal
1946 PFK Levski Sofija [SK Levski Sofija]
1947 PFK Levski Sofija [SK Levski Sofija]
1948 PFK Lokomotiv Sofija [SK Lokomotiv Sofija]
1948/49 PFK Levski Sofija [SK Levski Sofija]
1950 PFK Levski Sofija [Dinamo Sofija]
1951 PFK CSKA Sofija [CDNA Sofija]
1952 PFK Slavija Sofija [USS-DSO Udarnik Sofija]
1953 PFK Lokomotiv Sofija [FD Lokomotiv Sofija]
1954 PFK CSKA Sofija [CDNA Sofija]
1955 PFK CSKA Sofija [CDNA Sofija]
1956 PFK Levski Sofija [Dinamo Sofija]
1957 PFK Levski Sofija [FD Levski Sofija]
1958 FK Spartak Plovdiv [DSO Spartak Plovdiv]
1958/59 PFK Levski Sofija [FD Levski Sofija]
1959/60 PFK Septemvri Sofija [FD Septemvri CDV Sofija]
1960/61 PFK CSKA Sofija [CDNA Sofija]
1961/62 PFK Botev Plovdiv [ASK Botev Plovdiv]
1962/63 PFK Slavija Sofija [FD Slavija Sofija]
1963/64 PFK Slavija Sofija [FD Slavija Sofija]
1964/65 PFK CSKA Sofija [CSKA Tscherveno zname Sofija]
1965/66 PFK Slavija Sofija [FD Slavija Sofija]
1966/67 PFK Levski Sofija [FD Levski Sofija]
1967/68 FD Spartak Sofija
1968/69 PFK CSKA Sofija [CSKA Septemvrijsko zname Sofija]
1969/70 PFK Levski Sofija [DFS Levski-Spartak Sofija]
1970/71 PFK Levski Sofija [DFS Levski-Spartak Sofija]
1971/72 PFK CSKA Sofija [CSKA Septemvrijsko zname Sofija]
1972/73 PFK CSKA Sofija [CSKA Septemvrijsko zname Sofija]
1973/74 PFK CSKA Sofija [CSKA Septemvrijsko zname Sofija]
1974/75 PFK Slavija Sofija [DFS Slavija Sofija]
1975/76 PFK Levski Sofija [DFS Levski-Spartak Sofija]
1976/77 PFK Levski Sofija [DFS Levski-Spartak Sofija]
1977/78 PFK Marek Dupnica [DFS Marek Stanke Dimitrov]
1978/79 PFK Levski Sofija [DFS Levski-Spartak Sofija]
1979/80 PFK Slavija Sofija [DFS Slavija Sofija]
1980/81 PFK Botev Plovdiv [AFD Trakia Plovdiv]
1981/82 PFK Lokomotiv Sofija [DFS Lokomotiv Sofija]
1982/83 PFK Lokomotiv Plovdiv [DFS Lokomotiv Plovdiv]
1983/84 PFK Levski Sofija [DFS Levski-Spartak Sofija]
1984/85 PFK CSKA Sofija [CSKA Septemvrijsko zname Sofija]
1985/86 PFK CSKA Sofija [CFKA Sredec Sofija]
1986/87 PFK Levski Sofija [FK Vitoscha Sofija]
1987/88 PFK Levski Sofija [FK Vitoscha Sofija]
1988/89 PFK CSKA Sofija [CFKA Sredec Sofija]
1989/90 PFK CSKA Sofija [FK CSKA Sofija]
1990/91 FK Etăr Veliko Tărnovo

Burkina Faso-Liga
1965 Etoile Filante
1966 AS Fonctionnaires
1967 US Ouagadougou
1968 USFRAN
1969 AS Fonctionnaires
1970 ASFA Yennega [ASFA]
1971 ASFA Yennega [ASFA]
1972 ASFA Yennega [Jeanne d'Arc]
1973 ASFA Yennega [Jeanne d'Arc]
1974 Silures
1975 Silures
1976 Silures
1977 Silures
1978 Silures
1979 Silures
1980 Silures
1981 Silures
1982 *wurde nicht ausgetragen*
1983 US Ouagadougou
1984 ASFA Yennega
1985 Etoile Filante
1986 *wurde nicht ausgetragen*
1987 Racing Club
1988 Etoile Filante
1989 ASFA Yennega
1990 Etoile Filante
1991 Etoile Filante
1992 Etoile Filante
1993 Etoile Filante
1994 Etoile Filante
1995 ASFA Yennega
1996 Racing Club
1997 Racing Club
1998 USFA
1999 ASFA Yennega
2000 USFA
2001 Etoile Filante
2002 ASFA Yennega
2003 ASFA Yennega
2004 ASFA Yennega
2005 RC Kadiogo
2006 ASFA Yennega

Burkina Faso-Pokal
1975 RC Kadiogo
1976 RC Kadiogo
1977 RC Kadiogo
1978 RC Kadiogo
1979 RC Kadiogo
1980 RC Kadiogo
1981 Silures
1982 *wurde nicht ausgetragen*
1983 Racing Club
1984 Racing Club
1985 AS Fonctionnaires
1986 *wurde nicht ausgetragen*
1987 Racing Club
1988 Etoile Filante
1989 AS Fonctionnaires
1990 Etoile Filante
1991 Etoile Filante
1992 Etoile Filante
1993 Etoile Filante
1994 RC Kadiogo
1995 Racing Club
1996 Etoile Filante
1997 AS Fonctionnaires
1998 AS Fonctionnaires
1999 Etoile Filante
2000 Etoile Filante
2001 Etoile Filante
2002 USFA
2003 Etoile Filante
2004 AS Fonctionnaires
2005 US Ouagadougou
2006 Etoile Filante

Burma-Liga
1947 Irrawady Flotilla Co.
1948-84 *Sieger unbekannt*
1985 Burma Oil Corporation
1986-95 *Sieger unbekannt*
1996 Finance and Revenue
1997 Finance and Revenue
1998 Yangon City Development
1999 Finance and Revenue
2000 Finance and Revenue
2001 *Sieger unbekannt*
2002 Finance and Revenue
2003 Finance and Revenue
2004 Finance and Revenue
2005 Finance and Revenue
2006 Finance and Revenue

Burma-Meisterschaft der Burmanische Staaten
1984 Mandalay
1985 Magwe
1986-94 *Sieger unbekannt*
1995 Rakhine State
1996-97 *Sieger unbekannt*
1998 Mandalay
1999-00 *Sieger unbekannt*
2001 Mandalay
2002 Mandalay
2003 Shan
2004-05 *Sieger unbekannt*
2006 Ayeryawady

Burundi-Liga
1972 Sports Dynamic
1973 Sports Dynamic
1974 Inter FC
1975-78 *Sieger unbekannt*
1979 Vital'O SC
1980 Prince Louis FC
1981 Prince Louis FC
1982 Fantastique
1983 Vital'O SC
1984 Vital'O SC
1985 Inter FC
1986 Inter FC
1987 Inter FC
1988 Inter FC
1989 Inter FC
1990 Inter-Star FC
1991 Vital'O SC
1992 Inter-Star FC
1993 Vital'O SC
1994 Vital'O SC
1995 Fantastique
1996 Fantastique
1997 Maniema FC
1998 Vital'O SC
1999 Vital'O SC
2000 Vital'O SC
2001 Prince Louis FC
2002 Muzinga FC
2003 *wettbewerb wurde annulliert*
2004 Atletico Olympique FC
2005 Inter-Star FC
2006 Vital'O SC

Burundi-Pokal
1982 Vital'O SC
1983 Inter FC
1984 Inter FC
1985 Vital'O SC
1986 Vital'O SC
1987 Muzinga FC
1988 Vital'O SC
1989 Vital'O SC
1990 Inter-Star FC
1991 Vital'O SC
1992 Prince Louis FC
1993 Vital'O SC
1994 Vital'O SC
1995 Vital'O SC
1996 Vital'O SC
1997 Vital'O SC
1998 Elite FC
1999 Vital'O SC
2000 Atletico Olympique FC
2001-03 *Sieger unbekannt*

Chile-Liga
1933 CD Magallanes
1934 CD Magallanes
1935 CD Magallanes
1936 Audax Italiano
1937 Deportivo Colo Colo
1938 CD Magallanes
1939 Deportivo Colo Colo
1940 Universidad de Chile
1941 Deportivo Colo Colo
1942 Deportes Santiago Morning
1943 CD Unión Española
1944 Deportivo Colo Colo
1945 Green Cross
1946 Audax Italiano
1947 Deportivo Colo Colo
1948 Audax Italiano
1949 CD Universidad Católica
1950 Deportiva Everton
1951 CD Unión Española
1952 Deportiva Everton
1953 Deportivo Colo Colo
1954 CD Universidad Católica
1955 CD Palestino
1956 Deportivo Colo Colo
1957 Audax Italiano
1958 Deportes Santiago Wanderers
1959 Universidad de Chile
1960 Deportivo Colo Colo
1961 CD Universidad Católica
1962 Universidad de Chile
1963 Deportivo Colo Colo
1964 Universidad de Chile
1965 Universidad de Chile
1966 CD Universidad Católica
1967 Universidad de Chile
1968 Deportes Santiago Wanderers
1969 Universidad de Chile
1970 Deportivo Colo Colo
1971 Deportes Unión San Felipe
1972 Deportivo Colo Colo
1973 CD Unión Española
1974 CD Huachipato
1975 CD Unión Española
1976 Deportiva Everton
1977 CD Unión Española
1978 CD Palestino
1979 Deportivo Colo Colo
1980 Deportes Cobreloa
1981 Deportivo Colo Colo
1982 Deportes Cobreloa
1983 Deportivo Colo Colo
1984 CD Universidad Católica
1985 Deportes Cobreloa
1986 Deportivo Colo Colo
1987 CD Universidad Católica
1988 Deportes Cobreloa
1989 Deportivo Colo Colo
1990 Deportivo Colo Colo
1991 Deportivo Colo Colo
1992 Deportes Cobreloa
1993 Deportivo Colo Colo
1994 Universidad de Chile
1995 Universidad de Chile
1996 Deportivo Colo Colo
1997 CD Universidad Católica und Deportivo Colo Colo
1998 Deportivo Colo Colo
1999 Universidad de Chile
2000 Universidad de Chile
2001 Deportes Santiago Wanderers
2002 CD Universidad Católica und Deportivo Colo Colo
2003 Deportes Cobreloa und Deportes Cobreloa
2004 Universidad de Chile und Deportes Cobreloa
2005 CD Unión Española und CD Universidad Católica
2006 Deportivo Colo Colo und Deportivo Colo Colo

Chile-Pokal
1958 Deportivo Colo Colo
1959 Deportes Santiago Wanderers
1960 *wurde nicht ausgetragen*
1961 Deportes Santiago Wanderers
1962-73 *wurde nicht ausgetragen*
1974 Deportivo Colo Colo
1975 CD Palestino
1976 *wurde nicht ausgetragen*
1977 CD Palestino
1978 *wurde nicht ausgetragen*
1979 Universidad de Chile
1980 Deportes Iquique
1981 Deportivo Colo Colo
1982 Deportivo Colo Colo
1983 CD Universidad Católica
1984 Deportiva Everton
1985 Deportivo Colo Colo
1986 Deportes Cobreloa
1987 Deportes Cobresal
1988 Deportivo Colo Colo
1989 Deportivo Colo Colo
1990 Deportivo Colo Colo
1991 CD Universidad Católica
1992 CD Unión Española
1993 CD Unión Española
1994 Deportivo Colo Colo
1995 CD Universidad Católica
1996 Deportivo Colo Colo
1997 *wurde nicht ausgetragen*
1998 Universidad de Chile
1999 *wurde nicht ausgetragen*
2000 Universidad de Chile

China-Liga
1951 North East China
1952 *wurde nicht ausgetragen*
1953 Army August 1st Xiangtan [August 1st]
1954 North East China
1955 Beijing PCI [CIPC]
1956 Beijing Youth
1957 Beijing Guoan [Beijing]
1958 Beijing Guoan [Beijing]
1959 *wurde nicht ausgetragen*
1960 Tianjin Teda [Tianjin]
1961 Shanghai Shenhua SVA [Shanghai]
1962 Shanghai Shenhua SVA [Shanghai]
1963 Beijing Youth
1964 Beijing PCI
1965 Jilin Aodong [Jilin]

1966-72 *wurde nicht ausgetragen*
1973 Beijing Guoan [Beijing]
1974 Army August 1st Xiangtan [August 1st]
1975 *wurde nicht ausgetragen*
1976 *Wettbewerb wurde nicht beendet*
1977 Army August 1st Xiangtan [August 1st]
1978 Liaoning
1979 Guangdong Hongyuan [Guangdong]
1980 Tianjin Teda [Tianjin]
1981 Army August 1st Xiangtan [August 1st]
1982 Beijing Guoan [Beijing]
1983 Shanghai Shenhua SVA und Guangdong Hongyuan [Shanghai und Guangdong]
1984 Beijing Guoan [Beijing]
1985 Liaoning
1986 Army August 1st Xiangtan [August 1st]
1987 Liaoning
1988 Liaoning
1989 China B
1990 Liaoning
1991 Liaoning
1992 Liaoning
1993 Liaoning
1994 Dalian Shide [Dalian Wanda]
1995 Shanghai Shenhua SVA [Shanghai Shenhua]
1996 Dalian Shide [Dalian Wanda]
1997 Dalian Shide [Dalian Wanda]
1998 Dalian Shide [Dalian Wanda Shide]
1999 Shangdong Luneng Taishan
2000 Dalian Shide
2001 Dalian Shide
2002 Dalian Shide
2003 Shanghai Shenhua SVA
2004 Shenzhen Kingway [Shenzhen Jianlibao]
2005 Dalian Shide
2006 Shangdong Luneng Taishan

China-Pokal
1956 Shanghai Shenhua SVA [Shanghai]
1957-59 *wurde nicht ausgetragen*
1960 Tianjin Teda [Tianjin]
1961-83 *wurde nicht ausgetragen*
1984 Liaoning
1985 Beijing Hyundai Cars [Beijing]
1986 Liaoning
1987-89 *wurde nicht ausgetragen*
1990 Army August 1st Xiangtan [August 1st]
1991 Shanghai Shenhua SVA [Shanghai]
1992 Dalian Shide [Dalian Wanda]
1993-94 *wurde nicht ausgetragen*
1995 Shangdong Luneng Taishan [Jinan Taishan]
1996 Beijing Hyundai Cars [Beijing Guoan]
1997 Beijing Hyundai Cars [Beijing Guoan]
1998 Shanghai Shenhua SVA [Shanghai Shenhua]
1999 Dalian Shide [Dalian Wanda Shide]
2000 Beijing Hyundai Cars [Beijing Guoan]
2001 Beijing Hyundai Cars [Beijing Guoan]
2002 Qingdao Zhongneng [Qingdao Hademen]
2003 Beijing Hyundai Cars
2004 Shangdong Luneng Taishan
2005 Dalian Shide

Cook Inseln-Liga
1971 Titikaveka FC
1972 Titikaveka FC
1973 Titikaveka FC
1974 Titikaveka FC
1975 Titikaveka FC
1976 Titikaveka FC
1977 Titikaveka FC
1978 Titikaveka FC
1979 Titikaveka FC
1980 Avatiu FC
1981 Titikaveka FC
1982 Titikaveka FC
1983 Titikaveka FC
1984 Titikaveka FC
1985 Arorangi FC
1986 *Sieger unbekannt*
1987 Arorangi FC
1988-90 *Sieger unbekannt*
1991 Avatiu FC
1992 Tupapa FC
1993 Tupapa FC
1994 Avatiu FC
1995 PTC Coconuts
1996 Avatiu FC
1997 Avatiu FC
1998/99 Tupapa FC
1999 Avatiu FC
2000 Sokattack
2001 Tupapa FC
2002 Tupapa FC
2003 Tupapa FC
2004 Sokattack
2005 Sokattack
2006 Sokattack

Cook Inseln-Pokal
1978 Tupapa FC
1979 Titikaveka FC
1980 Matavera FC
1981 Avatiu FC
1982 Avatiu FC
1983 Sokattack
1984 Titikaveka FC
1985 Arorangi FC
1986-90 *Sieger unbekannt*
1991 Takuvaine SC
1992 Avatiu FC
1993 Avatiu FC
1994 Avatiu FC
1995 Avatiu FC
1996 Avatiu FC
1997 Avatiu FC
1998 Teau-o-Tonga
1998/99 Tupapa FC
1999/00 Tupapa FC
2000 Avatiu FC
2001 Tupapa FC
2002 Sokattack
2003 Sokattack
2004 Tupapa FC
2005 Sokattack
2006 Takuvaine SC

Costa Rica-Liga
1920/21 CS Herediano
1921/22 CS Herediano
1922/23 CS Cartaginés
1923/24 CS Herediano
1924/25 CS La Libertad
1925/26 CS La Libertad
1926/27 CS Herediano
1927/28 LD Alajuelense
1928/29 CS La Libertad
1929/30 CS Herediano
1930/31 CS Herediano
1931/32 CS Herediano
1932/33 CS Herediano
1933/34 CS La Libertad
1934/35 CS Herediano
1935/36 CS Cartaginés
1936/37 CS Herediano
1937/38 Orión FC
1938/39 LD Alajuelense
1939/40 CS Cartaginés
1940/41 LD Alajuelense
1941/42 CS La Libertad
1942/43 AD Universidad de Costa Rica
1943/44 Orión FC
1944/45 LD Alajuelense
1945/46 CS La Libertad
1946/47 CS Herediano
1947/48 CS Herediano
1948/49 LD Alajuelense
1949/50 LD Alajuelense
1950/51 CS Herediano
1951/52 CD Saprissa
1952/53 CD Saprissa
1953/54 *Titel nicht vergeben*
1954/55 CS Herediano
1955/56 *Titel nicht vergeben*
1956/57 CD Saprissa
1957/58 LD Alajuelense
1958/59 LD Alajuelense
1959/60 LD Alajuelense
1960/61 CS Herediano
1961/62 CD Saprissa
1962/63 CS Uruguay
1963/64 CD Saprissa
1964/65 CD Saprissa
1965/66 LD Alajuelense
1966/67 CD Saprissa
1967/68 CD Saprissa
1968/69 CD Saprissa
1969/70 LD Alajuelense
1970/71 LD Alajuelense
1971/72 CD Saprissa
1972/73 CD Saprissa
1973/74 CD Saprissa
1974/75 CD Saprissa
1975/76 CD Saprissa
1976/77 CD Saprissa
1977/78 CS Herediano
1978/79 CS Herediano
1979/80 LD Alajuelense
1980/81 CS Herediano
1981/82 CD Saprissa
1982/83 LD Alajuelense
1983/84 LD Alajuelense
1984/85 CS Herediano
1985/86 AD Municipal Puntarenas
1986/87 CS Herediano
1987/88 CD Saprissa
1988/89 CD Saprissa
1989/90 *Titel nicht vergeben*
1990/91 LD Alajuelense
1991/92 LD Alajuelense
1992/93 CS Herediano
1993/94 CD Saprissa
1994/95 CD Saprissa
1995/96 LD Alajuelense
1996/97 LD Alajuelense
1997/98 CD Saprissa
1998/99 CD Saprissa
1999/00 LD Alajuelense
2000/01 LD Alajuelense
2001/02 LD Alajuelense
2002/03 LD Alajuelense
2003/04 CD Saprissa
2004/05 LD Alajuelense
2005/06 CD Saprissa

Dänemark-Liga
1913 KB
1914 KB
1915 *wurde nicht ausgetragen*
1916 B 93
1917 KB
1918 KB
1919 AB
1920 B 1903
1921 AB
1922 KB
1923 BK Frem
1924 B 1903
1925 KB
1926 B 1903
1927 B 93
1927/28 B 93
1928/29 B 93
1929/30 B 93
1930/31 BK Frem
1931/32 KB
1932/33 BK Frem
1933/34 B 93
1934/35 B 93
1935/36 BK Frem
1936/37 AB
1937/38 B 1903
1938/39 B 93
1939/40 KB
1940/41 BK Frem
1941/42 B 93
1942/43 AB
1943/44 BK Frem
1944/45 AB
1945/46 B 93
1946/47 AB
1947/48 KB
1948/49 KB
1949/50 KB
1950/51 AB
1951/52 AB
1952/53 KB
1953/54 Køge BK
1954/55 AGF
1955/56 AGF
1956/57 AGF
1958 Vejle BK
1959 B 1909
1960 AGF
1961 Esbjerg fB
1962 Esbjerg fB
1963 Esbjerg fB
1964 B 1909
1965 Esbjerg fB
1966 Hvidovre IF
1967 AB
1968 KB
1969 B 1903
1970 B 1903
1971 Vejle BK
1972 Vejle BK
1973 Hvidovre IF
1974 KB
1975 Køge BK
1976 B 1903
1977 OB
1978 Vejle BK
1979 Esbjerg fB
1980 KB
1981 Hvidovre IF
1982 OB
1983 Lyngby FC [Lyngby BK]
1984 Vejle BK
1985 Brøndby IF
1986 AGF
1987 Brøndby IF
1988 Brøndby IF
1989 OB
1990 Brøndby IF
1991 Brøndby IF
1991/92 Lyngby FC [Lyngby BK]
1992/93 FC København
1993/94 Silkeborg IF
1994/95 AaB
1995/96 Brøndby IF
1996/97 Brøndby IF
1997/98 Brøndby IF
1998/99 AaB
1999/00 Herfølge BK
2000/01 FC København
2001/02 Brøndby IF
2002/03 FC København
2003/04 FC København
2004/05 Brøndby IF
2005/06 FC København

Dänemark-Pokal
1954/55 AGF
1955/56 BK Frem
1956/57 AGF
1958 Vejle BK
1959 Vejle BK
1960 AGF
1961 AGF
1962 B 1909
1963 B 1913
1964 Esbjerg fB
1965 AGF
1966 AaB
1967 Randers Freja FC [Randers SK Freja]
1968 Randers Freja FC [Randers SK Freja]
1969 KB
1970 AaB
1971 B 1909
1972 Vejle BK
1973 Randers Freja FC [Randers SK Freja]
1974 Vanløse IF
1975 Vejle BK
1976 Esbjerg fB
1977 Vejle BK
1978 BK Frem
1979 B 1903
1980 Hvidovre IF
1981 Vejle BK
1982 B 93
1983 OB
1984 Lyngby FC [Lyngby BK]
1985 Lyngby FC [Lyngby BK]
1986 B 1903
1987 AGF
1988 AGF
1989 Brøndby IF
1990 Lyngby FC [Lyngby BK]
1991 OB
1991/92 AGF
1992/93 OB
1993/94 Brøndby IF
1994/95 FC København
1995/96 AGF
1996/97 FC København
1997/98 Brøndby IF
1998/99 AB
1999/00 Viborg FF
2000/01 Silkeborg IF
2001/02 OB
2002/03 Brøndby IF
2003/04 FC København
2004/05 Brøndby IF
2005/06 Randers FC

DDR (hist.)-Liga
1947/48 FSV Zwickau [SG Planitz]
1948/49 Hallescher FC [ZSG Union Halle]
1949/50 FSV Zwickau [ZSG Horch Zwickau]
1950/51 FC Sachsen Leipzig 1990 [BSG Chemie Leipzig]
1951/52 Hallescher FC [BSG Turbine Halle]
1952/53 1. FC Dynamo Dresden [SG Volkspolizei Dresden]
1953/54 FC Rot-Weiß Erfurt [BSG Turbine Erfurt]
1954/55 FC Rot-Weiß Erfurt [SC Turbine Erfurt]
1956 SC Wismut Karl-Marx-Stadt
1957 SC Wismut Karl-Marx-Stadt
1958 FC Vorwärts Berlin [ZASK Vorwärts Berlin]
1959 SC Wismut Karl-Marx-Stadt
1960 FC Vorwärts Berlin [ZASK Vorwärts Berlin]
1961/62 FC Vorwärts Berlin [ZASK Vorwärts Berlin]
1962/63 FC Carl Zeiss Jena [SC Motor Jena]
1963/64 FC Sachsen Leipzig 1990 [BSG Chemie Leipzig]
1964/65 FC Vorwärts Berlin [ZASK Vorwärts Berlin]
1965/66 FC Vorwärts Berlin [ZASK Vorwärts Berlin]
1966/67 Chemnitzer FC [FC Karl-Marx-Stadt]
1967/68 FC Carl Zeiss Jena
1968/69 FC Vorwärts Berlin
1969/70 FC Carl Zeiss Jena
1970/71 1. FC Dynamo Dresden [SG Dynamo Dresden]
1971/72 1. FC Magdeburg
1972/73 1. FC Dynamo Dresden [SG Dynamo Dresden]
1973/74 1. FC Magdeburg
1974/75 1. FC Magdeburg
1975/76 1. FC Dynamo Dresden [SG Dynamo Dresden]
1976/77 1. FC Dynamo Dresden [SG Dynamo Dresden]
1977/78 1. FC Dynamo Dresden [SG Dynamo Dresden]
1978/79 Berliner FC Dynamo
1979/80 Berliner FC Dynamo
1980/81 Berliner FC Dynamo
1981/82 Berliner FC Dynamo
1982/83 Berliner FC Dynamo
1983/84 Berliner FC Dynamo
1984/85 Berliner FC Dynamo
1985/86 Berliner FC Dynamo
1986/87 Berliner FC Dynamo
1987/88 Berliner FC Dynamo
1988/89 1. FC Dynamo Dresden [SG Dynamo Dresden]
1989/90 1. FC Dynamo Dresden [SG Dynamo Dresden]
1990/91 FC Hansa Rostock

DDR (hist.)-Pokal
1948/49 SV Dessau 05 [BSG Waggonbau Dessau]
1949/50 SpVgg. 04 Thale [BSG EHW Thale]
1950/51 *wurde nicht ausgetragen*
1951/52 1. FC Dynamo Dresden [SG Volkspolizei Dresden]
1952/53 *wurde nicht ausgetragen*
1953/54 FC Vorwärts Berlin [ZSK Vorwärts KVP Berlin]
1954/55 SC Wismut Karl-Marx-Stadt
1956 Hallescher FC [SC Chemie Halle-Leuna]
1957 SC Lokomotive Leipzig
1958 Dresdner SC 98 [SC Einheit Dresden]
1959 Berliner FC Dynamo [SC Dynamo Dresden]
1960 FC Carl Zeiss Jena [SC Motor Jena]
1961/62 Hallescher FC [SC Chemie Halle]
1962/63 FSV Zwickau [BSG Motor Zwickau]
1963/64 1. FC Magdeburg [SC Aufbau Magdeburg]
1964/65 1. FC Magdeburg [SC Aufbau Magdeburg]
1965/66 FC Sachsen Leipzig 1990 [BSG Chemie Leipzig]
1966/67 FSV Zwickau [BSG Motor Zwickau]
1967/68 1. FC Union Berlin
1968/69 1. FC Magdeburg
1969/70 FC Vorwärts Berlin
1970/71 1. FC Dynamo Dresden [SG Dynamo Dresden]
1971/72 FC Carl Zeiss Jena
1972/73 1. FC Magdeburg
1973/74 FC Carl Zeiss Jena
1974/75 FSV Zwickau [BSG Sachsenring Zwickau]
1975/76 VfB Leipzig [1. FC Lokomotive Leipzig]
1976/77 1. FC Dynamo Dresden [SG Dynamo Dresden]
1977/78 1. FC Magdeburg
1978/79 1. FC Magdeburg
1979/80 FC Carl Zeiss Jena
1980/81 VfB Leipzig [1. FC Lokomotive Leipzig]
1981/82 1. FC Dynamo Dresden [SG Dynamo Dresden]
1982/83 1. FC Magdeburg
1983/84 1. FC Dynamo Dresden [SG Dynamo Dresden]
1984/85 1. FC Dynamo Dresden [SG Dynamo Dresden]
1985/86 VfB Leipzig [1. FC Lokomotive Leipzig]
1986/87 VfB Leipzig [1. FC Lokomotive Leipzig]
1987/88 Berliner FC Dynamo
1988/89 Berliner FC Dynamo
1989/90 1. FC Dynamo Dresden [SG Dynamo Dresden]
1990/91 FC Hansa Rostock

Deutschland-Liga
1902/03 VfB Leipzig
1903/04 *Wettbewerb wurde nicht beendet*
1904/05 Berliner TuFC Union 1892
1905/06 VfB Leipzig
1906/07 Freiburger FC
1907/08 Berliner FC Viktoria 89 [TuFC Viktoria 89 Berlin]
1908/09 Karlsruher SC [Karlsruher FC Phönix]
1909/10 Karlsruher FV
1910/11 Berliner FC Viktoria 89 [TuFC Viktoria 89 Berlin]
1911/12 FV Holstein 1902 Kiel
1912/13 VfB Leipzig
1913/14 SpVgg. Greuther Fürth [SpVgg. Fürth]
1915-19 *wurde nicht ausgetragen*
1919/20 1. FC Nürnberg
1920/21 1. FC Nürnberg
1921/22 *Titel nicht vergeben*
1922/23 Hamburger SV
1923/24 1. FC Nürnberg
1924/25 1. FC Nürnberg
1925/26 SpVgg. Greuther Fürth [SpVgg. Fürth]
1926/27 1. FC Nürnberg
1927/28 Hamburger SV
1928/29 SpVgg. Greuther Fürth [SpVgg. Fürth]
1929/30 Hertha BSC Berlin
1930/31 Hertha BSC Berlin
1931/32 FC Bayern München
1932/33 Düsseldorfer TSV Fortuna
1933/34 FC Schalke 04
1934/35 FC Schalke 04
1935/36 1. FC Nürnberg
1936/37 FC Schalke 04
1937/38 Hannoverscher SV 96
1938/39 FC Schalke 04
1939/40 FC Schalke 04
1940/41 SK Rapid Wien
1941/42 FC Schalke 04
1942/43 Dresdner SC 98
1943/44 Dresdner SC 98
1944-47 *wurde nicht ausgetragen*
1947/48 1. FC Nürnberg
1948/49 VfR Mannheim
1949/50 VfB Stuttgart 1893
1950/51 1. FC Kaiserslautern
1951/52 VfB Stuttgart 1893
1952/53 1. FC Kaiserslautern
1953/54 Hannoverscher SV 96
1954/55 Rot-Weiß Essen
1955/56 BV 09 Borussia Dortmund
1956/57 BV 09 Borussia Dortmund
1957/58 FC Schalke 04
1958/59 Eintracht Frankfurt [SG Eintracht Frankfurt]
1959/60 Hamburger SV
1960/61 1. FC Nürnberg
1961/62 1. FC Köln
1962/63 BV 09 Borussia Dortmund
1963/64 1. FC Köln
1964/65 SV Werder Bremen
1965/66 TSV München 1860
1966/67 Braunschweiger TSV Eintracht
1967/68 1. FC Nürnberg
1968/69 FC Bayern München
1969/70 Borussia VfL 1900 Mönchengladbach
1970/71 Borussia VfL 1900 Mönchengladbach
1971/72 FC Bayern München
1972/73 FC Bayern München
1973/74 FC Bayern München
1974/75 Borussia VfL 1900 Mönchengladbach
1975/76 Borussia VfL 1900 Mönchengladbach
1976/77 Borussia VfL 1900 Mönchengladbach
1977/78 1. FC Köln
1978/79 Hamburger SV
1979/80 FC Bayern München
1980/81 FC Bayern München
1981/82 Hamburger SV
1982/83 Hamburger SV
1983/84 VfB Stuttgart 1893
1984/85 FC Bayern München
1985/86 FC Bayern München
1986/87 FC Bayern München
1987/88 SV Werder Bremen
1988/89 FC Bayern München
1989/90 FC Bayern München
1990/91 1. FC Kaiserslautern
1991/92 VfB Stuttgart 1893
1992/93 SV Werder Bremen
1993/94 FC Bayern München
1994/95 BV 09 Borussia Dortmund
1995/96 BV 09 Borussia Dortmund
1996/97 FC Bayern München
1997/98 1. FC Kaiserslautern
1998/99 FC Bayern München
1999/00 FC Bayern München
2000/01 FC Bayern München
2001/02 BV 09 Borussia Dortmund
2002/03 FC Bayern München
2003/04 SV Werder Bremen
2004/05 FC Bayern München
2005/06 FC Bayern München

Deutschland-Pokal
1934/35 1. FC Nürnberg
1935/36 VfB Leipzig
1936/37 FC Schalke 04
1937/38 SK Rapid Wien
1938/39 1. FC Nürnberg
1939/40 Dresdner SC 98
1940/41 Dresdner SC 98
1941/42 TSV München 1860
1942/43 First Vienna FC [FC Vienna]
1944-52 *wurde nicht ausgetragen*
1952/53 Rot-Weiß Essen
1953/54 VfB Stuttgart 1893
1954/55 Karlsruher SC
1955/56 Karlsruher SC
1956/57 FC Bayern München
1957/58 VfB Stuttgart 1893
1958/59 ETB Schwarz-Weiß
1959/60 Borussia VfL 1900 Mönchengladbach [Borussia VfL München-Gladbach]
1960/61 SV Werder Bremen
1961/62 1. FC Nürnberg
1962/63 Hamburger SV
1963/64 TSV München 1860
1964/65 BV 09 Borussia Dortmund
1965/66 FC Bayern München
1966/67 FC Bayern München
1967/68 1. FC Köln
1968/69 FC Bayern München
1969/70 Offenbacher FC Kickers 1901
1970/71 FC Bayern München
1971/72 FC Schalke 04
1972/73 Borussia VfL 1900 Mönchengladbach
1973/74 Eintracht Frankfurt
1974/75 Eintracht Frankfurt
1975/76 Hamburger SV
1976/77 1. FC Köln
1977/78 1. FC Köln
1978/79 Düsseldorfer TSV Fortuna
1979/80 Düsseldorfer TSV Fortuna
1980/81 Eintracht Frankfurt
1981/82 FC Bayern München
1982/83 1. FC Köln
1983/84 FC Bayern München
1984/85 KFC Uerdingen 05 [FC Bayer 05 Uerdingen]
1985/86 FC Bayern München
1986/87 Hamburger SV
1987/88 Eintracht Frankfurt
1988/89 BV 09 Borussia Dortmund
1989/90 1. FC Kaiserslautern
1990/91 SV Werder Bremen
1991/92 Hannoverscher SV 96
1992/93 TSV Bayer 04 Leverkusen
1993/94 SV Werder Bremen
1994/95 Borussia VfL 1900 Mönchengladbach
1995/96 1. FC Kaiserslautern
1996/97 VfB Stuttgart 1893
1997/98 FC Bayern München
1998/99 SV Werder Bremen
1999/00 FC Bayern München
2000/01 FC Schalke 04
2001/02 FC Schalke 04
2002/03 FC Bayern München
2003/04 SV Werder Bremen
2004/05 FC Bayern München
2005/06 FC Bayern München

Deutschland-Liga-Pokal
1972/73 Hamburger SV
1974-96 *wurde nicht ausgetragen*
1996/97 FC Bayern München
1997/98 FC Bayern München
1998/99 FC Bayern München
1999/00 FC Bayern München
2000/01 Hertha BSC Berlin
2001/02 Hertha BSC Berlin
2002/03 Hamburger SV
2003/04 FC Bayern München
2004/05 FC Schalke 04
2005/06 SV Werder Bremen

Dominica-Liga
1970 DCP Harlem Bombers
1971 *Sieger unbekannt*
1972 DCP Harlem Bombers
1973 DCP Harlem Bombers
1974 DCP Harlem Bombers
1975 *wurde nicht ausgetragen*
1976-80 *Sieger unbekannt*
1981 DCP Harlem Bombers
1982 *Sieger unbekannt*
1983 DCP Harlem Bombers
1984 *Sieger unbekannt*
1985 DCP Harlem Bombers und Kensbro SC
1986-88 *Sieger unbekannt*
1989 DCP Harlem Bombers
1990-91 *Sieger unbekannt*
1992 DCP Harlem Bombers
1993 DCP Harlem Bombers
1994 DCP Harlem Bombers
1995 DCP Harlem Bombers
1996 Vita Malt Black Rocks
1997 DCP Harlem Bombers
1998 ACS Zebians
1999 DCP Harlem Bombers
2000 DCP Harlem Bombers
2001 DCP Harlem Bombers
2002 Kubuli All Stars FC
2003 DCP Harlem Bombers
2004 DCP Harlem Bombers
2005 Dublanc Strikers SC
2006 DCP Harlem Bombers

Dominica-Pokal
1970 DCP Harlem Bombers
1971 DCP Harlem Bombers
1972 *Sieger unbekannt*
1973 DCP Harlem Bombers
1974 DCP Harlem Bombers
1975 *wurde nicht ausgetragen*
1976 DCP Harlem Bombers
1977 *Sieger unbekannt*
1978 DCP Harlem Bombers
1979 *Sieger unbekannt*
1980 DCP Harlem Bombers
1981-83 *Sieger unbekannt*
1984 DCP Harlem Bombers
1985-91 *Sieger unbekannt*
1992 DCP Harlem Bombers
1993 *Sieger unbekannt*
1994 DCP Harlem Bombers
1995-96 *Sieger unbekannt*
1997 DCP Harlem Bombers
1998 Madech Pointe Michel
1999-01 *Sieger unbekannt*
2002 South East United
2003 DCP Harlem Bombers
2004 DCP Harlem Bombers
2005 South East United

Dominikanische Republik-Liga
2001/02 Baninter
2002/03 Baninter
2003/04 *wurde nicht ausgetragen*
2004/05 CD Pantoja

Dschibuti-Liga
1987 AS Merill
1988 CDE [AS CDE]
1989-90 *wurde nicht ausgetragen*
1991 Aéroport
1992-93 *wurde nicht ausgetragen*
1994 FNP [FNS]
1995 FNP [FNS]
1996 FNP [FNS]
1997 FNP [FNS]
1998 FNP [FNS]
1999 FNP
2000 CDA Djibouti
2001 FNP
2002 AS Borreh
2003 Gendarmerie
2004 Gendarmerie
2005 CDE
2006 SID

Dschibuti-Pokal
1988 AS Port
1989 AS Port
1990 *wurde nicht ausgetragen*
1991 Aéroport
1992 CFDE [AS CDE]
1993 FNP [FNS]
1994 Balbala
1995 Balbala
1996 Balbala
1997 FNP
1998 FNP
1999 Balbala
2000 *Sieger unbekannt*
2001 CFDE
2002 Total [Jeunesse Espoir]
2003 AS Borreh
2004 CFDE
2005 SID [Poste de Djibouti]
2006 AS Ali Sabieh

Ecuador-Liga

1957	CS EMELEC
1958-59	*Titel nicht vergeben*
1960	Barcelona SC
1961	CS EMELEC
1962	Deportivo Everest
1963	Barcelona SC
1964	Deportivo Quito
1965	CS EMELEC
1966	Barcelona SC
1967	CD El Nacional
1968	Deportivo Quito
1969	LDU Quito
1970	Barcelona SC
1971	Barcelona SC
1972	CS EMELEC
1973	CD El Nacional
1974	LDU Quito
1975	LDU Quito
1976	CD El Nacional
1977	CD El Nacional
1978	CD El Nacional
1979	CS EMELEC
1980	Barcelona SC
1981	Barcelona SC
1982	CD El Nacional
1983	CD El Nacional
1984	CD El Nacional
1985	Barcelona SC
1986	CD El Nacional
1987	Barcelona SC
1988	CS EMELEC
1989	Barcelona SC
1990	LDU Quito
1991	Barcelona SC
1992	CD El Nacional
1993	CS EMELEC
1994	CS EMELEC
1995	Barcelona SC
1996	CD El Nacional
1997	Barcelona SC
1998	LDU Quito
1999	LDU Quito
2000	Deportivo Olmedo
2001	CS EMELEC
2002	CS EMELEC
2003	LDU Quito
2004	CD Cuenca
2005	LDU Quito und CD El Nacional
2006	CD El Nacional

El Salvador-Liga

1926/27	Chinameca SC
1927/28	Hercúles
1928/29	Hercúles
1929/30	Hercúles
1930/31	Hercúles
1931/32	Hercúles
1932/33	Hercúles
1933/34	Hercúles
1934/35	CD Maya
1935/36	CD Maya
1936/37	CD 33
1937/38	CD 33
1938/39	CD 33
1939/40	España FC
1940/41	Quequeisque
1941/42	Quequeisque
1942/43	Quequeisque
1943/44	Quequeisque
1944/45	Quequeisque
1945/46	Quequeisque
1946/47	CD Libertad
1947/48	*wurde nicht ausgetragen*
1948/49	CD Libertad
1949/50	Once Municipal
1950/51	*wurde nicht ausgetragen*
1951/52	CD Dragón
1952/53	CD FAS
1953/54	CD Dragón
1954/55	CD FAS
1955/56	CD Atlético Marte
1956/57	CD Atlético Marte
1957/58	CD Atlético Marte
1958/59	CD FAS
1959/60	CD Águila
1960/61	CD Águila
1961/62	CD FAS
1962/63	CD FAS
1963/64	CD Águila
1964/65	CD Águila
1965/66	Alianza FC
1966/67	Alianza FC
1967/68	CD Águila
1968/69	CD Atlético Marte
1969/70	CD Atlético Marte
1970/71	CD Juventud Olímpica Metalío
1971/72	CD Águila
1972/73	CD Juventud Olímpica Metalío
1973/74	CD Platense
1974/75	CD Águila
1975/76	CD Águila
1976/77	CD FAS
1977/78	CD FAS
1978/79	CD Santiagueño
1979/80	CD Atlético Marte
1980/81	CD FAS
1981/82	CD Atlético Marte
1982/83	CD Águila
1983/84	CD FAS
1984/85	CD Atlético Marte
1985/86	CD Atlético Marte
1986/87	Alianza FC
1987/88	CD Águila
1988/89	CD Luis Ángel Firpo
1989/90	Alianza FC
1990/91	CD Luis Ángel Firpo
1991/92	CD Luis Ángel Firpo
1992/93	CD Luis Ángel Firpo
1993/94	Alianza FC
1994/95	CD FAS
1995/96	CD FAS
1996/97	Alianza FC
1997/98	CD Luis Ángel Firpo
1998/99	Alianza FC und CD Luis Ángel Firpo
1999/00	CD Águila und CD Luis Ángel Firpo
2000/01	CD Águila und CD Águila
2001/02	Alianza FC und CD FAS
2002/03	San Salvador FC und CD FAS
2003/04	CD FAS und Alianza FC
2004/05	CD FAS und CD FAS
2005/06	CD Vista Hermosa und CD Águila

Elfenbeinküste-Liga

1960	Onze Frères
1961	Onze Frères
1962	Stade Abidjan
1963	ASEC Mimosas
1964	Stade Abidjan
1965	Stade Abidjan
1966	Stade Abidjan
1967	Africa Sports
1968	Africa Sports
1969	Stade Abidjan
1970	ASEC Mimosas
1971	Africa Sports
1972	ASEC Mimosas
1973	ASEC Mimosas
1974	ASEC Mimosas
1975	ASEC Mimosas
1976	ASC Gagnoa
1977	Africa Sports
1978	Africa Sports
1979	Stella d'Adjamé
1980	ASEC Mimosas
1981	Stella d'Adjamé
1982	Africa Sports
1983	Africa Sports
1984	Stella d'Adjamé
1985	Africa Sports
1986	Africa Sports
1987	Africa Sports
1988	Africa Sports
1989	Africa Sports
1990	ASEC Mimosas
1991	ASEC Mimosas
1992	ASEC Mimosas
1993	ASEC Mimosas
1994	ASEC Mimosas
1995	ASEC Mimosas
1996	Africa Sports
1997	ASEC Mimosas
1998	ASEC Mimosas
1999	Africa Sports
2000	ASEC Mimosas
2001	ASEC Mimosas
2002	ASEC Mimosas
2003	ASEC Mimosas
2004	ASEC Mimosas
2005	ASEC Mimosas
2006	ASEC Mimosas

Elfenbeinküste-Pokal

1960	Espoir de Man
1961	Africa Sports
1962	ASEC Mimosas
1963	Jeunesse
1964	Africa Sports
1965-66	*wurde nicht ausgetragen*
1967	ASEC Mimosas
1968	ASEC Mimosas
1969	ASEC Mimosas
1970	ASEC Mimosas
1971	Stade Abidjan
1972	ASEC Mimosas
1973	ASEC Mimosas
1974	Stella d'Adjamé
1975	Stella d'Adjamé
1976	Stade Abidjan
1977	Africa Sports
1978	Africa Sports
1979	Africa Sports
1980	RC Daloa
1981	Africa Sports
1982	Africa Sports
1983	ASEC Mimosas
1984	Stade Abidjan
1985	Africa Sports
1986	Africa Sports
1987	ASC Bouaké
1988	ASI Abengourou
1989	Africa Sports
1990	ASEC Mimosas
1991-92	*Wettbewerb wurde nicht beendet*
1993	Africa Sports
1994	Stade Abidjan
1995	ASEC Mimosas
1996	SOA
1997	ASEC Mimosas
1998	Africa Sports
1999	ASEC Mimosas
2000	Stade Abidjan
2001	Alliance Bouaké
2002	Africa Sports
2003	ASEC Mimosas
2004	CO Bouaflé
2005	ASEC Mimosas
2006	AS Issia-Wazi

England-Liga

1888/89	Preston North End FC
1889/90	Preston North End FC
1890/91	Everton FC
1891/92	Sunderland AFC
1892/93	Sunderland AFC
1893/94	Aston Villa FC
1894/95	Sunderland AFC
1895/96	Aston Villa FC
1896/97	Aston Villa FC
1897/98	Sheffield United FC
1898/99	Aston Villa FC
1899/00	Aston Villa FC
1900/01	Liverpool FC
1901/02	Sunderland AFC
1902/03	Sheffield Wednesday FC [The Wednesday]
1903/04	Sheffield Wednesday FC [The Wednesday]
1904/05	Newcastle United FC
1905/06	Liverpool FC
1906/07	Newcastle United FC
1907/08	Manchester United FC
1908/09	Newcastle United FC
1909/10	Aston Villa FC
1910/11	Manchester United FC
1911/12	Blackburn Rovers FC
1912/13	Sunderland AFC
1913/14	Blackburn Rovers FC
1914/15	Everton FC
1916-19	*wurde nicht ausgetragen*
1919/20	West Bromwich Albion FC
1920/21	Burnley FC
1921/22	Liverpool FC
1922/23	Liverpool FC
1923/24	Huddersfield Town FC [Huddersfield Town AFC]
1924/25	Huddersfield Town FC [Huddersfield Town AFC]
1925/26	Huddersfield Town FC [Huddersfield Town AFC]
1926/27	Newcastle United FC
1927/28	Everton FC
1928/29	Sheffield Wednesday FC
1929/30	Sheffield Wednesday FC
1930/31	Arsenal FC
1931/32	Everton FC
1932/33	Arsenal FC
1933/34	Arsenal FC
1934/35	Arsenal FC
1935/36	Sunderland AFC
1936/37	Manchester City FC
1937/38	Arsenal FC
1938/39	Everton FC
1940-46	*wurde nicht ausgetragen*
1946/47	Liverpool FC
1947/48	Arsenal FC
1948/49	Portsmouth FC
1949/50	Portsmouth FC
1950/51	Tottenham Hotspur FC
1951/52	Manchester United FC
1952/53	Arsenal FC
1953/54	Wolverhampton Wanderers FC
1954/55	Chelsea FC
1955/56	Manchester United FC
1956/57	Manchester United FC
1957/58	Wolverhampton Wanderers FC
1958/59	Wolverhampton Wanderers FC
1959/60	Burnley FC
1960/61	Tottenham Hotspur FC
1961/62	Ipswich Town FC
1962/63	Everton FC
1963/64	Liverpool FC
1964/65	Manchester United FC
1965/66	Liverpool FC
1966/67	Manchester United FC
1967/68	Manchester City FC
1968/69	Leeds United FC [Leeds United AFC]
1969/70	Everton FC
1970/71	Arsenal FC
1971/72	Derby County FC
1972/73	Liverpool FC
1973/74	Leeds United FC [Leeds United AFC]
1974/75	Derby County FC
1975/76	Liverpool FC
1976/77	Liverpool FC
1977/78	Nottingham Forest FC
1978/79	Liverpool FC
1979/80	Liverpool FC
1980/81	Aston Villa FC
1981/82	Liverpool FC
1982/83	Liverpool FC
1983/84	Liverpool FC
1984/85	Everton FC
1985/86	Liverpool FC
1986/87	Everton FC
1987/88	Liverpool FC
1988/89	Arsenal FC
1989/90	Liverpool FC
1990/91	Arsenal FC
1991/92	Leeds United FC [Leeds United AFC]
1992/93	Manchester United FC
1993/94	Manchester United FC
1994/95	Blackburn Rovers FC
1995/96	Manchester United FC
1996/97	Manchester United FC
1997/98	Arsenal FC
1998/99	Manchester United FC
1999/00	Manchester United FC
2000/01	Manchester United FC
2001/02	Arsenal FC
2002/03	Manchester United FC
2003/04	Arsenal FC
2004/05	Chelsea FC
2005/06	Chelsea FC

England-Pokal

1871/72	The Wanderers FC
1872/73	The Wanderers FC
1873/74	Oxford University
1874/75	Royal Engineers FC
1875/76	The Wanderers FC
1876/77	The Wanderers FC
1877/78	The Wanderers FC
1878/79	Old Etonians
1879/80	Clapham Rovers
1880/81	Old Carthusians
1881/82	Old Etonians
1882/83	Blackburn Olympic FC
1883/84	Blackburn Rovers FC
1884/85	Blackburn Rovers FC
1885/86	Blackburn Rovers FC
1886/87	Aston Villa FC
1887/88	West Bromwich Albion FC
1888/89	Preston North End FC
1889/90	Blackburn Rovers FC
1890/91	Blackburn Rovers FC
1891/92	West Bromwich Albion FC
1892/93	Wolverhampton Wanderers FC [The Wanderers Wolverhampton]
1893/94	Notts County FC
1894/95	Aston Villa FC
1895/96	Sheffield Wednesday FC [The Wednesday]
1896/97	Aston Villa FC
1897/98	Nottingham Forest FC
1898/99	Sheffield United FC
1899/00	Bury FC
1900/01	Tottenham Hotspur FC
1901/02	Sheffield United FC
1902/03	Bury FC
1903/04	Manchester City FC
1904/05	Aston Villa FC
1905/06	Everton FC
1906/07	Sheffield Wednesday FC [The Wednesday]
1907/08	Wolverhampton Wanderers FC [The Wanderers Wolverhampton]
1908/09	Manchester United FC
1909/10	Newcastle United FC
1910/11	Bradford City FC
1911/12	Barnsley FC
1912/13	Aston Villa FC
1913/14	Burnley FC
1914/15	Sheffield United FC
1916-19	*wurde nicht ausgetragen*
1919/20	Aston Villa FC
1920/21	Tottenham Hotspur FC
1921/22	Huddersfield Town FC [Huddersfield Town AFC]
1922/23	Bolton Wanderers FC
1923/24	Newcastle United FC
1924/25	Sheffield United FC
1925/26	Bolton Wanderers FC
1926/27	Cardiff City FC
1927/28	Blackburn Rovers FC
1928/29	Bolton Wanderers FC
1929/30	Arsenal FC
1930/31	West Bromwich Albion FC
1931/32	Newcastle United FC
1932/33	Everton FC
1933/34	Manchester City FC
1934/35	Sheffield Wednesday FC
1935/36	Arsenal FC
1936/37	Sunderland AFC
1937/38	Preston North End FC
1938/39	Portsmouth FC
1940-45	*wurde nicht ausgetragen*
1945/46	Derby County FC
1946/47	Charlton Athletic FC
1947/48	Manchester United FC
1948/49	Wolverhampton Wanderers FC
1949/50	Arsenal FC
1950/51	Newcastle United FC
1951/52	Newcastle United FC
1952/53	Blackpool FC
1953/54	West Bromwich Albion FC
1954/55	Newcastle United FC
1955/56	Manchester City FC
1956/57	Aston Villa FC
1957/58	Bolton Wanderers FC
1958/59	Nottingham Forest FC
1959/60	Wolverhampton Wanderers FC
1960/61	Tottenham Hotspur FC
1961/62	Tottenham Hotspur FC
1962/63	Manchester United FC
1963/64	West Ham United FC
1964/65	Liverpool FC
1965/66	Everton FC
1966/67	Tottenham Hotspur FC
1967/68	West Bromwich Albion FC
1968/69	Manchester City FC
1969/70	Chelsea FC
1970/71	Arsenal FC
1971/72	Leeds United FC [Leeds United AFC]
1972/73	Sunderland AFC
1973/74	Liverpool FC
1974/75	West Ham United FC
1975/76	Southampton FC
1976/77	Manchester United FC
1977/78	Ipswich Town FC
1978/79	Arsenal FC
1979/80	West Ham United FC
1980/81	Tottenham Hotspur FC
1981/82	Tottenham Hotspur FC
1982/83	Manchester United FC
1983/84	Everton FC
1984/85	Manchester United FC
1985/86	Liverpool FC
1986/87	Coventry City FC
1987/88	Wimbledon FC
1988/89	Liverpool FC
1989/90	Manchester United FC
1990/91	Tottenham Hotspur FC
1991/92	Liverpool FC
1992/93	Arsenal FC
1993/94	Manchester United FC
1994/95	Everton FC
1995/96	Manchester United FC
1996/97	Chelsea FC
1997/98	Arsenal FC
1998/99	Manchester United FC
1999/00	Chelsea FC
2000/01	Liverpool FC
2001/02	Arsenal FC
2002/03	Arsenal FC
2003/04	Manchester United FC
2004/05	Arsenal FC
2005/06	Liverpool FC

England-Liga-Pokal

1960/61	Aston Villa FC
1961/62	Norwich City FC
1962/63	Birmingham City FC
1963/64	Leicester City FC
1964/65	Chelsea FC
1965/66	West Bromwich Albion FC
1966/67	Queens Park Rangers FC
1967/68	Leeds United FC [Leeds United AFC]
1968/69	Swindon Town FC
1969/70	Manchester City FC
1970/71	Tottenham Hotspur FC
1971/72	Stoke City FC
1972/73	Tottenham Hotspur FC
1973/74	Wolverhampton Wanderers FC
1974/75	Aston Villa FC
1975/76	Manchester City FC
1976/77	Aston Villa FC
1977/78	Nottingham Forest FC
1978/79	Nottingham Forest FC
1979/80	Wolverhampton Wanderers FC
1980/81	Liverpool FC
1981/82	Liverpool FC
1982/83	Liverpool FC
1983/84	Liverpool FC
1984/85	Norwich City FC
1985/86	Oxford United FC
1986/87	Arsenal FC
1987/88	Luton Town FC
1988/89	Nottingham Forest FC
1989/90	Nottingham Forest FC
1990/91	Sheffield Wednesday FC
1991/92	Manchester United FC
1992/93	Arsenal FC
1993/94	Aston Villa FC
1994/95	Liverpool FC
1995/96	Aston Villa FC
1996/97	Leicester City FC
1997/98	Chelsea FC
1998/99	Tottenham Hotspur FC
1999/00	Leicester City FC
2000/01	Liverpool FC
2001/02	Blackburn Rovers FC
2002/03	Liverpool FC
2003/04	Middlesbrough FC
2004/05	Manchester United FC
2005/06	Chelsea FC

Eritrea-Liga

1994/95	Red Sea FC
1995/96	*Sieger unbekannt*
1996/97	Medlaw Megbi
1997/98	Red Sea FC
1998/99	Red Sea FC
1999/00	Red Sea FC
2000/01	Hintsa
2001/02	Red Sea FC
2002/03	Anseba SC
2003/04	Adulis Club
2004/05	Red Sea FC
2005/06	Adulis Club

Eritrea-Pokal

1997	Red Sea FC
1998	Hintsa

Estland-Liga

1921	Vs Sport Tallinn
1922	Vs Sport Tallinn
1923	JK Kalev Tallinn [Ess Kalev Tallinn]
1924	Vs Sport Tallinn
1925	Vs Sport Tallinn
1926	Tallinna JK
1927	Vs Sport Tallinn
1928	Tallinna JK
1929	Vs Sport Tallinn
1930	JK Kalev Tallinn [Ess Kalev Tallinn]
1931	Vs Sport Tallinn
1932	Vs Sport Tallinn
1933	Vs Sport Tallinn
1934	JK Estonia Tallinn
1935	JK Estonia Tallinn
1936	JK Estonia Tallinn
1937/38	JK Estonia Tallinn
1938/39	JK Estonia Tallinn
1939/40	Olümpia Tartu
1941	*wurde nicht ausgetragen*
1942	Tartu PSR
1943	JK Estonia Tallinn
1944-91	*wurde nicht ausgetragen*
1992	FC Norma Tallinn
1992/93	FC Norma Tallinn
1993/94	FC Flora Tallinn
1994/95	FC Flora Tallinn
1995/96	FC Lantana Tallinn
1996/97	FC Lantana Tallinn
1997/98	FC Norma Tallinn
1998	FC Norma Tallinn
1999	FC Levadia Tallinn (II) [FC Levadia Maardu]
2000	FC Levadia Tallinn (II) [FC Levadia Maardu]
2001	FC Flora Tallinn
2002	FC Flora Tallinn
2003	FC Flora Tallinn
2004	FC Levadia Tallinn (II)
2005	FC TVMK Tallinn
2006	FC Levadia Tallinn (II)

Estland-Pokal

1938	Vs Sport Tallinn
1939	Tallinna JK
1940	Tallinna JK
1941	*wurde nicht ausgetragen*
1942	Vs Sport Tallinn
1943	Tartu PSR
1944-92	*wurde nicht ausgetragen*
1993	FC Lantana Tallinn [FC Nikol Tallinn]
1994	FC Norma Tallinn
1995	FC Flora Tallinn
1996	JK Tallinna Sadam
1997	JK Tallinna Sadam
1998	FC Flora Tallinn
1999	FC Levadia Tallinn (II) [FC Levadia Maardu]
2000	FC Levadia Tallinn (II) [FC Levadia Maardu]
2001	JK Trans Narva
2002	FC Levadia Tallinn (I)
2003	FC TVMK Tallinn
2004	FC Levadia Tallinn (II)
2005	FC Levadia Tallinn (II)
2006	FC TVMK Tallinn

Färöer Inseln-Liga

1942	KÍ
1943	TB
1944	*wurde nicht ausgetragen*
1945	KÍ
1946	B 36
1947	SÍ
1948	B 36
1949	TB
1950	B 36
1951	TB
1952	KÍ
1953	KÍ
1954	KÍ
1955	HB
1956	KÍ
1957	KÍ
1958	KÍ
1959	B 36
1960	HB
1961	KÍ
1962	B 36
1963	HB
1964	HB
1965	HB
1966	KÍ
1967	KÍ
1968	KÍ
1969	KÍ
1970	KÍ
1971	HB
1972	KÍ
1973	HB
1974	HB
1975	HB
1976	TB
1977	TB
1978	HB
1979	IF
1980	TB
1981	HB
1982	HB
1983	GÍ
1984	B 68
1985	B 68
1986	GÍ
1987	GÍ
1988	HB
1989	B 71
1990	HB
1991	KÍ
1992	B 68
1993	GÍ
1994	GÍ
1995	GÍ
1996	GÍ
1997	B 36
1998	HB
1999	KÍ
2000	VB
2001	B 36
2002	HB
2003	HB
2004	HB
2005	B 36
2006	HB

Färöer Inseln-Pokal

1955	HB
1956	TB
1957	HB
1958	TB
1959	HB
1960	TB
1961	TB
1962	HB
1963	HB
1964	HB
1965	B 36
1966	KÍ
1967	KÍ
1968	HB
1969	HB
1970	*wurde nicht ausgetragen*
1971	HB
1972	HB
1973	HB
1974	VB
1975	HB
1976	HB
1977	TB
1978	TB
1979	TB
1980	TB
1981	HB
1982	HB
1983	GÍ
1984	HB
1985	GÍ
1986	NSÍ
1987	HB
1988	HB
1989	HB
1990	KÍ
1991	B 36
1992	HB
1993	B 71
1994	KÍ
1995	HB
1996	GÍ
1997	GÍ
1998	HB
1999	KÍ
2000	GÍ
2001	B 36
2002	NSÍ
2003	B 36
2004	HB
2005	GÍ
2006	B 36

Fidschi-Liga

1977	Ba
1978	Nadi
1979	Ba
1980	Nadi
1981	Nadi
1982	Nadi
1983	Nadi
1984	Lautoka
1985	Nadi
1986	Ba
1987	Ba
1988	Lautoka
1989	Nadroga
1990	Nadroga
1991	Labasa
1992	Ba
1993	Nadroga
1994	Ba
1995	Ba
1996	Suva
1997	Suva
1998	Nadi
1999	Ba
2000	Nadi
2001	Ba
2002	Ba
2003	Ba
2004	Ba
2005	Ba
2006	Ba

Fidschi-Pokal

1938	Rewa
1939	Rewa
1940	Suva
1941	Lautoka
1942	Lautoka
1943	Rewa
1944	Rewa
1945	Suva
1946	Suva
1947	Rewa
1948	Suva
1949	Lautoka
1950	Lautoka
1951	Suva
1952	Suva
1953	Lautoka
1954	Suva
1955	Rewa
1956	Suva
1957	Lautoka
1958	Lautoka
1959	Lautoka
1960	Suva
1961	Ba
1962	Lautoka
1963	Ba
1964	Lautoka
1965	Lautoka
1966	Ba
1967	Ba
1968	Ba
1969	Nadi
1970	Ba
1971	Nadi
1972	Rewa
1973	Lautoka
1974	Nadi
1975	Ba
1976	Ba
1977	Ba
1978	Ba
1979	Ba
1980	Ba
1981	Suva
1982	Ba
1983	Suva
1984	Lautoka
1985	Lautoka
1986	Ba
1987	*wurde nicht ausgetragen*
1988	Nadroga
1989	Nadroga
1990	Nasinu
1991	Ba
1992	Labasa
1993	Nadroga
1994	Labasa
1995	Tavua
1996	Ba
1997	Ba

1998 Nadi
1999 Nadi
2000 Ba
2001 Rewa
2002 Nadi
2003 Ba
2004 Ba
2005 Lautoka
2006 Ba

Finnland-Liga
1908 Unitas Helsinki
1909 PUS Helsinki
1910 ÅIFK
1911 HJK
1912 HJK
1913 Kiffen [KIF]
1914 *wurde nicht ausgetragen*
1915 Kiffen [KIF]
1916 Kiffen [KIF]
1917 HJK
1918 HJK
1919 HJK
1920 ÅIFK
1921 HPS
1922 HPS
1923 HJK
1924 ÅIFK
1925 HJK
1926 HPS
1927 HPS
1928 TPS
1929 HPS
1930 FC HIFK [HIFK]
1931 FC HIFK [HIFK]
1932 HPS
1933 FC HIFK [HIFK]
1934 HPS
1935 HPS
1936 HJK
1937 FC HIFK [HIFK]
1938 HJK
1939 TPS
1940 Sudet Viipuri
1941 TPS
1942 HT
1943 *wurde nicht ausgetragen*
1944 VIFK
1945 VPS
1946 VIFK
1947 FC HIFK [HIFK]
1948 VPS
1949 TPS
1950 Ikissat
1951 KTP
1952 KTP
1953 VIFK
1954 TuPy
1955 Kiffen [KIF]
1956 KuPS
1957 HPS
1958 KuPS
1959 FC HIFK [HIFK]
1960 FC Haka
1961 FC HIFK [HIFK]
1962 FC Haka
1963 Reipas
1964 HJK
1965 FC Haka
1966 KuPS
1967 Reipas
1968 TPS
1969 KPV
1970 Reipas
1971 TPS
1972 TPS
1973 HJK
1974 KuPS
1975 TPS
1976 KuPS
1977 FC Haka
1978 HJK
1979 OPS
1980 OPS
1981 HJK
1982 FC Kuusysi
1983 FC Ilves
1984 FC Kuusysi
1985 HJK
1986 FC Kuusysi
1987 HJK
1988 HJK
1989 FC Kuusysi
1990 HJK
1991 FC Kuusysi
1992 HJK
1993 FC Jazz
1994 TPV
1995 FC Haka
1996 FC Jazz
1997 HJK
1998 FC Haka
1999 FC Haka
2000 FC Haka
2001 Tampere United
2002 HJK
2003 HJK
2004 FC Haka
2005 MyPa
2006 Tampere United

Finnland-Pokal
1955 FC Haka
1956 PPojat
1957 FF Jaro [Drott]
1958 KTP
1959 FC Haka
1960 FC Haka
1961 KTP
1962 HPS
1963 FC Haka
1964 Reipas
1965 ÅIFK
1966 HJK
1967 KTP
1968 KuPS
1969 FC Haka
1970 FC MP [MP]
1971 FC MP [MP]
1972 Reipas
1973 Reipas
1974 Reipas
1975 Reipas
1976 Reipas
1977 FC Haka
1978 Reipas
1979 FC Ilves
1980 KTP
1981 HJK
1982 FC Haka
1983 FC Kuusysi
1984 HJK
1985 FC Haka
1986 FC RoPS [RoPS]
1987 FC Kuusysi
1988 FC Haka
1989 KuPS
1990 FC Ilves
1991 TPS
1992 MyPa
1993 HJK
1994 TPS
1995 MyPa
1996 HJK
1997 FC Haka
1998 HJK
1999 HJK
2000 HJK
2001 Atlantis FC
2002 FC Haka
2003 HJK
2004 MyPa
2005 FC Haka
2006 HJK

Finnland-Liga-Pokal
1972 TPS
1973 GBK
1974 HJK
1975 FC MP [MP]
1976 KPV
1977-93 *wurde nicht ausgetragen*
1994 HJK
1995 FC Haka
1996 HJK
1997 HJK
1998 HJK
1999 VPS
2000 VPS
2001-03 *wurde nicht ausgetragen*
2004 AC Allianssi
2005 AC Allianssi
2006 KuPS

Frankreich-Liga
1932/33 Olympique Lillois
1933/34 FC Sète
1934/35 FC Sochaux-Montbéliard
1935/36 Racing CF 92 [Racing Club de Paris]
1936/37 FC Sochaux-Montbéliard
1937/38 Olympique Marseille
1938/39 FC Sète
1940-45 *wurde inoffiziell gespielt*
1945/46 Lille OSC
1946/47 CO Roubaix-Tourcoing
1947/48 Olympique Marseille
1948/49 Stade de Reims
1949/50 FC Girondins Bordeaux
1950/51 OGC Nice
1951/52 OGC Nice
1952/53 Stade de Reims
1953/54 Lille OSC
1954/55 Stade de Reims
1955/56 OGC Nice
1956/57 AS Saint-Etienne
1957/58 Stade de Reims
1958/59 OGC Nice
1959/60 Stade de Reims
1960/61 AS Monaco FC [AS Monaco]
1961/62 Stade de Reims
1962/63 AS Monaco FC [AS Monaco]
1963/64 AS Saint-Etienne
1964/65 FC Nantes Atlantique [FC Nantes]
1965/66 FC Nantes Atlantique [FC Nantes]
1966/67 AS Saint-Etienne
1967/68 AS Saint-Etienne
1968/69 AS Saint-Etienne
1969/70 AS Saint-Etienne
1970/71 Olympique Marseille
1971/72 Olympique Marseille
1972/73 FC Nantes Atlantique [FC Nantes]
1973/74 AS Saint-Etienne
1974/75 AS Saint-Etienne
1975/76 AS Saint-Etienne
1976/77 FC Nantes Atlantique [FC Nantes]
1977/78 AS Monaco FC [AS Monaco]
1978/79 RC Strasbourg
1979/80 FC Nantes Atlantique [FC Nantes]
1980/81 AS Saint-Etienne
1981/82 AS Monaco FC [AS Monaco]
1982/83 FC Nantes Atlantique [FC Nantes]
1983/84 FC Girondins Bordeaux
1984/85 FC Girondins Bordeaux
1985/86 Paris Saint-Germain FC
1986/87 FC Girondins Bordeaux
1987/88 AS Monaco FC [AS Monaco]
1988/89 Olympique Marseille
1989/90 Olympique Marseille
1990/91 Olympique Marseille
1991/92 Olympique Marseille
1992/93 *Titel nicht vergeben*
1993/94 Paris Saint-Germain FC
1994/95 FC Nantes Atlantique
1995/96 AJ Auxerroise
1996/97 AS Monaco FC [AS Monaco]
1997/98 RC Lens
1998/99 FC Girondins Bordeaux
1999/00 AS Monaco FC [AS Monaco]
2000/01 FC Nantes Atlantique
2001/02 Olympique Lyonnais
2002/03 Olympique Lyonnais
2003/04 Olympique Lyonnais
2004/05 Olympique Lyonnais
2005/06 Olympique Lyonnais

Frankreich-Pokal
1917/18 Olympique Pantin
1918/19 CAS Généraux
1919/20 CA Charenton [CA de Paris]
1920/21 Red Star 93 [Red Star Amical Club Paris]
1921/22 Red Star 93 [Red Star Amical Club Paris]
1922/23 Red Star 93 [Red Star Amical Club Paris]
1923/24 Olympique Marseille
1924/25 CAS Généraux
1925/26 Olympique Marseille
1926/27 Olympique Marseille
1927/28 Red Star 93 [Red Star Olympique Paris]
1928/29 Stade Olympique Montpelliérain [Sports Olympiques Montpelliérains]
1929/30 FC Sète
1930/31 Club français
1931/32 AS Cannes
1932/33 Excelsior AC Roubaix
1933/34 FC Sète
1934/35 Olympique Marseille
1935/36 Racing CF 92 [Racing Club de Paris]
1936/37 FC Sochaux-Montbéliard
1937/38 Olympique Marseille
1938/39 Racing CF 92 [Racing Club de Paris]
1939/40 Racing CF 92 [Racing Club de Paris]
1940/41 FC Girondins Bordeaux [Girondins ASP]
1941/42 Red Star 93 [Red Star Olympique Paris]
1942/43 Olympique Marseille
1943/44 Nancy-Lorraine XI
1944/45 Racing CF 92 [Racing Club de Paris]
1945/46 Lille OSC
1946/47 Lille OSC
1947/48 Lille OSC
1948/49 Racing CF 92 [Racing Club de Paris]
1949/50 Stade de Reims
1950/51 RC Strasbourg
1951/52 OGC Nice
1952/53 Lille OSC
1953/54 OGC Nice
1954/55 Lille OSC
1955/56 CS Sedan-Ardennes [UA Sedan-Torcy]
1956/57 Toulouse FC
1957/58 Stade de Reims
1958/59 Le Havre AC
1959/60 AS Monaco FC [AS Monaco]
1960/61 CS Sedan-Ardennes [UA Sedan-Torcy]
1961/62 AS Saint-Etienne
1962/63 AS Monaco FC [AS Monaco]
1963/64 Olympique Lyonnais
1964/65 Stade Rennais FC
1965/66 RC Strasbourg
1966/67 Olympique Lyonnais
1967/68 AS Saint-Etienne
1968/69 Olympique Marseille
1969/70 AS Saint-Etienne
1970/71 Stade Rennais FC
1971/72 Olympique Marseille
1972/73 Olympique Lyonnais
1973/74 AS Saint-Etienne
1974/75 AS Saint-Etienne
1975/76 Olympique Marseille
1976/77 AS Saint-Etienne
1977/78 AS Nancy-Lorraine
1978/79 FC Nantes Atlantique [FC Nantes]
1979/80 AS Monaco FC [AS Monaco]
1980/81 SC Bastia [SEC Bastia]
1981/82 Paris Saint-Germain FC
1982/83 Paris Saint-Germain FC
1983/84 FC Metz
1984/85 AS Monaco FC [AS Monaco]
1985/86 FC Girondins Bordeaux
1986/87 FC Girondins Bordeaux
1987/88 FC Metz
1988/89 Olympique Marseille
1989/90 Montpellier HSC
1990/91 AS Monaco FC [AS Monaco]
1991/92 *wurde nicht ausgetragen*
1992/93 Paris Saint-Germain FC
1993/94 AJ Auxerroise
1994/95 Paris Saint-Germain FC
1995/96 AJ Auxerroise
1996/97 OGC Nice
1997/98 Paris Saint-Germain FC
1998/99 FC Nantes Atlantique
1999/00 FC Nantes Atlantique
2000/01 RC Strasbourg
2001/02 FC Lorient
2002/03 AJ Auxerroise
2003/04 Paris Saint-Germain FC
2004/05 AJ Auxerroise
2005/06 Paris Saint-Germain FC

Frankreich-Liga-Pokal
1953 FC Sochaux-Montbéliard
1954 Stade de Reims
1955 AS Saint-Etienne
1956 Nîmes OSC
1957 Olympique Marseille
1958 AS Saint-Etienne
1959 RC Lens
1960 RC Lens
1961 AS Monaco FC [AS Monaco]
1962 RC Franc Comtois
1963 FC Sochaux-Montbéliard
1964 FC Sochaux-Montbéliard
1965 RC Lens
1966-81 *wurde nicht ausgetragen*
1982 Stade Lavallois MFC
1983 *wurde nicht ausgetragen*
1984 Stade Lavallois MFC
1985 *wurde nicht ausgetragen*
1986 FC Metz
1987-90 *wurde nicht ausgetragen*
1991 Stade de Reims
1992 Montpellier HSC
1993 *wurde nicht ausgetragen*
1994 RC Lens
1994/95 Paris Saint-Germain FC
1995/96 FC Metz
1996/97 RC Strasbourg
1997/98 Paris Saint-Germain FC
1998/99 RC Lens
1999/00 FC Gueugnonnais
2000/01 Olympique Lyonnais
2001/02 FC Girondins Bordeaux
2002/03 AS Monaco FC
2003/04 FC Sochaux-Montbéliard
2004/05 RC Strasbourg
2005/06 AS Nancy-Lorraine

Französisch-Guyana-Liga
1976/77 AS Club Colonial
1977/78 AS Club Colonial
1978/79 AS Club Colonial
1980-81 *Sieger unbekannt*
1981/82 USL Montjoly
1982/83 AJ Saint-Georges
1983/84 AJ Saint-Georges
1984/85 ASC Le Geldar
1985/86 ASL Sport Guyanais
1986/87 *Sieger unbekannt*
1987/88 ASC Le Geldar
1988/89 ASC Le Geldar
1989/90 SC Kouroucien
1990/91 AS Club Colonial
1991/92 AS Club Colonial
1992/93 US Sinnamary
1993/94 US Sinnamary
1994/95 ASJ Mana
1995/96 AS Club Colonial
1996/97 US Sinnamary
1997/98 ASJ Mana
1998/99 AJ Saint-Georges
1999/00 AJ Saint-Georges
2000/01 ASC Le Geldar
2001/02 AJ Saint-Georges
2002/03 US Matoury
2003/04 ASC Le Geldar
2004/05 ASC Le Geldar
2005/06 US Matoury

Gabun-Liga
1968 Olympique sportif
1969 Aigle Royal
1970 Aigle Royal
1971 AS Solidarité
1972 Olympique sportif
1973 AS Police
1974 Zalang COC
1975 Pétrosport FC
1976 Vantour Mangoungou
1977 Vantour Mangoungou
1978 FC 105 [ASMO FC 105]
1979 Anges ABC
1980 US Mbila Nzambi
1981 US Mbila Nzambi
1982 FC 105 [ASMO FC 105]
1983 FC 105 [ASMO FC 105]
1984 AS Sogara
1985 FC 105 [ASMO FC 105]
1986 FC 105 [ASMO FC 105]
1987 FC 105 [ASMO FC 105]
1988 US Mbila Nzambi
1989 AS Sogara
1990 JAC
1991 AS Sogara
1992 AS Sogara
1993 AS Sogara
1994 AS Sogara
1995 AS Mangasport
1996 Mbilinga FC
1997 *wurde nicht ausgetragen*
1998 FC 105
1999 FC 105
2000 AS Mangasport
2001 FC 105
2002 US Mbila Nzambi
2003 US Bitam
2004 AS Mangasport
2005 AS Mangasport
2006 AS Mangasport

Gabun-Pokal
1975 Pétrosport FC
1976 Anges ABC
1977 FC 105 [ASMO FC 105]
1978 AS Stade Mandji
1979 AS Stade Mandji
1980 FC 105 [ASMO FC 105]
1981 FC 105 [ASMO FC 105]
1982 CAP Owendo
1983 CAP Owendo
1984 FC 105 [ASMO FC 105]
1985 AS Sogara
1986 FC 105 [ASMO FC 105]
1987 US Mbila Nzambi
1988 Vantour Mangoungou
1989 Pétrosport FC
1990 Mbilinga FC [Shellsport]
1991 US Mbila Nzambi
1992 Téléstars FC [Delta Sports FC]
1993 AS Mangasport
1994 AS Mangasport
1995 Mbilinga FC
1996 FC 105 [ASMO FC 105]
1997 Mbilinga FC
1998 Ndzimba FC
1999 US Bitam
2000 AO Evizo
2001 AS Mangasport
2002 US Mbila Nzambi
2003 US Bitam
2004 FC 105
2005 AS Mangasport
2006 Téléstars FC

Gambia-Liga
1964/65 Arrance
1965/66 Augustians
1966/67 Augustians
1968-69 *Sieger unbekannt*
1969/70 Wallidan
1970/71 Wallidan
1971/72 Wallidan
1972/73 Ports Authority
1973/74 Wallidan
1974/75 Real Banjul
1975/76 Wallidan
1976/77 Wallidan
1977/78 Real Banjul
1978/79 Wallidan
1979/80 Starlight/Gunners FC [Starlight]
1980/81 Starlight/Gunners FC [Starlight]
1981/82 Ports Authority
1982/83 Real Banjul
1983/84 Ports Authority
1984/85 Wallidan
1985/86 Wallidan
1986/87 Wallidan
1987/88 Wallidan
1988/89 *wurde nicht ausgetragen*
1989/90 Wallidan
1990/91 *wurde nicht ausgetragen*
1991/92 Wallidan
1992/93 Banjul Hawks FC
1993/94 Real Banjul
1994/95 Wallidan
1995/96 Banjul Hawks FC
1996/97 Real Banjul
1997/98 Real Banjul
1998/99 Ports Authority
1999/00 Real Banjul
2000/01 Wallidan
2001/02 Wallidan
2002/03 Armed Forces
2003/04 Wallidan
2005 Wallidan
2006 Ports Authority

Gambia-Pokal
1974 Wallidan
1975 Ports Authority
1976 Wallidan
1977 *wurde nicht ausgetragen*
1978 Wallidan
1979 Dingareh
1980 *wurde nicht ausgetragen*
1981 Wallidan
1982 Starlight/Gunners FC [Starlight]
1983 Banjul Hawks FC
1984 Wallidan
1985 Starlight/Gunners FC [Starlight]
1986 Wallidan
1987 Wallidan
1988-90 *wurde nicht ausgetragen*
1991 Wallidan
1992 *wurde nicht ausgetragen*
1993 Wallidan
1994 *wurde nicht ausgetragen*
1995 Mass Sosseh
1996 Wallidan
1997 Real Banjul
1998 Wallidan
1999 Wallidan
2000 Steve Biko
2001 Wallidan
2002 Wallidan
2003 Wallidan
2004 Wallidan
2005 Bakau United FC
2006 Banjul Hawks FC

Georgien-Liga
1990 FC Dinamo Tbilissi [FC Iberia Tbilissi]
1991 FC Dinamo Tbilissi [FC Iberia Tbilissi]
1991/92 FC Dinamo Tbilissi [FC Iberia Tbilissi]
1992/93 FC Dinamo Tbilissi
1993/94 FC Dinamo Tbilissi
1994/95 FC Dinamo Tbilissi
1995/96 FC Dinamo Tbilissi
1996/97 FC Dinamo Tbilissi
1997/98 FC Dinamo Tbilissi
1998/99 FC Dinamo Tbilissi
1999/00 FC Torpedo Kutaïssi
2000/01 FC Torpedo Kutaïssi
2001/02 FC Torpedo Kutaïssi
2002/03 FC Dinamo Tbilissi
2003/04 FC WIT Georgia Tbilissi
2004/05 FC Dinamo Tbilissi
2005/06 FC Sioni Bolnissi

Georgien-Pokal
1990 FC Guria Lantschchuti
1991/92 FC Dinamo Tbilissi [FC Iberia Tbilissi]
1992/93 FC Dinamo Tbilissi
1993/94 FC Dinamo Tbilissi
1994/95 FC Dinamo Tbilissi
1995/96 FC Dinamo Tbilissi
1996/97 FC Dinamo Tbilissi
1997/98 FC Dinamo Batumi
1998/99 FC Torpedo Kutaïssi
1999/00 FC Lokomotiwi Tbilissi
2000/01 FC Torpedo Kutaïssi
2001/02 FC Lokomotiwi Tbilissi
2002/03 FC Dinamo Tbilissi
2003/04 FC Dinamo Tbilissi
2004/05 FC Lokomotiwi Tbilissi
2005/06 FC Ameri Tbilissi

Ghana-Liga
1955 Hearts of Oak SC
1956 Hearts of Oak SC
1957 *wurde nicht ausgetragen*
1958 Hearts of Oak SC
1959 Asante Kotoko FC
1960 Eleven Wise FC
1961/62 Hearts of Oak SC
1962/63 Real Republicans
1963/64 Asante Kotoko FC
1964/65 Asante Kotoko FC
1966 Cape Coast Ebusua Dwarfs [Cape Coast Mysterious Dwarfs]
1967 Asante Kotoko FC
1968 Asante Kotoko FC
1969 Asante Kotoko FC
1970 Great Olympics
1971 Hearts of Oak SC
1972 Asante Kotoko FC
1973 Hearts of Oak SC
1974 Great Olympics
1975 Asante Kotoko FC
1976 Hearts of Oak SC
1977 Hasaacas
1978 Hearts of Oak SC
1979 Hearts of Oak SC
1980 Asante Kotoko FC
1981 Asante Kotoko FC
1982 Asante Kotoko FC
1983 Asante Kotoko FC
1984 Hearts of Oak SC
1985 Hearts of Oak SC
1986 Asante Kotoko FC
1987 Asante Kotoko FC
1988/89 Asante Kotoko FC
1989/90 Hearts of Oak SC
1990/91 Asante Kotoko FC
1991/92 Asante Kotoko FC
1992/93 Asante Kotoko FC
1993/94 Ashanti Gold SC [Goldfields SC]
1994/95 Ashanti Gold SC [Goldfields SC]
1995/96 Ashanti Gold SC [Goldfields SC]
1996/97 Hearts of Oak SC
1997/98 Hearts of Oak SC
1999 Hearts of Oak SC
2000 Hearts of Oak SC
2001 Hearts of Oak SC
2002 Hearts of Oak SC
2003 Asante Kotoko FC
2004/05 Hearts of Oak SC
2005 Asante Kotoko FC

Ghana-Pokal
1958 Asante Kotoko FC
1959 Cornerstones
1960 Asante Kotoko FC
1961/62 Real Republicans
1962/63 Real Republicans
1963/64 Real Republicans
1964/65 Real Republicans
1966-67 *wurde nicht ausgetragen*
1968 Cape Coast Ebusua Dwarfs [Cape Coast Mysterious Dwarfs]
1969-72 *wurde nicht ausgetragen*
1973 Hearts of Oak SC
1974 Hearts of Oak SC
1975 Great Olympics
1976 Asante Kotoko FC
1977 *wurde nicht ausgetragen*
1978 Asante Kotoko FC
1979 Hearts of Oak SC
1980 Hasaacas
1981 Hearts of Oak SC
1982 Eleven Wise FC
1983 Great Olympics
1984 Asante Kotoko FC
1985 Hasaacas
1986 Okwahu United
1987 Hearts of Oak SC
1988 Hearts of Oak SC
1989 Hearts of Oak SC
1989/90 Asante Kotoko FC
1990/91 Asante Kotoko FC
1991/92 Voradep Ho
1992/93 Ashanti Gold SC [Goldfields SC]
1993/94 Hearts of Oak SC
1994/95 Hearts of Oak SC
1995/96 Hearts of Oak SC
1996/97 GHAPOHA Readers
1997/98 Asante Kotoko FC
1999 Hearts of Oak SC
2000 Hearts of Oak SC
2001 Asante Kotoko FC

Grenada-Liga
1996 Barba Super Stars
1997 Seven Seas Rock City
1998 Fontenoy United
1999 Cable Vision SAFL
2000 Demerara Mutual Life GBSS
2001 Demerara Mutual Life GBSS
2002 Queens Park Rangers SC
2003 Hurricanes FC
2004 *wettbewerb wurde annulliert*
2005 ASOMS Paradise
2006 Hurricanes FC

Grenada-Pokal
1998 Anchor Queen's Park Rangers
1999 Brunswick United
2000 Capital Bank Hurricane

Griechenland-Liga
1927/28 AS Aris
1928/29 *wurde nicht ausgetragen*
1929/30 Panathinaikos AO
1930/31 PAE Olympiakos Peiraia
1931/32 AS Aris
1932/33 PAE Olympiakos Peiraia
1933/34 PAE Olympiakos Peiraia
1934/35 *wurde nicht ausgetragen*
1935/36 PAE Olympiakos Peiraia
1936/37 PAE Olympiakos Peiraia
1937/38 PAE Olympiakos Peiraia
1938/39 PAE AEK
1939/40 PAE AEK
1941-45 *wurde nicht ausgetragen*
1945/46 AS Aris
1946/47 PAE Olympiakos Peiraia
1947/48 PAE Olympiakos Peiraia
1948/49 Panathinaikos AO
1949/50 *wurde nicht ausgetragen*
1950/51 PAE Olympiakos Peiraia
1951/52 *wurde nicht ausgetragen*
1952/53 Panathinaikos AO
1953/54 PAE Olympiakos Peiraia
1954/55 PAE Olympiakos Peiraia
1955/56 PAE Olympiakos Peiraia
1956/57 PAE Olympiakos Peiraia
1957/58 PAE Olympiakos Peiraia
1958/59 PAE Olympiakos Peiraia
1959/60 Panathinaikos AO
1960/61 Panathinaikos AO
1961/62 Panathinaikos AO
1962/63 PAE AEK
1963/64 Panathinaikos AO
1964/65 Panathinaikos AO
1965/66 PAE Olympiakos Peiraia
1966/67 PAE Olympiakos Peiraia
1967/68 PAE AEK
1968/69 Panathinaikos AO
1969/70 Panathinaikos AO
1970/71 PAE AEK
1971/72 Panathinaikos AO
1972/73 PAE Olympiakos Peiraia
1973/74 PAE Olympiakos Peiraia
1974/75 PAE Olympiakos Peiraia
1975/76 AS PAOK
1976/77 Panathinaikos AO
1977/78 PAE AEK
1978/79 PAE AEK
1979/80 PAE Olympiakos Peiraia
1980/81 PAE Olympiakos Peiraia
1981/82 PAE Olympiakos Peiraia
1982/83 PAE Olympiakos Peiraia
1983/84 Panathinaikos AO
1984/85 AS PAOK
1985/86 Panathinaikos AO
1986/87 PAE Olympiakos Peiraia
1987/88 AE Larisa 1964 [PAE Larisa]
1988/89 PAE AEK
1989/90 Panathinaikos AO
1990/91 Panathinaikos AO
1991/92 PAE AEK
1992/93 PAE AEK
1993/94 PAE AEK
1994/95 Panathinaikos AO
1995/96 Panathinaikos AO
1996/97 PAE Olympiakos Peiraia

1997/98 PAE Olympiakos Peiraia
1998/99 PAE Olympiakos Peiraia
1999/00 PAE Olympiakos Peiraia
2000/01 PAE Olympiakos Peiraia
2001/02 PAE Olympiakos Peiraia
2002/03 PAE Olympiakos Peiraia
2003/04 Panathinaikos AO
2004/05 PAE Olympiakos Peiraia
2005/06 PAE Olympiakos Peiraia

Griechenland-Pokal
1931/32 PAE AEK
1932/33 Ethnikos Peiraia
1934-38 *wurde nicht ausgetragen*
1938/39 PAE AEK
1939/40 Panathinaikos AO
1941-46 *wurde nicht ausgetragen*
1946/47 PAE Olympiakos Peiraia
1947/48 Panathinaikos AO
1948/49 PAE AEK
1949/50 PAE AEK
1950/51 PAE Olympiakos Peiraia
1951/52 PAE Olympiakos Peiraia
1952/53 PAE Olympiakos Peiraia
1953/54 PAE Olympiakos Peiraia
1954/55 Panathinaikos AO
1955/56 PAE AEK
1956/57 PAE Olympiakos Peiraia
1957/58 PAE Olympiakos Peiraia
1958/59 PAE Olympiakos Peiraia
1959/60 PAE Olympiakos Peiraia
1960/61 PAE Olympiakos Peiraia
1961/62 *Titel nicht vergeben*
1962/63 PAE Olympiakos Peiraia
1963/64 PAE AEK
1964/65 PAE Olympiakos Peiraia
1965/66 PAE AEK
1966/67 Panathinaikos AO
1967/68 PAE Olympiakos Peiraia
1968/69 Panathinaikos AO
1969/70 AS Aris
1970/71 PAE Olympiakos Peiraia
1971/72 AS PAOK
1972/73 PAE Olympiakos Peiraia
1973/74 AS PAOK
1974/75 PAE Olympiakos Peiraia
1975/76 GS Iraklis Thessaloniki
1976/77 Panathinaikos AO
1977/78 PAE AEK
1978/79 Panionios GSS [Panionios PAE]
1979/80 AS Kastoria
1980/81 PAE Olympiakos Peiraia
1981/82 Panathinaikos AO
1982/83 PAE AEK
1983/84 Panathinaikos AO
1984/85 AE Larisa 1964 [PAE Larisa]
1985/86 Panathinaikos AO
1986/87 OFI
1987/88 Panathinaikos AO
1988/89 Panathinaikos AO
1989/90 PAE Olympiakos Peiraia
1990/91 Panathinaikos AO
1991/92 PAE Olympiakos Peiraia
1992/93 Panathinaikos AO
1993/94 Panathinaikos AO
1994/95 Panathinaikos AO
1995/96 PAE AEK
1996/97 PAE AEK
1997/98 Panionios GSS [Panionios PAE]
1998/99 PAE Olympiakos Peiraia
1999/00 PAE AEK
2000/01 AS PAOK
2001/02 PAE AEK
2002/03 AS PAOK
2003/04 Panathinaikos AO
2004/05 PAE Olympiakos Peiraia
2005/06 PAE Olympiakos Peiraia

Grönland-Liga
1971 T-41
1972 GSS
1973 GSS
1974 SAK
1975 GSS
1976 GSS
1977 N-48
1978 N-48
1979 CIF-70
1980 N-48
1981 Nuuk IL
1982 N-48
1983 N-48
1984 N-48
1985 Nuuk IL
1986 Nuuk IL
1987 K-1933
1988 Nuuk IL
1989 Kagssagssuk
1990 K-1933
1991 K-1933
1992 Aqissiaq
1993 B-67
1994 B-67
1995 Kugssak
1996 B-67
1997 B-67
1998 K-1933
1999 B-67
2000 N-48
2001 N-48
2002 Kugssak
2003 K-1933
2004 FC Malamuk
2005 B-67

Guadeloupe-Liga
1983/84 JS Capesterre
1984/85 CS Moulien
1986-87 *Sieger unbekannt*
1987/88 Solidarité Scolaire
1988/89 Zénith
1989/90 Solidarité Scolaire
1990/91 Solidarité Scolaire
1991/92 Solidarité Scolaire
1992/93 Solidarité Scolaire
1993/94 JS Trois-Rivières
1994/95 Arsenal Club
1995/96 L'Etoile Filante
1996/97 L'Etoile Filante
1997/98 L'Etoile Filante
1998/99 Racing Club
1999/00 ASG Juventus
2000/01 L'Etoile Filante
2001/02 L'Etoile Filante
2002/03 Phare du Cana
2003/04 Racing Club
2004/05 AS Gosier
2005/06 JS Vieux-Habitants

Guadeloupe-Pokal
1999 AJCS
2000 AS Gosier
2001 Racing Club
2002 L'Etoile Filante
2003 *wurde nicht ausgetragen*
2004 Racing Club
2005 Rapid Club
2006 Amical Club

Guam-Liga
1990 University of Guam Tritons
1991 University of Guam Tritons
1992 University of Guam Tritons
1993 University of Guam Tritons
1994 CSX Tumon Club [Tumon Taivon]
1995 Continental Micronesia G-Force
1996 Continental Micronesia G-Force
1997 CSX Tumon Club [Tumon SC]
1998 Anderson Bombers [Anderson SC]
1999 Guam Shipyard SC [Coor's Light Silver Bullets]
2000 Guam Shipyard SC [Coor's Light Silver Bullets]
2001 Guam Shipyard SC [Staywell Zoom]
2002 Guam Shipyard SC
2003 Guam Shipyard SC
2004 Guam U-18
2005 Guam Shipyard SC
2006 Guam Shipyard SC

Guatemala-Liga
1919 Allies
1920 Hércules
1921 Hércules
1922 Hércules
1923 Allies
1924 Escuela de Medicina
1925 La Joya
1926 La Joya
1927 Hércules
1928 Escuela de Medicina
1929 Universidad de San Carlos
1930 Universidad de San Carlos
1931 Universidad de San Carlos
1932 Equipo de Guatemala
1933 Escuela de Politehnica
1934 Escuela de Politehnica
1935 Pensativo de Antigua
1936-37 *wurde nicht ausgetragen*
1938 Tip-Nac
1939 Juventud Retalteca
1940 Tip-Nac
1941 Guatemala FC
1942 CSD Municipal
1943 Tip-Nac
1944 *wurde nicht ausgetragen*
1945 Tip-Nac
1946 CSD Municipal
1947 CSD Municipal
1948 *wurde nicht ausgetragen*
1949 España FC
1950 CSD Comunicaciones FC
1951 CSD Municipal
1952 CSD Municipal
1953 Tip-Nac
1954 *wurde nicht ausgetragen*
1955 CSD Municipal
1956 CSD Comunicaciones FC
1956/57 CSD Comunicaciones FC
1957/58 CSD Comunicaciones FC
1958/59 CSD Municipal
1959/60 CSD Comunicaciones FC
1961 CSD Xelajú MC
1962 CSD Municipal
1963 CSD Municipal
1964 Aurora FC
1965 CSD Municipal
1966 Aurora FC
1967 Aurora FC
1968/69 CSD Comunicaciones FC
1969/70 CSD Municipal
1970/71 CSD Comunicaciones FC
1971 CSD Comunicaciones FC
1972 CSD Comunicaciones FC
1973 CSD Municipal
1974 CSD Municipal
1975 Aurora FC
1976 CSD Municipal
1977/78 CSD Comunicaciones FC
1978/79 Aurora FC
1979/80 CSD Comunicaciones FC
1980 CSD Xelajú MC
1981 CSD Comunicaciones FC
1982 CSD Comunicaciones FC
1983 CD Suchitepéquez
1984 Aurora FC
1985 CSD Comunicaciones FC
1986 Aurora FC
1987/88 CSD Municipal
1988/89 CSD Municipal
1989/90 CSD Municipal
1990/91 CSD Comunicaciones FC
1991/92 CSD Municipal
1992/93 Aurora FC
1993/94 CSD Municipal
1994/95 CSD Comunicaciones FC
1995/96 CSD Xelajú MC
1996/97 CSD Comunicaciones FC
1997/98 CSD Comunicaciones FC
1998/99 CSD Comunicaciones FC
1999/00 CSD Comunicaciones FC und CSD Municipal
2000/01 CSD Municipal und CSD Comunicaciones FC
2001/02 CSD Municipal und CSD Municipal
2002/03 CSD Comunicaciones FC und CSD Comunicaciones FC
2003/04 CSD Municipal und Cobán Imperial
2004/05 CSD Municipal und CSD Municipal
2005/06 CSD Municipal und CSD Municipal

Guatemala-Pokal
1991/92 CSD Comunicaciones FC
1992/93 CD Suchitepéquez
1993/94 CD Suchitepéquez
1994/95 CSD Municipal
1995/96 CSD Municipal
1996/97 CD Amatitlán
1997/98 CD Suchitepéquez
1998/99 CSD Municipal
2000-01 *wurde nicht ausgetragen*
2002 CD Jalapa
2003 CSD Municipal
2004 CSD Municipal
2005 CD Jalapa
2006 CD Jalapa

Guinea-Liga
1965 AS Kaloum Stars [Conakry I]
1966 Kakimbo FC [Conakry II]
1967 Kakimbo FC [Conakry II]
1968 Kakimbo FC [Conakry II]
1969 AS Kaloum Stars [Conakry I]
1970 AS Kaloum Stars [Conakry I]
1971 Hafia FC
1972 Hafia FC
1973 Hafia FC
1974 Hafia FC
1975 Hafia FC
1976 Hafia FC
1977 Hafia FC
1978 Hafia FC
1979 Hafia FC
1980 AS Kaloum Stars
1981 AS Kaloum Stars
1982 Hafia FC
1983 Hafia FC
1984 AS Kaloum Stars
1985 Hafia FC
1986 Horoya AC
1987 AS Kaloum Stars
1988 Horoya AC
1989 Horoya AC
1990 Horoya AC
1991 Horoya AC
1992 Horoya AC
1993 AS Kaloum Stars
1994 Horoya AC
1995 AS Kaloum Stars
1996 AS Kaloum Stars
1997 *wettbewerb wurde annulliert*
1998 AS Kaloum Stars
1999 *wurde nicht ausgetragen*
2000 Horoya AC
2001 Horoya AC
2002 Satellite FC
2003 ASFAG
2004 *wurde nicht ausgetragen*
2005 Satellite FC
2006 Fello Star

Guinea-Pokal
1975 AS Kaloum Stars
1976 AS Kaloum Stars
1977 Horoya AC
1978 Horoya AC
1979 Horoya AC
1980 Gbessia AC
1981 Gbessia AC
1982 Horoya AC
1983 Horoya AC
1984 Horoya AC
1985 AS Kaloum Stars
1986 CO Kakandé Boké
1987 ASFAG
1988 CO Kakandé Boké
1989 Horoya AC
1990 Makona
1991 ASFAG
1992 Hafia FC
1993 Hafia FC
1994 Horoya AC
1995 Horoya AC
1996 ASFAG
1997 AS Kaloum Stars
1998 AS Kaloum Stars
1999 Horoya AC
2000 Fello Star
2001 AS Kaloum Stars
2002 Hafia FC
2003 Etoile Guinée
2004 Fello Star
2005 AS Kaloum Stars
2006 Satellite FC

Guinea-Bissau-Liga
1975 CF Os Balantas Mansôa
1976 UDIB
1977 SB Benfica
1978 SB Benfica
1979 *Titel nicht vergeben*
1980 SB Benfica
1981 SB Benfica
1982 SB Benfica
1983 SC Bissau
1984 SC Bissau
1985 UDIB
1986 SC Bissau
1987 Bafatá SC
1988 SB Benfica
1989 SB Benfica
1990 SB Benfica
1991 SC Bissau
1992 SC Bissau
1993 FC Portos
1994 SC Bissau
1995 *Titel nicht vergeben*
1996 ADR Mansabá
1997 SC Bissau
1998 SC Bissau
1999 *wurde nicht ausgetragen*
2000 SC Bissau
2001 *wurde nicht ausgetragen*
2002 SC Bissau
2003 UDIB
2004 SC Bissau
2005 SC Bissau
2006 CF Os Balantas Mansôa

Guinea-Bissau-Pokal
1977 UDIB
1978 FC Bula
1979 Estrela Negra Bolama
1980 SB Benfica
1981 Ajuda Sport
1982 SC Bissau
1983 UDIB
1984 UDIB
1985 UDIB
1986 SC Bissau
1987 SC Bissau
1988 UDIB
1989 SB Benfica
1990 Farim GD
1991 SC Bissau
1992 SB Benfica
1993 FC Portos
1994 FC Mavegro [Bissau TC]
1995 *wurde nicht ausgetragen*
1996 UDIB
1997 *wurde nicht ausgetragen*
1998 FC Portos
1999-00 *wurde nicht ausgetragen*
2001 ADR Mansabá
2002 FC Mavegro
2003 *wettbewerb wurde annulliert*
2004 FC Mavegro
2005 SC Bissau
2006 FC Portos

Guyana-Liga
1990 Santos FC
1991 Santos FC
1992-93 *wurde nicht ausgetragen*
1994 Western Tigers FC
1995 Milerock
1996 Omai Gold Seekers
1997 Topp XX
1998/99 Santos FC
1999/00 *wurde nicht ausgetragen*
2000/01 Conquerors

Guyana-Pokal
1990/91 Milerock
1991/92 Eagles United
1992/93 Botafogo/Central Hikers
1993/94 Camptown FC
1994/95 Topp XX
1995/96 Beacon's FC
1996/97 Topp XX
1997/98 Milerock
1998/99 Doc's Khelwalas FC
1999/00 Topp XX
2000/01 Topp XX
2001/02 Real Victoria Kings
2002/03 Conquerors
2003/04 Camptown FC
2004/05 Conquerors
2005/06 Topp XX

Haiti-Liga
1937/38 RC Haïtien
1939 Violette AC
1940 Hatney Bacardi Club
1941 RC Haïtien
1942 Etoile Haïtienne
1943 Arsenal FC
1944 Etoile Haïtienne
1945 Hatney Bacardi Club
1946 RC Haïtien
1947 RC Haïtien
1948 Excelsior AC
1949 *Wettbewerb wurde nicht beendet*
1950 Excelsior AC
1951 Excelsior AC
1952/53 Aigle-Noir AC
1953/54 RC Haïtien
1955 Aigle-Noir AC
1956 Jeunesse
1957 Violette AC
1958 RC Haïtien
1959-60 *wurde nicht ausgetragen*
1961 Estrella Haitiana
1962 RC Haïtien
1963-67 *wurde nicht ausgetragen*
1968 Violette AC
1969 RC Haïtien
1970 Aigle-Noir AC
1971 Don Bosco
1972-82 *wurde nicht ausgetragen*
1983 Violette AC
1984-87 *wurde nicht ausgetragen*
1987/88 *Sieger unbekannt*
1988/89 FICA
1989/90 FICA
1990/91 FICA
1991/92 *Wettbewerb wurde nicht beendet*
1992/93 Tempête FC
1993/94 FICA
1994/95 Violette AC
1996 Racing FC
1997 AS Capoise
1998 FICA
1999 Violette AC
2000 RC Haïtien
2001 FICA
2002 Roulado und RC Haïtien
2003 Don Bosco und Roulado
2004/05 AS Mirebalais und Baltimore SC
2005/06 Baltimore SC und Aigle-Noir AC

Honduras-Liga
1965/66 CD Platense
1966/67 CD Olimpia
1967/68 CD Olimpia
1968/69 CD Motagua
1969/70 CD Olimpia
1970/71 CD Motagua
1971/72 CD Olimpia
1972/73 *Titel nicht vergeben*
1973 CD Motagua
1974 Real España
1975 Real España
1976 Real España
1977 CD Olimpia
1978 CD Motagua
1979 CD Marathón
1980 Real España
1981 CD Vida
1982 CD Olimpia
1983 CD Vida
1984 CD Olimpia
1985 CD Marathón
1986 CD Olimpia
1987 CD Olimpia
1988 Real España
1989 CD Olimpia
1990 Real España
1991/92 CD Motagua
1992/93 CD Olimpia
1993/94 Real España
1994/95 CD Victoria
1995/96 CD Olimpia
1996/97 CD Olimpia
1997/98 CD Motagua und CD Motagua
1999 CD Olimpia
1999/00 CD Motagua und CD Motagua
2000/01 CD Olimpia und CD Platense
2001/02 CD Motagua und CD Marathón
2002/03 CD Olimpia und CD Marathón
2003/04 Real España und CD Olimpia
2004/05 CD Marathón und CD Olimpia
2005/06 CD Olimpia und CD Olimpia

Honduras-Pokal
1992 Real España
1993 Real Maya
1994 CD Marathón
1995 CD Olimpia
1996 CD Platense
1997 CD Platense

Hongkong-Liga
1945/46 Royal Air Force
1946/47 Sing Tao
1947/48 Kitchee
1948/49 South China
1949/50 Kitchee
1950/51 South China
1951/52 South China
1952/53 South China
1953/54 Kowloon Motor Bus Co.
1954/55 South China
1955/56 Eastern FC
1956/57 South China
1957/58 South China
1958/59 South China
1959/60 South China
1960/61 South China
1961/62 South China
1962/63 Yuen Long
1963/64 Kitchee
1964/65 Happy Valley
1965/66 South China
1966/67 Kowloon Motor Bus Co.
1967/68 South China
1968/69 South China
1969/70 Jardines
1970/71 Rangers FC
1971/72 South China
1972/73 Seiko
1973/74 South China
1974/75 Seiko
1975/76 South China
1976/77 South China
1977/78 South China
1978/79 Seiko
1979/80 Seiko
1980/81 Seiko
1981/82 Seiko
1982/83 Seiko
1983/84 Seiko
1984/85 Seiko
1985/86 South China
1986/87 South China
1987/88 South China
1988/89 Happy Valley
1989/90 South China
1990/91 South China
1991/92 South China
1992/93 Eastern FC
1993/94 Eastern FC
1994/95 Eastern FC
1995/96 Instant-Dict FC
1996/97 South China
1997/98 Instant-Dict FC
1998/99 Happy Valley
1999/00 South China
2000/01 Happy Valley
2001/02 Xiangxue Sun Hei [Sun Hei]
2002/03 Happy Valley
2003/04 Xiangxue Sun Hei [Sun Hei]
2004/05 Xiangxue Sun Hei [Sun Hei]
2005/06 Happy Valley

Hongkong-Pokal
1974/75 Seiko
1975/76 Seiko
1976/77 Rangers FC
1977/78 Seiko
1978/79 Yuen Long
1979/80 Seiko
1980/81 Seiko
1981/82 Bulova
1982/83 Bulova
1983/84 Eastern FC
1984/85 South China
1985/86 Seiko
1986/87 South China
1987/88 South China
1988/89 Lai Sun
1989/90 South China
1990/91 South China
1991/92 Ernest Borel
1992/93 Eastern FC
1993/94 Eastern FC
1994/95 Rangers FC
1995/96 South China
1996/97 Instant-Dict FC
1997/98 Instant-Dict FC
1998/99 South China
1999/00 Happy Valley
2000/01 Instant-Dict FC
2001/02 South China
2002/03 Xiangxue Sun Hei [Sun Hei]
2003/04 Happy Valley
2004/05 Xiangxue Sun Hei [Sun Hei]
2005/06 Xiangxue Sun Hei

Indien-Liga
1996/97 JCT FC [JCT Mills]
1997/98 Mohun Bagan AC
1998/99 Salgaocar SC
1999/00 Mohun Bagan AC
2000/01 East Bengal
2001/02 Mohun Bagan AC
2002/03 East Bengal
2003/04 East Bengal
2004/05 Dempo SC
2005/06 Mahindra United

Indien-Pokal
1977 ITI
1978 East Bengal und Mohun Bagan AC
1979 BSF
1980 East Bengal und Mohun Bagan AC
1981 Mohun Bagan AC
1982 Mohun Bagan AC
1983 Mohammedan SC
1984 Mohammedan SC
1985 East Bengal
1986 Mohun Bagan AC
1987 Mohun Bagan AC
1988 Salgaocar SC
1989 Salgaocar SC
1990 Kerala Police
1991 *wurde nicht ausgetragen*
1992 Mohun Bagan AC
1993 Mohun Bagan AC
1994 Mohun Bagan AC
1995 JCT FC [JCT Mills]
1996 East Bengal
1997 Salgaocar SC
1998 Mohun Bagan AC
1999-00 *wurde nicht ausgetragen*
2001 Mohun Bagan AC
2002 *wurde nicht ausgetragen*
2003 Mahindra United
2004 Dempo SC
2005 Mahindra United
2006 Mohun Bagan AC

Indien-Liga von Kalkutta
1898 Gloucestershire Regiment
1899 Calcutta FC
1900 Royal Irish Rifles
1901 Royal Irish Rifles
1902 King's Own Scottish Borderers
1903 93rd Highlanders
1904 King's Own Regiment
1905 King's Own Regiment
1906 Highlander Light Infantry
1907 Calcutta FC
1908 Gordon Light Infantry
1909 Gordon Light Infantry
1910 Dalhousie
1911 70th Company RGA
1912 Black Watch
1913 Black Watch
1914 91st Highlanders
1915 10th Middlesex Regiment
1916 Calcutta FC
1917 Lincolnshire Regiment
1918 Calcutta FC
1919 12th Special Service Battalion
1920 Calcutta FC
1921 Dalhousie
1922 Calcutta FC
1923 Calcutta FC
1924 Cameron Highlanders
1925 Calcutta FC
1926 North Staffordshire Regiment
1927 North Staffordshire Regiment
1928 Dalhousie
1929 Dalhousie
1930 *wurde nicht ausgetragen*
1931 Durhan Light Rifles
1932 Durhan Light Rifles
1933 Durhan Light Rifles
1934 Mohammedan SC
1935 Mohammedan SC
1936 Mohammedan SC
1937 Mohammedan SC
1938 Mohammedan SC
1939 Mohun Bagan AC
1940 Mohammedan SC
1941 Mohammedan SC
1942 East Bengal
1943 Mohun Bagan AC
1944 Mohun Bagan AC
1945 East Bengal
1946 East Bengal
1947 *wurde nicht ausgetragen*
1948 Mohammedan SC
1949 East Bengal
1950 East Bengal
1951 Mohun Bagan AC
1952 East Bengal
1953 *wurde nicht ausgetragen*
1954 Mohun Bagan AC
1955 Mohun Bagan AC
1956 Mohun Bagan AC
1957 Mohammedan SC
1958 Eastern Railway
1959 Mohun Bagan AC
1960 Mohun Bagan AC
1961 East Bengal
1962 Mohun Bagan AC
1963 Mohun Bagan AC
1964 Mohun Bagan AC
1965 Mohun Bagan AC
1966 East Bengal
1967 Mohammedan SC
1968 *wurde nicht ausgetragen*
1969 Mohun Bagan AC
1970 East Bengal
1971 East Bengal
1972 East Bengal
1973 East Bengal
1974 East Bengal
1975 East Bengal
1976 Mohun Bagan AC
1977 East Bengal
1978 Mohun Bagan AC
1979 Mohun Bagan AC
1980 *wurde nicht ausgetragen*
1981 Mohammedan SC
1982 East Bengal
1983 Mohun Bagan AC
1984 Mohun Bagan AC
1985 East Bengal

1986 Mohun Bagan AC
1987 East Bengal
1988 East Bengal
1989 East Bengal
1990 Mohun Bagan AC
1991 East Bengal
1992 Mohun Bagan AC
1993 East Bengal
1994 Mohun Bagan AC
1995 East Bengal
1996 Mohun Bagan AC
1997 Mohun Bagan AC
1998 East Bengal
1999 East Bengal
2000 East Bengal
2001 Mohun Bagan AC
2002 East Bengal
2003 East Bengal
2004 East Bengal
2005 Mohun Bagan AC
2006 East Bengal

Indien-Santosh Trophy
1941/42 Bengal
1943-44 *wurde nicht ausgetragen*
1944/45 Delhi
1945/46 Bengal
1946/47 Mysore
1947/48 Bengal
1948/49 *wurde nicht ausgetragen*
1949/50 Bengal
1950/51 Bengal
1951/52 Bengal
1952/53 Mysore
1953/54 Bengal
1954/55 Bombay
1955/56 Bengal
1956/57 Hyderabad
1957/58 Hyderabad
1958/59 Bengal
1959/60 Bengal
1960/61 Services
1961/62 Railways
1962/63 Bengal
1963/64 Maharashtra
1964/65 Railways
1965/66 Andhra Pradesh
1966/67 Railways
1967/68 Mysore
1968/69 Mysore
1969/70 Bengal
1970/71 Punjab
1971/72 Bengal
1972/73 Bengal
1973/74 Kerala
1974/75 Punjab
1975/76 Bengal
1976/77 Bengal
1977/78 Bengal
1978/79 Bengal
1979/80 Bengal
1980/81 Punjab
1981/82 Bengal
1982/83 Bengal und Goa
1983/84 Goa
1984/85 Punjab
1985/86 Punjab
1986/87 Bengal
1987/88 Punjab
1988/89 Bengal
1989/90 Bengal
1990/91 Bengal
1991/92 Maharashtra
1992/93 Kerala
1993/94 Bengal
1994/95 Bengal
1995/96 Bengal
1996/97 Bengal
1997/98 Bengal
1998/99 Bengal
1999/00 Maharashtra
2000/01 Kerala
2001/02 *wurde nicht ausgetragen*
2002/03 Manipur
2003/04 *wurde nicht ausgetragen*
2004/05 Kerala
2005/06 Goa

Indonesien-Liga
1979/80 Warna Agung
1980/82 NIAC Mitra Surabaya
1982/83 NIAC Mitra Surabaya
1983/84 Yanita Utama Bogor
1984 Yanita Utama Bogor
1985 Tiga Berlian
1986/87 Tiga Berlian
1987/88 NIAC Mitra Surabaya
1988/89 Pelita Bakrie [Pelita Jaya Mastrans]
1990 Pelita Bakrie [Pelita Jaya Mastrans]
1990/92 Arseto Solo
1992/93 Arema Malang
1993/94 Pelita Bakrie [Pelita Jaya Mastrans]
1994/95 Persib Maung [Persib]
1995/96 Mastrans Bandung Raya
1996/97 Persebaya
1997/98 *Wettbewerb wurde nicht beendet*
1998/99 PSIS Semarang
1999/00 PSM
2001 Persija
2002 Petrokimia Putra
2003 Persik
2004 Persebaya
2005 Persipura
2006 Persik

Indonesien-Pokal
1985 Arseto Solo
1986 Makasar Utama
1987 Tiga Berlian
1988 Tiga Berlian
1989 Tiga Berlian
1990-91 *wurde nicht ausgetragen*
1992 Semen Padang
1993 *wurde nicht ausgetragen*
1994 Gelora Dewata Denpasar
1995-04 *wurde nicht ausgetragen*
2005 Arema Malang
2006 Arema Malang

Irak-Liga
1973/74 al-Quwa al-Jawwiya [al-Tayaran]
1974/75 al-Quwa al-Jawwiya [al-Tayaran]
1975/76 al-Zawra'a
1976/77 al-Zawra'a
1977/78 al-Mina'a
1978/79 al-Zawra'a
1979/80 al-Shurta
1980/81 al-Talaba
1981/82 al-Talaba
1982/83 al-Talaba
1983/84 Salaheddin
1984/85 al-Jaish
1985/86 al-Karkh [al-Rasheed]
1986/87 al-Talaba
1987/88 al-Karkh [al-Rasheed]
1988/89 al-Karkh [al-Rasheed]
1989/90 al-Karkh [al-Rasheed]
1990/91 *Wettbewerb wurde nicht beendet*
1991/92 al-Zawra'a
1992/93 al-Quwa al-Jawwiya
1993/94 al-Talaba
1994/95 al-Zawra'a
1995/96 al-Zawra'a
1996/97 al-Quwa al-Jawwiya
1997/98 al-Shurta
1998/99 al-Zawra'a
1999/00 al-Zawra'a
2000/01 al-Zawra'a
2001/02 al-Talaba
2003-04 *wettbewerb wurde annulliert*
2004/05 al-Quwa al-Jawwiya
2005/06 al-Zawra'a

Irak-Pokal
1975/76 al-Zawra'a
1976/77 *wurde nicht ausgetragen*
1977/78 al-Quwa al-Jawwiya [al-Tayaran]
1978/79 al-Zawra'a
1979/80 al-Jaish
1980/81 al-Zawra'a
1981/82 al-Zawra'a
1982/83 al-Jaish
1983/84 al-Sinaa
1984/85 *wurde nicht ausgetragen*
1985/86 al-Karkh [al-Rasheed]
1986/87 *wurde nicht ausgetragen*
1987/88 al-Karkh [al-Rasheed]
1988/89 al-Zawra'a
1989/90 al-Zawra'a
1990/91 al-Zawra'a
1991/92 al-Quwa al-Jawwiya
1992/93 al-Zawra'a
1993/94 al-Zawra'a
1994/95 al-Zawra'a
1995/96 al-Zawra'a
1996/97 al-Quwa al-Jawwiya
1997/98 al-Zawra'a
1998/99 al-Zawra'a
1999/00 al-Zawra'a
2000/01 *wurde nicht ausgetragen*
2001/02 al-Talaba
2002/03 al-Talaba

Iran-Liga
1959/60 Pirouzi [Shahin]
1960/61 *wurde nicht ausgetragen*
1961/62 Daraei
1963-66 *wurde nicht ausgetragen*
1966/67 Paas
1967/68 Paas
1968/69 *wurde nicht ausgetragen*
1969/70 Esteghlal [Taj]
1970/71 *Wettbewerb wurde nicht beendet*
1971/72 *wurde nicht ausgetragen*
1972/73 Pirouzi [Perspolis]
1973/74 Esteghlal [Taj]
1974/75 Pirouzi [Perspolis]
1975/76 Paas
1976/77 Paas
1977/78 *Wettbewerb wurde nicht beendet*
1979-89 *wurde nicht ausgetragen*
1989/90 Esteghlal
1990/91 *wurde nicht ausgetragen*
1991/92 Paas
1992/93 Paas
1993/94 Saipa
1994/95 Saipa
1995/96 Pirouzi
1996/97 Pirouzi
1997/98 Esteghlal
1998/99 Pirouzi
1999/00 Pirouzi
2000/01 Esteghlal
2001/02 Pirouzi
2002/03 Foolad Sepahan
2003/04 Paas
2004/05 Foolad
2005/06 Esteghlal

Iran-Pokal
1976 Malavan
1977 Esteghlal
1978-85 *wurde nicht ausgetragen*
1986 Malavan
1987 Pirouzi
1988 Shahin
1989 *wurde nicht ausgetragen*
1990 Malavan
1991 Pirouzi
1992-93 *wurde nicht ausgetragen*
1994 Saipa
1995 Bahman
1996 Esteghlal
1997 Bargh
1998 *wurde nicht ausgetragen*
1999 Pirouzi
2000 Esteghlal
2001 Fajr Sepasi
2002 Esteghlal
2003 Zoab-Ahan
2004 Foolad Sepahan
2005 Saba batry
2006 Foolad Sepahan

Irland-Liga
1921/22 St James's Gate AFC
1922/23 Shamrock Rovers FC
1923/24 Bohemian FC
1924/25 Shamrock Rovers FC
1925/26 Shelbourne FC
1926/27 Shamrock Rovers FC
1927/28 Bohemian FC
1928/29 Shelbourne FC
1929/30 Bohemian FC
1930/31 Shelbourne FC
1931/32 Shamrock Rovers FC
1932/33 Dundalk FC
1933/34 Bohemian FC
1934/35 Dolphin AFC
1935/36 Bohemian FC
1936/37 Sligo Rovers FC
1937/38 Shamrock Rovers FC
1938/39 Shamrock Rovers FC
1939/40 St James's Gate AFC
1940/41 Cork United
1941/42 Cork United
1942/43 Cork United
1943/44 Shelbourne FC
1944/45 Cork United
1945/46 Cork United
1946/47 Shelbourne FC
1947/48 Drumcondra FC
1948/49 Drumcondra FC
1949/50 Cork Athletic FC
1950/51 Cork Athletic FC
1951/52 St Patrick's Athletic AFC
1952/53 Shelbourne FC
1953/54 Shamrock Rovers FC
1954/55 St Patrick's Athletic AFC
1955/56 St Patrick's Athletic AFC
1956/57 Shamrock Rovers FC
1957/58 Drumcondra FC
1958/59 Shamrock Rovers FC
1959/60 Limerick AFC
1960/61 Drumcondra FC
1961/62 Shelbourne FC
1962/63 Dundalk FC
1963/64 Shamrock Rovers FC
1964/65 Drumcondra FC
1965/66 Waterford United FC [Waterford AFC]
1966/67 Dundalk FC
1967/68 Waterford United FC [Waterford AFC]
1968/69 Waterford United FC [Waterford AFC]
1969/70 Waterford United FC [Waterford AFC]
1970/71 Cork Hibernians FC
1971/72 Waterford United FC [Waterford AFC]
1972/73 Waterford United FC [Waterford AFC]
1973/74 Cork Celtic FC
1974/75 Bohemian FC
1975/76 Dundalk FC
1976/77 Sligo Rovers FC
1977/78 Bohemian FC
1978/79 Dundalk FC
1979/80 Limerick AFC [Limerick United FC]
1980/81 Athlone Town AFC
1981/82 Dundalk FC
1982/83 Athlone Town AFC
1983/84 Shamrock Rovers FC
1984/85 Shamrock Rovers FC
1985/86 Shamrock Rovers FC
1986/87 Shamrock Rovers FC
1987/88 Dundalk FC
1988/89 Derry City FC
1989/90 St Patrick's Athletic AFC
1990/91 Dundalk FC
1991/92 Shelbourne FC
1992/93 Cork City FC
1993/94 Shamrock Rovers FC
1994/95 Dundalk FC
1995/96 St Patrick's Athletic AFC
1996/97 Derry City FC
1997/98 St Patrick's Athletic AFC
1998/99 St Patrick's Athletic AFC
1999/00 Shelbourne FC
2000/01 Bohemian FC
2001/02 Shelbourne FC
2002/03 Bohemian FC
2003 Shelbourne FC
2004 Shelbourne FC
2005 Cork City FC
2006 Shelbourne FC

Irland-Pokal
1921/22 St James's Gate AFC
1922/23 Alton United FC
1923/24 Athlone Town AFC
1924/25 Shamrock Rovers FC
1925/26 Cork United [Fordsons United FC]
1926/27 Drumcondra FC
1927/28 Bohemian FC
1928/29 Shamrock Rovers FC
1929/30 Shamrock Rovers FC
1930/31 Shamrock Rovers FC
1931/32 Shamrock Rovers FC
1932/33 Shamrock Rovers FC
1933/34 Cork United [Cork FC]
1934/35 Bohemian FC
1935/36 Shamrock Rovers FC
1936/37 Waterford United FC [Waterford AFC]
1937/38 St James's Gate AFC
1938/39 Shelbourne FC
1939/40 Shamrock Rovers FC
1940/41 Cork United
1941/42 Dundalk FC
1942/43 Drumcondra FC
1943/44 Shamrock Rovers FC
1944/45 Shamrock Rovers FC
1945/46 Drumcondra FC
1946/47 Cork United
1947/48 Shamrock Rovers FC
1948/49 Dundalk FC
1949/50 Transport FC
1950/51 Cork Athletic FC
1951/52 Dundalk FC
1952/53 Cork Athletic FC
1953/54 Drumcondra FC
1954/55 Shamrock Rovers FC
1955/56 Shamrock Rovers FC
1956/57 Drumcondra FC
1957/58 Dundalk FC
1958/59 St Patrick's Athletic AFC
1959/60 Shelbourne FC
1960/61 St Patrick's Athletic AFC
1961/62 Shamrock Rovers FC
1962/63 Shelbourne FC
1963/64 Shamrock Rovers FC
1964/65 Shamrock Rovers FC
1965/66 Shamrock Rovers FC
1966/67 Shamrock Rovers FC
1967/68 Shamrock Rovers FC
1968/69 Shamrock Rovers FC
1969/70 Bohemian FC
1970/71 Limerick AFC
1971/72 Cork Hibernians FC
1972/73 Cork Hibernians FC
1973/74 Finn Harps FC
1974/75 Dublin City FC [Home Farm FC]
1975/76 Bohemian FC
1976/77 Dundalk FC
1977/78 Shamrock Rovers FC
1978/79 Dundalk FC
1979/80 Waterford United FC [Waterford AFC]
1980/81 Dundalk FC
1981/82 Limerick AFC [Limerick United FC]
1982/83 Sligo Rovers FC
1983/84 UCD AFC
1984/85 Shamrock Rovers FC
1985/86 Shamrock Rovers FC
1986/87 Shamrock Rovers FC
1987/88 Dundalk FC
1988/89 Derry City FC
1989/90 Bray Wanderers AFC
1990/91 Galway United FC
1991/92 Bohemian FC
1992/93 Shelbourne FC
1993/94 Sligo Rovers FC
1994/95 Derry City FC
1995/96 Shelbourne FC
1996/97 Shelbourne FC
1997/98 Cork City FC
1998/99 Bray Wanderers AFC
1999/00 Shelbourne FC
2000/01 Bohemian FC
2001/02 Dundalk FC
2002/03 Derry City FC
2003 Longford Town FC
2004 Longford Town FC
2005 Drogheda United FC
2006 Derry City FC

Irland-Liga-Pokal
1973/74 Waterford United FC [Waterford AFC]
1974/75 Bohemian FC
1975/76 Limerick AFC
1976/77 Shamrock Rovers FC
1977/78 Dundalk FC
1978/79 Bohemian FC
1979/80 Athlone Town AFC
1980/81 Dundalk FC
1981/82 Athlone Town AFC
1982/83 Athlone Town AFC
1983/84 Drogheda United FC
1984/85 Waterford United FC
1985/86 Galway United FC
1986/87 Dundalk FC
1987/88 Cork City FC
1988/89 Derry City FC
1989/90 Dundalk FC
1990/91 Derry City FC
1991/92 Derry City FC
1992/93 Limerick AFC
1993/94 Derry City FC
1994/95 Cork City FC
1995/96 Shelbourne FC
1996/97 Galway United FC
1997/98 Sligo Rovers FC
1998/99 Cork City FC
1999/00 Derry City FC
2000/01 St Patrick's Athletic AFC
2001/02 Limerick AFC
2002/03 St Patrick's Athletic AFC
2004 Longford Town FC
2005 Derry City FC
2006 Derry City FC

Island-Liga
1912 KR
1913 Fram
1914 Fram
1915 Fram
1916 Fram
1917 Fram
1918 Fram
1919 KR
1920 Víkingur
1921 Fram
1922 Fram
1923 Fram
1924 Víkingur
1925 Fram
1926 KR
1927 KR
1928 KR
1929 KR
1930 Valur
1931 KR
1932 KR
1933 Valur
1934 KR
1935 Valur
1936 Valur
1937 Valur
1938 Valur
1939 Fram
1940 Valur
1941 KR
1942 Valur
1943 Valur
1944 Valur
1945 Valur
1946 Fram
1947 Fram
1948 KR
1949 KR
1950 KR
1951 ÍA
1952 KR
1953 ÍA
1954 ÍA
1955 KR
1956 Valur
1957 ÍA
1958 ÍA
1959 KR
1960 ÍA
1961 KR
1962 Fram
1963 KR
1964 Keflavík UÍ [ÍBK]
1965 KR
1966 Valur
1967 Valur
1968 KR
1969 Keflavík UÍ [ÍBK]
1970 ÍA
1971 Keflavík UÍ [ÍBK]
1972 Fram
1973 Keflavík UÍ [ÍBK]
1974 ÍA
1975 ÍA
1976 Valur
1977 ÍA
1978 Valur
1979 ÍBV
1980 Valur
1981 Víkingur
1982 Víkingur
1983 ÍA
1984 ÍA
1985 Valur
1986 Fram
1987 Valur
1988 Fram
1989 KA
1990 Fram
1991 Víkingur
1992 ÍA
1993 ÍA
1994 ÍA
1995 ÍA
1996 ÍA
1997 ÍBV
1998 ÍBV
1999 KR
2000 KR
2001 ÍA
2002 KR
2003 KR
2004 FH
2005 FH
2006 FH

Island-Pokal
1960 KR
1961 KR
1962 KR
1963 KR
1964 KR
1965 Valur
1966 KR
1967 KR
1968 ÍBV
1969 ÍBA
1970 Fram
1971 Víkingur
1972 ÍBV
1973 Fram
1974 Valur
1975 Keflavík UÍ [ÍBK]
1976 Valur
1977 Valur
1978 ÍA
1979 Fram
1980 Fram
1981 ÍBV
1982 ÍA
1983 ÍA
1984 ÍA
1985 Fram
1986 ÍA
1987 Fram
1988 Valur
1989 Fram
1990 Valur
1991 Valur
1992 Valur
1993 ÍA
1994 KR
1995 KR
1996 ÍA
1997 Keflavík UÍ
1998 ÍBV
1999 KR
2000 ÍA
2001 ÍF Fylkir
2002 ÍF Fylkir
2003 ÍA
2004 Keflavík UÍ
2005 Valur
2006 Keflavík UÍ

Island-Liga-Pokal
1996 ÍA
1997 ÍBV
1998 KR
1999 ÍA
2000 UMFG
2001 KR
2002 FH
2003 ÍA
2004 FH
2005 KR
2006 FH

Israel-Liga
1931/32 British Police
1932/33 *wurde nicht ausgetragen*
1933/34 Hapoel Tel Aviv
1934/35 Hapoel Tel Aviv
1935/36 Hapoel Tel Aviv
1936/37 Maccabi Tel Aviv
1937/38 Hapoel Tel Aviv
1938/39 Maccabi Tel Aviv
1939/40 Hapoel Tel Aviv
1940/41 Maccabi Tel Aviv
1941/42 *wurde nicht ausgetragen*
1942/43 Hapoel Tel Aviv
1944-46 *wurde nicht ausgetragen*
1946/47 Maccabi Tel Aviv
1948-49 *wurde nicht ausgetragen*
1949/50 Maccabi Tel Aviv
1950/51 *wurde nicht ausgetragen*
1951/52 Maccabi Tel Aviv
1952/53 *wurde nicht ausgetragen*
1953/54 Maccabi Tel Aviv
1954/55 Hapoel Petah-Tikva
1955/56 Maccabi Tel Aviv
1956/57 Hapoel Tel Aviv
1957/58 Maccabi Tel Aviv
1958/59 Hapoel Petah-Tikva
1959/60 Hapoel Petah-Tikva
1960/61 Hapoel Petah-Tikva
1961/62 Hapoel Petah-Tikva
1962/63 Hapoel Petah-Tikva
1963/64 Hapoel Ramat-Gan
1964/65 Hakoah Maccabi Ramat-Gan
1965/66 Hapoel Tel Aviv
1966/67 *wurde nicht ausgetragen*
1967/68 Maccabi Tel Aviv
1968/69 Hapoel Tel Aviv
1969/70 Maccabi Tel Aviv
1970/71 Maccabi Netanya
1971/72 Maccabi Tel Aviv
1972/73 Hakoah Maccabi Ramat-Gan
1973/74 Maccabi Netanya
1974/75 Hapoel Beersheba
1975/76 Hapoel Beersheba
1976/77 Maccabi Tel Aviv
1977/78 Maccabi Netanya
1978/79 Maccabi Tel Aviv
1979/80 Maccabi Netanya
1980/81 Hapoel Tel Aviv
1981/82 Hapoel Kfar-Saba
1982/83 Maccabi Netanya
1983/84 Maccabi Haifa
1984/85 Maccabi Haifa
1985/86 Hapoel Tel Aviv
1986/87 Beitar Jerusalem
1987/88 Hapoel Tel Aviv
1988/89 Maccabi Haifa
1989/90 Bnei Yehuda Tel Aviv
1990/91 Maccabi Haifa
1991/92 Maccabi Tel Aviv
1992/93 Beitar Jerusalem
1993/94 Maccabi Haifa
1994/95 Maccabi Tel Aviv
1995/96 Maccabi Tel Aviv
1996/97 Beitar Jerusalem
1997/98 Beitar Jerusalem
1998/99 Hapoel Haifa
1999/00 Hapoel Tel Aviv
2000/01 Maccabi Haifa
2001/02 Maccabi Haifa
2002/03 Maccabi Tel Aviv
2003/04 Maccabi Haifa
2004/05 Maccabi Haifa
2005/06 Maccabi Haifa

Israel-Pokal
1927/28 Hapoel Tel Aviv und Maccabi Hasmonai
1928/29 Maccabi Tel Aviv
1929/30 Maccabi Tel Aviv
1930/31 *wurde nicht ausgetragen*
1931/32 British Police
1932/33 Maccabi Tel Aviv
1933/34 Hapoel Tel Aviv
1934/35 Maccabi Petah-Tikva
1935/36 *wurde nicht ausgetragen*
1936/37 Hapoel Tel Aviv
1937/38 Hapoel Tel Aviv
1938/39 Hapoel Tel Aviv
1939/40 Beitar Tel Aviv
1940/41 Maccabi Tel Aviv
1941/42 Beitar Tel Aviv
1943-45 *wurde nicht ausgetragen*
1945/46 Maccabi Tel Aviv
1946/47 Maccabi Tel Aviv
1948-51 *wurde nicht ausgetragen*
1951/52 Maccabi Petah-Tikva
1952/53 *wurde nicht ausgetragen*
1953/54 Maccabi Tel Aviv
1954/55 Maccabi Tel Aviv
1955/56 *wurde nicht ausgetragen*
1956/57 Hapoel Petah-Tikva
1957/58 Maccabi Tel Aviv
1958/59 Maccabi Tel Aviv
1959/60 Hapoel Tel Aviv
1960/61 *wurde nicht ausgetragen*
1961/62 Maccabi Haifa
1962/63 Hapoel Haifa
1963/64 Maccabi Tel Aviv
1964/65 Maccabi Tel Aviv
1965/66 Hapoel Haifa
1966/67 Maccabi Tel Aviv
1967/68 Bnei Yehuda Tel Aviv
1968/69 Hakoah Maccabi Ramat-Gan
1969/70 Maccabi Tel Aviv
1970/71 Hakoah Maccabi Ramat-Gan
1971/72 Hapoel Tel Aviv
1972/73 Hapoel Jerusalem
1973/74 Hapoel Haifa
1974/75 Hapoel Kfar-Saba
1975/76 Beitar Jerusalem
1976/77 Maccabi Tel Aviv
1977/78 Maccabi Netanya
1978/79 Beitar Jerusalem
1979/80 Hapoel Kfar-Saba
1980/81 Bnei Yehuda Tel Aviv
1981/82 Hapoel Yehud
1982/83 Hapoel Tel Aviv
1983/84 Hapoel Lod
1984/85 Beitar Jerusalem
1985/86 Beitar Jerusalem
1986/87 Maccabi Tel Aviv
1987/88 Maccabi Tel Aviv
1988/89 Beitar Jerusalem
1989/90 Hapoel Kfar-Saba
1990/91 Maccabi Haifa
1991/92 Hapoel Petah-Tikva
1992/93 Maccabi Haifa
1993/94 Maccabi Tel Aviv
1994/95 Maccabi Haifa
1995/96 Maccabi Tel Aviv
1996/97 Hapoel Beersheba
1997/98 Maccabi Haifa
1998/99 Hapoel Tel Aviv
1999/00 Hapoel Tel Aviv
2000/01 Maccabi Tel Aviv
2001/02 Maccabi Tel Aviv
2002/03 Hapoel Ramat-Gan
2003/04 Hapoel Ihoud Bnei Sakhnin
2004/05 Maccabi Tel Aviv
2005/06 Maccabi Tel Aviv

Israel-Liga-Pokal
1982/83 Maccabi Netanya
1983/84 Maccabi Netanya
1984/85 Maccabi Yavne
1985/86 Hapoel Petah-Tikva
1986/87 Shimshon Tel Aviv
1987/88 Shimshon Tel Aviv
1988/89 Hapoel Beersheba
1989/90 Hapoel Petah-Tikva
1990/91 Hapoel Petah-Tikva
1991/92 Bnei Yehuda Tel Aviv
1992/93 Maccabi Tel Aviv
1993/94 Maccabi Haifa
1994/95 Maccabi Petah-Tikva
1995/96 Hapoel Beersheba
1996/97 Bnei Yehuda Tel Aviv
1997/98 Beitar Jerusalem
1998/99 Maccabi Tel Aviv
1999/00 Maccabi Petah-Tikva
2000/01 Hapoel Haifa
2001/02 Hapoel Tel Aviv
2002/03 Maccabi Haifa
2003/04 Maccabi Petah-Tikva
2004/05 Hapoel Petah-Tikva
2005/06 Maccabi Haifa

Italien-Liga
1898 Genoa CFC [Genoa C & AC]
1899 Genoa CFC [Genoa C & AC]
1900 Genoa CFC [Genoa FBC]
1901 AC Milan [Milan C & FBC]
1902 Genoa CFC [Genoa FBC]
1903 Genoa CFC [Genoa FBC]
1904 Genoa CFC [Genoa FBC]
1905 Juventus FC [FBC Juventus]
1906 AC Milan [Milan FBC]
1907 AC Milan [Milan FBC]
1908 US Pro Vercelli
1909 US Pro Vercelli
1909/10 FC Internazionale [Internazionale FBC]
1910/11 US Pro Vercelli
1911/12 US Pro Vercelli
1912/13 US Pro Vercelli
1913/14 AS Casale [FBC Casale]
1914/15 Genoa CFC [Genoa FBC]
1916-19 *wurde nicht ausgetragen*
1919/20 FC Internazionale [Internazionale FBC]
1920/21 US Pro Vercelli
1921/22 US Pro Vercelli und US Novese
1922/23 Genoa CFC [Genoa FBC]
1923/24 Genoa CFC [Genoa FBC]
1924/25 Bologna FC [Bologna FBC]
1925/26 Juventus FC [FBC Juventus]
1926/27 Torino FC [FBC Torino]
1927/28 Torino FC [FBC Torino]
1928/29 Bologna FC [AGC Bologna]
1929/30 FC Internazionale [Internazionale FBC]
1930/31 Juventus FC
1931/32 Juventus FC
1932/33 Juventus FC
1933/34 Juventus FC
1934/35 Juventus FC
1935/36 Bologna FC [AGC Bologna]
1936/37 Bologna FC [AGC Bologna]
1937/38 FC Internazionale [AS Ambrosiana-Inter]
1938/39 Bologna FC [AGC Bologna]
1939/40 FC Internazionale [AS Ambrosiana-Inter]
1940/41 Bologna FC [AGC Bologna]
1941/42 AS Roma
1942/43 Torino Calcio [AC Torino]
1944-45 *wurde nicht ausgetragen*
1945/46 Torino FC [AC Torino]
1946/47 Torino FC [AC Torino]
1947/48 Torino FC [AC Torino]
1948/49 Torino FC [AC Torino]
1949/50 Juventus FC
1950/51 AC Milan
1951/52 Juventus FC
1952/53 FC Internazionale
1953/54 FC Internazionale
1954/55 AC Milan
1955/56 AC Fiorentina
1956/57 AC Milan
1957/58 Juventus FC
1958/59 AC Milan
1959/60 Juventus FC
1960/61 Juventus FC
1961/62 AC Milan
1962/63 FC Internazionale
1963/64 Bologna FC
1964/65 FC Internazionale
1965/66 FC Internazionale
1966/67 Juventus FC
1967/68 AC Milan
1968/69 AC Fiorentina
1969/70 Cagliari Calcio [US Cagliari]
1970/71 FC Internazionale
1971/72 Juventus FC
1972/73 Juventus FC
1973/74 SS Lazio
1974/75 Juventus FC
1975/76 Torino FC [Torino Calcio]
1976/77 Juventus FC
1977/78 Juventus FC
1978/79 AC Milan
1979/80 FC Internazionale
1980/81 Juventus FC
1981/82 Juventus FC
1982/83 AS Roma
1983/84 Juventus FC
1984/85 Hellas Verona FC [Hellas-Verona AC]
1985/86 Juventus FC
1986/87 SSC Napoli
1987/88 AC Milan
1988/89 FC Internazionale
1989/90 SSC Napoli
1990/91 UC Sampdoria
1991/92 AC Milan
1992/93 AC Milan
1993/94 AC Milan
1994/95 Juventus FC
1995/96 AC Milan
1996/97 Juventus FC
1997/98 Juventus FC
1998/99 AC Milan
1999/00 SS Lazio
2000/01 AS Roma
2001/02 Juventus FC
2002/03 Juventus FC
2003/04 AC Milan
2004/05 *Titel nicht vergeben*
2005/06 FC Internazionale

Italien-Pokal
1921/22 AC Vado
1923-35 *wurde nicht ausgetragen*
1935/36 Torino FC [FBC Torino]
1936/37 Genoa CFC [AC Genova 1893]
1937/38 Juventus FC
1938/39 FC Internazionale [AS Ambrosiana-Inter]
1939/40 AC Fiorentina
1940/41 AC Venezia [AFC Venezia]
1941/42 Juventus FC
1942/43 Torino FC [AC Torino]
1944-57 *wurde nicht ausgetragen*
1957/58 SS Lazio
1958/59 Juventus FC
1959/60 Juventus FC
1960/61 AC Fiorentina
1961/62 SSC Napoli [AC Napoli]
1962/63 Atalanta Bergamasca Calcio
1963/64 AS Roma
1964/65 Juventus FC
1965/66 AC Fiorentina
1966/67 AC Milan
1967/68 Torino FC [AC Torino]
1968/69 AS Roma
1969/70 Bologna FC
1970/71 Torino FC [Torino Calcio]
1971/72 AC Milan
1972/73 AC Milan
1973/74 Bologna FC
1974/75 AC Fiorentina
1975/76 SSC Napoli
1976/77 AC Milan
1977/78 FC Internazionale
1978/79 Juventus FC
1979/80 AS Roma
1980/81 AS Roma
1981/82 FC Internazionale
1982/83 Juventus FC
1983/84 AS Roma
1984/85 UC Sampdoria
1985/86 AS Roma
1986/87 SSC Napoli
1987/88 UC Sampdoria
1988/89 UC Sampdoria
1989/90 Juventus FC
1990/91 AS Roma
1991/92 Parma FC [Parma AC]
1992/93 Torino FC [Torino Calcio]
1993/94 UC Sampdoria
1994/95 Juventus FC
1995/96 AC Fiorentina
1996/97 Vicenza Calcio
1997/98 SS Lazio
1998/99 Parma FC [Parma AC]
1999/00 SS Lazio
2000/01 AC Fiorentina
2001/02 Parma FC [Parma AC]
2002/03 AC Milan
2003/04 SS Lazio
2004/05 FC Internazionale
2005/06 FC Internazionale

Jamaika-Liga
1973/74 Santos FC
1974/75 Santos FC
1975/76 Santos FC
1976/77 Santos FC
1977/78 Arnett Gardens FC
1978/79 *wettbewerb wurde annulliert*
1979/80 Santos FC
1980/81 Cavalier FC
1981/82 *wurde nicht ausgetragen*
1982/83 Tivoli Gardens FC
1983/84 Boys' Town FC
1984/85 Jamaica Defence Force
1985/86 Boys' Town FC
1986/87 Seba United FC
1987/88 Wadadah FC
1988/89 Boys' Town FC
1989/90 Reno FC
1990/91 Reno FC
1991/92 Wadadah FC
1992/93 Hazard United
1993/94 Violet Kickers
1994/95 Reno FC
1995/96 Violet Kickers
1996/97 Seba United FC
1997/98 Waterhouse FC
1998/99 Tivoli Gardens FC
1999/00 Harbour View FC
2000/01 Arnett Gardens FC
2001/02 Arnett Gardens FC
2002/03 Hazard United FC
2003/04 Tivoli Gardens FC
2004/05 Portmore United FC
2005/06 Waterhouse FC

Jamaika-Pokal
1990/91 Olympic Gardens FC
1991/92 Seba United FC
1992/93 Olympic Gardens FC
1993/94 Harbour View FC
1994/95 Reno FC
1995/96 Reno FC
1996/97 Naggo's Head
1997/98 Harbour View FC
1998/99 Tivoli Gardens FC
1999/00 Hazard United FC
2000/01 Harbour View FC
2001/02 Harbour View FC
2002/03 Hazard United FC
2003/04 Waterhouse FC
2004/05 Portmore United FC
2005/06 Tivoli Gardens FC

Japan-Liga
1965 Sanfrecce Hiroshima FC [Toyo Kogyo]
1966 Sanfrecce Hiroshima FC [Toyo Kogyo]
1967 Sanfrecce Hiroshima FC [Toyo Kogyo]
1968 Sanfrecce Hiroshima FC [Toyo Kogyo]
1969 Urawa Red Diamonds [Mitsubishi Heavy Industries FC]
1970 Sanfrecce Hiroshima FC [Toyo Kogyo]
1971 Cerezo Osaka [Yanmar Diesel FC]
1972 Kashiwa Reysol [Hitachi]
1973 Urawa Red Diamonds [Mitsubishi Heavy Industries FC]
1974 Cerezo Osaka [Yanmar Diesel FC]
1975 Cerezo Osaka [Yanmar Diesel FC]
1976/77 JEF United Chiba [JR East Furukawa]
1977 Shonan Bellmare [Fujita FC]
1978 Urawa Red Diamonds [Mitsubishi Heavy Industries FC]
1979 Shonan Bellmare [Fujita FC]
1980 Cerezo Osaka [Yanmar Diesel FC]
1981 Shonan Bellmare [Fujita FC]
1982 Urawa Red Diamonds [Mitsubishi Heavy Industries FC]
1983 Tokyo Verdy 1969 [Yomiuri Nippon SC]
1984 Tokyo Verdy 1969 [Yomiuri Nippon SC]
1985/86 JEF United Chiba [JR East Furukawa]
1986/87 Tokyo Verdy 1969 [Yomiuri Nippon SC]
1987/88 Jubilo Iwata [Yamaha Motors]
1988/89 Yokohama Marinos [Nissan Motors]
1989/90 Yokohama Marinos [Nissan Motors]
1990/91 Tokyo Verdy 1969 [Yomiuri Nippon SC]
1991/92 Tokyo Verdy 1969 [Yomiuri Nippon SC]
1993 Tokyo Verdy 1969 [Verdy Kawasaki]
1994 Tokyo Verdy 1969 [Verdy Kawasaki]
1995 Yokohama Marinos
1996 Kashima Antlers
1997 Jubilo Iwata
1998 Kashima Antlers
1999 Jubilo Iwata
2000 Kashima Antlers
2001 Kashima Antlers
2002 Jubilo Iwata
2003 Yokohama Flügels Marinos
2004 Yokohama Flügels Marinos
2005 Gamba Osaka

Japan-Pokal
1921 Tokyo Shukyu-dan
1922 Nagoya Shukyu-dan
1923 Astra Club
1924 Rijo Shukyu-dan [Rijo Club]
1925 Rijo Shukyu-dan
1926 *wurde nicht ausgetragen*
1927 Kobe-Ichi Jr. Highschool Club
1928 Waseda University WMW
1929 Kwansei Gakuin University [Kwangaku Club]
1930 Kwansei Gakuin University [Kwangaku Club]
1931 Tokyo University LB
1932 Keio Club [Keio Club]
1933 Tokyo OB
1934 *wurde nicht ausgetragen*
1935 Seoul Shukyu-dan
1936 Keio University BRB
1937 Keio University BRB [Keio University]
1938 Waseda University WMW
1939 Keio University BRB
1940 Keio University BRB
1941-45 *wurde nicht ausgetragen*
1946 Tokyo University LB
1947-48 *wurde nicht ausgetragen*
1949 Tokyo University LB
1950 Kwansei Gakuin University [All Kwangaku]
1951 Keio University BRB
1952 Keio University BRB [All Keio University]
1953 Kwansei Gakuin University [All Kwangaku]
1954 Keio University BRB
1955 Kwansei Gakuin University [All Kwangaku]
1956 Keio University BRB
1957 Chuo University [Chudai Club]
1958 Kwansei Gakuin University [Kwangaku Club]
1959 Kwansei Gakuin University [Kwangaku Club]
1960 JEF United Chiba [Furukawa Electric]
1961 JEF United Chiba [Furukawa Electric]
1962 Chuo University
1963 Waseda University WMW
1964 Nippon Steel und JEF United Chiba [Yahata Steel und Furukawa Electric]
1965 Sanfrecce Hiroshima FC [Toyo Kogyo]
1966 Waseda University WMW
1967 Sanfrecce Hiroshima FC [Toyo Kogyo]
1968 Cerezo Osaka [Yanmar Diesel FC]
1969 Sanfrecce Hiroshima FC [Toyo Kogyo]
1970 Cerezo Osaka [Yanmar Diesel FC]
1971 Urawa Red Diamonds [Mitsubishi Heavy Industries FC]
1972 Kashiwa Reysol [Hitachi]
1973 Urawa Red Diamonds [Mitsubishi Heavy Industries FC]
1974 Cerezo Osaka [Yanmar Diesel FC]
1975 Kashiwa Reysol [Hitachi]
1976 JEF United Chiba [Furukawa Electric]
1977 Shonan Bellmare [Fujita FC]
1978 Urawa Red Diamonds [Mitsubishi Heavy Industries FC]
1979 Shonan Bellmare [Fujita FC]
1980 Urawa Red Diamonds [Mitsubishi Heavy Industries FC]
1981 NKK [Nippon Kokan]
1982 Jubilo Iwata [Yamaha Motors]
1983 Yokohama Marinos [Nissan Motors]
1984 Tokyo Verdy 1969 [Yomiuri Nippon SC]
1985 Yokohama Marinos [Nissan Motors]
1986 Tokyo Verdy 1969 [Yomiuri Nippon SC]
1987 Tokyo Verdy 1969 [Yomiuri Nippon SC]
1988 Yokohama Marinos [Nissan Motors]
1989 Yokohama Marinos [Nissan Motors]
1990 Gamba Osaka [Matsushita Electric]
1991 Yokohama Marinos [Nissan Motors]
1992 Yokohama Marinos
1993 Yokohama Flügels
1994 Shonan Bellmare [Bellmare Hiratsuka]
1995 Nagoya Grampus Eight
1996 Tokyo Verdy 1969 [Verdy Kawasaki]
1997 Kashima Antlers
1998 Yokohama Flügels
1999 Nagoya Grampus Eight
2000 Kashima Antlers
2001 Shimizu S-Pulse
2002 Kyoto Purple Sanga
2003 Jubilo Iwata
2004 Tokyo Verdy 1969
2005 Urawa Red Diamonds

Jemen-Liga
1990/91 al-Tilal
1991/92 al-Ahli (San'a)
1992/93 *wurde nicht ausgetragen*
1993/94 al-Ahli (San'a)
1994/95 al-Wahda (San'a)
1995/96 *wurde nicht ausgetragen*
1996/97 al-Wahda (San'a)
1997/98 al-Wahda (San'a)
1998/99 al-Ahli (San'a)
1999/00 al-Ahli (San'a)
2000/01 al-Ahli (San'a)
2002 al-Wahda (San'a)
2002/03 al-Sha'ab (Ibb)
2003/04 al-Sha'ab (Ibb)
2005 al-Tilal
2006 al-Saqr

Jemen-Pokal
1995/96 al-Ahli (Hodeida)
1997 *wurde nicht ausgetragen*
1998 al-Ittihad (Ibb)
1999 *wurde nicht ausgetragen*
2000 al-Sha'ab Hadramaut
2001 al-Ahli (San'a)
2001/02 al-Sha'ab (Ibb)
2002/03 al-Sha'ab (Ibb)
2003/04 al-Ahli (San'a)
2005 al-Hilal (Hodeida)
2006 al-Sha'ab Hadramaut

Jordanien-Liga
1944 al-Faysali
1945 al-Faysali
1946 Jordan
1947 al-Ahli
1948 *wurde nicht ausgetragen*
1949 al-Ahli
1950 al-Ahli
1951 al-Ahli
1952 al-Jazira
1953 *wurde nicht ausgetragen*
1954 al-Ahli
1955 al-Jazira
1956 al-Jazira
1957-58 *wurde nicht ausgetragen*
1959 al-Faysali
1960 al-Faysali
1961 al-Faysali
1962 al-Faysali
1963 al-Faysali
1964 al-Faysali
1965 al-Faysali
1966 al-Faysali
1967-69 *wurde nicht ausgetragen*
1970 al-Faysali
1971 al-Faysali
1972 al-Faysali
1973 al-Faysali
1974 al-Faysali
1975 al-Ahli
1976 al-Faysali
1977 al-Faysali
1978 al-Ahli
1979 al-Ahli
1980 al-Wahdat
1981 Ramtha
1982 Ramtha
1983 al-Faysali
1984 Amman Club
1985 al-Faysali
1986 al-Faysali
1987/88 al-Wahdat [al-Deffatain]
1988/89 al-Faysali
1989/90 al-Faysali
1990/91 al-Faysali
1991/92 al-Wahdat
1992/93 al-Faysali
1993/94 al-Faysali
1994/95 al-Wahdat
1995/96 al-Wahdat
1996/97 al-Wahdat
1997 al-Wahdat
1998 *Wettbewerb wurde nicht beendet*
1999 al-Faysali
2000 al-Faysali
2001 al-Faysali
2002/03 al-Faysali
2003/04 al-Faysali
2004/05 al-Wahdat
2005/06 Shabab al-Ordon al-Qadisiya

Jordanien-Pokal
1980 al-Faysali
1981 al-Faysali
1982 al-Wahdat
1983 al-Faysali
1984 al-Jazira
1985 al-Wahdat
1986 al-Arabi
1987 al-Faysali
1988 al-Faysali
1988/89 al-Wahdat [al-Deffatain]
1989/90 al-Faysali
1990/91 Ramtha
1991/92 Ramtha
1992/93 al-Faysali
1993/94 al-Faysali
1994/95 al-Faysali
1996 al-Wahdat
1997 al-Wahdat
1998 *wurde nicht ausgetragen*
1999 al-Faysali
2000 al-Wahdat
2001 al-Faysali
2002 al-Faysali
2004 al-Faysali
2005 al-Faysali
2006 Shabab al-Ordon al-Qadisiya

Jugoslawien (hist.)-Liga
1923 Gradanski HŠK Zagreb
1924 SK Jugoslavija Beograd
1925 SK Jugoslavija Beograd
1926 Gradanski HŠK Zagreb
1927 HNK Hajduk Split [NK Hajduk Split]
1928 Gradanski HŠK Zagreb
1929 HNK Hajduk Split [NK Hajduk Split]
1930 HŠK Concordia Zagreb
1930/31 OFK Beograd [BSK Beograd]
1931/32 HŠK Concordia Zagreb
1932/33 OFK Beograd [BSK Beograd]
1933/34 *wurde nicht ausgetragen*
1934/35 OFK Beograd [BSK Beograd]
1935/36 OFK Beograd [BSK Beograd]
1936/37 Gradanski HŠK Zagreb
1937/38 HAŠK Zagreb
1938/39 OFK Beograd [BSK Beograd]
1939/40 Gradanski HŠK Zagreb
1941-46 *wurde nicht ausgetragen*
1946/47 FK Partizan Beograd [JSD Partizan Beograd]
1947/48 NK Dinamo Zagreb
1948/49 FK Partizan Beograd [JSD Partizan Beograd]
1950 HNK Hajduk Split [NK Hajduk Split]
1951 FK Crvena zvezda Beograd
1952 HNK Hajduk Split [NK Hajduk Split]
1952/53 FK Crvena zvezda Beograd
1953/54 NK Dinamo Zagreb
1954/55 HNK Hajduk Split [NK Hajduk Split]
1955/56 FK Crvena zvezda Beograd
1956/57 FK Crvena zvezda Beograd
1957/58 NK Dinamo Zagreb
1958/59 FK Crvena zvezda Beograd
1959/60 FK Crvena zvezda Beograd
1960/61 FK Partizan Beograd [JSD Partizan Beograd]
1961/62 FK Partizan Beograd [JSD Partizan Beograd]
1962/63 FK Partizan Beograd [JSD Partizan Beograd]
1963/64 FK Crvena zvezda Beograd
1964/65 FK Partizan Beograd
1965/66 FK Vojvodina Novi Sad
1966/67 FK Sarajevo
1967/68 FK Crvena zvezda Beograd
1968/69 FK Crvena zvezda Beograd
1969/70 FK Crvena zvezda Beograd
1970/71 HNK Hajduk Split [NK Hajduk Split]
1971/72 FK Željezničar Sarajevo
1972/73 FK Crvena zvezda Beograd
1973/74 HNK Hajduk Split [NK Hajduk Split]
1974/75 HNK Hajduk Split [NK Hajduk Split]
1975/76 FK Partizan Beograd
1976/77 FK Crvena zvezda Beograd
1977/78 FK Partizan Beograd
1978/79 HNK Hajduk Split [NK Hajduk Split]
1979/80 FK Crvena zvezda Beograd
1980/81 FK Crvena zvezda Beograd
1981/82 NK Dinamo Zagreb
1982/83 FK Partizan Beograd
1983/84 FK Crvena zvezda Beograd
1984/85 FK Sarajevo
1985/86 FK Partizan Beograd
1986/87 FK Partizan Beograd
1987/88 FK Crvena zvezda Beograd
1988/89 FK Vojvodina Novi Sad
1989/90 FK Crvena zvezda Beograd
1990/91 FK Crvena zvezda Beograd
1991/92 FK Crvena zvezda Beograd

Jugoslawien (hist.)-Pokal
1946/47 FK Partizan Beograd [JSD Partizan Beograd]
1947/48 FK Crvena zvezda Beograd
1948/49 FK Crvena zvezda Beograd
1950 FK Crvena zvezda Beograd
1951 NK Dinamo Zagreb
1952 FK Partizan Beograd [JSD Partizan Beograd]
1952/53 OFK Beograd [BSK Beograd]
1953/54 FK Partizan Beograd [JSD Partizan Beograd]
1954/55 OFK Beograd [BSK Beograd]
1955/56 *wurde nicht ausgetragen*
1956/57 FK Partizan Beograd [JSD Partizan Beograd]
1957/58 FK Crvena zvezda Beograd
1958/59 FK Crvena zvezda Beograd
1959/60 NK Dinamo Zagreb
1960/61 FK Vardar Skopje
1961/62 OFK Beograd
1962/63 NK Dinamo Zagreb
1963/64 FK Crvena zvezda Beograd
1964/65 NK Dinamo Zagreb
1965/66 OFK Beograd
1966/67 HNK Hajduk Split [NK Hajduk Split]
1967/68 FK Crvena zvezda Beograd
1968/69 NK Dinamo Zagreb
1969/70 FK Crvena zvezda Beograd
1970/71 FK Crvena zvezda Beograd
1971/72 HNK Hajduk Split [NK Hajduk Split]
1972/73 HNK Hajduk Split [NK Hajduk Split]
1973/74 HNK Hajduk Split [NK Hajduk Split]
1974/75 *wurde nicht ausgetragen*
1975/76 HNK Hajduk Split [NK Hajduk Split]
1976/77 HNK Hajduk Split [NK Hajduk Split]
1977/78 HNK Rijeka [NK Rijeka]
1978/79 HNK Rijeka [NK Rijeka]
1979/80 NK Dinamo Zagreb
1980/81 FK Velež Mostar
1981/82 FK Crvena zvezda Beograd
1982/83 NK Dinamo Zagreb
1983/84 HNK Hajduk Split [NK Hajduk Split]
1984/85 FK Crvena zvezda Beograd
1985/86 FK Velež Mostar
1986/87 HNK Hajduk Split [NK Hajduk Split]
1987/88 FK Borac Banja Luka
1988/89 FK Partizan Beograd
1989/90 FK Crvena zvezda Beograd
1990/91 HNK Hajduk Split [NK Hajduk Split]
1991/92 FK Partizan Beograd

Kaimaninseln-Liga
1996/97 George Town SC
1997/98 Scholars International
1998/99 George Town SC
1999/00 Western Union FC
2000/01 Scholars International
2001/02 George Town SC
2002/03 Scholars International
2003/04 Latinos FC
2004/05 Western Union FC
2005/06 Scholars International

Kaimaninseln-Pokal
1997/98 George Town SC
1999-00 *Sieger unbekannt*
2000/01 Bodden Town SC
2001/02 George Town SC
2002/03 Scholars International
2003/04 Latinos FC
2004/05 Western Union FC
2005/06 Scholars International

Kambodscha-Liga
1982 Ministry of Commerce Team
1983 Ministry of Commerce Team
1984 Ministry of Commerce Team
1985 Ministry of Defense Team
1986 Ministry of Defense Team
1987 Ministry of Health Team
1988 Kâmpong Cham Province Team
1989 Ministry of Transport Team
1990 Ministry of Transport Team
1991 Constructions Team
1992 Constructions Team
1993 Ministry of Defense Team
1994 Civil Aviation Team
1995 Civil Aviation Team
1996 Body Guards Club
1997 Body Guards Club
1998 Royal Dolphins
1999 Royal Dolphins
2000 National Police
2001 *wurde nicht ausgetragen*
2002 Phom Penh United [Samart United]
2003-04 *wurde nicht ausgetragen*
2005 Khemera
2006 Khemera

Kamerun-Liga
1961 Oryx Douala
1962 Caïman Douala
1963 Oryx Douala
1964 Oryx Douala
1965 Oryx Douala
1966 Diamant Yaoundé
1967 Oryx Douala
1968 Caïman Douala
1969 Union Douala
1970 Canon Yaoundé
1971 Aigle Nkongsamba
1972 Léopard Douala
1973 Léopard Douala
1974 Canon Yaoundé
1975 Caïman Douala
1976 Union Douala
1977 Canon Yaoundé
1978 Union Douala
1979 Canon Yaoundé

1980 Canon Yaoundé
1981 Tonnerre Yaoundé
1982 Canon Yaoundé
1983 Tonnerre Yaoundé
1984 Tonnerre Yaoundé
1985 Canon Yaoundé
1986 Canon Yaoundé
1987 Tonnerre Yaoundé
1988 Tonnerre Yaoundé
1989 Racing Bafoussam
1990 Union Douala
1991 Canon Yaoundé
1992 Racing Bafoussam
1993 Racing Bafoussam
1994 Aigle Nkongsamba
1995 Racing Bafoussam
1996 Unisport Bafang
1997 Cotonsport Garoua
1998 Cotonsport Garoua
1999 Sable Batié
2000 Fovu Baham
2001 Cotonsport Garoua
2002 Canon Yaoundé
2003 Cotonsport Garoua
2004 Cotonsport Garoua
2005 Cotonsport Garoua
2006 Cotonsport Garoua

Kamerun-Pokal
1956 Oryx Douala
1957 Canon Yaoundé
1958 Tonnerre Yaoundé
1959 Caiman Douala
1960 Lion Yaoundé
1961 Union Douala
1962 Lion Yaoundé
1963 Oryx Douala
1964 Diamant Yaoundé
1965 Lion Yaoundé
1966 Lion Yaoundé
1967 Canon Yaoundé
1968 Oryx Douala
1969 Union Douala
1970 Oryx Douala
1971 Diamant Yaoundé
1972 Diamant Yaoundé
1973 Canon Yaoundé
1974 Tonnerre Yaoundé
1975 Canon Yaoundé
1976 Canon Yaoundé
1977 Canon Yaoundé
1978 Canon Yaoundé
1979 Dynamo Douala
1980 Union Douala
1981 Dynamo Douala
1982 Dragon Douala
1983 Canon Yaoundé
1984 Dihep di Nkam
1985 Union Douala
1986 Canon Yaoundé
1987 Tonnerre Yaoundé
1988 Panthère Bangangté
1989 Tonnerre Yaoundé
1990 Prévoyance Yaoundé
1991 Tonnerre Yaoundé
1992 Olympique Mvolyé
1993 Canon Yaoundé
1994 Olympique Mvolyé
1995 Canon Yaoundé
1996 Racing Bafoussam
1997 Union Douala
1998 Dynamo Douala
1999 Canon Yaoundé
2000 Kumbo Strikers
2001 Fovu Baham
2002 Mount Cameroon
2003 Cotonsport Garoua
2004 Cotonsport Garoua
2005 Impôts
2006 Union Douala

Kanada-Liga
1983 Edmonton Eagles
1984-86 *wurde nicht ausgetragen*
1987 Calgary Kickers
1988 Vancouver 86ers
1989 Vancouver 86ers
1990 Vancouver 86ers
1991 Vancouver 86ers
1992 Winnipeg Fury

Kapverden-Liga
1975 *wurde nicht ausgetragen*
1976 CS Mindelense
1977 CS Mindelense
1978-79 *wurde nicht ausgetragen*
1980 Botafogo FC
1981 CS Mindelense
1982 *wurde nicht ausgetragen*
1983 Académica Operária
1984 Derby FC
1985 Sporting Clube
1986 *wurde nicht ausgetragen*
1987 Boavista FC
1988 CS Mindelense
1989 Académica
1990 CS Mindelense
1991 Sporting Clube
1992 CS Mindelense
1993 Académica do Sal
1994 CD Travadores
1995 Boavista FC
1996 CD Travadores
1997 Sporting Clube
1998 CS Mindelense
1999 Amarante
2000 Derby FC
2001 Onze Unidos
2002 Sporting Clube
2003 Académica do Sal
2004 Sal Rei FC
2005 Derby FC
2006 Sporting Clube

Kasachstan-Liga
1992 FK Kajrat Almaty
1993 SK Irtysch Pawlodar [Ansat Pawlodar]
1994 FK Semej [AES Elimaj Semipalatinsk]
1995 FK Semej [AES Elimaj Semipalatinsk]
1996 FK Taraz [Taraz Dschambul]
1997 SK Irtysch Pawlodar
1998 FK Semej [AES Elimaj Semipalatinsk]
1999 SK Irtysch Pawlodar [Irtysch Bastau Pawlodar]
2000 FK Astana [Zhenis Astana]
2001 FK Astana [Zhenis Astana]
2002 SK Irtysch Pawlodar
2003 SK Irtysch Pawlodar
2004 FK Kajrat Almaty
2005 FK Aktobe [FK Aktobe-Lento]
2006 FK Astana

Kasachstan-Pokal
1992 FK Kajrat Almaty
1993 Dostyk Almaty
1994 PFK Wostok Ust-Kamenogorsk [Wostok Ust'Kamenogorsk]
1995 FK Semej [AES Elimaj Semipalatinsk]
1996 FK Kajrat Almaty
1997 *wurde nicht ausgetragen*
1998 SK Irtysch Pawlodar
1999 FK Kajsar Kyzylorda [Kajsar Hurricane Kyzylorda]
2000 SOPFK-Kajrat Almaty
2001 FK Astana [Zhenis Astana]
2002 FK Astana [Zhenis Astana]
2003 FK Kajrat Almaty
2004 FK Almaty
2005 FK Astana [Zhenis Astana]
2006 FK Kajrat Almaty

Katar-Liga
1963/64 al-Maref
1964/65 al-Maref
1965/66 al-Maref
1966/67 al-Oruba
1967/68 al-Oruba
1968/69 al-Oruba
1969/70 al-Oruba
1970/71 al-Oruba
1971/72 al-Sadd
1972/73 Qatar SC [al-Isteqlal]
1973/74 al-Sadd
1974/75 *wurde nicht ausgetragen*
1975/76 al-Rayyan
1976/77 Qatar SC [al-Isteqlal]
1977/78 al-Rayyan
1978/79 al-Sadd
1979/80 al-Sadd
1980/81 al-Sadd
1981/82 al-Rayyan
1982/83 al-Arabi
1983/84 al-Rayyan
1984/85 al-Arabi
1985/86 al-Rayyan
1986/87 al-Sadd
1987/88 al-Sadd
1988/89 al-Sadd
1989/90 al-Rayyan
1990/91 al-Arabi
1991/92 al-Gharrafa [al-Ittihad]
1992/93 al-Arabi
1993/94 al-Arabi
1994/95 al-Rayyan
1995/96 al-Arabi
1996/97 al-Arabi
1997/98 al-Gharrafa [al-Ittihad]
1998/99 Wakra
1999/00 al-Sadd
2000/01 al-Wakra
2001/02 al-Gharrafa [al-Ittihad]
2002/03 Qatar SC
2003/04 al-Sadd
2004/05 al-Gharrafa
2005/06 al-Sadd

Katar-Pokal
1972/73 al-Ahli
1973/74 Qatar SC [al-Isteqlal]
1974/75 al-Sadd
1975/76 Qatar SC [al-Isteqlal]
1976/77 al-Sadd
1977/78 al-Arabi
1978/79 al-Arabi
1979/80 al-Arabi
1980/81 al-Ahli
1981/82 al-Sadd
1982/83 al-Arabi
1983/84 al-Arabi
1984/85 al-Sadd
1985/86 al-Sadd
1986/87 al-Ahli
1987/88 al-Sadd
1988/89 al-Arabi
1989/90 al-Arabi
1990/91 al-Sadd
1991/92 al-Ahli
1992/93 al-Arabi
1993/94 al-Sadd
1994/95 al-Gharrafa [al-Ittihad]
1995/96 al-Gharrafa [al-Ittihad]
1996/97 al-Gharrafa [al-Ittihad]
1997/98 al-Gharrafa [al-Ittihad]
1998/99 al-Rayyan
1999/00 al-Sadd
2000/01 Qatar SC
2001/02 al-Gharrafa [al-Ittihad]
2002/03 al-Sadd
2003/04 al-Rayyan
2004/05 al-Sadd
2005/06 al-Rayyan

Kenia-Liga
1963 Nakuru All-Stars
1964 Luo Union
1965 Feisal
1966 AFC Leopards [Abaluhya United]
1967 AFC Leopards [Abaluhya United]
1968 GOR Mahia
1969 Nakuru All-Stars
1970 AFC Leopards [Abaluhya United]
1971 *wettbewerb wurde annulliert*
1972 Tusker FC [Kenya Breweries]
1973 AFC Leopards [Abaluhya United]
1974 GOR Mahia
1975 Luo Union
1976 GOR Mahia
1977 Tusker FC [Kenya Breweries]
1978 Tusker FC [Kenya Breweries]
1979 GOR Mahia
1980 GOR Mahia
1981 AFC Leopards [Abaluhya United]
1982 AFC Leopards [Abaluhya United]
1983 AFC Leopards
1984 GOR Mahia
1985 GOR Mahia
1986 AFC Leopards
1987 GOR Mahia
1988 AFC Leopards
1989 AFC Leopards
1990 GOR Mahia
1991 GOR Mahia
1992 AFC Leopards
1993 GOR Mahia
1994 Tusker FC [Kenya Breweries]
1995 GOR Mahia
1996 Tusker FC [Kenya Breweries]
1997 Utalii
1998 AFC Leopards
1999 Tusker FC
2000 Tusker FC
2001 Oserian Fastac
2002 Oserian Fastac
2003 Ulinzi Stars
2004 Ulinzi Stars
2005 Ulinzi Stars
2006 SoNy Sugar

Kenia-Pokal
1956 Mombasa Liverpool
1957-61 *Sieger unbekannt*
1962 Mombasa Liverpool
1963 *Sieger unbekannt*
1964 Luo Union
1965 Luo Union
1966 Luo Union
1967 AFC Leopards [Abaluhya United]
1968 AFC Leopards [Abaluhya United]
1969-74 *Sieger unbekannt*
1975 Tusker FC [Kenya Breweries]
1976 GOR Mahia
1977 *Sieger unbekannt*
1978 GOR Mahia
1979 Ramogi
1980 GOR Mahia
1981 GOR Mahia
1982 GOR Mahia
1983 GOR Mahia
1984 AFC Leopards
1985 AFC Leopards
1986 GOR Mahia
1987 GOR Mahia
1988 GOR Mahia
1989 Tusker FC [Kenya Breweries]
1990 Eldoret FC [Rivatex]
1991 AFC Leopards
1992 GOR Mahia
1993 Tusker FC [Kenya Breweries]
1994 AFC Leopards
1995 Eldoret FC [Rivatex]
1996 Mumias Sugar Company FC
1997 Eldoret KCC
1998 Mathare United
1999 Mumias Sugar Company FC
2000 Mathare United
2001 AFC Leopards
2002 Kenya Pipeline
2003 Chemelil Sugar
2004 *wurde nicht ausgetragen*
2005 World Hope

Kirgisien-Liga
1992 FK SKA-PVO Bischkek [Alga Bischkek]
1993 Alga-RIIF Bischkek
1994 Kant-Oil Kant
1995 Kant-Oil Kant
1996 Metallurg Kadamdzhaj
1997 Erkin Farm Bischkek [FK Dinamo Bischkek]
1998 Erkin Farm Bischkek [CAG-Dinamo-MVD Bischkek]
1999 Erkin Farm Bischkek [CAG-Dinamo-MVD Bischkek]
2000 FK SKA-Schoro Bischkek [FK SKA-PVO Bischkek]
2001 FK SKA-Schoro Bischkek [FK SKA-PVO Bischkek]
2002 FK SKA-Schoro Bischkek [FK SKA-PVO Bischkek]
2003 FK Zhaschtyk Ak Altyn Karasaj
2004 FK Dordoj-Dinamo Naryn
2005 FK Dordoj-Dinamo Naryn
2006 FK Zhashtyk Ak Altyn Karasaj

Kirgisien-Pokal
1992 FK SKA-PVO Bischkek [Alga Bischkek]
1993 Alga-RIIF Bischkek
1994 Ak-Maral Tokmak
1995 FK Kyzyl-Kija [Semetej Kyzyl-Kija]
1996 RUOR Gwardia Bischkek [SK AiK Bischkek]
1997 FK SKA-Schoro Bischkek [Alga-PVO Bischkek]
1998 FK SKA-Schoro Bischkek [FK SKA-PVO Bischkek]
1999 FK SKA-Schoro Bischkek [FK SKA-PVO Bischkek]
2000 FK SKA-Schoro Bischkek [FK SKA-PVO Bischkek]
2001 FK SKA-Schoro Bischkek [FK SKA-PVO Bischkek]
2002 FK SKA-Schoro Bischkek [FK SKA-PVO Bischkek]
2003 FK SKA-Schoro Bischkek [FK SKA-PVO Bischkek]
2004 FK Dordoj-Dinamo Naryn
2005 FK Dordoj-Dinamo Naryn
2006 FK Dordoj-Dinamo Naryn

Kolumbien-Liga
1948 Independiente Santa Fé
1949 CD Millonarios
1950 Once Caldas [Deportivo Caldas]
1951 CD Millonarios
1952 CD Millonarios
1953 CD Millonarios
1954 Atlético Nacional
1955 Independiente Medellín
1956 Deportes Quindío [Atlético Quindío]
1957 Independiente Medellín
1958 Independiente Santa Fé
1959 CD Millonarios
1960 Independiente Santa Fé
1961 CD Millonarios
1962 CD Millonarios
1963 CD Millonarios
1964 CD Millonarios
1965 Deportivo Cali
1966 Independiente Santa Fé
1967 Deportivo Cali
1968 Unión Magdalena
1969 Deportivo Cali
1970 Deportivo Cali
1971 Independiente Santa Fé
1972 CD Millonarios
1973 Atlético Nacional
1974 Deportivo Cali
1975 Independiente Santa Fé
1976 Atlético Nacional
1977 Atlético Junior
1978 CD Millonarios
1979 América
1980 Atlético Junior
1981 Atlético Nacional
1982 América
1983 América
1984 América
1985 América
1986 América
1987 CD Millonarios
1988 CD Millonarios
1989 *wurde nicht ausgetragen*
1990 América
1991 Atlético Nacional
1992 América
1993 Atlético Junior
1994 Atlético Nacional
1995 Atlético Junior
1995/96 Deportivo Cali
1996/97 América
1998 Deportivo Cali
1999 Atlético Nacional
2000 América
2001 América
2002 América und Independiente Medellín
2003 Once Caldas und Deportes Tolima
2004 Independiente Medellín und Atlético Junior
2005 Atlético Nacional und Deportivo Cali
2006 Deportivo Pasto und Cúcuta Deportivo

Komoren-Liga
1979/80 Coin Nord SC
1981-85 *Sieger unbekannt*
1985/86 Coin Nord SC
1987-89 *Sieger unbekannt*
1989/90 Coin Nord SC
1990/91 Etoile du Sud
1991/92 Etoile du Sud
1993-97 *Sieger unbekannt*
1997/98 US Zilimadjou
1999-00 *Sieger unbekannt*
2000/01 US Zilimadjou
2002-04 *Sieger unbekannt*
2004/05 Coin Nord SC
2005/06 AJS Mutsamudu

Komoren-Pokal
1982/83 Coin Nord SC
1984-86 *Sieger unbekannt*
1986/87 Coin Nord SC
1987/88 Coin Nord SC
1988/89 *Sieger unbekannt*
1989/90 Gombessa Sport
1990/91 Papillon Bleu
1992-94 *Sieger unbekannt*
1994/95 US Zilimadjou
1996-97 *Sieger unbekannt*
1997/98 Coin Nord SC
1999-02 *Sieger unbekannt*
2002/03 Coin Nord SC
2004-05 *Sieger unbekannt*
2005/06 Volcan Club

Kongo-Liga
1931 Etoile du Congo [Etoile Poto-Poto]
1932-60 *Sieger unbekannt*
1961 Diables Noirs
1962-65 *wurde nicht ausgetragen*
1966 Diables Noirs
1967 Abeilles FC
1968 Etoile du Congo
1969 CS Patronage Sainte Anne
1970 CARA
1971 Vita Club Mokanda [Victoria Club Mokanda]
1972 CARA
1973 CARA
1974 CARA
1975 CARA
1976 CARA
1977 Diables Noirs
1978 Etoile du Congo
1979 Etoile du Congo
1980 Etoile du Congo
1981 CARA
1982 Kotoko Mfoa
1983 Etoile du Congo
1984 CARA
1985 Etoile du Congo
1986 CS Patronage Sainte Anne
1987 Etoile du Congo
1988 Inter Club
1989 Etoile du Congo
1990 Inter Club
1991 *wurde nicht ausgetragen*
1992 Diables Noirs
1993 Etoile du Congo
1994 Etoile du Congo
1995 AS Cheminots
1996 Munisport
1997 Munisport
1998 Vita Club Mokanda
1999 Vita Club Mokanda
2000 Etoile du Congo
2001 Etoile du Congo
2002 AS Police
2003 Saint Michel de Ouenzé
2004 Diables Noirs
2005 *wurde nicht ausgetragen*
2006 Etoile du Congo

Kongo-Pokal
1974 Vita Club Mokanda
1975-76 *Sieger unbekannt*
1977 Vita Club Mokanda
1978 Inter Club
1979-80 *Sieger unbekannt*
1981 CARA
1982 AS Cheminots
1983 Etoile du Congo
1984 AS Cheminots
1985 Inter Club
1986 CARA
1987 Inter Club
1988 CS Patronage Sainte Anne
1989 Diables Noirs
1990 Diables Noirs
1991 Elecsport
1992 Pétrosport
1993 *wurde nicht ausgetragen*
1994 EPB
1995 Etoile du Congo
1996 Vita Club Mokanda
1997-99 *wurde nicht ausgetragen*
2000 Etoile du Congo
2001 AS Police
2002 Etoile du Congo
2003 Diables Noirs
2004 Munisport
2005 Diables Noirs
2006 Etoile du Congo

Kroatien-Liga
1992 HNK Hajduk Split [NK Hajduk Split]
1992/93 NK Dinamo Zagreb [NK Croatia Zagreb]
1993/94 HNK Hajduk Split
1994/95 HNK Hajduk Split
1995/96 NK Dinamo Zagreb [NK Croatia Zagreb]
1996/97 NK Dinamo Zagreb [NK Croatia Zagreb]
1997/98 NK Dinamo Zagreb [NK Croatia Zagreb]
1998/99 NK Dinamo Zagreb [NK Croatia Zagreb]
1999/00 NK Dinamo Zagreb
2000/01 HNK Hajduk Split
2001/02 NK Zagreb
2002/03 NK Dinamo Zagreb
2003/04 HNK Hajduk Split
2004/05 HNK Hajduk Split
2005/06 NK Dinamo Zagreb

Kroatien-Pokal
1992 NK Inter-Zaprešić [NK INKER Zaprešić]
1992/93 HNK Hajduk Split
1993/94 NK Dinamo Zagreb [NK Croatia Zagreb]
1994/95 HNK Hajduk Split
1995/96 NK Dinamo Zagreb [NK Croatia Zagreb]
1996/97 NK Dinamo Zagreb [NK Croatia Zagreb]
1997/98 NK Dinamo Zagreb [NK Croatia Zagreb]
1998/99 NK Osijek
1999/00 HNK Hajduk Split
2000/01 NK Dinamo Zagreb
2001/02 NK Dinamo Zagreb
2002/03 HNK Hajduk Split
2003/04 NK Dinamo Zagreb
2004/05 HNK Rijeka
2005/06 HNK Rijeka

Kuba-Liga
1912 Rovers AC
1913 CD Hatuey
1914 Rovers AC
1915 Hispano América
1916 La Habana [La Habana FC]
1917 FC Real Iberia [FC Iberia]
1918 FC Real Iberia [FC Iberia]
1919 Hispano América
1920 Hispano América
1921 Hispano América
1922 FC Real Iberia [FC Iberia]
1923 FC Real Iberia [FC Iberia]
1924 Olimpia
1925 Fortuna
1926 FC Real Iberia
1927 Juventud Asturiana
1928 FC Real Iberia
1929 FC Real Iberia
1930 Deportivo Español
1931 DC Gallego
1932 DC Gallego
1933 Juventud Asturiana
1934 FC Real Iberia
1935 Juventud Asturiana
1936 Juventud Asturiana
1937 DC Gallego
1938 DC Gallego
1939 DC Gallego
1940 DC Gallego
1941 Juventud Asturiana
1942 Deportivo Puentes Grandes
1943 Deportivo Puentes Grandes
1944 Juventud Asturiana
1945 DC Gallego
1946 *wurde nicht ausgetragen*
1947 DC Gallego
1948 Juventud Asturiana
1949 Diablos Rojos
1950 Hispano América
1951 Deportivo San Francisco
1952 Deportivo San Francisco
1953 Deportivo San Francisco
1954 Deportivo San Francisco
1955 Deportivo San Francisco
1956 Casino Español
1957 Deportivo San Francisco
1958 Deportivo Mordazo
1959 Deportivo Mordazo
1960 Cerro FC
1961 Deportivo Mordazo
1962 *wurde nicht ausgetragen*
1963 Industriales
1964 Industriales
1965 La Habana
1966 La Habana
1967 La Habana
1968 Granjeros
1969 Granjeros
1970 Granjeros
1971 *wurde nicht ausgetragen*
1972 Industriales
1973 Industriales
1974 Azucareros
1975 Granjeros
1976 Azucareros
1977 Granjeros
1978/79 Ciudad de La Habana
1979 Ciudad de La Habana
1980 FC Villa Clara
1981 FC Villa Clara
1982 FC Villa Clara
1983 FC Villa Clara
1984 Ciudad de La Habana
1985 Cienfuegos
1986 FC Villa Clara
1987 FC Pinar del Río
1988/89 FC Pinar del Río
1989/90 FC Pinar del Río
1990/91 Cienfuegos
1991/92 FC Pinar del Río
1993 FC Ciego de Ávila
1994 Ciudad de La Habana
1995 FC Pinar del Río
1996 FC Villa Clara
1997 FC Villa Clara
1998 Ciudad de La Habana
1999/00 FC Pinar del Río
2000/01 Ciudad de La Habana
2001/02 FC Ciego de Ávila
2002/03 FC Villa Clara
2003 FC Ciego de Ávila
2004/05 FC Villa Clara
2005/06 FC Holguín
2006 FC Pinar del Río

Kuwait-Liga
1961/62 al-Arabi
1962/63 al-Arabi
1963/64 al-Arabi
1964/65 al-Kuwait SC
1965/66 al-Arabi
1966/67 al-Arabi
1967/68 al-Kuwait SC
1968/69 al-Qadisiya
1969/70 al-Arabi
1970/71 al-Qadisiya
1971/72 al-Kuwait SC
1972/73 al-Qadisiya
1973/74 al-Kuwait SC
1974/75 al-Qadisiya
1975/76 al-Qadisiya
1976/77 al-Kuwait SC
1977/78 al-Qadisiya
1978/79 al-Kuwait SC
1979/80 al-Arabi
1980/81 Salimiya
1981/82 al-Arabi
1982/83 al-Arabi
1983/84 al-Arabi
1984/85 al-Arabi
1985/86 Kazma
1986/87 Kazma
1987/88 al-Arabi
1988/89 al-Arabi
1989/90 Jahra
1990/91 *wurde nicht ausgetragen*
1991/92 al-Qadisiya
1992/93 al-Arabi
1993/94 Kazma
1994/95 Salimiya
1995/96 Kazma
1996/97 al-Arabi
1997/98 Salimiya
1998/99 al-Qadisiya
1999/00 Salimiya
2001 al-Kuwait SC
2001/02 al-Arabi
2003 al-Qadisiya
2004 al-Qadisiya
2005 al-Qadisiya
2006 al-Kuwait SC

Kuwait-Pokal
1961/62 al-Arabi
1962/63 al-Arabi
1963/64 al-Arabi
1964/65 al-Qadisiya
1965/66 al-Arabi
1966/67 al-Qadisiya
1967/68 al-Qadisiya
1968/69 al-Arabi
1969/70 al-Yarmuk
1970/71 al-Arabi
1971/72 al-Qadisiya
1972/73 al-Yarmuk
1973/74 al-Qadisiya
1974/75 al-Qadisiya
1975/76 al-Kuwait SC
1976/77 al-Kuwait SC
1977/78 al-Kuwait SC
1978/79 al-Qadisiya
1979/80 al-Kuwait SC
1980/81 al-Arabi
1981/82 Kazma
1982/83 al-Arabi
1983/84 Kazma
1984/85 al-Kuwait SC
1985/86 Fehaihil
1986/87 al-Kuwait SC
1987/88 al-Kuwait SC
1988/89 al-Qadisiya
1989/90 Kazma
1990/91 *wurde nicht ausgetragen*
1991/92 al-Arabi
1992/93 Salimiya
1993/94 al-Qadisiya
1994/95 Kazma
1995/96 al-Arabi
1996/97 Kazma
1997/98 Kazma
1998/99 al-Arabi
1999/00 al-Arabi
2000/01 Salimiya
2001/02 al-Kuwait SC
2002/03 al-Qadisiya
2003/04 al-Qadisiya
2004/05 al-Arabi
2005/06 al-Arabi

Laos-Liga
1990 Lao Army
1991 Lao Army
1992 Lao Army
1993 Lao Army und Savannakhet
1994 Lao Army

1995 Education Team und Paksé
1996 Lao Army
1997 Lao Army und Sayaboury
1998 Khammouan Province Team
1999 *Sieger unbekannt*
2000 Vientiane Municipality
2001 Banks
2002 Telecom and Transportation
2003 Telecom and Transportation
2004 Telecom and Transportation
2005 Vientiane FC
2006 Vientiane FC

Lesotho-Liga
1970 Maseru United
1971 Majantja FC
1972 LMPS
1973 Linare FC
1974 Matlama FC
1975 Maseru FC
1976 Maseru United
1977 Matlama FC
1978 Matlama FC
1979 Linare FC
1980 Linare FC
1981 Maseru Brothers
1982 Matlama FC
1983 LPF
1984 LPF
1985 Lioli FC
1986 Matlama FC
1987 RLDF
1988 Matlama FC
1989 Arsenal FC
1990 RLDF
1991 Arsenal FC
1992 Matlama FC
1993 Arsenal FC
1994 RLDF
1995 Majantja FC
1996 NUL Rovers [Roma Rovers]
1997 RLDF
1998 RLDF
1999 RLDF
2000 LPS
2001 RLDF
2002 LPS
2003 Matlama FC
2004 RLDF
2005 Likhopo
2006 Likhopo

Lesotho-Pokal
1976 Matlama FC
1977 *wurde nicht ausgetragen*
1978 Maseru United
1979 Matlama FC
1980 Matlama FC
1981 Maseru Rovers
1982 Maseru Rovers
1983 Linare FC
1984 Lioli FC
1985 LPF
1986 RLDF
1987 Matlama FC
1988 RLDF
1989 Arsenal FC
1990 RLDF
1991 Arsenal FC
1992 Matlama FC
1993 Bantu United
1994 Matlama FC
1995 Roma Boys [Real Rovers]
1996 Lerotholi Polytechnic
1997 Bantu United
1998 Arsenal FC
1999 Linare FC
2000 RLDF

Lettland-Liga
1922 SV Kaiserwald Riga
1923 SV Kaiserwald Riga
1924 Rigas FK
1925 Rigas FK
1926 Rigas FK
1927 FK Liepaja [Olimpija Liepaja]
1928 FK Liepaja [Olimpija Liepaja]
1929 FK Liepaja [Olimpija Liepaja]
1930 Rigas FK
1931 Rigas FK
1932 ASK Riga
1933 FK Liepaja [Olimpija Liepaja]
1934 Rigas FK
1935 Rigas FK
1936 FK Liepaja [Olimpija Liepaja]
1937/38 FK Liepaja [Olimpija Liepaja]
1938/39 FK Liepaja [Olimpija Liepaja]
1939/40 Rigas FK
1941 *wurde nicht ausgetragen*
1942 ASK Riga
1943 ASK Riga
1944-90 *wurde nicht ausgetragen*
1991 FK Skonto Riga [Forum-Skonto Riga]
1992 FK Skonto Riga
1993 FK Skonto Riga
1994 FK Skonto Riga
1995 FK Skonto Riga
1996 FK Skonto Riga
1997 FK Skonto Riga
1998 FK Skonto Riga
1999 FK Skonto Riga
2000 FK Skonto Riga
2001 FK Skonto Riga
2002 FK Skonto Riga
2003 FK Skonto Riga
2004 FK Skonto Riga
2005 FK Metalurgs Liepaja
2006 FK Ventspils

Lettland-Pokal
1937 Rigas FK
1938 Rigas Vilki
1939 Rigas FK
1940-42 *wurde nicht ausgetragen*
1943 ASK Riga
1944-91 *wurde nicht ausgetragen*
1992 FK Skonto Riga
1993 RAF Jelgava
1994 FC Olimpija Riga
1995 FK Skonto Riga
1996 RAF Jelgava
1997 FK Skonto Riga
1998 FK Skonto Riga
1999 FK Riga
2000 FK Skonto Riga
2001 FK Skonto Riga
2002 FK Skonto Riga
2003 FK Ventspils
2004 FK Ventspils
2005 FK Ventspils
2006 FK Metalurgs Liepaja

Libanon-Liga
1933/34 al-Nahda
1934/35 American University
1935/36 Sika
1936/37 American University
1937/38 American University
1938/39 Sika
1939/40 *wurde nicht ausgetragen*
1940/41 Sika
1941/42 al-Nahda
1942/43 al-Nahda
1943/44 Homenetmen
1944/45 Homenmen
1945/46 Homenetmen
1946/47 al-Nahda
1947/48 Homenetmen
1948/49 al-Nahda
1949/50 *wurde nicht ausgetragen*
1950/51 Homenetmen
1952-53 *wurde nicht ausgetragen*
1953/54 Homenmen
1954/55 Homenetmen
1955/56 Racing Club
1956/57 Homenmen
1958-60 *wurde nicht ausgetragen*
1960/61 Homenmen
1961/62 *wurde nicht ausgetragen*
1962/63 Homenetmen
1963/64 *wurde nicht ausgetragen*
1964/65 Racing Club
1965/66 *wurde nicht ausgetragen*
1966/67 al-Shabiba Mazraa
1967/68 *wurde nicht ausgetragen*
1968/69 Homenetmen
1969/70 Racing Club
1971-72 *wurde nicht ausgetragen*
1972/73 al-Nijma
1973/74 *wurde nicht ausgetragen*
1974/75 al-Nijma
1976-87 *wurde nicht ausgetragen*
1987/88 al-Ansar
1988/89 *wurde nicht ausgetragen*
1989/90 al-Ansar
1990/91 al-Ansar
1991/92 al-Ansar
1992/93 al-Ansar
1993/94 al-Ansar
1994/95 al-Ansar
1995/96 al-Ansar
1996/97 al-Ansar
1997/98 al-Ansar
1998/99 al-Ansar
1999/00 al-Nijma
2000/01 *wettbewerb wurde annulliert*
2001/02 al-Nijma
2002/03 Olympic Beirut
2003/04 al-Nijma
2004/05 al-Nijma
2005/06 al-Ansar

Libanon-Pokal
1938 al-Nahda
1939 Helmi Sport
1940 Helmi Sport
1941 al-Nahda
1942 *wurde nicht ausgetragen*
1943 Homenetmen
1944 *wurde nicht ausgetragen*
1945 al-Nahda
1946 *wurde nicht ausgetragen*
1947 al-Nahda
1948 Homenetmen
1949 *wurde nicht ausgetragen*
1950 al-Shabiba Mazraa
1951 al-Shabiba Mazraa
1952-61 *wurde nicht ausgetragen*
1962 Homenetmen
1963 *wurde nicht ausgetragen*
1964 al-Safa
1965-70 *wurde nicht ausgetragen*
1971 al-Nijma
1972-85 *wurde nicht ausgetragen*
1986 al-Safa
1987 al-Nijma
1988 al-Ansar
1989 al-Nijma
1990 al-Ansar
1991 al-Ansar
1992 al-Ansar
1993 al-Borj
1994 al-Ansar
1995 al-Ansar
1996 al-Ansar
1997 al-Nijma
1998 al-Nijma
1998/99 al-Ansar
1999/00 Shabab al-Sahel
2000/01 al-Tadamun (Sur)
2001/02 al-Ansar
2002/03 Olympic Beirut
2003/04 al-Ahd
2004/05 al-Ahd
2005/06 al-Ansar

Liberia-Liga
1965 Invincible Eleven
1966 Invincible Eleven
1967 Mighty Barolle
1968-71 *wurde nicht ausgetragen*
1972 Mighty Barolle
1973 Mighty Barolle
1974 Mighty Barolle
1975 *wurde nicht ausgetragen*
1976 Saint Joseph's Warriors
1977 *wurde nicht ausgetragen*
1978 Saint Joseph's Warriors
1979 Saint Joseph's Warriors
1980 Invincible Eleven
1981 Invincible Eleven
1982 *wurde nicht ausgetragen*
1983 Invincible Eleven
1984 Invincible Eleven
1985 Invincible Eleven
1986 Mighty Barolle
1987 Invincible Eleven
1988 Mighty Barolle
1989 Mighty Barolle
1990 *wurde nicht ausgetragen*
1991 LPRC-Oilers
1992 LPRC-Oilers
1993 Mighty Barolle
1994 NPA-Anchors
1995 Mighty Barolle
1996 Junior Professionals
1997 Invincible Eleven
1998 Invincible Eleven
1999 LPRC-Oilers
2000 Mighty Barolle
2001 Mighty Barolle
2002 LPRC-Oilers
2003 *wettbewerb wurde annulliert*
2004 Mighty Barolle
2005 LPRC-Oilers
2006 Mighty Barolle

Liberia-Pokal
1974 Mighty Barolle
1975 *wurde nicht ausgetragen*
1976 Cedar United
1977 Cedar United
1978 Mighty Barolle
1979-80 *wurde nicht ausgetragen*
1981 Mighty Barolle
1982 Saint Joseph's Warriors
1983 Mighty Barolle
1984 Mighty Barolle
1985 Mighty Barolle
1986 Mighty Barolle
1987 Invincible Eleven
1988 LPRC-Oilers
1989 LPRC-Oilers
1990 *wurde nicht ausgetragen*
1991 Invincible Eleven
1992 NPA-Anchors
1993 LPRC-Oilers
1994 NPA-Anchors
1995 Mighty Barolle
1996 Junior Professionals
1997 Invincible Eleven
1998 Invincible Eleven
1999 LPRC-Oilers
2000 LPRC-Oilers
2001 *Sieger unbekannt*
2002 Mighty Blue Angles
2003 *Sieger unbekannt*
2004 LISCR FC
2005 LPRC-Oilers
2006 NPA-Anchors

Libyen-Liga
1963/64 al-Ahli (Tripolis)
1964/65 al-Ittihad (Tripolis)
1965/66 al-Ittihad (Tripolis)
1966/67 al-Ittihad (Tripolis)
1967/68 *wurde nicht ausgetragen*
1968/69 al-Ittihad (Tripolis)
1969/70 al-Ahli (Benghází)
1970/71 al-Ahli (Tripolis)
1971/72 al-Ahli (Benghází)
1972/73 al-Ahli (Tripolis)
1973/74 al-Ahli (Tripolis)
1974/75 al-Ahli (Benghází)
1975/76 al-Medina
1976/77 al-Tahaddy
1977/78 al-Ahli (Tripolis)
1978/79 *wurde nicht ausgetragen*
1980-82 *wurde nicht ausgetragen*
1982/83 al-Medina
1983/84 al-Ahli (Tripolis)
1984/85 al-Dahra
1985/86 al-Ittihad (Tripolis)
1986/87 al-Nasr
1987/88 al-Ittihad (Tripolis)
1988/89 al-Ittihad (Tripolis)
1989/90 al-Ittihad (Tripolis)
1990/91 al-Ittihad (Tripolis)
1991/92 al-Ahli (Benghází)
1992/93 al-Ahli (Tripolis)
1993/94 al-Ahli (Tripolis)
1994/95 al-Ahli (Tripolis)
1995/96 al-Shaat
1996/97 al-Tahaddy
1997/98 al-Mahalla
1998/99 al-Mahalla
2000 al-Ahli (Tripolis)
2000/01 al-Medina
2001/02 al-Ittihad (Tripolis)
2002/03 al-Ittihad (Tripolis)
2003/04 al-Olympi
2004/05 al-Ittihad (Tripolis)
2005/06 al-Ittihad (Tripolis)

Libyen-Pokal
1974/75 al-Ahli (Tripolis)
1975/76 al-Ahli (Tripolis)
1976/77 al-Medina
1977/78 al-Nasr
1978/79 *wurde nicht ausgetragen*
1979/80 al-Ahli (Benghází)
1980/81 al-Ahli (Benghází)
1981/82 al-Nasr
1982/83 al-Ahli (Tripolis)
1983/84 al-Nasr
1984/85 al-Ahli (Tripolis)
1985/86 al-Ittihad (Tripolis)
1986/87 Libya FC
1987/88 al-Ahli (Tripolis)
1988/89 al-Soukour
1989/90 al-Medina
1990/91 al-Ahli (Benghází)
1991/92 al-Ittihad (Tripolis)
1992/93 al-Wahda
1993/94 al-Ahli (Tripolis)
1994/95 al-Ahli (Tripolis)
1995/96 al-Ahli (Benghází)
1996/97 al-Nasr
1997/98 al-Shaat
1998/99 al-Ittihad (Tripolis)
1999/00 al-Ahli (Tripolis)
2000/01 al-Ahli (Tripolis)
2001/02 al-Hilal
2002/03 al-Nasr
2003/04 al-Ittihad (Tripolis)
2004/05 al-Ittihad (Tripolis)
2005/06 al-Ahli (Tripolis)

Liechtenstein-Pokal
1946 FC Triesen
1947 FC Triesen
1948 FC Triesen
1949 FC Vaduz
1950 FC Triesen
1951 FC Triesen
1952 FC Vaduz
1953 FC Vaduz
1954 FC Vaduz
1955 FC Schaan
1956 FC Vaduz
1957 FC Vaduz
1958 FC Vaduz
1959 FC Vaduz
1960 FC Vaduz
1961 FC Vaduz
1962 FC Vaduz
1963 FC Schaan
1964 FC Balzers
1965 FC Triesen
1966 FC Vaduz
1967 FC Vaduz
1968 FC Vaduz
1969 FC Vaduz
1970 FC Vaduz
1971 FC Vaduz
1972 FC Triesen
1973 FC Balzers
1974 FC Vaduz
1975 FC Triesen
1976 USV Eschen-Mauren
1977 USV Eschen-Mauren
1978 USV Eschen-Mauren
1979 FC Balzers
1980 FC Vaduz
1981 FC Balzers
1982 FC Balzers
1983 FC Balzers
1984 FC Balzers
1985 FC Vaduz
1986 FC Vaduz
1987 USV Eschen-Mauren
1988 FC Vaduz
1989 FC Balzers
1990 FC Vaduz
1991 FC Balzers
1992 FC Vaduz
1993 FC Balzers
1994 FC Schaan
1995 FC Vaduz
1996 FC Vaduz
1997 FC Balzers
1998 FC Vaduz
1999 FC Vaduz
2000 FC Vaduz
2001 FC Vaduz
2002 FC Vaduz
2003 FC Vaduz
2004 FC Vaduz
2005 FC Vaduz
2006 FC Vaduz

Litauen-Liga
1922 LFLS Kaunas
1923 LFLS Kaunas
1924 ŠŠSK Kóvas Kaunas [SK Kóvas Kaunas]
1925 ŠŠSK Kóvas Kaunas [SK Kóvas Kaunas]
1926 ŠŠSK Kóvas Kaunas [SK Kóvas Kaunas]
1927 LFLS Kaunas
1928 Klaipedos SS
1929 Klaipedos SS
1930 Klaipedos SS
1931 Klaipedos SS
1932 Klaipedos SS
1933 ŠŠSK Kóvas Kaunas
1934 MSK Kaunas
1935 ŠŠSK Kóvas Kaunas
1936 ŠŠSK Kóvas Kaunas
1937 Klaipedos SS
1937/38 Klaipedos SS
1938/39 LGSF Kaunas
1939/40 *fanden nur Gruppenspiele statt*
1941 *Wettbewerb wurde nicht beendet*
1942 LFLS Kaunas
1942/43 Tauras Kaunas
1944-90 *wurde nicht ausgetragen*
1991 FK Žalgiris Vilnius
1991/92 FK Žalgiris Vilnius
1992/93 FK Ekranas Panevežys
1993/94 FK ROMAR Mažeikiai
1994/95 FK Inkaras Kaunas
1995/96 FK Inkaras Kaunas [FK Inkaras-Grifas Kaunas]
1996/97 FK Kareda Šiauliai
1997/98 FK Kareda Šiauliai
1998/99 FK Žalgiris Vilnius
1999 FBK Kaunas [FK Žalgiris Kaunas]
2000 FBK Kaunas
2001 FBK Kaunas
2002 FBK Kaunas
2003 FBK Kaunas
2004 FBK Kaunas
2005 FK Ekranas Panevežys
2006 FBK Kaunas

Litauen-Pokal
1990 FK Atlantas-2 Klaipeda [FK Sirjus-VLPFK Klaipeda]
1991 FK Žalgiris Vilnius
1991/92 ALK Neris Vilnius [FK Lietuvos-Makabi Vilnius]
1992/93 FK Žalgiris Vilnius
1993/94 FK Žalgiris Vilnius [FK Žalgiris-EBSW Vilnius]
1994/95 FK Inkaras Kaunas
1995/96 FK Kareda Šiauliai [FK Kareda-Sakalas Šiauliai]
1996/97 FK Žalgiris Vilnius
1997/98 FK Ekranas Panevežys
1998/99 FK Kareda Šiauliai
1999/00 FK Ekranas Panevežys
2000/01 FK Atlantas Klaipeda
2001/02 FBK Kaunas
2002/03 FK Atlantas Klaipeda
2003 FK Žalgiris Vilnius
2004 FBK Kaunas
2005 FBK Kaunas
2006 FK Suduva Marijampole

Luxemburg-Liga
1909/10 Racing Club
1910/11 Sporting Club
1911/12 US Luxembourg [US Hollerich/Bonnevoie]
1912/13 *wurde nicht ausgetragen*
1913/14 US Luxembourg [US Hollerich/Bonnevoie]
1914/15 US Luxembourg [US Hollerich/Bonnevoie]
1915/16 US Luxembourg [US Hollerich/Bonnevoie]
1916/17 US Luxembourg [US Hollerich/Bonnevoie]
1917/18 CS FOLA Esch
1918/19 Sporting Club
1919/20 CS FOLA Esch
1920/21 AS Jeunesse Esch
1921/22 CS FOLA Esch
1922/23 FA Red Boys Differdange
1923/24 CS FOLA Esch
1924/25 Spora Luxembourg
1925/26 FA Red Boys Differdange
1926/27 US Luxembourg
1927/28 Spora Luxembourg
1928/29 Spora Luxembourg
1929/30 CS FOLA Esch
1930/31 FA Red Boys Differdange
1931/32 FA Red Boys Differdange
1932/33 FA Red Boys Differdange
1933/34 Spora Luxembourg
1934/35 Spora Luxembourg
1935/36 Spora Luxembourg
1936/37 AS Jeunesse Esch
1937/38 Spora Luxembourg
1938/39 CS Stade Dudelange
1939/40 CS Stade Dudelange
1941-44 *wurde nicht ausgetragen*
1944/45 CS Stade Dudelange
1945/46 CS Stade Dudelange
1946/47 CS Stade Dudelange
1947/48 CS Stade Dudelange
1948/49 Spora Luxembourg
1949/50 CS Stade Dudelange
1950/51 AS Jeunesse Esch
1951/52 FC '95 Schifflange [FC The National Schifflange]
1952/53 FC Progrès Niedercorn
1953/54 AS Jeunesse Esch
1954/55 CS Stade Dudelange
1955/56 Spora Luxembourg
1956/57 CS Stade Dudelange
1957/58 AS Jeunesse Esch
1958/59 AS Jeunesse Esch
1959/60 AS Jeunesse Esch
1960/61 Spora Luxembourg
1961/62 US Luxembourg
1962/63 AS Jeunesse Esch
1963/64 Alliance 01 [FC Aris Bonnevoie]
1964/65 CS Stade Dudelange
1965/66 Alliance 01 [FC Aris Bonnevoie]
1966/67 AS Jeunesse Esch
1967/68 AS Jeunesse Esch
1968/69 FC Avenir Beggen
1969/70 AS Jeunesse Esch
1970/71 US Luxembourg
1971/72 Alliance 01 [FC Aris Bonnevoie]
1972/73 AS Jeunesse Esch
1973/74 AS Jeunesse Esch
1974/75 AS Jeunesse Esch
1975/76 AS Jeunesse Esch
1976/77 AS Jeunesse Esch
1977/78 FC Progrès Niedercorn
1978/79 FA Red Boys Differdange
1979/80 AS Jeunesse Esch
1980/81 FC Progrès Niedercorn
1981/82 FC Avenir Beggen
1982/83 AS Jeunesse Esch
1983/84 FC Avenir Beggen
1984/85 AS Jeunesse Esch
1985/86 FC Avenir Beggen
1986/87 AS Jeunesse Esch
1987/88 AS Jeunesse Esch
1988/89 Spora Luxembourg
1989/90 US Luxembourg
1990/91 US Luxembourg
1991/92 US Luxembourg
1992/93 FC Avenir Beggen
1993/94 FC Avenir Beggen
1994/95 AS Jeunesse Esch
1995/96 AS Jeunesse Esch
1996/97 AS Jeunesse Esch
1997/98 AS Jeunesse Esch
1998/99 AS Jeunesse Esch
1999/00 F91 Dudelange
2000/01 F91 Dudelange
2001/02 F91 Dudelange
2002/03 CS Grevenmacher
2003/04 AS Jeunesse Esch
2004/05 F91 Dudelange
2005/06 F91 Dudelange

Luxemburg-Pokal
1921/22 Racing Club
1922/23 CS FOLA Esch
1923/24 CS FOLA Esch
1924/25 FA Red Boys Differdange
1925/26 FA Red Boys Differdange
1926/27 FA Red Boys Differdange
1927/28 Spora Luxembourg
1928/29 FA Red Boys Differdange
1929/30 FA Red Boys Differdange
1930/31 FA Red Boys Differdange
1931/32 Spora Luxembourg
1932/33 FC Progrès Niedercorn
1933/34 FA Red Boys Differdange
1934/35 AS Jeunesse Esch
1935/36 FA Red Boys Differdange
1936/37 AS Jeunesse Esch
1937/38 CS Stade Dudelange
1938/39 US Dudelange
1939/40 Spora Luxembourg
1941-44 *wurde nicht ausgetragen*
1944/45 FC Progrès Niedercorn
1945/46 AS Jeunesse Esch
1946/47 US Luxembourg
1947/48 CS Stade Dudelange
1948/49 CS Stade Dudelange
1949/50 Spora Luxembourg
1950/51 SC Tétange
1951/52 FA Red Boys Differdange
1952/53 FA Red Boys Differdange
1953/54 AS Jeunesse Esch
1954/55 CS FOLA Esch
1955/56 CS Stade Dudelange
1956/57 Spora Luxembourg
1957/58 FA Red Boys Differdange
1958/59 US Luxembourg
1959/60 FC '95 Schifflange [FC The National Schifflange]
1960/61 CS Alliance Dudelange
1961/62 CS Alliance Dudelange
1962/63 US Luxembourg
1963/64 US Luxembourg
1964/65 Spora Luxembourg
1965/66 Spora Luxembourg
1966/67 Alliance 01 [FC Aris Bonnevoie]
1967/68 US Rumelange
1968/69 US Luxembourg
1969/70 US Luxembourg
1970/71 FC Jeunesse Hautcharage
1971/72 FA Red Boys Differdange
1972/73 AS Jeunesse Esch
1973/74 AS Jeunesse Esch
1974/75 US Rumelange
1975/76 AS Jeunesse Esch
1976/77 FC Progrès Niedercorn
1977/78 FC Progrès Niedercorn
1978/79 FA Red Boys Differdange
1979/80 Spora Luxembourg
1980/81 AS Jeunesse Esch
1981/82 FA Red Boys Differdange
1982/83 FC Avenir Beggen
1983/84 FC Avenir Beggen
1984/85 FA Red Boys Differdange
1985/86 US Luxembourg
1986/87 FC Avenir Beggen
1987/88 AS Jeunesse Esch
1988/89 US Luxembourg
1989/90 1. FC Swift Hesperange
1990/91 US Luxembourg
1991/92 FC Avenir Beggen
1992/93 FC Avenir Beggen
1993/94 FC Avenir Beggen
1994/95 CS Grevenmacher
1995/96 US Luxembourg
1996/97 AS Jeunesse Esch
1997/98 CS Grevenmacher
1998/99 AS Jeunesse Esch
1999/00 AS Jeunesse Esch
2000/01 FC Etzella Ettelbruck
2001/02 FC Avenir Beggen
2002/03 CS Grevenmacher
2003/04 F91 Dudelange
2004/05 CS Pétange
2005/06 F91 Dudelange

Macao-Liga
1973 Polícia
1974-83 *Sieger unbekannt*
1984 Wa Seng
1985 *Sieger unbekannt*
1986 Hap Kuan
1987 Hap Kuan
1988 Wa Seng
1989 Hap Kuan
1990 *Sieger unbekannt*
1991/92 GD Lam Pak
1992/93 Leng Ngan
1993/94 GD Lam Pak
1994/95 GD Artilheiros
1995/96 GD Artilheiros
1996/97 GD Lam Pak
1997/98 GD Lam Pak
1998/99 GD Lam Pak
1999/00 Polícia
2000/01 GD Lam Pak
2001/02 Monte Carlo
2002/03 Monte Carlo
2003/04 Monte Carlo
2005 Polícia
2006 GD Lam Pak

Madagaskar-Liga
1962 AS Fortior
1963 AS Fortior
1964-67 *Sieger unbekannt*
1968 Fitarikandro
1969 USF
1970 MMM
1971 AS St. Michel
1972 Fortior Club
1973 JS Antalaha
1974 AS Corps Enseignant
1975 AS Corps Enseignant
1976 *wurde nicht ausgetragen*
1977 AS Corps Enseignant
1978 AS St. Michel
1979 Fortior Club
1980 MMM
1981 AS Somasud
1982 Dinamo Fima
1983 Dinamo Fima
1984 *wurde nicht ausgetragen*
1985 AS Sotema Morovoay
1986 BTM
1987 JOS Nosy-Bé
1988 COSFAP
1989 AS Sotema Morovoay
1990 ASF Fianarantsoa
1991 AS Sotema Morovoay
1992 AS Sotema Morovoay
1993 BTM
1994 *Sieger unbekannt*
1995 FC Fobar
1996 FC BFV
1997 DSA
1998 DSA
1999 AS Fortior
2000 AS Fortior
2001 SOE
2002 AS ADEMA
2003 Ecoredipharm
2004 USJF/Ravinala
2005 USCA Foot
2006 AS ADEMA

Madagaskar-Pokal
1974 Fortior Club
1975 Fortior Club
1976 Fortior Club
1977 Fortior Club
1978 AS Sotema Morovoay

1979 AS Sotema Morovoay
1980 AS St. Michel
1981 Dinamo Fima
1982 AS Sotema Morovoay
1983 Dinamo Fima
1984 *wurde nicht ausgetragen*
1985 Fortior Club
1986 HTMF
1987 BTM
1988 BFV
1989 BTM
1990 BFV
1991 BTM
1992 COSFAP
1993 AS Cimelta
1994-95 *Sieger unbekannt*
1996 Club S
1997 *Sieger unbekannt*
1998 FC Djivan
1999 FC Djivan
2000 FC Djivan
2001 US Transfoot
2002 AS Fortior
2003 Léopards de Transfoot
2004 USJF/Ravinala
2005 USCA Foot
2006 AJESAIA

Malawi-Liga
1986 Big Bullets [Bata Bullets]
1987 CIVO United
1988 MDC United
1989 ADMARC Tigers
1990 MTL Wanderers [Limbe Leaf Wanderers]
1991 Big Bullets [Bata Bullets]
1992 Big Bullets [Bata Bullets]
1993 Big Bullets [Bata Bullets]
1994-95 *wurde nicht ausgetragen*
1996 Silver Strikers
1997 MTL Wanderers [Telecom Wanderers]
1998 MTL Wanderers [Telecom Wanderers]
1999 Big Bullets [Bata Bullets]
2000 Big Bullets [Bata Bullets]
2001 Big Bullets [Total Big Bullets]
2002 Big Bullets [Total Big Bullets]
2003 Big Bullets [Bakili Bullets]
2004 Big Bullets [Bakili Bullets]
2005 Big Bullets
2006 MTL Wanderers

Malawi-Pokal
1969 MTL Wanderers [Limbe Leaf Wanderers]
1970 Big Bullets [Bata Bullets]
1971 Big Bullets [Bata Bullets]
1972 MTL Wanderers [Limbe Leaf Wanderers]
1973 MTL Wanderers [Limbe Leaf Wanderers]
1974 Big Bullets [Bata Bullets]
1975 Big Bullets [Bata Bullets]
1976 MTL Wanderers [Limbe Leaf Wanderers]
1977 Hardware Stars
1978 Big Bullets [Bata Bullets]
1979 Big Bullets [Bata Bullets]
1980 MTL Wanderers [Limbe Leaf Wanderers]
1981 Big Bullets [Bata Bullets]
1982 ADMARC Tigers
1983 MDC United [Berec Power]
1984 Big Bullets [Bata Bullets]
1985 Silver Strikers
1986 Big Bullets [Bata Bullets]
1987 Silver Strikers
1988 Big Bullets [Bata Bullets]
1989 MITCO
1990 Sucoma
1991 Big Bullets [Bata Bullets]
1992 *Sieger unbekannt*
1993 MDC United
1994-98 *Sieger unbekannt*
1999 Moyale Barracks
2000 *Sieger unbekannt*
2001 MDC United

Malaysia-Cup of Malaysia
1921 Singapore
1922 Selangor FA
1923 Singapore
1924 Singapore
1925 Singapore
1926 Perak FA
1927 Selangor FA
1928 Singapore und Selangor
1929 Singapore und Selangor
1930 Singapore
1931 Perak FA
1932 Singapore
1933 Singapore
1934 Singapore
1935 Selangor FA
1936 Selangor FA
1937 Singapore
1938 Selangor FA
1939 Singapore
1940 Singapore
1941 Singapore
1942-47 *wurde nicht ausgetragen*
1948 Negeri Sembilan FA
1949 Selangor FA
1950 Singapore
1951 Singapore
1952 Singapore
1953 Pulau Pinang
1954 Pulau Pinang
1955 Singapore
1956 Selangor FA
1957 Perak FA
1958 Pulau Pinang
1959 Selangor FA
1960 Singapore
1961 Selangor FA
1962 Selangor FA
1963 Selangor FA
1964 Singapore
1965 Singapore
1966 Selangor FA
1967 Perak FA
1968 Selangor FA
1969 Selangor FA
1970 Perak FA
1971 Selangor FA
1972 Selangor FA
1973 Selangor FA
1974 Pulau Pinang
1975 Selangor FA
1976 Selangor FA
1977 Singapore
1978 Selangor FA
1979 Selangor FA
1980 Singapore
1981 Selangor FA
1982 Selangor FA
1983 Pahang FA
1984 Selangor FA
1985 Johor FC
1986 Selangor FA
1987 Kuala Lumpur FA
1988 Kuala Lumpur FA
1989 Kuala Lumpur FA
1990 Kedah
1991 Johor FC
1992 Pahang FA
1993 Kedah
1994 Singapore
1995 Selangor FA
1996 Selangor FA
1997 Selangor FA
1998 Perak FA
1999 Brunei Darus Salam
2000 Perak FA
2001 Terengganu FA
2002 Selangor FA
2003 Selangor MPPJ
2004 Perlis FA
2005 Selangor FA
2006 Perlis FA

Malaysia-Liga
1982 Pulau Pinang
1983 Melaka FA
1984 Selangor FA
1985 Singapore
1986 Kuala Lumpur FA [Federal Territory]
1987 Pahang FA
1988 Kuala Lumpur FA
1989 Selangor FA
1990 Selangor FA
1991 Johor FC
1992 Pahang FA
1993 Kedah FA
1994 Singapore
1995 Pahang FA
1996 Sabah
1997 Sarawak FA
1998 Pulau Pinang
1999 Pahang FA
2000 Selangor FA
2001 Pulau Pinang
2002 Perak FA
2003 Perak FA
2004 Pahang FA
2005 Perlis FA
2006 Negeri Sembilan FA

Malediven-Liga
1983 Club Valencia
1984 Club Valencia
1985 Club Valencia
1986 Victory SC
1987 Victory SC
1988 Victory SC
1989 Club Lagoons
1990 New Radiant
1991 New Radiant
1992 Victory SC
1993 Victory SC
1994 Club Valencia
1995 New Radiant
1996 Club Lagoons
1997 New Radiant
1998 Club Valencia
1999 Club Valencia
2000 Victory SC
2001 Victory SC
2002 Victory SC
2003 Victory SC
2004 New Radiant
2005 Victory SC
2006 Victory SC

Malediven-Pokal
1988 Club Valencia
1989 New Radiant
1990 Club Lagoons
1991 New Radiant
1992 Club Lagoons
1993 Club Lagoons
1994 New Radiant
1995 Club Valencia
1996 New Radiant
1997 New Radiant
1998 New Radiant
1999 Club Valencia
2000 Victory SC
2001 New Radiant
2002 IFC
2003 IFC
2004 Club Valencia
2005 New Radiant
2006 New Radiant

Mali-Liga
1965 AS Réal
1966 Djoliba AC
1967 Djoliba AC
1968 Djoliba AC
1969 AS Réal
1970 Stade Malien
1971 Djoliba AC
1972 Stade Malien
1973 Djoliba AC
1974 Djoliba AC
1975 Djoliba AC
1976 Djoliba AC
1977-78 *wurde nicht ausgetragen*
1979 Djoliba AC
1980 AS Réal
1981 AS Réal
1982 Djoliba AC
1983 AS Réal
1984 Stade Malien
1985 Djoliba AC
1986 AS Réal
1987 Stade Malien
1988 Djoliba AC
1989 Stade Malien
1990 Djoliba AC
1991 AS Réal
1992 Djoliba AC
1993 Stade Malien
1994 Stade Malien
1995 Stade Malien
1996 Djoliba AC
1997 Djoliba AC
1998 Djoliba AC
1999 Djoliba AC
2000 Stade Malien
2001 Stade Malien
2002 Stade Malien
2003 Stade Malien
2004 Djoliba AC
2005 Stade Malien
2006 Stade Malien

Mali-Pokal
1961 Stade Malien
1962 AS Réal
1963 Stade Malien
1964 AS Réal
1965 Djoliba AC
1966 AS Réal
1967 AS Réal
1968 AS Réal
1969 AS Réal
1970 Stade Malien
1971 Djoliba AC
1972 Stade Malien
1973 Djoliba AC
1974 Djoliba AC
1975 Djoliba AC
1976 Djoliba AC
1977 Djoliba AC
1978 Djoliba AC
1979 Djoliba AC
1980 AS Réal
1981 Djoliba AC
1982 Stade Malien
1983 Djoliba AC
1984 Stade Malien
1985 Stade Malien
1986 Stade Malien
1987 AS Sigui Kayès
1988 Stade Malien
1989 AS Réal
1990 Stade Malien
1991 Stade Malien
1992 Stade Malien
1993 Djoliba AC
1994 Stade Malien
1995 Stade Malien
1996 Djoliba AC
1997 Stade Malien
1998 Djoliba AC
1999 Stade Malien
2000 Cercle Olympique
2001 Stade Malien
2002 Cercle Olympique
2003 Djoliba AC
2004 Djoliba AC
2005 AS Bamako
2006 Stade Malien

Malta-Liga
1909/10 Floriana FC
1910/11 *wurde nicht ausgetragen*
1911/12 Floriana FC
1912/13 Floriana FC
1913/14 Hamrun Spartans FC
1914/15 Valletta FC [Valletta United FC]
1915/16 *wurde nicht ausgetragen*
1916/17 Saint George's FC
1917/18 Hamrun Spartans FC
1918/19 KOMR Militia
1919/20 Sliema Wanderers FC
1920/21 Floriana FC
1921/22 Floriana FC
1922/23 Sliema Wanderers FC
1923/24 Sliema Wanderers FC
1924/25 Floriana FC
1925/26 Sliema Wanderers FC
1926/27 Floriana FC
1927/28 Floriana FC
1928/29 Floriana FC
1929/30 Sliema Wanderers FC
1930/31 Floriana FC
1931/32 Valletta FC [Valletta United FC]
1932/33 Sliema Wanderers FC
1933/34 Sliema Wanderers FC
1934/35 Floriana FC
1935/36 Sliema Wanderers FC
1936/37 Floriana FC
1937/38 Sliema Wanderers FC
1938/39 Sliema Wanderers FC
1939/40 Sliema Wanderers FC
1941-44 *wurde nicht ausgetragen*
1944/45 Valletta FC
1945/46 Valletta FC
1946/47 Hamrun Spartans FC
1947/48 Valletta FC
1948/49 Sliema Wanderers FC
1949/50 Floriana FC
1950/51 Floriana FC
1951/52 Floriana FC
1952/53 Floriana FC
1953/54 Sliema Wanderers FC
1954/55 Floriana FC
1955/56 Sliema Wanderers FC
1956/57 Sliema Wanderers FC
1957/58 Floriana FC
1958/59 Valletta FC
1959/60 Valletta FC
1960/61 Hibernians FC
1961/62 Floriana FC
1962/63 Valletta FC
1963/64 Sliema Wanderers FC
1964/65 Sliema Wanderers FC
1965/66 Sliema Wanderers FC
1966/67 Hibernians FC
1967/68 Floriana FC
1968/69 Hibernians FC
1969/70 Floriana FC
1970/71 Sliema Wanderers FC
1971/72 Sliema Wanderers FC
1972/73 Floriana FC
1973/74 Valletta FC
1974/75 Floriana FC
1975/76 Sliema Wanderers FC
1976/77 Floriana FC
1977/78 Valletta FC
1978/79 Hibernians FC
1979/80 Valletta FC
1980/81 Hibernians FC
1981/82 Hibernians FC
1982/83 Hamrun Spartans FC
1983/84 Valletta FC
1984/85 Rabat Ajax FC
1985/86 Rabat Ajax FC
1986/87 Hamrun Spartans FC
1987/88 Hamrun Spartans FC
1988/89 Sliema Wanderers FC
1989/90 Valletta FC
1990/91 Hamrun Spartans FC
1991/92 Valletta FC
1992/93 Floriana FC
1993/94 Hibernians FC
1994/95 Hibernians FC
1995/96 Sliema Wanderers FC
1996/97 Valletta FC
1997/98 Valletta FC
1998/99 Valletta FC
1999/00 Birkirkara FC
2000/01 Valletta FC
2001/02 Hibernians FC
2002/03 Sliema Wanderers FC
2003/04 Sliema Wanderers FC
2004/05 Sliema Wanderers FC
2005/06 Birkirkara FC

Malta-Pokal
1934/35 Sliema Wanderers FC
1935/36 Sliema Wanderers FC
1936/37 Sliema Wanderers FC
1937/38 Floriana FC
1938/39 Melita FC
1939/40 Sliema Wanderers FC
1941-44 *wurde nicht ausgetragen*
1944/45 Floriana FC
1945/46 Sliema Wanderers FC
1946/47 Floriana FC
1947/48 Sliema Wanderers FC
1948/49 Floriana FC
1949/50 Floriana FC
1950/51 Sliema Wanderers FC
1951/52 Sliema Wanderers FC
1952/53 Floriana FC
1953/54 Floriana FC
1954/55 Floriana FC
1955/56 Sliema Wanderers FC
1956/57 Floriana FC
1957/58 Floriana FC
1958/59 Sliema Wanderers FC
1959/60 Valletta FC
1960/61 Floriana FC
1961/62 Hibernians FC
1962/63 Sliema Wanderers FC
1963/64 Valletta FC
1964/65 Sliema Wanderers FC
1965/66 Floriana FC
1966/67 Floriana FC
1967/68 Sliema Wanderers FC
1968/69 Sliema Wanderers FC
1969/70 Hibernians FC
1970/71 Hibernians FC
1971/72 Floriana FC
1972/73 Gzira United FC
1973/74 Sliema Wanderers FC
1974/75 Valletta FC
1975/76 Floriana FC
1976/77 Valletta FC
1977/78 Valletta FC
1978/79 Sliema Wanderers FC
1979/80 Hibernians FC
1980/81 Floriana FC
1981/82 Hibernians FC
1982/83 Hamrun Spartans FC
1983/84 Hamrun Spartans FC
1984/85 Zurrieq FC
1985/86 Rabat Ajax FC
1986/87 Hamrun Spartans FC
1987/88 Hamrun Spartans FC
1988/89 Hamrun Spartans FC
1989/90 Sliema Wanderers FC
1990/91 Valletta FC
1991/92 Hamrun Spartans FC
1992/93 Floriana FC
1993/94 Floriana FC
1994/95 Valletta FC
1995/96 Valletta FC
1996/97 Valletta FC
1997/98 Hibernians FC
1998/99 Valletta FC
1999/00 Sliema Wanderers FC
2000/01 Valletta FC
2001/02 Birkirkara FC
2002/03 Birkirkara FC
2003/04 Sliema Wanderers FC
2004/05 Birkirkara FC
2005/06 Hibernians FC

Marokko-Liga
1915/16 CA Casablanca
1916/17 US Marocaine
1917/18 US Marocaine
1918/19 US Marocaine
1919/20 IS Olympique Marocaine
1920/21 IS Olympique Marocaine
1921/22 IS Olympique Marocaine
1922/23 US Fès
1923/24 IS Olympique Marocaine
1924/25 US Fès
1925/26 US Athlétique
1926/27 Stade Marocaine
1927/28 *wurde nicht ausgetragen*
1928/29 US Athlétique
1929/30 IS Olympique Marocaine
1930/31 Stade Marocaine
1931/32 US Marocaine
1932/33 US Marocaine
1933/34 US Marocaine
1934/35 US Marocaine
1935/36 IS Olympique Marocaine
1936/37 IS Olympique Marocaine
1937/38 US Marocaine
1938/39 US Marocaine
1939/40 US Marocaine
1940/41 US Marocaine
1941/42 US Marocaine
1942/43 US Marocaine
1943/44 Stade Marocaine
1944/45 Racing Acant-Garde
1945/46 US Marocaine
1946/47 US Athlétique
1947/48 WA Casablanca
1948/49 WA Casablanca
1949/50 WA Casablanca
1950/51 WA Casablanca
1952-56 *wurde nicht ausgetragen*
1956/57 WA Casablanca
1957/58 KAC Marrakech
1958/59 EJS Casablanca
1959/60 Kénitra AC
1960/61 FAR Rabat
1961/62 FAR Rabat
1962/63 FAR Rabat
1963/64 FAR Rabat
1964/65 MAS Fès
1965/66 WA Casablanca
1966/67 FAR Rabat
1967/68 FAR Rabat
1968/69 WA Casablanca
1969/70 FAR Rabat
1970/71 RS Settat
1971/72 ADM Casablanca
1972/73 Kénitra AC
1973/74 Raja Beni Mellal
1974/75 MC Oujda
1975/76 WA Casablanca
1976/77 WA Casablanca
1977/78 WA Casablanca
1978/79 MAS Fès
1979/80 SC Chabab Mohammedia
1980/81 Kénitra AC
1981/82 Kénitra AC
1982/83 MAS Fès
1983/84 FAR Rabat
1984/85 MAS Fès
1985/86 WA Casablanca
1986/87 FAR Rabat
1987/88 Raja CA Casablanca
1988/89 FAR Rabat
1989/90 WA Casablanca
1990/91 WA Casablanca
1991/92 KAC Marrakesh
1992/93 WA Casablanca
1993/94 Olympique Casablanca
1994/95 COD Meknès
1995/96 Raja CA Casablanca
1996/97 Raja CA Casablanca
1997/98 Raja CA Casablanca
1998/99 Raja CA Casablanca
1999/00 Raja CA Casablanca
2000/01 Raja CA Casablanca
2001/02 Hassania US Agadir
2002/03 Hassania US Agadir
2003/04 Raja CA Casablanca
2004/05 FAR Rabat
2005/06 WA Casablanca

Marokko-Pokal
1956/57 MC Oujda
1957/58 MC Oujda
1958/59 FAR Rabat
1959/60 MC Oujda
1960/61 Kénitra AC
1961/62 MC Oujda
1962/63 KAC Marrakech
1963/64 KAC Marrakech
1964/65 KAC Marrakech
1965/66 COD Meknès
1966/67 FUS Rabat
1967/68 Raja CA Casablanca
1968/69 RS Settat
1969/70 WA Casablanca
1970/71 FAR Rabat
1971/72 SC Chabab Mohammedia
1972/73 FUS Rabat
1973/74 Raja CA Casablanca
1974/75 SC Chabab Mohammedia
1975/76 FUS Rabat
1976/77 Raja CA Casablanca
1977/78 WA Casablanca
1978/79 WA Casablanca
1979/80 MAS Fès
1980/81 WA Casablanca
1981/82 Raja CA Casablanca
1982/83 CLAS Casablanca
1983/84 FAR Rabat
1984/85 FAR Rabat
1985/86 FAR Rabat
1986/87 KAC Marrakech
1987/88 Raja CA Casablanca
1988/89 WA Casablanca
1989/90 MAS Fès
1990/91 WA Casablanca
1991/92 Olympique Casablanca
1992/93 KAC Marrakech
1993/94 WA Casablanca
1994/95 FUS Rabat
1995/96 Raja CA Casablanca
1996/97 WA Casablanca
1997/98 WA Casablanca
1998/99 FAR Rabat
1999/00 MCAM
2000/01 WA Casablanca
2001/02 Raja CA Casablanca
2002/03 FAR Rabat
2003/04 FAR Rabat
2004/05 Raja CA Casablanca
2005/06 OC Khouribga

Martinique-Liga
1919 Intrepide
1920 Club Colonial
1921 Club Colonial
1922 Club Colonial
1923 Club Colonial
1924 Club Colonial
1925 Intrepide
1926 Club Colonial
1927 Golden Star
1928 Golden Star
1929 Golden Star
1930 Club Colonial
1931 Club Colonial
1932 Stade Spiritian
1933 Intrepide
1934 *wurde nicht ausgetragen*
1935 Club Colonial
1936 Golden Star
1937 Golden Star
1938 Club Colonial
1939 Golden Star
1940 Club Colonial
1941 Club Colonial
1942 Club Colonial
1943 Club Colonial
1944 Gauloise
1945 Good Luck
1946 Aigle Sportif
1947 Aigle Sportif
1948 Golden Star
1949 Club Colonial
1950 Gauloise
1951 Gauloise
1952 Golden Star
1953 Golden Star
1954 Golden Star
1955 Gauloise
1956 Golden Star
1957 Good Luck
1958 Golden Star
1959 Golden Star
1960 Stade Spiritian
1961 Stade Spiritian
1962 Golden Star
1963 Assaut
1964 Club Colonial
1965 Club Colonial
1966 Assaut
1967 Assaut
1968 Assaut
1969 Eclair
1970 Club Franciscain
1971 CS Vauclinois
1972 Club Colonial
1973 Assaut
1974 CS Vauclinois
1975 Samaritaine
1976 Golden Star
1977 Renaissance
1978 Renaissance
1979 Renaissance
1980 Gauloise
1981 Samaritaine
1982 RC Rivière-Pilote
1983 RC Rivière-Pilote
1984 Aiglons
1985 Olympique
1986 Golden Star
1987 Excelsior
1987/88 Excelsior
1988/89 Excelsior
1989/90 US Marinoise
1990/91 Aiglons
1991/92 Aiglons
1992/93 US Robert
1993/94 Club Franciscain
1994/95 US Marinoise
1995/96 Club Franciscain
1996/97 Club Franciscain
1997/98 Aiglons
1998/99 Club Franciscain
1999/00 Club Franciscain
2000/01 Club Franciscain
2001/02 Club Franciscain
2002/03 Club Franciscain
2003/04 Club Franciscain
2004/05 Club Franciscain
2005/06 Club Franciscain

Martinique-Pokal
1953 Golden Star
1954 Club Colonial
1955 Club Colonial
1956 Good Luck
1957 Golden Star
1958 Golden Star
1959 Club Colonial
1960 US Robert
1961 US Robert
1962 Club Colonial
1963 Golden Star
1964 Assaut
1965 Assaut
1966 Assaut
1967 Assaut
1968 Assaut
1969 Club Franciscain
1970 Golden Star
1971-72 *Sieger unbekannt*
1973 Good Luck
1974 Good Luck
1975-76 *Sieger unbekannt*
1977 CS Case-Pilote
1978 RC Rivière-Pilote
1979 Good Luck
1980 Club Colonial
1981 *Sieger unbekannt*
1982 RC Rivière-Pilote
1983-85 *Sieger unbekannt*
1986 Club Franciscain
1987 Club Franciscain
1988-89 *Sieger unbekannt*
1990 Club Franciscain
1991-94 *Sieger unbekannt*
1995 Aiglons
1996 Aiglons
1997 *Sieger unbekannt*
1998 Club Franciscain
1999 Club Franciscain
2000 Assaut
2001 Club Franciscain
2002 Club Franciscain
2003 Club Franciscain
2004 Club Franciscain
2005 Club Franciscain
2006 CS Case-Pilote

Mauretanien-Liga
1976 ASC Garde Nationale
1977 ASC Garde Nationale
1978 ASC Garde Nationale
1979 ASC Garde Nationale
1980 *wurde nicht ausgetragen*
1981 ASC Police
1982 ASC Police
1983 ACS Ksar [ASC Ksar Sonader]
1984 ASC Garde Nationale
1985 ACS Ksar [ASC Ksar Sonader]
1986 ASC Police
1987 ASC Police
1988 ASC Police
1989 *wurde nicht ausgetragen*
1990 ASC Police
1991 ASC Police
1992 ACS Ksar [ASC Ksar Sonader]
1993 ACS Ksar [ASC Ksar Sonader]
1994 ASC Garde Nationale
1995 ASC SONALEC
1996-97 *wurde nicht ausgetragen*
1998 ASC Garde Nationale
1999 Terrouzi FC [SDPA Rosso]
2000 ASC Mauritel Mobile
2001 FC Nouadhibou
2002 FC Nouadhibou
2003 NASR
2004 ACS Ksar

2005 NASR
2006 ASC Mauritel Mobile

Mauretanien-Pokal
1976 Equipe Esport
1977 Espoirs
1978 Espoirs
1979 ACS Ksar [ASC Ksar Sonader]
1980 *wurde nicht ausgetragen*
1981 ASC Garde Nationale
1982 Terrouzi FC [ASC Trarza Rosso]
1983 Espoirs
1984 Terrouzi FC [ASC Trarza Rosso]
1985 ASC Police
1986 ASC Garde Nationale
1987 AS Amical Douane
1988 ASC Air Mauritanie
1989 ASC Garde Nationale
1990 Air Mauritanie
1991 AS Amical Douane
1992 ASC SNIM
1993 ACS Ksar [ASC Ksar Sonader]
1994 ASC Sonader
1995 ASC Air Mauritanie
1996 ASC SONALEC
1997 ASC SONALEC
1998 ASC SONALEC
1999 ASC Police
2000 ASC Air Mauritanie
2001 ASC Garde Nationale
2002 *wurde nicht ausgetragen*
2003 ASC Entente FC
2004 FC Nouadhibou
2005 ASC Entente FC
2006 NASR

Mauritius-Liga
1935 Curepipe Starlight SC [Curepipe SC]
1936 Garrison
1937 Garrison
1938 FC Dodo
1939 FC Dodo
1940-41 *wurde nicht ausgetragen*
1942 Fire Brigade SC
1943 *wurde nicht ausgetragen*
1944 FC Dodo
1945 FC Dodo
1946 FC Dodo
1947 Collège St. Esprit
1948 FC Dodo
1949 Faucon Flacq SC [Faucons Noir]
1950 Fire Brigade SC
1951 FC Dodo
1952 *wurde nicht ausgetragen*
1953 FC Dodo
1954 Faucon Flacq SC [Faucons Noir]
1955 Faucon Flacq SC [Faucons Noir]
1956 *wurde nicht ausgetragen*
1957 FC Dodo und Faucon Flacq SC [Faucons Noir]
1958 Faucon Flacq SC [Faucons Noir]
1959 FC Dodo
1960 *wurde nicht ausgetragen*
1961 Fire Brigade SC
1962 Police Club
1963 Racing Club
1964 FC Dodo
1965 Police Club
1966 FC Dodo
1967 Police Club
1968 FC Dodo
1969-70 *wurde nicht ausgetragen*
1971 Police Club
1972 Police Club
1973 Fire Brigade SC
1974 Fire Brigade SC
1975 Quatre-Bornes FC [Hindu Cadets Club]
1976 Port Louis SC [Muslim Scouts Club]
1976/77 Quatre-Bornes FC [Hindu Cadets Club]
1977/78 Racing Club
1978/79 Quatre-Bornes FC [Hindu Cadets Club]
1979/80 Fire Brigade SC
1980/81 Police Club
1981/82 Police Club
1982/83 Fire Brigade SC
1983/84 Fire Brigade SC
1984/85 Fire Brigade SC
1985/86 Tamil Cadets United
1986/87 Sunrise Flacq United SC [Sunrise SC]
1987/88 Fire Brigade SC
1988/89 Sunrise Flacq United SC [Sunrise SC]
1989/90 Sunrise Flacq United SC [Sunrise SC]
1990/91 Sunrise Flacq United SC [Sunrise SC]
1991/92 Sunrise Flacq United SC [Sunrise SC]
1992/93 Fire Brigade SC
1993/94 Fire Brigade SC
1994/95 Sunrise Flacq United SC
1995/96 Sunrise Flacq United SC
1996/97 Sunrise Flacq United SC
1997/98 Port Louis SC [Scouts Club]
1998/99 Fire Brigade SC
2000 *wurde nicht ausgetragen*
2001 Olympique de Moka
2002 ASPL 2000
2003 ASPL 2000
2004 ASPL 2000
2005 ASPL 2000
2006 Pamplemousses SC

Mauritius-Pokal
1957 FC Dodo
1958 *Sieger unbekannt*
1959 Faucon Flacq SC
1960 FC Dodo
1961 FC Dodo
1962 Police Club
1963 Police Club
1964 *Sieger unbekannt*
1965 Police Club
1966 FC Dodo
1967 Police Club
1968 Police Club
1969 Hindu Scouts
1970-76 *Sieger unbekannt*
1977 Hindu Scouts
1978-79 *Sieger unbekannt*
1980 Fire Brigade SC
1981 Fire Brigade SC
1982 Fire Brigade SC
1983 Fire Brigade SC
1984 Police Club
1985 Sunrise Flacq United SC [Sunrise SC]
1986 Fire Brigade SC
1987 Sunrise Flacq United SC [Sunrise SC]
1988 Quatre-Bornes FC [Cadets Club Quatre Bornes]
1989 Fire Brigade SC
1990 Fire Brigade SC
1991 Fire Brigade SC
1992 Sunrise Flacq United SC [Sunrise SC]
1993 Sunrise Flacq United SC [Sunrise SC]
1994 Fire Brigade SC
1995 Fire Brigade SC
1996 Sunrise Flacq United SC
1997 Fire Brigade SC
1998 Fire Brigade SC
1999 *wettbewerb wurde annulliert*
2000 *wurde nicht ausgetragen*
2001 US BB-RH
2002 ASPL 2000
2003 Savanne SC
2004 Savanne SC
2005 ASPL 2000
2006 Curepipe Starlight SC

Mayotte-Liga
1992 AS Sada
1993-96 *Sieger unbekannt*
1997 FC M'tsapéré
1998 AS Sada
1999 FC Jumeaux
2000 AS Rosador
2001 *Sieger unbekannt*
2002 FC Kani-Bé
2003 FC Kani-Bé
2004 AS Sada
2005 FC M'tsapéré
2006 FC M'tsapéré

Mayotte-Pokal
1986 Miracle du Sud
1987-91 *Sieger unbekannt*
1992 Ouragan Labbatoir
1993-96 *Sieger unbekannt*
1997 Miracle du Sud
1998 AS Rosador
1999 *Sieger unbekannt*
2000 FC Kani-Bé
2001 *Sieger unbekannt*
2002 Pamandzi SC
2003 Pamandzi SC
2004 Pamandzi SC
2005/06 Etincelle d'Hamjago
2006 AS Sada

Mazedonien-Liga
1992/93 FK Vardar Skopje
1993/94 FK Vardar Skopje
1994/95 FK Vardar Skopje
1995/96 FK Sileks Kratovo
1996/97 FK Sileks Kratovo
1997/98 FK Sileks Kratovo
1998/99 FK Sloga Jugomagnat Skopje
1999/00 FK Sloga Jugomagnat Skopje
2000/01 FK Sloga Jugomagnat Skopje
2001/02 FK Vardar Skopje
2002/03 FK Vardar Skopje
2003/04 FK Pobeda Prilep
2004/05 FK Rabotnički Kometal Skopje
2005/06 FK Rabotnički Kometal Skopje

Mazedonien-Pokal
1992/93 FK Vardar Skopje
1993/94 FK Sileks Kratovo
1994/95 FK Vardar Skopje
1995/96 FK Sloga Jugomagnat Skopje
1996/97 FK Sileks Kratovo
1997/98 FK Vardar Skopje
1998/99 FK Vardar Skopje
1999/00 FK Sloga Jugomagnat Skopje
2000/01 FK Pelister Bitola
2001/02 FK Pobeda Prilep
2002/03 FK Cementarnica 55 Skopje
2003/04 FK Sloga Jugomagnat Skopje
2004/05 KF Bashkimi Kumanova
2005/06 FK Makedonija Skopje

Mexiko-Liga
1902/03 Orizaba Charleston
1903/04 Mexico FC [Mexico Cricket Club]
1904/05 Atlético Pachuca
1905/06 Reforma AC
1906/07 Reforma AC
1907/08 British Club
1908/09 Reforma AC
1909/10 Reforma AC
1910/11 Reforma AC
1911/12 Reforma AC
1912/13 Mexico FC
1913/14 RC España [España]
1914/15 RC España [España]
1915/16 RC España [España]
1916/17 RC España [España]
1917/18 Atlético Pachuca
1918/19 RC España
1919/20 RC España
1920/21 RC España
1921/22 RC España
1922/23 Asturias
1923/24 RC España
1924/25 CF América
1925/26 CF América
1926/27 CF América
1927/28 CF América
1928/29 Marte FC (Mexico City)
1929/30 *wurde nicht ausgetragen*
1930/31 RC España
1931/32 CD Atlante
1932/33 Necaxa
1933/34 RC España
1934/35 Necaxa
1935/36 RC España
1936/37 Necaxa
1937/38 Necaxa
1938/39 Asturias
1939/40 RC España
1940/41 CD Atlante
1941/42 RC España
1942/43 Marte FC (Mexico City)
1943/44 Asturias
1944/45 RC España
1945/46 CD Veracruz
1946/47 CD Atlante
1947/48 CSD León
1948/49 CSD León
1949/50 CD Veracruz
1950/51 FC Atlas
1951/52 CSD León
1952/53 Tampico FC
1953/54 Marte FC (Cuernavaca)
1954/55 CD Zacatepec
1955/56 CSD León
1956/57 CD Guadalajara
1957/58 CD Zacatepec
1958/59 CD Guadalajara
1959/60 CD Guadalajara
1960/61 CD Guadalajara
1961/62 CD Guadalajara
1962/63 Jalisco [Oro]
1963/64 CD Guadalajara
1964/65 CD Guadalajara
1965/66 CF América
1966/67 CD Toluca
1967/68 CD Toluca
1968/69 CD Cruz Azul
1969/70 CD Guadalajara
1970 CD Cruz Azul
1970/71 CF América
1971/72 CD Cruz Azul
1972/73 CD Cruz Azul
1973/74 CD Cruz Azul
1974/75 CD Toluca
1975/76 CF América
1976/77 UNAM „Los Pumas“
1977/78 UANL „Los Tigres [UANL]“
1978/79 CD Cruz Azul
1979/80 CD Cruz Azul
1980/81 UNAM „Los Pumas“
1981/82 UANL „Los Tigres“ [UANL]
1982/83 CF Puebla
1983/84 CF América
1984/85 CF América
1985 CF América
1986 CF Monterrey
1986/87 CD Guadalajara
1987/88 CF América
1988/89 CF América
1989/90 CF Puebla
1990/91 UNAM „Los Pumas“
1991/92 CSD León
1992/93 CD Atlante
1993/94 UAG „Los Tecos“
1994/95 Necaxa
1995/96 Necaxa
1996/97 Santos Laguna und CD Guadalajara
1997/98 CD Cruz Azul und CD Toluca
1998/99 Necaxa und CD Toluca
1999/00 Atlético Pachuca und CD Toluca
2000/01 Atlético Morelia und Santos Laguna
2001/02 Atlético Pachuca und CF América
2002/03 CD Toluca und CF Monterrey
2003/04 Atlético Pachuca und UNAM „Los Pumas“
2004/05 UNAM „Los Pumas“ und CF América
2005/06 CD Toluca und Atlético Pachuca

Mexiko-Pokal
1907/08 Atlético Pachuca
1908/09 Reforma AC
1909/10 Reforma AC
1910/11 British Club
1911/12 Atlético Pachuca
1912/13 *wurde nicht ausgetragen*
1913/14 Mexico FC
1914/15 RC España
1915/16 Rovers
1916/17 RC España
1917/18 RC España
1918/19 RC España
1919/20 *wurde nicht ausgetragen*
1920/21 Mexico FC
1921/22 Asturias
1922/23 Asturias
1923/24 Asturias
1924/25 Necaxa
1925/26 Necaxa
1927-32 *wurde nicht ausgetragen*
1932/33 Necaxa
1933/34 Asturias
1934/35 *wurde nicht ausgetragen*
1935/36 Necaxa
1936/37 Asturias
1937/38 CF América
1938/39 Asturias
1939/40 Asturias
1940/41 Asturias
1941/42 CD Atlante
1942/43 Moctezuma
1943/44 RC España
1944/45 CF Puebla
1945/46 FC Atlas
1946/47 Moctezuma
1947/48 CD Veracruz
1948/49 CSD León
1949/50 FC Atlas
1950/51 CD Atlante
1951/52 CD Atlante
1952/53 CF Puebla
1953/54 CF América
1954/55 CF América
1955/56 CD Toluca
1956/57 CD Zacatepec
1957/58 CSD León
1958/59 CD Zacatepec
1959/60 Necaxa
1960/61 Tampico FC
1961/62 FC Atlas
1962/63 CD Guadalajara
1963/64 CF América
1964/65 CF América
1965/66 Necaxa
1966/67 CSD León
1967/68 FC Atlas
1968/69 CD Cruz Azul
1969/70 CD Guadalajara
1970/71 CSD León
1971/72 CSD León
1972/73 *wurde nicht ausgetragen*
1973/74 CF América
1974/75 UNAM „Los Pumas“
1975/76 UANL „Los Tigres [UANL]“
1977-87 *wurde nicht ausgetragen*
1987/88 CF Puebla
1988/89 CD Toluca
1989/90 CF Puebla
1990/91 Universidad de Guadalajara
1991/92 CF Monterrey
1993-94 *wurde nicht ausgetragen*
1994/95 Necaxa
1995/96 UANL „Los Tigres“ [UANL]
1996/97 CD Cruz Azul

Moldawien-Liga
1992 FC Zimbru Chişinău
1992/93 FC Zimbru Chişinău
1993/94 FC Zimbru Chişinău
1994/95 FC Zimbru Chişinău
1995/96 FC Zimbru Chişinău
1996/97 FC Constructorul-93 Chişinău
1997/98 FC Zimbru Chişinău
1998/99 FC Zimbru Chişinău
1999/00 FC Zimbru Chişinău
2000/01 FC Sheriff Tiraspol
2001/02 FC Sheriff Tiraspol
2002/03 FC Sheriff Tiraspol
2003/04 FC Sheriff Tiraspol
2004/05 FC Sheriff Tiraspol
2005/06 FC Sheriff Tiraspol

Moldawien-Pokal
1992 FC Bugeac Comrat
1992/93 FC Tiligul Tiraspol
1993/94 FC Tiligul Tiraspol
1994/95 FC Tiligul Tiraspol
1995/96 FC Constructorul-93 Chişinău
1996/97 FC Zimbru Chişinău
1997/98 FC Zimbru Chişinău
1998/99 FC Sheriff Tiraspol
1999/00 FC Constructorul-93 Chişinău
2000/01 FC Sheriff Tiraspol
2001/02 FC Sheriff Tiraspol
2002/03 FC Zimbru Chişinău
2003/04 FC Zimbru Chişinău
2004/05 FC Nistru Otaci
2005/06 FC Sheriff Tiraspol

Mongolei-Liga
1974 Altar
1975-84 *Sieger unbekannt*
1985 Khuch
1986-88 *Sieger unbekannt*
1989 Khudulmur
1990 Khuch
1991-93 *Sieger unbekannt*
1994 Khuch
1995 Idsskh
1996 Erchim
1997 Delger
1998 Erchim
1999 ITI Bank-Bars
2000 Erchim
2001 Khangard
2002 Erchim
2003 Khangard
2004 Khangard
2005 Khoromkhon
2006 Khasin Khultood

Mongolei-Pokal
1997 Erchim
1998 Delger
1999 *Sieger unbekannt*
2000 Mon-Uran
2001 Mon-Uran

Montserrat-Liga
1995/96 Royal Police
1996/97 *wettbewerb wurde annulliert*
1998/99 *wurde nicht ausgetragen*
2000 Royal Police
2001 Royal Police
2002/03 Royal Police
2004 Ideal SC

Mosambik-Liga
1976 Textáfrica
1977 Desportivo Maputo
1978 Desportivo Maputo
1979 Costa do Sol
1980 Costa do Sol
1981 Têxtil Punguè
1982 Ferroviário Maputo
1983 Desportivo Maputo
1984 CD Maxaquene
1985 CD Maxaquene
1986 CD Maxaquene
1987 Matchedje
1988 Desportivo Maputo
1989 Ferroviário Maputo
1990 Matchedje
1991 Costa do Sol
1992 Costa do Sol
1993 Costa do Sol
1994 Costa do Sol
1995 Desportivo Maputo
1996 Ferroviário Maputo
1997 Ferroviário Maputo
1998 *wurde inoffiziell gespielt*
1998/99 Ferroviário Maputo
1999/00 Costa do Sol
2000/01 Costa do Sol
2002 Ferroviário Maputo
2003 CD Maxaquene
2004 Ferroviário de Nampula
2005 Ferroviário Maputo
2006 Desportivo Maputo

Mosambik-Pokal
1978 CD Maxaquene
1979 Palmeiras Beira
1980 Costa do Sol
1981 Desportivo Maputo
1982 CD Maxaquene
1983 Costa do Sol
1984 Ferroviário Maputo
1985 *wurde nicht ausgetragen*
1986 CD Maxaquene
1987 CD Maxaquene
1988 Costa do Sol
1989 Ferroviário Maputo
1990 Matchedje
1991 Clube de Gaza
1992 Costa do Sol
1993 Costa do Sol
1994 CD Maxaquene
1995 Costa do Sol
1995/96 CD Maxaquene
1996/97 Costa do Sol
1997/98 CD Maxaquene
1998/99 Costa do Sol
1999/00 Costa do Sol
2000/01 CD Maxaquene
2001/02 Costa do Sol
2003 Ferroviário de Nampula
2004 Ferroviário Maputo
2005 Ferroviário Beira
2006 Desportivo Maputo

Namibia-Liga
1987 Benfica
1988 Blue Waters
1989 Black Africa [Black Africans Nashua]
1990 Orlando Pirates
1991 Eleven Arrows
1992 Ramblers FC
1993 MS Chief Santos
1994 Black Africa [Black Africans Nashua]
1995 Black Africa [Black Africans Nashua]
1996 Blue Waters
1997 *wurde nicht ausgetragen*
1998 Black Africa
1999 Black Africa
2000 Blue Waters
2001/02 Liverpool
2002/03 MS Chief Santos
2003/04 Blue Waters
2004/05 Civics FC
2005/06 Civics FC

Namibia-Pokal
1986 Orlando Pirates
1987 *wurde nicht ausgetragen*
1988 Young Ones FC
1989 *Sieger unbekannt*
1990 Black Africa
1991 MS Chief Santos
1992 Liverpool
1993 Black Africa [Black Africans Nashua]
1994 Blue Waters
1995 United Africa Tigers [MP Tigers]
1996 United Africa Tigers [MP Tigers]
1997 Black Africa
1997/98 MS Chief Santos
1999 MS Chief Santos
2000 MS Chief Santos
2001/02 Orlando Pirates
2003 Civics FC
2004 Black Africa
2005 Ramblers FC
2006 Orlando Pirates

Nepal-Liga
1954/55 Mahavir Club
1956-66 *Sieger unbekannt*
1966/67 Mahavir Club
1967/68 Mahavir Club
1969-71 *Sieger unbekannt*
1971/72 Rani Pokhari CT
1972/73 Rani Pokhari CT
1973/74 Rani Pokhari CT
1975 Boys Union Club
1976 Sunakhari AC
1977 Annapurna Club
1978 New Road Team
1979 Rani Pokhari CT
1980 Sankata Boys SC
1981 *wurde nicht ausgetragen*
1982 Rani Pokhari CT
1983 Annapurna Club
1984 Rani Pokhari CT
1985 Sankata Boys SC
1986 Manang Marsyangdi Club
1987 Manang Marsyangdi Club
1988 *wurde nicht ausgetragen*
1989 Manang Marsyangdi Club
1990-94 *wurde nicht ausgetragen*
1995 New Road Team
1996 *wurde nicht ausgetragen*
1997 Three Star Club
1998 Three Star Club
1999 *wurde nicht ausgetragen*
2000 Manang Marsyangdi Club
2001-02 *wurde nicht ausgetragen*
2003 Manang Marsyangdi Club
2004 Three Star Club
2005/06 Manang Marsyangdi Club

Neukaledonien-Liga
1950 Impassible
1951 Impassible
1952 Indépendante
1953 Impassible
1954 Indépendante
1955 *Sieger unbekannt*
1956 Impassible
1957 PLGC
1958 PLGC
1959 PLGC
1960 Impassible
1961 *Sieger unbekannt*
1962 USC Nouméa
1963 USC Nouméa
1964-77 *Sieger unbekannt*
1978 USL Gélima
1979-83 *Sieger unbekannt*
1984 AS Frégate
1985 AS Kunié
1986-92 *Sieger unbekannt*
1993 Wé-Luécilla
1994 JS Baco
1995 JS Baco
1996 JS Traput
1997 JS Baco
1998 AS Poum
1999 FC Gaitcha
2000 JS Baco
2001 JS Baco
2002 AS Mont-Dore
2002/03 AS Magenta
2003/04 AS Magenta
2004/05 AS Magenta
2005/06 AS Mont-Dore

Neukaledonien-Pokal
1954 Indépendante
1955 *wurde nicht ausgetragen*
1956 PLGC
1957 Impassible
1958 PLGC
1959 Wé-Luécilla [Wé]
1960 Uniforme Fayaoué
1961 Île des Pins
1962 Olympique Nouméa
1963 Olympique Nouméa
1964 JS Vallée du Tir Nouméa
1965 JS Vallée du Tir Nouméa
1966 JS Vallée du Tir Nouméa
1967 JS Vallée du Tir Nouméa
1968 JS Vallée du Tir Nouméa
1969 ASLN Nouméa
1970 ASLN Nouméa
1971 ASLN Nouméa
1972 ASLN Nouméa
1973 UAC Yaté
1974 UAC Yaté
1975 ASLN Nouméa
1976 Kehdek Koumac
1977 USL Gélima
1978 USL Gélima
1979 USL Gélima
1980 JS Baco
1981 CA Saint-Louis
1982 USL Gélima
1983 AS Païta
1984 JS Baco
1985 CA Saint-Louis
1986 CA Saint-Louis
1987 JS Baco
1988 Wé-Luécilla
1989 AS Frégate
1990 CA Saint-Louis
1991 JS Baco
1992 Wé-Luécilla
1993 ASLN Thio
1994 CA Saint-Louis
1995 JS Baco
1996 AS Magenta
1997 CA Saint-Louis
1998 JS Traput
1999 JS Traput
2000 AS Magenta
2001 AS Magenta
2002 AS Magenta
2003 AS Magenta
2004 AS Magenta
2005 AS Magenta
2006 AS Mont-Dore

Neuseeland-Liga
1970 Blockhouse Bay
1971 Eastern Suburbs
1972 Mt Wellington AFC
1973 Christchurch United
1974 Mt Wellington AFC
1975 Christchurch United
1976 Wellington Diamond United
1977 North Shore United
1978 Christchurch United
1979 Mt Wellington AFC
1980 Mt Wellington AFC
1981 Wellington Diamond United
1982 Mt Wellington AFC
1983 Manurewa
1984 Gisborne City
1985 Wellington Diamond United
1986 Mt Wellington AFC
1987 Christchurch United
1988 Christchurch United
1989 Hawke's Bay United FC [Napier City Rovers]
1990 Waitakere City
1991 Christchurch United
1992 Waitakere City
1993 Hawke's Bay United FC [Napier City Rovers]
1994 North Shore United
1995 Waitakere City
1996 Waitakere City
1997 Waitakere City
1998 Hawke's Bay United FC [Napier City Rovers]
1999 Central United FC
2000 Hawke's Bay United FC [Napier City Rovers]
2001 Central United FC
2002 Miramar Rangers
2003 Miramar Rangers
2004 *wettbewerb wurde annulliert*
2004/05 Auckland City FC
2005/06 Auckland City FC

Neuseeland-Pokal
1923 Seacliff
1924 Habour Board
1925 YMCA
1926 Sunnyside
1927 Ponsonby
1928 Petone
1929 Tramways
1930 Petone
1931 Tramurewa
1932 Marist
1933 Ponsonby
1934 Thistle
1935 Western Suburbs [Mental Hospital AFC]
1936 Western
1937 *wurde nicht ausgetragen*

1938 Waterside Karori
1939 Waterside Karori
1940 Waterside Karori
1941-44 *wurde nicht ausgetragen*
1945 Western
1946 Marist
1947 Waterside Karori
1948 Tech Old Boys (Christchurch)
1949 Petone
1950 Eden
1951 Eastern Suburbs
1952 North Shore United und Western
1953 Eastern Suburbs
1954 Onehunga
1955 Western
1956 Stop Out
1957 Seatoun
1958 Seatoun
1959 Northern
1960 North Shore United
1961 Northern
1962 Technical Old Boys (Hamilton)
1963 North Shore United
1964 Mt Roskill
1965 Eastern Suburbs
1966 Miramar Rangers
1967 North Shore United
1968 Eastern Suburbs
1969 Eastern Suburbs
1970 Blockhouse Bay
1971 Western Suburbs
1972 Christchurch United
1973 Mt Wellington AFC
1974 Christchurch United
1975 Christchurch United
1976 Christchurch United
1977 Nelson Suburbs [Nelson United]
1978 Manurewa
1979 North Shore United
1980 Mt Wellington AFC
1981 Dunedin City
1982 Mt Wellington AFC
1983 Mt Wellington AFC
1984 Manurewa
1985 Hawke's Bay United FC [Napier City Rovers]
1986 North Shore United
1987 Gisborne City
1988 Waitako United
1989 Christchurch United
1990 Mt Wellington AFC
1991 Christchurch United
1992 Miramar Rangers
1993 Hawke's Bay United FC [Napier City Rovers]
1994 Waitakere City
1995 Waitakere City
1996 Waitakere City
1997 Central United FC
1998 Central United FC
1999 Dunedin Technical
2000 Hawke's Bay United FC [Napier City Rovers]
2001 Uni-Mt Wellington
2002 Hawke's Bay United FC [Napier City Rovers]
2003 Uni-Mt Wellington
2004 Miramar Rangers
2005 Central United FC
2006 Western Suburbs

Nicaragua-Liga
1984/85 América
1985/86 Deportivo Masaya
1986/87 FC Diriangén
1987/88 América
1988/89 FC Diriangén
1989/90 América
1990/91 Real Estelí FC
1991/92 FC Diriangén
1992/93 FC Juventus
1993/94 FC Juventus
1994/95 FC Diriangén
1995/96 FC Diriangén
1996/97 FC Diriangén
1997/98 CD Walter Ferreti
1998/99 Real Estelí FC
1999/00 FC Diriangén
2000/01 CD Walter Ferreti
2001/02 CD Jalapa
2002/03 Real Estelí FC
2003/04 Real Estelí FC und Real Estelí FC
2004/05 FC Diriangén
2005/06 FC Diriangén

Niederlande-Liga
1897/98 AFC RAP
1898/99 AFC RAP
1899/00 HVV
1900/01 HVV
1901/02 HVV
1902/03 HVV
1903/04 HBS
1904/05 HVV
1905/06 HBS
1906/07 HVV
1907/08 Quick (Den Haag)
1908/09 Sparta
1909/10 HVV
1910/11 Sparta
1911/12 Sparta
1912/13 Sparta
1913/14 HVV
1914/15 Sparta
1915/16 Willem II
1916/17 Go Ahead Eagles [Go Ahead]
1917/18 AFC Ajax
1918/19 AFC Ajax
1919/20 VV Be Quick
1920/21 NAC Breda [SV NAC]
1921/22 Go Ahead Eagles [Go Ahead]
1922/23 RCH
1923/24 Feyenoord [Feijenoord]
1924/25 HBS
1925/26 SC Enschede
1926/27 Heracles Almelo [AVC Heracles]
1927/28 Feyenoord [Feijenoord]
1928/29 PSV
1929/30 Go Ahead Eagles [Go Ahead]
1930/31 AFC Ajax
1931/32 AFC Ajax
1932/33 Go Ahead Eagles [Go Ahead]
1933/34 AFC Ajax
1934/35 PSV
1935/36 Feyenoord [Feijenoord]
1936/37 AFC Ajax
1937/38 Feyenoord [Feijenoord]
1938/39 AFC Ajax
1939/40 Feyenoord [Feijenoord]
1940/41 Heracles Almelo [AVC Heracles]
1941/42 ADO Den Haag [SV ADO]
1942/43 ADO Den Haag [SV ADO]
1943/44 ASC de Volewijckers
1944/45 *wurde nicht ausgetragen*
1945/46 FC Haarlem [Haarlemsche FC]
1946/47 AFC Ajax
1947/48 BVV
1948/49 SVV
1949/50 SV Limburgia
1950/51 PSV
1951/52 Willem II
1952/53 RCH
1953/54 Eindhoven
1954/55 Willem II
1955/56 Rapid JC
1956/57 AFC Ajax
1957/58 DOS
1958/59 Sparta
1959/60 AFC Ajax
1960/61 Feyenoord [Feijenoord]
1961/62 Feyenoord [Feijenoord]
1962/63 PSV
1963/64 DWS/A [DWS]
1964/65 Feyenoord [Feijenoord]
1965/66 AFC Ajax
1966/67 AFC Ajax
1967/68 AFC Ajax
1968/69 Feyenoord [Feijenoord]
1969/70 AFC Ajax
1970/71 Feyenoord [Feijenoord]
1971/72 AFC Ajax
1972/73 AFC Ajax
1973/74 Feyenoord
1974/75 PSV
1975/76 PSV
1976/77 AFC Ajax
1977/78 PSV
1978/79 AFC Ajax
1979/80 AFC Ajax
1980/81 AZ [AZ '67]
1981/82 AFC Ajax
1982/83 AFC Ajax
1983/84 Feyenoord
1984/85 AFC Ajax
1985/86 PSV
1986/87 PSV
1987/88 PSV
1988/89 PSV
1989/90 AFC Ajax
1990/91 PSV
1991/92 PSV
1992/93 Feyenoord
1993/94 AFC Ajax
1994/95 AFC Ajax
1995/96 AFC Ajax
1996/97 PSV
1997/98 AFC Ajax
1998/99 Feyenoord
1999/00 PSV
2000/01 PSV
2001/02 AFC Ajax
2002/03 PSV
2003/04 AFC Ajax
2004/05 PSV
2005/06 PSV

Niederlande-Pokal
1898/99 AFC RAP
1899/00 Velocitas (Breda)
1900/01 HBS
1901/02 FC Haarlem [Haarlemsche FC]
1902/03 HVV
1903/04 HFC
1904/05 VOC
1905/06 Concordia
1906/07 VOC
1907/08 HBS
1908/09 Quick (Den Haag)
1909/10 Quick (Den Haag)
1910/11 Quick (Den Haag)
1911/12 FC Haarlem [Haarlemsche FC]
1912/13 HFC
1913/14 Dordrecht '90 [DFC]
1914/15 HFC
1915/16 Quick (Den Haag)
1916/17 AFC Ajax
1917/18 RCH
1918/19 *wurde nicht ausgetragen*
1919/20 CVV
1920/21 Schoten
1922-24 *wurde nicht ausgetragen*
1924/25 ZFC
1925/26 LONGA
1926/27 VUC
1927/28 RCH
1928/29 *wurde nicht ausgetragen*
1929/30 Feyenoord [Feijenoord]
1930/31 *wurde nicht ausgetragen*
1931/32 Dordrecht '90 [DFC]
1932/33 *wurde nicht ausgetragen*
1933/34 Velocitas (Groningen)
1934/35 Feyenoord [Feijenoord]
1935/36 Roermond FC
1936/37 Eindhoven
1937/38 VSV
1938/39 Wageningen
1940-42 *wurde nicht ausgetragen*
1942/43 AFC Ajax
1943/44 Willem II
1945-47 *wurde nicht ausgetragen*
1947/48 Wageningen
1948/49 Quick (Nijmegen)
1949/50 PSV
1951-56 *wurde nicht ausgetragen*
1956/57 Fortuna '54
1957/58 Sparta
1958/59 VVV
1959/60 *wurde nicht ausgetragen*
1960/61 AFC Ajax
1961/62 Sparta
1962/63 Willem II
1963/64 Fortuna '54
1964/65 Feyenoord [Feijenoord]
1965/66 Sparta
1966/67 AFC Ajax
1967/68 ADO Den Haag [SV ADO]
1968/69 Feyenoord [Feijenoord]
1969/70 AFC Ajax
1970/71 AFC Ajax
1971/72 AFC Ajax
1972/73 NAC Breda [SV NAC]
1973/74 PSV
1974/75 FC Den Haag
1975/76 PSV
1976/77 FC Twente
1977/78 AZ [AZ '67]
1978/79 AFC Ajax
1979/80 Feyenoord
1980/81 AZ [AZ '67]
1981/82 AZ [AZ '67]
1982/83 AFC Ajax
1983/84 Feyenoord
1984/85 FC Utrecht
1985/86 AFC Ajax
1986/87 AFC Ajax
1987/88 PSV
1988/89 PSV
1989/90 PSV
1990/91 Feyenoord
1991/92 Feyenoord
1992/93 AFC Ajax
1993/94 Feyenoord
1994/95 Feyenoord
1995/96 PSV
1996/97 SV Roda JC
1997/98 AFC Ajax
1998/99 AFC Ajax
1999/00 SV Roda JC
2000/01 FC Twente
2001/02 AFC Ajax
2002/03 FC Utrecht
2003/04 FC Utrecht
2004/05 PSV
2005/06 AFC Ajax

Niederländische Antillen-Liga
1961 FC Sithoc
1962 FC Sithoc
1963-64 *Sieger unbekannt*
1965 SV RCA
1966 Jong Colombia
1967 Didi
1968 Jong Colombia
1969 SUBT
1970 Estrellas
1971-72 *Sieger unbekannt*
1973 Jong Colombia
1974 Jong Colombia
1975-76 *Sieger unbekannt*
1977 Jong Holland
1978 Jong Colombia
1979 *Sieger unbekannt*
1980 SUBT
1981-84 *Sieger unbekannt*
1985 UNDEBA
1986 *Sieger unbekannt*
1987 UNDEBA
1988-96 *Sieger unbekannt*
1989/90 UNDEBA
1990-91 *Sieger unbekannt*
1992/93 FC Sithoc
1994-95 *Sieger unbekannt*
1996/97 UNDEBA
1997 Jong Colombia
1998/99 FC Sithoc
2000/01 Jong Colombia
2001/02 SV Centro SD Barber
2002/03 SV Centro SD Barber
2003/04 SV Centro SD Barber
2004/05 SV Centro SD Barber
2005/06 SV Centro SD Barber

Niger-Liga
1966 Secteur 6
1967 Secteur 6
1968 Secteur 6
1969 Secteur 6
1970 Secteur 6
1971 AS-FAN
1972 *wurde nicht ausgetragen*
1973 Sahel SC [Secteur 7]
1974 Sahel SC
1975 AS-FAN
1976 Olympique FC
1977 Olympique FC
1978 Olympique FC
1979 *wurde nicht ausgetragen*
1980 AS Niamey
1981 AS Niamey
1982 AS Niamey
1983 Jangorzo FC
1984 Espoir FC
1985 Zumunta AC
1986 Zumunta AC
1987 Sahel SC
1988 Zumunta AC
1989 Olympique FC
1990 Sahel SC
1991 Sahel SC
1992 Sahel SC
1993 Zumunta AC
1994 Sahel SC
1995 *wurde nicht ausgetragen*
1996 Sahel SC
1997/98 Olympique FC
1999 Olympique FC
2000 JS Ténéré
2001 JS Ténéré
2002 *wurde nicht ausgetragen*
2003 Sahel SC
2004 Sahel SC
2004/05 AS-FNIS
2005/06 AS-FNIS

Niger-Pokal
1974 Sahel SC
1975 Olympique FC
1976 Liberté FC
1977 Olympique FC
1978 Sahel SC
1979 AS Niamey
1980 AS Niamey
1981 AS Niamey
1982 Zoundourma
1983 Jangorzo FC
1984 Espoir FC
1985 Espoir FC
1986 Sahel SC
1987 Sahel SC
1988 Liberté FC
1989 Liberté FC
1990 Olympique FC
1991 Olympique FC
1992 Sahel SC
1993 Sahel SC
1994 Zumunta AC
1995 AS-FAN
1996 Sahel SC
1997 JS Ténéré
1998 JS Ténéré
1999 JS Ténéré
2000 JS Ténéré
2001 Akokana FC
2002 *wurde nicht ausgetragen*
2003 Olympique FC
2004 Sahel SC
2005 *Sieger unbekannt*
2006 Sahel SC

Nigeria-Liga
1967 Stationery Stores
1968 *Sieger unbekannt*
1969 Stationery Stores
1970 Enugu Rangers
1971 3SC Shooting Stars [WNDC Ibadan]
1972 Mighty Jets
1973 Bendel Insurance
1974 Enugu Rangers
1975 Enugu Rangers
1976 3SC Shooting Stars [IICC Shooting Stars]
1977 Enugu Rangers
1978 Racca Rovers
1979 Bendel Insurance
1980 3SC Shooting Stars [IICC Shooting Stars]
1981 Enugu Rangers
1982 Enugu Rangers
1983 3SC Shooting Stars [IICC Shooting Stars]
1984 Enugu Rangers
1985 New Nigeria Bank
1986 Leventis United
1987 Heartland FC [Iwuanyanwu Nationale FC]
1988 Heartland FC [Iwuanyanwu Nationale FC]
1989 Heartland FC [Iwuanyanwu Nationale FC]
1990 Heartland FC [Iwuanyanwu Nationale FC]
1991 Julius Berger
1992 Stationery Stores
1993 Heartland FC [Iwuanyanwu Nationale FC]
1994 BCC Lions of Gboko
1995 3SC Shooting Stars
1996 Udoji United FC
1997 Dolphins FC [Eagle Cement]
1998 3SC Shooting Stars
1999 Lobi Stars FC
2000 Julius Berger
2001 Enyimba FC
2002 Enyimba FC
2003 Enyimba FC
2004 Dolphins FC
2005 Enyimba FC
2006 Ocean Boys FC

Nigeria-Pokal
1945 NPA [Marine]
1946 Lagos Railways
1947 NPA [Marine]
1948 Lagos Railways
1949 Lagos Railways
1950 GO Union Bank
1951 Lagos Railways
1952 Lagos PAN Bank
1953 Kano Pillars
1954 Calabar Rovers FC
1955 Port Harcourt FC
1956 Lagos Railways
1957 Lagos Railways
1958 Port Harcourt FC
1959 3SC Shooting Stars [Ibadan Lions]
1960 NEPA [Lagos ECN]
1961 3SC Shooting Stars [Ibadan Lions]
1962 Police
1963 Port Harcourt FC
1964 Lagos Railways
1965 NEPA [Lagos ECN]
1966 3SC Shooting Stars [Ibadan Lions]
1967 Stationery Stores
1968 Stationery Stores
1969 3SC Shooting Stars [Ibadan Lions]
1970 NEPA [Lagos ECN]
1971 3SC Shooting Stars [WNDC Ibadan]
1972 Bendel Insurance
1973 *Wettbewerb wurde nicht beendet*
1974 Enugu Rangers
1975 Enugu Rangers
1976 Enugu Rangers
1977 3SC Shooting Stars [IICC Shooting Stars]
1978 Bendel Insurance
1979 3SC Shooting Stars [IICC Shooting Stars]
1980 Bendel Insurance
1981 Enugu Rangers
1982 Stationery Stores
1983 Enugu Rangers
1984 Leventis United
1985 Abiola Babes
1986 Leventis United
1987 Abiola Babes
1988 Heartland FC [Iwuanyanwu Nationale FC]
1989 BCC Lions of Gboko
1990 Stationery Stores
1991 El-Kanemi Warriors
1992 El-Kanemi Warriors
1993 BCC Lions of Gboko
1994 BCC Lions of Gboko
1995 3SC Shooting Stars
1996 Julius Berger
1997 BCC Lions of Gboko
1998 Wikki Tourists
1999 Plateau United
2000 Niger Tornadoes
2001 Dolphins FC
2002 Julius Berger
2003 Lobi Stars FC
2004 Dolphins FC
2005 Enyimba FC
2006 Dolphins FC

Niue-Liga
1985 Alofi
1986/97 *Sieger unbekannt*
1998 Lakepa
1999 Talava
2000 Talava
2001-03 *Sieger unbekannt*
2004 Talava
2005 Talava

Nordirland-Liga (bis zur Saison 1920/21 gesamtirische)
1890/91 Linfield FC
1891/92 Linfield FC
1892/93 Linfield FC
1893/94 Glentoran FC
1894/95 Linfield FC
1895/96 Lisburn Distillery FC [Distillery FC]
1896/97 Glentoran FC
1897/98 Linfield FC
1898/99 Lisburn Distillery FC [Distillery FC]
1899/00 Celtic FC & AC
1900/01 Lisburn Distillery FC [Distillery FC]
1901/02 Linfield FC
1902/03 Lisburn Distillery FC [Distillery FC]
1903/04 Linfield FC
1904/05 Glentoran FC
1905/06 Cliftonville FC und Lisburn Distillery FC [Cliftonville FC und Distillery FC]
1906/07 Linfield FC
1907/08 Linfield FC
1908/09 Linfield FC
1909/10 Cliftonville FC
1910/11 Linfield FC
1911/12 Glentoran FC
1912/13 Glentoran FC
1913/14 Linfield FC
1915-18 *wurde nicht ausgetragen*
1918/19 Celtic FC & AC
1919/20 Celtic FC & AC
1920/21 Glentoran FC
1921/22 Linfield FC
1922/23 Linfield FC
1923/24 Queen's Island FC
1924/25 Glentoran FC
1925/26 Celtic FC & AC
1926/27 Celtic FC & AC
1927/28 Celtic FC & AC
1928/29 Celtic FC & AC
1929/30 Linfield FC
1930/31 Glentoran FC
1931/32 Linfield FC
1932/33 Celtic FC & AC
1933/34 Linfield FC
1934/35 Linfield FC
1935/36 Celtic FC & AC
1936/37 Celtic FC & AC
1937/38 Celtic FC & AC
1938/39 Celtic FC & AC
1939/40 Celtic FC & AC
1941-47 *wurde nicht ausgetragen*
1947/48 Celtic FC & AC
1948/49 Linfield FC
1949/50 Linfield FC
1950/51 Glentoran FC
1951/52 Glenavon FC
1952/53 Glentoran FC
1953/54 Linfield FC
1954/55 Linfield FC
1955/56 Linfield FC
1956/57 Glenavon FC
1957/58 Ards FC
1958/59 Linfield FC
1959/60 Glenavon FC
1960/61 Linfield FC
1961/62 Linfield FC
1962/63 Lisburn Distillery FC [Distillery FC]
1963/64 Glentoran FC
1964/65 Derry City FC
1965/66 Linfield FC
1966/67 Glentoran FC
1967/68 Glentoran FC
1968/69 Linfield FC
1969/70 Glentoran FC
1970/71 Linfield FC
1971/72 Glentoran FC
1972/73 Crusaders FC
1973/74 Coleraine FC
1974/75 Linfield FC
1975/76 Crusaders FC
1976/77 Glentoran FC
1977/78 Linfield FC
1978/79 Linfield FC
1979/80 Linfield FC
1980/81 Glentoran FC
1981/82 Linfield FC
1982/83 Linfield FC
1983/84 Linfield FC
1984/85 Linfield FC
1985/86 Linfield FC
1986/87 Linfield FC
1987/88 Glentoran FC
1988/89 Linfield FC
1989/90 Portadown FC
1990/91 Portadown FC
1991/92 Glentoran FC
1992/93 Linfield FC
1993/94 Linfield FC
1994/95 Crusaders FC
1995/96 Portadown FC
1996/97 Crusaders FC
1997/98 Cliftonville FC
1998/99 Glentoran FC
1999/00 Linfield FC
2000/01 Linfield FC
2001/02 Portadown FC
2002/03 Glentoran FC
2003/04 Linfield FC
2004/05 Glentoran FC
2005/06 Linfield FC

Nordirland-Pokal (bis zur Saison 1920/21 gesamtirische)
1880/81 Moyola Park FC
1881/82 Queen's Island FC
1882/83 Cliftonville FC
1883/84 Lisburn Distillery FC [Distillery FC]
1884/85 Lisburn Distillery FC [Distillery FC]
1885/86 Lisburn Distillery FC [Distillery FC]
1886/87 Ulster FC
1887/88 Cliftonville FC
1888/89 Lisburn Distillery FC [Distillery FC]
1889/90 Gordon Highlanders
1890/91 Linfield FC
1891/92 Linfield FC
1892/93 Linfield FC
1893/94 Lisburn Distillery FC [Distillery FC]
1894/95 Linfield FC
1895/96 Lisburn Distillery FC [Distillery FC]
1896/97 Cliftonville FC
1897/98 Linfield FC
1898/99 Linfield FC
1899/00 Cliftonville FC
1900/01 Cliftonville FC
1901/02 Linfield FC
1902/03 Lisburn Distillery FC [Distillery FC]
1903/04 Linfield FC
1904/05 Lisburn Distillery FC [Distillery FC]
1905/06 Shelbourne FC
1906/07 Cliftonville FC
1907/08 Bohemian FC
1908/09 Cliftonville FC
1909/10 Lisburn Distillery FC [Distillery FC]
1910/11 Shelbourne FC
1911/12 Linfield FC
1912/13 Linfield FC
1913/14 Glentoran FC
1914/15 Linfield FC
1915/16 Linfield FC
1916/17 Glentoran FC
1917/18 Celtic FC & AC
1918/19 Linfield FC
1919/20 Shelbourne FC
1920/21 Glentoran FC
1921/22 Linfield FC
1922/23 Linfield FC
1923/24 Queen's Island FC
1924/25 Lisburn Distillery FC [Distillery FC]
1925/26 Celtic FC & AC
1926/27 Ards FC
1927/28 Willowfield FC
1928/29 Ballymena United FC
1929/30 Linfield FC
1930/31 Linfield FC
1931/32 Glentoran FC
1932/33 Glentoran FC
1933/34 Linfield FC
1934/35 Glentoran FC
1935/36 Linfield FC
1936/37 Celtic FC & AC
1937/38 Celtic FC & AC
1938/39 Linfield FC
1939/40 Ballymena United FC
1940/41 Celtic FC & AC
1941/42 Linfield FC
1942/43 Celtic FC & AC
1943/44 Celtic FC & AC
1944/45 Linfield FC
1945/46 Linfield FC
1946/47 Celtic FC & AC
1947/48 Linfield FC
1948/49 Derry City FC
1949/50 Linfield FC
1950/51 Glentoran FC
1951/52 Ards FC
1952/53 Linfield FC
1953/54 Derry City FC
1954/55 Dundela FC
1955/56 Lisburn Distillery FC [Distillery FC]
1956/57 Glenavon FC
1957/58 Ballymena United FC
1958/59 Glenavon FC
1959/60 Linfield FC
1960/61 Glenavon FC
1961/62 Linfield FC
1962/63 Linfield FC
1963/64 Derry City FC
1964/65 Coleraine FC
1965/66 Glentoran FC
1966/67 Crusaders FC
1967/68 Crusaders FC
1968/69 Ards FC
1969/70 Linfield FC
1970/71 Lisburn Distillery FC [Distillery FC]
1971/72 Coleraine FC
1972/73 Glentoran FC
1973/74 Ards FC
1974/75 Coleraine FC
1975/76 Carrick Rangers FC
1976/77 Coleraine FC
1977/78 Linfield FC
1978/79 Cliftonville FC
1979/80 Linfield FC
1980/81 Ballymena United FC
1981/82 Linfield FC
1982/83 Glentoran FC
1983/84 Ballymena United FC
1984/85 Glentoran FC
1985/86 Glentoran FC
1986/87 Glentoran FC
1987/88 Glentoran FC
1988/89 Ballymena United FC
1989/90 Glentoran FC
1990/91 Portadown FC
1991/92 Glenavon FC
1992/93 Bangor FC
1993/94 Linfield FC
1994/95 Linfield FC
1995/96 Glentoran FC
1996/97 Glenavon FC
1997/98 Glentoran FC
1998/99 Portadown FC
1999/00 Glentoran FC
2000/01 Glentoran FC
2001/02 Linfield FC
2002/03 Coleraine FC
2003/04 Glentoran FC
2004/05 Portadown FC
2005/06 Linfield FC

Nordjemen (hist.)-Liga
1978/79 al-Wahda (San'a)
1979/80 al-Zohra
1980/81 al-Ahli (San'a)
1981/82 al-Sha'ab (San'a)
1982/83 al-Ahli (San'a)
1983/84 al-Ahli (San'a)
1984/85 *Sieger unbekannt*
1985/86 al-Shorta (San'a)
1986/87 *Sieger unbekannt*
1987/88 al-Ahli (San'a)
1988/89 al-Yarmuk al-Rawda
1989/90 al-Yarmuk al-Rawda

Nordkorea-Liga

1985	April 25
1986	April 25
1987	April 25
1988	April 25
1989	Chadongcha
1990	April 25
1991	Pyongyang Club
1992–94	*Sieger unbekannt*
1995	April 25
1996	Locomotive
1997	Locomotive
1998	Locomotive
1999	Locomotive
2000	Locomotive
2001	*Sieger unbekannt*
2002	April 25
2003	*Sieger unbekannt*
2004	Pyongyang City

Nordzyprischen Türkischen Republik-Liga

1955/56	Doğan Türk Birliği SK
1956/57	Doğan Türk Birliği SK
1957/58	Çetinkaya TSK
1958/59	Doğan Türk Birliği SK
1959/60	Çetinkaya TSK
1960/61	Çetinkaya TSK
1961/62	Çetinkaya TSK
1962/63	Küçük Kaymaklı TSK
1963/64	*Wettbewerb wurde nicht beendet*
1965-68	*wurde nicht ausgetragen*
1968/69	Magusa Türk Gücü SK
1969/70	Çetinkaya TSK
1970/71	Yenicami Agdelen SK
1971/72	Gönyeli SK
1972/73	Yenicami Agdelen SK
1973/74	Yenicami Agdelen SK
1974/75	*wurde nicht ausgetragen*
1975/76	Yenicami Agdelen SK
1976/77	Magusa Türk Gücü SK
1977/78	Gönyeli SK
1978/79	Magusa Türk Gücü SK
1979/80	Magusa Türk Gücü SK
1980/81	Gönyeli SK
1981/82	Magusa Türk Gücü SK
1982/83	Magusa Türk Gücü SK
1983/84	Yenicami Agdelen SK
1984/85	Küçük Kaymaklı TSK
1985/86	Küçük Kaymaklı TSK
1986/87	Baf Ülkü Yurdu SK
1987/88	Baf Ülkü Yurdu SK
1988/89	Baf Ülkü Yurdu SK
1989/90	Baf Ülkü Yurdu SK
1990/91	Doğan Türk Birliği SK
1991/92	Doğan Türk Birliği SK
1992/93	Gönyeli SK
1993/94	Doğan Türk Birliği SK
1994/95	Gönyeli SK
1995/96	Akıncılar Gençlik K
1996/97	Çetinkaya TSK
1997/98	Çetinkaya TSK
1998/99	Gönyeli SK
1999/00	Çetinkaya TSK
2000/01	Gönyeli SK
2001/02	Çetinkaya TSK
2002/03	Binatlı Yılmaz SK
2003/04	Çetinkaya TSK
2004/05	Çetinkaya TSK
2005/06	Magusa Türk Gücü SK

Nordzyprischen Türkischen Republik-Pokal

1956	Çetinkaya TSK
1957	Çetinkaya TSK
1958	Çetinkaya TSK
1959	Çetinkaya TSK
1960	Çetinkaya TSK
1961	Magusa Türk Gücü SK
1962	Yenicami Agdelen SK
1963	Çetinkaya TSK
1964	*Wettbewerb wurde nicht beendet*
1965-68	*wurde nicht ausgetragen*
1969	Çetinkaya TSK
1970	Çetinkaya TSK
1971	Gönyeli SK
1972	Lefke TSK
1973	Yenicami Agdelen SK
1974	Yenicami Agdelen SK
1975	*wurde nicht ausgetragen*
1976	Çetinkaya TSK
1977	Magusa Türk Gücü SK
1978	Doğan Türk Birliği SK
1979	Magusa Türk Gücü SK
1980	Küçük Kaymaklı TSK
1981	Yenicami Agdelen SK
1982	Türk Ocaği Limasol SK
1983	Magusa Türk Gücü SK
1984	Türk Ocaği Limasol SK
1985	Gönyeli SK
1986	Magusa Türk Gücü SK
1987	Magusa Türk Gücü SK
1988	Küçük Kaymaklı TSK
1989	Yenicami Agdelen SK
1990	Doğan Türk Birliği SK
1991	Çetinkaya TSK
1992	Çetinkaya TSK
1993	Çetinkaya TSK
1994	Yalova SK
1995	Gönyeli SK
1996	Çetinkaya TSK
1997	Küçük Kaymaklı TSK
1998	Gönyeli SK
1999	Çetinkaya TSK
2000	Gönyeli SK
2001	Çetinkaya TSK
2002	Küçük Kaymaklı TSK
2003	Yenicami Agdelen SK
2004	Küçük Kaymaklı TSK
2005	Binatlı Yılmaz SK
2006	Çetinkaya TSK

Norwegen-Liga

1937/38	Fredrikstads FK
1938/39	Fredrikstads FK
1940-47	*wurde nicht ausgetragen*
1947/48	Freidrig SK
1948/49	Fredrikstads FK
1949/50	Fram IF
1950/51	Fredrikstads FK
1951/52	Fredrikstads FK
1952/53	Larvik Turn IF
1953/54	Fredrikstads FK
1954/55	Larvik Turn IF
1955/56	Larvik Turn IF
1956/57	Fredrikstads FK
1957/58	Viking FK [IL Viking]
1958/59	Lillestrøm SK
1959/60	Fredrikstads FK
1960/61	Fredrikstads FK
1961/62	SK Brann
1963	SK Brann
1964	FC Lyn Oslo [SFK Lyn]
1965	Vålerenga IF Fotball [Vålerengens IF]
1966	FK Skeid
1967	Rosenborg BK
1968	FC Lyn Oslo [SFK Lyn]
1969	Rosenborg BK
1970	Strømsgodset IF
1971	Rosenborg BK
1972	Viking FK [IL Viking]
1973	Viking FK [IL Viking]
1974	Viking FK [IL Viking]
1975	Viking FK [IL Viking]
1976	Lillestrøm SK
1977	Lillestrøm SK
1978	IK Start
1979	Viking FK [IL Viking]
1980	IK Start
1981	Vålerenga IF Fotball [Vålerengens IF]
1982	Viking FK [IL Viking]
1983	Vålerenga IF Fotball [Vålerengens IF]
1984	Vålerenga IF Fotball [Vålerengens IF]
1985	Rosenborg BK
1986	Lillestrøm SK
1987	Moss FK
1988	Rosenborg BK
1989	Lillestrøm SK
1990	Rosenborg BK
1991	Viking FK
1992	Rosenborg BK
1993	Rosenborg BK
1994	Rosenborg BK
1995	Rosenborg BK
1996	Rosenborg BK
1997	Rosenborg BK
1998	Rosenborg BK
1999	Rosenborg BK
2000	Rosenborg BK
2001	Rosenborg BK
2002	Rosenborg BK
2003	Rosenborg BK
2004	Rosenborg BK
2005	Vålerenga IF Fotball
2006	Rosenborg BK

Norwegen-Pokal

1902	Grane Nordstrand
1903	Odds BK Grenland [Odds BK]
1904	Odds BK Grenland [Odds BK]
1905	Odds BK Grenland [Odds BK]
1906	Odds BK Grenland [Odds BK]
1907	Mercantile SFK
1908	FC Lyn Oslo [SFK Lyn]
1909	FC Lyn Oslo [SFK Lyn]
1910	FC Lyn Oslo [SFK Lyn]
1911	FC Lyn Oslo [SFK Lyn]
1912	Mercantile SFK
1913	Odds BK Grenland [Odds BK]
1914	Frigg FK [Frigg SK]
1915	Odds BK Grenland [Odds BK]
1916	Frigg FK [Frigg SK]
1917	Sarpsborg FK
1918	Kvik Halden
1919	Odds BK Grenland [Odds BK]
1920	Ørn FK
1921	Frigg FK [Frigg SK]
1922	Odds BK Grenland [Odds BK]
1923	SK Brann
1924	Odds BK Grenland [Odds BK]
1925	SK Brann
1926	Odds BK Grenland [Odds BK]
1927	Ørn FK
1928	Ørn FK
1929	Sarpsborg FK
1930	Ørn FK
1931	Odds BK Grenland [Odds BK]
1932	Fredrikstads FK
1933	Mjøndalen IF
1934	Mjøndalen IF
1935	Fredrikstads FK
1936	Fredrikstads FK
1937	Mjøndalen IF
1938	Fredrikstads FK
1939	Sarpsborg FK
1940	Fredrikstads FK
1941-44	*wurde nicht ausgetragen*
1945	FC Lyn Oslo [SFK Lyn]
1946	FC Lyn Oslo [SFK Lyn]
1947	FK Skeid
1948	Sarpsborg FK
1949	Sarpsborg FK
1950	Fredrikstads FK
1951	Sarpsborg FK
1952	IL Sparta
1953	Viking FK [IL Viking]
1954	FK Skeid
1955	FK Skeid
1956	FK Skeid
1957	Fredrikstads FK
1958	FK Skeid
1959	Viking FK [IL Viking]
1960	Rosenborg BK
1961	Fredrikstads FK
1962	Gjøvik/Lyn
1963	FK Skeid
1964	Rosenborg BK
1965	FK Skeid
1966	Fredrikstads FK
1967	FC Lyn Oslo [SFK Lyn]
1968	FC Lyn Oslo [SFK Lyn]
1969	Strømsgodset IF
1970	Strømsgodset IF
1971	Rosenborg BK
1972	SK Brann
1973	Strømsgodset IF
1974	FK Skeid
1975	FK Bodø/Glimt
1976	SK Brann
1977	Lillestrøm SK
1978	Lillestrøm SK
1979	Viking FK [IL Viking]
1980	Vålerenga IF Fotball [Vålerengens IF]
1981	Lillestrøm SK
1982	SK Brann
1983	Moss FK
1984	Fredrikstads FK
1985	Lillestrøm SK
1986	Tromsø IL
1987	Bryne FK [Bryne IL]
1988	Rosenborg BK
1989	Viking FK
1990	Rosenborg BK
1991	Strømsgodset IF
1992	Rosenborg BK
1993	FK Bodø/Glimt
1994	Molde FK
1995	Rosenborg BK
1996	Tromsø IL
1997	Vålerenga IF Fotball [Vålerengens IF]
1998	Stabæk IF Fotball [Stabæk IF]
1999	Rosenborg BK
2000	Odds BK Grenland
2001	Viking FK
2002	Vålerenga IF Fotball
2003	Rosenborg BK
2004	SK Brann
2005	Molde FK
2006	Fredrikstads FK

Oman-Liga

1976/77	Fanja
1977/78	Rowi
1978/79	Fanja
1979/80	al-Nasr
1980/81	al-Nasr
1981/82	al-Ahli
1982/83	Zofar
1983/84	Fanja
1984/85	Zofar
1985/86	Fanja
1986/87	Fanja
1987/88	Fanja
1988/89	al-Nasr
1989/90	Zofar
1990/91	Fanja
1991/92	Zofar
1992/93	Zofar
1993/94	Zofar
1994/95	Sur
1995/96	Sur
1996/97	Omani Club
1997/98	al-Nasr
1998/99	Zofar
1999/00	al-Uruba
2000/01	Zofar
2001/02	al-Uruba
2002/03	Rowi
2003/04	al-Nasr
2004/05	Zofar
2005/06	Muscat

Oman-Pokal

1971/72	al-Ahli
1972/73	Sur
1973/74	al-Tal'aa
1974/75	Fanja
1975/76	Fanja
1976/77	Zofar
1977/78	Fanja
1978/79	Omani Club
1979/80	Zofar
1980/81	Zofar
1981/82	al-Ahli
1982/83	al-Ahli
1983/84	al-Ahli
1984/85	Fanja
1985/86	Fanja
1986/87	Fanja
1987/88	al-Ahli
1988/89	Fanja
1989/90	Zofar
1990/91	Fanja
1991/92	Sur
1992/93	al-Uruba
1993/94	Omani Club
1994/95	al-Nasr
1995/96	Seeb
1996/97	Seeb
1997/98	Seeb
1998/99	Zofar
2000	al-Nasr
2001	al-Uruba
2002	al-Nasr
2003	Rowi
2004/05	Zofar
2005/06	al-Nasr

Österreich-Liga

1911/12	SK Rapid Wien
1912/13	SK Rapid Wien
1913/14	Wiener AF
1915	Wiener AC
1915/16	SK Rapid Wien
1916/17	SK Rapid Wien
1917/18	Floridsdorfer AC
1918/19	SK Rapid Wien
1919/20	SK Rapid Wien
1920/21	SK Rapid Wien
1921/22	Wiener SC
1922/23	SK Rapid Wien
1923/24	FK Austria Memphis Magna [Wiener Amateur SV]
1924/25	FC Hakoah Wien [SK Hakoah Wien]
1925/26	FK Austria Memphis Magna [Wiener Amateur SV]
1926/27	ESV Admira-NÖ Energie Wien [SK Admira Wien]
1927/28	ESV Admira-NÖ Energie Wien [SK Admira Wien]
1928/29	SK Rapid Wien
1929/30	SK Rapid Wien
1930/31	First Vienna FC
1931/32	ESV Admira-NÖ Energie Wien [SK Admira Wien]
1932/33	First Vienna FC
1933/34	ESV Admira-NÖ Energie Wien [SK Admira Wien]
1934/35	SK Rapid Wien
1935/36	ESV Admira-NÖ Energie Wien [SK Admira Wien]
1936/37	ESV Admira-NÖ Energie Wien [SK Admira Wien]
1937/38	SK Rapid Wien
1938/39	ESV Admira-NÖ Energie Wien [SK Admira Wien]
1939/40	SK Rapid Wien
1940/41	SK Rapid Wien
1941/42	First Vienna FC
1942/43	First Vienna FC [FC Vienna]
1943/44	First Vienna FC [FC Vienna]
1944/45	*wettbewerb wurde annulliert*
1945/46	SK Rapid Wien
1946/47	SC Wacker Wien
1947/48	SK Rapid Wien
1948/49	FK Austria Memphis Magna [FK Austria Wien]
1949/50	FK Austria Memphis Magna [FK Austria Wien]
1950/51	SK Rapid Wien
1951/52	SK Rapid Wien
1952/53	FK Austria Memphis Magna [FK Austria Wien]
1953/54	SK Rapid Wien
1954/55	First Vienna FC
1955/56	SK Rapid Wien
1956/57	SK Rapid Wien
1957/58	Wiener SC
1958/59	Wiener SC
1959/60	SK Rapid Wien
1960/61	FK Austria Memphis Magna [FK Austria Wien]
1961/62	FK Austria Memphis Magna [FK Austria Wien]
1962/63	FK Austria Memphis Magna [FK Austria Wien]
1963/64	SK Rapid Wien
1964/65	LASK Linz [Linzer ASK]
1965/66	ESV Admira-NÖ Energie Wien
1966/67	SK Rapid Wien
1967/68	SK Rapid Wien
1968/69	FK Austria Memphis Magna [FK Austria Wien]
1969/70	FK Austria Memphis Magna [FK Austria-WAC]
1970/71	FC Wacker Tirol [SWW Innsbruck]
1971/72	FC Wacker Tirol [SWW Innsbruck]
1972/73	FC Wacker Tirol [SWW Innsbruck]
1973/74	FC Linz [SK VÖEST Linz]
1974/75	FC Wacker Tirol [SWW Innsbruck]
1975/76	FK Austria Memphis Magna [FK Austria-WAC Elementar]
1976/77	FC Wacker Tirol [SWW Innsbruck]
1977/78	FK Austria Memphis Magna [FK Austria-Memphis Wien]
1978/79	FK Austria Memphis Magna [FK Austria-Memphis Wien]
1979/80	FK Austria Memphis Magna [FK Austria-Memphis Wien]
1980/81	FK Austria Memphis Magna [FK Austria-Memphis Wien]
1981/82	SK Rapid Wien
1982/83	SK Rapid Wien
1983/84	FK Austria Memphis Magna [FK Austria-Memphis Wien]
1984/85	FK Austria Memphis Magna [FK Austria-Memphis Wien]
1985/86	FK Austria Memphis Magna [FK Austria-Memphis Wien]
1986/87	SK Rapid Wien
1987/88	SK Rapid Wien
1988/89	FC Wacker Tirol [FC Swarovski Tirol Innsbruck]
1989/90	FC Wacker Tirol [FC Swarovski Tirol Innsbruck]
1990/91	FK Austria Memphis Magna [FK Austria-Memphis Wien]
1991/92	FK Austria Memphis Magna [FK Austria-Memphis Wien]
1992/93	FK Austria Memphis Magna [FK Austria-Memphis Wien]
1993/94	Red Bull Salzburg [SV Casino Salzburg]
1994/95	Red Bull Salzburg [SV Casino Salzburg]
1995/96	SK Rapid Wien
1996/97	Red Bull Salzburg [SV Casino Salzburg]
1997/98	SK Puntigamer Sturm Graz
1998/99	SK Puntigamer Sturm Graz
1999/00	FC Wacker Tirol [FC Tirol Milch Innsbruck]
2000/01	FC Wacker Tirol [FC Tirol Milch Innsbruck]
2001/02	FC Wacker Tirol [FC Tirol Milch Innsbruck]
2002/03	FK Austria Memphis Magna
2003/04	Liebherr GAK
2004/05	SK Rapid Wien
2005/06	FK Austria Memphis Magna

Österreich-Pokal

1918/19	SK Rapid Wien
1919/20	SK Rapid Wien
1920/21	FK Austria Memphis Magna [Wiener Amateur SV]
1921/22	Wiener AF
1922/23	Wiener SC
1923/24	FK Austria Memphis Magna [Wiener Amateur SV]
1924/25	FK Austria Memphis Magna [Wiener Amateur SV]
1925/26	FK Austria Memphis Magna [Wiener Amateur SV]
1926/27	SK Rapid Wien
1927/28	ESV Admira-NÖ Energie Wien [SK Admira Wien]
1928/29	First Vienna FC
1929/30	First Vienna FC
1930/31	Wiener AC
1931/32	ESV Admira-NÖ Energie Wien [SK Admira Wien]
1932/33	FK Austria Memphis Magna [FK Austria Wien]
1933/34	ESV Admira-NÖ Energie Wien [SK Admira Wien]
1934/35	FK Austria Memphis Magna [FK Austria Wien]
1935/36	FK Austria Memphis Magna [FK Austria Wien]
1936/37	First Vienna FC
1937/38	Wiener AC [Wiener AC Schwarz-Rot]
1939-45	*wurde nicht ausgetragen*
1945/46	SK Rapid Wien
1946/47	SC Wacker Wien
1947/48	FK Austria Memphis Magna [FK Austria Wien]
1948/49	FK Austria Memphis Magna [FK Austria Wien]
1950-58	*wurde nicht ausgetragen*
1958/59	Wiener AC
1959/60	FK Austria Memphis Magna [FK Austria Wien]
1960/61	SK Rapid Wien
1961/62	FK Austria Memphis Magna [FK Austria Wien]
1962/63	FK Austria Memphis Magna [FK Austria Wien]
1963/64	ESV Admira-NÖ Energie Wien
1964/65	LASK Linz [Linzer ASK]
1965/66	ESV Admira-NÖ Energie Wien
1966/67	FK Austria Memphis Magna [FK Austria Wien]
1967/68	SK Rapid Wien
1968/69	SK Rapid Wien
1969/70	FC Wacker Tirol [FC Wacker Innsbruck]
1970/71	FK Austria Memphis Magna [FK Austria-WAC]
1971/72	SK Rapid Wien
1972/73	FC Wacker Tirol [SWW Innsbruck]
1973/74	FK Austria Memphis Magna [FK Austria-WAC Elementar]
1974/75	FC Wacker Tirol [SWW Innsbruck]
1975/76	SK Rapid Wien
1976/77	FK Austria Memphis Magna [FK Austria-Memphis Wien]
1977/78	FC Wacker Tirol [SWW Innsbruck]
1978/79	FC Wacker Tirol [SWW Innsbruck]
1979/80	FK Austria Memphis Magna [FK Austria-Memphis Wien]
1980/81	Liebherr GAK [Grazer AK]
1981/82	FK Austria Memphis Magna [FK Austria-Memphis Wien]
1982/83	SK Rapid Wien
1983/84	SK Rapid Wien
1984/85	SK Rapid Wien
1985/86	FK Austria Memphis Magna [FK Austria-Memphis Wien]
1986/87	SK Rapid Wien
1987/88	Kremser SC [Kremser SC Sparkasse]
1988/89	FC Wacker Tirol [FC Swarovski Tirol Innsbruck]
1989/90	FK Austria Memphis Magna [FK Austria-Memphis Wien]
1990/91	SV Stockerau
1991/92	FK Austria Memphis Magna [FK Austria-Memphis Wien]
1992/93	FC Wacker Tirol [FC Wacker Innsbruck]
1993/94	FK Austria Memphis Magna [FK Austria-Memphis Wien]
1994/95	SK Rapid Wien
1995/96	SK Puntigamer Sturm Graz [SK Stabil Fenser Sturm]
1996/97	SK Puntigamer Sturm Graz
1997/98	SV Josko Ried
1998/99	SK Puntigamer Sturm Graz
1999/00	Liebherr GAK
2000/01	FC Kelag Kärnten Austria-VSV [FC Kärnten]
2001/02	Liebherr GAK
2002/03	FK Austria Memphis Magna
2003/04	Liebherr GAK
2004/05	FK Austria Memphis Magna
2005/06	FK Austria Memphis Magna

Pakistan-Liga

1948	Sindh Red
1949	*wurde nicht ausgetragen*
1950	Balochistan Red
1951	*wurde nicht ausgetragen*
1952	Punjab Red [Punjab]
1953	Punjab Red [Punjab]
1954	Punjab Red [Punjab Blue]
1955	Punjab Red [Punjab]
1956	Balochistan Red [Baluchistan]
1957	Punjab Red [Punjab]
1958	Punjab Red [Punjab Blue]
1959	Balochistan Red [Baluchistan]
1960	Bangladesh IDC [East Pakistan]
1961/62	Dacca
1962	Dacca
1963	Karachi Red [Karachi]
1964/65	Karachi Red [Karachi]
1966	Karachi Red [Karachi]
1967	*wurde nicht ausgetragen*
1968	Peshawar
1969	Pakistan Railways
1969/70	Chittagong
1971	PIA
1972	PIA
1973	Karachi Red [Karachi Yellow]
1974	*wurde nicht ausgetragen*
1975-I	PIA
1975-II	Sindh Red
1976	PIA
1977	*wurde nicht ausgetragen*
1978	PIA
1979	Karachi Red
1980	Karachi Red
1981	PIA
1982	HBL
1983	WAPDA
1984	Pakistan Railways
1985	Quetta
1986	PAF
1987	CTM
1988	*wurde nicht ausgetragen*
1989-I	Punjab Red
1989-II	PIA
1990	Punjab Red
1991	WAPDA
1992/93	PIA
1993/94	Pakistan Army
1994	CTM
1995	Pakistan Army
1996	*wurde nicht ausgetragen*
1997-I	ABL
1997-II	PIA
1998	*wurde nicht ausgetragen*
1999	ABL
2000	ABL
2001	WAPDA
2002	*wurde nicht ausgetragen*
2003	WAPDA
2004	WAPDA
2005	Pakistan Army

Pakistan-Pokal

1979	SGP
1980-83	*wurde nicht ausgetragen*
1984	PIA
1985	HBL
1986	*wurde nicht ausgetragen*
1987	CTM
1988-89	*wurde nicht ausgetragen*
1990	KPT
1991	Marker Club
1992	CTM
1993	NBP
1994	PAF
1995	*wurde nicht ausgetragen*
1996	ABL
1997	*wurde nicht ausgetragen*
1998	ABL
1999	ABL
2000	Pakistan Army
2001	Pakistan Army
2002	ABL
2003	PTCL
2004	*wurde nicht ausgetragen*
2005	PTCL

Palästina-Liga

1996	Rafah SC
1997	Shabab al-Amaari
1998	Khadamat Rafah
1999-00	*Sieger unbekannt*
2001	*wettbewerb wurde annulliert*
2002	*Sieger unbekannt*

Panama-Liga

1988	CD Plaza Amador
1989	Tauro FC
1990	CD Plaza Amador
1991	Tauro FC
1992	CD Plaza Amador
1993	AFC Euro Kickers
1994/95	San Francisco FC
1995/96	San Francisco FC
1996/97	Tauro FC
1997/98	Tauro FC
1998/99	Deportivo Árabe Unido
1999/00	Tauro FC
2000/01	Panamá Viejo FC
2001	Deportivo Árabe Unido
2002	CD Plaza Amador
2003	Tauro FC
2004	Deportivo Árabe Unido
2005	CD Plaza Amador
2006	San Francisco FC

Papua Neu Guinea-Liga

1976	Mopi
1977	Germania FC
1978	Tarangau
1979	Tarangau
1980	*wurde nicht ausgetragen*
1981	Mopi
1982	Buresong
1983	*wurde nicht ausgetragen*
1984	Buresong
1985	Mopi
1986	Guria FC
1987	Westpac FC
1988	Guria
1989-94	*Sieger unbekannt*
1995	ICF University
1996	ICF University
1997	ICF University
1998	ICF University
1999	Guria
2000	Unitech FC
2001	Sobou
2002	Sobou
2003	Sobou
2004	Sobou
2005	Sobou
2006	ICF University

Paraguay-Liga

1907	Guaraní (Asunción)
1908	*Titel nicht vergeben*
1909	Nacional
1910	Libertad
1911	Nacional
1912	Olimpia
1913	Cerro Porteño
1914	Olimpia
1915	Cerro Porteño

1916 Olimpia
1917 Libertad
1918 Cerro Porteño
1919 Cerro Porteño
1920 Libertad
1921 Guaraní (Asunción)
1922 *Titel nicht vergeben*
1923 Guaraní (Asunción)
1924 Nacional
1925 Olimpia
1926 Nacional
1927 Olimpia
1928 Olimpia
1929 Olimpia
1930 Libertad
1931 Olimpia
1932-34 *Titel nicht vergeben*
1935 Cerro Porteño
1936 Olimpia
1937 Olimpia
1938 Olimpia
1939 Cerro Porteño
1940 Cerro Porteño
1941 Cerro Porteño
1942 Nacional
1943 Libertad
1944 Cerro Porteño
1945 Libertad
1946 Nacional
1947 Olimpia
1948 Olimpia
1949 Guaraní (Asunción)
1950 Cerro Porteño
1951 Sportivo Luqueño
1952 Presidente Hayes
1953 Sportivo Luqueño
1954 Cerro Porteño
1955 Libertad
1956 Olimpia
1957 Olimpia
1958 Olimpia
1959 Olimpia
1960 Olimpia
1961 Cerro Porteño
1962 Olimpia
1963 Cerro Porteño
1964 Guaraní (Asunción)
1965 Olimpia
1966 Cerro Porteño
1967 Guaraní (Asunción)
1968 Olimpia
1969 Guaraní (Asunción)
1970 Cerro Porteño
1971 Olimpia
1972 Cerro Porteño
1973 Cerro Porteño
1974 Cerro Porteño
1975 Olimpia
1976 Libertad
1977 Cerro Porteño
1978 Olimpia
1979 Olimpia
1980 Olimpia
1981 Olimpia
1982 Olimpia
1983 Olimpia
1984 Guaraní (Asunción)
1985 Olimpia
1986 Sol de América
1987 Cerro Porteño
1988 Olimpia
1989 Olimpia
1990 Cerro Porteño
1991 Sol de América
1992 Cerro Porteño
1993 Olimpia
1994 Cerro Porteño
1995 Olimpia
1996 Cerro Porteño
1997 Olimpia
1998 Olimpia
1999 Olimpia
2000 Olimpia
2001 Cerro Porteño
2002 Libertad
2003 Libertad
2004 Cerro Porteño
2005 Cerro Porteño
2006 Libertad

Peru-Liga
1912 Lima Cricket
1913 Jorge Chávez
1914 Lima Cricket
1915 José Gálvez
1916 José Gálvez
1917 Juan Bielovucic
1918 Alianza Lima [Sport Alianza Lima]
1919 Alianza Lima [Sport Alianza Lima]
1920 Sport Inca
1921 Sport Progreso
1922-25 *wurde nicht ausgetragen*
1926 Sport Progreso
1927 Alianza Lima
1928 Alianza Lima
1929 Universitario de Deportes
1930 Atlético Chalaco
1931 Alianza Lima
1932 Alianza Lima
1933 Alianza Lima
1934 Universitario de Deportes
1935 Sport Boys
1936 *wurde nicht ausgetragen*
1937 Sport Boys
1938 Deportivo Municipal
1939 Universitario de Deportes
1940 Deportivo Municipal
1941 Universitario de Deportes
1942 Sport Boys
1943 Deportivo Municipal
1944 Mariscal Sucre
1945 Universitario de Deportes
1946 Universitario de Deportes
1947 Atlético Chalaco
1948 Alianza Lima
1949 Universitario de Deportes
1950 Deportivo Municipal
1951 Sport Boys
1952 Alianza Lima
1953 Mariscal Sucre
1954 Alianza Lima
1955 Alianza Lima
1956 Sporting Cristal
1957 Centro Iqueño
1958 Sport Boys
1959 Universitario de Deportes
1960 Universitario de Deportes
1961 Sporting Cristal
1962 Alianza Lima
1963 Alianza Lima
1964 Universitario de Deportes
1965 Alianza Lima
1966 Universitario de Deportes
1967 Universitario de Deportes
1968 Sporting Cristal
1969 Universitario de Deportes
1970 Sporting Cristal
1971 Universitario de Deportes
1972 Sporting Cristal
1973 CA Defensor Lima
1974 Universitario de Deportes
1975 Alianza Lima
1976 Unión Huaral
1977 Alianza Lima
1978 Alianza Lima
1979 Sporting Cristal
1980 Sporting Cristal
1981 FBC Melgar
1982 Universitario de Deportes
1983 Sporting Cristal
1984 Sport Boys
1985 Universitario de Deportes
1986 Colegio San Agustín
1987 Universitario de Deportes
1988 Sporting Cristal
1989 Unión Huaral
1990 Universitario de Deportes
1991 Sporting Cristal
1992 Universitario de Deportes
1993 Universitario de Deportes
1994 Sporting Cristal
1995 Sporting Cristal
1996 Sporting Cristal
1997 Alianza Lima
1998 Universitario de Deportes
1999 Universitario de Deportes
2000 Universitario de Deportes
2001 Alianza Lima
2002 Sporting Cristal
2003 Alianza Lima
2004 Alianza Lima
2005 Sporting Cristal
2006 Alianza Lima

Philippinen-Liga
1911 All Manila
1912 Bohemian Club
1913 Bohemian Club
1914 Nomads SC
1915 Bohemian Club
1916 Bohemian Club
1917 Bohemian Club
1918 Bohemian Club
1919 *wurde nicht ausgetragen*
1920 Bohemian Club
1921 Bohemian Club
1922 Bohemian Club
1923 Ferencváros TC
1924 Cantabria
1925 International
1926 Ateneo FC
1927 Bohemian Club
1928 San Beda College
1929 Peña Iberica
1930 San Beda AC
1931 San Beda AC
1932 San Beda AC
1933 San Beda AC
1934 University of Santo Tomás
1935 Malayan Command
1936-50 *wurde nicht ausgetragen*
1951-66 *Sieger unbekannt*
1967-81 Manila Lions FC
1981/82 Navy
1982/83 Air Force Hawks [Air Force FC]
1983/84 San Miguel Corporation
1985 Air Force Hawks [Air Force FC]
1986 *Sieger unbekannt*
1987 Dumaguete FC
1988 M Lhuillier FC
1989 Air Force Hawks [Air Force FC]
1990 Bacolod FC
1991 Navy
1992-93 *Sieger unbekannt*
1994 Pasay City
1995 Makati
1996 *Sieger unbekannt*
1997 Air Force Hawks
1998 NCR South
1999 NCR-B
2000-03 *Sieger unbekannt*
2004 NCR FA
2005 NCR FA
2006 Negros Occidental FA

Polen-Liga
1921 MKS Cracovia [KS Cracovia]
1922 KS Pogoń Lwów
1923 KS Pogoń Lwów
1924 *wurde nicht ausgetragen*
1925 KS Pogoń Lwów
1926 KS Pogoń Lwów
1927 Wisła Kraków [TS Wisła Kraków]
1928 Wisła Kraków [TS Wisła Kraków]
1929 KS Warta Poznał
1930 MKS Cracovia [KS Cracovia]
1931 KS Garbarnia Kraków
1932 MKS Cracovia [KS Cracovia]
1933 KS Ruch Chorzów [KS Ruch Wielki Hajduki Chorzów]
1934 KS Ruch Chorzów [KS Ruch Wielki Hajduki Chorzów]
1935 KS Ruch Chorzów [KS Ruch Wielki Hajduki Chorzów]
1936 KS Ruch Chorzów [KS Ruch Wielki Hajduki Chorzów]
1937 MKS Cracovia [KS Cracovia]
1938 KS Ruch Chorzów [KS Ruch Wielki Hajduki Chorzów]
1939 *Wettbewerb wurde nicht beendet*
1940-45 *wurde nicht ausgetragen*
1946 KS Polonia Warszawa [KKS Polonia Warszawa]
1947 KS Warta Poznań
1948 MKS Cracovia [KS Cracovia]
1949 Wisła Kraków [KS Gwardia Kraków]
1950 Wisła Kraków [KS Gwardia Kraków]
1951 Wisła Kraków [KS Gwardia Kraków]
1952 KS Ruch Chorzów [KS Unia Chorzów]
1953 KS Ruch Chorzów [KS Unia Chorzów]
1954 KS Polonia Bytom [KS Ogniwo Bytom]
1955 KP Legia Warszawa [CWKS Warszawa]
1956 KP Legia Warszawa [CWKS Warszawa]
1957 KS Górnik Zabrze
1958 ŁKS
1959 KS Górnik Zabrze
1960 KS Ruch Chorzów
1961 KS Górnik Zabrze
1962 KS Polonia Bytom
1962/63 KS Górnik Zabrze
1963/64 KS Górnik Zabrze
1964/65 KS Górnik Zabrze
1965/66 KS Górnik Zabrze
1966/67 KS Górnik Zabrze
1967/68 KS Ruch Chorzów
1968/69 KP Legia Warszawa [CWKS Legia Warszawa]
1969/70 KP Legia Warszawa [CWKS Legia Warszawa]
1970/71 KS Górnik Zabrze
1971/72 KS Górnik Zabrze
1972/73 Mielecki KP Stal [FKS Stal Mielec]
1973/74 KS Ruch Chorzów
1974/75 KS Ruch Chorzów
1975/76 Mielecki KP Stal [FKS Stal Mielec]
1976/77 WKS Śląsk Wrocław [Wojskowy KS Śląsk Wrocław]
1977/78 Wisła Kraków [GTS Wisła Kraków]
1978/79 KS Ruch Chorzów
1979/80 GKS Szombierki Bytom
1980/81 RTS Widzew Łódź
1981/82 RTS Widzew Łódź
1982/83 KKS Lech Poznań
1983/84 KKS Lech Poznań
1984/85 KS Górnik Zabrze
1985/86 KS Górnik Zabrze
1986/87 KS Górnik Zabrze
1987/88 KS Górnik Zabrze
1988/89 KS Ruch Chorzów
1989/90 KKS Lech Poznań
1990/91 MKS Zagłębie Lubin
1991/92 KKS Lech Poznań
1992/93 KKS Lech Poznań
1993/94 KP Legia Warszawa [CWKS Legia Warszawa]
1994/95 KP Legia Warszawa [CWKS Legia Warszawa]
1995/96 RTS Widzew Łódź
1996/97 RTS Widzew Łódź
1997/98 ŁKS
1998/99 Wisła Kraków
1999/00 KS Polonia Warszawa [KP Polonia Warszawa]
2000/01 Wisła Kraków
2001/02 KP Legia Warszawa [CWKS Legia Warszawa]
2002/03 Wisła Kraków
2003/04 Wisła Kraków
2004/05 Wisła Kraków
2005/06 KP Legia Warszawa

Polen-Pokal
1926 Wisła Kraków [TS Wisła Kraków]
1927-50 *wurde nicht ausgetragen*
1951 KS Ruch Chorzów [KS Unia Chorzów]
1952 KS Polonia Warszawa [KS Kolejarz Warszawa]
1953 *wurde nicht ausgetragen*
1954 KS Gwardia Warszawa
1955 KP Legia Warszawa [CWKS Warszawa]
1956 KP Legia Warszawa [CWKS Warszawa]
1957 ŁKS
1958-61 *wurde nicht ausgetragen*
1962 GKS Zagłębie Sosnowiec [KS Stal Sosnowiec]
1962/63 GKS Zagłębie Sosnowiec [KS Stal Sosnowiec]
1963/64 KP Legia Warszawa [CWKS Warszawa]
1964/65 KS Górnik Zabrze
1965/66 KP Legia Warszawa [CWKS Warszawa]
1966/67 Wisła Kraków [TS Wisła Kraków]
1967/68 KS Górnik Zabrze
1968/69 KS Górnik Zabrze
1969/70 KS Górnik Zabrze
1970/71 KS Górnik Zabrze
1971/72 KS Górnik Zabrze
1972/73 KP Legia Warszawa [CWKS Legia Warszawa]
1973/74 KS Ruch Chorzów
1974/75 KS Stal Rzeszów
1975/76 WKŚląsk Wrocław [Wojskowy KS Śląsk Wrocław]
1976/77 GKS Zagłębie Sosnowiec
1977/78 GKS Zagłębie Sosnowiec
1978/79 Arka Gdynia [MZKS Arka Gdynia]
1979/80 KP Legia Warszawa [CWKS Legia Warszawa]
1980/81 KP Legia Warszawa [CWKS Legia Warszawa]
1981/82 KKS Lech Poznań
1982/83 KS Lechia Gdańsk [BKS Lechia Gdańsk]
1983/84 KKS Lech Poznań
1984/85 RTS Widzew Łódź
1985/86 GKS Katowice
1986/87 WKS Śląsk Wrocław [Wojskowy KS Śląsk Wrocław]
1987/88 KKS Lech Poznań
1988/89 KP Legia Warszawa [CWKS Legia Warszawa]
1989/90 KP Legia Warszawa [CWKS Legia Warszawa]
1990/91 GKS Katowice
1991/92 MKS Miedź Legnica
1992/93 GKS Katowice
1993/94 KP Legia Warszawa [CWKS Legia Warszawa]
1994/95 KP Legia Warszawa [CWKS Legia Warszawa]
1995/96 KS Ruch Chorzów
1996/97 KP Legia Warszawa [CWKS Legia Warszawa]
1997/98 KS Amica Wronki
1998/99 KS Amica Wronki
1999/00 KS Amica Wronki
2000/01 KS Polonia Warszawa [KP Polonia Warszawa]
2001/02 Wisła Kraków
2002/03 Wisła Kraków
2003/04 KKS Lech Poznań [WKP Lech Poznań]
2004/05 Groclin Dyskobolia Grodzisk-Wielkopolski
2005/06 ZKS Wisła Płock

Portugal-Liga
1934/35 FC Porto
1935/36 SL Benfica
1936/37 SL Benfica
1937/38 SL Benfica
1938/39 FC Porto
1939/40 FC Porto
1940/41 Sporting CP
1941/42 SL Benfica
1942/43 SL Benfica
1943/44 Sporting CP
1944/45 SL Benfica
1945/46 CF Os Belenenses
1946/47 Sporting CP
1947/48 Sporting CP
1948/49 Sporting CP
1949/50 SL Benfica
1950/51 Sporting CP
1951/52 Sporting CP
1952/53 Sporting CP
1953/54 Sporting CP
1954/55 SL Benfica
1955/56 FC Porto
1956/57 SL Benfica
1957/58 Sporting CP
1958/59 FC Porto
1959/60 SL Benfica
1960/61 SL Benfica
1961/62 Sporting CP
1962/63 SL Benfica
1963/64 SL Benfica
1964/65 SL Benfica
1965/66 Sporting CP
1966/67 SL Benfica
1967/68 SL Benfica
1968/69 SL Benfica
1969/70 Sporting CP
1970/71 SL Benfica
1971/72 SL Benfica
1972/73 SL Benfica
1973/74 Sporting CP
1974/75 SL Benfica
1975/76 SL Benfica
1976/77 SL Benfica
1977/78 FC Porto
1978/79 FC Porto
1979/80 Sporting CP
1980/81 SL Benfica
1981/82 Sporting CP
1982/83 SL Benfica
1983/84 SL Benfica
1984/85 FC Porto
1985/86 FC Porto
1986/87 SL Benfica
1987/88 FC Porto
1988/89 SL Benfica
1989/90 FC Porto
1990/91 SL Benfica
1991/92 FC Porto
1992/93 FC Porto
1993/94 SL Benfica
1994/95 FC Porto
1995/96 FC Porto
1996/97 FC Porto
1997/98 FC Porto
1998/99 FC Porto
1999/00 Sporting CP
2000/01 Boavista FC
2001/02 Sporting CP
2002/03 FC Porto
2003/04 FC Porto
2004/05 SL Benfica
2005/06 FC Porto

Portugal-Pokal
1921/22 FC Porto
1922/23 Sporting CP
1923/24 SC Olhanense
1924/25 FC Porto
1925/26 CS Marítimo
1926/27 CF Os Belenenses
1927/28 Carcavelinhos FC
1928/29 CF Os Belenenses
1929/30 SL Benfica
1930/31 SL Benfica
1931/32 FC Porto
1932/33 CF Os Belenenses
1933/34 Sporting CP
1934/35 SL Benfica
1935/36 Sporting CP
1936/37 FC Porto
1937/38 Sporting CP
1938/39 Académica Coimbra
1939/40 SL Benfica
1940/41 Sporting CP
1941/42 CF Os Belenenses
1942/43 SL Benfica
1943/44 SL Benfica
1944/45 Sporting CP
1945/46 Sporting CP
1946/47 *wurde nicht ausgetragen*
1947/48 Sporting CP
1948/49 SL Benfica
1949/50 *wurde nicht ausgetragen*
1950/51 SL Benfica
1951/52 SL Benfica
1952/53 SL Benfica
1953/54 Sporting CP
1954/55 SL Benfica
1955/56 FC Porto
1956/57 SL Benfica
1957/58 FC Porto
1958/59 SL Benfica
1959/60 CF Os Belenenses
1960/61 Leixões SC
1961/62 SL Benfica
1962/63 Sporting CP
1963/64 SL Benfica
1964/65 Vitória FC
1965/66 SC Braga
1966/67 Vitória FC
1967/68 FC Porto
1968/69 SL Benfica
1969/70 SL Benfica
1970/71 Sporting CP
1971/72 SL Benfica
1972/73 Sporting CP
1973/74 Sporting CP
1974/75 Boavista FC
1975/76 Boavista FC
1976/77 FC Porto
1977/78 Sporting CP
1978/79 Boavista FC
1979/80 SL Benfica
1980/81 SL Benfica
1981/82 Sporting CP
1982/83 SL Benfica
1983/84 FC Porto
1984/85 SL Benfica
1985/86 SL Benfica
1986/87 SL Benfica
1987/88 FC Porto
1988/89 CF Os Belenenses
1989/90 CF Estrela Amadora
1990/91 FC Porto
1991/92 Boavista FC
1992/93 SL Benfica
1993/94 FC Porto
1994/95 Sporting CP
1995/96 SL Benfica
1996/97 Boavista FC
1997/98 FC Porto
1998/99 SC Beira-Mar
1999/00 FC Porto
2000/01 FC Porto
2001/02 Sporting CP
2002/03 FC Porto
2003/04 SL Benfica
2004/05 Vitória FC
2005/06 FC Porto

Puerto Rico-Liga
1990/91 Cruz Azul
1992-93 *Sieger unbekannt*
1993/94 Rafael Santiago
1994/95 *Sieger unbekannt*
1995/96 Académicos de Quintana
1996/97 Académicos de Quintana
1997/98 Académicos de Quintana
1998/99 CF Nacional
1999/00 Académicos de Quintana
2000/01 Académicos de Quintana
2001/02 Académicos de Quintana
2003-04 *wurde nicht ausgetragen*
2005 CF Fraigcomar
2006 CF Fraigcomar

Reunion-Liga
1950 SS Patriote
1951 SS Patriote
1952 SS Jeanne d'Arc
1953 SS Patriote
1954 SS Patriote
1955 SS Patriote
1956 JS Sainte-Pierroise
1957 JS Sainte-Pierroise
1958 SS Sainte-Louisienne
1959 JS Sainte-Pierroise
1960 JS Sainte-Pierroise
1961 JS Sainte-Pierroise
1962 SS Patriote
1963 SS Sainte-Louisienne
1964 SS Sainte-Louisienne
1965 SS Sainte-Louisienne
1966 SS Sainte-Louisienne
1967 SS Sainte-Louisienne
1968 SS Sainte-Louisienne
1969 SS Sainte-Louisienne
1970 SS Sainte-Louisienne
1971 JS Sainte-Pierroise
1972 JS Sainte-Pierroise
1973 JS Sainte-Pierroise
1974 SS Excelsior
1975 JS Sainte-Pierroise
1976 JS Sainte-Pierroise
1977 FC Ouest
1978 JS Sainte-Pierroise
1979 SS Sainte-Pauloise
1980 CS Saint-Denis
1981 SS Sainte-Louisienne
1982 SS Sainte-Louisienne
1983 SS Sainte-Pauloise
1984 CS Saint-Denis
1985 SS Sainte-Pauloise
1986 SS Sainte-Pauloise
1987 CS Saint-Denis
1988 SS Sainte-Louisienne
1989 JS Sainte-Pierroise
1990 JS Sainte-Pierroise
1991 USS Tamponnaise
1992 USS Tamponnaise
1993 JS Sainte-Pierroise
1994 JS Sainte-Pierroise
1995 CS Saint-Denis
1996 CS Saint-Denis
1997 SS Sainte-Louisienne
1998 SS Sainte-Louisienne
1999 USS Tamponnaise
2000 AS Les Marsouins
2001 SS Sainte-Louisienne
2002 SS Sainte-Louisienne
2003 USS Tamponnaise
2004 USS Tamponnaise
2005 USS Tamponnaise
2006 USS Tamponnaise

Reunion-Pokal
1957 Bourbon
1958 SS Jeanne d'Arc
1959 JS Sainte-Pierroise
1960 SS Jeanne d'Arc
1961 SS Patriote
1962 JS Sainte-Pierroise
1963 US Bénédictine
1964 SS Sainte-Louisienne
1965 *wurde nicht ausgetragen*
1966 SS Patriote
1967 SS Jeanne d'Arc
1968 SS Sainte-Louisienne
1969 SS Sainte-Louisienne
1970 SS Sainte-Louisienne
1971 SS Sainte-Louisienne
1972 US Bénédictine
1973 SS Patriote
1974 CS Saint-Denis
1975 CS Saint-Denis
1976 SS Patriote
1977 CS Saint-Denis
1978 CS Saint-Denis
1979 CS Saint-Denis
1980 JS Sainte-Pierroise
1981 SS Sainte-Louisienne
1982 US Saint-André Léopards
1983 FC Ouest
1984 JS Sainte-Pierroise
1985 CS Saint-Denis
1986 CS Saint-Denis
1987 SS Sainte-Louisienne
1988 CS Saint-Denis
1989 JS Sainte-Pierroise
1990 SS Patriote
1991 USS Tamponnaise
1992 JS Sainte-Pierroise
1993 USS Tamponnaise
1994 JS Sainte-Pierroise
1995 SS Sainte-Louisienne
1996 SS Sainte-Louisienne
1997 AS Les Marsouins
1998 SS Sainte-Louisienne
1999 SS Sainte-Louisienne
2000 USS Tamponnaise
2001 SS Jeanne d'Arc
2002 SS Sainte-Louisienne
2003 USS Tamponnaise
2004 SS Excelsior
2005 SS Excelsior
2006 FC Ouest

Ruanda-Liga
1980 Panthères Noirs
1981 Rayon Sports
1982 *Sieger unbekannt*
1983 Kiyovu Sports
1984 Panthères Noirs
1985 Panthères Noirs
1986 Panthères Noirs
1987 Panthères Noirs
1988 Mukungwa Sports
1989 Mukungwa Sports
1990-91 *Sieger unbekannt*
1992 Kiyovu Sports
1993 Kiyovu Sports
1994/95 APR FC
1996 APR FC
1997 Rayon Sports
1998 Rayon Sports
1999 APR FC
2000 APR FC
2001 APR FC
2002 Rayon Sports
2003 APR FC
2004 Rayon Sports
2005 APR FC
2006 APR FC

Ruanda-Pokal
1978 Mukura VS
1979 Rayon Sports
1980 Rayon Sports
1981 *Sieger unbekannt*
1982 Rayon Sports
1983 Panthères Noirs
1984 *Sieger unbekannt*
1985 Kiyovu Sports
1986 Mukura VS
1987 Mukura VS
1988 Etincelles
1989 Rayon Sports
1990 Mukura VS
1991 *Sieger unbekannt*
1992 Mukura VS
1993 Rayon Sports
1994 APR FC
1995 Rayon Sports
1996 APR FC
1997 Rwanda FC
1998 Rayon Sports
1999 APR FC
2000 APR FC
2001 Citadins
2002 APR FC
2003-04 *Sieger unbekannt*
2005 Rayon Sports
2006 APR FC

Rumänien-Liga
1909/10 Olimpia-Rhein Bucureşti [FC Olimpia Bucureşti]
1910/11 Olimpia-Rhein Bucureşti [FC Olimpia Bucureşti]
1911/12 FC Prahova Ploieşti [FC United Ploieşti]
1912/13 CA Colentina Bucureşti
1913/14 CA Colentina Bucurevti
1914/15 Româno-Americană Bucureşti
1915/16 FC Prahova Ploieşti
1917-19 *wurde nicht ausgetragen*
1919/20 ASC Venus Bucureşti
1920/21 ASC Venus Bucureşti
1921/22 CSF Chinezul Timişoara [CSF Chinezul Timişoara]
1922/23 CSF Chinezul Timişoara [CSF Chinezul Timişoara]
1923/24 CSF Chinezul Timişoara [CSF Chinezul Timişoara]
1924/25 CSF Chinezul Timşoara [CSF Chinezul Timişoara]
1925/26 CSF Chinezul Timişoara [CSF Chinezul Timişoara]
1926/27 CSF Chinezul Timişoara [CSF Chinezul Timişoara]
1927/28 CS Colţea Braşov
1928/29 ASC Venus Bucureşti
1929/30 Flacăra Bucureşti [FC Juventus Bucureşti]
1930/31 CSM Reşiţa [SS UD Reşiţa]
1931/32 ASC Venus Bucureşti
1932/33 FC Ripensia Timişoara
1933/34 ASC Venus Bucureşti
1934/35 FC Ripensia Timişoara
1935/36 FC Ripensia Timişoara
1936/37 ASC Venus Bucureşti
1937/38 FC Ripensia Timişoara
1938/39 ASC Venus Bucureşti
1939/40 ASC Venus Bucureşti
1940/41 Unirea Tricolor MAI Bucureşti [Unirea-Tricolor Bucureşti]
1941/42 UFC Rapid Bucureşti [FC Rapid Bucureşti]
1943-46 *wurde nicht ausgetragen*
1946/47 FC UT Arad [IT Arad]
1947/48 FC UT Arad [IT Arad]
1948/49 FC Bihor Oradea [IC Oradea]
1950 FC UT Arad [Flamura Roşie IT Arad]

1951 FC Steaua Bucureşti [CCA Bucureşti]
1952 FC Steaua Bucureşti [CCA Bucureşti]
1953 FC Steaua Bucureşti [CCA Bucureşti]
1954 FC UT Arad [Flamura Roşie IT Arad]
1955 FC Dinamo Bucureşti [CS Dinamo Bucureşti]
1956 FC Steaua Bucureşti [CCA Bucureşti]
1957/58 FC Petrolul Ploieşti
1958/59 FC Petrolul Ploieşti
1959/60 FC Steaua Bucureşti [CCA Bucureşti]
1960/61 FC Steaua Bucureşti [CCA Bucureşti]
1961/62 FC Dinamo Bucureşti [CS Dinamo Bucureşti]
1962/63 FC Dinamo Bucureşti [CS Dinamo Bucureşti]
1963/64 FC Dinamo Bucureşti [CS Dinamo Bucureşti]
1964/65 FC Dinamo Bucureşti [CS Dinamo Bucureşti]
1965/66 FC Petrolul Ploieşti
1966/67 UFC Rapid Bucureşti [CS Rapid Bucureşti]
1967/68 FC Steaua Bucureşti [CSA Steaua Bucureşti]
1968/69 FC UT Arad [UT Arad]
1969/70 FC UT Arad [UT Arad]
1970/71 FC Dinamo Bucureşti [CS Dinamo Bucureşti]
1971/72 FC Argeş Piteşti
1972/73 FC Dinamo Bucureşti [CS Dinamo Bucureşti]
1973/74 FC Universitatea Craiova [CS Universitatea Craiova]
1974/75 FC Dinamo Bucureşti [CS Dinamo Bucureşti]
1975/76 FC Steaua Bucureşti [CSA Steaua Bucureşti]
1976/77 FC Dinamo Bucureşti [CS Dinamo Bucureşti]
1977/78 FC Steaua Bucureşti [CSA Steaua Bucureşti]
1978/79 FC Argeş Piteşti
1979/80 FC Universitatea Craiova [CS Universitatea Craiova]
1980/81 FC Universitatea Craiova [CS Universitatea Craiova]
1981/82 FC Dinamo Bucureşti [CS Dinamo Bucureşti]
1982/83 FC Dinamo Bucureşti [CS Dinamo Bucureşti]
1983/84 FC Dinamo Bucureşti [CS Dinamo Bucureşti]
1984/85 FC Steaua Bucureşti [CSA Steaua Bucureşti]
1985/86 FC Steaua Bucureşti [CSA Steaua Bucureşti]
1986/87 FC Steaua Bucureşti [CSA Steaua Bucureşti]
1987/88 FC Steaua Bucureşti [CSA Steaua Bucureşti]
1988/89 FC Steaua Bucureşti [CSA Steaua Bucureşti]
1989/90 FC Dinamo Bucureşti [CS Dinamo Bucureşti]
1990/91 FC Universitatea Craiova [CS Universitatea Craiova]
1991/92 FC Dinamo Bucureşti [CS Dinamo Bucureşti]
1992/93 FC Steaua Bucureşti [CSA Steaua Bucureşti]
1993/94 FC Steaua Bucureşti [CSA Steaua Bucureşti]
1994/95 FC Steaua Bucureşti [CSA Steaua Bucureşti]
1995/96 FC Steaua Bucureşti [CSA Steaua Bucureşti]
1996/97 FC Steaua Bucureşti [CSA Steaua Bucureşti]
1997/98 FC Steaua Bucureşti [CSA Steaua Bucureşti]
1998/99 UFC Rapid Bucureşti
1999/00 FC Dinamo Bucureşti
2000/01 FC Steaua Bucureşti
2001/02 FC Dinamo Bucureşti
2002/03 UFC Rapid Bucureşti
2003/04 FC Dinamo Bucureşti
2004/05 FC Steaua Bucureşti
2005/06 FC Steaua Bucureşti

Rumänien-Pokal
1933/34 FC Ripensia Timişoara
1934/35 UFC Rapid Bucureşti [CFR Bucureşti]
1935/36 FC Ripensia Timişoara
1936/37 UFC Rapid Bucureşti [FC Rapid Bucureşti]
1937/38 UFC Rapid Bucureşti [FC Rapid Bucureşti]
1938/39 UFC Rapid Bucureşti [FC Rapid Bucureşti]
1939/40 UFC Rapid Bucureşti [FC Rapid Bucureşti]
1940/41 UFC Rapid Bucureşti [FC Rapid Bucureşti]
1941/42 UFC Rapid Bucureşti [FC Rapid Bucureşti]
1942/43 CFR Turnu Severin
1944-47 *wurde nicht ausgetragen*
1947/48 FC UT Arad [IT Arad]
1948/49 FC Steaua Bucureşti [CSCA Bucureşti]
1950 FC Steaua Bucureşti [CCA Bucureşti]
1951 FC Steaua Bucureşti [CCA Bucureşti]
1952 FC Steaua Bucureşti [CCA Bucureşti]
1953 FC UT Arad [Flamura Roşie IT Arad]
1954 CSM Reşiţa [Metalul Reşiţa]
1955 FC Steaua Bucureşti [CCA Bucureşti]
1956 FC Bihor Oradea [Progresul Oradea]
1957/58 FCU Politehnica Timişoara [CS Ştiinţa Timişoara]
1958/59 FC Dinamo Bucureşti [CS Dinamo Bucureşti]
1959/60 FC Naţional Bucureşti [Progresul Bucureşti]
1960/61 Sticla Ariesul Turda [CS Ariesul Turda]
1961/62 FC Steaua Bucureşti [CSA Steaua Bucureşti]
1962/63 FC Petrolul Ploieşti
1963/64 FC Dinamo Bucureşti [CS Dinamo Bucureşti]
1964/65 FC Universitatea Cluj-Napoca [Ştiinţa Cluj]
1965/66 FC Steaua Bucureşti [CSA Steaua Bucureşti]
1966/67 FC Steaua Bucureşti [CSA Steaua Bucureşti]
1967/68 FC Dinamo Bucureşti [CS Dinamo Bucureşti]
1968/69 FC Steaua Bucureşti [CSA Steaua Bucureşti]
1969/70 FC Steaua Bucureşti [CSA Steaua Bucureşti]
1970/71 FC Steaua Bucureşti [CSA Steaua Bucureşti]
1971/72 UFC Rapid Bucureşti [CS Rapid Bucureşti]
1972/73 FC Râmnicu Vâlcea [Chimia Rîmnicu Vilcea]
1973/74 CS Jiul Petroşani
1974/75 UFC Rapid Bucureşti [CS Rapid Bucureşti]
1975/76 FC Steaua Bucureşti [CSA Steaua Bucureşti]
1976/77 FC Universitatea Craiova [CS Universitatea Craiova]
1977/78 FC Universitatea Craiova [CS Universitatea Craiova]
1978/79 FC Steaua Bucureşti [CSA Steaua Bucureşti]
1979/80 FCU Politehnica Timişoara [CS Politehnica Timişoara]
1980/81 FC Universitatea Craiova [CS Universitatea Craiova]
1981/82 FC Dinamo Bucureşti [CS Dinamo Bucureşti]
1982/83 FC Universitatea Craiova [CS Universitatea Craiova]
1983/84 FC Dinamo Bucureşti [CS Dinamo Bucureşti]
1984/85 FC Steaua Bucureşti [CSA Steaua Bucureşti]
1985/86 FC Dinamo Bucureşti [CS Dinamo Bucureşti]
1986/87 FC Steaua Bucureşti [CSA Steaua Bucureşti]
1987/88 FC Steaua Bucureşti [CSA Steaua Bucureşti]
1988/89 FC Steaua Bucureşti [CSA Steaua Bucureşti]
1989/90 FC Dinamo Bucureşti [CS Dinamo Bucureşti]
1990/91 FC Universitatea Craiova [CS Universitatea Craiova]
1991/92 FC Steaua Bucureşti [CSA Steaua Bucureşti]
1992/93 FC Universitatea Craiova [FC Universitatea Craiova]
1993/94 CF Gloria-1922 Bistriţa
1994/95 FC Petrolul Ploieşti
1995/96 FC Steaua Bucureşti [CSA Steaua Bucureşti]
1996/97 FC Steaua Bucureşti [CSA Steaua Bucureşti]
1997/98 UFC Rapid Bucureşti
1998/99 FC Steaua Bucureşti
1999/00 FC Dinamo Bucureşti
2000/01 FC Dinamo Bucureşti
2001/02 UFC Rapid Bucureşti
2002/03 FC Dinamo Bucureşti
2003/04 FC Dinamo Bucureşti
2004/05 FC Dinamo Bucureşti
2005/06 UFC Rapid Bucureşti

Russland-Liga
1992 FK Spartak Moskva
1993 FK Spartak Moskva
1994 FK Spartak Moskva
1995 FK Spartak Wladikawkaz [FK Spartak-Alanija Wladikawkaz]
1996 FK Spartak Moskva
1997 FK Spartak Moskva
1998 FK Spartak Moskva
1999 FK Spartak Moskva
2000 FK Spartak Moskva
2001 FK Spartak Moskva
2002 FK Lokomotiv Moskva
2003 PFK CSKA Moskva
2004 FK Lokomotiv Moskva
2005 PFK CSKA Moskva
2006 PFK CSKA Moskva

Russland-Pokal
1992/93 FK Torpedo-Luschniki Moskva [FK Torpedo Moskva]
1993/94 FK Spartak Moskva
1994/95 FK Dinamo Moskva
1995/96 FK Lokomotiv Moskva
1996/97 FK Lokomotiv Moskva
1997/98 FK Spartak Moskva
1998/99 FK Zenit Sankt Peterburg
1999/00 FK Lokomotiv Moskva
2000/01 FK Lokomotiv Moskva
2001/02 PFK CSKA Moskva
2002/03 FK Spartak Moskva
2003/04 FK Terek Groznyj
2004/05 PFK CSKA Moskva
2005/06 PFK CSKA Moskva

Saint-Pierre und Miquelon-Liga
1964 ASIA
1965 ASIA
1966 ASIA
1967 ASIA
1968 ASIA
1969 ASIA
1970 ASIA
1971 ASIA
1972 AS Saint Pierraise
1973 ASIA
1974 ASIA
1975 ASIA
1976 ASIA
1977 ASIA
1978 ASIA
1979 ASIA
1980 ASIA
1981 ASIA
1982 ASIA
1983 ASIA
1984 ASIA
1985 ASIA
1986 ASIA
1987 ASIA
1988 AS Saint Pierraise
1989 ASIA
1990 ASIA
1991 ASIA
1992 AS Saint Pierraise
1993 AS Saint Pierraise
1994 AS Saint Pierraise
1995 *Sieger unbekannt*
1996 ASIA
1997-01 *Sieger unbekannt*
2002 ASIA
2003 ASIA
2004 ASIA
2005 AS Miquelonnaise

Salomonen-Liga
1984 Sunbeam
1985 Rangers
1986-87 *Sieger unbekannt*
1988 Rangers
1989 Sunbeam
1990 Sunbeam
1991 Rangers
1992-93 *Sieger unbekannt*
1994 Police
1995 Rangers
1996 Rangers
1997 Rangers
1998 Rangers
1999 Rangers
2000 Laugu United
2001 Koloale FC
2002 *Sieger unbekannt*
2003 Koloale FC
2004 Makuru FC

Sambia-Liga
1962 Roan United
1963 Mufulira Wanderers
1964 City of Lusaka
1965 Mufulira Wanderers
1966 Mufulira Wanderers
1967 Mufulira Wanderers
1968 Kabwe Warriors
1969 Mufulira Wanderers
1970 Kabwe Warriors
1971 Kabwe Warriors
1972 Kabwe Warriors
1973 Green Buffaloes [Zambia Army]
1974 Green Buffaloes [Zambia Army]
1975 Green Buffaloes
1976 Mufulira Wanderers
1977 Green Buffaloes
1978 Mufulira Wanderers
1979 Green Buffaloes
1980 Nchanga Rangers
1981 Green Buffaloes
1982 Nkana FC [Nkana Red Devils]
1983 Nkana FC [Nkana Red Devils]
1984 Power Dynamos
1985 Nkana FC [Nkana Red Devils]
1986 Nkana FC [Nkana Red Devils]
1987 Kabwe Warriors
1988 Nkana FC [Nkana Red Devils]
1989 Nkana FC [Nkana Red Devils]
1990 Nkana FC [Nkana Red Devils]
1991 Power Dynamos
1992 Nkana FC [Nkana Red Devils]
1993 Nkana FC [Nkana Red Devils]
1994 Power Dynamos
1995 Mufulira Wanderers
1996 Mufulira Wanderers
1997 Power Dynamos
1998 Nchanga Rangers
1999 Nkana FC
2000 Power Dynamos
2001 Nkana FC
2002 Zanaco
2003 Zanaco
2004 Red Arrows
2005 Zanaco
2006 Zanaco

Sambia-Pokal
1961 City of Lusaka
1962 Roan United
1963 Mufulira Blackpool
1964 City of Lusaka
1965 Mufulira Wanderers
1966 Mufulira Wanderers
1967 Kabwe Warriors
1968 Mufulira Wanderers
1969 Kabwe Warriors
1970 Ndola United
1971 Mufulira Wanderers
1972 Kabwe Warriors
1973 Mufulira Wanderers
1974 Mufulira Wanderers
1975 Mufulira Wanderers
1976 Mufulira Blackpool
1977 Roan United
1978 Nchanga Rangers
1979 Power Dynamos
1980 Power Dynamos
1981 Vitafoam United
1982 Power Dynamos
1983 Konkola Blades
1984 Kabwe Warriors
1985 Lifebuoy Strikers [Strike Rovers]
1986 Nkana FC [Nkana Red Devils]
1987 Kabwe Warriors
1988 Mufulira Wanderers
1989 Nkana FC [Nkana Red Devils]
1990 Power Dynamos
1991 Mufulira Wanderers
1992 Nkana FC [Nkana Red Devils]
1993 Nkana FC [Nkana Red Devils]
1994 Roan United
1995 Mufulira Wanderers
1996 Roan United
1997 Power Dynamos
1998 Konkola Blades
1999 Zamsure
2000 Nkana FC
2001 Power Dynamos
2002 Zanaco
2003 Power Dynamos
2004 Lusaka Celtic
2005 Green Buffaloes
2006 Zesco United

San Marino-Liga
1985/86 Calcio Faetano
1986/87 SP La Fiorita
1987/88 SP Tre Fiori
1988/89 SP Domagnano
1989/90 SP La Fiorita
1990/91 Calcio Faetano
1991/92 SS Montevito
1992/93 SP Tre Fiori
1993/94 SP Tre Fiori
1994/95 SP Tre Fiori
1995/96 SP Libertas
1996/97 SS Folgore Falciano
1997/98 SS Folgore Falciano
1998/99 Calcio Faetano
1999/00 SS Folgore Falciano
2000/01 SP Cosmos
2001/02 SP Domagnano
2002/03 SP Domagnano
2003/04 SS Pennarossa
2004/05 SP Domagnano
2005/06 SS Murata

San Marino-Pokal
1936/37 SP Libertas
1938-49 *wurde nicht ausgetragen*
1949/50 SP Libertas
1951-53 *wurde nicht ausgetragen*
1953/54 SP Libertas
1955-57 *wurde nicht ausgetragen*
1957/58 SP Libertas
1958/59 SP Libertas
1959/60 *wurde nicht ausgetragen*
1960/61 SP Libertas
1962-64 *wurde nicht ausgetragen*
1964/65 SS Juvenes
1965/66 SP Tre Fiori
1966/67 SP Tre Penne
1967/68 SS Juvenes
1968/69 *Titel nicht vergeben*
1969/70 SP Tre Penne
1970/71 SP Tre Fiori
1971/72 SP Domagnano
1972/73 *Titel nicht vergeben*
1973/74 SP Tre Fiori
1974/75 SP Tre Fiori
1975/76 SS Juvenes
1976/77 SS Dogana [GS Dogana]
1977/78 SS Juvenes
1978/79 SS Dogana [GS Dogana]
1979/80 SP Cosmos
1980/81 SP Cosmos
1981/82 SP Tre Penne
1982/83 SP Tre Penne
1983/84 SS Juvenes
1984/85 SP Tre Fiori
1985/86 SP La Fiorita
1986/87 SP Libertas
1987/88 SP Domagnano
1988/89 SP Libertas
1989/90 SP Domagnano
1990/91 SP Libertas
1991/92 SP Domagnano
1992/93 Calcio Faetano
1993/94 Calcio Faetano
1994/95 SP Cosmos
1995/96 SP Domagnano
1996/97 SS Murata
1997/98 Calcio Faetano
1998/99 SP Cosmos
1999/00 SP Tre Penne
2000/01 SP Domagnano
2001/02 SP Domagnano
2002/03 SP Domagnano
2003/04 SS Pennarossa
2004/05 SS Pennarossa
2005/06 SP Libertas

São Tomé und Príncipe-Liga
1977 Vitória FC
1978 Vitória FC
1979 Vitória FC
1980 Desportivo Guadelupe
1981 Desportivo Guadelupe
1982 Sporting Praia Cruz
1983 *wurde nicht ausgetragen*
1984 Andorinhas SC
1985 Sporting Praia Cruz
1986 Vitória FC
1987 *wurde nicht ausgetragen*
1988 6 de Septembro
1989 Vitória FC
1990 GD Os Operários
1991 Santana FC
1992 *wurde nicht ausgetragen*
1993 GD Os Operários
1994 Sporting Praia Cruz
1995 Inter do Bom-Bom
1996 Bairros Unidos FC [Caixão Grande]
1997 *wurde nicht ausgetragen*
1998 GD Os Operários
1999 Sporting Praia Cruz
2000 Inter do Bom-Bom
2001 Bairros Unidos FC
2002 *wurde nicht ausgetragen*
2003 Inter do Bom-Bom
2004 GD Os Operários
2005-06 *wurde nicht ausgetragen*

São Tomé und Príncipe-Pokal
1981 Desportivo Guadelupe
1982 Sporting Praia Cruz
1983 *wurde nicht ausgetragen*
1984 Vitória FC
1985 Vitória FC
1986 Vitória FC
1987 *wurde nicht ausgetragen*
1988 6 de Septembro
1989 Vitória FC
1990 6 de Septembro
1991 Santana FC
1992 GD Os Operários
1993 Sporting Praia Cruz
1994 Sporting Praia Cruz
1995 Bairros Unidos FC [Caixão Grande]
1996 Aliança Nacional
1997 *wurde nicht ausgetragen*
1998 Sporting Praia Cruz
1999 Vitória FC
2000 Sporting Praia Cruz
2001 GD Sundy
2002 *wurde nicht ausgetragen*
2003 GD Os Operários

Saudi-Arabien-Liga
1975/76 al-Nasr
1976/77 al-Hilal
1977/78 al-Ahli (ar-Riyad)
1978/79 al-Hilal
1979/80 al-Nasr
1980/81 al-Nasr
1981/82 al-Ittihad
1982/83 al-Ittifaq
1983/84 al-Ahli (ar-Riyad)
1984/85 al-Hilal
1985/86 al-Hilal
1986/87 al-Ittifaq
1987/88 al-Hilal
1988/89 al-Nasr
1989/90 al-Hilal
1990/91 al-Shabab
1991/92 al-Shabab
1992/93 al-Shabab
1993/94 al-Nasr
1994/95 al-Nasr
1995/96 al-Hilal
1996/97 al-Ittihad
1997/98 al-Hilal
1998/99 al-Ittihad
1999/00 al-Ittihad
2000/01 al-Ittihad
2001/02 al-Hilal
2002/03 al-Ittihad
2003/04 al-Shabab
2004/05 al-Hilal
2005/06 al-Shabab

Saudi-Arabien-Pokal
1956/57 al-Ahli (ar-Riyad) [al-Thaghar]
1957/58 al-Ittihad
1958/59 al-Ittihad
1959/60 al-Wahda (Unayzah)
1960/61 West Team
1961/62 East Team
1962/63 al-Ittihad
1963/64 al-Hilal
1964/65 al-Ittifaq
1965/66 *wurde nicht ausgetragen*
1966/67 West Team
1967/68 West Team
1968/69 Central Team
1969/70 al-Ahli (ar-Riyad)
1971-72 *wurde nicht ausgetragen*
1972/73 al-Nasr
1973/74 al-Nasr
1975-90 *wurde nicht ausgetragen*
1990/91 al-Ittihad
1991/92 al-Qadisiya
1992/93 al-Shabab
1993/94 al-Riyadh SC
1994/95 al-Hilal
1995/96 al-Shabab
1996/97 al-Ittihad
1997/98 al-Ahli (ar-Riyad)
1998/99 al-Shabab
1999/00 al-Hilal
2000/01 al-Ittihad
2001/02 al-Ahli (Jiddah)
2002/03 al-Hilal
2003/04 al-Ittihad
2004/05 al-Hilal
2005/06 al-Hilal

Schottland-Liga
1890/91 Dumbarton FC und Rangers FC
1891/92 Dumbarton FC
1892/93 Celtic FC
1893/94 Celtic FC
1894/95 Heart of Midlothian FC
1895/96 Celtic FC
1896/97 Heart of Midlothian FC
1897/98 Celtic FC
1898/99 Rangers FC
1899/00 Rangers FC
1900/01 Rangers FC
1901/02 Rangers FC
1902/03 Hibernian FC
1903/04 Third Lanark FC
1904/05 Celtic FC
1905/06 Celtic FC
1906/07 Celtic FC
1907/08 Celtic FC
1908/09 Celtic FC
1909/10 Celtic FC
1910/11 Rangers FC
1911/12 Rangers FC
1912/13 Rangers FC
1913/14 Celtic FC
1914/15 Celtic FC
1915/16 Celtic FC
1916/17 Celtic FC
1917/18 Rangers FC
1918/19 Celtic FC
1919/20 Rangers FC
1920/21 Rangers FC
1921/22 Celtic FC
1922/23 Rangers FC
1923/24 Rangers FC
1924/25 Rangers FC
1925/26 Celtic FC
1926/27 Rangers FC
1927/28 Rangers FC
1928/29 Rangers FC
1929/30 Rangers FC
1930/31 Rangers FC
1931/32 Motherwell FC
1932/33 Rangers FC
1933/34 Rangers FC
1934/35 Rangers FC
1935/36 Celtic FC
1936/37 Rangers FC
1937/38 Celtic FC
1938/39 Rangers FC
1940-46 *wurde nicht ausgetragen*
1946/47 Rangers FC
1947/48 Hibernian FC
1948/49 Rangers FC
1949/50 Rangers FC
1950/51 Hibernian FC
1951/52 Hibernian FC
1952/53 Rangers FC
1953/54 Celtic FC
1954/55 Aberdeen FC
1955/56 Rangers FC
1956/57 Rangers FC
1957/58 Heart of Midlothian FC
1958/59 Rangers FC
1959/60 Heart of Midlothian FC
1960/61 Rangers FC
1961/62 Dundee FC
1962/63 Rangers FC
1963/64 Rangers FC
1964/65 Kilmarnock FC
1965/66 Celtic FC
1966/67 Celtic FC
1967/68 Celtic FC
1968/69 Celtic FC
1969/70 Celtic FC
1970/71 Celtic FC
1971/72 Celtic FC
1972/73 Celtic FC
1973/74 Celtic FC
1974/75 Rangers FC
1975/76 Rangers FC
1976/77 Celtic FC
1977/78 Rangers FC
1978/79 Celtic FC
1979/80 Aberdeen FC
1980/81 Celtic FC
1981/82 Celtic FC
1982/83 Dundee United FC
1983/84 Aberdeen FC
1984/85 Aberdeen FC
1985/86 Celtic FC
1986/87 Rangers FC
1987/88 Celtic FC
1988/89 Rangers FC
1989/90 Rangers FC
1990/91 Rangers FC
1991/92 Rangers FC
1992/93 Rangers FC
1993/94 Rangers FC
1994/95 Rangers FC
1995/96 Rangers FC
1996/97 Rangers FC
1997/98 Celtic FC
1998/99 Rangers FC
1999/00 Rangers FC
2000/01 Celtic FC
2001/02 Celtic FC
2002/03 Rangers FC
2003/04 Celtic FC
2004/05 Rangers FC
2005/06 Celtic FC

Schottland-Pokal
1873/74 Queen's Park FC
1874/75 Queen's Park FC
1875/76 Queen's Park FC
1876/77 Vale of Leven FC
1877/78 Vale of Leven FC
1878/79 Vale of Leven FC
1879/80 Queen's Park FC
1880/81 Queen's Park FC
1881/82 Queen's Park FC
1882/83 Dumbarton FC
1883/84 Queen's Park FC
1884/85 Renton FC
1885/86 Queen's Park FC
1886/87 Hibernian FC
1887/88 Renton FC
1888/89 Third Lanark FC
1889/90 Queen's Park FC
1890/91 Heart of Midlothian FC
1891/92 Celtic FC
1892/93 Queen's Park FC
1893/94 Rangers FC
1894/95 St Bernard's FC
1895/96 Heart of Midlothian FC
1896/97 Rangers FC
1897/98 Rangers FC
1898/99 Celtic FC
1899/00 Celtic FC
1900/01 Heart of Midlothian FC
1901/02 Hibernian FC
1902/03 Rangers FC
1903/04 Celtic FC
1904/05 Third Lanark FC
1905/06 Heart of Midlothian FC
1906/07 Celtic FC
1907/08 Celtic FC
1908/09 *Titel nicht vergeben*
1909/10 Dundee FC
1910/11 Celtic FC
1911/12 Celtic FC
1912/13 Falkirk FC
1913/14 Celtic FC
1915-19 *wurde nicht ausgetragen*
1919/20 Kilmarnock FC
1920/21 Partick Thistle FC
1921/22 Greenock Morton FC
1922/23 Celtic FC
1923/24 Airdrieonians FC
1924/25 Celtic FC
1925/26 St Mirren FC
1926/27 Celtic FC
1927/28 Rangers FC
1928/29 Kilmarnock FC
1929/30 Rangers FC
1930/31 Celtic FC
1931/32 Rangers FC
1932/33 Celtic FC
1933/34 Rangers FC
1934/35 Rangers FC
1935/36 Rangers FC
1936/37 Celtic FC
1937/38 East Fife FC
1938/39 Clyde FC
1940-46 *wurde nicht ausgetragen*
1946/47 Aberdeen FC
1947/48 Rangers FC
1948/49 Rangers FC
1949/50 Rangers FC
1950/51 Celtic FC
1951/52 Motherwell FC
1952/53 Rangers FC
1953/54 Celtic FC
1954/55 Clyde FC
1955/56 Heart of Midlothian FC
1956/57 Falkirk FC
1957/58 Clyde FC
1958/59 St Mirren FC
1959/60 Rangers FC
1960/61 Dunfermline Athletic FC
1961/62 Rangers FC
1962/63 Rangers FC
1963/64 Rangers FC
1964/65 Celtic FC
1965/66 Rangers FC
1966/67 Celtic FC
1967/68 Dunfermline Athletic FC
1968/69 Celtic FC

1969/70 Aberdeen FC
1970/71 Celtic FC
1971/72 Celtic FC
1972/73 Rangers FC
1973/74 Celtic FC
1974/75 Celtic FC
1975/76 Rangers FC
1976/77 Celtic FC
1977/78 Rangers FC
1978/79 Rangers FC
1979/80 Celtic FC
1980/81 Rangers FC
1981/82 Aberdeen FC
1982/83 Aberdeen FC
1983/84 Aberdeen FC
1984/85 Celtic FC
1985/86 Aberdeen FC
1986/87 St Mirren FC
1987/88 Celtic FC
1988/89 Celtic FC
1989/90 Aberdeen FC
1990/91 Motherwell FC
1991/92 Rangers FC
1992/93 Rangers FC
1993/94 Dundee United FC
1994/95 Celtic FC
1995/96 Rangers FC
1996/97 Kilmarnock FC
1997/98 Heart of Midlothian FC
1998/99 Rangers FC
1999/00 Rangers FC
2000/01 Celtic FC
2001/02 Rangers FC
2002/03 Rangers FC
2003/04 Celtic FC
2004/05 Celtic FC
2005/06 Heart of Midlothian FC

Schottland-Liga-Pokal
1946/47 Rangers FC
1947/48 East Fife FC
1948/49 Rangers FC
1949/50 East Fife FC
1950/51 Motherwell FC
1951/52 Dundee FC
1952/53 Dundee FC
1953/54 East Fife FC
1954/55 Heart of Midlothian FC
1955/56 Aberdeen FC
1956/57 Celtic FC
1957/58 Celtic FC
1958/59 Heart of Midlothian FC
1959/60 Heart of Midlothian FC
1960/61 Rangers FC
1961/62 Rangers FC
1962/63 Heart of Midlothian FC
1963/64 Rangers FC
1964/65 Rangers FC
1965/66 Celtic FC
1966/67 Celtic FC
1967/68 Celtic FC
1968/69 Celtic FC
1969/70 Celtic FC
1970/71 Rangers FC
1971/72 Partick Thistle FC
1972/73 Hibernian FC
1973/74 Dundee FC
1974/75 Celtic FC
1975/76 Rangers FC
1976/77 Aberdeen FC
1977/78 Rangers FC
1978/79 Rangers FC
1979/80 Dundee United FC
1980/81 Dundee United FC
1981/82 Rangers FC
1982/83 Celtic FC
1983/84 Rangers FC
1984/85 Rangers FC
1985/86 Aberdeen FC
1986/87 Rangers FC
1987/88 Rangers FC
1988/89 Rangers FC
1989/90 Aberdeen FC
1990/91 Rangers FC
1991/92 Hibernian FC
1992/93 Rangers FC
1993/94 Rangers FC
1994/95 Raith Rovers FC
1995/96 Aberdeen FC
1996/97 Rangers FC
1997/98 Celtic FC
1998/99 Rangers FC
1999/00 Celtic FC
2000/01 Celtic FC
2001/02 Rangers FC
2002/03 Rangers FC
2003/04 Livingston FC
2004/05 Rangers FC
2005/06 Celtic FC

Schweden-Liga
1896 Örgryte IS
1897 Örgryte IS
1898 Örgryte IS
1899 Örgryte IS
1900 AIK Solna
1901 AIK Solna
1902 Örgryte IS
1903 Göteborg IF
1904 Örgryte IS
1905 Örgryte IS
1906 Örgryte IS
1907 Örgryte IS
1908 IFK Göteborg
1909 Örgryte IS
1910 IFK Göteborg
1911 AIK Solna
1912 Djurgårdens IF
1913 Örgryte IS
1914 AIK Solna
1915 Djurgårdens IF
1916 AIK Solna
1917 Djurgårdens IF
1918 IFK Göteborg
1919 GAIS
1920 Djurgårdens IF
1921 IFK Eskilstuna
1922 GAIS
1923 AIK Solna
1924 Fassbergs IF
1924/25 GAIS
1925 Brynäs IF
1925/26 Örgryte IS
1926/27 GAIS
1927/28 Örgryte IS
1928/29 Helsingborgs IF
1929/30 Helsingborgs IF
1930/31 GAIS
1931/32 AIK Solna
1932/33 Helsingborgs IF
1933/34 Helsingborgs IF
1934/35 IFK Göteborg
1935/36 IF Elfsborg
1936/37 AIK Solna
1937/38 IK Sleipner
1938/39 IF Elfsborg
1939/40 IF Elfsborg
1940/41 Helsingborgs IF
1941/42 IFK Göteborg
1942/43 IFK Norrköping
1943/44 Malmö FF
1944/45 IFK Norrköping
1945/46 IFK Norrköping
1946/47 IFK Norrköping
1947/48 IFK Norrköping
1948/49 Malmö FF
1949/50 Malmö FF
1950/51 Malmö FF
1951/52 IFK Norrköping
1952/53 Malmö FF
1953/54 GAIS
1954/55 Djurgårdens IF
1955/56 IFK Norrköping
1956/57 IFK Norrköping
1957/58 IFK Göteborg
1959 Djurgårdens IF
1960 IFK Norrköping
1961 IF Elfsborg
1962 IFK Norrköping
1963 IFK Norrköping
1964 Djurgårdens IF
1965 Malmö FF
1966 Djurgårdens IF
1967 Malmö FF
1968 Östers IF
1969 IFK Göteborg
1970 Malmö FF
1971 Malmö FF
1972 Åtvidabergs FF
1973 Åtvidabergs FF
1974 Malmö FF
1975 Malmö FF
1976 Halmstads BK
1977 Malmö FF
1978 Östers IF
1979 Halmstads BK
1980 Östers IF
1981 Östers IF
1982 IFK Göteborg
1983 IFK Göteborg
1984 IFK Göteborg
1985 Örgryte IS
1986 Malmö FF
1987 IFK Göteborg
1988 Malmö FF
1989 IFK Norrköping
1990 IFK Göteborg
1991 IFK Göteborg
1992 AIK Solna
1993 IFK Göteborg
1994 IFK Göteborg
1995 IFK Göteborg
1996 IFK Göteborg
1997 Halmstads BK
1998 AIK Solna
1999 Helsingborgs IF
2000 Halmstads BK
2001 Hammarby IF
2002 Djurgårdens IF
2003 Djurgårdens IF
2004 Malmö FF
2005 Djurgårdens IF
2006 IF Elfsborg

Schweden-Pokal
1941 Helsingborgs IF
1942 GAIS
1943 IFK Norrköping
1944 Malmö FF
1945 IFK Norrköping
1946 Malmö FF
1947 Malmö FF
1948 Rå IF
1949 AIK Solna
1950 AIK Solna
1951 Malmö FF
1952 *wurde nicht ausgetragen*
1953 Malmö FF
1954-66 *wurde nicht ausgetragen*
1967 Malmö FF
1968/69 IFK Norrköping
1969 Åtvidabergs FF
1970/71 Åtvidabergs FF
1971/72 Landskrona BoIS
1972/73 Malmö FF
1973/74 Malmö FF
1974/75 Malmö FF
1975/76 AIK Solna
1976/77 Östers IF
1977/78 Malmö FF
1978/79 IFK Göteborg
1979/80 Malmö FF
1980/81 Kalmar FF
1981/82 IFK Göteborg
1982/83 IFK Göteborg
1983/84 Malmö FF
1984/85 AIK Solna
1985/86 Malmö FF
1986/87 Kalmar FF
1987/88 IFK Norrköping
1988/89 Malmö FF
1989/90 Djurgårdens IF
1990/91 IFK Norrköping
1991 IFK Göteborg
1992/93 Degerfors IF
1993/94 IFK Norrköping
1994/95 Halmstads BK
1995/96 AIK Solna
1996/97 AIK Solna
1997/98 Helsingborgs IF
1998/99 AIK Solna
1999/00 Örgryte IS
2000/01 IF Elfsborg
2002 Djurgårdens IF
2003 IF Elfsborg
2004 Djurgårdens IF
2005 Djurgårdens IF
2006 Helsingborgs IF

Schweiz-Liga
1897/98 Grasshopper-Club Zürich
1898/99 Anglo-American FC
1899/00 Grasshopper-Club Zürich
1900/01 Grasshopper-Club Zürich
1901/02 FC Zürich
1902/03 BSC Young Boys
1903/04 FC Sankt Gallen
1904/05 Grasshopper-Club Zürich
1905/06 FC Winterthur
1906/07 Servette FC Genève
1907/08 FC Winterthur
1908/09 BSC Young Boys
1909/10 BSC Young Boys
1910/11 BSC Young Boys
1911/12 FC Aarau
1912/13 Lausanne-Sports [Montriond-Sports FC]
1913/14 FC Aarau
1914/15 SC Brühl [FC Brühl]
1915/16 Cantonal-Neuchâtel FC
1916/17 FC Winterthur-Veltheim
1917/18 Servette FC Genève
1918/19 FC Etoile La Chaux-de-Fonds
1919/20 BSC Young Boys
1920/21 Grasshopper-Club Zürich
1921/22 Servette FC Genève
1922/23 FC Bern
1923/24 FC Zürich
1924/25 Servette FC Genève
1925/26 Servette FC Genève
1926/27 Grasshopper-Club Zürich
1927/28 Grasshopper-Club Zürich
1928/29 BSC Young Boys
1929/30 Servette FC Genève
1930/31 Grasshopper-Club Zürich
1931/32 Lausanne-Sports
1932/33 Servette FC Genève
1933/34 Servette FC Genève
1934/35 Lausanne-Sports
1935/36 Lausanne-Sports
1936/37 Grasshopper-Club Zürich
1937/38 FC Lugano
1938/39 Grasshopper-Club Zürich
1939/40 Servette FC Genève
1940/41 FC Lugano
1941/42 Grasshopper-Club Zürich
1942/43 Grasshopper-Club Zürich
1943/44 Lausanne-Sports
1944/45 Grasshopper-Club Zürich
1945/46 Servette FC Genève
1946/47 FC Biel
1947/48 AC Bellinzona
1948/49 FC Lugano
1949/50 Servette FC Genève
1950/51 Lausanne-Sports
1951/52 Grasshopper-Club Zürich
1952/53 FC Basel
1953/54 FC La Chaux-de-Fonds
1954/55 FC La Chaux-de-Fonds
1955/56 Grasshopper-Club Zürich
1956/57 BSC Young Boys
1957/58 BSC Young Boys
1958/59 BSC Young Boys
1959/60 BSC Young Boys
1960/61 Servette FC Genève
1961/62 Servette FC Genève
1962/63 FC Zürich
1963/64 FC La Chaux-de-Fonds
1964/65 Lausanne-Sports
1965/66 FC Zürich
1966/67 FC Basel
1967/68 FC Zürich
1968/69 FC Basel
1969/70 FC Basel
1970/71 Grasshopper-Club Zürich
1971/72 FC Basel
1972/73 FC Basel
1973/74 FC Zürich
1974/75 FC Zürich
1975/76 FC Zürich
1976/77 FC Basel
1977/78 Grasshopper-Club Zürich
1978/79 Servette FC Genève
1979/80 FC Basel
1980/81 FC Zürich
1981/82 Grasshopper-Club Zürich
1982/83 Grasshopper-Club Zürich
1983/84 Grasshopper-Club Zürich
1984/85 Servette FC Genève
1985/86 BSC Young Boys
1986/87 Neuchâtel Xamax FC
1987/88 Neuchâtel Xamax FC
1988/89 FC Luzern
1989/90 Grasshopper-Club Zürich
1990/91 Grasshopper-Club Zürich
1991/92 FC Sion
1992/93 FC Aarau
1993/94 Servette FC Genève
1994/95 Grasshopper-Club Zürich
1995/96 Grasshopper-Club Zürich
1996/97 FC Sion
1997/98 Grasshopper-Club Zürich
1998/99 Servette FC Genève
1999/00 FC Sankt Gallen
2000/01 Grasshopper-Club Zürich
2001/02 FC Basel
2002/03 Grasshopper-Club Zürich
2003/04 FC Basel
2004/05 FC Basel
2005/06 FC Zürich

Schweiz-Pokal
1925/26 Grasshopper-Club Zürich
1926/27 Grasshopper-Club Zürich
1927/28 Servette FC Genève
1928/29 Urania Genève-Sports
1929/30 BSC Young Boys
1930/31 FC Lugano
1931/32 Grasshopper-Club Zürich
1932/33 FC Basel
1933/34 Grasshopper-Club Zürich
1934/35 Lausanne-Sports
1935/36 FC Young Fellows Zürich
1936/37 Grasshopper-Club Zürich
1937/38 Grasshopper-Club Zürich
1938/39 Lausanne-Sports
1939/40 Grasshopper-Club Zürich
1940/41 Grasshopper-Club Zürich
1941/42 Grasshopper-Club Zürich
1942/43 Grasshopper-Club Zürich
1943/44 Lausanne-Sports
1944/45 BSC Young Boys
1945/46 Grasshopper-Club Zürich
1946/47 FC Basel
1947/48 FC La Chaux-de-Fonds
1948/49 Servette FC Genève
1949/50 Lausanne-Sports
1950/51 FC La Chaux-de-Fonds
1951/52 Grasshopper-Club Zürich
1952/53 BSC Young Boys
1953/54 FC La Chaux-de-Fonds
1954/55 FC La Chaux-de-Fonds
1955/56 Grasshopper-Club Zürich
1956/57 FC La Chaux-de-Fonds
1957/58 BSC Young Boys
1958/59 FC Grenchen
1959/60 FC Luzern
1960/61 FC La Chaux-de-Fonds
1961/62 Lausanne-Sports
1962/63 FC Basel
1963/64 Lausanne-Sports
1964/65 FC Sion
1965/66 FC Zürich
1966/67 FC Basel
1967/68 FC Lugano
1968/69 FC Sankt Gallen
1969/70 FC Zürich
1970/71 Servette FC Genève
1971/72 FC Zürich
1972/73 FC Zürich
1973/74 FC Sion
1974/75 FC Basel
1975/76 FC Zürich
1976/77 BSC Young Boys
1977/78 Servette FC Genève
1978/79 Servette FC Genève
1979/80 FC Sion
1980/81 Lausanne-Sports
1981/82 FC Sion
1982/83 Grasshopper-Club Zürich
1983/84 Servette FC Genève
1984/85 FC Aarau
1985/86 FC Sion
1986/87 BSC Young Boys
1987/88 Grasshopper-Club Zürich
1988/89 Grasshopper-Club Zürich
1989/90 Grasshopper-Club Zürich
1990/91 FC Sion
1991/92 FC Luzern
1992/93 FC Lugano
1993/94 Grasshopper-Club Zürich
1994/95 FC Sion
1995/96 FC Sion
1996/97 FC Sion
1997/98 Lausanne-Sports
1998/99 Lausanne-Sports
1999/00 FC Zürich
2000/01 Servette FC Genève
2001/02 FC Basel
2002/03 FC Basel
2003/04 FC Wil 1900
2004/05 FC Zürich
2005/06 FC Sion

Senegal-Liga
1960 ASC Jeanne d'Arc
1961-63 *Sieger unbekannt*
1964 Olympique Thiès
1965 *Sieger unbekannt*
1966 Olympique Thiès
1967 Espoir St. Louis
1968 Foyer France
1969 ASC Jeanne d'Arc
1970 ASC Diaraf
1971 ASFA
1972 ASFA
1973 ASC Jeanne d'Arc
1974 ASFA
1975 ASC Diaraf
1976 ASC Diaraf
1977 ASC Diaraf
1978 US Gorée
1979 ASF Police
1980 ASC SONACOS [SEIB Diourbel]
1981 US Gorée
1982 ASC Diaraf
1983 ASC SONACOS [SEIB Diourbel]
1984 US Gorée
1985 ASC Jeanne d'Arc
1986 ASC Jeanne d'Arc
1987 ASC SONACOS [SEIB Diourbel]
1988 ASC Jeanne d'Arc
1989 ASC Diaraf
1990 Port Autonome
1991 Port Autonome
1992 ASEC Ndiambour
1993 AS Douanes
1994 ASEC Ndiambour
1995 ASC Diaraf
1996 ASC SONACOS
1997 AS Douanes
1998 ASEC Ndiambour
1999 ASC Jeanne d'Arc
2000 ASC Diaraf
2001 ASC Jeanne d'Arc
2002 ASC Jeanne d'Arc
2003 ASC Jeanne d'Arc
2004 ASC Diaraf
2005 Port Autonome
2006 AS Douanes

Senegal-Pokal
1961 Espoir St. Louis
1962 ASC Jeanne d'Arc
1963 US Rail
1964 US Ouakam
1965 US Gorée
1966 AS St. Louisienne
1967 Foyer France
1968 Foyer France
1969 ASC Jeanne d'Arc
1970 ASC Diaraf
1971 ASC Linguère
1972 US Gorée
1973 ASC Diaraf
1974 ASC Jeanne d'Arc
1975 ASC Diaraf
1976 ASF Police
1977 ASC Saltigue
1978 ASF Police
1979 Casa Sports
1980 ASC Jeanne d'Arc
1981 ASF Police
1982 ASC Diaraf
1983 ASC Diaraf
1984 ASC Jeanne d'Arc
1985 ASC Diaraf
1986 AS Douanes
1987 ASC Jeanne d'Arc
1988 ASC Linguère
1989 US Ouakam
1990 ASC Linguère
1991 ASC Diaraf
1992 US Gorée
1993 ASC Diaraf
1994 ASC Diaraf
1995 ASC Diaraf
1996 US Gorée
1997 AS Douanes
1998 ASC Yeggo
1999 ASEC Ndiambour
2000 Port Autonome
2001 ASC SONACOS
2002 AS Douanes
2003 AS Douanes
2004 AS Douanes
2005 AS Douanes
2006 US Ouakam

Serbien und Montenegro-Liga
1992/93 FK Partizan Beograd
1993/94 FK Partizan Beograd
1994/95 FK Crvena zvezda Beograd
1995/96 FK Partizan Beograd
1996/97 FK Partizan Beograd
1997/98 FK Obilić Beograd
1998/99 FK Partizan Beograd
1999/00 FK Crvena zvezda Beograd
2000/01 FK Crvena zvezda Beograd
2001/02 FK Partizan Beograd
2002/03 FK Partizan Beograd
2003/04 FK Crvena zvezda Beograd
2004/05 FK Partizan Beograd
2005/06 FK Crvena zvezda Beograd

Serbien und Montenegro-Pokal
1992/93 FK Crvena zvezda Beograd
1993/94 FK Partizan Beograd
1994/95 FK Crvena zvezda Beograd
1995/96 FK Crvena zvezda Beograd
1996/97 FK Crvena zvezda Beograd
1997/98 FK Partizan Beograd
1998/99 FK Crvena zvezda Beograd
1999/00 FK Crvena zvezda Beograd
2000/01 FK Partizan Beograd
2001/02 FK Crvena zvezda Beograd
2002/03 FK Sartid 1913 Smederevo
2003/04 FK Crvena zvezda Beograd
2004/05 FK Železnik
2005/06 FK Crvena zvezda Beograd

Seychellen-Liga
1979 St. Louis FC
1980 St. Louis FC
1981 St. Louis FC
1982 Mont Fleuri
1983 St. Louis FC
1984 Mont Fleuri
1985 St. Louis FC
1986 St. Louis FC
1987 St. Louis FC
1988 St. Louis FC
1989 St. Louis FC
1990 St. Louis FC
1991 St. Louis FC
1992 St. Louis FC
1993 *wurde nicht ausgetragen*
1994 St. Louis FC
1995 Sunshine SC
1996 St. Michel United FC
1997 St. Michel United FC
1998 Red Star FC
1999 St. Michel United FC
2000 St. Michel United FC
2001 Red Star FC
2002 La Passe FC und St. Michel United FC
2003 St. Michel United FC
2004 La Passe FC
2005 La Passe FC
2006 Anse Réunion FC

Seychellen-Pokal
1987 Beau Vallon FC
1988 St. Louis FC
1989 Anse Boileau FC
1990 Plaisance FC
1991 Anse-aux-Pins FC
1992 *Sieger unbekannt*
1993 Anse-aux-Pins FC
1994 *Sieger unbekannt*
1995 Red Star FC
1996 St. Louis FC
1997 St. Michel United FC
1998 St. Michel United FC
1999 Red Star FC
2000 Sunshine SC
2001 St. Michel United FC
2002 Anse Réunion FC
2003 St. Louis FC
2004 Red Star FC
2005 SMB
2006 St. Michel United FC

Sierra Leone-Liga
1967 Mighty Blackpool FC
1968-72 *Sieger unbekannt*
1973 Ports Authority FC
1974 Mighty Blackpool FC
1975-76 *Sieger unbekannt*
1977 East End Lions
1978 Mighty Blackpool FC
1979 Mighty Blackpool FC
1980 East End Lions
1981 Real Republicans
1982 Kallon FC [Sierra Fisheries]
1983 Real Republicans
1984 Real Republicans
1985 East End Lions
1986 Kallon FC [Sierra Fisheries]
1987 Kallon FC [Sierra Fisheries]
1988 Mighty Blackpool FC
1989 Freetown United
1990 Old Edwardians
1991 Mighty Blackpool FC
1992 East End Lions
1993 East End Lions
1994 East End Lions
1995 Mighty Blackpool FC
1996 Mighty Blackpool FC
1997 East End Lions
1998 Mighty Blackpool FC
1999 East End Lions
2000 Mighty Blackpool FC
2001 Mighty Blackpool FC
2002-04 *wurde nicht ausgetragen*
2005 East End Lions
2006 Kallon FC

Sierra Leone-Pokal
1973 East End Lions
1974-77 *Sieger unbekannt*
1978 Bai Bureh Warriors
1979 Wusum Stars
1980 East End Lions
1981 Kamboi Eagles
1982 Bai Bureh Warriors
1983 Mighty Blackpool FC
1984 Old Edwardians
1985 Kamboi Eagles
1986 Real Republicans
1987 Real Republicans
1988 Mighty Blackpool FC
1989 East End Lions
1990 Ports Authority FC
1991 Ports Authority FC
1992 Diamond Stars
1993 *Sieger unbekannt*
1994 Mighty Blackpool FC
1995-99 *Sieger unbekannt*
2000 Mighty Blackpool FC
2001 Old Edwardians
2002 *wurde nicht ausgetragen*
2003-06 *Sieger unbekannt*

Simbabwe-Liga
1962 Bulawayo Rovers
1963 Dynamos
1964 Bulawayo Rovers
1965 Dynamos
1966 Dynamos [St. Pauls]
1967 State House Tornados
1968 Bulawayo Sables
1969 Bulawayo Sables
1970 Dynamos
1971 Arcadia United [Arcadia Steel]
1972 Salisbury Sables
1973 Metal Box
1974 Salisbury Sables
1975 Black Aces [Chibuku]
1976 Dynamos
1977 Zimbabwe Saints
1978 Dynamos
1979 CAPS United
1980 Dynamos
1981 Dynamos
1982 Dynamos
1983 Dynamos
1984 Black Rhinos
1985 Dynamos
1986 Dynamos
1987 Black Rhinos
1988 Zimbabwe Saints
1989 Dynamos
1990 Zimbabwe Highlanders [Bulawayo Highlanders]
1991 Dynamos
1992 Black Aces
1993 Zimbabwe Highlanders
1994 Dynamos
1995 Dynamos
1996 CAPS United
1997 Dynamos
1998/99 Zimbabwe Highlanders
2000 Zimbabwe Highlanders
2001 Zimbabwe Highlanders
2002 Zimbabwe Highlanders
2003 AmaZulu
2004 CAPS United
2005 CAPS United
2006 Zimbabwe Highlanders

Simbabwe-Pokal
1962 Bulawayo Rovers
1963 Salisbury Callies
1964 *wurde nicht ausgetragen*
1965 Salisbury City
1966 Manguta
1967 Salisbury Callies
1968 Arcadia United
1969 Arcadia United
1970 Wankie FC
1971 Black Aces [Chibuku]
1972 Manguta
1973 Wankie FC
1974 Black Aces [Chibuku]
1975 Salisbury Callies
1976 Dynamos
1977 Zimbabwe Saints
1978 Zisco Steel
1979 Zimbabwe Saints
1980 CAPS United
1981 CAPS United
1982 CAPS United
1983 CAPS United
1984 Black Rhinos
1985 Dynamos
1986 Dynamos
1987 Zimbabwe Saints
1988 Dynamos
1989 Dynamos
1990 Zimbabwe Highlanders [Bulawayo Highlanders]
1991 Wankie FC
1992 CAPS United
1993 Tanganda
1994 Motor Action [Blackpool]
1995 Chapungu United
1996 Dynamos
1997 CAPS United
1998 CAPS United
1999 *Sieger unbekannt*
2000 *wurde nicht ausgetragen*
2001 Zimbabwe Highlanders
2002 Masvingo United
2003 Dynamos
2004 CAPS United
2005 Masvingo United
2006 Mwana Africa

Singapur-Liga
1904 1st Battalion Manchester Regiment
1905 1st Battalion Sherwood Foresters
1906 *wurde nicht ausgetragen*
1907 Singapore CC
1908 2nd Battalion West Kents
1909 3rd Battalion Middlesex Regiment
1910 3rd Battalion Middlesex Regiment
1911 Singapore CC
1912 Singapore CC
1913 Singapore CC
1914 Singapore CC
1915-20 *wurde nicht ausgetragen*
1921 1st Battalion South Staffs
1922 2nd Battalion Middlesex Regiment
1923 2nd Battalion Middlesex Regiment
1924 Singapore CC
1925 Singapore Chinese FA
1926 2nd Duke of Wellington's Regiment
1927 2nd Duke of Wellington's Regiment

1928 2nd Duke of Wellington's Regiment
1929 Singapore CC
1930 Singapore Chinese FA
1931 Malay FA
1932 Malay FA
1933 Malay FA
1934 Singapore Chinese FA
1935 Royal Engineers
1936 Royal Air Force
1937 Singapore Chinese FA
1938 Singapore Chinese FA
1939 Malay FA
1940 Royal Air Force
1941 Royal Air Force
1942-49 *wurde nicht ausgetragen*
1950 Kota Raja Club
1951 Tiger SA
1952 Rovers SC
1953 Tiger SA
1954 Star Soccerites SC
1955 Marine Department SC
1956 Tiger SA
1957 Marine Department SC
1958 Darul Afiah FC
1959 Darul Afiah FC
1960 IRC
1961-74 *wurde nicht ausgetragen*
1975 Geylang United FC [Geylang International]
1976 Geylang United FC [Geylang International]
1977 Geylang United FC [Geylang International]
1978 Singapore Armed Forces FC
1979 Tampines Rovers FC
1980 Tampines Rovers FC
1981 Singapore Armed Forces FC
1982 Farrer Park United FC
1983 Tanjong Pagar United FC [Tiong Bahru CSC]
1984 Tampines Rovers FC
1985 Home United FC [Police FC]
1986 Singapore Armed Forces FC
1987 Tanjong Pagar United FC [Tiong Bahru CSC]
1988 Geylang United FC [Geylang International]
1989 Geylang United FC [Geylang International]
1990 Geylang United FC [Geylang International]
1991 Geylang United FC [Geylang International]
1992 Geylang United FC [Geylang International]
1993 Geylang United FC [Geylang International]
1994 Perth Kangaroos
1995 *wurde nicht ausgetragen*
1996 Geylang United FC
1997 Singapore Armed Forces FC
1998 Singapore Armed Forces FC
1999 Home United FC
2000 Singapore Armed Forces FC
2001 Geylang United FC
2002 Singapore Armed Forces FC
2003 Home United FC
2004 Tampines Rovers FC
2005 Tampines Rovers FC
2006 Singapore Armed Forces FC

Singapur-Pokal
1892 Singapore Engineers
1893 Royal Engineers
1894 2nd Battalion 10th Lincoln Regiment
1895 Royal Artillery
1896 5th Northumberland Fusiliers
1897 1st Battalion the Rifle Brigade
1898 12th Company Royal Artillery
1899 1st BKOR Lancaster Regiment
1900 12th Company Royal Artillery
1901 Singapore CC
1902 12th Company Royal Artillery
1903 Singapore CC
1904 Harlequins
1905 1st Battalion Sherwood Foresters
1906 1st Battalion Sherwood Foresters
1907 2nd Battalion West Kents
1908 2nd Battalion West Kents
1909 3rd Battalion Middlesex Regiment
1910 3rd Battalion Middlesex Regiment
1911 2nd Battalion West Kents
1912 2nd Battalion West Kents
1913 1st Battalion KOYLI
1914 1st Battalion KOYLI
1915-19 *wurde nicht ausgetragen*
1920 1st Battalion South Staffs
1921 Singapore CC
1922 2nd Battalion Middlesex Regiment
1923 2nd Battalion Middlesex Regiment
1924 HMS „Pegasus"
1925 Singapore Chinese FA
1926 2nd Duke of Wellington's Regiment
1927 2nd Duke of Wellington's Regiment
1928 2nd Duke of Wellington's Regiment
1929 Singapore CC
1930 Malay FA
1931 Malay FA
1932 Wiltshire Regiment
1933 Malay FA
1934 Malay FA
1935 Singapore Chinese FA
1936 Royal Artillery
1937 Singapore Chinese FA
1938 Royal Artillery
1939 Singapore Chinese FA
1940 The Royal Regiment
1941 Royal Air Force
1942-49 *wurde nicht ausgetragen*
1950 Royal Navy
1951 Royal Navy
1952 Tiger SA
1953 Tiger SA
1954 Rovers SC
1955 Marine Department SC
1956 Tiger SA
1957 AAA
1958 Fathul Karib FC
1959 Darul Afiah FC
1960 RAF Seletar
1961-67 *Sieger unbekannt*
1968 Home United FC [Police FC]
1969-74 *Sieger unbekannt*
1975 Singapore Armed Forces FC
1976 Geylang United FC [Geylang International]
1977 Toa Payoh United FC
1978 Geylang United FC [Geylang International]
1979 Toa Payoh United FC
1980 Home United FC [Police FC]
1981 Farrer Park United FC
1982 Tanjong Pagar United FC [Tiong Bahru CSC]
1983 Farrer Park United FC
1984 Singapore Armed Forces FC
1985 Tanjong Pagar United FC [Tiong Bahru CSC]
1986 Singapore Armed Forces FC
1987 Tanjong Pagar United FC [Tiong Bahru CSC]
1988 Jurong FC [Jurong Town FC]
1989 Jurong FC [Jurong Town FC]
1990 Geylang United FC [Geylang International]
1991 Geylang United FC [Geylang International]
1992 Geylang United FC [Geylang International]
1993 *Sieger unbekannt*
1994 Tanjong Pagar United FC [Tiong Bahru United]
1995 Geylang United FC [Geylang International]
1996 Geylang United FC
1997 Singapore Armed Forces FC
1998 Woodlands Wellington FC
1999 Singapore Armed Forces FC
2000 Home United FC
2001 Home United FC
2002 Tampines Rovers FC
2003 Home United FC
2004 Tampines Rovers FC
2005 Home United FC

Slowakei-Liga
1939 FK Považská Bystrica [AC Sparta Považská Bystrica]
1939/40 ŠK Slovan Bratislava [ŠK Bratislava]
1940/41 ŠK Slovan Bratislava [ŠK Bratislava]
1941/42 ŠK Slovan Bratislava [ŠK Bratislava]
1942/43 OAP Bratislava
1943/44 ŠK Slovan Bratislava [ŠK Bratislava]
1945-93 *wurde nicht ausgetragen*
1993/94 ŠK Slovan Bratislava
1994/95 ŠK Slovan Bratislava
1995/96 ŠK Slovan Bratislava
1996/97 MFK Košice [1. FC Košice]
1997/98 MFK Košice [1. FC Košice]
1998/99 ŠK Slovan Bratislava
1999/00 FK Inter Bratislava [FK AŠK Inter Slovnaft Bratislava]
2000/01 FK Inter Bratislava [FK AŠK Inter Slovnaft Bratislava]
2001/02 MŠK Žilina
2002/03 MŠK Žilina
2003/04 MŠK Žilina
2004/05 FC Artmedia Bratislava
2005/06 MFK Ružomberok

Slowakei-Pokal
1969/70 ŠK Slovan Bratislava [TJ Slovan CHZJD Bratislava]
1970/71 FC Spartak Trnava [TJ Spartak TAZ Trnava]
1971/72 ŠK Slovan Bratislava [TJ Slovan CHZJD Bratislava]
1972/73 MFK Košice [TJ VSS Košice]
1973/74 ŠK Slovan Bratislava [TJ Slovan CHZJD Bratislava]
1974/75 FC Spartak Trnava [TJ Spartak TAZ Trnava]
1975/76 ŠK Slovan Bratislava [TJ Slovan CHZJD Bratislava]
1976/77 FK Lokomotíva Košice [TJ Lokomotíva Košice]
1977/78 FK TTS Trenčín [TJ Jednota Trenčín]
1978/79 FK Lokomotíva Košice [TJ Lokomotíva Košice]
1979/80 MFK Košice [TJ ZŤS Košice]
1980/81 FK Dukla Banská Bystrica [ASVŠ Dukla Banská Bystrica]
1981/82 ŠK Slovan Bratislava [TJ Slovan CHZJD Bratislava]
1982/83 ŠK Slovan Bratislava [TJ Slovan CHZJD Bratislava]
1983/84 FK Inter Bratislava [TJ Internacionál Slovnaft Bratislava]
1984/85 FK Lokomotíva Košice [TJ Lokomotíva Košice]
1985/86 FC Spartak Trnava [TJ Spartak TAZ Trnava]
1986/87 FK DAC 1904 Dunajská Streda [TJ DAC Poľnohospodár Dunajská Streda]
1987/88 TJ Inter Slovnaft ZŤS Bratislava
1988/89 TJ Inter Slovnaft ZŤS Bratislava
1989/90 TJ Inter Slovnaft ZŤS Bratislava
1990/91 FC Spartak Trnava [TJ Spartak Trnava]
1991/92 1. FC Tatran Prešov [FC Tatran Prešov]
1992/93 MFK Košice [1. FC Košice]
1993/94 ŠK Slovan Bratislava
1994/95 FK Inter Bratislava [FK AŠK Inter Slovnaft Bratislava]
1995/96 HFC Humenné [FC Chemlon Humenné]
1996/97 ŠK Slovan Bratislava
1997/98 FC Spartak Trnava
1998/99 ŠK Slovan Bratislava
1999/00 FK Inter Bratislava [FK AŠK Inter Slovnaft Bratislava]
2000/01 FK Inter Bratislava [FK AŠK Inter Slovnaft Bratislava]
2001/02 FC Senec [FK VTJ Koba Senec]
2002/03 ŠK Matador Púchov
2003/04 FC Artmedia Bratislava [FC Artmedia Petržalka]
2004/05 FK Dukla Banská Bystrica
2005/06 MFK Ružomberok

Slowenien-Liga
1991/92 NK Olimpija Ljubljana [NK SCT Olimpija Ljubljana]
1992/93 NK Olimpija Ljubljana [NK SCT Olimpija Ljubljana]
1993/94 NK Olimpija Ljubljana [NK SCT Olimpija Ljubljana]
1994/95 NK Olimpija Ljubljana [NK SCT Olimpija Ljubljana]
1995/96 ND Gorica [ND HIT Nova Gorica]
1996/97 NK Maribor PL [NK Maribor Branik]
1997/98 NK Maribor PL [NK Maribor Teatanic]
1998/99 NK Maribor PL [NK Maribor Teatanic]
1999/00 NK Maribor PL
2000/01 NK Maribor PL
2001/02 NK Maribor PL
2002/03 NK Maribor PL
2003/04 ND Gorica
2004/05 ND Gorica
2005/06 ND Gorica

Slowenien-Pokal
1991/92 NK Maribor PL [NK Maribor Branik]
1992/93 NK Olimpija Ljubljana [NK SCT Olimpija Ljubljana]
1993/94 NK Maribor PL [NK Maribor Branik]
1994/95 NK Mura 05 [NK Mura Murska Sobota]
1995/96 NK Olimpija Ljubljana [NK SCT Olimpija Ljubljana]
1996/97 NK Maribor PL [NK Maribor Branik]
1997/98 NK Rudar Velenje
1998/99 NK Maribor PL [NK Maribor Teatanic]
1999/00 NK Olimpija Ljubljana [NK SCT Olimpija Ljubljana]
2000/01 ND Gorica [ND HIT Nova Gorica]
2001/02 ND Gorica [ND HIT Nova Gorica]
2002/03 NK Olimpija Ljubljana [NK SCT Olimpija Ljubljana]
2003/04 NK Maribor PL
2004/05 NK CMC Publikum
2005/06 FC Koper

Somalia-Liga
1967 Somali Police
1968 Hoga
1969 Lavori Publici
1970 Lavori Publici
1971 Lavori Publici
1971/72 Horsed FC
1972/73 Horsed FC
1973/74 Horsed FC
1975 Mogadishu Municipality
1976/77 Horsed FC
1977/78 Horsed FC
1978/79 Horsed FC
1979/80 Horsed FC
1980/81 Lavori Publici
1982 Wagad
1983 National Printing Agency
1984 Marine Club
1985 Wagad
1986 Mogadishu Municipality
1987 Wagad
1988 Wagad
1989 Mogadishu Municipality
1990 Jadidka
1991-93 *wurde nicht ausgetragen*
1994 Morris Supplies
1995 Alba
1996-97 *wurde nicht ausgetragen*
1998 Ports Authority
1999 Banaadir Telecom
2000 Elman FC
2001 Elman FC
2002 Elman FC
2003 Elman FC
2004/06 Banaadir Telecom

Somalia-Pokal
1977 Lavori Publici
1978 *wurde nicht ausgetragen*
1979 Marine Club
1980 Lavori Publici
1981 National Printing Agency
1982 Horsed FC
1983 Horsed FC
1984 Waxool
1985 Petroleum
1986 Marine Club
1987 Horsed FC
1988-01 *Sieger unbekannt*
2002 Ports Authority

Sowjetunion (hist.)-Liga
1936 FK Dinamo Moskva und FK Spartak Moskva [Dinamo Moskva und Spartak Moskva]
1937 FK Dinamo Moskva [Dinamo Moskva]
1938 FK Spartak Moskva [Spartak Moskva]
1939 FK Spartak Moskva [Spartak Moskva]
1940 FK Dinamo Moskva [Dinamo Moskva]
1941 *Wettbewerb wurde nicht beendet*
1942-44 *wurde nicht ausgetragen*
1945 FK Dinamo Moskva [Dinamo Moskva]
1946 PFK CSKA Moskva [CDKA Moskva]
1947 PFK CSKA Moskva [CDKA Moskva]
1948 PFK CSKA Moskva [CDKA Moskva]
1949 FK Dinamo Moskva [Dinamo Moskva]
1950 PFK CSKA Moskva [CDKA Moskva]
1951 PFK CSKA Moskva [CDSA Moskva]
1952 FK Spartak Moskva [Spartak Moskva]
1953 FK Spartak Moskva [Spartak Moskva]
1954 FK Dinamo Moskva [Dinamo Moskva]
1955 FK Dinamo Moskva [Dinamo Moskva]
1956 FK Spartak Moskva [Spartak Moskva]
1957 FK Dinamo Moskva [Dinamo Moskva]
1958 FK Spartak Moskva [Spartak Moskva]
1959 FK Dinamo Moskva [Dinamo Moskva]
1960 FK Torpedo-Luschniki Moskva [Torpedo Moskva]
1961 FK Dynamo Kyiw [Dinamo Kiew]
1962 FK Spartak Moskva [Spartak Moskva]
1963 FK Dinamo Moskva [Dinamo Moskva]
1964 FC Dinamo Tbilissi [Dinamo Tbilissi]
1965 FK Torpedo-Luschniki Moskva [Torpedo Moskva]
1966 FK Dynamo Kyiw [Dinamo Kiew]
1967 FK Dynamo Kyiw [Dinamo Kiew]
1968 FK Dynamo Kyiw [Dinamo Kiew]
1969 FK Spartak Moskva [Spartak Moskva]
1970 PFK CSKA Moskva [CSKA Moskva]
1971 FK Dynamo Kyiw [Dinamo Kiew]
1972 FK Zorja Luhans'k [Zarja Woroschilowgrad]
1973 FC Ararat Erewan [Ararat Erewan]
1974 FK Dynamo Kyiw [Dinamo Kiew]
1975 FK Dynamo Kyiw [Dinamo Kiew]
1976 FK Dinamo Moskva und FK Torpedo-Luschniki Moskva [Dinamo Moskva und Torpedo Moskva]
1977 FK Dynamo Kyiw [Dinamo Kiew]
1978 FC Dinamo Tbilissi [Dinamo Tbilissi]
1979 FK Spartak Moskva [Spartak Moskva]
1980 FK Dynamo Kyiw [Dinamo Kiew]
1981 FK Dynamo Kyiw [Dinamo Kiew]
1982 FK Dynama Minsk [Dinamo Minsk]
1983 FK Dnipro Dnipropetrows'k [Dnepr Dnepropetrowsk]
1984 FK Zenit Sankt Peterburg [Zenit Leningrad]
1985 FK Dynamo Kyiw [Dinamo Kiew]
1986 FK Dynamo Kyiw [Dinamo Kiew]
1987 FK Spartak Moskva [Spartak Moskva]
1988 FK Dnipro Dnipropetrows'k [Dnepr Dnepropetrowsk]
1989 FK Spartak Moskva [Spartak Moskva]
1990 FK Dynamo Kyiw [Dinamo Kiew]
1991 PFK CSKA Moskva [CSKA Moskva]

Sowjetunion (hist.)-Pokal
1936 FK Lokomotiv Moskva [Lokomotiv Moskva]
1937 FK Dinamo Moskva [Dinamo Moskva]
1938 FK Spartak Moskva [Spartak Moskva]
1939 FK Spartak Moskva [Spartak Moskva]
1940-43 *wurde nicht ausgetragen*
1944 FK Zenit Sankt Peterburg [Zenit Leningrad]
1945 PFK CSKA Moskva [CDKA Moskva]
1946 FK Spartak Moskva [Spartak Moskva]
1947 FK Spartak Moskva [Spartak Moskva]
1948 PFK CSKA Moskva [CDKA Moskva]
1949 FK Torpedo-Luschniki Moskva [Torpedo Moskva]
1950 FK Spartak Moskva [Spartak Moskva]
1951 PFK CSKA Moskva [CDSA Moskva]
1952 FK Torpedo-Luschniki Moskva [Torpedo Moskva]
1953 FK Dinamo Moskva [Dinamo Moskva]
1954 FK Dynamo Kyiw [Dinamo Kiew]
1955 PFK CSKA Moskva [CDSA Moskva]
1956 *wurde nicht ausgetragen*
1957 FK Lokomotiv Moskva [Lokomotiv Moskva]
1958 FK Spartak Moskva [Spartak Moskva]
1959 *wurde nicht ausgetragen*
1959/60 FK Torpedo-Luschniki Moskva [Torpedo Moskva]
1960/61 FK Schachtar Donez'k [Schachtor Stalino]
1961/62 FK Schachtar Donez'k [Schachtor Donezk]
1962/63 FK Spartak Moskva [Spartak Moskva]
1963/64 FK Dynamo Kyiw [Dinamo Kiew]
1964/65 FK Spartak Moskva [Spartak Moskva]
1965/66 FK Dynamo Kyiw [Dinamo Kiew]
1966/67 FK Dinamo Moskva [Dinamo Moskva]
1967/68 FK Torpedo-Luschniki Moskva [Torpedo Moskva]
1968/69 FK Karpaty Lwiw [Karpaty Lwow]
1969/70 FK Dinamo Moskva [Dinamo Moskva]
1970/71 FK Spartak Moskva [Spartak Moskva]
1971/72 FK Torpedo-Luschniki Moskva [Torpedo Moskva]
1972/73 FC Ararat Erewan [Ararat Erewan]
1973/74 FK Dynamo Kyiw [Dinamo Kiew]
1974/75 FC Ararat Erewan [Ararat Erewan]
1975/76 FC Dinamo Tbilissi [Dinamo Tbilissi]
1976/77 FK Dinamo Moskva [Dinamo Moskva]
1977/78 FK Dynamo Kyiw [Dinamo Kiew]
1978/79 FC Dinamo Tbilissi [Dinamo Tbilissi]
1979/80 FK Schachtar Donez'k [Schachtor Donezk]
1980/81 FK SKA Rostow-na-Donu [SKA Rostow-na-Donu]
1981/82 FK Dynamo Kyiw [Dinamo Kiew]
1982/83 FK Schachtar Donez'k [Schachtor Donezk]
1983/84 FK Dinamo Moskva [Dinamo Moskva]
1984/85 FK Dynamo Kyiw [Dinamo Kiew]
1985/86 FK Torpedo-Luschniki Moskva [Torpedo Moskva]
1986/87 FK Dynamo Kyiw [Dinamo Kiew]
1987/88 FK Metalist Charkiw [Metallist Char'kow]
1988/89 FK Dnipro Dnipropetrows'k [Dnepr Dnepropetrowsk]
1989/90 FK Dynamo Kyiw [Dinamo Kiew]
1990/91 PFK CSKA Moskva [FK CSKA Moskva]
1991/92 FK Spartak Moskva [Spartak Moskva]

Spanien-Liga
1928/29 FC Barcelona
1929/30 Athletic Bilbao
1930/31 Athletic Bilbao
1931/32 Real Madrid CF [Real FC Madrid]
1932/33 Real Madrid CF [Real FC Madrid]
1933/34 Athletic Bilbao
1934/35 Real Betis Balompié
1935/36 Athletic Bilbao
1937-39 *wurde nicht ausgetragen*
1939/40 Atlético Madrid [Atlético Aviación Madrid]
1940/41 Atlético Madrid [Atlético Aviación Madrid]
1941/42 Valencia CF
1942/43 Athletic Bilbao [Atlético Bilbao]
1943/44 Valencia CF
1944/45 FC Barcelona [CF Barcelona]
1945/46 Sevilla FC [CF Sevilla]
1946/47 Valencia CF
1947/48 FC Barcelona [CF Barcelona]
1948/49 FC Barcelona [CF Barcelona]
1949/50 Atlético Madrid
1950/51 Atlético Madrid
1951/52 FC Barcelona [CF Barcelona]
1952/53 FC Barcelona [CF Barcelona]
1953/54 Real Madrid CF
1954/55 Real Madrid CF
1955/56 Athletic Bilbao [Atlético Bilbao]
1956/57 Real Madrid CF
1957/58 Real Madrid CF
1958/59 FC Barcelona [CF Barcelona]
1959/60 FC Barcelona [CF Barcelona]
1960/61 Real Madrid CF
1961/62 Real Madrid CF
1962/63 Real Madrid CF
1963/64 Real Madrid CF
1964/65 Real Madrid CF
1965/66 Atlético Madrid
1966/67 Real Madrid CF
1967/68 Real Madrid CF
1968/69 Real Madrid CF
1969/70 Atlético Madrid
1970/71 Valencia CF
1971/72 Real Madrid CF
1972/73 Atlético Madrid
1973/74 FC Barcelona [CF Barcelona]
1974/75 Real Madrid CF
1975/76 Real Madrid CF
1976/77 Atlético Madrid
1977/78 Real Madrid CF
1978/79 Real Madrid CF
1979/80 Real Madrid CF
1980/81 Real Sociedad
1981/82 Real Sociedad
1982/83 Athletic Bilbao
1983/84 Athletic Bilbao
1984/85 FC Barcelona
1985/86 Real Madrid CF
1986/87 Real Madrid CF
1987/88 Real Madrid CF
1988/89 Real Madrid CF
1989/90 Real Madrid CF
1990/91 FC Barcelona
1991/92 FC Barcelona
1992/93 FC Barcelona
1993/94 FC Barcelona
1994/95 Real Madrid CF
1995/96 Atlético Madrid
1996/97 Real Madrid CF
1997/98 FC Barcelona
1998/99 FC Barcelona
1999/00 RCD La Coruña
2000/01 Real Madrid CF
2001/02 Valencia CF
2002/03 Real Madrid CF
2003/04 Valencia CF
2004/05 FC Barcelona
2005/06 FC Barcelona

Spanien-Pokal
1901/02 Vizcaya Bilbao
1902/03 Athletic Bilbao
1903/04 Athletic Bilbao
1904/05 Real Madrid CF [Madrid FC]
1905/06 Real Madrid CF [Madrid FC]
1906/07 Real Madrid CF [Madrid FC]
1907/08 Real Madrid CF [Madrid FC]
1908/09 Real Sociedad [Ciclista San Sebastián]
1909/10 Athletic Bilbao und FC Barcelona
1910/11 Athletic Bilbao
1911/12 FC Barcelona
1912/13 FC Barcelona und Real Racing Irún
1913/14 Athletic Bilbao
1914/15 Athletic Bilbao
1915/16 Athletic Bilbao
1916/17 Real Madrid CF [Madrid FC]
1917/18 Real Unión Irún
1918/19 Arenas de Guecho
1919/20 FC Barcelona
1920/21 Athletic Bilbao
1921/22 FC Barcelona
1922/23 Athletic Bilbao
1923/24 Real Unión Irún
1924/25 FC Barcelona
1925/26 FC Barcelona
1926/27 Real Unión Irún
1927/28 FC Barcelona
1928/29 RCD Espanyol Barcelona [RCD Español Barcelona]
1929/30 Athletic Bilbao
1930/31 Athletic Bilbao
1931/32 Athletic Bilbao
1932/33 Athletic Bilbao
1933/34 Real Madrid CF [Real FC Madrid]
1934/35 Sevilla FC
1935/36 Real Madrid CF [Real FC Madrid]
1937-38 *wurde nicht ausgetragen*
1938/39 Sevilla FC [CF Sevilla]
1939/40 RCD Espanyol Barcelona [RCD Español Barcelona]
1940/41 Valencia CF
1941/42 FC Barcelona [CF Barcelona]
1942/43 Athletic Bilbao [Atlético Bilbao]
1943/44 Athletic Bilbao [Atlético Bilbao]
1944/45 Athletic Bilbao [Atlético Bilbao]
1945/46 Real Madrid CF
1946/47 Real Madrid CF
1947/48 Sevilla FC [CF Sevilla]
1948/49 Valencia CF
1949/50 Athletic Bilbao [Atlético Bilbao]
1950/51 FC Barcelona [CF Barcelona]
1951/52 FC Barcelona [CF Barcelona]
1952/53 FC Barcelona [CF Barcelona]
1953/54 Valencia CF
1954/55 Athletic Bilbao [Atlético Bilbao]
1955/56 Athletic Bilbao [Atlético Bilbao]
1956/57 FC Barcelona [CF Barcelona]
1957/58 Athletic Bilbao [Atlético Bilbao]
1958/59 FC Barcelona [CF Barcelona]

1959/60 Atlético Madrid
1960/61 Atlético Madrid
1961/62 Real Madrid CF
1962/63 FC Barcelona [CF Barcelona]
1963/64 Real Zaragoza CD
1964/65 Atlético Madrid
1965/66 Real Zaragoza CD
1966/67 Valencia CF
1967/68 FC Barcelona [CF Barcelona]
1968/69 Athletic Bilbao [Atlético Bilbao]
1969/70 Real Madrid CF
1970/71 FC Barcelona [CF Barcelona]
1971/72 Atlético Madrid
1972/73 Athletic Bilbao
1973/74 Real Madrid CF
1974/75 Real Madrid CF
1975/76 Atlético Madrid
1976/77 Real Betis Balompié
1977/78 FC Barcelona
1978/79 Valencia CF
1979/80 Real Madrid CF
1980/81 FC Barcelona
1981/82 Real Madrid CF
1982/83 FC Barcelona
1983/84 Athletic Bilbao
1984/85 Atlético Madrid
1985/86 Real Zaragoza CD
1986/87 Real Sociedad
1987/88 FC Barcelona
1988/89 Real Madrid CF
1989/90 FC Barcelona
1990/91 Atlético Madrid
1991/92 Atlético Madrid
1992/93 Real Madrid CF
1993/94 Real Zaragoza CD
1994/95 RCD La Coruña
1995/96 Atlético Madrid
1996/97 FC Barcelona
1997/98 FC Barcelona
1998/99 Valencia CF
1999/00 RCD Espanyol Barcelona
2000/01 Real Zaragoza CD
2001/02 RCD La Coruña
2002/03 RCD Mallorca
2003/04 Real Zaragoza CD
2004/05 Real Betis Balompié
2005/06 RCD Espanyol Barcelona

Spanien-Liga-Pokal
1982/83 FC Barcelona
1983/84 Real Valladolid
1984/85 Real Madrid CF
1985/86 FC Barcelona

Sri Lanka-Liga
1911 Royal Artillery
1912-48 *Sieger unbekannt*
1949 Saunders SC
1950-84 *Sieger unbekannt*
1985 Saunders SC
1986 Saunders SC
1987 Saunders SC
1988 Saunders SC
1989 Renown SC
1990 Renown SC
1991 York SC
1992 Saunders SC
1993 Renown SC
1994 Renown SC
1995 Pettah United SC
1996 Saunders SC
1997 Saunders SC
1997/98 Ratnams SC
1998/99 Saunders SC
1999/00 Ratnams SC
2000/01 Saunders SC
2001/02 Saunders SC
2002/03 Negombo Youth SC
2003 Blue Star SC
2004/05 Saunders SC
2005/06 Negombo Youth SC

Sri Lanka-Pokal
1948 Sunrise SC
1949 Saunders SC
1950 *Sieger unbekannt*
1951 Sunrise SC
1952 Saunders SC
1953 *Sieger unbekannt*
1954 Saunders SC
1955 Saunders SC
1956-59 *Sieger unbekannt*
1960 Saunders SC
1960/61 Army SC
1962 *Sieger unbekannt*
1963 Saunders SC
1964 Saunders SC
1965-66 *Sieger unbekannt*
1967 Sunrise SC
1967/68 Victory SC
1969 Colombo Municipal Council SC
1970 *Sieger unbekannt*
1971 Colombo Municipal Council SC
1972 Colombo Municipal Council SC
1973 Colombo Municipal Council SC
1974-81 *Sieger unbekannt*
1982 Saunders SC
1983 *Sieger unbekannt*
1983/84 Saunders SC
1984/85 Saunders SC
1985/86 Air Force SC
1986/87 Renown SC
1987/88 Saunders SC
1988/89 Renown SC
1989/90 Renown SC
1990/91 York SC
1991/92 Saunders SC
1992/93 Saunders SC
1993/94 Renown SC
1994/95 Renown SC
1995/96 Old Benedictans SC
1996/97 Saunders SC
1997/98 *Sieger unbekannt*
1998/99 Saunders SC
1999/00 Ratnams SC
2000/01 Saunders SC
2001/02 *Sieger unbekannt*
2002/03 Renown SC
2003/04 Ratnams SC
2005 Ratnams SC
2006 Ratnams SC

St. Christoph und Nevis-Liga
1980 Village Superstars FC
1981 Newtown United FC
1982-83 *Sieger unbekannt*
1984 Newtown United FC
1985 *Sieger unbekannt*
1986 Garden Hotspurs FC
1987 Newtown United FC
1988 Newtown United FC
1989 Newtown United FC
1990 Garden Hotspurs FC
1991 Village Superstars FC
1992 Newtown United FC
1993 Newtown United FC
1994 Garden Hotspurs FC
1995 Newtown United FC
1996 Newtown United FC
1997 Newtown United FC
1998 Newtown United FC
1999 St Paul's United FC
2000/01 Garden Hotspurs FC
2001/02 Cayon Rockets FC
2002/03 Village Superstars FC
2003/04 Newtown United FC
2004/05 Village Superstars FC
2005/06 Village Superstars FC

St. Lucia-Liga
1980 Dames SC
1981 Uptown Rebels
1982-96 *Sieger unbekannt*
1997 Pioneers FC
1998 Rovers United
1999 Roots Alley Ballers
2000 Roots Alley Ballers
2001 VSADC
2002 VSADC
2003/04 Roots Alley Ballers
2004/05 Northern United
2005/06 Canaries

St. Lucia-Pokal
1998 Mabouya Valley
1999 Roots Alley Ballers
2000 Rovers United
2001 VSADC
2002 VSADC
2003 18 Plus
2004 Northern United
2005/06 Challengers

St. Vincent und Grenadinen-Liga
1996 Stubborn Youths SC
1997 *Sieger unbekannt*
1998 Chelsea FC
1999 Chelsea FC

Südafrika-Liga
1971 Orlando Pirates
1972 AmaZulu
1973 Orlando Pirates
1974 Kaizer Chiefs
1975 Orlando Pirates
1976 Kaizer Chiefs
1977 Kaizer Chiefs
1978 Lusitano Club
1979 Kaizer Chiefs
1980 Highlands Park
1981 Kaizer Chiefs
1982 Durban City
1983 Durban City
1984 Kaizer Chiefs
1985 Bush Bucks FC
1986 Rangers FC
1987 Jomo Cosmos
1988 Mamelodi Sundowns FC [Mamelodi United]
1989 Kaizer Chiefs
1990 Mamelodi Sundowns FC
1991 Kaizer Chiefs
1992 Kaizer Chiefs
1993 Mamelodi Sundowns FC
1994 Orlando Pirates
1995 Cape Town Spurs
1996/97 Manning Rangers
1997/98 Mamelodi Sundowns FC
1998/99 Mamelodi Sundowns FC
1999/00 Mamelodi Sundowns FC
2000/01 Orlando Pirates
2001/02 Santos FC
2002/03 Orlando Pirates
2003/04 Kaizer Chiefs
2004/05 Kaizer Chiefs
2005/06 Mamelodi Sundowns FC

Südafrika-Pokal
1971 Kaizer Chiefs
1972 Kaizer Chiefs
1973 Orlando Pirates
1974 Orlando Pirates
1975 Orlando Pirates
1976 Kaizer Chiefs
1977 Kaizer Chiefs
1978 Wits University
1979 Kaizer Chiefs
1980 Orlando Pirates
1981 Kaizer Chiefs
1982 Kaizer Chiefs
1983 Moroka Swallows
1984 Kaizer Chiefs
1985 Bloemfontein Celtic FC
1986 Mamelodi Sundowns FC [Mamelodi United]
1987 Kaizer Chiefs
1988 Orlando Pirates
1989 Moroka Swallows
1990 Jomo Cosmos
1991 Moroka Swallows
1992 Kaizer Chiefs
1993 Witbank Aces [Witbank Total Aces]
1994 Vaal Professionals
1995 Cape Town Spurs
1996 Orlando Pirates
1997 *wurde nicht ausgetragen*
1998 Mamelodi Sundowns FC
1999 Supersport United FC
2000 Kaizer Chiefs
2001 Santos FC
2002 *wurde nicht ausgetragen*
2003 Santos FC
2004 Moroka Swallows
2005 Supersport United FC
2006 Kaizer Chiefs

Sudan-Liga
1962 al-Hilal (Omdurman)
1963 *wurde nicht ausgetragen*
1964 al-Hilal (Omdurman)
1965 al-Hilal (Omdurman)
1966 al-Hilal (Omdurman)
1967 al-Hilal (Omdurman)
1968 al-Mourada
1969 Burri
1970 al-Merreikh SC
1971 al-Merreikh SC
1972 al-Merreikh SC
1973 al-Merreikh SC
1974 al-Hilal (Omdurman) und al-Merreikh SC
1975 al-Merreikh SC
1976 *wurde nicht ausgetragen*
1977 al-Merreikh SC
1978 al-Merreikh SC
1979 *wurde nicht ausgetragen*
1980 al-Hilal (Omdurman)
1981 al-Hilal (Omdurman)
1982 al-Merreikh SC
1983 al-Hilal (Omdurman)
1984 al-Hilal (Omdurman)
1985 al-Merreikh SC
1986 al-Hilal (Omdurman)
1987 al-Hilal (Omdurman)
1988 al-Hilal (Omdurman)
1989 al-Hilal (Omdurman)
1990 al-Merreikh SC
1991 al-Hilal (Omdurman)
1992 al-Hilal (Port Sudan)
1993 al-Merreikh SC
1994 al-Hilal (Omdurman)
1995 al-Hilal (Omdurman)
1996 al-Hilal (Omdurman)
1997 al-Merreikh SC
1998 al-Hilal (Omdurman)
1999 al-Hilal (Omdurman)
2000 al-Merreikh SC
2001 al-Merreikh SC
2002 al-Merreikh SC
2003 al-Hilal (Omdurman)
2004 al-Hilal (Omdurman)
2005 al-Hilal (Omdurman)
2006 al-Hilal (Omdurman)

Sudan-Pokal
1963 al-Merreikh SC
1964-69 *Sieger unbekannt*
1970 al-Merreikh SC
1971 al-Merreikh SC
1972 al-Merreikh SC
1973 *Sieger unbekannt*
1974 al-Merreikh SC
1975 *Sieger unbekannt*
1976 *wurde nicht ausgetragen*
1977 al-Hilal (Omdurman)
1978 al-Nil
1979-80 *wurde nicht ausgetragen*
1981 Hai-al Arab
1982 al-Ahli (Wad Medani)
1983 al-Merreikh SC
1984 al-Merreikh SC
1985 al-Merreikh SC
1986 al-Merreikh SC
1987 al-Mourada
1988 al-Merreikh SC
1989 al-Mourada
1990 al-Ittihad
1991 al-Merreikh SC
1992 al-Merreikh SC
1993 al-Hilal (Omdurman)
1994 al-Merreikh SC
1995 al-Mourada
1996 al-Merreikh SC
1997 al-Mourada
1998 al-Merreikh SC
1999 al-Merreikh SC
2000 al-Hilal (Omdurman)
2001 al-Merreikh SC
2002-03 *Sieger unbekannt*
2004 al-Hilal (Omdurman)
2005 al-Merreikh SC
2006 al-Merreikh SC

Südjemen (hist.)-Liga
1983/84 al-Shorta (Aden)
1984/85 *Sieger unbekannt*
1985/86 al-Tilal
1987-90 *Sieger unbekannt*

Südkorea-Liga
1983 Hallelujah
1984 Busan I'Park [Daewoo Royals]
1985 Anyang LG Cheetahs [Lucky-Goldstar Hwangso]
1986 Pohang Steelers [POSCO Atoms]
1987 Busan I'Park [Daewoo Royals]
1988 Pohang Steelers [POSCO Atoms]
1989 Bucheon SK [Yukong Elephants]
1990 Anyang LG Cheetahs [Lucky-Goldstar Hwangso]
1991 Busan I'Park [Daewoo Royals]
1992 Pohang Steelers [POSCO Atoms]
1993 Seongnam Ilhwa Chunma [Ilhwa Chunma]
1994 Seongnam Ilhwa Chunma [Ilhwa Chunma]
1995 Seongnam Ilhwa Chunma [Ilhwa Chunma]
1996 Ulsan Hyundai Horang-i
1997 Busan I'Park [Pusan Daewoo Royals]
1998 Suwon Samsung Bluewings
1999 Suwon Samsung Bluewings
2000 Anyang LG Cheetahs
2001 Seongnam Ilhwa Chunma [Songnam Ilhwa Chunma]
2002 Seongnam Ilhwa Chunma
2003 Seongnam Ilhwa Chunma
2004 Suwon Samsung Bluewings
2005 Ulsan Hyundai Horang-i

Südkorea-Pokal
1996 Pohang Steelers
1997 Chun-Nam Dragons
1998 Anyang LG Cheetahs
1999 Seongnam Ilhwa Chunma [Chunan Ilhwa Chunma]
2000 Chonbuk Hyundai Motors
2001 Daejon Citizen [Taejon Citizen]
2002 Suwon Samsung Bluewings
2003 Chonbuk Hyundai Motors
2004 Busan I'Park [Busan Icons]
2005 Chonbuk Hyundai Motors

Suriname-Liga
1924 Olympia
1925 SV Transvaal
1926 Ajax
1927 Ajax
1928 Ajax
1929 Ajax
1930 Excelsior/Blauw Wit
1931 *Sieger unbekannt*
1932 Cicerone
1933 Cicerone
1934 Cicerone
1935 Cicerone
1936 SV Voorwaarts
1937 SV Transvaal
1938 SV Transvaal
1939 Arsenal
1940 Arsenal
1941 SV Voorwaarts
1942-47 *Sieger unbekannt*
1948 MVV
1949 MVV
1950 SV Transvaal
1951 SV Transvaal
1952 SV Voorwaarts
1953 SV Robinhood
1954 SV Robinhood
1955 SV Robinhood
1956 SV Robinhood
1957 SV Voorwaarts
1958 *wurde nicht ausgetragen*
1959 SV Robinhood
1960 *wurde nicht ausgetragen*
1961 SV Robinhood
1962 SV Transvaal
1963 SV Leo Victor
1964 SV Robinhood
1965 SV Transvaal
1966 SV Transvaal
1967 SV Transvaal
1968 SV Transvaal
1969 SV Transvaal
1970 SV Transvaal
1971 SV Robinhood
1972 *wurde nicht ausgetragen*
1973 SV Transvaal
1974 SV Transvaal
1975 SV Robinhood
1976 SV Robinhood
1977 SV Voorwaarts
1978 SV Leo Victor
1979 SV Robinhood
1980 SV Robinhood
1981 SV Robinhood
1982 SV Leo Victor
1983 SV Robinhood
1984 SV Robinhood
1985 SV Robinhood
1986 SV Robinhood
1987 SV Robinhood
1988 SV Robinhood
1989 SV Robinhood
1990 SV Transvaal
1991 SV Transvaal
1992 SV Leo Victor
1993 SV Robinhood
1994/95 SV Robinhood
1995/96 SV Transvaal
1997 SV Transvaal
1998/99 SNL
1999/00 SV Transvaal
2000/01 *wurde nicht ausgetragen*
2001/02 SV Voorwaarts
2002/03 FCS Nacional
2003/04 Walking Bout Company
2004/05 SV Robinhood
2005/06 Walking Bout Company

Suriname-Pokal
1993 PVV
1994 SV Robinhood
1995 SV Robinhood
1996 SV Robinhood
1997 SV Transvaal
1998 *Sieger unbekannt*
1999 SV Robinhood
2000 *Sieger unbekannt*
2001 SV Robinhood
2002 SV Voorwaarts
2003 SV Leo Victor
2004 Walking Bout Company
2005 FCS Nacional
2006 Walking Bout Company

Swasiland-Liga
1976 Mbabane Highlanders
1977-79 *Sieger unbekannt*
1980 Mbabane Highlanders
1981 Mhlume Peacemakers
1982 Mbabane Highlanders
1983 Manzini Wanderers
1984 Mbabane Highlanders
1985 Manzini Wanderers
1986 Mbabane Highlanders
1987 Manzini Wanderers
1988 Mbabane Highlanders
1989 Denver Sundowns
1990 Denver Sundowns
1991 Mbabane Highlanders
1992 Mbabane Highlanders
1993 Mbabane Swallows
1994 XI Men in Flight
1995 Mbabane Highlanders
1996 XI Men in Flight
1997 Mbabane Highlanders
1998/99 Manzini Wanderers
1999/00 Mbabane Highlanders
2000/01 Mbabane Highlanders
2001/02 Manzini Wanderers
2002/03 Manzini Wanderers
2003/04 Mhlambanyatsi Rovers
2004/05 Mbabane Swallows
2005/06 Royal Leopards

Swasiland-Pokal
1980 Bulembu Young Aces
1981 *Sieger unbekannt*
1982 Bulembu Young Aces
1983 Mbabane Highlanders
1984 Manzini Wanderers
1985 Mbabane Highlanders
1986 Mbabane Swallows
1987 Mbabane Highlanders
1988 Moneni Pirates
1989 Moneni Pirates
1990 Mbabane Highlanders
1991 Denver Sundowns
1992 Denver Sundowns
1993 XI Men in Flight
1994 Mbabane Highlanders
1995 Mhlambanyatsi Rovers
1996 XI Men in Flight
1997 Mbabane Highlanders
1998 Denver Sundowns
1999 Mbabane Highlanders
2000 Mhlume United
2001 XI Men in Flight
2002 XI Men in Flight
2003 *Sieger unbekannt*
2004 Green Mamba FC
2005 Hub Sundowns
2006 Mbabane Swallows

Syrien-Liga
1966/67 al-Ittihad
1967/68 al-Ittihad
1968/69 Thowra [Barada]
1969/70 Thowra [Barada]
1971-72 *wurde nicht ausgetragen*
1972/73 al-Jaish
1973/74 *wurde nicht ausgetragen*
1974/75 al-Karama
1975/76 al-Jaish
1976/77 al-Ittihad
1977/78 *wurde nicht ausgetragen*
1978/79 al-Jaish
1979/80 al-Shorta (Damascus)
1980/81 *wurde nicht ausgetragen*
1981/82 Teshrine
1982/83 al-Karama
1983/84 al-Karama
1984/85 al-Jaish
1986 al-Jaish
1986/87 Jabla
1987/88 Jabla
1988/89 Jabla
1989/90 al-Futuwa
1990/91 al-Futuwa
1991/92 al-Hurriya
1992/93 al-Ittihad
1993/94 al-Hurriya
1994/95 al-Ittihad
1995/96 al-Karama
1996/97 Teshrine
1997/98 al-Jaish
1998/99 al-Jaish
1999/00 Jabla
2000/01 al-Jaish
2001/02 al-Jaish
2002/03 al-Jaish
2003/04 al-Wahda
2004/05 al-Ittihad
2005/06 al-Karama

Syrien-Pokal
1959/60 al Ahli SC (Kairo, Ägypten)
1960/61 *wurde nicht ausgetragen*
1961/62 Rmeilan
1962/63 *wurde nicht ausgetragen*
1963/64 al-Hurriya [al-Soori]
1964/65 *wurde nicht ausgetragen*
1965/66 al-Ittihad [Halal al-Ahli]
1966/67 al-Shorta (Damascus)
1967/68 al-Shorta (Damascus)
1968/69 Rmeilan
1969/70 al-Maghazel
1970-72 *wurde nicht ausgetragen*
1972/73 al-Ittihad
1974-77 *wurde nicht ausgetragen*
1977/78 al-Majd
1978/79 *wurde nicht ausgetragen*
1979/80 al-Shorta (Damascus)
1980/81 al-Shorta (Damascus)
1981/82 al-Ittihad
1982/83 al-Karama
1983/84 al-Ittihad
1984/85 al-Ittihad
1985/86 al-Jaish
1986/87 al-Karama
1987/88 al-Futuwa
1988/89 al-Futuwa
1989/90 al-Futuwa
1990/91 al-Futuwa
1991/92 al-Hurriya
1992/93 al-Wahda
1993/94 al-Ittihad
1994/95 al-Karama
1995/96 al-Karama
1996/97 al-Jaish
1997/98 al-Jaish
1998/99 Jabla
1999/00 al-Jaish
2000/01 Hottine
2001/02 al-Jaish
2002/03 al-Wahda
2003/04 al-Jaish
2004/05 al-Ittihad
2005/06 al-Ittihad

Tadschikistan-Liga
1992 SKA Pamir Duschanbe
1993 Sitora Duschanbe
1994 Sitora Duschanbe
1995 SKA Pamir Duschanbe
1996 Dinamo Duschanbe
1997 Wachsch Kurgan-Tjube
1998 Warzob Duschanbe
1999 Warzob Duschanbe
2000 Warzob Duschanbe
2001 Regar-TadAZ Tursunzade
2002 Regar-TadAZ Tursunzade
2003 Regar-TadAZ Tursunzade
2004 Regar-TadAZ Tursunzade
2005 Wachsch Kurgan-Tjube
2006 Regar-TadAZ Tursunzade

Tadschikistan-Pokal
1992 SKA Pamir Duschanbe
1993 Sitora Duschanbe
1994 Rawschan Kuljab
1995 Pachtakor Dzhabarrasulowsk
1996 *wurde nicht ausgetragen*
1997 Wachsch Kurgan-Tjube
1998 FK Chodzhent
1999 Warzob Duschanbe
2000 *wurde nicht ausgetragen*
2001 Regar-TadAZ Tursunzade
2002 FK Chodzhent
2003 Wachsch Kurgan-Tjube
2004 Parwoz Bobojon Gafurow [Awiator Bobojon Gafurow]
2005 Regar-TadAZ Tursunzade
2006 Regar-TadAZ Tursunzade

Tahiti-Liga
1948 Fei Pi
1949 Fei Pi
1950 Fei Pi
1951 Fei Pi
1952 Excelsior
1953 AS Vénus
1954 Jeunes Tahitiens
1955 AS Central Sport
1956 Excelsior
1957 Excelsior
1958 AS Central Sport
1959 Excelsior
1960 Excelsior
1961 Jeunes Tahitiens
1962 AS Central Sport
1963 AS Central Sport
1964 AS Central Sport
1965 AS Central Sport
1966 AS Central Sport
1967 AS Central Sport
1968 Fei Pi
1969 Punaruu
1970 Fei Pi
1971 Fei Pi
1972 AS Central Sport
1973 AS Central Sport
1974 AS Central Sport
1975 AS Central Sport
1976 AS Central Sport
1977 AS Central Sport
1978 AS Central Sport
1979 AS Central Sport
1980 JS Arue
1981 AS Central Sport
1982 AS Central Sport
1983 AS Central Sport
1984 AS PTT
1985 AS Central Sport
1986 Excelsior
1987 Jeunes Tahitiens
1988 Excelsior
1989 AS Pirae
1990 AS Vénus
1991 AS Pirae
1992 AS Vénus
1993 AS Pirae
1994 AS Pirae
1995 AS Pirae
1996 AS Manu-Ura
1997 AS Vénus
1998 AS Vénus
1998/99 AS Vénus
1999/00 AS Vénus
2000/01 AS Pirae
2001/02 AS Vénus
2002/03 AS Pirae
2003/04 AS Manu-Ura
2004/05 AS Tefana
2005/06 AS Pirae

Tahiti-Pokal
1938 Marine
1939-44 *wurde nicht ausgetragen*
1945 CAICT
1946 Fei Pi
1947 Fei Pi
1948 Fei Pi
1949 Fei Pi
1950 AS Central Sport
1951 Jeunes Tahitiens
1952 AS Vénus
1953 AS Central Sport
1954 AS Central Sport
1955 Fei Pi
1956 Fei Pi
1957 AS Central Sport
1958 Fei Pi
1959 Fei Pi
1960 Excelsior
1961 AS Central Sport
1962 AS Central Sport
1963 Excelsior
1964 Excelsior
1965 Excelsior
1966 AS Central Sport
1967 AS Central Sport
1968 Punaruu
1969 Punaruu
1970 JS Arue
1971 Jeunes Tahitiens
1972 AS Central Sport
1973 AS Central Sport
1974 Vaiete
1975 AS Central Sport
1976 AS Central Sport
1977 AS Central Sport
1978 AS Pirae
1979 AS Central Sport
1980 AS Pirae
1981 AS Central Sport
1982 Jeunes Tahitiens
1983 AS Central Sport
1984 AS Pirae
1985 AS PTT
1986 AS PTT
1987 Jeunes Tahitiens
1988 AS Central Sport
1989 Jeunes Tahitiens
1990 AS Vénus
1991 AS Vénus
1992 AS Vénus
1993 *Sieger unbekannt*
1994 AS Pirae
1995 AS Central Sport
1996 AS Pirae
1997 AS Dragon
1998 AS Vénus
1999 AS Vénus
2000 AS Pirae und AS Vénus
2001 AS Dragon
2002 AS Pirae
2003 AS Manu-Ura
2004 AS Tefana
2005 AS Manu-Ura
2006 AS Tefana

Taiwan-Liga
1983 Flying Camel
1984 Flying Camel
1985 Flying Camel
1986 Taipei Bank
1987 Taipower
1988 Flying Camel
1989 Taipei Bank
1990 Taipower
1991 Taipei Bank

1992 Taipower
1993 Flying Camel
1994 Taipower
1995 Taipower
1996 Taipower
1997 Taipower
1998 Taipower
1999 Taipower
2000/01 Taipower
2001/02 Taipower
2002/03 Taipower
2004 Taipower
2005 Tatung
2006 Tatung

Tansania-Liga
1965 Simba SC [Sunderland]
1966 Simba SC [Sunderland]
1967 Cosmopolitans
1968 Yanga
1969 Yanga
1970 Yanga
1971 Yanga
1972 Simba SC
1973 Simba SC
1974 Yanga
1975 Simba SC [Mseto Sports]
1976 Simba SC
1977 Simba SC
1978 Simba SC
1979 Simba SC
1980 Simba SC
1981 Yanga
1982 Pan African SC
1983 Yanga
1984 KMKM
1985 Maji Maji
1986 Maji Maji
1987 Yanga
1988 Pan African SC
1989 Malindi SC
1990 Pamba SC
1991 Yanga
1992 Malindi SC
1993 Simba SC
1994 Simba SC
1995 Simba SC
1996 Yanga
1996/97 Yanga
1998 Maji Maji
1999 Prisons
2000 Yanga
2001 Simba SC
2002 Simba SC
2003 *Titel nicht vergeben*
2004 Simba SC
2005 Yanga
2006 Yanga

Tansania-Pokal
1974 Jeshi
1975 Yanga
1976 Rangers International
1977 KMKM
1978 Pan African SC
1979 Pan African SC
1980 Coastal Union
1981 Pan African SC
1982 KMKM
1983 KMKM
1984 Simba SC
1985 Miembeni SC
1986 Miembeni SC
1987 Miembeni SC
1988 Coastal Union
1989 Pamba SC
1990 Small Simba
1991 Railways SC
1992 Pamba SC
1993 Malindi SC
1994 Yanga
1995 Simba SC
1996 Moro United [Sigara SC]
1997 Tanzania Stars
1998 Tanzania Stars
1999 Yanga
2000 Simba SC
2001 Polisi
2002 JKT Ruvu Stars

Thailand-Liga
1964 Bangkok Bank FC
1965 Bangkok Bank FC
1966 Bangkok Bank FC
1967 Bangkok Bank FC
1968 Police
1969 Bangkok Bank FC
1970 Bangkok Bank FC
1971 Rajvithi
1972 UCOM Rajpracha SC und Nukora [Rajpracha]
1973 Rajvithi, UCOM Rajpracha SC und Nukora [Rajpracha]
1974 Port Authority FC
1975 Rajvithi
1976 Port Authority FC
1977 Rajvithi
1978 Port Authority FC
1979 Port Authority FC
1980 UCOM Rajpracha SC [Rajpracha]
1981 Bangkok Bank FC
1982 UCOM Rajpracha SC [Rajpracha]
1983 Royal Thai Army FC
1984 Bangkok Bank FC
1985 Port Authority FC
1986 Bangkok Bank FC
1987 Royal Thai Air Force FC
1988 Krung Thai Bank
1989 Bangkok Bank FC
1990 Bangkok Bank FC
1991 Port Authority FC
1992 Thai Farmers Bank
1993 Thai Farmers Bank
1994 Bangkok Bank FC
1995 Thai Farmers Bank
1995/96 Bangkok Bank FC
1996/97 Bangkok Bank FC
1997 Royal Thai Air Force FC
1998 Sinthana FC
1999 Royal Thai Air Force FC
2000 BEC Tero-Sassana FC
2001/02 BEC Tero-Sassana FC
2002/03 Krung Thai Bank
2003/04 Krung Thai Bank
2004/05 TTM FC
2006 Bangkok University

Thailand-Pokal
1980 Bangkok Bank FC
1981 Bangkok Bank FC
1982-83 *Sieger unbekannt*
1984 Lopburi FC
1985 UCOM Rajpracha SC [Rajpracha]
1986-92 *Sieger unbekannt*
1993 TOT FC
1994 UCOM Rajpracha SC
1995 Royal Thai Air Force FC
1996 Royal Thai Air Force FC
1997 Sinthana FC
1998 Bangkok Bank FC
1999 Bangkok Bank FC
2000 BEC Tero-Sassana FC
2001 Royal Thai Air Force FC

Togo-Liga
1961 Etoile Filante
1962 Etoile Filante
1963 *Sieger unbekannt*
1964 Etoile Filante
1965 Etoile Filante
1966 AC Modèle
1967 Etoile Filante
1968 Etoile Filante
1969 AC Modèle
1970 Dynamic Togolais
1971 Dynamic Togolais
1972 AC Modèle
1973 AC Modèle
1974 Lomé 1
1975 Lomé 1
1976 Lomé 1
1977 *wurde nicht ausgetragen*
1978 AC Semassi
1979 AC Semassi
1980 Agaza Lomé
1981 AC Semassi
1982 AC Semassi
1983 AC Semassi
1984 Agaza Lomé
1985 ASFOSA
1986 ASFOSA
1987 Doumbé
1988 ASKO Kara
1989 ASKO Kara
1990 Ifodje Atakpamé
1991 *wurde nicht ausgetragen*
1992 Etoile Filante
1993 AC Semassi
1994 AC Semassi
1995 AC Semassi
1996 ASKO Kara
1997 Dynamic Togolais
1998 *wurde nicht ausgetragen*
1999 AC Semassi
2000 *Wettbewerb wurde nicht beendet*
2001 Dynamic Togolais
2002 AS Douanes
2003/04 Dynamic Togolais
2004/05 AS Douanes
2005/06 Maranatha FC

Togo-Pokal
1974 Ifodje Atakpamé
1975 ASKO Kara
1976 ASKO Kara
1977 Edan
1978 *wurde nicht ausgetragen*
1979 Agaza Lomé
1980 AC Semassi
1981 Agaza Lomé
1982 AC Semassi
1983 *wurde nicht ausgetragen*
1984 Agaza Lomé
1985 Foadan Dapaong
1986 Entente II
1987 ASKO Kara
1988 Agaza Lomé
1989 Entente II
1990 AC Semassi
1991-93 *wurde nicht ausgetragen*
1994 Etoile Filante
1995 ASKO Kara
1996 Doumbé
1997-98 *wurde nicht ausgetragen*
1999 Agaza Lomé
2000 Agaza Lomé
2001 Dynamic Togolais
2002 Dynamic Togolais
2003 Maranatha FC
2004 AS Douanes
2005 Dynamic Togolais
2006 AS Togo-Port

Tonga-Liga
1982 Ngele'ia
1983 Ngele'ia
1984 Ngele'ia
1985 Ngele'ia
1986-97 *Sieger unbekannt*
1998 Lotoha'apai SC
1999 Lotoha'apai SC
2000 Lotoha'apai SC
2001 Lotoha'apai SC
2002 Lotoha'apai SC
2003 Lotoha'apai SC
2004 Lotoha'apai SC
2005 Lotoha'apai SC

Tonga-Pokal
1981 Ngele'ia
1982 Ngele'ia
1983 Ngele'ia
1984 Veitongo
1985 Ngele'ia
1986 Ngele'ia
1987 Ngele'ia
1988 Ngele'ia
1989-93 *Sieger unbekannt*
1994 Navutoka
1995-97 *Sieger unbekannt*
1998 Veitongo
1999-01 *Sieger unbekannt*
2002 Ngele'ia
2003 Lotoha'apai SC

Trinidad und Tobago-Liga
1974 Defence Force FC
1975 Defence Force FC
1976 Defence Force FC
1977 Defence Force FC
1978 Defence Force FC
1979 Police FC
1980 Defence Force FC
1981 Defence Force FC
1982 ASL SC
1983 ASL SC
1984 Defence Force FC
1985 Defence Force FC
1986 Trintoc FC
1987 Defence Force FC
1988 Trintoc FC
1989 Defence Force FC
1990 Defence Force FC
1991 Police FC
1992 Defence Force FC
1993 Defence Force FC
1994 Police FC
1995 Defence Force FC
1996 Defence Force FC
1997 Defence Force FC
1998 Joe Public FC
1999 Defence Force FC
2000 Williams Connection FC
2001 Williams Connection FC
2002 CLF San Juan Jabloteh
2003 CLF San Juan Jabloteh
2004 North East Stars FC
2005 CLF San Juan Jabloteh
2006 Joe Public FC

Trinidad und Tobago-Pokal
1974 Defence Force FC
1975 Police FC
1976 Central Falcons
1977 Malvern United
1978 Central Falcons
1979-80 *Sieger unbekannt*
1981 Defence Force FC
1982 ASL SC
1983 ASL SC
1984 Motown United
1985 Defence Force FC
1986 Trintoc FC
1987 La Brea Angels
1988 Trintoc FC
1989 Defence Force FC
1990 Police FC
1991 Defence Force FC
1992 Motown United
1993 Trintoc FC
1994 Police FC
1995 United Petrotrin
1996 Defence Force FC
1997 United Petrotrin
1998 CLF San Juan Jabloteh
1999 Williams Connection FC
2000 Williams Connection FC
2001 Joe Public FC
2002 Williams Connection FC
2003 North East Stars FC
2004 *wurde nicht ausgetragen*
2005 CLF San Juan Jabloteh
2006 WASA FC

Tschad-Liga
1989 Renaissance
1990 Elect Sports
1991 FC Tourbillon
1992 Elect Sports
1993 Postel 2000
1994 Renaissance Abéché
1995 Postel 2000
1996 ASCOT
1997 FC Tourbillon
1998 ASCOT
1999 Renaissance
2000 FC Tourbillon
2001 FC Tourbillon
2002-03 *Sieger unbekannt*
2004 Renaissance
2005 Renaissance
2006 Renaissance

Tschad-Pokal
1973 Gazelle
1974 Gazelle
1975-88 *Sieger unbekannt*
1989 FC Tourbillon
1990 Renaissance
1991 Postel 2000
1992 Massénya
1993 Renaissance Abéché
1994 *Sieger unbekannt*
1995 ASCOT
1996 Renaissance
1997 Gazelle
1998 Renaissance
1999 ASCOT
2000 Gazelle
2001 Gazelle
2002-03 *Sieger unbekannt*
2004 *wurde nicht ausgetragen*

Tschechische Republik-Liga
1912 AC Sparta Praha
1913 SK Slavia Praha
1914-38 *wurde nicht ausgetragen*
1939/40 SK Slavia Praha
1940/41 SK Slavia Praha
1941/42 SK Slavia Praha
1942/43 SK Slavia Praha
1943/44 AC Sparta Praha
1945-93 *wurde nicht ausgetragen*
1993/94 AC Sparta Praha
1994/95 AC Sparta Praha
1995/96 SK Slavia Praha
1996/97 AC Sparta Praha
1997/98 AC Sparta Praha
1998/99 AC Sparta Praha
1999/00 AC Sparta Praha
2000/01 AC Sparta Praha
2001/02 FC Slovan Liberec
2002/03 AC Sparta Praha
2003/04 FC Baník Ostrava
2004/05 AC Sparta Praha
2005/06 FC Slovan Liberec

Tschechische Republik-Pokal
1939/40 Sokol OD Olomouc [SK Olomouc ASO]
1940/41 SK Slavia Praha
1941/42 SK Slavia Praha
1942/43 AC Sparta Praha
1943/44 AC Sparta Praha
1945-69 *wurde nicht* 0 *ausgetragen*
1969/70 FC Tescoma Zlín [TJ Gottwaldov]
1970/71 FC Viktoria Plzeň [TJ Škoda Plzeň]
1971/72 AC Sparta Praha [TJ Sparta ČKD Praha]
1972/73 FC Baník Ostrava [TJ Baník Ostrava OKD]
1973/74 SK Slavia Praha [TJ Slavia Praha IPS]
1974/75 AC Sparta Praha [TJ Sparta ČKD Praha]
1975/76 AC Sparta Praha [TJ Sparta ČKD Praha]
1976/77 FK Teplice [TJ Sklo Union Teplice]
1977/78 FC Baník Ostrava [TJ Baník Ostrava OKD]
1978/79 FC Baník Ostrava [TJ Baník Ostrava OKD]
1979/80 AC Sparta Praha [TJ Sparta ČKD Praha]
1980/81 FK Dukla Praha [ASVS Dukla Praha]
1981/82 Bohemians 1905 [TJ Bohemians ČKD Praha]
1982/83 FK Dukla Praha [ASVS Dukla Praha]
1983/84 AC Sparta Praha [TJ Sparta ČKD Praha]
1984/85 FK Dukla Praha [ASVS Dukla Praha]
1985/86 AC Sparta Praha [TJ Sparta ČKD Praha]
1986/87 AC Sparta Praha [TJ Sparta ČKD Praha]
1987/88 AC Sparta Praha [TJ Sparta ČKD Praha]
1988/89 AC Sparta Praha [TJ Sparta ČKD Praha]
1989/90 FK Dukla Praha [ASVS Dukla Praha]
1990/91 FC Baník Ostrava
1991/92 AC Sparta Praha
1992/93 AC Sparta Praha
1993/94 FK Viktoria Žižkov
1994/95 SK Hradec Králové
1995/96 AC Sparta Praha
1996/97 SK Slavia Praha
1997/98 FK Jablonec 97
1998/99 SK Slavia Praha
1999/00 FC Slovan Liberec
2000/01 FK Viktoria Žižkov
2001/02 SK Slavia Praha
2002/03 FK Teplice
2003/04 AC Sparta Praha
2004/05 FC Baník Ostrava
2005/06 AC Sparta Praha

Tschechoslowakei (hist.)-Liga
1919 AC Sparta Praha
1920-21 *wurde nicht ausgetragen*
1922 AC Sparta Praha
1923-24 *wurde nicht ausgetragen*
1925 SK Slavia Praha
1925/26 AC Sparta Praha
1927 AC Sparta Praha
1927/28 FK Viktoria Žižkov [SK Viktoria Žižkov]
1928/29 SK Slavia Praha
1929/30 SK Slavia Praha
1930/31 SK Slavia Praha
1931/32 AC Sparta Praha
1932/33 SK Slavia Praha
1933/34 SK Slavia Praha
1934/35 SK Slavia Praha
1935/36 AC Sparta Praha
1936/37 SK Slavia Praha
1937/38 AC Sparta Praha
1938/39 AC Sparta Praha
1945/46 AC Sparta Praha
1946/47 SK Slavia Praha
1947/48 AC Sparta Praha
1949 ŠK Slovan Bratislava [Sokol NV Bratislava]
1950 ŠK Slovan Bratislava [Sokol NV Bratislava]
1951 ŠK Slovan Bratislava [Sokol NV Bratislava]
1952 AC Sparta Praha [ZSJ Sparta ČKD Sokolovo]
1953 FK Dukla Praha [ÚDA Praha]
1954 AC Sparta Praha [TJ Spartak Sokolovo Praha]
1955 ŠK Slovan Bratislava [TJ Slovan Bratislava ÚNV]
1956 FK Dukla Praha [AS Dukla Praha]
1957/58 FK Dukla Praha [AS Dukla Praha]
1958/59 ŠK Policie Bratislava [TJ Červená hviezda Bratislava]
1959/60 SK Hradec Králové [TJ Spartak Hradec Králové]
1960/61 FK Dukla Praha [AS Dukla Praha]
1961/62 FK Dukla Praha [AS Dukla Praha]
1962/63 FK Dukla Praha [AS Dukla Praha]
1963/64 FK Dukla Praha [AS Dukla Praha]
1964/65 AC Sparta Praha [TJ Sparta ČKD Praha]
1965/66 FK Dukla Praha [AS Dukla Praha]
1966/67 AC Sparta Praha [TJ Sparta ČKD Praha]
1967/68 FC Spartak Trnava [TJ Spartak TAZ Trnava]
1968/69 FC Spartak Trnava [TJ Spartak TAZ Trnava]
1969/70 ŠK Slovan Bratislava [TJ Slovan CHZJD Bratislava]
1970/71 FC Spartak Trnava [TJ Spartak TAZ Trnava]
1971/72 FC Spartak Trnava [TJ Spartak TAZ Trnava]
1972/73 FC Spartak Trnava [TJ Spartak TAZ Trnava]
1973/74 ŠK Slovan Bratislava [TJ Slovan CHZJD Bratislava]
1974/75 ŠK Slovan Bratislava [TJ Slovan CHZJD Bratislava]
1975/76 FC Baník Ostrava [TJ Baník Ostrava OKD]
1976/77 FK Dukla Praha [ASVS Dukla Praha]
1977/78 1. FC Brno [TJ Zbrojovka Brno]
1978/79 FK Dukla Praha [ASVS Dukla Praha]
1979/80 FC Baník Ostrava [TJ Baník Ostrava OKD]
1980/81 FC Baník Ostrava [TJ Baník Ostrava OKD]
1981/82 FK Dukla Praha [ASVS Dukla Praha]
1982/83 Bohemians 1905 [TJ Bohemians ČKD Praha]
1983/84 AC Sparta Praha [TJ Sparta ČKD Praha]
1984/85 AC Sparta Praha [TJ Sparta ČKD Praha]
1985/86 FC Vítkovice [TJ Vítkovice]
1986/87 AC Sparta Praha [TJ Sparta ČKD Praha]
1987/88 AC Sparta Praha [TJ Sparta ČKD Praha]
1988/89 AC Sparta Praha [TJ Sparta ČKD Praha]
1989/90 AC Sparta Praha [TJ Sparta ČKD Praha]
1990/91 AC Sparta Praha [TJ Sparta ČKD Praha]
1991/92 ŠK Slovan Bratislava
1992/93 AC Sparta Praha

Tschechoslowakei (hist.)-Pokal
1960/61 FK Dukla Praha [AS Dukla Praha]
1961/62 ŠK Slovan Bratislava [TJ Slovan CHZJD Bratislava]
1962/63 ŠK Slovan Bratislava [TJ Slovan CHZJD Bratislava]
1963/64 AC Sparta Praha [TJ Spartak Praha Sokolovo]
1964/65 FK Dukla Praha [AS Dukla Praha]
1965/66 FK Dukla Praha [AS Dukla Praha]
1966/67 FC Spartak Trnava [TJ Spartak Trnava]
1967/68 ŠK Slovan Bratislava [TJ Slovan CHZJD Bratislava]
1968/69 FK Dukla Praha [AS Dukla Praha]
1969/70 FC Tescoma Zlín [TJ Gottwaldov]
1970/71 FC Spartak Trnava [TJ Spartak TAZ Trnava]
1971/72 AC Sparta Praha [TJ Sparta ČKD Praha]
1972/73 FC Baník Ostrava [TJ Baník Ostrava OKD]
1973/74 ŠK Slovan Bratislava [TJ Slovan CHZJD Bratislava]
1974/75 FC Spartak Trnava [TJ Spartak TAZ Trnava]
1975/76 AC Sparta Praha [TJ Sparta ČKD Praha]
1976/77 FK Lokomotíva Košice [TJ Lokomotíva Košice]
1977/78 FC Baník Ostrava [TJ Baník Ostrava OKD]
1978/79 FK Lokomotíva Košice [TJ Lokomotíva Košice]
1979/80 AC Sparta Praha [TJ Sparta ČKD Praha]
1980/81 FK Dukla Praha [ASVS Dukla Praha]
1981/82 ŠK Slovan Bratislava [TJ Slovan CHZJD Bratislava]
1982/83 FK Dukla Praha [ASVS Dukla Praha]
1983/84 AC Sparta Praha [TJ Sparta ČKD Praha]
1984/85 FK Dukla Praha [ASVS Dukla Praha]
1985/86 FC Spartak Trnava [TJ Spartak TAZ Trnava]
1986/87 FK DAC 1904 Dunajská Streda [TJ DAC Poľnohospodár Dunajská Streda]
1987/88 AC Sparta Praha [TJ Sparta ČKD Praha]
1988/89 AC Sparta Praha [TJ Sparta ČKD Praha]
1989/90 FK Dukla Praha [ASVS Dukla Praha]
1990/91 FC Baník Ostrava
1991/92 AC Sparta Praha
1992/93 MFK Košice [1. FC Košice]

Tunesien-Liga
1920/21 Racing Club
1921/22 Stade Gauloise
1922/23 Stade Gauloise
1923/24 Racing Club
1924/25 Sporting Club
1925/26 Stade Gauloise
1926/27 Sporting Club
1927/28 Avant Garde
1928/29 US Tunisienne
1929/30 US Tunisienne
1930/31 Italia
1931/32 US Tunisienne
1932/33 Sfax Railways SC
1933/34 Italia
1934/35 Italia
1935/36 Italia
1936/37 Savoia La Goulette
1937/38 CS Gabesien
1939-40 *wurde nicht ausgetragen*
1940/41 Espérance Tunis
1942-43 *wurde nicht ausgetragen*
1943/44 CA Bizertin
1944/45 CA Bizertin
1945/46 Club Africain
1946/47 Club Africain
1947/48 CA Bizertin
1948/49 ES Sahel
1949/50 CS Hammam-Lif
1951-55 *wurde nicht ausgetragen*
1955/56 CS Hammam-Lif
1956/57 Stade Tunisien
1957/58 ES Sahel
1958/59 Espérance Tunis
1959/60 Espérance Tunis
1960/61 Stade Tunisien
1961/62 Stade Tunisien
1962/63 ES Sahel
1963/64 Club Africain
1964/65 Stade Tunisien
1965/66 ES Sahel
1966/67 Club Africain
1967/68 Sfax Railways SC
1968/69 CS Sfaxien
1969/70 Espérance Tunis
1970/71 CS Sfaxien
1971/72 ES Sahel
1972/73 Club Africain
1973/74 Club Africain
1974/75 Espérance Tunis
1975/76 Espérance Tunis
1976/77 JS Kairouaniase
1977/78 CS Sfaxien
1978/79 Club Africain
1979/80 Club Africain
1980/81 CS Sfaxien
1981/82 Espérance Tunis
1982/83 CS Sfaxien
1983/84 CA Bizertin
1984/85 Espérance Tunis
1985/86 ES Sahel
1986/87 ES Sahel
1987/88 Espérance Tunis
1988/89 Espérance Tunis
1989/90 Club Africain
1990/91 Espérance Tunis
1991/92 Club Africain
1992/93 Espérance Tunis
1993/94 Espérance Tunis
1994/95 CS Sfaxien
1995/96 Club Africain
1996/97 ES Sahel
1997/98 Espérance Tunis
1998/99 Espérance Tunis
1999/00 Espérance Tunis
2000/01 Espérance Tunis
2001/02 Espérance Tunis
2002/03 Espérance Tunis
2003/04 Espérance Tunis
2004/05 CS Sfaxien
2005/06 Espérance Tunis

Tunesien-Pokal
1921/22 Avant Garde
1922/23 Racing Club
1923/24 Stade Gauloise
1924/25 Sporting Club
1925/26 Stade Gauloise
1927-28 *wurde nicht ausgetragen*
1928/29 US Tunisienne
1929/30 US Tunisienne
1930/31 Racing Club
1931/32 US Tunisienne
1932/33 US Tunisienne
1933/34 US Tunisienne
1934/35 Italia
1935/36 Stade Gauloise
1936/37 Sporting Club
1937/38 Espérance Tunis
1939-40 *wurde nicht ausgetragen*
1940/41 US Ferryville
1942-43 *wurde nicht ausgetragen*
1943/44 Olympique Tunis
1944/45 Patrie FC
1945/46 CS Hammam-Lif
1946/47 CS Hammam-Lif
1947/48 CS Hammam-Lif
1948/49 CS Hammam-Lif
1949/50 CS Hammam-Lif
1951-55 *wurde nicht ausgetragen*
1955/56 Stade Tunisien
1956/57 Espérance Tunis
1957/58 Stade Tunisien
1958/59 ES Sahel
1959/60 Stade Tunisien
1960/61 AS Marsa
1961/62 Stade Tunisien
1962/63 ES Sahel
1963/64 Espérance Tunis
1964/65 Club Africain
1965/66 Stade Tunisien
1966/67 Club Africain
1967/68 Club Africain
1968/69 Club Africain
1969/70 Club Africain
1970/71 CS Sfaxien
1971/72 Club Africain
1972/73 Club Africain
1973/74 ES Sahel
1974/75 ES Sahel
1975/76 Club Africain
1976/77 AS Marsa
1977/78 *wurde nicht ausgetragen*
1978/79 Espérance Tunis
1979/80 Espérance Tunis
1980/81 ES Sahel
1981/82 CA Bizertin
1982/83 ES Sahel
1983/84 AS Marsa
1984/85 CS Hammam-Lif
1985/86 Espérance Tunis
1986/87 CA Bizertin
1987/88 CO Transports
1988/89 Espérance Tunis
1989/90 AS Marsa
1990/91 Espérance Tunis
1991/92 Club Africain
1992/93 Olympique Béja
1993/94 AS Marsa
1994/95 CS Sfaxien
1995/96 ES Sahel
1996/97 Espérance Tunis
1997/98 Club Africain
1998/99 Espérance Tunis
1999/00 Club Africain
2000/01 CS Hammam-Lif
2001/02 *wettbewerb wurde annulliert*
2002/03 Stade Tunisien
2003/04 CS Sfaxien
2004/05 ES Zarzis
2005/06 Espérance Tunis

Türkei-Liga
1959 Fenerbahçe SK
1959/60 Beşiktaş JK
1960/61 Fenerbahçe SK
1961/62 Galatasaray SK
1962/63 Galatasaray SK
1963/64 Fenerbahçe SK
1964/65 Fenerbahçe SK
1965/66 Beşiktaş JK
1966/67 Beşiktaş JK
1967/68 Fenerbahçe SK
1968/69 Galatasaray SK
1969/70 Fenerbahçe SK
1970/71 Galatasaray SK
1971/72 Galatasaray SK
1972/73 Galatasaray SK
1973/74 Fenerbahçe SK
1974/75 Fenerbahçe SK
1975/76 Trabzonspor K
1976/77 Trabzonspor K
1977/78 Fenerbahçe SK
1978/79 Trabzonspor K
1979/80 Trabzonspor K
1980/81 Trabzonspor K
1981/82 Beşiktaş JK
1982/83 Fenerbahçe SK
1983/84 Trabzonspor K
1984/85 Fenerbahçe SK
1985/86 Beşiktaş JK
1986/87 Galatasaray SK
1987/88 Galatasaray SK
1988/89 Fenerbahçe SK
1989/90 Beşiktaş JK
1990/91 Beşiktaş JK
1991/92 Beşiktaş JK

1992/93 Galatasaray SK
1993/94 Galatasaray SK
1994/95 Beşiktaş JK
1995/96 Fenerbahçe SK
1996/97 Galatasaray SK
1997/98 Galatasaray SK
1998/99 Galatasaray SK
1999/00 Galatasaray SK
2000/01 Fenerbahçe SK
2001/02 Galatasaray SK
2002/03 Beşiktaş JK
2003/04 Fenerbahçe SK
2004/05 Fenerbahçe SK
2005/06 Galatasaray SK

Türkei-Pokal
1962/63 Galatasaray SK
1963/64 Galatasaray SK
1964/65 Galatasaray SK
1965/66 Galatasaray SK
1966/67 Altay GK
1967/68 Fenerbahçe SK
1968/69 Göztepe AŞ [Göztepe SK]
1969/70 Göztepe AŞ [Göztepe SK]
1970/71 Eskişehirspor K
1971/72 MKE Ankaragücü SK
1972/73 Galatasaray SK
1973/74 Fenerbahçe SK
1974/75 Beşiktaş JK
1975/76 Galatasaray SK
1976/77 Trabzonspor K
1977/78 Trabzonspor K
1978/79 Fenerbahçe SK
1979/80 Altay GK
1980/81 MKE Ankaragücü SK
1981/82 Galatasaray SK
1982/83 Fenerbahçe SK
1983/84 Trabzonspor K
1984/85 Galatasaray SK
1985/86 Bursaspor K
1986/87 Gençlerbirliği SK
1987/88 Sakaryaspor AŞ [Sakaryaspor K]
1988/89 Beşiktaş JK
1989/90 Beşiktaş JK
1990/91 Galatasaray SK
1991/92 Trabzonspor K
1992/93 Galatasaray SK
1993/94 Beşiktaş JK
1994/95 Trabzonspor K
1995/96 Galatasaray SK
1996/97 Kocaelispor K
1997/98 Beşiktaş JK
1998/99 Galatasaray SK
1999/00 Galatasaray SK
2000/01 Gençlerbirliği SK
2001/02 Kocaelispor K
2002/03 Trabzonspor K
2003/04 Trabzonspor K
2004/05 Galatasaray SK
2005/06 Beşiktaş JK

Turkmenistan-Liga
1992 Kopet-Dag Aschchabad
1993 Kopet-Dag Aschchabad
1994 Kopet-Dag Aschchabad
1995 Kopet-Dag Aschchabad
1996 Nisa Aschchabad
1997/98 Kopet-Dag Aschchabad
1998/99 Nisa Aschchabad
2000 Kopet-Dag Aschchabad
2001 Nisa Aschchabad
2002 Schagadam Turkmenbaschi
2003 Nisa Aschchabad
2004 Nebitschi Balkanabad
2005 HTTU Aschchabad
2006 HTTU Aschchabad

Turkmenistan-Pokal
1993 Kopet-Dag Aschchabad
1994 Kopet-Dag Aschchabad
1995 Turan Taschauz
1996/97 Kopet-Dag Aschchabad
1998 Nisa Aschchabad
1999 Kopet-Dag Aschchabad
2000 Kopet-Dag Aschchabad
2001 Kopet-Dag Aschchabad
2002 Garagum Turkmenabat
2003 Nebitschi Balkanabad
2004 Nebitschi Balkanabad
2005 FK Merw
2006 HTTU Aschchabad

Turks und Caicos-Liga
1999 Tropic All Stars
2000 Masters
2001 SWA Sharks FC
2002 Beaches FC
2002/03 Caribbean All Stars
2003/04 KPMG United FC
2004/05 KPMG United FC
2005/06 Cost Right FC

Uganda-Liga
1966 Express Red Eagles [Express FC]
1967 Bitumastic
1968 Prisons FC
1969 Prisons FC
1970 Coffee United SC
1971 Simba SC
1972-73 *wettbewerb wurde annulliert*
1974 Express Red Eagles [Express FC]
1975 Express Red Eagles [Express FC]
1976 City Council SC
1977 City Council SC
1978 Simba SC
1979 UCB
1980 Nile FC/MP [Nile Breweries FC]
1981 City Council SC
1982 Villa SC [Nakivubo Villa SC]
1983 City Council SC
1984 Villa SC [Nakivubo Villa SC]
1985 City Council SC
1986 Villa SC [Nakivubo Villa SC]
1987 Villa SC [Nakivubo Villa SC]
1988 Villa SC [Nakivubo Villa SC]
1989 Villa SC [Nakivubo Villa SC]
1990 Villa SC [Nakivubo Villa SC]
1991 City Council SC
1992 Villa SC [Nakivubo Villa SC]
1993 Express Red Eagles [Express FC]
1994 Villa SC [Nakivubo Villa SC]
1995 Express Red Eagles
1996 Express Red Eagles
1997 City Council SC
1998 Villa SC
1999 Villa SC
2000 Villa SC
2001 Villa SC
2002 Villa SC
2003 Villa SC
2004 Villa SC
2005 Police
2006 URA SC

Uganda-Pokal
1971 Coffee United SC
1972-75 *wettbewerb wurde annulliert*
1976 Gangama United
1977 Simba SC
1978 Nsambya FC
1979 City Council SC
1980 City Council SC
1981 Coffee United SC
1982 City Council SC
1983 Villa SC [Nakivubo Villa SC]
1984 City Council SC
1985 Express Red Eagles [Express FC]
1986 Villa SC [Nakivubo Villa SC]
1987 City Council SC
1988 Villa SC [Nakivubo Villa SC]
1989 Villa SC [Nakivubo Villa SC]
1990 City Council SC
1991 Express Red Eagles [Express FC]
1992 Express Red Eagles [Express FC]
1993 City Council SC
1994 Express Red Eagles
1995 Express Red Eagles
1996 UEB
1997 Express Red Eagles
1998 Villa SC
1999 Mbale Heroes [Dairy Heroes]
2000 Villa SC
2001 Express Red Eagles
2002 Villa SC
2003 Express Red Eagles
2004 City Council SC
2005 URA SC
2006 Express Red Eagles

Ukraine-Liga
1992 FK Tawrija Simferopol'
1992/93 FK Dynamo Kyiw
1993/94 FK Dynamo Kyiw
1994/95 FK Dynamo Kyiw
1995/96 FK Dynamo Kyiw
1996/97 FK Dynamo Kyiw
1997/98 FK Dynamo Kyiw
1998/99 FK Dynamo Kyiw
1999/00 FK Dynamo Kyiw
2000/01 FK Dynamo Kyiw
2001/02 FK Schachtar Donez'k
2002/03 FK Dynamo Kyiw
2003/04 FK Dynamo Kyiw
2004/05 FK Schachtar Donez'k
2005/06 FK Schachtar Donez'k

Ukraine-Pokal
1992 FK Tschornomoretz' Odesa
1992/93 FK Dynamo Kyiw
1993/94 FK Tschornomoretz' Odesa
1994/95 FK Schachtar Donez'k
1995/96 FK Dynamo Kyiw
1996/97 FK Schachtar Donez'k
1997/98 FK Dynamo Kyiw
1998/99 FK Dynamo Kyiw
1999/00 FK Dynamo Kyiw
2000/01 FK Schachtar Donez'k
2001/02 FK Schachtar Donez'k
2002/03 FK Dynamo Kyiw
2003/04 FK Schachtar Donez'k
2004/05 FK Dynamo Kyiw
2005/06 FK Dynamo Kyiw

Ungarn-Liga
1901 BTC
1902 BTC
1903 Ferencvárosi TC
1904 MTK Hungária FC [MTK]
1905 Ferencvárosi TC
1906/07 Ferencvárosi TC
1907/08 MTK Hungária FC [MTK]
1908/09 Ferencvárosi TC
1909/10 Ferencvárosi TC
1910/11 Ferencvárosi TC
1911/12 Ferencvárosi TC
1912/13 Ferencvárosi TC
1913/14 MTK Hungária FC [MTK]
1915-16 *wurde nicht ausgetragen*
1916/17 MTK Hungária FC [MTK]
1917/18 MTK Hungária FC [MTK]
1918/19 MTK Hungária FC [MTK]
1919/20 MTK Hungária FC [MTK]
1920/21 MTK Hungária FC [MTK]
1921/22 MTK Hungária FC [MTK]
1922/23 MTK Hungária FC [MTK]
1923/24 MTK Hungária FC [MTK]
1924/25 MTK Hungária FC [MTK]
1925/26 Ferencvárosi TC
1926/27 Ferencvárosi TC [Ferencváros FC]
1927/28 Ferencvárosi TC [Ferencváros FC]
1928/29 MTK Hungária FC [Hungária FC]
1929/30 Újpest FC
1930/31 Újpest FC
1931/32 Ferencvárosi TC [Ferencváros FC]
1932/33 Újpest FC
1933/34 Ferencvárosi TC [Ferencváros FC]
1934/35 Újpest FC
1935/36 MTK Hungária FC [Hungária FC]
1936/37 MTK Hungária FC [Hungária FC]
1937/38 Ferencvárosi TC [Ferencváros FC]
1938/39 Újpest FC
1939/40 Ferencvárosi TC [Ferencváros FC]
1940/41 Ferencvárosi TC [Ferencváros FC]
1941/42 Csepel SC [Weisz Manfréd FC]
1942/43 Csepel SC [Weisz Manfréd FC]
1943/44 Crişana Oradea [Nagyvárad AC]
1944/45 *wurde nicht ausgetragen*
1945 Újpest FC
1945/46 Újpest FC
1946/47 Újpest FC
1947/48 Csepel SC [Csepel Munkás TE]
1948/49 Ferencvárosi TC
1949/50 Budapest-Honvéd FC [Budapesti Honvéd FC]
1950 Budapest-Honvéd FC [Budapesti Honvéd FC]
1951 MTK Hungária FC [Budapesti Bástya SE]
1952 Budapest-Honvéd FC [Budapesti Honvéd FC]
1953 MTK Hungária FC [Budapesti VL]
1954 Budapest-Honvéd FC [Budapesti Honvéd FC]
1955 Budapest-Honvéd FC [Budapesti Honvéd FC]
1956 *wurde nicht ausgetragen*
1957 Budapesti Vasas FC [Budapesti Vasas SC]
1957/58 MTK Hungária FC [MTK]
1958/59 Csepel SC
1959/60 Újpest FC [Újpesti Dózsa]
1960/61 Budapesti Vasas FC [Budapesti Vasas SC]
1961/62 Budapesti Vasas FC [Budapesti Vasas SC]
1962/63 Ferencvárosi TC
1963 Győri ETO FC [Győri Vasas ETO]
1964 Ferencvárosi TC
1965 Budapesti Vasas FC [Budapesti Vasas SC]
1966 Budapesti Vasas FC [Budapesti Vasas SC]
1967 Ferencvárosi TC
1968 Ferencvárosi TC
1969 Újpest FC [Újpesti Dózsa]
1970 Újpest FC [Újpesti Dózsa]
1970/71 Újpest FC [Újpesti Dózsa]
1971/72 Újpest FC [Újpesti Dózsa]
1972/73 Újpest FC [Újpesti Dózsa]
1973/74 Újpest FC [Újpesti Dózsa]
1974/75 Újpest FC [Újpesti Dózsa]
1975/76 Ferencvárosi TC
1976/77 Budapesti Vasas FC [Budapesti Vasas SC]
1977/78 Újpest FC [Újpesti Dózsa]
1978/79 Újpest FC [Újpesti Dózsa]
1979/80 Budapest-Honvéd FC [Budapesti Honvéd FC]
1980/81 Ferencvárosi TC
1981/82 Győri ETO FC [Rába ETO]
1982/83 Győri ETO FC [Rába ETO]
1983/84 Budapest-Honvéd FC [Budapesti Honvéd FC]
1984/85 Budapest-Honvéd FC [Budapesti Honvéd FC]
1985/86 Budapest-Honvéd FC [Budapesti Honvéd FC]
1986/87 MTK Hungária FC [MTK-VM]
1987/88 Budapest-Honvéd FC [Budapesti Honvéd FC]
1988/89 Budapest-Honvéd FC [Budapesti Honvéd FC]
1989/90 Újpest FC [Újpesti Dózsa]
1990/91 Budapest-Honvéd FC [Budapesti Honvéd FC]
1991/92 Ferencvárosi TC
1992/93 Budapest-Honvéd FC [Kispest-Honvéd FC]
1993/94 Vác FC-Zollner [Vác FC-Samsung]
1994/95 Ferencvárosi TC
1995/96 Ferencvárosi TC
1996/97 MTK Hungária FC [MTK FC]
1997/98 Újpest FC [Újpesti TE]
1998/99 MTK Hungária FC [MTK FC]
1999/00 Dunaújváros FC [Dunaferr SE]
2000/01 Ferencvárosi TC
2001/02 Zalaegerszegi TE FC
2002/03 MTK Hungária FC
2003/04 Ferencvárosi TC
2004/05 Debreceni VSC
2005/06 Debreceni VSC

Ungarn-Pokal
1909/10 MTK Hungária FC [MTK]
1910/11 MTK Hungária FC [MTK]
1911/12 MTK Hungária FC [MTK]
1912/13 Ferencvárosi TC
1913/14 MTK Hungária FC [MTK]
1915-21 *wurde nicht ausgetragen*
1921/22 Ferencvárosi TC
1922/23 MTK Hungária FC [MTK]
1923/24 *wurde nicht ausgetragen*
1924/25 Ferencvárosi TC
1925/26 Budapest-Honvéd FC [Kispesti AC]
1926/27 Ferencvárosi TC [Ferencváros FC]
1927/28 Ferencvárosi TC [Ferencváros FC]
1928/29 *wurde nicht ausgetragen*
1929/30 Bocskai FC Debrecen [Bocskai FC Debrecen]
1930/31 III. Kerületi TVE-Autó Trader [III. Kerületi TVE]
1931/32 MTK Hungária FC [Hungária FC]
1932/33 Ferencvárosi TC [Ferencváros FC]
1933/34 Soroksár FC
1934/35 Ferencvárosi TC [Ferencváros FC]
1936-40 *wurde nicht ausgetragen*
1940/41 Szolnoki MÁV-Neusiedler [Szolnoki MÁV SE]
1941/42 Ferencvárosi TC [Ferencváros FC]
1942/43 Ferencvárosi TC [Ferencváros FC]
1943/44 Ferencvárosi TC [Ferencváros FC]
1945-51 *wurde nicht ausgetragen*
1952 MTK Hungária FC [Budapesti VL]
1953-54 *wurde nicht ausgetragen*
1955 Budapesti Vasas FC [Budapesti Vasas]
1956-57 *wurde nicht ausgetragen*
1957/58 Ferencvárosi TC
1959-63 *wurde nicht ausgetragen*
1964 Budapest-Honvéd FC [Budapesti Honvéd FC]
1965 Győri ETO FC [Győri Vasas ETO]
1966 Győri ETO FC [Rába ETO]
1967 Győri ETO FC [Rába ETO]
1968 MTK Hungária FC [MTK]
1969 Újpest FC [Újpesti Dózsa]
1970 Újpest FC [Újpesti Dózsa]
1970/71 *wurde nicht ausgetragen*
1971/72 Ferencvárosi TC
1972/73 Budapesti Vasas FC [Budapesti Vasas SC]
1973/74 Ferencvárosi TC
1974/75 Újpest FC [Újpesti Dózsa]
1975/76 Ferencvárosi TC
1976/77 Diósgyőri VTK
1977/78 Ferencvárosi TC
1978/79 Győri ETO FC [Rába ETO]
1979/80 Diósgyőri VTK
1980/81 Budapesti Vasas FC [Budapesti Vasas SC]
1981/82 Újpest FC [Újpesti Dózsa]
1982/83 Újpest FC [Újpesti Dózsa]
1983/84 Balaton FC [Siófoki Bányász SK]
1984/85 Budapest-Honvéd FC [Budapesti Honvéd FC]
1985/86 Budapesti Vasas FC [Budapesti Vasas SC]
1986/87 Újpest FC [Újpesti Dózsa]
1987/88 Előre Békéscsaba [Békéscsabai Előre Spartacus SC]
1988/89 Budapest-Honvéd FC [Budapesti Honvéd FC]
1989/90 Pécsi Mecsek FC [Pécsi Munkás SC]
1990/91 Ferencvárosi TC
1991/92 Újpest FC [Újpesti TE]
1992/93 Ferencvárosi TC
1993/94 Ferencvárosi TC
1994/95 Ferencvárosi TC
1995/96 Budapest-Honvéd FC [Kispest-Honvéd TIG FC]
1996/97 MTK Hungária FC [MTK FC]
1997/98 MTK Hungária FC [MTK FC]
1998/99 Debreceni VSC [DVSC-Epona]
1999/00 MTK Hungária FC
2000/01 Debreceni VSC
2001/02 Újpest FC
2002/03 Ferencvárosi TC
2003/04 Ferencvárosi TC
2004/05 FC Sopron
2005/06 FC Fehérvár

Uruguay-Liga
1900 CA Peñarol [CURCC]
1901 CA Peñarol [CURCC]
1902 Nacional
1903 Nacional
1904 *wurde nicht ausgetragen*
1905 CA Peñarol [CURCC]
1906 Montevideo Wanderers FC
1907 CA Peñarol [CURCC]
1908 River Plate
1909 Montevideo Wanderers FC
1910 River Plate
1911 CA Peñarol [CURCC]
1912 Nacional
1913 River Plate
1914 River Plate
1915 Nacional
1916 Nacional
1917 Nacional
1918 CA Peñarol
1919 Nacional
1920 Nacional
1921 CA Peñarol
1922 Nacional
1923 Nacional und Montevideo Wanderers FC
1924 Nacional und CA Peñarol
1925 *Wettbewerb wurde nicht beendet*
1926 CA Peñarol
1927 Rampla Juniors FC
1928 CA Peñarol
1929 CA Peñarol
1930 *wurde nicht ausgetragen*
1931 Montevideo Wanderers FC
1932 CA Peñarol
1933 Nacional
1934 Nacional
1935 CA Peñarol
1936 CA Peñarol
1937 CA Peñarol
1938 CA Peñarol
1939 Nacional
1940 Nacional
1941 Nacional
1942 Nacional
1943 Nacional
1944 CA Peñarol
1945 CA Peñarol
1946 Nacional
1947 Nacional
1948 *wurde nicht ausgetragen*
1949 CA Peñarol
1950 Nacional
1951 CA Peñarol
1952 Nacional
1953 CA Peñarol
1954 CA Peñarol
1955 Nacional
1956 Nacional
1957 Nacional
1958 CA Peñarol
1959 CA Peñarol
1960 CA Peñarol
1961 CA Peñarol
1962 CA Peñarol
1963 Nacional
1964 CA Peñarol
1965 CA Peñarol
1966 Nacional
1967 CA Peñarol
1968 CA Peñarol
1969 Nacional
1970 Nacional
1971 Nacional
1972 Nacional
1973 CA Peñarol
1974 CA Peñarol
1975 CA Peñarol
1976 Defensor Sporting [Defensor]
1977 Nacional
1978 CA Peñarol
1979 CA Peñarol
1980 Nacional
1981 CA Peñarol
1982 CA Peñarol
1983 Nacional
1984 Central Español FC
1985 CA Peñarol
1986 CA Peñarol
1987 Defensor Sporting [Defensor]
1988 Danubio FC
1989 CA Progreso
1990 CA Bella Vista
1991 Defensor Sporting
1992 Nacional
1993 CA Peñarol
1994 CA Peñarol
1995 CA Peñarol
1996 CA Peñarol
1997 CA Peñarol
1998 Nacional
1999 CA Peñarol
2000 Nacional [2000 Nacional]
2001 Nacional [2001 Nacional]
2002 Nacional [2002 Nacional]
2003 CA Peñarol [2003 Peñarol]
2004 Danubio FC [2004 Danubio]
2005 Nacional [2005 Nacional]
2005/06 Nacional [2005/06 Nacional]

Uruguay-Pokal
1934 Nacional
1935 *wurde nicht ausgetragen*
1936 CA Peñarol
1937-40 *wurde nicht ausgetragen*
1941 CA Peñarol
1942 *wurde nicht ausgetragen*
1943 CA Peñarol
1944 Central Español FC [Central FC]
1945 Nacional
1946 CA Peñarol
1947 CA Peñarol
1948 Nacional
1949 CA Peñarol
1950 Rampla Juniors FC
1951 CA Peñarol
1952 Nacional
1953 CA Peñarol
1954 *wurde nicht ausgetragen*
1955 Rampla Juniors FC
1956 CA Peñarol
1957 CA Peñarol
1958 Nacional
1959 Nacional
1960 *wurde nicht ausgetragen*
1961 Nacional
1962 Nacional
1963 Nacional
1964-84 *wurde nicht ausgetragen*
1985 CA Progreso
1986 CA Peñarol
1987 Montevideo Wanderers FC
1988 Danubio FC
1989 *wurde nicht ausgetragen*
1990 Montevideo Wanderers FC

USA-Liga (ASL)
1921/22 Philadelphia Field Club
1922/23 Pawtucket Rangers [J & P Coats]
1923/24 Fall River Marksmen
1924/25 Fall River Marksmen
1925/26 Fall River Marksmen
1926/27 Bethlehem Steel FC
1927/28 Boston Wonder Workers
1928/29 Fall River Marksmen
1929 Fall River Marksmen
1929/30 Fall River Marksmen
1930 Fall River Marksmen
1930/31 New York Giants
1932 New Bedford Whalers (II)
1932/33 Fall River FC (II)

USA-Pokal (Lewis Cup)
1925 Boston Wonder Workers
1926 New Bedford Whalers (II)
1927 Boston Wonder Workers
1928 Bethlehem Steel FC
1929 New York Nationals
1930 Fall River Marksmen

USA und Kanada-Liga (USA, NASL)
1967 Los Angeles Wolves
1967 Oakland Clippers
1968 Atlanta Apollos [Atlanta Chiefs (I)]
1969 Kansas City Spurs
1970 Rochester Lancers
1971 Dallas Tornado
1972 New York Cosmos [New York]
1973 Philadelphia Atoms
1974 Los Angeles Aztecs
1975 Tampa Bay Rowdies
1976 Toronto Croatia [Toronto Metros-Croatia]
1977 New York Cosmos [Cosmos]
1978 New York Cosmos [Cosmos]
1979 Vancouver Whitecaps
1980 New York Cosmos
1981 Chicago Sting
1982 New York Cosmos
1983 Tulsa Roughnecks
1984 Chicago Sting

USA-Liga (MLS)
1996 DC United
1997 FC Dallas [Dallas Burn]
1998 Chicago Fire
1999 DC United
2000 Kansas City Wizards
2001 San Jose Earthquakes (II)
2002 Los Angeles Galaxy
2003 San Jose Earthquakes (II)
2004 DC United
2005 Los Angeles Galaxy
2006 Houston Dynamo

USA-Pokal (US Open Cup)
1996 DC United
1997 FC Dallas [Dallas Burn]
1998 Chicago Fire
1999 Rochester Rhinos
2000 Chicago Fire
2001 Los Angeles Galaxy
2002 Columbus Crew
2003 Chicago Fire
2004 Kansas City Wizards
2005 Los Angeles Galaxy
2006 Chicago Fire

Usbekistan-Liga
1992 FK Neftschi Fergana und FK Pachtakor Taschkent
1993 FK Neftschi Fergana
1994 FK Neftschi Fergana
1995 FK Neftschi Fergana
1996 FK Nawbachor Namangan
1997 FK MHSK Taschkent
1998 FK Pachtakor Taschkent
1999 FK Dustlik
2000 FK Dustlik
2001 FK Neftschi Fergana
2002 FK Pachtakor Taschkent
2003 FK Pachtakor Taschkent
2004 FK Pachtakor Taschkent
2005 FK Pachtakor Taschkent
2006 FK Pachtakor Taschkent

Usbekistan-Pokal
1993 FK Pachtakor Taschkent
1994 FK Neftschi Fergana
1995 FK Nawbachor Namangan
1996 FK Neftschi Fergana
1997 FK Pachtakor Taschkent
1998 FK Nawbachor Namangan
1999 *wurde nicht ausgetragen*
2000 FK Dustlik
2001 FK Pachtakor Taschkent
2002 FK Pachtakor Taschkent
2003 FK Pachtakor Taschkent
2004 FK Pachtakor Taschkent
2005 FK Pachtakor Taschkent
2006 FK Pachtakor Taschkent

Vanuatu-Liga
1992 Tafea FC
1993 *Sieger unbekannt*
1994 Tafea FC
1995 Tafea FC
1996 Tafea FC
1997 Tafea FC
1998 Tafea FC
1999 Tafea FC
2000 Tafea FC
2001 Tafea FC
2002 Tafea FC
2003 Tafea FC
2004 Tafea FC
2005 Tafea FC

Venezuela-Liga
1921 América
1922 Centro Atlético
1923 América
1924 Centro Atlético
1925 Loyola SC
1926 Centro Atlético
1927 Venzóleo
1928 Deportivo Venezuela
1929 Deportivo Venezuela
1930 Centro Atlético
1931 Deportivo Venezuela
1932 Unión SC
1933 Deportivo Venezuela
1934 Unión SC

1935 Unión SC
1936 Dos Caminos SC
1937 Dos Caminos SC
1938 Dos Caminos SC
1939 Unión SC
1940 Unión SC
1941 Litoral FC
1942 Dos Caminos SC
1943 Loyola SC
1944 Loyola SC
1945 Dos Caminos SC
1946 Deportivo Español
1947 Unión SC
1948 Loyola SC
1949 Dos Caminos SC
1950 Unión SC
1951 Universidad Central
1952 La Salle FC
1953 Universidad Central
1954 Deportivo Vasco
1955 La Salle FC
1956 Banco Obrero
1957 Universidad Central
1958 Deportivo Portugués
1959 Deportivo Español
1960 Deportivo Portugués
1961 Deportivo Italchacao FC [Deportivo Italia]
1962 Deportivo Portugués
1963 Deportivo Italchacao FC [Deportivo Italia]
1964 Deportivo Galicia
1965 UD Lara FC [Lara FC]
1966 Deportivo Italchacao FC [Deportivo Italia]
1967 Deportivo Portugués
1968 UD Canarias
1969 Deportivo Galicia
1970 Deportivo Galicia
1971 Carabobo FC [Valencia FC]
1972 Deportivo Italchacao FC [Deportivo Italia]
1973 Portuguesa FC
1974 Deportivo Galicia
1975 Portuguesa FC
1976 Portuguesa FC
1977 Portuguesa FC
1978 Portuguesa FC
1979 UD Táchira FC
1980 Estudiantes Mérida FC
1981 UD Táchira FC
1982 Atlético San Cristóbal
1983 FCU-ULA FC [ULA-Mérida FC]
1984 UD Táchira FC
1985 Estudiantes Mérida FC
1986 UD Táchira FC [UA Táchira FC]
1986/87 Marítimo FC [CS Marítimo]
1987/88 Marítimo FC [CS Marítimo]
1988/89 AC Mineros de Guayana
1989/90 Marítimo FC [CS Marítimo]
1990/91 FCU-ULA FC [ULA FC]
1991/92 Caracas FC
1992/93 Marítimo FC [CS Marítimo]
1993/94 Caracas FC
1994/95 Caracas FC
1995/96 Minervén FC
1996/97 Caracas FC
1997/98 Atlético Zulia FC
1998/99 Deportivo Italchacao FC
1999/00 UD Táchira FC
2000/01 Caracas FC
2001/02 Nacional-Táchira FC
2002/03 Caracas FC
2003/04 Caracas FC
2004/05 Unión Atlético Maracaibo
2005/06 Caracas FC

Venezuela-Pokal
1959 Deportivo Portugués
1960 Banco Agrícola y Pecuario
1961 Deportivo Italchacao FC [Deportivo Italia]
1962 Deportivo Italchacao FC [Deportivo Italia]
1963 UD Canarias
1964 Tiquire Flores
1965 Carabobo FC [Valencia FC]
1966 Deportivo Galicia
1967 Deportivo Galicia
1968 UD Canarias
1969 Deportivo Galicia
1970 Deportivo Italchacao FC [Deportivo Italia]
1971 Estudiantes Mérida FC
1972 Deportivo Portugués
1973 Portuguesa FC
1974 *wurde nicht ausgetragen*
1975 Estudiantes Mérida FC
1976 Portuguesa FC
1977 Portuguesa FC
1978 Carabobo FC [Valencia FC]
1979 Deportivo Galicia
1980 CA Zamora
1981 Deportivo Galicia
1982 CA Zamora
1983 *wurde nicht ausgetragen*
1984 AC Mineros de Guayana
1985 Estudiantes Mérida FC
1986 UD Táchira FC [UA Táchira FC]
1986/87 Marítimo FC [CS Marítimo]
1987/88 Caracas FC
1988/89 Marítimo FC [CS Marítimo]
1989/90 Anzoátegui FC
1990/91 Internacional de Lara FC
1991/92 Trujillanos FC
1992/93 *wurde nicht ausgetragen*
1993/94 Caracas FC
1994/95 Caracas FC
1995/96 FCU-ULA FC [ULA FC]
1996/97 Atlético Zulia FC
1998–00 *wurde nicht ausgetragen*
2000/01 Caracas FC

Vereinigten Arabischen Emirate-Liga
1973/74 Sharjah [al-Oruba]
1974/75 al-Ahli
1975/76 al-Ahli
1976/77 al-Ain
1977/78 al-Nasr
1978/79 al-Nasr
1979/80 al-Ahli
1980/81 al-Ain
1981/82 al-Wasl
1982/83 al-Wasl
1983/84 al-Ain
1984/85 al-Wasl
1985/86 al-Nasr
1986/87 Sharjah
1987/88 al-Wasl
1988/89 Sharjah
1989/90 al-Shabab
1990/91 *Wettbewerb wurde nicht beendet*
1991/92 al-Wasl
1992/93 al-Ain
1993/94 Sharjah
1994/95 al-Shabab
1995/96 Sharjah
1996/97 al-Wasl
1997/98 al-Ain
1998/99 al-Wahda
1999/00 al-Ain
2000/01 al-Wahda
2001/02 al-Ain
2002/03 al-Ain
2003/04 al-Ain
2004/05 al-Wahda
2005/06 al-Ahli

Vereinigten Arabischen Emirate-Pokal
1974/75 al-Ahli
1975/76 *Wettbewerb wurde nicht beendet*
1976/77 al-Ahli
1977/78 *Wettbewerb wurde nicht beendet*
1978/79 Sharjah
1979/80 Sharjah
1980/81 al-Shabab
1981/82 Sharjah
1982/83 Sharjah
1983/84 Ajman
1984/85 al-Nasr
1985/86 al-Nasr
1986/87 al-Wasl
1987/88 al-Ahli
1988/89 al-Nasr
1989/90 al-Shabab
1990/91 Sharjah
1991/92 Bani Yas
1992/93 al-Sha'ab
1993/94 al-Shabab
1994/95 Sharjah
1995/96 al-Ahli
1996/97 al-Shabab
1997/98 Sharjah
1998/99 al-Ain
1999/00 al-Wahda
2000/01 al-Ain
2001/02 al-Ahli
2002/03 Sharjah
2003/04 al-Ahli
2004/05 al-Ain
2005/06 al-Ain

Vietnam-Liga
1980 Duong Sat Viet Nam [Tong Cuc Duong Sat]
1981/82 The Công [Cau Lac Bo Quan Doi]
1982/83 The Công [Cau Lac Bo Quan Doi]
1984 Hong khong Viet Nam [Công An]
1985 Công Nghiep Ham Nam Ninh
1986 Thep Mien Nam-Cang Saigon [Cang Saigon]
1987 The Công [Cau Lac Bo Quan Doi]
1988 *wurde nicht ausgetragen*
1989 Delta Đong Thap FC [Đong Thap]
1990 The Công [Cau Lac Bo Quan Doi]
1991 Hai Quan
1992 Đa Nang [Quang Nam]
1993/94 Thep Mien Nam-Cang Saigon [Cang Saigon]
1995 Thep Pomina Tien Giang [Công An]
1996 Delta Đong Thap FC [Đong Thap]
1997 Thep Mien Nam-Cang Saigon [Cang Saigon]
1998 The Công
1999/00 Sông Lam Nghe An
2000/01 Sông Lam Nghe An
2001/02 Thep Mien Nam-Cang Saigon [Cang Saigon]
2003 Hoang Anh Gia Lai
2004 Hoang Anh Gia Lai
2005 Gach Đong Tam Long An
2006 Gach Đong Tam Long An

Vietnam-Pokal
1992 Thep Mien Nam-Cang Saigon [Cang Saigon]
1993 Đa Nang [Quang Nam]
1994 Sông Be
1995 Mitsu Haier Hai Phòng [Công An]
1996 Hai Quan
1997 Hai Quan
1998 Thep Pomina Tien Giang [Công An]
1999 *wurde nicht ausgetragen*
2000 Thep Mien Nam-Cang Saigon [Cang Saigon]
2001 Thep Pomina Tien Giang [Công An]
2002 Sông Lam Nghe An
2003 Pisico Binh Đinh [Binh Đinh]
2004 Pisico Binh Đinh [Binh Đinh]
2005 Gach Đong Tam Long An
2006 Hôa Phat

Volksrepublik Kongo-Liga
1958 FC St.-Eloi-Lupopo [FC St. Eloi]
1959–62 *Sieger unbekannt*
1963 DC Motema Pembe [CS Imana]
1964 DC Motema Pembe [CS Imana]
1965 AS Dragons [AS Bilima]
1966 TP Mazembe [TP Engelbert]
1967 TP Mazembe [TP Engelbert]
1968 FC St.-Eloi-Lupopo [FC St. Eloi]
1969 TP Mazembe [TP Engelbert]
1970 AS Vita Club
1971 AS Vita Club
1972 AS Vita Club
1973 AS Vita Club
1974 DC Motema Pembe [CS Imana]
1975 AS Vita Club
1976 TP Mazembe
1977 AS Vita Club
1978 DC Motema Pembe [CS Imana]
1979 AS Dragons [AS Bilima]
1980 AS Vita Club
1981 FC St.-Eloi-Lupopo
1982 AS Dragons [AS Bilima]
1983 SM Sanga Balende
1984 AS Dragons [AS Bilima]
1985 US Tshinkunku
1986 FC St.-Eloi-Lupopo
1987 TP Mazembe
1988 AS Vita Club
1989 DC Motema Pembe
1990 FC St.-Eloi-Lupopo
1991 Scom Mikishi
1992 US Bilombe
1993 AS Vita Club
1994 DC Motema Pembe
1995 AS Bantous
1996 DC Motema Pembe
1997 AS Vita Club
1998 DC Motema Pembe
1999 DC Motema Pembe
2000 TP Mazembe
2001 TP Mazembe
2002 FC St.-Eloi-Lupopo
2003 AS Vita Club
2004 DC Motema Pembe
2005 DC Motema Pembe
2006 TP Mazembe

Volksrepublik Kongo-Pokal
1961 FC St.-Eloi-Lupopo
1962–63 *Sieger unbekannt*
1964 DC Motema Pembe [CS Imana]
1965 AS Dragons [AS Bilima]
1966 TP Mazembe [TP Engelbert]
1967 TP Mazembe [TP Engelbert]
1968 FC St.-Eloi-Lupopo [FC St. Eloi]
1969–70 *Sieger unbekannt*
1971 AS Vita Club
1972 AS Vita Club
1973 AS Vita Club
1974 DC Motema Pembe [CS Imana]
1975 AS Vita Club
1976 TP Mazembe
1977 AS Vita Club
1978 DC Motema Pembe [CS Imana]
1979 TP Mazembe
1980 FC Lubumbashi Sport
1981 AS Vita Club
1982 AS Vita Club
1983 AS Vita Club
1984 DC Motema Pembe [CS Imana]
1985 DC Motema Pembe
1986 AS Kalamu
1987 AS Kalamu
1988 AS Kalamu
1989 AS Kalamu
1990 DC Motema Pembe
1991 DC Motema Pembe
1992 US Bilombe
1993 DC Motema Pembe
1994 DC Motema Pembe
1995 AC Sodigraf
1996 AS Dragons
1997 AS Dragons
1998 AS Dragons
1999 AS Dragons
2000 TP Mazembe
2001 AS Vita Club
2002 US Kenya
2003 DC Motema Pembe
2004 CS Cilu
2005 AS Vita Kabasha
2006 DC Motema Pembe

Wales-Liga
1992/93 Cwmbran Town FC
1993/94 Bangor City FC
1994/95 Bangor City FC
1995/96 Barry Town FC
1996/97 Barry Town FC
1997/98 Barry Town FC
1998/99 Barry Town FC
1999/00 The New Saints FC [TNS Llansantffraid FC]
2000/01 Barry Town FC
2001/02 Barry Town FC
2002/03 Barry Town FC
2003/04 Rhyl FC
2004/05 The New Saints FC [TNS Llansantffraid FC]
2005/06 The New Saints FC [TNS Llansantffraid FC]

Wales-Pokal
1877/78 Wrexham AFC [Wrexham FC]
1878/79 Newtown AFC [Newtown White Star FC]
1879/80 NEWI Cefn Druids FC [Druids FC]
1880/81 NEWI Cefn Druids FC [Druids FC]
1881/82 NEWI Cefn Druids FC [Druids FC]
1882/83 Wrexham AFC [Wrexham FC]
1883/84 Oswestry Town FC [Oswestry White Stars FC]
1884/85 NEWI Cefn Druids FC [Druids FC]
1885/86 NEWI Cefn Druids FC [Druids FC]
1886/87 Chirk AAA FC
1887/88 Chirk AAA FC
1888/89 Bangor City FC [Bangor FC]
1889/90 Chirk AAA FC
1890/91 Shrewsbury Town FC
1891/92 Chirk AAA FC
1892/93 Wrexham AFC
1893/94 Chirk AAA FC
1894/95 Newtown AFC
1895/96 Bangor City FC [Bangor FC]
1896/97 Wrexham AFC
1897/98 NEWI Cefn Druids FC [Druids FC]
1898/99 NEWI Cefn Druids FC [Druids FC]
1899/00 Aberystwyth Town FC [Aberystwyth FC]
1900/01 Oswestry Town FC [Oswestry United FC]
1901/02 Telford United FC [Wellington Town FC]
1902/03 Wrexham AFC
1903/04 NEWI Cefn Druids FC [Druids FC]
1904/05 Wrexham AFC
1905/06 Telford United FC [Wellington Town FC]
1906/07 Oswestry Town FC [Oswestry United FC]
1907/08 Chester City FC [Chester FC]
1908/09 Wrexham AFC
1909/10 Wrexham AFC
1910/11 Wrexham AFC
1911/12 Cardiff City FC
1912/13 Swansea City FC [Swansea Town AFC]
1913/14 Wrexham AFC
1914/15 Wrexham AFC
1916–19 *wurde nicht ausgetragen*
1919/20 Cardiff City FC
1920/21 Wrexham AFC
1921/22 Cardiff City FC
1922/23 Cardiff City FC
1923/24 Wrexham AFC
1924/25 Wrexham AFC
1925/26 Ebbw Vale AFC
1926/27 Cardiff City FC
1927/28 Cardiff City FC
1928/29 Connah's Quay Nomads FC [Connah's Quay & Shotton FC]
1929/30 Cardiff City FC
1930/31 Wrexham AFC
1931/32 Swansea City FC [Swansea Town AFC]
1932/33 Chester City FC [Chester FC]
1933/34 Bristol City FC
1934/35 Tranmere Rovers FC
1935/36 Crewe Alexandra FC
1936/37 Crewe Alexandra FC
1937/38 Shrewsbury Town FC
1938/39 South Liverpool FC
1939/40 Telford United FC [Wellington Town FC]
1941–46 *wurde nicht ausgetragen*
1946/47 Chester City FC [Chester FC]
1947/48 Lovell's Athletic FC
1948/49 Merthyr Tydfil AFC
1949/50 Swansea City FC [Swansea Town AFC]
1950/51 Merthyr Tydfil AFC
1951/52 Rhyl FC
1952/53 Rhyl FC
1953/54 Fflint Town United FC
1954/55 Barry Town FC
1955/56 Cardiff City FC
1956/57 Wrexham AFC
1957/58 Wrexham AFC
1958/59 Cardiff City FC
1959/60 Wrexham AFC
1960/61 Swansea City FC [Swansea Town AFC]
1961/62 Bangor City FC
1962/63 Borough United AFC
1963/64 Cardiff City FC
1964/65 Cardiff City FC
1965/66 Swansea City FC [Swansea Town AFC]
1966/67 Cardiff City FC
1967/68 Cardiff City FC
1968/69 Cardiff City FC
1969/70 Cardiff City FC
1970/71 Cardiff City FC
1971/72 Wrexham AFC
1972/73 Cardiff City FC
1973/74 Cardiff City FC
1974/75 Wrexham AFC
1975/76 Cardiff City FC
1976/77 Shrewsbury Town FC
1977/78 Wrexham AFC
1978/79 Shrewsbury Town FC
1979/80 Newport County AFC [Newport County FC]
1980/81 Swansea City FC
1981/82 Swansea City FC
1982/83 Swansea City FC
1983/84 Shrewsbury Town FC
1984/85 Shrewsbury Town FC
1985/86 Wrexham AFC
1986/87 Merthyr Tydfil AFC
1987/88 Cardiff City FC
1988/89 Swansea City FC
1989/90 Hereford United FC
1990/91 Swansea City FC
1991/92 Cardiff City FC
1992/93 Cardiff City FC
1993/94 Barry Town FC
1994/95 Wrexham AFC
1995/96 The New Saints FC [Llansantffraid FC]
1996/97 Barry Town FC
1997/98 Bangor City FC
1998/99 UWIC Inter Cardiff AFC [Inter Cable-Tel AFC]
1999/00 Bangor City FC
2000/01 Barry Town FC
2001/02 Barry Town FC
2002/03 Barry Town FC
2003/04 Rhyl FC
2004/05 The New Saints FC [TNS Llansantffraid FC]
2005/06 Rhyl FC

Wallis und Futuna-Liga
1996 AS Aka-Aka
1997 AS Aka-Aka
1998 AS Aka-Aka

Weißrussland-Liga
1992 FK Dynama Minsk
1992/93 FK Dynama Minsk
1993/94 FK Dynama Minsk
1994/95 FK Dynama Minsk
1995 FK Dynama Minsk
1996 FK Slawia Mazyr [FK MPKC Mazyr]
1997 FK Dynama Minsk
1998 FK Dnepr Mahiljou
1999 FK BATE Barysau
2000 FK Slawia Mazyr
2001 FK Belschyna Babrujsk
2002 FK BATE Barysau
2003 FK Homel
2004 FK Dynama Minsk
2005 FK Schakhtsjor Salihorsk
2006 FK BATE Barysau

Weißrussland-Pokal
1992 FK Dynama Minsk
1992/93 FK Neman Hrodna
1993/94 FK Dynama Minsk
1994/95 FK Dynama-93 Minsk
1995/96 FK Slawia Mazyr [FK MPKC Mazyr]
1996/97 FK Belschyna Babrujsk
1997/98 FK Lakamatju-96 Witsebsk
1998/99 FK Belschyna Babrujsk
1999/00 FK Slawia Mazyr
2000/01 FK Belschyna Babrujsk
2001/02 FK Homel
2002/03 FK Dynama Minsk
2003/04 FK Schakhtsjor Salihorsk
2004/05 FK MTZ-RIPO Minsk
2005/06 FK BATE Barysau

West-Samoa-Liga
1979 Vaivase-tai
1980 Vaivase-tai
1981 SCOPA und Vaivase-tai
1982 Alafua
1983 Vaivase-tai
1984 Kiwi FC
1985 Kiwi FC
1986–96 *Sieger unbekannt*
1997 Kiwi FC
1998 Vaivase-tai
1999 Moata'a
2000 Titavi FC
2001 Gold Star
2002 Tuanaimoto Breeze [Strickland Brothers]
2003 Tuanaimoto Breeze [Strickland Brothers]
2004 Tuanaimoto Breeze [Strickland Brothers]
2005 Tuanaimoto Breeze

Zentralafrikanische Republik-Liga
1968 US Cattin
1969–70 *wurde nicht ausgetragen*
1971 Olympique Réal
1972 *wurde nicht ausgetragen*
1973 Olympique Réal
1974 ASDR Fatima
1975 Olympique Réal
1976 AS Tempête Mocaf
1977 SCAF Tocages
1978 ASDR Fatima
1979 Olympique Réal
1980 USCA
1981 Sporting Mouara [Publique sportive Mouara]
1982 Olympique Réal
1983 ASDR Fatima
1984 AS Tempête Mocaf
1985 SCAF Tocages
1986 Sporting Mouara [Publique sportive Mouara]
1987 *Sieger unbekannt*
1988 ASDR Fatima
1989 SCAF Tocages
1990 AS Tempête Mocaf
1991 FACA FC
1992 USCA
1993 AS Tempête Mocaf
1994 *Sieger unbekannt*
1995 FACA FC
1996 AS Tempête Mocaf
1997 AS Tempête Mocaf
1998 *wurde nicht ausgetragen*
1999 AS Tempête Mocaf
2000 Olympique Réal
2001 Olympique Réal
2002 *wettbewerb wurde annulliert*
2003 AS Tempête Mocaf
2004 Olympique Réal
2005 ASDR Fatima

Zentralafrikanische Republik-Pokal
1974 AS Tempête Mocaf
1975 *wurde nicht ausgetragen*
1976 Red Star
1977 Sodiam Sports
1978 USCA
1979 Sodiam Sports
1980 ASDR Fatima
1981 ASDR Fatima
1982 AS Tempête Mocaf
1983 Avia Sports
1984 SCAF Tocages
1985 AS Tempête Mocaf
1986–87 *wurde nicht ausgetragen*
1988 USCA
1989 Olympique Réal
1990 FACA FC
1991 ASDR Fatima
1992 AS Tempête Mocaf
1993 ASDR Fatima
1994 FACA FC
1995 *wurde nicht ausgetragen*
1996 *Sieger unbekannt*
1997 USCA
1998 ASDR Fatima
1999 ASDR Fatima
2000 ASDR Fatima
2001 SCAF Tocages
2002 *Sieger unbekannt*
2003 AS Tempête Mocaf
2004 USCA
2005 USCA

Zypern-Liga
1934/35 Trast AC
1935/36 APOEL
1936/37 APOEL
1937/38 AEL
1938/39 APOEL
1939/40 APOEL
1940/41 AEL
1942–44 *wurde nicht ausgetragen*
1944/45 APOEL
1945/46 EPA
1946/47 APOEL
1947/48 APOEL
1948/49 APOEL
1949/50 Anorthosis Famagusta
1950/51 Çetinkaya TSK
1951/52 APOEL
1952/53 AEL
1953/54 Pezoporikos OL
1954/55 AEL
1955/56 AEL
1956/57 Anorthosis Famagusta
1957/58 Anorthosis Famagusta
1958/59 *wurde nicht ausgetragen*
1959/60 Anorthosis Famagusta
1960/61 Omonia
1961/62 Anorthosis Famagusta
1962/63 Anorthosis Famagusta
1963/64 *wurde nicht ausgetragen*
1964/65 APOEL
1965/66 Omonia
1966/67 Olympiakos
1967/68 AEL
1968/69 Olympiakos
1969/70 EPA
1970/71 Olympiakos
1971/72 Omonia
1972/73 APOEL
1973/74 Omonia
1974/75 Omonia
1975/76 Omonia
1976/77 Omonia
1977/78 Omonia
1978/79 Omonia
1979/80 APOEL
1980/81 Omonia
1981/82 Omonia
1982/83 Omonia
1983/84 Omonia
1984/85 Omonia
1985/86 APOEL
1986/87 Omonia
1987/88 Pezoporikos OL
1988/89 Omonia
1989/90 APOEL
1990/91 Apollon
1991/92 APOEL
1992/93 Omonia
1993/94 Apollon
1994/95 Anorthosis Famagusta
1995/96 APOEL
1996/97 Anorthosis Famagusta
1997/98 Anorthosis Famagusta
1998/99 Anorthosis Famagusta
1999/00 Anorthosis Famagusta
2000/01 Omonia
2001/02 APOEL
2002/03 Omonia
2003/04 APOEL
2004/05 Anorthosis Famagusta
2005/06 Apollon

Zypern-Pokal
1934/35 Trast AC
1935/36 Trast AC
1936/37 APOEL
1937/38 Trast AC
1938/39 AEL
1939/40 AEL
1940/41 APOEL
1942–44 *wurde nicht ausgetragen*
1944/45 EPA
1945/46 EPA
1946/47 APOEL
1947/48 AEL
1948/49 Anorthosis Famagusta
1949/50 EPA
1950/51 APOEL
1951/52 Çetinkaya TSK
1952/53 EPA
1953/54 Çetinkaya TSK
1954/55 EPA
1956–61 *wurde nicht ausgetragen*
1961/62 Anorthosis Famagusta
1962/63 APOEL
1963/64 *wurde nicht ausgetragen*
1964/65 Omonia
1965/66 Apollon
1966/67 Apollon
1967/68 APOEL
1968/69 APOEL
1969/70 Pezoporikos OL
1970/71 Anorthosis Famagusta
1971/72 Omonia
1972/73 APOEL
1973/74 Omonia
1974/75 Anorthosis Famagusta
1975/76 APOEL
1976/77 Olympiakos
1977/78 APOEL
1978/79 APOEL
1979/80 Omonia
1980/81 Omonia
1981/82 Omonia
1982/83 Omonia
1983/84 APOEL
1984/85 AEL
1985/86 Apollon
1986/87 AEL
1987/88 Omonia
1988/89 AEL
1989/90 Nea Salamis Famagusta
1990/91 Omonia
1991/92 Apollon
1992/93 APOEL
1993/94 Omonia
1994/95 APOEL
1995/96 APOEL
1996/97 APOEL
1997/98 Anorthosis Famagusta
1998/99 APOEL
1999/00 Omonia
2000/01 Apollon
2001/02 Anorthosis Famagusta
2002/03 Anorthosis Famagusta
2003/04 AEK
2004/05 Omonia
2005/06 APOEL

Verzeichnis der Klubs, Städte und Länder

Das Register umfasst die Namen der Klubs (inklusive ältere Bezeichnungen), Städte und Länder (Staaten und abhängige Gebiete) und ermöglicht, jene Seite zu finden, auf der der gesuchte Begriff in der vorliegenden Landkarte eingezeichnet ist.

Zur Vereinfachung verwenden wir die Begriffe „Klub" und „Stadt", obwohl es sich oft um ein Team ohne nachweisbaren Klubstatus oder im Falle von „Stadt" lediglich um ein Dorf handelt (die fachliche Definition einer Stadt wird in der Welt unterschiedlich gehandhabt). Eine genauere Unterscheidung dieser Kategorien wäre sehr kompliziert, wahrscheinlich fast unmöglich (vor allem bei Teams, die im 19. Jahrhundert spielten).

Im Register kommen einige Arten von Stichwörtern vor. Die sogenannten Hauptstichwörter der Klubs liefern uns folgende Informationen (sofern sie bekannt sind): **Klubname** (vollständiger Klubname), Stadt, Land, Gründungsjahr (Entwicklung der Namensänderungen, mögliche Fusionen, Teilungen, Auflösungen, Neugründungen) und Seitennummer. Die Nebenstichwörter der Klubs (nicht fett gedruckt) helfen den Klub zu finden, auch wenn von ihm nur ein älterer oder ungenauer (unvollständiger) Name bekannt ist. Die im Register erfassten Städte kann man entweder auf der Karte direkt finden oder als Bestandteil des Klubnamens.

Verwendete Abkürzungen:

aufgelöst	- aufgel.	Seite	- S.
Auflösung	- Aufl.	siehe	- s.
entstand	- entst.	wiedergegründet	- wiedergegr.
gegründet	- gegr.	Wiedergründung	- Wiedergr.

CD Motagua (Club Deportivo Motagua), Tegucigalpa, Honduras, Klub, entst. 1928, **s. S.** 125
CD Muahivire (Clube Desportes Muahivire), Nampula, Mosambique, Klub, **s. S.** 121
CD Municipal (Club Deportivo Municipal), La Paz, Bolivien, Klub, entst. 1944, **s. S.** 131
CD Municipal Limeño (Club Deportivo Municipal Limeño), Santa Rosa de Lima, El Salvador, Klub, **s. S.** 125
CD Nacional (Clube Desportivo Nacional), Funchal, Portugal, Klub, entst. 1910, **s. S.** 79
CD Numancia (Club Deportivo Numancia), Soria, Spanien, Klub, entst. 1945, **s. S.** 79
CD O'Higgins (Club Deportivo O'Higgins), Rancagua, Chile, Klub, entst. 1955, **s. S.** 135
CD Olimpia (Club Deportivo Olimpia), Tegucigalpa, Honduras, Klub, entst. 1926, **s. S.** 125
CD Once Lobos (Club Deportivo Once Lobos), Chalchuapa, El Salvador, Klub, **s. S.** 125
CD Ovación SIPESA **s.** CD Pesquero
CD Ovetense **s.** Real Oviedo CF
CD Palestino (Club Deportivo Palestino), Santiago, Chile, Klub, entst. 1920, **s. S.** 135
CD Pan de Azúcar (Club Deportivo Pan de Azúcar), Ciudad de Panamá/Panama City, Panama, Klub, entst. 1974, **s. S.** 125
CD Pantoja-Rowe (Club Deportivo Pantoja-Rowe), Pantoja, Dominikanische Republik, Klub, **s. S.** 127
CD Pesquero (Club Deportivo Pesquero), Chimbote, Peru, Klub, entst. 1966, [1966-93 CD Ovación SIPESA, 93-96 CD SIPESA, 96-99 CD Pesquero, aufgel. 99, Umzug nach Huancayo => CD Wanka], **s. S.** 130
CD Pesquero **s.** CD Wanka
CD Petapa (Club Deportivo Petapa), Petapa, Guatemala, Klub, **s. S.** 125
CD Platense (Club Deportivo Platense), Puerto Cortés, Honduras, Klub, entst. 1960, **s. S.** 125
CD Platense (Club Deportivo Platense), Zacatecoluca, El Salvador, Klub, **s. S.** 125
CD Plaza Amador (Club Deportivo Plaza Amador), Ciudad de Panamá/Panama City, Panama, Klub, entst. 1955, **s. S.** 125
CD Policía Nacional (Club Deportivo Policía Nacional), Ciudad de Panamá/Panama City, Panama, Klub, entst. 2005, **s. S.** 125
CD Pringles **s.** Alianza Juventud Pringles
CD Provincial Osorno (Club Deportivo Provincial Osorno), Osorno, Chile, Klub, entst. 1983, **s. S.** 135
CD Quevedo (Club Deportivo Quevedo), Quevedo, Ecuador, Klub, entst. 1950, **s. S.** 130
CD Recoleta (Club Deportivo Recoleta), Asunción, Paraguay, Klub, entst. 1912, **s. S.** 135
CD Ribeira Brava (Clube Desportivo Ribeira Brava), Ribeira Brava, Kapverden, Klub, **s. S.** 116
CD Sabadell FC (Centre D'Esports Sabadell Fútbol Club), Sabadell, Spanien, Klub, entst. 1903, **s. S.** 79
CD Sacachispas (Club Deportivo Sacachispas), Chiquimulilla, Guatemala, Klub, entst. 1949, **s. S.** 125
CD Santa Clara (Club Deportivo Santa Clara), Santa Clara, El Salvador, Klub, **s. S.** 125
CD Santa Clara (Clube Desportivo Santa Clara), Ponta Delgada, Portugal, Klub, entst. 1921, **s. S.** 79
CD Santa Lucía Cotzumalguapa (Club Deportivo Santa Lucía Cotzumalguapa), Santa Lucía Cotzumalguapa, Guatemala, Klub, entst. 1969, [19??-99 CD Azucareros], **s. S.** 125
CD Santiago Morning **s.** Deportivo Santiago
CD Santiago Morning **s.** Morning Star
CD Santiagueño (Club Deportivo Santiagueño), Santiago de Maria, El Salvador, Klub, **s. S.** 125
CD Saprissa (Club Deportivo Saprissa), San José, Costa Rica, Klub, entst. 1935, **s. S.** 124
CD Serviços Alfândega (Clube Desportivo dos Serviços de Alfândega), Macao, Macao, Klub, **s. S.** 109
CD SIPESA **s.** CD Pesquero
CD Sonangol **s.** Atlético Petróleos do Namibe
CD Suchitépequez (Club Deportivo Suchitépequez), Mazatenango, Guatemala, Klub, entst. 1960, **s. S.** 125
CD Técnico Universitario (Club Deportivo Técnico Universitario), Ambato, Ecuador, Klub, entst. 1971, **s. S.** 130
CD Teculután (Club Deportivo Teculután), Teculután, Guatemala, Klub, **s. S.** 125
CD Tenerife (Club Deportivo Tenerife), Santa Cruz de Tenerife, Spanien, Klub, entst. 1922, **s. S.** 79
CD Tiburones (Club Deportivo Tiburones), Acajutla, El Salvador, Klub, entst. 1979, [1979-90 CEPA], **s. S.** 125
CD Tipoití **s.** CD Mandiyú
CD Toluca (Club Deportivo Toluca AC), Toluca de Lerdo, Mexiko, Klub, entst. 1917, **s. S.** 125
CD Travadores (Clube Desportivo Travadores), Praia, Kapverden, Klub, **s. S.** 116
CD Unidad, Malabo, Äquatorial-Guinea, Klub, **s. S.** 118
CD Unión Española (Club Deportivo Unión Española), Santiago, Chile, Klub, entst. 1897, [aufgel. ??, wiedergegr. 1935], **s. S.** 135
CD Unión La Calera (Club Deportivo Unión La Calera), La Calera, Chile, Klub, entst. 1954, **s. S.** 135
CD Universidad Católica (Club Deportivo Universidad Católica), Quito, Ecuador, Klub, entst. 1961, **s. S.** 131
CD Universidad Católica (Club Deportivo Universidad Católica), Santiago, Chile, Klub, entst. 1935, **s. S.** 135
CD Universidad de Concepción (Club Deportivo Universidad de Concepción), Concepción, Chile, Klub, entst. 1994, **s. S.** 135
CD Universitario (Club Deportivo Universitario), La Paz, Bolivien, Klub, **s. S.** 131
CD Veracruz (Club Deportivo Veracruz SA), Veracruz Llave, Mexiko, Klub, entst. 1943, [1984 aufgel., 89 wiedergegr.], **s. S.** 125
CD Victoria (Club Deportivo Victoria), La Ceiba, Honduras, Klub, entst. 1935, **s. S.** 125
CD Vida (Club Deportivo Vida), La Ceiba, Honduras, Klub, entst. 1940, **s. S.** 125
CD Vista Hermosa (Club Deportivo Vista Hermosa), San Francisco Gotera, El Salvador, Klub, entst. 1999, **s. S.** 125
CD Walter Ferreti (Club Deportivo Walter Ferreti), Managua, Nicaragua, Klub, **s. S.** 133
CD Wanka (Club Deportivo Wanka), Huancayo, Peru, Klub, entst. 1999, [entst. 1999 nach Umzug von CD Pesquero aus Chimbote], **s. S.** 130
CD Wanka **s.** CD Pesquero
CD Zacapa (Club Deportivo Zacapa), Zacapa, Guatemala, Klub, entst. 1959, **s. S.** 125
CD Zacatepec (Club Deportivo Zacatepec SA), Cuernavaca, Mexiko, Klub, entst. 1950, **s. S.** 125
CDA (Capital Development Authority), Dodoma, Tansania, Klub, **s. S.** 119
CDA Djibouti, Djibouti, Dschibuti, Klub, **s. S.** 115
CDE (Association sportive Compagnie Djibouti-Ethiopie), Djibouti, Dschibuti, Klub, **s. S.** 115
CDE **s.** AS CDE
CDGK (Karachi City District Government), Karachi, Pakistan, Klub, [19??-200? KMC], **s. S.** 105
CDKA Moskva **s.** PFK CSKA Moskva
CDNA Sofija **s.** DSO Tscherveno zname Sofija
CDNA Sofija **s.** PFK CSKA Sofija
CDNA Sofija **s.** PFK Septemvri Sofija
CDNV Sofija **s.** PFK CSKA Sofija
CDSA Moskva **s.** PFK CSKA Moskva
CDSA Moskva **s.** VVS Moskva
CDV Sofija **s.** PFK Septemvri Sofija
CE Benito (Club Esportiu Benito), Sant Julià de Lòria, Andorra, Klub, entst. 1997, [1997-98 Cava Benito], **s. S.** 77
CE Dom Bosco (Clube Esportivo Dom Bosco), Cuiabá, Brasilien, Klub, entst. 1925, **s. S.** 133
CE Nova Esperança (Centro Esportivo Nova Esperança), Campo Grande, Brasilien, Klub, entst. 1999, **s. S.** 133
CE Paysandu **s.** Brusque FC
CE Paysandu **s.** CA Carlos Renaux
CE Principat Inter Trade **s.** CE Principat
CEA Clube Macapá **s.** CEA Macapá
CEA Macapá (CEA Clube Macapá), Macapá, Brasilien, Klub, [aufgel. 19??], **s. S.** 133
Ceahlăul Piatra Neamţ **s.** FC Ceahlăul Piatra Neamţ
Ceará SC (Ceará Sporting Club), Fortaleza, Brasilien, Klub, entst. 1914, **s. S.** 133
Ceará Sporting Club **s.** Ceará SC
Cebu City, Stadt, Philippinen, **s. S.** 107
Cebu FA (Cebu Football Association), Cebu City, Philippinen, Klub, **s. S.** 107
Cebu Football Association **s.** Cebu FA
Čechie BVB **s.** TJ Čechie Karlín
Čechie Karlín **s.** TJ Čechie Karlín
Čechie Liberec **s.** TJ Jiskra SS Liberec
Čechie Liberec **s.** TJ Slavoj Liberec
Čechie Praha VIII **s.** SK Čechie Praha VIII
Čechie Trnava **s.** FC Spartak Trnava
Cecle sportif Batavea **s.** CSB
Cedar United, Monrovia, Liberia, Klub, **s. S.** 117
Cefn Albion FC **s.** NEWI Cefn Druids FC
Cefn Druids FC **s.** NEWI Cefn Druids FC
Celaya, Stadt, Mexiko, **s. S.** 125
Celeritas **s.** Feyenoord
Čelik Zenica **s.** NK Čelik Zenica
Celje, Stadt, Slowenien, **s. S.** 93
Celle, Stadt, Deutschland, **s. S.** 85
Celta **s.** Deportivo Celta
Celta Vigo **s.** RC Celta Vigo
Celtic FC (Celtic Football Club), Glasgow, Schottland, Klub, entst. 1888, **s. S.** 69
Celtic FC & AC (Celtic Football Club & Athletic Club), Belfast, Nordirland, Klub, entst. 1891, [1891-97 Celtic FC, 1897-1949 Celtic FC & AC, 49 aufgel.], **s. S.** 69
Celtic FC **s.** Birkirkara FC
Celtic FC **s.** Celtic FC & AC
Celtic FC **s.** Cork Celtic FC
Celtic FC **s.** Derry Celtic FC
Celtic Football Club & Athletic Club **s.** Celtic FC & AC
Celtic Football Club **s.** Celtic FC
Celtic **s.** Bloemfontein Celtic
Celtic **s.** Philadelphia Celtic
Celtics **s.** Jersey City Celtics
Celtnieks Daugavpils **s.** FC Dinaburg Daugavpils
Celtnieks Riga, Riga, Lettland, Klub, **s. S.** 99
Celts **s.** Caernarfon Town FC
Cemaes Bay FC **s.** Cemaes Ynys Môn FC
Cemaes Ynys Môn FC (Cemaes Ynys Môn Football Club), Cemaes, Wales, Klub, entst. 1946, [1946-97 Cemaes Bay FC], **s. S.** 67
Cemaes Ynys Môn Football Club **s.** Cemaes Ynys Môn FC
Cemaes, Stadt, Wales, **s. S.** 67
Cement **s.** Eagle Cement
Cementarnica 55 Skopje **s.** FK Cementarnica 55 Skopje
Centauros Villavicencio (Corporación Deportiva Centauros Villavicencio), Villavicencio, Kolumbien, Klub, entst. 2003, **s. S.** 128
Centenario FC **s.** CA Témperley
Centenario **s.** Paysandú FC
Central Argentine Railway AC **s.** CA Rosario Central
Central Coast Mariners FC (Central Coast Mariners Football Club), Gosford, Australien, Klub, entst. 2004, **s. S.** 136
Central Córdoba **s.** CA Central Córdoba
Central Español FC (Central Español Fútbol Club), Montevideo, Uruguay, Klub, entst. 1905, [1905-71 Central FC, 71 Fusion mit Federation of Spanish Institutions => Central Español FC], **s. S.** 135
Central Español Fútbol Club **s.** Central Español FC
Central Falcons, Trinidad und Tobago, Klub, [19??-9? Trinity Falcons], **s. S.** 129
Central FC **s.** Balestier Central FC
Central FC **s.** Central Español FC
Central Hikers **s.** Botafogo/Central Hikers
Central Laitiere Association sportive Casablanca **s.** CLAS Casablanca
Central Norte **s.** CA Central Norte
Central **s.** Unión Central
Central **s.** Universidad Central
Central SC (Central Sport Club), Caruaru, Brasilien, Klub, entst. 1919, **s. S.** 133
Central Sport Club **s.** Central SC
Central Sport **s.** AS Central Sport
Central Team, ar-Riyad, Saudi-Arabien, Klub, [aufgel. 19??], **s. S.** 103
Central United FC (Central United Football Club), Auckland, Neuseeland, Klub, entst. 1962, **s. S.** 137
Central United Football Club **s.** Central United FC
Central'nyj Sportivnyj Klub Armiji Almaty **s.** CSKA Almaty
Centre Chiefs (Wharic Centre Chiefs), Mochudi, Botswana, Klub, **s. S.** 121
Centre de Flacq, Stadt, Mauritius, **s. S.** 121
Centre D'Esports Sabadell Fútbol Club **s.** CD Sabadell FC
Centre Salif Keita **s.** JS Centre Salif Keita
Centro Atlético (Centro Atlético de Gimnasia y Deportes), Caracas, Venezuela, Klub, entst. 1907, [aufgel. 19??], **s. S.** 129
Centro Atlético de Gimnasia y Deportes **s.** Centro Atlético
Centro Atlético Fénix **s.** Atlético Fénix
Centro de Futebol Zico, Brasília, Brasilien, Klub, entst. 1999, **s. S.** 133
Centro de la Juventud Antoniana **s.** Juventud Antoniana
Centro Deportivo Olmedo **s.** Deportivo Olmedo
Centro Dominguito (RKSV Centro Dominguito), Dominguito, Niederländische Antillen, Klub, **s. S.** 127
Centro Iqueño, Lima, Peru, Klub, entst. 1935, [aufgel. 1987 durch Fusion mit Juventud La Joya => La Joya-Iqueño, 87 Aufl. der Fusion und Zurückbenennung], **s. S.** 130
Centro Iqueño **s.** Juventud La Joya
Centro Iqueño **s.** La Joya-Iqueño
Centro Juvenil (Centro Deportivo Juvenil), Esmeraldas, Ecuador, Klub, entst. 1933, **s. S.** 130
Centro Sportivo Alagoano **s.** CSA
Centroamericana **s.** Universidad Centroamericana
Centrul Universitar Bucureş ti **s.** CF Sportul Studentesc Bucureş ti
Century Welfare Association **s.** ASPL 2000
Century Welfare Association **s.** RBBS/St. Martin
CEPA **s.** CD Tiburones
Cercle Athlétique Charenton **s.** CA Charenton
Cercle Brugge Koninklijke Sportvereniging **s.** Cercle Brugge KSV
Cercle Brugge KSV (Cercle Brugge Koninklijke Sportvereniging), Brugge, Belgien, Klub, entst. 1899, [1899-1924 CS Brugeois, 24-68 RCS Brugeois, 68-97 KSV Cercle Brugge], **s. S.** 75
Cercle Club Athlétique Sporting Racing Luxembourg **s.** Spora Luxembourg
Cercle des Régates de Bruxelles, Bruxelles/Brussel, Belgien, Klub, entst. 1878, **s. S.** 75
Cercle des Sports Echternach **s.** CS Echternach
Cercle Mbéri (Cercle Mbéri sportif), Libreville, Gabun, Klub, **s. S.** 119
Cercle Mbéri sportif **s.** Cercle Mbéri
Cercle Olympique, Bamako, Mali, Klub, **s. S.** 114
Cercle sportif Football and Lawn Tennis Esch/Alzette **s.** CS FOLA Esch
Cercle sportif le Stade Dudelange **s.** CS Stade Dudelange
Cercle sportif Obercorn **s.** CS Obercorn
Cerezo Osaka, Osaka, Japan, Klub, entst. 1957, [19??-92 Yanmar Diesel FC], **s. S.** 111
Cernăuţ i, Stadt, Ukraine, **s. S.** 91 und 99
Cerrito **s.** CS Cerrito
Cerro Corá (Club Cerro Corá), Asunción, Paraguay, Klub, entst. 1925, **s. S.** 135
Cerro de Pasco, Stadt, Peru, **s. S.** 130
Cerro FC (Cerro Fútbol Club), Havanna (La Habana), Kuba, Klub, **s. S.** 126
Cerro Fútbol Club **s.** Cerro FC
Cerro Porteño (Club Cerro Porteño), Asunción, Paraguay, Klub, entst. 1912, **s. S.** 135
Cerro Porteño-PF (Club Cerro Porteño-Presidente Franco), Ciudad del Este, Paraguay, Klub, entst. 1967, **s. S.** 135
Cerro **s.** CA Cerro
Červená hviezda Bratislava **s.** FK Inter Bratislava
Červená hviezda Bratislava **s.** ŠK Polície Bratislava
Cesarini **s.** CA Renato Cesarini
Cesena AC (Cesena Associazione Calcio), Cesena, Italien, Klub, entst. 1940, **s. S.** 81
Cesena Associazione Calcio **s.** Cesena AC
Cesena, Stadt, Italien, **s. S.** 81
Česká sportovní společnost Drnovice **s.** 1. FK Drnovice
České Budějovice, Stadt, Tschechische Republik, **s. S.** 86
Český Amatérský Football Club Praha **s.** ČAFC Praha
Český Amatérský Fotbalový Club Židenice **s.** ČAFC Židenice
Český SK Jablonec **s.** FK Jablonec 97
Cessange **s.** FC Progrès Cessange
Cetinje, Stadt, Montenegro, **s. S.** 93
Çetinkaya TSK (Çetinkaya Türk Spor Kulübü), Nicosia/Lefkosia, Zypern, Klub, entst. 1916, [1916-51 LTSK], **s. S.** 95
Çetinkaya Turkish Sport Club **s.** Çetinkaya TSC
CEUB EC (CEUB Esporte Clube), Brasília, Brasilien, Klub, [aufgel. 19??], **s. S.** 133
CEUB Esporte Clube **s.** CEUB EC
Ceuta SD **s.** Atlético Tetuán
Ceuta, Stadt, Spanien, **s. S.** 79
CF Amazônia (Centro de Futebol Amazônia), Porto Velho, Brasilien, Klub, **s. S.** 132
CF América (Club de Fútbol América SA), Mexiko Stadt/Ciudad de México, Mexiko, Klub, entst. 1916, [entst. 1916 durch Fusion Record FC und Colon FC], **s. S.** 125
CF Atléticos (Club de Fútbol Atléticos), Rio Piedras, Puerto Rico, Klub, **s. S.** 127
CF Barcelona **s.** FC Barcelona
CF Bayamón-Lincoln (Club de Fútbol Bayamón-Lincoln), Bayamón, Puerto Rico, Klub, **s. S.** 127
CF Chindia Târgoviş te (Clubul de Fotbal Chindia Târgoviş te), Târgoviş te, Rumänien, Klub, entst. 1950, [1950-5? Metalul Tîrgoviş te, 5?-57 Energia Tîrgoviş te, 57-72 Metalul Tîrgoviş te, 72-94 CS Tîrgoviş te, 94 CS Târgoviş te, 94-96 Otelul U Târgoviş te], **s. S.** 91
CF Estrela Amadora (Clube de Futebol Estrela da Amadora), Amadora, Portugal, Klub, entst. 1932, **s. S.** 79
CF Extremadura (Club de Fútbol Extremadura), Almendralejo, Spanien, Klub, entst. 1924, **s. S.** 79
CF Fraigcomar (Club de Fútbol Fraigcomar), Rio Piedras, Puerto Rico, Klub, entst. 1986, **s. S.** 127
CF Gloria-1922 Bistriţ a (Clubul de Fotbal Gloria-1922 Bistriţ a), Bistriţ a, Rumänien, Klub, entst. 1922, [1922-?? CS Gloria Bistriţ a, ??-?? Progresul Bistriţ a, ??-92 CS Gloria Bistriţ a], **s. S.** 91
CF Malaguaño **s.** Málaga CF
CF Maunabo (Club de Fútbol Maunabo), Maunabo, Puerto Rico, Klub, **s. S.** 127
CF Monterrey (Club de Fútbol Monterrey AC), Monterrey, Mexiko, Klub, entst. 1945, [1946 aufgel., ?? wiedergegr.], **s. S.** 125
CF Nacional (Club de Fútbol Nacional), Carolina, Puerto Rico, Klub, **s. S.** 127
CF Nistru Chiş inău **s.** FC Zimbru Chiş inău
CF Os Balantas Mansôa (Clube de Futebol Os Balantas de Mansôa), Mansôa, Guinea-Bissau, Klub, **s. S.** 117
CF Os Belenenses (Clube de Futebol Os Belenenses), Lissabon (Lisboa), Portugal, Klub, entst. 1919, **s. S.** 78
CF Puebla (Club de Fútbol Puebla de la Franja AC), Puebla de Zaragoza, Mexiko, Klub, entst. 1943, **s. S.** 125
CF Sevilla **s.** Sevilla FC
CF Sportul Studenţ esc Bucureş ti (Clubul de Fotbal Sportul Studenţ esc Bucureş ti), Bukarest (Bucureş ti), Rumänien, Klub, entst. 1916, [1916-19 SC Universitar Studentesc Bucureş ti, 19-45 Sportul Studentesc Bucureş ti, 45-47 Sparta Bucureş ti, 47 aufgel., 48 wiedergegr., 48-54 Centrul Universitar Bucureş ti, 54 Fusion mit IA Bucureş ti => Ştiinţ a Bucureş ti (54-66), 66-69 Politehnica Bucureş ti], **s. S.** 90
CF União (Clube de Futebol União), Funchal, Portugal, Klub, entst. 1913, **s. S.** 79
CF União Coimbra (Clube de Futebol União de Coimbra), Coimbra, Portugal, Klub, entst. 1919, **s. S.** 79
CF Vega Alta (Club de Fútbol Vega Alta), Vega Alta, Puerto Rico, Klub, [19??-2000 Maceteros], **s. S.** 127
CFA Espoir, Brazzaville, Kongo, Klub, **s. S.** 118
CFC Preußen Krefeld **s.** VfL Preußen 1895 Krefeld
CFKA Sofija **s.** PFK CSKA Sofija
CFKA Sredec Sofija **s.** PFK CSKA Sofija
CFPV **s.** Vagonul Ploieş ti
CFR Arad **s.** CS Astra Arad
CFR Braş ov (Caile Ferate Româna Braş ov), Braş ov, Rumänien, Klub, entst. 1920, [1920-46 SS ACFR Braş ov, ?? aufgel.], **s. S.** 91
CFR Bucureş ti **s.** UFC Rapid Bucureş ti
CFR Cluj **s.** FC CFR Ecomax Cluj
CFR Cluj **s.** Ferar KMSE Cluj
CFR Cluj **s.** Rapid Cluj
CFR Cluj **s.** Victoria CFR Cluj
CFR Galaţ i **s.** Gloria CFR Galaţ i
CFR Iaş i (Caile Ferate Româna Iaş i), Iaş i, Rumänien, Klub, entst. 1921, [1921-?? Acvila Iaş i, ??-36 CS Victoria Iaş i, 36 Fusion mit ACFR Iaş i => Victoria CFR Iaş i (36-47), 47-50 CFR Iaş i, 50-56 Locomotivă Iaş i, 56-58 CFR Iaş i, aufgel. 58 Fusion mit Ştiinţ a Iaş i => CSMS Iaş i], **s. S.** 91
CFR Iaş i **s.** FC Politehnica Iaş i
CFR Locomotivă Satu Mare **s.** FC Olimpia Satu Mare
CFR Mureş ul Tîrgu Mureş **s.** CS Mureş ul Tîrgu Mureş
CFR Ploieş ti **s.** Vagonul Ploieş ti
CFR Satu Mare **s.** FC Olimpia Satu Mare
CFR Sibiu **s.** FC Şoimii COMPA Sibiu
CFR Timiş oara (Casa Ferovariul Rapid Timiş oara), Temeschburg (Timiş oara), Rumänien, Klub, entst. 1919, [1919-26 Sparta CFR Timiş oara, 26 Fusion mit Unirea Timiş oara => Sparta Unirea CFR Timiş oara (26-32), 27 Fusion mit CS Banatul Timiş oara, 32-50 CFR Timiş oara, 50-58 Locomotivă Timiş oara], **s. S.** 91
CFR Tîrgu Mureş **s.** CS Mureş ul Tîrgu Mureş
CFR Turnu Severin (Caile Ferate Româna Turnu Severin), Drobeta-Turnu Severin, Rumänien, Klub, entst. 1928, [1928-51 CFR Turnu Severin, 51-57 Locomotivă Turnu Severin, 57-58 CFR Turnu Severin, 58 aufgel.], **s. S.** 91
CG Tîrgu Mureş (Clubul Gimnastic Tîrgu Mureş), Târgu Mureş , Rumänien, Klub, [aufgel. 19??], **s. S.** 91
ČH Topoľčany **s.** MFK VTJ Topoľčany
Chabab Aurés Batna **s.** CA Batna
Chabab Mohammedia **s.** SC Chabab Mohammedia
Chabab Riadhi Belouizdad **s.** CR Belouizdad
Chabab sportif de Constantine **s.** CS Constantine
Chacao **s.** Deportivo Italchacao FC
Chacarita Juniors **s.** CA Chacarita Juniors
Chacarita Versalles, Iquitos, Peru, Klub, **s. S.** 131
Chaco For Ever **s.** CA Chaco For Ever
Chaco Petrolero **s.** CD Chaco Petrolero
Chadongcha, Pyongyang, Nordkorea, Klub, **s. S.** 110
Chaguaramas, Stadt, Trinidad und Tobago, **s. S.** 129
Chalaco **s.** Atlético Chalaco
Chalantika SC **s.** Mirpur Chalantika SC
Chalchuapa, Stadt, El Salvador, **s. S.** 125
Chalkanor Idaliou, Dali/Dhali, Zypern, Klub, **s. S.** 95
Challengers, Soufrière, St. Lucia, Klub, **s. S.** 127
Chaman, Stadt, Pakistan, **s. S.** 104
Chambishi , Stadt, Sambia, **s. S.** 119
Chambishi FC (Chambishi Football Club), Chambishi, Sambia, Klub, [19??-?? Chambishi United, ??-2004 Chambishi Blackburn], **s. S.** 119
Chamois Niortais FC (Chamois Niortais Football Club), Niort, Frankreich, Klub, entst. 1921, **s. S.** 77
Chamois Niortais Football Club **s.** Chamois Niortais FC
Chancay, Stadt, Peru, **s. S.** 130
Chanchamayo FC (Chanchamayo Fútbol Club), La Merced, Peru, Klub, [19??-85 Hostal Rey], **s. S.** 131
Chanchamayo Fútbol Club **s.** Chanchamayo FC
Chandpur, Stadt, Bangladesh, **s. S.** 105
Chang **s.** FC Nordjylland
Changchun Yatai, Changchun, China, Klub, [??-2001 Changchun Yatai Xiongshi, 01-03 Changchun Yatai, 03-04 Changchun Jinlai Yatai], **s. S.** 109
Changsha, Stadt, China, **s. S.** 109
Changwon, Stadt, Südkorea, **s. S.** 110
Chanic, Bujumbura, Burundi, Klub, **s. S.** 119
Chankendi, Stadt, Armenien, **s. S.** 97
Chanties **s.** Robbie Chanties
Chaouia **s.** US Chaouia
Chapadão do Sul, Stadt, Brasilien, **s. S.** 133
Chapecó, Stadt, Brasilien, **s. S.** 133
Chapecoense (Associação Chapecoense de Futebol), Chapecó, Brasilien, Klub, entst. 1973, **s. S.** 133
Chapungu United, Gweru, Simbabwe, Klub, **s. S.** 121
Charara **s.** al-Charara
Charentes Angoulême **s.** AS Angoulême
Charenton **s.** CA Charenton
Charkiw, Stadt, Ukraine, **s. S.** 99
Char'kow, Stadt, Ukraine, **s. S.** 99
Charleroi SC **s.** RSC Charleroi
Charleroi, Stadt, Belgien, **s. S.** 75
Charleston **s.** Orizaba Charleston
Charloische Voetbal Vereniging **s.** CVV
Charlotte Amalie, Stadt, Amerikanisch-Jungferninseln, **s. S.** 126
Charlotte, Stadt, USA, **s. S.** 123
Charlottenburg **s.** Berliner Tennis Club Borussia
Charlton Athletic FC (Charlton Athletic Football Club), London, England, Klub, entst. 1905, **s. S.** 67
Charlton Athletic Football Club **s.** Charlton Athletic FC
Château de Lancy **s.** FC Château de Lancy
Châteauroux, Stadt, Frankreich, **s. S.** 77
Chatham, Stadt, England, **s. S.** 67
Chatsworth Rangers , Durban, Südafrika, Klub, **s. S.** 121
Chaturanga JS (Chaturanga Jubu Sangha), Sylhet, Bangladesh, Klub, **s. S.** 105
Chaudron **s.** US Chaudron
Chaves, Stadt, Portugal, **s. S.** 79
Chávez **s.** Jorge Chávez
Chazar Lenkoran' **s.** FK Chazar Lenkoran'
Chazar Sumgait **s.** FK Chazar Sumgait
Chazar Sumgait **s.** FK Chazar Sumgait
Chazar Universiteti **s.** FK Inter Baku
Cheb, Stadt, Tschechische Republik, **s. S.** 86
Cheetahs **s.** Anyang LG Cheetahs
Chela, Stadt, Angola, **s. S.** 118
Chelas Lisboa **s.** Oriental Lisboa
Chelsea FC (Chelsea Football Club), Grootfontein, Namibia, Klub, **s. S.** 120
Chelsea FC (Chelsea Football Club), Lesotho, Klub, **s. S.** 120
Chelsea FC (Chelsea Football Club), London, England, Klub, entst. 1905, **s. S.** 67
Chelsea FC, Lowmans, St. Vincent und Grenadinen, Klub, **s. S.** 127
Chelsea Football Club **s.** Chelsea FC
Chelsea **s.** Bosmont Chelsea
Chemelil Sugar, Muhoroni, Kenia, Klub, [19??-95 Muhoroni FC], **s. S.** 119
Chemical (Chemical Corporation), Asmara, Eritrea, Klub, **s. S.** 115
Chemical Corporation **s.** Chemical
Chemie Böhlen **s.** FSV Böhlen
Chemie Buna-Schkopau **s.** SV Merseburg 99
Chemie Halle **s.** Hallescher FC
Chemie Karl-Marx-Stadt **s.** Chemnitzer FC
Chemie Leipzig **s.** FC Sachsen Leipzig 1990
Chemie Merseburg **s.** SV Merseburg 99
Chemie Südwest Leipzig **s.** FC Sachsen Leipzig 1990
Chemie SV Linz **s.** Linzer SV Stickstoff
Chemie Zeitz **s.** 1. FC Zeitz
Chemik Racibórz **s.** KS Unia Racibórz
Chemik Semtín **s.** FK Pardubice 1899
Chemikas Kedainiai **s.** FK Nevežis Kedainiai
Cheminots, Cotonou, Benin, Klub, **s. S.** 117
Cheminots **s.** AS Cheminots
Cheminots **s.** CS Cheminots
Cheminots **s.** US Cheminots
Chemko Humenné **s.** HFC Humenné
Chemlon Humenné **s.** HFC Humenné
Chemnitz, Stadt, Deutschland, **s. S.** 85
Chemnitzer Ballspiel-Club 1899 **s.** Chemnitzer BC 1899
Chemnitzer BC 1899 (Chemnitzer Ballspiel-Club 1899), Chemnitz, Deutschland, Klub, entst. 1899, [1899-1900 Chemnitzer SC Britannia, 1900-33 Chemnitzer BC 1899, 33 aufgel.], **s. S.** 85
Chemnitzer FC (Chemnitzer Fußball-Club), Chemnitz, Deutschland, Klub, entst. 1920, [1920-42 Polizei SV Chemnitz, 42-45 SG Ordnungspolizei Chemnitz, 45 aufgel. und wiedergegr., 45-50 SG Chemnitz-Nord, 50-53 BSG Fewa Chemnitz, 53-56 BSG Chemie Karl-Marx-Stadt, 56-63 SC Motor Karl-Marx-Stadt, 58 Fusion mit BSG Motor West Karl-Marx-Stadt, 63-66 SC Karl-Marx-Stadt, 66-90 FC Karl-Marx-Stadt], **s. S.** 85
Chemnitzer Fußball-Club **s.** Chemnitzer FC
Chemnitzer SC Britannia **s.** Chemnitzer BC 1899
Chemosvit Svit **s.** FC Chemosvit Svit
CHENAC Rodange **s.** FC Chiers Rodange
Chêne-Bourg, Stadt, Schweiz, **s. S.** 82
Chengdu, Stadt, China, **s. S.** 109
Chennai, Stadt, Indien, **s. S.** 105
Chênois **s.** CS Chênois
Cherson, Stadt, Ukraine, **s. S.** 99
Cheruskia **s.** VfB Bielefeld 03
Chester City FC (Chester City Football Club), Chester, England, Klub, entst. 1884, [1884-1983 Chester FC], **s. S.** 67
Chester City Football Club **s.** Chester City FC
Chester FC **s.** Chester City FC
Chester, Stadt, England, **s. S.** 67
Chesterfield FC (Chesterfield Football Club), Chesterfield, England, Klub, entst. 1866, [??-?? Chesterfield Town], **s. S.** 67
Chesterfield Football Club **s.** Chesterfield FC
Chesterfield Town **s.** Chesterfield FC
Chesterfield, Stadt, England, **s. S.** 67
Chiang Mai, Stadt, Thailand, **s. S.** 106
Chiasso, Stadt, Schweiz, **s. S.** 82
Chiba, Stadt, Japan, **s. S.** 111
Chibuku **s.** Black Aces
Chibuluma Modern Stars, Kalulushi, Sambia, Klub, [19??-2000 Kalulushi Modern Stars], **s. S.** 119
Chicago FC (Chicago Football Club), Kampala, Uganda, Klub, **s. S.** 119
Chicago Fire, Chicago, USA, Klub, entst. 1997, **s. S.** 123
Chicago Football Club **s.** Chicago FC
Chicago Mustangs, Chicago, USA, Klub, entst. 1967, [aufgel. 1968], **s. S.** 123
Chicago Spurs, Chicago, USA, Klub, entst. 1967, [aufgel. 1968, Umzug nach Kansas City => Kansas City Spurs], **s. S.** 123
Chicago Spurs **s.** Kansas City Spurs
Chicago Sting, Chicago, USA, Klub, entst. 1975, [aufgel. 1988], **s. S.** 123
Chicago, Stadt, USA, **s. S.** 123
Chiclayo, Stadt, Peru, **s. S.** 130
Chiclín, Stadt, Peru, **s. S.** 130
Chicoil **s.** FC Chicoil
Chief Santos **s.** MS Chief Santos
Chiefs (I) **s.** Atlanta Apollos
Chiefs (II) **s.** Atlanta Chiefs (II)
Chiefs **s.** Centre Chiefs
Chiefs **s.** Circuit Chiefs
Chiefs **s.** Kaizer Chiefs
Chiers Rodange **s.** FC Chiers Rodange
Chiers Rodange **s.** FC Racing Rodange
Chiers Rodange **s.** FC Rodange 91
Chiesanuova, Stadt, San Marino, **s. S.** 81
Chihuahua, Stadt, Mexiko, **s. S.** 125
Chikwawa, Stadt, Malawi, **s. S.** 121
Chile, Länder, **s. S.** 134 und 135
Chililabombwe, Stadt, Sambia, **s. S.** 119
Chillán, Stadt, Chile, **s. S.** 135
Chilomoni Rangers, Blantyre, Malawi, Klub, **s. S.** 121
Chimaltenango, Stadt, Guatemala, **s. S.** 125
Chimbote, Stadt, Peru, **s. S.** 130
Chimia Fălticeni **s.** FC Foresta Fălticeni
Chimia Suceava **s.** NC Foresta Suceava
Chimik Dimitrovgrad **s.** DFS Akademik Dimitrovgrad
Chimik Dschambul **s.** FK Taraz
Chimik Grodno **s.** FK Njoman-Belcard Hrodna
Chimik Hrodna **s.** FK Njoman-Belcard Hrodna
Chimik Kara-Balta **s.** FK KVT Dinamo Kara-Balta
Chimik Kustanaj **s.** Tobol Kustanaj
Chimik Mogilew **s.** FK Dnepr Mahiljou
Chimik Stepnogorsk, Stepnogorsk, Kasachstan, Klub, entst. 1968, [1968-69 Arai Stepnogorsk, 69-99 Chimik Stepnogorsk, 1999-2000 Akmola Stepnogorsk, aufgel. 2000, Umzug nach Kokchetaw => Akmola Kokchetaw, wiedergegr. 200? => Chimik Stepnogorsk (0?-04), aufgel. 2004, Umzug nach Kokchetaw => SK Okzhetpes Kokchetaw], **s. S.** 101
Chimik Stepnogorsk **s.** Akmola Stepnogorsk
Chimoio, Stadt, Mosambik, **s. S.** 121
China B, Peking (Beijing), China, Klub, [Nationalmannschaft], **s. S.** 109
China Steel, Kao-siung/Gaoxiong, Taiwan, Klub, **s. S.** 109
China, Länder, **s. S.** 108 und 109
Chinameca SC (Chinameca Sporting Club), Chinameca, El Salvador, Klub, [aufgel. 19??], **s. S.** 125
Chinameca Sporting Club **s.** Chinameca SC
Chinameca, Stadt, El Salvador, **s. S.** 125
Chinandega, Stadt, Nicaragua, **s. S.** 125
Chincha Alta, Stadt, Peru, **s. S.** 130
Chindia Târgoviş te **s.** CF Chindia Târgoviş te
Chinese FA **s.** Singapore Chinese FA
Chinezul CAM Timiş oara **s.** CAM Timiş oara
Chinezul CAM Timiş oara **s.** CSF Chinezul Timiş oara
Chinezul Timiş oara **s.** CSF Chinezul Timiş oara
Chingale , Tete, Mosambique, Klub, **s. S.** 121
Chingola, Stadt, Sambia, **s. S.** 119
Chio Waldhof 07 **s.** SV Waldhof Mannheim 07
Chiquimulilla, Stadt, Guatemala, **s. S.** 125
Chirazienne, Domoni, Komoren, Klub, **s. S.** 121
Chirilanco **s.** Unión de Chirilanco
Chiriquí FC (Chiriquí Fútbol Club), David, Panama, Klub, entst. 1995, **s. S.** 125
Chiriquí Fútbol Club **s.** Chiriquí FC
Chiriquí **s.** Atlético Chiriquí
Chirk AAA FC (Chirk Amateur Athletic Association Football Club), Chirk, Wales, Klub, entst. 1875, **s. S.** 67
Chirk Amateur Athletic Association Football Club **s.** Chirk AAA FC
Chirk, Stadt, Wales, **s. S.** 67
Chiş inău, Stadt, Moldawien, **s. S.** 91 und 99
Chittagong, Chittagong, Bangladesh, Klub, [aufgel. 19??], **s. S.** 105
Chittagong, Stadt, Bangladesh, **s. S.** 105
Chitungwiza, Stadt, Simbabwe, **s. S.** 121
Chivas USA, Los Angeles, USA, Klub, entst. 2004, **s. S.** 123
Chlef Saad Olympie **s.** ASO Chlef
Chlef, Stadt, Algerien, **s. S.** 113
Chmel Blšany **s.** FK Chmel Blšany
Chmeľnitskij, Stadt, Ukraine, **s. S.** 99
Chmeľnyts'kyj, Stadt, Ukraine, **s. S.** 99
Chodzha Karimow Gazimalik, Gazimalik, Tadschikistan, Klub, **s. S.** 101
Chodzhent, Stadt, Tadschikistan, **s. S.** 100
Choloma, Stadt, Honduras, **s. S.** 125
Choluteca, Stadt, Honduras, **s. S.** 125
Chomutov, Stadt, Tschechische Republik, **s. S.** 86
Chonbuk Buffalo, Chonju, Südkorea, Klub, [aufgel. 1994], **s. S.** 110
Chonbuk Dinos **s.** Chonbuk Hyundai Dinos
Chonbuk Hyundai Motors, Chonju, Südkorea, Klub, entst. 1994, [1994-96 Chonbuk Dinos, 1996-2000 Chonbuk Hyundai Dinos, 00-01 Chonbuk Hyundai Motors, 01-02 Chonbuk Hyundai Dinos], **s. S.** 110
Chonbuk Hyundai Motors **s.** Chonbuk Hyundai Dinos
Chonburi FC (Chonburi Football Club), Chonburi, Thailand, Klub, **s. S.** 106
Chonburi, Stadt, Thailand, **s. S.** 106
Chongjin, Stadt, Nordkorea, **s. S.** 110
Chongju , Stadt, Südkorea, **s. S.** 110
Chongqing Lifan, Chongqing, China, Klub, entst. 1994, [1994-9? Vanguard Huandaodo, 9?-96 Qianwei, 96-98 Qianwei Huandao, 1998-2001 Chongqing Longxin, 01-03 Chongqing Lifan, 03-04 Chongqing Lifan Xinganjue, 04-05 Chongqing Qiche], **s. S.** 109
Chongqing Longxin **s.** Chongqing Lifan
Chongqing, Stadt, China, **s. S.** 109
Chonju, Stadt, Südkorea, **s. S.** 110
Chooka, Talesh, Iran, Klub, **s. S.** 103
Chorezm Urgench **s.** FK Chorezm Urgench
Chorrillos **s.** Alianza Chorrillos
Chorrillos **s.** Asociación Chorrillos
Chorzów, Stadt, Polen, **s. S.** 84 und 89
Chorzowianka Chorzów **s.** AKS Chorzów
Chosilot Parchar **s.** Parchar
Christ Church FC **s.** Bolton Wanderers FC
Christanshåb Idrætsforening-70 **s.** CIF-70
Christchurch City **s.** Christchurch Technical
Christchurch City **s.** Woolston
Christchurch Rangers **s.** Queen's Park Rangers FC
Christchurch Technical, Christchurch, Neuseeland, Klub, [aufgel. 2000 durch Fusion mit Woolston => Christchurch City], **s. S.** 137
Christchurch Technical **s.** Christchurch City
Christchurch Technical **s.** Woolston
Christchurch United, Christchurch, Neuseeland, Klub, [1977-78 Trans Tours United], **s. S.** 137
Christchurch, Stadt, Neuseeland, **s. S.** 137
Christian Youth FC **s.** Wellington Olympic
Christianshåb, Stadt, Grönland, **s. S.** 123
Christiansted, Stadt, Amerikanisch-Jungferninseln, **s. S.** 126
Christo Botev Plovdiv **s.** PFK Botev Plovdiv
Christo Botev Plovdiv **s.** Schipka Plovdiv
Christo Botev Sofija **s.** PFK Slavija Sofija
Christo Michailov Montana, Montana, Bulgarien, Klub, [aufgel. 19??], **s. S.** 91
Christo Slavtschev Pavlikeni **s.** FK Pavlikeni
Chrobry Szczecin **s.** KS Arkonia Szczecin
Chrome **s.** al-Koroum
Chrome Stars, Kwe Kwe/Redcliffe, Simbabwe, Klub, **s. S.** 121
Chromtau, Stadt, Kasachstan, **s. S.** 101
CH-Star, Asmara, Eritrea, Klub, **s. S.** 115
Chulbuk Vose **s.** Randzhbar Vose
Chunan Ilhwa Chunma **s.** Seongnam Ilhwa Chunma
Chun-Nam Dragons, Kwangyang, Südkorea, Klub, entst. 1994, **s. S.** 110
Chuo University, Tokyo, Japan, Klub, [19??-?? Chudai Club, ??-?? Chuo University, ?? aufgel.], **s. S.** 111
Churchill Brothers SC (Churchill Brothers Sports Club), Salcete, Indien, Klub, entst. 1988, [1988-2000 Churchill Brothers SC, 00-02 Zee-Churchill], **s. S.** 105
Cibalia Vinkovci **s.** HNK Cibalia Vinkovci
Cibao, Stadt, Dominikanische Republik, **s. S.** 127
Cicerone, Paramaribo, Suriname, Klub, **s. S.** 129
Ciclista Lima (Club Ciclista Lima Association), Lima, Peru, Klub, entst. 1896, [1992 Fusion mit Defensor Kiwi => Defensor Kiwi-Ciclista (92-93)], **s. S.** 130
Ciclón, Tarija, Bolivien, Klub, **s. S.** 131
CIÉ **s.** CIÉ-Transport FC
Ciego de Ávila, Stadt, Kuba, **s. S.** 126
Cienciano **s.** Unión Cienciano
Cienfuegos (Club Cienfuegos), Cienfuegos, Kuba, Klub, **s. S.** 126
Cienfuegos, Stadt, Kuba, **s. S.** 126
CIÉ-Transport FC (Coreis Ionter Éirann-Transport Football Club), Dublin/Baile Átha Cliath, Irland, Klub, entst. 1951, [entst. 1951 nach Umzug von Transport FC nach Dublin, 75 Fusion mit CIÉ => CIÉ-Transport FC], **s. S.** 69
CIF-70 (Christanshåb Idrætsforening-70), Qasigiannguit/Christianshåb, Grönland, Klub, **s. S.** 123
Cill Chainnigh, Stadt, Irland, **s. S.** 69
Cilu **s.** SC Cilu
Cimelta **s.** AS Cimelta
Ciment de Lukala **s.** SC Cilu
Cimentos, Mosambique, Klub, **s. S.** 121
Cîmpia Turzii **s.** Industria Sârmei Câmpia Turzii
Cîmpulung Moldovenesc **s.** ASA Câmpulung Moldovenesc
Cincinnati, Stadt, USA, **s. S.** 123
Cintra Yaoundé, Yaoundé, Kamerun, Klub, **s. S.** 117
Cioburciu, Stadt, Moldawien, **s. S.** 99
Ciocanul Bucureş ti **s.** CS Ciocanul Bucureş ti
Ciocanul Bucureş ti **s.** FC Dinamo Bucureş ti
Ciocanul Bucureş ti **s.** Unirea Tricolor MAI Bucureş ti
CIP FC (CIP Futebol Clube), Itajaí, Brasilien, Klub, [aufgel. 19??], **s. S.** 133

Cometal/Mometal, Mosambique, Klub, s. S. 121
Comets FC (Comets Football Club), Jwaneng, Botswana, Klub, s. S. 121
Comets Football Club s. Comets FC
Comets s. Baltimore Comets
Commerce and Trade (Ministry of Commerce and Trade), Rangoon/Yangon, Burma, Klub, s. S. 106
Commerce Team s. Ministry of Commerce Team
Commercial Union Bohemians Praha s. Bohemians 1905
Commune FC (Commune Football Club), Ouagadougou, Burkina Faso, Klub, s. S. 114
Commune II s. AS Commune II
Commune III s. AS Commune III
Como Calcio, Como, Italien, Klub, entst. 1907, [1907-26 FBC Como, 12 Fusion mit Club Studentesco Minerva Como, 26 Fusion mit Esperia FC Como => AC Comense (26-36), 36 Fusion mit AS Ardita Rebbio Como => AC Como (36-75)], s. S. 81
Como, Stadt, Italien, s. S. 81
Comodoro Rivadavia, Stadt, Argentinien, s. S. 135
Comoé s. US Comoé
Compagnie Sucrière s. CSS Richard-Toll
Company RGA s. 70th Company RGA
Company Royal Artillery s. 12th Company Royal Artillery
Competrol Bucureş ti s. Flacăra Bucureş ti
Compostela s. SD Compostela
Comrades FC s. Ballyclare Comrades FC
Comrat, Stadt, Moldawien, s. S. 99
Comunicaciones FC s. CSD Comunicaciones FC
Conakry I s. AS Kaloum Stars
Conakry II s. Kakimbo FC
Conakry, Stadt, Guinea, s. S. 117
Concepción del Uruguay , Stadt, Argentinien, s. S. 135
Concepción FC (Concepción Fútbol Club), San Miguel de Tucumán, Argentinien, Klub, entst. 1927, s. S. 135
Concepción Fútbol Club s. Concepción FC
Concepción s. CA Concepción
Concepción, Stadt, Chile, s. S. 135
Concha s. Carlos Concha
Concord United, Abeokuta, Nigeria, Klub, s. S. 117
Concorde s. ASC Concorde
Concordia (Delftsche Cricket- en Footballclub Concordia), Delft, Niederlande, Klub, entst. 1885, s. S. 75
Concordia Basel s. FC Concordia Basel
Concordia FC (Concordia Fútbol Club), Ciudad de Panamá/Panama City, Panama, Klub, s. S. 125
Concordia Fútbol Club s. Concordia FC
Concordia Iaş i s. CS Concordia Iaş i
Concordia Leipzig s. SC Wacker Leipzig
Concordia Ploieş ti s. FC Prahova Ploieş ti
Concordia Ružomberok s. MFK Ružomberok
Concordia Yverdon, Yverdon, Schweiz, Klub, [aufgel. 19??], s. S. 82
Concordia Zabrze s. KS Górnik Zabrze
Concordia Zagreb s. HŠK Concordia Zagreb
Concordia, Stadt, Argentinien, s. S. 135
Concórdia, Stadt, Brasilien, s. S. 133
Condal s. CD Condal
Cone Textiles s. State House Tornados
Confiança EC (Confiança Esporte Clube), Sapé, Brasilien, Klub, entst. 1953, s. S. 133
Confiança Esporte Clube s. Confiança EC
Confiança s. AD Confiança
Công Nghiep Ham Nam Ninh , Nam Ninh, Vietnamese, Klub, s. S. 107
Connah's Quay & Shotton FC s. Connah's Quay Nomads FC
Connah's Quay AFC s. Connah's Quay Nomads FC
Connah's Quay Juniors FC s. Connah's Quay Nomads FC
Connah's Quay Nomads FC (Connah's Quay Nomads Football Club), Connah's Quay, Wales, Klub, entst. 1947, [1947-?? Connah's Quay Juniors, ??-?? Connah's Quay AFC, ??-?? Connah's Quay & Shotton FC, 46-52 Connah's Quay Juniors FC], s. S. 67
Connah's Quay Nomads Football Club s. Connah's Quay Nomads FC
Connah's Quay, Stadt, Wales, s. S. 67
Connecticut Bicentennials, Hartford, USA, Klub, entst. 1975, [1975-77 Hartford Bicentennials, 77-78 Connecticut Bicentennials, aufgel. 78, Umzug nach Oakland => Oakland Stompers], s. S. 122
Connecticut Bicentennials s. Edmonton Drillers
Connecticut Bicentennials s. Oakland Stompers
Connection s. Williams Connection
Conquerors, Georgetown, Guyana, Klub, s. S. 129
Consadole Sapporo, Sapporo, Japan, Klub, entst. 1996, [entst. 1996 nach Umzug von Toshiba aus Kawasaki], s. S. 111
Consadole Sapporo s. Toshiba
Conseng s. Atletico Conseng
Constant Spring Football Club s. Constant Spring FC
Constant Spring, Stadt, Jamaika, s. S. 126
Constanţ a, Stadt, Rumänien, s. S. 91
Constantine, Stadt, Algerien, s. S. 113
Constantino Reyer s. AC Venezia
Constelació Esportiva, Andorra la Vella, Andorra, Klub, s. S. 77
Construction (Ministry of Construction), Rangoon/Yangon, Burma, Klub, s. S. 106
Constructions Team (Department of Municipal Constructions Team), Phom Penh/Phum Pénh, Kambodscha, Klub, s. S. 107
Constructorul Brăila s. Dacia Unirea Brăila
Constructorul Chiş inău s. FC Agro Chiş inău
Constructorul Cioburciu s. FC Constructorul Cioburciu
Constructorul Cioburciu s. FC Constructorul-93 Chiş inău
Constructorul Leova s. FC Constructorul Leova
Constructorul-93 Chiş inău s. FC Constructorul Cioburciu
Constructorul-93 Chiş inău s. FC Constructorul-93 Chiş inău
Continental Micronesia G-Force, Guam, Klub, s. S. 136
Conwy Borough s. Borough United AFC
Conwy British Legion FC s. Conwy United FC
Conwy Town FC s. Conwy United FC
Conwy United FC (Conwy United Football Club), Conwy, Wales, Klub, entst. 1977, [entst. 1977 durch Fusion Conwy Town FC und Conwy British Legion FC], s. S. 67
Conwy United Football Club s. Conwy United FC
Conwy, Stadt, Wales, s. S. 67
Cook Inseln, Länder, s. S. 136 und 137
Co-operativa de Servicios Especiales León de Huánuco s. León Huánuco
Coopsol Trujillo, Trujillo, Peru, Klub, entst. 1998, [1998-2001 Deportivo UPAO], s. S. 130
COOPTRIP s. Deportivo COOPTRIP
Cooray SC (Cooray Sport Club), Colombo, Sri Lanka, Klub, s. S. 105
Cooray Sport Club s. Cooray SC
Copiapó, Stadt, Chile, s. S. 135
Coppenamepunt, Stadt, Suriname, s. S. 129
Copsicua Rovers FC (Copsicua Rovers Football Club), Cospicua, Malta, Klub, entst. 1916, [aufgel. 1935], s. S. 81
Copsicua Rovers Football Club s. Copsicua Rovers FC
Coquimbo , Stadt, Chile, s. S. 135
Corá s. Cerro Corá
Corcaigh, Stadt, Irland, s. S. 69
Córdoba and Rosario Railway AC s. CA Central Córdoba
Córdoba CF (Córdoba Club de Fútbol), Córdoba, Spanien, Klub, entst. 1951, [1951-54 CS San Alvaro Córdoba, 54 Fusion mit RCD Córdoba => Córdoba CF], s. S. 79
Córdoba Club de Fútbol s. Córdoba CF
Córdoba s. Atlético Córdoba
Cordóba, Stadt, Argentinien, s. S. 135
Córdoba, Stadt, Argentinien, s. S. 135
Córdoba, Stadt, Spanien, s. S. 79
Coreis Ionter Éirann-Transport Football Club s. CIÉ-Transport FC
Corinthians Alagoano s. SC Corinthians Alagoano
Corinthians Paulista s. SC Corinthians Paulista
Coríntians s. AC Coríntians
Corisabbá s. AA Corisabbá
Coritiba FC (Coritiba Foot Ball Club), Curitiba, Brasilien, Klub, entst. 1909, s. S. 133
Coritiba Foot Ball Club s. Coritiba FC
Cork Alberts, Cork/Corcaigh, Irland, Klub, entst. 1946, [1946-77 Albert Rovers, 77-79 Cork Alberts, aufgel. 79 Fusion mit Cork Celtic FC => Cork United], s. S. 69
Cork Alberts s. Cork Celtic FC
Cork Alberts s. Cork United
Cork Athletic FC (Cork Athletic Football Club), Cork/Corcaigh, Irland, Klub, [aufgel. 1957], s. S. 69
Cork Athletic FC s. Cork United
Cork Athletic Football Club s. Cork Athletic FC
Cork Bohemians FC (Cork Bohemians Football Club), Cork/Corcaigh, Irland, Klub, entst. 1920, [aufgel. 1934], s. S. 69
Cork Bohemians Football Club s. Cork Bohemians FC
Cork Celtic FC (Cork Celtic Football Club), Cork/Corcaigh, Irland, Klub, entst. 1935, [1935-59 Evergreen United FC, 59-79 Cork Celtic FC, aufgel. 79 Fusion mit Cork Alberts => Cork United], s. S. 69
Cork Celtic FC s. Cork Alberts
Cork Celtic FC s. Cork United
Cork Celtic Football Club s. Cork Celtic FC
Cork City FC (Cork City Football Club), Cork/Corcaigh, Irland, Klub, entst. 1984, s. S. 69
Cork City FC s. Cork United
Cork City Football Club s. Cork City FC
Cork FC s. Cork United
Cork Hibernians FC (Cork Hibernians Football Club), Cork/Corcaigh, Irland, Klub, [19??-57 Ancient Order of the Hibernians, 57-76 Cork Hibernians FC, 76 aufgel.], s. S. 69
Cork Hibernians Football Club s. Cork Hibernians FC
Cork United, Cork/Corcaigh, Irland, Klub, entst. 1912, [1912-30 Fordsons United FC, 30-38 Cork FC, 38-39 Cork City FC, 39-48 Cork United, 48-57 Cork Athletic FC, 57 aufgel., Wiedergr. 79 durch Fusion Cork Celtic FC und Cork Alberts => Cork United (79-82), 82 aufgel.], s. S. 69
Cork United s. Cork Alberts
Cork United s. Cork Celtic FC
Cork, Stadt, Irland, s. S. 69
Cornélio Procópio, Stadt, Brasilien, s. S. 133
Cornerstones, Kumasi, Ghana, Klub, entst. 1931, s. S. 117
Corniglianese s. AC Liguria
Coro, Stadt, Venezuela, s. S. 128
Corona FC, Paramaribo, Suriname, Klub, [19??-?? Corona Boys], s. S. 129
Coronel Bolognesi FC (Coronel Bolognesi Fútbol Club), Tacna, Peru, Klub, entst. 1929, s. S. 131
Coronel Francisco Bolognesi s. CD Coronel Francisco Bolognesi
Coronel Oviedo, Stadt, Paraguay, s. S. 135
Corozal FC s. La Victoria
Corozál FC s. Sagitún
Corozal, Stadt, Belize, s. S. 125
Corporación Club Deportes Tolima s. Deportes Tolima
Corporación Club Deportivo Tuluá s. Deportivo Tuluá
Corporación de Fútbol de la Universidad de Chile s. Universidad de Chile
Corporación Deportes Quindío s. Deportes Quindío
Corporación Deportiva América s. América
Corporación Deportiva Club Atlético Nacional s. Atlético Nacional
Corporación Deportiva Envigado Fútbol Club s. Envigado FC
Corporación Deportiva Everton s. Deportiva Everton
Corporación Deportiva Independiente Medellín s. Independiente Medellín
Corporación Deportiva Once Caldas s. Once Caldas
Corporación Deportiva Real Cartagena s. Real Cartagena
Corporación Nuevo Cúcuta Deportivo s. Cúcuta Deportivo
Corporación Popular Deportiva Junior s. Deportiva Junior
Corporación Tuluá (Corporación Club Deportivo Tuluá), Tuluá, Kolumbien, Klub, entst. 1967, s. S. 128
Corps Enseignant s. AS Corps Enseignant
Correcaminos s. UAT Los Correcaminos
Corrientes, Stadt, Argentinien, s. S. 135
Corrugated Swallows s. Moroka Swallows
Corso Breslau s. Breslauer FV 06-Stern
Corumbá, Stadt, Brasilien, s. S. 133
Corumbaense FC (Corumbaense Futebol Clube), Corumbá, Brasilien, Klub, entst. 1914, s. S. 133
Corumbaense Futebol Clube s. Corumbaense FC
Coruripe, Stadt, Brasilien, s. S. 133
Corvinul FC Hunedoara (Corvinul Fotbal Club Hunedoara), Hunedoara, Rumänien, Klub, entst. 1921, [1921-46 Corvinul FC Hunedoara, 46-48 UF Hunedoara, 48-52 IMS Hunedoara, 52-57 Metalul Hunedoara, 57-58 Energia Hunedoara, 57-63 Corvinul FC Hunedoara, 63-65 Siderurgistul Hunedoara, 65-70 Metalul Hunedoara], s. S. 91
Corvinul Fotbal Club Hunedoara s. Corvinul FC Hunedoara
COSFAP (Club Omnisport Forces Armées Populaire), Antananarivo/Tananarive, Madagaskar, Klub, s. S. 121
Cosma Foot, St.-Laurent, Französisch-Guyana, Klub, s. S. 129
Cosmopolitans, Dar es Salaam, Tansania, Klub, s. S. 119
Cosmos, Ciudad de Panamá/Panama City, Panama, Klub, s. S. 125
Cosmos Club s. Babeti Cosmos Club
Cosmos FC s. Canberra Cosmos FC
Cosmos s. New York Cosmos
Cosmos s. SP Cosmos
Cosmos SC s. Curepipe Starlight SC
Cospicua, Stadt, Malta, s. S. 81
Cost Right FC, Turks und Caicos, Klub, s. S. 123
Costa do Sol, Maputo, Mosambique, Klub, s. S. 121
Costa Rica, Länder, s. S. 124 und 125
Costruccions Emprimo, Andorra la Vella, Andorra, Klub, [aufgel. 1996], s. S. 77
Cotabato, Stadt, Philippinen, s. S. 107
Cotingüiba SC (Cotingüiba Sport Club), Aracaju, Brasilien, Klub, entst. 1909, s. S. 133
Cotingüiba Sport Club s. Cotingüiba SC
Cotonou, Stadt, Benin, s. S. 117
Cotonsport Garoua, Garoua, Kamerun, Klub, s. S. 117
Cotopaxi s. SD Cotopaxi
Cottbus, Stadt, Deutschland, s. S. 85
Cottbuser FV 1898 s. ESV Cottbus
Cottbuser SC s. ESV Cottbus
Cottbus-Ost s. ESV Cottbus
Cottbus-Süd s. ESV Cottbus
Cotton FC (Cotton Football Club), Dire Dawa, Äthiopien, Klub, s. S. 115
Cotton Football Club s. Cotton FC
Cottonera FC (Cottonera Football Club), Cospicua, Malta, Klub, entst. 1911, s. S. 81
Cottonera Football Club s. Cottonera FC
Cougars, New Amsterdam, Guyana, Klub, s. S. 129
Cougars s. Detroit Cougars
Cougars s. Devonshire Cougars
Courier Rangers, Auckland, Neuseeland, Klub, s. S. 137
Courtrai Sports s. K Kortrijk Sport
Courts Caledonia AIA s. Caledonia AIA
Couva, Stadt, Trinidad und Tobago, s. S. 129
Cove Ramblers s. Cobh Ramblers FC
Coventry City FC (Coventry City Football Club), Coventry, England, Klub, entst. 1883, [1883-98 Singers FC], s. S. 67
Coventry City Football Club s. Coventry City FC
Coventry, Stadt, England, s. S. 67
Covilhã, Stadt, Portugal, s. S. 79
Cowdenbeath FC (Cowdenbeath Football Club), Cowdenbeath, Schottland, Klub, entst. 1881, [1881-?? The Miners FC], s. S. 69
Cowdenbeath Football Club s. Cowdenbeath FC
Cowdenbeath, Stadt, Schottland, s. S. 69
Cowlairs FC (Cowlairs Football Club), Glasgow, Schottland, Klub, entst. 1876, [aufgel. 19??], s. S. 69
Cowlairs Football Club s. Cowlairs FC
Coxim AC (Coxim Atlético Clube), Coxim, Brasilien, Klub, s. S. 133
Coxim, Stadt, Brasilien, s. S. 133
CP Mérida (Club Polideportivo Mérida), Mérida, Spanien, Klub, entst. 1912, s. S. 79
CPD Porthmadog FC (Clwb Pêl-Droed Porthmadog Football Club), Porthmadog, Wales, Klub, entst. 1884, s. S. 67
CR Belcourt s. CR Belouizdad
CR Belouizdad (Chabab Riadhi de Belouizdad), Algier (Alger/El-Jaza'ir), Algerien, Klub, entst. 1962, [19??-?? J Belcourt, ??-?? CM Belcourt, ??-95 CR Belcourt], s. S. 113
CR Flamengo (Clube de Regatas Flamengo), Porto Velho, Brasilien, Klub, entst. 1955, s. S. 132
CR Flamengo (Clube de Regatas Flamengo), Rio de Janeiro, Brasilien, Klub, entst. 1911, s. S. 132
CR Guará (Clube de Regatas Guará), Guará, Brasilien, Klub, entst. 1967, s. S. 133
CR La Piedad (Club Reboceros de La Piedad AC), La Piedad de Cavadas, Mexiko, Klub, entst. 1951, s. S. 125
CR Vasco da Gama (Clube de Regatas Vasco da Gama), Rio de Janeiro, Brasilien, Klub, entst. 1915, s. S. 132
CRAC (Clube Recreativo Atlético Catalão), Catalão, Brasilien, Klub, entst. 1931, s. S. 133
Cracovia s. MKS Cracovia
Craiova, Stadt, Rumänien, s. S. 91
Craiovan Craiova s. AS Doljul Craiova
CRB (Clube de Regatas Brasil), Maceió, Brasilien, Klub, entst. 1912, s. S. 133
Crédit Agricole, Rabat, Marokko, Klub, [aufgel. 1995], s. S. 113
Creditanstalt Wiener SC s. Wiener SC
Crefelder FC 1895 s. VfL Preußen 1895 Krefeld
Cremona, Stadt, Italien, s. S. 81
Cremonese s. US Cremonese
Cressonnière s. JS Cressonnière
Crew s. Columbus Crew
Crewe Alexandra FC (Crewe Alexandra Football Club), Crewe, England, Klub, entst. 1877, s. S. 67
Crewe Alexandra Football Club s. Crewe Alexandra FC
Crewe, Stadt, England, s. S. 67
Criciúma EC (Criciúma Esporte Clube), Criciúma, Brasilien, Klub, entst. 1948, [1947-78 Comerciário EC], s. S. 133
Criciúma Esporte Clube s. Criciúma EC
Criciúma, Stadt, Brasilien, s. S. 133
Cricket Club Erfurt s. FC Rot-Weiß Erfurt
Cricket s. Internacional Cricket
Cricket s. Lima Cricket
Cricket-Frem Wien s. Vienna Cricket & FC
Cricova, Stadt, Moldawien, s. S. 99
Criş ana Oradea s. CS Criş ana Oradea
Cristal Caldas s. Once Caldas
Cristal s. Sporting Cristal
Cristalul Făleş ti s. FC Cristalul Făleş ti
Criş ul Oradea s. FC Bihor Oradea
Crna Gora Titograd s. FK Budućnost Podgorica
Crni Drim Struga s. FK Karaorman Struga
Crnogorac Cetinje s. FK Lovćen Cetinje
Črnomelj, Stadt, Slowenien, s. S. 93
Croatia s. Toronto Croatia
Croatia SC s. Melbourne Croatia SC
Croatia SC s. Mississauga Croatia SC
Croatia SC s. Sydney Croatia SC
Croatia Zagreb s. NK Dinamo Zagreb
Crossing Elewijk s. R Crossing Schaerbeek
Crossing Schaerbeek s. R Crossing Schaerbeek
Crusaders FC (Crusaders Football Club), Belfast, Nordirland, Klub, entst. 1898, s. S. 69
Crusaders Football Club s. Crusaders FC
Crusaders United, Stanger, Südafrika, Klub, entst. 1990, [199?-9? Tongaat Crusaders], s. S. 121
Cruz Azul, Guayama, Puerto Rico, Klub, s. S. 127
Cruz Azul s. CD Cruz Azul
Cruz Bay, Stadt, Amerikanisch-Jungferninseln, s. S. 126
Cruzeiro do Sul FC (Cruzeiro do Sul Futebol Clube), Manaus, Brasilien, Klub, [aufgel. 19??], s. S. 133
Cruzeiro do Sul Futebol Clube s. Cruzeiro do Sul FC
Cruzeiro do Sul s. AE Cruzeiro do Sul
Cruzeiro EC (Cruzeiro Esporte Clube), Belo Horizonte, Brasilien, Klub, entst. 1921, [1921-42 SE Palestra Itália], s. S. 133
Cruzeiro Esporte Clube s. Cruzeiro EC
Cruzeiro s. EC Cruzeiro
Crvena zvezda Beograd s. FK Crvena zvezda Beograd
Crvenka, Stadt, Serbien, s. S. 93
Crystal Palace FC (Crystal Palace Football Club), London, England, Klub, entst. 1905, s. S. 67
Crystal Palace Football Club s. Crystal Palace FC
CS 2 de Mayo (Club Sportivo 2 de Mayo), Pedro Juan Caballero, Paraguay, Klub, entst. 1935, s. S. 135
CS Alliance Dudelange (Club sportif Alliance Dudelange), Dudelange, Luxemburg, Klub, entst. 1916, [entst. 1916 durch Fusion Etoile Bleue Dudelange und Etoile Rouge Dudelange => CS Alliance Dudelange (16-40), 40-44 FV Rot-Schwarz Düdelingen, 44-91 CS Alliance Dudelange, aufgel. 91 durch Fusion s CS Stade Dudelange und US Dudelange => F91 Dudelange], s. S. 74
CS Alliance Dudelange s. F91 Dudelange
CS Almagro s. Almagro
CS Ariesul Turda s. Sticla Ariesul Turda
CS Astra Arad (Clubul Sportiv Astra Arad), Arad, Rumänien, Klub, entst. 1911, [1911-18 AMTE, 12 Fusion mit AS Tipografia Arad, 18-40 AMEFA, 40 aufgel., 46 wiedergegr., 45-48 AMEFA, 48 Fusion mit CS Astra Arad => UVA-AMEFA (48-55), 55-57 Metalul Arad, 57-58 Energia Arad, 58-62 AMEFA, 62-73 Vagonul Arad, 73 Fusion mit CFR Arad => Unirea Arad (73-75), 75-?? Rapid Arad, ??-90 CS Vagonul Arad], s. S. 91
CS Astra-Româna Moreni s. CS Flacăra Moreni
CS Banatul Timiş oara (Clubul Sportiv Banatul Timiş oara), Temeschburg (Timiş oara), Rumänien, Klub, entst. 1923, [1923-27 CS Banatul Timiş oara, aufgel. 27 Fusion mit Sparta Unirea CFR Timiş oara], s. S. 91
CS Banatul Timiş oara s. CFR Timiş oara
CS Bouillantais, Bouillante, Guadeloupe, Klub, s. S. 127
CS Braş ovia Braş ov (Clubul Sportiv Braş ovia Braş ov), Braş ov, Rumänien, Klub, entst. 1914, [aufgel. 1937], s. S. 91
CS Brugeois s. Cercle Brugge KSV
CS Caennais s. SM Caen
CS Cagliari s. Cagliari Calcio
CS Capelense (Clube Sportivo Capelense), Capela, Brasilien, Klub, s. S. 133
CS Capesterrien, Capesterre-Belle-Eau, Guadeloupe, Klub, s. S. 127
CS Carmen Bucureş ti s. Carmen Bucureş ti
CS Cartaginés (Club Sport Cartaginés), Cartago, Costa Rica, Klub, entst. 1906, s. S. 124
CS Case-Pilote (Club sportive Case-Pilote), Case-Pilote, Martinique, Klub, s. S. 127
CS Ceahlăul Piatra Neamţ s. FC Ceahlăul Piatra Neamţ
CS Cerrito (Club Sportivo Cerrito), Montevideo, Uruguay, Klub, entst. 1929, s. S. 135
CS Cheminots (Club sportif des Cheminots), Tunis, Tunesien, Klub, s. S. 113
CS Chênois (Club sportif Chênois), Chêne-Bourg, Schweiz, Klub, entst. 1907, s. S. 82
CS Ciocanul Bucureş ti (Clubul Sportiv Ciocanul Bucureş ti), Bukarest (Bucureş ti), Rumänien, Klub, entst. 1919, [1919-40 Maccabi Bucureş ti, 40 aufgel., 45 wiedergegr., 45-48 CS Ciocanul Bucureş ti, aufgel. 48 durch Fusion mit Unirea-Tricolor Bucureş ti => CS Dinamo Bucureş ti], s. S. 90
CS Ciocanul Bucureş ti s. FC Dinamo Bucureş ti
CS Ciocanul Bucureş ti s. Unirea Tricolor MAI Bucureş ti
CS Colţ ea Braş ov (Clubul Sportiv Colţ ea Braş ov), Braş ov, Rumänien, Klub, entst. 1921, [aufgel. 1931], s. S. 91
CS Concordia Iaş i (Clubul Sportiv Concordia Iaş i), Iaş i, Rumänien, Klub, [aufgel. 19??], s. S. 91
CS Constantine (Club sportif de Constantine), Constantine, Algerien, Klub, entst. 1896, [19??-?? CM Constantine], s. S. 113
CS Craiovan Craiova s. AS Doljul Craiova
CS Criş ana Oradea (Clubul Sportiv Criş ana Oradea), Oradea, Rumänien, Klub, entst. 1912, [aufgel. 1940], s. S. 91
CS Criş ul Oradea s. FC Bihor Oradea
CS de Cheminots Alès s. FC Olympique Alèsien
CS Dinamo Bucureş ti s. AS Victoria Bucureş ti
CS Dinamo Bucureş ti s. CS Ciocanul Bucureş ti
CS Dinamo Bucureş ti s. Dinamo Orasul Stalin
CS Dinamo Bucureş ti s. FC Dinamo Bucureş ti
CS Dinamo Bucureş ti s. FCM Bacău
CS Dinamo Bucureş ti s. Unirea Tricolor MAI Bucureş ti
CS Echternach (Cercle des Sports Echternach), Echternach, Luxemburg, Klub, entst. 1910, [1910-11 Jeunesse Echternach, 11 aufgel., 13 wiedergegr., 13-15 CS Echternach, 15 aufgel.], s. S. 75
CS EMELEC (Club Sport Empresa Electrica del Ecuador), Guayaquil, Ecuador, Klub, entst. 1929, s. S. 130
CS Faur Bucureş ti (Clubul Sportiv Faur Bucureş ti), Bukarest (Bucureş ti), Rumänien, Klub, entst. 1935, [1935-37 Malaxa Bucureş ti, 37-41 Titanii Bucureş ti, 41-45 Rogifer Bucureş ti, 45-47 23. August Bucureş ti, 47-49 Metalochimic Bucureş ti, 49-56 Metalul Bucureş ti, 56-58 Energia Bucureş ti, 58-60 Titanii Bucureş ti, 60-91 Metalul Bucureş ti], s. S. 90
CS Firenze s. AC Fiorentina
CS Flacăra Moreni (Clubul Sportiv Flacăra Moreni), Moreni, Rumänien, Klub, entst. 1930, [1930-31 IMSER Moreni, 31 aufgel. und wiedergegr., 31-50 CS Astra-Româna Moreni, 50-51 Partizanul Moreni, 51-77 CS Flacăra Moreni, 77 Fusion mit Automecanica Moreni => Flacăra Automecanica Moreni (77-90)], s. S. 91
CS FOLA Esch (Cercle sportif Football and Lawn Tennis Esch/Alzette), Esch-sur-Alzette, Luxemburg, Klub, entst. 1906, [1906-40 CS FOLA Esch, 40-44 Rote Erde Esch], s. S. 74
CS Fulgerul Chiş inău (Clubul Sportiv Fulgerul Chiş inău), Chiş inău/Kischinew, Moldawien, Klub, [aufgel. 19??], s. S. 91
CS Gabesien, Gabès, Tunesien, Klub, s. S. 113
CS Generala Craiova (Clubul Sportiv Generala Craiova), Craiova, Rumänien, Klub, entst. 1922, [aufgel. 19??], s. S. 91
CS Gloria Bistriţ a s. CF Gloria-1922 Bistriţ a
CS Grevenmacher (Club sportif Grevenmacher), Grevenmacher, Luxemburg, Klub, entst. 1909, [1909-19 Stade Mosellan Grevenmacher, 19-40 CS Grevenmacher, 40-44 FK Grevenmacher], s. S. 75
CS Hackoah Cernăuţ i (Clubul Sportiv Hackoah Cernăuţ i), Tscherniwtsi/Tschernowtsy/Cernăuţ i, Ukraine, Klub, [aufgel. 19??], s. S. 91
CS Hammam-Lif (Club sportif Hammam-Lif), Hammamet, Tunesien, Klub, entst. 1944, s. S. 113
CS Herediano (Club Sport Herediano), Heredia, Costa Rica, Klub, entst. 1921, s. S. 124
CS Hobscheid (Club sportif Hobscheid), Hobscheid, Luxemburg, Klub, entst. 1932, [1932-40 CS Hobscheid, 40-44 FV Hobscheid], s. S. 75
CS Imana s. DC Motema Pembe
CS Înţ elegerea Oradea (Clubul Sportiv Înţ elegerea Oradea), Oradea, Rumänien, Klub, [aufgel. 19??], s. S. 91
CS Italiano s. CD Italiano
CS Jahn Cernăuţ i (Clubul Sportiv Jahn Cernăuţ i), Tscherniwtsi/Tschernowtsy/Cernăuţ i, Ukraine, Klub, [aufgel. 19??], s. S. 91
CS Jiul Petroş ani (Clubul Sportiv Jiul Petroş ani), Petroş ani, Rumänien, Klub, entst. 1919, [1919-24 CAM Petroş ani, 24 Fusion mit CAM Vulcan Petroş ani => UCAS Petroş ani (24-29), 29 Fusion mit CS Lupeni => CS Jiul Petroş ani (30-49), 49-50 Partizanul Petroş ani, 50-52 Flacăra Petroş ani, 52-56 Minerul Petroş ani, 56-57 Energia Petroş ani, 57-58 Minerul Petroş ani], s. S. 91
CS Kleine Heide Beeringen s. K Beringen FC
CS La Forestoise s. RCS La Forestoise
CS La Libertad (Club Sport La Libertad), San José, Costa Rica, Klub, s. S. 124
CS Levski Sofija s. PFK Levski Sofija
CS Libertad (Club Sport Libertad), Trujillo, Peru, Klub, s. S. 130
CS Lupeni s. CS Jiul Petroş ani
CS Macabi Cernăuţ i (Clubul Sportiv Macabi Cernăuţ i), Tscherniwtsi/Tschernowtsy/Cernăuţ i, Ukraine, Klub, [aufgel. 19??], s. S. 91
CS Marítimo (Clube Sport Marítimo), Funchal, Portugal, Klub, entst. 1910, s. S. 79
CS Marítimo s. Marítimo FC
CS Mica Brad s. Aurul Brad
CS Mihai Viteazul Chiş inău (Clubul Sportiv Mihai Viteazul Chiş inău), Chiş inău/Kischinew, Moldawien, Klub, [aufgel. 19??], s. S. 91
CS Mindelense (Clube Sportivo Mindelense), Mindelo, Kapverden, Klub, s. S. 116
CS Miramar Misiones (Club Sportivo Miramar Misiones), Montevideo, Uruguay, Klub, entst. 1906, [1906-80 Miramar FC, 80 Fusion mit Misiones FC => Miramar Misiones], s. S. 135
CS Morón s. CD Morón
CS Moulien (Club Sport Moulien), Le Moule, Guadeloupe, Klub, s. S. 127
CS Mureş ul Tîrgu Mureş (Clubul Sportiv Mureş ul Tîrgu Mureş), Târgu Mureş , Rumänien, Klub, entst. 1921, [1921-23 SS Mureş ul Tîrgu Mureş , 23 Fusion mit CFR Tîrgu Mureş => CFR Mureş ul Tîrgu Mureş (23-24), 24-39 CS Mureş ul Tîrgu Mureş , 39 aufgel., ?? wiedergegr., ??-60 Vointa Tîrgu Mureş , 60-64 CS Mureş ul Tîrgu Mureş , aufgel. 64 Fusion mit ASA Tîrgu Mureş => ASA Mureş ul Tîrgu Mureş], s. S. 91
CS Mureş ul Tîrgu Mureş s. ASA Târgu Mureş
CS Nékoué, Houaïlou, Neukaledonien, Klub, s. S. 137
CS Obercorn (Cercle sportif Obercorn), Obercorn, Luxemburg, Klub, entst. 1930, s. S. 74
CS Oradea s. Criş ana Oradea
CS Oţ elul Galaţ i s. FC Oţ elul Galaţ i
CS Oţ elul Reş iţ a s. CSM Reş iţ a
CS Pandurii Lignitul Târgu-Jiu (Clubul Sportiv Pandurii Lignitul Târgu-Jiu), Târgu-Jiu, Rumänien, Klub, entst. 1963, s. S. 91
CS Patronage Sainte Anne, Brazzaville, Kongo, Klub, s. S. 118
CS Pétange (Club sportif Pétange), Pétange, Luxemburg, Klub, entst. 1909, [1909-40 CS Pétange, 40-44 FV 08 Petingen], s. S. 74
CS Piatra Neamţ s. FC Ceahlăul Piatra Neamţ
CS Pierrots s. RC Strasbourg
CS Politehnica Timiş oara s. FCU Politehnica Timiş oara
CS Polonia Cernăuţ i (Clubul Sportiv Polonia Cernăuţ i), Tscherniwtsi/Tschernowtsy/Cernăuţ i, Ukraine, Klub, [aufgel. 19??], s. S. 91
CS Ponziana Trieste s. FK Poncijana Trst
CS Ponziana Trieste s. USC Triestina
CS Progresul Vulcan Bucureş ti s. FC Naţ ional Bucureş ti
CS Racing Uccle s. Léopold CB
CS Rapid Bucureş ti s. UFC Rapid Bucureş ti
CS România Cluj s. Victoria CFR Cluj
CS Saint-Denis (Club Sportif de Saint-Denis), Saint-Denis, Reunion, Klub, entst. 1969, [aufgel. 1998], s. S. 121
CS San Alvaro Córdoba s. Córdoba CF
CS Sedan-Ardennes (Club sportif Sedan-Ardennes), Sedan, Frankreich, Klub, entst. 1919, [1919-66 UA Sedan Torcy, 66 Fusion mit Racing Club de Paris => Racing Paris-Sedan (66-67), 67 Aufl. der Fusion => Racing Club de Paris und UA Sedan Torcy (67-76), 76 Fusion mit Amical Club Mouzon => CS Sedan-Mouzon Ardennes (76-85)], s. S. 77
CS Sedan-Mouzon Ardennes s. CS Sedan-Ardennes
CS Sergipe (Club Sportivo Sergipe), Aracaju, Brasilien, Klub, entst. 1909, s. S. 133
CS Sfaxien (Club sportif Sfaxien), Sfax, Tunesien, Klub, entst. 1928, s. S. 113
CS Stade d'Akébé, Libreville, Gabun, Klub, entst. 1983, s. S. 119
CS Stade Dudelange (Cercle sportif le Stade Dudelange), Dudelange, Luxemburg, Klub, entst. 1908, [1908-12 Gallia Dudelange, 12-13 Sparta Dudelange, 13-40 CS Stade Dudelange, 40-44 FV Stadt Düdelingen, 44-91 CS Stade Dudelange, aufgel. 91 durch Fusion mit SC Alliance Dudelange und US Dudelange => F91 Dudelange], s. S. 74
CS Stade Dudelange s. CS Alliance Dudelange
CS Stade Dudelange s. F91 Dudelange
CS Stade Dudelange s. US Dudelange
CS Stăruinţ a Oradea (Clubul Sportiv Stăruinţ a Oradea), Oradea, Rumänien, Klub, entst. 1912, [aufgel. 1958], s. S. 91
CS Steagul Roş u Braş ov s. FC Braş ov
CS Steagul Roş u Orasul Stalin s. Dinamo Orasul Stalin
CS Steaua Chiş inău (Club Sport Steaua Chiş inău), Chiş inău, Moldawien, Klub, s. S. 99
CS Ştiinţ a Timiş oara s. FCU Politehnica Timiş oara
CS Târgoviş te s. CF Chindia Târgoviş te
CS Tiligul-Tiras Tiraspol (Club Sport Tiligul-Tiras Tiraspol), Tiraspol, Moldawien, Klub, entst. 1961, [1961-63 Piščevik Tiraspol, 63-67 Luceafarul Tiraspol, 67-72 Dnestr Tiraspol, 72-78 Zvezda Tiraspol, 78-79 Start Tiraspol, 79-86 Avtomobilist Tiraspol, 86-90 Tekstil'ščik Tiraspo, 90-91 Tiras Tiraspol, 1991-2004 FC Tiligul Tiraspol], s. S. 99
CS Tîrgoviş te s. CF Chindia Târgoviş te
CS Tîrgu Mureş (Clubul Sportiv Tîrgu Mureş), Târgu Mureş , Rumänien, Klub, entst. 1944, [1944-45 ASM Tîrgu Mureş , 45-47 Dermagand Tîrgu Mureş , 47-49 RATA Tîrgu Mureş , 49-56 Locomotivă Tîrgu Mureş , 56-57 Avîntul Tîrgu Mureş , 57-58 Energia Tîrgu Mureş , ?? aufgel.], s. S. 91
CS Tricolor Bucureş ti (Clubul Sportiv Tricolor Bucureş ti), Bukarest (Bucureş ti), Rumänien, Klub, entst. 1914, [1914 Teilul Bucureş ti, 14-26 CS Tricolor Bucureş ti, aufgel. 26 durch Fusion mit Unirea Bucureş ti => Unirea-Tricolor Bucureş ti], s. S. 90
CS Tricolor Bucureş ti s. Unirea Tricolor MAI Bucureş ti
CS Universitatea Cluj s. FC Universitatea Cluj-Napoca
CS Universitatea Cluj-Napoca s. FC Universitatea Cluj-Napoca
CS Universitatea Craiova s. FC Universitatea Craiova
CS Uruguay (Club Sport Uruguay), Moravia, Costa Rica, Klub, entst. 1936, s. S. 124
CS Vagonul Arad s. CS Astra Arad
CS Vauclinois (Club sportive Vauclinois), Le Vauclin, Martinique, Klub, s. S. 127
CS Verviétois s. RCS Verviétois
CS Victoria Cluj s. Victoria CFR Cluj
CS Victoria Iaş i s. CFR Iaş i
CS Vigor Ascoli s. Ascoli Calcio 1898
CS Virunga, Goma, Volksrepublik Kongo, Klub, s. S. 118
CSA (Centro Sportivo Alagoano), Maceió, Brasilien, Klub, entst. 1913, s. S. 133
CSA Steaua Bucureş ti s. FC Steaua Bucureş ti
CSA Victoria Cahul (Clubul Sportiv al Armatei Victoria Cahul), Cahul, Moldawien, Klub, s. S. 99
ČSAD Benešov s. FK Benešov
CSB (Cecle sportif Batavea), Libreville, Gabun, Klub, s. S. 119
CSC 03 Kassel (Casseler Sport-Club 03 Kassel), Kassel, Deutschland, Klub, entst. 1903, [1903-19 Casseler FV Teutonia, 19 Casseler FV Eintracht, 19 Fusion mit Sportfreunde Cassel => VfR 03 Cassel, 19 Fusion mit Älterer TG 1848 => Tuspo 1848 Cassel (19-25), 25 Aufl. der Fusion, 25-26 Casseler SC 03, 26-45 CSC 03 Kassel, 45 aufgel. und wiedergegr., 45-46 SG Eintracht Kassel, 46-47 TuSG Eintracht Kassel], s. S. 85
CSCA Bucureş ti s. FC Steaua Bucureş ti
CSD Audaz Octubrino (Club Social Deportivo Audaz Octubrino), Machala, Ecuador, Klub, entst. 1949, s. S. 130
CSD Aurich-Cañaña (Club Social Deportivo Aurich-Cañaña), Chiclayo, Peru, Klub, entst. 1993, [entst. 1993 durch Fusion Juan Aurich und Deportivo Cañaña, 97 Aufl. der Fusion => Juan Aurich und Deportivo Cañaña], s. S. 130
CSD Aurich-Cañaña s. Deportivo Cañaña
CSD Aurich-Cañaña s. Juan Aurich
CSD Comunicaciones FC (Club Social y Deportivo Comunicaciones Fútbol Club), Ciudad de Guatemala/Guatemala City, Guatemala, Klub, entst. 1949, s. S. 125
CSD Defensor ANDA (Club Social Deportivo Defensor Asociación Nacional de Agricultores), Aucayacu, Peru, Klub, entst. 1977, s. S. 130
CSD Dorados de Sinaloa (Club Social y Deportivo Dorados de Sinaloa), Culiacán, Mexiko, Klub, s. S. 125
CSD León (Club Social y Deportivo León AC), León, Mexiko, Klub, entst. 1920, [1920-44 León Atlético], s. S. 125
ČSD Lokomotiva Kolín s. AFK Kolín
CSD Macará (Club Social Deportivo Macará), Ambato, Ecuador, Klub, entst. 1939, s. S. 130
CSD Mina San Vicente (Club Social Deportivo Mina San Vicente), San Ramón, Peru, Klub, entst. 1970, s. S. 131
CSD Municipal (Club Social y Deportivo Municipal), Ciudad de Guatemala/Guatemala City, Guatemala, Klub, entst. 1936, s. S. 125
ČSD Plzeň s. SK Plzeň 1894
CSD Xelajú MC (Club Social y Deportivo Xelajú Mario Camposeco), Quezaltenango, Guatemala, Klub, entst. 1940, s. S. 125
Csepel AK s. BAK
Csepel FC s. Csepel SC
Csepel Munkás TE s. Csepel SC
Csepel SC (Csepel Sport Club), Budapest, Ungarn, Klub, entst. 1912, [1912-32 Csepeli TK, 32-37 Csepel FC, 37-44 Weisz Manfréd FC, 44-47 Csepel SC, 47-50 Csepel Munkás TE, 50-57 Csepeli Vasas, 57-93 Csepel SC, 93-95 Csepel-Kordax], s. S. 89
Csepel Sport Club s. Csepel SC
Csepeli TK s. Csepel SC
Csepeli Vasas s. Csepel SC
Csepel-Kordax s. Csepel SC
CSF Chinezul Timiş oara (Clubul Sportiv Feroviar Chinezul Timiş oara), Temeschburg (Timiş oara), Rumänien, Klub, entst. 1910, [1910-19 Kinizsi SE Temeszvár, 19-41 CSF Chinezul Timiş oara, 36 Fusion mit ILSA Timiş oara, aufgel. 41 durch Fusion mit CAM Timiş oara => Chinezul CAM Timiş oara], s. S. 91
CSF Chinezul Timiş oara s. CAM Timiş oara
CSK Crvenka s. FK Crvenka
ČSK Vítkovice s. FC Vítkovice
CSKA Almaty (Central'nyj Sportivnyj Klub Armiji Almaty), Almaty/Alma-Ata, Kasachstan, Klub, s. S. 101
CSKA Kyiw s. FK Arsenal Kyiw
CSKA Moskva s. PFK CSKA Moskva
CSKA Septemvrijsko zname Sofija s. PFK CSKA Sofija
CSKA Septemvrijsko zname Sofija s. PFK Septemvri Sofija
CSKA Sofija s. PFK CSKA Sofija
CSKA Tscherveno zname Sofija s. PFK CSKA Sofija
CSKA Tscherveno zname Sofija s. PFK Septemvri Sofija
CSKA-Borysfen Boryspil' s. FK Arsenal Kyiw
CSKA-Borysfen Boryspil' s. FK Borysfen Boryspil'
CSKA-Borysfen Kyiw s. FK Arsenal Kyiw
CSK-MO Moskva s. PFK CSKA Moskva
CSM Baia Mare s. FC Baia Mare
CSM Baia Mare s. SC Phönix Baia Mare
CSM Brăila s. Dacia Unirea Brăila
CSM Bucovina Suceava s. NC Foresta Suceava
CSM Cluj s. FC CFR Ecomax Cluj
CSM Cluj s. Rapid Cluj
CSM Lugoj (Clubul Sportiv Muncitoresc Lugoj), Lugoj, Rumänien, Klub, entst. 1920, [1920-34 Vulturii Lugoj, 34-38 Vulturii Textila Lugoj, 38-69 Vulturii Lugoj, 69-80 Vulturii Textila Lugoj, 80-84 Vulturii Lugoj], s. S. 91
CSM Mediaş s. Gaz Metan Mediaş
CSM Reş iţ a (Clubul Sportiv Muncitoresc Reş iţ a), Reş iţ a, Rumänien, Klub, entst. 1926, [entst. 1926 durch Fusion SS Reş iţ a und Uzinele Reş iţ a => SS UD Reş iţ a (26-45), 45-48 CS Oţ elul Reş iţ a, 48 Fusion mit Locomotivă Reş iţ a => Metalochimic Reş iţ a (48-49), 49-55 Metalul Reş iţ a, 55-56 Energia Reş iţ a, 56-58 Metalul Reş iţ a, 58-75 CSM Reş iţ a, 75-82 FCM Reş iţ a], s. S. 91
CSM Rîmnicu Vîlcea s. FC Râmnicu Vâlcea
CSM Suceava s. NC Foresta Suceava
CSMD Baia Mare s. FC Baia Mare
CSMS Iaş i s. CFR Iaş i
CSMS Iaş i s. FC Politehnica Iaş i
CSO Baia Mare s. FC Baia Mare
CSO El Asnam s. ASO Chlef
CSO Farul Constanţ a s. FC Farul Constanţ a
CSO Galaţ i s. Siderurgistul Galaţ i
CSS Amocom Chiş inău s. FC Unisport Chiş inău

Dinamo **s.** KS Dinamo
Dinamo **s.** KS Skënderbeu
Dinamo Samarkand **s.** FK Dinamo Samarkand
Dinamo Sankt Peterburg, Sankt Peterburg, Russland, Klub, entst. 1925, [1925-54 Dinamo Leningrad, 54 aufgel. und wiedergegr., 54-58 Trudovyje rezervy Leningrad, 58-62 Admiraltejets Leningrad, 62-91 Dinamo Leningrad], **s. S.** 101
Dinamo Satu Mare **s.** FC Olimpia Satu Mare
Dinamo Slatina **s.** IPA Slatina
Dinamo Sofija **s.** PFK Levski Sofija
Dinamo Sokuluk **s.** FK Frunze Sokuluk
Dinamo Stawropol' **s.** FK Dinamo Stawropol'
Dinamo Suceava **s.** NC Foresta Suceava
Dinamo Suchumi **s.** FC Dinamo Suchumi
Dinamo Svischtov **s.** PFK Akademik Svischtov
Dinamo Tbilisi **s.** FC Dinamo Tbilisi
Dinamo Tiranë **s.** KS Dinamo Tiranë
Dinamo Tschernowtsy **s.** FK Bukowyna Tscherniwtsi
Dinamo Tselinograd **s.** FK Astana
Dinamo Urgench **s.** FK Chorezm Urgench
Dinamo UVD Dschalal-Abad **s.** FK Dinamo UVD Dschalal-Abad
Dinamo Vilnius **s.** FK Žalgiris Vilnius
Dinamo Vinkovci **s.** HNK Cibalia Vinkovci
Dinamo Wladiwostok **s.** FK Lutsch-Energija Wladiwostok
Dinamo Zagreb **s.** NK Dinamo Zagreb
Dinamo Zugdidi **s.** FC Odishi Zugdidi
Dinamo-2000 Erewan **s.** FC Dinamo-2000 Erewan
Dinamo-Alaj Osch **s.** FK Dinamo-Alaj Osch
Dinamo-Bakili Baku **s.** FC Dinamo-Bakili Baku
Dinamo-Codru Chiş inău **s.** FC Torentul Chiş inău
Dinamo-Gazovik Tjumen' **s.** FK Tjumen'
Dinamo-Manas-SKIF Bischkek, Bischkek, Kirgisien, Klub, **s. S.** 100
Dinamo-Nasaf Karschi **s.** FK Nasaf Karschi
Dinamo-Oil Bischkek **s.** CAG-Dinamo-MVD Bischkek
Dinamos do Cuanza Sul, Ngunza/Sumbe, Angola, Klub, **s. S.** 118
Dinamo-Victoria Bucureş ti **s.** AS Victoria Bucureş ti
Dingareh, Banjul, Gambia, Klub, **s. S.** 116
Dinozavr, Mongolei, Klub, **s. S.** 109
Dioila, Stadt, Mali, **s. S.** 114
Diósgyőri AC **s.** Diósgyőri VTK
Diósgyőri FC **s.** Diósgyőri VTK
Diósgyőri IK **s.** Diósgyőri VTK
Diósgyőri MÁVAG SC **s.** Diósgyőri VTK
Diósgyőri Vasas **s.** Diósgyőri VTK
Diósgyőri VLI **s.** Diósgyőri VTK
Diósgyőri VTK (Diósgyőri Vasgyári Testgyakorlók Köre), Miskolc, Ungarn, Klub, entst. 1910, [entst. 1910 durch Fusion Diósgyőri IK und Diósgyőri VLI => Diósgyőr-VTK (1910-38), 38 Fusion mit Diósgyőri AC => Diósgyőri MÁVAG SC (38-45), 45 Aufl. der Fusion, 45-48 DVTK, 48-57 Diósgyőri Vasas, 57-92 Diósgyőri VTK, 1992-2004 Diósgyőri FC, 04-05 Diósgyőri-Balaton FC], **s. S.** 89
Diósgyőr-VTK **s.** Diósgyőri VTK
Diourbel , Stadt, Senegal, **s. S.** 117
Dipali JS, Dacca/Dhaka, Bangladesh, Klub, **s. S.** 105
Diplomats **s.** Washington Diplomats (I)
Diplomats **s.** Washington Diplomats (II)
Dipolog-Zamboanga del Norte, Zamboanga, Philippinen, Klub, **s. S.** 107
Dire Dawa Railway FC (Dire Dawa Railway Football Club), Dire Dawa, Äthiopien, Klub, **s. S.** 115
Dire Dawa Railway Football Club **s.** Dire Dawa Railway FC
Dire Dawa Textiles, Dire Dawa, Äthiopien, Klub, [19??-?? Garments], **s. S.** 115
Dire Dawa, Stadt, Äthiopien, **s. S.** 115
Diriamba, Stadt, Nicaragua, **s. S.** 125
Diriangén **s.** FC Diriangén
Distillery FC **s.** Lisburn Distillery FC
Distillery Football Club **s.** Distillery FC
Distribuţ ia Bucureş ti **s.** Flacăra Bucureş ti
District of Columbia United **s.** DC United
Disz FSE Budapest **s.** MAFC
DISZ FSE **s.** BEAC
Ditton Daugavpils **s.** FC Ditton Daugavpils
Diwania **s.** al-Diwania
Diyala, Khanaqeen, Irak, Klub, entst. 1957, **s. S.** 103
Diyarbakır, Stadt, Türkei, **s. S.** 97
Diyarbakırspor K (Diyarbakırspor Kulübü), Diyarbakır, Türkei, Klub, entst. 1968, **s. S.** 97
Diyarbakırspor Kulübü **s.** Diyarbakırspor K
Dizelists Riga, Riga, Lettland, Klub, **s. S.** 99
Dižvanagi **s.** RSK Dižvanagi
Djama Aouled, Dschibuti, Klub, **s. S.** 115
Djambala, Stadt, Kongo, **s. S.** 118
Djerba, Stadt, Tunesien, **s. S.** 113
Djerem Bertoua, Bertoua, Kamerun, Klub, **s. S.** 117
Djerv **s.** SK Djerv
Djerv **s.** SK Haugar
Djibetade Tabou, Tabou, Elfenbeinküste, Klub, **s. S.** 117
Djibouti, Stadt, Dschibuti, **s. S.** 115
Djivan **s.** FC Djivan
Djoiezi, Stadt, Komoren, **s. S.** 121
Djoliba AC (Djoliba Athletic Club), Bamako, Mali, Klub, entst. 1960, **s. S.** 114
Djoliba Athletic Club **s.** Djoliba AC
Djougou, Stadt, Benin, **s. S.** 117
Djurgårdens Idrottsförening **s.** Djurgårdens IF
Djurgårdens IF (Djurgårdens Idrottsförening), Stockholm, Schweden, Klub, entst. 1891, **s. S.** 72
DNA Haskovo **s.** PFK Haskovo
DNA Sliven **s.** PFK Sliven
DNA Stanke Dimitrov **s.** PFK Marek Dupnica
DNA Stara Zagora **s.** PFK Beroe Stara Zagora
DNA Svischtov **s.** PFK Akademik Svischtov
DNA Veliko Tărnovo **s.** FK Etăr Veliko Tărnovo
DNC Alger, Algier (Alger/El-Jaza'ir), Algerien, Klub, **s. S.** 113
Dnepr Dnepropetrowsk **s.** FK Dnipro Dnipropetrows'k
Dnepr Krementschug **s.** FK Kremin' Krementschuk
Dnepr Mahiljou **s.** FK Dnepr Mahiljou
Dnepr Mahiljou **s.** FK Dnepr-Transmasch Mahiljou
Dnepr Mahiljou **s.** FK Transmasch Mahiljou
Dnepr Mogilew **s.** FK Dnepr Mahiljou
Dnepropetrowsk, Stadt, Ukraine, **s. S.** 99
Dnepr-Transmasch Mahiljou **s.** FK Dnepr Mahiljou
Dnepr-Transmasch Mahiljou **s.** FK Dnepr-Transmasch Mahiljou
Dnepr-Transmasch Mahiljou **s.** FK Transmasch Mahiljou
Dnestr Tiraspol **s.** CS Tiligul-Tiras Tiraspol
Dnipro Dnipropetrows'k **s.** FK Dnipro Dnipropetrows'k
Dnipropetrows'k, Stadt, Ukraine, **s. S.** 99
DNV Plovdiv **s.** PFK Botev Plovdiv
Doba, Stadt, Tschad, **s. S.** 114
Doboj, Stadt, Bosnien und Herzegowina, **s. S.** 93
Dobritsch, Stadt, Bulgarien, **s. S.** 91
Dobrudscha Dobritsch **s.** PFK Dobrudscha Dobritsch
Dock Sud **s.** Sportivo Dock Sud
Dockyard Police, Senglea, Malta, Klub, entst. 1916, [aufgel. 1921], **s. S.** 81
Doc's Khelwalaas FC (Doc's Khelwalaas Football Club), Caroni, Trinidad und Tobago, Klub, **s. S.** 129
Doc's Khelwalaas Football Club **s.** Doc's Khelwalaas FC
Dodo **s.** FC Dodo
Dodoma, Stadt, Tansania, **s. S.** 119
Doetinchem, Stadt, Niederlande, **s. S.** 75
Doğan Türk Birliği SK (Doğan Türk Birliği Spor Kulübü), Girne/Kyrenia, Zypern, Klub, **s. S.** 95
Dogana, Stadt, San Marino, **s. S.** 81
Doganci, Stadt, Zypern, **s. S.** 95
Doha, Stadt, Katar, **s. S.** 103
Dolgozó FC Kaposvár **s.** Rákóczi FC
Dolgozók SE **s.** Balaton FC
Doljul Craiova **s.** AS Doljul Craiova
Dolphin AFC (Dolphin Association Football Club), Dublin/Baile Átha Cliath, Irland, Klub, [aufgel. 19??], **s. S.** 69
Dolphin Association Football Club **s.** Dolphin AFC
Dolphins, The Valley, Anguilla, Klub, **s. S.** 126
Dolphins FC (Dolphins Football Club), Port Harcourt, Nigeria, Klub, [19??-9? Eagle Cement], **s. S.** 117
Dolphins FC (Dolphins Football Club), San Pedro, Belize, Klub, [19??-97 San Pedro FC, aufgel. 98, Umzug nach Corozal => La Victoria, 99 wiedergegr.], **s. S.** 125
Dolphins FC **s.** La Victoria
Dolphins Football Club **s.** Dolphins FC
Dolphins **s.** Royal Dolphins
Dom Bosco **s.** CE Dom Bosco
Domagnano **s.** SP Domagnano
Domagnano, Stadt, San Marino, **s. S.** 81
Domarou, Benin, Klub, **s. S.** 117
Domenjod, Stadt, Reunion, **s. S.** 121
Domiat **s.** al-Domiat
Domiat, Stadt, Ägypten, **s. S.** 112
Domingo Savio, La Vega, Dominikanische Republik, Klub, **s. S.** 127
Dominguito, Stadt, Niederländische Antillen, **s. S.** 127
Dominica, Länder, **s. S.** 126 und 127
Dominikanische Republik, Länder, **s. S.** 126 und 127
DOMKE Dunajská Streda **s.** FK DAC 1904 Dunajská Streda
Domoina Soavina Atsimondrano **s.** DSA
Domoni, Stadt, Komoren, **s. S.** 121
Domžale, Stadt, Slowenien, **s. S.** 93
Don Bosco, Pétionville, Haiti, Klub, **s. S.** 127
Don Bosco de Moca **s.** FC Don Bosco de Moca
Don Denis Principat, Andorra la Vella, Andorra, Klub, entst. 1989, [1989-95 CE Principat, 95-96 CE Principat Inter Trade, 1996-2001 CE Principat], **s. S.** 77
Don Orione AC (Don Orione Athletic Club), Barranqueras, Argentinien, Klub, entst. 1946, **s. S.** 135
Don Orione Athletic Club **s.** Don Orione AC
Don Pernil Santa Coloma, Santa Coloma, Andorra, Klub, entst. 1986, [1986-97 FC Santa Coloma, 97-98 Don Pernil Santa Coloma, 1998-2000 FC Santa Coloma], **s. S.** 77
Don Pernil Santa Coloma **s.** FC Santa Coloma
Donau Wien **s.** SV Donau Wien
Donaustadt **s.** Brigittenauer SC Feuerwehr
Donaustadt **s.** SC Ostmark Wien
Donawitzer Sport Verein Leoben **s.** DSV Leoben
Doncaster, Stadt, England, **s. S.** 67
Donezk, Stadt, Ukraine, **s. S.** 99
Donez'k, Stadt, Ukraine, **s. S.** 99
Dongguan, Stadt, China, **s. S.** 109
Donjo FC (Donjo Football Club), Benin, Klub, **s. S.** 117
Donnervárosi Levente **s.** Somogy FC
Donostia FC **s.** Real Sociedad
Door Oefening Sterk **s.** DOS
Door Wilskracht Sterk/Amsterdam **s.** DWS/A
Doornik, Stadt, Belgien, **s. S.** 75
Dopolavoro Empolese **s.** Empoli FC
Dopolavoro Interaziendale Italo Gambacciani Sezione Calcio Empoli **s.** Empoli FC
Dorados de Sinaloa **s.** CSD Dorados de Sinaloa
Dordrecht '90, Dordrecht, Niederlande, Klub, entst. 1890, [1892-1974 DFC, 74-79 FC Dordrecht, 79-90 DS '79, 90-91 FC Dordrecht '90, 91 Fusion mit SVV => SVV/Dordrecht '90 (91-92), 92 aufgel. und wiedergegr.], **s. S.** 75
Dordrecht '90 **s.** SVV
Dordrecht, Stadt, Niederlande, **s. S.** 75
Dorieas Rodos **s.** AO Diagoras Rodos
Dorieas Rodos **s.** AS Rodos
Dornbirn **s.** SC Austria Memphis Lustenau
Dornbirn, Stadt, Österreich, **s. S.** 82
Dorog, Stadt, Ungarn, **s. S.** 89
Dorogi AC **s.** Dorogi FC
Dorogi Bányász SC **s.** Dorogi FC
Dorogi FC (Dorogi Futball Club), Dorog, Ungarn, Klub, entst. 1914, [1914-49 Dorogi AC, 49-51 Dorogi Tárna, 51-56 Dorogi Bányász SC, 56-57 Dorogi AC, 57-59 Dorogi Bányász SC, 59-85 Dorogi AC, 85-95 Dorogi Bányász SC, 95-98 Dorogi SE], **s. S.** 89
Dorogi Futball Club **s.** Dorogi FC
Dorogi SE **s.** Dorogi FC
Dorogi Tárna **s.** Dorogi FC
Dorostol Silistra **s.** FK Dorostol 2001 Silistra
Dorp Rincón, Stadt, Niederländische Antillen, **s. S.** 126
Dortmund, Stadt, Deutschland, **s. S.** 84
DOS (Door Oefening Sterk), Utrecht, Niederlande, Klub, entst. 1901, [1970 Fusion mit VV Elinkwijk und Velox => FC Utrecht, dnes ex. jako amat.], **s. S.** 75
Dos Caminos SC (Dos Caminos Sport Club), Caracas, Venezuela, Klub, [aufgel. 19??], **s. S.** 129
Dos Caminos Sport Club **s.** Dos Caminos SC
DOS **s.** FC Utrecht
DOS **s.** VV Elinkwijk
Dosso, Stadt, Niger, **s. S.** 114
Dostuk Sokuluk **s.** SKA Dostuk Sokuluk
Dostyk Almaty, Almaty/Alma-Ata, Kasachstan, Klub, **s. S.** 101
Dostyk Tschimkent, Čimkent, Kasachstan, Klub, entst. 2000, [entst. 2000 durch Fusion Zhiger Tschimkent und Tomiris Tschimkent], **s. S.** 101
Dostyk Tschimkent **s.** SK Ordabasy Tschimkent
Dostyk Tschimkent **s.** Tomiris Tschimkent
Douala, Stadt, Kamerun, **s. S.** 117
Douanes **s.** AS Douanes
Doumbé FC (Doumbé Football Club), Sansanné-Mango, Togo, Klub, **s. S.** 117
Dourados, Stadt, Brasilien, **s. S.** 133
Doxa Katokopias, Nicosia/Lefkosia, Zypern, Klub, entst. 1954, [1974 Umzug nach Nicosia], **s. S.** 95
Doxa **s.** GS Dramas Doxa
Dózsa MADISZ, Budapest, Ungarn, Klub, entst. 1945, [aufgel. 19??], **s. S.** 89
Dózsa **s.** Újpest FC
Dózsa SC **s.** Pécsi Mecsek FC
DPMM FC (Duli Pengiran Muda Mahkota Football Club), Jerudong, Brunei, Klub, **s. S.** 107
Dragoi **s.** KS Pogradec
Dragon Douala, Douala, Kamerun, Klub, **s. S.** 117
Dragon **s.** AS Dragon
Dragón **s.** CD Dragón
Dragons, Bata, Äquatorial-Guinea, Klub, **s. S.** 118
Dragons de l'Ouémé, Porto-Novo, Benin, Klub, **s. S.** 117
Dragons **s.** AS Dragons
Dragons **s.** Chun-Nam Dragons
Dragør BK (Dragør Boldklub), Dragør, Dänemark, Klub, entst. 1907, **s. S.** 71
Dragør Boldklub **s.** Dragør BK
Dragør, Stadt, Dänemark, **s. S.** 71
Dragoş Vodă Cernăuţ i, Tscherniwtsi/Tschernowtsy/Cernăuţ i, Ukraine, Klub, [aufgel. 19??], **s. S.** 91
Dragovoljac Kiseljak **s.** NK Dragovoljac Kiseljak
Drama, Stadt, Griechenland, **s. S.** 95
Dramas Doxa **s.** GS Dramas Doxa
Drammen, Stadt, Norwegen, **s. S.** 71
Drasche Gubacs Budapest **s.** ESMTK
Drava Ptuj **s.** NK Drava Ptuj
Dravograd, Stadt, Slowenien, **s. S.** 93
Dreher **s.** BVSC
Dresden, Stadt, Deutschland, **s. S.** 85
Dresdner SC 98 (Dresdner Sport-Club 1898), Dresden, Deutschland, Klub, entst. 1898, [1898-45 Dresdner SC, 45 aufgel. und wiedergegr., 45-50 SG Mickten, 50-51 BSG Sachsenverlag Dresden, 51-54 BSG Rotation Dresden, 54-66 SC Einheit Dresden, 66-90 FSV Lokomotive Dresden], **s. S.** 85
Dresdner Sport-Club 1898 **s.** Dresdner SC 98
Dresdner TV Guts Muts **s.** TSV 1910 Dresden
Dribbling Wizards **s.** Mbabane Dribbling Wizards
Drillers **s.** Edmonton Drillers
Drina Zvornik **s.** FK Drina Zvornik
Drina Zvornik Živnice **s.** FK Drina Zvornik Živnice
Drnovice, Stadt, Tschechische Republik, **s. S.** 86
Drobeta-Turnu Severin, Stadt, Rumänien, **s. S.** 91
Drogheda AFC **s.** Drogheda United FC
Drogheda United FC (Drogheda United Football Club), Drogheda/Droichead Átha, Irland, Klub, entst. 1919, [1919-75 Drogheda AFC], **s. S.** 69
Drogheda United Football Club **s.** Drogheda United FC
Drogheda, Stadt, Irland, **s. S.** 69
Droichead Átha, Stadt, Irland, **s. S.** 69
Dronningborg BK **s.** Randers FC
Drott **s.** FF Jaro
Druids FC **s.** NEWI Cefn Druids FC
Druids United FC **s.** NEWI Cefn Druids FC
Druk Pol FC (Druk Pol Football Club), Thimbu, Bhutan, Klub, **s. S.** 105
Druk Star FC (Druk Star Football Club), Thimbu, Bhutan, Klub, **s. S.** 105
Drumahoe, Stadt, Nordirland, **s. S.** 69
Drumcondra FC (Drumcondra Football Club), Dublin/Baile Átha Cliath, Irland, Klub, entst. 1924, [aufgel. 1973 durch Fusion mit Home Farm FC => Home Farm-Drumcondra FC], **s. S.** 69
Drumcondra FC **s.** Home Farm Everton FC
Drumcondra Football Club **s.** Drumcondra FC
Druschba Arawan **s.** Ak Bula Arawan
Druschestvo za Fizkultura i Sport Akademik Dimitrovgrad **s.** DFS Akademik Dimitrovgrad
Druschestvo za Fizkultura i Sport Torpedo Pleven **s.** DFS Torpedo Pleven
DSA (Domoina Soavina Atsimondrano), Antananarivo/Tananarive, Madagaskar, Klub, **s. S.** 121
DSC Arminia Bielefeld (Deutscher Sport-Club Arminia Bielefeld), Bielefeld, Deutschland, Klub, entst. 1905, [1905-19 1. Bielefelder FC Arminia, 07 Fusion mit FC Siegfried Bielefeld, 19 Fusion mit Bielefelder TG 48 => TG Arminia Bielefeld (19-22), 22 aufgel. und wiedergegr., 22-26 1. Bielefelder FC Arminia], **s. S.** 85
Dschalal-Abad, Stadt, Kirgisien, **s. S.** 100
Dschalilabad, Stadt, Aserbaidschan, **s. S.** 97
Dschambul, Stadt, Kasachstan, **s. S.** 101
Dschang, Stadt, Kamerun, **s. S.** 117
Dschezkazgan, Stadt, Kasachstan, **s. S.** 101
Dschezkazganets Dschezkazgan **s.** Ulutau Dschezkazgan
Dschibuti, Länder, **s. S.** 114 und 115
Dschizak, Stadt, Usbekistan, **s. S.** 101
DSE Dunajská Streda **s.** FK DAC 1904 Dunajská Streda
DSF Opava **s.** SFC Opava
DSK Brno XV **s.** ČAFC Židenice
DSK Juliánov **s.** ČAFC Židenice
DSK Pressburg (Deutscher Sport Klub Pressburg), Bratislava, Slowakei, Klub, entst. 1939, [aufgel. 1944], **s. S.** 87
DSO Akademik Sofija **s.** FK Akademik Sofija
DSO Burevestnik Chiş inău **s.** FC Zimbru Chiş inău
DŠO Spartak Kablo Topoľčany **s.** MFK VTJ Topoľčany
DSO Spartak Pleven **s.** DFS Torpedo Pleven
DSO Spartak Pleven **s.** PFK Spartak Pleven
DSO Spartak Plovdiv **s.** FK Spartak Plovdiv
DSO Strojitel Sofija **s.** PFK Slavija Sofija
DSO Strojtel Svischtov **s.** PFK Akademik Svischtov
DSO Torpedo Sofija **s.** PFK Lokomotiv Sofija
DSO Tscherveno zname Sofija (Dărzhavna Sportna Organizacija Tscherveno zname Sofija), Sofija, Bulgarien, Klub, [aufgel. 1964 durch Fusion mit CDNA Sofija => CSKA Tscherveno zname Sofija], **s. S.** 90
DSO Tscherveno zname Sofija **s.** PFK CSKA Sofija
DSO Zenit Sankt Peterburg **s.** FK Zenit Sankt Peterburg
DSV Alpine Leoben **s.** DSV Leoben
DSV Leoben (Donawitzer Sport Verein Leoben), Leoben, Österreich, Klub, entst. 1922, [1922-70 Werks SV Donawitz, 70-71 Werks SV Alpine Leoben Donawitz 71-?? DSV Alpine Leoben, ??-?? DSV Alpine ALAG Leoben, ??-92 DSV Alpine Stabil Leoben, 92 Fusion mit FC Leoben => DSV Leoben], **s. S.** 83
DSV Saaz (Deutscher Spielverein Saaz), Žatec, Tschechische Republik, Klub, entst. 1907, [aufgel. 1939], **s. S.** 86
DTE Dunajská Streda **s.** FK DAC 1904 Dunajská Streda
DTS Dunajská Streda **s.** FK DAC 1904 Dunajská Streda
DTSG Krakau **s.** Wisła Kraków
Dubai, Dubayy, VAE, Klub, entst. 1996, **s. S.** 103
Dubăsari, Stadt, Moldawien, **s. S.** 99
Dubayy, Stadt, VAE, **s. S.** 103
Dublanc Strikers SC (Dublanc Strikers Soccer Club), Dublanc, Dominica, Klub, [19??-99 Superwoods United], **s. S.** 127
Dublanc, Stadt, Dominica, **s. S.** 127
Dublin City FC (Dublin City Football Club), Dublin/Baile Átha Cliath, Irland, Klub, entst. 1928, [1928-73 Home Farm FC, 73 Fusion mit Drumcondra FC => Home Farm-Drumcondra FC (73), 73-95 Home Farm FC, 95-?? Home Farm Everton FC, ??-2001 Home Farm Fingal FC, 01-06 Dublin City FC, 2006 aufgel.], **s. S.** 69
Dublin United FC (Dublin United Football Club), Dublin/Baile Átha Cliath, Irland, Klub, entst. 1904, [aufgel. 1933], **s. S.** 69
Dublin United Football Club **s.** Dublin United FC
Dublin, Stadt, Irland, **s. S.** 69
Dubnica nad Váhom, Stadt, Slowakei, **s. S.** 86
Dubrava **s.** NK Dubrava
Dubréka, Stadt, Guinea, **s. S.** 117
Dubrovnik, Stadt, Kroatien, **s. S.** 93
Duca Ascoli **s.** Ascoli Calcio 1898
Ducos, Stadt, Martinique, **s. S.** 127
Dudelange, Stadt, Luxemburg, **s. S.** 74 und 85
Düdelingen, Stadt, Luxemburg, **s. S.** 74 und 85
Duhook, Stadt, Irak, **s. S.** 103
DUIG Brăila **s.** Dacia Unirea Brăila
Duisburg, Stadt, Deutschland, **s. S.** 84
Duisburger Spielverein **s.** Duisburger SV
Duisburger SpV. 1900 **s.** KSG Duisburg
Duisburger SV (Duisburger Spielverein), Duisburg, Deutschland, Klub, entst. 1893, [1893-1900 Duisburger TV 1848, 1900-64 Duisburger SV, aufgel. 64 durch Fusion mit TuS Duisburg => Eintracht Duisburg], **s. S.** 84
Duisburger TV 1848 **s.** Duisburger SV
Dukat Moskva **s.** FK Spartak Moskva
Duke of Wellington's Regiment **s.** 2nd Duke of Wellington's Regiment
Dukla Banská Bystrica **s.** FK Dukla Banská Bystrica
Dukla ČSSZ Prešov **s.** 1. FC Tatran Prešov
Dukla Hraničář Cheb **s.** FC Union Cheb
Dukla Karlín **s.** TJ Čechie Karlín
Dukla Olomouc **s.** VTJ Dukla Olomouc
Dukla Pardubice **s.** Tankista Praha
Dukla Pardubice **s.** VTJ Dukla Pardubice
Dukla Praha **s.** FK Dukla Praha
Dukla Praha **s.** FK Marila Příbram
Dukla Příbram **s.** FK Marila Příbram
Dukla Trenčín **s.** FK AS Trenčín
Dumaguete FC, Dumaguete, Philippinen, Klub, **s. S.** 107
Dumaguete, Stadt, Philippinen, **s. S.** 107
Dumas, Togo, Klub, **s. S.** 117
Dumbarton Athletic FC **s.** Dumbarton FC
Dumbarton FC (Dumbarton Football Club), Dumbarton, Schottland, Klub, entst. 1872, [1872-?? Dumbarton Athletic FC], **s. S.** 69
Dumbarton Football Club **s.** Dumbarton FC
Dumbarton, Stadt, Schottland, **s. S.** 69
Dumfries FC **s.** Queen of the South FC
Dumfries, Stadt, Schottland, **s. S.** 69
Dumlupınar TSK (Dumlupınar Türk Spor Kulübü), Famagusta (Gazimağusa/Ammochostos), Zypern, Klub, **s. S.** 95
Dún Dealgan, Stadt, Irland, **s. S.** 69
Dún Laoghaire, Stadt, Irland, **s. S.** 69
Dunaferr SE **s.** Dunaújváros FC
Dunajská Streda, Stadt, Slowakei, **s. S.** 86
Dünamo Tallinn **s.** JK Dünamo Tallinn
Dunapentelei Vasas **s.** Dunaújváros FC
Dunarea CSU Galaţ i **s.** FCM Dunarea Galaţ i
Dunarea Galaţ i **s.** FCM Dunarea Galaţ i
Dunaszerdahelyi Atlétikai Club **s.** FK DAC 1904 Dunajská Streda
Dunaszerdahelyi Atlétikai Club **s.** FK DAC 1904 Dunajská Streda
Dunaújváros FC (Dunaújváros Futball Club), Dunaújváros, Ungarn, Klub, entst. 1951, [1951-52 Dunapentelei Vasas, 52-53 Sztálin Vasmü Épitők, 53 Sztálinvárosi Vasmü Épitők, 53-57 Sztálinvárosi Vasas, 57-61 Dunapentelei Vasas, 61-90 Dunaújvárosi Kohász SE, 1990-200? Dunaferr SE], **s. S.** 89
Dunaújváros, Stadt, Ungarn, **s. S.** 89
Dunaújvárosi Kohász SE **s.** Dunaújváros FC
Dunav Ruse **s.** PFK Dunav Ruse
Dunav Ruse **s.** Torpedo Ruse
Dunav Svischtov **s.** PFK Akademik Svischtov
Dundalk FC (Dundalk Football Club), Dundalk/Dún Dealgan, Irland, Klub, entst. 1926, **s. S.** 69
Dundalk Football Club **s.** Dundalk FC
Dundalk, Stadt, Irland, **s. S.** 69
Dundee FC (Dundee Football Club), Dundee, Schottland, Klub, entst. 1893, [entst. 1893 durch Fusion Our Boys Dundee und East End Dundee], **s. S.** 69
Dundee Football Club **s.** Dundee FC
Dundee Hibernians FC **s.** Dundee United FC
Dundee United FC (Dundee United Football Club), Dundee, Schottland, Klub, entst. 1909, [1909-23 Dundee Hibernians FC], **s. S.** 69
Dundee United Football Club **s.** Dundee United FC
Dundee, Stadt, Schottland, **s. S.** 69
Dundela FC (Dundela Football Club), Belfast, Nordirland, Klub, entst. 1895, **s. S.** 69
Dundela Football Club **s.** Dundela FC
Dundo, Stadt, Angola, **s. S.** 119
Dunedin City, Dunedin, Neuseeland, Klub, **s. S.** 137
Dunedin Suburbs, Dunedin, Neuseeland, Klub, entst. 1971, [entst. 1971 durch Fusion Dunedin Technical, Caversham und Maori Hill, 72 Aufl. der Fusion], **s. S.** 137
Dunedin Suburbs **s.** Caversham
Dunedin Suburbs **s.** Dunedin Technical
Dunedin Technical, Dunedin, Neuseeland, Klub, [aufgel. 1971 durch Fusion mit Caversham und Maori Hill => Dunedin Suburbs, 72 Aufl. der Fusion und Zurückbenennung], **s. S.** 137
Dunedin Technical **s.** Caversham
Dunedin Technical **s.** Dunedin Suburbs
Dunedin, Stadt, Neuseeland, **s. S.** 137
Dunfermline Athletic FC (Dunfermline Athletic Football Club), Dunfermline, Schottland, Klub, entst. 1885, **s. S.** 69
Dunfermline Athletic Football Club **s.** Dunfermline Athletic FC
Dunfermline, Stadt, Schottland, **s. S.** 69
Dungannon Swifts FC (Dungannon Swifts Football Club), Dungannon, Nordirland, Klub, entst. 1949, **s. S.** 69
Dungannon, Stadt, Nordirland, **s. S.** 69
Duong Sat Viet Nam, Ha Nôi, Vietnamese, Klub, [19??-?? Tong Cuc Duong Sat], **s. S.** 107
Dupnica, Stadt, Bulgarien, **s. S.** 91
Durban City, Durban, Südafrika, Klub, [1988-?? Natal United], **s. S.** 121
Durban, Stadt, Südafrika, **s. S.** 121
Durhan Light Rifles, Calcutta, Indien, Klub, [aufgel. 19??], **s. S.** 105
Durlas, Stadt, Irland, **s. S.** 69
Durrës, Stadt, Albanien, **s. S.** 93
Durudschi Kwareli **s.** FC Durudschi Kwareli
Duschanbe, Stadt, Tadschikistan, **s. S.** 101
Düsseldorf, Stadt, Deutschland, **s. S.** 84
Düsseldorfer FC 1899 **s.** Düsseldorfer SC 99
Düsseldorfer FK Fortuna **s.** Düsseldorfer TSV Fortuna
Düsseldorfer FK Union **s.** TuRU 1880 Düsseldorf
Düsseldorfer SC 99 (Düsseldorfer Sport-Club 1899), Düsseldorf, Deutschland, Klub, entst. 1899, [1899-1913 Düsseldorfer FC 1899, 13-?? Düsseldorfer SC 99, ?? aufgel.], **s. S.** 84
Düsseldorfer Sport-Club 1899 **s.** Düsseldorfer SC 99
Düsseldorfer TSV Fortuna (Düsseldorfer Turn- und Sportverein Fortuna von 1895), Düsseldorf, Deutschland, Klub, entst. 1911, [1911-12 FK Alemannia Düsseldorf, 12-13 FK Fortuna Düsseldorf, 13 Fusion mit SV 1908 Flingern => Düsseldorfer FK Fortuna (13-19), 19 Fusion mit Flinger TV 1895 => Düsseldorfer TSV Fortuna], **s. S.** 84
Düsseldorfer Turn- und Sportverein Fortuna von 1895 **s.** Düsseldorfer TSV Fortuna
Dustlik, Stadt, Usbekistan, **s. S.** 100
Dutse, Stadt, Nigeria, **s. S.** 117
Düzkaya SK (Düzkaya Spor Kulübü), Girne/Kyrenia, Zypern, Klub, **s. S.** 95
DVA Galaţ i (Dacia-Vasile Alecsandri Galaţ i), Galaţ i, Rumänien, Klub, entst. 1922, [entst. 1922 durch Fusion Soimii Dacia Galaţ i und Liceul Vasile Alecsandri Galaţ i => DVA Galaţ i (22-40), aufgel. 40 durch Fusion s Gloria CFR Galaţ i], **s. S.** 91
DVA Galaţ i **s.** Gloria CFR Galaţ i
DVF Kazanlăk **s.** FK Rozova dolina Kazanlăk
Dvigatel Tallinn, Tallinn, Estland, Klub, [aufgel. 1992], **s. S.** 99
Dvin Artaschat **s.** FC Dvin Artaschat
Dvina-KIM Witsebsk **s.** FK Dvina-KIM Witsebsk
Dvina-KIM Witsebsk **s.** FK Lakamatju Witsebsk
Dvina-KIM Witsebsk **s.** FK Lakamatju-96 Witsebsk
DVSC **s.** Debreceni VSC
DVSC-Epona **s.** Debreceni VSC
DVSE **s.** Debreceni VSC
DVTK **s.** Diósgyőri VTK
DVV Go Ahead **s.** Go Ahead Eagles
Dwanga Sugar Corporation **s.** DWASCO
Dwangwa United, Dwangwa, Malawi, Klub, **s. S.** 121
Dwangwa, Stadt, Malawi, **s. S.** 121
Dwarfs **s.** Cape Coast Ebusua Dwarfs
DWASCO (Dwanga Sugar Corporation), Nkhota Kota, Malawi, Klub, **s. S.** 121
DWM Posen **s.** SDW Posen
DWS **s.** AFC DWS
DWS **s.** DWS/A
DWS **s.** FC Amsterdam
DWS **s.** SV Blauw Wit
DWS/A (Door Wilskracht Sterk/Amsterdam), Amsterdam, Niederlande, Klub, entst. 1958, [entst. 1958 durch Fusion AFC DWS und BVC => DWS/A (58-62), 62-72 DWS, aufgel. 72 durch Fusion mit Blauw Wit => FC Amsterdam], **s. S.** 75
DWS/A **s.** AFC DWS
DWS/A **s.** BVC
Dynama Brest **s.** FK Dynama Brest
Dynama Minsk **s.** FK Dynama Minsk
Dynama-93 Minsk **s.** FK Dynama-93 Minsk
Dynamic Togolais, Lomé, Togo, Klub, [1974 aufgel., ?? wiedergegr.], **s. S.** 117
Dynamite AC (Dynamite Athlétic Club), Saint-Marc, Haiti, Klub, **s. S.** 127
Dynamo Berlin **s.** Berliner FC Dynamo
Dynamo České Budějovice **s.** SK Dynamo České Budějovice
Dynamo Douala, Douala, Kamerun, Klub, **s. S.** 117
Dynamo Dresden **s.** 1. FC Dynamo Dresden
Dynamo Dresden **s.** Berliner FC Dynamo
Dynamo Kyiw **s.** FK Dynamo Kyiw
Dynamo Praha **s.** SK Slavia Praha
Dynamo **s.** SS Dynamo
Dynamo Slavia Praha **s.** SK Slavia Praha
Dynamo Žilina **s.** MŠK Žilina
Dynamos, Harare, Simbabwe, Klub, entst. 1962, [1966-6? St. Pauls], **s. S.** 121
Dynamos, Johannesburg, Südafrika, Klub, **s. S.** 120
Dynamos, Pietersburg, Südafrika, Klub, entst. 1997, [1999 Halls Dynamos], **s. S.** 121
Dynamos **s.** Denver Dynamos
Dynamos **s.** Lusaka Dynamos
Dynamos **s.** Power Dynamos
Dyskobolia Grodzisk-Wielkopolski **s.** Groclin Dyskobolia Grodzisk-Wielkopolski
Dzahini FC (Dzahini Football Club), Amou Oblo, Togo, Klub, **s. S.** 117
Džepčište, Stadt, Mazedonien, **s. S.** 93
Dzhabarrasulowsk **s.** Pachtakor Dzhabarrasulowsk
Dzhawonor, Kuljab, Tadschikistan, Klub, **s. S.** 101
Dzhejchun Sejdi, Sejdi, Turkmenistan, Klub, **s. S.** 101
EACI (Escuela Agricola Campesina de Isletas), Olanchito, Honduras, Klub, [aufgel. 19??], **s. S.** 125
EAG Kedainiai **s.** FK Nevežis Kedainiai
Eagle Beaks, Lilongwe, Malawi, Klub, **s. S.** 121
Eagle FC **s.** Leyton Orient FC
Eagles **s.** Blue Eagles
Eagles **s.** C & M Eagles
Eagles **s.** Edmonton Eagles
Eagles **s.** Kamboi Eagles
Eagles **s.** Pago Eagles
Eagles **s.** Somerset Eagles
Eagles **s.** Welkom Eagles
Eagles **s.** Young Eagles
Eagles SC **s.** East End Eagles SC
Eagles United, Linden/Mackenzie, Guyana, Klub, **s. S.** 129
Earthquakes **s.** Golden Bay Earthquakes
Earthquakes **s.** San Jose Earthquakes (I)
Earthquakes **s.** San Jose Earthquakes (II)
East Auckland, Auckland, Neuseeland, Klub, entst. 2003, [aufgel. 2003], **s. S.** 137
East Bengal (East Bengal Club), Calcutta, Indien, Klub, entst. 1920, **s. S.** 105
East Bengal Club **s.** East Bengal
East Coast Bays, East Coast Bays, Neuseeland, Klub, **s. S.** 137
East Coast Bays, Stadt, Neuseeland, **s. S.** 137
East Coast's Golden Stars, Bartica, Guyana, Klub, **s. S.** 129
East End (East End Club), Dacca/Dhaka, Bangladesh, Klub, **s. S.** 105
East End Club **s.** East End
East End Dundee **s.** Dundee FC
East End Eagles Sport Club **s.** East End Eagles SC
East End Football Club **s.** East End FC
East End Lions, Freetown, Sierra Leone, Klub, entst. 1926, **s. S.** 116
East End, Stadt, Britisch-Jungferninseln, **s. S.** 126
East End, Stadt, Kaimaninseln, **s. S.** 126
East Fife FC (East Fife Football Club), Methil, Schottland, Klub, entst. 1903, **s. S.** 69
East Fife Football Club **s.** East Fife FC
East London, Stadt, Südafrika, **s. S.** 121
East Pakistan Gymkhana, Dacca/Dhaka, Bangladesh, Klub, **s. S.** 105
East Riffa, Ar Rifaa'ash Sharqi, Bahrain, Klub, **s. S.** 102
East Stirlingshire FC (East Stirlingshire Football Club), Falkirk, Schottland, Klub, entst. 1880, [1880-?? Bainsford Britannia FC], **s. S.** 69
East Stirlingshire Football Club **s.** East Stirlingshire FC
East Team, ad-Dammam, Saudi-Arabien, Klub, [aufgel. 19??], **s. S.** 103
Eastern FC (Eastern Football Club), Hongkong, Klub, **s. S.** 109
Eastern Football Club **s.** Eastern FC
Eastern Pride, Morwell, Australien, Klub, entst. 1961, [19??-96 Morwell Falcons, 1996-2000 Gippsland Falcons], **s. S.** 136
Eastern Railway, Calcutta, Indien, Klub, **s. S.** 105
Eastern Suburbs , Auckland, Neuseeland, Klub, **s. S.** 137
Eastern Suburbs SC (Eastern Suburbs Soccer Club), Brisbane, Australien, Klub, entst. 1922, **s. S.** 136
Easton Rangers FC (Easton Rangers Football Club), Freetown, Sierra Leone, Klub, **s. S.** 116
Easton Rangers Football Club **s.** Easton Rangers FC
EB **s.** EB/Streymur
EB/Streymur (Felagsdeildin Eiðis Bóltfelag/Streymur), Hvalvík, Färöer Inseln, Klub, entst. 1993, [entst. 1993 durch Fusion Streymur und EB], **s. S.** 71
Ebbw Vale AFC (Ebbw Vale Association Football Club), Ebbw Vale, Wales, Klub, entst. 1888, [1888-1906 Ebbw Vale FC, 06 aufgel., 07 wiedergegr., 07-98 Ebbw Vale AFC, 98 aufgel.], **s. S.** 67
Ebbw Vale Association Football Club **s.** Ebbw Vale AFC
Ebbw Vale FC **s.** Ebbw Vale AFC
Ebbw Vale, Stadt, Wales, **s. S.** 67
Ebolowa, Stadt, Kamerun, **s. S.** 117
Ebusua Dwarfs **s.** Cape Coast Ebusua Dwarfs
EC Alexandria (Esporte Clube Alexandria), Maceió, Brasilien, Klub, [aufgel. 19??], **s. S.** 133
EC Bahia (Esporte Clube Bahia), Salvador, Brasilien, Klub, entst. 1931, [entst. 1931 durch Fusion AA Bahia und Bahiano de Tênis], **s. S.** 133
EC Bahia **s.** Bahiano de Tênis
EC Barroso (Esporte Clube Barroso), Maceió, Brasilien, Klub, [aufgel. 19??], **s. S.** 133
EC Brazil **s.** EC Pinheiros
EC Cabo Branco (Esporte Clube Cabo Branco), João Pessoa, Brasilien, Klub, **s. S.** 133
EC Comercial (Esporte Clube Comercial), Campo Grande, Brasilien, Klub, entst. 1943, **s. S.** 133
EC Comercial (Esporte Clube Comercial), Cornélio Procópio, Brasilien, Klub, entst. 1943, **s. S.** 133
EC Cruzeiro (Esporte Clube Cruzeiro), Porto Alegre, Brasilien, Klub, entst. 1913, **s. S.** 133
EC Ferroviário (Esporte Clube Ferroviário), Tubarão, Brasilien, Klub, **s. S.** 133
EC Flamengo (Esporte Clube Flamengo), Recife, Brasilien, Klub, [aufgel. 19??], **s. S.** 133
EC Flamengo (Esporte Clube Flamengo), Teresina, Brasilien, Klub, entst. 1937, **s. S.** 133
EC Internacional (Esporte Clube Internacional), Lages/Lajes, Brasilien, Klub, entst. 1949, **s. S.** 133
EC Internacional (Esporte Clube Internacional), Santa Maria, Brasilien, Klub, entst. 1928, **s. S.** 133
EC Juventude (Esporte Clube Juventude), Caxias do Sul, Brasilien, Klub, entst. 1913, **s. S.** 133
EC Macapá (Esporte Clube Macapá), Macapá, Brasilien, Klub, entst. 1944, **s. S.** 133
EC Metropol (Esporte Clube Metropol), Criciúma, Brasilien, Klub, [aufgel. 19??], **s. S.** 133
EC Noroeste (Esporte Clube Noroeste), Bauru, Brasilien, Klub, entst. 1910, **s. S.** 133
EC Novo Hamburgo (Esporte Clube Novo Hamburgo), Novo Hamburgo, Brasilien, Klub, entst. 1911, **s. S.** 133
EC Operário (Esporte Clube Operário), Várzea Grande, Brasilien, Klub, entst. 1940, **s. S.** 133
EC Pelotas (Esporte Clube Pelotas), Pelotas, Brasilien, Klub, entst. 1908, **s. S.** 133
EC Pinheiros (Esporte Clube Pinheiros), Curitiba, Brasilien, Klub, entst. 1914, [1914-?? Savóia FC, ??-42 Savóia Água Verde, 42-45 EC Brazil, 45-71 Savóia Água Verde, 71-89 EC Pinheiros, aufgel. 89 durch Fusion mit Colorado EC => Paraná], **s. S.** 133
EC Pinheiros **s.** Colorado EC
EC Pinheiros **s.** Paraná Clube
EC Santa Cruz (Esporte Clube Santa Cruz), Estância, Brasilien, Klub, **s. S.** 133
EC Santo André (Esporte Clube Santo André), Santo André, Brasilien, Klub, entst. 1974, **s. S.** 133
EC São Bento (Esporte Clube São Bento), Sorocaba, Brasilien, Klub, entst. 1913, **s. S.** 133
EC São José **s.** São José EC
EC Siderúrgica (Esporte Clube Siderúrgica), Sabará, Brasilien, Klub, **s. S.** 133
EC Vitória (Esporte Clube Vitória), Salvador, Brasilien, Klub, entst. 1901, [1901-03 Club de Cricket Victoria, 03-46 SC Victoria], **s. S.** 133
EC XV de Novembro (Esporte Clube XV de Novembro), Jaú, Brasilien, Klub, entst. 1924, **s. S.** 133
EC XV de Novembro (Esporte Clube XV de Novembro), Piracicaba, Brasilien, Klub, entst. 1913, **s. S.** 133
EC Ypiranga (Esporte Clube Ypiranga), Salvador, Brasilien, Klub, entst. 1906, [1906-?? SC Ypiranga], **s. S.** 133
ECCO City Green SC (ECCO City Green Sporting Club), Francistown, Botswana, Klub, **s. S.** 121
ECGC Cane End, Mesopotamia, St. Vincent und Grenadinen, Klub, [19??-99 ECGC Mespo United], **s. S.** 127
ECGC Mespo United **s.** ECGC Cane End
Ech Chéliff, Stadt, Algerien, **s. S.** 113
Echo Cluj **s.** Rapid Cluj
Echternach, Stadt, Luxemburg, **s. S.** 75
Eck-1 Riga, Riga, Lettland, Klub, **s. S.** 99
Ecker Stadler FC **s.** Ilzer-Stadler FC
Eclair, Gonaïves, Haiti, Klub, **s. S.** 127
Eclair, Rivière Salée, Martinique, Klub, **s. S.** 127
Eclair AC Bettembourg (Eclair Athlétique Club Bettembourg), Bettembourg, Luxemburg, Klub, entst. 1917, [aufgel. 1932], **s. S.** 74
Eclair Athlétique Club Bettembourg **s.** Eclair AC Bettembourg
Eclair Sports, Kigali, Ruanda, Klub, **s. S.** 119
Ecoredipharm, Toamasina/Tamatave, Madagaskar, Klub, **s. S.** 121
Ecuador, Länder, **s. S.** 130 und 131
Edan, Lomé, Togo, Klub, [aufgel. 19??], **s. S.** 117
Ede, Stadt, Nigeria, **s. S.** 117
Eden, Auckland, Neuseeland, Klub, [aufgel. 1972 durch Fusion mit Mt Albert-Ponsonby => Auckland City], **s. S.** 137
Eden **s.** Metro Mt Albert
Edera Trieste AS **s.** FK Poncijana Trst
Edera Trieste AS **s.** USC Triestina
Edessa, Stadt, Griechenland, **s. S.** 95
Edessaikos AO (Edessaikos Athlitikos Omilos), Edessa, Griechenland, Klub, entst. 1939, **s. S.** 95
Edessaikos Athlitikos Omilos **s.** Edessaikos AO
Edinburgh, Stadt, Schottland, **s. S.** 69

FC Homburg **s.** FC 08 Homburg/Saar
FC Homburg/Saar **s.** FC 08 Homburg/Saar
FC Homenetmen Erewan **s.** FC Kilikia Erewan
FC Honka (Football Club Honka), Espoo/Esbo, Finnland, Klub, entst. 1953, [1953-75 Tapion Honka], **s. S.** 73
FC Hornek **s.** SC Helfort
FC Huracán **s.** CA Huracán Corrientes
FC Iberia **s.** FC Real Iberia
FC Iberia Tbilisi **s.** FC Dinamo Tbilisi
FC Ilves (Football Club Ilves), Tampere/Tammerfors, Finnland, Klub, entst. 1975, [entst. 1975 durch Fusion Ikissat und TaPa => Ilves (75-91), 91-98 FC Ilves, aufgel. 98 durch Fusion mit TPV => Tampere United], **s. S.** 73
FC Impuls Dilischan (Football Club Impuls Dilischan), Dilischan, Armenien, Klub, **s. S.** 97
FC Innsbruck Capillaris Tirol **s.** FC Wacker Tirol
FC Inter (Football Club Inter), Turku/Åbo, Finnland, Klub, entst. 1993, **s. S.** 73
FC Inter Sibiu (Fotbal Club Inter Sibiu), Sibiu, Rumänien, Klub, entst. 1950, [1950-72 AS Independenţ ă Sibiu, 72 Fusion mit Textila Cisnadie => Independenţ ă Cisnadie (72-73), 73 Aufl. der Fusion, 73-86 Inter Sibiu], **s. S.** 91
FC Internazionale (Football Club Internazionale), Mailand (Milano), Italien, Klub, entst. 1908, [1908-28 Internazionale FBC, 28 Fusion mit US Milanese => Ambrosiana SS (28-30), 30-45 AS Ambrosiana Inter], **s. S.** 81
FC Isaria 03 München **s.** FC Wacker München
FC Istres (Football Club Istres Ouest Provence), Istres, Frankreich, Klub, entst. 1920, [1920-69 SS Istréenne], **s. S.** 77
FC Iweria Khaschuri (Football Club Iweria Chaschuri), Khaschuri, Georgien, Klub, entst. 1936, **s. S.** 97
FC Jambon (Football Club Jambon), Brazzaville, Kongo, Klub, **s. S.** 118
FC Jazz (Football Club Jazz), Pori/Björneborg, Finnland, Klub, entst. 1934, [1934-91 PPT], **s. S.** 73
FC Jerazank Erewan **s.** FC Karabach Erewan
FC Jeunesse Hautcharage (Football Club Jeunesse Hautcharage), Hautcharage, Luxemburg, Klub, entst. 1919, [aufgel. 1997 durch Fusion mit US Bascharage => UN Käerjéng 97], **s. S.** 74
FC Jeunesse Hautcharage **s.** UN Käerjéng 97
FC Jeunesse Wasserbillig (Football Club Jeunesse Wasserbillig), Wasserbillig, Luxemburg, Klub, entst. 1908, [1908-19 FC Swift Wasserbillig, 19-40 FC Jeunesse Wasserbillig, 40-44 SV Schwarz-Weiß Wasserbillig, 44-94 FC Jeunesse Wasserbillig, aufgel. 94 durch Fusion mit US Mertert => Union Mertert-Wasserbillig], **s. S.** 75
FC Jokerit (Football Club Jokerit), Helsinki/Helsingfors, Finnland, Klub, entst. 1935, [1935-98 PK-35], **s. S.** 73
FC Joko Slovácká Slavia Uherské Hradiště **s.** FC Slovácká Slavia Uherské Hradiště
FC Jumeaux (Football Club Jumeaux), Mzouazia, Mayotte, Klub, **s. S.** 121
FC Juventus (Fútbol Club Juventus), Managua, Nicaragua, Klub, **s. S.** 134
FC Juventus Bucureş ti **s.** Flacăra Bucureş ti
FC Kabuscorp (Futebol Clube Kabuscorp), Palanca, Angola, Klub, **s. S.** 118
FC Kacheti Telawi (Football Club Kacheti Telawi), Telawi, Georgien, Klub, entst. 1936, **s. S.** 97
FC Kahunga (Football Club Kahunga), Brazzaville, Kongo, Klub, **s. S.** 118
FC Kani-Bé (Football Club Kani-Bé), Kani-Bé, Mayotte, Klub, **s. S.** 121
FC Karabach Erewan **s.** FC Karabach Stepanakert
FC Karabach Stepanakert (Football Club Karabach Stepanakert), Stepanakert/Chankendi, Armenien, Klub, entst. 1999, [entst. 1999 nach Umzug von FC Karabach Erewan => FC Karabach Stepanakert (99), aufgel. 99, Umzug nach Erewan], **s. S.** 97
FC Karabach Stepanakert **s.** FC Karabach Erewan
FC Karl-Marx-Stadt **s.** Chemnitzer FC
FC Kärnten **s.** FC Kelag Kärnten Austria-VSV
FC Karviná (Football Club Karviná), Karviná, Tschechische Republik, Klub, entst. 1919, [1919-38 PKS Polonia Karwina, 38 aufgel., 45 wiedergegr., 45-48 SK Polonia Karviná, 48-49 Sokol Polonia Karviná, 51-53 ZSJ OKD Mír Karviná, 53-55 TJ Baník Karviná Mír, 55-61 TJ Baník Mír Karviná, 61-93 TJ Baník 1. máj Karviná, 93-94 FK 1. máj Karviná, aufgel. 94 durch Fusion mit FC Vítkovice Kovkor => FC Karviná-Vítkovice (94-95), 95 Aufl. der Fusion und Zurückbenennung, 95 Fusion mit FK ČSA Karviná, 1995-2003 FC Karviná, 96 Fusion mit KD Karviná, aufgel. 03 durch Fusion mit TJ Jäkl Karviná => MFK Karviná], **s. S.** 86
FC Karviná-Vítkovice **s.** FC Karviná
FC Karviná-Vítkovice **s.** FC Vítkovice
FC Kasach Aschtarak **s.** FC MIKA Aschtarak
FC Kattowitz **s.** 1. FC Kattowitz
FC Kaučuk Opava **s.** SFC Opava
FC Kelag Kärnten Austria-VSV (Fußball Club Kelag Kärnten Austria-VSV), Klagenfurt, Österreich, Klub, entst. 1920, [1920-39 Kaufmännischer SK, 39-45 SG Austria Rapid Klagenfurt, 45-?? SK Austria Klagenfurt, ??-?? SK Maxell Austria Klagenfurt, ??-?? Alca Klagenfurt, ??-97 SV Hypobank Austria Klagenfurt, 97 Fusion mit Villacher SV => SK Austria Klagenfurt-VSV (97-99), 1999-2001 FC Kärnten Austria-VSV], **s. S.** 83
FC Keli Linz **s.** FC Linz
FC Khazri-Eltadsch Buzovna **s.** FC Khazri Buzovna
FC Kickers 1899 Frankfurt **s.** Eintracht Frankfurt
FC Kickers Stuttgart **s.** SV Stuttgarter Kickers
FC Kilikia Erewan (Football Club Kilikia Erewan), Erewan, Armenien, Klub, entst. 1992, [1992-93 Homenetmen Erewan, 93-94 AOSS Erewan, 94-95 FC Homenetmen Erewan, 95-98 FC Pjunik Erewan], **s. S.** 97
FC Kimiks Daugavpils (Football Club Kimiks Daugavpils), Daugavpils, Lettland, Klub, [19??-?? Kimiks Daugavpils, ??-94 FC Balnet Daugavpils], **s. S.** 99
FC Kitale **s.** Kitale Rangers
FC København (Football Club København), Kopenhagen (København), Dänemark, Klub, entst. 1992, [entst. 1992 durch Fusion KB und B 1903], **s. S.** 71
FC København **s.** B 1903
FC København **s.** KB
FC Kochin (Football Club Kochin), Cochin, Indien, Klub, entst. 1997, **s. S.** 105
FC Koeppchen Wormeldange (Football Club Koeppchen Wormeldange), Wormeldange, Luxemburg, Klub, entst. 1921, [1921-40 FC Koeppchen Wormeldange, 40-41 FC Wormeldange, 41 aufgel., 44 wiedergegr.], **s. S.** 75
FC Koh (Football Club Koh), Koh, Neukaledonien, Klub, **s. S.** 137
FC Kolcheti 1913 Poti (Football Club Kolcheti 1913 Poti), Poti, Georgien, Klub, entst. 1913, **s. S.** 97
FC Kolcheti Khobi (Football Club Kolcheti Chobi), Khobi, Georgien, Klub, entst. 1936, **s. S.** 97
FC Kolín **s.** AFK Kolín
FC KooTeePee (Football Club KooTeePee), Kotka, Finnland, Klub, entst. 2000, **s. S.** 73
FC Koper (Football Club Koper), Koper, Slowenien, Klub, entst. 1955, [1955-94 NK Koper, 94-95 NK Istrabenz Koper, 1995-2001 NK Koper, 01-04 NK Sport Line Koper], **s. S.** 93
FC Kovkor Vítkovice **s.** FC Karviná
FC Kovkor Vítkovice **s.** FC Vítkovice
FC Kuressaare (Football Club Kuressaare), Kuressaare, Estland, Klub, entst. 1997, **s. S.** 99
FC Kutaïssi **s.** FC Torpedo Kutaïssi
FC Kuusysi (Football Club Kuusysi), Lahti, Finnland, Klub, entst. 1934, [1934-64 Lahden Pallo-Miehet, 64-69 UP Lahti, 69-74 Lahti '69, 74-91 Kuusysi, 91-96 FC Kuusysi, aufgel. 96 Fusion mit FC Reipas => FC Lahti], **s. S.** 73
FC Kuusysi **s.** FC Lahti
FC Kuusysi **s.** FC Reipas
FC La Châtelaine (Football Club La Châtelaine), Genève, Schweiz, Klub, [aufgel. 19??], **s. S.** 82
FC La Chaux-de-Fonds (Football Club La Chaux-de-Fonds), La Chaux-de-Fonds, Schweiz, Klub, entst. 1894, **s. S.** 82
FC La Semeuse (Football Club La Semeuse), Lomé, Togo, Klub, **s. S.** 117
FC La Villa Longchamp Ouchy (Football Club La Villa Longchamp Ouchy), Lausanne, Schweiz, Klub, [aufgel. 19??], **s. S.** 82
FC Laaerberg Wien **s.** FC Ankerbrot-Sankt Anton-Laaerberg
FC Lahti (Football Club Lahti), Lahti, Finnland, Klub, entst. 1996, [entst. 1996 durch Fusion FC Kuusysi und FC Reipas], **s. S.** 73
FC Lahti **s.** FC Kuusysi
FC Lahti **s.** FC Reipas
FC Lantana Tallinn (Football Club Lantana Tallinn), Tallinn, Estland, Klub, entst. 1951, [1951-91 TVMK Tallinn, 91-92 FC TVMV-90 Tallinn, 92-93 FC Nikol Tallinn, 93-94 FC Nikol/Markelor Tallinn, 94-95 FC Lantana/Markelor Tallinn, 1995-2000 FC Lantana Tallinn, 2000 aufgel.], **s. S.** 99
FC Lantana/Markelor Tallinn **s.** FC Lantana Tallinn
FC Lelle **s.** Lelle SK
FC Leoben **s.** DSV Leoben
FC Leopoldstadt **s.** Wiener AF
FC Lernajin Artsach Erewan (Football Club Lernajin Artsach Erewan), Erewan, Armenien, Klub, entst. 1990, [1990-93 FC Schengavit Erewan, 93-95 FC Jerazank Erewan, 95-99 FC Karabach Erewan, aufgel. 99, Umzug nach Stepanakert => FC Karabach Stepanakert (99), Wiedergr. 99 nach Rückkehr des Teams, 1999-2002 FC Karabach Erewan], **s. S.** 97
FC Les Avirons (Football Club Les Avirons), Les Avirons, Reunion, Klub, entst. 1957, [1957-81 Olympique Les Avirons], **s. S.** 121
FC Levadia Maardu **s.** FC Levadia Tallinn (II)
FC Levadia Maardu **s.** JK Tallinna Sadam
FC Levadia Pärnu (Football Club Levadia Pärnu), Pärnu, Estland, Klub, **s. S.** 99
FC Levadia Tallinn (I) (Football Club Levadia Tallinn (I)), Tallinn, Estland, Klub, entst. 2001, [entst. 2001 nach Umzug von FC Maardu => FC Levadia Tallinn (01-04), 04 aufgel.], **s. S.** 99
FC Levadia Tallinn (II) (Football Club Levadia Tallinn (II)), Maardu, Estland, Klub, entst. 1998, [1998-2003 FC Levadia Maardu, 1999 Fusion mit JK Tallinna Sadam, 03 FC LevadiaKalev Tallinn, 03-04 FC Levadia Maardu], **s. S.** 99
FC Levadia Tallinn **s.** FC Maardu
FC Liakhwi Tschinwali (Football Club Liachvi Tschinwali), Tschinwali, Georgien, Klub, **s. S.** 97
FC Libertas Salerno **s.** Salernitana Sport
FC Lichinga, Lichinga, Mosambique, Klub, **s. S.** 121
FC Liégeois **s.** RTFC Liégeois
FC Liguria **s.** AC Liguria
FC Linz (Fußball Club Linz), Linz, Österreich, Klub, entst. 1946, [1946-49 SV Eisen und Stahl 1946 Linz, 49-90 SK VÖEST Linz, 90-91 FC VÖEST Linz, 91-93 FC Stahl Linz, 93 FC Linz, 93-96 FC Keli Linz, 96-97 FC Linz, aufgel. 97 Fusion mit Linzer ASK => LASK Linz], **s. S.** 83
FC Linz **s.** LASK Linz
FC Locarno (Football Club Locarno), Locarno, Schweiz, Klub, entst. 1906, [1906-10 Unitas Locarno], **s. S.** 82
FC Locomotiva Basarabeasca (Fotbal Club Locomotiva Basarabeasca), Basarabeasca, Moldawien, Klub, **s. S.** 99
FC Lokomotiwi Samtredia (Football Club Lokomotiwi Samtredia), Samtredia, Georgien, Klub, entst. 1936, [1936-90 Lokomotiw Samtredia, 90-91 Sanavardo Samtredia, 92-93 Lokomotiwi Samtredia, 93-98 FK Samtredia, 1998-200? FC Iberia Samtredia, 0?-04 FK Samtredia], **s. S.** 97
FC Lokomotiwi Tbilissi (Football Club Lokomotiwi Tbilissi), Tbilissi, Georgien, Klub, entst. 1936, [1936-90 Lokomotiwi Tbilissi, 90-93 Merani Tbilissi, 93-96 Merani-Bacho Tbilissi], **s. S.** 97
FC Lootus Alutaguse (Football Club Lootus Alutaguse), Kohtla-Järve, Estland, Klub, entst. 1998, [1998-2004 FC Lootus Kohtla-Järve], **s. S.** 99
FC Lootus Kohtla-Järve **s.** FC Lootus Alutaguse
FC Lori Wanadzor (Football Club Lori Wanadzor), Wanadzor, Armenien, Klub, entst. 1936, [1936-?? Lori Kirowakan], **s. S.** 97
FC Lorient (Football Club Lorient-Bretagne Sud), Lorient, Frankreich, Klub, entst. 1926, **s. S.** 77
FC Los Unidos de Nueva Chicago **s.** CA Nueva Chicago
FC Lubumbashi Sport (Football Club Lubumbashi SP Lussi Sport), Lubumbashi, Volksrepublik Kongo, Klub, **s. S.** 119
FC Lugano (Football Club Lugano), Lugano, Schweiz, Klub, entst. 1908, [1908-2002 FC Lugano, 02 aufgel.], **s. S.** 82
FC Lumière (Football Club Lumière), Mbandaka, Volksrepublik Kongo, Klub, **s. S.** 119
FC Lusitanos (Futbol Club Lusitanos la Posa), Andorra la Vella, Andorra, Klub, entst. 2000, **s. S.** 77
FC Luzern (Fußball Club Luzern), Luzern, Schweiz, Klub, entst. 1901, **s. S.** 82
FC Lyn Oslo, Oslo, Norwegen, Klub, entst. 1896, [1896-1994 SFK Lyn, 1994-2004 FK Lyn], **s. S.** 71
FC Maardu (Football Club Maardu), Maardu, Estland, Klub, entst. 1991, [entst. 1991 nach Umzug von Eesti Fosforiit Tallinn nach Maardu => FK Maardu (91-92), 92-98 FK Olümp Maardu, 1998-2001 FC Maardu, aufgel. 01, Umzug nach Tallinn => FC Levadia Tallinn], **s. S.** 99
FC Maardu **s.** FC Levadia Tallinn
FC Magaroeli Tschiatura (Football Club Magaroeli Tschiatura), Tschiatura, Georgien, Klub, entst. 1936, **s. S.** 97
FC Malamuk, Uummannaq, Grönland, Klub, entst. 1979, **s. S.** 123
FC Malatia-Kilikia Erewan (Football Club Malatija-Kilikija Erewan), Erewan, Armenien, Klub, entst. 1993, [entst. 1993 durch Fusion Malatija Erewan und Kilikija Erewan], **s. S.** 97
FC Malatia-Kilikia Erewan **s.** Kilikia Erewan
FC Malatia-Kilikia Erewan **s.** Malatia Erewan
FC Malinois **s.** KV Mechelen
FC Mansfeldia Clausen (Football Club Mansfeldia Clausen), Luxembourg, Luxemburg, Klub, entst. 1919, [1919-40 FC Mansfeldia Clausen, 40-44 FK Mansfeldia Klausen, 44-86 FC Mansfeldia Clausen, aufgel. 86 durch Fusion mit FC Rapid Neudorf => RM '86 Luxembourg], **s. S.** 74
FC Mansfeldia Clausen-Cents **s.** FC Rapid Neudorf
FC Maramures Baia Mare **s.** FC Baia Mare
FC Margweti Zestafoni (Football Club Margweti Zestafoni), Zestafoni, Georgien, Klub, entst. 1938, [1938-?? Metalurgi Zestafoni], **s. S.** 97
FC Marila Příbram **s.** FK Marila Příbram
FC Marlekor Tallinn **s.** FC TVMK Tallinn
FC Mars Freiburg **s.** SC Freiburg
FC Martigues (Saem Football Club de Martigues), Martigues, Frankreich, Klub, entst. 1921, **s. S.** 77
FC Mavegro (Futebol Clube Mavegro), Bissau, Guinea-Bissau, Klub, [199?-9? Bissau TC], **s. S.** 116
FC Mbongo Sport (Football Club Mbongo Sport), Mbuji-Mayi, Volksrepublik Kongo, Klub, **s. S.** 119
FC Merani 91 Tbilissi (Football Club Tbilissi), Tbilissi, Georgien, Klub, entst. 1991, [1991-2002 FC Merani 91 Tbilissi, 02-03 FC Merani-Olimpi Tbilissi], **s. S.** 97
FC Mertschali Osurgeti (Football Club Mertschali Osurgeti), Osurgeti, Georgien, Klub, **s. S.** 97
FC Metalurgi Rustawi **s.** FC Gorda Rustawi
FC Metz (Football Club de Metz), Metz, Frankreich, Klub, entst. 1932, [1932-34 FC Metz, aufgel. 34 Fusion mit CA Messin Metz und AS Metz => Club des Sports Metz (34-36), 36 Aufl. der Fusion und Zurückbenennung, 36-40 FC Metz, 40-44 FV Metz], **s. S.** 77
FC MHM-93 Chiş inău (Fotbal Club MHM-93 Chiş inău), Chiş inău, Moldawien, Klub, entst. 1993, **s. S.** 99
FC Midtjylland (Football Club Midtjylland), Herning, Dänemark, Klub, entst. 1999, [entst. 1999 durch Fusion BK Fremad Herning und Ikast fS], **s. S.** 71
FC Midtjylland **s.** BK Fremad Herning
FC Midtjylland **s.** Ikast fS
FC MIKA Aschtarak (Football Club MIKA Aschtarak), Aschtarak, Armenien, Klub, [19??-99 FC Kasach Aschtarak], **s. S.** 97
FC Milani Znori (Football Club Milani Znori), Znori, Georgien, Klub, **s. S.** 97
FC Moldova Boroseni (Fotbal Club Moldova Boroseni), Boroseni, Moldawien, Klub, **s. S.** 99
FC Moldova-Gaz Chiş inău (Fotbal Club Moldova-Gaz Chiş inău), Chiş inău, Moldawien, Klub, entst. 1995, [1995-96 FC Sindicat Chiş inău, 96-97 FC Sindicat Moldova-Gaz Chiş inău], **s. S.** 99
FC Mondercange (Football Club Mondercange), Mondercange, Luxemburg, Klub, entst. 1933, [1933-40 FC Mondercange, 40-44 FK Monnerich], **s. S.** 74
FC Montegnée **s.** R Racing FC Montegnée
FC Monthey (Football Club Monthey), Monthey, Schweiz, Klub, **s. S.** 82
FC Morkinali Tbilisi **s.** FC WIT Georgia Tbilisi
FC Moutier (Football Club Moutier), Moutier, Schweiz, Klub, entst. 1921, **s. S.** 82
FC MP (Football Club Mikkelin Palloilijat), Mikkeli, Finnland, Klub, entst. 1929, [1929-91 Mikkelin Palloilijat], **s. S.** 73
FC Mretebi Tbilissi (Football Club Mretebi Tbilissi), Tbilissi, Georgien, Klub, **s. S.** 97
FC M'tsapéré (Football Club M'tsapéré), M'tsapéré, Mayotte, Klub, **s. S.** 121
FC Mtscheta Urioni (Football Club Mtscheta Urioni), Mtscheta, Georgien, Klub, [19??-2003 FC Mtscheta], **s. S.** 97
FC Mülhausen **s.** FC Mulhouse
FC Mulhouse (Football Club de Mulhouse Sud-Alsace), Mulhouse, Frankreich, Klub, entst. 1893, [1893-1918 FC Mülhausen, 01 Fusion mit Young Boys Mülhausen, 18-40 FC Mulhouse, 40-44 FC Mülhausen], **s. S.** 77
FC München-Gladbach **s.** 1. FC 1894 Mönchengladbach
FC Municipal Valencia (Fútbol Club Municipal Valencia), Tegucigalpa, Honduras, Klub, entst. 2002, **s. S.** 125
FC Municipal Young Boys Diekirch **s.** FC Young Boys Diekirch
FC MUS Most 1996 **s.** FK SIAD Most
FC MUS Most **s.** FK SIAD Most
FC Mziuri Gali (Football Club Mziuri Gali), Gali, Georgien, Klub, **s. S.** 97
FC Nairit Erewan (Football Club Nairit Erewan), Erewan, Armenien, Klub, **s. S.** 97
FC Nalambou (Football Club Nalambou), Fada N'Gourma, Burkina Faso, Klub, **s. S.** 114
FC Nancy (Football Club Nancy), Nancy, Frankreich, Klub, entst. 1935, [aufgel. 1967], **s. S.** 77
FC Nantes Atlantique (Football Club de Nantes Atlantique), Nantes, Frankreich, Klub, entst. 1943, [1943-92 FC Nantes], **s. S.** 77
FC Nantes **s.** FC Nantes Atlantique
FC Naţ ional Bucureş ti (Fotbal Club Naţ ional Bucureş ti), Bukarest (Bucureş ti), Rumänien, Klub, entst. 1944, [1944-48 Socec Lafayette Bucureş ti, 48-50 Grafica Mnetaria Bucureş ti, 50-54 Spartac Bucureş ti, 54-56 Progresul Finante-Banci Bucureş ti, 56-77 Progresul Bucureş ti, 77 Fusion mit Vulcan Bucureş ti => CS Progresul Vulcan Bucureş ti (77-87), 87-88 Progresul Vointa Bucureş ti, 88-89 Progresul Energia Bucureş ti, 89-91 Progresul Soimii IMUC, 91-94 Progresul BNR Bucureş ti], **s. S.** 90
FC Neftegaz Kusary **s.** FC Schachdag Kusary
FC Neubrandenburg (Fußball-Club Neubrandenburg), Neubrandenburg, Deutschland, Klub, entst. 1948, [1948-50 SG Ernst Reuter Neubrandenburg, 50-53 BSG Energie Neubrandenburg, 53-62 BSG Turbine Neubrandenburg, 62-66 SC Neubrandenburg, 66 Fusion mit BSG Post Neubrandenburg (66-91), 91-93 SV Post Telekom Neubrandenburg], **s. S.** 85
FC Neuchâtel **s.** Cantonal-Neuchâtel FC
FC Neudorf **s.** RC Strasbourg
FC Neumünster Zürich (Fußball Club Neumünster Zürich), Zürich, Schweiz, Klub, [aufgel. 19??], **s. S.** 82
FC Nicholson Wien **s.** FC Wien
FC NIG Aparan (Football Club NIG Aparan), Aparan, Armenien, Klub, **s. S.** 97
FC Nikol Tallinn **s.** FC Lantana Tallinn
FC Nikol/Markelor Tallinn **s.** FC Lantana Tallinn
FC Nistru Cioburciu (Fotbal Club Nistru Cioburciu), Cioburciu, Moldawien, Klub, **s. S.** 99
FC Nistru Otaci (Fotbal Club Nistru Otaci), Otaci, Moldawien, Klub, entst. 1952, [1952-99 FC Nistru Otaci, aufgel. 99 Fusion mit FC Unisport Chiş inău => FC Nistru-Unisport Otaci, 2000 Aufl. der Fusion und Zurückbenennung], **s. S.** 99
FC Nistru Otaci **s.** FC Nistru-Unisport Otaci
FC Nistru Otaci **s.** FC Unisport Chiş inău
FC Nistru-Unisport Otaci (Fotbal Club Nistru-Unisport Otaci), Otaci, Moldawien, Klub, entst. 1999, [entst. 1999 durch Fusion FC Unisport Chiş inău und FC Nistru Otaci => FC Nistru-Unisport Otaci (1999-2000), 2000 Aufl. der Fusion => FC Nistru Otaci], **s. S.** 99
FC Nistru-Unisport Otaci **s.** FC Nistru Otaci
FC Nistru-Unisport Otaci **s.** FC Unisport Chiş inău
FC Nitra (Football Club Nitra), Nitra, Slowakei, Klub, entst. 1909, [1909-11 NYÖTTSO, 11-19 NYTVE, 19-21 Nyitrai SC, 21-23 ŠK Nitra, 23-48 AC Nitra, 48-49 Sokol Nitra, 49-50 Sokol SZ Nitra, 50-53 ZSJ KP Nitra, 53-56 TJ Slavoj Nitra, 56-65 TJ Slovan Nitra, 65-75 TJ AC Nitra, 75-90 TJ Plastika Nitra], **s. S.** 86
FC Norden-Nordwest Berlin **s.** SV Norden-Nordwest
FC Norden-West Berlin **s.** SV Norden-Nordwest
FC Nordjylland (Football Club Nordjylland), Aalborg, Dänemark, Klub, entst. 1912, [1912-2001 IK Chang], **s. S.** 71
FC Nordsjælland (Football Club Nordsjælland), Farum, Dänemark, Klub, entst. 1991, [1991-2003 Farum BK], **s. S.** 71
FC Nordstern Basel (Fußball Club Nordstern Basel), Basel, Schweiz, Klub, entst. 1901, [1910 Fusion mit Young Fellows Basel], **s. S.** 82
FC Norma Tallinn (Football Club Norma Tallinn), Tallinn, Estland, Klub, entst. 1959, **s. S.** 99
FC Nouadhibou, Nouadhibou, Mauretanien, Klub, **s. S.** 114
FC Nürnberg **s.** 1. FC Nürnberg
FC Odishi Zugdidi (Football Club Lazika Zugdidi), Zugdidi, Georgien, Klub, entst. 1918, [1918-94 Odischi Zugdidi, 94-95 FC Dinamo Zugdidi, 1995-2000 FC Odischi Zugdidi, 00-01 FC Dinamo Zugdidi, 01-03 FC Lazika Zugdidi], **s. S.** 97
FC Olimpia Bălţ i (Fotbal Club Olimpia Bălţ i), Bălţ i, Moldawien, Klub, entst. 1963, [1963-65 Strojiteľ Bălţ i, 65-68 Codri Bălţ i, 68-69 Strojindustria Bălţ i, 69-84 Piščevik Bălţ i, 84-92 Zarea Bălţ i], **s. S.** 99
FC Olimpia Bucureş ti **s.** Olimpia-Rhein Bucureş ti
FC Olimpia Satu Mare (Fotbal Club Olimpia Satu Mare), Satu Mare, Rumänien, Klub, entst. 1921, [1921-32 FC Olimpia Satu Mare, 32 Fusion mit CFR Satu Mare => Olimpia CFR Satu Mare (32-48), 48-52 CFR Locomotivă Satu Mare, 52-60 Progresul Satu Mare, 60-65 ASM Dinamo Satu Mare, 65-67 Satmareana Satu Mare, 67 Teilung => Unio Satu Mare und Metalul Satu Mare, 68 Fusion Unio Satu Mare und Metalul Satu Mare => FC Olimpia Satu Mare (68-87), 87 Fusion mit Unirea Satu Mare => Olimpia IUM Satu Mare (87-??), ??-98 Olimpia Satu Mare], **s. S.** 91
FC Olimpija Riga (Football Club Olimpija Riga), Riga, Lettland, Klub, entst. 1948, [1948-91 Daugava Riga, 91-93 Kompar-Daugava Riga, 93-95 FC Olimpija Riga, 95 aufgel.], **s. S.** 99
FC Olpran Drnovice **s.** 1. FK Drnovice
FC Olt Scorniceş ti (Fotbal Club Olt Scorniceş ti), Scorniceş ti, Rumänien, Klub, entst. 1972, [1972-80 Viitorul Scorniceş ti, 8ş 0 Umzug nach Slatina => FC Olt Slatina (80-86), 86 Umzug nach Scorniceş ti => FC Olt Scorniceş ti, 90 aufgel.], **s. S.** 91
FC Olt Scorniceş ti **s.** FC Olt Slatina
FC Olt Slatina (Fotbal Club Olt Slatina), Slatina, Rumänien, Klub, entst. 1980, [entst. 1980 nach Umzug von Viitorul Scorniceş ti nach Slatina => FC Olt Slatina (80-86), aufgel. 86, Umzug nach Scorniceş ti => FC Olt Scorniceş ti], **s. S.** 91
FC Olt Slatina **s.** FC Olt Scorniceş ti
FC Oltul Slatina **s.** IPA Slatina
FC Olympia 1898 Darmstadt **s.** SV Darmstadt 98
FC Olympia 1933 Wien **s.** ÖMV Olympia Wien
FC Olympique Alésien (Football Club Olympique Alésien), Alès, Frankreich, Klub, entst. 1923, [entst. 1923 durch Fusion Red Star Alésien, Boxing Club Alès und CS de Cheminots Alès], **s. S.** 77
FC Olympique Eischen (Football Club Olympique Eischen), Eischen, Luxemburg, Klub, entst. 1917, [1917-40 FC Olympique Eischen, 40-44 FK Eichen], **s. S.** 75
FC ÖMV Stadlau **s.** FC Stadlau
FC ÖMV Stadlau **s.** ÖMV Olympia Wien
FC Oneş ti (Fotbal Club Oneş ti), Oneş ti, Rumänien, Klub, entst. 1994, [1994-96 FC Gheorghe-Gheorghiu-Dej], **s. S.** 91
FC Onze Bravos do Maqui (Futebol Clube Onze Bravos do Maqui), Luena, Angola, Klub, **s. S.** 119
FC Oţ elul Galaţ i (Fotbal Club Oţ elul Galaţ i), Galaţ i, Rumänien, Klub, entst. 1965, [1965-70 CS Oţ elul Galaţ i, 70 aufgel., 72 wiedergegr., 72-75 CS Oţ elul Galaţ i, 75 aufgel., 76 wiedergegr., 76-?? CS Oţ elul Galaţ i], **s. S.** 91
FC Ouest (Football Club de l'Ouest), Saint-Paul, Reunion, Klub, entst. 1967, **s. S.** 121
FC Ouest Lausanne **s.** Lausanne-Sports
FC Oulu (Football Club Oulu), Oulu/Uleåborg, Finnland, Klub, entst. 1925, [1925-91 OTP, 91 Fusion mit OLS => FC Oulu], **s. S.** 73
FC Paços de Ferreira (Futebol Clube Paços de Ferreira), Paços de Ferreira, Portugal, Klub, entst. 1950, **s. S.** 79
FC Palatia 1901 Kaiserslautern **s.** 1. FC Kaiserslautern
FC Pambygtschi Barda **s.** FC Karabach Barda
FC Patenidis Motorlet Praha **s.** SK Motorlet Praha
FC Penafiel (Futebol Clube de Penafiel), Penafiel, Portugal, Klub, entst. 1951, **s. S.** 79
FC Petra Drnovice **s.** 1. FK Drnovice
FC Petrolul Ploieş ti (Fotbal Club Petrolul Ploieş ti), Ploieş ti, Rumänien, Klub, entst. 1952, [entst. 1952 nach Umzug von Flacăra Bucureş ti nach Ploieş ti und Fusion mit Partizanul Ploieş ti => Flacăra Ploieş ti (52-57), 56 Aufl. der Fusion => Metalul Ploieş ti, 57-92 FC Petrolul Ploieş ti, 92-93 FC Ploieş ti], **s. S.** 91
FC Pfaffenthal **s.** Red-Black Pfaffenthal
FC Pfalz 03 Ludwigshafen **s.** SV Phönix Ludwigshafen
FC Pforzheim **s.** 1. FC Pforzheim
FC Phönix Sankt Gallen **s.** FC Sankt Gallen
FC Pinar del Río (Fútbol Club Pinar del Río), Pinar del Río, Kuba, Klub, **s. S.** 126
FC Pjunik Erewan (Football Club Pjunik Erewan), Erewan, Armenien, Klub, entst. 1992, [1992-2001 Armenikum Erewan], **s. S.** 97
FC Pjunik Erewan **s.** FC Kilikia Erewan
FC Ploieş ti **s.** FC Petrolul Ploieş ti
FC Ploieş ti **s.** Vagonul Ploieş ti
FC Plzeň **s.** SK Plzeň 1894
FC Point d'Yves (Football Club Point d'Yves), Le Tampon, Reunion, Klub, **s. S.** 121
FC Politehnica Chiş inău (Fotbal Club Politehnica Chiş inău), Chiş inău, Moldawien, Klub, entst. 1964, **s. S.** 99
FC Politehnica Iaş i (Fotbal Club Politehnica Iaş i), Iaş i, Rumänien, Klub, entst. 1945, [1945 Sportul Studentesc Iaş i, 45-48 AS Politehnica Iaş i, 48-50 CSU Iaş i, 50-58 Ştiinţ a Iaş i, 58 Fusion mit CFR Iaş i => CSMS Iaş i (58-67), 67-?? Politehnica CF Iaş i, ??-2001 FC Politehnica Iaş i, 01 Fusion mit Unirea 2000 => Poli Unirea Iaş i (01-04)], **s. S.** 91
FC Politehnica Timiş oara **s.** FCU Politehnica Timiş oara
FC Pommern Stralsund (Fußball-Club Pommern Stralsund), Stralsund, Deutschland, Klub, entst. 1967, [entst. 1967 nach Umzug von ASG Vorwärts Rostock nach Stralsund => ASV Vorwärts Stralsund (67-89), 89 Fusion mit BSG Motor Stralsund => TSV 1860 Stralsund (89-94)], **s. S.** 85
FC Porto (Futebol Clube do Porto), Porto, Portugal, Klub, entst. 1906, **s. S.** 79
FC Portos (Futebol Clube Portos), Bissau, Guinea-Bissau, Klub, **s. S.** 116
FC Prahova Ploieş ti (Fotbal Club Prahova Ploieş ti), Ploieş ti, Rumänien, Klub, entst. 1909, [1909-14 FC United Ploieş ti, 14-50 FC Prahova Ploieş ti, 47 Fusion mit Concordia Ploieş ti, 50-56 Partizanul Ploieş ti, aufgel. 52 durch Fusion mit Flacăra Ploieş ti, 56 Aufl. der Fusion und Zurückbenennung => Metalul Ploieş ti (56-57), 57-58 Energia Ploieş ti], **s. S.** 91
FC Preußen 04 Krefeld **s.** VfL Preußen 1895 Krefeld
FC Preußen Münster **s.** SC Preußen 06 Münster
FC Preußen Rothenditmold **s.** SV 06 Kassel-Rothenditmold
FC Preußen **s.** Berliner FC Preußen
FC Preußen Stettin **s.** SK Preußen 01 Stettin
FC Příbram **s.** FK Dukla Praha
FC Příbram **s.** FK Marila Příbram
FC Progrès Cessange (Football Club Progrès Cessange), Luxembourg, Luxemburg, Klub, entst. 1908, [1908-40 FC Progrès Grund, 40-44 SpV. 08 Grund, 44-78 FC Progrès Grund, 78-81 FC Yougo Grund-Cessange], **s. S.** 74
FC Progrès Grund **s.** FC Progrès Cessange
FC Progrès Niedercorn (Football Club Progrès Niedercorn), Niedercorn, Luxemburg, Klub, entst. 1919, [1919-40 FC Progrès Niedercorn, 40-44 FK Niederkorn], **s. S.** 74
FC Progresul Brîceni (Fotbal Club Progresul Brîceni), Brîceni, Moldawien, Klub, [19??-94 FC Vilia Brîceni], **s. S.** 99
FC Prussia-Samland Königsberg **s.** SV Prussia-Samland Königsberg
FC Racing Rodange (Football Club Racing Rodange), Rodange, Luxemburg, Klub, entst. 1931, [1931-40 FC Racing Rodange, 40-44 FV 31 Rodingen, 44-91 FC Racing Rodange, aufgel. 91 Fusion mit FC Chiers Rodange => FC Rodange 91], **s. S.** 74
FC Racing Rodange **s.** FC Chiers Rodange
FC Racing Rodange **s.** FC Rodange 91
FC Râmnicu Vâlcea (Fotbal Club Râmnicu Vâlcea), Râmnicu Vâlcea, Rumänien, Klub, entst. 1924, [1924-46 SS Vîlceana Rîmnicu Vîlcea, 46-47 Vîlceana Rîmnicu Vîlcea, 47-55 CSM Rîmnicu Vîlcea, 55-57 Flamura Rosie Rîmnicu Vîlcea, 57-58 AS Unirea Rîmnicu Vîlcea, 58 aufgel. und wiedergegr., 58-60 Santierul Govora, 60-62 Chimia Govora, 62-67 Unirea Rîmnicu Vîlcea, 67-74 Chimia Rîmnicu Vîlcea, 74 CS Rîmnicu Vîlcea, 74-?? Chimia Rîmnicu Vîlcea], **s. S.** 91
FC Ranto-Miks Riga (Football Club Ranto-Miks Riga), Riga, Lettland, Klub, entst. 1994, [1994-95 FK Riga-LSPA, 95-96 AVV-LSPA Riga, 96-98 Ranto-AVV Riga], **s. S.** 99
FC Rapid Bucureş ti **s.** UFC Rapid Bucureş ti
FC Rapid Neudorf (Football Club Rapid Neudorf), Luxembourg, Luxemburg, Klub, entst. 1909, [1909-40 FC Rapid Neudorf, 40-44 SV 09 Neudorf, 44-86 FC Rapid Neudorf, aufgel. 86 durch Fusion mit FC Mansfeldia Clausen-Cents => RM '86 Luxembourg], **s. S.** 74
FC Rapid Neudorf **s.** FC Mansfeldia Clausen
FC Rapid Salzburg **s.** Red Bull Salzburg
FC Rätia Bludenz **s.** Casino SW Bregenz
FC Real Iberia, Havanna (La Habana), Kuba, Klub, [19??-2? FC Iberia, ?? aufgel.], **s. S.** 126
FC Red Star Merl-Belair (Football Club Red Star Merl-Belair), Luxembourg, Luxemburg, Klub, entst. 1927, **s. S.** 74
FC Reipas (Football Club Reipas), Lahti, Finnland, Klub, entst. 1945, [entst. 1945 nach Umzug von Reipas nach Lahti => Reipas Lahti (45-91), 91-96 FC Reipas, aufgel. 96 durch Fusion mit FC Kuusysi => FC Lahti], **s. S.** 73
FC Reipas **s.** FC Kuusysi
FC Reipas **s.** FC Lahti
FC Rhenania Krefeld **s.** VfL Preußen 1895 Krefeld
FC Rimavská Sobota (Football Club Rimavská Sobota), Rimavská Sobota, Slowakei, Klub, entst. 1913, [1913-19 RAC, 19-22 RPOS, 22-35 ŠK Slovan Rimavská Sobota, 35 Fusion mit RME => ŠK Snaha-Törekvés Rimavská Sobota (35-45), 45-48 ŠK Rimavská Sobota, 48-52 Sokol Rimavská Sobota, 52-53 ZSJ ČSSZ Rimavská Sobota, 53-54 TJ Tatran Rimavská Sobota, 54 Fusion mit TJ Slavoj Rimavská Sobota => Tatran Rimavská Sobota (54-55), 55-92 TJ Slovan Rimavská Sobota, 92-93 ŠK Saturn Rimavská Sobota, 93 ŠK Slovan Rimavská Sobota, 93-95 FC Slovan Rimavská Sobota, 1995-2000 FC Tauris Rimavská Sobota], **s. S.** 87
FC Riograndense (Football Club Riograndense), Rio Grande, Brasilien, Klub, **s. S.** 133
FC Ripensia **s.** FCU Politehnica Timiş oara
FC Ripensia Timiş oara (Fotbal Club Ripensia Timiş oara), Temeschburg (Timiş oara), Rumänien, Klub, entst. 1928, [aufgel. 1948], **s. S.** 91
FC Rocar Bucureş ti **s.** FC Rocar Fulgerul Bragadiru
FC Rocar Fulgerul Bragadiru (Fotbal Club Rocar Fulgerul Bragadiru), Bukarest (Bucureş ti), Rumänien, Klub, entst. 1953, [19??-2000 FC Rocar Bucureş ti], **s. S.** 90
FC Rodange 91 (Football Club Rodange 91), Rodange, Luxemburg, Klub, entst. 1991, [entst. 1991 durch Fusion FC Chiers Rodange und FC Racing Rodange], **s. S.** 74
FC Rodange 91 **s.** FC Chiers Rodange
FC Rodange 91 **s.** FC Racing Rodange
FC Roma Bălţ i (Fotbal Club Roma Bălţ i), Bălţ i, Moldawien, Klub, entst. 1995, **s. S.** 99
FC RoPS (Football Club Rovaniemen Palloseura), Rovaniemi, Finnland, Klub, entst. 1950, [1950-91 RoPS], **s. S.** 73
FC Rot-Weiß Erfurt (Fußball-Club Rot-Weiß Erfurt), Erfurt, Deutschland, Klub, entst. 1895, [1895-96 Cricket Club Erfurt, 1896-1946 SC Erfurt, 46 aufgel. und wiedergegr., 46-48 SG Erfurt-West, 48-49 SG Fortuna Erfurt, 49-51 BSG KWU Erfurt, 51-54 BSG Turbine Erfurt, 54-66 SC Turbine Erfurt], **s. S.** 85
FC Roubaix **s.** Excelsior AC Roubaix
FC Rouen (Football Club de Rouen), Rouen, Frankreich, Klub, entst. 1899, **s. S.** 77
FC Rudolfshügel (Fußball Club Rudolfshügel), Wien, Österreich, Klub, entst. 1902, [aufgel. 1935], **s. S.** 83
FC Ruggell (Fußball Club Ruggell), Ruggell, Liechtenstein, Klub, **s. S.** 83
FC Saarbrücken **s.** 1. FC Saarbrücken
FC Sachsen Leipzig 1990 (Fußball-Club Sachsen Leipzig 1990), Leipzig, Deutschland, Klub, entst. 1899, [??-19?? SpVgg. Leipzig, 38-45 SV TuRa Leipzig, 45 aufgel. und wiedergegr., 45-49 SG Leutzsch, 49 Fusion mit SG Lindenau-Aue, SG Leipzig-Mitte, SG Böhlitz-Ehrenberg und SG Lindenau-Hafen => ZSG Industrie Leipzig (49-50), 50-54 BSG Chemie Leipzig, 54 aufgel. und wiedergegr., 54-56 BSG Chemie Leipzig-West, 56 Fusion mit BSG Chemie Südwest Leipzig => BSG Chemie Leipzig (56-90), 90 FC Grün-Weiß Leipzig, 90 Fusion mit FSV Böhlen => FC Sachsen Leipzig 1990], **s. S.** 85
FC Sachsen Leipzig **s.** FSV Böhlen
FC Samgurali Zchaltubo (Football Club Samgurali Zchaltubo), Zchaltubo, Georgien, Klub, entst. 1945, **s. S.** 97
FC Samtredia **s.** FC Iberia Samtredia
FC Sancti Spíritus (Fútbol Club Sancti Spíritus), Sancti Spíritus, Kuba, Klub, **s. S.** 126
FC Sankt Gallen (Fußball Club Sankt Gallen), Sankt Gallen, Schweiz, Klub, entst. 1879, [1879-98 FC Sankt Gallen, 96 Fusion mit FC Viktor Sankt Gallen, 98 Fusion mit FC Phönix Sankt Gallen => Vereinigte FC Sankt Gallen (1898-1903)], **s. S.** 82
FC Sankt Pölten **s.** FCN Sankt Pölten
FC Sankt Veit an der Glan (Fußball Club Sankt Veit an der Glan), Sankt Veit an der Glan, Österreich, Klub, entst. 1950, [1950-92 SV Sankt Veit an der Glan, 92 Fusion mit SCA Sankt Veit an der Glan => FC Sankt Veit an der Glan], **s. S.** 83
FC Santa Cruz (Futebol Clube Santa Cruz do Sul), Santa Cruz do Sul, Brasilien, Klub, entst. 1913, **s. S.** 133
FC Santiago de Cuba (Fútbol Club Santiago de Cuba), Santiago de Cuba, Kuba, Klub, **s. S.** 126
FC Santos (Fútbol Club Santos), San Cristóbal, Dominikanische Republik, Klub, **s. S.** 127
FC Sapownela Terdschola (Football Club Sapovnela Terdschola), Terdschola, Georgien, Klub, **s. S.** 97
FC Satmos (Football Club Satmos), Selebi Phikwe/Selibe Philewe, Botswana, Klub, entst. 1996, **s. S.** 121
FC Schaan (Fußball Club Schaan), Schaan, Liechtenstein, Klub, **s. S.** 83
FC Schaffhausen (Fußball Club Schaffhausen), Schaffhausen, Schweiz, Klub, entst. 1896, [1896-1904 FC Viktoria Schaffhausen, 04 Fusion mit Young Boys Schaffhausen und Grasläufer Schaffhausen => FC Schaffhausen], **s. S.** 82
FC Schalke 04 (Fußball-Club Gelsenkirchen Schalke von 1904), Gelsenkirchen, Deutschland, Klub, entst. 1904, [1904-12 SC Westfalia 04 Schalke, 12 Fusion mit TV 1877 Schalke (12-13), 13 Aufl. der Fusion, 13-19 SC Westfalia 04 Schalke, 19 Fusion mit TV 1877 Schalke => TuS 1877 Schalke (19-24)], **s. S.** 84
FC Schengawit Erewan **s.** FC Karabach Erewan
FC Schirak Gjumri (Football Club Schirak Gjumri), Gjumri, Armenien, Klub, entst. 1934, [1934-57 Karmir Drosch Gjumri], **s. S.** 97
FC Schirak-2 Gjumri **s.** FC Gjumri
FC Schukura Kobuleti (Football Club Schukura Kobuleti), Kobuleti, Georgien, Klub, **s. S.** 97
FC Schwarz-Weiß Bregenz **s.** Casino SW Bregenz
FC Schwarz-Weiß Bregenz **s.** FC Dornbirn
FC Schweinfurt 05 **s.** 1. FC Schweinfurt 05
FC Selena Bacău **s.** FCM Bacău
FC Senec (Football Club Senec), Senec, Slowakei, Klub, entst. 1990, [1990-92 AKP Senec, 92-95 FK Koba Senec, 95 Fusion mit VTJ Bratislava => FK VTJ Koba Senec (1995-2002), 02-04 FK Koba Senec], **s. S.** 86
FC Seoul, Soul/Seoul, Südkorea, Klub, entst. 2004, [entst. 2004 nach Umzug von Anyang LG Cheetahs aus Anyangu => FC Seoul], **s. S.** 110
FC Sérésien **s.** RFC Seraing
FC Sète (Football Club de Sète), Sète, Frankreich, Klub, entst. 1900, [1900-14 Olympique Cette, 14-28 FC Cette], **s. S.** 77
FC Sheriff Tiraspol (Fotbal Club Sheriff Tiraspol), Tiraspol, Moldawien, Klub, entst. 1996, [1996-97 FC Tiras Tiraspol], **s. S.** 99
FC Siegfried Bielefeld **s.** DSC Arminia Bielefeld
FC Sindicat Chiş inău **s.** FC Moldova-Gaz Chiş inău
FC Sindicat Moldova-Gaz Chiş inău **s.** FC Moldova-Gaz Chiş inău
FC Sinteza Căuş eni (Fotbal Club Sinteza Căuş eni), Căuş eni, Moldawien, Klub, **s. S.** 99
FC Sion (Football Club Sion), Sion, Schweiz, Klub, entst. 1909, **s. S.** 82
FC Sioni Bolnissi (Football Club Sioni Bolnisi), Bolnissi, Georgien, Klub, entst. 1936, **s. S.** 97
FC Sithoc (RKVFC Sithoc), Mahuma, Niederländische Antillen, Klub, **s. S.** 127
FC Sjunik Kapan **s.** FC Gandzasar Kapan
FC SKA-ARAI Etschmiadzin **s.** FC BMA-ARAI Etschmiadzin
FC Slovácká Slavia Uherské Hradiště (Football Club Slovácká Slavia Uherské Hradiště), Uherské Hradiště, Tschechische Republik, Klub, entst. 1894, [1904-?? ČSK Uherské Hradiště, ??-?? AC Slovácká Slavia Uherské Hradiště, ??-48 SK Slovácká Slavia Uherské Hradiště, 48-53 Sokol Slovácká Slavia Uherské Hradiště, 53-69 TJ Spartak Hradišťan Uherské Hradiště, 69-93 TJ Slovácká Slavia Uherské Hradiště, 93-95 FC TIC Slovácká Slavia Uherské Hradiště, 95-97 FC Joko Slovácká Slavia Uherské Hradiště, 1997-2000 FC Slovácká Slavia Uherské Hradiště, aufgel. 2000 durch Fusion mit FC Synot => 1. FC Synot], **s. S.** 86
FC Slovácká Slavia Uherské Hradiště **s.** 1. FC Slovácko
FC Slovan Liberec (Football Club Slovan Liberec), Liberec, Tschechische Republik, Klub, entst. 1958, [entst. 1958 durch Fusion TJ Slavoj Liberec und TJ Jiskra Sběrné suroviny Liberec => TJ Slovan Liberec (58-80), 80-93 TJ Slovan Elitex Liberec, 93 FC Slovan Liberec, 93-94 FC Slovan WSK Liberec, 93 Fusion s Rapidem Liberec, 94-95 FC Slovan Vratislav WSK Liberec], **s. S.** 86
FC Slovan Pardubice **s.** AFK Atlantic Lázně Bohdaneč
FC Slovan Rimavská Sobota **s.** FC Rimavská Sobota
FC Slovan WSK Liberec **s.** FC Slovan Liberec
FC Slovan WSK Vratislav Liberec **s.** FC Slovan Liberec
FC Sochaux **s.** FC Sochaux-Montbéliard
FC Sochaux-Montbéliard (Football Club Sochaux-Montbéliard), Montbéliard, Frankreich, Klub, entst. 1928, [1928-30 FC Sochaux, 30 Fusion mit AS Montbéliard => FC Sochaux-Montbéliard], **s. S.** 77
FC Şoimii COMPA Sibiu (Fotbal Club Şoimii COMPA Sibiu), Sibiu, Rumänien, Klub, entst. 1921, [1921-47 FC Şoimii Sibiu, 47 Fusion mit CFR Sibiu => Şoimii CFR Sibiu (47-48), 48-49

CFR Sibiu, 49-73 Locomotivă Sibiu, 73-81 FC Şoimii Sibiu, 81 Fusion mit IPA Sibiu => FC Şoimii IPA Sibiu (81-90), 90-92 AS Şoimii IPA Sibiu], **s. S.** 91

FC Şoimii IPA Sibiu **s.** FC Şoimii COMPA Sibiu

FC Şoimii Sibiu **s.** FC Şoimii COMPA Sibiu

FC Solothurn (Fußball Club Solothurn), Solothurn, Schweiz, Klub, entst. 1902, [1906 Fusion mit FC Young Boys Solothurn], **s. S.** 82

FC Sopron (Futball Club Sopron), Sopron, Ungarn, Klub, entst. 1923, [1923-90 Soproni Postás SE, 90-96 Soproni Távközlési SE, 1996-?? Matáv SC Sopron, ??-2005 Matáv FC Sopron], **s. S.** 89

FC Spartak PSJ Jihlava **s.** FC Vysočina Jihlava

FC Spartak Trnava (Football Club Spartak Trnava), Trnava, Slowakei, Klub, entst. 1923, [entst. 1923 durch Fusion ŠK Čechie Trnava und ČsŠK Trnava => TŠS Trnava (23-48), 39 Fusion mit ŠK Rapid Trnava, 48 Sokol Trnava, 48-49 Sokol NV Trnava, 49-53 ZSJ Kovosmalt Trnava (49-53), 53-67 TJ Spartak Trnava, 67-88 TJ Spartak TAZ Trnava, 88-93 TJ Spartak Trnava], **s. S.** 86

FC Spartaki Tbilissi (Football Club Spartaki Tbilissi), Tbilissi, Georgien, Klub, entst. 2004, **s. S.** 97

FC Spatial (Football Club Spatial), Cayenne, Französisch-Guyana, Klub, **s. S.** 129

FC Speranta Nisporeni (Fotbal Club Speranta Nisporeni), Nisporeni, Moldawien, Klub, **s. S.** 99

FC Sporting Mertzig (Football Club Sporting Mertzig), Mertzig, Luxemburg, Klub, entst. 1961, **s. S.** 75

FC Sporting-Dulcia La Chaux-de-Fonds **s.** FC Etoile La Chaux-de-Fonds

FC Sportlust-Borussia Schöneberg **s.** Berliner SC Kickers 1900

FC Sportul studentesc Chiş inău **s.** FC Unisport Chiş inău

FC Spumante Cricova (Fotbal Club Spumante Cricova), Cricova, Moldawien, Klub, **s. S.** 99

FC St. Eloi **s.** FC Lupopo

FC St. Luc (Football Club St. Luc), Kananga, Volksrepublik Kongo, Klub, **s. S.** 119

FC St. Pauli 1910 (Fußball-Club St. Pauli von 1910), Hamburg, Deutschland, Klub, entst. 1910, [1910-24 Hamburg-St. Pauli TV], **s. S.** 85

FC St.-Eloi-Lupopo (Football Club Saint-Eloi-Lupopo), Lubumbashi, Volksrepublik Kongo, Klub, entst. 1939, **s. S.** 119

FC Stadlau (Fußball Club Stadlau), Wien, Österreich, Klub, entst. 1903, [1903-63 FC Stadlau, aufgel. 63 durch Fusion mit ÖMV Olympia Wien => FC ÖMV Stadlau], **s. S.** 83

FC Stadlau **s.** ÖMV Olympia Wien

FC Stahl Brandenburg (Fußball-Club Stahl Brandenburg), Brandenburg, Deutschland, Klub, entst. 1945, [1945-50 SG Brandenburg-West, 50-55 BSG Einheit Brandenburg, 55-90 BSG Stahl Brandenburg, 90-93 BSV Stahl Brandenburg, 93-98 BSV Brandenburg], **s. S.** 85

FC Stahl Linz **s.** FC Linz

FC Stahl Riesa '98 (Fußball-Club Stahl Riesa '98), Riesa, Deutschland, Klub, entst. 1948, [1948-54 BSG Stahl Riesa, 49 Fusion mit SG Riesa, 54-57 SC Stahl Riesa, 57-90 BSG Stahl Riesa, 90-91 FC Stahl Riesa, 91-95 Riesaer SV, 95 Fusion mit SV Blau-Weiß Riesa => Riesaer SV Blau-Weiß (95-98), 98 Fusion mit SC Riesa => FC Stahl Riesa '98], **s. S.** 85

FC Starts Broceni (Football Club Starts Broceni), Broceni, Lettland, Klub, **s. S.** 99

FC Stavo Artikel Brno **s.** 1. FC Brno

FC Steaua Bucureş ti (Fotbal Club Steaua Bucureş ti), Bukarest (Bucureş ti), Rumänien, Klub, entst. 1947, [1947-48 ASA Bucureş ti, 48-50 CSCA Bucureş ti, 50-61 CCA Bucureş ti, 61-98 CSA Steaua Bucureş ti], **s. S.** 90

FC Stella Fribourg **s.** FC Fribourg

FC Stimold Chiş inău (Fotbal Club Stimold Chiş inău), Chiş inău, Moldawien, Klub, [19??-97 FC Stimold-MIF Chiş inău], **s. S.** 99

FC Stimold-MIF Chiş inău **s.** FC Stimold Chiş inău

FC Strombeek **s.** FC Brussels

FC Sturm Innsbruck **s.** FC Wacker Tirol

FC Sulori Wani (Football Club Sulori Wani), Wani, Georgien, Klub, **s. S.** 97

FC Superfund Pasching, Pasching, Österreich, Klub, entst. 1946, [1946-?? SV Pasching, ??-2003 SV PlusCity Pasching], **s. S.** 83

FC Svit Zlín **s.** FC Tescoma Zlín

FC Swarovski Tirol Innsbruck **s.** FC Wacker Tirol

FC Swarovski Tirol Innsbruck **s.** WSG Wattens

FC Swift Hesperange **s.** 1. FC Swift Hesperange

FC Swift Wasserbillig **s.** FC Jeunesse Wasserbillig

FC Synot **s.** 1. FC Slovácko

FC Synot **s.** FC Slovácká Slavia Uherské Hradiště

FC Synot Staré Město **s.** 1. FC Slovácko

FC Tatabánya (Futball Club Tatabánya), Tatabánya, Ungarn, Klub, entst. 1910, [1910-49 Tatabányai SC, 49-50 Tatabányai Tárna, 50-93 Tatabányai Bányász SC, 93-94 Tatabányai FC, 94-97 Tatabányai SC, 1997-2002 Lombard FC Tatabánya], **s. S.** 89

FC Tatran Bukóza Prešov **s.** 1. FC Tatran Prešov

FC Tatran Prešov **s.** 1. FC Tatran Prešov

FC Tauris Rimavská Sobota **s.** FC Rimavská Sobota

FC Tbilissi (Football Club Tbilissi), Tbilissi, Georgien, Klub, entst. 1995, [aufgel. 200?], **s. S.** 97

FC Technicum Fribourg **s.** FC Fribourg

FC Terrex Kladno **s.** SK Kladno

FC Tescoma Zlín (Football Club Tescoma Zlín), Zlín, Tschechische Republik, Klub, entst. 1919, [1919-22 SK Zlín, 22-48 SK Baťa Zlín, 48 ZK Botostroj I Zlín, 48-50 Sokol Svit I Gottwaldov, 50-53 ZSJ Svit I Gottwaldov, 53-58 TJ Jiskra Gottwaldov, 58 Fusion mit TJ Spartak Gottwaldov => TJ Gottwaldov (58-89), 89-90 SK Zlín, 90-96 FC Svit Zlín, 96-99 FC Zlín, 1999-2000 FC Svit Zlín, 2000-02 FK Zlín], **s. S.** 86

FC Tevalte Tallinn **s.** FC TVMK Tallinn

FC Tevalte-Markelor Tallinn **s.** FC TVMK Tallinn

FC The Belval Belvaux (Football Club The Belval Belvaux), Belvaux, Luxemburg, Klub, entst. 1908, [1908-14 The Bel-Val Belvaux, 14 Fusion mit Sportsmen-Club Belvaux => FC Belvaux (14-40), 40-44 FV Beles, 44-?? FC Belvaux], **s. S.** 74

FC The National Schifflange **s.** FC '95 Schifflange

FC Thun (Fußball Club Thun), Thun, Schweiz, Klub, entst. 1898, **s. S.** 82

FC Tighina Bender **s.** FC Dinamo Bender

FC Tiras Tiraspol **s.** FC Sheriff Tiraspol

FC Tiraspol (Fotbal Club Tiraspol), Tiraspol, Moldawien, Klub, entst. 2002, [entst. 2002 nach Umzug von FC Constructorul-93 Cioburciu aus Cioburciu], **s. S.** 99

FC Tirol Innsbruck **s.** FC Wacker Tirol

FC Tirol Innsbruck **s.** WSG Wattens

FC Tirol Milch Innsbruck **s.** FC Wacker Tirol

FC Tirsense (Futebol Clube Tirsense), Santo Tirso, Portugal, Klub, entst. 1938, **s. S.** 79

FC Tokyo (Tokyo Football Club), Tokyo, Japan, Klub, entst. 1935, [1935-?? Tokyo Gas FC], **s. S.** 111

FC Topoľčany **s.** MFK VTJ Topoľčany

FC Torentul Chiş inău (Fotbal Club Torentul Chiş inău), Chiş inău, Moldawien, Klub, [19??-91 Dinamo Chiş inău, 91-92 FC Dinamo-Codru Chiş inău, 92-93 FC Dinamo Chiş inău], **s. S.** 99

FC Torpedo Kutaïssi (Football Club Torpedo Kutaïssi), Kutaïssi, Georgien, Klub, entst. 1959, [1959-60 Lokomotiw Kutaïssi, 60-90 Torpedo Kutaïssi, 90-92 FC Kutaïssi], **s. S.** 97

FC Toumodi (Football Club Toumodi), Toumodi, Elfenbeinküste, Klub, **s. S.** 117

FC Tourbillon (Football Club Tourbillon), N'Djamena, Tschad, Klub, **s. S.** 114

FC Tours (Football Club Tours), Tours, Frankreich, Klub, entst. 1951, **s. S.** 77

FC Tricolore Gasperich **s.** FC Tricolore Muhlenweg

FC Tricolore Muhlenweg (Football Club Tricolore Muhlenweg), Luxembourg, Luxemburg, Klub, entst. 1919, [1919-48 FC Tricolore Muhlenweg, 48-?? FC Tricolore Gasperich], **s. S.** 74

FC Tricon Cahul (Fotbal Club Tricon Cahul), Cahul, Moldawien, Klub, **s. S.** 99

FC Triesen (Fußball Club Triesen), Triesen, Liechtenstein, Klub, **s. S.** 83

FC Triesenberg (Fußball Club Triesenberg), Triesenberg, Liechtenstein, Klub, **s. S.** 83

FC Tschinwali (Football Club Tschinwali), Tschinwali, Georgien, Klub, entst. 1936, **s. S.** 97

FC Tschumi Suchumi (Football Club Tschumi Suchumi), Suchumi, Georgien, Klub, **s. S.** 97

FC Tsement Ararat **s.** FC Araks Ararat

FC TSU Armazi Tbilissi (Football Club TSU Armazi Tbilissi), Tbilissi, Georgien, Klub, entst. 1906, [1906-96 Schewardeni 1906 Tbilissi, 96-97 TSU-Schewardeni 1906 Tbilissi, 1997-2000 FC TSU Tbilissi], **s. S.** 97

FC TSU Tbilisi **s.** FC TSU Armazi Tbilisi

FC Turnhout **s.** KFC Turnhout

FC TVMK Tallinn (Football Club Tallinna Vineeri-ja Mööblikombinaat Tallinn), Tallinn, Estland, Klub, entst. 1980, [1980-8? Vigri Tallinn, 8?-91 Vigri-Marat Tallinn, 91-93 FC Vigri Tallinn, 93-95 FC Tevalte Tallinn, 95-96 FC Tevalte-Markelor Tallinn, 96-97 FC Marlekor Tallinn], **s. S.** 99

FC TVMV-90 Tallinn **s.** FC Lantana Tallinn

FC Twente (Football Club Twente), Enschede, Niederlande, Klub, entst. 1965, [entst. 1965 durch Fusion SC Enschede und Enschedese Boys], **s. S.** 75

FC Twente **s.** SC Enschede

FC Ulim-Codru Călăraş i (Fotbal Club Ulim-Codru Călăraş i), Călăraş i, Moldawien, Klub, [19??-97 FC Codru Călăraş i], **s. S.** 99

FC Uliss Erewan (Football Club Uliss Erewan), Erewan, Armenien, Klub, [2000-04 FC Dinamo-2000 Erewan, 04-06 FC Dinamo-Zenit Erewan], **s. S.** 97

FC Union 1893 Cassel **s.** Kasseler SV Hessen

FC Union Berlin **s.** 1. FC Union Berlin

FC Union Cheb (Football Club Union Cheb), Cheb, Tschechische Republik, Klub, entst. 1951, [1951-52 VSJ Sokolovo Cheb, 52-66 TJ RH Cheb, 66-72 VTJ Dukla Hraničář Cheb, 72-90 TJ Rudá hvězda Cheb, 90-94 SKP Union Cheb, 94-96 FC Union Cheb, aufgel. 96], **s. S.** 86

FC Union Freiburg **s.** SC Freiburg

FC Union Luxembourg **s.** Racing FC Union Luxembourg

FC Union Mülheim **s.** Mülheimer SV 06

FC Union Raiffeisen Wels **s.** FC Union Wels

FC Union Wels (Fußball Club Union Wels), Wels, Österreich, Klub, entst. 1946, [1946-?? FC Union Wels, ??-?? FC Union Raiffeisen Wels, 84 aufgel.], **s. S.** 83

FC Unisport Chiş inău **s.** FC Nistru Otaci

FC Unisport Chiş inău **s.** FC Nistru-Unisport Otaci

FC Unisport-Auto Chiş inău (Fotbal Club Unisport-Auto Chiş inău), Chiş inău, Moldawien, Klub, entst. 1992, [1992 Clubul Sportiv studentesc Chiş inău, 92-93 CSS Amocom Chiş inău, 93-96 FC Sportul studentesc Chiş inău, 96 Fusion mit FC Universul Truseni => FC Unisport Chiş inău (96-99), aufgel. 99 Fusion mit FC Nistru Otaci => FC Nistru-Unisport Otaci (1999-2000), 2000 Aufl. der Fusion und Zurückbenennung => FC Unisport Chiş inău (00-03)], **s. S.** 99

FC United Ploieş ti **s.** FC Prahova Ploieş ti

FC Universitatea Cluj-Napoca (Fotbal Club Universitatea Cluj-Napoca), Cluj-Napoca, Rumänien, Klub, entst. 1919, [1919-48 Universitatea Cluj, 48-49 CSU Cluj, 49-66 Ş tiinţ a Cluj, 66-74 CS Universitatea Cluj, 74-92 CS Universitatea Cluj-Napoca], **s. S.** 91

FC Universitatea Craiova (Fotbal Club Universitatea Craiova), Craiova, Rumänien, Klub, entst. 1948, [1948-50 CSU Craiova, 50-66 Ş tiinţ a Craiova, 66-92 CS Universitatea Craiova], **s. S.** 91

FC Universul Ciuciuleni (Fotbal Club Universul Ciuciuleni), Ciuciuleni, Moldawien, Klub, **s. S.** 99

FC Universul Truseni **s.** FC Unisport Chiş inău

FC Urania des Eauc-Vives Genève **s.** FC Genève

FC Urania des Eauc-Vives Genève **s.** Urania Genève-Sports

FC UT Arad (Fotbal Club Unizale Textile Arad), Arad, Rumänien, Klub, entst. 1945, [1945-49 IT Arad, 49-58 Flamura Roş ie IT Arad, 58-85 UT Arad, 85-?? FCM UT Arad, ??-97 UT Arad], **s. S.** 91

FC Utrecht (Football Club Utrecht), Utrecht, Niederlande, Klub, entst. 1970, [entst. 1970 durch Fusion DOS, VV Elinkwijk und Velox], **s. S.** 75

FC Utrecht **s.** DOS

FC Utrecht **s.** VV Elinkwijk

FC Vaduz (Fußball Club Vaduz), Vaduz, Liechtenstein, Klub, **s. S.** 83

FC Vairogs Rezekne **s.** FK Rezekne

FC Valenciennes **s.** Valenciennes FC

FC Valga **s.** FC Warrior Valga

FC Vaslui (Fotbal Club Vaslui), Vaslui, Rumänien, Klub, entst. 2001, **s. S.** 91

FC Veltheim **s.** FC Winterthur

FC Veltheim **s.** FC Winterthur-Veltheim

FC Venlo-VVV **s.** VVV

FC Verbroedering Geel **s.** KFC Verbroedering Geel

FC Victoria Frankfurt/Oder **s.** Frankfurter FC Viktoria 91

FC Victoria Hamburg **s.** SC Victoria 1895 Hamburg

FC Victoria Rosport (Football Club Victoria Rosport), Rosport, Luxemburg, Klub, entst. 1928, **s. S.** 75

FC Vienna **s.** First Vienna FC

FC Vignoble **s.** Cantonal-Neuchâtel FC

FC Vigri Tallinn **s.** FC TVMK Tallinn

FC Viktor Sankt Gallen **s.** FC Sankt Gallen

FC Viktoria Forst (Fußball-Club Viktoria Forst), Forst, Deutschland, Klub, entst. 1901, [aufgel. 1933 durch Fusion mit Fortuna Forst => Viktoria-Fortuna Forst], **s. S.** 85

FC Viktoria Frankfurt **s.** Eintracht Frankfurt

FC Viktoria Mannheim **s.** VfR Mannheim

FC Viktoria Plzeň (Football Club Viktoria Plzeň), Plzeň, Tschechische Republik, Klub, entst. 1911, [1911-48 SK Viktoria Plzeň, 48-49 Sokol Plzeň V-Viktoria, 49 Fusion mit Sokol Škoda Plzeň, 49-51 ZSJ Škoda Plzeň, 51-53 ZSJ ZVIL Plzeň, 53-62 TJ Spartak Plzeň, 62-65 TJ Spartak Plzeň LZ, 65-92 TJ Škoda Plzeň], **s. S.** 86

FC Viktoria Schaffhausen **s.** FC Schaffhausen

FC Viktoria Zaborze **s.** SC Preußen Hindenburg

FC Vilan-D Daugavpils **s.** FC Dinaburg Daugavpils

FC Vilia Brînceni **s.** FC Progresul Brînceni

FC Villa Clara (Fútbol Club Villa Clara), Santa Clara, Kuba, Klub, **s. S.** 126

FC Vilnius (Football Club Vilnius), Vilnius, Litauen, Klub, entst. 2001, [2001-04 FK Šviesa Vilnius], **s. S.** 99

FC Vítkovice (Football Club Vítkovice), Ostrava, Tschechische Republik, Klub, entst. 1919, [1919-22 SK Slavoj Vítkovice, 22-23 SK Vítkovice, 23-37 SSK Vítkovice, 37-39 SK Železárny Vítkovice, 39-45 ČSK Vítkovice, 45-48 SK Vítkovické železárny, 48 ZK Vítkovické železárny, 48-49 Sokol Vítkovické železárny, 49-53 ZSJ Vítkovické železárny, 53-57 TJ Baník Vítkovice, 57-79 TJ VŽKG Vítkovice, 79-93 TJ Vítkovice, 93-94 FC Vítkovice Kovkor, aufgel. 94 durch Fusion mit FK 1. máj Karviná => FC Karviná-Vítkovice, 95 Aufl. der Fusion und Zurückbenennung, 95-98 FC Vítkovice, 98-99 FK Vítkovice], **s. S.** 86

FC Vizela (Futebol Clube Vizela), Caldas de Vizela, Portugal, Klub, entst. 1939, **s. S.** 79

FC VÖEST Linz **s.** FC Linz

FC Volendam (Football Club Volendam), Volendam, Niederlande, Klub, entst. 1920, [1920-77 RKSV Volendam], **s. S.** 75

FC Vorwärts 90 **s.** Berliner FC Vorwärts 90

FC Vorwärts Berlin (Fußball-Club Vorwärts Berlin), Berlin, Deutschland, Klub, entst. 1953, [entst. 1953 nach Umzug von SK Vorwärts KVP Leipzig nach Berlin => ZSK Vorwärts KVP Berlin (53-54), 54-56 ASK Vorwärts Berlin, 56-66 ZASK Vorwärts Berlin, 66-71 FC Vorwärts Berlin, aufgel. 71, Umzug nach Frankfurt => FC Vorwärts Frankfurt/Oder], **s. S.** 85

FC Vorwärts Berlin **s.** Frankfurter FC Viktoria 91

FC Vorwärts Frankfurt/Oder **s.** FC Vorwärts Berlin

FC Vorwärts Frankfurt/Oder **s.** Frankfurter FC Viktoria 91

FC Vrútky (Football Club Vrútky), Vrútky, Slowakei, Klub, entst. 1928, [entst. 1928 durch Fusion RŠK Vrútky und Ruttkai FC => FC Vrútky (28-45), 45-48 ŠK Železničiari Vrútky, 48-53 Sokol Železničiari Vrútky, 53-?? TJ Lokomotíva Vrútky], **s. S.** 87

FC Vysočina Jihlava (Football Club Vysočina Jihlava), Jihlava, Tschechische Republik, Klub, entst. 1948, [1948-49 PAL Jihlava, 49-53 ZSJ Motorpal Jihlava, 53-93 TJ Spartak Jihlava, 93-95 FC Spartak PSJ Jihlava, 95 Fusion mit SFK Jihlava => FK PSJ Motorpal Jihlava (95-97), 97-?? FK PSJ Jihlava], **s. S.** 86

FC Wacker Innsbruck **s.** FC Wacker Tirol

FC Wacker Innsbruck **s.** WSG Wattens

FC Wacker Leipzig **s.** SC Wacker Leipzig

FC Wacker München (Fußball-Club Wacker München), München, Deutschland, Klub, entst. 1903, [1903 FC Isaria 03 München, 03 FC Wittelsbach München, 03-04 FC 03 München-Laim], **s. S.** 85

FC Wacker Tirol (Fußball Club Wacker Tirol), Innsbruck, Österreich, Klub, entst. 1913, [1913-22 FC Wacker Innsbruck, 22-23 FC Sturm Innsbruck, 23-71 FC Wacker Innsbruck, 71 Fusion mit WSG Swarovski Wattens => FC Tirol Innsbruck, 71-86 SWW Innsbruck, 86 Aufl. der Fusion => FC Swarovski Tirol Innsbruck (86-92) und WSG Freisinger Swarovski Wattens, 92-93 FC Wacker Innsbruck, 93 FC Tirol Innsbruck, 93-95 FC Innsbruck Capillaris Tirol, 1995-2002 FC Tirol Milch Innsbruck, 02 aufgel. und wiedergegr. => FC Wacker Innsbruck, 02 Fusion mit WSG Wattens => SPG WSG Wattens/FC Wacker Tirol (02-03), 03 Aufl. der Fusion => FC Wacker Tirol], **s. S.** 82

FC Wageningen (Football Club Wageningen), Wageningen, Niederlande, Klub, entst. 1911, [1911-78 VV Wageningen, 78-92 FC Wageningen, 92 aufgel.], **s. S.** 75

FC Wan Erewan (Football Club Wan Erewan), Erewan, Armenien, Klub, entst. 1990, **s. S.** 97

FC Warrior Valga (Football Club Warrior Valga), Valga, Estland, Klub, entst. 1997, [1997-2006 FC Valga], **s. S.** 99

FC Wattens **s.** WSG Wattens

FC Weissenbühl (Fußball Club Weissenbühl), Bern, Schweiz, Klub, [aufgel. 19??], **s. S.** 82

FC Wettingen (Fußball Club Wettingen), Wettingen, Schweiz, Klub, entst. 1931, [aufgel. 1993], **s. S.** 82

FC Wien (Fußball Club Wien), Wien, Österreich, Klub, entst. 1913, [1913-33 FC Nicholson Wien, 33-74 FC Wien, 74 aufgel.], **s. S.** 83

FC Wil 1900, Wil, Schweiz, Klub, entst. 1900, **s. S.** 82

FC Wiltz 71 (Football Club Wiltz 71), Wiltz, Luxemburg, Klub, entst. 1971, [entst. 1971 durch Fusion US Niederwitz und FC Gold á Rot Wiltz], **s. S.** 75

FC Winterthur (Fußball Club Winterthur), Winterthur, Schweiz, Klub, entst. 1896, [1896 Excelsior FC Winterthur, 1896-1914 FC Winterthur, aufgel. 14 durch Fusion mit FC Veltheim => FC Winterthur-Veltheim, 2? wiedergegr. => FC Winterthur, 27 Fusion mit FC Winterthur-Veltheim], **s. S.** 82

FC Winterthur **s.** FC Winterthur-Veltheim

FC Winterthur-Veltheim (Fußball Club Winterthur-Veltheim), Winterthur, Schweiz, Klub, entst. 1914, [entst. 1914 durch Fusion FC Veltheim und FC Winterthur => FC Winterthur-Veltheim, aufgel. 1927 durch Fusion s FC Winterthur], **s. S.** 82

FC Winterthur-Veltheim **s.** FC Winterthur

FC Wismut Aue **s.** FC Erzgebirge Aue

FC WIT Georgia Tbilissi (Football Club Worlds Innovation Technologies Georgia Tbilissi), Tbilissi, Georgien, Klub, entst. 1968, [1968-90 Morkinali Tbilissi, 90-93 Krcanisi Tbilissi, 93-94 Krcanisi-Zooveti Tbilissi, 94-95 Zooveti Tbilissi, 95-97 FC Morkinali Tbilissi], **s. S.** 97

FC Wittelsbach München **s.** FC Wacker München

FC Wohlen (Fußball Club Wohlen), Wohlen, Schweiz, Klub, entst. 1904, **s. S.** 82

FC Wormeldange **s.** FC Koeppchen Wormeldange

FC Yougo Grund-Cessange **s.** FC Progrès Cessange

FC Young Boys Diekirch (Football Club Young Boys Diekirch), Diekirch, Luxemburg, Klub, entst. 1908, [1908-40 FC Municipal Young Boys Diekirch, 40-44 FK Diekirch], **s. S.** 75

FC Young Boys Solothurn **s.** FC Solothurn

FC Young Fellows Zürich **s.** SC Young Fellows Zürich

FC Yverdon (Football Club Yverdon), Yverdon, Schweiz, Klub, [aufgel. 19??], **s. S.** 82

FC Zaanstreek **s.** AZ

FC Zaanstreek **s.** VV Alkmaar

FC Zankezour Goris (Football Club Zankezour Goris), Goris, Armenien, Klub, entst. 1982, **s. S.** 97

FC Zbrojovka Brno **s.** 1. FC Brno

FC Zeitz **s.** 1. FC Zeitz

FC Zestafoni (Football Club Zestafoni), Zestafoni, Georgien, Klub, entst. 1999, **s. S.** 97

FC Zimbru Chiş inău (Fotbal Club Zimbru Chiş inău), Chiş inău, Moldawien, Klub, entst. 1947, [1947-50 Dinamo Chiş inău, 50-58 DSO Burevestnik Chiş inău, 58-65 Moldova Chiş inău, 65-67 Avîntul Chiş inău, 67-73 Moldova Chiş inău, 73-91 CF Nistru Chiş inău], **s. S.** 99

FC Zlín **s.** FC Tescoma Zlín

FC Zorawan Jergwart (Football Club Zorawan Jergwart), Jergwart, Armenien, Klub, **s. S.** 97

FC Zug **s.** Zug 94

FC Zuid West (Football Club Zuid West), Harelbeke, Belgien, Klub, entst. 1930, [1930-?? RC Harelbeke, ??-2001 KRC Harelbeke], **s. S.** 75

FC Zürich (Fußball Club Zürich), Zürich, Schweiz, Klub, entst. 1896, [1896-?? Sport und Spiel Zürich], **s. S.** 82

FC Zvartnots Etschmiadzin **s.** FC BMA-ARAI Etschmiadzin

FC Zwartnots AAL Erewan (Football Club Zwartnots AAL Erewan), Erewan, Armenien, Klub, [19??-2000 FC Zwartnots Erewan], **s. S.** 97

FC Zwartnots Erewan **s.** FC Zwartnots AAL Erewan

FC Zwolle (Football Club Zwolle), Zwolle, Niederlande, Klub, entst. 1910, [entst. 1910 durch Fusion Prins Hendrik und EDN Zwolle => VV PEC Zwolle (10-71), 71-91 PEC Zwolle], **s. S.** 75

FCDN (Forces Centrafricaines de Défense Nationale), Bangui, Zentralafrikanische Republik, Klub, **s. S.** 114

FCM Bacău (Fotbal Club Muncitoresc Bacău), Bacău, Rumänien, Klub, entst. 1950, [entst. 1950 nach Abspaltung eines Teils von CS Dinamo Bucureş ti => Dinamo Bacău (50-70), 58 Fusion mit Dinamo Cluj, 70-90 SC Bacău, 90-92 FC Bacău, 92-95 FC Selena Bacău, 95-96 AS Bacău], **s. S.** 91

FCM Braş ov **s.** FC Braş ov

FCM Dunarea Galaţ i (Fotbal Club Muncitoresc Dunarea Galaţ i), Galaţ i, Rumänien, Klub, entst. 1970, [1970-76 FC Galaţ i, 76-82 FCM Galaţ i, 82 Fusion mit CSU Galaţ i => Dunarea CSU Galaţ i (82-95)], **s. S.** 91

FCM Galaţ i **s.** FCM Dunarea Galaţ i

FCM Progresul Brăila **s.** Dacia Unirea Brăila

FCM Reş iţ a **s.** CSM Reş iţ a

FCM UT Arad **s.** FC UT Arad

FCN Sankt Pölten (Fußball Club Niederösterreich Sankt Pölten), Sankt Pölten, Österreich, Klub, entst. 1920, [1920-73 ASK Schwarze Elf Sankt Pölten, 73 Fusion mit BSV Turbine Voith Sankt Pölten und FC Sankt Pölten => VSE Sankt Pölten (73-84), 84 Fusion mit SV Gablitz => SG VSE Sankt Pölten-Gablitz (84-89), 89 Aufl. der Fusion => VSE Eger Schwarz-Elf Sankt Pölten (89-98), 98 Fusion mit SV Gerasdorf => FCN Sankt Pölten], **s. S.** 83

FCS Nacional (Federatie Culturele Sportvereniging Nacional), Paramaribo, Suriname, Klub, entst. 1960, [19??-2000 SV Boxel], **s. S.** 129

FCU Politehnica Timiş oara (Fotbal Club Universitar Politehnica Timiş oara), Temeschburg (Timiş oara), Rumänien, Klub, entst. 1921, [1921-48 CS Politehnica Timiş oara, 48-49 CSU Timiş oara, 49-66 CS Ş tiinţ a Timiş oara, 66-69 FC Ripensia, 69-92 CS Politehnica Timiş oara, 1992-2001 FC Politehnica Timiş oara, 01-05 FC Poli AEK Timiş oara], **s. S.** 91

FCU-55 Skopje **s.** FK Cementarnica 55 Skopje

FCU-ULA FC (FCU-Universidad de Los Andes Fútbol Club), Mérida, Venezuela, Klub, entst. 1977, [1977-85 ULA-Mérida FC, 85-96 ULA FC, aufgel. 96, Umzug nach Maracaibo => Atlético Zulia FC, Wiedergr. 98 nach Rückkehr des Teams => ULA FC (98-99)], **s. S.** 128

FCU-Universidad de Los Andes Fútbol Club **s.** FCU-ULA FC

FD Dimitar Kanev Haskovo **s.** PFK Haskovo

FD Dunav Ruse **s.** PFK Dunav Ruse

FD Dunav Ruse **s.** Torpedo Ruse

FD Etăr Veliko Tărnovo **s.** FK Etăr Veliko Tărnovo

FD Levski Sofija **s.** FD Spartak Sofija

FD Levski Sofija **s.** PFK Levski Sofija

FD Lokomotiv Sofija **s.** PFK Lokomotiv Sofija

FD Lokomotiv Sofija **s.** PFK Slavija Sofija

FD Milicioner Zagreb **s.** NK Zagreb

FD Proleter Osijek **s.** NK Osijek

FD Schipka Sofija (Fizkulturno druzhestvo Schipka Sofija), Sofija, Bulgarien, Klub, entst. 1922, [aufgel. 1945 durch Fusion mit Tsadvar Sofija], **s. S.** 90

FD Septemvri CDV Sofija **s.** PFK CSKA Sofija

FD Septemvri CDV Sofija **s.** PFK Septemvri Sofija

FD Septemvrijsko Sofija **s.** PFK CSKA Sofija

FD Septemvrijsko Sofija **s.** PFK Septemvri Sofija

FD Slavija Sofija **s.** PFK Lokomotiv Sofija

FD Slavija Sofija **s.** PFK Slavija Sofija

FD Spartak Sofija (Fizkulturno druzhestvo Spartak Sofija), Sofija, Bulgarien, Klub, entst. 1907, [1907-11 Iskra Sofija, 11-13 Rakovski Sofija, 13-45 FK '13 Sofija, 45-47 Rakovski Sofija, 47-69 FD Spartak Sofija, aufgel. 69 durch Fusion mit FD Levski Sofija => DFS Levski-Spartak Sofija], **s. S.** 90

FD Spartak Sofija **s.** PFK Levski Sofija

FD Strojitel Sofija (Fizkulturno druzhestvo Strojitel Sofija), Sofija, Bulgarien, Klub, [aufgel. 1953], **s. S.** 90

FDA-Foresters, Monrovia, Liberia, Klub, **s. S.** 117

FDSE **s.** FC Fehérvár

Federación Universitaria **s.** Universitario de Deportes

Federal, Tegucigalpa, Honduras, Klub, **s. S.** 125

Federation of Spanish Institutions **s.** Central Español FC

Federazione Calcio Juventus **s.** Juventus FC

FÉG-Lampart **s.** Lampart FC

Fégyvergyári SK **s.** Lampart FC

Fehaihil, al-Fuhayhil, Kuwait, Klub, entst. 1964, **s. S.** 103

Fehérvár '96 FC **s.** FC Fehérvár

Fehérvár Parmalat '96 FC **s.** FC Fehérvár

Fehérvár-Parmalat FC **s.** FC Fehérvár

Fei Pi, Papeete, Tahiti, Klub, **s. S.** 137

Feijenoord **s.** Feyenoord

Feira de Santana, Stadt, Brasilien, **s. S.** 133

Feirense **s.** CD Feirense

Feisal, Mombasa, Kenia, Klub, **s. S.** 119

Feiyada **s.** Shenzhen Kingway

Felagsdeildin Eiðis Bóltfelag/Streymur **s.** EB/Streymur

Felgueiras, Stadt, Portugal, **s. S.** 79

Felipéia EC (Felipéia Esporte Clube), João Pessoa, Brasilien, Klub, [aufgel. 19??], **s. S.** 133

Felipéia Esporte Clube **s.** Felipéia EC

Fello Star, Labé, Guinea, Klub, **s. S.** 117

Fenerbahçe SK (Fenerbahçe Spor Kulübü), İstanbul, Türkei, Klub, entst. 1907, **s. S.** 96

Fenerbahçe Spor Kulübü **s.** Fenerbahçe SK

Feni SC (Feni Sports Club), Feni, Bangladesh, Klub, **s. S.** 105

Feni, Stadt, Bangladesh, **s. S.** 105

Fênix FC (Fênix Futebol Clube), São Luís, Brasilien, Klub, [aufgel. 19??], **s. S.** 133

Fênix Futebol Clube **s.** Fênix FC

Fénix **s.** Atlético Fénix

Ferar KMSE Cluj, Cluj-Napoca, Rumänien, Klub, entst. 1880, [1880-1919 Kolozsvári AC, 19-40 CA Cluj, 40-45 Kolozsvári AC, 45 aufgel. und wiedergegr., 45-47 Ferar KMSE Cluj, aufgel. 47 durch Fusion mit CFR Cluj], **s. S.** 91

Ferar KMSE Cluj, Cluj-Napoca/Kolozsvár, Rumänien, Klub, entst. 1880, [1880-1919 Kolozsvári AC, 19-40 CA Cluj, 40-45 Kolozsvári AC, 45 aufgel. und wiedergegr., 45-47 Ferar KMSE Cluj, aufgel. 47 durch Fusion mit CFR Cluj], **s. S.** 89

Ferar KMSE Cluj **s.** FC CFR Ecomax Cluj

Ferencváros FC **s.** Ferencvárosi TC

Ferencváros TC, Manila, Philippinen, Klub, **s. S.** 107

Ferencvárosi TC (Ferencvárosi Torna Club), Budapest, Ungarn, Klub, entst. 1899, [1899-1926 Ferencvárosi TC, 26-44 Ferencváros FC, 44-49 Ferencvárosi TC, 49-50 ÉDOSZ SE, 50-56 Budapesti Kinizsi], **s. S.** 89

Ferencvárosi Torna Club **s.** Ferencvárosi TC

Fergana, Stadt, Usbekistan, **s. S.** 100

Feriköy SK (Feriköy Spor Kulübü), İstanbul, Türkei, Klub, entst. 1927, **s. S.** 96

Feriköy Spor Kulübü **s.** Feriköy SK

Fernández Vial **s.** CD Fernández Vial

Fernando de la Mora **s.** Club Fernando de la Mora

Feroterm Pohorje Ruše **s.** NK Feroterm Pohorje Ruše

Ferrara, Stadt, Italien, **s. S.** 81

Ferro Carril Oeste (Club Ferro Carril Oeste), Buenos Aires, Argentinien, Klub, entst. 1904, [1904-38 CA Ferro Carril Oeste Buenos Aires], **s. S.** 135

Ferro Carril Oeste **s.** CA Ferro Carril Oeste

Ferrobádminton, Santiago, Chile, Klub, entst. 1950, [entst. 1950 durch Fusion Badminton und Ferroviarios, 69 Aufl. der Fusion], **s. S.** 135

Ferrobádminton **s.** Badminton

Ferrobádminton **s.** Ferroviários

Ferrocarril Córdoba y Rosario **s.** CA Central Córdoba

Ferroclub Deportivo Pereira **s.** Deportivo Pereira

Ferroviária de Esportes (Associação Ferroviária de Esportes), Araraquara, Brasilien, Klub, entst. 1950, **s. S.** 133

Ferroviária **s.** AD Ferroviária

Ferroviario, La Paz, Bolivien, Klub, **s. S.** 131

Ferroviário AC (Ferroviário Atlético Clube), Fortaleza, Brasilien, Klub, entst. 1933, **s. S.** 133

Ferroviário AC (Ferroviário Atlético Clube), Maceió, Brasilien, Klub, entst. 1937, **s. S.** 133

Ferroviário AC (Ferroviário Atlético Clube), Porto Velho, Brasilien, Klub, **s. S.** 132

Ferroviário Atlético Clube **s.** Ferroviário AC

Ferroviário Beira, Beira, Mosambique, Klub, **s. S.** 121

Ferroviário de Gaza, Xai-Xai, Mosambique, Klub, **s. S.** 121

Ferroviário de Huíla **s.** Ferroviário Huíla

Ferroviário de Inhambane, Inhambane, Mosambique, Klub, **s. S.** 121

Ferroviário de Lubango **s.** Ferroviário Huíla

Ferroviário de Nachala, Nachala, Mosambique, Klub, **s. S.** 121

Ferroviário de Nampula, Nampula, Mosambique, Klub, **s. S.** 121

Ferroviário de Pemba, Pemba, Mosambique, Klub, **s. S.** 121

Ferroviário EC (Ferroviário Esporte Clube), São Luís, Brasilien, Klub, **s. S.** 133

Ferroviário EC **s.** Operário Ferroviário EC

Ferroviário Esporte Clube **s.** Ferroviário EC

Ferroviário Huíla (Ferroviário da Huíla), Lubango, Angola, Klub, [19??-88 Ferroviário de Lubango], **s. S.** 118

Ferroviário Maotas (Ferroviário das Maotas), Maputo, Mosambique, Klub, **s. S.** 121

Ferroviário Maputo, Maputo, Mosambique, Klub, **s. S.** 121

Ferroviário **s.** Britânia SC

Ferroviário **s.** CA Ferroviário

Ferroviário **s.** Colorado EC

Ferroviário **s.** EC Ferroviário

Ferroviário **s.** Palestra Itália FC

Ferroviarios (Ferroviarios de Chile), Santiago, Chile, Klub, entst. 1916, [1916-50 Unión Ferroviarios, aufgel. 50 durch Fusion mit Badminton => Ferrobádminton (50-69), 69 Aufl. der Fusion und Zurückbenennung => Ferroviarios (69-78), 78 Fusion mit Norte Africa => Ferro-Norte (78), 78-80 Ferroviarios, 80-83 Talagante-Ferro], **s. S.** 135

Ferroviários **s.** Badminton

Ferroviários **s.** Ferrobádminton

Ferryville **s.** US Ferryville

Ferryville, Stadt, Tunesien, **s. S.** 113

Fès, Stadt, Marokko, **s. S.** 113

Feuerwehr **s.** Brigittenauer SC Feuerwehr

Feyenoord, Rotterdam, Niederlande, Klub, entst. 1908, [1908-10 Wilhelmina, 10-11 Hillesluise FC, 11-12 Celeritas, 12-71 RV & AV Feijenoord, 71-78 SC Feyenoord], **s. S.** 75

Feyenoord Academy, Gomoa Fetteh, Ghana, Klub, **s. S.** 117

Fez, Stadt, Marokko, **s. S.** 113

FF Jaro, Pietarsaari/Jakobstad, Finnland, Klub, entst. 1965, [1965 Drott], **s. S.** 73

Fflint Athletic **s.** Fflint Town United FC

Fflint FC **s.** Fflint Town United FC

Fflint Town Amateurs FC **s.** Fflint Town United FC

Fflint Town FC **s.** Fflint Town United FC

Fflint Town United FC (Fflint Town United Football Club), Fflint, Wales, Klub, entst. 1886, [1886-90 Fflint FC, 1890-1905 Fflint Town FC, 05 Fusion mit Fflint UAC => Fflint FC (05-19), 19-31 Fflint Town FC, 31-35 Fflint Town Amateurs FC, 35-49 Fflint Town FC, 49 Fusion mit Fflint Athletic => Fflint Town United FC], **s. S.** 67

Fflint Town United Football Club **s.** Fflint Town United FC

Fflint UAC **s.** Fflint Town United FC

Fflint, Stadt, Wales, **s. S.** 67

FG 1898 Kaiserslautern **s.** 1. FC Kaiserslautern

FG Salzburg **s.** Red Bull Salzburg

FH (Fimleikafélag Hafnarfjörður), Hafnarfjörður, Island, Klub, entst. 1929, [1929-35 FH, aufgel. 35 durch Fusion mit Haukar => ÍBH, 61 Aufl. der Fusion und Zurückbenennung], **s. S.** 71

FH **s.** Haukar

FH **s.** ÍBH

Fianarantsoa, Stadt, Madagaskar, **s. S.** 121

FICA, Cap-Haïtien, Haiti, Klub, **s. S.** 127

Fidschi, Länder, **s. S.** 136 und 137

Field Club **s.** New York Field Club

Field Club **s.** Philadelphia Field Club

Fier, Stadt, Albanien, **s. S.** 93

FIF Hillerød (Fredriksborg Idrætsforening Hillerød), Hillerød, Dänemark, Klub, **s. S.** 71

Figaro , La Paz, Bolivien, Klub, **s. S.** 131

Fighters **s.** Black Fighters

Fighters **s.** Life Fighters

Fighters **s.** Mogoditshane Fighters

Fighters **s.** Young Fighters

Figueira da Foz, Stadt, Portugal, **s. S.** 79

Figueirense FC (Figueirense Futebol Clube), Florianópolis, Brasilien, Klub, entst. 1921, **s. S.** 133

Figueirense Futebol Clube **s.** Figueirense FC

Filanbanco **s.** CD Filanbanco

Filante **s.** Etoile Filante

Filippi Kavala **s.** AO Kavala

Fima **s.** Dinamo Fima

Fimleikafélag Hafnarfjörður **s.** FH

Finance and Revenue (Ministry of Finance and Revenue), Rangoon/Yangon, Burma, Klub, **s. S.** 106

Fine, Dschibuti, Klub, **s. S.** 115

Finikas **s.** AS Aigaleo

Finn Harps FC (Finn Harps Football Club), Ballybofey, Irland, Klub, entst. 1954, **s. S.** 69

Finn Harps Football Club **s.** Finn Harps FC

Finnairin Palloilijat **s.** FinnPa

Finnland, Länder, **s. S.** 72 und 73

FinnPa (Finnairin Palloilijat), Helsinki/Helsingfors, Finnland, Klub, entst. 1965, [1965-69 AeroPa], **s. S.** 73

Fiorentina **s.** AC Fiorentina

Fiorentino, Stadt, San Marino, **s. S.** 81

Fiorenza US **s.** AC Fiorentina

Fire Batteries, Chitungwiza, Simbabwe, Klub, **s. S.** 121

Fire Brigade SC (Fire Brigade Sports Club), Beau Bassin-Rose Hill, Mauritius, Klub, [aufgel. 2000, Umzug nach Rivière Noire => Vacoas-Phoenix FC], **s. S.** 121

Fire Brigade SC **s.** Pamplemousses SC

Fire Brigade Sports Club **s.** Fire Brigade SC

Fire Flies Zürich, Zürich, Schweiz, Klub, [aufgel. 19??], **s. S.** 82

Fire **s.** Chicago Fire

Fire Services, Hongkong, Klub, **s. S.** 109

Fire Services **s.** Arima Fire

Firenze, Stadt, Italien, **s. S.** 81

Firmat, Stadt, Argentinien, **s. S.** 135

First Vienna FC (First Vienna Football Club), Wien, Österreich, Klub, entst. 1894, [1894-1940 First Vienna FC, 40-45 FC Vienna, 45-83 First Vienna FC, 83-86 Vienna Wien Portas, 86-87 First Vienna FC Emco, 87-91 First Vienna FC Rank Xerox, 91-93 First Vienna FC McDonald's, 93-98 Honda Havelka Vienna, 98-99 Casino First Vienna FC], **s. S.** 83

First Vienna FC Emco **s.** First Vienna FC

First Vienna FC McDonald's **s.** First Vienna FC

First Vienna FC Rank Xerox **s.** First Vienna FC

First Vienna Football Club **s.** First Vienna FC

Fisheries **s.** Tikonko Fisheries

Fitarikandro, Fianarantsoa, Madagaskar, Klub, **s. S.** 121

Fitzroy United **s.** Heidelberg United SC

Five-one-seven, Hongkong, Klub, **s. S.** 109

Fives de Lille **s.** Lille OSC

Fives de Lille **s.** Olympique Lillois

Fives de Lille **s.** SC Fives de Lille

Fizkulturno druschestvo Schipka Sofija **s.** FD Schipka Sofija

Fizkulturno druschestvo Spartak Sofija **s.** FD Spartak Sofija

Fizkulturno druschestvo Strojitel Sofija **s.** FD Strojitel Sofija

FK 07 Differdingen **s.** FA Red Boys Differdange

FK 1. máj Karviná **s.** FC Karviná

FK 1. máj Karviná **s.** FC Vítkovice

FK '13 Sofija **s.** FD Spartak Sofija

FK 14. oktobar Niš **s.** FK Radnički Niš

FK 1903 Pirmasens (Fußballklub 1903 Pirmasens), Pirmasens, Deutschland, Klub, entst. 1903, [1919 Fusion mit SK 05 Pirmasens], **s. S.** 85

FK 1912 Schifflange **s.** FC '95 Schifflange

FK 1927 Bettemburg **s.** SC Bettembourg

FK Adliyya Baku (Futbol Klubu Adliyya Baku), Bakı/Baku, Aserbaidschan, Klub, **s. S.** 97

FK Afrosijab Samarkand **s.** FK Dinamo Samarkand

FK Ak Altyn Karasaj **s.** FK Zhaschtyk Ak Altyn Karasaj

FK Ak Altyn Karasaj **s.** FK Zhastyk Osch

FK Akademik Sofija (Fudbalski klub Akademik Sofija), Sofija, Bulgarien, Klub, entst. 1947, [1947-67 DSO Akademik Sofija, 67-87 SFD Akademik Sofija], **s. S.** 90

FK Akademik Svischtov **s.** PFK Akademik Svischtov

FK Aktau **s.** Mangystau Aktau

FK Aktobe (Futbol kluby Aktobe), Aktobe, Kasachstan, Klub, entst. 1967, [1967-96 FK Aktjubinets, 96-97 FK Aktobemunaj, 1997-2000 FK Aktobe, 00-05 FK Aktobe-Lento], **s. S.** 101

FK Akzhajyk Uralsk (Futbol kluby Akzhajyk Uralsk), Uralsk, Kasachstan, Klub, [19??-2003 Batys Uralsk], **s. S.** 101

FK Alaj Gultscha **s.** FK SKA-Alaj Gultscha

FK Alaj-Osch-Pirim Gultscha **s.** FK SKA-Alaj Gultscha

FK Alanija Wladikawkaz **s.** FK Spartak Wladikawkaz

FK Aldijer Kurschab (Futboľnyj klub Aldijer Kurschab), Kurschab, Kirgisien, Klub, entst. 1998, **s. S.** 100

FK Alemannia Düsseldorf **s.** Düsseldorfer TSV Fortuna

FK Almaty (Futbol kluby Almaty), Almaty/Alma-Ata, Kasachstan, Klub, entst. 2003, [2003-04 FK Tsesna Almaty], **s. S.** 101

FK Amkar Perm' (Futboľnyj klub Amkar Perm'), Perm', Russland, Klub, entst. 1994, **s. S.** 101

FK Andischan (Futboľnyj klub Andischan), Andischan, Usbekistan, Klub, entst. 1964, [1964-?? Spartak Andischan, ??-?? Andischanets Andischan, ??-92 Pachtakor Andischan, 92-96 Navruz Andischan], **s. S.** 100

FK Angren (Futboľnyj klub Angren), Angren, Usbekistan, Klub, [1998-2001 FK Semurg Angren], **s. S.** 100

FK Anschi Makhatschkala (Futboľnyj klub Anschi Machatschkala), Makhatschkala, Russland, Klub, entst. 1992, **s. S.** 101

FK Araz Nachitschewan' (Futbol Klubu Araz Nachitschewan'), Naxçivan/Nachitschewan', Aserbaidschan, Klub, entst. 1998, [entst. 1998 nach Umzug von FK Bakili Baku => FK Bakili Nachitschewan' (98-??)], **s. S.** 97

FK Ardena Vilnius (Futbolo Klubas Ardena Vilnius), Vilnius, Litauen, Klub, entst. 1951, [1951-96 FK Lokomotyvas Vilnius, 96-97 FK Lokomotyvas-Vilbana Vilnius, 97-98 FK Lokomotyvas-Legela Vilnius, 98-99 FK Lokomotyvas Vilnius], **s. S.** 99

FK Armaturka Ústí nad Labem **s.** MFK Ústí nad Labem

FK Arsenal Charkiw (Futboľnyj klub Arsenal Charkiv), Charkiw/Char'kow, Ukraine, Klub, entst. 1998, [1998-2005 FK Charkiv], **s. S.** 99

FK Arsenal Kyiw (Futboľnyj klub Arsenal Kyiw), Kyiw/Kiew, Ukraine, Klub, entst. 1946, [1946-91 SKA Kiew, 91-94 ZS Orijana Kyiw, aufgel. 94, Umzug nach Boryspiľ => FK CSKA-Borysfen Boryspiľ, Wiedergr. 95 nach Rückkehr des Teams, 95-96 FK CSKA-Borysfen Kyiw, 1993-2003 FK CSKA Kyiw], **s. S.** 99

FK AS Pardubice **s.** AFK Atlantic Lázně Bohdaneč

FK AS Trenčín (Futbalový klub AS Trenčín), Trenčín, Slowakei, Klub, entst. 1943, [1943-47 ŠK Nehera Trenčín, 47-48 ZK Odeva Trenčín, 48-49 Sokol Odeva Trenčín, 49-52 ZSJ Odeva Trenčín, 52-53 ZSJ OZVŠ Trenčín, 53-57 TJ Iskra Trenčín Odeva, 57-60 TJ Odeva Trenčín, 60 Fusion mit TJ TTS Trenčín => TJ Jednota Trenčín (60-81), 81 Aufl. der Fusion => TJ Odeva Trenčín (81-92), 92 Fusion mit VTJ Trenčín => TJ Ozeta Dukla Trenčín (92-9?), 199?-2002 FK Ozeta Dukla Trenčín, 02-03 FK Laugaricio Trenčín], **s. S.** 86

FK AŠK Inter Slovnaft Bratislava **s.** FK Inter Bratislava

FK Astana (Futbol kluby Astana), Astana, Kasachstan, Klub, entst. 1964, [1964-75 Dinamo Tselinograd, 75-92 Tselinnik Tselinograd, 92-94 Tselinnik Akmola, 94-95 Tsesna Akmola, 95-97 Tselinnik Akmola, 97-99 FK Astana, 1999-2005 FK Zhenis Astana], **s. S.** 101

FK Ataka Minsk (Futboľnyj klub Ataka Minsk), Minsk, Weißrussland, Klub, entst. 1986, [1986-93 Ataka-407 Minsk, 93-97 FK Ataka-Aura Minsk, 97 FK Ataka Minsk, 97 aufgel.], **s. S.** 99

FK Ataka-Aura Minsk **s.** FK Ataka Minsk

FK Atlantas Klaipeda (Futbolo Klubas Atlantas Klaipeda), Klaipeda, Litauen, Klub, entst. 1960, [1960-70 Granitas Klaipeda, 70-89 Atlantas Klaipeda, 89-92 FK Granitas Klaipeda, 92 FK Granitas-Aras Klaipeda, 92-96 PSK Aras Klaipeda], **s. S.** 99

FK Atlantas-2 Klaipeda (Futbolo Klubas Atlantas-2 Klaipeda), Klaipeda, Litauen, Klub, entst. 1972, [1972-89 Atlantas Klaipeda, 89-95 FK Sirjus-VLPFK Klaipeda, 95-99 JR Klaipeda], **s. S.** 99

FK Atlastschi Margilan (Futboľnyj klub Atlastschi Margilan), Margilan, Usbekistan, Klub, entst. 1980, **s. S.** 100

FK Atyrau (Futbol komandacy Atyrau), Atyrau, Kasachstan, Klub, entst. 1980, [1980-2000 Prikaspeits Atyrau], **s. S.** 101

FK Auda Riga (Futbola Klubs Auda Riga), Riga, Lettland, Klub, entst. 2000, **s. S.** 99

FK Austria Memphis Magna (Fußball Klub Austria Memphis Magna), Wien, Österreich, Klub, entst. 1911, [1911-26 Wiener Amateur SV, 26-38 FK Austria Wien, 38 SC Ostmark Wien, 38-69 FK Austria Wien, 69 Fusion mit Wiener AC => FK Austria-WAC (69-73), 73-77 FK Austria-WAC Elementar, 77 FK Austria Wien, 77-99 FK Austria-Memphis Wien], **s. S.** 83

FK Austria Wien **s.** FK Austria Memphis Magna

FK Austria Wien **s.** Wiener AC

FK Austria-Memphis Wien **s.** FK Austria Memphis Magna

FK Austria-WAC Elementar **s.** FK Austria Memphis Magna

FK Austria-WAC **s.** FK Austria Memphis Magna

FK Austria-WAC **s.** Wiener AC

FK Avtomobilchi Jewlach (Futbol Klubu Avtomobilchi Jewlach), Yevlax/Jewlach, Aserbaidschan, Klub, **s. S.** 97

FK Awei Akstafa (Futbol Klubu Avei Akstafa), Ağstafa/Akstafa, Aserbaidschan, Klub, **s. S.** 97

FK Azeri Baku (Futbol Klubu Azeri Baku), Bakı/Baku, Aserbaidschan, Klub, **s. S.** 97

FK Azneftjag Baku (Futbol Klubu Azneftjag Baku), Bakı/Baku, Aserbaidschan, Klub, [19??-93 Taraggi Baku], **s. S.** 97

FK Babrujsk (Futboľnyj klub Babrujsk), Babrujsk/Bobrujsk, Weißrussland, Klub, entst. 1984, [1984-91 Traktor Bobrujsk, 91-92 Traktor Babrujsk, 92-94 FK Fandok Babrujsk], **s. S.** 99

FK Bakaj Kara-Balta (Futboľnyj klub Bakaj Kara-Balta), Kara-Balta, Kirgisien, Klub, entst. 1968, [1968-92 Chimik Kara-Balta, 92-96 KVT Chimik Kara-Balta, 1996-2000 FK KVT Dinamo Kara-Balta], **s. S.** 101

FK Baku (Futbol Klubu Baku), Bakı/Baku, Aserbaidschan, Klub, entst. 1997, [1997 FK Araz Baku, 97-98 FK Bakili Baku, aufgel. 98, Umzug nach Nachitschevan => FK Bakili Nachitschevan (1998-??), Wiedergr. ?? nach Rückkehr des Teams], **s. S.** 97

FK Baku Fahlasi Maschtagi **s.** ANS Pivani

FK Baku Fahlasi **s.** ANS Pivani

FK Balkan BISI Skopje **s.** FK Balkan Skopje

FK Balkan Skopje (Fudbalski klub Balkan Skopje), Skopje, Mazedonien, Klub, entst. 1921, [1921-93 Balkan-Streda Skopje, 93-94 FK Balkan Stokokomerc Skopje, 94-98 FK Balkan BISI Skopje], **s. S.** 93

FK Balkan Stokokomerc Skopje **s.** FK Balkan Skopje

FK Baltika Kaliningrad (Futboľnyj klub Baltika Kaliningrad), Kaliningrad, Russland, Klub, entst. 1954, [1954-57 Pischkewik Kaliningrad], **s. S.** 101

FK Baltika Liepaja **s.** FC DAG Liepaja

FK Baltika Liepaja **s.** FK Liepaja

FK Baltika Liepaja **s.** FK Metalurgs Liepaja

FK Baltika Metalurgs Liepaja **s.** FK Metalurgs Liepaja

FK Banga Gargždai (Futbolo Klubas Banga Gargždai), Gargždai, Litauen, Klub, entst. 1957, [1957-63 Nemunas Gargždai, 63-66 Statybininkas Gargždai], **s. S.** 99

FK Baník Prievidza (Futbalový klub Baník Prievidza), Prievidza, Slowakei, Klub, entst. 1919, [1919-28 PAC, 28-43 ŠK Prievidza, 43-45 ŠOHG Prievidza, 45-48 ŠK Prievidza, 48-49 Sokol Prievidza, 49-54 Sokol Carpathia Prievidza, 54 Fusion mit Baník Nováky => Baník Prievidza (54-61), 61-94 TJ Baník Prievidza, 94-95 MFK Prievidza, 95-9? FK Petrimex Prievidza, 9?-99 MŠK Petrimex Prievidza], **s. S.** 86

FK BATE Barysau (Futboľnyj klub BATE Barysau), Barysau/Borisow, Weißrussland, Klub, entst. 1973, [1973-91 Berezina Borisov, 91-93 Bjarezina Barysau, 93-96 Fomalhaut Barysau], **s. S.** 99

FK Bazar-Korgon-Babur (Futboľnyj klub Bazar-Korgon-Babur), Bazar-Korgon, Kirgisien, Klub, entst. 1998, **s. S.** 100

FK Bdin Vidin (Fudbalski klub Bdin Vidin), Vidin, Bulgarien, Klub, entst. 1919, [1919-?? Sportist Vidin, ??-?? Viktorija Vidin, ??-57 Benkovski Vidin], **s. S.** 91

FK Bečej (Fudbalski klub Bečej), Bečej, Serbien, Klub, entst. 1919, **s. S.** 93

FK Belarus Minsk **s.** FK Dynama-93 Minsk

FK Belasica Strumica (Fudbalski klub Belasica Geras Cunev Strumica), Strumica, Mazedonien, Klub, entst. 1922, **s. S.** 93

FK Belasitsa Petritsch **s.** PFK Belasitsa Petritsch

FK Belschyna Babrujsk (Futboľnyj klub Belschyna Babrujsk), Babrujsk/Bobrujsk, Weißrussland, Klub, entst. 1958, [1958-91 Schinnik Bobrujsk, 91-96 FK Schinnik Babrujsk], **s. S.** 99

FK Benešov (Fotbalový klub Benešov), Benešov, Tschechische Republik, Klub, entst. 1913, [1913-29 AFK Benešov, 29-48 Benešovský SK, 48-49 Sokol Benešov, 49-53 Sokol ČSD Benešov, 53-71 TJ Lokomotiva Benešov, 71-90 TJ ČSAD Benešov, 90-96 FK Švarc Benešov], **s. S.** 86

FK Beroe Stara Zagora **s.** FK Olimpik Teteven

FK Beroe Stara Zagora **s.** PFK Beroe Stara Zagora

FK Bezmejin (Futboľnyj klub Bezmejin), Bezmejin, Turkmenistan, Klub, [19??-93 Sport Bezmejin], **s. S.** 101

FK Bodø/Glimt (Fotballklubben Bodø/Glimt), Bodø, Norwegen, Klub, entst. 1916, [1916-92 SFK Bodø/Glimt], **s. S.** 71

FK Bohemians Mladá Boleslav **s.** FK Mladá Boleslav

FK Boksit Milići (Fudbalski klub Boksit Milići), Milići, Bosnien und Herzegowina, Klub, **s. S.** 93

FK Bor **s.** FK Radnički Bor

FK Borac Banja Luka (Fudbalski klub Borac Banja Luka), Banja Luka, Bosnien und Herzegowina, Klub, entst. 1926, [1926-45 Radnički SK Borac Banja Luka, 45-92 FK Borac Banja Luka, aufgel. 1992, Umzug nach Beograd => FK Borac Beograd, Wiedergr. 96 nach Rückkehr des Teams], **s. S.** 93

FK Borac Banja Luka **s.** FK Borac Beograd

FK Borac Beograd (Fudbalski klub Borac Beograd), Belgrad (Beograd), Serbien, Klub, entst. 1992, [entst. 1992 nach Umzug von FK Borac Banja Luka nach Beograd => FK Borac Beograd (92-96), aufgel. 1996, Umzug nach Banja Luka => FK Borac Banja Luka], **s. S.** 92

FK Borac Beograd **s.** FK Borac Banja Luka

FK Borac Čačak (Fudbalski klub Borac Čačak), Čačak, Serbien, Klub, entst. 1926, [1926-48 Mladi Radnik Čačak], **s. S.** 93

FK Borac Kozaračka Dubica (Fudbalski klub Borac Kozaračka Dubica), Kozaračka Dubica, Bosnien und Herzegowina, Klub, **s. S.** 93

FK Borac Šamac (Fudbalski klub Borac Šamac), Šamac, Bosnien und Herzegowina, Klub, entst. 1919, [1919-?? Bosanac Šamac], **s. S.** 93

FK Borec MHK Skopje (Fudbalski klub Borec MHK Skopje), Skopje, Mazedonien, Klub, entst. 1997, [entst. 1997 nach Umzug von FK Borec MHK Titov Veles nach Skopje], **s. S.** 93

FK Borec MHK Titov Veles (Fudbalski klub Borec MHK Titov Veles), Titov Veles, Mazedonien, Klub, entst. 1926, [1926-?? Borec Veles, ??-96 Borec Titov Veles, 96-97 FK Borec MHK Titov Veles, aufgel. 97, Umzug nach do Skopje], **s. S.** 93

FK Borec MHK Titov Veles **s.** FK Borec MHK Skopje

FK Borislav Borisovgrad **s.** FK Borislav Părvomaj

FK Borislav Părvomaj (Fudbalski klub Borislav Părvomaj), Părvomaj, Bulgarien, Klub, [19??-?? FK Borislav Borisovgrad], **s. S.** 91

FK Borysfen Boryspiľ (Futboľnyj klub Borysfen Boryspiľ), Boryspiľ/Borispoľ, Ukraine, Klub, entst. 1994, [entst. 1994 nach Umzug von ZS Orijana Kyiw nach Boryspiľ => FK CSKA-Borysfen Boryspiľ (94-95), aufgel. 95, Umzug nach Kyiw, ?? wiedergegr.], **s. S.** 99

FK Botev Montana (Fudbalski klub Botev Montana), Montana, Bulgarien, Klub, **s. S.** 91

FK Botev Plovdiv **s.** PFK Botev Plovdiv

FK Botev Vratsa **s.** PFK Botev Vratsa

FK Boz Gurd Samuch (Futbol Klubu Boz Gurd Samuch), Samuch, Aserbaidschan, Klub, [19??-92 Kjur Samuch], **s. S.** 97

FK Bratstvo Bratunac (Fudbalski klub Bratstvo Bratunac), Bratunac, Bosnien und Herzegowina, Klub, [19??-96 FK Bratstvo Gračanica], **s. S.** 93

FK Bratstvo Gračanica **s.** FK Bratstvo Bratunac

FK Bregalnica Delčevo (Fudbalski klub Bregalnica Delčevo), Delčevo, Mazedonien, Klub, **s. S.** 93

FK Bregalnica Štip (Fudbalski klub Bregalnica Kraun Štip), Štip, Mazedonien, Klub, entst. 1926, **s. S.** 93

FK Buchara (Futboľnyj klub Buchara), Buchara, Usbekistan, Klub, entst. 1966, [1966-?? Buchoro Buchara, ??-80 Fakel Buchara, 80-96 Nurafschon Buchara], **s. S.** 101

FK Budućnost Banatski Dvor (Fudbalski klub Budućnost Banatski Dvor), Banatski Dvor, Serbien, Klub, **s. S.** 93

FK Budućnost Banovići (Fudbalski klub Budućnost Banovići), Banovići, Bosnien und Herzegowina, Klub, entst. 1947, **s. S.** 93

FK Budućnost Podgorica (Fudbalski klub Budućnost Podgorica), Podgorica, Montenegro, Klub, entst. 1925, [1925-45 Zora Titograd, 45 Fusion mit Crna Gora Titograd => FK Budućnost Titograd (45-91)], **s. S.** 93

FK Budućnost Titograd **s.** FK Budućnost Podgorica

FK Budva **s.** FK Mogren Budva

FK Bukowyna Tscherniwtsi (Futboľnyj klub Bukowyna Tscherniwtsi), Tscherniwtsi/Tschernowtsy, Ukraine, Klub, entst. 1949, [1949-60 Dinamo Tschernowtsy, 60-65 Avangard Tschernowtsy, 65-92 Bukowina Tschernowtsy], **s. S.** 99

FK Burreli (Futboll klub Burreli), Burrel, Albanien, Klub, entst. 1952, [1952-92 KS 31. Korriku, 92-9? Burelli Mat], **s. S.** 93

FK Cementarnica 55 Skopje (Fudbalski klub Cementarnica 55 Skopje), Skopje, Mazedonien, Klub, entst. 1955, [1955-96 FCU-55 Skopje], **s. S.** 93

FK Charkiv **s.** FK Arsenal Charkiw

FK Chazar Lenkoran' (Futbol Klubu Chazar Lenkoran'), Länkäran/Lenkoran', Aserbaidschan, Klub, entst. 1975, **s. S.** 97

FK Chazar Sumgait (Futbol Klubu Chazar Sumgait), Sumqayıt/Sumgait, Aserbaidschan, Klub, entst. 1959, [19??-98 FK Chazar Sumgait, 1998-200? FK Kimjatschi Sumgait, 0?-04 FK Chazar Sumgait, 04 aufgel.], **s. S.** 97

FK Chazri Buzowna (Futbol Klubu Chazri Buzowna), Buzowna, Aserbaidschan, Klub, entst. 1992, [1992-93 FK Chazri Buzowna, 93-94 FK Chazri-Eltadsch Buzowna], **s. S.** 97

FK Chemikas Kedainiai **s.** FK Nevežis Kedainiai

FK Chemlon Humenné **s.** HFC Humenné

FK Chmel Blšany (Fotbalový klub Chmel Blšany), Blšany, Tschechische Republik, Klub, entst. 1946, [1946-53 Sokol Blšany, 53-85 TJ Sokol Blšany, 85-91 TJ JZD Blšany, 91-92 SK Chmel Blšany], **s. S.** 86

FK Chodzhent (Futboľnyj klub Chodzhent), Chodzhent, Tadschikistan, Klub, [19??-94 FK Chodzhent, 94-95 Mechnat Chodzhent], **s. S.** 100

FK Crvena zvezda Beograd (Fudbalski klub Crvena zvezda Beograd), Belgrad (Beograd), Serbien, Klub, entst. 1945, **s. S.** 92

FK Crvenka (Fudbalski klub Crvenka), Crvenka, Serbien, Klub, entst. 1960, [entst. 1960 durch Fusion CSK Crvenka, Spartak Crvenka und Jedinstvo Crvenka], **s. S.** 93

FK CSKA Kyiw **s.** FK Arsenal Kyiw

FK CSKA Moskva **s.** PFK CSKA Moskva

FK CSKA Sofija **s.** PFK CSKA Sofija

FK CSKA-Borysfen Boryspiľ **s.** FK Arsenal Kyiw

FK CSKA-Borysfen Boryspiľ **s.** FK Borysfen Boryspiľ

FK CSKA-Borysfen Kyiw **s.** FK Arsenal Kyiw

FK Čukarički **s.** FK Čukarički Stankom

FK Čukarički Stankom (Fudbalski klub Čukarički Stankom), Belgrad (Beograd), Serbien, Klub, entst. 1926, [1926-?? FK Čukarički, 48 Fusion mit Istra Čukarički], **s. S.** 92

FK DAC 1904 Dunajská Streda (Futbalový klub Dunaszerdahelyi Atlétikai Club 1904 Dunajská Streda), Dunajská Streda, Slowakei, Klub, entst. 1904, [1904-?? DAC, ??-?? DSE, ??-3? DTE, 3?-3? DTS, 3?-4? DOMKE, 48-50 Sokol Dunajská Streda, 50-53 ZSJ Stavokombinát Dunajská Streda, 53-65 TJ Slavoj Dunajská Streda, 65-68 TJ Jednota Dunajská Streda, 68-82 TJ DAC Dunajská Streda, 82-93 TJ DAC Poľnohospodár Dunajská Streda, 93-96 FC DAC Gemer Dunajská Streda, 1996-2001 1. FC DAC Dunajská Streda], **s. S.** 86

FK Dainava Alytus (Futbolo Klubas Dainava Alytus), Alytus, Litauen, Klub, entst. 1943, [1943-?? Snaige Alytus, ??-91 Poringe Alytus, 91-92 FK Snaige Alytus, 92-93 FK Dainava Alytus, 93-96 FK Daisotra Alytus], **s. S.** 99

FK Daisotra Alytus **s.** FK Dainava Alytus

FK Daryda Kuntsauschtschyna **s.** FK Daryda Minski rajon

FK Daryda Minski rajon (Futboľnyj klub Daryda Minski rajon), Minsk, Weißrussland, Klub, entst. 2000, [2000-03 FK Daryda Zhdanovichi, 03-04 FK Daryda Kuntsauschtschyna], **s. S.** 99

FK Daryda Zhdanovichi **s.** FK Daryda Minski rajon

FK Daschgyn Zakataly (Futbol Klubu Daschgyn Zakataly), Zaqatala/Zakataly, Aserbaidschan, Klub, **s. S.** 97

FK Daugava Riga **s.** LU/Daugava Riga

FK Đerzelez Sarajevo **s.** FK Zenica

FK Đerzelez Zenica (Fudbalski klub Đerzelez Zenica), Sarajevo, Bosnien und Herzegowina, Klub, entst. 1999, [entst. 1999 durch Fusion FK Zenica und FK Đerzelez Sarajevo], **s. S.** 93

FK Đerzelez Zenica **s.** FK Zenica

FK Diekirch **s.** FC Young Boys Diekirch

FK Dinamo Ala-Buka (Futboľnyj klub Dinamo Ala-Buka), Ala-Buka, Kirgisien, Klub, entst. 1997, **s. S.** 100

FK Dinamo Alamedin (Futboľnyj klub Dinamo Alamedin), Alamedin, Kirgisien, Klub, entst. 1997, **s. S.** 101

FK Dinamo Baku (Futbol Klubu Dinamo Baku), Bakı/Baku, Aserbaidschan, Klub, entst. 1995, [1995-96 Tschinar-Policejskaja Akademija Baku, 96-97 Policejskaja Akademija Baku, 1998-2000 FK Dinamo Baku, 00-03 FK Dinamo-Bakili Baku, 03-04 FK Dinamo Baku], **s. S.** 97

FK Dinamo Bischkek **s.** CAG-Dinamo-MVD Bischkek

FK Dinamo Dschalal-Abad **s.** FK Dinamo UVD Dschalal-Abad

FK Dinamo Jangijer **s.** FK Jangijer

FK Dinamo Kant (Futboľnyj klub Dinamo Kant), Kant, Kirgisien, Klub, entst. 1997, **s. S.** 101

FK Dinamo Kiew **s.** FK Dynamo Kyiw

FK Dinamo Moskva (Futboľnyj klub Dinamo Moskva), Moskau (Moskva), Russland, Klub, entst. 1923, [1923-90 Dinamo Moskva], **s. S.** 101

FK Dinamo Samarkand (Futboľnyj klub Dinamo Samarkand), Samarkand, Usbekistan, Klub, entst. 1936, [1936-?? Dinamo Samarkand, ??-93 Marakanda Samarkand, 93-97 FK Dinamo Samarkand, 97-98 FK Afrosijab Samarkand, 1998-2000 FK Samarkand], **s. S.** 101

FK Dinamo Sokuluk **s.** FK Frunze Sokuluk

FK Dinamo Stawropol' (Futboľnyj klub Dinamo Stawropol'), Stawropol', Russland, Klub, entst. 1951, **s. S.** 101

FK Dinamo-Alaj Osch (Futboľnyj klub Dinamo-Alaj Osch), Osch, Kirgisien, Klub, entst. 1968, [1968-96 Alaj Osch, 96 Fusion mit Dinamo Osch => FK Dinamo-Alaj Osch (1996-2002)], **s. S.** 100

FK Dinamo-Bakili Baku **s.** FK Dinamo Baku

FK Dnepr Dnepropetrowsk **s.** FK Dnipro Dnipropetrows'k

FK Dnepr Mahiljou (Futboľnyj klub Dnepr Mahiljou), Mahiljou/Mogilew, Weißrussland, Klub, entst. 1960, [1960-63 Chimik Mogilev, 63-73 Spartak Mogilev, 73-91 Dnepr Mogilev, 91-97 FK Dnepr Mahiljou, 97 Fusion mit FK Transmasch Mahiljou => FK Dnepr-Transmasch Mahiljou (1997-2005)], **s. S.** 99

FK Dnepr Mahiljou **s.** FK Dnepr-Transmasch Mahiljou

FK Dnepr Mahiljou **s.** FK Transmasch Mahiljou

FK Dnepr-Transmasch Mahiljou **s.** FK Dnepr Mahiljou

FK Dnepr-Transmasch Mahiljou **s.** FK Transmasch Mahiljou

FK Dnipro Dnipropetrows'k (Futboľnyj klub Dnipro Dnipropetrows'k), Dnipropetrows'k/Dnepropetrowsk, Ukraine, Klub, entst. 1936, [1936-49 Stal Dnepropetrowsk, 49-62 Metallurg Dnepropetrowsk, 62-89 Dnepr Dnepropetrowsk, 89-92 FK Dnepr Dnepropetrowsk], **s. S.** 99

FK Dobrudscha Dobritsch **s.** PFK Dobrudscha Dobritsch

FK Dobrudscha Tolbuchin **s.** PFK Dobrudscha Dobritsch

FK Dordoj-Dinamo Naryn (Futboľnyj klub Dordoj-Dinamo Naryn), Naryn, Kirgisien, Klub, entst. 1988, [??-2004 Dordoj Naryn], **s. S.** 101

FK Dorostol 2001 Silistra (Fudbalski klub Dorostol Silistra), Silistra, Bulgarien, Klub, [19??-?? Levski-Dorostol Silistra, ??-2001 FK Dorostol 1902 Silistra], **s. S.** 91

FK Drina Zvornik (Fudbalski klub Drina Zvornik), Zvornik, Bosnien und Herzegowina, Klub, **s. S.** 93

FK Drina Zvornik Živinice (Fudbalski klub Drina Zvornik Živnice), Živinice, Bosnien und Herzegowina, Klub, **s. S.** 93

FK Drnovice **s.** 1. FK Drnovice

FK Dschalal-Abad (Futboľnyj klub Dschalal-Abad), Dschalal-Abad, Kirgisien, Klub, entst. 1992, [1992-96 FK Kokart Dschalal-Abad, 96-97 FK Dschalal-Abad, 97-98 FK Dinamo Dschalal-Abad, 1998-2000 FK Dschalal-Abad, 00-01 FK Dinamo UVD Dschalal-Abad, 01-02 FK Dinamo KPK Dschalal-Abad], **s. S.** 100

FK Dschalal-Abad **s.** FK Dinamo UVD Dschalal-Abad

FK Dukla Banská Bystrica (Futbalový klub Dukla Banská Bystrica), Banská Bystrica, Slowakei, Klub, entst. 1965, [1965-67 VTJ Dukla Banská Bystrica, 67-74 AŠD Dukla Banská Bystrica, 74-92 ASVŠ Dukla Banská Bystrica], **s. S.** 87

FK Dukla Praha (Fotbalový klub Dukla Praha), Prag (Praha), Tschechische Republik, Klub, entst. 1948, [1948-53 ATK Praha, 53-56 ÚDA Praha, 56-76 AS Dukla Praha, 76-91 ASVS Dukla Praha, 91-94 FC Dukla Praha, 94-95 FK Dukla Praha, 95-96 Dukla Praha, aufgel. 96 durch Fusion mit FC Příbram => FC Dukla, 1998 wiedergegr., 2002 Fusion mit FK Dukla Dejvice], **s. S.** 86

FK Dukla Praha **s.** FK Marila Příbram

FK Dunav Ruse **s.** PFK Dunav Ruse

FK Dustlik (Futboľnyj klub Dustlik), Dustlik, Usbekistan, Klub, entst. 1963, [1963-95 Politotdel Taschkent], **s. S.** 100

FK Dvina-KIM Witsebsk **s.** FK Lakamatju Witsebsk

FK Dvina-KIM Witsebsk **s.** FK Lakamatju-96 Witsebsk

FK Dwina-KIM Witsebsk (Futboľnyj klub Dwina-KIM Witsebsk), Witsebsk/Witebsk, Weißrussland, Klub, entst. 1960, [1960-91 KIM Witebsk, 91-95 KIM Witsebsk, 95-96 FK Dwina-KIM Witsebsk, aufgel. 96 Fusion mit FK Lakamatju Witsebsk => FK Lakamatju-96 Witsebsk], **s. S.** 99

FK Dynama Brest (Futboľnyj klub Dynama Brest), Brest, Weißrussland, Klub, entst. 1960, [1960-73 Spartak Brest, 73-75 BUG Brest, 75-91 Dinamo Brest], **s. S.** 99

FK Dynama Minsk (Futboľnyj klub Dynama Minsk), Minsk, Weißrussland, Klub, entst. 1927, [1927-54 Dinamo Minsk, 54 aufgel. und wiedergegr., 54-59 Spartak Minsk, 59-62 Belarus Minsk, 62-91 Dinamo Minsk], **s. S.** 99

FK Dynama-93 Minsk (Futboľnyj klub Dynama-93 Minsk), Minsk, Weißrussland, Klub, entst. 1992, [1992-93 FK Belarus Minsk, 93-98 FK Dynama-93 Minsk, aufgel. 98], **s. S.** 99

FK Dynamo Kyiw (Futboľnyj klub Dynamo Kyiw), Kyiw/Kiew, Ukraine, Klub, entst. 1927, [1927-89 Dinamo Kiew, 89-92 FK Dinamo Kiew], **s. S.** 99

FK Dzhajchun Urgench (Futboľnyj klub Dzhajchun Urgench), Urgench, Usbekistan, Klub, [19??-96 Dinamo Urgench, 1996-2002 FK Chorezm Urgench], **s. S.** 101

FK Eichen **s.** FC Olympique Eischen

FK Ekibastuzets Ekibastuz (Futbol kluby Ekibastuzets Ekibastuz), Ekibastuz, Kasachstan, Klub, entst. 1979, [1979-80 Ugol'schik Ekibastuz, 80-92 Ekibastuzets Ekibastuz, 1992-2000 FK Batyr Ekibastuz, 00-02 Ekibastuzets-NK Ekibastuz], **s. S.** 101

FK Ekranas Panevežys (Futbolo Klubas Ekranas Panevežys), Panevežys, Litauen, Klub, entst. 1962, [1962-94 Ekranas Panevežys], **s. S.** 99

FK Elektronas Taurage **s.** FK Tauras Taurage

FK Elista (Futboľnyj klub Elista), Elista, Russland, Klub, entst. 1958, [19??-2005 FK Uralan Elista], **s. S.** 101

FK Elvis Mykolaiw **s.** SK Mykolaiw

FK Energetik Ali-Bairamly (Futbol Klubu Energetik Ali-Bairamly), Äli Bayramlı/Ali-Bairamly, Aserbaidschan, Klub, **s. S.** 97

FK Energetik Kara-Kul (Futboľnyj klub Energetik Kara-Kul), Kara-Kul, Kirgisien, Klub, entst. 1998, **s. S.** 100

FK Energetik Pawlodar (Futbol kluby Energetik Pavlodar), Pawlodar, Kasachstan, Klub, entst. 2003, **s. S.** 101

FK Etăr Veliko Tărnovo (Fudbalski klub Etăr Veliko Tărnovo), Veliko Tărnovo, Bulgarien, Klub, entst. 1924, [1924-?? Trapezica Veliko Tărnovo, ??-?? Udarnik Veliko Tărnovo, ??-?? Tscherveno zname Veliko Tărnovo, ??-?? Spartak Veliko Tărnovo, ??-?? DNA Veliko Tărnovo, ??-86 FD Etăr Veliko Tărnovo], **s. S.** 91

FK Fakel Woronesch (Futboľnyj klub Fakel Woronesch), Woronesch, Russland, Klub, entst. 1953, [1953-76 Trud Woronesch], **s. S.** 101

FK Famos Vojkovci (Fudbalski klub Famos Vojkovci), Vojkovci, Bosnien und Herzegowina, Klub, **s. S.** 93

FK Fandok Babrujsk **s.** FK Babrujsk

FK Farid Baku (Futbol Klubu Farid Baku), Bakı/Baku, Aserbaidschan, Klub, entst. 1997, [aufgel. 1998], **s. S.** 97

FK Fortuna Düsseldorf **s.** Düsseldorfer TSV Fortuna

FK Frunze Sokuluk (Futboľnyj klub Frunze Sokuluk), Sokuluk, Kirgisien, Klub, entst. 1997, [1997-99 FK Dinamo Sokuluk], **s. S.** 101

FK Frýdek-Místek (Fotbalový klub Frýdek-Místek), Frýdek-Místek, Tschechische Republik, Klub, entst. 1921, [1921-29 Karlohutní SK, 29-48 SK Karlova Huť, 48-49 Sokol Karlova Huť, 49-53 ZSJ Železárny Stalingrad Frýdek-Místek, 53-61 TJ Baník Frýdek-Místek, 61-64 TJ Železárny Frýdek-Místek, 64-66 TJ Spartak Frýdek-Místek, 66-93 TJ VP Frýdek-Místek, 97 Fusion mit TJ Slezan Frýdek-Místek, 1993-2004 FK VP Frýdek-Místek], **s. S.** 86

FK Frydrych Teplice **s.** FK Teplice

FK Galenika Zemun **s.** FK Zemun

FK Galenika Zemun **s.** Sparta Zemun

FK Gauja Valmiera (Futbola Klubs Valmiera), Valmiera, Lettland, Klub, [19??-95 FK Gauja Valmiera, 1995-2001 FK Valmiera, 01-02 FBK Valmiera], **s. S.** 99

FK Geležinis-Vilkas EBW Vilnius **s.** FK Geležinis-Vilkas Vilnius

FK Geležinis-Vilkas Vilnius (Futbolo Klubas Geležinis-Vilkas Vilnius), Vilnius, Litauen, Klub, entst. 1992, [1992 FK Lietuvos-Makabi Vilnius II, 92-94 FK Geležinis-Vilkas Vilnius, 94-95 FK Geležinis-Vilkas EBW Vilnius, 95-96 FK Žalgiris-2 Vilnius, 96-97 FK Žalgiris-Volmeta Vilnius, 97-98 FK Geležinis-Vilkas Vilnius, 1998-2000 FK Žalgiris-2 Vilnius], **s. S.** 99

FK Genclerbirliyi Sumgait (Futbol Klubu Genclerbirliyi Sumgait), Sumqayıt/Sumgait, Aserbaidschan, Klub, entst. 2003, **s. S.** 97

FK Germania 08 Böckingen **s.** FV Union Böckingen 08

FK GGS Armaturka Ústí nad Labem **s.** MFK Ústí nad Labem

FK Glasinac Sokolac (Fudbalski klub Glasinac Sokolac), Sokolac, Bosnien und Herzegowina, Klub, **s. S.** 93

FK Gojazan Kazach (Futbol Klubu Gojazan Kazach), Qazax/Kazach, Aserbaidschan, Klub, **s. S.** 97

FK Granitas Klaipeda **s.** FK Atlantas Klaipeda

FK Granitas-Aras Klaipeda **s.** FK Atlantas Klaipeda

FK Grevenmacher **s.** CS Grevenmacher

FK GRO Rad Beograd **s.** FK Rad Beograd

FK Habit Pharm Javor Ivanjica (Fudbalski klub Habit Pharm Javor Ivanjica), Ivanjica, Serbien, Klub, entst. 1912, [1912-2005 FK Ivanjica], **s. S.** 93

FK Hajduk Beograd (Fudbalski klub Hajduk Beograd), Belgrad (Beograd), Serbien, Klub, **s. S.** 92

FK Hajduk Kula **s.** FK Hajduk Rodić M&B Kula

FK Hajduk Rodić M&B Kula (Fudbalski klub Hajduk Rodić M&B Kula), Kula, Serbien, Klub, entst. 1925, [1925-92 FK Hajduk Kula], **s. S.** 93

FK Haskovo **s.** PFK Haskovo

FK Haugesund (Fotballklubben Haugesund), Haugesund, Norwegen, Klub, entst. 1993, [entst. 1993 durch Fusion SK Djerv und SK Haugar], **s. S.** 71

FK Hebăr 1920 Pazardschik **s.** PFK Hebăr 1920 Pazardschik

FK Hebăr Pazardschik **s.** PFK Hebăr 1920 Pazardschik

FK Hejčín Olomouc **s.** SK Sigma Olomouc

FK Homeľ (Futboľnyj klub Homeľ), Homeľ/Gomeľ, Weißrussland, Klub, entst. 1959, [1959-69 Lokomotiw Gomeľ, 69-70 Spartak Gomeľ, 70-76 Gomseľmasch Gomeľ, 76-78 Maschinostroitel Gomeľ, 78-91 Gomseľmasch Gomeľ, 91-95 Homseľmasch Homeľ], **s. S.** 99

FK Illichiwetz' Mariupoľ (Futboľnyj klub Illichiwetz' Mariupoľ), Mariupoľ, Ukraine, Klub, entst. 1948, [1948-83 Novator Mariupoľ, 83-95 Azovets Mariupoľ, 1995-2002 FK Metalurh Mariupoľ], **s. S.** 99

FK Inkaras Kaunas (Futbolo Klubas Atletas-Inkaras Kaunas), Kaunas, Litauen, Klub, entst. 1937, [1937-?? Inkaras Kaunas, ??-91 Vytis-Inkaras Kaunas, 91 Teilung => Vytis Kaunas und FK Inkaras Kaunas (91-95), 95-96 FK Inkaras-Grifas Kaunas, 96-98 FK Inkaras Kaunas, 98 Fusion mit Atletas Kaunas => FK Atletas-Inkaras Kaunas (98-99), 1999-2000 FK Inkaras Kaunas, 00-01 FK Atletas-Inkaras Kaunas], **s. S.** 99

FK Inkaras Kaunas **s.** FK Atletas-Inkaras Kaunas

FK Inkaras-Grifas Kaunas **s.** FK Atletas-Inkaras Kaunas

FK Inschaatchi Baku (Futbol Klubu Inschaatchi Baku), Bakı/Baku, Aserbaidschan, Klub, entst. 1985, **s. S.** 97

FK Inschaatchi Sabirabad (Futbol Klubu Inschaatchi Sabirabad), Sabirabad, Aserbaidschan, Klub, **s. S.** 97

FK Inter Baku (Futbol Klubu Inter Baku), Bakı/Baku, Aserbaidschan, Klub, entst. 1997, [1997-2004 Chazar Universiteti], **s. S.** 97

FK Inter Bratislava (Futbalový klub Inter Bratislava), Bratislava, Slowakei, Klub, entst. 1962, [entst. 1962 durch Fusion TJ Iskra Slovnaft Bratislava und A-Team von TJ ČH Bratislava => TJ Slovnaft Bratislava (62-65), 65-86 TJ Internacionál Slovnaft Bratislava, 86 Fusion mit TJ ZŤS Petržalka => TJ Internacionál Slovnaft ZŤS Bratislava-Petržalka (86-90), 90 Aufl. der Fusion => TJ Internacionál Slovnaft Bratislava (90-92), 1992-2004 FK AŠK Inter Slovnaft Bratislava], **s. S.** 87

FK Iskra Stolac (Fudbalski klub Iskra Stolac), Stolac, Bosnien und Herzegowina, Klub, **s. S.** 93

FK Ivanjica **s.** FK Habit Pharm Javor Ivanjica

FK Jablonec 97 (Fotbalový klub Jablonec 97), Jablonec nad Nisou, Tschechische Republik, Klub, entst. 1945, [1945-48 ČSK Jablonec, 48-49 Sokol Jablonec, 49-53 ZSJ Preciosa Jablonec, 53-61 TJ Jiskra Jablonec, 61-64 TJ Jiskra Bižuterie Jablonec, 64-93 TJ LIAZ Jablonec, 93-94 FK Sklobižu Jablonec, 94-97 FK Jablonec], **s. S.** 86

FK Jablonec **s.** FK Jablonec 97

FK Jambol (Fudbalski klub Jambol), Jambol, Bulgarien, Klub, entst. 1921, [1921-45 General Drajev Jambol, 45-80 Nikolaj Laschkov Jambol, 80-90 Tundzhja Jambol, 90-92 FK Nikolaj Laschkov Jambol], **s. S.** 91

FK Jangijer (Futboľnyj klub Jangijer), Jangijer, Usbekistan, Klub, entst. 1966, [1966-?? Tselinnik Jangijer, ??-?? Meliorator Jangijer, ??-95 FK Dinamo Jangijer], **s. S.** 100

FK Jantra Gabrovo **s.** FK Tschardafon Gabrovo

FK Jedinstvo Bijelo Polje (Fudbalski klub Jedinstvo Bijelo Polje), Bijelo Polje, Montenegro, Klub, entst. 1922, **s. S.** 93

FK Jedinstvo Brčko (Fudbalski klub Jedinstvo Brčko), Brčko, Bosnien und Herzegowina, Klub, **s. S.** 93

FK Jedinstvo Visoko **s.** FK Bosna Visoko

FK Jurmala (Futbola Klubs Jurmala), Jurmala, Lettland, Klub, entst. 2003, **s. S.** 99

FK Jurnieks Riga (Futbola Klubs Jurnieks Riga), Riga, Lettland, Klub, [19??-92 Jurnieks Riga, 92 Fusion mit APgaismestehnika Riga => Merit Brok Riga (92), 92-93 Decemviri Riga, 93-96 FK Jurnieks Riga, 96 aufgel.], **s. S.** 99

FK Kajrat Almaty (Futbol kluby Kajrat Almaty), Almaty/Alma-Ata, Kasachstan, Klub, entst. 1954, [1954-55 Lokomotiw Alma-Ata, 55-56 Urozhaj Alma-Ata, 56-90 Kajrat Alma-Ata, 90-97 FK Kajrat Almaty, 97 Teilung => Kajrat-CSKA Almaty und SOPFK-Kajrat Almaty, 2001 Fusion => FK Kajrat Almaty], **s. S.** 101

FK Kajrat Almaty **s.** SOPFK-Kajrat Almaty

FK Kajsar Kyzylorda (Futbol kluby Kajsar Kyzylorda), Kyzylorda, Kasachstan, Klub, entst. 1968, [1968 Volna Kyzylorda, 68-74 Avtomobilist Kyzylorda, 74-89 Orbita Kyzylorda, 89-90 Meliorator Kyzylorda, 90-96 Kajsar Kyzylorda, 96-97 Kajsar Munai Kyzylorda, 1997-2000 Kajsar Hurricane Kyzylorda], **s. S.** 101

FK KamAZ Naberezhnyje Tschelny (Futboľnyj klub KamAZ Naberzhnyje Tschelny), Naberezhnyje Tschelny, Russland, Klub, entst. 1981, [1981-87 Trud-PRZ Naberezhnyje Tschelny, 87-89 Torpedo Naberezhnyje Tschelny, 89-94 KamAZ Naberezhnyje Tschelny, 1994-2000 FK KamAZ-Tschally Naberezhnyje Tschelny], **s. S.** 101

FK Kamunaľnik Slonim (Futboľnyj klub Kamunaľnik Slonim), Slonim, Weißrussland, Klub, entst. 1992, [1992-93 Albertin Slonim, 93-96 KPF Slonim], **s. S.** 99

FK Karabach Agdam (Futbol Klubu Karabach Agdam), Ağdam/Agdam, Aserbaidschan, Klub, entst. 1968, [19??-2001 FK Karabach Agdam, 01-04 FK Karabach-Azersun Agdam], **s. S.** 97

FK Karabach Barda (Futbol Klubu Karabach Barda), Bärdä/Barda, Aserbaidschan, Klub, entst. 1992, [1992-97 FK Pambygchi Barda], **s. S.** 97

FK Karaorman Struga (Fudbalski klub Karaorman Struga), Struga, Mazedonien, Klub, entst. 1945, [entst. 1945 durch Fusion Crni Drim Struga und Jugoslavija Struga], **s. S.** 93

FK Karat Baku (Futbol Klubu Karat Baku), Bakı/Baku, Aserbaidschan, Klub, **s. S.** 97

FK Kareda Kaunas (Futbolo Klubas Kareda Kaunas), Kaunas, Litauen, Klub, entst. 1999, [entst. 1999 nach Umzug von FK Kareda Šiauliai], **s. S.** 99

FK Kareda Kaunas **s.** FK Kareda Šiauliai

FK Kareda Šiauliai (Futbolo Klubas Kareda Šiauliai), Šiauliai, Litauen, Klub, entst. 1954, [1954-94 Sakalas Šiauliai, 94-95 FK Šiauliai-Sakalas, 95-96 FK Kareda-Sakalas Šiauliai, 96-99 FK Kareda Šiauliai, aufgel. 99, Umzug nach => FK Kareda Kaunas], **s. S.** 99

FK Kareda Šiauliai **s.** FK Kareda Kaunas

FK Karpaty Ľwiw (Futboľnyj klub Karpaty Ľwiw), Lemberg (Ľwiw/Ľwow), Ukraine, Klub, entst. 1963, [1963-82 Karpaty Ľwow, 82-89 SKA Karpaty Ľwow, 89 aufgel. und wiedergegr., 89-90 Karpaty Ľwow], **s. S.** 99

FK Kauno Jegeriai Kaunas (Futbolo Klubas Kauno Jegeriai Kaunas), Kaunas, Litauen, Klub, entst. 1996, **s. S.** 99

FK Kimjogar Almalyk (Futboľnyj klub Kimjogar Almalyk), Almalyk, Usbekistan, Klub, [aufgel. 1993], **s. S.** 100

FK Kjumruk Kachli (Futbol Klubu Kjumruk Kachli), Qax/Kachli, Aserbaidschan, Klub, **s. S.** 97

FK Koba Senec **s.** FC Senec

FK Kokand 1912 (Futboľnyj klub Kokand 1912), Kokand, Usbekistan, Klub, [19??-2001 FK Temirjulchi Kokand], **s. S.** 100

FK Kokart Dschalal-Abad **s.** FK Dinamo UVD Dschalal-Abad

FK Kom Podgorica (Fudbalski klub Kom Podgorica), Podgorica, Montenegro, Klub, entst. 1958, **s. S.** 93

FK Kozara Gradiška (Fudbalski klub Kozara Gradiška), Gradiška, Bosnien und Herzegowina, Klub, **s. S.** 93

FK Kožuv Gevgelija (Fudbalski klub Kožuv Gevgelija), Gevgelija, Mazedonien, Klub, [1994-95 FK Kožuv Vinojug Gevgelija], **s. S.** 93

FK Kožuv Vinojug Gevgelija **s.** FK Kožuv Gevgelija

FK Krajina Cazin (Fudbalski klub Krajina Cazin), Cazin, Bosnien und Herzegowina, Klub, entst. 1932, **s. S.** 93

FK Kremin' Krementschuk (Futboľnyj klub Kremin' Krementschuk), Krementschuk/Krementschug, Ukraine, Klub, entst. 1959, [1959-63 Torpedo Krementschug, 63-85 Dnepr Krementschug], **s. S.** 99

FK Krila Krajine Banja Luka (Fudbalski klub Krila Krajine Banja Luka), Banja Luka, Bosnien und Herzegowina, Klub, **s. S.** 93

FK Kryl'ja Sowjetow Samara (Futboľnyj klub Kryl'ja Sowetow Samara), Samara, Russland, Klub, entst. 1943, [1943-52 Kryl'ja Sowetow Kujbyschev, 52-53 Zenit Kujbyschev, 53-90 Kryl'ja Sowetow Kujbyschev], **s. S.** 101

FK Krywbas Krywij Rih (Futboľnyj klub Krywbas Krywij Rih), Krywij Rih/Kriwoj Rog, Ukraine, Klub, entst. 1959, [1959-62 Avangard Kriwoj Rog, 62-66 Girnyk Kriwoj Rog, 66-92 Kriwbas Kriwoj Rog], **s. S.** 99

FK Kuban' Krasnodar (Futboľnyj klub Kuban' Krasnodar), Krasnodar, Russland, Klub, entst. 1954, [1954-58 Neftjanik Krasnodar, 58-62 Spartak Krasnodar, 62-90 Kuban' Krasnodar], **s. S.** 101

FK Kumanovo (Fudbalski klub Kumanovo), Kumanovo, Mazedonien, Klub, entst. 1921, **s. S.** 93

FK Kur-Nur Mingechaur (Futbol Klubu Kur-Nur Mingechaur), Mingäçevir/Mingechaur, Aserbaidschan, Klub, entst. 1970, [19??-93 Kur Mingechaur], **s. S.** 97

FK Kvik (Fotballklubben Kvik), Trondheim, Norwegen, Klub, entst. 1900, **s. S.** 71

FK Kvik Halden (Fotballklubb Kvik Halden), Halden, Norwegen, Klub, entst. 1906, **s. S.** 71

FK Kyzyl-Kija (Futboľnyj klub Kyzyl-Kija), Kyzyl-Kija, Kirgisien, Klub, entst. 1992, [1992-93 FK Semetej Kyzyl-Orda, 93-96 FK Semetej Kyzyl-Kija, 96-98 FK Semetej-Dinamo Kyzyl-Kija, 1998-2001 FK Semetej Kyzyl-Kija], **s. S.** 100

FK Kyzylkum Zarawschan (Futboľnyj klub Kyzylkum Zarawschan), Zarawschan, Usbekistan, Klub, entst. 1994, [19??-96 Progress Zarawschan], **s. S.** 101

FK Lada Togliatti (Futboľnyj klub Lada Togliatti), Togliatti, Russland, Klub, entst. 1969, [1969-90 Torpedo Tol'jatti], **s. S.** 101

FK Lakamatju Minsk (Futboľnyj klub Lakamatju Minsk), Minsk, Weißrussland, Klub, entst. 1955, **s. S.** 99

FK Lakamatju Witsebsk (Futboľnyj klub Lakamatju Witsebsk), Witsebsk/Witebsk, Weißrussland, Klub, entst. 1986, [1986-91 SKP Lokomotiw Witebsk, 91-96 FK Lakamatju Witsebsk, aufgel. 96 Fusion mit FK Dvina-KIM Witsebsk => FK Lakamatju-96 Witsebsk, 9? wiedergegr.], **s. S.** 99

FK Lakamatju Witsebsk **s.** FK Dvina-KIM Witsebsk

FK Lakamatju Witsebsk **s.** FK Lakamatju-96 Witsebsk

FK Lakamatju-96 Witsebsk (Futboľnyj klub Lakamatju-96 Witsebsk), Witsebsk/Witebsk, Weißrussland, Klub, entst. 1996, [entst. 1996 durch Fusion FK Dvina-KIM Witsebsk und FK Lakamatju Witsebsk], **s. S.** 99

FK Lakamatju-96 Witsebsk **s.** FK Dvina-KIM Witsebsk

FK Lakamatju-96 Witsebsk **s.** FK Lakamatju Witsebsk

FK Leotar Trebinje (Fudbalski klub Leotar Trebinje), Trebinje, Bosnien und Herzegowina, Klub, entst. 1925, **s. S.** 93

FK Levski Kjustendil **s.** PFK Velbăzjd Kjustendil

FK Levski-14 Sofija **s.** PFK Levski Sofija

FK Lida (Futboľnyj klub Lida), Lida, Weißrussland, Klub, entst. 1962, [1962-97 Obuvschtschik Lida], **s. S.** 99

FK Liepaja (Futbola Klubs Liepaja), Liepaja, Lettland, Klub, entst. 1909, [1909-?? Olimpija Liepaja, ??-?? Zvejnieks Liepaja, ??-94 FK Olimpija Liepaja, 94-96 FK Liepaja, aufgel. 96 durch Fusion mit FC DAG Liepaja => FK Baltika Liepaja], **s. S.** 99

FK Liepaja **s.** FC DAG Liepaja

FK Liepaja **s.** FK Metalurgs Liepaja

FK Lietuvos-Makabi Vilnius II **s.** FK Geležinis-Vilkas Vilnius

FK Lietuvos-Makabi Vilnius **s.** ALK Neris Vilnius

FK Lijevce Nova Topola (Fudbalski klub Lijevce Nova Topola), Nova Topola, Bosnien und Herzegowina, Klub, **s. S.** 93

FK Liteks Lovetsch **s.** PFK Liteks Lovetsch

FK Ljubić Prnjavor (Fudbalski klub Ljubić Prnjavor), Prnjavor, Bosnien und Herzegowina, Klub, **s. S.** 93

FK Ljuboten Tetovo (Fudbalski klub Ljuboten Tetovo), Tetovo, Mazedonien, Klub, entst. 1919, [1919-?? Šar Tetovo], **s. S.** 93

FK Lokomotiv Daugavpils (Futbola Klubs Lokomotiv Daugavpils), Daugavpils, Lettland, Klub, entst. 1994, [aufgel. 1998], **s. S.** 99

FK Lokomotiv Gorna Oriahovitza (Fudbalski klub Lokomotiv Gorna Orjachovitza), Gorna Oriahovitza, Bulgarien, Klub, entst. 1922, [1922 Levski Gorna Orjachovitza, 22-32 JSK Gorna Orjachovitza, 32-?? Nikolo Petrov Gorna Orjachovitza, ??-45 Torpedo Gorna Orjachovitza, 45-86 DFS Lokomotiv Gorna Orjachovitza], **s. S.** 91

FK Lokomotiv Imischli (Futbol Klubu Lokomotiv Imischli), İmişli/Imischli, Aserbaidschan, Klub, **s. S.** 97

FK Lokomotiv Plovdiv **s.** PFK Lokomotiv Plovdiv

FK Lokomotiv Sofija **s.** PFK Lokomotiv Sofija

FK Lokomotíva Energogas Košice **s.** FK Lokomotíva Košice

FK Lokomotíva Košice (Futbalový klub Lokomotíva Košice), Košice, Slowakei, Klub, entst. 1943, [1943-48 ŠK Jednota Košice, 48 Sokol Jednota Košice, 48-49 Sokol Jednota Dynamo Košice, 49 Fusion mit Sokol Železničiari Sparta Košice => ZSJ Dynamo ČSD Košice (49-52), 52-65 TJ Lokomotíva Košice, 65 Fusion mit TJ VSŽ Košice => TJ Lokomotíva VSŽ Košice (65-

67), 67 Aufl. der Fusion, 67-90 TJ Lokomotíva Košice, 90-94 FK Lokomotíva Košice, 94 FK Lokomotíva Energogas Košice], **s. S.** 87

FK Lokomotiw Moskva (Moskovskij Futboľnyj klub Lokomotiw Moskva), Moskau (Moskva), Russland, Klub, entst. 1923, [1923-35 KOR Moskva, 35 aufgel., 36 wiedergegr., 36-90 Lokomotiw Moskva], **s. S.** 101

FK Lokomotiw Nischni Nowgorod (Futboľnyj klub Lokomotiw Nischni Nowgorod), Nischni Nowgorod, Russland, Klub, entst. 1987, [1987-90 Lokomotiw Gor'kij], **s. S.** 101

FK Lokomotyvas Vilnius **s.** FK Ardena Vilnius

FK Lokomotyvas-Legela Vilnius **s.** FK Ardena Vilnius

FK Lokomotyvas-Vilbana Vilnius **s.** FK Ardena Vilnius

FK Lom (Fudbalski klub Lom), Lom, Bulgarien, Klub, [aufgel. 19??], **s. S.** 91

FK Lovčen Cetinje (Fudbalski klub Lovčen Cetinje), Cetinje, Montenegro, Klub, [19??-?? SK Crnogorac Cetinje], **s. S.** 93

FK Lutsch-Energija Wladiwostok (Futboľnyj klub Lutsch-Energija Wladiwostok), Wladiwostok, Russland, Klub, entst. 1958, [1958-89 Lutsch Wladiwostok, 1989-2003 FK Lutsch Wladiwostok], **s. S.** 101

FK Lyn **s.** FC Lyn Oslo

FK Maardu **s.** Eesti Fosforiit Tallinn

FK Maardu **s.** FC Maardu

FK Mačva Šabac (Fudbalski klub Mačva Šabac), Šabac, Serbien, Klub, entst. 1919, [1919-45 FK Mačva Šabac, 45-51 FK Podrinje Šabac], **s. S.** 93

FK Makedonija Skopje (Fudbalski klub Makedonija Čorče Petrov Skopje), Skopje, Mazedonien, Klub, entst. 1932, [aufgel. 1947 durch Fusion mit SSK Pobeda Skopje => FK Vardar Skopje, ?? wiedergegr.], **s. S.** 93

FK Makedonija Skopje **s.** FK Vardar Skopje

FK Makedonija Skopje **s.** SSK Pobeda Skopje

FK Maladzechna (Futboľnyj klub Maladzechna), Maladzechna/Molodechno, Weißrussland, Klub, entst. 1989, [1989-92 Metallurg Molodechno], **s. S.** 99

FK Mansfeldia Klausen **s.** FC Mansfeldia Clausen

FK Marek Dupnica **s.** PFK Marek Dupnica

FK Marek Stanke Dimitrov **s.** PFK Marek Dupnica

FK Marila Příbram (Fotbalový klub Marila Příbram), Příbram, Tschechische Republik, Klub, entst. 1996, [entst. 1996 durch Fusion FC Příbram und Dukla Praha => FC Dukla (96-98), 1998-2000 FC Dukla Příbram, 2000-02 FC Marila Příbram], **s. S.** 86

FK Maritsa Plovdiv **s.** PFK Maritsa Plovdiv

FK Maschal Mubarek (Futboľnyj klub Maschal Mubarek), Mubarek, Usbekistan, Klub, entst. 1991, **s. S.** 101

FK Mastis Telšiai (Futbolo Klubas Mastis Telšiai), Telšiai, Litauen, Klub, entst. 1956, **s. S.** 99

FK Mažeikiai (Futbolo Klubas Mažeikiai), Mažeikiai, Litauen, Klub, entst. 1947, [1947-91 Jovaras Mažeikiai, 91-92 FK Mažeikiai, 92-95 FK ROMAR Mažeikiai, 95 aufgel., 9? wiedergegr.], **s. S.** 99

FK Merw (Futboľnyj klub Merw), Mary, Turkmenistan, Klub, **s. S.** 101

FK Metalist Charkiw (Futboľnyj klub Metalist Charkiw), Charkiw/Char'kow, Ukraine, Klub, entst. 1944, [1944-56 Lokomotiw Char'kow, 56-66 Avangard Char'kow, 66-90 Metallist Char'kow, 90-92 FK Metallist Char'kow], **s. S.** 99

FK Metallist Char'kow **s.** FK Metalist Charkiw

FK Metallurg Bekabad (Futboľnyj klub Metallurg Bekabad), Bekabad, Usbekistan, Klub, entst. 1960, [19??-93 Madanchi Bekadab], **s. S.** 100

FK Metallurg Zaporosch'je **s.** FK Metalurh Zaporischja

FK Metalurg Pernik **s.** PFK Metalurg Pernik

FK Metalurg Skopje (Fudbalski klub Metalurg Skopje), Skopje, Mazedonien, Klub, entst. 1967, **s. S.** 93

FK Metalurgs Liepaja (Futbola Klubs Metalurgs Liepaja), Liepaja, Lettland, Klub, entst. 1996, [entst. 1996 durch Fusion FC DAG Liepaja und FK Liepaja => FK Baltika Liepaja (96-97), 97 FK Baltika Metalurgs Liepaja], **s. S.** 99

FK Metalurh Donez'k (Futboľnyj klub Metalurh Donez'k), Donez'k/Donezk, Ukraine, Klub, entst. 1995, **s. S.** 99

FK Metalurh Zaporischja (Futboľnyj klub Metalurh Zaporischja), Saporischja/Zaporosch'je, Ukraine, Klub, entst. 1931, [1931-90 Metallurg Zaporosch'je, 90-92 FK Metallurg Zaporosch'je], **s. S.** 99

FK Meteor Praha VIII (Fotbalový klub Meteor Praha VIII), Prag (Praha), Tschechische Republik, Klub, entst. 1896, [1896-99 Sportovní kroužek Libeň, 1899-1901 Sportovní kroužek Meteor Libeň, 01-48 SK Meteor Praha VIII, 48-49 Sokol Meteor Praha VIII, 49 Sokol Libeň A, 49-53 ZSJ Loděnice Libeň, 53-54 TJ Spartak Libeň Loděnice, 54-66 TJ Loděnice Libeň, 66-76 TJ Meteor Praha, 76-?? TJ Meteor Praha ŽSP, ??-?? TJ Meteor Praha, ??-94 SK Meteor Praha], **s. S.** 86

FK MHSK Taschkent (Futboľnyj klub MHSK Taschkent), Taschkent, Usbekistan, Klub, entst. 1991, [1991-92 Umid Taschkent, 92-93 FKA Pachtakor-79 Taschkent], **s. S.** 100

FK Minjor Pernik **s.** PFK Minjor Pernik

FK MKT-Araz Imischli (Futbol Klubu MKT-Araz Imischli), İmiş li/Imischli, Aserbaidschan, Klub, entst. 1975, **s. S.** 97

FK Mladá Boleslav (Fotbalový klub Mladá Boleslav), Mladá Boleslav, Tschechische Republik, Klub, entst. 1919, [1919-48 SK Aston Villa Mladá Boleslav, 48-49 Sokol Aston Villa Mladá Boleslav, 49 Fusion mit Sokol Slavoj Mladá Boleslav und Sokol Meteor Čejetičky => ZSJ AZNP Mladá Boleslav (49-53), 50 Fusion mit Sokol Mladoboleslavský, 53-65 TJ Spartak Mladá Boleslav AZNP, 65-71 TJ Škoda Mladá Boleslav, 71-90 TJ AŠ Mladá Boleslav, 90-92 FK Mladá Boleslav, 92-94 FK Slavia Mladá Boleslav, 94-95 FK Bohemians Mladá Boleslav], **s. S.** 86

FK Mladost Apatin (Fudbalski klub Mladost Apatin), Apatin, Serbien, Klub, entst. 1928, **s. S.** 93

FK Mladost Gacko (Fudbalski klub Mladost Gacko), Gacko, Bosnien und Herzegowina, Klub, **s. S.** 93

FK Mladost Lučani (Fudbalski klub Mladost Lučani), Lučani, Serbien, Klub, entst. 1952, **s. S.** 93

FK Mladost Rogatica (Fudbalski klub Mladost Rogatica), Rogatica, Bosnien und Herzegowina, Klub, **s. S.** 93

FK Modriča (Fudbalski klub Modriča Maxima), Modriča, Bosnien und Herzegowina, Klub, entst. 1922, **s. S.** 93

FK Mogren Budva (Fudbalski klub Mogren Budva), Budva, Montenegro, Klub, entst. 1945, [1945-91 FK Budva], **s. S.** 93

FK Monnerich **s.** FC Mondercange

FK Montana (Fudbalski klub Montana), Montana, Bulgarien, Klub, entst. 1929, **s. S.** 91

FK Moskva (Futboľnyj klub Moskva), Moskau (Moskva), Russland, Klub, entst. 1997, [1997-2003 FK Torpedo-ZIL Moskva, 03-04 FK Torpedo-Metallurg Moskva], **s. S.** 101

FK MPKC Mazyr **s.** FK Slavia Mazyr

FK MTZ Minsk **s.** FK MTZ-RIPO Minsk

FK MTZ-RIPO Minsk (Futboľnyj klub Minski traktarny zavod-Respublikanskij institut professionaľnogo obrazovanija Minsk), Minsk, Weißrussland, Klub, entst. 1947, [19??-2002 FK MTZ Minsk], **s. S.** 99

FK Muša Ukmerge **s.** FK Vienybe Ukmerge

FK Naftan Nawapolack (Futboľnyj klub Devon Nawapolack), Nawapolack/Nowopolock, Weißrussland, Klub, entst. 1995, [1995-2000 FK Naftan-Devon Nawapolack], **s. S.** 99

FK Naftowyk Ochtyrka (Futboľnyj klub Naftowyk Ochtyrka), Ochtyrka/Achtyrka, Ukraine, Klub, **s. S.** 99

FK Napredak Kruševac (Fudbalski klub Napredak Kruševac), Kruševac, Serbien, Klub, entst. 1946, [entst. 1946 durch Fusion Badza Kruševac und Miloje Zakič Kruševac], **s. S.** 93

FK Napredok Kičevo (Fudbalski klub Napredok Kičevo), Kičevo, Mazedonien, Klub, entst. 1928, **s. S.** 93

FK Nasaf Karschi (Futboľnyj klub Nasaf Karschi), Karschi, Usbekistan, Klub, entst. 1978, [19??-96 Pachtatschi Karschi, 96-97 Dinamo-Nasaf Karschi], **s. S.** 101

FK Naukat (Futboľnyj klub Naukat), Iski-Naukat, Kirgisien, Klub, entst. 1997, **s. S.** 100

FK Nawbachor Namangan (Futboľnyj klub Nawbachor Namangan), Namangan, Usbekistan, Klub, entst. 1978, [1978-?? Tekstiľschtschik Namangan, ??-88 Avtomobilist Namangan], **s. S.** 100

FK Neftegaz-GNKAR Baku (Futbol Klubu Neftegaz-GNKAR Baku), Bakı/Baku, Aserbaidschan, Klub, [19??-98 FK Dalgych Baku, 98 FK Dalgych-GNKAR Baku], **s. S.** 97

FK Neftschi Fergana (Futboľnyj klub Neftschi Fergana), Fergana, Usbekistan, Klub, entst. 1962, [1962-?? Spartak Fergana, ??-92 Neftjanik Fergana], **s. S.** 100

FK Neftschi Kotschkor-Ata **s.** FK Neftschi-KRS Kotschkor-Ata

FK Neftschi-KRS Kotschkor-Ata (Futboľnyj klub Neftschi-KRS Kotschkor-Ata), Kotschkor-Ata, Kirgisien, Klub, entst. 1994, [1994-97 FK Neftschi Kotschkor-Ata], **s. S.** 100

FK Neman Hrodna (Futboľnyj klub Neman Hrodna), Hrodna/Grodno, Weißrussland, Klub, entst. 1964, [1964-72 Neman Grodno, 72-91 Chimik Grodno, 91-92 Chimik Hrodna, 92-99 FK Neman Hrodna, 1999-2001 FK Njoman-Belcard Hrodna], **s. S.** 99

FK Neman Hrodna **s.** FK Njoman-Belcard Hrodna

FK Neset (Fotball Klubb Neset), Frosta, Norwegen, Klub, entst. 1905, **s. S.** 71

FK Nevežis Kedainiai (Futbolo Klubas Nevežis Kedainiai), Kedainiai, Litauen, Klub, entst. 1959, [1959-60 Nevežis Kedainiai, 60-92 EAG Kedainiai, 92-95 FK Chemikas Kedainiai, 95-96 FK Nevežis-Fostra Kedainiai, 96-98 FK Nevežis-Lifosa Kedainiai], **s. S.** 99

FK Nevežis-Fostra Kedainiai **s.** FK Nevežis Kedainiai

FK Nevežis-Lifosa Kedainiai **s.** FK Nevežis Kedainiai

FK Nidzhat Maschtaga (Futbol Klubu Nidzhat Maschtaga), Maş tağ a/Maschtaga, Aserbaidschan, Klub, **s. S.** 97

FK Niederkorn **s.** FC Progrès Niedercorn

FK Nikolaj Laschkov Jambol **s.** FK Jambol

FK Nyva Winnytsja **s.** FK Winnytsja

FK Nywa Ternopiľ (Futboľnyj klub Nyva Ternopiľ), Ternopiľ/Ternopoľ, Ukraine, Klub, entst. 1959, [1959-72 Avangard Ternopoľ, 72-83 Budivelnik Ternopoľ], **s. S.** 99

FK Obilić (Fudbalski klub Obilić), Belgrad (Beograd), Serbien, Klub, entst. 1924, **s. S.** 92

FK Obolon' Kyiw (Futboľnyj klub Obolon' Kyiw), Kyiw/Kiew, Ukraine, Klub, entst. 1992, [1992-?? Zmina Kyiw, ??-?? FK Obolon'-Zmina Kyiw, ??-2000 FK Obolon'-PPO Kyiw], **s. S.** 99

FK Obolon'-Zmina Kyiw **s.** FK Obolon' Kyiw

FK Ohrid (Fudbalski klub Ohrid), Ohrid, Mazedonien, Klub, entst. 1946, [entst. 1946 durch Fusion OSK 1921 Ohrid, Jugoslaven Ohrid, Građanski Ohrid, Rašanec Ohrid und Ohridski Branovi Ohrid], **s. S.** 93

FK OIK Baku (Futbol Klubu Ordu Idman Klubi Baku), Bakı/Baku, Aserbaidschan, Klub, entst. 1957, [1957-9? SKA Baku], **s. S.** 97

FK Okean Nachodka (Futboľnyj klub Okean Nachodka), Nachodka, Russland, Klub, entst. 1966, [1966-70 Rybak Nachodka], **s. S.** 101

FK Oleksandrija (Futboľnyj klub Polihraftechnitsa Oleksandrija), Oleksandrija/Aleksandrija, Ukraine, Klub, entst. 1990, [1990-2003 FK Polihraftechnitsa Oleksandrija, 03-06 MFK Oleksandrija], **s. S.** 99

FK Olimpija Liepaja **s.** FK Liepaja

FK Olimpik Baku (Futbol Klubu Olimpik Baku), Bakı/Baku, Aserbaidschan, Klub, entst. 1996, [1996-2005 AMMK Baku], **s. S.** 97

FK Olimpik Sarajevo (Fudbalski klub Olimpik Sarajevo), Sarajevo, Bosnien und Herzegowina, Klub, entst. 1993, **s. S.** 93

FK Olimpik Teteven (Fudbalski klub Olimpik Teteven), Teteven, Bulgarien, Klub, entst. 1992, [aufgel. 1999 durch Fusion mit FK Beroe Stara Zagora => FK Olimpik-Beroe Stara Zagora, 2000 wiedergegr., 00-01 FK Olimpik 2000 Teteven], **s. S.** 91

FK Olimpik Teteven **s.** PFK Beroe Stara Zagora

FK Olimpik-Beroe Stara Zagora **s.** FK Olimpik Teteven

FK Olimpik-Beroe Stara Zagora **s.** PFK Beroe Stara Zagora

FK Olimps Riga (Futbola Klubs Olimps Riga), Riga, Lettland, Klub, entst. 2004, **s. S.** 99

FK Olümp Maardu **s.** FC Maardu

FK Omladinac Banja Luka (Fudbalski klub Omladinac Banja Luka), Banja Luka, Bosnien und Herzegowina, Klub, **s. S.** 93

FK Omladinac Brestovčina (Fudbalski klub Omladinac Brestovčina), Brestovčina, Bosnien und Herzegowina, Klub, **s. S.** 93

FK Osogovo Kočani (Fudbalski klub Osogovo Kočani), Kočani, Mazedonien, Klub, entst. 1924, **s. S.** 93

FK Ostroj Opava **s.** SFC Opava

FK Ozeta Dukla Trenčín **s.** FK AS Trenčín

FK Pachtakor Taschkent (Futboľnyj klub Pachtakor Taschkent), Taschkent, Usbekistan, Klub, entst. 1956, [1956-88 Pachtakor Taschkent], **s. S.** 100

FK Pambygchi Neftschala (Futbol Klubu Pambygchi Neftschala), Neftçala/Neftschala, Aserbaidschan, Klub, entst. 1992, **s. S.** 97

FK Panerys Vilnius (Futbolo Klubas Panerys Vilnius), Vilnius, Litauen, Klub, entst. 1975, [1975-99 FK Panerys Vilnius, 99 aufgel.], **s. S.** 99

FK Panteri Bijeljina **s.** FK Radnik Bijeljina

FK Pardubice 1899 (Fotbalový klub Pardubice 1899), Pardubice, Tschechische Republik, Klub, entst. 1925, [1925-47 SK Explosia Semtín, 47-48 SK Synthesia Semtín, 48-50 Sokol Synthesia Semtín, 50-52 ZSJ Synthesia Semtín, 52-53 ZSJ Chemik Semtín, 53-58 TJ Jiskra Semtín, 58 Fusion mit TJ Jiskra Rybitví => TJ VCHZ Pardubice (58-90), 61 Fusion mit A-Team von VTJ Dukla Pardubice, 90-93 TJ Synthesia Pardubice, 93-97 SK Pardubice, 97 FK Pardubice 1899, 97-98 FK Dropa Pardubice 1899], **s. S.** 86

FK Partizan Beograd (Fudbalski klub Partizan Beograd), Belgrad (Beograd), Serbien, Klub, entst. 1945, [1945-63 JSD Partizan Beograd], **s. S.** 92

FK Pavlikeni (Fudbalski klub Pavlikeni), Pavlikeni, Bulgarien, Klub, entst. 1922, [1922-48 Christo Slavchev Pavlikeni, 48-49 Rosstroj Pavlikeni, 49-90 DFS Tscherveno zname Pavlikeni], **s. S.** 91

FK Pelister Bitola (Fudbalski klub Pelister Bitola), Bitola, Mazedonien, Klub, entst. 1945, **s. S.** 93

FK Petrimex Prievidza **s.** FK Baník Prievidza

FK Pirin Blagoevgrad **s.** PFK Pirin Blagoevgrad

FK Plastik Saljany (Futbol Klubu Plastik Saljany), Salyan/Saljany, Aserbaidschan, Klub, **s. S.** 97

FK Pobeda 26 Pleven **s.** PFK Spartak Pleven

FK Pobeda Prilep (Fudbalski klub Pobeda Prilep), Prilep, Mazedonien, Klub, entst. 1941, [1941-50 Goce Delčev Prilep, 50-?? FK Pobeda Prilep, ??-95 FK Pobeda Vitaminka Prilep], **s. S.** 93

FK Pobeda Vitaminka Prilep **s.** FK Pobeda Prilep

FK Podrinje Šabac **s.** FK Mačva Šabac

FK Polet Srpski Brod (Fudbalski klub Polet Srpski Brod), Srpski Brod, Bosnien und Herzegowina, Klub, **s. S.** 93

FK Policijas Riga (Futbola Klubs Policijas Riga), Riga, Lettland, Klub, entst. 1996, [aufgel. 2001 durch Fusion mit LU/Daugava Riga => PFK/Daugava Riga], **s. S.** 99

FK Policijas Riga **s.** LU/Daugava Riga

FK Policijas Riga **s.** PFK/Daugava Riga

FK Polihraftechnica Oleksandrija **s.** FK Oleksandrija

FK Polonija Vilnius (Futbolo Klubas Polonija Vilnius), Vilnius, Litauen, Klub, **s. S.** 99

FK Poncijana Trst (Fudbalski klub Poncijana Trst), Trst/Trieste, Italien, Klub, entst. 1918, [1918-28 CS Ponziana Trieste, 28 Fusion mit Edera Trieste AS => ASPE Trieste (29-45), 45 Aufl. der Fusion => FK Poncijana Trst und US Triestina], **s. S.** 93

FK Poncijana Trst **s.** USC Triestina

FK Považská Bystrica (Futbalový klub Považská Bystrica), Považská Bystrica, Slowakei, Klub, entst. 1920, [1920-24 ŠK Považská Bystrica, 24-26 Orol Považská Bystrica, 26-33 ŠK Považská Bystrica, 33-36 ŠK Munička Považská Bystrica, 36-39 AC Sparta Považská Bystrica, 39-45 AC Považská Bystrica, 45-48 AC Sparta Považská Bystrica, 48 ZK Manet Považská Bystrica, 48-49 Sokol Manet Považská Bystrica, 49-53 ZSJ Manet Považská Bystrica, 53-66 TJ Spartak Považská Bystrica, 66-68 TJ Sparta Považská Bystrica, 68-90 TJ ZVL Považská Bystrica, 90-93 FK Sparta Považská Bystrica], **s. S.** 86

FK Presnja Moskva (Futboľnyj klub Presnja Moskva), Moskau (Moskva), Russland, Klub, entst. 1990, [1990-2001 FK Asmaral Moskva], **s. S.** 101

FK Preußen Dellbrück **s.** SC Preußen Köln-Dellbrück

FK Priština (Fudbalski klub Priština), Priština, Serbien, Klub, entst. 1922, **s. S.** 93

FK Proleter Teslić (Fudbalski klub Proleter Teslić), Teslić, Bosnien und Herzegowina, Klub, **s. S.** 93

FK Proleter Zrenjanin (Fudbalski klub Proleter Zrenjanin), Zrenjanin, Serbien, Klub, entst. 1947, [entst. 1947 durch Fusion Železničar Zrenjanin, Borac Zrenjanin, Obilić Zrenjanin und FK Zrenjanin], **s. S.** 93

FK Prykarpattja Iwano-Frankiws'k (Futboľnyj klub Prykarpattja Ivano-Frankiws'k), Iwano-Frankiws'k/Iwano-Frankowsk, Ukraine, Klub, entst. 1940, [1940-81 Spartak Ivano-Frankowsk, 81-89 Prikarpatje Ivano-Frankowsk, 89-92 FK Prikarpatje Ivano-Frankowsk], **s. S.** 99

FK PSJ Jihlava **s.** FC Vysočina Jihlava

FK PSJ Motorpal Jihlava **s.** FC Vysočina Jihlava

FK Rabotnički Kometal Skopje (Fudbalski klub Rabotnički Kometal Skopje), Skopje, Mazedonien, Klub, entst. 1945, [entst. 1945 durch Fusion FK Volga Skopje, Radnički Skopje und Sloboda Skopje => ZFK Rabotnički Skopje (45-97)], **s. S.** 93

FK Rad Beograd (Fudbalski klub Rad Beograd), Belgrad (Beograd), Serbien, Klub, entst. 1958, [1958-90 FK Rad Beograd, 90-93 FK GRO Rad Beograd], **s. S.** 92

FK Radnički Bor (Fudbalski klub Radnički Bor), Bor, Serbien, Klub, entst. 1919, [1919-?? FK Bor], **s. S.** 93

FK Radnički Kragujevac (Fudbalski klub Radnički Kragujevac), Kragujevac, Serbien, Klub, entst. 1924, **s. S.** 93

FK Radnički Lukavac (Fudbalski klub Radnički Lukavac), Lukavac, Bosnien und Herzegowina, Klub, entst. 1923, **s. S.** 93

FK Radnički Niš (Fudbalski klub Radnički Niš), Niš, Serbien, Klub, entst. 1923, [1923-44 FK Radnički Niš, 44-47 FK 14. oktobar Niš], **s. S.** 93

FK Radnički Novi Beograd (Fudbalski klub Radnički Novi Beograd), Novi Beograd, Serbien, Klub, entst. 1920, **s. S.** 93

FK Radnički Obrenovac (Fudbalski klub Radnički Obrenovac), Obrenovac, Serbien, Klub, **s. S.** 93

FK Radnički Visoko **s.** FK Bosna Visoko

FK Radnik Bijeljina (Fudbalski klub Radnik Bijeljina), Bijeljina, Bosnien und Herzegowina, Klub, entst. 1945, [1945-95 FK Radnik Bijeljina, 95-97 FK Panteri Bijeljina], **s. S.** 93

FK Rakovski Ruse (Fudbalski klub Rakovski), Ruse, Bulgarien, Klub, entst. 1992, **s. S.** 91

FK Rapid Liberec **s.** TJ Jiskra SS Liberec

FK Redarstvenik Mostar (Fudbalski klub Redarstvenik Mostar), Mostar, Bosnien und Herzegowina, Klub, **s. S.** 93

FK Rezekne (Futbola Klubs Rezekne), Rezekne, Lettland, Klub, entst. 1992, [1992 Strautmala Rezekne, 92-96 FC Vairogs Rezekne, 96 Fusion mit Kolons Rezekne => FK Rezekne], **s. S.** 99

FK Riga (Futbola Klubs Riga), Riga, Lettland, Klub, entst. 1999, **s. S.** 99

FK Riga-LSPA **s.** FC Ranto-Miks Riga

FK Romanija Pale (Fudbalski klub Romanija Pale), Pale, Bosnien und Herzegowina, Klub, **s. S.** 93

FK ROMAR Mažeikiai **s.** FK Mažeikiai

FK Rostow-na-Donu (Futboľnyj klub Rostow-na-Donu), Rostow-na-Donu, Russland, Klub, entst. 1930, [1930-52 Traktor Rostow-na-Donu, 52-57 Torpedo Rostow-na-Donu, 57-89 Rostsel'masch Rostow-na-Donu, 1989-2003 FK Rostsel'masch Rostow-na-Donu], **s. S.** 101

FK Rostsel'masch Rostow-na-Donu **s.** FK Rostow-na-Donu

FK Rotor Wolgograd (Futboľnyj klub Rotor Wolgograd), Wolgograd, Russland, Klub, entst. 1933, [1933-48 Traktor Stalingrad, 48-58 Torpedo Stalingrad, 58-61 Traktor Stalingrad, 61-70 Traktor Wolgograd, 70-72 Stal' Wolgograd, 72-75 Barrikady Wolgograd, 75-?? SK Rotor Wolgograd], **s. S.** 101

FK Rot-Schwarz Pfaffenthal **s.** Red-Black Pfaffenthal

FK Rotstern Differdingen **s.** AS Differdange

FK Rozova dolina Kazanlăk (Fudbalski klub Rozova dolina Kazanlăk), Kazanlăk, Bulgarien, Klub, entst. 1919, [1919-?? Granit Kazanlăk, ??-?? DVF Kazanlăk, ??-?? Tschipka Kazanlăk, ??-?? Trimoncium Kazanlăk, ??-?? Brestoj Kazanlăk, ??-?? Spartak Kazanlăk, ??-49 Torpedo Kazanlăk, 49-85 DFS Rozova dolina Kazanlăk], **s. S.** 91

FK Rubin Kasan' (Futboľnyj klub Rubin Kasan'), Kasan', Russland, Klub, entst. 1958, [1958-64 Iskra Kasan', 64-92 Rubin Kasan', 92-93 FK Rubin-TAN Kasan'], **s. S.** 101

FK Rubin-TAN Kasan' **s.** FK Rubin Kasan'

FK Rudar Kakanj (Fudbalski klub Rudar Kakanj), Kakanj, Bosnien und Herzegowina, Klub, entst. 1928, **s. S.** 93

FK Rudar Prijedor (Fudbalski klub Rudar Prijedor), Prijedor, Bosnien und Herzegowina, Klub, **s. S.** 93

FK Rudar Probištip (Fudbalski klub Rudar Probištip), Probištip, Mazedonien, Klub, **s. S.** 93

FK Rudar Ugljevik (Fudbalski klub Rudar Ugljevik), Ugljevik, Bosnien und Herzegowina, Klub, entst. 1925, **s. S.** 93

FK Rudar Zenica (Fudbalski klub Rudar Zenica), Zenica, Bosnien und Herzegowina, Klub, **s. S.** 93

FK Sakalas Šiauliai (Futbolo Klubas Sakalas Šiauliai), Šiauliai, Litauen, Klub, entst. 1995, [19??-2001 Klevas Šiauliai], **s. S.** 99

FK Samarkand **s.** FK Dinamo Samarkand

FK Sarajevo (Fudbalski klub Sarajevo), Sarajevo, Bosnien und Herzegowina, Klub, entst. 1946, [entst. 1946 durch Fusion FK Udarnik Sarajevo und OFK Sloboda Sarajevo => FK Torpedo Sarajevo (46-49)], **s. S.** 93

FK Sarajevo Pale (Fudbalski klub Sarajevo Pale), Pale, Bosnien und Herzegowina, Klub, **s. S.** 93

FK Sartid 1913 Smederevo **s.** FK Smederevo

FK Sasa Makedonska Kamenica (Fudbalski klub Sasa Makedonska Kamenica), Makedonska Kamenica, Mazedonien, Klub, entst. 1968, **s. S.** 93

FK Saturn Moskovskaja oblasť (Futboľnyj klub Saturn Moskovskaja oblasť), Ramenskoje, Russland, Klub, entst. 1958, [1958-62 Trud Ramenskoje, 62-89 Saturn Ramenskoje, 1989-2002 FK Saturn Ramenskoje, 02-04 FK Saturn-REN TV Moskovskaja oblasť], **s. S.** 101

FK Saturn Ramenskoje **s.** FK Saturn Moskovskaja oblasť

FK Schachdag Kuba (Futbol Klubu Schachdag Kuba), Quba/Kuba, Aserbaidschan, Klub, **s. S.** 97

FK Schachdag Kusary (Futbol Klubu Schachdag Kusary), Qusar/Kusary, Aserbaidschan, Klub, entst. 1992, [19??-98 FK Neftegaz Kusary, 1998-200? FK Schachdag Kusary, 0?-05 FK Schachdag-Samur Kusary], **s. S.** 97

FK Schachrichan (Futboľnyj klub Schachrichan), Schachrichan, Usbekistan, Klub, **s. S.** 100

FK Schachtar Donez'k (Futboľnyj klub Schachtar Donez'k), Donez'k/Donezk, Ukraine, Klub, entst. 1936, [1936-47 Stachanovets Stalino, 47-61 Schachťor Stalino, 61-89 Schachťor Donezk, 89-92 FK Schachťor Donezk], **s. S.** 99

FK Schachter Karagandy (Futbol kluby Schachter Karagandy), Karagandy/Karaganda, Kasachstan, Klub, entst. 1958, [1958-97 Schachťor Karaganda, 1997-2002 Schachťor-Ispat-Karmet Karaganda], **s. S.** 101

FK Schachtor Donezk **s.** FK Schachtar Donez'k

FK Schafa Baku (Futbol Klubu Schafa Baku), Bakı/Baku, Aserbaidschan, Klub, entst. 1997, **s. S.** 97

FK Schakhtsjor Salihorsk (Futboľnyj klub Schachtsjor Salihorsk), Salihorsk/Soligorsk, Weißrussland, Klub, entst. 1963, [1963-91 Schachťor Soligorsk], **s. S.** 99

FK Schamkir (Futbol Klubu Schamkir), Şämkir/Schamkir, Aserbaidschan, Klub, entst. 1959, **s. S.** 97

FK Schemtschuschina Sotschi (Futboľnyj klub Schemtschuschina Sotschi), Sotschi, Russland, Klub, entst. 1990, **s. S.** 101

FK Schinnik Babrujsk **s.** FK Belschyna Babrujsk

FK Schinnik Jaroslawl' (Futboľnyj klub Schinnik Jaroslawl'), Jaroslawl', Russland, Klub, entst. 1957, [1957-60 Dinamo Jaroslawl'], **s. S.** 101

FK Schirakgala Sjazan' (Futbol Klubu Schirakgala Sjazan'), Siyäzän/Sjazan', Aserbaidschan, Klub, **s. S.** 97

FK Schirwan Kjurdamir (Futbol Klubu Schirwan Kjurdamir), Kürdämir/Kjurdamir, Aserbaidschan, Klub, **s. S.** 97

FK Schirwan Schemacha (Futbol Klubu Schirvan Schemacha), Ş amaxi/Schemacha, Aserbaidschan, Klub, **s. S.** 97

FK Schumen **s.** PFK Schumen 2001

FK SCP Ružomberok **s.** MFK Ružomberok

FK Selmasch Mahiljou **s.** FK Transmasch Mahiljou

FK Semej (Futbol kluby Semej), Semipalatinsk, Kasachstan, Klub, entst. 1964, [1964-71 Tsementnik Semipalatinsk, 71-93 Spartak Semipalatinsk, 1993-2001 AES Jelimaj Semipalatinsk, 01-03 Jelimaj Semej], **s. S.** 101

FK Semetej Kyzyl-Orda **s.** FK Semetej Kyzyl-Kija

FK Semetej-Dinamo Kyzyl-Kija **s.** FK Semetej Kyzyl-Kija

FK Septemvri Sofija **s.** PFK Septemvri Sofija

FK SIAD Most (Fotbalový klub SIAD Most), Most, Tschechische Republik, Klub, entst. 1909, [1909-38 SK Most, 38 aufgel., 45 wiedergegr., 45-48 SK Most, 48-49 Sokol Most, 49-53 ZSJ Uhlomost Most, 53-79 TJ Baník Most, 79-96 TJ Baník SHD Most, 96 FC MUS Most, 1996-2003 FC MUS Most 1996], **s. S.** 86

FK Šiauliai-Sakalas **s.** FK Kareda Šiauliai

FK Sileks Kratovo (Fudbalski klub Sileks Kratovo), Kratovo, Mazedonien, Klub, entst. 1965, **s. S.** 93

FK Šilute (Futbolo Klubas Šilute), Šilute, Litauen, Klub, [19??-2003 Laisve Šilute], **s. S.** 99

FK Sirjus-VLPFK Klaipeda **s.** FK Atlantas-2 Klaipeda

FK SKA Rostow-na-Donu (Futboľnyj klub Sportivnyj Klub Armiji Rostow-na-Donu), Rostow-na-Donu, Russland, Klub, entst. 1958, [1958-60 SKVO Rostow-na-Donu, 60-?? SKA Rostow-na-Donu], **s. S.** 101

FK SKA-Alaj Gultscha (Futboľnyj klub Sportivnyj Klub Armiji-Alaj Gultscha), Gultscha, Kirgisien, Klub, entst. 1992, [1992-94 FK Alaj Gultscha, 94 FK Alaj-Osch-Pirim Gultscha, 94-98 FK Alaj Gultscha, 98 FK SKA-Alaj Gultscha, aufgel. 98, Umzug nach Osch => FK SKA-Alaj Osch], **s. S.** 100

FK SKA-Alaj Gultscha **s.** FK SKA-Alaj Osch

FK SKA-Alaj Osch (Futboľnyj klub Sportivnyj Klub Armiji-Alaj Osch), Osch, Kirgisien, Klub, entst. 1998, [entst. 1998 nach Umzug von FK SKA-Alaj Gultscha nach Osch => FK SKA-Alaj Osch], **s. S.** 100

FK SKA-Alaj Osch **s.** FK SKA-Alaj Gultscha

FK SKA-Schoro Bischkek (Futboľnyj klub Sportivnyj Klub Armiji-Schoro Bischkek), Bischkek, Kirgisien, Klub, entst. 1960, [1960-93 Alga Bischkek, 93 Teilung => Alga Bischkek und Alga-RIIF Bischkek, 94 Fusion => Alga Bischkek (94-96), 96-97 Alga-PVO Bischkek, 1997-2004 FK SKA-PVO Bischkek], **s. S.** 100

FK Skonto Riga (Futbola Klubs Skonto Riga), Riga, Lettland, Klub, entst. 1991, [1991 Forum-Skonto Riga], **s. S.** 99

FK Slaven Živinice (Fudbalski klub Slaven Živinice), Živinice, Bosnien und Herzegowina, Klub, **s. S.** 93

FK Slavia Mladá Boleslav **s.** FK Mladá Boleslav

FK Slavija Istočno Sarajevo (Fudbalski klub Slavija Istočno Sarajevo), Sarajevo, Bosnien und Herzegowina, Klub, entst. 1908, [19??-2004 FK Slavija Srpsko Sarajevo], **s. S.** 93

FK Slavija Lukavica (Fudbalski klub Slavija Lukavica), Lukavica, Bosnien und Herzegowina, Klub, **s. S.** 93

FK Slavija Srpsko Sarajevo **s.** FK Slavija Istočno Sarajevo

FK Slavoj Praha **s.** AFK Slavoj Podolí Praha

FK Slawia Mazyr (Futboľnyj klub Slawia Mazyr), Mazyr/Mozyr', Weißrussland, Klub, entst. 1987, [1987-95 Polesje Mozyr', 95-97 FK MPKC Mazyr], **s. S.** 99

FK Sliven **s.** PFK Sliven

FK Sloboda Novi Grad (Fudbalski klub Sloboda Novi Grad), Novi Grad, Bosnien und Herzegowina, Klub, **s. S.** 93

FK Sloboda Titovo Užice **s.** FK Sloboda Užice

FK Sloboda Tuzla (Fudbalski klub Sloboda Tuzla), Tuzla, Bosnien und Herzegowina, Klub, entst. 1919, **s. S.** 93

FK Sloboda Užice (Fudbalski klub Sloboda Užice), Užice, Serbien, Klub, entst. 1925, [1925-?? Građanski Titovo Užice, ??-90 FK Sloboda Titovo Užice], **s. S.** 93

FK Sloga Doboj (Fudbalski klub Sloga Doboj), Doboj, Bosnien und Herzegowina, Klub, **s. S.** 93

FK Sloga Jugomagnat Skopje (Fudbalski klub Sloga Jugomagnat Skopje), Skopje, Mazedonien, Klub, entst. 1927, [1927-?? Sloga Skopje], **s. S.** 93

FK Sloga Srbac (Fudbalski klub Sloga Srbac), Srbac, Bosnien und Herzegowina, Klub, **s. S.** 93

FK Sloga Trn (Fudbalski klub Sloga Trn), Trn, Bosnien und Herzegowina, Klub, **s. S.** 93

FK Smederevo (Fudbalski klub Smederevo), Smederevo, Serbien, Klub, entst. 1924, [1924-44 FK Sartid Smederevo, 44-46 FK Metalac Smederevo, 46-49 FK Jedinstvo Smederevo, 49-58 FK Smederevo, 58-62 OFK Budućnost Smederevo, 62-67 FK Smederevo, 67-76 FK Metalurg Smederevo, 76-92 FK Smederevo, 1992-2004 FK Sartid Smederevo], **s. S.** 93

FK Snaige Alytus **s.** FK Dainava Alytus

FK Sogdiana Dschizak (Futboľnyj klub Sogdiana Dschizak), Dschizak, Usbekistan, Klub, entst. 1970, [1970-?? Zhizach Dschizak, ??-?? Trud Dschizak, ??-?? Irrigator Dschizak, ??-?? Buston Dschizak, ??-?? Zvezda Dschizak, ??-90 Jeschlik Dschizak], **s. S.** 101

FK Sokol-Saratow (Futboľnyj klub Sokol-Saratow), Saratow, Russland, Klub, entst. 1946, **s. S.** 101

FK Sparta Považská Bystrica **s.** FK Považská Bystrica

FK Spartak Moskva (Moskovskij Gorodskoj Futboľnyj klub Spartak Moskva), Moskau (Moskva), Russland, Klub, entst. 1922, [1922 MKS, 22-25 Krasnaja Presnja Moskva, 25-30 Pischkewiki Moskva, 30-34 Dukat Moskva, 34-35 Promkooperacija Moskva, 35-92 Spartak Moskva], **s. S.** 101

FK Spartak Pleven **s.** PFK Spartak Pleven

FK Spartak Plovdiv (Fudbalski klub Spartak Plovdiv), Plovdiv, Bulgarien, Klub, entst. 1944, [1944-47 NFD Septemvri Plovdiv, 45 Fusion mit Levski Plovdiv, 47 Fusion mit NFD Udarnik Plovdiv => NFD Spartak Plovdiv (47-49), 49-58 DSO Spartak Plovdiv, 58-67 DFS Spartak Plovdiv, aufgel. 67 durch Fusion mit ASK Botev Plovdiv und Akademik Plovdiv => AFD Trakija Plovdiv, Wiedergr. 82 durch Abspaltung von AFD Trakija Plovdiv => DFS Spartak Plovdiv (82-89)], **s. S.** 91

FK Spartak Subotica (Fudbalski klub Spartak Subotica), Subotica, Serbien, Klub, entst. 1945, **s. S.** 93

FK Spartak Varna **s.** PFK Spartak Varna

FK Spartak Wladikawkaz (Futboľnyj klub Spartak Wladikawkaz), Wladikawkaz, Russland, Klub, entst. 1937, [1937-43 Spartak Ordzhonikidze, 43-55 Spartak Dzaudzhikau, 55-90 Spartak Ordzhonikidze, 90-95 FK Spartak Wladikawkaz, 95-96 FK Spartak-Alanija Wladikawkaz, 1997-2002 FK Alanija Wladikawkaz, 02-03 FK Spartak-Alanija Wladikawkaz, 03-05 FK Alanija Wladikawkaz], **s. S.** 101

FK Spartak ZŤS Dubnica nad Váhom **s.** FK ZŤS Dubnica nad Váhom

FK Spartak-Alanija Wladikawkaz **s.** FK Spartak Wladikawkaz

FK Sredets Sofija **s.** PFK CSKA Sofija

FK Staľ Alchews'k (Futboľnyj klub Staľ Alchews'k), Alchews'k/Alchewsk, Ukraine, Klub, entst. 1935, **s. S.** 99

FK Staryja Darohi (Futboľnyj klub Staryja Darohi), Staryja Darohi/Staryje Dorogi, Weißrussland, Klub, entst. 1976, [1976-91 Strojiteľ Staryje Dorogi, 91-9? FK Strojiteľ Staryja Darohi], **s. S.** 99

FK Strojiteľ Staryja Darohi **s.** FK Staryja Darohi

FK Strumska slava Radomir (Fudbalski klub Strumska slava Radomir), Radomir, Bulgarien, Klub, **s. S.** 91

FK Suduva Marijampole (Futbolo Klubas Suduva Marijampole), Marijampole, Litauen, Klub, entst. 1968, [19??-95 FK Žydrius Marijampole], **s. S.** 99

FK Surchan Termez (Futboľnyj klub Surchan Termez), Termez, Usbekistan, Klub, entst. 1968, [1968-?? Tschegerachi Termez, ??-?? Avtomobilist Termez, ??-?? Spartak Termez, ??-94 FK Surchan Termez, 94-96 ASK Termez], **s. S.** 101

FK Sutjeska Nikšić (Fudbalski klub Sutjeska Nikšić), Nikšić, Montenegro, Klub, entst. 1944, **s. S.** 93

FK Sutjeska Srbinje (Fudbalski klub Sutjeska Srbinje), Srbinje, Bosnien und Herzegowina, Klub, **s. S.** 93

FK Švarc Benešov **s.** FK Benešov

FK Šviesa Vilnius **s.** FC Vilnius

FK Swetotechnika Majli-Saj (Futboľnyj klub Swetotechnika Majli-Saj), Majli-Saj, Kirgisien, Klub, entst. 1998, **s. S.** 100

FK Swislatsch-Kroulja Asipowitschy (Futboľnyj klub Swislatsch-Kroulja Asipowitschy), Asipobwitschy/Osipobwitschi, Weißrussland, Klub, entst. 1994, **s. S.** 99

FK Swjazda VA BGU Minsk (Futboľnyj klub Swjazda VA BGU Minsk), Minsk, Weißrussland, Klub, entst. 1995, **s. S.** 99

FK Syrdarja Gulistan (Futboľnyj klub Syrdarja Gulistan), Gulistan, Usbekistan, Klub, [19??-94 Schifokor Gulistan, 1994-2004 FK Gulistan], **s. S.** 100

FK Taraz (Futbol kluby Taraz), Dschambul, Kasachstan, Klub, entst. 1961, [1961-67 Metallist Dschambul, 67-68 Voschod Dschambul, 68-71 Energetik Dschambul, 71-75 Alatau Dschambul, 75-92 Chimik Dschambul, 92 Fosfor Dschambul, 92-97 Taraz Dschambul], **s. S.** 101

FK Tarpeda Schodyna (Futboľnyj klub Tarpeda Schodyna), Schodyna/Schodimo, Weißrussland, Klub, entst. 1965, [1965-?? Torpedo Schodimo, ??-92 BelAZ Schodimo], **s. S.** 99

FK Tarpeda-Kadzina Mahiljou (Futboľnyj klub Tarpeda-Kadzina Mahiljou), Mahiljou/Mogilew, Weißrussland, Klub, entst. 1974, [1974-91 Torpedo Mogilev, 91-95 FK Torpedo Mahiljou], **s. S.** 99

FK Tarpeda-MAZ Minsk (Futboľnyj klub Tarpeda-MAZ Minsk), Minsk, Weißrussland, Klub, entst. 1947, [1947-91 Torpedo Minsk], **s. S.** 99

FK Tauras Šiauliai (Futbolo Klubas Tauras Šiauliai), Šiauliai, Litauen, Klub, **s. S.** 99

FK Tauras Taurage (Futbolo Klubas Tauras Taurage), Taurage, Litauen, Klub, entst. 1943, [1943-60 Tauras Taurage, 60-61 MSK Taurage, 61-90 Tauras Taurage, 90-93 FK Elektronas Taurage, 93-95 FK Tauras-Karšuva Taurage], **s. S.** 99

FK Tauras-Karšuva Taurage **s.** FK Tauras Taurage

FK Tawrija Simferopoľ (Futboľnyj klub Tawrija Simferopoľ), Simferopoľ, Ukraine, Klub, entst. 1958, [1958-63 Avangard Simferopoľ, 63-90 Tawrija Simferopoľ], **s. S.** 99

FK Tekstilac Tetovo **s.** FK Teteks Tetovo

FK Tekstiľschtschik Kamyschin (Futboľnyj klub Tekstiľschtschik Kamyschin), Kamyschin, Russland, Klub, entst. 1958, [1958-96 Tekstiľschtschik Kamyschin, 96-97 FK Energija-Tekstiľschtschik Kamyschin], **s. S.** 101

FK Temp Schepetiwka (Futboľnyj klub Temp Schepetiwka), Schepetiwka/Schepetowka, Ukraine, Klub, entst. 1990, **s. S.** 99

FK Tempo Partizánske (Futbalový klub Tempo Partizánske), Partizánske, Slowakei, Klub, entst. 1940, [1940-42 ŠK Baťa Baťovany, 42-45 HG Šimonovany, 45-48 ŠK Baťovany, 48-49 Sokol Baťovany, 49-53 Sokol Svit Partizánske, 53-?? TJ Iskra Partizánske, ??-90 TJ Iskra ZDA Partizánske], **s. S.** 86

FK Teplice (Fotbalový klub Teplice), Teplice, Tschechische Republik, Klub, entst. 1945, [1945-48 SK Teplice-Šanov, 48-49 Sokol Teplice-Šanov, 49-51 ZSJ Technomat Teplice, 51-52 ZSJ Vodotechna Teplice, 52-53 ZSJ Ingstav Teplice, 53-60 TJ Tatran Teplice, 60-66 TJ Slovan Teplice, 66-92 TJ Sklo Union Teplice, 92 Fusion mit VTJ Teplice => TFK VTJ Teplice (92-93), 93-94 FK Frydrych Teplice], **s. S.** 86

FK Terek Groznyj (Futboľnyj klub Terek Groznyj), Groznyj, Russland, Klub, entst. 1958, **s. S.** 101

FK Teteks Tetovo (Fudbalski klub Teteks Tetovo), Tetovo, Mazedonien, Klub, entst. 1951, [1951-?? FK Tekstilac Tetovo], **s. S.** 93

FK Tetingen **s.** SC Tétange

FK Tikveš Kavadarci (Fudbalski klub Tikveš Kavadarci), Kavadarci, Mazedonien, Klub, entst. 1926, **s. S.** 93

FK Tjumen' (Futboľnyj klub Tjumen'), Tjumen', Russland, Klub, entst. 1961, [1961-63 Geolog Tjumen', 63-65 Priboj Tjumen', 65-78 Neftjanik Tjumen', 78-80 Strojiteľ Tjumen', 80-83 Fakel Tjumen', 83-92 Geolog Tjumen', 92-96 Dinamo-Gazovik Tjumen'], **s. S.** 101

FK Tobol Kustanaj (Futbol kluby Tobol Kustanaj), Kustanaj, Kasachstan, Klub, entst. 1967, [1967-82 Avtomobilist Kustanaj, 82-90 Energetik Kustanaj, 90-92 Kustanajets Kustanaj, 92-95 Chimik Kustanaj], **s. S.** 101

FK Tom' Tomsk (Futboľnyj klub Tom' Tomsk), Tomsk, Russland, Klub, entst. 1957, [1957-58 Burevestnik Tomsk, 58-59 Tomich Tomsk, 59-61 Sibelektromotor Tomsk, 61-64 Tomich Tomsk, 64-68 Torpedo Tomsk, 68-74 Tomles Tomsk, 74-1979 Torpedo Tomsk, 89-88 Manometr Tomsk], **s. S.** 101

FK Torpedo Mahiljou **s.** FK Tarpeda-Kadzina Mahiljou

FK Torpedo Moskva (Futboľnyj klub Torpedo Moskva), Moskau (Moskva), Russland, Klub, entst. 1924, [1924-36 Proletarskaja Kuznica Moskva, 36-90 Torpedo Moskva, 90-96 FK Torpedo Moskva, 96-98 FK Torpedo-Luschniki Moskva], **s. S.** 101

FK Torpedo Sarajevo **s.** FK Sarajevo

FK Torpedo Zaporischja (Futboľnyj klub Torpedo Zaporischja), Saporischja/Zaporosch'je, Ukraine, Klub, entst. 1920, [1920-?? Silmasch Zaporosch'je, ??-?? Traktor Zaporosch'je, ??-82 Komunarets Zaporosch'je, 82-92 Torpedo Zaporosch'je, 92-99 FK Torpedo Zaporischja, 99 aufgel.], **s. S.** 99

FK Torpedo-Luschniki Moskva **s.** FK Torpedo Moskva

FK Torpedo-ZIL Moskva **s.** FK Moskva

FK Trakija Plovdiv **s.** PFK Botev Plovdiv

FK Traktor Taschkent (Futboľnyj klub Traktor Taschkent), Taschkent, Usbekistan, Klub, entst. 1968, [1968-70 Taschavtomasch Taschkent], **s. S.** 100

FK Transmasch Mahiljou (Futboľnyj klub Transmasch Mahiljou), Mahiljou/Mogilew, Weißrussland, Klub, entst. 1994, [1994 FK Selmasch Mahiljou, 94-97 FK Transmasch Mahiljou, aufgel. 97 Fusion mit FK Dnepr Mahiljou => FK Dnepr-Transmasch Mahiljou], **s. S.** 99

FK Transmasch Mahiljou **s.** FK Dnepr Mahiljou

FK Transmasch Mahiljou **s.** FK Dnepr-Transmasch Mahiljou

FK Trepča Kosovska Mitrovica (Fudbalski klub Trepča Kosovska Mitrovica), Kosovska Mitrovica, Serbien, Klub, entst. 1932, [1932-45 Trepča Kosovska Mitrovica, 45-90 Trepča Titova Mitrovica], **s. S.** 93

FK Tschardafon Gabrovo (Fudbalski klub Tschardafon Gabrovo), Gabrovo, Bulgarien, Klub, entst. 1920, [1920-?? OTO Gabrovo, ??-?? Tschardafon Orlovec Gabrovo, ??-?? Aprilov Gabrovo, ??-?? Balkan Gabrovo, ??-?? Tscherveno zname Gabrovo, ??-?? Dinamo Gabrovo, ??-?? Spartak Gabrovo, ??-57 Torpedo Gabrovo, 57-73 Tschardafon Orlovec Gabrovo, 73-89 Jantra Gabrovo, 89-94 FK Jantra Gabrovo], **s. S.** 91

FK Tscherno More Varna **s.** PFK Tscherno more Varna

FK Tschernomorets Burgas **s.** PFK Tschernomorets Burgas

Göztepe AŞ (Göztepe Spor Hizmetleri ve Ticaret Anonim Şirketi), İzmir, Türkei, Klub, entst. 1925, [19??-?? Göztepe SK], s. S. 96
Göztepe Spor Kulübü s. Göztepe SK
Graafschap s. VBV de Graafschap
Građanski Bugojno s. NK Iskra Bugojno
Građanski Hrvatski športski klub Zagreb s. Građanski HŠK Zagreb
Građanski HŠK Zagreb (Građanski Hrvatski športski klub Zagreb), Zagreb, Kroatien, Klub, entst. 1911, [aufgel. 1945], s. S. 93
Građanski Niš s. SK Građanski Niš
Građanski Ohrid s. FK Ohrid
Građanski SK Skopje s. SSK Pobeda Skopje
Građanski Titovo Užice s. FK Sloboda Užice
Građanski Zagreb s. NK Dinamo Zagreb
Gradina Srebrenik s. NK Gradina Srebrenik
Gradiška, Stadt, Bosnien und Herzegowina, s. S. 93
Grafica Mnetaria Bucureş ti s. FC Naţ ional Bucureş ti
Graficar Zagreb s. NK Zagreb
Grain Growers s. Kenya Grain Growers
Grain Tigers, Simbabwe, Klub, s. S. 121
Grampus Eight s. Nagoya Grampus Eight
Gran Canaria Las Palmas s. UD Las Palmas
Gran Valira FC Encamp (Gran Valira Futbol Club Encamp), Encamp, Andorra, Klub, entst. 1950, [1950-?? FC Encamp, ??-2004 FC Encamp Dicoansa], s. S. 77
Granada CF (Granada Club de Fútbol), Granada, Spanien, Klub, entst. 1931, [1931-40 Recreativo Granada], s. S. 79
Granada Club de Fútbol s. Granada CF
Granada, Stadt, Spanien, s. S. 79
Grand Bois, Stadt, Guadeloupe, s. S. 127
Grand Fond SC (Grand Fond Soccer Club), Grand Fond, Dominica, Klub, s. S. 127
Grand Fond Soccer Club s. Grand Fond SC
Grand Fond, Stadt, Dominica, s. S. 127
Grand Port United FC (Le Grand Port United Football Club), Mahébourg, Mauritius, Klub, [19??-2000 Mahébourg United], s. S. 121
Grand-Bassam, Stadt, Elfenbeinküste, s. S. 117
Grande Anse, Stadt, Seychellen, s. S. 121
Grand-Goâve, Stadt, Haiti, s. S. 127
Grane Nordstrand, Oslo, Norwegen, Klub, entst. 1893, [aufgel. 1904], s. S. 71
Grange Harlequins AFC (Grange Harlequins Association Football Club), Cardiff, Wales, Klub, entst. 1935, s. S. 67
Granit Kazanlăk s. FK Rozova dolina Kazanlăk
Granitas Klaipeda s. FK Atlantas Klaipeda
Granjeros, Havanna (La Habana), Kuba, Klub, s. S. 126
Granma, Bayamo, Kuba, Klub, s. S. 126
Graphia Schwechat s. SV Schwechat
Grasläufer Schaffhausen s. FC Schaffhausen
Graslitz, Stadt, Tschechische Republik, s. S. 84
Grasshopper-Club Zürich, Zürich, Schweiz, Klub, entst. 1886, s. S. 82
Grau s. Atlético Grau
Graz, Stadt, Österreich, s. S. 83
Grazer AK s. Liebherr GAK
Grazer SC s. 1. Grazer SC
Greåker Idrettsforening s. Greåker IF
Greåker IF (Greåker Idrettsforening), Sarpsborg, Norwegen, Klub, entst. 1919, s. S. 71
Great Lions s. Boye Sowahs Zebi
Great Olympics, Accra, Ghana, Klub, entst. 1954, s. S. 117
Green Berets, Thika, Kenia, Klub, s. S. 119
Green Buffaloes , Lusaka, Sambia, Klub, [19??-74 Zambia Army], s. S. 119
Green Cross, Santiago, Chile, Klub, [aufgel. 1986, Umzug nach do Temuco => Deportes Temuco], s. S. 135
Green Cross s. CD Green Cross
Green Cross s. Deportes Temuco
Green Eagles, Kafue, Sambia, Klub, s. S. 119
Green Gully, Melbourne, Australien, Klub, s. S. 136
Green Mamba FC (Green Mamba Football Club), Big Bend, Swasiland, Klub, s. S. 120
Green Valley, Uganda, Klub, s. S. 119
Greenock Morton FC (Greenock Morton Football Club), Greenock, Schottland, Klub, entst. 1874, s. S. 69
Greenock Morton Football Club s. Greenock Morton FC
Greenock, Stadt, Schottland, s. S. 69
Greens s. Balochistan Greens
Greens s. NWFP Greens
Greens s. Punjab Greens
Greens s. Sindh Greens
Grêmio Atlético Coariense, Coari, Brasilien, Klub, s. S. 133
Grêmio Atlético Farroupilha s. GA Farroupilha
Grêmio Atlético Sampaio s. GA Sampaio
Grêmio de Esportes Maringá s. Grêmio Maringá
Grêmio de Football Santanense s. Grêmio Santanense
Grêmio Esportivo Bagé s. GE Bagé
Grêmio Esportivo Brasil s. GE Brasil
Grêmio Esportivo Brasiliense s. GE Brasiliense
Grêmio Esportivo Olímpico s. GE Olímpico
Grêmio Esportivo Serra s. GE Serra
Grêmio Foot-ball Portoalegrense s. Grêmio Portoalegrense
Grêmio Maringá (Grêmio de Esportes Maringá), Maringá, Brasilien, Klub, entst. 1961, s. S. 133
Grêmio Porto Alegrense (Grêmio Foot-Ball Porto Alegrense), Porto Alegre, Brasilien, Klub, entst. 1903, s. S. 133
Grêmio Santanense (Grêmio de Football Santanense), Santana do Livramento, Brasilien, Klub, entst. 1913, s. S. 133
Grêmio Tiradentes s. Flamengo Tiradentes
Grenada, Länder, s. S. 126 und 127
Grenchen, Stadt, Schweiz, s. S. 82
Grenoble Foot 38, Grenoble, Frankreich, Klub, entst. 1917, [1917-77 FC Grenoble, 77-85 FC AS Grenoble, 85-90 FC Grenoble-Dauphiné, 90 aufgel. und wiedergegr., 90-93 FC Grenoble-Isère, 93-97 Olympique Grenoble-Isère, 97 aufgel. und wiedergegr.], s. S. 77
Grenoble, Stadt, Frankreich, s. S. 77
Grenville, Stadt, Grenada, s. S. 127
Gresik , Stadt, Indonesien, s. S. 107
Gresik, Stadt, Indonesien, s. S. 107
Greuther Fürth s. SpVgg. Greuther Fürth
Grevenmacher, Stadt, Luxemburg, s. S. 75
Griechenland, Länder, s. S. 94 und 95
Griga United, Dangriga, Belize, Klub, [19??-99 Dangriga Jaguars, 1999-2000 Grigamandala, 00-01 Griga Tropical], s. S. 125
Grigamandala s. Griga Tropical
Grimsby Pelham FC s. Grimsby Town FC
Grimsby Town FC (Grimsby Town Football Club), Grimsby, England, Klub, entst. 1878, [1878-97 Grimsby Pelham FC], s. S. 67
Grimsby Town Football Club s. Grimsby Town FC
Grimsby, Stadt, England, s. S. 67
Grinaker Pubs s. Rangers FC
Grinaker Rangers s. Rangers FC
Grindavík, Stadt, Island, s. S. 71
Groclin Dyskobolia Grodzisk-Wielkopolski, Grodzisk-Wielkopolski, Polen, Klub, entst. 1922, [19??-2000 KS Groclin Dyskobolia Grodzisk-Wielkopolski], s. S. 89
Grodno, Stadt, Weißrussland, s. S. 99
Grodzisk-Wielkopolski, Stadt, Polen, s. S. 89
Grombalia Sports, Grombalia, Tunesien, Klub, s. S. 113
Grombalia, Stadt, Tunesien, s. S. 113
Groningen, Stadt, Niederlande, s. S. 75
Groninger Voetbal Vereniging Velocitas s. Velocitas
Grönland, Länder, s. S. 122 und 123
Grønlands Seminarius Sportklub s. GSS
Grootfontein, Stadt, Namibia, s. S. 120
Gros Islet, Stadt, St. Lucia, s. S. 127
Gros Morne, Stadt, Martinique, s. S. 127
Groß Viktoria Wien s. Floridsdorfer AC
Groß-Born, Stadt, Polen, s. S. 84
Groß-Florisdorfer FK Admira s. ESV Admira-NÖ Energie
Groß-Hamburg s. LSV Groß-Hamburg
Grosvenor Wrexham s. Wrexham AFC
Grove Place, Stadt, Amerikanisch-Jungferninseln, s. S. 126
Groznyj, Stadt, Russland, s. S. 101
Grube Marga s. FSV GA Brieske-Senftenberg
Grudziądz, Stadt, Polen, s. S. 89
Grün-Weiß Leipzig s. FC Sachsen Leipzig 1990
Grün-Weiß Leipzig s. FSV Böhlen
Grupo Companhia Têxtil Punguè s. Têxtil Punguè
Grupo Deportivo Lage s. GD Lage
Grupo Desportes Estrela Vermelha s. Estrela Vermelha
Grupo Desportivo Artilheiros s. GD Artilheiros
Grupo Desportivo de Chaves s. GD Chaves
Grupo Desportivo de Maputo s. Desportivo Maputo
Grupo Desportivo Estoril-Praia s. GD Estoril-Praia
Grupo Desportivo Lam Pak s. GD Lam Pak
Grupo Desportivo Os Operários s. GD Os Operários
Grupo Desportivo Quimigal s. GD Quimigal
Grupo Desportivo Riopele s. GD Riopele
Grupo Desportivo Têxtáfrica s. Têxtáfrica
Grupo do Remo s. Remo
Gruppo del Calcio Mantova s. AC Mantova
Gruppo Desportivo Atlético Sport Aviação s. AS Aviação
Gruppo Desportivo Sagrada Esperança s. Sagrada Esperança
Gruppo Sportivo Incredit s. Foggia Calcio
GS Azelio Landi Empoli s. Empoli FC
GS Dramas Doxa (Gymnastikos Syllogos Dramas Doxa), Drama, Griechenland, Klub, entst. 1918, s. S. 95
GS Iraklis Thessaloniki (Gymnastikos Syllogos Iraklis Thessaloniki), Thessaloniki, Griechenland, Klub, entst. 1908, s. S. 95
GS Kalamata s. PAE GS Kalamata
GS Kallithea (Gymnastikos Syllogos Kallithea), Athen (Athina), Griechenland, Klub, entst. 1966, [entst. 1966 durch Fusion Esperos, Iraklis, AE Kallitheas und Kallithaikos, 67 Fusion mit Pyrsos], s. S. 95
GS Niki Volos (Gymnastikos Syllogos Niki Volos), Volos, Griechenland, Klub, entst. 1924, s. S. 95
GSS (Grønlands Seminarius Sportklub), Nuuk/Godthåb, Grönland, Klub, s. S. 123
GSS Keravnos Strovolos, Nicosia/Lefkosia, Zypern, Klub, entst. 1926, s. S. 95
Guabirá (Club Guabirá), Montero, Bolivien, Klub, entst. 1962, s. S. 131
Guabo, Stadt, Ecuador, s. S. 130
Guadalajara, Stadt, Mexiko, s. S. 125
Guadalupe, Stadt, Peru, s. S. 130
Guadeloupe, Länder, s. S. 126 und 127
Guadelupe, Stadt, São Tomé und Príncipe, s. S. 117
Guajará EC, Guajará-Mirim, Brasilien, Klub, entst. 1952, s. S. 132
Guajará-Mirim, Stadt, Brasilien, s. S. 132
Guam Shipyard SC, Guam, Klub, [19??-2001 Coor's Light Silver Bullets, 01 Staywell Zoom], s. S. 136
Guam Tritons s. University of Guam Tritons
Guam U-18, Guam, Klub, s. S. 136
Guam, Länder, s. S. 136 und 137
Guanabara s. AA Guanabara
Guanacasteca s. AD Guanacasteca
Guanaré, Stadt, Venezuela, s. S. 128
Guangdong Hongyuan, Kanton (Guangzhou), China, Klub, [19??-?? Guangdong], s. S. 109
Guangzhou Apollo s. Guangzhou Jili Cars
Guangzhou B s. Guangzhou Songri
Guangzhou Panasonic s. Guangzhou Songri
Guangzhou Songri, Kanton (Guangzhou), China, Klub, entst. 1993, [1993-94 Guangzhou Panasonic, 94-95 Guangzhou B], s. S. 109
Guangzhou Xiangxue Pharmaceutical, Kanton (Guangzhou), China, Klub, entst. 1993, [1993-9? Taiyansheng, 199?-2001 Guangzhou Apollo, 01-02 Guangzhou Jili Cars], s. S. 109
Guangzhou, Stadt, China, s. S. 109
Guantánamo, Stadt, Kuba, s. S. 126
Guápiles, Stadt, Costa Rica, s. S. 125
Guará, Stadt, Brasilien, s. S. 133
Guaraní (Club Guaraní), Asunción, Paraguay, Klub, entst. 1903, [1914-?? Guaraní FC], s. S. 135
Guaraní (Club Guaraní), Coronel Oviedo, Paraguay, Klub, entst. 1903, s. S. 135
Guaraní Antonio Franco s. CD Guaraní Antonio Franco
Guarani FC (Guarani Futebol Clube), Campinas, Brasilien, Klub, entst. 1911, s. S. 133
Guaraní FC s. Guaraní
Guarani Futebol Clube s. Guarani FC
Guarany AC (Guarany Atlético Clube), Macapá, Brasilien, Klub, s. S. 133
Guarany Atlético Clube s. Guarany AC
Guarany FC (Guarany Futebol Clube), Bagé, Brasilien, Klub, entst. 1907, s. S. 133
Guarany Futebol Clube s. Guarany FC
Guarany s. AD Guarany
Guarapari EC (Guarapari Esporte Clube), Guarapari, Brasilien, Klub, entst. 1936, s. S. 133
Guarapari Esporte Clube s. Guarapari EC
Guarapari, Stadt, Brasilien, s. S. 133
Guardia Republicana (Circulo Sportivo Guardia Republicana), Lima, Peru, Klub, entst. 1950, [1950-81 Deportivo Perricholi], s. S. 130
Guatemala City, Stadt, Guatemala, s. S. 125
Guatemala FC (Guatemala Fútbol Club), Ciudad de Guatemala/Guatemala City, Guatemala, Klub, [aufgel. 19??], s. S. 125
Guatemala Fútbol Club s. Guatemala FC
Guatemala, Länder, s. S. 124 und 125
Guayacanes (Club Guayacanes), Guayanilla, Puerto Rico, Klub, s. S. 127
Guayama, Stadt, Puerto Rico, s. S. 127
Guayanilla, Stadt, Puerto Rico, s. S. 127
Guayaquil Sport, Guayaquil, Ecuador, Klub, s. S. 131
Guayaquil, Stadt, Ecuador, s. S. 130 und 131
Guaynabo, Stadt, Puerto Rico, s. S. 127
Guazapa, Stadt, El Salvador, s. S. 125
Guecho, Stadt, Spanien, s. S. 79
Guéckédou, Stadt, Guinea, s. S. 117
Guédiawaye FC (Guédiawaye Football Club), Dakar, Senegal, Klub, s. S. 117
Guelma, Stadt, Algerien, s. S. 113
Gueugnon, Stadt, Frankreich, s. S. 77
Gueugnonnais s. FC Gueugnonnais
Guider, Stadt, Kamerun, s. S. 117
Guimarães, Stadt, Portugal, s. S. 79
Guinea Grass, Stadt, Belize, s. S. 125
Guinea, Länder, s. S. 116 und 117
Guinea-Bissau, Länder, s. S. 116 und 117
Guingamp, Stadt, Frankreich, s. S. 77
Guinness Police Football Club s. Guinness Police FC
Guiyang, Stadt, China, s. S. 109
Gujranwala, Stadt, Pakistan, s. S. 105
Gulistan, Stadt, Usbekistan, s. S. 100
Gully s. Green Gully
Gultscha, Stadt, Kirgisien, s. S. 100
Gulu United, Gulu, Uganda, Klub, s. S. 119
Gulu, Stadt, Uganda, s. S. 119
Gumárna 1. máje Púchov s. ŠK Matador Púchov
Guna Trading FC (Guna Trading Football Club), Mekele, Äthiopien, Klub, s. S. 115
Guna Trading Football Club s. Guna Trading FC
Gunners CS s. Extension Gunners CS
Guoan s. Beijing Hyundai Cars
Gurdschaani, Stadt, Georgien, s. S. 97
Guria, Lae, Papua Neu Guinea, Klub, s. S. 136
Guria FC (Guria Football Club), Port Moresby, Papua Neu Guinea, Klub, s. S. 136
Guria Lantschchuti s. FC Guria Lantschchuti
Gurupi EC (Gurupi Esporte Clube), Gurupi, Brasilien, Klub, entst. 1988, s. S. 133
Gurupi Esporte Clube s. Gurupi EC
Gurupi, Stadt, Brasilien, s. S. 133
Gusau, Stadt, Nigeria, s. S. 117
Gut Belbis, Belbis/Bilbays, Ägypten, Klub, s. S. 112
GUTP-DSO Udarnik Sofija s. PFK Slavija Sofija
Guyana, Länder, s. S. 128 und 129
Güzelyurt, Stadt, Zypern, s. S. 95
GVAV s. FC Groningen
Gwanda, Stadt, Simbabwe, s. S. 121
Gwangju Sangmu Phoenix, Kwangju/Gwangju, Südkorea, Klub, entst. 1985, s. S. 110
Gwardia Bydgoszcz s. GKS Polonia Bydgoszcz
Gwardia Kraków s. Wisła Kraków
Gwardia Szczecin s. KS Arkonia Szczecin
Gwardia Warszawa s. KS Gwardia Warszawa
Gwardyjski Klub Sportowy Olimpia-Bolplast Poznań s. GKS Olimpia-Bolplast Poznań
Gweru United, Gweru, Simbabwe, Klub, entst. 1996, [entst. 1996 nach Umzug von Mutare United nach Gweru], s. S. 121
Gweru, Stadt, Simbabwe, s. S. 121
Gyeongnam FC, Changwon, Südkorea, Klub, entst. 2005, s. S. 110
Gymnaste Club Nice s. OGC Nice
Gymnastik och Idrottsförening Sundsvall s. GIF Sundsvall
Gymnastikos Syllogos Dramas Doxa s. GS Dramas Doxa
Gymnastikos Syllogos Iraklis Thessaloniki s. GS Iraklis Thessaloniki
Gymnastikos Syllogos Niki Volos s. GS Niki Volos
Győr, Stadt, Ungarn, s. S. 89
Győri Egyetértés Torna Osztálya Football Club s. Győri ETO FC
Győri ETO FC (Győri Egyetértés Torna Osztálya Footbal Club), Győr, Ungarn, Klub, entst. 1904, [1904-49 Győri Vagongyár ETO, 49-50 Győr, 50-52 Győri Vasas SC ETO, 52 Győri Vasas, 53 Vasas SE Győr, 54-57 Wilhelm Pick Vasas ETO SK, 57 Magyar Wilhelm Pick Vagon- és Gépgyár ETO, 57-65 Győri Vasas ETO, 65-85 Rába ETO, 85-92 Győri ETO FC, 92-94 Rába ETO FC, 94 ETO FC Győr], s. S. 89
Győri Vagongyár ETO s. Győri ETO FC
Győri Vasas ETO s. Győri ETO FC
Győri Vasas s. Győri ETO FC
Győri Vasas SC ETO s. Győri ETO FC
Gzira United FC (Gzira United Football Club), Gzira, Malta, Klub, entst. 1946, s. S. 81
Gzira United Football Club s. Gzira United FC
Gzira, Stadt, Malta, s. S. 81
HA Nador (Hilal Athletic Nador), Nador/Nadur, Marokko, Klub, s. S. 113
Ha Noi ACB, Ha Nôi, Vietnamese, Klub, [??-2006 LG-ACB Ha Noi], s. S. 107
Ha Nôi, Stadt, Vietnam, s. S. 107
Haagse Voetbal Vereniging Quick Dass s. Quick
Haagse Voetbal Vereniging s. HVV
Haarlem Football Club s. HFC
Haarlem, Stadt, Niederlande, s. S. 75
Haarlemsche FC s. FC Haarlem
Haben, Asmara, Eritrea, Klub, s. S. 115
Habib Bank Limited s. HBL
Habit Pharm Javor Ivanjica s. FK Habit Pharm Javor Ivanjica
Habour Board, Auckland, Neuseeland, Klub, s. S. 137
HAC Humenné s. HFC Humenné
Hacettepe Spor Kulübü s. Hacettepe SK
Hachioji, Stadt, Japan, s. S. 111
Häcken s. BK Häcken
Hackney, Mhangura, Simbabwe, Klub, s. S. 121
Hackoah Cernăuţ i s. CS Hackoah Cernăuţ i
HAD Bačka (Hrvatsko atletičko društvo Bačka), Subotica, Serbien, Klub, entst. 1901, [aufgel. 1946], s. S. 93
Hadera, Stadt, Israel, s. S. 94
Haderslev FC s. SønderjyskE
Haderslev FK s. HFK Sønderjylland
Haderslev Fotboldklub Sønderjylland s. HFK Sønderjylland
Haderslev, Stadt, Dänemark, s. S. 71
Hadjout , Stadt, Algerien, s. S. 113
Hadschi Dimitar Sliven s. PFK Sliven
Hadžići, Stadt, Bosnien und Herzegowina, s. S. 93
Hael, Stadt, Saudi-Arabien, s. S. 102
Hafia FC (Hafia Football Club), Conakry, Guinea, Klub, s. S. 117
Hafia Football Club s. Hafia FC
Hafnarfjörður, Stadt, Island, s. S. 71
Hagen, Stadt, Deutschland, s. S. 84
Hai Phong, Stadt, Vietnam, s. S. 107
Hai Quan, Than Po Hô Chi Minh/Saigon, Vietnamese, Klub, s. S. 107
Hai-al Arab, Bur Sudan/Port Sudan, Sudan, Klub, s. S. 115
Haidbrunn-Wacker Wiener Neustadt s. Reichsbahn Wacker Wiener Neustadt
Haiduc-Sporting-USM s. FC Haiduc-Sporting-USM
Haifa, Baghdad, Irak, Klub, entst. 1973, s. S. 103
Haifa, Stadt, Israel, s. S. 94
HAIL s. Hamarkameratene
Haiphong, Stadt, Vietnam, s. S. 107
Hairoun, Britische Jungferninseln, Klub, s. S. 126
Haishi s. Shenyang Jinde
Haiti, Länder, s. S. 126 und 127
Haitian Stars, Amerikanische Jungferninseln, Klub, s. S. 126
Haïtien s. RC Haïtien
Hajduk Beograd s. FK Hajduk Beograd
Hajduk Kula s. FK Hajduk Rodić M&B Kula
Hajduk Sarajevo s. FK Željezničar Sarajevo
Hajduk Split s. HNK Hajduk Split
Hajduks FC s. Mqabba Hajduks FC
Hajr s. al-Hajr
Haka s. FC Haka
Hakati Sport, Nairobi, Kenia, Klub, s. S. 119
Hakoah All Stars s. Brooklyn Hakoah
Hakoah All-Stars, New York, USA, Klub, entst. 1929, [entst. 1929 durch Fusion Brooklyn Hakoah und New York Hakoah], s. S. 122
Hakoah Maccabi Ramat-Gan, Tel Aviv-Yafo, Israel, Klub, entst. 1963, [entst. 1963 durch Fusion Hakoah Tel Aviv und Maccabi Ramat-Gan], s. S. 94
Hakoah Maccabi Ramat-Gan s. Hakoah Tel Aviv
Hakoah s. Sydney City Hakoah
Hakoah Tel Aviv, Tel Aviv-Yafo, Israel, Klub, [aufgel. 1963 durch Fusion mit Maccabi Ramat-Gan => Hakoah Maccabi Ramat-Gan], s. S. 94
Hakoah Tel Aviv s. Hakoah Maccabi Ramat-Gan
Hakoah Wien s. FC Hakoah Wien
Hala s. al-Hala
Halab, Stadt, Syrien, s. S. 102
Haladás s. SZEOL
Haladás Szombathely SE s. Haladás-Milos VFC
Haladás VFC s. Haladás-Milos VFC
Haladás VSE s. Haladás-Milos VFC
Haladás-Milos Vasutas Futball Club s. Haladás-Milos VFC
Halal al-Ahli s. al-Ittihad
Halden, Stadt, Norwegen, s. S. 71
Halifax, Stadt, Kanada, s. S. 123
Halkara Türkmen Türk Uniwersitedi Aschchabad s. HTTU Aschchabad
Halkida, Stadt, Griechenland, s. S. 95
Halkidona, Athen (Athina), Griechenland, Klub, entst. 1930, [aufgel. 2005 durch Fusion mit PAE APS Atromitos], s. S. 95
Halkidona s. PAE APS Atromitos
Halle, Stadt, Deutschland, s. S. 85
Hallelujah FC, Soul/Seoul, Südkorea, Klub, entst. 1980, s. S. 110
Hallelujah Strikers Sport Club s. Hallelujah Strikers SC
Hallescher FC (Hallescher Fußball-Club), Halle, Deutschland, Klub, entst. 1900, [1900-45 Hallescher FC Wacker, 45 aufgel. und wiedergegr., 45-48 SG Halle-Glaucha, 48-49 SG Freiimfelde Halle, 49 aufgel. und wiedergegr., 49-50 ZSG Union Halle, 50-54 BSG Turbine Halle, 54-58 SC Chemie Halle-Leuna, 58-66 SC Chemie Halle, 66-91 Hallescher FC Chemie], s. S. 85
Hallescher FC Chemie s. Hallescher FC
Hallescher FC Wacker s. Hallescher FC
Hallescher Fußball-Club s. Hallescher FC
Halls Dynamos s. Dynamos
Hallstahammar, Stadt, Schweden, s. S. 73
Hallstahammars SK (Hallstahammars Sportsklubb), Hallstahammar, Schweden, Klub, entst. 1906, s. S. 73
Hallstahammars Sportsklubb s. Hallstahammars SK
Halmia s. IS Halmia
Halmstad, Stadt, Schweden, s. S. 73
Halmstads BK (Halmstads Bollklubb), Halmstad, Schweden, Klub, entst. 1914, s. S. 73
Halmstads Bollklubb s. Halmstads BK
Hamadan, Stadt, Iran, s. S. 103
Hamah, Stadt, Syrien, s. S. 102
Hamamatsu, Stadt, Japan, s. S. 111
Hamar, Stadt, Norwegen, s. S. 71
Hamarkameratene, Hamar, Norwegen, Klub, entst. 1918, [1918-27 Freidig Hamar, 27-46 BFL, 46 Fusion mit HAIL => Hamarkameratene], s. S. 71
Hamassien s. SC Asmara
Hamborn, Stadt, Deutschland, s. S. 84
Hamburg, Stadt, Deutschland, s. S. 85
Hamburger FC 1888 s. Hamburger SV
Hamburger FC s. SC Germania 1887 Hamburg
Hamburger Sport-Verein s. Hamburger SV
Hamburger SV (Hamburger Sport-Verein), Hamburg, Deutschland, Klub, entst. 1887, [1887-1914 Hamburger FC 1888, 14-19 Hamburger SV, 19 Fusion mit FC Falke 1906 Hamburg, 19 Fusion mit SC Germania 1887 Hamburg => Hamburger SV], s. S. 85
Hamburger SV s. SC Germania 1887 Hamburg
Hamburg-St. Pauli TV s. FC St. Pauli 1910
Hamilton, Hamilton, Neuseeland, Klub, [aufgel. 1992 durch Fusion mit Technical Old Boys], s. S. 137
Hamilton Academical FC (Hamilton Academical Football Club), Hamilton, Schottland, Klub, entst. 1874, [1874-1965 Academicals FAC], s. S. 69
Hamilton Academical Football Club s. Hamilton Academical FC
Hamilton Parish (Hamilton Parish Wormen's Club), Hamilton, Bermuda, Klub, s. S. 123
Hamilton Parish Wormen's Club s. Hamilton Parish
Hamilton s. Waitako United
Hamilton Steelers (I), Hamilton, Kanada, Klub, entst. 1983, [aufgel. 1983], s. S. 122
Hamilton Steelers (II), Hamilton, Kanada, Klub, entst. 1987, [aufgel. 1994], s. S. 122
Hamilton Wanderers s. Technical Old Boys
Hamilton Wanderers s. Waitako United
Hamilton, Stadt, Bermuda, s. S. 123
Hamilton, Stadt, Kanada, s. S. 122
Hamilton, Stadt, Neuseeland, s. S. 137
Hamilton, Stadt, Schottland, s. S. 69
Hamitköy SK (Hamitköy Spor Kulübü), Nicosia/Lefkosia, Zypern, Klub, s. S. 95
Hamjago, Stadt, Mayotte, s. S. 121
Hamla s. al-Tadamun
Hamm, Stadt, Deutschland, s. S. 85
Hammamet, Stadt, Tunesien, s. S. 113
Hammam-Lif s. CS Hammam-Lif
Hammarby Idrottsförening s. Hammarby IF
Hammarby IF (Hammarby Idrottsförening), Stockholm, Schweden, Klub, entst. 1897, s. S. 72
HAMR Annaba s. USM Annaba
Hamrun Lions FC s. Hamrun Spartans FC
Hamrun Spartans FC (Hamrun Spartans Football Club), Hamrun, Malta, Klub, entst. 1910, [1910-18 Hamrun Spartans FC, 18-19 Hamrun United FC, 19-21 Hamrun Spartans FC, 21-22 Hamrun Lions FC], s. S. 81
Hamrun Spartans Football Club s. Hamrun Spartans FC
Hamrun United FC s. Hamrun Spartans FC
Hamrun, Stadt, Malta, s. S. 81
Han Omurtag Schumen s. PFK Schumen 2001
Hanau, Stadt, Deutschland, s. S. 85
Hanauer FC 93 s. 1. Hanauer FC 93
Handan, Stadt, China, s. S. 109
Hangö Idrottsklubb s. HIK
Hangö, Stadt, Finnland, s. S. 73
Hangzhou, Stadt, China, s. S. 109
Hania, Stadt, Griechenland, s. S. 95
Hanil Bank, Soul/Seoul, Südkorea, Klub, [aufgel. 198?], s. S. 110
Hanko, Stadt, Finnland, s. S. 73
Hannover, Stadt, Deutschland, s. S. 85
Hannovera 98 s. Hannoverscher SV 96
Hannoverscher FC 96 s. Hannoverscher SV 96
Hannoverscher Sportverein von 1896 s. Hannoverscher SV 96
Hannoverscher SV 96 (Hannoverscher Sportverein von 1896), Hannover, Deutschland, Klub, entst. 1896, [1896-1913 Hannoverscher FC 96, 13 Fusion mit BV Hannovera 98 => Hannoverscher SV 96], s. S. 85
Hansa Rostock s. FC Hansa Rostock
Hans-Wendler Stendal s. FSV Lokomotive Altmark Stendal
Han-Tengri Kant s. Kant-Oil Kant
Hap Kuan, Macao, Macao, Klub, s. S. 109
Hapoel Akko, Akko, Israel, Klub, s. S. 94
Hapoel Ashdod s. Ashdod SC
Hapoel Ashkelon, Ashkelon, Israel, Klub, entst. 1949, s. S. 94
Hapoel Balfouria, Balfouria, Israel, Klub, [aufgel. 19??], s. S. 94
Hapoel Beersheba, Beersheba, Israel, Klub, entst. 1949, s. S. 94
Hapoel Beit She'an, Beit She'an, Israel, Klub, entst. 1958, s. S. 94
Hapoel Hadera, Hadera, Israel, Klub, s. S. 94
Hapoel Haifa, Haifa, Israel, Klub, entst. 1930, s. S. 94
Hapoel Ihoud Bnei Sakhnin, Sakhnin, Israel, Klub, s. S. 94
Hapoel Ironi Rishon Lezion, Rishon Lezion, Israel, Klub, entst. 1940, s. S. 94
Hapoel Jerusalem, Jerusalem, Israel, Klub, entst. 1927, s. S. 94
Hapoel Kfar-Saba, Kfar-Saba, Israel, Klub, entst. 1936, s. S. 94
Hapoel Lod, Lod, Israel, Klub, entst. 1950, s. S. 94
Hapoel Mahane-Yehuda, Tel Aviv-Yafo, Israel, Klub, s. S. 94
Hapoel Marmorek, Marmorek, Israel, Klub, s. S. 94
Hapoel Nazareth Illit, Nazareth Illit, Israel, Klub, entst. 1962, s. S. 94
Hapoel Petah-Tikva, Tel Aviv-Yafo, Israel, Klub, entst. 1950, s. S. 94
Hapoel Ramat-Gan, Tel Aviv-Yafo, Israel, Klub, entst. 1938, s. S. 94
Hapoel Taibe, Taibe, Israel, Klub, entst. 1963, s. S. 94
Hapoel Tel Aviv, Tel Aviv-Yafo, Israel, Klub, entst. 1927, s. S. 94
Hapoel Tiberias, Tiberias, Israel, Klub, entst. 1963, s. S. 94
Hapoel Yehud, Tel Aviv-Yafo, Israel, Klub, s. S. 94
Hapoel Zafririm Holon, Tel Aviv-Yafo, Israel, Klub, entst. 1972, s. S. 94
Happy End Camenca s. FC Happy End Camenca
Happy Hill, Stadt, Grenada, s. S. 127
Happy Stars s. Gege Happy Stars
Happy Valley (Happy Valley Athletic Association), Happy Valley, Hongkong, Klub, entst. 1950, s. S. 109
Ha-Rabali, Stadt, Südafrika, s. S. 121
Harakat al-Shabab, Trablous/Tripoli, Libanon, Klub, s. S. 102
Harar Beer Botling FC (Harar Beer Botling Football Club), Harar, Äthiopien, Klub, s. S. 115
Harar City, Harar, Äthiopien, Klub, s. S. 115
Harar, Stadt, Äthiopien, s. S. 115
Harare, Stadt, Simbabwe, s. S. 121
Harbin Guoli, Xi'an, China, Klub, [19??-2000 Shaanxi Guoli, 00-01 Shaanxi Bohua Guoli, 01-02 Shaanxi Guoli Hans Beer, 02-04 Shaanxi Lijun Guoli, 04-05 Ningbo Guoli], s. S. 109
Harbin, Jilin und Shenyang, Stadt, China, s. S. 109
Harbour City s. GHAPOHA Readers
Harbour FC s. English Harbour FC
Harbour View FC (Harbour View Football Club), Harbour View, Jamaika, Klub, s. S. 126
Harbour View Football Club s. Harbour View FC
Harbour View, Stadt, Jamaika, s. S. 126
Hard Rock, Grenada, Klub, s. S. 127
Hardware Stars, Blantyre, Malawi, Klub, s. S. 121
Hardy s. SK Hardy
Harelbeke, Stadt, Belgien, s. S. 75
Harlem Bombers s. DCP Harlem Bombers
Harlequins, Singapur, Klub, [aufgel. ??], s. S. 107
Harlequins AFC s. Grange Harlequins AFC
Harrison SC (Harrison Soccer Club), New York, USA, Klub, entst. 1921, [19??-21 Kearny Erie AA, ?? aufgel.], s. S. 122
Harrison Soccer Club s. Harrison SC
Hartford Americans, Hartford, USA, Klub, entst. 1927, [aufgel. 19??], s. S. 122
Hartford Bicentennials s. Connecticut Bicentennials
Hartford Bicentennials s. Edmonton Drillers
Hartford Bicentennials s. Oakland Stompers
Hartford, Stadt, USA, s. S. 122
Hartha, Stadt, Deutschland, s. S. 85
Hasaacas, Sekondi, Ghana, Klub, entst. 1929, s. S. 117
Hasahisa, Stadt, Sudan, s. S. 115
Hasaka, Stadt, Syrien, s. S. 102
HAŠK Građanski Zagreb s. NK Dinamo Zagreb
HAŠK Zagreb (Hrvatski akademski športski klub Zagreb), Zagreb, Kroatien, Klub, entst. 1923, [aufgel. 1945], s. S. 93
Haskovo, Stadt, Bulgarien, s. S. 91
Haslev, Haslev, Dänemark, Klub, s. S. 71
Haslev, Stadt, Dänemark, s. S. 71
Hasmonai s. Maccabi Hasmonai
Hasmonea Lemberg s. ŻKS Hasmonea Lwów
Hasmonea Lwów s. ŻKS Hasmonea Lwów
Hassan, Zinjibar, Jemen, Klub, s. S. 103
Hassania Agadir s. US Hassania Agadir
Hassania US Agadir (Hassania Union Sport d'Agadir), Agadir, Marokko, Klub, entst. 1946, s. S. 113
Hasselt, Stadt, Belgien, s. S. 75
Hasseltse VV s. KSC Hasselt
Hassia Cassel s. Kasseler SV Hessen
Hat Yai, Stadt, Thailand, s. S. 106
Hato Rey, Stadt, Puerto Rico, s. S. 127
Hatüey Bacardi Club, Port-au-Prince, Haiti, Klub, s. S. 127
Hatuey s. CD Hatuey
Haugar s. SK Djerv
Haugar s. SK Haugar
Haugesund FK s. SK Djerv
Haugesund FK s. SK Haugar
Haugesund, Stadt, Norwegen, s. S. 71
Haukar (Knattspyrnufélagið Haukar), Hafnarfjörður, Island, Klub, entst. 1931, [1931-35 Haukar, aufgel. 35 Fusion mit FH => ÍBH, 61 Aufl. der Fusion und Zurückbenennung], s. S. 71
Haukar s. FH
Haukar s. ÍBH
Hautcharage, Stadt, Luxemburg, s. S. 74
Havanna, Stadt, Kuba, s. S. 126
Haverfordwest Athletic s. Haverfordwest County AFC
Haverfordwest County AFC (Haverfordwest County Association Football Club), Haverfordwest, Wales, Klub, entst. 1899, [1899-1901 Haverfordwest FC, 01-36 Haverfordwest Town, 36-56 Haverfordwest Athletic], s. S. 67
Haverfordwest County Association Football Club s. Haverfordwest County AFC
Haverfordwest FC s. Haverfordwest County AFC
Haverfordwest Town s. Haverfordwest County AFC
Haverfordwest, Stadt, Wales, s. S. 67
Havířov, Stadt, Tschechische Republik, s. S. 86
Havnar Bóltfelag s. HB
Hawker Siddeley s. Airbus UK FC
Hawke's Bay United FC (Hawke's Bay United Football Club), Napier, Neuseeland, Klub, entst. 1973, [entst. 1973 durch Fusion Napier Rangers und Napier City => Napier City Rovers (1973-2005)], s. S. 137
Hawks FC s. Banjul Hawks FC
Hawks s. Air Force Hawks
Hayes s. Presidente Hayes
Haynesville United, Haynesville, Barbados, Klub, s. S. 127
Haynesville, Stadt, Barbados, s. S. 127
Hazard United FC (Hazard United Football Club), Portmore, Jamaika, Klub, s. S. 126
Hazards s. Jam Rocks SC I
Hazm s. al-Hazm
HB (Havnar Bóltfelag), Tórshavn, Färöer Inseln, Klub, entst. 1904, s. S. 71
HBA Panthers, East End, Britische Jungferninseln, Klub, s. S. 126
HBL (Habib Bank Limited), Karachi, Pakistan, Klub, s. S. 105
HBS (Houdt Braef Stant), Den Haag/'s-Gravenhage, Niederlande, Klub, entst. 1893, s. S. 75
Headington FC s. Oxford United FC
Headington United FC s. Oxford United FC
Health, Entebbe, Uganda, Klub, s. S. 119
Health Team s. Ministry of Health Team
Heart of Lions, Kpandu, Ghana, Klub, entst. 2002, s. S. 117
Heart of Midlothian FC (Heart of Midlothian Football Club), Edinburgh, Schottland, Klub, entst. 1874, [1874-?? White Stars], s. S. 69
Heart of Midlothian Football Club s. Heart of Midlothian FC
Heartland FC (Heartland Football Club), Owerri, Nigeria, Klub, entst. 1985, [19??-?? Spartans Oweri, 19??-2006 Iwuanyanwu Nationale FC], s. S. 117
Hearts of Oak SC (Hearts of Oak Sporting Club), Accra, Ghana, Klub, entst. 1911, s. S. 117
Hearts of Oak Sporting Club s. Hearts of Oak SC
Hearts s. Northern Hearts
Hebăr 1920 Pazardschik s. PFK Hebăr 1920 Pazardschik
Hebăr Pazardschik s. PFK Hebăr 1920 Pazardschik
HEC s. RKC Waalwijk
Heemstede, Stadt, Niederlande, s. S. 75
Heerenveen, Stadt, Niederlande, s. S. 75
Heeres Sport-Verein Groß-Born s. HSV Groß-Born
Heeressportverein Unteroffiziersschule Marienwerder s. HUS Marienwerder
Heerlen, Stadt, Niederlande, s. S. 75
Hefei, Stadt, China, s. S. 109
Heidelberg United SC (Heidelberg United Soccer Club), Melbourne, Australien, Klub, entst. 1958, [19??-?? Alexander Melbourne, ??-7? Fitzroy United], s. S. 136
Heidelberg United Soccer Club s. Heidelberg United SC
Heidelberg, Stadt, Deutschland, s. S. 85
Heilbronn, Stadt, Deutschland, s. S. 85
Heineken Saints SC (Heineken Saints Soccer Club), Roseau, Dominica, Klub, s. S. 127
Heineken Saints Soccer Club s. Heineken Saints SC
Heirnis Gent s. RRC Heirnis Gent
Hejčín Olomouc s. SK Sigma Olomouc
Hejčínský SK Báňské a Hutní Olomouc s. SK Sigma Olomouc
Helene Altenessen s. TuS Helene Altenessen
Helfort s. SC Helfort
Helios Brigittenauer s. Brigittenauer SC Feuerwehr
Hellas AC Verona s. Hellas Verona FC
Hellas s. South Melbourne SC
Hellas s. West Adelaide Sharks
Hellas Verona FC (Hellas Verona Football Club), Verona, Italien, Klub, entst. 1903, [1903-19 Hellas Verona, 19-28 Hellas AC Verona, 28 Fusion mit Bentegodi SC und Scaligera AC => AC Verona (28-59), 59 Fusion mit Hellas Verona => Hellas-Verona AC (59-87), 87-91 Hellas Verona, 91 aufgel. und wiedergegr.], s. S. 81
Hellas Verona Football Club s. Hellas Verona FC
Hellenic, Kapstadt (Cape Town), Südafrika, Klub, entst. 1958, s. S. 120
Hellerup Idrætsklub s. Hellerup IK
Hellerup IK (Hellerup Idrætsklub), Kopenhagen (København), Dänemark, Klub, entst. 1900, s. S. 71
Hello United s. Phom Penh United
Hell-Ville, Stadt, Madagaskar, s. S. 121
Helmi Sport, Beirout/Beyrut, Libanon, Klub, [aufgel. 19??], s. S. 102
Helmond Sport, Helmond, Niederlande, Klub, entst. 1967, s. S. 75
Helmond, Stadt, Niederlande, s. S. 75
Helsingborg, Stadt, Schweden, s. S. 73
Helsingborgs Idrottsförening s. Helsingborgs IF
Helsingborgs IF (Helsingborgs Idrottsförening), Helsingborg, Schweden, Klub, entst. 1907, [entst. 1907 durch Fusion Svea und Svithiod], s. S. 73
Helsingfors, Stadt, Finnland, s. S. 73
Helsingin Jalkapalloklubi s. HJK
Helsingin Kullervo s. Kullervo
Helsingin Palloseura s. HPS
Helsingin Ponnistus s. Ponnistus
Helsingin Toverit s. HT
Helsingør Idrætsforening s. Helsingør IF
Helsingør IF (Helsingør Idrætsforening), Helsingør, Dänemark, Klub, entst. 1899, s. S. 71
Helsingør, Stadt, Dänemark, s. S. 71
Helsinki, Stadt, Finnland, s. S. 73
Helwan Textiles, Helwan, Ägypten, Klub, s. S. 112
Helwan, Stadt, Ägypten, s. S. 112
Helyiipar SK s. Pécsi Mecsek FC
Heng Tai, Macao, Macao, Klub, s. S. 109
Henrietta Football Club s. Henrietta FC
Henrietta United FC (Henrietta United Football Club), Henrietta, Guyana, Klub, s. S. 129
Henrietta, Stadt, Guyana, s. S. 129
Henzada, Stadt, Burma, s. S. 106
Heracles Almelo, Almelo, Niederlande, Klub, entst. 1903, [1903-74 AVC Heracles, 74-98 SC Heracles], s. S. 75
Heracles Enschede s. SC Enschede
Hercílio Luz FC (Hercílio Luz Futebol Clube), Tubarão, Brasilien, Klub, entst. 1918, s. S. 133
Hercílio Luz Futebol Clube s. Hercílio Luz FC
Hercúles, San Salvador, El Salvador, Klub, [aufgel. 19??], s. S. 125
Hércules, Ciudad de Guatemala/Guatemala City, Guatemala, Klub, s. S. 125
Hércules CF (Hércules Club de Fútbol), Alicante, Spanien, Klub, entst. 1922, [1922-41 Hércules CF, 41-42 Alicante CF], s. S. 79

Panamá SC (Panamá Sporting Club), Babahoyo, Ecuador, Klub, entst. 1923, s. S. 130
Panamá Sporting Club s. Panamá SC
Panamá Viejo FC (Panamá Viejo Fútbol Club), Ciudad de Panamá/Panama City, Panama, Klub, entst. 1978, s. S. 125
Panamá Viejo Fútbol Club s. Panamá Viejo FC
Panama, Länder, s. S. 124 und 125
Panargiakos, Argos, Griechenland, Klub, entst. 1926, s. S. 95
Panasonic s. Guangzhou Songri
Panathinaikos AO (Panathinaikos Athlitikos Omilos), Athen (Athina), Griechenland, Klub, entst. 1908, [1908-10 PPO, 10-24 POA], s. S. 95
Panathinaikos Athlitikos Omilos s. Panathinaikos AO
Panchagarh, Stadt, Bangladesh, s. S. 105
Pandurii Lignitul Târgu-Jiu s. CS Pandurii Lignitul Târgu-Jiu
Panelefsiniakos PAE AO (Panelefsiniakos Podosfeiriki Athlitikos Enosis Athlitikos Omilos), Elefsina, Griechenland, Klub, entst. 1931, s. S. 95
Panelefsiniakos Podosfeiriki Athlitikos Enosis Athlitikos Omilos s. Panelefsiniakos PAE AO
Panerys Vilnius s. FK Panerys Vilnius
Panevežys, Stadt, Litauen, s. S. 99
Panileiakos s. AO Panileiakos
Panionios GS s. Panionios GSS
Panionios GS Smyrna s. Panionios GSS
Panionios GSS (Panionios Gymnastikos Syllogos Smyrnis), Athen (Athina), Griechenland, Klub, entst. 1890, [1890-95 Orfeas Smyrna, 1895-1922 Panionios GS Smyrna, 22-96 Panionios GS, 1996-2002 Panionios PAE], s. S. 95
Panionios Podosfeiriki Athlitikos Enosis s. Panionios GSS
Panjim, Stadt, Indien, s. S. 105
Pankorinthiakos, Korinthos, Griechenland, Klub, entst. 1931, [aufgel. 1970 durch Fusion mit Aris Korinthos => PAE Korinthos], s. S. 95
Panos Ljungskile SK (Panos Ljungskile Sportklubb), Ljungskile, Schweden, Klub, entst. 1926, [1926-97 Ljungskile SK], s. S. 73
Panos Ljungskile Sportklubb s. Panos Ljungskile SK
Panpaper, Webuye, Kenia, Klub, s. S. 119
PanSa SC (PanSa Soccer Club), Pago Pago, Amerikanisch-Samoa, Klub, s. S. 137
Panserraikos s. PAE Panserraikos
Panteri Bijeljina s. FK Radnik Bijeljina
Panther Club, Faisalabad, Pakistan, Klub, s. S. 105
Panthère Bangangté (Panthère sportive Bangangté), Bangangté, Kamerun, Klub, s. S. 117
Panthère sportive Bangangté s. Panthère Bangangté
Panthères FC (Panthères Football Club), Djougou, Benin, Klub, s. S. 117
Panthères Noirs, Kigali, Ruanda, Klub, s. S. 119
Panthers s. HBA Panthers
Pantin s. Olympique Pantin
Pantoja, Stadt, Dominikanische Republik, s. S. 127
PAOK s. AS PAOK
Paola Constitutionals s. Hibernians FC
Paola Rovers FC s. Paola United FC
Paola United FC (Paola United Football Club), Paola, Malta, Klub, entst. 1913, [1913-19 Paola Rovers FC], s. S. 81
Paola United Football Club s. Paola United FC
Paola, Stadt, Malta, s. S. 81
Pápa, Stadt, Ungarn, s. S. 89
Papara, Papara, Tahiti, Klub, s. S. 137
Papara, Stadt, Tahiti, s. S. 137
Papatoetoe, Auckland, Neuseeland, Klub, s. S. 137
Papeari, Stadt, Tahiti, s. S. 137
Papeete, Stadt, Tahiti, s. S. 137
Paper and Pulp, Nazret/Nazareth, Äthiopien, Klub, s. S. 115
Papillon Bleu, Komoren, Klub, s. S. 121
Papua Neu Guinea, Länder, s. S. 136 und 137
Papuk Kamen Ingrad Velika s. NK Papuk Kamen Ingrad Velika
Paradise, Paradise, Guyana, Klub, s. S. 129
Paradise, Stadt, Grenada, s. S. 127
Paradise, Stadt, Guyana, s. S. 129
Paradou AC (Paradou Athletic Club), Algier (Alger/El-Jaza'ir), Algerien, Klub, entst. 1994, s. S. 113
Paraguay, Länder, s. S. 134 und 135
Paraíso, Stadt, Brasilien, s. S. 133
Parakou, Stadt, Benin, s. S. 117
Parakou, Stadt, Benin, s. S. 117
Paralimni, Stadt, Zypern, s. S. 95
Paramaribo, Stadt, Suriname, s. S. 129
Paraná Clube, Curitiba, Brasilien, Klub, entst. 1989, [entst. 1989 durch Fusion EC Pinheiros und Colorado EC], s. S. 133
Paraná s. Colorado EC
Paraná s. EC Pinheiros
Paraná, Stadt, Argentinien, s. S. 135
Paranaense s. CA Paranaense
Paranaense s. Palestra Itália FC
Parchar, Parchar, Tadschikistan, Klub, [19??-95 Chosilot Parchar], s. S. 101
Parchar, Stadt, Tadschikistan, s. S. 101
Parchevitsch Plovdiv, Plovdiv, Bulgarien, Klub, [aufgel. 19??], s. S. 91
Pardaugava NSS Riga, Riga, Lettland, Klub, [aufgel. 1994], s. S. 99
Pardubice, Stadt, Tschechische Republik, s. S. 86
Parham FC (Parham Football Club), Parham, Antigua und Barbuda, Klub, [19??-9? J & J Construction], s. S. 127
Parham Football Club s. Parham FC
Parham, Stadt, Antigua und Barbuda, s. S. 127
Paris Athlétic Club s. CA Charenton
Paris FC (Paris Football Club), Paris, Frankreich, Klub, entst. 1970, [1970-82 FC de Paris, 82 Fusion mit RC Paris => Racing Paris 1 (82-83), 83 Aufl. der Fusion], s. S. 76
Paris FC s. Racing CF 92
Paris Football Club s. Paris FC
Paris Saint-Germain FC (Paris Saint-Germain Football Club), Paris, Frankreich, Klub, entst. 1970, s. S. 76
Paris Saint-Germain Football Club s. Paris Saint-Germain FC
Paris, Stadt, Frankreich, s. S. 76 und 77
Park Avenue FC s. Bradford Park Avenue FC
Parma AC s. Parma FC
Parma AS s. Parma FC
Parma FBC s. Parma FC
Parma FC (Parma Football Club), Parma, Italien, Klub, entst. 1913, [1913 Verdi FBC, 13-30 Parma FBC, 30-67 Parma AS, 67-68 Parma FC, 68 aufgel. und wiedergegr., 1968-2004 Parma AC], s. S. 81
Parma Football Club s. Parma FC
Parma, Stadt, Italien, s. S. 81
Parmalat FC (Parmalat Fútbol Club), Managua, Nicaragua, Klub, [aufgel. 2006], s. S. 143
Parmalat FC s. FC Fehérvár
Parnahyba SC (Parnahyba Sport Club), Parnaíba, Brasilien, Klub, s. S. 133
Parnaíba, Stadt, Brasilien, s. S. 133
Pärnu Jalgpalliklubi s. Pärnu JK
Pärnu JK (Pärnu Jalgpalliklubi), Pärnu, Estland, Klub, entst. 1985, [entst. 1985 durch Fusion Kalakombinaat Pärnu und MEK Pärnu => Kalakombinaat/MEK Pärnu (85-91), 91-93 Pärnu JK, 93-94 JK/Kalev Pärnu], s. S. 99
Pärnu, Stadt, Estland, s. S. 99
Parramatta Eagles SC s. Parramatta Power SC
Parramatta Power SC (Parramatta Power Soccer Club), Sydney, Australien, Klub, entst. 1956, [19??-99 Parramatta Eagles SC], s. S. 136
Parramatta Power Soccer Club s. Parramatta Power SC
Partick Thistle FC (Partick Thistle Football Club), Glasgow, Schottland, Klub, entst. 1876, s. S. 69
Partick Thistle Football Club s. Partick Thistle FC
Partizán Bardejov s. BSC JAS Bardejov
Partizan Beograd s. FK Partizan Beograd
Partizan Prevalje s. NK Korotan Prevalje
Partizan Tabor s. NK Olimpija Ljubljana
Partizani Ruse s. PFK Dunav Ruse
Partizani Ruse s. Torpedo Ruse
Partizani s. KS Partizani
Partizánske, Stadt, Slowakei, s. S. 86
Partizanul Bucureş ti s. Flacăra Bucureş ti
Partizanul Lupeni s. Minerul Lupeni
Partizanul Mediaş s. Gaz Metan Mediaş
Partizanul Moreni s. CS Flacăra Moreni
Partizanul Petroş ani s. CS Jiul Petroş ani
Partizanul Ploieş ti s. FC Petrolul Ploieş ti
Partizanul Ploieş ti s. FC Prahova Ploieş ti
Partizanul Reghin s. AS Avântul Reghin
Părvomaj, Stadt, Bulgarien, s. S. 91
Parwoz Bobojon Gafurow, Gafurow, Tadschikistan, Klub, [??-2005 Aviator Bobojon Gafurow], s. S. 100
Pas de la Casa, Stadt, Andorra, s. S. 77
PAS Ioannina (Podosfeiriki Athlitikos Syllogos Ioannina), Ioannina, Griechenland, Klub, entst. 1966, [entst. 1966 durch Fusion Atromitos Ioannina und Averon Ioannina], s. S. 95
Pasay City, Manila, Philippinen, Klub, s. S. 107
Pasay, Stadt, Philippinen, s. S. 107
Pasching, Stadt, Österreich, s. S. 83
Pasir Gudang, Stadt, Malaysia, s. S. 106
Passagem FC (Passagem Futebol Clube), Aracaju, Brasilien, Klub, [aufgel. 19??], s. S. 133
Passagem Futebol Clube s. Passagem FC
Passamaïnti, Stadt, Mayotte, s. S. 121
Pasto, Stadt, Kolumbien, s. S. 128
Pastor Limited FC (Pastor Limited Football Club), Big Bend, Swasiland, Klub, s. S. 120
Pasuruan, Stadt, Indonesien, s. S. 107
Patan, Stadt, Nepal, s. S. 105
Patenidis Motorlet Praha s. SK Motorlet Praha
Patepluma s. Real Patepluma
Paterson Silk Sox, Paterson, USA, Klub, entst. 1922, [aufgel. 19??], s. S. 122
Paterson, Stadt, USA, s. S. 122
Pathein, Stadt, Burma, s. S. 106
Patna, Stadt, Indien, s. S. 105
Patos, Stadt, Albanien, s. S. 93
Patra, Stadt, Griechenland, s. S. 95
Patria, Guayaquil, Ecuador, Klub, s. S. 131
Patria s. Sportivo Patria
Patrie FC, Bizerte/Banzart, Tunesien, Klub, s. S. 113
Patriote s. SS Patriote
Patro Eisden s. K Patro Eisden
Patronage de Impfondo, Impfondo, Kongo, Klub, s. S. 119
Patronage Sainte Anne s. CS Patronage Sainte Anne
Patronato s. CA Patronato
Paula Ramos EC (Paula Ramos Esporte Clube), Florianópolis, Brasilien, Klub, [aufgel. 19??], s. S. 133
Paula Ramos Esporte Clube s. Paula Ramos EC
Paulino s. FC Paulino
Paulista FC (Paulista Futebol Clube), Jundiaí, Brasilien, Klub, entst. 1909, s. S. 133
Paulistano s. AA Palmeiras
Paulistano s. CA Paulistano
Paulistano s. São Paulo FC
Pavlikeni, Stadt, Bulgarien, s. S. 91
Pawlodar, Stadt, Kasachstan, s. S. 101
Pawlograd, Stadt, Ukraine, s. S. 99
Pawlohrad, Stadt, Ukraine, s. S. 99
Pawtucket Rangers, Pawtucket, USA, Klub, entst. 1914, [1914-28 J & P Coats, ?? aufgel.], s. S. 122
Pawtucket, Stadt, USA, s. S. 122
Paya Lebar Punggol, Hougang, Singapur, Klub, [aufgel. 2005 durch Fusion mit Sengkang Marine FC => Sengkang-Punggol FC], s. S. 107
Payam (Payam-Moghavemat), Mashhad, Iran, Klub, s. S. 103
Payam-Moghavemat s. Payam
Paysandu AC (Paysandu Athletic Club), Rio de Janeiro, Brasilien, Klub, [aufgel. 19??], s. S. 132
Paysandu Athletic Club s. Paysandu AC
Paysandú FC (Paysandú Fútbol Club), Paysandú, Uruguay, Klub, entst. 2003, [entst. 2003 durch Fusion Barrio Obrero, Centenario, Deportivo América, Estudentil, Independiente, Juventud Unida, Olimpico und Paysandú Wanderers], s. S. 135
Paysandu s. Brusque FC
Paysandu SC (Paysandu Sport Club), Belém, Brasilien, Klub, entst. 1914, s. S. 133
Paysandu Sport Club s. Paysandu SC
Paysandú Wanderers s. Paysandú FC
Paysandú, Stadt, Uruguay, s. S. 135
Pazardschik, Stadt, Bulgarien, s. S. 91
Pazin, Stadt, Kroatien, s. S. 93
Pazinka Pazin s. NK Pazinka Pazin
PCA Constanţ a s. FC Farul Constanţ a
PCI s. Beijing PCI
PCW Pinelands, Bridgetown, Barbados, Klub, s. S. 127
PE Blackpool s. Blackpool
Peacemakers s. Mhlume Peacemakers
Peat Marwick, Banjul, Gambia, Klub, s. S. 116
Peate Villa s. Thurles Town FC
PEC s. Taiwan PEC
PEC Zwolle s. FC Zwolle
Pécs, Stadt, Ungarn, s. S. 89
Pécsi AC s. Pécsi Baranya
Pécsi Bányász SC s. Pécsi Mecsek FC
Pécsi Baranya, Pécs, Ungarn, Klub, entst. 1927, [entst. 1927 durch Fusion Pécsi SC und Pécsi AC => Pécsi Baranya (27-32), 32 aufgel.], s. S. 89
Pécsi Baranya Dózsa SC s. Pécsi Mecsek FC
Pécsi Dózsa s. Pécsi Mecsek FC
Pécsi Dózsa SC s. Pécsi Mecsek FC
Pécsi Épitők s. Pécsi Mecsek FC
Pécsi Fordan s. Pécsi Mecsek FC
Pécsi Helyiipar SK s. Pécsi Mecsek FC
Pécsi Lokomotív s. Pécsi VSK-Pécs '96 FC
Pécsi Mecsek FC (Pécsi Mecsek Futball Club), Pécs, Ungarn, Klub, entst. 1950, [1950-56 Pécsi Dózsa, 56-57 Pécsi Baranya Dózsa SC, 57-73 Pécsi Dózsa SC, 73 Fusion mit Pécsi Bányász SC, Ércbányász SC, Pécsi Helyiipar SK und Pécsi Épitők => Pécsi Munkás SC (73-92), 92-95 Pécsi Fordan, 95-97 PMSC-Titán], s. S. 89
Pécsi Mecsek Futball Club s. Pécsi Mecsek FC
Pécsi Munkás SC s. Pécsi Mecsek FC
Pécsi SC s. Pécsi Baranya
Pécsi Törekvés s. Pécsi VSK-Pécs '96 FC
Pécsi Vasutas Sport Kör-Pécs '96 Futball Club s. Pécsi VSK-Pécs '96 FC
Pécsi VSK s. Pécsi VSK-Pécs '96 FC
Pécsi VSK-Pécs '96 FC (Pécsi Vasutas Sport Kör-Pécs '96 Futball Club), Pécs, Ungarn, Klub, entst. 1919, [1919-49 Pécsi VSK, 49-55 Pécsi Lokomotív, 55-56 Pécsi Törekvés, 56-96 Pécsi VSK], s. S. 89
Pederneiras FC (Pederneiras Futebol Clube), Brasília, Brasilien, Klub, [aufgel. 19??], s. S. 133
Pederneiras Futebol Clube s. Pederneiras FC
Pedro Juan Caballero, Stadt, Paraguay, s. S. 135
Pefiné, Stadt, Guinea-Bissau, s. S. 117
Pegah Gilan, Rasht, Iran, Klub, s. S. 103
Pegasus s. HMS Pegasus
Pegrotour Dębica s. LKS Igloopol Dębica
Pegu, Stadt, Burma, s. S. 106
Pekalongan, Stadt, Indonesien, s. S. 107
Pekanbaru, Stadt, Indonesien, s. S. 106
Peking, Stadt, China, s. S. 109
Pele FC (Pele Football Club), Georgetown, Guyana, Klub, s. S. 129
Pele Football Club s. Pele FC
Pelicans SC (Pelicans Sport Club), Kurunegala, Sri Lanka, Klub, s. S. 105
Pelicans Sport Club s. Pelicans SC
Pelister Bitola s. FK Pelister Bitola
Pelita, Surakarta, Indonesien, Klub, entst. 1986, [aufgel. 2001, Umzug nach Cilegon und durch Fusion mit Krakatau Steel => Pelita Krakatau Steel], s. S. 107
Pelita Bakrie, Jakarta, Indonesien, Klub, [19??-97 Pelita Jaya Mastrans], s. S. 106
Pelita Jaya Mastrans s. Pelita Bakrie
Pelita Krakatau Steel, Cilegon, Indonesien, Klub, entst. 2001, [entst. 2001 durch Fusion Pelita und Krakatau Steel => Pelita Krakatau Steel], s. S. 107
Pelotas, Stadt, Brasilien, s. S. 133
Pematangsiantar, Stadt, Indonesien, s. S. 107
Pemba, Stadt, Mosambik, s. S. 121
Pemba, Stadt, Tansania, s. S. 119
Pembroke Hamilton Club Zebras s. PHC Zebras
Peña Iberica, Manila, Philippinen, Klub, s. S. 107
Penafiel, Stadt, Portugal, s. S. 79
Penang, Stadt, Malaysia, s. S. 106
Peñarol s. CA Peñarol
Penelo, Stadt, Neukaledonien, s. S. 137
Peninsulares Araya (Peninsulares de Araya), Araya, Venezuela, Klub, s. S. 129
Peninsulares de Araya s. Peninsulares Araya
Pennarossa s. SS Pennarossa
Penrith, Penrith, Australien, Klub, s. S. 136
Penrith, Stadt, Australien, s. S. 136
Pensativo Antigua (Pensativo de Antigua), Antigua Guatemala, Guatemala, Klub, [aufgel. 19??], s. S. 125
Pensativo de Antigua s. Pensativo Antigua
People FC s. Wellington People FC
Pepeganga Margarita, Porlamar, Venezuela, Klub, entst. 1985, s. S. 129
Pepsi, Sion Hill, St. Vincent und Grenadinen, Klub, s. S. 127
Peqin, Stadt, Albanien, s. S. 93
Perak Darul Ridzuan s. Perak
Perak FA (Perak Football Association), Ipoh, Malaysia, Klub, entst. 1921, s. S. 106
Perdigão s. SER Perdigão
Pereces Tárna s. Miskolci Bányász
Pereces TK s. Miskolci Bányász
Perecesi Bányász s. Miskolci Bányász
Pereira, Stadt, Kolumbien, s. S. 128
Pérez Zeledón s. AD Municipal Pérez Zeledón
Pérez Zeledón s. Generaleña
Pergamos, Stadt, Zypern, s. S. 95
Perlis FA (Perlis Indera Kayangan), Kangar, Malaysia, Klub, s. S. 106
Perlis Indera Kayangan s. Perlis
Perm', Stadt, Russland, s. S. 101
Përmet, Stadt, Albanien, s. S. 93
Pernik JSK s. PFK Minjor Pernik
Pernik, Stadt, Bulgarien, s. S. 91
Perpignan, Stadt, Frankreich, s. S. 77
Perricholi s. Guardia Republicana
Persatuan Sepakbola Bandar Lampung s. PSBL
Persatuan Sepakbola Deli Serdang s. PSDS
Persatuan Sepakbola Indonesia Balikpapan s. Persiba
Persatuan Sepakbola Indonesia Bandung s. Persib
Persatuan Sepakbola Indonesia Jakarta s. Persija
Persatuan Sepakbola Indonesia Jayapura s. Persipura
Persatuan Sepakbola Indonesia Jepara s. Persijap
Persatuan Sepakbola Indonesia Kabupaten Bandung s. Persikab Bandung
Persatuan Sepakbola Indonesia Kabupaten Bogor s. Persikabo
Persatuan Sepakbola Indonesia Kota Raja s. Persiraja
Persatuan Sepakbola Indonesia Tangerang s. Persita
Persatuan Sepakbola Makasar s. PSM
Persatuan Sepakbola Manado s. Persma
Persatuan Sepakbola Padang s. PSP
Persatuan Sepakbola Pekanbaru dan Sekitarnya s. PSPS
Persatuan Sepakbola Sleman s. PSS
Persebaya (Persatuan Sepakbola Surabaya), Surabaya, Indonesien, Klub, entst. 1927, s. S. 107
Perseden, Denpasar, Indonesien, Klub, entst. 1969, s. S. 107
Persedikab, Kediri, Indonesien, Klub, entst. 1986, s. S. 107
Persegi, Gianyar, Indonesien, Klub, entst. 1970, [aufgel. 2005, Umzug nach Mojokerto], s. S. 107
Persegi, Mojokerto, Indonesien, Klub, entst. 2005, [entst. 2005 nach Umzug aus Gianyaru], s. S. 107
Persegres Gresik, Gresik, Indonesien, Klub, s. S. 107
Persekabpas, Pasuruan, Indonesien, Klub, entst. 1983, s. S. 107
Persela, Lamongan, Indonesien, Klub, entst. 1967, s. S. 107
Persema, Malang, Indonesien, Klub, entst. 1953, [19??-2001 Persema, 01-02 Malang United], s. S. 107
Perserikatan Sepakbola Medan dan Sekitarnya s. PSMS
Persib Maung (Persatuan Sepakbola Indonesia Bandung Maung), Bandung, Indonesien, Klub, entst. 1950, [1950-2002 Persib], s. S. 107
Persiba (Persatuan Sepakbola Indonesia Balikpapan), Balikpapan, Indonesien, Klub, entst. 1950, s. S. 107
Persibom, Kotamobagu, Indonesien, Klub, s. S. 107
Persija (Persatuan Sepakbola Indonesia Jakarta), Jakarta, Indonesien, Klub, entst. 1928, s. S. 106
Persijap (Persatuan Sepakbola Indonesia Jepara), Japara, Indonesien, Klub, entst. 1960, s. S. 107
Persijatim, Jakarta, Indonesien, Klub, entst. 1976, [1976-2001 Persijatim, 01-02 Jakarta FC, 02-03 Persijatim, aufgel. 03, Umzug nach Surakarta => Persijatim Solo FC], s. S. 106
Persijatim s. Jakarta FC
Persijatim Solo FC, Surakarta, Indonesien, Klub, entst. 2003, [entst. 2003 nach Umzug von Persijatim aus Jakarta => Persijatim Solo FC (03-05), aufgel. 05, Umzug nach Palembang => Srijiwaya FC], s. S. 107
Persik, Kediri, Indonesien, Klub, entst. 1961, s. S. 107
Persikab Bandung (Persatuan Sepakbola Indonesia Kabupaten Bandung), Bandung, Indonesien, Klub, entst. 1953, s. S. 107
Persikabo (Persatuan Sepakbola Indonesia Kabupaten Bogor), Bogor, Indonesien, Klub, entst. 1975, s. S. 107
Persikota (Persatuan Sepakbola Indonesia Kotamadya Tangerang), Tangerang, Indonesien, Klub, entst. 1995, s. S. 107
Persiku, Kudus, Indonesien, Klub, entst. 1934, s. S. 107
Persipura (Persatuan Sepakbola Indonesia Jayapura), Jayapura, Indonesien, Klub, entst. 1964, s. S. 107
Persiraja (Persatuan Sepakbola Indonesia Kota Raja), Banda Aceh, Indonesien, Klub, entst. 1953, s. S. 106
Persiraja (Persatuan Sepakbola Indonesia Kota Raja), Jakarta, Indonesien, Klub, s. S. 106
Persita (Persatuan Sepakbola Indonesia Tangerang), Tangerang, Indonesien, Klub, entst. 1953, s. S. 107
Persitara, Jakarta, Indonesien, Klub, s. S. 106
Persiter, Ternate, Indonesien, Klub, entst. 1958, s. S. 107
Persiwa, Wamena, Indonesien, Klub, entst. 1972, s. S. 107
Persma (Persatuan Sepakbola Manado), Manado, Indonesien, Klub, entst. 1960, s. S. 107
Persmin, Manado, Indonesien, Klub, entst. 1963, s. S. 107
Perspolis s. Pirouzi
Perth Glory SC (Perth Glory Soccer Club), Perth, Australien, Klub, entst. 1995, s. S. 136
Perth Glory Soccer Club s. Perth Glory SC
Perth Kangaroos, Perth, Australien, Klub, s. S. 136
Perth, Stadt, Australien, s. S. 136
Perth, Stadt, Schottland, s. S. 69
Perú s. Deportivo Perú
Peru, Länder, s. S. 130 und 131
Perugia, Stadt, Italien, s. S. 81
Peş äkar Futbol Klubu Ganja s. PFK Ganja
Peş äkar Futbol Klubu Turan Tauz s. Turan Tauz
Pescara Calcio, Pescara, Italien, Klub, entst. 1937, [1937-46 SS Pescara, 46-74 AS Pescara], s. S. 81
Pescara, Stadt, Italien, s. S. 81
Peshawar, Peshawar, Pakistan, Klub, s. S. 105
Peshawar, Stadt, Pakistan, s. S. 105
Peshkopi, Stadt, Albanien, s. S. 93
Pesquero s. CD Pesquero
Pesquero s. CD Wanka
Pesquero s. Unión Pesquero
Pesterzsébeti MTK s. ESMTK
Pesterzsébeti Vasas s. ESMTK
Petah-Tikva s. Hapoel Petah-Tikva
Petah-Tikva s. Maccabi Petah-Tikva
Petaling Jaya, Stadt, Malaysia, s. S. 106
Pétange, Stadt, Luxemburg, s. S. 74
Peterborough, Stadt, England, s. S. 67
Pétionville, Stadt, Haiti, s. S. 127
Petit-Canal, Stadt, Guadeloupe, s. S. 127
Petite SC, Rivière Noire, Mauritius, Klub, s. S. 121
Petőfi s. Salgótarjáni Barátság TC
Petőfi SE s. Vác FC-Zollner
Petone, Petone, Neuseeland, Klub, [aufgel. 1987 durch Fusion mit Lower Hutt City und Stop Out => Hutt Valley United, 9? Aufl. der Fusion und Zurückbenennung], s. S. 137
Petone s. Hutt Valley United
Petone s. Lower Hutt City AFC
Petone s. Stop Out
Petone, Stadt, Neuseeland, s. S. 137
Petra Drnovice s. 1. FK Drnovice
Petrimex Prievidza s. FK Baník Prievidza
Petritsch, Stadt, Bulgarien, s. S. 91
Petro Atlético de Huambo s. Petro Atlético Huambo
Petro Atlético de Luanda s. Petro Atlético Luanda
Petro Atlético Huambo (Petro Atlético de Huambo), Huambo, Angola, Klub, s. S. 118
Petro Atlético Luanda (Petro Atlético de Luanda), Luanda, Angola, Klub, entst. 1980, s. S. 118
Petro Płock s. ZKS Wisła Płock
Petroca s. AS Petroca
Petrochemia Płock s. ZKS Wisła Płock
Petrocub Condor Sarata Galbena s. FC Hincesti
Petrokimia Putra, Gresik, Indonesien, Klub, entst. 1988, s. S. 107
Petrol Ofisi Gençlık Kulübü s. Petrol Ofisi GK
Petrol Ofisi GK (Petrol Ofisi Gençlık Kulübü), Ankara, Türkei, Klub, entst. 1954, s. S. 96
Petrolero, Cochabamba, Bolivien, Klub, s. S. 131
Petrolero s. Independiente Petrolero
Petrolero s. Oriente Petrolero
Petrolero s. Stormers Petrolero
Petroleros del Zulia, Maracaibo, Venezuela, Klub, [19??-?? Zulia FC], s. S. 128
Petroleum Agency FC (Petroleum Agency Football Club), Mogadishu/Muqdiisho, Somalia, Klub, s. S. 115
Petrolul Bucureş ti s. Flacăra Bucureş ti
Petrolul Ploieş ti s. FC Petrolul Ploieş ti
Petropawlowsk, Stadt, Kasachstan, s. S. 101
Petroş ani, Stadt, Rumänien, s. S. 91
Pétrosport, Pointe-Noire, Kongo, Klub, s. S. 118
Pétrosport FC (Pétrosport Football Club), Port-Gentil, Gabun, Klub, entst. 1956, s. S. 118
Pétrosport Football Club s. Pétrosport FC
Petrotela, Tela, Honduras, Klub, [19??-91 Tela Timsa], s. S. 125
Petrotrin s. United Petrotrin
Petržalka s. FC Artmedia Bratislava
Pettah United SC (Pettah United Sport Club), Colombo, Sri Lanka, Klub, s. S. 105
Pettah United Sport Club s. Pettah United SC
Pettirossi s. Silvio Pettirossi
Peußen Breslau s. Vereinigte Breslauer Sportfreunde
Peyia, Stadt, Zypern, s. S. 95
Peykan, Teheran/Tehran, Iran, Klub, entst. 1967, s. S. 103
Pezoporikos OL (Pezoporikos Omilos Larnakos), Larnaka/Larnaca, Zypern, Klub, entst. 1927, [aufgel. 1994 durch Fusion mit EPA => AEK], s. S. 95
Pezoporikos OL s. AEK
Pezoporikos OL s. EPA
Pezoporikos Omilos Larnakos s. Pezoporikos OL
Pfaffenthal s. Red-Black Pfaffenthal
Pfeil Breslau s. Breslauer FV 06-Stern
PFK Akademik Svischtov (Profesionalen fudbalski klub Akademik Svischtov), Svischtov, Bulgarien, Klub, entst. 1949, [1949-?? Slavija Svischtov, ??-?? Dunav Svischtov, ??-?? General Kopchev Svischtov, ??-58 DSO Strojitel Svischtov, 58 Fusion mit Akademik Svischtov, Dinamo Svischtov, Tscherveno zname Svischtov, Spartak Svischtov, Lokomotiv Svischtov und DNA Svischtov => SFD Akademik Svischtov (58-??), ??-?? FK Akademik Svischtov], s. S. 91
PFK Bakili Baku (Peş äkar Futbol Klubu Bakili Baku), Bakı/Baku, Aserbaidschan, Klub, s. S. 97
PFK Belasitsa Petritsch (Profesionalen fudbalski klub Belasitsa Petritsch), Petritsch, Bulgarien, Klub, entst. 1920, [1920-23 Majuts Vojvola Petritsch, 23-?? Ljuben Vesov Petritsch, ??-?? Makedonija Petritsch, ??-?? Ilinden Petritsch, ??-?? Spartak Petritsch, ??-?? Strojitel Petritsch, ??-57 Torpedo Petritsch, 57 Strojitel Petritsch, 57 Fusion mit Tscherveno zname Petritsch => FK Belasitsa Petritsch (57-??)], s. S. 91
PFK Beroe Stara Zagora (Profesionalen fudbalski klub Beroe Stara Zagora), Stara Zagora, Bulgarien, Klub, entst. 1916, [1916-?? Beroe Stara Zagora, ??-?? Borislav Stara Zagora, ??-?? Trajana Stara Zagora, ??-?? Svetoslav Stara Zagora, ??-?? Beroe Stara Zagora, ??-?? Levski Stara Zagora, ??-?? Schipka Stara Zagora, ??-?? Septemvriji Stara Zagora, ??-56 Udarnik Stara Zagora, 56 Fusion mit DNA Stara Zagora und Spartak Stara Zagora => Botev Stara Zagora (56-58), 58 Fusion mit Lokomotiv Stara Zagora => DFS Stara Zagora (58-89), 89-99 FK Beroe Stara Zagora, 99 Fusion mit FK Olimpik Teteven => FK Olimpik-Beroe Stara Zagora (1999-2001)], s. S. 91
PFK Botev Plovdiv (Profesionalen fudbalski klub Botev Plovdiv), Plovdiv, Bulgarien, Klub, entst. 1912, [1912-46 SK Botev Plovdiv, 46 Fusion mit Schipka Plovdiv => OSK Christo Botev Plovdiv (46-47), 47 Fusion mit St. Kiradgijev Plovdiv => ASK Botev Plovdiv (47-51), 51-55 DNV Plovdiv, 55-56 SKNA Plovdiv, 56-67 ASK Botev Plovdiv, 67 Fusion mit DFS Spartak Plovdiv und Akademik Plovdiv => AFD Trakija Plovdiv (67-86), 82 löste sich DFS Spartak Plovdiv, 86-89 FK Trakija Plovdiv, 89-?? FK Botev Plovdiv], s. S. 91
PFK Botev Vratsa (Profesionalen fudbalski klub Botev Vratsa), Vratsa, Bulgarien, Klub, entst. 1921, [1921-86 DFS Botev Vratsa, 86-89 FK Vratsa, 89-?? FK Botev Vratsa], s. S. 91
PFK CSKA Moskva (Professional'nyj futbol'nyj klub Central'nyj sportivnyj klub armiji Moskva), Moskau (Moskva), Russland, Klub, entst. 1923, [1923-24 OLLS Moskva, 24-28 OPPV Moskva, 28-51 CDKA Moskva, 51-57 CDSA Moskva, 53 Fusion mit VVS Moskva, 57-60 CSK-MO Moskva, 60-89 CSKA Moskva, 1989-?? FK CSKA Moskva], s. S. 101
PFK CSKA Sofija (Profesionalen fudbalski klub Centralnij Sport klub Armija Sofija), Sofija, Bulgarien, Klub, entst. 1948, [1948 FD Septemvrijsko Sofija, 48-49 CDNV Sofija, 49-50 NV Sofija, 50-51 NA Sofija, 51-53 CDNA Sofija, 53 Sofijski Garnizon, 53-64 CDNA Sofija, 64 Fusion mit DSO Tscherveno zname Sofija => CSKA Tscherveno zname Sofija (64-68), 68 Fusion mit FD Septemvri CDV Sofija => CSKA Septemvrijsko zname Sofija (68-85), 85 aufgel. und wiedergegr., 85-87 FK Sredets Sofija, 87-89 CFKA Sredets Sofija, 89-90 CFKA Sofija, 90-?? FK CSKA Sofija], s. S. 91
PFK Dobrudscha Dobritsch (Profesionalen fudbalski klub Dobrudscha Dobritsch), Dobritsch, Bulgarien, Klub, entst. 1919, [1919-?? Vichăr Tolbuchin, ??-?? Levski Tolbuchin, ??-?? Orlov Tolbuchin, ??-?? Slavija Tolbuchin, ??-?? Tscherveno zname Tolbuchin, ??-?? Spartak Tolbuchin, ??-?? Septemvriji Tolbuchin, ??-88 DFS Dobrudscha Tolbuchin, 88-90 FK Dobrudscha Tolbuchin, 90-94 FK Dobrudscha Dobritsch], s. S. 91
PFK Dunav Ruse (Profesionalen fudbalski klub Dunav Ruse), Ruse, Bulgarien, Klub, entst. 1919, [1919-?? CAVA Ruse, ??-?? Napredak Ruse, ??-?? Levski Ruse, ??-?? Varuc Ruse, ??-?? Kancev Ruse, ??-?? Rakovski Ruse, ??-?? Ruzhenets Ruse, ??-49 Spartak Ruse, 49 Fusion mit Lokomotiv Ruse und Partizani Ruse => Torpedo Ruse (49-59), 59 Aufl. der Fusion => Lokomotiv Ruse und FD Dunav Ruse (59-67), 67 Fusion mit Lokomotiv Ruse => TDFS Dunav Ruse (67-84), 84 Aufl. der Fusion => Lokomotiv Ruse und DFS Dunav Ruse (84-89), 89-?? FK Dunav Ruse], s. S. 91
PFK Ganja (Peş äkar Futbol Klubu Ganja), Găncă/Ganja, Aserbaidschan, Klub, entst. 1959, [1959-73 Dinamo Kirowabad, 73-91 Kiapaz Kirowabad, 1991-2004 FK Kiapaz Ganja], s. S. 97
PFK Haskovo (Profesionalen fudbalski klub Haskovo), Haskovo, Bulgarien, Klub, entst. 1922, [1922-?? Botev Haskovo, ?? Fusion mit Levski Haskovo => Septemvri Haskovo (??-57), 57 Fusion mit Tscherveno zname Haskovo, Spartak Haskovo und DNA Haskovo => FD Dimitar Kanev Haskovo (57-73), 73-89 DFS Haskovo, 89-?? FK Haskovo], s. S. 91
PFK Hebăr 1920 Pazardschik (Profesionalen fudbalski klub Chebăr 1920 Pazardschik), Pazardschik, Bulgarien, Klub, entst. 1920, [1920-90 DFS Chebăr Pazardschik, 1990-?? FK Chebăr Pazardschik, ??-?? FK Chebăr 1920 Pazardschik], s. S. 91
PFK Levski Sofija (Profesionalen fudbalski klub Levski Sofija), Sofija, Bulgarien, Klub, entst. 1914, [1914-?? CS Levski Sofija, ??-?? Levskiego Sofija, ??-?? Spartak Sofija, ??-?? Sportista Sofija, ??-49 SK Levski Sofija, 49-57 Dinamo Sofija, 57-69 FD Levski Sofija, 69 Fusion mit FD Spartak Sofija => DFS Levski-Spartak Sofija (69-85), 85 aufgel. und wiedergegr., 85-90 FK Vitoscha Sofija, 90-93 FK Levski-14 Sofija, 93-98 Levski-1914 Sofija], s. S. 91
PFK Liteks Lovetsch (Profesionalen fudbalski klub Liteks Lovetsch), Lovetsch, Bulgarien, Klub, entst. 1921, [19??-?? DFS Osam Lovetsch, 91-9? Leks Lovetsch, 9?-99 FK Liteks Lovetsch, 99-?? FK Lovetsch, ??-?? PFK Lovetsch], s. S. 91
PFK Lokomotiv Plovdiv (Profesionalen fudbalski klub Lokomotiv Plovdiv), Plovdiv, Bulgarien, Klub, entst. 1936, [1936-40 ZSK Plovdiv, 40-45 ZSK Levski-Slavija Plovdiv, 45-49 Slavija-Tschengelov Plovdiv, 49-51 Torpedo Plovdiv, 51-89 DFS Lokomotiv Plovdiv, 89-?? FK Lokomotiv Plovdiv], s. S. 91
PFK Lokomotiv Sofija (Profesionalen fudbalski klub Lokomotiv Sofija), Sofija, Bulgarien, Klub, entst. 1929, [1929-?? ZSK Sofija, ??-44 Energija Sofija, 44-49 SK Lokomotiv Sofija, 49-51 DSO Torpedo Sofija, 51-69 FD Lokomotiv Sofija, 69 Fusion mit FD Slavija Sofija => ZSK Slavija Sofija (69-71), 71 Aufl. der Fusion => DFS Slavija Sofija und DFS Lokomotiv Sofija (71-86), 86-?? FK Lokomotiv Sofija], s. S. 91
PFK Makedonska slava Simitli (Profesionalen fudbalski klub Makedonska slava Simitli), Simitli, Bulgarien, Klub, entst. 1922, s. S. 91
PFK Marek Dupnica (Profesionalen fudbalski klub Marek Dupnica), Dupnica, Bulgarien, Klub, entst. 1919, [1919-?? Slavija Dupnica, ??-?? Levski Dupnica, ??-?? Atletik Dupnica, ??-?? JSK Dupnica, ??-?? Pobeda Dupnica, ??-?? BP '24 Dupnica, ??-?? Pod. Botev Dupnica, ??-?? Vichăr Dupnica, ??-?? Razviti Dupnica, ??-?? Muzala Dupnica, ??-47 Lăv Dupnica, 47 Fusion mit Levski Dupnica => DFS Dupnica (47-49), 49-53 Tscherveno zname Stanke Dimitrov, 53-?? Lokomotiv Stanke Dimitrov, ??-?? DNA Stanke Dimitrov, ??-?? Spartak Stanke Dimitrov, ??-56 Septemvriji Stanke Dimitrov, 56-86 DFS Marek Stanke Dimitrov, 86-89 Rila Stanke Dimitrov, 89-92 FK Marek Stanke Dimitrov, 92-?? FK Marek Dupnica], s. S. 91
PFK Maritsa Plovdiv (Profesionalen fudbalski klub Maritsa Plovdiv), Plovdiv, Bulgarien, Klub, entst. 1921, [1921-90 DFS Maritsa Plovdiv, 90-?? FK Maritsa Plovdiv], s. S. 91
PFK Metalurg Pernik (Profesionalen fudbalski klub Metalurg Pernik), Pernik, Bulgarien, Klub, entst. 1957, [aufgel. 1966 durch Fusion mit SK Minjor Pernik => Kakra Pernicki Pernik, ?? wiedergegr., ??-?? FK Metalurg Pernik], s. S. 91
PFK Minjor Pernik (Profesionalen fudbalski klub Minjor Pernik), Pernik, Bulgarien, Klub, entst. 1919, [1919-32 Kakra Pernik, 32-4? Benkovski Pernik, 45 Fusion mit Svetkavica Pernik, Pernik JSK und Rudnicar Pernik, 4?-49 Republikanets Pernik, 49-5? Republikanets Dimitrovo, 5?-52 Torpedo Dimitrovo, 52-62 SK Minjor Dimitrovo, 62-66 SK Minjor Pernik, 66 Fusion mit Metalurg Pernik => Kakra Pernicki Pernik (66-70), 70-74 DFS Pernik, 74-89 DFS Minjor Pernik, 89-?? FK Minjor Pernik], s. S. 91
PFK Nafteks Burgas (Profesionalen fudbalski klub Nafteks Burgas), Burgas, Bulgarien, Klub, entst. 1932, [19??-?? FK Neftochimik Burgas, ??-2001 PFK Neftochimik Burgas], s. S. 91
PFK Neftschi Baku (Peş äkar Futbol Klubu Neftschi Baku), Bakı/Baku, Aserbaidschan, Klub, entst. 1937, [1937-68 Neftjanik Baku, 68-87 Neftschi Baku, 1987-?? FK Neftschi Baku], s. S. 97
PFK Nesebăr (Profesionalen fudbalski klub Nesebăr), Nesebăr, Bulgarien, Klub, entst. 1946, s. S. 91
PFK Pirin Blagoevgrad (Profesionalen fudbalski klub Pirin Blagoevgrad), Blagoevgrad, Bulgarien, Klub, entst. 1934, [1934-?? Botev Gorna Dzhumaja, ??-50 Makedonija Gorna Dzhumaja, 50-?? Makedonija Blagoevgrad, ??-?? Torpedo Blagoevgrad, ??-72 Strojitel Blagoevgrad, 72-89 DFS Pirin Blagoevgrad, 89-?? FK Pirin Blagoevgrad], s. S. 91
PFK Rilski sportist Samokov (Profesionalen fudbalski klub Rilski sportist Samokov), Samokov, Bulgarien, Klub, entst. 1947, [entst. 1947 durch Fusion Sportklub Samokov, Benkovski Samokov und Levski Samokov], s. S. 91
PFK Rodopa Smoljan (Profesionalen fudbalski klub Rodopa Smoljan), Smoljan, Bulgarien, Klub, entst. 1927, s. S. 91
PFK Schumen 2001 (Profesionalen fudbalski klub Schumen 2001), Schumen, Bulgarien, Klub, entst. 1920, [1920-?? Preslava Schumen, ??-?? Han Omurtag Schumen, ??-?? Rodina Schumen, ??-?? Botev Schumen, ??-?? JBV Schumen, ??-50 Panajot Volov Schumen, 50-57 Panajot Volov Kolarovgrad, 57-66 Volov Kolarovgrad, 66-80 Volov Schumen, 80-84 DFS Schumen, 84-?? Madara Schumen, ??-?? FK Schumen, ??-2001 PFK Schumen, 01 Fusion mit Junak Schumen => PFK Schumen 2001], s. S. 91
PFK Septemvri Sofija (Profesionalen fudbalski klub Septemvri Sofija), Sofija, Bulgarien, Klub, entst. 1944, [entst. 1944 durch Fusion SK Sofija, Akoah Sofija, Vazrozhdan Sofija und Sokol Sofija => Botev Sofija (44-47), aufgel. 47 durch Fusion mit CDV Sofija und Cadvar Sofija => FD Septemvrijsko Sofija, Wiedergr. 57 durch Abspaltung von CDNA Sofija => FD Septemvri CDV Sofija (57-68), aufgel. 68 durch Fusion mit CSKA Tscherveno zname Sofija => CSKA Septemvrijsko zname Sofija, 85 wiedergegr. => DFS Septemvri Sofija (85-89), 89-?? FK Septemvri Sofija], s. S. 91
PFK Slavija Sofija (Profesionalen fudbalski klub Slavija Sofija), Sofija, Bulgarien, Klub, entst. 1910, [1910-15 Botev Sofija, 15 Fusion mit Christo Botev Sofija und Razvitije Sofija => SK Slavija Sofija (15-45), 45 Fusion mit SK Bălgarija Sofija und SK Beganets Sofija => NFD Slavija Sofija (45-49), 49-51 DSO Strojitel Sofija, 51-52 USS-DSO Udarnik Sofija, 52-57 GUTP-DSO Udarnik Sofija, 57-69 FD Slavija Sofija, 69 Fusion mit FD Lokomotiv Sofija => ZSK Slavija Sofija (69-71), 71 Aufl. der Fusion => DFS Lokomotiv Sofija und DFS Slavija Sofija (71-86), 86-?? FK Slavija Sofija], s. S. 91
PFK Sliven (Profesionalen fudbalski klub Sliven), Sliven, Bulgarien, Klub, entst. 1918, [1918-?? Sportist Sliven, ??-?? Borislav Sliven, ??-?? Asenovets Sliven, ??-?? Trakijets Sliven, ??-?? Hadzhi Dimitar Sliven, ??-?? Angel Dimitrov Sliven, ??-?? Sabi Dimitrov Sliven, ??-?? DNA Sliven, ??-?? SKNA Sliven, ??-?? Mlada Gvardija Sliven, ??-?? Slivenski Tekstilets Sliven, ??-64 Zaimkov Sliven, 64-72 AFD Sliven, 72-89 DFS Sliven, 89-?? FK Sliven], s. S. 91
PFK Spartak Nal'chik (Professional'nyj futbol'nyj klub Spartak Nal'chik), Nal'chik, Russland, Klub, entst. 1959, [1959-69 Spartak Nal'chik, 69-72 Avtomobilist Nal'chik, 72-76 Spartak Nal'chik, 76-?? Elbrus Nal'chik], s. S. 101
PFK Spartak Pleven (Profesionalen fudbalski klub Spartak Pleven), Pleven, Bulgarien, Klub, entst. 1919, [1919-20 Skobelev Pleven, 20-?? FK Pobeda 26 Pleven, ??-?? Levski Pleven, ??-?? Bit Pleven, ??-?? Botev Pleven, ??-?? Belite Orli Pleven, ??-?? SP '39 Pleven, ??-?? Trud Pleven, ??-?? Republikanets Pleven, ??-?? Vinarov Pleven, ??-?? Septemvri Pleven, ??-?? Lokomotiv Pleven, 55 Fusion mit DFS Torpedo Pleven => DSO Spartak Pleven (55-58), 58-85 DFS Spartak Pleven, 85-?? FK Spartak Pleven], s. S. 91
PFK Spartak Varna (Profesionalen fudbalski klub Spartak Varna), Varna, Bulgarien, Klub, entst. 1918, [1918-24 Bălgarski Sokol Varna, 24 Fusion mit Schipka Varna => Schipenski Sokol Varna (24-45), 45 Fusion mit Levski Varna und Rakovski Varna => Spartak Varna (45-49), 49-56 Spartak Stalin, 56-69 Spartak Varna, 69 Fusion mit Lokomotiv Varna => ZSK Spartak Varna (69-86), 86-?? FK Spartak Varna], s. S. 91
PFK Tscherno more Varna (Profesionalen fudbalski klub Tscherno more Varna), Varna, Bulgarien, Klub, entst. 1945, [entst. 1945 durch Fusion SK Vladislav Varna und Titscha Varna => TV-45 (45-??), ??-48 TVP Varna, 48-49 Botev Varna, 49-50 Botev Stalin, 50-56 VUS Stalin, 56 VUS Varna, 56-?? SKNA Varna, ??-69 VUS Varna, 69 Fusion mit Akademik Varna und SD Tscherno

Tepna Náchod => TJ Tepna Náchod (63-74), 74-90 TJ Náchod, 90-94 SK Somos Náchod, 1994-2001 SK Náchod, 2001 Fusion mit Sokol Deštné => FK Náchod-Deštné], **s. S.** 86
SK Nacional'naja Gwardia-AiK Bischkek **s.** SK Nacional'naja Gwardia Bischkek
ŠK Nehera Trenčín **s.** FK AS Trenčín
ŠK Nitra **s.** FC Nitra
SK Nusle (Sportovní klub Nusle), Prag (Praha), Tschechische Republik, Klub, entst. 1903, [1901-48 SK Nusle, 48-49 Sokol Nusle, 49-53 ZSJ Jawa Nusle, 53-57 TJ Spartak Praha Závody 9. května, 57-6? TJ Spartak Jawa Nusle, 6?-9? TJ Spartak Praha 4], **s. S.** 86
SK Nymburk **s.** SK Polaban Nymburk
SK Odd **s.** Rosenborg BK
SK Odesa (Sportyvnyj klub Odesa), Odesa/Odessa, Ukraine, Klub, entst. 1958, [1958-92 SKA Odessa], **s. S.** 99
SK Okzhetpes Kokchetaw (Sport kluby Okzhetpes Kokchetaw), Kokchetaw, Kasachstan, Klub, entst. 2004, [entst. 2004 nach Umzug von Chimik Stepnogorsk nach Kokchetaw], **s. S.** 101
SK Olomouc ASO **s.** Sokol OD Olomouc
SK Olomouc **s.** Sokol OD Olomouc
SK Ordabasy Tschimkent (Sport kluby Ordabasy Tschimkent), Čimkent, Kasachstan, Klub, [19??-92 Arsenal-SKIF Tschimkent, 92-98 SKIF Ordabasy Tschimkent, 98-99 Tomiris Tschimkent, 1999-2000 Sintez Tschimkent, 00-01 Tomiris Tschimkent], **s. S.** 101
SK Otrokovice **s.** TJ Jiskra Otrokovice
SK Pardubice **s.** FK Pardubice 1899
SK Pardubice **s.** TJ Tatran Pardubice
SK Përmet **s.** KS 24. Maji
SK Plovdiv (Sportklub Plovdiv), Plovdiv, Bulgarien, Klub, entst. 1926, [entst. 1926 durch Fusion Karadicha Plovdiv und Atletic Plovdiv, ?? aufgel.], **s. S.** 91
SK Plzeň 1894 (Sportovní klub Plzeň 1894), Plzeň, Tschechische Republik, Klub, entst. 1894, [1894-98 Studentský AC Plzeň, 98-99 AC Plzeň, 1899 Fusion mit FC Plzeň und Klub siláků Plzeň => SK Plzeň (1899-1948), 48-49 Sokol Plzeň I, 49 Sokol Doprava Plzeň, 50-53 ZSJ ČSD Plzeň, 53-90 TJ Lokomotiva Plzeň, 90-94 SK Plzeň], **s. S.** 86
SK Plzeň **s.** SK Plzeň 1894
SK Polaban Nymburk (Sportovní klub Polaban Nymburk), Nymburk, Tschechische Republik, Klub, entst. 1900, [1900-02 SK Nymburk, 02-48 SK Polaban Nymburk, 48 Sokol Nymburk, 48-52 ZSJ Lokomotiva Nymburk, 52-53 ZSJ ČSD Nymburk, 53-9? TJ Lokomotiva Nymburk], **s. S.** 86
ŠK Polície Bratislava (Športový klub Polície Bratislava), Bratislava, Slowakei, Klub, entst. 1946, [1946-48 TKNB Bratislava, 48-52 Sokol SNB Bratislava, 52-53 Sokol Červená hviezda Bratislava, 53-56 ÚD ČH Bratislava, 56-90 TJ Červená hviezda Bratislava, 62 Fusion mit A-Team von TJ Červená hviezda Bratislava mit TJ Slovnaft Bratislava], **s. S.** 87
SK Poljot Bischkek (Sportivnyj klub Poljot Bischkek), Bischkek, Kirgisien, Klub, entst. 1998, [1998-99 SK Sverdlovskoje ROVD Bischkek, 1999-2000 SK Poljot Bischkek, 2000 aufgel.], **s. S.** 100
ŠK Považská Bystrica **s.** FK Považská Bystrica
SK Praha XVII **s.** SK Motorlet Praha
SK Preußen 01 Stettin (Sport-Klub Preußen 01 Stettin), Stettin (Szczecin), Polen, Klub, entst. 1901, [entst. 1901 durch Fusion FC Preußen Stettin und SC Preußen Stettin => SK Preußen 01 Stettin (01-37), aufgel. 37 durch Fusion s 1. Stettiner Schwimmverein Borussia-Poseidon 1900 => SV Preußen-Borussia Stettin-Neuwestend], **s. S.** 84
SK Prevalje **s.** NK Korotan Prevalje
ŠK Prievidza **s.** FK Baník Prievidza
SK Prostějov **s.** 1. SK Prostějov
SK Prostějov **s.** SK LeRK Brno
ŠK Púchov **s.** ŠK Matador Púchov
SK Puntigamer Sturm Graz (Sportklub Puntigamer Sturm Graz), Graz, Österreich, Klub, entst. 1909, [1909-69 SK Sturm Graz, 69-79 SK Sturm-Durisol, 79-91 SK Raika-Sturm, 91-96 SK Stabil Fenser Sturm], **s. S.** 83
SK Raika-Sturm **s.** SK Puntigamer Sturm Graz
SK Rakovník (Sportovní klub Rakovník), Rakovník, Tschechische Republik, Klub, entst. 1903, [1903-04 Sportovní kroužek Rakovník, 04-48 SK Rakovník, 48-49 Sokol Rakovník, 49-51 Sokol KZ Rakovník, 51-53 Sokol TOS Rakovník, 53-58 TJ Spartak Rakovník, 58-67 TJ Lokomotiva Rakovník, 67-68 TJ ČKZ Rakovník, 68-73 SK Rakovník, 73-92 TJ ČKZ Rakovník], **s. S.** 86
SK Rapid (Sportsklubben Rapid), Moss, Norwegen, Klub, entst. 1925, **s. S.** 71
SK Rapid Liberec **s.** TJ Jiskra SS Liberec
ŠK Rapid Trnava (Športový klub Rapid Trnava), Trnava, Slowakei, Klub, entst. 1925, [1925-39 ŠK Rapid Trnava, aufgel. 39 Fusion mit TŠS Trnava], **s. S.** 86
ŠK Rapid Trnava **s.** FC Spartak Trnava
SK Rapid Wien (Sport Klub Rapid Wien), Wien, Österreich, Klub, entst. 1899, **s. S.** 83
SK Rask **s.** Lillestrøm SK
ŠK Rimavská Sobota **s.** FC Rimavská Sobota
SK Roeselare **s.** KSV Roeselare
ŠK Rolný Púchov **s.** ŠK Matador Púchov
SK Rotor Wolgograd **s.** FK Rotor Wolgograd
SK Rudar Pljevlja (Sportski klub Rudar Pljevlja), Pljevlja, Serbien, Klub, entst. 1920, [1920-40 SK Rudar Pljevlja, 40-47 SD Jedinstvo Pljevlja, 47-57 SD Velimir Radić Pljevlja], **s. S.** 93
ŠK Rúdlová **s.** ŠK Banská Bystrica
ŠK Rusj Užhorod (Športový klub Rusj Užhorod), Usshorod/Uzgorod, Ukraine, Klub, entst. 1926, [aufgel. 1939], **s. S.** 87
ŠK Ružomberok **s.** MFK Ružomberok
ŠK Saturn Rimavská Sobota **s.** FC Rimavská Sobota
SK Schwarz-Weiß Essen **s.** ETB Schwarz-Weiß
SK Sigma MŽ Olomouc **s.** SK Sigma Olomouc
SK Sigma Olomouc (Sportovní klub Sigma Olomouc), Olomouc, Tschechische Republik, Klub, entst. 1919, [1919-20 FK Hejčín Olomouc, 20-47 SK Hejčín Olomouc, 47-48 Hejčínský SK BaH [Báňské und Hutní] Olomouc, 48-49 Sokol BaH Olomouc, 49-52 ZSJ MŽ Olomouc, 52-53 ZSJ HŽ Olomouc, 53-54 TJ Baník MŽ Olomouc, 54-59 TJ Spartak MŽ Olomouc, 56 Fusion mit TJ Cukrovar Olomouc, 59-66 TJ MŽ Olomouc, 66-79 TJ Sigma MŽ Olomouc, 79-90 TJ Sigma ZTS Olomouc, 90-96 SK Sigma Olomouc MŽ], **s. S.** 86
SK Sklobižu Jablonec **s.** FK Jablonec 97
SK Skopje (Sportski klub Skopje), Skopje, Mazedonien, Klub, entst. 1960, **s. S.** 93
ŠK Slávia Banská Bystrica **s.** ŠK Banská Bystrica
SK Slavia České Budějovice **s.** SK Dynamo České Budějovice
SK Slavia IPS Praha **s.** SK Slavia Praha
SK Slavia Praha (Sportovní klub Slavia Praha), Prag (Praha), Tschechische Republik, Klub, entst. 1892, [1892-1948 SK Slavia Praha, 48-49 Sokol Slavia Praha VII, 49 Fusion mit Dynamo Praha => ZSJ Dynamo Slavia Praha (49-53), 53-64 TJ Dynamo Praha, 64-68 TJ Slavia Praha, 68-73 SK Slavia Praha, 73-78 TJ Slavia Praha IPS, 78-91 SK Slavia Praha IPS], **s. S.** 86
ŠK Slávia Prešov (Športový klub Slávia Prešov), Prešov, Slowakei, Klub, entst. 1931, [1931-4? ŠK Slávia Prešov, aufgel. 48 Fusion mit Snaha-Törekvés Prešov => PTS], **s. S.** 87
ŠK Slávia Prešov **s.** 1. FC Tatran Prešov
ŠK Slávia Turčianský Svätý Martin **s.** ŠKF ZŤS VTJ Martin
ŠK Slavija Osijek (Športski klub Slavija Osijek), Osijek, Kroatien, Klub, entst. 1929, [aufgel. 19??], **s. S.** 93
ŠK Slavija Sarajevo (Športski klub Slavija Sarajevo), Sarajevo, Bosnien und Herzegowina, Klub, entst. 1907, **s. S.** 93
SK Slavija Sofija **s.** PFK Slavija Sofija
ŠK Slavija Varaždin **s.** NK Varteks Varaždin
SK Slavoj Vítkovice **s.** FC Vítkovice
SK Slavoj Žižkov (Sportovní klub Slavoj Žižkov), Prag (Praha), Tschechische Republik, Klub, entst. 1902, [aufgel. 1949], **s. S.** 86
SK Slezská Ostrava **s.** FC Baník Ostrava
SK Slovácká Slavia Uherské Hradiště **s.** FC Slovácká Slavia Uherské Hradiště
ŠK Slovan Bratislava (Športový klub Slovan Bratislava), Bratislava, Slowakei, Klub, entst. 1919, [1919-39 I. ČsŠK Bratislava, 39-48 ŠK Bratislava, 48 Sokol Bratislava, 48-53 Sokol NV Bratislava, 53-61 TJ Slovan Bratislava ÚNV, 61 Fusion mit TJ Iskra Dimitrov Bratislava => TJ Slovan CHZJD Bratislava (61-90)], **s. S.** 87
SK Slovan HAC Wien (Sport Klub Slovan Hüttelsdorfer Athletic Club Wien), Wien, Österreich, Klub, entst. 1902, [1902-34 SK Slovan Wien, 34-45 AC Sparta Wien, 45-60 SK Slovan Wien, 60 Fusion mit SC Olympia 33 Wien => SK Slovan-Olympia Wien (60-76), 76 Fusion mit Hütteldorfer AC 1911 => SK Slovan HAC Wien], **s. S.** 83
ŠK Slovan Rimavská Sobota **s.** FC Rimavská Sobota
SK Slovan Wien **s.** SK Slovan HAC Wien
SK Slovan-Olympia Wien **s.** SK Slovan HAC Wien
ŠK Snaha-Törekvés Rimavská Sobota **s.** FC Rimavská Sobota
SK Snøgg (Sportsklubben Snøgg), Notodden, Norwegen, Klub, entst. 1905, **s. S.** 71
SK Sofija (Sportklub Sofija), Sofija, Bulgarien, Klub, entst. 1919, [aufgel. 1944 durch Fusion mit Akoah Sofija, Vazrozhdan Sofija und Sokol Sofija => Botev Sofija], **s. S.** 90
SK Sofija **s.** PFK Septemvri Sofija
SK Sparta Kladno **s.** SK Kladno
ŠK Sparta Košice **s.** Kassai AC
SK Sparta Královo Pole **s.** SK LeRK Brno
SK Stabil Fenser Sturm **s.** SK Puntigamer Sturm Graz
SK Staré Město **s.** 1. FC Slovácko
ŠK Štefánik Banská Bystrica **s.** ŠK Banská Bystrica
SK Sturm Graz **s.** SK Puntigamer Sturm Graz
SK Sturm-Durisol **s.** SK Puntigamer Sturm Graz
SK Südbahn Graz **s.** ESV Austria Graz
SK Sverdlovskoje ROVD Bischkek **s.** SK Poljot Bischkek
SK Synthesia Semtín **s.** FK Pardubice 1899
SK Teplice-Šenov **s.** FK Teplice
ŠK Texicom Ružomberok **s.** MFK Ružomberok
SK TIC Slovácká Slavia Uherské Hradiště **s.** FC Slovácká Slavia Uherské Hradiště
SK Tiranë (Sport klub Tiranë), Tiranë, Albanien, Klub, entst. 1920, [1920-27 AGIMI, 27-39 SK Tiranë, 39-44 Shprefeja, 44-50 KS 17. Nëntori, 50-57 Puna Tiranë, 57-91 KS 17. Nëntori], **s. S.** 93
ŠK Topoľčany **s.** MFK VTJ Topoľčany
SK Třinec **s.** Fotbal Třinec
ŠK Turčianský Svätý Martin **s.** ŠKF ZŤS VTJ Martin
SK Ústí nad Labem **s.** MFK Ústí nad Labem
SK Vard (Sportsklubben Vard), Haugesund, Norwegen, Klub, entst. 1916, **s. S.** 71
SK Varg **s.** Frigg FK
ŠK VAS Bratislava (Športový klub VAS Bratislava), Bratislava, Slowakei, Klub, entst. 1912, [1912-?? Pozsónyi UVFSE, aufgel. 45], **s. S.** 87
SK Viktoria Jinonice **s.** SK Motorlet Praha
SK Viktoria Plzeň **s.** FC Viktoria Plzeň
ŠK Viktoria Ružomberok-Rybárpole **s.** MFK Ružomberok
SK Viktoria Žižkov **s.** FK Viktoria Žižkov
ŠK Viktorija Zagreb (Športski klub Viktorija Zagreb), Zagreb, Kroatien, Klub, entst. 1908, [aufgel. 1945 durch Fusion mit HŠK Željezničar Zagreb => NK Lokomotiva Zagreb], **s. S.** 93
ŠK Viktorija Zagreb **s.** NK Lokomotiva Zagreb
SK Vítkovice **s.** FC Vítkovice
SK Vítkovické železárny **s.** FC Vítkovice
SK Vladislav Varna (Sportklub Vladislav Varna), Varna, Bulgarien, Klub, entst. 1921, [aufgel. 1945 durch Fusion mit Titscha Varna => TV-45], **s. S.** 91
SK Vladislav Varna **s.** PFK Tscherno more Varna
SK Vladislav Varna **s.** Titscha Varna
SK VÖEST Linz **s.** FC Linz
SK Vorwärts KVP Leipzig (Sportklub Vorwärts der Kasernierten Volkspolizei Leipzig), Leipzig, Deutschland, Klub, entst. 1951, [1951-52 SK Vorwärts Leipzig, 52-53 SK Vorwärts KVP Leipzig, aufgel. 53, Umzug nach Berlin => ZSK Vorwärts KVP Berlin], **s. S.** 85
SK Vorwärts KVP Leipzig **s.** FC Vorwärts Berlin
SK Vorwärts Leipzig **s.** SK Vorwärts KVP Leipzig
SK Vorwärts Steyr (Sport Klub Vorwärts Steyr), Steyr, Österreich, Klub, entst. 1919, [1919-34 SK Vorwärts Steyr, 34 aufgel., 45 wiedergegr., ??-?? SK Mibag Vorwärts Steyr, ??-?? Leiner Steyer], **s. S.** 83
SK Železárny Třinec **s.** Fotbal Třinec
SK Železárny Vítkovice **s.** FC Vítkovice
ŠK Železničiari Vrútky **s.** FC Vrútky
SK Židenice **s.** 1. FC Brno
ŠK Žilina **s.** MŠK Žilina
SK Zlín **s.** FC Tescoma Zlín
SK Zulte **s.** SV Zulte Waregem
SKA Baku **s.** FC OIK Baku
SKA Dostuk Sokuluk (Sportivnyj Klub Armiji Dostuk Sokuluk), Sokuluk, Kirgisien, Klub, **s. S.** 101
SKA Duschanbe, Duschanbe, Tadschikistan, Klub, **s. S.** 101
SKA Karpaty L'wow **s.** FK Karpaty Ľwiw
SKA Kiew **s.** FK Arsenal Kyiw
SKA Odessa **s.** SK Odesa
SKA Pamir Duschanbe (Sportivnyj Klub Armiji Pamir Duschanbe), Duschanbe, Tadschikistan, Klub, entst. 1957, **s. S.** 101
SKA Rostow-na-Donu **s.** FK SKA Rostow-na-Donu
SKA-Alaj Gultscha **s.** FK SKA-Alaj Gultscha
SKA-Alaj Gultscha **s.** FK SKA-Alaj Osch
SKA-Alaj Osch **s.** FK SKA-Alaj Gultscha
SKA-Alaj Osch **s.** FK SKA-Alaj Osch
SKA-ARAI Etschmiadzin **s.** FC BMA-ARAI Etschmiadzin
Skála ÍF (Skála Ítróttarfelag), Skáli, Färöer Inseln, Klub, entst. 1965, **s. S.** 71
Skallagrímur **s.** UMF Skallagrímur
SKA-PVO Bischkek **s.** FK SKA-PVO Bischkek
Skeeters **s.** Newark Skeeters
Skeid FK (Skeid Fotballklubben), Oslo, Norwegen, Klub, entst. 1915, [1929 Fusion mit Frem 1914 und Kristiania BK], **s. S.** 71
Skeid Fotballklubben **s.** Skeid FK
Skënderbeu **s.** KS Skënderbeu
ŠKF Závody ťažkého strojárstva Vojenská telovýchovná jednota Martin **s.** ŠKF ZŤS VTJ Martin
ŠKF ZŤS VTJ Martin (ŠKF Závody ťažkého strojárstva Vojenská telovýchovná jednota Martin), Martin, Slowakei, Klub, entst. 1912, [1912-20 TAC Martin, 20-32 ŠK Turčianský Svätý Martin, 32 Fusion mit ŠK Slávia Turčianský Svätý Martin => MŠK Martin (32-48), 48-50 Sokol Martin, 50-53 ZSJ Martin, 53-55 Spartak Martin, 55-61 Spartak TS Martin, 61-80 TJ Strojárne Martin, 80-90 TJ ZŤS Martin, 90 Fusion mit VTJ Martin => ŠKF ZŤS VTJ Martin], **s. S.** 87
Skien, Stadt, Norwegen, **s. S.** 71
SKIG Moskva **s.** Burewestnik Moskva
Skikda, Stadt, Algerien, **s. S.** 113
Skill FC (Skill Football Club), Bruxelles/Brussel, Belgien, Klub, entst. 1896, [aufgel. 1902 durch Fusion mit Daring CB], **s. S.** 75
Skill FC **s.** R Daring CB
Skill Football Club **s.** Skill FC
Skillful FC **s.** Willful Skillful FC
Sklo Union Teplice **s.** FK Teplice
SKNA Plovdiv **s.** PFK Botev Plovdiv
SKNA Sliven **s.** PFK Sliven
SKNA Varna **s.** PFK Tscherno more Varna
Skobelev Pleven **s.** PFK Spartak Pleven
Škoda Hradec Králové **s.** SK Hradec Králové
Škoda Mladá Boleslav **s.** FK Mladá Boleslav
Škoda Plzeň **s.** FC Viktoria Plzeň
Skoda Xanthi FC (Skoda Xanthi Football Club), Xanthi, Griechenland, Klub, entst. 1967, [1967-93 AO Xanthi], **s. S.** 95
Skoda Xanthi Football Club **s.** Skoda Xanthi FC
Skonto Riga **s.** FK Skonto Riga
Skonto/Metals Riga, Riga, Lettland, Klub, entst. 1991, [1991-95 Interskonto Riga], **s. S.** 99
Skopje, Stadt, Mazedonien, **s. S.** 91 und 93
Skopsko sportski klub Pobeda Skopje **s.** SSK Pobeda Skopje
Skovbakken **s.** Århus Fremad
Skovbakken **s.** IK Skovbakken
Skovshoved Idrætsforening **s.** Skovshoved IF
Skovshoved IF (Skovshoved Idrætsforening), Kopenhagen (København), Dänemark, Klub, entst. 1909, **s. S.** 71
SKP Cheb **s.** FC Union Cheb
SKP Fomei Hradec Králové **s.** SK Hradec Králové
SKP Lokomotiw Vitebsk **s.** FK Lakamatju Witsebsk
SKP Spartak Hradec Králové **s.** SK Hradec Králové
SKS Arkonia Szczecin **s.** KS Arkonia Szczecin
SKS Bałtyk Gdynia **s.** KS Bałtyk Gdynia
SKS Dąb Katowice (Stoczniowy Klub Sportowy Dąb Katowice), Katowice, Polen, Klub, entst. 1922, [aufgel. 1939], **s. S.** 89
SKS Podgórze Kraków **s.** KS Podgórze Kraków
SKS Polonia Gdańsk **s.** KS Lechia Gdańsk
SKV Feuerwehr **s.** Brigittenauer SC Feuerwehr
SKVO Rostow-na-Donu **s.** FK SKA Rostow-na-Donu
SKVO Uralmasch Sverdlovsk **s.** FK Ural Sverdlowskaja oblasť
Skyliners **s.** New York Skyliners
SL Benfica (Sport Lisboa e Benfica), Lissabon (Lisboa), Portugal, Klub, entst. 1904, [1904-08 Sport Lisboa, 08 Fusion mit Sport Clube de Benfica], **s. S.** 78
Slagelse B&IF (Slagelse Boldklub og Idrætsforening), Slagelse, Dänemark, Klub, entst. 1887, **s. S.** 71
Slagelse Boldklub og Idrætsforening **s.** Slagelse B&IF
Slagelse, Stadt, Dänemark, **s. S.** 71
Śląsk Świętochłowice **s.** KS Śląsk Świętochłowice
Śląsk Wrocław **s.** WKS Śląsk Wrocław
Śląski Katowice **s.** GKS Katowice
Slatina, Stadt, Rumänien, **s. S.** 91
Slava Jambol, Jambol, Bulgarien, Klub, [aufgel. 19??], **s. S.** 91
Slava Sofija **s.** AS Sofija
Slaven Belupo Koprivnica **s.** NK Slaven Belupo Koprivnica
Slaven Koprivnica **s.** NK Slaven Belupo Koprivnica
Slaven Živinice **s.** FK Slaven Živinice
Slávia Banská Bystrica **s.** ŠK Banská Bystrica
Slávia Bratislava VŠ **s.** TJ Slávia Bratislava VŠ
Slavia České Budějovice **s.** SK Dynamo České Budějovice
Slavia IPS Praha **s.** SK Slavia Praha
Slavia Mazyr **s.** FK Slavia Mazyr
Slavia Mladá Boleslav **s.** FK Mladá Boleslav
Slavia Praha **s.** SK Slavia Praha
Slávia Prešov **s.** 1. FC Tatran Prešov
Slávia Prešov **s.** ŠK Slávia Prešov
Slávia Turčianský Svätý Martin **s.** ŠKF ZŤS VTJ Martin
Slavija Burgas, Burgas, Bulgarien, Klub, [aufgel. 1947 durch Fusion mit Levski-Botev 45 Burgas => Ljubislav Burgas], **s. S.** 91
Slavija Burgas **s.** Levski-Botev 45 Burgas
Slavija Burgas **s.** PFK Tschernomorets Burgas
Slavija Dupnica **s.** PFK Marek Dupnica
Slavija Lukavica **s.** FK Slavija Lukavica
Slavija Novi Sad **s.** FK Vojvodina Novi Sad
Slavija Osijek **s.** ŠK Slavija Osijek
Slavija Sarajevo **s.** ŠK Slavija Sarajevo
Slavija Sofija **s.** PFK Lokomotiv Sofija
Slavija Sofija **s.** PFK Slavija Sofija
Slavija Srpsko Sarajevo **s.** FK Slavija Istočno Sarajevo
Slavija Svischtov **s.** PFK Akademik Svischtov
Slavija Tolbuchin **s.** PFK Dobrudscha Dobritsch
Slavija Varaždin **s.** NK Varteks Varaždin
Slavija Vinkovci **s.** NK Slavija Vinkovci
Slavija-Tschengelov Plovdiv **s.** PFK Lokomotiv Plovdiv
Slavoj Banská Bystrica **s.** ŠK Banská Bystrica
Slavoj Bardejov **s.** BSC JAS Bardejov
Slavoj Dunajská Streda **s.** FK DAC 1904 Dunajská Streda
Slavoj Karlín **s.** TJ Čechie Karlín
Slavoj Košice **s.** MFK Košice
Slavoj Liberec **s.** FC Slovan Liberec
Slavoj Liberec **s.** TJ Jiskra SS Liberec
Slavoj Liberec **s.** TJ Slavoj Liberec
Slavoj Mladá Boleslav **s.** FK Mladá Boleslav
Slavoj Nitra **s.** FC Nitra
Slavoj Podolí Praha **s.** AFK Slavoj Podolí Praha
Slavoj Praha **s.** AFK Slavoj Podolí Praha
Slavoj Rimavská Sobota **s.** FC Rimavská Sobota
Slavoj Vítkovice **s.** FC Vítkovice
Slavoj Žižkov **s.** SK Slavoj Žižkov
Slavonija Osijek **s.** NK Osijek
Slavonski Brod, Stadt, Kroatien, **s. S.** 93
Slawa Lemberg **s.** 1y LKS Czarni
Sleipner **s.** IK Sleipner
Sleman, Stadt, Indonesien, **s. S.** 107
Slezan Opava **s.** SFC Opava
Slezská Ostrava **s.** FC Baník Ostrava
Slezský Football Club Opava **s.** SFC Opava
Sliema Amateurs FC **s.** Sliema Wanderers FC
Sliema Athletic FC **s.** Sliema Wanderers FC
Sliema Rangers FC (Sliema Rangers Football Club), Sliema, Malta, Klub, entst. 1918, [1918-39 Sliema Rangers FC, aufgel. 39 durch Fusion mit Sliema Wanderers], **s. S.** 81
Sliema Rangers FC **s.** Sliema Wanderers FC
Sliema Rangers Football Club **s.** Sliema Rangers FC
Sliema Wanderers FC (Sliema Wanderers Football Club), Sliema, Malta, Klub, entst. 1909, [1909-18 Sliema Wanderers FC, 18-19 Sliema Amateurs FC, 19-44 Sliema Wanderers FC, 39 Fusion mit Sliema Rangers FC, 44-45 Sliema Athletic FC], **s. S.** 81
Sliema Wanderers Football Club **s.** Sliema Wanderers FC
Sliema Wanderers **s.** Sliema Rangers FC
Sliema, Stadt, Malta, **s. S.** 81
Sligeach, Stadt, Irland, **s. S.** 69
Sligo Rovers FC (Sligo Rovers Football Club), Sligo/Sligeach, Irland, Klub, entst. 1928, **s. S.** 69
Sligo Rovers Football Club **s.** Sligo Rovers FC
Sligo, Stadt, Irland, **s. S.** 69
Sliven, Stadt, Bulgarien, **s. S.** 91
Slivenski Tekstilets Sliven **s.** PFK Sliven
Sloboda Novi Grad **s.** FK Sloboda Novi Grad
Sloboda Sarajevo **s.** FK Sarajevo
Sloboda Sisak **s.** HNK Segesta Sisak
Sloboda Skopje **s.** FK Rabotnički Kometal Skopje
Sloboda Tuzla **s.** FK Sloboda Tuzla
Sloboda Užice **s.** FK Sloboda Užice
Sloboda Zagreb **s.** NK Zagreb
Sloga Bugojno **s.** NK Iskra Bugojno
Sloga Doboj **s.** FK Sloga Doboj
Sloga Jugomagnat Skopje **s.** FK Sloga Jugomagnat Skopje
Sloga Novi Sad **s.** FK Vojvodina Novi Sad
Sloga Skopje **s.** FK Sloga Jugomagnat Skopje
Sloga Srbac **s.** FK Sloga Srbac
Sloga Trn **s.** FK Sloga Trn
Sloga Uskoplje **s.** NK Sloga Uskoplje
Sloga Vinkovci **s.** HNK Cibalia Vinkovci
Slonim, Stadt, Weißrussland, **s. S.** 99
Slough, Stadt, England, **s. S.** 67
Slovácká Slavia Uherské Hradiště **s.** FC Slovácká Slavia Uherské Hradiště
Slovácko **s.** 1. FC Slovácko
Slovan Banská Bystrica **s.** ŠK Banská Bystrica
Slovan Bratislava **s.** ŠK Slovan Bratislava
Slovan HAC Wien **s.** SK Slovan HAC Wien
Slovan Liberec **s.** FC Slovan Liberec
Slovan Liberec **s.** TJ Jiskra SS Liberec
Slovan Liberec **s.** TJ Slavoj Liberec
Slovan Ljubljana **s.** NK SET Vevče
Slovan Mavrica **s.** NK SET Vevče
Slovan Nitra **s.** FC Nitra
Slovan Pardubice **s.** AFK Atlantic Lázně Bohdaneč
Slovan Prostějov **s.** 1. SK Prostějov
Slovan Rimavská Sobota **s.** FC Rimavská Sobota
Slovan Ružomberok **s.** MFK Ružomberok
Slovan Teplice **s.** FK Teplice
Slovan Wien **s.** SK Slovan HAC Wien
Slovan-Olympia Wien **s.** SK Slovan HAC Wien
Slovena Žilina **s.** MŠK Žilina
Slovenski športni klub Ljubljana **s.** SŠK Ljubljana
Slovnaft Bratislava **s.** FK Inter Bratislava
Slovnaft Bratislava **s.** ŠK Polície Bratislava
Slowakei, Länder, **s. S.** 86 und 87
Slowenien, Länder, **s. S.** 92 und 93
Słupsk, Stadt, Polen, **s. S.** 84 und 89
SM Caen (Stade Malherbe Caen Calvados-Basse-Normandie), Caen, Frankreich, Klub, entst. 1898, [1898-1913 Club Malherbe Caennais, 13 Fusion mit CS Caennais => Stade Malherbe Caennais (13-90)], **s. S.** 77
SM Sanga Balende (Sa Majesté Sanga Balende), Mbuji-Mayi, Volksrepublik Kongo, Klub, **s. S.** 119
Small Heath Alliance **s.** Birmingham City FC
Small Heath **s.** Birmingham City FC
Small Simba, Zanzibar, Tansania, Klub, **s. S.** 119
Šmartno ob Paki, Stadt, Slowenien, **s. S.** 93
SMB (Seychelles Marketing Board), Victoria, Seychellen, Klub, **s. S.** 121
SMCP (Société Mauritanienne de Comercialisation de P.), Nouadhibou, Mauretanien, Klub, [19??-?? ASC Port Autonome], **s. S.** 114
Smederevo, Stadt, Serbien, **s. S.** 93
SMI, Djibouti, Dschibuti, Klub, **s. S.** 115
Śmigły Wilno **s.** WKS Śmigły Wilno
SMM+ Karatamak, Karatamak, Turkmenistan, Klub, **s. S.** 101
Smoljan, Stadt, Bulgarien, **s. S.** 91
Snaha-Törekvés Prešov **s.** 1. FC Tatran Prešov
Snaha-Törekvés Prešov **s.** ŠK Slávia Prešov
Snaha-Törekvés Rimavská Sobota **s.** FC Rimavská Sobota
Snaige Alytus **s.** FK Dainava Alytus
SNIM **s.** ASC SNIM
Snipers **s.** City Snipers
SNL (Surinaams Nationaal Leger), Paramaribo, Suriname, Klub, **s. S.** 129
Snøgg **s.** SK Snøgg
SOA (Société Omnisport de l'Armée), Abidjan, Elfenbeinküste, Klub, **s. S.** 117
Sobou, Lae, Papua Neu Guinea, Klub, **s. S.** 136
Sobradinho EC **s.** Botafogo Sobradinho FC
Sobradinho, Stadt, Brasilien, **s. S.** 133
Soccer Missionaries, Foso, Ghana, Klub, **s. S.** 117
Socec Lafayette Bucureş ti **s.** FC Naţ ional Bucureş ti
Sochaux-Montbéliard **s.** FC Sochaux-Montbéliard
Sochibkor Duschanbe, Duschanbe, Tadschikistan, Klub, **s. S.** 101
Social Magdalena , Ayacucho, Peru, Klub, **s. S.** 131
Socico , Nkayi, Kongo, Klub, **s. S.** 118
Sociedad Civil Academica Nueva Cádiz Fútbol Club **s.** Nueva Cádiz FC
Sociedad de Fútbol San Sebastián **s.** Real Sociedad
Sociedad Deportiva Aucas **s.** SD Aucas
Sociedad Deportiva Compostela **s.** SD Compostela
Sociedad Deportiva Cotopaxi **s.** SD Cotopaxi
Sociedade Esportiva Ariquemes **s.** SE Ariquemes
Sociedade Esportiva do Gama **s.** SE Gama
Sociedade Esportiva e Recreativa Caxias **s.** SER Caxias
Sociedade Esportiva e Recreativa Chapadão **s.** SER Chapadão
Sociedade Esportiva e Recreativa Juventude **s.** SER Juventude
Sociedade Esportiva e Recreativa São José **s.** SER São José
Sociedade Esportiva Nova Andradina **s.** SE Nova Andradina
Sociedade Esportiva Palestra Itália **s.** SE Palestra Itália
Sociedade Esportiva Palmeiras **s.** SE Palmeiras
Sociedade Esportiva Picos **s.** SE Picos
Sociedade Esportiva Recreativa Perdigão **s.** SER Perdigão
Sociedade Esportiva Tiradentes **s.** SE Tiradentes
Sociedade Esportiva Tupan **s.** SE Tupan
Sociedade Esportiva Uniao Cacoalense **s.** SEU Cacoalense
Sociedade Esportiva Vila Aurora **s.** SE Vila Aurora
Sociedade Imperatriz de Desportos, Imperatriz, Brasilien, Klub, **s. S.** 133
Società Bergamasca di Ginnastica e Scherma **s.** Atalanta Bergamasca Calcio
Società Calcio Faetano **s.** Calcio Faetano
Società di Ginnastica Torino **s.** SG Torino
Società di Scherma e Ginnastica Pro Vercelli **s.** US Pro Vercelli
Società Ginnastica Andrea Doria **s.** SG Andrea Doria
Società Ginnastica Pro Patria et Libertate **s.** Pro Patria et Libertate Calcio
Società Ginnastica Sampierdarenese **s.** SG Sampierdarenese
Società Ginnastico Sportiva Fortitudo **s.** SGS Fortitudo
Società Podistica Lazio **s.** SS Lazio
Società Polisportiva Ars et Labor Ferrara **s.** SPAL Ferrara
Società Polisportiva Aurora **s.** SP Aurora
Società Polisportiva Cailungo **s.** SP Cailungo
Società Polisportiva Cosmos **s.** SP Cosmos
Società Polisportiva Domagnano **s.** SP Domagnano
Società Polisportiva La Fiorita **s.** SP La Fiorita
Società Polisportiva Libertas **s.** SP Libertas
Società Polisportiva Murata **s.** SS Murata
Società Polisportiva Tre Fiori **s.** SP Tre Fiori
Società Polisportiva Tre Penne **s.** SP Tre Penne
Società Sportiva Calcio Napoli **s.** SSC Napoli
Società Sportiva Dogana **s.** SS Dogana
Società Sportiva Folgore Falciano **s.** SS Folgore Falciano
Società Sportiva Juvenes **s.** SS Juvenes
Società Sportiva Juvenes/Dogana **s.** SS Juvenes/Dogana
Società Sportiva Lazio **s.** SS Lazio
Società Sportiva Montevito **s.** SS Montevito
Società Sportiva Pennarossa **s.** SS Pennarossa
Società Sportiva San Giovanni **s.** SS San Giovanni
Società Sportiva Virtus **s.** SS Virtus
Società Udinese di Ginnastica e Scherma **s.** Udinese Calcio
Societatea de gimnastică Arad **s.** SG Arad
Societatea de gimnastică Sibiu **s.** SG Sibiu
Societatea Româno-Americană Bucureş ti **s.** Româno-Americană Bucureş ti
Societatea Sportivă Sibiu **s.** SS Sibiu
Société Gabonaise des Raffinage **s.** AS Sogara
Société Immobilière de Djibouti **s.** SID
Société Mauritanienne de Comercialisation de P. **s.** SMCP
Société Omnisport de l'Armée **s.** SOA
Société sportive de Bouna **s.** SS Bouna
Société sportive Gauloise **s.** SS Gauloise
Société sportive La Jeanne d'Arc **s.** SS Jeanne d'Arc
Société sportive La Sainte-Pauloise **s.** SS Sainte-Pauloise
Société sportive l'Excelsior **s.** SS Excelsior
Société sportive Sainte-Louisienne **s.** SS Sainte-Louisienne
Sockers **s.** San Diego Sockers
Socobois, Loubomo/Dolisie, Kongo, Klub, **s. S.** 118
SOCOGIM **s.** JA ASC SOCOGIM
Södertälje, Stadt, Schweden, **s. S.** 73
Sodiam Sports, Bangui, Zentralafrikanische Republik, Klub, **s. S.** 114
Sodigraf **s.** AC Sodigraf
Sodingen **s.** SV 1912 Sodingen
Sodnac United, Quatre Bornes, Mauritius, Klub, **s. S.** 121
Södra IF **s.** Jönköpings Södra IF
Sodus, ar-Riyad, Saudi-Arabien, Klub, **s. S.** 103
SOE (Stade Olympique de l'Emyrne), Antananarivo/Tananarive, Madagaskar, Klub, **s. S.** 121
Soemtron Sömmerda **s.** FSV Sömmerda
Sofija, Stadt, Bulgarien, **s. S.** 90 und 91
Sofijski Garnizon **s.** PFK CSKA Sofija
Sogara **s.** AS Sogara
Sogdiana Dschizak **s.** FK Sogdiana Dschizak
Sogéa FC (Sogéa Football Club), Libreville, Gabun, Klub, **s. S.** 118
Sogndal Idrettslag **s.** Sogndal IL
Sogndal IL (Sogndal Idrettslag), Sogndal, Norwegen, Klub, entst. 1926, **s. S.** 71
Sogndal, Stadt, Norwegen, **s. S.** 71
Sogwipo, Stadt, Südkorea, **s. S.** 110
Sohag, Sohag/Sawhaj, Ägypten, Klub, **s. S.** 113
Sohag Sekka, Sohag/Sawhaj, Ägypten, Klub, **s. S.** 113
Sohag, Stadt, Ägypten, **s. S.** 113
Sohar, Sohar, Oman, Klub, **s. S.** 103
Sohar, Stadt, Oman, **s. S.** 103
ŠOHG Prievidza **s.** FK Baník Prievidza
Ş oimii CFR Sibiu **s.** FC Ş oimii COMPA Sibiu
Ş oimii COMPA Sibiu **s.** FC Ş oimii COMPA Sibiu
Soimii Dacia Galaţ i **s.** DVA Galaţ i
Ş oimii IPA Sibiu **s.** FC Ş oimii COMPA Sibiu
Ş oimii Sibiu **s.** FC Ş oimii COMPA Sibiu
Soinca **s.** Deportes Melipilla
Sokattack, Nikao, Cook Inseln, Klub, **s. S.** 137
Sokodé, Stadt, Togo, **s. S.** 117
Sokol Armaturka Ústí nad Labem **s.** MFK Ústí nad Labem
Sokol Aston Villa Mladá Boleslav **s.** FK Mladá Boleslav
Sokol Banská Bystrica **s.** ŠK Banská Bystrica
Sokol Bardejov **s.** BSC JAS Bardejov
Sokol Baťovany **s.** FK Tempo Partizánske
Sokol Benešov **s.** FK Benešov
Sokol Blšany **s.** FK Chmel Blšany
Sokol Bohemians Vršovice **s.** Bohemians 1905
Sokol Bratislava **s.** ŠK Slovan Bratislava
Sokol Carpathia Prievidza **s.** FK Baník Prievidza
Sokol Čechie Karlín **s.** TJ Čechie Karlín
Sokol Čechie Liberec **s.** TJ Slavoj Liberec
Sokol Červená hviezda Bratislava **s.** ŠK Polície Bratislava
Sokol ČSD Benešov **s.** FK Benešov
Sokol ČSD Kolín **s.** AFK Kolín
Sokol ČSSZ Humenné **s.** HFC Humenné
Sokol ČSSZ Prostějov **s.** 1. SK Prostějov
Sokol Doprava Plzeň **s.** SK Plzeň 1894
Sokol Drnovice **s.** 1. FK Drnovice
Sokol Dukla Prešov **s.** 1. FC Tatran Prešov
Sokol Dynamo ČSD Košice **s.** FK Lokomotíva Košice
Sokol Hradec Králové **s.** SK Hradec Králové
Sokol Humenné **s.** HFC Humenné
Sokol Ingstav Teplice **s.** FK Teplice
Sokol Jablonec **s.** FK Jablonec 97
Sokol Jawa Nusle **s.** SK Nusle
Sokol Jednota Košice **s.** FK Lokomotíva Košice
Sokol Jinonice **s.** SK Motorlet Praha
Sokol Kolín **s.** AFK Kolín
Sokol KP Nitra **s.** FC Nitra
Sokol Královo Pole **s.** SK LeRK Brno
Sokol Královo Pole **s.** SK Moravská Slavia Brno
Sokol KZ Rakovník **s.** SK Rakovník
Sokol Lázně Bohdaneč **s.** AFK Atlantic Lázně Bohdaneč
Sokol Libeň A **s.** FK Meteor Praha VIII
Sokol Libeň B **s.** SK Libeň
Sokol Libeň **s.** SK Libeň
Sokol Liberec **s.** TJ Jiskra SS Liberec
Sokol Loděnice Libeň **s.** FK Meteor Praha VIII
Sokol Makyta Púchov **s.** ŠK Matador Púchov
Sokol Manet Považská Bystrica **s.** FK Považská Bystrica
Sokol Martin **s.** ŠKF ZŤS VTJ Martin
Sokol Masna Nuselský **s.** AFK Slavoj Podolí Praha
Sokol Meteor Čejetičky **s.** FK Mladá Boleslav
Sokol Meteor Praha VIII **s.** FK Meteor Praha VIII
Sokol Mladoboleslavský **s.** FK Mladá Boleslav
Sokol Modrobílí Kolín **s.** AFK Kolín
Sokol Moravská Slavia Brno **s.** SK LeRK Brno
Sokol Moravská Slavia Brno **s.** SK Moravská Slavia Brno
Sokol Most **s.** FK SIAD Most
Sokol MŽ Olomouc **s.** SK Sigma Olomouc
Sokol MZK Pardubice **s.** TJ Tatran Pardubice
Sokol Nitra **s.** FC Nitra
Sokol Nuselský **s.** AFK Slavoj Podolí Praha
Sokol Nusle **s.** SK Nusle
Sokol NV Banská Bystrica **s.** ŠK Banská Bystrica
Sokol NV Bratislava **s.** ŠK Slovan Bratislava
Sokol NV Topoľčany **s.** MFK VTJ Topoľčany
Sokol NV Trnava **s.** FC Spartak Trnava
Sokol Obchodní domy Ander und syn Olomouc **s.** Sokol OD Olomouc
Sokol OD Olomouc (Sokol Obchodní domy Olomouc), Olomouc, Tschechische Republik, Klub, entst. 1912, [1912-37 SK Olomouc, 37-48 SK Olomouc ASO, 48-49 Sokol ASO Olomouc, 49 ZSJ OD Olomouc, 49-51 Sokol OD Olomouc, aufgel. 51], **s. S.** 86
Sokol OKD Karviná **s.** FC Karviná
Sokol Olomouc ASO **s.** Sokol OD Olomouc
Sokol OSK Bardejov **s.** BSC JAS Bardejov
Sokol Petržalka **s.** FC Artmedia Bratislava
Sokol Plovdiv, Plovdiv, Bulgarien, Klub, [aufgel. 19??], **s. S.** 91
Sokol Plzeň I **s.** SK Plzeň 1894
Sokol Plzeň V **s.** FC Viktoria Plzeň
Sokół Pniewy/Tychy **s.** TS Miliarder Pniewy
Sokół Pniewy/Tychy **s.** TS Sokół Tychy
Sokol Polonia Karviná **s.** FC Karviná
Sokol Prievidza **s.** FK Baník Prievidza
Sokol Prostějov II **s.** 1. SK Prostějov
Sokol Rakovník **s.** SK Rakovník
Sokol Rapid Liberec **s.** TJ Jiskra SS Liberec
Sokol Rimavská Sobota **s.** FC Rimavská Sobota
Sokol Rubena Náchod **s.** SK Náchod-Deštné
Sokol SBZ Ružomberok **s.** MFK Ružomberok
Sokol Schumen, Schumen, Bulgarien, Klub, [aufgel. 19??], **s. S.** 91
Sokol Škoda Dubnica nad Váhom **s.** FK ZŤS Dubnica nad Váhom
Sokol Škoda Hradec Králové **s.** SK Hradec Králové
Sokol Škodovka Plzeň **s.** FC Viktoria Plzeň
Sokol Slavia Praha VII **s.** SK Slavia Praha
Sokol Slavoj Mladá Boleslav **s.** FK Mladá Boleslav
Sokol Slezská Ostrava **s.** FC Baník Ostrava
Sokol Slovácká Slavia Uherské Hradiště **s.** FC Slovácká Slavia Uherské Hradiště
Sokol Slovena Žilina **s.** MŠK Žilina
Sokol SNB Bratislava **s.** ŠK Polície Bratislava
Sokol Sofija **s.** PFK Septemvri Sofija
Sokol Sofija **s.** SK Sofija
Sokol SONP Kladno **s.** SK Kladno
Sokol Sparta ČKD Praha **s.** AC Sparta Praha
Sokol Sparta ČKD Praha **s.** SK Libeň
Sokol Sparta Dukla Prešov **s.** 1. FC Tatran Prešov
Sokol Sparta Krč **s.** ČAFC Praha
Sokol Sparta Praha **s.** AC Sparta Praha
Sokol Sparta Prešov **s.** 1. FC Tatran Prešov
Sokol Spišská Nová Ves **s.** MFK Lokomotíva Spišská Nová Ves
Sokol Šverma Jinonice **s.** SK Motorlet Praha
Sokol Svit I Gottwaldov **s.** FC Tescoma Zlín
Sokol Svit Partizánske **s.** FK Tempo Partizánske
Sokol Synthesia Semtín **s.** FK Pardubice 1899
Sokol SZJP Opava **s.** SFC Opava
Sokol Tatrasvit Svit **s.** FC Chemosvit Svit
Sokol Teplice **s.** FK Teplice
Sokol Tepna Náchod-Plhov **s.** SK Náchod-Deštné
Sokol TOS Rakovník **s.** SK Rakovník
Sokol Trojice Slezská Ostrava **s.** FC Baník Ostrava
Sokol TTS Trenčín **s.** FK TTS Trenčín
Sokół Tychy **s.** TS Sokół Tychy
Sokol Ústí nad Labem **s.** MFK Ústí nad Labem
Sokol Viktoria Žižkov **s.** FK Viktoria Žižkov
Sokol Vinohrady ČAFC **s.** ČAFC Praha
Sokol Vítkovické železárny **s.** FC Vítkovice
Sokol Vodotechna Teplice **s.** FK Teplice
Sokol Vorošilov Dubnica nad Váhom **s.** FK ZŤS Dubnica nad Váhom
Sokol Zbrojovka Brno I **s.** 1. FC Brno
Sokol Zbrojovka Židenice **s.** 1. FC Brno
Sokol Železárny Třinec **s.** Fotbal Třinec
Sokol Železničáři Bohemians Praha **s.** Bohemians 1905
Sokol Železničiari Sparta Košice **s.** FK Lokomotíva Košice
Sokol Železničiari Vrútky **s.** FC Vrútky
Sokol Železničiari Zvolen **s.** ŠK FAC LB Zvolen
Sokol Židenice **s.** ČAFC Židenice
Sokol Žilina **s.** MŠK Žilina
Sokol Žižkov A **s.** FK Viktoria Žižkov
Sokolac, Stadt, Bosnien und Herzegowina, **s. S.** 93
Sokół-Elektromis Pniewy **s.** TS Miliarder Pniewy
Sokolovo Cheb **s.** FC Union Cheb
Sokolovo Praha **s.** AC Sparta Praha
Sokol-Saratow **s.** FK Sokol-Saratow
Sokoto, Stadt, Nigeria, **s. S.** 117
Sokuluk, Stadt, Kirgisien, **s. S.** 101
Sol de América (Club Sol de América), Villa Elisa, Paraguay, Klub, entst. 1909, **s. S.** 135
Soleil FC (Soleil Football Club), Cotonou, Benin, Klub, **s. S.** 117
Solidarité **s.** AS Solidarité
Solidarité Scolaire, Pointe-à-Pitre, Guadeloupe, Klub, **s. S.** 127
Soligorsk, Stadt, Weißrussland, **s. S.** 99
Solima **s.** AS Solima
Solingen, Stadt, Deutschland, **s. S.** 84
Solitu, Stadt, Aruba, **s. S.** 126
Solna **s.** AIK Solna
Solothurn, Stadt, Schweiz, **s. S.** 82
Solpotense, Ribeira Grande, Kapverden, Klub, **s. S.** 116
Sölvesborg, Stadt, Schweden, **s. S.** 73
Somali Police, Mogadishu/Muqdiisho, Somalia, Klub, **s. S.** 115

Aus dem Tschechischen von Lothar Martin
Redaktion: Radovan Jelínek, Lothar Martin, Petr Regal, Zdeněk Spurný,
Miroslav Střeleček und Jiří Tomeš
Grafische Gestaltung: Radovan Jelínek, Petr Regal, Zdeněk Spurný und Jiří Tomeš
DTP: BESR, Jan Kuranda
Druck: Tiskárna Libertas, a. s.

AS Saint-Etienne (FRA)
FC Dinamo Tbilisi (GEO)
TSV Bayer 04 Leverkusen (GER)
FC Bayern München (GER)
Borussia Dortmund (GER)
Borussia Mönchengladbach (GER)

1. FC Dynamo Dresden (GER)
Eintracht Frankfurt (GER)
Fortuna Düsseldorf (GER)
Hamburger SV (GER)
1. FC Kaiserslautern (GER)
1. FC Köln (GER)

1. FC Magdeburg (GER)
TSV München 1860 (GER)
FC Schalke 04 (GER)
VfB Stuttgart 1893 (GER)
SV Werder Bremen (GER)
Asante Kotoko FC (GHA)

Olympiakos Peiraia (GRE)
Panathinaikos (GRE)
CSD Comunicaciones FC (GUA)
CD Olimpia (HON)
Ferencvárosi TC (HUN)
MTK Hungária FC (HUN)

Shamrock Rovers FC (IRL)
Esteghlal (IRN)
Maccabi Tel Aviv (ISR)
Bologna FC (ITA)
AC Fiorentina (ITA)
Genoa CFC (ITA)

FC Internazionale (ITA)
Juventus FC (ITA)
SS Lazio (ITA)
AC Milan (ITA)
SSC Napoli (ITA)
US Palermo (ITA)

Parma FC (ITA)
AS Roma (ITA)
UC Sampdoria (ITA)
Torino FC (ITA)
Udinese Calcio (ITA)
Vicenza Calcio (ITA)

Jubilo Iwata (JPN)
Pohang Steelers (KOR)
Suwon Samsung Bluewings (KOR)
al-Hilal (KSA)
WA Casablanca (MAR)
CF América (MEX)